U0901302

# SHANXI YEARBOOK

## 2019

中共山西省委党史研究院
山 西 省 地 方 志 研 究 院　编

**图书在版编目(CIP)数据**

山西年鉴. 2019 / 中共山西省委党史研究院(山西省地方志研究院)编. — 北京：方志出版社，2019.12

ISBN 978-7-5144-4011-9

Ⅰ.①山… Ⅱ.①山… Ⅲ.①山西—2019—年鉴 Ⅳ.①Z522.5

中国版本图书馆 CIP 数据核字(2019)第 291683 号

**山西年鉴（2019）**

**编　　者：**中共山西省委党史研究院(山西省地方志研究院)
**责任编辑：**冯　松

**出 版 人：**冀祥德
**出 版 者：**方志出版社
地址　北京市朝阳区潘家园东里9号(国家方志馆4层)
邮编　100021
网址　http://www.fzph.org
**发　　行：**方志出版社图书经销中心
电话　(010)67110500
**经　　销：**各地新华书店
**印　　刷：**山西省史志印刷厂

**开　　本：**889×1194　1/16
**印　　张：**40.5
**字　　数：**1700千字
**版　　次：**2019年 11 月第 1 版　2020年 8 月第 1 次印刷
**印　　数：**0001～3000 册

ISBN 978-7-5144-4011-9　　　定价：398.00 元

## 山西省地方志编纂委员会

名誉主任：楼阳生

主　　任：林　武

副 主 任：李　佳　吕岩松　韩　强　王　纯

雷建国　武　涛　张志仁

## 《山西年鉴》编纂人员

总 主 编：曹荣湘　张志仁

副总主编：刘益令　巨文辉　孔凡春　焦永萍

主　　编：高生记

副 主 编：沈　乔

主编助理：宋向阳　张文娟

编　　辑：孙　琇　杨　欣　王　婷　贾亿宝　柴金娥　郭春香

高丽锋　郭　庆　李莉莉　张爱明　马晓霞　梁红霞

办公电话：0351-2534090　2534086　2534066

办公地址：山西省太原市迎泽区五一路36号　　邮　编：030001

电子信箱：sxnianjian2010@sina.cn

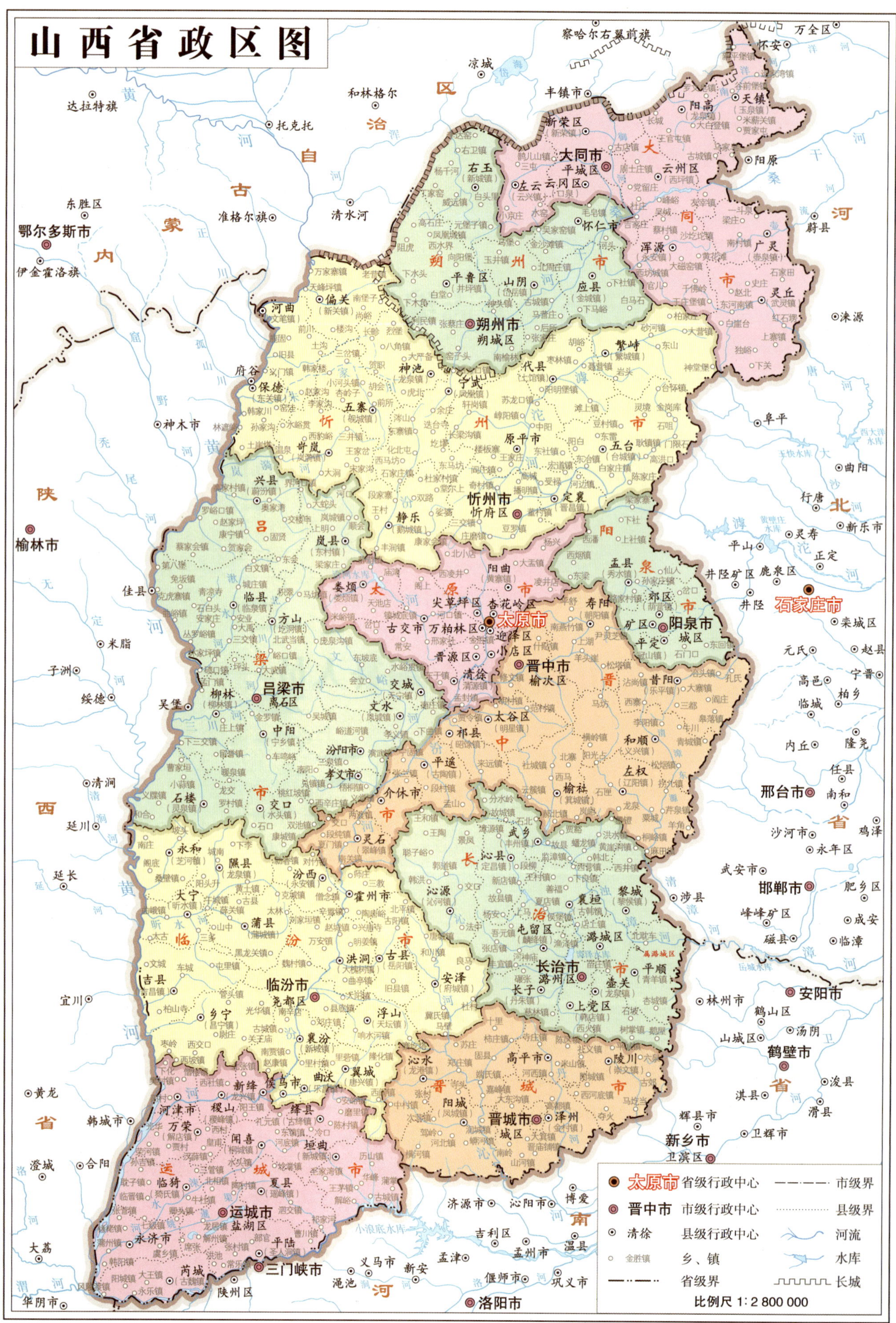


山西省地图集编纂委员会办公室编制　　审图号：晋S(2020)003号　　（资料截至2019年12月）

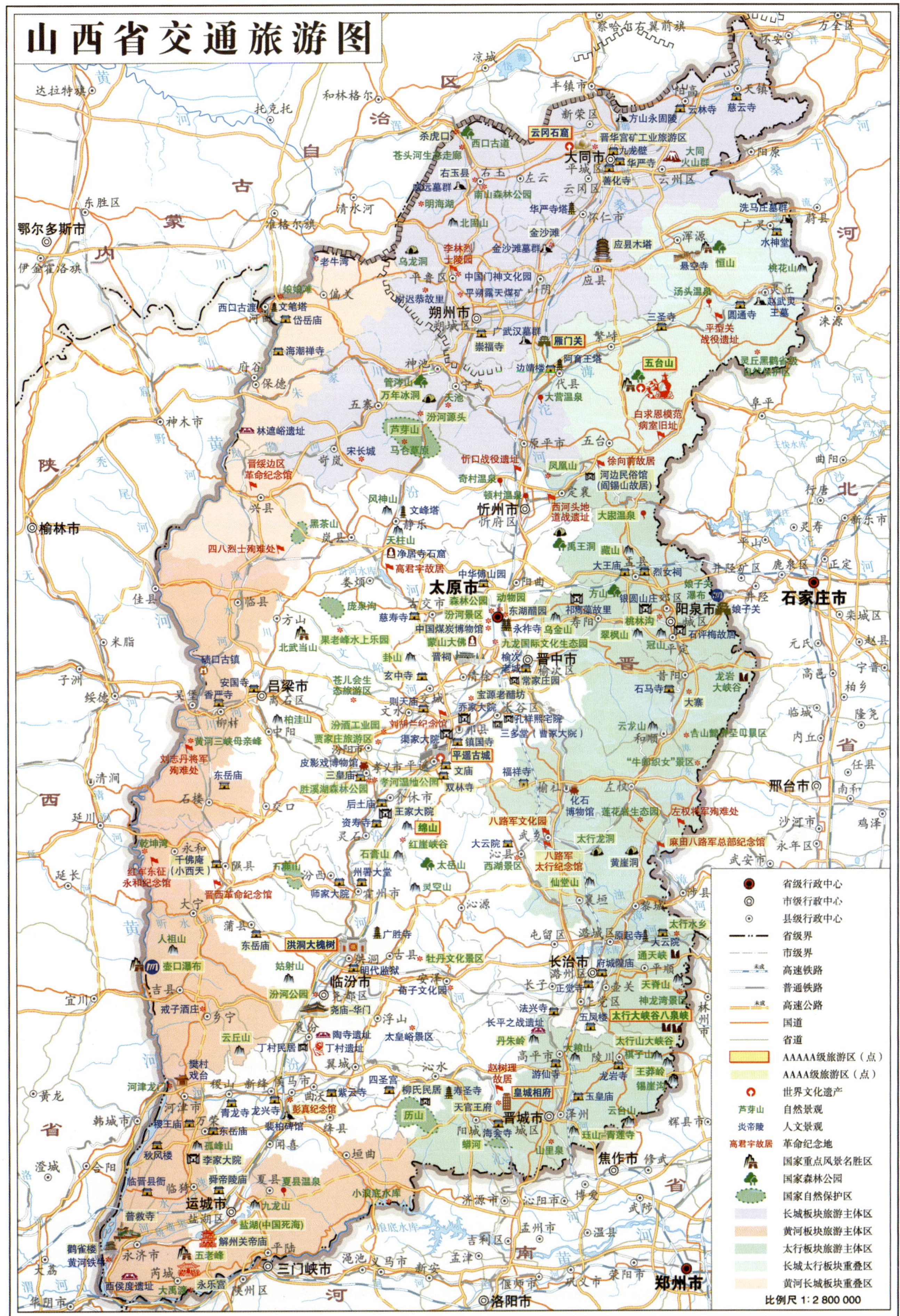


山西省地图集编纂委员会办公室编制　　审图号：晋S(2020)003号　　（资料截至2019年12月）

# 数字山西 2018

## 综合

| | |
|---|---|
| 地区生产总值 | 16818.10亿元 |
| 第一产业 | 740.60亿元 |
| 第二产业 | 7089.20亿元 |
| 第三产业 | 8988.30亿元 |
| 人均地区生产总值 | 45328亿元 |
| 最终消费 | 8756.40亿元 |
| 资本形成总额 | 7154.70亿元 |

## 人口

| | |
|---|---|
| 总户数 | 1304.87万户 |
| 常住人口 | 3718.34万人 |
| 男性 | 1896.67万人 |
| 女性 | 1821.67万人 |
| 出生人口 | 35.73万人 |
| 死亡人口 | 19.74万人 |

## 社会从业人员和劳动报酬

| | |
|---|---|
| 社会从业人员 | 1892.90万人 |
| 第一产业 | 643.80万人 |
| 第二产业 | 424.40万人 |
| 第三产业 | 824.70万人 |
| 非私营单位在岗职工平均工资 | 65917元 |
| 非私营单位从业人员工资劳动报酬总额 | 2803.41亿元 |

## 固定资产投资

| | |
|---|---|
| 全社会固定资产投资增进 | 5.70% |
| 第一产业 | -54.40% |
| 第二产业 | 8.20% |
| 第三产业 | 14.00% |

## 对外经济贸易

| | |
|---|---|
| 海关进出口总额 | 207.70亿美元 |
| 出口总额 | 122.70亿美元 |
| 进口总额 | 85.00亿美元 |
| 实际利用外资额 | 35.90亿美元 |

## 能源

| | |
|---|---|
| 能源消费总量 | 20057.20万吨标准煤 |
| 发电装机容量 | 8757.70万千瓦 |
| #火电 | 6627.70万千瓦 |
| 全社会用电量 | 2160.50亿千瓦小时 |

## 物价

| | |
|---|---|
| 居民消费价格总指数 | 101.80 |
| 城镇 | 101.80 |
| 农村 | 101.80 |
| 商品零售价格总指数 | 101.70 |
| 工业生产者购进价格指数 | 105.50 |
| 工业生产者出厂价格指数 | 106.70 |

## 农业

| | |
|---|---|
| 农作物播种面积 | 3555.16千公顷 |
| 其中粮食 | 3137.06千公顷 |
| 粮食产量 | 1380.40万吨 |
| 油料产量 | 15.50万吨 |
| 肉类产量 | 93.10万吨 |

## 工业

| | |
|---|---|
| 工业企业单位数 | 3875个 |
| 原煤产量 | 92634万吨 |
| 发电量 | 3087.60亿千瓦小时 |
| 生铁产量 | 4761.30万吨 |
| 粗钢产量 | 5386.20万吨 |

## 建筑业和房地产业

| | |
|---|---|
| 建筑业施工企业个数 | 2666个 |
| 建筑业竣工产值 | 1770.30亿元 |
| 建筑业总产值 | 4071.50亿元 |
| 建筑业企业房屋建筑竣工面积 | 3693万平方米 |
| 房地产开发投资 | 1376.60亿元 |
| #住宅 | 1033.80亿元 |
| 房屋施工面积 | 16947.10万平方米 |
| #住宅 | 12314.50万平方米 |
| 房屋竣工面积 | 1407.90万平方米 |
| #住宅 | 1094.50万平方米 |

## 人民生活

| | |
|---|---|
| 城镇居民人均可支配收入 | 31034.80元 |
| 城镇居民人均消费支出 | 19789.80元 |
| 农村居民人均可支配收入 | 11750.00元 |
| 农村居民人均消费支出 | 9172.20元 |

## 住 宿　餐饮业和旅游

| | |
|---|---|
| 住宿、餐饮业营业额 | 950825万元 |
| 接待国内游客人数 | 70378万人次 |
| 接待过境过夜游客人数 | 71.30万人次 |
| 旅游总收入 | 6728.70亿元 |
| 旅游外汇收入 | 37798万美元 |

## 财 政　金融和保险

| | |
|---|---|
| 一般公共预算收入 | 2292.70亿元 |
| 一般公共预算支出 | 4283.90亿元 |
| 住户存款 | 20345.20亿元 |
| 原保险保费收入 | 824.90亿元 |

## 交通运输　邮电通信业

| | |
|---|---|
| 铁路营业里程 | 5428千米 |
| 公路线路里程 | 143326千米 |
| 货物周转量 | 4489.40亿吨/千米 |
| 旅客周转量 | 393.90亿人/千米 |
| 固定电话用户 | 276.60万户 |
| 移动电话户数 | 3961.50万户 |

## 批发和零售业

| | |
|---|---|
| 社会消费品零售总额 | 7338.60亿元 |
| 城镇社会消费品零售总额 | 5956.70亿元 |
| 乡村社会消费品零售总额 | 1381.90亿元 |

## 教育　科技

| | |
|---|---|
| 普通高等学校数 | 83所 |
| 普通高等学校专任教师数 | 4.20万人 |
| 普通高等学校在校学生数 | 76.60万人 |
| 普通中专学校数 | 89所 |
| 普通中专专任教师数 | 7615人 |
| 普通中专在校学生数 | 9.99万人 |
| 科学研究机构 | 154个 |

## 文化　卫生

| | |
|---|---|
| 电视台数 | 2个 |
| 文化馆数 | 130个 |
| 公共图书馆数 | 128个 |
| 医院数 | 1368个 |

（山西省统计局）

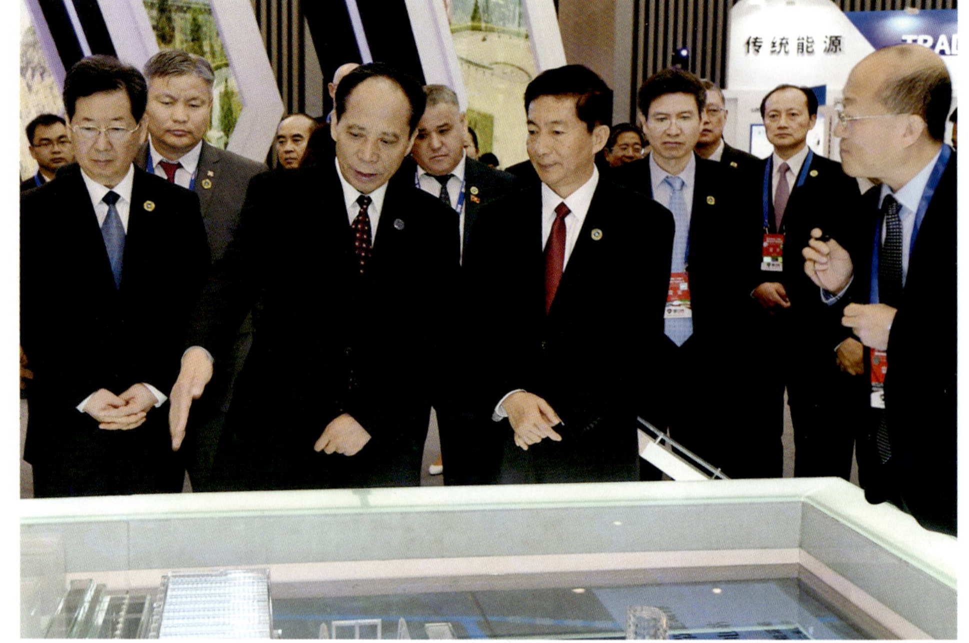


2018年9月16日至18日，2018中国（太原）国际能源产业博览会在太原举行。图为省委书记骆惠宁（前排左三），省委副书记、省长楼阳生（前排左一）与出席会议嘉宾一同巡馆

2018年10月9日至15日，2018年全国大众创业、万众创新活动周山西分会场活动在全省举行。图为省委常委、常务副省长林武（前排右二）参加“双创”活动周展馆

2018年7月31日，全省生态环境保护大会在太原召开

2018年6月,中国出口法兰锻件产品质量技术促进委员会落户“世界法兰锻造之都”定襄县。图为定襄法兰包装车间

2018年,中车大同公司制造的中白货运II型电力机车获得独联体铁路市场“通行证”

2018年11月26日,山西省支持民营企业发展大会在太原召开

2018年7月至9月,首届山西非物质文化遗产博览会在忻州、晋城、临汾和太原市分段共同举办。左图为国家级非物质文化遗产——孝义传统皮影戏。右图为国家级非物质文化遗产——"立体国画"上党堆锦的传承人弓春香

2018年8月8日至18日,山西省第十五届运动会举行。图为开幕式现场

2018年9月8日,第九届太原国际马拉松赛开赛

2018年山西省太原红十字托老中心首创全国“医养结合”护理“特殊老人”

在2018年世界呼吸日“大爱清尘 益呼百行”大型公益山西传播活动中，志愿者为环卫工人佩戴口罩

2018年9月9日，“世界急救日”应急救护暨防震减灾大演练活动在太原举行

2018年6月,《山西省黄河、长城、太行三大板块旅游发展总体规划》启动实施。图为2018年山西太行山红岩沃土(上)、黄河老牛湾(中)、偏关长城(下)一景

# 序一

国务院办公厅2015年8月印发的《全国地方志事业发展规划纲要(2015—2020年)》(以下简称《规划纲要》)要求,到2020年要做到地方综合年鉴一年一鉴,公开出版,实现省、市、县三级综合年鉴全覆盖。《规划纲要》还要求,坚持存真求实,正确处理质量与进度的关系,将精品意识贯穿于年鉴编纂出版工作全过程。2015年12月,中国地方志指导小组办公室启动中国年鉴精品工程,将其与先期实施的中国志书精品工程视为姊妹工程,一道作为加强地方志质量建设的重要抓手。

实施中国年鉴精品工程有助于推动中华优秀传统文化传承发展。近年来,在党中央、国务院的高度重视和关心支持下,全国地方志事业发展迎来最好的发展时期。年鉴编纂发端于欧洲,鸦片战争后被引入我国,在我国走过了100多年的发展历史。在长期的编纂中,年鉴在内容和形式上不断发展,逐渐演变成为适合反映中国国情、具有鲜明中国特色的一种文化载体,并在改革开放后出现了快速发展的局面。2006年5月,国务院《地方志工作条例》颁布施行,明确将地方综合年鉴纳入地方志工作范畴,年鉴工作走上了有法可依的轨道。《规划纲要》出台,为从依法编鉴转变到依法治鉴指明了方向。2016年12月,中国地方志指导小组印发《全国年鉴事业发展规划(2016—2020年)》,更进一步明确了到2020年全国年鉴事业的任务书、时间表、路线图。经过多年的发展,年鉴工作已经成为地方志工作的重要组成部分,成为中华民族优秀文化传统的有机组成部分,其存史、育人、资政作用日益彰显。实施中国年鉴精品工程,是年鉴工作者紧扣时代脉搏、坚持创新发展的一项重要举措,对于坚定文化自信,传承弘扬好中华优秀传统文化意义重大。

实施中国年鉴精品工程有助于为全面建成小康社会提供更多智力支持和历史借鉴。党的十八大作出全面建成小康社会的战略部署。党的十八届五中全会提出到2020年如期实现全面建成小康社会的目标要求。完成《规划纲要》确定的目标任务是年鉴工作者的神圣使命,更是年鉴工作者以自身力量为全面建成小康社会献上的厚礼。一方面,可以更好地利用年鉴这种年度资料性文献,及时记录各地区在全面建成小康社会伟大征程中每年取得的新成绩和新经验、出现的新情况和新问题、涌现的优秀人物和典型事迹等;另一方面,可以更好地积累地情、国情资料,为推动经济社会发展和深化改革提供智力支持,为推进国家治理体系和治理能力现代化提供历史借鉴。

实施中国年鉴精品工程有助于全面推进地方志事业转型升级。地方志不是单纯修志编鉴工作,而是全体方志人"修志问道,以启未来"的一项事业,这项事业包含着巨大的时代担当与使命追求。地方志工作要在"五大建设"总体布局和"四个全面"战略布局中发挥与其自身价值、功能相匹配的作用,就要因时而谋、乘势而上、顺势而为,全面推进地方志事业转型升级。转型升级,当下最重要的目标就是完成“两全目标”，包括“年鉴全覆盖”目标；长远的目标就是基本形成地方志编修体系、理论研究和学科建设体系、质量保障体系、资源开发利用体系、工作保障体系“五位一体”的地方志事业发展综合体系，包括“五位一体”的年鉴事业发展综合体系。中国年鉴精品工程是一项探索工程，也是一项创新工程，是推进地方志事业转型升级的重要内容。通过实施中国年鉴精品工程，不仅有助于确保年鉴质量，不断编纂出版具有鲜明时代特征、年度特点和地域特色的精品年鉴，也有助于推动年鉴工作适应经济社会发展形势和时代需要，不断改革创新，与时俱进。

多年来，在中国地方志指导小组办公室的指导和全国各级地方志工作机构的共同努力下，年鉴种类数量快速增长，年鉴成果粲然可观，为实施中国年鉴精品工程奠定了坚实的基础。实施中国年鉴精品工程，就是要在全国地方志系统起到示范作用，进一步培育精品意识，打造精品年鉴，以点带面，在提高年鉴质量方面探索出一条切实可行之路，使这项探索工程和创新工程能够积累经验，发挥引领作用。

“万山磅礴，必有主峰；龙衮九章，但挈一领。”实施中国年鉴精品工程，是筑牢地方志事业特别是年鉴事业发展根基之举，其意义与价值不言而喻。但编修出年鉴精品佳作，绝非朝夕之功，需要付出长期艰辛的努力。希望通过实施中国年鉴精品工程，能够进一步推进年鉴质量建设，使年鉴真正成为传承中华民族优秀传统文化的重要载体，成为展示中国国情、地情的重要窗口，成为“为当代提供资政辅治之参考、为后世留下堪存堪鉴之记述”的资源宝库，在全面建成小康社会过程中作出更大贡献。

是为序。

中国社会科学院原副院长
中国地方志指导小组原常务副组长

# 序二

地方志是中华优秀传统文化的根与魂，积淀着中华优秀传统文化最深层的精神追求，代表着中华民族独特的精神标识。新时代坚持和发展中国特色社会主义，更加需要深刻把握人类发展历史规律，更加需要编修出传承不辍的精品志鉴，才能使后代在对历史的深入思考中汲取智慧、走向未来。伟大的时代，为地方志发展提供了取之不尽、用之不竭的源泉，同时也为全国年鉴工作提供了极大的机遇。

党的十九大报告中明确提出“质量强国”，“努力实现更高质量、更有效率、更加公平、更可持续的发展”，这为年鉴事业高质量发展指明了方向。按时、保质完成《全国地方志事业发展规划纲要(2015—2020年)》规定的“两全目标”任务，打造一批资辅当前、存鉴后世、经得起历史检验的精品佳作，不仅是一种法定职责，而且具有重要的政治意义、现实意义和历史意义。中国特色社会主义进入新时代，年鉴事业也进入新时代，呈现快速、稳步发展态势，在各方面都取得了新的显著成绩，包括年鉴编纂进度大大加快，年鉴编纂范围不断扩大，年鉴资源优势得到充分发挥，年鉴开发利用水平全面提升，而且年鉴质量保障机制逐步完善、质量持续提升。因此，在全社会关注质量发展的黄金时期，尤其是在完成“两全目标”任务的关键期，在狠抓进度的时候，实施中国年鉴精品工程更是恰当其时。年鉴工作者要投身于时代，为时代放歌，书写复兴华章，把出品更多的精品年鉴使命落实在实现中国梦的恢宏大业中。

习近平总书记说，精品之所以“精”，就在于其思想精深、艺术精湛、制作精良。中国年鉴精品工程紧扣时代脉搏，拓宽视野，围绕人民群众的美好生活，用精品记录新时代，为新时代新气象新作为留下真实、鲜活、生动、翔实的记录。实施中国年鉴精品工程，既是全面贯彻落实《全国地方志事业发展规划纲要(2015—2020年)》的重要举措，也是培育精品意识和精品年鉴、提高年鉴质量的重要手段；既是发挥年鉴存史、资治、教化功能的根基所在，也是年鉴工作者坚持创新发展、传承弘扬中华优秀传统文化的关键步骤。这不仅有助于坚定文化自信，讲述好中国故事，传播好中国声音，更有助于为决胜全面建成小康社会提供更多智力支持和更大精神动力。

实施中国年鉴精品工程顺应地方志进入新时代的历史潮流。“充实之谓美，充实而有光辉之谓大。”党的十九大报告指出，我国的社会主要矛盾已经转化为人民日益增长的美好生活需要和不平衡不充分的发展之间的矛盾。党章修正案、宪法修正案把习近平新时代中国特色社会主义思想确立为我们党和国家的行动指南，我国的发展进入到新的历史方位。为适应这些重大变化，党和国家随之出台更多重大的举措、推出更多有力的措施。年鉴如何全方位地、开创性地记述这些历史性变化，如何充分记述我们党领导人民进行的伟大斗争、建设的伟大工程、推进的伟大事业、实现的伟大梦想，是新时代地方志工作需要深入思考探究的问题。中国年鉴精品工程正是呼应新时代新变化新要求，致力于在全国地方志系统进一步培育精品意识、打造精品年鉴，从而以点带面，在提高年鉴质量方面探索出一条切实可行之路，充分发挥中国精品年鉴的辐射效应，引领带动全国范围内年鉴质量的全面提高，切实推动年鉴事业转型升级。

实施中国年鉴精品工程要全面把握以人民为中心的发展理念。以人民为中心，贯穿于改革开放以来我们党推进中国特色社会主义文化建设的全过程。新时代把握新机遇，年鉴作为记录新时代地方年度历史的重要载体，应当以习近平新时代中国特色社会主义思想为指导，牢固确立以人民为中心的理念。中国年鉴精品工程始终坚持人民是历史的创造者和改革开放事业的实践主体，始终坚持文化发展为人民服务、为社会主义服务，充分记录人民的首创精神，凸显人民在文化建设中的主体作用，不断满足人民的精神文化需求。年鉴工作要深深扎根于人民之中，坚持以事系人，记载人民群众中的先进典型，内容充分体现社会民生和为民服务的举措。在此基础上，实施中国年鉴精品工程还要建立精品长效机制，逐步推进精品年鉴传播最优化和效益最大化，使精品年鉴能够不断满足人民群众对美好生活的新需要新期待，在铸就中华文化新辉煌的过程中更好地构筑中国精神、中国价值、中国力量的方向上不断努力。

实施中国年鉴精品工程是坚定文化自信的体现。习近平总书记说，文化兴国运兴，文化强民族强。没有高度的文化自信，没有文化的繁荣兴盛，就没有中华民族的伟大复兴。中华优秀传统文化是中华民族的文化根脉，其蕴含的思想观念、人文精神、道德规范，不仅是我们中国人思想和精神的内核，对解决人类问题也有重要价值。地方志是中华优秀传统文化的精神之脉，是中华优秀传统文化基因的真正传承者和发展者。精品年鉴正是从中华民族世世代代形成和积累的优秀传统文化中汲取营养和智慧，记录传承的文化基因，记录思想精华，展现精神魅力。实施中国年鉴精品工程，以时代精神激活中华优秀传统文化的生命力，推进中华优秀传统文化创造性转化、创新性发展，把传承和弘扬中华优秀传统文化同坚定文化自信统一起来，有助于引导人民树立和坚持正确的历史观、民族观、国家观、文化观，不断增强中华民族的归属感、认同感、尊严感、荣誉感。

用精品记录新时代，用奋斗铸就新辉煌。地方志植根于历史，内涵于历史，镌刻于历史之上，是中华民族在漫长历史中形成的区别于其他民族的独特精神标识，精品年鉴是地方志的“守护者”“传承者”，是地方志成果创造性转化创新性发展的“探路者”“先行者”。习近平总书记强调，凡是传世之作、千古名篇，必然是笃定恒心、倾注心血的作品。希望全国年鉴工作者齐心协力，坚持历史唯物主义立场、观点、方法，立足中国、放眼世界，立时代之潮头，通古今之变化，发思想之先声，推出一批有思想穿透力的精品力作，培养一批年鉴专家，充分发挥存史、育人、资政作用，为推动全国年鉴事业转型升级作出新的更大贡献。

是为序。

中国地方志指导小组秘书长

中国地方志指导小组办公室主任

#    

一、《山西年鉴》是由中共山西省委、山西省人民政府组织，中共山西省委党史研究院（山西省地方志研究院）编纂的大型综合性省级年度资料性文献。《山西年鉴》编纂始于1985年，《山西年鉴（2019）》为第35部。

二、《山西年鉴》坚持以马克思列宁主义、毛泽东思想、邓小平理论、“三个代表”重要思想、科学发展观、习近平新时代中国特色社会主义思想为指导，坚持辩证唯物主义和历史唯物主义的立场、观点、方法，存真求实，全面、客观、系统地记载山西省自然、政治、经济、文化、社会和生态建设等各个领域的基本情况，反映年度重要事项与发展变化。

三、《山西年鉴（2019）》除特载及部分附录外，记述时限均为2018年1月1日至12月31日。

四、《山西年鉴（2019）》遵循年鉴通例分类编排、设条记述，全书分4个层次，即类目、分目、次分目、条目，共设38个类目，228个分目，52个次分目，1596个条目。全书设中英文目录，条目与统计表一并排列。

五、《山西年鉴（2019）》凡涉及各种机构时在每类目首次出现用全称，同时标明简称，以后则用简称。凡涉及人物职务在每类目首次出现时标于姓名前，以后在本类目中再次出现则不再标注。

六、《山西年鉴（2019）》框架在延续以往相对稳定的基础上，根据国情、省情年度发展作了适当调整,原“中国共产党山西省纪律检查委员会山西省监察委员会”类目名改为“纪检 监察”;“开发区”类目撤销,内容并入“转型综改示范区”;“无线电 通信 邮政”类目名改为“信息服务业”;“对外经济贸易”类目名改为“经贸合作”;“新闻出版 广播影视”类目名改为“新闻广电”。类目排序个别有所调整。

七、《山西年鉴(2019)》稿件由山西省各级党、政、军机关和企事业单位提供,编辑部予以补充。照片除署名外均由山西画报社提供。

八、《山西年鉴(2019)》条目所涉数据来源多处,相关数据或有差异,遇此当以山西省统计局发布的数据为准。凡计量单位,原则上采用法定单位,个别如“亩”等现实通行、民众认可者遵从惯例。

九、读者可以通过登录“史志山西”公众号,点击“山西方志”或者扫描二维码,阅读手机版《山西年鉴(2019)》。

# 目　录

Contents

## 特　载



## 大事记



## 省情概览

## 中国共产党山西省委员会

### 综　述



### 重要会议



### 组　织



### 宣　传



### 统　战



### 巡　视



### 政策研究



### 网信工作



### 台湾事务



### 机构编制

## 省直机关党建



## 老干部工作



## 信　访



## 党校教育



## 党史(方志)工作



# 山西省人民代表大会

## 综　述



## 重要会议



## 人大立法

## 人大监督



## 代表工作



## 人事任免



# 山西省人民政府

## 综　述



## 政府重要会议



## 政务服务

## 民盟山西省委会



## 民建山西省委会



## 民进山西省委会



## 农工党山西省委会



## 九三学社山西省委会



## 山西省工商业联合会



# 群众团体

## 山西省总工会



## 共青团山西省委



## 山西省妇女联合会



## 山西省文学艺术界联合会



## 山西省作家协会



## 山西省科学技术协会

## 山西省归国华侨联合会



## 山西省台湾同胞联谊会



## 山西省残疾人联合会



## 山西省红十字会



# 法　治

## 人大立法



## 政法委及综治工作



## 法治政府建设



## 公　安

### ·治安管理·



### ·打击犯罪侦查·



### ·交通管理·

## 检 察



## 法 院



## 司法行政



## 仲 裁



# 军 事

## 山西省军区



## 武警山西省总队



## 人民防空

## 经济管理

### 综　述



### 土地资源管理



### 国有资产管理



### 财　政



### 国家财政监督



### 税　务



### 金融监管



### 审　计

## 投资促进



## 开发园区发展



# 农 业

## 综 述

## 农产品质量建设



## 种植业



## 林业和草原



## 畜牧业



## 渔　业



## 农业机械化



## 农　垦



## 农业科研

# 水 利

## 综 述



## 水利规划



## 水利工程



## 农田灌溉



## 防汛抗旱



## 节约用水



## 水土保持



## 农村供水



## 引黄入晋



# 工 业

## 综 述



## 煤炭工业



## 电力工业



## 装备制造工业



## 冶金工业

## 保　险



## 证　券

## 房地产业

### 房地产市场



### 市场监管



### 物业管理



## 交通运输

### 综　述



### 公　路



### 铁　路



### 民用航空



### 内河航运



## 城乡建设

### 城乡建设规划



### 城市建设

## 基础教育



## 职业教育



## 高等教育



# 科学技术

## 综　述



## 科研机构



## 科技投入



## 科技成果



## 测　绘

## 水 文



## 气 象



## 地震监测



# 文 化

## 公共文化



## 文学艺术



## 社科研究



## 档 案



## 物质文化遗产

### 非物质文化遗产



### 文化产业



### 文化交流



## 新闻广电

### 新闻出版



### 广播影视



### 版权管理与服务



## 医疗卫生

### 综　述



### 妇幼保健



### 医疗卫生服务



### 中医药



### 医政管理



## 体　育

### 综　述

## 竞技体育



## 群众体育



## 体育产业



## 体育设施



# 社会生活

## 婚姻　家庭



## 劳动就业



## 收入与消费



## 社会保险



## 社会救助



## 住房保障



## 社会福利



## 优抚安置



## 社区建设与社会组织管理

## 市县概览

### 太原市



### 大同市



### 阳泉市



### 长治市



### 晋城市



### 朔州市



### 晋中市

## 法规选登



## 机构设置和负责人名录



## 统计资料



# 索　引



**撰稿人名单**

# CONTENTS

## 改革开放40周年山西经济社会发展成就分析报告(节选)

1978年党的十一届三中全会的召开,开启了改革开放历史新时期。40年来,山西国民经济实现了巨大发展,人民生活由贫穷到温饱,并向全面小康迈进。近年来,在省委、省政府的坚强领导下,全省上下坚持以习近平新时代中国特色社会主义思想为指引,坚决贯彻落实习总书记视察山西重要讲话精神,践行新发展理念,把握稳中求进工作总基调,推动经济发展由“疲”转“兴”,政治生态由“乱”转“治”。站在新的历史起点上,中国特色社会主义已经进入新时代,山西已经踏上转型综改、创新驱动、全面小康、振兴崛起的新征程。

### 一、经济发展大幅跨越,综合实力显著增强

40年来,在省委、省政府的坚强领导下,山西全面贯彻落实党中央、国务院各项决策部署,开拓进取,努力作为,经济规模不断扩大,财政收入不断提升,经济实力显著增强。

经济总量迈上新台阶。1978年,全省地区生产总值88亿元,1995年突破千亿元,增至1076.30亿元,2011年迈上万亿台阶,达到11284.60亿元,2017年达到15528.50亿元,较1978年增长175.50倍,按可比价格计算,年均增速9.60%;人均地区生产总值由1978年的365元增至2017年的42060元。

财政实力显著提升。1978年,全省一般公共预算收入19.60亿元,1995年翻了近两番,增至72.20亿元,2011年首次跨上千亿台阶,达1213.40亿元,2017年提高到1867亿元,比1978年增长95.30倍,年均增速12.40%。财政收入年均两位数的强力增长,为促进经济发展、调整经济结构和推进社会事业提供了强有力的支撑。

### 二、经济结构优化调整,发展能力有效提升

40年来,山西结构调整成效突出,发展方式不断转变,产业结构、需求结构不断优化,经济发展的全面性、协调性和可持续性不断增强。

产业结构不断优化。全省三次产业比例由1978年的20.70:58.50:20.80调整为2017年的4.60:43.70:51.70。服务业支撑引领作用更加凸显。2015年,服务业占地区生产总值比重首超第二产业,成为全省经济第一大产业,2017年提升至51.70%,比1978年提升30.90个百分点。

投资结构不断升级。40年来,全省累计完成全社会固定投资逾10.50万亿元,年均增长18.90%。民间资本成为全省投资的重要力量,到2017年占全社会固定资产投资比重达到60.70%,基本涵盖国民经济各行业。近年来,山西加大脱贫攻坚、基础设施、科技创新、社会民生、

生态环保等薄弱环节投资力度，加快补齐发展短板；打造“六最”营商环境，率先实施企业投资项目承诺制改革试点，开展加快招商引资项目落地、入企服务常态化等9大专项行动。三次产业投资结构由1978年的0.8:61.4:37.8变为2017年的8.90:36.80:54.30，第一、第三产业投资比重分别上升8.10个和16.50个百分点。与此同时，高技术产业投资快速增长，2017年，高技术产业投资增长17.20%，比全部投资高出10.90个百分点。

消费动力不断增强。全省社会消费品零售总额由1978年的32.40亿元增至2017年的6918.10亿元，增长212.50倍，年均增长14.30%。近年来，山西完善城乡流通网络和社区服务网点，实施“宽带山西”专项行动，电子商务从无到有。2017年，全省商品和服务类电子商务交易额达到1662.70亿元，占当年全省社会消费品零售总额近1/4，特别是本土农村电商发展迅速，贡天下、鲜立达、乐村淘等电商企业为山西特色农产品打开广阔市场。旅游市场主体活力不断释放，旅游总收入由1978年的0.48亿元增至2017年的5360.20亿元，年均增长27%。2017年，5A级景区增至7家；接待入境过夜人数6.70万人次，旅游外汇收入3.50亿美元，比1985年分别增长18.50倍和239.20倍，年均分别增长9.70%和18.70%。接待国内旅游人数达5.60亿人次，国内旅游收入达到5339亿元，比1985年分别增长154.80倍和1.50万倍，年均增速分别为17.10%和35%，文化旅游产业地位凸显。

对外开放不断扩大。随着对外开放步伐的加快，2017年全省实际利用外资额267653万美元，较1985年增长1520.80倍，年均增长25.70%。进出口总额由1990年的3.50亿美元增至2017年的171.70亿美元，增长48.10倍。高附加值产品出口占比不断提升，2017年，机器、电子产品、电气设备及零件出口额占出口总额的62.10%。近年来，山西着力构建内陆地区对外开放新高地，深度融入国家开放“大战略”，建设“大都市”，构建“大通道”，打造“大平台”，培育外贸“新主体”。截至2017年底，与5大洲27个国家开展主要贸易关系，新增国际友好城市7对，举办低碳论坛、平遥国际摄影大展、国际电影展等重大对外交流活动。复制推广自由贸易试验区改革试点经验，启动山西自由贸易试验区申报，成功开通中欧、中亚班列。

非公经济不断壮大。40年以来，全省民营经济在改革大潮中成长壮大，由小变大、由弱变强，民营经济由国有经济的有益补充成长为国民经济的重要组成部分，从开始的涉足技术含量比较低的挖煤、炼焦、冶炼，到现在从事汽车、医药等技术含量高的高端制造业，走出一条创业创新之路。2017年末，全省私营企业达到39.04万个，2011—2017年均增长30.70%，高于内资企业数增速(23.10%)7.60个百分点，高于外资企业数增速(8.20%)22.50个百分点；私营企业法人单位数占内资企业法人的91%，比2011年提高27.70个百分点。2017年，民营企业出现井喷式发展，全省民营企业数增加5.50万个，同比增长17.50%，月均增加民营企业4583个；个体工商户增加7.69万个，同比增长5.50%；民营企业到科技部门申请的民营科技企业数达311家，比上年增长1.90倍，11个地级市民营科技企业数量均实现倍增。

城镇化率不断提高。加快推进城乡一体化进程，优化城镇空间布局，推行“五规合一”，推进城乡规划编制、基础设施、公共服务、产业布局、制度安排“五个一体化”，着力破解城镇化进程中面临的矛盾和问题，全省城镇化进程稳步提高。2017年，全省城镇人口达到2122.92万人，比1978年(464.85万人)增加了1658.07万人，增长3.57倍；城镇化水平达到57.34%，比1978年(19.19%)提升了38.16个百分点。城镇化水平的稳步提高，促进了农村劳动力转移，带动了第二、三产业人口的增加，助推了山西社会经济的发展。

## 三、供给能力大幅提高，新旧动能转换加快

40年来，山西全面贯彻党的基本路线，狠抓

发展第一要务，准确把握山西经济工作的方向、主线和目标，转型发展取得突破性进展。

农业基础作用日趋稳固。坚持特色化、精细化、功能化方向，以省级战略推动山西农谷、雁门关农牧交错带示范区、运城农产品出口平台建设，实施特色现代农业增效工程。农业综合生产能力显著增强。2010年以来，全省粮食产量连续8年突破百亿公斤，2014年达到历史最高的138.70亿公斤，2017年135.40亿公斤，较1978年翻了近一番；单产由1978年的128公斤/亩提升至2017年的285公斤/亩，增长1.20倍，实现了单产翻番。小麦、玉米和杂粮的种植比例由1978年的29.90:21.50:48.70变为2017年的17.70:57:25.30，杂粮生产在整合资源，提升质量和效益的前提下，朝着区域化、优势化方向发展。

工业生产能力实现跃升。1978年，全省全部工业增加值48.10亿元，2017年达到5174.10亿元，按可比价格计算，比1978年增长36.10倍，年均增长9.60%。规模以上工业(以下简称“规上工业”)持续较快发展。1982–1989年均增长11.10%，1992–1997年均增长10.60%，2000–2007年均增长17.60%，2010–2013年均增长15.80%。近年来，山西坚持把深化供给侧结构性改革与深化转型综改试验区建设结合起来，作为经济工作的主线，把构建现代产业体系作为主攻方向，横下一条心发展新兴产业，以高端化、智能化、绿色化为方向，推动制造业快速健康发展，努力打造制造业强省。新产品快速增长。2012–2017年，新能源汽车从无到有，2017年产量达到24781辆，太阳能电池产量由26.20万千瓦提高到197.80万千瓦，手机产量由1517万台提高到2047.70万台。新产业快速成长。2014–2017年，全省战略性新兴产业(工业)年均增长8.80%，2012–2017年，全省高技术产业(制造业)年均增长28.60%。太原钢铁集团已成为全球产能最大、工艺技术装备先进的不锈钢企业，形成了以不锈钢、冷轧硅钢、高强韧系列钢材为主的高效节能长寿型产品集群，20多个品种国内市场占有率第一，30多个品种填补国内空白、替代进口。

服务业引领发展。全省服务业增加值由1978年的18.30亿元增至2017年的8013.90亿元，增长515.50倍，按可比价格计算，年均增长11.40%，超过同期GDP年均9.60%的增速。特别是近年来，山西加快金融、现代物流、康养等现代服务业发展，补齐新兴服务业短板。现代服务业增加值从1999年的215.70亿元增至2016年的3571.80亿元，较2012年增长97.40%，年均增长18.50%；对第三产贡献率为81%，较2012年高31.90个百分点。2017年，商务服务业、铁路运输业、邮政业、公共设施管理业、卫生等5个行业的营业收入同比均以两位数的速度增长。

## 四、能源保障水平提高，基础支撑更加牢固

40年来，山西不断加大基础设施投资，努力改善交通运输条件，城市建设和基础设施建设取得质的飞跃，交通、通信、能源供应等瓶颈制约不断缓解。

能源生产供给能力大幅提高。1982年党中央、国务院作出了建设山西能源基地的战略决策，经过近40年的建设，山西能源基地在全国能源供应中发挥了生力军的作用，为全国经济持续稳定高速发展提供了强大的动力源，为全国经济发展、保障国家能源安全和改善人民生活做出了不可磨灭的历史性贡献。从1978年开始至今，全省原煤产量长期位居全国前两位，累计生产171.94亿吨。1978年，原煤产量为0.98亿吨，2015年达到9.70亿吨，为产量最高峰。2016、2017年开始，按照供给侧结构性改革要求，加快淘汰落后产能步伐，原煤产量回调至9亿吨以内；占全国的比重由1978年的15.90%提高到2017年的24.80%，提高了8.90个百分点。二次能源产品迅猛增长。1978年，全省炼焦洗精煤产量为395万吨，2017年达到2.13亿吨，增长53倍；1978年，焦炭357万吨，2017年达到8383万吨，增长22.50倍，从1980年至今稳居全国各省之首；1978年，发电量106.60亿千瓦小时，2017年达到

2765.53亿千瓦时，增长24.90倍。近年来，山西争当能源革命排头兵，构建现代能源体系，顺应能源革命要求，推进煤炭绿色低碳高效开发利用，大力发展新能源，以能源结构优化促进工业转型升级。从发电量比重看，2017年，火电、水电、风电和光电占比分别为78.80%，3%，10.80%和7.30%，与1978年相比，火电下降13个百分点，清洁电力上升13个百分点。

交通运输设施日益完善。2017年，全省公路通车里程达到14.30万公里，是1978年的4.50倍；高速公路从无到有，2017年底，全省已建成高速公路5335公里，比1995年增长55.70倍，年均增长20.20%，建成打通高速公路出省口10个。铁路营业里程达到5316.80公里，其中国家铁路4989.70公里，地方铁路327.10公里。2017年，拥有7个机场（太原武宿机场、长治机场、运城关公机场和大同机场、临汾机场、五台山机场、吕梁机场），空中航线达223余条，通航城市约136个，已基本形成了以太原为中心辐射全国的空中运输网络。2017年，太原武宿机场年旅客吞吐量首次突破1000万、达到1200万人次，进入全国繁忙机场。

邮电通信迅猛发展。2017年，全省完成邮政业务总量72.42亿元，比1978年增长222.3倍；实现邮政业务收入65.60亿元，增长523.80倍。快递业务市场规模迅速扩大。全省完成快递业务量由1988年的153万件增至2017年的24359.10万件，年均增长13.90%；完成快递业务收入30亿元，占邮政业务收入的45.90%。移动电话、互联网宽带从无到有，由20世纪90年代的奢侈品变成现在生活中的日常用品。2017年，移动宽带用户达2893.50万户，在全省移动电话用户中的比重达79.30%，移动宽带用户普及率达78.60%；互联网宽带接入用户数达872.90万户，比有互联网接入的1997年增长1.20万倍。

## 五、人民生活显著改善，需求层级不断攀升

40年来，山西始终把民生改善作为一切工作的出发点和落脚点，各级财政不断加大对民生福祉的投入，全面加强就业工作，建立健全社会保障体系，把脱贫工作作为“头等大事”和“第一民生工程”。

居民收入显著提高。全省城镇居民人均可支配收入由1978年的301元增至2017年的29132元，增长95.70倍，年均增长12.40%。农村居民人均可支配收入由1978年的102元增至2017年的10788元，增长104.80倍，年均增长12.70%。

居民收入结构不断优化。工资性收入是城乡居民增收的主体。1979—2017年，全省城镇居民的工资性收入增长58.80倍，年均增长11.10%；农村居民工资性收入增长70.30倍，年均增长11.50%，快于城镇0.40个百分点。2010年，农村居民工资性收入首次超过经营性收入，成为农村居民—第一大收入来源。1986年以来，城乡居民财产性收入逐年提高，成为城镇居民增收的强大推力。城镇居民财产性收入由1986年的4元增至2017年的2190元，年均增长22.60%；农村居民财产性收入由1978年的2元增至2017年的164元，年均增幅为11%。

居民生活质量空前提升。全省城镇居民恩格尔系数由1978年的55.60%降至2017年的23.10%；农村居民恩格尔系数由1978年的67%降至2017年的27.40%。居民更加注重生活品质。1980年，城镇居民每百户拥有洗衣机1.60台，冰箱0.30台，2017年拥有洗衣机99.95台，冰箱95.13台，几乎达到了所有家庭全覆盖；1983年农村居民每百户拥有洗衣机0.20台，1987年电冰箱拥有量0.05台，2017年拥有量分别为89.07台和70.89台，真正实现了从无到有，从少到多的质的飞跃。2017年，城乡居民每百户家庭汽车拥有量分别为35.56辆和16.63辆。值得一提的是当今汽车消费档次也在升级换代，汽车消费从代步工具的适用性向追求舒适、高档和享受型转变。

脱贫攻坚取得决定性进展。全省着力落实脱贫攻坚责任制，全力推进精准扶贫八大工程20项行动，易地扶贫搬迁、特色产业扶贫和健康扶

贫扎实开展，生态扶贫、光伏扶贫工作走在全国前列。2013—2017年，全省累计退出4800个贫困村，275万贫困人口脱贫，贫困发生率从13.60%下降到3.90%，贫困地区农民人均可支配收入由3967元增加到7330元，年均增长13.10%。光伏扶贫走在全国前列。截至2017年底，713座村级电站、21座地面集中电站并网发电，总装机78.96万千瓦。国家一次性批复2017—2019年3年村级电站规模102.90万千瓦，占全国四分之一，累计可带动6500个贫困村、23.3万贫困户持续稳定增收。

社会保障全力提高，覆盖城乡居民的社会保障体系基本建成。按照“兜底线、织密网、建机制”的要求，全面实施全民参保计划，完善企业职工基本养老保险省级统筹，完善统一的城乡居民基本医疗保险制度和大病保险制度，努力建成覆盖全民、城乡统筹、权责清晰、保障适度、可持续的多层次社会保障体系。2017年，全省机关事业单位养老保险制度入轨运行，城乡居民医保制度实现并轨，在全国首批实现跨省异地就医直接结算；参加医疗保险和失业保险的人数分别比2001年增加3059.40万人和134.50万人；城镇低保人数53.10万人，比2001年增加17.50万人。

### 六、社会事业全面发展，服务水平不断进步

40年来，山西不断提升全面小康水平，各项社会事业全面进步，教育事业显著发展，文化事业繁荣兴盛，实施“健康山西”战略让人民群众获得感、幸福感、安全感不断提升。

教育发展水平显著提高。截至2017年底，全省新改扩建幼儿园1355所。新增本科高校6所、高职高专3所。2013–2017年累计培养研究生3.4万人、普通本专科学生94.80万人、中等职业技能人才69.10万人，面向社会开展各类实用技术培训1500万人次。为贫困县农村学校招聘“特岗教师”8500余名。启动实施“1331工程”，统筹推进“双一流”高校建设踏上新征程。

科技创新活力提升。2017年，全省R&D经费投入总量为148.20亿元，是2000年的15倍，自2000年以来年均增长17.30%。专利申请数为20697件，是2000年的14倍，其中，发明专利申请7379件，是2000年的21.80倍；专利授权数为11311件，是2000年的11.70倍，其中，发明专利授权2382件，是2000年的13.80倍。全年新登记科技成果560项；获得国家科学技术奖3项。国家级企业技术中心26家，省级企业技术中心270家；按照国家高新技术企业认定办法，年末累计高新技术企业1117家。全省省级及以上众创空间达到184家。支持建设了34个重点学科、56个重点创新团队和43个重点实验室，统筹支持了32个协同创新中心、26个工程(技术)研究中心和3个产业技术创新研究院(战略联盟)。

文化事业百花齐放。坚定文化自信，打造“文旅强省”，大力实施文艺精品创作工程，促进公共文化服务效能提升，推动优秀传统文化创造性转化和创新性发展，加强文化市场管理培育，推动文化产业发展壮大，提高文化科研教育水平，扩大山西文化影响力，增强文化产品有效供给，让人民获得感、幸福感更加充实。2017年，全省出版报纸60种(不含高校校报)19.60亿份，各类杂志201种、2244.40万册，各类图书出版3608种、9721万册。广播电视台114座，电视台2座，中短波转播发射台15座，调频转播发射台119座，一百瓦以上电视转播发射台145座。广播人口覆盖率98.80%，电视人口覆盖率99.60%，有线电视用户471.10万户。公共文化设施网络基本形成。现有省级公益性文化机构2个，市级公益性文化机构19个，其中市级图书馆8个、市级文化馆11个。乡镇、农村公共文化设施基本实现全覆盖。现有国家级非遗项目157项、省级非遗项目403项，国家级代表性传承人106人、省级代表性传承人815人。科幻小说《三体》获雨果奖。

医疗卫生服务事业不断提高。紧紧围绕全面提升医疗水平工作主线，全面推进领军临床专科、重点医学实验室和卓越医学团队三项重点建设，以点带面，促进全省医疗水平整体提升。2017

年末，全省有卫生机构13549个，比1978年末增加8554个；卫生机构床位数19.60万张，增加13.10万张；卫生技术人员22.80万人，增加15.20万人。1975年，平均预期寿命66.47岁，至1982年第三次人口普查时达到67.63岁，1990年第四次人口普查时已达69.46岁，接近世界发达国家水平，2000年第五次人口普查，人口平均预期寿命增至71.97岁，2010年进一步提升到74.92岁，与1982年相比，24年间提高了7.29岁。

体育事业长足发展。2017年年末全省有体育场101个，体育馆96个。全年运动员在国内外重大比赛中获金、银、铜牌分别为69枚、66枚和81枚（包括非奥运项目比赛）。销售中国体育彩票34.90亿元，增长50%。连续多年成功举办太原国际马拉松大赛。

## 七、“绿水青山”效应放大，生态建设成效显著

40年来，山西下大力气治理环境污染，推进能源资源集约节约利用，加快完善生态文明体制机制，“绿水青山就是金山银山”的发展理念在山西深入人心。

节能减排成绩明显。大气污染物总量减排方面，2017年，全省二氧化硫排放总量较2015年下降10.90%；氮氧化物排放总量下降10.40%。水污染物总量减排方面，2017年，化学需氧量排放量较2015年削减11.99%；氨氮排放量削减9.68%。

环境质量显著改善。全力开展大气、水、土壤污染防治三大战役。2017年，全省11个地级市环境空气达标天数范围在128–301天之间，与2013年相比，环境空气质量综合指数下降8.30%，细颗粒物（PM2.5）浓度下降23.40%，完成国家下达的“大气十条”目标任务。全面推行河长制，实施饮用水、流域水、地下水、黑臭水、污废水“五水同治”。地表水优良断面比例比2012年上升7.50个百分点，重度污染断面比例下降4.30个百分点。实施“两山七河”生态治理工程，2013–2017年完成营造林2205.80万亩，治理水土流失面积1.32万平方公里，以汾河谷地为中心的地下水位连续10年回升。

40年拼搏奋进，40年风雨兼程。回首过去，山西人民坚定不移走改革开放之路，披荆斩棘、破浪前行，用双手书写了山西经济和社会发展的壮丽史诗。近年来，山西人民在习近平新时代中国特色社会主义思想指引下，坚决贯彻落实习总书记视察山西重要讲话精神，全省实现了从断崖式下滑到走出困境、再到转型发展呈现强劲态势的重大转折。展望未来，3700万三晋儿女将更加紧密地团结在以习近平同志为核心的党中央周围，全面贯彻党的十九大精神，坚持稳中求进工作总基调，坚持新发展理念，统筹推进“五位一体”总体布局和协调推进“四个全面”战略布局，坚持把深化供给侧结构性改革与深化转型综改试验区建设结合起来，作为经济工作的主线，充分发挥转型综改试验区建设的战略牵引作用，建设“示范区”，打造“排头兵”，构建“新高地”，用非常之力，下恒久之功，走出一条具有山西特色的资源型经济转型发展新路，为决胜全面建成小康社会、实现“两个一百年”宏伟目标而不懈奋斗！

（省统计局编，选自山西省人民政府网站）

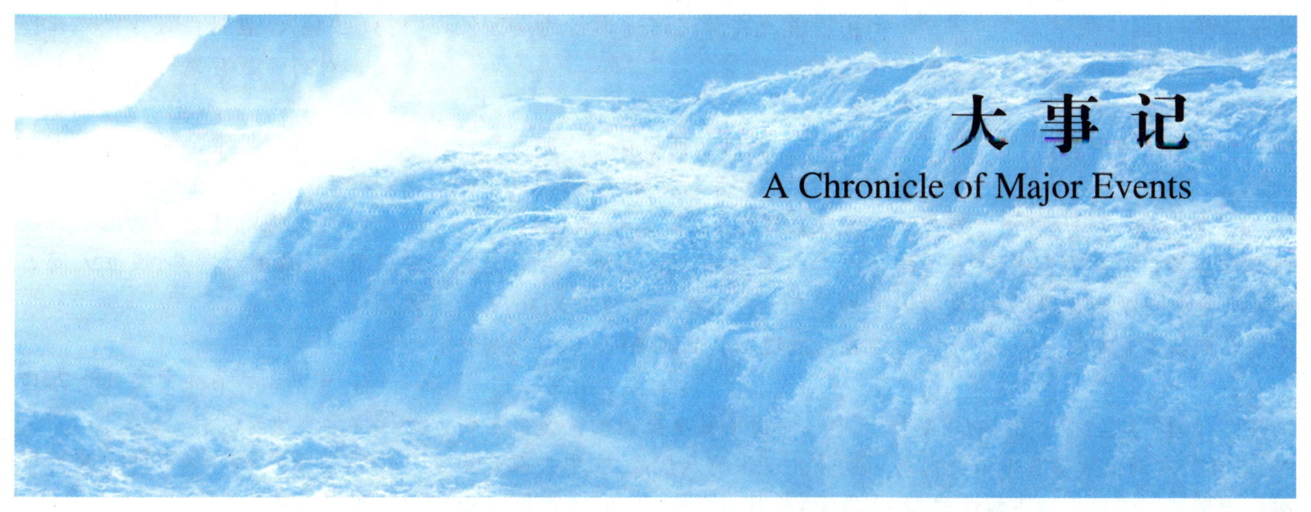

# 大事记

A Chronicle of Major Events

## 1月

**1日**　山西省科技馆“等比例太阳系图谱”向观众开放。

**2日至3日**　省委经济工作会议召开。

**3日**　山西省第一台医院服务机器人“小白”在长治市妇幼保健院上岗。

省委、省政府召开全省企业家大会。

**3日夜间至4日白天**　山西大部分地区普降中到大雪，临汾、运城、长治、晋城部分地区普降暴雪。山西省启动重大气象灾害(暴雪)四级应急响应。

**4日**　山西省县乡医疗卫生机构一体化改革工作经验在2018全国卫生计生工作会议上作典型交流。

省政府发布《关于开展山西省第三次土地调查的通知》，启动第三次土地调查。

**5日**　山西省2017年度党外市厅级领导干部述职述廉大会在太原召开。

山西作家张卫平编剧的《跤王战寇记》获全国网络电影大赛二等奖(一等奖空缺)。

**8日**　山西“超大规模微细粒复杂难选红磁混合铁矿选矿技术开发及工业化应用”等3项科技成果在国家科学技术奖励大会上获国家科技进步奖(通用项目)二等奖。

山西医科大学第二医院乳腺外科医师姜鸿楠在由国家卫生计生委指导、健康报社主办的“敬佑生命大爱无疆——2017年医药卫生界生命英雄推选活动”中上榜。

全国首座公厕文化馆在临汾建成开放。

**8日至10日**　山西省“五小”竞赛成果精品展在省展览馆举行。

**9日**　吉利汽车晋中公司第10万台整车下线。

首期规模50亿元的山西省首家钢铁产业结构调整基金在运城签约设立。

经各市、省直各工委文明办推荐，省文明办组织的2017年下半年“山西好人”评选揭晓，评选出助人为乐5名、见义勇为5名、诚实守信6名、敬业奉献5名、孝老爱亲5名。

山西省6个园区入选国家发改委、农业部、工信部等七部门公布首批148个首批国家农村产业融合发展示范园创建名单。

山西省召开水资源费改税试点新闻发布会，按照“有序衔接、税费平移、注重调控”的基本原则，总体延续了原水资源费的征收标准，平移了两项政策：一是继续缓征居民生活用水水资源税；二是继续对所有采矿企业征收采矿排水(疏干排水)水资源税。

**10日**　山西省第一张水资源税票由垣曲国泰矿业有限公司在垣曲县地税局办税服务厅开出，税款为7342元，标志着山西省水资源税改革落地。

山西省大气污染防治工作领导组办公室发布2018年第1号应对重污染天气调度令。

**11日至13日**　山西省光伏扶贫、清洁取暖政策技术高峰论坛暨山西省太阳能协会年会在太原举行。

**13日**　由民进山西省委、省文化旅游促进会等共同主办的山西文化旅游促进会2017年年会暨海峡两岸及香港、澳门青年学生体验中华民族优秀传统文化研学旅行座谈会举行。

**16日**　中共山西省委组织部公布第五批山西省青年拔尖人才名单，共10人。他们分别享受省财政60万元或30万元的专项经费支持。

**17日**　第四届“全国十佳农民”暨第二届“全国十佳农技推广标兵”在京揭晓。运城市中农乐果业联合社理事长杨良杰入选十佳农民，是山西省获此荣誉第一人。

省军区组织评选的“2017感动山西国防动员新闻人物”揭晓，共表彰9名个人、1个群体。

**18日**　2018山西省名优土特新产品协会年会暨山西名牌农产品（最佳新年礼）发布会在太原召开，21家省内优秀农产品企业获奖。

**19日**　2018年全省文化科技卫生“三下乡”启动仪式暨集中示范活动在忻州举行。活动由省委宣传部、省文明办等15家单位共同组织。

山西投资2.3亿元发展冷链物流，启动5年内建成“山西最大，太原最优”冷链物流体系。

**22日**　省十二届人大常委会第43次会议召开。决定任命：刘新云为山西省副省长、公安厅厅长，曲孝丽为山西省副省长。

**23日**　2017年全省经济运行情况新闻发布会由省统计局和国家统计局山西调查总队联合召开。全省主要经济数据出炉。2017年，全省地区生产总值14973.5亿元，GDP增量超过去五年增量总和；年度经济增长7%，自2014年以来首次步入合理区间。

省林业厅与国信集团森林康养产业合作框架协议签约仪式在太原举行，标志着山西省森林康养产业进入规划建设的产业化发展新阶段。

**25日至31日**　省十三届人大一次会议举行。骆惠宁当选省十三届人大常委会主任，楼阳生当选省长。会议表决通过关于省政府工作报告的决议、关于山西省2017年国民经济和社会发展计划执行情况与2018年国民经济和社会发展计划的决议。

**28日**　2017—2018全国大众速度滑冰马拉松系列赛（老牛湾站）举行。是山西首次在黄河河道举行的全国性冰雪赛事。

**29日**　政协山西省第十二届委员会第一次会议举行第4次全体会议，黄晓薇当选为十二届省政协主席。

在襄汾陶寺北墓地考古发掘工地，考古人员在清理2017M3011大墓时发现一套卫国编钟。

**31日**　临猗县卓里镇的快递员李朋璇作为基层群众代表，在中央召开的教育、科技、文化、卫生、体育界人士和基层群众对《政府工作报告（征求意见稿）》提意见建议座谈会上，提出关于快递发展的建议。他是第一位进入中南海与总理面对面交谈的“快递小哥”。

## 2月

**2日**　山西省37个项目获2018年度国家艺术基金资助。9名与艺术相关的从业者入选“青年艺术创作人才资助项目”。

**5日**　“山西省党员教育信息化系列平台”启动。

山西阳煤集团和电商京东公司合作建成全国煤炭企业首例物资采购“慧采平台”。

**6日**　省内31个PPP（政府与社会资本合作）项目确定为山西省第四批PPP示范项目，总投资255.43亿元。

省纪委公开曝光六起扶贫领域腐败和作风问题典型案例。

航拍视频《黄河拐了七道湾》（作者段铸）在凤凰新闻举办的航拍视频大赛中以超高票数位列第一，获“网络人气奖”。

**8日**　中国大同古都灯会开幕。

**9日**　山西省建设高校“双一流”的“1331工程”，累计投入3亿元建设资金，对高等教育施行有史以来最大投入。

经国务院批准，撤销大同市城区、南郊区、矿区，设立大同市平城区、云冈区，将南郊区古店镇划归新荣区管辖；撤销大同县，设立大同市云州区。

**11日**　中共山西省委常委召开2017年度民主生活会。

山西省首家行政审批局高平市行政审批局成立。

**12日**　全省精神文明建设表彰大会在太原召开。

**13日**　太原首批30辆纯电动公交车上路，总采购400辆将陆续投入运行。

**14日**　楼阳生主持召开省脱贫攻坚领导小组会议，审议吉县、中阳、右玉3个国定贫困县退出核查情况报告。

**15日**　山西省精神文明建设表彰大会召开，骆惠宁、黄晓薇等省党政负责任人接见模范人物和先进典型代表。

**24日**　省委农村工作暨脱贫攻坚会议在太原召开。会议讨论《中共山西省委、山西省人民政府关于推进乡村振兴战略的实施意见（讨论稿）》，对2017年度全省脱贫攻坚获奖者进行表彰。

**25日**　长治县振兴村党总支书记牛扎根在农民日报社、中华全国农民报协会主办的“宣传贯彻中央一号文件精神暨2018中国‘三农’发展大会”上，当选“2017中国农村新闻人物”。

**27日**　《2016年全省生态文明建设年度评价结果公报》由省统计局、省发改委、省环保厅首次联合发布。

**是月** 全省建设项目库入库项目达5940个，年度计划投资7464亿元。其中转型项目年度计划投资占比为49%，对全年固定资产投资9%的增长目标形成有力支撑。全省工业固定资产投资完成77.6亿元，同比增长8.3%。全省省级及以上开发区开工建设23个重大转型项目，其中总投资超10亿元的11个。

## 3月

**2日** 第四批50个全国学雷锋活动示范点和50名全国岗位学雷锋标兵由中宣部命名。太原广播电视台音乐广播小桔灯爱心联盟被命名为全国学雷锋活动示范点；临汾市大宁县徐家垛乡乐堂村卫生所乡村医生贺星龙被命名为全国岗位学雷锋标兵。

**5日** 2018年度国家舞台艺术精品创作扶持工程评审工作结束。山西省两部剧目入选，分别为上党梆子《太行娘亲》、舞蹈史诗《为有牺牲多壮志》。同时，上党梆子《太行娘亲》还入选 2018年度国家舞台艺术精品创作扶持工程重点扶持剧目。

壶关县人民检察院、古交市人民检察院、阳城县人民检察院入选2017年度"全国检察文化建设示范院"。

**7日** 山西省召开纪念"三八"国际妇女节108周年大会，并表彰140名省三八红旗手、95个省三八红旗集体、98个省巾帼文明岗、148名省巾帼建功标兵。

**9日** 中国铁路太原局集团有限公司与山西省参与"一带一路"建设工作领导小组办公室共同召开中欧班列深化推进会，商讨部署2018年中欧班列组织开行工作，推进中欧班列常态化开行。

"华夏古文明·山西好风光——中国山西旅游 黄河、长城、太行推介会"在德国柏林举行，并成为2018年山西旅游"走出去"首场推介活动。

山西省第三次农普公报由省农普办和省统计局联合发布。

**15日** 国务院批准山西省为国家标准化综合改革试点省。

**16日** 临县碛口镇李家山村麒麟山庄成贵生、山西乐村淘网络科技有限公司赵士权、运城市盐湖区会荣水果种植专业合作社丁会荣入选全国农村创业创新优秀带头人。

**17日** 阳泉市第十一中学教师王建辉入选教育部公布的第三批国家"万人计划"教学名师名单（全国共195名教师入选）。

**20日** 山西燃气集团有限公司在山西转型综改示范区揭牌，标志着全省燃气资源整合重组全面开启。

运城市与中国经济信息社在北京签订"新华-中国（运城）苹果价格指数"合作协议，双方将共同建设、发布苹果价格指数，推动当地苹果产业提档升级。

**21日** 山西省5个项目入选国家标准化管理委员会公布的第五批社会管理和公共服务综合标准化试点项目。

**24日** 省政府与故宫博物院签署合作框架协议，共同推进山西文化资源继承与发展。

省政府在太原召开全省转型项目建设年第一次调度会议。

**24日至4月2日** 2018年山西品牌丝路行系列活动在马来西亚、泰国、柬埔寨3国举办。

**27日** 山西省新一轮"旅游厕所革命"全面启动。

**28日** 省政府新闻办召开新闻发布会，实施全民技能提升工程。2018年山西省从就业专项资金、失业保险资金中安排投入约10亿元，对100万人进行大规模职业技能培训。

省人大常委会召开2018年法规评估工作启动会，对《山西省平遥古城保护条例》立法后评估工作进行部署。

晋城市王莽岭景区在"国家旅业峰会之首届品质旅游峰会"暨《2018中国品质旅游发展报告》发布会上，被评为"国家旅业奖（2017）品质景区"，是山西省唯一获此奖项的景区。

**30日** 山西大水网工程建设取得进展，"七河"生态修复全面实施，21374名河长上岗履职。治理水土流失面积553.30万亩。

10人在由山西农民报主办的2017年度十大"三农"新闻人物评选颁奖仪式上获"2017年度山西十大'三农'新闻人物"称号。扎根山区40年、一肩挑四担无私奉献的优秀共产党员、全国脱贫攻坚模范刘桂珍获"2017年度山西'三农'特别贡献奖"。

**31日** 中国在太原卫星发射中心用长征四号丙运载火箭，以"一箭三星"方式成功将高分一号02、03、04卫星送入预定轨道，形成中国首个民用空间基础设施遥感卫星星座。

**是月** 山西省与教育部签署部省合建山西大学协议，山西大学成为部省合建高校。

省政府批复同意设立太原幼儿师范高等专科学校、大同师范高等专科学校和山西卫生健康职业学院3所专科学校。

## 4月

**1日至7月1日** 山西开展废弃矿井专项整治。

**3日至5月31日** 山西省对辖区内流域面积大于50平方公里的河流和有防洪隐患的其他沟(渠)道开展清河专项行动。

**4日** 山西省2018年百列旅游专列入晋游拉开帷幕。首趟载着800名游客的Y448/5次旅游专列驶入大同火车站。

**8日** 国内首套多污染物一体化控制装置是由中节能工业节能公司牵头承担的国家重点研发计划项目,在中节能山西潞安热电基地全流程试验成功。

**9日** 全国"时代楷模"黄大年先进事迹报告会在山西医科大学举行。

**10日** 省委人才工作领导小组第11次会议召开,审议通过《省委深化人才发展体制机制改革专项评估督查工作方案》《山西省高端人才分层标准(试行)》《"山西省优秀人才突出贡献奖"和"山西省人才工作贡献奖"奖励办法》《山西省分类推进人才评价机制改革的实施方案》4个文件,审定第十批省"百人计划"拟引进人才(团队)名单。

**13日** 山西省在全国率先开展省级环保督察"回头看"。

**14日** 山西省首趟发往白俄罗斯明斯克的中欧班列启程。

**15日** 大同市与中国科学院洁净能源创新研究院、大同全科盟新能源产业技术研究院三方签署共建协议,标志着中国科学院洁净能源创新研究院大同转化基地成立。

**18日** 2018丝路沿线联盟城市文化艺术主题展在太原美术馆开幕。

平顺县王曲村天台庵修缮保护工程入选"2018全国优秀古迹遗址保护项目"。

**19日** 山西省首届"大槐树杯"百名金牌导游大赛总决赛在临汾市洪洞县开赛。

全省整治群众身边腐败问题推进会在太原召开。

全省决胜"基本解决执行难"动员部署会在省高级人民法院召开。

山西代表团携30多家企业的4大类、50余种产品参加2018中国(上海)国际技术进出口交易会。

**21日** 省政府与教育部在上海签署《山西省学校美育改革发展备忘录》。

山西大医院入列国家首批"老年医疗照护培训基地"。

**23日** 在2018年国际射联世界杯韩国站气步枪混合团体比赛中,19岁山西省赵若竹和队友以499.3环的成绩夺得冠军。

**24日** 山西省第一本农垦国有土地使用权不动产权证书颁发给朔州市山阴农牧场,确权面积19854.81亩,标志着山西省全面启动农垦国有土地使用权确权登记发证工作。

**26日** 山西省5株古树入选中国绿化委员会办公室、中国林学会遴选的"中国最美古树"(全国85株)。

**27日** 中共山西省委中心组举行(扩大)学习报告会。中央网信办政策法规局局长、中国网络空间研究院院长杨树桢作题为《学习习近平总书记网络强国战略思想》的专题报告。

由太重集团研发生产的首台国产最大规格液压打桩锤在太重天津滨海基地进行试打。

由省文明办指导、山西日报主办的绿色沁源杯·2017"感动山西"十大人物颁奖仪式在太原举行,平遥国际影展创立人、导演贾樟柯等入选。

**30日** 全国"森林小镇"发展大会暨全国特色小镇投融资项目洽谈会在北京召开。阳城县横河镇跻身首批"全国最美森林小镇100例"名单,是山西省唯一入选的乡镇。

**是月** 省教育厅、省民政厅等四部门联合印发《切实减轻中小学生课外负担开展校外培训机构专项治理行动工作方案》。

山西省饮用水水源地环保专项行动启动。

山西省开展户外广告专项整治,严查对社会影响恶劣、公众反映强烈、危害人民群众人身财产安全的六类违法广告。

## 5月

**1日起** 全省税务系统236个办税服务厅全部实行"一门办税"。

**2日** 国务院学位委员会公布第34次会议批准2017年审核增列的博士、硕士学位授予单位及其新增学位授权点名单。山西省共新增19个博士学位授权点和26个硕士学位授权点,其中专业博士学位授权点实现"零"的突破,博士点增长数量位居全国第17位。

以"华夏古文明·山西好风光"为主题,中国山西旅游(巴西)推介会在巴西里约热内卢举行。

**3日** 山西省召开省属国企深化改革转型发展推进会。

**3日至4日** 全省易地扶贫搬迁现场推进会在夏县召开,同时召开2018年计划退出的26个贫困县分析研判会。

**4日** 省政府就落实省属国企深化改革转型发展推进会精神,召开全省剥离国有企业办社会职能和解决历史遗留问题攻坚会议。

第十八届“山西青年五四奖章”、第十一届“山西青年五四奖状”评选揭晓。洛亮亮等28人被授予“山西青年五四奖章”称号，王强等2人被追授“山西青年五四奖章”称号，太原市交警支队杏花岭大队一中队等30个集体被授予“山西青年五四奖状”称号。

山西省新闻工作者协会组织的第二十七届(2017年度)山西新闻奖评选活动揭晓。本届参评新闻单位共69家，参评作品763件。评出一等奖79件、二等奖101件、三等奖121件。另有7件获特别奖。

**4日至7日** 省旅发委以及忻州、晋城、运城旅发委在中国台北参展2018台北两岸观光博览会。重点向台湾游客推介黄河、长城、太行三大旅游品牌。

**5日至8月15日** 全省集中开展查处违法排污百日行动，聚焦重点排污企业，查处长期严重超标排污企业，依法规范企业排污行为。

**7日** 山西省首套大型太阳能光热供暖示范项目在山西百草绿源中药材有限公司厂区全封闭运行。

11市全部启用新能源汽车专用号牌。

**8日** 太原国际马拉松赛被国际田联认定为银标赛事，成为全国第8个获得这项荣誉的赛事。

**9日** 山西省人民医院刘丽萍荣获全国2018年杰出护理工作者称号。

**10日** 全国首创主题书房——“马克思书房”亮相太原市图书馆。

第一批全国林业产业投资基金项目库入库项目由国家林业和草原局公布。山西省10个项目入选并纳入建议计划，获得24.3亿元林业产业投资基金支持。

**14日** 山西农业大学刘小琼、中北大学贾涛和山西工程职业技术学院权家琦入选2017“中国大学生自强之星”。

**15日** 《山西省学生军事训练改革实施办法》由山西省人民政府办公厅、山西省军区战备建设局联合印发。

**16日** 主题为“品牌山西 享誉中华”的2018山西品牌中华行(北京站)活动启动。

省扫黑除恶专项斗争领导小组召开会议，对在全省开展扫黑除恶专项斗争督导工作进行部署。

省政府召开全省推进企业进军资本市场电视电话会议，就推进企业对接多层次资本市场、加快上市挂牌步伐工作进行动员部署，并就山西省培育上市挂牌后备企业、开通政务服务绿色通道有关政策进行解读。

**17日** 省政府在太原召开全省转型项目建设年第二次调度会议。

山西省城乡建设用地增减挂钩工作现场推进会在繁峙县召开。

**18日** 《山西日报》(手机报)上线运行。“山西优秀舞台艺术中华行之二——‘一带一路’城市巡演”活动在山西大剧院启动。

太原不锈钢产业园区、山西金融职业学院、江苏京东信息技术有限公司政校企产教融合战略合作协议在太原签约，并举行全国首家“京东学院”揭牌仪式，探索学校与企业协同发展的新型合作模式。

**19日** 沁源县、壶关县、大同县、陵川县入列“全国百佳深呼吸小城”榜单。大同县入选首批“深呼吸小城十佳示范城市”。活动由中国国土经济学会组织。

**20日** 骆惠宁在太原会见中国国民党前主席洪秀柱一行。

**21日** 黄晓薇在晋城会见台湾新党主席郁慕明及台胞、侨胞代表。次日，“问祖炎帝寻根高平”戊戌年海峡两岸同胞神农炎帝民间拜祖典礼在高平炎帝陵举行。

**22日** 太原理工大学与清华大学签署战略合作协议。

山西省农村地质灾害治理搬迁现场会在芮城县召开。

**23日** 中共山西省委贯彻落实中央巡视工作规划推进会在太原召开。

**24日** 省政府召开全省禁毒工作暨禁毒人民战争“三年攻坚战”动员部署视频会。

上党堆锦入选第一批国家传统工艺振兴目录。

**25日** 省人大常委会召开加快推进全省环境保护地方立法工作会议。

省脱贫攻坚领导小组召开“一县一策”专题推进会。

**28日至29日** 山西20家优秀企业携五大类、60余种产品在北京举办的第五届中国(北京)国际服务贸易交易会参展。

山西省退役士兵就业创业服务促进会成立大会在太原召开。

**30日** 经省政府同意，省质量技术监督局与省环保厅联合批准发布山西省地方标准《燃煤电厂大气污染物排放标准》(DB14/T1703-2018)，于2018年7月30日实施。

**是月** 长治市乡村小规模和乡镇寄宿制学校建设经验在教育部新闻发布会上作专题介绍。

## 6月

**4日** 全国首支区域性百亿规模的国企债券专项公募基金——“山西国企债券主题开放式基金”正式启动。

**5日** 山西省首支扶贫产业基金——娄烦县扶贫产业发展基金在太原成立。

云冈石窟研究院院长、云冈旅游区管委会主任张焯入选“2016—2017绿色中国年度人物”。

**9日** 在武汉举行的第21届国际泳联跳水世界杯比赛中,山西省李政斩获跳水项目山西第一个世界杯金牌。

**10日** 2018年“点爱公益”杯全国青年体操锦标赛暨全国青年体操U系列锦标赛在山西体育中心落幕,山西省代表队获得五金五银四铜。

**11日** 在2018年中国城市信用建设高峰论坛上,晋中市获全国首批“守信激励创新奖”。

省委办公厅、省政府办公厅联合印发《山西省湖长制实施方案》,明确要建立省市县乡村五级以党政领导负责制为核心的湖长责任体系,将实施湖长制纳入全面推行河长制工作体系统筹推进。

**12日** 山西省首家产创融合平台——山西建投“双创”基地在山西转型综改示范区科技创新孵化基地启动。

**13日** 山西公安审批服务“一网通一次办”平台正式启动。省公安厅与腾讯达成“智慧新警务”战略研发合作,共同成立山西公安“智慧新警务联合创新实验室”。

**15日** 山西省庆祝改革开放40周年群众文化系列活动经省委、省政府批准,从6月15日至10月10日,由省委宣传部、省文化厅、省总工会共同举行。正式启幕的“鼓舞山西”锣鼓艺术展演在太原理工大学举行。

全省青少年“传承红色基因,争做时代新人”主题教育活动启动仪式在兴县晋绥边区革命纪念馆举行。

**16日** 北京西—晋城首趟开行的“晋城太行康养号”旅游专列抵达晋城市。

**17日** 国内最大功率海上半直驱永磁同步风力发电机在中车永济电机公司成功下线。

**19日** 经国务院批复,同意撤销长治市城区、郊区,合并设立长治市潞州区;撤销长治县,设立长治市上党区;撤销屯留县,设立长治市屯留区;撤销潞城市,设立长治市潞城区。

**24日** 山西省2018年普通高校招生考试成绩,经省招生考试委员会批准划定的普通高校招生本科录取最低控制分数线(不含二批本科C类院校)同时公布。山西省2018年普通高校招生本科录取最低控制分数线中,文史类:第一批为546分;第二批为476分。理工类:第一批为516分;第二批为432分。

**25日** 习近平新时代中国特色社会主义思想网络专题学习班开班暨山西干部在线学院新平台开通仪式在太原举行。

**26日** 全省首次完成森林生态系统服务功能价值评估,正式向社会发布。评估结果显示,2016年全省森林生态总价值量为3172.64亿元,每公顷森林的价值量为6.37万元。

**27日** 由中国人民对外友好协会、山西省政府共同主办的中国(兴县)国际扶贫研讨会在吕梁市兴县举行。

首届军民融合发展(中国·太原)高峰论坛暨中国国防工业企业协会军民融合产业联盟首届年会在太原召开。

**是月** 《山西年鉴(2017)》入选第二批中国年鉴精品工程“中国精品年鉴”名单,并蝉联全国省级唯一“中国精品年鉴”。

由山西国投运营公司、山西证券、漳泽电力等省属国企联合发起、总规模10亿元的山西国投绿色能源发展基金正式设立。

## 7月

**4日** 由省总工会主办的“中国梦·劳动美——学习贯彻习近平新时代中国特色社会主义思想和党的十九大精神”全省职工演讲比赛举行总决赛。

**5日** 全省税务机构改革正式开始。国家税务总局山西转型综合改革示范区税务局及全省11个市级税务局统一举行挂牌仪式并宣布成立。

第24届中国兰州投资贸易洽谈会在甘肃兰州国际会展中心开幕,山西省16家企业携四大类220多种展品采用“形象展+商贸展”的模式参展。

**9日** 平顺县龙溪镇佛堂岭村(平顺潞党参)等6个村镇入选由农业农村部组织认定的第八批全国一村一品示范村镇名单。

**10日** 山西省在上海证券交易所发行政府债券232.4亿元。这是山西首次在上交所发行政府债券。标志着省政府债券项投资主体多元化迈出了关键一步。本批债券资金主要用于交通、教育、农业、城市建设等公益性项目支出。

**13日** 省政府与南非林波波省在太原举行工作会谈,两省签署发展友好省际关系备忘录。楼阳生和林波波省省长祖普·马萨巴萨出席。

山西省级政务云平台正式启动运行。

美籍华裔王纯杰伉俪文物捐赠仪式在山西博物院举行，他们将1件流失海外多年的北魏时期石雕天王头像捐赠给山西博物院。

**16日** 国内首台最大功率——5500HP页岩气压裂泵电驱动系统在中车永济电机公司成功下线并发运用户，标志着中国页岩气开采核心技术装备再次实现突破。

**17日至29日** 以主题为“尚德守法 食品安全让生活更美好”的全省食品安全宣传周活动举行。

**18日** 中国合作贸易企业协会饮食产业委员会成立发布会暨2018全国首届饮食产业生态重塑分享大会在太原召开。

据国家统计局公布的全国夏粮生产数据显示，2018年山西省夏粮播种面积56.92万公顷，总产量达到229.90万吨，每公顷产量4038.90公斤。其中，98%以上是小麦。

**19日** 中国水科院在运城市引黄灌溉管理局第二提水站举行引黄灌溉试验研究基地挂牌仪式。这是山西省首个国家级引黄灌溉试验研究基地。

全省新的社会阶层人士培训班暨中阳现场会在中阳县召开。

**21日** 首届山西非物质文化遗产博览会长城博览系列活动开幕式在代县雁门关景区举行。

**24日** 山西省脱贫攻坚领导小组印发《山西省扶贫周转金借款实施方案（试行）》，产业扶贫周转金借款项目启动。

**25日** 《关于做好复制推广自由贸易试验区第四批改革试点经验工作的通知》由省政府办公厅印发。

**25日至8月10日** 全省派出11个督导组分赴各市，开展防汛工作督导大检查。

**26日** 省委召开议军议警会议。会议审定《关于推动完善国防动员体系的实施意见》。

**27日** 太钢集团成功在中国银行间市场交易商协会获得DFI储架发行资质，成为省属企业中第一家获得该发行资质的企业，标志着太钢集团在国内融资市场的能力和地位进一步提高。

**29日** 省政府印发《山西省打赢蓝天保卫战三年行动计划》。

**30日** 国家外国专家局和教育部公布2018年度地方高校“高等学校学科创新引智计划（即“111计划”）”立项名单，山西大学激光光谱研究所申报的“光与物质相互作用的量子效应学科创新引智基地”获得立项及经费支持。该基地是山西省首个获批的学科创新引智基地。

**31日** 山西省北京市粮食产销合作推进会暨“山西小米”品牌推介活动在北京举行。

全省生态环境保护大会在太原召开。会议聚焦突出问题、结合抓好中央环保督察和巡视反馈整改，推动全省生态文明建设。

## 8月

**2日** 第十六届中泰禁毒合作双边会议在太原市举行。双方签署《泰国肃毒委员会办公室向中国国家禁毒委员会办公室提供毒品样品交接书》。

山西日报报业集团与杭州凡闻科技有限公司签署战略合作协议，双方共同推进新闻大数据中心建设，更好地盘活历史核心数据资产，助推省内媒体深度融合发展。

**2日至3日** 骆惠宁到运城市对扫黑除恶专项斗争开展情况调研，并主持召开全省扫黑除恶专项斗争推进会。

**4日** 山西新增山西老陈醋、平遥牛肉为国家地理标志保护产品。

**6日** 清徐县徐沟镇、曲沃县北董乡、文水县刘胡兰镇、榆社县云簇镇获批开展农业产业强镇示范建设。

**8日** 经国务院批准，撤销怀仁县设立县级怀仁市。山西省第12个县级市正式挂牌。

**8日至18日** 山西省第十五届运动会举办。本届省运会分竞技体育项目（青少年组）和群众体育项目两部分。竞技体育（青少年组）共设21个大项、497个小项。群体项目共设职工组、农民组、高校组、成人组、老年人组共5个组别，21个大项、110个小项。

**10日** 省纪委监委召开全省纪检监察机关深挖彻查涉黑涉恶腐败和“保护伞”工作推进会。

**11日** 第十届中国曲艺牡丹奖全国曲艺大赛（北方鼓曲唱曲类）在长治开赛。

**14日** 山西省农业厅评选出运城圣耕历山农业开发有限公司等10个省级田头市场示范点。

**16日** 山西省国有资本投资有限公司与同煤集团、晋能集团等7家省属国企签约，山西省国有企业首批百亿元市场化债转股项目签约落地。

**18日** 中华人民共和国第二届青年运动会相关标志公布,会徽:山河,以褐马鸡为创意元素的吉祥物:青青,主题口号:"青春的约会,拼搏的舞台"。

**18日至9月2日** 第18届亚运会在印度尼西亚雅加达举行,山西11名运动员入选中国体育代表团,在射击、蹦床、摔跤、游泳、空手道、皮划艇等10个大项14个小项上取得3金2银2铜。

**19日至21日** 2018年C9高校"双一流"建设研讨会在山西太原举行。北京大学校长林建华与楼阳生签署《山西省人民政府——北京大学战略合作协议》。北京大学与山西大学签署《北京大学支持山西大学建设与发展实施方案》。

**20日** 全省网络安全和信息化工作会议在太原召开。

**21日** 731只种羊乘包机从澳大利亚抵达太原。这是太原海关机构改革以来,首次以"通关一体化"模式服务货用包机直接引进种用动物。

**22日** 省政府正式印发《关于2018年实施乡村振兴若干政策措施的通知》,决定投入90.23亿元实施乡村振兴战略,并将2018年强农惠农富农政策纳入其中统筹实施。

中国石油和化学工业联合会和中国化工企业管理协会共同发布2018中国石油和化工企业500强排行榜。阳泉煤业化工集团有限责任公司等18家山西化工企业进入500强。

**23日** 省政府公布《山西省省属国有企业投资风险监管管理办法》。

**27日** 全省推进转型项目建设现场会在太原召开。

**29日** 山西省第三批中期轮换援疆干部人才离晋赴疆。

全国工商联发布"2018中国民营企业500强榜单",山西潞宝集团、美锦能源集团、大运九州集团、山西通才工贸有限公司和山西立恒钢铁集团上榜。

**30日** 国家发改委出台《关于支持山西省与京津冀地区加强协作实现联动发展的意见》,推动山西省与京津冀深度融合,把山西建设成为京津冀向中西部地区辐射的战略支撑带。

省脱贫攻坚领导小组暨巡视整改专题推进会在太原召开。会议原则通过《打赢全省脱贫攻坚战三年行动实施意见责任分解方案》《关于开展消费扶贫促进精准脱贫的若干措施》。

**31日** 十一届省委第四轮巡视12个巡视组完成对36所高校党组织的进驻工作,十一届省委第四轮巡视全面展开。

**31日至9月30日** 晋城技师学院被人社部以及第四十五届世界技能大赛中国组委会确定为第四十五届世界技能大赛CAD机械设计项目中国集训基地。

## 9月

**1日** 中央扫黑除恶第2督导组督导山西省工作动员会在太原召开,中央第2督导组组长李学勇、副组长许群杰就做好督导工作分别讲话。

**3日** 由山西建投建工集团东北公司施工的亚洲最大机库钢结构工程——北京新机场南航基地1号机库钢结构屋架成功封顶。

全省实施乡村振兴战略暨改善农村人居环境现场推进会在介休市召开。

**3日至6日** 骆惠宁率中共代表团访问德国,并会见德国副总理兼财政部长肖尔茨、社民党总书记克林贝尔。

山西品牌丝路行(欧洲站)走进德国。

**4日** 根据生态环境部等七部(局)关于"绿盾2018"自然保护区监督检查专项行动的安排,生态环境部联合自然资源部、水利部、农业农村部和中国科学院组成巡查组,对山西省"绿盾2018"专项行动开展情况进行为期一周的巡查。

山西卫生健康服务平台正式上线运行。

**5日** 由山西交控集团推动建设的高速公路移动支付系统正式上线运行,用户通过手机扫码方式即可完成通行费支付。高速公路实现移动支付全覆盖。

**6日** 拜仁慕尼黑足球俱乐部、山西体育局、中体未来投资有限公司正式宣告全球第二所拜仁全日制国际足球学校落户山西太原,填补山西顶级国际青训体系空白。

**7日** 按照中共中央办公厅、国务院办公厅《关于建立贫困退出机制的意见》及省委办公厅、省政府办公厅《关于山西省贫困退出实施办法有关规定》,阳曲县等12个省定贫困县脱贫。

全省开展"大棚房"问题专项清理整治行动电视电话会议召开。

**12日** "古韵新生——山西省可移动文物保护成果展"在山西博物院预展。

**13日** 第六届亚洲粉煤灰及脱硫石膏处理与利用技术国际交流大会在朔州举行。

**14日** 中国社会科学论坛·早期都邑文明的发现研究与保护传承暨陶寺40年发掘与研究国际论坛在临汾开幕。

由省工商联主办，中国民生银行太原分行承办的“2018山西民营企业100强”发布会在太原召开。

省政府与中国科学技术大学战略合作协议签约仪式在合肥举行。

**15日** 东北亚地区地方政府联合会能源气候变化专门委员会会议在山西省召开，会议主题为“低碳、高效、分享、共赢”。

**16日** 2018太原能源低碳发展论坛开幕，2018中国(太原)国际能源产业博览会在太原开幕。

《人民日报》刊发《从以煤补气利用不足到清洁能源多重效益——山西能源革命正破题》。

**17日** 新华社播发消息《破题带来气象新——山西探路资源型经济转型发展》。

**18日** 山西品牌丝路行轨道交通展团亮相德国柏林国际轨道交通技术展览会。

**19日** 第二届世界酒文化博览会在汾阳市开幕。酒博会展馆展览面积达1.70万平方米，其中特装面积6400平方米，标准展位326个。

**20日** 以“融创未来 智行致远”为主题的2018山西网络信息安全高峰论坛暨第三届工业信息安全高峰论坛在太原举行。

由省政府主办的2018山西省旅游发展大会在临汾召开。

**21日** 山西省首届“中国农民丰收节”系列活动在太原市小店区华辰农耕园启幕。系列活动的主题为“喜庆大地丰收、弘扬传统文化、推进乡村振兴”。

**25日** 省委印发《山西省党务公开实施细则（试行）》。全文共六章30条，对党务公开的原则和体制机制、内容和范围、程序和方式、监督和追责、组织实施等作出明确规定。

**26日** 山西省第十一届残疾人运动会开幕式在山西体育中心举行。

**27日** 中国电科(山西)电子信息科技创新产业园项目奠基仪式在山西太原转型综改示范区潇河产业区举行。

国家卫生健康委在运城市召开全国县域综合医改现场会。

**28日** 山西外贸综合服务中心在山西转型综改示范区正式启动，同时全境通跨境电商B2B平台与山西外综服务平台上线。

**9月30日** 省农业厅主办的山西省第二届农村创业创新项目创意大赛决赛在太原结束，全省20名选手和项目参赛。

山西广灵小米品牌“东方亮”小米进入北美加拿大超市，10天销出600多千克。

## 10月

**1日** 2018太原·故宫文物展在太原博物馆开展。

中国首部明清院落实景融入剧《再回相府》在阳城县皇城相府景区正式和观众见面。

**10日** 由省委宣传部、省文化厅、省总工会共同主办的“山西省庆祝改革开放40周年群众文化系列活动”闭幕式暨颁奖典礼在山西大剧院举行。

全省新的社会阶层人士统战工作实践创新基地观摩会在太原召开。

太原市小店区育才小学完成智慧学校软件安装，这是山西首个基于“云计算”和“大数据”的智慧学校。

**11日至12日** 全省社会主义核心价值观示范点(公园广场)创建经验交流会在长治召开。

**13日** 由中国工程院主办，中国工程院工程管理学部、山西焦煤、太原理工大学共同承办的第276场中国工程科技论坛“智能、绿色、安全、高效——能源工程科技与管理融合创新论坛”在太原举行。

**14日** 第五届“编辑之友杯”全省新闻出版单位青年编校大赛在山西传媒学院举行。

**15日** 山西省岚县、隰县、临县位列国家卫生健康委员会办公厅、国务院扶贫办综合司通报表扬在健康扶贫工作中表现突出的45个贫困县。

**16日** 省政府与中国科学技术协会在太原签署全面战略合作协议，双方将在脱贫攻坚、科技创新、智库建设、科学普及、人才培养等方面开展全面合作。

太原康培集团有限公司、汾西县洪昌养殖有限责任公司、中阳县益源养殖专业合作社在全国工商联、国务院扶贫办、中国光彩会、中国农业发展银行在京联合举办全国“万企帮万村”精准扶贫行动先进民营企业表彰大会暨扶贫日论坛上，被授予全国“万企帮万村”精准扶贫行动先进民营企业称号。

**17日** 楼阳生主持召开省政府第14次常务会议，审议通过山西省固定资产投资项目建设涉及的行政审批中介服务事项专项清单、省级政府部门行政许可事项标准清单（2018年版）和省市县三级政府部门行政职权事项标准清单(2018年版)，审定省级公共服务事项目录和推行马上办网上办就近办一次办清单。

山西省的程玉珍、沙万里、杨良杰在国务院扶贫开发领导小组组织的2018年全国脱贫攻坚奖表彰大会上，分别获得奋进奖、奉献奖、创新奖，吕梁市林业局获得组织创新奖。

全国第5个扶贫日，山西省“激发内生动力凝聚帮扶合力”主题活动在太原举行。

**18日** 中国工程科技发展战略山西研究院成立大会暨第一次理事会议在太原召开。省政府与中国工程院签署共建框架协议。

**19日** 全省县域综合医改现场会在运城召开。

中国妇基会“家校平安”公益项目在山西全面启动。山西是该项目全面推广的第一站。

**19日至20日** 山西省2018年预计摘帽贫困县对标提升现场推进会在阳高县召开。

**22日** 山西省机构改革动员大会在太原召开，楼阳生主持会议并宣读《中共中央办公厅国务院办公厅关于印发山西省机构改革方案的通知》，骆惠宁讲话。

**23日** 全国农产品加工产业发展战略研讨会暨山西农耕文化论坛在太原举行。

**27日** 中政企山西省PPP合作基金贰号（大同棚改PPP基金）成立。大同棚改PPP基金是清洁投资联合太行产业基金与中国PPP基金共同设立的第一只国家、省、市三级联动基金。

**29日** 省委办公厅、省政府办公厅印发《山西省机构改革实施方案》。《实施方案》包括：机构改革的总体部署、调整优化省级党政机构和职能、统筹推进其他各项改革、组织实施四大部分内容。

洪洞大槐树寻根祭祖园新晋AAAAA级旅游景区。至此，山西一共拥有8家AAAAA级景区，分别是：云冈石窟、五台山、皇城相府、乔家大院、平遥古城、绵山、雁门关、洪洞大槐树。

**30日** 山西省开通的第一条定期远程洲际航线太原−海口−悉尼航线。

**31日** 川航开通太原—成都—俄罗斯圣彼得堡全年正班国际航线。这是太原武宿机场开通的第一条直航欧洲的全年正班航线。

## 11月

**1日** 国家税务总局山西省电子税务局上线运行，新上线的电子税务局涵盖全部15个税种、4个费、262项常用功能，实现税种覆盖全面化、操作流程导航化、数据生成自动化、交费途径多元化、表单推送智能化、发票领用自动化等特点。

山西转型综改示范区一网通办开始运行，150项事项全部纳入政务服务一网通办。实行前台综合受理、后台分类审批、统一窗口出件的审批运行模式。

**2日** 山西省有5件作品获中华全国新闻工作者协会主办的第28届中国新闻奖，此届中国新闻奖获奖作品348件，其中特等5件、一等62件。由山西广播电视台报送的电视专题《刘桂珍：四副担子一肩挑》获得一等奖。

**4日** 山西医科大学第一医院信息化建设实现平台化、智能化，在省内率先通过HIMSS EMRAM（住院和急诊）六级现场评审。HIMSS（美国医疗信息与管理系统学会）始建于1961年，总部位于美国芝加哥，是一家全球性的非营利性组织，旨在通过信息技术提高医疗水平。

**5日** 山西省委办公厅、省政府办公厅印发《山西省生态环境损害赔偿制度改革实施方案》。

**5日至10日** 全球第一个以进口为主题的博览会——首届中国国际进口博览会在上海开幕，山西组织1022家采购商、3347人参会。

**7日** 省委组织部公布“山西省青年拔尖人才支持计划”第六批入选名单，共23人入选，其中创新类19人、创业类4人。自然科学创新类和创业类入选者，可获得60万元财政专项经费支持；哲学社会科学、文化艺术体育创新类入选者，可获得30万元财政专项经费支持。

晋煤集团救护消防中心作为山西省和全国煤炭系统唯一受表彰单位获国家应急管理部评选的第四届“全国119先进集体”。

国家财政部提前下达山西、河北等23个省（区、市）2019年革命老区转移支付资金，共计873740万元，其中山西省补助额度为45990万元。

**9日** 骆惠宁对太原市小店区北张退水渠黑臭水体治理工程和群众反映的清徐潇河南侧生活垃圾及工业固废堆积问题，进行实地检查，对认真整改提出明确要求。

6名“导医机器人”在山医大一院门诊正式上岗。“导医机器人”集语音识别、人脸检测、人脸识别、语言理解、声源定位等创新技术于一身，为就诊的群众提供导航、导医、咨询、查询等服务，使其享受到智慧医疗的全新体验。

省政府印发《关于全面推开“证照分离”改革工作的通知》。决定自11月10日起，在全省范围内对于纳入改革范围的106项涉企行政审批事项分别按照四种方式实施证照分离改革。

**11日** 晋商银行在金融时报社、中国地方金融研究院等主办,海南银行承办的全国地方金融论坛(2018)上,入选“十佳城市商业银行”。

**13日** 由省委宣传部、省教育厅、省财政厅、省文化和旅游厅组织开展的“2018年山西省戏曲进校园”活动在中北大学启动。

**15日** 山西北方机械公司工业遗址“太原兵工厂”入列工信部公布第二批国家工业遗产名单。

**16日** 在全国农村集体产权制度改革试点推进会议上,首次为太原市杏花岭区窑头村股份经济合作社等10个新成立的农村集体经济组织颁发登记证书。

**17日** 以“空间大数据·数字中国”为主题的第二届空间大数据及国际标准化国际会议在晋中市举办。200余位国内外行业专家、学者和企业家参加。

**18日** 山西帷幄智能科技有限公司投入5000万元、自主研发并拥有完全自主知识产权的全国首个城市级智慧停车平台“城市级静态交通大数据平台”太原上线。

**20日** 山西省投资项目在线审批监管平台在全国37个项目中脱颖而出,在国家发展改革委全国投资项目在线审批监管平台应用推进培训会上,荣获全国“示范平台”称号。

骆惠宁主持召开省委全面深化改革委员会第一次会议,会议审议通过《中共山西省委全面深化改革委员会工作规则》《中共山西省委全面深化改革委员会办公室工作细则》《山西省关于深化司法体制综合配套改革的实施意见》《关于发展涉外法律服务业的实施意见》《关于建立城乡居民基本养老保险待遇确定和基础养老金正常调整机制的实施意见》,原则批准《关于开发区管理和运营分离改革的指导意见》。

**25日** 国务院办公厅对国务院第五次大督查发现的典型经验做法给予通报表扬,山西有4家位列其中:(1)山西省大同市坚决打好污染防治攻坚战,努力实现从“煤都黑”到“大同蓝”。(2)山西省长治市城区积极搭建“双创”平台,推进创新驱动发展。(3)山西省运城市盐湖区全面推进区、乡、村三级医疗机构一体化改革,增强群众就医获得感。(4)山西省忻州市坚持“六环”联动,推进联村扶贫搬迁。

**26日** 省委、省政府主办的山西省支持民营企业发展大会在太原召开,宣传介绍《关于支持民营经济发展的若干意见》。授予马长江等100名非公有制经济人士“山西省优秀中国特色社会主义事业建设者”称号。

省国资委召开省属国企混改项目新闻发布及推介会,公开发布账面净值超过540亿元的108个混改项目,向民营企业、中央企业和省外企业敞开合作大门。

**30日** 省人大常委会表决通过新修订的《山西省大气污染防治条例》。

由省委组织部、省委宣传部、省民政厅指导,山西晚报社主办2018“山西最美村干部”颁奖会在太原举行。

**是月** 2018亚洲大体联亚洲杯足球赛在晋江举行,太原理工大学男队参赛。

山西省体育局、大同市人民政府、北京广慧金通教育科技有限公司合作共建山西通用航空职业技术学院签约。

## 12月

**2日** 由大同市委、市政府主办的“天镇保姆”推介会在京举行。吸引10余家京津两地的家政服务企业代表参会。

来自陕西、甘肃、青海、宁夏、新疆及山西省的血管外科领域专家学者会聚太原,联合发起“六省区联动,共筑血管健康”系列活动,打造6省区血管外科疾病的交流平台、学术平台、科研数据平台、扶贫助困平台。

**3日** 山西大学教授钱宇华作为计算机科学领域顶尖人才连续四年入榜爱思唯尔中国“高被引科学家”。

**5日** 2018中国技能大赛——山西省第六届残疾人职业技能竞赛在太原开幕。该届比赛共设计算机组装、网页设计、服装制作等5大类12个竞赛项目,全省11个代表队154名选手参赛。

**7日** 由省委宣传部联合省直工委、省委教育工委、省国资委共同主办“将改革开放进行到底”山西省庆祝改革开放40周年系列形势报告会首场报告在省地质博物馆举行。

省委政法委、省委依法治省办在太原举行发放仪式,为承担全省乡村法治建设试点的100个村和社区发放智慧法律顾问机器人。

**8日** 汾河中游示范区两项重点工程——汾河干流新二坝工程和汾河中游示范区清淤工程开工。

**10日** 第五批中国传统村落名录发布,山西省共有266个村落入选。

由省公安厅、省妇联组织网络投票评选出的山西公安“十佳女警”揭晓。

**10日至13日** “华夏古文明山西好风光”2018全国网络媒体看山西活动在太原启动。

**12日** 省财政厅下达资金1.3亿元，对积极参与中央试点项目申报并获得资金支持的9个市给予奖励。其中，长治市获得奖励2600万元，太原市、阳泉市、忻州市、晋城市分别获得1600万元，晋中市、吕梁市、临汾市、运城市分别获得1000万元。

省级机构改革工作会议在太原召开。会议贯彻省委深化党政机构改革领导小组会议暨省委机构编制委员会第二次会议精神，把握“优化‘三定’方案，突出职能转变，高标准推进机构改革工作”要求，对省级涉改部门下一步重点工作进行安排部署。

**12日至14日** 以“创新、转型、共享、共赢”为主题的中国（太原）煤炭交易中心2019年度煤炭交易大会在太原举行。

**16日** 全国劳动模范、全国优秀共产党员、联合国环境规划署“保护环境及改善环境卓越成果全球500佳金质奖章”获得者、太钢原冶渣顾问李双良逝世，享年96岁。

**17日** 2018年中国（印度）贸易博览会暨2018第二届中国（印度）服务贸易博览会在印度孟买开幕，山西省代表团携22家企业的名优特色品牌商品参展。博览会期间举办中国山西—印度经贸合作推介交流会暨2018山西品牌行（印度站）活动。

公安部发布命令，授予山西公安民警张少华全国公安系统二级英雄模范荣誉称号。

**18日** 庆祝改革开放40周年大会在北京举行，党中央国务院授予100名“改革先锋”称号获得者和10名“中国改革友谊奖章”获得者。其中，申纪兰、杜润生、李彦宏、陈日新、景海鹏5名山西季人获“改革先锋”称号。

中共山西省委党史研究院（山西省地方志研究院）、山西云媒体联合推出16集版视频“改革开放40年口述史《回响山西》”。

阳泉三矿获“国家工业遗产”称号，这是山西省首家成功申报国家工业遗产的煤矿。

**21日** 教育部公布2018年国家级教学成果奖获奖项目名单，山西省共获国家级教学成果二等奖20项，获奖总数创历史新高。其中，13项基础教育教学成果获国家二等奖，位居全国第12位、中部第二，取得突破性跨越。晋中市教育局《突出四个重点 深化中考改革》作为全国唯一的中考制度改革典型案例，获第五届全国教育改革创新特别奖。

**22日** 山西省信息产业技术研究院有限公司、山西省生物研究院有限公司、山西省建筑科学研究院有限公司3家省属科研院所转制企业在太原揭牌，标志着山西省科研院所转制的新进展。

**23日** “汾酒杯”第五届感动百姓·山西乡村爱心大使颁奖典礼在太原举行。临汾市红丝带学校校长郭小平等10人被评选为第五届“感动百姓·山西乡村爱心大使”；襄汾县抗日战争胜利纪念馆馆长梁茂祥等5人获第五届“感动百姓·山西乡村爱心大使提名奖”。

**27日** 山西省11个市全部完成省属国企和驻晋央企“三供一业”（供水、供电、供热、物业）管理服务职能的剥离移交任务，总体移交率达100%，在全国有任务的省市区中排名第一，受到国务院国资委两次通报表扬。

国家电网公司组织召开山西、甘肃电力现货市场试运行启动暨2019年度交易开市仪式。

据国家统计局山西调查总队抽样调查，2018年，山西省粮食作物播种面积4705.59万亩，全省粮食总产量138.04亿公斤，比上年增加2.53亿公斤，增产1.87%。其中，夏粮产量22.99亿公斤，秋粮产量115.05亿公斤。

**28日至29日** 省委十一届七次全体会议在太原召开。全会表决通过《关于开展“改革创新、奋发有为”大讨论的实施方案》。

# 省情概览

A General Introduction of Shanxi Province

## 自然地理

【位置　面积】 **位置**　山西省位于北纬 34°34′~40°43′、东经 110°14′~114°33′，属于内陆省份，在太行山与黄河北干流域峡谷之间，地处华北西部的黄土高原东翼，是首都北京的西部屏障。省境山环水绕，构成与邻省的天然分界。东隔太行山，与河北省毗邻；西、南跨黄河，与陕西、河南两省相望；北越长城，与内蒙古自治区接壤。在国家经济发展布局中，山西紧靠以北京、天津为中心的“环渤海经济圈”，位于由山西、河南、湖北、安徽、湖南、江西组成的“中部六省”的最北端。

**面积**　山西省域轮廓呈由东北斜向西南的平行四边形，南北长 682 千米，东西宽 385 千米，总面积 15.68 万平方千米，约占全国土地总面积的 1.63%，在全国各省（区、市）中列第 19 位。　（张　峰）

【地质　地貌】 **地质**　山西省位于中朝准地台近中央部位，称山西断隆。北抵内蒙古地轴中部，南连秦岭褶皱系，西接鄂尔多斯台坳，东以太行山大断裂为界同华北地坳分开。山西断隆的中轴上，叠加有“S”形汾渭地堑系。山西境内地层发育较全，除上奥陶系上统、志留系、泥盆系、石炭系下统和中统缺失外，其余时代地层均有分布；尤其前寒武系和上古生界地层，在中国北方具有一定的代表性。山西境内岩浆岩类型多，分布较广泛，以侵入岩为主，特别是中生代侵入岩反映出多期次的特点，与许多内生矿产的形成有关，并有全国罕见的碱性岩类。

**地貌**　山西省地貌景观大体分为基岩山区、黄土高原山区、断陷盆地三大类型。主干山脉有：太行山、吕梁山、中条山、五台山、恒山、太岳山（霍山），多呈北东—南西向或近南北向展布。主要盆地由北向南依次为：阳高盆地、大同盆地、忻州盆地、太原盆地、临汾盆地、运城盆地、长治盆地。山地占全省总面积 40%，丘陵占 40.30%，平川和河谷面积仅占 19.70%。全省北高南低，由东北向西南倾斜。省内最高点为五台山北台顶叶斗峰，海拔 3058 米；最低点在垣曲县西阳河与黄河汇流处，海拔 180 米；最大相对高差 2878 米。　（张　峰）

【气候】 2018 年，山西省年降水量较常年偏多，年平均降水量为 487.0 毫米，较常年（468.30 毫米）偏多 18.70 毫米（偏多 4%）。其中春季降水明显偏多，为近 20 年来第二多，但各地降水时空分布不均，造成中南部夏秋干旱严重，汛期强降水及强对流天气时有出现，局部地区遭受暴雨洪涝等灾害，但总体危害性较小。各地年平均气温普遍偏高，年平均气温为 10.70℃，较常年偏高 0.90℃，为近 10 年第二高，但起伏较大，春季发生严重冻害；平均日照时数为 2356.50 小时，较常年偏少 91.20 小时。

**主要气象灾害、气候事件**　2018 年 1 月，山西省出现年内最强降雪天气，全省 95 县市均有降雪。21 县降大雪，11 县降暴雪。春季，全省平均气温为 13.60℃，较常年偏高 2.40℃，为历史最高，其中 3 月气温最为异常，比常年均值偏高 4.40℃，为历史最高，月内气温如此大面积的突破历史极值较为罕见。由于 3 月气温异常偏高，造成全省苹果、梨、杏、葡萄、樱桃、核桃等花期普遍提前 7–15 天，为冻害创造了先决条件。4 月 3 日至 7 日，全省出现大范围雨雪和强降温天气，最低气温介于−12.50℃~2.90℃之间，持续时间长、降温幅度大、降雪强度大。全省经济林果遭受严重冻害并大面积绝收，主要包括杏、梨、葡萄、樱桃、核桃、桃、苹果等，其中北部的杏，中部梨、桃和核桃等受冻严重，苹果冻害临汾较为严重、运城相对较轻。5 月 21 日，全省出现首次暴雨天气，共有 40 站降中雨，中部地区 21 站降大雨，这也是全省年内第一次出现暴雨天气。年内暴雨天气主要集中在 7 月至 8 月，7 月出现暴雨站次最多（41 站次），其次为 8 月（15 站次）。全年共有 60 站次出现暴雨天气，暴雨出现站次少于往年，且总体强度不大，未造成大范围严重危害。夏季，全省平均气温为 23.8℃，较常年同期均值偏高 1.40℃，为历史最高，其中 8 月平均气温为 24.10℃，较常年同期偏高

2.40℃,为历史最高。夏季中南部地区多为阵性降水,平均降水量较常年同期偏少5~8成,造成夏秋干旱严重,直至9月中旬,全省降水天气逐渐增多,前期旱情逐渐解除。干旱对农作物产量造成不利影响,旱地作物受影响比较明显,其中南部部分夏玉米受旱较重,表现为灌浆不充分,叶片卷曲,部分播种偏晚地块未出雌穗,受旱较重田块出现青枯,局部地块绝收。10月,全省平均降水量为5.8毫米,较常年同期偏少25.3毫米,为历史次少值。

**【土地资源】** 2018年,山西省土地主要地类数据如下:耕地6084.49万亩,其中基本农田4891.52万亩。就耕地类型划分,耕地包括水田、水浇地和旱地,其中水田1.91万亩,水浇地1598.42万亩,旱地4484.16万亩。园地面积608.65万亩。林地7281.83万亩。草地6106.03万亩。城镇村及工矿用地1341.16万亩。交通运输用地419.85万亩。水域及水利设施用地430.64万亩。裸地、盐碱地等其他土地1232.03万亩。 (王正宇)

**【矿产资源】** 2018年,山西省分布有丰富的矿产资源,共发现120种矿产。其中,查明资源储量并上表的有62种矿产,保有查明资源储量居全国前十位的有30种。全省查明资源储量的矿产中,具有资源优势并在经济社会发展中占有重要地位的矿产有煤、煤层气、铝土矿、铁矿、铜矿、金红石、冶金用白云岩、耐火黏土、熔剂用灰岩、芒硝等10种。此外,锰、银、金、石墨、膨润土、高岭岩、石英岩(优质硅石)、含钾岩石、花岗岩、沸石等10种矿产也有着良好的勘查、开发前景。

全省累计查明煤炭资源储量约2992.52亿吨,保有查明资源储量2712.76亿吨,占全国总量的16.28%,居全国第三位。铝土资源总量丰富、分布相对集中、品位中等、共伴生矿产多,累计查明铝土矿资源储量16.30亿吨,保有资源储量约15.20亿吨,约占全国铝土矿保有资源储量的29.88%,位居全国第一。铁矿资源类型多、储量丰富、分布广泛,累计查明铁矿资源储量45.88亿吨,保有资源储量39.12亿吨,约占全国铁矿资源储量的4.61%,位居全国第八。铜矿累计查明铜矿资源储量445.50万吨(金属量),保有资源储量221.14万吨,占全省90%的铜矿资源储量集中在中条山区。镁资源(炼镁白云岩)资源遍布全省,全省保有资源储量10.98亿吨,位居全国第一。煤层气资源丰富,累计探明地质储量为5540.25亿立方米,位居全国第一,剩余技术可采储量为2652.41亿立方米,剩余经济可采储量2093.67亿立方米。 (王正宇)

永和县永和关三北工程科技示范林2018年成效 (黄 鑫供图)

**【水资源】** 截至2018年底,径流山西河流流域面积10000平方千米以上的河流有7条,按流域面积从大到小排列依次为黄河、永定河、汾河、滹沱河、漳河、卫河、沁河。其中,永定河、滹沱河、漳河、卫河属海河流域,余者属黄河流域。流域面积小于10000平方千米、大于5000平方千米的河流有5条,依次为冶河、红河、涑水河、清漳河、御河,除涑水河属黄河流域外,其余均属海河流域。流域面积小于5000平方千米、大于2000平方千米的河流有21条,依次为沙河、唐河、壶流河、昕水河、三川河、潇河、文峪河、南洋河、浊漳北源、丹河、朱家川河、绵河、昌源河、清水河、姚暹渠、黄水河、淇河、岚漪河、偏关河、浍河、浑河。其中,沙河、唐河、壶流河、南洋河、浊漳北源、绵河、清水河、黄水河、淇河、浑河属海河流域,其余均属黄河流域。流域面积小于2000平方千米、大于1000平方千米的河流有20条,依次为湫水河、乌马河、浊漳西源、县川河、清漳西源、蔚汾河、杨兴河、牧马河、十里河、恢河、屈产河、乌河、温河、岚河、漭河、洪安涧河、段纯河、白马河、磁窑河、杨家川。其中,浊漳西源、清漳西源、牧马河、十里河、恢河、乌河、温河属海河流域,其余均属黄河流域。流域面积小于1000平方千米、大于500平方千米的河流有50条。流域面积小于500平方千米、大于200平方千米的河流有144条。流域面积小于200平方千米、大于100平方千米的河流有204条。流域面积小于100平方千米、大于50平方千米的河流有451条。

按照行政区域来看,山西省各市域50平方千米及以上河流,忻州市最多达157条,太原市最少仅45条,其他市依次为:大同市106条、阳泉市35条、长治市104条、晋城市70条、朔州市85条、晋中市111条、运城市52条、临汾市129条、吕梁市

129 条;各县域 50 平方千米及以上河流，平鲁区最多为 29 条，大同市城区、矿区没有河流。

截至 2018 年底，山西省水面面积大于 1 平方千米的湖泊有 6 个，即晋阳湖、盐池、硝池、鸭子池、伍姓湖、圣天湖。（梁述杰）

## 历史文化

**【历史溯源】** 山西省简称晋。系因春秋时期，山西大部分地区为诸侯国晋国领地。战国初(前 476 年)，韩、赵、魏三家分晋，史称“三晋”，今亦用“三晋”称山西省。秦、汉、唐、宋几个朝代都曾在今山西境内置郡、道、路，称为“河东”，所以山西也有“河东”之称。明代在山西置行中书省，习称山西行省，这是山西省名的开始。又因山西在太行山之西，所以也称“山右”。太行与吕梁群山环绕，黄河半抱，汾水中流，诸水相间，共同孕育山西文化。

考古表明：远古时代，山西南部是人类初曙的起源地，运城垣曲的世纪曙猿化石，把类人猿的出现时间向前推进 1000 万年。旧石器时代，运城芮城县西侯度遗址发现人类用火痕迹，又将中国人类用火历史向前推进 100 万年。除去考古遗存外，山西运城地区流传着上古时期黄帝、炎帝大战于阪泉之野的传说，炎黄文化自此开始融合发展。尧舜禹时代，“尧都平阳，舜都蒲坂，禹都安邑”，构建中华文明的早期城邦时代。位于今临汾襄汾县的陶寺遗址被确认为尧都旧地，很可能就是最早的“中国”。公元前 2070 年，夏朝建立，国家文明首先在山西大地上出现。商代时，山西地区是商朝“邦畿千里”之地的重要区域，方国、部落遍布。

西周初年(前 1031)，周成王姬诵分封同母弟叔虞于唐国，并将周王室子孙迁到唐地。唐叔虞死后，子姬燮(亦称姬燮父)继位，迁居到晋水之傍，故将国号改称“晋”，是为晋侯燮。春秋时期，晋国一时强盛，晋文公为一方霸主。春秋末期，异姓卿大夫崛起，韩、赵、魏三家分晋，史学界以此作为东周时期春秋与战国的分界点。战国时期，韩、赵、魏三国皆属七雄之一，各自占有山西部分地区。魏国李悝变法、赵国胡服骑射，引领战国时期的改革风潮，并涌现出荀子、韩非子、猗顿等著名商人。

秦汉时期，山西郡县封国并存。汉初，山西地区曾主要为汉文帝刘恒始封代国时的封地。自西汉开始，北方匈奴、乌桓、鲜卑等族部分部落逐渐内附，主要安置在山西地区，山西成为民族融合的重要区域。魏晋南北朝时期，众多民族政权活跃在山西地区，鲜卑族北魏政权统一北方，在平城(今大同)立国 98 年，推进民族融合，奠定隋唐时期统一多民族国家的多元文化基础。北魏末年、东魏、北齐时期，晋阳被权臣、皇帝相继设为别都，权势大盛。此时，太原天龙山石窟、忻州五台山等地佛教文化蓬勃发展。

隋唐时期，山西为抗击北方突厥势力的前线，也是唐朝龙兴之地。唐朝几位帝王数次扩建晋阳城，并相继封其为“北都”“北京”，与京都长安、东都洛阳并称“三都”“三京”。武则天、杨贵妃，诗人王维等历史人物成长于山西地区。五台山地区有中国现存最早的唐代佛寺建筑遗存。五代时期，山西成为沙陀族军阀割据之地。宋初，晋阳城遭到火焚水灌，化为焦土;太原城则被迁移至阳曲县唐明镇(今太原城所在地)。宋代山西地区为抗击北方政权的前线，晋北地区涌现出杨业、狄青、王彦等抗辽、抗夏、抗金英雄人物。太原城同样为北方地区重要经济、文化中心之一。

金国灭辽、北宋，统治山西地区，文化上涌现出元好问等著名文人，应县木塔等辽代历史建筑至今屹立。金元戏曲鼎盛，戏曲文化遗存丰富。元曲四大家，山西有其三，另有萨都剌堪称一代文杰。明代，山西地区为军事重镇，九边长城军镇独领山西、大同二镇，行“开中盐法”，商业繁华。晋南地区成为移民集散地，洪洞大槐树下成为山西根祖文化的发源地。清代，涌现出“天下第一廉吏”于成龙、“康熙帝师”陈廷敬等著名历史人物。明清晋商崛起五百余年，祁县、太古、平遥地区成为清代中国金融业的核心区域，出现中国第一家票号，汇通天下，山西商贸生意遍布海内外，留有乔家大院、常家庄园等遗存。平遥古城为全国现存最为完好的清代古城之一。

抗战时期，山西是抗战前线，晋察冀根据地、晋绥根据地、晋察豫根据地成为重要的抗日根据地。中华人民共和国成立后，山西成为重要的能源基地，支持全国经济建设发展。当代，山西开展国家资源型经济转型综合配套改革试验区建设，开始向新的历史阶段迈进。（编辑部）

**【建置沿革】** 上古时期，尧、舜、禹建都晋南地域，除相关历史记载外，尧都已被考古发掘证实。夏启始建国家，山西便处于夏朝的统治中心。商朝，山西地区有唐等 20 多个方国。西周分封唐叔虞，成为晋国立国之始。春秋时期，晋国都城最早在翼(今临汾翼城)，之后迁到新田(今侯马)。战国初期，韩、赵、魏三家分晋，占有今山西南部区域。占据山西北部部分地区的代国、中山国则被魏、赵攻灭。战国后期，韩、赵、魏三国相继被秦国灭亡。秦国统一天下后，在山西地区设立河东、太原、雁门、代、上党 5 郡。

西汉与东汉时期，郡国并存。西汉时山西有 6 郡，东汉时则被并州、幽州、冀州 3 州分割管辖，设有 7 郡。封国则相继有 20 多个。西汉中期设 13 州，并州刺史部管辖以晋阳(今太原)为中心的今山西大部地区，并州成为太原的别称之一。曹魏时期，山西西南部有司州管辖平阳、河东 2 郡，并州管辖太原、雁门等 6 郡，西晋时略有变化。西晋末年，盘踞在平阳的匈奴部帅刘渊建立前赵(汉赵)政权。后赵、代、后燕等多个部族政权在山西地区相继建国，割据一方。在代北地区，鲜卑拓跋氏建代国，割据云中(今山西大同等地)，其政权成为南北朝时期北魏的前身。北魏政权在山西设有9州35郡，山西地区主要为东魏、北齐相继设州郡统治。

隋初取消郡，改设州，州设总管府。在山西设4州，最为重要的是并州总管府。隋代，并州已是全国性的大城市之一。大业初年(605)，总管府、州皆废，山西设14郡。唐初先行州(郡)县二级建制，后演变为道统州(府)、州(府)统县三级制。唐朝，山西大部地区属于河东道，辖2府19州110县。主要由河中节度使、河东节度使、泽潞节度使各自管辖部分区域。五代初期，山西中北部为李克用占据。之后相继成为后唐、后晋、后汉的领土。五代后期，中北部为北汉所据，西南部为后周所据。

宋承唐制，实行道、州、县三级行政管理，宋太宗时，改为路、州、县三级。山西大部分地区属于河东路，治所在太原，辖3府、14州、8军，82县。西南部分地区属于永兴军路，辖1府1州10县。辽朝割据燕云十六州，其中包括有今山西大同地区，置西京道，辖1府3州15县。金国灭辽，继而灭北宋，山西被设置西京路、河东北路、河东南路管理，下设府、州、县三级。

元朝实行行省制，中央为中书省，山西为其一部分，下辖冀宁、晋宁、大同三路，其下再设州(府)县管辖。明初设府、州、县三级，山西为行中书省，下辖太原、平阳等5府，之后改设山西布政使司管辖，山西简称“山西行省”，下设6府3直隶州，山西北部另设山西行都司军管区。明清时期，太原设府城，晋阳旧地设太原县城。清承明制，重划府、州区划，山西省辖太原、平阳、汾州等9府，平定、忻州、代州等10直隶州，6散州，总共下辖85县。

中华民国成立后，山西为全国23省之一。民国二年(1913)改为省、县二级制，同年绥远地区脱离山西。山西省内设道，为省、道、县三级。分雁门、冀宁、河东三道，共辖105县。民国十六年(1927)，撤销道一级行政区。抗日战争时期，山西地区被划分为7个行政区，各有所属县。民国二十六年(1937)，侵华日军占领太原，山西省政府短暂迁往晋南地区。民国二十七年(1938)，7个行政区曾被调整为9个，次年又调整为4个。民国二十九年(1940)，行政区又被分为18个，有些为虚设。抗日战争胜利后，全省105个县中，有36县为解放区。1949年，太原大同相继解放，原绥远省部分划归山西，全省行政辖区归于统一。

中华人民共和国成立初，山西设1市、7专区、92县、8市辖区、2工矿区。1952年底，调整为6专区、4地级市、103县、13市辖区、1镇。1958年，山西若干县市又有调整，从1960年至1966年，全省行政区划趋于稳定，分为5专区、4地级市、96县、10市辖区。1994年，行政区划为5地区、6地级市、14县级市、86县、18市辖区、1县辖区、519镇、1399乡、155街道办事处，合计11地(市)，118县(市、区)，1907乡(镇)。2003年，吕梁地区撤销行政公署，设立吕梁市。行政区划调整主要在撤乡并镇、撤县设区、设立县级市等方面开展工作。截至2018年底，山西省辖11个地级市，117个县(市、区)。 (编辑部)

**【人文山西】** **上古传说** 传说女娲为中华始祖，山西晋中、临汾、晋城等地存有女娲遗址及纪念地。相传黄帝与蚩尤之战即在解州(今运城)，炎帝创农业于百谷山(今长治北)，尧建都平阳(今临汾)，舜居蒲坂(今永济)，禹处安邑(今夏县)，治水始于龙门(今河津)。

**思想学术** 战国时，魏国李悝主导变法，制定《法经》。荀子，安泽人，提出“人性恶”“制天命而用之”，是法家思想之始。子夏，系孔子高足，曾“为魏文侯之师”，在山西传儒学授弟子。魏晋重门第，学术以家族传承，太原王氏、闻喜裴氏等以学问名播数代。隋唐时，王通，万荣人，发扬儒家“仁”学及“王道论”，提出“不以天下易一民之命”的朴素人权理念。宋代，理学奠基人程颢在泽州(今晋城)为官兴学，一时山西书院发达，崇儒重学成风。宋代司马光，夏县人，著《资治通鉴》294卷，为中国首部编年体通史。明代薛瑄，河津人，倡“以气为本”“理只在气中”，开创理学龙门学派。明末清初学者傅山，太原人，将诸子与“六经”并列，冲破传统解读，对理学多有针砭。清初朴学兴起，重考据尚实用，太原阎若璩号称“清初汉学第一人”。其后，寿阳祁寯藻、五台徐继畬、平定张穆等均为知名学者，多有著述，徐继畬《瀛寰志略》影响尤大。

**文学艺术** 《诗经》中明确反映山西社会的有《唐风》12篇、《魏风》7篇，战国时晋盲乐师师旷，为当时杰出音乐家，多种古籍均有记载。山西出土的侯马盟书是先秦誓体文的实物样本。西汉女诗人班婕妤，娄烦(今朔州)人，当时就有盛名，是五言诗的创立者之一。隋唐诗歌繁盛，不同时期不同诗风多有山西籍诗人。初唐时，王勃、王绩均为龙门(今河津)人，宋之问，汾州(今汾阳)人。盛唐时，王维，祁县人；王之涣，并州(今太原)人，其《登鹳雀楼》流传甚广；王昌龄、王翰均为晋阳(今太原)人。中唐时，柳宗元，解州(今运城)人；卢纶，蒲州(今永济)人；白居易，并州人。晚唐时，温庭筠，祁县人；司空图、聂夷中均为河东(今永济)人。金元时，元好问，秀容(今忻州)人，是当时文坛领袖人物，无论诗词曲赋还是论证表疏，都为世人称赞。元代戏曲发展，泽州创立新的说唱形式诸宫调。元曲有四大家之称，其中三位出自山西。关汉卿，解州人；白朴，隩州(今河曲)人；郑光祖，襄陵(今临汾)人。关汉卿剧作《窦娥冤》成元杂剧代表。明代小说兴起，罗贯中，祁县人，著有《三国演义》。进入现代，以赵树理为代表形成文学上的“山药蛋派”。山西绘画历来不乏名家，但以壁画影响较大，最著名者为芮城永乐宫壁画。

**宗教文化** 山西宗教以释道为主。佛教西汉时期传入中国，魏晋时名僧有竺法济，大阳(今平陆)人；惠远，楼烦(今代县)人；法显，平阳(今襄垣)人，曾赴印度等地学佛计15年，为中国西行求经第一人；昙鸾，雁门(今代县)人，建交城玄中寺，创佛教净土宗。自晋以降，佛教有兴有衰，但绵延不绝，名僧迭出，寺庙遍及村镇，集中代表为五台山寺庙群。元代三次营建五台山，其时藏传佛教进入，五台山成为融藏汉佛寺于一山之圣地，中国四大佛教名山之首，为佛教四大菩萨之一大智文殊菩萨的道场。道教创于东汉末，隋唐流行于山西，李渊太原起兵曾利用道教符命之说。道教中八仙之一的吕洞宾，永乐(今永济)人，其神话传说流布全国。后道教渐衰，但山西境内尚有相当数量道教建筑遗存，知名者有芮城永乐宫、大同纯阳宫、平遥清虚观、太原纯阳宫。

**建筑文化** 山西建筑以古建闻名，金代以前木结构建筑106处，占全国同期建筑的70%。五台山佛光寺、南禅寺，芮城广仁王庙，平顺天台庵是全国仅存的唐代建筑。山西古建筑类别众多，包括殿、塔、桥、廊、戏台、牌楼、影壁等，有的是全国唯一。山西古建涵盖中国古代种种营造法式，多配以雕塑、壁画等艺术作品，是古代科技与艺术的结晶，有着极高的历史、科技与文化价值。

**晋商文化** 明代商业经济发展，山西商人兴起，成为与徽商比肩的商业群体。晋商由从事贸易开始涉足中介，后又创立专营货币流通的票号，具备了现代金融业的基本性能，至20世纪初走向衰落，晋商从明至清活跃五百年。晋商吃苦耐劳，把握市场，勇于创新；晋商倡导职业道德、行业自律，讲信誉、重诚信，同业慎待相与；晋商讲究用人之道，创股俸制，强化人际互动；晋商重商崇文，注重子弟文化教育，商而优谋仕，有利于文化教育发展。晋商遗存无论是物质的还是非物质的都是文化财富。

**民俗信仰** 山西民间神灵信仰众多，最突出者为关公信仰。关公即关羽，解州(今运城)人，三国时名将，追随刘备，开创蜀汉，屡建功勋，为时人所敬。后经《三国演义》等小说、评话、戏剧之艺术加工，成为妇孺皆知之英雄，"精忠贯日，义气参天"之代表。历代统治者屡次追封，并宣传其"显灵"圣迹，封号由侯、公、王至帝，清时已称"忠义神武关圣大帝"。各地多建关帝庙，奉为武圣，与孔子文圣齐名。佛道两教均引入关公为护法神。民间更有供奉其为武财神者。关公崇拜经千年传播已遍及世界华人圈。今运城关帝庙为武庙之冠。

**饮食文化** 山西地处的黄土高原在地质形成上早于华北平原，曾是动植物极繁盛之地。运城考古发现的西侯度文化表明，180万年之前已有人类生活，其用火遗迹表明已进入熟食时代。相传神农氏(炎帝)尝百谷教民耕作，古籍所载有禾、粟、稷、黍等。历史上山西是中原汉族与北方少数民族交接融合之地，故形成了独特的饮食文化，以面食为主。山西面食有三大特点：一为花样多，面粉可以拉、削、拨、切、剔、流等，可做出近百种花样；二为用料多，小麦及各种杂粮均可做不同面食；三为吃法多，不仅可煮，还可炒、炸、焖、蒸、烩等，有十几种做法。除此外，还讲究浇头、菜码，从而使面食五味俱全，自有特色。一些面食品种(如花馍等)进入非物质文化遗产保护范畴。

**山水文化** 山西地貌多样，崇山深川平滩谷地形成各具特色的自然景观，壮丽山水。历代文人墨客、仁人志士途经游历，留下无数寄情抒怀的诗词歌赋，有的超越时空，长久流传，成为名篇名句。如"欲穷千里目，更上一层楼""清明时节雨纷纷，路上行人欲断魂""风在吼，马在叫，黄河在咆哮"等已是妇孺皆知。

**红色文化** 1924年，中国共产党就在山西建立组织。抗日战争时期，八路军进入山西，创建晋察冀、晋绥、晋冀鲁豫三大抗日根据地，至解放战争时期，山西都是中国共产党领导人民革命斗争的重要依托地，留下了大量的革命史实、革命传统以及活动遗址与纪念建筑。八路军总部设于山西，晋察冀根据地最早出版《毛泽东选集》五卷本，晋察冀《人民日报》系中共中央《人民日报》的前身；国际主义战士白求恩曾在山西工作；平型关战役、百团大战均在山西发生；左权、李林、刘胡兰、尹灵芝等一批英雄先烈牺牲于山西，革命历史形成了独具特色、内涵丰富的山西红色文化。

(编辑部)

**【方言】** 山西省是汉语方言比较复杂的省份之一。由于地理和历史等诸多原因，山西方言较多地保留古代汉语成分，在语音、词汇和语法方面都有重要特点。与其他北方方言相比，山西方言除晋南多数县市和北部广灵没有入声外，其余各区均有入声。山西方言的入声读音短促，韵母以喉塞音收尾。山西境内与毗邻省份有入声的方言被称为晋语。在词汇语法方面，有以下特点：一是有分音词、合音词和逆序词，二是有丰富的四字格俗语，三是有大量以"圪"为前缀构成的词语，四是保留许多古语词，五是名词、动词、形容词、量词的重叠形式非常丰富。按照《山西方言调查研究报告》的研究，根据入声有无及其他语音特点，山西方言可以分为六个区：

中区：以太原方言为代表，属晋语。语音特点是有入声，平声不分阴阳。分布在晋中一带，包括太原、清徐、晋中、太谷、文水、交城、祁县、平遥、孝义、古交、介休、寿阳、榆社、娄烦、灵石、盂县、阳曲、阳泉、平定、昔阳、和顺与左权等县(市、区)。

西区：以吕梁市离石区方言为代表，属晋语。语音特点是有入声，多数点阴平和上声调型相同，调值接近。分布在晋西一带，包括吕梁、汾阳、中阳、柳林、石楼、临县、方山、兴县、岚县、静乐、隰县、交口、永和、大宁、汾西与蒲县等县(市、区)。

东南区：以长治方言为代表，属晋语。语音特点是有入声，部分点去声分阴阳。分布在晋东南一带，包括长治、长治县、潞城、黎城、平顺、壶关、屯留、长子、沁源、沁县、武乡、襄垣、晋城、阳城、陵川与高平等县市。

北区：以忻州、大同方言为代表，属晋语。语音特点是有入声，入声不分阴阳。分布在太原以北地区，包括大同、大同县、阳高、天镇、怀仁、左云、右玉、应县、山阴、繁峙、忻州、定襄、原平、五台、代县、浑源、灵丘、朔州、平鲁、神池、宁武、五寨、岢岚、保德、偏关、河曲等县市。

东北区：仅有广灵县一个点，属冀鲁官话。语音特点是无入声，古入声次浊声母字今读去声。

南区：以临汾、运城方言为代表，属中原官话。语音特点是无入声，古入声次浊声母字今读阴平。分布在山西南部，包括运城、芮城、永济、平陆、临猗、万荣、河津、乡宁、吉县、夏县、闻喜、垣曲、稷山、新绛、绛县、临汾、霍州、古县、安泽、洪洞、浮山、翼城、侯马、曲沃、襄汾与沁水等县市。（安志伟）

## 行政区划

**【概况】** 截至2018年底，山西省辖11个地级市，117个县（市、区）。其中，县级市11个，市辖区25个，县81个，镇564个，乡632个，街道202个，共计1398个乡级政区。（王卫东）

**【行政区划调整】** 2018年，经国务院批准，山西省完成四项行政区划调整：撤销大同市城区、南郊区、矿区，设立大同市平城区、云冈区，撤销大同县，设立大同市云州区；撤销长治市城区、郊区，合并设立长治市潞州区，撤销长治县，设立长治市上党区，撤销屯留县，设立长治市屯留区，撤销潞城市，设立长治市潞城区；撤销怀仁县，设立县级怀仁市，怀仁市由省直辖，朔州市代管；泽州县人民政府驻地迁至金村镇府城街001号。

（王卫东）

## 人口　民族

**【常住人口抽样调查】** 2018年，山西省按照国家统计局的统一部署，完成2018年度全省人口变动情况抽样调查工作。调查按照分层、整群、概率比例的抽样方法在全省11个市、117个县（市、区）抽取1209个乡（镇、街道），3191个村（居）委会，3194个调查小区，调查登记常住人口76.20万人。调查的标准时间为2018年11月1日零时。经对抽样调查结果开展科学评估，主要数据如下：

根据抽样调查，全省人口出生率为9.63‰，比上年下降1.43个千分点，人口死亡率为5.32‰，比上年下降0.13个千分点，人口自然增长率为4.31‰，比上年下降1.3个千分点。据此推算，山西省2018年底常住人口为3718.34万人，比上年增加15.99万人。

家庭1261.80万户，家庭户人口为3671.83万人，占常住人口的98.75%，平均每个家庭户人口为2.91人。

居住在城镇的人口为2171.88万人，占常住人口的58.41%；居住在乡村的人口为1546.46万人，占常住人口的41.59%。（省统计局）

**【人口分布】** 2018年，山西省各市常住人口根据抽样调查推算，分布如下：太原市442.14万人；大同市345.60万人；阳泉市141.44万人；长治市346.82万人；晋城市234.31万人；朔州市178.12万人；晋中市338.16万人；运城市535.96万人；忻州市317.20万人；临汾市450.03万人；吕梁市388.56万人。（省统计局）

**【人口构成】** 2018年，山西省常住人口根据抽样调查推算，0–14岁人口为587.87万人，占常住人口的15.81%；15–64岁人口为2743.76万人，占常住人口的73.79%（其中15–59岁人口为2524.38万人，占常住人口的67.89%）；65岁及以上人口为386.71万人，占常住人口的10.40%。常住人口中，60岁及以上人口为606.09万人，占常住人口的16.30%。

根据抽样调查推算，全省常住人口中，男性为1896.67万人，占常住人口的51.01%；女性为1821.67万人，占常住人口的48.99%，性别比（女=100）为104.12。

**【民族】** 据2018年省民委系统调查统计，山西省有汉族人口约3424余万人，有54个少数民族成份（缺乌孜别克族）11.68万人。少数民族人口数约占全省总人口的0.34%。人数最多的少数民族是回族，7.21万人，占全省少数民族总人口的61.60%，其次是满族，有2.03万人，占17.30%。全省117个县（市、区）均有少数民族居住，其中城市居住的约9万人，占少数民族人数的77%；农村居住的近3万人，占少数民族人数的23%。有41个少数民族聚居村、57个少数民族相对聚居街道、社区。全省截至2018年底，有少数民族流动人口9.80万人在山西省务工经商和就学。（茅立新）

## 2018年山西省行政区划表

| 市名 | 城市 合计 | 城市 地级市 | 城市 县级市 | 市辖区 | 县 | 镇 | 乡 | 街道 | 统计 |
|---|---|---|---|---|---|---|---|---|---|
| | 22 | 11 | 11 | 25 | 81 | 564 | 632 | 202 | |
| 太原市 | 小店区<br>娄烦县 | 迎泽区<br>古交市 | 杏花岭区 | 尖草坪区 | 万柏林区 | 晋源区 | 清徐县 | 阳曲县 | 1市6区3县21镇31乡53街道 |
| 大同市 | 新荣区<br>浑源县 | 平城区<br>左云县 | 云冈区 | 云州区 | 阳高县 | 天镇县 | 广灵县 | 灵丘县 | 4区6县33镇66乡40街道 |
| 阳泉市 | 城　区 | 矿　区 | 郊　区 | 平定县 | 盂　县 | | | | 3区2县20镇12乡12街道 |
| 长治市 | 潞州区<br>长子县 | 上党区<br>武乡县 | 屯留区<br>沁　县 | 潞城区<br>沁源县 | 襄垣县 | 平顺县 | 黎城县 | 壶关县 | 4区8县68镇64乡14街道 |
| 晋城市 | 城　区 | 沁水县 | 阳城县 | 陵川县 | 泽州县 | 高平市 | | | 1市1区4县48镇26乡10街道 |
| 朔州市 | 朔城区 | 平鲁区 | 山阴县 | 应　县 | 右玉县 | 怀仁市 | | | 1市2区3县19镇50乡4街道 |
| 晋中市 | 榆次区<br>平遥县 | 榆社县<br>灵石县 | 左权县<br>介休市 | 和顺县 | 昔阳县 | 寿阳县 | 太谷县 | 祁　县 | 1市1区9县59镇59乡17街道 |
| 运城市 | 盐湖区<br>夏　县 | 临猗县<br>平陆县 | 万荣县<br>芮城县 | 闻喜县<br>永济市 | 稷山县<br>河津市 | 新绛县 | 绛　县 | 垣曲县 | 2市1区10县81镇55乡13街道 |
| 忻州市 | 忻府区<br>五寨县 | 定襄县<br>岢岚县 | 五台县<br>河曲县 | 代　县<br>保德县 | 繁峙县<br>偏关县 | 宁武县<br>原平市 | 静乐县 | 神池县 | 1市1区12县59镇126乡6街道 |
| 临汾市 | 尧都区<br>吉　县<br>霍州市 | 曲沃县<br>乡宁县 | 翼城县<br>大宁县 | 襄汾县<br>隰　县 | 洪洞县<br>永和县 | 古　县<br>蒲　县 | 安泽县<br>汾西县 | 浮山县<br>侯马市 | 2市1区14县75镇76乡20街道 |
| 吕梁市 | 离石区<br>方山县 | 文水县<br>中阳县 | 交城县<br>交口县 | 兴　县<br>孝义市 | 临　县<br>汾阳市 | 柳林县 | 石楼县 | 岚　县 | 2市1区10县81镇67乡13街道 |

（山西省民政厅）

# 经济社会发展

【概况】 2018年，山西省地区生产总值16818.10亿元，按不变价计算，比上年增长6.70%。其中，第一产业增加值740.60亿元，增长2.10%，占生产总值的比重4.40%；第二产业增加值7089.20亿元，增长4.50%，占生产总值的比重42.20%；第三产业增加值8988.30亿元，增长8.80%，占生产总值的比重53.40%。人均地区生产总值45328元，按2018年平均汇率计算为6850美元。

全年全省一般公共预算收入完成2292.70亿元，增长22.80%。税收收入完成1645.60亿元，增长17.80%，其中，国内增值税、营业税、企业所得税、个人所得税、资源税和城市维护建设税共计完成税收1383.40亿元，增长16.50%。一般公共预算支出4283.90亿元，增长14.10%。其中，教育、医疗卫生、社会保障和就业、住房保障、交通运输、节能环保、城乡社区等民生支出达3423.80亿元，增长11.90%。

全省居民消费价格比上年上涨1.80%。商品零售价格上涨1.70%。固定资产投资价格上涨4.50%。工业生产者出厂价格上涨6.70%，其中，生产资料价格上涨4.80%，生活资料价格上涨0.60%。工业生产者购进价格上涨5.50%。农业生产资料价格上涨2.50%。

2018年山西省居民消费价格比上年涨幅统计表

| 指　标 | 涨幅(%) |
|---|---|
| 居民消费价格 | 1.80 |
| 食品烟酒 | 1.70 |
| 衣　着 | 0.50 |
| 居　住 | 2.40 |
| 生活用品及服务 | 0.60 |
| 交通和通信 | 1.20 |
| 教育文化和娱乐 | 1.90 |
| 医疗保健 | 3.60 |
| 其他用品及服务 | 1.30 |

城镇新增就业55.70万人。转移农村劳动力40.90万人。年末城镇登记失业率3.26%。（省统计局）

【农业】 2018年，山西省农作物种植面积355.52万公顷，比上年减少2.25万公顷。其中，粮食种植面积313.71万公顷，减少4.39万公顷；油料种植面积11.19万公顷，减少2200公顷；中草药材种植面积7.47万公顷，增加7100公顷；蔬菜种植面积17.69万公顷，增加7100公顷。在粮食种植面积中，玉米种植面积174.77万公顷，减少5.92万公顷；小麦种植面积56.03万公顷，减少300公顷。果园面积36.33万公顷，增加3700公顷。粮食产量1380.40万吨，增加25.30万吨，增产1.90%。其中，夏粮229.90万吨，减产1.70%；秋粮1150.50万吨，增产2.60%。

2018年山西省主要农林产品产量及其增长速度统计表

| 产品名称 | 产量（万吨） | 比上年增长(%) |
|---|---|---|
| 粮　食 | 1380.40 | 1.90 |
| 其中：玉米 | 981.60 | −0.40 |
| 小麦 | 2228.60 | −1.60 |
| 谷子 | 47.30 | 13.70 |
| 豆类 | 35.60 | 25.80 |
| 薯类（折粮） | 51.60 | 10.30 |
| 油　料 | 15.50 | 2.80 |
| 蔬菜及食用菌 | 821.90 | 1.90 |
| 水　果 | 750.50 | −11.10 |
| 其中：瓜果类 | 53 | 13.90 |
| 园林水果 | 697.60 | −12.50 |
| 食用坚果 | 12.50 | −41.60 |
| 其中：核　桃 | 12 | −42.10 |

完成造林面积34.01万公顷，增长9%。

猪牛羊肉总产量77.10万吨，下降0.10%。其中，猪肉产量62.50万吨，下降0.30%；牛肉产量6.50万吨，增长10%；羊肉产量8.10万吨，下降5%。牛奶产量81.10万吨，增长4.70%。禽蛋产量102.60万吨，增长0.70%。水产品产量4.80万吨，下降9.90%。年末生猪存栏549.50万头，生猪出栏814.60万头。（省统计局）

【工业和建筑业】 2018年，山西省规模以上工业增加值比上年增长4.10%。其中，煤炭工业增加值增长0.30%，非煤工业增加值增长8.20%。规模以上工业中，战略性新兴产业增加值增长14%，占全部规模以上工业增加值的比重为9.80%，比上年提高0.80个百分点。在战略性新兴

2018年山西省规模以上工业增加值增长速度统计表

| 指　标 | 比上年增长(%) |
|---|---|
| 规模以上工业 | 4.10 |
| 其中：轻工业 | −0.20 |
| 重工业 | 9.20 |
| 电力、热力、燃气及水生产和供应业 | 9.50 |
| 其中：国有控股企业 | 3.90 |
| 其中：集体企业 | −12.40 |
| 股份制企业 | 4.20 |
| 外商及港澳台商投资企业 | 4.30 |
| 其中：能源工业 | 2.40 |
| 材料与化学工业 | 5 |
| 消费品工业 | 5.80 |
| 装备制造业 | 14.50 |
| 其他工业 | 21.10 |

2018年山西省规模以上工业主要工业产品产量及其增长速度统计表

| 产品名称 | 单位 | 产量 | 比上年增长(%) |
|---|---|---|---|
| 白酒 | 万升 | 167227 | 17.70 |
| 液体乳 | 万吨 | 45.20 | −3.70 |
| 纱 | 万吨 | 2.20 | −32.10 |
| 布 | 万米 | 2398.50 | −34.90 |
| 机制纸及纸板 | 万吨 | 46.10 | 1.20 |
| 原煤 | 万吨 | 89340 | 3.70 |
| 焦炭 | 万吨 | 9256.20 | 11.30 |
| 硫酸(折100%) | 万吨 | 49.90 | −2.60 |
| 化肥(折100%) | 万吨 | 360.40 | −3.40 |
| 合成洗涤剂 | 万吨 | 6.60 | −9 |
| 水泥 | 万吨 | 4127.30 | 15.70 |
| 平板玻璃 | 万重量箱 | 2121.70 | 7 |
| 生铁 | 万吨 | 4761.30 | 14.80 |
| 粗钢 | 万吨 | 5386.20 | 19.90 |
| 钢材 | 万吨 | 4903.30 | 17.80 |
| 原铝 | 万吨 | 93.30 | −5.30 |
| 氧化铝 | 万吨 | 2024.50 | 2.30 |
| 卷烟 | 亿支 | 149 | −0.70 |
| 发电量(全社会) | 亿千瓦小时 | 3087.60 | 11.70 |
| 煤层气 | 亿立方米 | 51.20 | 9.20 |
| 移动通信手持机 | 万台 | 1979.40 | −3.30 |
| 新能源汽车 | 辆 | 43778 | 167.90 |
| 车轴 | 吨 | 45918 | −14.30 |
| 光伏电池 | 万瓦 | 34930 | 71.10 |

2018年规模以上工业企业利润总额及其增长速度统计表

| 指　标 | 2018年（亿元） | 比上年增长 |
|---|---|---|
| 规模以上工业 | 1355.90 | 34 |
| 其中：国有控股企业 | 612 | 40 |
| 其中：集体企业 | 8 | 50.90 |
| 股份制企业 | 1176.60 | 40.40 |
| 外商及港澳台商投资企业 | 138.90 | 0 |

产业中，新能源汽车产业增长38.60%，高端装备制造业增长25%，新一代信息技术产业增长21.20%，新材料产业增长11.40%。

发电装机容量8757.70万千瓦，比上年末增长8.50%。其中，火电装机容量6627.70万千瓦，增长4.10%；并网风电装机容量1043.20万千瓦，增长19.70%；并网太阳能发电装机容量864.10万千瓦，增长46.40%；水电装机容量222.80万千瓦，下降8.80%。

规模以上工业企业实现主营业务收入19252.10亿元，增长11.40%。其中，能源工业实现主营业务收入11224.40亿元，增长11.20%；材料与化学工业4722.50亿元，增长13.80%；消费品工业900.40亿元，下降2.40%；装备制造业2297.30亿元，增长11.60%；其他工业107.50亿元，增长67.20%。

规模以上工业实现利税2657.30亿元，增长24.30%；实现利润1355.90亿元，增长34%，其中国有控股企业实现利润612亿元。规模以上工业企业每百元主营业务收入中的成本为79.18元，减少0.99元。

建筑业增加值1152.80亿元，按不变价增长6.10%。资质以上建筑业企业完成总产值4071.50亿元，增长14.20%，共签订合同额9049亿元，增长5.40%。房屋建筑施工面积16651.80万平方米，增长5%，竣工面积3692.50万平方米，增长3.90%。资质以上建筑业企业共2923家，增加114家，其中，特级企业12家，增加4家，一级企业185家，增加17家。

（省统计局）

**【能源】** 2018年，山西省一次能源生产折标准煤7.10亿吨，增长7.40%；二次能源生产折标准煤5.10亿吨，增长2%。外输送电力937.10亿千瓦小时，增长19.60%。全社会用电总量2160.50亿千瓦小时。其中，第一产业用电16.70亿千瓦小时，占全社会用电量的比重0.80%；第二产业用电1690.10亿千瓦小时，占全社会用电量的比重78.20%，其中，工业用电1667.1亿千瓦小时；第三产业用电255.20亿千瓦小时，占全社会用电量的比重11.80%；城乡居民生活用电198.50亿千瓦小时，占全社会用电量的比重9.20%。（省统计局）

**【固定资产投资】** 2018年，山西省固定资产投资（不含跨省、农户）增长5.70%。国有及国有控股投资增长22.30%，民间投资下降3.90%。分登记注册类型看，内资企业投资增长5.80%；外商及港澳台商企业投资增长2.20%。分构成看，建筑安装工程投资增长1.70%，设备工器具购置投资增长13.40%，其他投资增长20.40%。分产业看，第一产业投资下降54.40%；第二产业投资增长8.20%，其中工业投资增长7.70%；第三产业投资增长14%，其中基础设施投资增长16.80%。工业投资中，企业技改投资增长20.90%；制造业投资增长14.50%；煤炭工业投资增长6.30%，非煤产业投资增长7.90%。

2018年山西省分行业固定资产投资（不含跨省、农户）及其增长速度统计表

（投资额一栏按要求不再公布）

| 行　业 | 投资额（亿元） | 比上年增长(%) |
|---|---|---|
| 总计 | | 5.70 |
| 农林牧渔业 | | −53.50 |
| 采矿业 | | −2.60 |
| 制造业 | | 14.50 |
| 电力、热力、燃气及水生产和供应业 | | 5.90 |
| 建筑业 | | −80.40 |
| 批发和零售业 | | −47.60 |
| 交通运输、仓储和邮政业 | | 18.50 |
| 住宿和餐饮业 | | −58.60 |
| 信息传输、软件和信息技术服务业 | | 24.50 |
| 金融业 | | −15.90 |
| 房地产业 | | 17.30 |
| 租赁和商务服务业 | | 48.20 |
| 科学研究和技术服务业 | | −14.50 |
| 水利、环境和公共设施管理业 | | 16.90 |
| 居民服务、修理和其他服务业 | | −32.70 |
| 教育 | | 33.20 |
| 卫生、社会工作 | | 8.60 |
| 文化、教育和娱乐业 | | 78.90 |
| 公共管理、社会保障和社会组织 | | −30.20 |

在建固定资产投资项目（不含房地产开发项目）9561个。其中，亿元以上项目2732个，亿元以上项目完成投资增长20.20%。

房地产开发投资1376.60亿元，增长18.0%。其中，住宅投资1033.80亿元，增长22.10%；商业营业用房投资153.20亿元，增长3.60%。（省统计局）

2018年山西省房地产开发和销售情况统计表

| 指　标 | 单　位 | 绝对数 | 比上年增长(%) |
|---|---|---|---|
| 投资完成额 | 亿　元 | 1376.6 | 18 |
| 其中：住宅 | 亿　元 | 1033.8 | 22.10 |
| 房屋施工面积 | 万平方米 | 16949.6 | 2.90 |
| 其中：住宅 | 万平方米 | 12314.8 | 4.20 |
| 房屋新开工面积 | 万平方米 | 3872.50 | 17.10 |
| 其中：住宅 | 万平方米 | 2957.20 | 22.60 |
| 房屋竣工面积 | 万平方米 | 1407.90 | 28.50 |
| 其中：住宅 | 万平方米 | 1094.50 | −22.60 |
| 商品房销售面积 | 万平方米 | 2360.90 | −2.30 |
| 其中：住宅 | 万平方米 | 2215.60 | −1.40 |
| 商品房待售面积 | 万平方米 | 984.80 | −19.70 |
| 其中：住宅 | 万平方米 | 639.30 | −21.20 |
| 待售住宅 | 亿　元 | 1610.60 | 18.60 |
| 销售额住宅 | 亿　元 | 1473.20 | 20.20 |

**【国内贸易】** 2018年，山西省社会消费品零售总额7338.60亿元，增长8.20%。按经营地统计，城镇消费品零售额5956.70亿元，增长8.20%；乡村消费品零售额1381.90亿元，增长8.40%。按消费形态统计，商品零售额6660.30亿元，增长8.20%；餐饮收入额678.20亿元，增长8.20%。

限额以上单位消费品零售额2296.40亿元，增长3.40%。其中，限额以上批发零售业单位网上零售额47.10亿元，增长27.60%，占限额以上零售额比重2.10%。年末全省实有市场主体235.4万户，增长12.60%。全年全省新登记市场主体43.40万户，增长11.90%。（省统计局）

2018 年山西省限额以上批发零售业零售额及其增长速度统计表

| 指　标 | 绝对数（亿元） | 比上年增长(%) |
|---|---|---|
| 汽车类 | 682.5 | −10.4 |
| 石油及制品类 | 391.4 | 14.1 |
| 金银珠宝类 | 38.6 | 1.0 |
| 家用电器和音像器材类 | 138.3 | 30.8 |
| 通信器材类 | 12.6 | 15.8 |
| 粮油、食品类 | 208.3 | 1.3 |
| 饮料类 | 25.7 | 2.2 |
| 烟酒类 | 82.1 | 12.8 |
| 服装、鞋帽、针纺织品类 | 229.7 | 1.3 |
| 化妆品类 | 28.1 | 8.4 |
| 体育、娱乐用品类 | 4.4 | −4.8 |

**【区域开发及对外贸易】** 2018 年，山西省纳入统计的省级及以上开发区 40 个，全年区内税收收入 443 亿元，比上年增长 22%；“四上”企业主营业务收入 9928.30 亿元，比上年增长 24.70%。

进出口总额 1369.90 亿元，增长 17.80%。其中，进口额 559.50 亿元，增长 18.40%；出口额 810.40 亿元，增长 17.40%。

全年出口煤炭 0.90 万吨，下降 70.20%；出口焦炭 10 万吨，下降 51.20%；出口镁及其制品 4.10 万吨，下降 4.50%；出口钢材 129.80 万吨，下降 2.60%，其中不锈钢 86.50 万吨，下降 9.90%。出口机电产品 584.80 亿元，增长 24.80%；出口高新技术产品 499.30 亿元，增长 24.60%。

2018 年山西省海关进出口总额及其增长速度统计表

| 指　标 | 绝对数（亿元） | 比上年增长(%) |
|---|---|---|
| 进出口总额 | 1369.9 | 17.8 |
| 出口额 | 810.4 | 17.4 |
| 其中:一般贸易 | 226.6 | 24.2 |
| 加工贸易 | 574.0 | 13.4 |
| 其中:机电产品 | 584.8 | 24.8 |
| 高新技术产品 | 499.3 | 24.6 |
| 其中:国有企业 | 158.0 | 2.7 |
| 外商投资企业 | 510.6 | 22.5 |
| 进口额 | 559.5 | 18.4 |
| 其中:一般贸易 | 189.9 | 20.2 |
| 加工贸易 | 355.0 | 17.4 |
| 其中:机电产品 | 314.3 | 11.2 |
| 高新技术产品 | 265.3 | 10.8 |
| 其中:国有企业 | 184.8 | 29.4 |
| 外商投资企业 | 296.5 | 9.4 |

全年进口铁矿砂 881 万吨，增长 74.70%，进口金额 37.70 亿元，增长 84.70%；进口机电产品 314.30 亿元，增长 11.20%。

2018 年与山西有贸易往来的主要国家与中国台湾地区进出口情况统计表

| | 出口额（万元） | 比上年增长(%) | 进口额（万元） | 比上年增长(%) |
|---|---|---|---|---|
| 韩国 | 340845 | 1.4 | 489649 | −29.0 |
| 日本 | 364583 | −0.7 | 317562 | −13.8 |
| 印度 | | | | |
| 越南 | 93632 | 0.4 | 293334 | 73.1 |
| 荷兰 | 721396 | −30.2 | 5986 | 415.8 |
| 德国 | | | | |
| 意大利 | | | | |
| 俄罗斯联邦 | 367980 | 1.2 | 3380 | −52.0 |
| 英国 | | | | |
| 巴西 | | | | |
| 美国 | 2431936 | 60.7 | 69169 | −23.7 |
| 澳大利亚 | 85444 | −34.8 | 423506 | 132.4 |
| 中国台湾 | 376192 | 4.9 | 930701 | 62.5 |

新设立外商直接投资企业 47 家；按全口径统计实际使用外商直接投资金额 23.60 亿美元，增长39.70%。

对外承包工程新签合同额 10.20 亿美元，下降 2.80%，完成营业额 14 亿美元，增长 97%。（省统计局）

**【交通、邮电和旅游】** 2018 年，山西省公路线路里程 14.30 万千米，其中高速公路 5604.80 千米。民用航空航线 227 条。

2018 年山西省客货运输量及其增长速度统计表

| 指　标 | 单　位 | 绝对数 | 比上年增长(%) |
|---|---|---|---|
| 旅客运输量 | 万人 | 25679.0 | −4.0 |
| 其中:铁路 | 万人 | 7957.6 | 3.8 |
| 公路 | 万人 | 15717.4 | −9.3 |
| 民航 | 万人 | 1843.0 | 16.4 |
| 水运 | 万人 | 161.0 | 2.1 |
| 旅客运输周转量 | 亿人千米 | 393.2 | 5.4 |
| 其中:铁路 | 亿人千米 | 234.2 | 4.9 |
| 公路 | 亿人千米 | 159.6 | 6.2 |
| 货物运输量 | 万吨 | 211502.5 | 11.6 |
| 其中:铁路 | 万吨 | 85260.1 | 14.3 |
| 公路 | 万吨 | 126213.0 | 9.9 |
| 民航 | 万吨 | 6.2 | 12.7 |
| 水运 | 万吨 | 23.2 | 14.9 |
| 货物运输周转量 | 亿吨千米 | 4489.4 | 7.3 |
| 其中:铁路 | 亿吨千米 | 2581.6 | 6.4 |
| 公路 | 亿吨千米 | 1907.7 | 8.5 |

民用汽车保有量 655.30 万辆（包括三轮汽车和低速货车 3.20 万辆），比上年末增长 10.10%，其中，私人汽车 591.40 万辆，增长 10.10%。本年新注册汽车 66.80 万辆，下降 9.60%。年末轿车保有量 407.10 万辆，增长 10%，其中，私人轿车 387.50 万辆，增长 10.30%。

2018 年，山西省完成邮政业务总量 94.10 亿元，增长 29.90%；电信业务总量 1370.10 亿元，增长 133.80%。年末移动电话用户 3961.50 万户，其中 4G 移动电话用户 2947.20 万户。宽带接入用户 991 万户，增长 12%。

商业住宿设施接待入境过夜游客 71.3 万人次，接待国内旅游者 7 亿人次，分别增长 6.50%和 25.50%；旅游外汇收入 3.80 亿美元，增长 8%；国内旅游收入 6699.50 亿元，增长 25.50%；旅游总收入 6728.70 亿元，增长 25.50%。（省统计局）

**【金融】** 2018 年，山西省金融机构本外币各项存款余额 35340 亿元，比年初增加 2489.3 亿元，比年初增长 7.60%。各项贷款余额 25256.40 亿元，比年初增加 2668 亿元，增长 11.81%。

农村金融合作机构（农村信用社、农村合作银行、农村商业银行）人民币存款余额 7677.80 亿元，比年初增加 608.70 亿元，比年初增长 8.60%；人民币贷款余额 4765.40 亿元，比年初增加 641.60 亿元，增长 15.60%。

2018 年年末山西省金融机构本外币存贷款及其增长速度统计表

| 指　标 | 年末数（亿元） | 比年初增长(%) |
|---|---|---|
| 各项存款余额 | 35340.0 | 7.6 |
| 其中:住户存款 | 20439.5 | 9.2 |
| 非金融企业存款 | 9037.2 | 7.4 |
| 各项贷款余额 | 25256.4 | 11.9 |
| 其中:短期贷款 | 8437.2 | 1.6 |
| 中长期贷款 | 12797.6 | 17.3 |
| 其中:个人消费性贷款(人民币) | 3168.4 | 25.5 |

上市公司38家。全省辖区证券市场各类证券成交额46159.80亿元，增长9.50%。其中股票成交额14003.50亿元，下降24.60%；基金成交额1439.80亿元，增长39.50%；债券成交额30925.90亿元，增长47.70%。年末投资者资金账户累计开户数251.20万户，增长7.20%。

保费收入824.90亿元，增长0.10%。其中，寿险业务保费收入487.20亿元，减少9.10%；健康险业务保费收入108.30亿元，增长35.60%；意外险业务保费收入16.50亿元，增长18.60%；财产险业务保费收入212.90亿元，增长9.70%。全年支付各类赔款及给付267.40亿元，增长2.40%。 （省统计局）

2018年山西省各类教育发展情况统计表

| 指标 | 招生（万人） | 在校生（万人） | 毕业生（万人） |
|---|---|---|---|
| 研究生 | 1.27 | 3.50 | 0.96 |
| 普通本专科 | 22.39 | 76.56 | 21.66 |
| 成人本专科 | 2.82 | 7.79 | 3.39 |
| 中等职业教育 | 12.69 | 39.26 | 14.46 |
| 普通高中 | 20.70 | 67.93 | 24.76 |
| 初中 | 39.35 | 113.77 | 33.84 |
| 小学 | 40.09 | 228.50 | 40.15 |
| 特殊教育 | 0.27 | 1.44 | 0.19 |
| 学前教育 | 37.77 | 98.79 | 36.60 |

**【教育】** 2018年，山西省有幼儿园6973所，小学5445所，普通初中1787所，普通高中512所，中等职业教育学校442所，普通高等学校83所，成人高等学校10所。全省学前教育毛入园率89.70%，小学学龄儿童净入学率99.95%，高中阶段毛入学率96.58%，高等教育毛入学率48.50%。 （省统计局）

**【科学技术】** 2018年，山西省国家级企业技术中心28家，省级企业技术中心300家。按照国家高新技术企业认定办法，累计高新技术企业1630家。

共有省、市、县产品质量监督检验和计量检定技术机构126个，国家检测中心6个。全年监督抽查7794家企业10类187种11170批次的产品和商品。全年完成强制检定计量器具140万台件。

有气象台站109个，开展电话天气自动答询的台站2个。全省气象系统开展人工影响天气业务的单位109个，防雹、增雨累计受益面积为全省域内，增雨量30.07亿立方米。全省有天气预报服务Intel网站1个，卫星云图接收站16个。

有专业综合地震台站10个，省级地震台网中心1个，省级数字测震地震台网1个。全年全省发生M3.0—M4.0级地震3次，最大震级M3.6级。 （省统计局）

**【文化、卫生和体育】** 2018年，山西省有文化馆130个，文化站1409个（其中，乡镇综合文化站1196个），农村文化活动场所2.80万个。专业艺术表演团体665个。公共图书馆128个。出版报纸60种（不含高校校报）、18.90亿份，各类杂志201种、2187.30万册，各类图书3238种、9069万册。广播电视台117座，电视台2座，中短波转播发射台15座，调频转播发射台200座，一百瓦以上电视转播发射台174座。广播人口覆盖率98.80%，电视人口覆盖率99.60%，有线电视用户465.60万户。

卫生机构（含诊所、村卫生室）4.20万个，床位20.8万张。专业公共卫生机构449个，妇幼保健院（所、站）133个。全省卫生机构共有卫生技术人员24.60万人。卫生院卫生技术人员2.30万人。其中，农村乡镇卫生院卫生技术人员2.10万人；社区卫生服务中心（站）卫生技术人员1.20万人；专业公共卫生机构技术人员1.90万人；妇幼保健（所、站）卫生技术人员1万人。

体育场101个，体育馆96个。全年山西省运动员在国内外重大比赛中获金、银、铜牌分别为103枚、104枚和122枚（包括非奥运项目比赛）。全年全省经常参加体育锻炼人数1100万人，开展全民健身项目99项。全年全省销售中国体育彩票42.84亿元，增长22.60%。（省统计局）

**【人民生活和社会保障】** 2018年，山西省城镇居民人均可支配收入31035元，增长6.50%，城镇居民人均消费支出19790元，增长7.50%；农村居民人均可支配收入11750元，增长8.90%，农村居民人均消费支出9172元，增长8.90%。按全省居民五等份收入分组，城镇低收入组人均可支配收入12738元，增长7.20%；农村低收入组人均可支配收入4383元，增长13.20%。

参加城镇职工基本养老保险837.40万人，比上年末增加41.70万人；参加城乡居民基本养老保险1579.30万人，增加25.10万人；参加城镇职工基本医疗保险686.40万人，增加20.10万人；参加城乡居民基本医疗保险2573.50万人，增加20.90万人；参加失业保险431.10万人，增加10.60万人；参加工伤保险596.70万人，增加12.70万人；参加生育保险481.40万人，增加16.30万人。

得到城市最低生活保障救济人数35.80万人，全年共发放城市最低保障资金17.50亿元。13.70万人纳入农村五保供养。

城镇有各种社区服务设施6355个，其中，综合性社区服务中心608个。各类收养性单位床位数56638张，收养人数31185人。国家抚恤、补助各类优抚对象18万人。全年销售福利彩票40.70亿元，筹集社会福利资金11.90亿元，接受社会捐赠款0.20亿元。 （省统计局）

**【资源、环境和安全生产】** 2018年，山西省大型水库蓄水量13.3亿立方米。森林面积321万公顷，森林覆盖率20.50%。按《环境空气质量指数（AQI）技术规定（试行）（HJ633—2012）》评价，11个地级城市环境空气达标天数范围在138~288天之间。黄河、海河流域山西段共监测100个断面，达到Ⅲ类以上（包括Ⅰ、Ⅱ、Ⅲ类）水质标准的断面占58%，达到Ⅳ类水质标准的断面占13%，达到Ⅴ类水质标准的断面占6%，劣Ⅴ类水质标准的断面占23%。

各类自然灾害造成直接经济损失109.20亿元，增长92.20%；农作物受灾面积83.40万公顷，减少18.80%，其中绝收面积18.60万公顷，减少1.60%。

发生各类生产安全亡人事故954起，下降12.7%；死亡1068人，下降12.40%。全年全省煤炭百万吨死亡率为0.033。 （省统计局）

## 综　述

【概况】 2018年，中共山西省委高举习近平新时代中国特色社会主义思想伟大旗帜，学习贯彻中共十九大和十九届二中、三中全会精神，学习贯彻习近平总书记视察山西重要讲话精神，统筹推进“五位一体”总体布局，协调推进“四个全面”战略布局，坚持稳中求进工作总基调，坚持“一个指引、两手硬”，团结带领全省党员干部群众锐意进取、戮力奋斗，抢抓机遇、应对挑战，在“两转”基础上推动全省党的建设和党的事业取得新进步。

坚持高扬新时代改革开放旗帜，树立“改革不能落后，改革必须先行”的鲜明导向，在全面深化改革中打造山西新优势新动力新形象。持续部署推进。将中共山西省委深改小组改为全面深化改革委员会，全年召开8次会议，就重点领域和关键环节的改革作出部署。中共山西省委十一届六次全会从增强紧迫意识、强化责任担当、营造浓烈氛围三方面对纵深推进改革作出部署。中央庆祝改革开放40周年大会后，召开中共山西省委十一届七次全会，从坚持改革开放正确方向、抓好改革开放战略重点、弘扬全社会的创新精神、增强改革开放方法本领、筑牢改革开放政治保证等五个方面作出部署。持续狠抓落实。完善负责人亲力亲为抓改革工作机制，压实省领导分工负责制。实现对各市重点改革任务督查全覆盖，将改革落实成效纳入年度目标责任考核。坚持用“三个三”工作法抓改革，构建具有“四梁八柱”性质的改革主体框架，推进7方面、43个重大改革任务和314项改革事项，营造以改革促转型、促民生、促社会治理、促党建、促全面工作的氛围。持续解放思想。先后两批共选派120余名厅处级干部到天津、江苏、浙江、山东、广东、深圳等发达地区挂职。中共山西省委书记率团，组织各市和部分省直部门、省级开发区、国有企业负责人及民营企业家代表到广东、港澳考察，学习借鉴先进经验和创新举措。部署开展“改革创新、奋发有为”大讨论，聚焦破除僵化保守、破除因循守旧、破除封闭狭隘、破除资源依赖、破除随遇而安、破除慵懒散漫，推动思想再解放、改革再深入、创新再发力、开放再提质、工作再抓实。

2018年，习近平新时代中国特色社会主义思想深入人心，广大党员干部的“四个意识”增强、“两个维护”更加自觉；重点领域和关键环节改革取得突破，转型综改试验区的战略牵引作用彰显，经济增长平稳、结构优化、效益提高，改革开放呈现再出发态势；“三大攻坚战”取得新突破，乡村振兴战略深入实施，民生改善，各项事业全面进步，社会大局和谐稳定；全面从严治党向纵深推进，良好政治生态巩固发展，广大党员干部群众创业创新活力增强，展现出良好精神面貌。山西内生动力、发展态势和总体形象持续发生重大而深刻的变化。

（任兆宇）

【重点领域深化改革和对外开放】 2018年，中共山西省委坚持在重点改革上攻坚深化。推进供给侧结构性改革，落实“三去一降一补”重点任务。推进去产能，退出煤炭产能3090万吨，退出生铁粗钢产能225万吨。全省商品房待售面积、库存消化周期实现“双下降”。加大减税降费力度。脱贫攻坚、基础设施、科技创新、社会民生、生态环保等方面投资力度加大。把国企改革转型作为决定山西转型前途的关键一招，省属国企混改、专业化重组、“三供一业”分离移交、清收企业应收账款等取得重大突破。开发区“5+2”重点任务取得突破性进展，省级以上开发区由40家增加至64家。深化国家监察体制改革，省市县三级成立由党委书记任组长的反腐败领导小组，对公权力和公职人员的监督实现全覆盖、增强有效性，发挥新体制的治理效能。按照中央部署推进党政机构改革，省级党政机构改革基本到位，机构总数减少3个，职能配置优化。深化“放管服效”改革，全省域推开企业投资项目承诺制改革试点受到国务院通报表扬。县乡医疗卫生机构一体化改革形成可复制

的“山西模式”。

中共山西省委拓展打造内陆地区对外开放新高地的理念、举措和影响力。主要领导带队，对德国、葡萄牙和毛里求斯等国进行友好访问，深化山西与欧洲、非洲国家之间的经贸合作和人文交流；赴广东、港澳学习考察，推动招商引资，提升山西的影响力。落实《参与“一带一路”建设三年(2018—2020年)滚动实施方案》，开展山西品牌丝路行、中华行系列活动。全年外贸进出口总额增长17.8%。具备条件的69项国家自贸区改革试点经验全部在山西省推广落地。成功举办2018年太原能源低碳发展论坛和中国(太原)国际能源产业博览会。争取国家发改委出台《关于支持山西省与京津冀地区加强协作实现联动发展的意见》，推动山西省与京津冀地区联动发展上升为国家区域战略。

（任兆宇）

【经济发展质量提高】 2018年，中共山西省委面对复杂外部环境和繁重转型任务，加强对经济工作的领导。在煤炭价格处于合理区间的情况下，不盲目扩大煤炭生产，培育新兴产业，始终保持转型发展的定力与恒心。全年地区生产总值增长6.70%。山西经济在走出困境、由“疲”转“兴”的基础上，实现转型发展呈现强劲态势的重大转折。

中共山西省委推进转型综改试验区建设，贯彻国发〔2017〕42号文件精神，行动计划确定的234项具体举措，完成120项，政策红利持续释放。开展“转型项目建设年”，转型项目投资占62.20%，实现全省固定资产投资总量和结构双提升。制定《山西打造全国能源革命排头兵2018—2019年行动计划》，向国家争取在山西省开展能源革命综合试点，坚定不移走煤炭“减”“优”“绿”之路。加快传统产业绿色化、智能化、高端化改造，全省技改投资增长超过20%。制定《山西省制造业十二大领域发展（招商）图谱》，全年战略性新兴产业、高技术产业增加值分别增长14%和16.30%。三产引领作用凸显，全省第三产业增加值增长8.80%，快于第二产业4.30个百分点，占GDP比重达到53.40%。出台《关于推进乡村振兴战略的实施意见》和《山西省乡村振兴战略总体规划(2018—2022年)》。发展有机旱作、城郊农业，加快推进特色农业转型升级，粮食总产达到137亿公斤。召开全省支持民营企业发展大会，出台《关于支持民营经济发展的若干意见》，提出30条含金量高的政策举措。推进大众创业万众创新，全年登记各类市场主体增长12%左右，高新技术企业数量增长近30%。金融机构分类处置不良贷款。全 债务率持续低于全国平均水平。优化调整区域经济转型升级考核评价指标体系。非煤工业增速大幅快于煤炭。按可比口径，煤炭占规上工业增加值比重下降1个百分点以上，装备制造业占比提高2个百分点以上，工业内部结构“反转”迈出坚实步伐。

中共山西省委学习贯彻习近平生态文明思想，召开全省生态环境保护大会，出台三年行动计划。抓好中央环保督察反馈问题整改，配合保障中央环保督察“回头看”，在全国率先开展省级环保督察“回头看”。开展查处违法排污“百日行动”，推进打击破坏生态环境违法犯罪专项行动，形成依法打击环境违法行为的高压态势。实施大气、水、土壤污染防治三大行动计划。完成清洁取暖改造94万户，淘汰燃煤锅炉4766台，整治黑臭水体54条。出台实施《太行山吕梁山生态系统保护和修复重大工程总体方案》《以汾河为重点的“七河”流域生态保护与修复总体方案》。造林510万亩，比上年增加42万亩。全省环境空气质量综合指数同比改善10.80%，优质水断面超过国家要求，土壤环境质量保持稳定，各项环保约束性指标基本完成，初步实现经济运行和生态环保同向好转。

（任兆宇）

【脱贫攻坚和民生工作】 2018年，中共山西省委学习贯彻习近平总书记对打赢脱贫攻坚战三年行动的重要批示精神，出台《关于坚决打赢全省脱贫攻坚战三年行动的实施意见》，完善责任体系、工作体系和投入体系。出台《关于一县一策集中攻坚深度贫困县的意见》《关于开展消费扶贫促进精准脱贫若干措施》，以改革思维解决突出问题。组建扶贫造林(种草)专业合作社，在一个战场同时打赢脱贫攻坚和生态治理“两个攻坚战”。创新设立产业扶贫周转金，促进贫困村有产业、有带动企业、有合作社和贫困户有项目、有技能“五有机制”的落实。开展贫困村创业致富带头人培训。全省贫困地区农民人均可支配收入8250元，同比增长12.60%。经评估26个贫困县摘帽、65万贫困人口脱贫，贫困发生率下降到1.10%。中共山西省委统筹抓好各项民生工作。实施就业优先战略和积极就业政策，全省城镇新增就业55.70万人，农村劳动力转移就业40.90万人；城镇登记失业率3.26%，完成年度控制目标。多措并举提高居民收入水平，城乡居民人均可支配收入，分别增长6.50%和8.90%。加快棚户区住房改造和公租房分配，改善城镇中等及以下收入住房困难家庭居住条件。出台农村人居环境整治三年行动实施方案，在全省启动农村改厕等五个专项行动，开展“千村示范、万村整治”活动，农村人居环境和整体面貌进一步改善。行政区划调整实现重大突破，全省市辖区行政区域面积增加24%，推动城乡区域协调发展。统筹城乡社会救助体系建设，形成多层次综合救助格局。山西省全域通过国家义务教育发展基本均衡县督导评估认定，县域义务教育均衡发展向优质均衡迈进。建立北京大学、清华大学对口帮扶山西大学、太原理工大学机制，深化拓展与高水平大学的战略合作。基本公共卫生服务均等化持续推进，家庭医生签约服务惠及全省1810万城乡居民。

（任兆宇）

【法治山西和平安山西建设】 2018年，中共山西省委按照中央批准的方案，完成省人大、山西省政府、省政协换届。坚持和完善人民代表大会制度，支持人大及其常委会依法履行职能。出台地方性法规16件，立法质量提高。省人大常委会在全国率先听取和审议省监委专项工作报告，组织开展监察法执法检查，就监察工作中有关问题提出询问，取得监察体制改革试点的新经验。支持政协系统围绕中心履行职能、提质增效。实现对委员的全员培训，健全对委员的管理服务机制，加强与港澳委员的联系。省政协围绕16个议题开展专题协商议政和民主监督，围绕各界关切、群众关心的20个专题开展调查研究，提出高质量的意见建议。

中共山西省委做好新形势下统战工作，筑牢共同奋斗的思想政治基础。全面贯彻党的宗教工作基本方针，出台加强基层宗教工作三级网络和两级责任制的意见。做好对口援疆工作，加强山西省与新疆维吾尔自治区、新疆生产建设兵团的高层交流对接。召开军民融合发展推进大会，军民融合深度发展呈现新局面。深化群团改革，加强对群团工作的领导。全面支持国防和军队改革建设，支持武警部队履行使命。

中共山西省委把扫黑除恶专项斗争作为重大政治任务，制定《在扫黑除恶专项斗争中深挖彻查“保护伞”严惩涉黑涉恶腐败的工作方案》。全省共打掉涉嫌黑恶势力犯罪团伙1007个，抓获犯罪嫌疑人8349人；纪检监察机关共立案查处涉黑涉恶腐败、“保护伞”、失职失责问题及推动不力问题591件，处理1406人。山西省扫黑除恶专项斗争受到中央领导和中央政法委充分肯定，公安部在太原召开现场推进会。学习推广新时代“枫桥经验”，促进全省城乡基层社会治理水平提升。推进平安乡村建设，深化基层综治中心建设，加强网格化服务管理。推动领导干部大走访活动，全省信访形势平稳可控、持续向好。出台《关于进一步加强退役军人服务管理工作的实施方案》，解决一些多年积累的问题。出台贯彻《地方党政领导干部安全生产责任制规定》的实施细则，层层压实安全生产责任制。事故起数和死亡人数同比分别下降12.72%、12.39%。（任兆宇）

**【意识形态引导】** 2018年，中共山西省委召开全省宣传思想工作会议，围绕强领导、举旗帜、聚民心、育新人、兴文化、展形象、建队伍作出部署。严格落实意识形态工作责任制，修订《党委（党组）意识形态工作责任制实施细则》和《意识形态工作领导小组工作规则》。对各市委和省直工委、省高校工委、省国资委党委及36所高校意识形态工作责任制落实情况进行专项督查和检查。围绕庆祝改革开放40周年、太原论坛和能博会等组织重大宣传活动，鼓舞全省人民，展示山西形象。召开全省网络安全和信息化工作会议，理顺省级网信工作体制。媒体融合发展深入推进，“省级中央厨房”初步建成运行。深化群众性精神文明创建活动，推动社会主义核心价值观落细落小落实。推出一批哲学社会科学研究新成果。

中共山西省委着眼于打造文化旅游强省，召开全省旅游工作会议和旅游发展大会，出台《黄河长城太行三大板块旅游发展总体规划》，建设一批特色景区、旅游综合体、文旅小镇等引领市场的好项目。《右玉和她的县委书记们》《一代名相陈廷敬》等影视作品产生热烈反响。指导举办2018第二届平遥国际电影展。举办首届山西非遗博览会。开展“送戏下乡一万场”等文化惠民活动，推进“文明守望工程”。开展“全国网络媒体山西行”“看山西”等系列外宣活动。加快筹备“二青会”。举办第十五届省运会。

（任兆宇）

**【从严治党】** 2018年，中共山西省委贯彻落实习近平总书记重要批示精神，坚持政治建设在党的建设总体布局中的统领地位，引导党员干部树牢“四个意识”，增强“四个自信”，严守政治纪律和政治规矩，以正确的认识和行动带头践行“两个维护”，持续推进“两学一做”学习教育常态化制度化，巩固拓展“维护核心、见诸行动”主题教育成果。指导县以上单位党员领导干部开好民主生活会，要求被谈话函询干部在会上作出说明或检查。执行“三会一课”制度，组织开展“新时代新担当新作为”主题党日活动，推进基层党组织政治生活规范化、常态化。加强党内法规制度建设，印发《党内法规制定工作五年规划（2018—2022年）》。

中共山西省委贯彻中央纪委二次全会精神特别是习近平总书记重要讲话精神，召开省纪委十一届三次全会，提出要做到“四个坚决摒弃”，在强责任、抓经常、严监管上下更大功夫，在践忠诚、转作风、打基础上下更大功夫，在减存量、遏增量、强高压上下更大功夫，反腐败斗争取得压倒性胜利，党内政治生态展现新气象。加强对各级党组织履行全面从严治党责任情况的监督检查，加大管党治党追责问责力度。持续纠正“四风”，部署开展集中整治形式主义、官僚主义工作。坚持无禁区、全覆盖、零容忍，坚持重遏制、强高压、长震慑，坚持受贿行贿一起查，对不收敛不收手的新账老账一起算，保持惩治腐败高压态势。更加注重“四种形态”的精准运用，监督执纪由“惩治极少数”向“管住大多数”逐步拓展。省市县三级成立整治群众身边腐败问题领导小组，聚焦扶贫领域腐败、民生领域腐败、涉黑涉恶腐败三项重点开展集中整治。成立中央巡视反馈意见整改工作领导小组，推动整改工作取得阶段性成效。印发《十一届山西省委巡视工作规划》，建立巡视巡察上下联动监督网。

中共山西省委贯彻全国组织工作会议精神特别是习近平总书记重要讲话精神，召开全省组织工作会议，坚持党管干部原则，严格执行新时期好干部标准，重视使用勇于担当、改革创新、实绩突出的干部。开展县委书记队伍考察调研、人岗不相适干部调整、选人用人问题“回头看”等专项行动。出台《关于进一步激励广大干部新时代新担当新作为努力建设高素质专业化干部队伍的实施意见》，就激励干部奋发进取作出制度化安排。在全省选树一批敢于担当、奋发有为的领导干部典型，营造干事创业的浓厚氛围和鲜明导向。出台《关于适应新时代要求大力发现培养选拔优秀年轻干部的实施意见》，配套制定《大力发现培养选拔优秀年轻干部三年行动计划》。启动八路军纪念馆、右玉展览馆等爱国主义教育基地网上全景展馆建设，太行、右玉两所干部学院共培训 4.40 万余人次。深化人才发展体制机制改革，部署推出“三晋英才”支持计划，推动全省人才工作迈上新台阶。深入推进“三基建设”，13 项重点任务取得明显成效，在“一年解决突出问题，初见成效”基础上，实现“两年不断深化拓展、显著改观”的年度目标，“三基建设”对全省工作的支撑作用明显。（任兆宇）

## 重要会议

**【省委经济工作会议】** 2018 年 1 月 2 日至 3 日，省委经济工作会议在太原召开。省委书记骆惠宁作重要讲话。省委副书记、省长楼阳生作具体安排，并作总结讲话。

会议认为，2017 年是山西发展进程中极不平常的一年，是山西经历重大转折、奋力开创新局的一年。一年来，中共山西省委坚持以习近平新时代中国特色社会主义思想为指引，坚决贯彻中央经济工作会议部署和习近平总书记视察山西重要讲话精神，践行新发展理念，把握稳中求进工作总基调，进一步加强和改进对经济工作的领导，团结带领全省人民攻坚克难，推动经济发展由“疲”转“兴”，形成强劲的转型态势。经济增长进入合理区间，经济结构发生积极变化，发展动能加快转变，民生保障全面提升，生态环保倒逼开始发力，风险防控成效显著。

会议指出，在解决山西发展重大问题的过程中，中共山西省委形成富有时代精神的工作思路和重大举措。主要可概括为三条：一是全面贯彻党的基本路线、狠抓发展第一要务，准确把握山西经济工作的方向、主线和目标，对转型发展的宏观指导发生重要积极变化。二是坚持以改革促转型，正确处理煤与非煤的关系，构筑新体制政策“四梁八柱”，推动转型发展的制度建设发生重要积极变化。三是坚持把全面构建良好政治生态体现到推动转型发展上，不断营造风清气正的干事氛围和创业环境，对转型发展的政治保障发生重要积极变化。

会议指出，做好 2018 年全省经济工作，要把高质量发展的根本要求贯穿始终；要坚持稳中求进工作总基调；要打好防范化解重大风险、精准脱贫、污染防治三大攻坚战；要长短结合谋划好未来五年发展。

要坚持高质量发展，把供改与深改结合起来作为经济工作的主线，聚焦“三大目标”集中发力。一是建设“示范区”，要把构建现代产业体系作为主攻方向。二是打造“排头兵”，要不断深化能源供给侧结构性改革。三是构建“新高地”，要进一步确立开放的观念、目标和举措。

要改革创新引领，激发市场主体活力，促进区域经济协调发展。一要突出基础性改革，激发转型发展内生动力。二要突出创新驱动，培育转型发展新动能。三要突出金融助推，坚决防范化解金融风险。四要突出区域协调，增强协同性、联动性和整体性。

要推动乡村振兴和脱贫攻坚，深化住房制度改革，加快民生事业和生态文明建设。一要全面实施乡村振兴战略，打好精准脱贫攻坚战。二要提升基本公共服务水平，全面保障和改善民生。三要加快建立多主体供给、多渠道保障、租购并举的住房制度。四要加快建设美丽山西，为全省人民提供更多优质生态产品。

会议对 2018 年重点经济工作进行具体部署。要求在统筹做好各项工作的基础上，突出抓好十个方面关键工作。一是推动高质量发展的关键要坚持深化供改与深化综改相结合。二是建设现代化经济体系的关键要依靠创新驱动培育新动能。三是资源型经济转型发展示范区建设的关键要抓好项目建设。四是争当能源革命排头兵的关键要构建现代能源体系。五是构建内陆地区对外开放新高地的关键要打造平台、创设制度、培育主体。六是实施乡村振兴战略的关键要推进农业农村现代化。七是把文化旅游业打造成战略性支柱产业的关键要锻造黄河长城太行三大板块。八是办好民生实事的关键要共建共享、全面发展。九是生态文明建设的关键要保护、修复、治理、恢复。十是保持社会安全稳定的关键要防控风险、守住底线、提高水平。（严志刚）

**【全省企业家大会】** 2018 年 1 月 3 日，全省企业家大会在太原召开。骆惠宁出席并讲话。楼阳生主持。

大会指出，企业家是经济活动的重要主体，是改革创新的主力军，肩负着推动山西省转型发展的历史重任。企业家兴盛则山西兴盛。

大会强调，培育造就一支宏大企业家队伍，是促进山西转型发展的一项重大战略任务。要重点抓好六个方面工作。一是加强激励引导，让企业家勇于担当、投身转型。二是营造法治环境，让企业家放心经营、放手发展。三是维护市场秩序，让企业家公平竞争、诚信经营。四是创优政府服务，让企业家便捷办事、减轻负担。五是弘扬时代精神，让企业家提升境界、开拓创新。六是营造社会氛围，让企业家自豪自信、激情干事。

会议要求各级党委进一步加强对企业家队伍建设的领导，全面指导企业党建工作。各级政府要宣传各类涉企政策，并推动落实。要分级建立领导干部联系企业和企业家制度，不断提升服务企业的能力和水平。

会议要求企业家要提高政治站位，立雄心壮志、展人生价值、尽社会责任。各级领导干部也要学习优秀企业家精神，懂得市场经济、关注企业发展、帮助解决问题。会议对全省优秀国有企业、驻晋央企、民营企业和科技创新企业进行表彰。太钢集团、晋西工业集团、江铃重汽、亚宝药业、中科同昌信息技术集团负责人作发言。

（严志刚）

**【省委农村工作暨脱贫攻坚会议】** 2018年2月24日，省委农村工作暨脱贫攻坚会议在太原召开。会议以习近平新时代中国特色社会主义思想为指引，深入学习贯彻中央农村工作会议和全国扶贫开发工作会议精神，进一步落实习近平总书记视察山西重要讲话精神，对实施乡村振兴战略，深化精准脱贫攻坚作出全面部署。省委书记骆惠宁作重要讲话，省委副书记、省长楼阳生作具体安排。省委副书记、省政协主席黄晓薇主持有关会议，副省长陈永奇作会议总结。

会议强调，要走好中国特色社会主义乡村振兴之路，奋力书写新时代山西"三农"工作新篇章。一要突出城乡融合，构建城乡要素合理流动新机制。二要突出共同富裕，着力巩固和完善农村基本经营制度。三要突出质量兴农，推进农业供给侧结构性改革。四要突出绿色发展，建设黄土高原美丽新家园。五要突出文化兴盛，传承发展提升黄河流域农耕文明。六要突出乡村善治，以"三基建设"推动农村"三治"。

会议对乡村振兴和脱贫攻坚工作作出具体部署。一要以20字方针为引领，构建乡村振兴战略规划体系。二要以供给侧结构性改革为主线，推动农业高质量发展。三要以农村人居环境整治为抓手，加快建设美丽乡村。四要以一体化发展为目标，加快城乡融合步伐。五要以攻克深度贫困为重点，坚决打好脱贫攻坚战。六要以激发乡村活力、促进共同富裕为目标，全面深化农村改革。七要以社会主义核心价值观为导向，培育文明乡风。八要以创新人才开发使用机制为重点，加快培育乡村人才队伍。九要以农业农村优先发展为要求，强化科技、财政、金融兴农支农力度。十要以基层党建为统领，坚持自治、法治、德治相结合，提升乡村治理水平。会议讨论《中共山西省委山西省人民政府关于推进乡村振兴战略的实施意见（讨论稿）》。

会议对2017年度全省脱贫攻坚奖获得者进行表彰，吴汉圣宣读《2017年度全省脱贫攻坚表彰决定》。太原市、长治市、晋城市、农谷管委会、孝义市负责人分别作大会典型发言。阳曲县、吉县、临县、岢岚县、左权县、武乡县负责人分别在脱贫攻坚工作部署会议上作交流发言。（严志刚）

**【开发区改革创新发展推进会】** 2018年7月10日，山西省开发区改革创新发展推进会在太原召开，骆惠宁出席会议并讲话。楼阳生主持第一次全体会议并作工作部署。

会议强调，实现开发区二次创业，意义重大、任务艰巨。全省上下要奋力攻坚，力争到2020年，"三制"改革和"三化"建设成效彰显，开发区工业增加值占全省工业增加值的比重达到46%以上，战略性新兴产业产值占全省战略性新兴产业产值的比重达到70%以上，整体创新力竞争力带动力明显增强，为全面实现开发区发展战略定位打下基础。

会议明确，要强化精准招商，既注重引进龙头企业和重大项目，又注重引进配套企业和特色项目，加快培育现代产业集群；要强化体制机制创新，深化"三化三制"改革，鼓励开发区复制推广自贸区经验做法，在投资贸易便利化、法治化、国际化等方面先行先试；要以企业投资项目承诺制试点为抓手，全面推进审批服务便民化，率先在开发区落实"六最"营商环境的任务要求；要强化责任落实和考核督查，引导和激励全省上下用非常之力、下恒久之功，不断提升开发区发展水平，引领全省高质量转型发展开创新局面。

副省长王一新主持第二次全体会议。会上，集中观看全省开发区改革创新发展巡礼片，省国土厅、山西转型综改示范区、长治市、晋中市、左云经济技术开发区负责人分别作大会发言。与会人员观看全省开发区改革创新发展情况展板。（严志刚）

**【全省生态环境保护大会】** 2018年7月31日，全省生态环境保护大会在太原召开。骆惠宁出席会议并讲话。楼阳生主持第一次全体会议并作部署讲话。

会议指出，山西省生态文明建设。总体目标是：到2020年，生态环境质量总体改善，主要污染物排放总量大幅减少，环境风险得到有效管控，生态环境保护水平同全面建成小康社会目标相适应。到2035年，节约资源和保护生态环境的空间格局、产业结构、生产方式、生活方式总体形成，生态环境质量根本好转。

会议指出，要聚焦突出问题，拿出超常举措，坚决打好污染防治攻坚战。一要着力破解大气污染源头治理难题，坚决打赢蓝天保卫战。二要着力破解地表水污染治理难题，坚决打好碧水保卫战。三要着力破解工业固废历史堆存和垃圾处理难题，坚决打好净土保卫战。四要着力破解农业农村面源污染难题，坚决打好农村人居环境治理攻坚战。

第一次全体会议以电视电话会议形式开到县，会前集中观看山西生态环境现状与思考专题片。副省长贺天才主持第二次全体会议，省发改委、省财政厅、省环保厅、晋城市、临汾市负责人作交流发言。（严志刚）

**【巡视整改专题民主生活会】** 2018年8月18日，中共山西省委常委班子召开巡视整改专题民主生活会。中央纪委、中央组织部、中央巡视办派员全程指导。

会议通报征求意见情况。骆惠宁代表中共山西省委常委班子作对照检查，针对中央巡视组反馈指出的问题，重点从领会贯彻习近平新时代中国特色社会主义思想、领会贯彻新时代党的建设总要求、领会贯彻新发展理念、领会贯彻以人民为中心的发展思想、领会贯彻“抓铁有痕、踏石留印”要求5个方面查找差距，剖析原因，提出整改措施。常委逐一进行对照检查，对照巡视反馈意见，主动认领问题，深刻反思剖析，认真开展批评与自我批评。（严志刚）

【中共山西省委十一届六次全体会议】 2018年8月24日至25日，中国共产党山西省第十一届委员会第六次全体会议在太原召开。会议由中共山西省委常委会主持。

会议指出，山西正处于政治生态由“乱”转“治”、发展由“疲”转“兴”基础上全面拓展党的建设和党的事业新局面的关键时期。要保持高度清醒，坚持“治”不忘“危”“兴”不忘“忧”。

会议指出，要履行好转型综改试验区建设的重大使命，在扎实推进经济发展方式转变上取得更大进展。一要立足当前，推动经济持续稳步向好，为转型发展提供坚实基础。二要抓住根本，完善支持转型发展的体制政策体系，横下一条心加快发展新兴产业。三要突出特色，坚持煤炭“减”“优”“绿”三字方针，推动能源革命在全国率先破题。

会议指出，要坚定不移地扎实推进党的建设，进一步激励广大干部担当作为。一要坚持把党的政治建设摆在首位。二要持续强化全面从严治党主体责任。三要充分激发干部队伍的积极性主动性创造性。

会议通过《中共山西省委关于进一步激励广大干部新时代新担当新作为努力建设高素质专业化干部队伍的实施意见》提出7个方面27条举措要求，就进一步激励干部队伍积极作为、奋发进取作出整体性部署和制度化安排。会议印发《关于中组部反馈我省2016、2017年度干部选拔任用工作民主评议结果的通报》。

会议对深入开展扫黑除恶专项斗争作出进一步部署，要求各地各有关部门继续贯彻中共山西省委“十个进一步”要求，求深入、扩战果、办铁案、强综治、除隐患，不夺全胜，决不收兵。

会议批准黄晓薇、王宇燕、江涛、许大纯4人辞去中共山西省委委员职务，吴海平辞去中共山西省委候补委员职务；递补符惠明、汪凡、张安顺、翟振新、霍红义、王震6人为中共山西省第十一届委员会委员。

出席会议的中共山西省委委员66人，候补委员15人。（严志刚）

【全省推进转型项目建设现场会】 2018年8月27日，全省推进转型项目建设现场会在太原召开，骆惠宁出席会议并讲话。

2018年是山西省转型项目建设年。中共山西省委、山西省政府把项目建设作为转型发展的硬任务、硬抓手、硬指标，采取有力措施抓落实，1月至7月开复工项目6815个，完成投资3252.9亿元。会前，部分参会负责人现场观摩太原不锈钢产业园东杰智能装备及工业机器人、综改示范区阳曲产业园银邦铝合金及多金属高端复合材料、明豪汽车整车模具制造等转型项目。

会议强调，抓转型项目年建设，各地要努力，各部门要主动，国企要带头。要下一番硬功夫，不能把设计当成果，不能把协议当落地，不能把讲了当抓了。对各市、县党政负责同志抓招商引资、抓转型项目的情况要列出清单，加强督促检查。各地要对各县转型项目建设开展现场检查，向下传导压力。各开发区要贯彻开发区改革创新发展推进会部署，发挥转型发展主战场作用。一要破难题加快项目建设。二要高起点谋划牵引项目。三要强素质持续抓好项目。

中共山西省委常委、常务副省长林武主持会议，并对各市转型项目建设情况进行点评，提出工作要求。

会议主会场设在明豪模具制造公司项目一线，视频连线11个地市和32个项目建设现场。（严志刚）

【全省网络安全和信息化工作会议】 2018年8月20日，全省网络安全和信息化工作会议在太原召开，骆惠宁出席并讲话。楼阳生主持。

会议指出，山西省自觉把网信工作摆在重要位置，采取一系列措施，取得明显成效。网信工作顶层设计基本完成，网络意识形态安全有效维护，网络安全管理体系初步确立，信息化驱动引领作用开始凸显。但也某种程度存在认识不深刻、能力不适应、机制不完善、发展不平衡、支撑不到位等问题。全省上下要充分认清网信事业代表着新的生产力和新的发展方向，积极抢占制高点，精准施策，持续发力，向着跻身全国第一方阵、建设网络强省的目标迈进。一是在防范网络意识形态风险上要有新举措。二是在网络安全防护上要有新提升。三是在信息化驱动引领上要有新作为。

会议以电视电话会议形式开到市一级。省军级领导罗清宇、张吉福、廉毅敏、商黎光、胡玉亭、韩强、岳普煜、李俊明、王一新、刘新云、李正印、李晓波出席会议。（严志刚）

【全省机构改革动员大会】 2018年10月22日，全省机构改革动员大会在太原召开。骆惠宁出席并讲话。楼阳生主持会议，并宣读《中共中央办公厅国务院办公厅关于印发〈山西省机构改革方案〉的通知》。

会议强调，山西省党政机构改革，按照党中央深化党和国家机构改革总目标和地方机构改革总要求，通过改革和完善党的领导体系、政府治理体系等，着力解决在党政机构设置和职能配置方面存在的矛盾和问题，推动各类机构、各种职能、各项工作相互衔接、相互融合、相互促进，着力构建系统完备、科学规范、运行高效的党政机构职能体系。一是健全坚持党的全面领导的制度安排。二是充分发挥市场和政府的各自优势。三是突出保障和改善民生的目标导向。四是用好中央赋权着力体现山西特色。

各级各部门要提高政治站位,全面落实山西省机构改革实施方案,着力在转变和优化职责上下功夫,抓好组织实施阶段的18个关键环节,规范推进职责机构人员转隶、档案交接、资产处置、老干部等重点工作,一项任务一项任务抓,一个节点一个节点盯,确保各项改革任务按时保质完成。

中共山西省委常委、省纪委书记、省监委主任任建华宣读《关于忠实履行纪检监察职责确保全省深化机构改革顺利推进的通知》。吴汉圣作《山西省机构改革实施方案》说明。

(严志刚)

**【中共山西省委十一届七次全体会议】** 2018年12月28日至29日,中国共产党山西省第十一届委员会第七次全体会议在太原召开。会议由中共山西省委常委会主持。会议学习贯彻习近平总书记在庆祝改革开放40周年大会重要讲话精神,动员全省党员干部群众把新时代改革开放推向前进。会议听取和讨论骆惠宁受中共山西省委常委会委托作的工作报告。

会议指出,要把握新时代改革开放要求,在"两转"基础上全面拓展山西党的建设和党的事业新局面。一要坚持改革开放正确方向。二要抓好改革开放战略重点。三要弘扬全社会的创新精神。四要增强改革开放方法本领。五要筑牢改革开放政治保证。

会议指出,在全省广大党员干部群众中开展"改革创新、奋发有为"大讨论,是贯彻落实习近平总书记关于改革开放再出发和新时代新担当新作为指示精神的重大举措。总体要求是,坚持以习近平新时代中国特色社会主义思想为指导,深入学习贯彻党的十九大精神、习近平总书记视察山西重要讲话精神,高举新时代改革开放旗帜,紧密结合"两转"基础上全面拓展新局面的使命任务和广大党员干部群众思想工作实际,突出目标导向、问题导向、实践导向,增强改革决不能落后的信念,增强创新驱动发展的理念,增强勇于担当作为的自觉,推动思想再解放、改革再深入、创新再发力、开放再提质、工作再抓实,为全面提升改革开放质量和水平,谱写新时代中国特色社会主义山西篇章提供强大动力、营造良好氛围。

全会对深入推进党政机构改革、谋划安排好明年经济工作、开好省市县三级"两会"、抓好重要工作和事项的整改落实以及做好元旦春节期间有关工作作出部署。

全会表决通过《关于开展"改革创新、奋发有为"大讨论的实施方案》。出席会议的中共山西省委委员70人,候补委员8人。(严志刚)

## 组　织

**【思想政治根本性建设】** 2018年,中共山西省委组织部坚持把政治建设作为根本性建设,放在"统领"位置来抓,把旗帜鲜明讲政治的要求全面融入各项工作,教育引导全省广大党员干部做政治上的明白人,贯彻落实中央、中共山西省委各项决策部署。

推进"两学一做"学习教育常态化制度化。巩固拓展全省维护核心、见诸行动主题教育成果,执行中共山西省委《关于坚决维护党中央集中统一领导的规定》,强化全省上下坚决维护习近平总书记核心地位、维护党中央权威和集中统一领导的思想自觉和行动自觉。开展"不忘初心、牢记使命"主题教育专题调研,从主题教育的主要目标、重点任务、解决问题、方法步骤、组织领导等9个方面提出38条具体措施,为高质量开展主题教育作准备。

提高党内政治生活制度化规范化水平。严格执行新形势下党内政治生活若干准则,落实"三会一课"、领导干部双重组织生活等基本制度,加强对市委领导班子民主生活会督导,推动用好批评和自我批评这一武器。狠抓主题党日活动的推行、规范完善和质量提升,督促指导全省党支部分别以"新时代新担当新作为""学习郑德荣等先进典型"为主题,组织开展主题党日活动,发挥党性锻炼的"熔炉"作用。

抓好党内政治文化积极健康发展。发挥山西省干部学院和党性教育基地作用,用太行精神、吕梁精神、右玉精神滋养激励干部。截至2018年底,太行、右玉两所干部学院共培训干部5.50万余人次。(程永杰)

**【基层组织建设】** 2018年,中共山西省委组织部贯彻落实省委书记骆惠宁在全省推进"三基"建设座谈会上的讲话精神,落实"1+6"政策体系,组织督促指导11个市和23个重点任务省级牵头单位实施推进"并村简干提薪招才建制"、基层党组织规范化建设、基础工作提质增效等重点工作,普遍建立各级党委(党组)书记"三基建设"联系点制度,集中解决一批突出问题。

夯实农村基层党组织建设。制定实施《乡镇农村基层党组织规范化建设标准(试行)》,明确7个方面29条标准,力争用两到三年时间,使全省农村基层党组织整体达到规范化建设要求,60%以上的村党组织达到一流建设标准。做好村"两委"换届后续工作,汲取交城县柰林村村委会换届拉票贿选案教训,开展换届选举"回头看",全省共审查出不符合条件的村"两委"干部357人、清理213人、同步补齐配强135人。开展农村"领头雁"培训,实现农村"两委"干部培训全覆盖。实施《软弱涣散农村基层党组织整顿提升两年行动方案》。全省共确定2494个软弱涣散村党组织,其中2474个实现转化提升,转化率99.20%。

提升各领域基层党组织建设。制定实施《全省基层党组织规范化建设标准(试行)》,明确8个领域基层党组织规范化建设标准。完成全省社区"两委"换届,下拨省管党费203.07万元,支持市县两级开展社区党组织书记培训。举办社区、非公企业、社会组织党组织书记3个省级示范培训班,培训280余人次。社区年平均工作经费达 12.70 万元,90.20%的社区建立服务群众专项经费制度，年均 8.4 万元。实施城市社区省级扶持补助项目,下拨 1452 万元省管党费补助 84 个社区，推进国企党建 40 项重点任务落实,35 户省属企业把党组织研究讨论作为董事会、经理层决策重大问题的前置程序,集团层面全部实现党建入章程,党委书记、董事长"一肩挑",34 户总经理兼任党委副书记,30 户配备专职副书记,国企党建"1+N"制度体系逐步完善。抓好高校党建 20 项重点任务,制定《民办高校党委书记管理办法》。省级财政拨付 578.70 万元支持非公企业和社会组织党组织开展工作,全省非公企业和社会组织党组织覆盖率分别达 91.40%、73%,各领域基层党建形成整体提升、全面加强的工作格局。

推进抓党建促脱贫攻坚。举办深度贫困县乡镇党委书记精准脱贫培训示范班,培训 138 人;举办 34 期全省贫困村党组织书记培训班,集中轮训 5400 多人；对全省农村第一书记备案管理,按照"一村一队、一队三人"要求调整驻村工作队,对 320 名农村第一书记进行压茬轮换；出台《乡镇挂职帮助工作干部管理办法》,加强大学生村干部岗位管理,做好一线力量管理保障。推进软弱涣散基层党组织整顿、涉黑涉恶农村干部及时处理等重点任务,狠抓中央督导反馈问题整改,省市县三级组织部长共督导谈话 130 人。全省组织部门共排查掌握涉黑涉恶线索 901 条,因村干部涉黑涉恶等问题被列为整顿对象 107 个村，对涉案的 47 名村党组织书记全部进行调整选配，对 49 名涉案的村委主任全部作出组织处理,对涉案的 65 名党员作出党纪处分。推动抓党建促乡村振兴,提出农村带头人队伍素质优化提升、农村基层党组织规范化建设、农村基层基础保障、农村干部学历提升等 4 个工程项目。出台《发展壮大村级集体经济三年行动方案》，推动全省行政村基本实现集体经济"破零",年收入 5 万元以上的村达到 63.40%。评选山西最美村干部、社区干部、基层干部,加大先进事迹宣传，营造激励基层干部担当作为的良好氛围,党员先锋模范作用得到发挥。

（程永杰）

**【干部使用管理】** 2018 年,中共山西省委组织部贯彻《中共山西省委关于进一步激励广大干部新时代新担当新作为努力建设高素质专业化干部队伍的实施意见》，坚持素质、状态"双提升"，对激励干部积极作为、奋发进取作出整体性部署和制度化安排。各级组织部门落实中共山西省委要求,坚持党管干部原则,落实新时期好干部标准,选优配强各级领导班子和领导干部,完成省人大政府政协换届、巡视反馈问题整改、机构改革领导班子配备等重点工作。中共山西省委常委会全年共研究任免干部 1069 人次,其中提拔重用 248 人。

机构改革启动后，综合比选,提出合理化建议，调整配备 51 个单位班子 230 名干部。规范机构改革后省管干部职务表述、中共山西省委部门兼职等。

在全省推选宣传 60 名担当作为先进典型。提任 48 名近年来受省级表彰的农村第一书记,督促各用人单位大胆破格使用一批。推动干部能上能下,对工作表现优秀、实绩突出的 7 名贫困县县委书记,提拔担任上一级领导职务并继续兼任现职;对存在不担当作为、脱贫攻坚推进严重不力等情况的 9 名县委书记、5 名县长及时进行组织调整。调整优化 2018 年度考核指标内容和指标权重,对区域经济转型升级在单独考评的基础上实行专项奖励,对优秀等次市的市级领导干部提高奖金幅度。结合考核工作,建立厅局主要负责人向中共山西省委常委会述职制度,对干部担当作为情况开展评议。在全省部署推荐 5000 名担当作为先进典型,营造干事创业的氛围和导向。

引进山西大学校长、山西农业大学党委书记、晋商银行副行长等。统筹用好省管非领导职务。提任巡视员 29 人,副巡视员 46 人,从省直机关交流到事业单位担任主要领导 2 人,调整交流省管重要骨干企业纪委书记 8 人,从省税务局交流到省商务厅副厅长 1 人,同煤集团、阳煤集团、晋能集团 3 名总经理全部为交流任职,高校与省直单位、地市之间交流调整干部 10 人。

干部从严管理全方位加强。坚持

2018 年 4 月 2 日至 3 日,中共山西省委常委、组织部部长吴汉圣(右二)深入长治市,就建设高素质专业化干部队伍、激励干部担当作为干事创业开展专题调研

（程永杰供图）

抓早抓小、严在经常,各级组织人事部门提醒3238人、函询1274人、诫勉802人。坚持“凡提四必”,开展“六查”。从严开展个人有关事项报告查核处理,并推进即时报告制度,查核领导干部个人事项9449人次,处理1988人次。注重日常问题线索收集处置,坚持发现一起,查处一起,形成强大震慑。严肃处理违规调整干部问题,指名道姓通报中共山西省委第二、三轮巡视选人用人专项检查发现的问题。

公务员队伍和制度建设同步推进。在公务员考录、遴选、选调、培训、考核等各方面突出政治标准。加快推进分类改革,全省公安机关执法勤务警员职务和警务技术职务序列改革取得阶段性成果,法官、检察官等职务序列改革深化。按照分级分类考录、加强基层队伍建设的要求改进工作方法,全省考试录用公务员4798名。推进聘任制公务员试点工作,拓宽引进高素质专业化人才的渠道。

(程永杰)

【干部轮训】 2018年,中共山西省委组织部举办6期省管干部学习班,对2120名省管干部进行第二轮轮训。开展学习培训工作督查,指导全省各级党校普遍开设学习贯彻习近平新时代中国特色社会主义思想读书班,督促指导各级组织人事部门举办多种形式的学习班、培训班、研讨班,轮训县处级以上领导干部3.25万余人次。各地各部门分领域、分类别举办基层党组织书记、党员和党务骨干集中轮训。广大党员干部群众在学习中实践、在实践中学习。

中共山西省委组织部统筹推进各级各类培训轮训。组织开展主体班次、联合培训、专题研修、送教下乡、网络培训等,培训干部10.40万余人次,其中中共山西省委组织部举办重点培训班次81期、培训干部1.20万余人次。开通山西干部在线学院新平台,在全省推广应用“山西智慧党建”手机客户端,做好中组部中国干部网络学院共建共享试点工作,打造覆盖全省党员干部的网络培训平台,帮助干部弥补知识弱项、经验盲区,干部担当作为的底气和勇气增强。

(程永杰)

【年轻干部培养选拔】 2018年,中共山西省委组织部重视发现培养选拔优秀年轻干部工作,谋划提出开展省外挂职锻炼和基层挂职锻炼“两大行动”工作思路,与广东省、广州市、深圳市等地具体沟通干部挂职事宜。

整体布局和统筹规划年轻干部发展。召开全省发现培养选拔优秀年轻干部推进会,制定出台《关于适应新时代要求发现培养选拔优秀年轻干部的实施意见》《关于建立年轻干部选拔配备专项备案制度的通知》《关于进一步加强和规范党政领导干部交流工作的意见》,启动优秀年轻干部“两大行动”和“三年计划”,打出一套培养选拔优秀年轻干部的政策“组合拳”。集中开展优秀年轻干部调研,向中组部推荐报送85名初步人选,着手建立中共山西省委直接掌握的优秀年轻干部名单,直接掌握50名市厅级、600名县处级、300名乡科级优秀年轻干部和300名优秀选调生。

岗位锻炼和挂职培养年轻干部成长。从转型综改紧密相关的部门和单位集中选派40名优秀年轻干部到东部发达地区进行为期半年的挂职锻炼。选派88名省外挂职锻炼行动人选进行2个月集中培训。选派112名省内挂职锻炼行动人选到县(市、区)进行为期1年的挂职锻炼。从省直单位选派6名新提拔的副厅级干部和6名优秀处级干部到省信访局挂职担任信访督查专员。从驻村帮扶单位抽调36名副厅级干部担任干部驻村帮扶驻县大队长、挂任县党政副职。抽调4名厅级干部担任省环保督察组组长、副组长。择优选派28名年轻干部参加中共山西省委巡视工作。对援疆满一年的118名援疆干部人才集中考核。配合新疆维吾尔自治区选调厅处级干部7人,选派78名干部人才赴疆中期轮换。

提升选调生招录规模和质量。研究制定《山西省选调生管理暂行办法》,扩大定向选调生招录范围和规模,招录范围扩展到10所“双一流”高校,共招录定向选调生135名,普通选调生400名,招录规模超全省公务员招录人数的10%。围绕乡村振兴在普通选调生招录中专门设置“涉农”岗位,招录涉农专业、网络技术和电子商务等基层紧缺实用人才。推进选调生与大学生村干部并轨工作,选调生试用期满后选派到村担任大学生村干部,培养一大批熟悉基层、热爱基层、奉献基层的优秀年轻干部。

(程永杰)

【人才发展体制机制改革】 2018年,中共山西省委组织部深化人才发展体制机制改革取得新进展。制定《高端人才分层标准(试行)》,为精准引进高端人才提供基础性参考。开通“山西人才工作”头条号,编印《人才政策文件汇编》。落实用人单位自主权,推出三项改革新举措,明确事业单位招聘高层次人才计划不受自然减员的限制,按需保障;明确逆向流动的高层次人才不受市场调剂计划5%的限制;明确事业单位编制计划内增人可自主组织公开招聘,引进高层次人才及其他急需紧缺人才,可直接考核聘用和进行专项招聘。首次把高层次人才纳入政策性安置计划中安排,允许高校在人员总量内自主公开招聘人才。完善人才培养、评价、流动、激励机制,制定《山西省分类推进人才评价机制改革的实施方案》,改革完善机关事业单位人才流动管理,对8所本科院校和4所公立医院实行绩效工资总量总额调控。制定实施《山西省科学技术奖励办法》,大幅提高科技创新奖项奖励标准。设立“山西省优秀人才突出贡献奖”和“山西省人才工作贡献奖”,让优秀人才“名利双收”,最大限度激励广大人才创新创造活力。

整合省级人才工程,实施“三晋英才”支持计划。落实对300名高端领军人才、5000名拔尖骨干人才、

8000名青年优秀人才的奖励性津贴，发放2.45亿元。协调省级财政安排专项资金，支持中北大学全职引进李魁武院士、山西大学全职引进黄桂田和江怡2名"长江学者"、太原理工大学全职引进"国家有突出贡献中青年专家"邓存宝等8名专业技术人才团队、山西医科大学全职引进"国家杰出青年"曹济民教授。新设立院士工作站18个，柔性引进"两院"院士19名。在德国柏林召开人才合作专家座谈会，举办中国·山西(德国)经贸暨人才合作恳谈会，签约外国高端人才17名。实施省"百人计划"，分两批引进海外高层次人才258名、创新团队5个。选拔推荐享受政府特殊津贴人员58名、省级学术技术带头人150名、省新兴产业领军人才80名、青年拔尖人才23名。健全完善吸引省内外大中专院校毕业生来晋创新创业的政策体系，协调省级财政安排9265万元经费，引进618名优秀博士生。

加强党对人才的政治引领和团结服务。开展"弘扬爱国奋斗精神、建功立业新时代"活动，举办"中青年高层次人才国情研修班"，组织部分中共山西省委联系的专家赴苏州开展主题休假考察活动。健全完善党委联系服务专家制度，对省委联系专家名单进行调整补充，建立省领导直接联系服务专家制度，将415名省内各领域优秀专家和108名柔性引进的省外优秀专家纳入联系服务范围，将省内专家医疗补助标准由每年2000元提高到3000元。表彰第八届山西省十佳中青年优秀科技工作者，营造尊重人才、见贤思齐的良好氛围，实现增"人数"和得"人心"的有机统一。

（程永杰）

【青年拔尖人才】 2018年1月，中共山西省委组织部公布第五批山西省青年拔尖人才名单共10人，入选者享受专项经费支持。从2012年开始实施"山西省青年拔尖人才支持计划"，已有45人入选。第五批为：山西唯美诺建筑装饰工程有限公司赵洁，山西摩上文化艺术有限公司王宇琦，山西大学孙桂全，太原理工大学李明，山西农业大学赵俊星，山西大学原美林，山西省人民医院张弓，山西医科大学第二医院王少伟，山西省应用化学研究所(有限公司)吴建兵，山西艺术职业学院李娟。

11月，公布第六批入选名单，共23人入选，分创新与创业两类。第六批分别为：山西大学刘景、闫智辉，太原理工大学张虎林、陈智辉，中北大学陈平，山西医科大学李丽红，山西农业大学纪薇，长治学院常晶，山西省人民医院周晓霜，山西医科大学第一医院吴勇延，山西医科大学第二医院赵卫红，山西省农业科学院秦丽霞、王晓娟，山西省交通科学研究院刘晓，太原清控科创科技园管理有限公司赵力鎏，阳泉煤业(集团)有限责任公司童明全，山西省体操运动管理中心董栋，晋城市尹川影视文化工作室尹川，山西戏剧职业学院张红丽;4位创业类入选者分别为：山西新思备科技股份有限公司张莉，山西水塔醋业股份有限公司武峥兴，太原龙翔精灵科技有限公司李翔，山西培行高科电器有限公司牛培行。 （编辑部）

【"互联网+"党建工作】 2018年2月5日，中共山西省委组织部建设的全省党员教育信息化系列平台正式上线。系列平台由山西组工网、山西智慧党建APP、新版远程教育平台构成。山西组工网是在"三晋红e网"基础上进行重新构建，正式更名为"山西组工网"，突出中共山西省委组织部门户网站和党员教育辅助平台两大功能，着力发挥党建网站集群优势。山西智慧党建APP汇聚各级党建平台资源，打造具有"党建宣传引领、网上学习培训、助推支部活动、服务党员群众、科学决策分析、党员精准管理"六大功能的掌上信息化互动平台。新版远程教育平台结合全省"三基建设"深入推进，为全省党员群众提供更加丰富的党建教育资源。

（编辑部）

## 宣　传

【思想理论建设】 2018年，中共山西省委宣传部把握"九个坚持"根本遵循，践行"十五字"使命任务，落实"两论立部"工作方针，守正创新、开拓进取，全省宣传思想工作呈现新气象。

组织完成山西省思想政治工作研究会第六届理事会换届工作。开展宣传思想文化战线人才队伍建设调研，制定《推动全省宣传思想文化人才发展的工作方案》。组织举办新时代宣传思想工作创新研讨班。全年举办各类培训(研修)班30余期，培训各级各类宣传干部及文化人才3000余人次，新选拔"四个一批"人才63名。按照中央、中共山西省委部署要求，完成省级机构改革任务。

2018年，中共山西省委宣传部制定党委中心组学习考核评价标准和党委讲师团工作考核评价体系，创办《中心组学习简报》。全年服务中共山西省委中心组学习11次。组织开展《习近平谈治国理政》《习近平新时代中国特色社会主义思想三十讲》等学习宣传工作，发行量党员占比居全国前列，受到中宣部表彰。学习强国山西平台建设取得进展。

在省内媒体开设专题专栏，组织全省社科理论工作者撰写重头理论评论文章。召开党创新理论和习近平总书记重要讲话精神进基层推进会，开展"党的十九大精神进基层""将改革开放进行到底"等主题宣讲，打造形成晋中市"文艺轻骑兵"、晋城市"讲习快车"等一批基层宣讲品牌，全年累计开展基层宣讲20余万场，直接受众700余万人次。

印发关于加快构建中国特色哲学社会科学的实施意见，组建高校《资本论》研习小组，举办习近平新时代中国特色社会主义思想暨山西实践理论研讨会、学习贯彻习近平总书记关于宣传思想工作重要论述研讨会、全省高校思政课暨思政工作改革创新经验交流会，《把政治文化建设作为全面从严治党的铸魂工程》入选中宣部“马克思主义理论研究和建设工程”重大项目和国家社科基金特别委托项目。（乔佳伟）

【舆论引导】 2018年，中共山西省委宣传部组织召开8次重大题材新闻报道工作联席会议，围绕习近平总书记视察山西一周年、庆祝改革开放40周年等，策划组织系列宣传活动，开展“新时代新作为新篇章”等大型主题采访活动，选树宣传一批新时代担当作为先进典型，连续在中央主要媒体策划推出反映山西省改革发展成就重大主题报道。《刘桂珍：四副担子一肩挑》等5篇作品获第28届中国新闻奖。

开展山西品牌中华行和丝路行等系列外宣活动，组织开展“全国网络媒体山西行”等活动。《粉墨春秋》入选中宣部中华文化走出去重点扶持项目。对“山西发布”两微平台运营管理，全年推送微信、微博1.30万余条。省级平台组织新闻发布会43场。推进媒体融合。“省级中央厨房”初步建成运行，实现与《山西日报》、山西广播电视台互联互通、资源共享。制定山西省《县级融媒体中心建设实施方案》，首批39个县（区、市）融媒体中心全部揭牌。

履行意识形态工作责任制。推动召开4次中共山西省委意识形态工作领导小组会议，印发《关于当前全省意识形态领域形势的通报》等文件。落实中央巡视反馈意见精神，制定7类36个问题84项任务整改工作台账，建立整改工作周协调调度会制度，年度整改任务全部完成。组织对各市委和省直工委、省高校工委、省国资委党委系统意识形态责任制落实情况进行专项督查，对全省36所高校意识形态工作责任制落实情况进行专项检查。（乔佳伟）

【社会主义核心价值观培育】 2018年，中共山西省委宣传部弘扬太行精神、吕梁精神、右玉精神，启动八路军太行纪念馆、晋绥边区革命旧址纪念馆、右玉精神展览馆等爱国主义教育基地网上全景展馆建设。开展省级爱国主义教育基地考核申报工作，对不符合标准的9个基地予以调整，新命名阳泉七亘大捷纪念馆等29个基地。印发《关于进一步做好社会主义核心价值观网上传播的通知》。召开全省社会主义核心价值观示范点建设经验交流会，命名6大类102个单位为第一批社会主义核心价值观建设示范点。开展首届社会主义核心价值观主题微电影、百幅优秀公益广告作品征集评选展播展映和“一张纸献爱心”活动。“晋立信”山西失信被执行人曝光台正式上线运行。组织召开全省精神文明建设表彰大会、省文明委第十四次全体会议，出台《关于深化群众性精神文明创建活动的实施意见》。在全国率先编制完成省级《实施乡村振兴战略乡风文明专项规划（2018—2022）》。组织开展第七届山西道德模范评选表彰宣传活动和第六届全国道德模范基层巡讲活动，全省30人荣登“中国好人”榜。推进学雷锋志愿服务工作，全省9个学雷锋志愿服务先进典型入选全国“四个一百”名单。（乔佳伟）

2018年12月20日，首届山西省核心价值观主题微电影颁奖仪式在太原举行
（乔佳伟供图）

【互联网建设管理】 2018年，中共山西省委宣传部组织开展全省网信领域大调研活动，召开全省网络安全和信息化工作会议，印发《关于进一步加强全省网络安全和信息化工作的实施意见》。完成省内35家新闻网站落实主体责任实地检查工作，关闭“环保头条网”“百灵环保网”等违法违规网站和21个微信公众号。开展“清朗”“净网”打击整治网上假新闻和新闻敲诈等专项行动。制定《涉晋网络舆情处置工作细则》。开展“扫黄打非”工作，清理整顿文化类“山寨社团”64个。开展全省高校贯彻落实全国高校思想政治工作会议精神专项督查。（乔佳伟）

【文艺创作扶持】 2018年，中共山西省委宣传部制定《山西省当代文学艺术创作工程规划（2018—2021年）》。修订《重点文艺作品扶持奖励办法（试行）》。推出电视剧《右玉和她的县委书记们》、长篇报告文学《掷地有声——脱贫攻坚山西故事》、中宣部主题出版重点选题《闪耀世界的中国奇迹》等一批优秀文艺作品。音乐剧《火花》、上党梆子《太行娘亲》获国家舞台艺术精品创作扶持工程重点扶

持剧目。举办“山西省庆祝改革开放40周年群众文化系列活动”，共开展2900余项活动，惠及群众2600余万人次。组织举办“绿色的旋律——2018右玉森林音乐会”，40余家央媒省媒集中采访报道，产生广泛影响。指导举办第二届平遥国际电影展。举办大同云冈文化旅游活动季、平遥国际摄影大展、长治八路军文化旅游节、临汾尧都文化旅游节等系列文化活动。组织开展免费送戏下乡一万场等文化惠民活动。开展全民阅读活动2000余次，50余万人次参与。启动第八批国家级文物保护单位和第六批山西省文物保护单位推荐工作。举办首届山西非遗博览会。（乔佳伟）

【推动文化体制改革】 2018年，中共山西省委宣传部制定省属国有文化企业公司制改制工作实施方案，全省国有文化企业公司制改革基本完成。召开全省文化领域行业组织建设联席会议，组织开展省级文化领域行业组织专项治理，推动文化领域行业组织规范健康发展。全年改革任务完成。组织开展全省文化产业普查调查和主体培育提升工程，摸清全省文化产业家底，发布全省及11市文化产业数据分析报告。组织参加第十四届深圳文博会，获优秀组织奖和优秀展示奖。2018年全省文化产业增加值同比增长13%，是2014年文化产业核算以来增长最快一年。推动国有文化企业把社会效益放在首位，实现社会效益和经济效益相统一体制机制，分别开展省属文化企业集团双效考核、领导班子建设情况考核调研、年度目标责任考核工作。（乔佳伟）

【感动山西十大人物评选】 2018年4月27日，由省精神文明办公室指导，山西日报社主办的“沁源杯”2017感动山西十大人物评选揭晓。获此荣誉的有11人（两并列）和1个集体，分别为：平遥国际电影展发起、创立人，著名导演贾樟柯；把晋剧从田间地头唱到国际舞台的“晋剧第一女老生”谢涛；靠着磨粉养猪，攒出40多万捐资助学的草根农妇毕腊英；40年坚守大山，教师、医生、村干部一肩挑的铿锵玫瑰刘桂珍；稳扎稳打，一次次创造“中国制造”神话的太钢高级工程师王辉绵；把居民当亲人的社区干部孟庆庆；称霸跤坛12载，退役后甘为人梯的教练梁磊；事事关心，倾力行走在拥军路上的大同市城区退休检察官赵银才；用身体抵挡歹徒菜刀，舍命护住被绑少女的人民警察翟树斌、秦龙；带着重病养母一起上学的孝心少年张美静。获得特别奖的是：蓝天救援队。（编辑部）

## 统　战

【思想政治引领】 2018年，中共山西省委统战部把学习贯彻习近平新时代中国特色社会主义思想和中共十九大精神作为首要政治任务，与习近平总书记视察山西重要讲话精神结合起来，与中共山西省委十一届六次、七次全会精神结合起来，深化各民主党派、无党派“不忘合作初心，继续携手前进”专题教育活动，举办民主党派学习讲堂4期；以纪念中共中央发布“五一口号”70周年为主题，组织开展“5+1”主题活动，组织召开全省纪念中共中央“五一口号”发布70周年座谈会；开展国旗、宪法和法律法规、社会主义核心价值观、中华优秀传统文化进宗教活动场所“四进”活动；在非公有制经济人士中开展“不忘创业初心，接力改革伟业”主题教育活动，引导民营企业家进一步坚定理想信念；在党外知识分子中开展“跟党迈进新时代，同心共筑中国梦”践行社会主义核心价值观主题活动，举办“海归大讲堂”9期；在新的社会阶层人士中开展新时代中国特色社会主义主题教育活动，举办新的社会阶层大讲堂。全年举办各种培训班23期，统一战线各单位、各市县统战部全年举办培训班、专题讲座、报告会等300余期（场），参加活动人数达3万余人次。（侯国柱）

【政党协商改革】 2018年，中共山西省委统战部加强政党协商领域改革。首次将年度协商计划纳入中共山西省委常委会工作要点，推进政党协商“责任制承办”改革，全年召开会议协商10次，结合民主党派加强自身建设、职教社换届等约谈协商10余次，各有关部门征求意见书面协商9次，政党协商效能得到提升。提升参政议政质量。支持民主党派贯彻中共山西省委“三要”要求，以深化“订单式”调研为“引子”，协助各民主党派形成较高质量调研报告近200份。先后配合保障民主党派中央领导到晋调研11次。支持脱贫攻坚民主监督。支持各民主党派深入基层开展民主监督调研30余次，形成监督意见200余条，部分建议被纳入中共山西省委、山西省政府出台的《关于坚决打赢全省脱贫攻坚战三年行动的实施意见》。加强民主党派自身建设。召开民主党派中共山西省委会自身建设经验交流会，协助做好1个省级组织、3个市级组织届中调整工作，深化“三硬型”民主党派组织建设。推动山西社会主义学院新校区搬迁到位。（侯国柱）

【民族宗教工作】 2018年，中共山西省委统战部，在民族工作方面，开展民族团结进步创建活动，命名一批民族团结进步创建示范单位。推动少数民族聚居村“一村一品”项目落地，41个聚居村全部脱贫。加强清真食品安全监管，严格新的生产经营许可证和标志牌的使用管理。在宗教工作方面，配合中央宗教工作督查组开展工作。中共山西省委常委会5次研究宗教工作，省宗教工作领导小组先后召开7次会议，研究部署推动宗教工作。巩固拓展宗教工作齐抓共管工作格局。坚持党对宗教工作的领导，充实和加强中共山西省委统一战线工作领导小组和省宗教工作领导小组，将中共山西省委组织部等9个部门纳入省宗教工作领导小组。出台《关

2018年7月20日，中共山西省委统战部召开山西统一战线助力攻坚深度贫困"百千百"工程推进大会（侯国柱供图）

于加强基层宗教工作三级网络和两级责任制建设的意见》。开展督查整改。组织开展两轮调研督查，出台《关于贯彻落实中央领导同志宗教工作重要批示精神的意见》。将宗教工作整改纳入中共山西省委常委带队的全省工作督导检查中，建立整改工作清单和重点问题交办制度，向各市市委书记交办《宗教工作自查自改任务清单》，推动宗教工作边督边改。开展全省宗教工作整改落实"百日攻坚"行动，对照问题清单，集中进行整改。指导省佛教协会、伊斯兰教协会顺利换届。（侯国柱）

**【支持民营经济发展】** 2018年，山西省民营经济增加值8149.97亿元，同比增长11.60%。上缴税金1939.40亿元，同比增长35.40%。吸纳全省75%的城市新增劳动力和60%以上的农村富余劳动力。截至2018年底，全省有民营经济人士224万名。参加全省各级工商联（总商会）的民营企业家1.80万名，其中，省工商联（总商会）民营企业家会员386名。其中，属传统产业113名；属新兴产业的118名；属非煤产业的155名；年轻一代非公经济人士代表（45岁以下）178名；微型企业、个体工商户代表25名。截至2018年底，山西省各级工商联有个人会员9946人、企业会员7594家、团体会员1928家、各级商协会1820家。

召开全省支持民营企业发展大会，出台支持民营经济发展的"30条"，健全企业家参与涉企政策制定机制。探索建立政企定期沟通协商机制，与国资、发改、工信、金融等部门开展工作对接。实施典型带动，发布山西民营企业100强，为百强企业争取银行授信百亿元。开展山西省第四届优秀中国特色社会主义事业建设者评选表彰，展现改革开放40年来全省民营企业家的良好风貌。构建亲清新型政商关系。深化领导干部联系民营企业制度，协助省领导结对联系民营企业56家，省市县共有2056名领导干部与3511名企业家建立对接联系。开展落实中共山西省委、山西省政府营造企业家健康成长环境、弘扬优秀企业家精神38条措施的专项督查调研，推动政策红利落地。推动成立"晋民投"。倡导民营企业抱团投资、跨界发展，指导成立山西民营资本联合体"晋民投"，规模为150亿元，首轮认缴近50亿元，对接国企混改优质项目108个，拓宽民营经济发展空间，调动民间投资活力。

引导非公经济人士投身"千企帮千村"和"百千百"扶贫行动。省光彩会会同省工商联、省扶贫办深化"千企帮千村——精准到户"扶贫行动，组织民营企业参与全省脱贫攻坚。12月12日，全省2036家民营企业，投入资金33.84亿元，帮扶4433个贫困村，带动37.45万贫困人口摆脱贫困。动员87家民营企业与58个贫困县开展合作帮扶，实现帮扶对接全覆盖。到兴县、临县、中阳、离石等县区调研民营企业与贫困县合作帮扶推进落实情况。组织民营企业家赴中阳县开展"百千百"消费扶贫活动。配合省职教社赴黑龙江省哈尔滨市开展中阳县招商引资活动。联合省有关部门开展民营企业就业招聘周活动，协调山西吉利汽车部件有限公司重点面向全省建档立卡贫困户开展就业扶贫活动。

组织开展落实中共山西省委、山西省政府营造企业家健康成长环境、弘扬优秀企业家精神38条措施专项督查调研。联合省工商联、省中小企业局的相关处室，分动员部署、单位自查、实地督查、汇报总结、形成报告五个阶段，组成7个调研组深入11个市和省直有关部门开展专项督查调研。（侯国柱）

**【统战工作创新】** 2018年，中共山西省委统战部开展"无党派人士学习实践小组"试点探索，推动各级统战部门建立"三明确一保障"运行机制。召开全省党外知识分子工作高平现场会。加强国企、高校、科研院所的统战工作，全省有8家高校单独设立统战部，且统战部部长由学校党委常委（不设常委会的党委委员）担任。关注留学生群体，推进留学报国基地建设，在美、俄、德、法四国和澳门特别行政区建立山西欧美同学会海外工作站。打造新的社会阶层人士"晋新晋力"工作品牌，打造省综改示范区、晋中平遥古城、运城星河双创基地3个实践创新基地，建立全省首批100个新的社会阶层人士活动站，太原市被中共中央统战部列为实践创新基地城市。深化港澳台统战工作，开展联谊交流，先后接待港澳台团组260余人次到晋参访，组织34名统战系统干部到港澳开展学习交流活动，举办第四届“晋港青年汇·山西机遇行”、第20届台湾教师“山西古文化之旅”等活动。为港澳台人士与山西省招商引资、经贸合作、结对帮扶牵线搭桥，督促做好中华海联会批准的30所海联新农村卫生室建设。做好侨务工作，外派华文老师43人，举办海外华裔青少年“中国寻根之旅”夏令营山西营活动。承办国务院侨办第63期侨领研习班。全年接待美国、德国等8个国家侨领60余人次，组织11名侨务工作者出国访问。做好归侨、侨眷生活补贴的发放和走访慰问工作。

（侯国柱）

**【民主党派工作】** 2018年，中共山西省委统战部开展纪念中共中央发布“五一口号”70周年活动。

举办4期民主党派学习讲堂。4月20日，中国人民大学国际关系学院教授周淑真为各民主党派、无党派人士作《五一口号的历史背景及现实意义》专题辅导；5月24日，中共中央统战部一局局长桑福华为各民主党派省级组织骨干作《新型政党制度》专题辅导；6月4日，清华大学教授何茂春为党外人士作《“国际国内形势”与“一带一路”全程考察报告》专题辅导；9月12日，中科院院士、九三学社陕西省委主委郝跃作《信息技术的创新与发展》专题讲座。

举办山西省民主党派省级组织骨干培训班。5月21日至25日，在太行干部学院举办“山西省民主党派省级组织骨干培训班”，重点安排《不同国情视域下的政党制度比较》《中国新型政党制度》等课程。

制定《山西省2018年政党协商计划》，将省委办公厅明确为政党协商的牵头组织和反馈落实单位，完善政党协商通报、调研、组织、落实、反馈等各个环节的工作机制。4月26日以省委办公厅的文件下发。共召开党外人士协商座谈会10次，其中征求意见座谈会3次，情况通报会5次，人事协商通报会2次。

支持民主党派为山西省经济社会发展议政建言。贯彻“三要”精神，深化“订单式”调研，邀请省委、山西省政府主要领导及有关部门为各民主党派专题调研出题，全年先后配合保障民主党派中央领导到晋调研11次。

协助各民主党派助力山西统一战线攻坚深度贫困“百千百”工程。各民主党派省委会与6个深度贫困县召开对接帮扶大会，60名民主党派成员结对帮扶60名深度贫困户子女，制定切实可行的帮扶规划，明确任务目标、帮扶措施和完成进度时间表，帮扶组责任人与贫困户子女签订结对帮扶协议书，到帮扶学生家中进行走访。

（侯国柱）

**【港澳台统战工作】** 2018年，山西省委统战部联络港澳台人士参与山西省招商引资活动，组织港澳社团及代表人士参与“晋商晋才回乡创新创业工程”大会、“山西（珠三角）招商引资推介会”等活动，促成香港中科光电集团投资4.6亿元的交城县光伏电站项目并网发电，澳门山西商会与平遥县政府达成战略合作协议。

助力贫困地区民生改善。争取中华海联会支持，利用香港李兆基基金、澳门霍英东基金，在全省18个贫困县捐资1050万元建设海联新农村卫生室180所。引导港澳人士参与助力脱贫攻坚，香港山西商会与石楼县开展结对帮扶活动；澳门山西商会捐款50万元建设5所老年人日间照料中心；香港福建希望工程基金会捐资50万元港币建设晋祠镇小学“正心科技馆”项目；香港无限极“思利及人”基金会捐资60万元开展“助学圆梦”项目；澳晋联谊会为岢岚县宋家沟小学贫困学生捐赠电脑、饮水机、床垫、御寒衣物等物品。

加强联系，扩大团结面。以港澳台工商界、专业界为重点开展联谊活动，密切同港澳台爱国社团和代表人士联系交流，做好港澳台社团来晋参访接待工作，全年接待来访团组10个200余人次，涵盖工商、教育、卫生、社会福利、青年等多个领域。

组团出访，拓展联谊空间。赴港澳开展联谊交流，拜访香港、澳门中联办，联络港澳山西省政协委员、海联会理事、港澳社团及代表人士，先后出席港区省级政协委员联谊会成立十周年、澳区省级政协委员联谊会新一届理监事就职典礼、香港东区工商联成立二十周年、澳门山西商会成立五周年庆典、澳晋联谊会成立仪式等重要活动，参加在泰国举办的全球华侨华人促进中国和平统一大会（2016·曼谷）和“亚洲和平统一促进会”成立大会。

搭建载体，做好青年工作。依托港澳台地区社团组织，通过来晋参访、实习等形式，吸纳和培养青年代表人士。举办第三届“晋港青年汇·山西机遇行”香港青年学生山西实习活动，组织70余名香港青年学生来晋实习。举办台湾教师“山西古文化之旅”和“台胞青年千人夏令营山西分营”，共组织600余名台湾教师和500余名青年学生来晋参访。

抓好代表人士建制安排。把爱国爱港爱澳，关心支持山西发展的港澳代表人士吸纳为省政协委员、海联会理事。召开山西省海外联谊会六届一次理事大会。在省政协换届中，遴选推荐19名港澳人士为省政协委员。

支持港澳台海外社团建设。先后指导成立香港山西商会、香港山西同乡会、澳门山西经贸联谊促进会、澳门山西商会、澳门澳晋联谊会等社团。支持香港中国国际晋商联合会在北京召开“国际晋商会长参与‘一带一路’建设”推进会，协助澳门山西商会开展“澳门建筑工程业界山西交流研讨”“山西工商考察”等活动。支持理事弘扬山西特色文化，支持香港山西商会举办“山西节”“关公节”“两岸三地书画家三晋采风行” 等活动，向广大香港民众宣扬山西根祖文化、晋商文化。

加强培训教育，提升能力素质。

举办“海联会理事助力山西振兴崛起”研讨班、“海联会新任理事培训班”等国情省情研讨交流活动，采取以会代训、集中学习等方式，对港澳台统战干部进行教育培训，先后在广州中山大学、厦门华侨大学等港澳台统战工作的前沿举办全省培训班，与香港培华教育基金会、香港中华总商会合作，赴港举办两期统战系统干部学习研讨活动。（侯国柱）

【无党派人士和党外知识分子工作】截至2018年底，山西省有无党派代表人士7539人，其中登记在省级557人，市级1737人，县级5245人。担任副省级领导2名，厅级领导29名。担任全国人大代表3名，全国政协委员2名，省人大常委3名，省政协常委9名。有党外知识分子300万人，占全省知识分子总数的75%。其中省属18家国有企业共有党外知识分子9万人，全省83所高校共有党外知识分子14042人，副处级职务以上439人。

全年山西省委统战部无党派人士和党外知识分子工作处在全省范围内征集52名无党派人士先进事迹，在统一战线刊物、网站进行宣传，专门编印书籍，展示党外知识分子在各行各业建功立业的风采。

发挥党外知识分子群体作用，提升参政议政、建言献策水平。探索建立无党派人士“六个一”工作机制，引导无党派人士积极建言献策，发挥作用。加强统战工作扩面强基，省委教育工委所属的高校统战部部长全部由学校党委常委(不设常委会的党委委员)担任。推进留学报国基地建设，在美、俄、德、法四国和澳门特别行政区建立山西欧美同学会海外工作站。

组织党外知识分子开展社会服务，发挥智力优势，助推经济社会发展。组建“无党派代表人士助力‘百千百’工程工作队”“同心律师服务团”“同心医卫服务小分队”，赴宁武、中阳开展教育、义诊等各类服务活动。

营造干事创业良好环境，支持党外知识分子立足岗位建功立业。组织开展高校统战工作、国有企业统战工作、归国留学人员统战工作等系列专题调研。构建党外人才管理体制机制，创优党外知识分子成长发展环境。实施“高端人才计划”，开展留学人员“报国创业活动”等，引导他们立足本职岗位，作出贡献。

完善工作机制，加强知联会等组织建设。组织召开全省高校统战工作会议，以省委办公厅的名义印发《中共山西省委统战部、中共山西省高校工委关于加强新形势下高校统一战线工作的意见》，省级成立党外知识分子联谊会、欧美同学会、留学人员联谊会、新的社会阶层人士联谊会等，组织召开全省党外知识分子培训班暨高平现场会，推广晋城市建立无党派人士学习实践小组的经验做法。（侯国柱）

【新的社会阶层人士统战工作】截至2018年底，山西省新的社会阶层人士共103万人。其中，私营企业和外资企业管理技术人员约55万人，占53.40%；中介组织和社会组织从业人员约30万人，占29.10%；新媒体从业人员约2万人，占2%；自由职业人员约16万人，占15.50%。在各市分布情况为：太原23万人，大同13万人，运城12万人，长治11万人，临汾10万人，晋中9万人，吕梁7万人，晋城6万人，忻州5万人，朔州5万人，阳泉3万人，相对集中于较发达地区。

2018年，山西省委统战部新的社会阶层人士统战工作处完善新阶层联谊会6+3模式。先后成立全省新的社会阶层新媒体人士联谊组、新的社会阶层职业经理人联谊组、新的社会阶层自由职业人员联谊组。

开展“一二三百千”工作计划。“一”即组织一次全省新的社会阶层人士基本情况大调研，摸清山西省新的社会阶层人士底数。“二”即出台两个指导性文件。出台《中共山西省委关于加强新的社会阶层人士统战工作的实施意见》和《新的社会阶层人士统战工作“晋新晋力”实践创新工作方案》，作为指导实践创新的指导性文件印发全省。“三”即建立三个新的社会阶层人士统战工作实践创新基地。把新阶层聚集、影响面广、新兴产业规模较大的太原市、晋中市、运城市作为实践创新基地，并精选确定三个重点项目：山西转型综改示范区，晋中平遥古城，运城市星河双创基地。“百”即在全省新的社会阶层人士聚集的社区、街区、园区、楼宇建立100个新的社会阶层人士活动站。“千”即建立千人以上规模的代表人士信息库和培训千人计划。已建立2000人规模的代表人士信息库，并从2018年开始，三年内全省培训2000名新的社会阶层代表人士。全年，在全国知名高校举办四期新阶层代表人士培训班，培训500余人，加上各市县培训的人员，共培训2047人次。（侯国柱）

## 巡　视

【巡视机构机制】山西省委巡视机构成立于2004年，由领导小组、巡视办、巡视组组成。领导小组成员5人；巡视办内设5个处；巡视办、巡视组共有行政编制65人，实有在编人员50人。巡视组组长实行“一次一授权”，组长库入库人选50人，人才库入库人选405人。山西省市县巡察机构自2016年4月起开始组建，市级巡察办11个、巡察组64个，县级巡察办117个、巡察组420个；市县巡察组长库入库人选2223人，人才库入库人选8912人。

2018年，省委巡视工作坚持以中共十九大精神和习近平新时代中国特色社会主义思想为指引，贯彻中央巡视工作规划、《中国共产党巡视工作条例》，把握“两个维护”这一新时代巡视工作的“纲”和“魂”，按照“六围绕一加强”要求，持续不断深化政治巡视，为推动全面从严治党向纵深发展、全面构建良好政治生态提供支撑。

中共山西省委扛起巡视工作主体责任，先后召开1次书记专题会、召开5次省委常委会研究巡视工作。省委书记骆惠宁认真履行巡视工作第一责任人的责任，先后22次对巡视巡察工作作出批示，提出明确要求，亲自选定巡视对象、审定工作方案，旗帜鲜明地点人点事点问题。省委召开贯彻落实中央巡视工作规划推进会，直接开到县一级，树立党委紧握利剑、直插基层的鲜明导向。巡视领导小组靠前指挥推进，5次召开领导小组会议，听取汇报，研究部署工作，逐人逐事提出处置意见和整改要求。（侯春奇）

【中央巡视监督】2018年，中共山西省委常委会专题研究审议配合保障中央巡视组工作的方案，主动汇报情况、提供资料，高效办理移交事宜，营造良好工作氛围。巡视领导小组全面汇报工作情况，查摆剖析问题和差距，明确改进措施和努力方向。巡视办先后提交党委书记专题会议听取巡视情况、前三轮巡视发现的主要问题情况等6个综合报告，提供12批次25个种类的材料。接受中央巡视工作专项检查，完成4大方面14项整改任务，制定落实45项整改措施，起草上报巡视工作专项检查整改进展情况报告。巡视机构对照反馈意见，固底板、补短板、强弱项，狠抓整改落实，提高工作质量和水平。

（侯春奇）

【贯彻中央巡视工作规划要求】2018年，山西省委巡视办组织调研组到22个市县开展专题调研，征求50余家省直单位党组织的意见建议，多次组织各巡视组讨论研究，规划科学、严密、有效。5月8日，省委办公厅印发修订后的《十一届省委巡视工作规划》，将常规巡视、专项巡视、机动式巡视贯通起来、穿插使用，把有形覆盖与有效覆盖相统一落到实处。树立全省“一盘棋”意识，加强对巡察工作的领导指导。省委贯彻落实中央巡视工作规划推进会召开后，全省11个市、117个县均召开党委常委会议或中心组学习会学习规划精神，11个市、106个县召开巡察领导小组会议研究安排本级巡察规划制定修订工作。截至2018年7月底，各市县全部出台本地区工作规划。山西省委四轮完成对105个党组织的巡视，全省巡视巡察全覆盖推进。（侯春奇）

【两轮巡视开展】2018年，山西省委部署开展第三轮、第四轮共2轮巡视。第三轮巡视期间，省委10个巡视组对省审计厅等20个省直单位党组织及1个所属党组织共21个党组织开展巡视，对省人防办、山西社会主义学院2个单位党组织开展机动式巡视。第三轮巡视发现共性问题482个，违反“六项纪律”问题207个，问题线索190条，其中涉及厅级干部27条、处级干部145条；在重点人、重点事、重点问题方面，省管干部列入了解关注类的有8人，占被巡视党组织省管干部的7.90%，比第一轮巡视的14.90%减少7个百分点，比第二轮巡视的12.90%减少5个百分点；巡视期间移交边巡边改问题176个，截至巡视撤点整改141个，清理规范违规违纪资金8942万元和171辆超标车。参与党委对反腐败工作全过程常态化长效化制度化建设，探索开展被巡视党组织政治生态评估，以巡视评估为基础，结合有关方面评估，为省委决策提供参考。

按照省委统一部署，后半年组织开展第四轮巡视。省委12个巡视组对山西财经大学、山西医科大学等36所高校党组织开展巡视。历时3个月，发现共性问题1126个，问题线索281条，涉及厅级干部54人、处级干部110人；强化边巡边改，移交整改问题161个，整改117个，清理规范收回资金6442.9万元；根据巡视移交的问题线索，被巡视党组织给予党政纪处分72人，组织处理247人。

坚持边巡边改，第三、四轮巡视中共移交整改问题337个，清理规范收回各类资金1.53亿元。协调省纪委监委、省委组织部班子成员参加巡视反馈，压实整改日常监督责任，向社会公开反馈情况。全年完成对57家党组织的巡视，形成巡视报告及各类专题报告108份，发现共性问题1836个，问题线索471条，其中涉及省管干部81人，彰显巡视利剑作用。

（侯春奇）

【巡察机构建设】2018年，山西省委巡视办在机构改革中争取省委和有关部门支持，市级巡察机构增加33个正处级领导职数，市县巡察机构增加60个干部编制，市县巡察机构建设向规范化方向迈进。

全省市县巡察机构提高政治站位，精准发现和推动解决问题，增强群众获得感，厚植党的执政基础。

全年全省11个市、117个县（市、区）开展数轮巡察，巡察9756个党组织，发现“三大问题”27685个、“六项纪律”方面问题线索8725个，反馈问题29857个，整改问题23387个，推动建立健全制度8520项。坚持试点引领、全面推开，确定阳泉市为对村巡察试点地区，摸清底数，区分类型、列出重点问题清单，制定指导意见，推动巡察向村（居）和基层站（所）党组织延伸。截至2018年底，全省巡察村级党组织7352个，发现问题19035个，反馈16617个，整改13274个，取得成效。研究起草《关于进一步深化市县巡察工作的实施意见》，推进巡察工作高质量发展。（侯春奇）

【巡视巡察联动监督网构建】2018年，山西省制订出台《关于建立巡视巡察上下联动监督网的指导意见》，构建“1个指导意见+12个配套制度+N个工作机制”的巡视巡察全方位立体化联动监督网体系，12个配套制度修改完善、征求意见。探索以“县力量、市统筹”为主要方式的交叉巡察，修订完善《关于推进市县巡察统筹工作的实施意见》，增加双向评估、提级巡察、联动巡察等内容，统一调配、混合编组，工作一体推进、制度一体规范、队伍一体建设、成果一体运用的巡察工作格局完善。截至2018年底，各市开展统筹巡察，不敢巡、不怕巡、不信巡等问题解决。在第二期全国巡察干部培训班上，山西省巡视办应邀就开展市县巡察统筹工作的实践和体会作专题辅导，中央巡视办《巡视巡察参考》2次刊登山西省经验做法。

(侯春奇)

## 政策研究

【服务省委决策调研】 2018年，山西省委政策研究室落实习近平总书记关于大兴调查研究之风的重要指示精神，制定《省委政研室(省委改革办、省综改办)调查研究工作规程》，绘制《省委政研室(省委改革办、省综改办)调查研究工作流程图》，突出服务于省委重大决策部署的调研取向，精心选择调研课题，加强战略性、对策性、典型性和比较性研究，重点围绕开发区改革创新、党政机构改革、转型综改示范区建设、生态文明建设、国资国企改革、文化旅游体制改革、监察体制改革等进行专题调研，全年先后形成46篇有情况、有分析、有价值的调研报告，刊发《调查与分析》33期。其中，完成省委重大调研课题6个、室内重点课题2个，完成地市全面深化改革情况系列报告11篇、重点领域全面深化改革情况系列报告7篇、脱贫攻坚系列报告3篇，其他调研报告4篇。上述研究报告先后得到10多位省领导批示肯定并采纳。编印《山西工作》12期，刊发转型综改、以改革促转型、机构调整、党的建设、扶贫工作等方面重要文稿160余篇。

(周　颖)

【重要文稿起草】 2018年，山西省委政策研究室室(改革办、综改办)完成省委交办的各项任务。

完成省委重要文稿起草工作。组织起草省委主要领导在国企改革、开发区改革、农业农村、脱贫攻坚、生态环保、机构改革、军民融合、扫黑除恶人大工作、安全稳定、对口援疆等方面讲话文稿50余篇。组织起草扫黑除恶、人大依法监督监察机关、全面深化改革、抓改革落实、民生领域改革、县乡医疗卫生机构一体化改革、建设转型综合改革示范区、环保监察等上报党中央重要报告近20个，牵头制定"改革创新、奋发有为"大讨论实施方案、外交部山西全球推介活动工作方案等各类方案10余个。

运用"三个三"工作法，对党的十八大以来中央和省委出台的各类改革方案落实情况、改革试点推进情况进行摸底梳理，完善"三大"改革台账，加强动态管理。加强改革议题审议。牵头研究编制省委2018年改革工作要点，建立上会议题推动审议机制，强化督办和审核力度，全年承办召开省委全面深化改革领导小组(委员会)会议8次，审评改革议题26个、重大改革文件19个。加强改革上下交流工作。3次到中央改革办汇报山西省改革工作，强化对市县改革办的业务指导和工作联系。建立改革信息编审报送机制，加强改革信息交流工作，全年编发《山西改革信息》91期、《改革动态》8期，《山西争当能源革命排头兵》《山西交城县医药卫生体制改革措施实效果好》等被中央改革办《改革情况交流》专题刊发。加强改革督察工作。先后制定《全面深化改革督察工作实施办法》《省委改革办专项督察实施细则》《改革督察工作规程(试行)》《省委改革办(省综改办)改革督察制度》等制度性文件，狠抓改革任务落实落地。

(周　颖)

【督察工作】 2018年，山西省委政策研究室室(改革办、综改办)组织开展2次由省委常委和其他省领导带队的全省域集中督察，对中央改革办确定的20个重点参考题目和山西省自选的20项重要改革事项进行重点督察，并选择11项重大改革事项首次采取"双验证"模式开展专项督察，通过拓展督察工作的广度和深度，提高发现问题、解决问题的实效。发挥考核导向作用。与省委组织部、省考核办共同建立深化改革目标责任考核机制，及时对11个市和80多个省直单位的改革指标进行考核评价。承办庆祝改革开放40周年有关活动。按照省委有关部署，参与制定《山西省庆祝改革开放40周年活动方案》，组织开展庆祝改革开放40周年主题征文活动，共收集征文3022篇。保障服务机构改革工作。服务党政机构改革，牵头起草省委《关于深入贯彻落实党的十九届三中全会精神深化党政机构改革的实施意见》等文稿和改革方案，协助完成省级机构改革各项工作，谋划推动市县机构改革、综合行政执法体制改革、人大政协改革、司法机构改革、群团组织改革、社会组织改革、事业单位改革等工作。

(周　颖)

【转型综改试验区建设研究】 2018年，山西省委政策研究室围绕转型综改先行先试任务研究谋划。完成任务33项，印发《2018年转型综改先行先试任务清单》及《关于2018年转型综改33项先行先试任务分解的通知》，建立任务台账。推进国发42号文件落实。对国发42号文件进行分解，确定23个部门74项对接任务，推进对接部委工作，50多个事项得到国家相关部委支持，企业投资项目承诺制改革试点、资源枯竭城市转移支付范围扩大等倾斜政策产生效果。与国家能源局对接推动在山西省开展能源革命综合试点，联合国家发改委体改所开展《山西省构建支撑资源型经济转型的体制机制研究》课题研究，在中央层面最大限度争取对山西省的政策支持。营造转型综改浓厚氛围。制定《关于开展"以改革促转型"典型经验宣传工作方案》，在山西日报、山西卫视等媒体开设专栏，宣传全省"以改促转"典型案例；组织全省转型综改先进单位和示范项目的推荐工作，定期向国家发改委报送改革信息，《山西省扎实推进资源型经济转型综合配套改革试验并取得积极成效》《山西省在全省范围开展企业投资项目承诺制改革试点》等在国家发改委改革信息刊发。

(周　颖)

## 网信工作

【互联网发展现状】 互联网站账号情况与网民规模。截至2018年底，山西省域名数量107.56万个，占全国域名总数的2.80%。互联网站75986个，居全国第16位。微信公众账号952217个，占全国微信公众账号总数的2.60%，拥有微信公众账号数量在全国34个省份中排第16位。网民规模2286万人。手机网民规模2238万人，占全省网民的96.60%，同比增长4%。农村网民规模1013.20万人，占全省网民的44.30%。男女网民占比差距缩小，网民性别分布趋于平衡。网民年龄主要集中于18至40岁，合计占比达73.50%。学历结构趋向均等化，向低学历人群渗透速度加快。网民职业分布主要集中在在校学生、文职/办事人员、技术人员三类，占比分别为17.80%、8.50%和9.10%。

新闻网站发展情况。截至2018年底，山西省取得互联网新闻信息服务许可的新闻单位7家，包括黄河新闻网、山西新闻网、山西网络广播电视台、太原新闻网等。山西省新闻单位创办运营的新闻客户端16个，其中省直新闻单位运营4个，市属新闻单位运营12个。全省新闻单位运营微信公众账号150个、微博账号109个。全省网络新闻信息服务从业人员510人。

政务新媒体发展情况。截至2018年底，山西省政务微博账号3028个、政务头条号2013个，以宣传、公检法、交警、共青团系统居多。部分政务服务部门开设微信服务号和移动客户端，全省政务移动新媒体建设形成“两微一端”多平台发展传播格局，各类政策政令传达率、知晓率提升，政务新媒体的便民服务深入公安、医疗、交通、民政、劳动就业等各领域。

10月，中共山西省委网络安全和信息化领导小组办公室改为中共山西省委网络安全和信息化委员会办公室，落实网络意识形态工作责任制和网络安全工作责任制，推进网络安全和信息化各项工作。 （周　颖）

【网络综合治理】 2018年，山西省互联网信息办开展互联网新闻信息服务单位落实主体责任实地监督检查工作。先后到11个地市45家互联网新闻信息服务单位检查主体责任落实情况，建立检查台账。开展互联网新闻信息服务许可证的换发及审批工作。依法依规向7家服务主体颁发许可证。制定《山西省互联网新闻信息服务许可指南》《许可申报材料填写及装订规范》，印发《关于进一步加强山西省重点新闻网站发展和管理的若干意见》。开展属地短视频平台、网络直播、移动应用程序、自媒体账号、商业网站驻地机构频道清理整治专项活动，下架违法违规移动应用程序360款，关闭自媒体违规账号25个。强化属地移动自媒体管理工作，开展2018“清朗”、打击整治网上假新闻和新闻敲诈等专项行动，配合省委政法委、省公安厅、省工商局、省新闻出版广电局等单位开展扫黑除恶、打击整治枪爆物品违法犯罪、网络市场监管、“扫黄打非”等专项工作，关闭“百灵环保网”和“环保头条网”等一批违法违规网站。组织省内新闻网站开通有害信息举报通道，发挥网民举报作用，加强网站自管自律。 （周　颖）

【网络安全】 2018年，山西省互联网信息办落实网络安全工作责任制，公开选拔11个网络安全应急技术支撑单位，签订《2018年度山西省关键信息基础设施网络安全应急技术支撑协议》，制定《山西省关键信息基础设施网络安全应急技术支撑单位考核办法》等管理办法。建设山西网络安全管理平台，依托国家计算机网络与信息安全管理中心山西分中心等，实现对重要、关键信息基础设施网络安全的动态监测，及时通报，有效整改。全年发现通报关键信息基础设施网络安全漏洞（事件）370余个，全部有效整改。组织开展全省党政机关网络安全普查、全省关键信息基础设施网络安全检查，开展全省网络安全应急演练，全省网络安全应急指挥体系响应迅速、运转顺畅。 （周　颖）

【网络宣传引领】 2018年，山西省互联网信息办做好习近平新时代中国特色社会主义思想和中共十九大精神的网上宣传，做好“在习近平新时代中国特色社会主义思想指引

2018年9月，山西省互联网信息办组织开展网络安全突发事件应急演练

（周　颖供图）

下——新时代新作为新篇章”专题更新，组织网站统一开设“习近平总书记视察山西这一年”专题。做好庆祝改革开放40周年网上宣传工作，开展“我与改革开放共成长”网络主题征文活动。组织全省网络媒体分两批开展新春走基层主题宣传活动，采写一批“沾泥土、带露珠、冒热气”的优秀稿件，活动期间网站和“两微一端”共发布新闻报道2206条。组织开展“壮美黄河”为主题的第十三届全国网络媒体山西行活动，发布各类原创稿件350余篇，新浪微博话题总阅读量1000余万次。指导完成“文脉颂中华”非物质文化遗产系列主题宣传活动，制作完成新媒体作品共计132件，其中5件作品获中央网信办全网推送。（周　颖）

【信息化规划落实】 2018年，山西省互联网信息办组织开展全省“十三五”国家信息化规划实施情况自评估工作，起草完成自评估报告，对主要指标实现情况摸底。统筹推进全省网络扶贫工作，牵头建立全省网络扶贫工作厅际联席会议制度，起草《2018年全省网络扶贫工作要点》，推进网络覆盖、农村电商、网络扶智、信息服务和网络公益五大工程建设，策划推出“智力扶贫”网络公益活动，引导网信企业承担社会责任，受到中央网信办表彰。开展数字乡村建设发展调研，摸清加强乡村新一代信息基础设施建设、推动现代农业发展、繁荣乡村网络文化、提升农民信息素养等方面的基本情况。（周　颖）

【全国网络媒体山西行】 2018年9月15日至20日，由中央网信办网络新闻信息传播局指导，中共山西省委宣传部、中共山西省委网信办主办，山西新闻网承办的“壮美黄河——第十三届全国网络媒体山西行”在山西省举行。全国50余家媒体的70名采编人员，赴黄河沿线忻州市、吕梁市、临汾市、运城市集中采访采风。活动发布各类原创稿件350余篇，微博、微信1100余条，网络媒体转载稿件2000余篇，新浪微博话题“壮美黄河行·山西行”“网媒山西行”“壮美黄河行”总阅读量1000余万。山西新闻网同步推出官方抖音号，活动期间拍摄小视频35个，其中《见了黄河不死心，反而心潮澎湃》单条点击量达500万，点赞数40余万。（周　颖）

## 台湾事务

【台湾事务机构改革】 2018年10月，山西省委台湾工作办公室由省委办公厅管理的机关调整为省委工作机关，对外挂山西省政府台湾事务办公室、山西省政府港澳事务办公室牌子。省委台办领导班子落实省委工作部署，坚持把党的领导贯穿于机构改革全过程，推进对台工作与港澳工作职能整合、工作机制融合、干部感情契合，完成机构改革任务。（张　军）

【涉台事务管理服务】 2018年，山西省委台办制定《省委台办意识形态工作责任制实施意见》，落实党委（党组）意识形态工作责任制；指导各部门、各单位开展多种形式的台港澳政策教育和形势教育，执行《山西省应邀赴台交流审批管理办法》有关规定，做好因公赴台人员行前教育工作；加强涉台突发事件预防管理工作，妥善处置台胞交通事故、精神病患救助送返等涉台应急事件，全年无重大涉台突发事件；加强“三防”工作，确保意识形态安全和涉台政治安全；开展国家安全、台海形势教育，营造有利于台港澳工作大局的社会氛围。（张　军）

【晋台文化交流】 2018年，山西省委台办深化晋台关公文化交流，举办海峡两岸“关公文化名家书画邀请展”“关公文化与中华民族精神座谈会”等交流活动；开展晋台教育和青少年交流，近百位台湾大学生到晋参加“华夏文明看山西——台湾大学生三晋行”和“传承中华文化——台湾青年学生河东行”等交流活动；以“首届尧都民间祭拜尧帝大典”为平台，邀请200余位台胞参加晋台青年、旅游、商贸、宗教等交流活动；举办“高雄基层民众代表山西行”“屏东基层民众代表山西行”“台湾基层劳工组织山西行”“两岸社区营造与养老产业赴台交流”“台湾社区交流团山西行”“海峡两岸平民中学校史研讨会”等活动。2018年，晋台双向交流41项2447人次，山西省公民赴台8.60万人次，台胞到晋9.80万人次，晋台各界交流深化，交流成效增强。（张　军）

【晋台经贸交流合作】 2018年，山西省加强对台经济工作信息资源基础建设，编制《大陆地区部分台资企业名录汇编（一）》。加强晋台经贸双向交流，赴台举办“第七届晋台经贸交流合作恳谈会”，组织协调长治、朔州等市赴南京、昆山等地台企、台协考察对接，吸引台商台企到晋投资；邀请台塑集团、长荣航空、台北商业总会等台湾企业和团体到晋考察洽谈，促成“南方食品海峡两岸农业产业园项目”、台湾润泰集团固废物处理项目、食品添加剂项目等台资项目签约落地。举办“山西农谷海峡两岸农业科技论坛”，邀请组织台商台企考察洽谈。开展台资项目跟踪服务工作，推动“山西省海峡两岸青年创业就业示范基地‘米+U’园区”“山西省海峡两岸（阳泉）工业园”“山西农谷台湾农业产业园”等台资产业园区建设取得新进展。做好台资企业服务和台商投诉协调工作，贯彻落实中央惠台“31条”，做好山西省《关于促进晋台经济文化交流合作的实施意见》的起草和前期工作；依法保护台商合法权益，协调处理投诉事项。2018年，山西省新增台资企业10家，新增投资额3620万美元。截至2018年11月底，全省对台贸易进出口总额1232717万元人民币，同比增长49.60%，其中进口876376万元人民币，同比增长76.30%，出口356341万元人民币，同比增长9%。（张　军）

2018年5月22日，"问祖炎帝 寻根高平"戊戌年海峡两岸同胞神农炎帝民间拜祖典礼在山西高平炎帝陵举行（张 军供图）

【神农炎帝故里民间拜祖典礼】 2018年，山西省委台办与晋城市委、市政府在高平举办"第三届海峡两岸同胞神农炎帝故里民间拜祖典礼"活动，洪秀柱、郁慕明等2000多位台胞到晋参加活动。全国政协副主席、台盟中央主席苏辉，中央台办、国务院台办副主任龙明彪等到晋出席活动。（张 军）

【对台宣传】 2018年，山西省委台办开展对台宣传工作。摄制微纪录片《巡台御史杨二酉》、电视专题片《炎帝故里寻迹》和炎帝文化主题微电影《归心》，联合台湾媒体制作4个"黄河风 黄土情"吕梁市县宣传专题，在台刊播。在台湾《旺报》刊发山西专版16期。微电影《圣地五台山》获2018五台山全球微电影大赛纪录片最佳编导奖。举办"台湾记者三晋行——两岸媒体看山西"专题采访活动，做好台湾记者到晋采访管理服务工作。指导各地开展台海形势报告会、涉台知识讲座等形式多样的舆论引导和涉台教育活动，学习宣传贯彻中共十九大精神和习近平总书记关于对台工作的重要论述。（张 军）

## 机构编制

【行政管理体制改革】 2018年，山西省委编办按照《山西省机构改革实施方案》，组织实施省级机构改革，统筹设置党政机构，推进改革实施。截至2018年底，涉改的55个党政部门和11个厅级事业单位完成领导班子配备、挂牌刻制印章、职责划转、机构重组、"三定"规定制定等改革任务，各部门(单位)按照新的"三定"规定正常运行，省级机构改革任务完成。改革后，省级共设置党政机构60个，其中，正厅级机构50个，副厅级机构10个。深化综合行政执法体制改革。下发《关于摸清行政执法队伍底数锁定人员编制的通知》，对省直、市县执法队伍情况调查摸底。研究制定全省综合行政执法改革的实施意见。推进经济发达镇体制改革工作。会同省发改委等五部门共同研究提出山西省《经济发达镇名单》，截至2018年底，全省11个新确定的改革试点镇行政管理体制改革各项工作推进。重点领域和关键环节体制机制改革推进。会同省法院、省检察院做好政法专项编制统筹管理、动态调整工作，统筹推进法院检察院内设机构改革工作。推进全省开发区改革创新，就开发区三种不同管理运营模式科学设置内设机构、优化派驻机构、推进行政审批和公共服务改革等方面提出具体意见，调整优化开发区管理体制机制。协同推进群团改革，对省文联等8个群团组织报送的改革方案进行审核。推进山西医科大学深化改革，将运城、临汾、晋中、吕梁、忻州、太原部分医院明确为山西医科大学附属医院的牌子。深化盐务体制改革，将山西省盐务管理局和各市盐务管理分局由省供销社整体划转到省食品药品监督管理局管理。完成山西省政府志第一编的初稿编写工作。围绕文物研究保护、自然保护区管理、食品监督等方面，加强相关机构的工作力量。加强全省"三基建设"基础工作。组织省市县乡四级同步开展全省基础工作评估验收；与省直工委联合制定《关于全省进一步加强基础工作建设任务清单》。（王小琴）

【行政职权改革】 2018年，山西省委编办将上年以来国务院4个批次取消涉及山西省的60项行政审批事项和7项行政审批中介服务事项全部落实到位；山西省分3个批次自行取消、下放省级行政职权事项141项。深化权责清单管理。开发山西省政府部门权责清单动态管理系统，省级权责清单全部纳入省"两平台、一张网"运行。加强权责清单动态调整。推进权责清单标准化建设，形成山西省政府部门行政许可事项标准清单以及省市县三级政府部门行政职权事项标准清单等4个清单，实现行政职权事项"三级四同"。助力优化服务。开展"减证便民"专项行动，省级单项行政审批事项办理需提供前置申请材料精减26.70%以上。扩大相对集中许可权改革试点，全省所有开发区全部组建行政审批局，探索优化审批服务新机制。清理中介服务事项，编制形成《山西省固定资产投资项目建设涉及的行政审批中介服务事项专项清

单》,明确项目立项、规划设计、施工许可、竣工验收各阶段中介服务事项,利企便民。 (王小琴)

【事业单位分类改革】 2018年,山西省委编办推进厅级事业单位改革。提出并经省委常委会议审议通过《省直副厅级以上事业单位改革方案》。对涉及党政机构改革的11个厅级事业单位重新进行"三定"。改革共减少厅级事业单位4个,内设机构减少39个。统筹推进承担行政职能事业单位改革。将认定的50多个事业单位承担的150多项行政职能全部回归机关。对应党政机构改革调整划转事业单位。改革中共有35个主管部门所属400多个事业单位涉及转隶和调整。截至2018年底,20个部门所属事业单位的转隶文件全部印发。推进经营类事业单位改革。山西省政府办公厅印发《山西教育图书中心等10个从事生产经营活动事业单位转企改制工作方案》。推进公益类事业单位改革。坚持精简优化。坚持机构"撤一建一"、编制"只减不增、内部调剂",调整优化事业机构编制。完成山西省政府办公厅事业单位精简优化改革,事业单位由18个减少为7个,精简61%,编制精简59%。2018年,通过整合、撤并,省直事业单位精简81个,各类编制精减1974名;严格规范管理。清理空壳或组建不到位的事业单位,对28个事业单位作出撤销、合并、核减编制、规范管理的处理。撤销7个部门所属10个事业单位副厅级的高配职数,完成中央和省委巡视整改任务。 (王小琴)

【机构编制管理】 2018年,山西省委编办完善机构编制实名制,从严从细审核用编。严格按照统计口径和指标要求完成机构编制年报统计工作。与组织、人社、财政等部门沟通协调,建立机构编制、岗位管理、人员聘用、工资管理、社保缴费、财政预算等工作联动联办的综合性约束管理平台。建立全省统一标准的机构编制问题整改台账。通过巡视、审计和党政事业机构改革,促进和消化山西省历史遗留的不规范机构、领导职数等问题。下发文件部署督促市县全面清理空壳事业单位机构工作。提升机构编制监督检查时效,形成以常规督促检查为基,专项和随机抽查为辅的多种督查检查模式。强化机构编制硬约束,加大违规违纪行为查处力度,拓宽案件举报渠道,建立以实名制、电邮电话、来信来访等全方位机构编制违规违纪行为举报受理渠道。建立机构编制管理与巡视、审计等部门的协调配合机制。做好人才发展体制机制改革工作。贯彻落实《中共山西省委关于深化人才发展体制机制改革的实施意见》,支持山西大学和太原理工大学扩大高校办学自主权。联合印发《关于创新高等院校和城市公立医院管理开展人员总量管理及取消行政级别试点的意见》,督促省直两所高校和两所公立医院开展人员总量管理试点。加强机构编制法治化建设。协调推进法治山西和法治政府相关工作,开展法治宣传工作,研究出台《省编办深入开展宪法学习宣传活动实施方案》,邀请专家学者举办法治讲座,组织无纸化学法用法考试,利用省委编办官网开展法治宣传教育,在法治文化专栏转载法制类文章49篇,发表法治宣传报道5篇。2018年8月6日,被省人社厅、山西省政府法制办评为"山西省依法行政先进集体"。

(王小琴)

【事业单位登记管理】 2018年,山西省委编办印发《关于进一步规范和优化事业单位登记管理服务的实施意见》,完善简易注销程序。完成2017年度事业单位法人年度报告公示和日常登记管理工作。加大事业单位登记监管力度和事业单位法人公示信息抽查力度,推进社会信用体系建设。编印《山西省事业单位登记管理实务手册》,加大对市县指导力度。继续推动机构编制云平台试点工作,扩大应用覆盖面。印发《关于调整省直政务和公益专用中文域名收费模式的通知》,加强中文域名注册和网站挂标审核工作。 (王小琴)

## 省直机关党建

【省直机关党的工作会议】 2018年2月28日,全省机关党的工作会议在太原召开。省委常委、秘书长、省直工委书记胡玉亭出席并讲话。

会议回顾2017年省直工委和全省各级机关党组织的工作,提出2018年要重点从六个方面抓好工作落实。坚持把党的政治建设摆在首位。坚持不懈用习近平新时代中国特色社会主义思想武装头脑。推动省直机关基层党组织建设全面加强。加强作风建设和反腐败工作。统筹推进精神文明建设和党的群团工作。把党建责任扛在肩上、落到实处。2018年要贯彻中共十九大精神,以习近平新时代中国特色社会主义思想为指导,落实新时代党的建设总要求,以党的政治建设为统领,推进机关党的政治建设、思想建设、组织建设、作风建设、纪律建设,把制度建设贯穿其中,推进反腐败斗争,开展"不忘初心、牢记使命"主题教育活动,提高省直机关党的建设质量,推动机关党建向省委中心工作聚焦,为谱写新时代中国特色社会主义山西篇章提供保证。 (赵 悦)

【省直机关"三基建设"】 2018年,山西省直机关工委接力推动"三基建设"。紧盯重点任务,采取工作推进会、实地调研、现场观摩、工作月报、发放提醒函、约谈督促等方式,推动省直机关保持大抓"三基"强劲态势。在适当时机选树4个省直部门、5个基层单位先进典型,以现场会形式全方位、立体式展示"三基建设"实践经验和工作亮点,得到省委领导肯定,全省各级各部门观摩学习。夯实基层组织。围绕工委主责主业强基固本,分五大领域推行基层党组织建设标准体系,建立健全重要工作督促提醒、党组织书记任职谈话、基层党组织整顿提升等制度,提升标准化规范化水平。坚持政治标准,严格党组织换届程序,严把机关“两委”书记人选,防止把专职党务干部作为安置性岗位安排,改善党务干部年龄结构、增强综合素质。提升基本能力。结合省直机关特点,以党的知识、公文写作、电脑操作、语言表达等基本能力为主要内容,连续两年举办四项能力竞赛,引入社会主义劳动竞赛机制、为获奖选手记功的做法在全国尚属首创,激发党员干部增强本领、干事创业的热情。组织省直机关党务干部专业能力测试;举办机关“两委”书记、基层党支部书记培训等班次27期,培训3900余人次。（赵　悦）

**【机关党建】** 2018年,山西省直机关工委加强党的政治建设。坚持把党的政治建设作为党的根本性建设,采取举措,把讲政治落实到机关党建全过程和各方面。印发《关于进一步加强机构改革期间省直机关党的建设的通知》,从提高政治站位、完善组织设置、健全党建工作机制等6个方面提出明确要求,把加强党的领导和党的建设贯穿到机构改革各个环节。发挥考核评价“指挥棒”作用,部署开展2018年度省直机关党组织书记抓基层党建述职国家、全省组织工作会议精神,以提升组织力为重点,突出政治功能,提高基层党建工作质量进行考核,促进基层党建全面进步、全面过硬,压实压紧政治责任。

加强督促指导,严肃党内政治生活。强化政治功能,细化工作措施,推动省直机关各级党组织落实党的组织生活各项制度。抓好省直机关党员领导干部民主生活会督导工作。会前审核批复方案,根据中组部和省委组织部提出的4个方面的关注重点向各单位印发提醒函;会中抽调以工委机关处级干部为主的54人,组成6个督导组对组织关系隶属于工委的97个省直单位和37个中央驻晋单位进行全覆盖式督导,分阶段三次组织召开督导组成员会议,严格程序要求,针对督导发现的问题,提出整改要求;会后要求各单位结合规定动作,收集归整涉及民主生活会方案等9个方面内容,统一装订成册。9月中旬,对省检察院、省国资委等27个单位召开的巡视整改专题民主生活会、彻底肃清腐败流毒影响、“讲政治、守纪律”等专题民主生活会进行全程督导,做好方案审核、会议督导等工作。加强组织生活会和民主评议党员分类指导,组织关系隶属于省直工委的137个单位,除2个僵尸企业外,其余135个单位按照工委统一安排,共有7859个基层党支部召开组织生活会,11933名处级以上党员领导干部参加组织生活会,114940名党员参加民主评议。推行党支部主题党日活动,推动省直机关各级党组织贯彻落实省委组织部《关于全面推行党支部主题党日活动的指导意见》,并要求党员领导干部结合主题党日的开展,在“七一”前普遍讲一次主题党课。省直各部门各单位普遍开展主题党日活动。

严格标准程序,规范基层党组织建设。山西省直机关工委规范支部工作,对党支部规范化工作记录本进行“瘦身”,将原有的5大类53项工作内容精简为3大类11项,简化程序、规范内容、推动工作。落实省委组织部《全省基层党组织规范化建设标准(试行)》,将与省直机关直接关联的5个领域建设标准印发省直各部门,并结合实际提出明确要求。规范基层党组织换届,建立《省直单位机关党委(纪委)换届工作台账》《2018年省直单位机关党委(纪委)换届提醒台账》,完善省直机关党组织换届事前提醒、事中沟通、限时办结的换届工作流程。截至11月底,向46个基层党组织下发换届提醒函,任免38个单位机关党组织负责人,指导24个单位完成党组织换届或届中调整工作,批复3个单位成立社会组织行业党委,批复14个省直单位机关党委延期换届。整顿软弱涣散基层党组织,建立《省直机关软弱涣散党组织工作台账》,根据省委组织部指出的“八种情形”,在省直机关基层党组织中开展排查,共整顿软弱涣散党组织45个,为提升省直机关基层党组织组织力夯实基础。严抓党费管理工作,健全《省直机关党费工作台账》,建立党费工作提醒制度,每季度进行一次提醒督促,对上缴党费不及时、不规范的97个单位发出提醒函,指出存在问题、提出改进要求,规范党费使用管理。

突出问题导向,狠抓机关党建工作质量。梳理分析出党员领导干部民主生活会质量不高、党员领导干部双重组织生活不落实、基层党组织不按期换届等机关党建中反复出现的十个方面突出问题,印发《关于解决十个突出问题　进一步加强省直机关党的建设的通知》《关于认真开好党建工作专题分析会的通知》,要求省直各单位党组(党委)于9月底前召开党建工作专题分析会,列出问题清单、责任清单、整改清单,推动问题整改,解决“顽症”“痼疾”。省直机关及所属二级单位共415个党组（党委）、4567个党支部(总支)召开党建工作专题分析会,查找具体问题4068个,制定整改措施5215条,修改完善各类制度450项,机关党委开展专项督查231次,配齐配优党支部书记108人。9月下旬,工委派出三个督导组共34人次,对省地勘局、原省档案局等17个十一届省委第三轮巡视单位进行实地督导,共同研究问题、提出对策。10月中旬,按照省委组织部安排部署,在督促被巡视单位自查基础上,工委对省社科院、省审计局等5个被巡视单位进行约谈,督促各单位按照要求严肃开展问责。

提升工作效能,改进党员管理服务工作。严格发展党员工作,制定并下发2018年党员发展计划,下达党员发展指标4133名。截至2019年11月,省直系统共有基层党组织9807个。其中,党委685个、党总支503个、党支部8619个。共有党员142159名。按照省委组织部针对失联党员处置工作要求,督促指导省教育厅、省人社厅等单位完成失联党员清查，共处置失联党员242名。在全省范围内率先实现省直单位互转和全省网上接转组织关系。截至2018年底，接转组织关系7881人次。开展2018年度省直机关困难党员的春节慰问工作，共下拨慰问金192.70万元，对118个单位共上报的1927名困难党员、老党员进行慰问。发放2018年企业军转干部补助2400万元，困难军转干部取暖补助20.40万元。发放2017年省直机关所管理的新中国成立以前入党，未享受离退休待遇的4名城镇老党员的生活补贴共2.46万元。根据省委组织部要求，对省煤炭工业厅等10个单位的非公经济组织、社会组织党组织上缴上年度党费共113746.55元以及97个单位上缴的2017年度党费共1197336.70元进行全额下拨。根据部分省直单位基层党组织活动经费不足实际情况，向团省委等7个单位按照每个单位10万元标准下拨党费共计70万元。（赵　悦）

**【教育培训】** 2018年，山西省直机关工委组织省直机关处级干部进行习近平新时代中国特色社会主义思想和党的十九大精神的集中轮训。从2017年12月至2018年6月举办学习班37期，每期5天，集中轮训处级干部7466人。指导省公安厅、省国家安全厅、省水利厅、省总工会、省农业科学院、省地质勘查局、山西日报报业集团等7个单位，严格按照工委的轮训方案自行组织学习培训，培训处级干部1182人，总计培训8648人。培训实行个人深入研读与集体集中研讨相结合、学习理论知识与工作实践相结合、汲取专家智慧与开动自己脑筋相结合，形成探索讨论、畅所欲言的学习风气。

开展省直机关党务干部和入党积极分子培训。开展分层次、多形式的党务干部培训。3月，组织两期省直机关党委书记“焦裕禄精神”专题学习班，160余人赴兰考县焦裕禄干部学院开展学习培训；6月中下旬，在大寨干部学院举办两期省直机关党务干部基层党建业务培训班，160余名省直机关党务干部参加培训。开展入党积极分子培训工作，确保新发展党员的质量，全年共组织培训班12期，集中培训入党积极分子2132人，指导21所院校培训入党积极分子1740人。抓好面上教育工作，加强自身建设。按照方案部署和学习安排，工委机关组织47名处级干部分期分批脱产参加处级干部轮训。5月底6月初，举办干部综合素质提升专题培训班，共48人分2批赴四川大学开展干部专题研修。借助山西干部在线学院，组织全体干部学习习近平新时代中国特色社会主义思想和党的十九大精神，打造政治过硬、本领高强干部队伍。（赵　悦）

**【“戴党徽、亮身份、明岗位、树形象”活动】** 2018年5月14日，山西省直机关工委决定在省直机关开展共产党员“戴党徽、亮身份、明岗位、树形象”活动。要求省直机关所有党员要在工作期间、公务活动、重要会议、重要场所统一佩戴党员徽章，亮明党员身份，强化党员意识，增强荣誉感。各省直机关深化党员承诺制、党员示范岗等工作，激励广大党员立足本职，提升能力，服务群众。结合先进基层党组织、优秀共产党员及文明单位创建等工作，引导广大党员坚定政治方向、明确岗位职责、增强过硬本领、争做模范表率。持续加强作风建设，树立党员干部文明守纪、公道正派、一心为民的良好形象。（赵　悦）

**【机关效能建设】** 2018年，山西省直机关工委履行效能建设牵头职能，开展效能建设评估工作，推动效能建设向更高标准迈进。省直机关率先开展效能评估为全省作示范，太原、晋中、晋城、吕梁、大同等市在学习借鉴经验基础上，开展效能评估工作。推进试点先行。选取不同行业和领域的10个单位开展效能评估试点，制定出台试点《工作方案》《计分办法》《进度安排》，细化落实试点任务。科学完善评估体系。结合各类督察检查、考核评价的做法，聚焦审批、管理、服务职能，建立以八项制度为主要内容，服务对象为评价主体，包括效能主管部门、领导机关、主要媒体评价等在内的评估体系，印发实施《省直机关效能评估办法（试行）》，在省直机关推开效能评估。年底对纳入考核体系的78个省直单位效能建设工作进行评估，评估结果整体向好，分值普遍在92分以上，67个单位被评为“优秀”“良好”，占比89%，8个单位被评为“一般”等次。通过年终专项通报、纳入年度目标责任考核、文明单位创建指标体系等有效手段，倒逼各单位提高工作质量、提升服务效率。增强效能提升服务。统一效能建设要求和评估标准，倡导各单位结合部门特点、职能履行，突出行业特色，探索有效方法，深化“放管服效”改革，优化发展环境。省直各单位以效能建设和评估为抓手，推动“放管服效”改革，累计取消、下放和调整省级行政审批事项1100多项，涉及的822个事项审批时间平均压缩51%，部分压缩比达到70%以上，绝大多数审批事项实现审批时间全国最短、流程最优。企业开办时间压缩至5天，申请材料由16件压缩为8件，注册登记时间由平均15个工作日缩短到5个工作日。省行政服务中心推行“双随机、一公开”，加快建设全省“互联网+监管”系统，促进审批服务全面提升。省发改委首创企业投资审批服务承诺制改革，作为全国28项优化营商环境的典型做法之一，被国务院通报表彰。省公安厅建立审批服务“一网通一次办”平台，受到国务院领导批示表扬。全年各单位受理收到的31起投诉事项，及时有效解决具体问题27个，对4起不属于本级机关职责范围的事项给予转办处理。（赵　悦）

**【纪律作风整治】** 2018年，山西省直机关工委加强各级机关党建工作，软弱涣散党组织由2016年的152个减少到2018年的45个，占比0.50%。在处以下干部监督执纪问责中深化运用“四种形态”，第一、二种形态成为主要方式，近三年党纪轻处分占到78%。抓三个方面工作。抓调研排查。落实习近平总书记重要批示精神，围绕省纪委监委指出的6方面26个问题，聚焦机关党建存在的形式主义、官僚主义，在先后两次开展的大调研大排查中摸清找准机关党建“八重八轻”等问题，为解决机关党建中的形式主义问题定准靶向。抓专项整治。把整治重点落到提高省直机关领导班子民主生活会质量上，严把班子和个人对照检查材料审核关口，在省纪委、省委组织部首轮审核基础上，省直机关工委逐条逐项进行第二轮严审把关，并首次对民主生活会召开情况进行等次评价。在省委机关开展工作纪律作风集中整治活动。抓基层减负。将党建工作、效能评估、文明单位验收等多项考核整合为1个项目，将党支部工作台账由53项精简为11项。在省内率先实现党员组织关系网上转接，实现“数据多跑路、党员少跑腿”。注重日常指导和过程管理，纠正过度依赖“看台账、查资料”倾向，提高工作实效。（赵　悦）

【省直机关党员干部基本能力竞赛】2018年7月至10月，山西省直机关工委、省直劳竞委开展第二届省直机关党员干部职工基本能力竞赛活动。竞赛以中共十八大和十八届三中、四中、五中、六中全会精神、习近平总书记系列重要讲话精神为指导，按照省第十一次党代会部署要求，全面贯彻落实省委《在推进“两学一做”学习教育常态化制度化中加强“三基建设”的意见》，着眼于服务中心、建设队伍，进一步加强机关党员干部胜任岗位必须具备的基本知识、必备的技能和专业化能力建设，引导党员干部大兴基本能力“大练兵”之风，掌握应知应会技能，在落实中央、省委各项决策部署中发挥先锋模范作用，以高度的行动自觉迎接党的十九大胜利召开。在各单位层层初赛选拔的基础上，107个单位的262名党员干部职工参加决赛。决赛内容包括党的知识、公文写作、计算机操作和综合能力测试四个环节，产生一等奖6名、二等奖12名、三等奖18名。获决赛一等奖的选手，由省直机关劳动竞赛委员会按程序向省劳动竞赛委员会申请记功表彰。（赵　悦）

【文明创建】2018年4月9日至28日，山西省直机关工委分10个组对306个省直单位进行验收考核。考核结束后，7月19日召开2018年度省直文明委全委会，审议通过2017年度申请更名等情况的单位名单、2016年度受到处理的单位情况、2017年度拟给予处理和不再保留称号的单位情况、拟命名2017年度省直文明单位标兵和文明单位名单，并公示表彰。

推荐国网山西省电力公司管培中心退休党支部书记王燕等5人参选省第七届全国道德模范；推荐省人民医院妇科主任刘萍等5人为2018年“中国好人榜”候选人人选；推荐省地质遗迹保护事务中心科员闫冰华等5人参选2018年“山西好人”；推荐优秀志愿者刘琛、柏琳、张晓，优秀志愿者服务组织国网晋城供电公司义工协会、太原市城区农村信用合作联社，优秀志愿服务项目“传承文明感恩守礼”山西博物院暑期志愿者项目、“艺栖老”志愿服务，省志愿服务先进工作者杨芸、冯恬枫参加2018年宣传推选学雷锋志愿服务先进典型活动。对上年申报的省直机关第三批“十佳文明家庭”“十佳文明小区”“十佳文明网站”“十佳志愿服务组织”“十佳志愿者”和省直机关第二批“十佳文明讲坛”通过网上投票选出各类典型分别表彰。

9月30日，在山西经济管理干部学院举办道德讲堂和文明创建学习交流会。11月28日，启动山西省第六届全国道德模范巡讲活动，首场报告会走进省委机关。省直机关各单位文明创建负责人等240余人参加此次报告会。“中国婆婆”孙银影、“最美医生”贺星龙、“红丝带学校校长”郭小平、“反扒能手”冯攀明分别宣讲各自先进事迹。（赵　悦）

## 老干部工作

【离退休干部概况】截至2018年底，山西省有离退休干部524179人（不含中直单位）。其中，离休干部14373人，较上年减少2100人；退休干部509806人，较上年增加18214人。离休干部平均年龄89.50岁。离退休干部党员262843人。其中，离休干部党员11347人，退休干部党员251496人。全省设立离退休干部党委、党工委、党总支622个，单建离退休干部党支部5513个。

全省有老干部活动中心（室）3082个，总建筑面积626575平方米。老年大学338所，总建筑面积173656平方米。全省有专职老干部工作人员6207人。

10月24日，山西省委老干部局召开干部大会，传达贯彻全省机构改革动员大会精神。省委老干部局由省委组织部管理的机关调整为省委工作机关，归口省委组织部管理。

（郭李芳）

【离退休干部学习教育】2018年，山西省委老干部局举办全省离退休干部党支部书记示范培训班、离退休干部网宣员骨干培训班。组织召开省级老同志情况通报会5次，召开省直厅局级离退休干部情况通报会3次。创办省直离退休干部学习大讲堂，举办4次省直厅局级老干部学习辅导讲座。组织省级老干部到阳曲县、太钢集团等参观考察新农村建设和转型发展项目。年内市县和省直单位党政领导向老干部通报情况365次，组织老干部参观活动515次，举办离退休干部学习报告会、座谈会、辅导讲座等1520场次；组织1560名离退休干部理论骨干，深入基层、深入群众和老同志中，组团宣讲党的十九大精神

2018年8月29日,省级离退休老干部到阳曲县和太钢集团进行考察调研

(郭李芳供图)

和各级党委政府重大决策部署1828场次。用省管党费为全省5200多个离退休干部党支部征订《离退休干部党支部学习参考》。 (郭李芳)

【离退休干部正能量传递活动】 2018年,山西省委老干部局印发《关于进一步推进离退休干部"为新时代党和人民事业增添正能量"活动的指导意见》。组织开展"我看改革开放新成就"专题调研活动,向中组部报送专题调研报告。举办第九届山西老年文体艺术节。以纪念改革开放40周年为主题,举办全省离退休干部书法摄影展、"点亮人生第二春"书画展、"身边的故事——改革开放40年真情讲述"音乐诗歌讲述会、纪念改革开放40周年网上征文等活动,为老同志举办新年音乐会和《解放》等经典剧目专场演出。开展"省城名老专家健康扶贫行"和"省知名老专家农技扶贫行"活动。各市县和省直单位围绕纪念改革开放40周年,组织开展载体多样、内容丰富的活动,凝聚广大离退休干部支持促进改革的正能量。 (郭李芳)

【离退休干部服务管理】 2018年,山西省委老干部局拓展精准服务,为老同志办实事解难事取得新成效。

深化细化离退休干部服务管理工作。经省委、山西省政府同意,从2018年7月1日起提高离休干部护理费标准。协调财政、人社、卫计等部门简化离休干部就医报销流程,解决离休干部医保报销中的痛点,畅通就医绿色通道,确保"五优先"落实到位,推动离休干部家庭医生签约服务。春节、重阳节期间,组织完成全省走访慰问老干部活动。登门走访慰问易地安置外省市的83名离休干部。调研督导利用社区资源服务离退休干部工作情况,推进市县社区"四就近"工作深入开展。围绕"精准化、信息化、优质化、便利化、个性化"要求,开展老干部工作"五化"典型案例推荐活动,引导基层老干部工作部门提升服务质量。

加大财政对国有改制、破产和困难企事业单位离休干部生活待遇支持力度。落实省直困难企事业单位离休干部"两费"财政专项补助资金2391万元。对16个省直单位52名特困离休干部及离休干部遗偶进行帮扶救助,发放帮扶救助资金22.8万元。协调部分省属困难企业离休干部加入属地离休干部单独医保统筹,申请医疗统筹专项补助资金54.60万元。开展困难企事业单位自查和检查工作,探索建立定期评估、退出机制。妥善处理老同志来信来访。各市共帮扶困难老干部10719名,发放帮扶资金1011余万元,办理信访件81件。

改善老干部学习活动条件。召开省直老年大学建设经验交流会、全省县级老干部活动阵地建设经验交流会。下发《关于加强离退休干部活动团队建设的指导意见》。市县两级年内新建或改扩建老干部活动中心36个、老年大学44个,投入资金3288万余元。山西老年大学继续扩大办学规模,2018年招收学员5570人次,创办山西老年大学水利分校、西岸社区教学点、山西财经大学和中北大学老年教育教学指导基地,解决老年大学"一座难求"问题,成立助教志愿者服务队。

离退休干部护理费标准调整。5月31日,省委组织部、省委老干部局、省财政厅、省人社厅联合印发《关于调整离休干部护理费标准的通知》(晋组通字〔2018〕40号),从2018年7月1日起调整机关、企事业单位离休干部护理费标准。 (郭李芳)

【老干部工作"双先"表彰大会】 2018年4月12日上午,山西省离退休干部暨老干部工作"双先"表彰大会在太原召开。会前,骆惠宁接见受表彰的先进集体和先进个人代表。吴汉圣出席表彰大会并讲话。会上宣读《关于表彰全省离退休干部暨老干部工作先进集体和先进个人的决定》,向部分先进集体和先进个人代表颁奖,获奖代表姜华文、田志勤,左云县委老干部局作先进事迹发言。省领导楼阳生、胡玉亭、曲孝丽参加接见或出席会议。省委老干部工作领导小组成员、各市委老干部局局长、省直有关单位分管老干部工作的负责人参加会议。 (郭李芳)

【老干部宣讲活动】 2018年9月3日至11月16日,山西省委老干部局举办"践行十九大精神 助力脱贫攻

2018年8月7日，由山西省委老干部局主办，省民政厅协办，山西老年大学100余名老同志创作排演的《身边的故事——改革开放40年真情讲述》剧目在山西大剧院上演（郭李芳供图）

坚”老干部宣讲活动。忻州市岢岚县农业系统退休干部党总支书记张文翰、晋中市扶贫开发协会会长胡俊来、运城市蔬菜协会会长李春藻、吕梁高鑫扶贫攻坚造林专业合作社负责人高华处4位退休老同志，在11个市宣讲助力脱贫攻坚、实现乡村振兴的先进典型事迹。（郭李芳）

## 信　访

**【山西省信访工作会议】** 2018年2月28日，山西省信访工作会议在太原召开。副省长、省公安厅厅长刘新云出席并讲话。会议强调，各级党委政府、各有关部门、全省信访系统要坚持以习近平新时代中国特色社会主义思想为指引，坚持以人民为中心，以社会治理创新为动力，以依法及时就地解决群众合理诉求和维护正常信访秩序为目标，以“规范化建设年”为抓手，以加强领导、畅通渠道、依法规范为着力点，推进信访工作制度改革，打造阳光信访、责任信访、法治信访，提升专业化、法治化、信息化水平，打好信访矛盾化解攻坚战，增强防范风险能力，维护群众合法权益、维护社会和谐稳定，开创全省信访工作新局面。（杨卫兵）

**【信访基础业务规范化培训】** 2018年4月19日至21日，山西省信访局举办全省信访基础业务规范化培训班，推动信访业务规范化建设。培训班对开展“规范化建设年”活动部署，对信访事项网上办理、信访督查、依法分类处理信访诉求等业务工作专题辅导。各市信访局局长及业务骨干，49个省直部门分管信访工作的领导及信访部门负责人，省信访局厅级领导、各处（室、中心）负责人及业务骨干、挂职干部共160余人参加培训。

7月19日至24日，全省信访业务培训班在右玉干部学院举办。培训班通过集中授课、交流研讨等方式，加强学员党性锻炼，了解把握全省经济发展形势，学习各地信访制度改革经验，熟练掌握依法分类处理信访诉求、信访信息系统应用、网上信访等基础业务知识。

8月30日，山西省信访理论研究和信访调研工作培训会在太原召开。各市信访局分管领导、省直有关单位信访部门负责人、省信访局有关处室理论研究工作者，全省信访理论研究课题负责人及课题报告承担人等60余人参加培训。会议对全省信访理论研究和调研工作做安排部署。山西省委党校副教授赵际红、山西大学副教授廉如鉴就信访理论课题研究作专题辅导。（杨卫兵）

**【全省人民调解工作暨人民调解参与信访矛盾化解试点工作部署会】** 2018年6月27日，山西省司法厅、省信访局联合召开全省人民调解工作暨人民调解参与信访矛盾化解试点工作部署会。省委常委、政法委书记商黎光出席会议并讲话，刘新云主持会议。商黎光对坚持和发展新时代“枫桥经验”，促进人民调解参与信访矛盾化解试点工作提出明确要求。省司法厅厅长薛永辉、省信访局局长梁克昌分别就访调对接试点工作进行安排部署。会议以电视电话会议形式召开，省高院、省检察院、省公安厅、省财政厅、山西省政府法制办等单位负责人，省信访局、省司法厅相关工作人员在主会场参加会议。各市、县（市、区）参会人员在各自分会场参加会议。（杨卫兵）

**【省信访工作联席会议】** 2018年9月11日，省信访工作联席会议全体会议召开，会议通报2018年以来信访工作情况，审议通过《山西省信访工作联席会议工作规则》和《山西省信访工作联席会议2018年工作要点》。商黎光出席会议并讲话，刘新云主持会议。省联席会议成员单位负责人、各市联席会议召集人及联席办主任，省信访局处级以上领导干部参加会议。（杨卫兵）

**【全省信访督查工作暨矛盾化解攻坚推进会议】** 2018年9月29日，全省信访督查工作暨矛盾化解攻坚推进会议在太原召开。商黎光出席会议并讲话，刘新云主持会议。会议传达全国信访矛盾化解攻坚现场推进会议

精神，通报山西省信访矛盾化解攻坚工作进展情况。（杨卫兵）

【“全省信访基础业务规范化竞赛”】 2018年10月20日至21日，山西省信访局、省总工会联合组织的“全省信访基础业务规范化竞赛”活动在太原举办。经过集中笔试、上机实操、限时答题三个环节的比赛，大同市信访局杨乐等5名选手获竞赛一等奖，阳泉市平定县信访局李文静等10名选手获二等奖，晋中市榆次区信访局刘伟等20名选手获三等奖。省国资委、太原市信访局等8个单位获得优秀组织奖。（杨卫兵）

## 党校教育

【教育培训】 2018年，中共山西省委党校（山西行政学院）举办各类培训班次130余期，培训1.90万余人次。深化教学改革，修订完善《进一步完善教学奖励制度的若干规定》。突出党的理论教育，开设党性教育单元，打造“1+10+1”框架体系的“习近平新时代中国特色社会主义思想和党的十九大精神”专题课程。安排教师外出进修和参加延伸培训147人次。在职研究生教育严把招生录取关和毕业关，全年录取省委党校研究生200人，毕业学员287人。48名教师送学下乡274场，培训轮训基层干部6万余人。落实领导干部上讲台制度，全年省委、山西省政府领导以及市厅级领导30多人次到校院登台授课，外请有关专家学者为各类主体班次作报告53场次。举办硕博论坛9期，学员论坛24期。（孟国丽）

【理论研究成果】 2018年，修订完善《关于进一步完善科研奖励制度的若干规定》《学术委员会条例》《校（院）科研项目管理办法》《校（院）推荐评审高级专业技术职务任职资格量化考核办法》。理研中心在《山西日报》《前进》等省级以上党报党刊发表重要理论文章25篇。3项国家课题、4项全国党校（行政学院）系统重点调研课题、3项省社科联课题、10项省哲学社会科学规划课题、83项全省党校（行政学院）系统课题获准立项。2项2017年度全国党校系统重点调研课题结项，评定为合格等级；1项2016年度全国党校系统重点课题结项，获评优秀等级。获3项优秀科研成果和决策咨询奖，获全国地方党校科研工作进步奖，科研工作总体排名从第22位上升到第15位。继续做好《山西省情资料手册》编辑出版工作。（孟国丽）

【资政服务】 2018年，校院把握党校智库建设定位，推进教学科研与决策咨询成果相互转化，构建“教学出题目，科研做文章，成果进课堂、进决策”机制。全年上报省委、山西省政府《决策建议报告》11篇，共获得省领导批示21人次，其中骆惠宁批示4期。省委、省人大、省政协及省科技厅、省扶贫办等有关部门多次邀请课题组人员就相关报告内容召开座谈会，省委、山西省政府以及相关部门在有关报告或文件中吸收参考校（院）有关《决策建议报告》的内容。（孟国丽）

【教师队伍建设】 2018年，校院出台《2018年度全省党校系统教师高级专业技术职务任职资格评审工作安排意见》《中共山西省委党校山西行政学院因私出国（境）管理规定》。发布《2018年专业技术人员专项招聘方案》。组织450余人次参加校（院）及行业系统培训。对55名新提任、新任职干部开展试用期满能力测评。为4名军队转业人员确定职务，为6名事业人员、6名招录公务员办理转正定级手续。14人被确定为山西省宣传文化领域“三晋英才”支持计划2018年度支持对象。构建监督体系，全年共7次征求派驻纪检监察组党风廉政意见，涉及干部90人次，依规对新任正处级干部召开廉政谈话会。完成400余人次晋升级别岗位档次、事业人员晋升薪级、职务变动等工资调整工作。（孟国丽）

【党校系统管理和建设】 2018年，校院落实校（院）领导市县党校联系点制度，校（院）领导全年分赴11所市委党校、2所干部学院、8所企业党校、50多所县级党校开展督促检查、调研指导。加大市县党校师资培训力度。重点举办全省党校系统习近平新时代中国特色社会主义思想课程体系建设和党的十九大精神教学方法研讨班和第6、7期全省党校行政学

2018年7月26日至27日，全省党校行政学院系统第六次教学经验交流会和第五届教师赛讲在中共山西省委党校（山西行政学院）举行（孟国丽供图）

2018年8月21日，中共山西省委党校（省行政学院）举办中青班、青干班毕业座谈会 （孟国丽供图）

院系统骨干师资培训班。举办第五届全省党校行政学院系统教师赛讲决赛和第六次全省党校行政学院系统教学经验交流会。选派4位市委党校领导和8位市委党校教师到中央党校参加培训学习。加强对市县党校教学设施标准化建设的指导，26所县级党校异地新建或搬迁，13所县级党校校区异地开展新建工作，11所县级党校在原址进行改扩建。全省市县党校办学质量有新提高。全省117所市县党校全部开办读书班，实现全覆盖，共举办读书班161期，参训学员9574人。太原、运城、临汾3个市的县级党校，实现主体班次全覆盖，办班标准化率达80%以上。

10月24日，校院启动校（院）机构改革工作。11月7日，在原省直机关党校（行政学院）举行西校区揭牌仪式。12月13日，校（院）机构改革“三定”方案经省机构改革办批复，12月20日校（院）召开机构改革动员大会。完成处级干部安排和人员转隶。

（孟国丽）

## 党史（方志）工作

【党史编纂】 2018年10月28日，中共山西省委党史办公室与山西省地方志办公室合并为中共山西省委党史研究院（省地方志研究院）。

2018年，编纂出版山西庆祝改革开放40周年丛书《山西改革开放专题实录（第1—4辑）》《山西改革开放口述回忆（第1、2辑）》。完成中央党史和文献研究院安排的重大课题任务，做好《抗日战争时期中国人口伤亡和财产损失调研丛书》B卷课题，向中央党史和文献研究院上报太原市、朔州市、忻州市、晋中市、长治市、运城市送审稿。

编纂山西地方党史著作，修订完成《中国共产党与山西抗战》征求意见稿，40余万字。完成《晋中解放区史》征求意见稿，60余万字。推进重大党史专题研究，出版《奠基山西工业——“一五”时期山西十五项苏联援建工程》，78万字。编撰完成《山西“三反”“五反”运动》送审稿，58万字。编辑完成《丰碑——晋绥边区革命纪念馆画册》（暂定名）送审稿，共收入图片250余张。坚持“一突出、两跟进”要求，完成《2017年山西党史大事记》送审稿，13万字。 （尹 君）

【党史宣传教育】 2018年，中共山西省委党史研究院（省地方志研究院）聚焦改革开放40周年，编纂出版“庆祝改革开放40周年丛书”，全面总结中共十八大以来，山西改革开放各项建设成就和宝贵经验。联合摄制40集电视文献片《岁月如歌》、16集视频专题片《回响山西》。联合录制广播专题节目《初心》，联合主办“学党史、知党恩、跟党走”主题教育活动、“放歌新时代——庆祝改革开放40周年山西书画作品展”等。编纂出版《党史文汇》12期，提升全国优秀党史期刊的品牌影响力。 （尹 君）

【志鉴“两全目标”推动落实】 2018年1月25日，山西省第十三届人民代表大会第一次会议上，省长楼阳生在《政府工作报告》明确要求“加快推进省市县方志年鉴全覆盖”，继上年后，地方志工作第二次被写入政府工作报告。修志编鉴还被列为山西山西省政府2018年度78项重点工作任务之一。4月11日，全省奋战志鉴“两全目标”工作推进会在太原召开。副省长曲孝丽出席会议并对推进全省志鉴“两全目标”任务提出明确要求，提高三级政府实现志鉴“两全目标”的执行力。4月19日，山西省地方志办公室向山西省政府呈报《关于奋力推进全省志鉴“两全目标”按期保质完成的请示》。

2018年，山西山西省政府连续两次将志鉴“两全目标”进展缓慢市县、部门的修志工作纳入“13710”督办系统重点督办。3月，大同、朔州市本级及所属3县，太原、忻州、吕梁、长治和临汾5市所属20县以及21家省直单位修志工作被纳入“13710”督办系统。9月，朔州市本级及太原、大同、朔州、忻州、吕梁、临汾6市所属16县以及14家省直单位修志工作被纳入“13710”督办系统，重点督办，强力推动。 （王 婷）

【省志编纂】 2018年，中共山西省委党史研究院（山西省地方志研究院）评审省志19部，编纂出版《山西省志》之《中共山西省委志》《政治协商会议志》《教育志》《民俗志》《中小(民营)企业志》《统计调查志》《国家税务志》《出版志》《粮食志》《轻工业志》10部,累计出版52部,出版率58.40%。《中共山西省委志》记述1978年中共十一届三中全会以后,山西省委组织机构、重大决策及活动、重要会议,与各方面工作,下限至2010年。《政治协商会议志》记述1977年至2013年山西省政协发展历程。《教育志》记述1978年到2006年间山西教育发展。《民俗志》反映山西民俗文化的历史及发展,下限至21世纪初。《中小(民营)企业志》记述1978年至2012年山西中小(民营)企业发展。《统计调查志》记述1983至2011年山西省统计事业。《国家税务志》记述1978年至2015年山西省税收事业。《出版志》记载1978年至2010年山西省新闻出版业。《粮食志》记述1978年以来山西粮食收购、销售、储备、调运、加工、转化等各个方面,下限至2011年。《轻工业志》记述1978年至2009年的山西轻工业。 (王 婷)

**【市县志编纂】** 2018年,省委党史研究院(省地方志研究院)加强对市县志工作的指导。评审20部市县志,审核完出版《太原市志》《运城市志》《阳泉市志》3部市志以及《大同县志》《定襄县志》《祁县志》《介休市志》《神池县志》《娄烦县志》《平定县志》《长治县志》《永和县志》9部县志,累计出版77部,出版率59.20%。 (王 婷)

**【清乾隆《山西志辑要》影印工作启动】** 2018年,中共山西省委党史研究院(省地方志研究院)成立后,即择版本价值较高、编纂特色显著之乾隆《山西志辑要》开展影印工作。以日本早稻田大学图书馆所藏原刻本为底本,委托全国顶级专业古籍影印厂——杭州萧山古籍印务有限公司,采用宣纸影印、手工线装的形式,将这一善本古籍加以复制影印。 (王 婷)

**【年鉴编纂】** 2018年5月,《山西年鉴(2017)》获得中国精品志鉴称号。11月按照中国年鉴精品工程要求,完成《山西年鉴(2018)》,由方志出版社出版。《山西年鉴(2018)》遵循年鉴通例分类编排,共设41个类目,233个分目,77个次分目,1938个条目,收录图片和统计表210张,总字数157.30万字。记载山西省自然、政治、经济、文化、社会和生态建设等各个领域的基本情况,反映年度重要事项与发展变化。审核《太原年鉴》《大同年鉴》《临汾年鉴》《晋中年鉴》《阳泉年鉴》《长治年鉴》《朔州年鉴》,均出版。

市、县综合年鉴编纂。截至2018年底,11个地级市中,7市综合年鉴出版,2市完成终审稿。118部县级综合年鉴中,出版61县(区),57县(区)全部开展编纂工作。 (王 婷)

**【地情书编写与出版】** 2018年5月,《山西家规家训精选》由三晋出版社出版,总字数32.5万字。该书精选山西历史上影响较大的23个名人和望族的家规家训,旨在弘扬和传承以忠诚、仁爱、孝慈、友善、慎交、勤俭、好学、清廉等传统美德为主题的家风文化,为推动党风政风社风向善向上提供历史智慧和借鉴。

2018年,《山西改革开放40年大事纪要》由三晋出版社出版,总字数60万字。该书体现改革开放40年来,山西经济、政治、文化、社会、生态文明建设、历史性变革和宝贵经验,突出记载党的十八以来,中共山西省委贯彻落实习近平新时代中国特色社会主义思想和习近平总书记视察山西重要讲话精神,带领全省广大干部群众高扬改革开放旗帜,建设"示范区""排头兵""新高地"的伟大实践历程。 (王 婷)

**【方志数字化建设】** 2018年,中共山西省委党史研究院(山西省地方志研究院)落实《全国地方志信息化发展规划(2016–2020年)》《全国信息方志与数字方志建设工程实施方案》,建成山西省数字党史方志综合管理平台。"太原数字方志馆"建成上线,制作志书电子版1万余份。《山西年鉴(2018)》《太原市志》《大同年鉴(2018)》《晋城年鉴(2018)》手机版上线。 (王 婷)

**【"方志山西"微信公众平台】** 2018年,中共山西省委党史研究院(省地方志研究院)开通的《方志山西》微信公众号,形成科学严格的工作流程,开辟"每周一域""晋志讲堂""晋志人物""山西旧志记载中传统节日"等特色品牌栏目,被列为全省综合发布平台《山西发布》的固定栏目。全年推送信息360期1189篇。 (王 婷)

**【志鉴专柜建设】** 2018年,中共山西省委党史研究院(省地方志研究院)助力大同市、大同市新荣区、朔州市平鲁区、灵石、和顺、左权、大同大学、省社会主义学院、太行干部学院、太岳干部学院方志馆以及全省第一个村级方志馆——乔李村方志馆,开设"晋志专柜",推动读志用志,发挥存史、资政、育人作用。 (王 婷)

## 综　述

【省人大常委会职责履行】 2018年，山西省人民代表大会常务委员会（简称省人大常委会）召开常委会会议8次，制定1件、修订4件、修正11件、废止2件地方性法规，审议“一府一委两院”专项工作报告14项，作出重大事项决定7项（含2项具有法规性质的决定），开展专题询问1次、满意度测评1次、执法检查7次，依法任免国家机关工作人员149人次，为推进法治山西建设、促进经济社会发展作出新贡献。审议批准省十三届人大常委会五年立法规划和年度立法计划，在省人大专门委员会和常委会工作委员会设立分党组，保证人大工作始终沿着正确的方向前进。（郭　强）

【省人大组织构成】 2018年1月22日，山西省第十二届人民代表大会常务委员会第四十三次会议通过《山西省第十二届人民代表大会常务委员会代表资格审查委员会关于山西省第十三届人民代表大会代表的代表资格的审查报告》，全省11个设区的市、中国人民解放军山西省军区暨驻晋部队共选举产生山西省第十三届人民代表大会代表552名。其中，基层一线工人37名（含农民工5名）、农民64名、专业技术人员158名；妇女162名；党政领导干部183名；中共党员350名，民主党派、无党派和群众202名；连任代表190名；少数民族10名、归侨2名、解放军15名。各代表团人数为：太原市73人、大同市52人、朔州市25人、忻州市45人、吕梁市52人、晋中市47人、阳泉市25人、长治市55人、晋城市35人、临汾市62人、运城市64人、解放军14人。省十三届人大代表具有广泛的代表性，体现按照每一代表所代表的城乡人口数相同的原则，保证各地区、各民族、各方面都有适当数量代表的要求。

山西省人民代表大会设置法制委员会、监察和司法委员会、财政经济委员会、社会建设委员会4个专门委员会。省人大常委会设置办公厅、法制工作委员会、教育科学文化卫生工作委员会、农村工作委员会、城乡建设环境保护工作委员会、人事代表工作委员会、民族宗教侨务外事工作委员会、预算工作委员会、研究室、信访局10个工作机构。（郭　强）

## 重要会议

【山西省十二届人大常委会会议】 2018年，山西省十二届人大常委会举行1次常委会会议。

**第四十三次会议**。1月22日在太原举行。大会议程共10项：（1）听取关于山西省第十三届人民代表大会第一次会议筹备工作情况的报告；（2）审议山西省第十二届人民代表大会常务委员会向山西省第十三届人民代表大会第一次会议所作的工作报告稿；（3）审议山西省人大常委会代表资格审查委员会关于山西省第十三届人民代表大会代表资格的审查报告；（4）审议山西省第十三届人民代表大会第一次会议议程（草案）；（5）审议山西省第十三届人民代表大会第一次会议主席团和秘书长名单（草案）；（6）审议山西省第十三届人民代表大会第一次会议议案审查委员会组成人员名单（草案）；（7）审议山西省第十三届人民代表大会第一次会议列席人员名单（草案）；（8）审议和批准《大同市智慧城市促进条例》；（9）审议和批准《晋中市禁止燃放烟花爆竹规定》；（10）人事任免及其他事项。会议表决通过关于批准《大同市智慧城市促进条例》《晋中市禁止燃放烟花爆竹规定》的决定，山西省第十二届人民代表大会常务委员会向山西省第十三届人民代表大会第一次会议所作的工作报告稿，山西省人大常委会代表资格审查委员会关于山西省第十三届人民代表大会代表资格的审查报告，山西省第十三届人民代表大会第一次会议议程、主席团和秘书长名单、议案审查委员会组成人员名单、列席人员名单，人事任免名单。（郭　强）

【山西省第十三届人民代表大会第一次会议】 2018年1月25日至31日

在太原举行。

大会议程共14项:(1)听取和审议山西省人民政府工作报告;(2)审查和批准省人民政府关于山西省2017年国民经济和社会发展计划执行情况与2018年国民经济和社会发展计划(草案)的报告,批准山西省2018年国民经济和社会发展计划;(3)审查和批准省人民政府关于山西省2017年全省和省本级预算执行情况与2018年全省和省本级预算(草案)的报告,批准山西省2018年省本级预算;(4)听取和审议山西省人民代表大会常务委员会工作报告;(5)听取和审议山西省高级人民法院工作报告;(6)听取和审议山西省人民检察院工作报告;(7)选举山西省第十三届人民代表大会常务委员会主任、副主任、秘书长、委员;(8)选举山西省人民政府省长、副省长;(9)选举山西省监察委员会主任;(10)选举山西省高级人民法院院长;(11)选举山西省人民检察院检察长;(12)选举山西省出席第十三届全国人民代表大会代表;(13)通过山西省第十三届人民代表大会各专门委员会组成人员名单;(14)其他事项。

大会共收到代表提出的议事原案18件。经议案审查委员会审查并报大会主席团决定,全部立为议案,交由省人大及其常委会有关机构办理。收到代表建议、批评和意见共962件,其中,3件交由省人大常委会办理,910件交由山西省政府系统办理,8件交由省高级人民法院办理,5件交由省人民检察院办理,36件交由党群部门办理。

大会表决通过关于省人民政府工作报告的决议、关于山西省2017年国民经济和社会发展计划执行情况与2018年国民经济和社会发展计划的决议、关于山西省2017年全省和省本级预算执行情况与2018年全省和省本级预算的决议、关于省人大常委会工作报告的决议、关于省高级人民法院工作报告的决议和关于省人民检察院工作报告的决议。

大会选举骆惠宁为省十三届人大常委会主任,郭迎光、卫小春、李悦娥(女)、高卫东、岳普煜、李俊明为副主任,李仁和为秘书长;选举楼阳生为省人民政府省长,高建民、王一新、张复明、贺天才、刘新云、曲孝丽(女)、陈永奇为副省长;选举任建华为省监察委员会主任;选举邱水平为省高级人民法院院长;选举杨景海为省人民检察院检察长,由省人民检察院报经最高人民检察院检察长提请全国人大常委会批准(2018年2月24日,第十二届全国人大常委会第三十三次会议通过:批准任命杨景海为山西省人民检察院检察长)。 (郭 强)

2018年1月25日至31日,山西省第十三届人民代表大会第一次会议在太原举行 (省人大供图)

**【山西省十三届人大常委会会议】** 2018年,山西省十三届人大常委会共举行7次常委会会议。

**第一次会议**。2月1日在太原举行。

会议审议省人大常委会主任会议提请审议的人事任命议案;审议省人民政府提请审议的人事任命议案;审议省监察委员会提请审议的人事任命议案;征求对《省人大常委会2018年工作重点》的意见。

**第二次会议**。3月29日至30日在太原举行。

会议表决通过关于批准《太原市大气污染防治条例》《太原市生态环境保护条例》《大同市电梯安全条例》《阳泉市城市绿化条例》《阳泉市道路交通安全管理条例》《长治市辛安泉饮用水水源地保护条例》的决定,省十三届人大常委会代表资格审查委员会组成人员名单,关于接受赵建平辞去山西省人民代表大会常务委员会委员职务请求的决定,人事任免名单。

**第三次会议**。5月29日至31日在太原举行。

会议表决通过《山西省家庭教育促进条例》,关于批准《云冈石窟保护条例》的决定,关于大同市部分行政区划调整若干问题的决定,关于批准2018年省本级预算调整方案的决议,人事任免名单。

**第四次会议**。7月31日至8月3日在太原举行。

会议表决通过关于在全省省级以上开发区推广山西转型综合示范区授权经验的决定、关于修改《山西省人民代表大会常务委员会组成人员守则》的决定、关于修改《山西省组织实施宪法宣誓办法》的决定、关于怀仁县撤县设市有关问题的决定,关于批准2017年省本级财政决算的决议,关于个别代表的代表资格的报

告，关于撤销秦文峰的山西省人民检察院副检察长、检察委员会委员职务的决定，免职名单。

**第五次会议**。9月27日至30日在太原举行。

会议专题询问关于2017年度全省环境状况和环境保护目标完成情况。对全省学前教育工作情况报告进行满意度测评，测评结果为总体满意；表决通过《山西省平遥古城保护条例》、关于促进农作物秸秆综合利用和禁止露天焚烧的决定、关于长治市部分行政区划调整若干问题的决定、关于修改部分地方性法规的决定、关于废止部分地方性法规的决定、关于批准《大同市人民代表大会常务委员会关于废止〈大同市集市贸易市场管理条例〉〈大同市建设项目预防性卫生监督管理办法〉的决定》的决定、关于批准《吕梁市中小学校幼儿园规划建设条例》《吕梁市机动车和非道路移动机械排气污染防治条例》《晋中市餐厨废弃物管理条例》《晋城市文明行为促进条例》的决定，人事任免名单，关于接受孙大军辞去山西省人民代表大会常务委员会委员职务请求的决定。

**第六次会议**。10月23日在太原举行。

会议听取关于省人大常委会规范性文件，备案审查情况的报告；审议关于全省电力体制改革情况的报告；人事任命及其他事项。

**第七次会议**。11月27日在太原举行。

会议表决通过《山西省大气污染防治条例》《山西省农作物种子条例》《山西省实施〈中华人民共和国村民委员会组织法〉办法》，关于批准《太原市生活垃圾分类管理条例》《太原市人民代表大会常务委员会关于修改太原市老年人权益保障办法的决定》《大同市御河流域生态保护条例》《大同市文瀛湖保护条例》《大同市人民代表大会常务委员会关于废止〈大同市动物和动物产品检疫条例〉的决定》《忻州市养犬管理条例》《吕梁市电梯使用安全条例》《晋中市燃煤污染防治条例》《阳泉市大气污染防治条例》《晋城市大气污染防治条例》《晋城市太行古堡群保护条例》《运城市禁止燃放烟花爆竹规定》《运城市涑水河流域生态修复与保护条例》的决定，关于召开山西省第十三届人民代表大会第二次会议的决定，省人民政府、省高级人民法院、省人民检察院关于省十三届人大一次会议以来代表建议、批评和意见办理情况的报告，省人大内务司法委员会和财政经济委员会关于省十三届人大一次会议主席团交付的代表议案审议结果的报告，省人大常委会人事代表工委关于省十三届人大一次会议主席团交付的代表议案处理情况的报告。

（郭　强）

## 人大立法

（参见法治·人大立法）

## 人大监督

**【专项工作报告审议】** 2018年，山西省人大常委会审议省监察委员会关于纪法贯通法法衔接制度建设工作的报告、省人民政府关于2018年省本级预算调整方案（草案）的说明、省人民政府关于2017年省本级财政决算和2018年上半年全省预算执行情况的报告、省人民政府关于2017年度省本级预算执行和其他财政收支的审计工作报告、省人民政府关于2018年上半年全省国民经济和社会发展计划执行情况的报告、省人民政府关于2017年度全省环境状况和环境保护目标完成情况的报告、省人民政府关于山西省电力体制改革进展情况的报告、省人民政府关于山西省政府履行安全监管职责情况的报告、省人民政府关于2017年度省本级预算执行审计查出问题的整改工作报告、省高级人民法院关于全省法院"基本解决执行难"工作情况的报告、省人民政府关于省十三届人大一次会议以来代表建议、批评和意见办理情况的报告、省高级人民法院关于省十三届人大一次会议以来代表建议、批评和意见办理情况的报告、省人民检察院关于省十三届人大一次会议以来代表建议、批评和意见办理情况的报告等。

（郭　强）

**【执法检查】** 2018年，山西省人大常委会对《中华人民共和国监察法》《山西省汾河流域生态修复与保护条例》

2018年9月13日，山西省十三届人大常委会立法规划新闻发布会在太原举行

（省人大供图）

2018年6月19日至22日，山西省人大常委会开展首次“三晋人大代表采风行”活动（省人大供图）

《山西省人民代表大会常务委员会关于山西转型综合改革示范区行政管理事项的决定》《山西省人民代表大会常务委员会关于在全省开展第七个五年法治宣传教育的决议》《中华人民共和国环境保护法》《山西省环境保护条例》《中华人民共和国防震减灾法》《中华人民共和国统计法》等实施情况开展检查。（郭　强）

## 代表工作

【常委会组成人员与代表联系】2018年，山西省人民代表大会常务委员会主任会议研究通过关于省人大常委会组成人员分工联系省人大代表的意见，安排62名常委会组成人员分工联系364名在基层工作的省人大代表，要求主任会议成员带头联系代表，编印《省人大常委会组成人员分工联系代表手册》。2018年度，主任会议成员分别与29名代表座谈6次，通过多种形式联系代表56人次；62名常委会组成人员通过走访、座谈、电话和网络等形式联系代表567人次。根据省人大常委会会议审议内容，结合省人大代表职业构成，先后安排75名代表列席会议时，协调各设区的市人大常委会做好代表相关调研工作，提升代表审议发言质量。（郭　强）

【人大代表与群众联系】2018年，552名山西省人大代表分为32个活动小组。各设区的市人大常委会、省军区政治工作局协助本选举单位的小组召集人开展闭会期间活动。5月下旬，省人大常委会组织召开省直代表小组召集人座谈会，协助制定活动计划，围绕健康扶贫、乡镇振兴、生态环保等内容开展专题调研，为代表深入基层、解情况，提出高质量议案、建议打好基础。（郭　强）

【代表依法履职保障】2018年，山西省人民代表大会为无固定工资收入代表参加代表活动提供物质保障。全年向各设区的市人大常委会下拨无固定收入代表履职补贴22.31万元，为无固定工资收入代表参加省人大常委会组织的代表活动发放补贴242人次，25.51万元。做好代表资格审查基础工作。全年召开1次代表资格审查会议，承办2名省人大代表资格终止报告的具体工作。加强代表履职考核工作。印发《关于加强省人大代表履职登记工作的通知》，要求省人大及常委会各机构、各选举单位认真做好省十三届人大代表履职登记工作，为如实记录代表履职情况，加强代表履职考核提供重要依据。为代表知情知政提供保障。培训期间，为全体代表提供《中华人民共和国宪法》《中华人民共和国各级人民代表大会常务委员会监督法释义及指南》《人民代表大会制度概论》等资料。还为每位省人大代表订阅《中国人大》《人民代表报》等学习资料，及时向代表通报山西省政治、经济和社会发展情况、省人大常委会重点工作，为代表全面

2018年7月24日，山西省人大常委第一期代表履职基础知识学习班开班（省人大供图）

解全省经济社会发展情况提供信息支撑。（郭　强）

【代表议案建议办理】 2018年，山西省第十三届人民代表大会第一次会议收到议事原案18件，全部立为议案，交由省人大及其常委会有关机构办理；收到代表建议、批评和意见962件，分别交由省人大常委会、山西省政府、省高级人民法院、省人民检察院及有关党群部门办理。2月26日，省人大常委会召开代表议案和部分代表建议集中交办会，编印《代表议案建议资料汇编》。会后，人事代表工委将有关资料寄送代表和有关承办单位，为代表与承办单位沟通联系提供服务保障。经征求山西省政府及其有关部门意见，省人大常委会确定23件重点督办建议，分别由7位副省长领办，山西省政府相关部门具体承办，省人大常委会4位副主任牵头分管有关专委、工委重点督办。9月11日至13日，副主任卫小春带领部分提建议代表视察山西省政府系统的代表建议办理工作。10月，主任会议听取重点督办代表建议情况。（郭　强）

2018年9月11日至13日，山西省人大常委会组织部分省人大代表，就2018年度山西省政府系统代表建议办理工作进行视察　（省人大供图）

## 人事任免

【山西省监察委员会人员任免】 山西省第十三届人民代表大会第一次会议选举任建华为省监察委员会主任。山西省十三届人大常委会第一次会议任命陈学东、郝权、孟萧、曾庆勇为省监察委员会副主任，何青、王帅红、王成禹、孙京民、王海林、荣奋刚为委员。山西省十三届人大常委会第三次会议任命王晓鹏为省监察委员会委员；免去王成禹的省监察委员会委员职务。（郭　强）

【山西省人大工作机构人员任免】 山西省第十三届人民代表大会第一次会议大会选举骆惠宁为省十三届人大常委会主任，郭迎光、卫小春、李悦娥(女)、高卫东、岳普煜、李俊明为副主任，李仁和为秘书长。通过省十三届人大法制委员会、内务司法委员会、财政经济委员会组成人员。山西省十二届人大常委会第四十三次会议免去杨文章的省人大常委会农村工作委员会副主任职务。山西省十三届人大常委会第一次会议任命秦作栋、汤俊权、张世文、周世经为省人大常委会副秘书长；蔡汾湘为省人大常委会法制工作委员会主任，成斌为副主任；李福明为省人大常委会教育科学文化卫生工作委员会主任，刘有智、王进喜、尹天五、冯睿、谭继海为副主任；冯改朵为省人大常委会农村工作委员会主任，李洪、刘钢、郭艳成为副主任；李栋梁为省人大常委会城乡建设环境保护工作委员会主任，郭新民、乔锦瑞、高建平为副主任；张高宏为省人大常委会人事代表工作委员会主任，李高山、陈跃钢、张国富为副主任；王安庞为省人大常委会民族宗教侨务外事工作委员会主任，贾雪峰、吕明为副主任；卢晓中为省人大常委会预算工作委员会主任，董岩、刘晓东为副主任；梁若皓为省人大常委会研究室主任，张拯瑜、秦钟、张晋仁为副主任；叶增强为省人大常委会信访局局长，吴明禄为副局长。原任上届省人大常委会副秘书长，各工作委员会、研究室主任、副主任，信访局局长、副局长，未提名本次会议任命的，即予免职。山西省十三届人大常委会第五次会议免去李洪的省人大常委会农村工作委员会副主任职务。山西省十三届人大常委会第七次会议任命顾昭明为省人大常委会副秘书长，成斌为省人大法制委员会副主任委员，阎默或为省人大常委会法制工作委员会副主任，王岳红为省人大常委会教育科学文化卫生工作委员会副主任，王志刚为省人大常委会城乡建设环境保护工作委员会副主任，秦钟为省人大常委会民族宗教侨务外事工作委员会副主任；免去梁若皓的省人大常委会研究室主任职务，成斌的省人大常委会法制工作委员会副主任职务，秦钟的省人大常委会研究室副主任职务。（郭　强）

【山西山西省政府机构人员任免】 山西省第十三届人民代表大会第一次会议选举楼阳生为省人民政府省长，高建民、王一新、张复明、贺天才、刘新云、曲孝丽(女)、陈永奇为副省长。山西省十二届人大常委会决定任命刘新云为副省长。山西省十三届人大常委会第三次会议决定任命林武为副省长；决定免去高建民的副省长职务。山西省十三届人大常委会第一次会议决定任命王纯为省人民政府秘书长；姜四清为省发展和改革委员会主任；李晓波为省经济和信息化委员会主任；吴俊清为教育厅厅长；谢红为科学技术厅厅长；刘新云为公安厅厅长；薛维栋为民政厅厅长；薛永辉为司法厅厅长；武涛为财政厅厅长；卢建明为人力资源和社会保障厅厅长；周建春为国土资源厅厅长；董一兵为环境保护厅厅长；王立业为住房和城乡建设厅厅长；闫晨曦为交通运输厅厅长；常书铭为水利厅厅长；乔建军为农业厅厅长；任建中为林业厅厅长；韩春霖为商务厅厅长；刘润民为文化厅厅长；李凤岐为省卫生和计划生育委员会主任；王亚为审计厅厅长；武绍忠为山西省政府外事侨务办公室主任；向二牛为煤炭工业厅厅长；盛佃清为省旅游发展委员会主任。原任上届省人民政府秘书长、厅长，委员会、办公室主任，未提名本次会议任命的，即予免职。山西省十三届人大常委会第六次会议决定任命李晓波为工业和信息化厅厅长、薛永辉为司法厅厅长、周建春为自然资源厅厅长、董一兵为生态环境厅厅长、乔建军为农业农村厅厅长、盛佃清为文化和旅游厅厅长、李凤岐为省卫生健康委员会主任、冯征为退役军人事务厅厅长、薛军正为应急管理厅厅长、武绍忠为山西省政府外事办公室主任。 （郭 强）

【山西省法院人员任免】 山西省第十三届人民代表大会第一次会议选举邱水平为省高级人民法院院长。山西省十二届人大常委会第四十三次会议任命王书红为省高级人民法院副院长、审判委员会委员、审判员；免去姜翠艳的大同铁路运输法院审判委员会委员、审判员职务。山西省十三届人大常委会第二次会议任命张嵩为太原铁路运输中级人民法院副院长、审判委员会委员、审判员，孙立杰为审判委员会委员、审判员；免去郭民贞、袁慧兰的省高级人民法院审判员职务，原峰的太原铁路运输法院审判监督庭庭长、审判员职务，郎小云的大同铁路运输法院立案庭庭长、审判员职务。山西省十三届人大常委会第三次会议免去郭翠萍的省高级人民法院审判委员会委员、审判员职务，樊虹的审判员职务。山西省十三届人大常委会第四次会议免去关中翔的省高级人民法院审判委员会委员、审判员职务。山西省十三届人大常委会第五次会议任命方建霞、张华为省高级人民法院审判委员会委员，李智为刑事审判第一庭庭长，武全敬为民事审判第一庭庭长，赵斌为民事审判第二庭庭长，凌宇为民事审判第三庭庭长，牛向宏为立案二庭庭长，范丽娜为立案庭副庭长，李宛地为民事审判第一庭副庭长、审判员，程庆华为民事审判第三庭副庭长，王建兴为行政审判庭副庭长，王世明为审判监督第二庭副庭长；免去邓一峰的民事审判第二庭庭长职务，武全敬的民事审判第三庭庭长职务，牛向宏的民事审判第一庭副庭长职务，凌宇的民事审判第三庭副庭长职务，李智的审判监督第二庭副庭长职务，梁爱珍的审判员职务，李铁钢的临汾铁路运输法院审判员职务。山西省十三届人大常委会第七次会议任命孙洪山为省高级人民法院副院长、审判委员会委员、审判员。会议决定孙洪山代理省高级人民法院院长。 （郭 强）

【山西省检察院人员任免】 山西省第十三届人民代表大会第一次会议选举杨景海为省人民检察院检察长，由省人民检察院报经最高人民检察院检察长提请全国人大常委会批准(2018年2月24日，第十二届全国人大常委会第三十三次会议通过：批准任命杨景海为山西省人民检察院检察长)。山西省十二届人大常委会第四十三次会议任命杨景海为省人民检察院副检察长、检察委员会委员，张子军为大同铁路运输检察院检察长、检察委员会委员；免去张志云、梁朝辉的省人民检察院检察员职务，张子军的太原铁路运输检察院副检察长、检察委员会委员职务；批准任命郭鸿为吕梁市人民检察院检察长，马红彬为临汾市人民检察院检察长；批准免去苑涛的临汾市人民检察院检察长职务。山西省十三届人大常委会第二次会议免去任保廷的省人民检察院检察员职务。山西省十三届人大常委会第三次会议免去王海燕、黄生怀的省人民检察院检察员职务，耿欣平的省人民检察院太原铁路运输分院检察员职务。山西省十三届人大常委会第四次会议免去郝跃伟的省人民检察院检察委员会委员、检察员职务，严奴国的省人民检察院检察委员会委员职务，王守林的省人民检察院太原铁路运输分院检察长职务，白立平的省人民检察院检察员职务。山西省十三届人大常委会第五次会议任命鲁双良为永济董村地区人民检察院检察长；免去尹桂珍的省人民检察院检察员职务，邓百福的阳泉荫营地区人民检察院检察长职务，管亚军的永济董村地区人民检察院检察委员会委员、检察员职务，宋历然的太原铁路运输检察院检察委员会委员、检察员职务，李彪的临汾铁路运输检察院检察员职务。山西省十三届人大常委会第七次会议依据杨景海检察长的提名，任命闫绪安为省人民检察院副检察长、检察委员会委员；免去荣彰、王国宏的省人民检察院副检察长、检察委员会委员职务，胡克勤、周跃武的省人民检察院检察委员会委员、检察员职务，王海林、南世勤的省人民检察院检察委员会委员职务。任命付利宝为阳泉荫营地区人民检察院检察长；免去耿强社的省人民检察院检察员职务，芦春贤的太原西峪地区人民检察院副检察长、检察委员会委员职务，高波的太原铁路运输检察院检察委员会委员、检察员职务，杜占华的临汾铁路运输检察院检察委员会委员、检察员职务。 （郭 强）

2018年山西省人大常委会重点督办的代表建议一览表

| 建议编号 | 提建议代表 | 题目 | 承办单位 | 督办机构 |
|---|---|---|---|---|
| 1354 | 王钊代表(运城) | 关于进一步加大国家级特色小镇培育扶持力度的建议 | 省发展改革委会同省财政厅、省住建厅办理 | 财经委 |
| 1422 | 李效玲代表(忻州) | 关于加快特色小镇建设的建议 | 省发展改革委会同省财政厅、省住建厅办理 | 财经委 |
| 1610 | 李力海等4名代表(太原) | 关于我省特色小镇建设的建议 | 省发展改革委同省财政厅、省住建厅办理 | 财经委 |
| 1876 | 卢润桃代表(阳泉) | 关于创新工作机制抢抓政策机遇打造阳泉智能物联网应用基地的建议 | 阳泉市政府会同省经信委办理 | 财经委 |
| 1289 | 吴海平等2名代表(晋中) | 关于做好防范和化解企业担保链风险工作的建议 | 省金融办单独办理 | 财经委 |
| 1449 | 任鸿宾代表(忻州) | 关于推进县管校聘改革着力解决教师结构性短缺问题的建议 | 省教育厅单独办理 | 教工委 |
| 1605 | 乔香平代表(晋城) | 关于持续实施大气污染防治行动的建议 | 省环保厅单独办理 | 城环委 |
| 1065 | 卢若波代表(大同) | 关于对全省传销案件彻底清理的建议 | 省公安厅会同省工商局办理 | 内司委 |
| 1929 | 曹来成代表(运城) | 关于落实新的刑诉法,完善公安机关在适用刑事拘留措施方面的建议 | 省公安厅单独办理 | 内司委 |
| 1078 | 卢若波代表(大同) | 关于成立全省"聚家养老服务中心12349模式"公共服务体系的建议 | 省民政厅单独办理 | 内司委 |
| 1096 | 刘伟代表(朔州) | 关于加强养老机构建设的建议 | 省民政厅单独办理 | 内司委 |
| 1134 | 马坚强代表(长治) | 关于加快建立医疗型养老院的建议 | 省民政厅单独办理 | 内司委 |
| 1648 | 乔香平代表(晋城) | 关于加快发展养老服务业,创新模式为老年人提供多元服务的建议 | 省民政厅单独办理 | 内司委 |
| 1663 | 胡全喜代表(忻州) | 关于加快发展养老服务业的建议 | 省民政厅单独办理 | 内司委 |
| 1706 | 刘卫星代表(临汾) | 关于大力发展社区居家养老服务的建议 | 省民政厅单独办理 | 内司委 |
| 1866 | 史秀莉代表(阳泉) | 关于加快发展民营养老服务机构的建议 | 省民政厅单独办理 | 内司委 |
| 1406 | 李有莲等4名代表(吕梁) | 关于进一步推进县乡医疗卫生机构一体化改革的建议 | 省卫生计生委单独办理 | 教工委 |
| 1517 | 孙瑞雪代表(长治) | 关于加大三甲医院在县乡医疗卫生机构一体化改革中作用的建议 | 省卫生计生委单独办理 | 教工委 |
| 1036 | 魏建平代表(大同) | 关于继续加强食品安全监管,保障良好饮食环境的建议 | 省食品药品监管局单独办理 | 教工委 |
| 1408 | 李有莲等4名代表(吕梁) | 关于深化健康扶贫的建议 | 省扶贫办单独办理 | 农工委 |
| 1423 | 李效玲代表(忻州) | 关于解决精准扶贫稳定脱贫的几点建议 | 省扶贫办单独办理 | 农工委 |
| 1072 | 张海元代表(朔州) | 关于加快推进优质特色小杂粮产业发展的建议 | 省农业厅单独办理 | 农工委 |
| 1080 | 刘华代表(朔州) | 关于加快发展有机旱作物农业的建议 | 省农业厅会同省质监局、农机局办理 | 农工委 |

## 综　述

【经济转型】 2018年，山西省推进供给侧结构改革，提升供给质量，退出煤炭产能3090万吨，退出焦化过剩产能691万吨，化解钢铁过剩产能225万吨，关停煤电机组203.30万千瓦。加快发展煤层气，光伏、风电、氢能等清洁新能源，全省煤层气地面抽采量占全国的90%以上。新能源发电装机占全省电力装机比重达30%，光伏发电规模居全国第一。加大减税降费力度，减税573亿元。加大对新兴产业的扶持力度，太原国家可持续发展创新示范区启动建设，与中国工程院等合作建立的先进研发机构相继落地，军民融合科技成果转化和知识产权交易平台正式上线，省级众创空间增长25.50%，重载水泥混凝土铺面关键技术与工程应用等3项科研成果获国家科学技术奖。新一代信息技术、高端装备制造、新能源汽车等战略新兴产业获两位数以上增长。加大旅游资源整合，重点培育黄河、长城、太行三大核心主题旅游板块，全省旅游总收入6729亿元，增长25.50%，服务业占地区生产总值比重达53.40%。高新技术企业总数超过1500家。

（杜天生）

【民生保障】 2018年，山西省财政民生支出占比达80%，全域通过国家义务教育发展基本均衡督导检查。全省高校撤停低质过剩错位本科专业182个，新增新兴急需专业66个。实施“136”兴医工程，启动12个领军临床专科建设，家庭医生签约服务惠及全省2110万城乡居民。社会保险参保率达95%，城镇退休人员基本养老金每人每月增加170元，城乡居民基础养老金最低标准由每人每月80元提高到103元，农村建档立卡贫困人口住院医疗费用综合报销比例达90%，公共图书馆、文化馆、美术馆全部实现免费开放。全民技能工程培训人员达109万人，全年免费送戏下乡1.6万余场。新建农村老年人日间照料中心600个。

（杜天生）

【重点改革】 2018年，山西省坚持“改革决不能落后”的决心和“三个三”工作方法，狠抓基础性、牵引性重大改革，率先开展企业投资项目承诺制、县乡医疗卫生机构一体化等改革。国资国企改革步伐加快，有序推进混合所有制改革，实施“腾笼换鸟”股权转让，省属二级企业混改比例达到70.9%。推进专业化重组，山西路桥成功登陆A股。稳妥处置“僵尸企业”，全面完成“三供一业”剥离移交，大力清收企业应收账款，省属国企主要运营指标创2012年以来最好水平。开发区改革创新发展成效明显，“三化三制”改革深入推进，转型综改示范区加速成长，示范引领作用更加凸显。全年新设24个省级开发区，总数达到64个，工业类开发区规划面积是2016年底的11.30倍，全省开发区发展势头强劲，正在成为转型发展主引擎。支持民营经济发展全面加力，制定支持民营经济发展30条，建立省市县三级领导干部联系民营企业制度，优选108个混改项目向民营企业和社会资本开放，民营经济发展活力增强。

（编辑部）

【对外开放】 2018年，山西省主动融入国家开放大战略，与“一带一路”沿线国家（地区）开展经贸合作。新增国际友好城市（省、州）6对。太原铁路口岸国际货物作业区获批，大同进口肉类指定查验场正式运营。国际互联网数据专用通道在转型综改示范区落地。开行中欧（中亚）班列50列。武宿机场新开通3条洲际航线，年旅客吞吐量超过1300万人次，进一步巩固了全国大型繁忙机场地位。太原国际邮件互换局（交换站）正式运营，邮件最高日处理量由3000件提升至1.60万件。具备条件的69项国家自贸试验区改革试点经验在我省推广落地，国际贸易“单一窗口”货物申报覆盖率达到80%以上，外资企业商务备案与工商登记实现“一口办理”。

（编辑部）

【扶贫攻坚】 2018年，山西省全力攻坚深度贫困，生态扶贫、光伏扶贫、易地扶贫搬迁、特色产业扶贫和健康扶贫扎实开展。26个县进入脱贫摘帽程序，2255个贫困村退出，64.90万人口脱贫，贫困发生率下降到1.10%。

（编辑部）

【生态攻坚】 2018年，山西省全力打好污染防治攻坚战，制定完善相关法规政策及量化问责办法，狠抓中央环保督察整改，扎实推进蓝天保卫战、黑臭水体歼灭战、柴油货车污染治理攻坚战等标志性战役，着力解决人民群众反映强烈的突出环境问题。推进“两山七河”生态修复治理，全面实施河湖长制，汾河流域生态修复取得阶段性成果，晋祠难老泉地下水位累计回升26.15米。全省环境空气质量综合指数同比下降10.8%，细颗粒物(PM2.5)和优良水质断面指标超额完成国家考核目标，初步实现经济运行和生态环保同向好转。 （编辑部）

## 重要会议

【省政府常务会议】 2018年，山西省人民政府共召开常务会议20次。

第170次常务会议。2018年1月12日召开，省长楼阳生主持。研究通过《关于进一步加快推进城乡建设用地增减挂钩促进开发区转型升级助力脱贫攻坚的通知》；讨论通过《关于进一步深化医疗保险支付方式改革的实施意见》；研究通过《关于支持山西大学和太原理工大学率先发展若干意见》；研究通过有关人事任免事项。

2018年1月30日，山西省第十三届人民代表大会选举产生新一届山西省人民政府领导班子，山西省人民政府召开常委会议19次。

第1次常务会议。2018年2月6日，楼阳生主持。研究通过《关于推进乡村振兴战略的实施意见》；讨论通过《关于加快推进农业供给侧结构性改革大力发展粮食产业经济的实施意见》；研究通过《进一步激发民间有效投资活力促进经济转型发展的若干措施》；研究通过有关人事任免事项。

第2次常务会议。2018年3月2日，楼阳生主持。听取《关于中央环保督察整改工作进展情况汇报》；听取《关于山西省2017年下半年建设用地报批情况的汇报》；研究通过《关于支持社会力量提供多层次多样化医疗服务的实施方案》；研究通过有关人事任免事项。

第3次常务会议。2018年4月2日，楼阳生主持。研究通过《山西省实施“136”兴医工程全面提升医疗质量水平行动计划》；讨论通过《关于加快咨询业发展的实施意见》；听取《关于修改〈山西省城镇职工生育保险办法〉部分条款的汇报》；听取《关于设立太谷农业高新技术产业示范区的汇报》。

第4次常务会议。2018年4月20日，楼阳生主持。听取《审计工作情况汇报》《关于全省普法依法治理2017年工作情况和2018年工作要点的汇报》；研究通过《太行山吕梁山生态系统保护和修复重大工程总体方案》；研究通过人事任免事项。

第5次常务会议。2018年5月14日，楼阳生主持。听取《山西省贯彻落实中央环境保护督察反馈意见整改工作情况报告》；研究通过《山西省大气污染防治2018年行动计划》；研究通过《山西省湖长制实施方案》；研究通过人事任免事项。

第6次常务会议。2018年5月18日，楼阳生主持。研究《山西转型综改示范区潇河生态文化景观带概念规划及潇河产业园区中心区概念性城市设计方案》；讨论通过《山西省黄河、长城、太行三大板块旅游发展总体规划》；讨论通过《关于支持和规范社会力量兴办教育促进民办教育有序发展的若干意见》。

第7次常务会议。2018年6月15日，楼阳生主持。研究加强政府系统“三基建设”，提高文件质量和数据准确性相关事宜；研究通过《有益于贯彻落实习近平总书记在〈研究推进北方地区冬季取暖有关工作的会议纪要〉上的重要指示精神的意见》；听取《关于贯彻落实习近平总书记视察山西重要讲话精神督查中各市、省直部门提出的需研究解决问题落实情况的汇报》；听取《关于全国企业职工基本养老保险基金中央调剂制度贯彻实施工作会议的汇报》；研究有关人事任免事项。

第8次常务会议。2018年7月6日，楼阳生主持。原则通过《关于坚决打赢全省脱贫攻坚战三年行动的实施意见》；讨论《山西省开发区综合发展水平考核评价办法》；听取《关于省级政务云平台建设推进情况的汇报》；研究通过《山西省黄河、长城、太行三大板块旅游公路规划纲要》。

第9次常务会议。2018年7月17日，楼阳生主持。会议原则通过《山西省乡村振兴战略总体规划（2018–2022年）》，决定提交中共山西省委常委会议审议；通过山西省自然保护区和泉域重点保护区内矿业权退出处置意见；同意设立吕梁经济技术开发区。

第10次常务会议。2018年7月27日，楼阳生主持。研究通过《山西省打赢蓝天保卫战三年行动计划》；讨论通过《以汾河为重点的“七河”流域生态保护与修复总体方案》；研究通过《关于深入推进审批服务便民化加快营造“六最”营商环境的实施方案》；讨论通过《切实加快晋陕豫黄河金三角区域合作工作实施意见》。

第11次常务会议。2018年8月23日，楼阳生主持。研究通过《山西省节约能源条例》《山西省城乡规划条例》《山西省人民防空工程建设条例》3件地方性法规修正案（草案），原则通过《山西省农作物种子条例（修订草案）》《山西省社会科学普及条例（草案）》，决定提请省人大常委会审议。

第12次常务会议。2018年9月14日，楼阳生主持。研究通过《山西省大气污染防治条例（修订草案）》。

第13次常务会议。2018年9月25日，楼阳生主持。研究通过《山西省焦化产业打好污染防治攻坚战推动转型升级的实施方案》；研究通过《关于开展消费扶贫促进精准脱贫的若干措施》；听取《关于调整优化区域经济转型升级考核评价指标体系建议的汇报》；研究通过有关人事任免事项。

**第14次常务会议**。2018年10月17日，楼阳生主持。听取关于前三季度全省经济形势的报告；研究通过《山西省省级公共服务事项目录》；讨论通过《山西中部城市群发展规划（2018–2030年）》；听取关于繁峙、岚县、沁水、襄汾、清徐、文水开发区设立和扩区的汇报；研究通过有关人事任免事项。

**第15次常务会议**。2018年10月23日，楼阳生主持。研究通过有关人事任免事项。

**第16次常务会议**。2018年11月9日，楼阳生主持。研究通过《关于全面实施预算绩效管理的实施意见》。

**第17次常务会议**。2018年11月21日，楼阳生主持。会议通过《山西省关于支持民营经济发展的若干意见》《省企业投资项目核准和备案管理办法》。

**第18次常务会议**。2018年12月6日，楼阳生主持。听取关于国务院第五次大督查反馈意见的通报及做好整改工作的建议；听取关于全省粮食流通工作的汇报；听取关于应县、交口、榆社、垣曲开发区设立的汇报；研究通过有关人事任免事项。

**第19次常务会议**。2018年12月25日，楼阳生主持。听取关于全省安全生产形势分析的汇报；听取全省今冬明春火灾防控工作情况汇报；研究通过《关于深化扶贫扶志促进精准脱贫的实施意见》；研究通过《大同市域城镇体系规划（2016–2030）》；讨论通过《山西省民用机场净空和电磁环境保护办法（草案）》；研究通过有关人事任免事项。（杜天生）

**【省属国企深化改革转型推进会】** 2018年5月3日，山西省召开省属国有企业社会改革转型发展推进会，省委书记骆惠宁出席并讲话，楼阳生主持。会议指出，要以“非常之力、恒久之功”为衡量标准，大力推动国企国资改革和转型发展。省属国企就会全盘皆活；省属国企率先改，山西转型发展就会大有希望。省属国企一要坚持登高望远，强化责任担当；二要突出目标导向，倒逼改革转型；三要创新体制机制，增强发展活力；四要着力招才引智，激活人才效应；五要强化班子建设，提升党建引领。会议就具体落实事项进行部署。会上，观看省属企业主要指标分析与启示专题片，山西焦煤、同煤集团、阳煤集团等12户大型国企进行汇报。中共山西省委山西省政府有关负责人、各市市长及24户省属企业负责人参加会议。（杜天生）

**【全省剥离国有企业办社会职能和解决历史遗留问题攻坚会议】** 2018年5月4日，山西省政府就落实省属国企深化改革转型发展推进会精神，召开全省剥离国有企业办社会职能和解决历史遗留问题攻坚会议，楼阳生出席并讲话。副省长王一新主持。会议指出，加快剥离国有企业办社会职能和解决历史遗留问题，是党中央、国务院和中共山西省委、山西省政府作出的重大决策部署。各级各部门各企业要进一步提高政治站位，切实增强使命感、责任感和紧迫感，抓住最后窗口期，搭上最后一班车，只争朝夕，动真碰硬，真抓实干，坚决打赢这场攻坚战。一要咬定目标任务，对照全年行动计划确定的工作任务和时间节点，倒排进度，用非常之力抓落实，确保“三供一业”、企业办市政社区机构分离移交以及企业办医疗教育机构改革、厂办大集体改革等按要求如期完成。二要实行企地同责，强化企业所在地政府接收主体责任和企业移交主体责任，形成改革合力。三要学习借鉴先进经验做法，实行“先移交后改造”，一企一策、分类处理移交资产，积极解决困难，有效化解矛盾。四要强化协同联动，省分离办社会职能领导小组要抓总协调；各成员单位要压实责任，分类施策。五要加强督促检查，动态跟踪，逐季督导，推动改革落地见效，防范腐败问题发生，使改革成效惠及职工群众。六要加强党对改革工作的领导，发挥基层党组织思想政治工作优势。会上，山西省政府与11市政府签订剥离国有企业办社会职能和解决历史遗留问题目标责任书。（杜天生）

**【山西省旅游发展大会】** 2018年9月20日，2018山西省旅游发展大会开幕。楼阳生、林武、张复明等出席。会议是历年来规格最高、规模最大的一次盛会，来自海内外的600多位嘉宾齐聚山西临汾市，共谋旅游改革发展大计，共绘全域旅游发展蓝图。

在省旅发大会期间全省共签约35个旅游项目，总金额达1090.93亿元。大会签约的35个旅游项目当中，包括泽州·春风十里小镇全域旅游项目、沿黄现代农业文化旅游带建设项目、山西·农谷及金融小镇项目、太原市王封一线天旅游区项目、阳高县采凉山国际滑雪运动旅游区、运城盐湖康养度假区等。其中签约金额100亿元以上的项目2个，10亿元以上的项目20个。签约项目中，景区开发建设项目13个，旅游新业态项目6个，全域旅游综合项目6个，旅游村镇建设项目5个，康养旅游项目3个，旅游基础设施建设项目2个。

2017年，国务院下发《关于支持山西省进一步深化改革促进资源型经济转型发展的意见》，明确提出山西要建成国家全域旅游示范区；山西省政府制定《创建国家全域旅游示范区实施方案》，向国家文化和旅游部申请报批。旅游业成为山西省经济转型发展的新引擎、新支柱。（杜天生）

## 政务服务

**【“政务上云”推进】** 2018年7月5日，山西省人民政府办公厅印发《山西省级政务云平台建设推进实施方案》。7月13日，山西省大数据发展领导小组办公室在太原组织召开“山西省‘政务上云’启动大会”，省级政务云平台正式启动运行，41个部门170余个信息系统迁入平台，政务信息化建设运营模式实现重大变革。（杜天生）

**【政务信息公开】** 2018年,山西省政府办公厅通过山西省政府门户网站、“两微一端”主动发布政府信息114659条,其中发布中共山西省委、山西省政府、山西省政府办公厅文件173件,发布政策解读353条,发布重点领域信息14621条,组织在线访谈18期,增强人民群众对政府信息的获得感;共受理公民、法人信息公开申请50件,按时答复率为100%,未发生一起行政复议和诉讼案件;牵头起草6个国办发文件的全省贯彻落实文件,具体为:山西省人民政府办公厅《关于推进山西省重大建设项目批准和实施领域政府信息公开的实施意见》《关于推进社会公益事业建设领域政府信息公开的实施意见》《关于公共资源配置领域政府信息公开的实施方案》《山西省2018年政务公开工作要点》《山西省政府网站管理办法》和《山西省政府办公厅落实网络意识形态工作责任制实施方案》,通过完善制度建设,强化公开意识,细化公开内容,规范公开程序。全年编报《上报国办信息》226条。其中,《山西省防控金融风险的相关情况》《山西省深入推进煤层气体制改革》等45条被国办采用;编发《晋政信息》94期,其中《生猪价格下跌近三成养殖户进入亏损期——高平市生猪养殖成本收益情况调查》《山西省推进水资源税改革试点工作中面临的困难问题及建议》等多期获得山西省政府领导批示,发挥参谋助手作用。 (杜天生)

**【行政督查问责】** 2018年,山西省提升“13710”系统督办效能。省本级13710督办系统累计交办事项3515项,办结3016项,办结率85.80%;重点工程、重大技改、重点招商三大板块纳入管理项目2552个。“13710”督办系统在全国的影响力增强,国务院办公厅督查室、国家发改委法规司、云南省、河南省驻马店市等先后到山西省学习考察;以“13710”工作制度专题短片形式在全国政府督查信息化建设现场会上专题交流。综合发挥激励问责的作用。全年共对25个事项约谈问责,共问责121人、26个单位。开展政务督查工作。组织协调国务院第五次大督查、中央环保督察问题整改情况、落实习近平总书记视察山西讲话精神情况、全国两会重点任务落实情况、中央巡视组对山西反馈意见涉及政府工作部分整改情况等综合督查。全年共开展综合督查、专项督查、个案核查、领导批示督办33次,配合国家和中共山西省委层面督查8次,推进山西省政府各项工作落实。创新各种督查督办方式。组织开展全山西省政府系统督查检查考核事项清理工作,严格审核把关,将各部门前期报送161个保留事项精简合并为52项,压减65%以上。推动协调争取国家层面对山西省重大事项的支持。国务院第五次大督查将《国务院关于支持山西省进一步深化改革促进资源型经济转型发展的意见》文件落实情况列入国务院第五次大督查对国家部委重点督查范围。 (杜天生)

**【行政审批服务管理】** 2018年,山西省根据《山西省机构改革方案》调整,山西省行政审批服务管理系统将山西省政府办公厅的政务改革和管理职责,以及有关部门承担的行政审批服务管理、政务信息管理等职责整合,组建省行政审批服务管理局,加挂省政务信息管理局牌子,于10月26日挂牌,作为山西省政府直属机构。承担山西省政府优化营商环境相关职责。新组建省政务服务中心和公共资源交易中心(省级政府采购中心),作为省行政审批服务管理局管理的事业单位。理顺全省行政审批服务管理体制。市县两级行政审批服务管理局全部挂牌成立。

推进简政放权,落实国务院取消涉及山西省的行政审批事项10项,取消下放调整省级行政职权事项52项,督促指导各市县向开发区赋权8384项。组织37个省直部门和垂管单位逐事项对标先进省份压缩审批时间。制定《行政职权事项编码规则》《政务服务中心窗口服务规范》等4项行政审批领域“山西标准”,填补全省空白。编制公布省市县三级政府部门行政职权事项标准清单、省级公共服务事项清单、“马上办网上办就近办一次办”清单等9个专项清单,提升简政放权精准度。山西转型综改示范区、高平市开展相对集中行政许可权改革。晋城市推开全市域相对集中行政许可权改革。 (杜天生)

**【营商环境专项改革】** 2018年8月,中共山西省委办公厅、山西山西省政府办公厅印发《关于深化推进审批服务便民化、加快营造“六最”营商环境的实施方案》,提出“3个工作日”,实现企业开办;5个工作日内,办结不动产登记;45个工作日内,建设一般性工业项目的“3545”专项改革。在省政务大厅率先实现企业开办3天办结的基础上,晋中市提出“1天全办好”,运城市压缩至1.5天;太原市推行不动产登记“一窗通办”,实行证书免费快递送达;大同市一般国有建设用地使用权及房屋所有权转移登记压缩至24小时内;阳泉市实现查封登记即时办理,抵押登记和注销登记3个工作日办结。

推进企业投资项目承诺制改革。出台《企业投资项目承诺制服务工作细则》,创新开发山西固定资产投资项目在线申报系统,优化重塑并联审批流程,形成“承诺制+并联审批”工作模式。晋中市建立全省首个投资负面清单,列出企业投资项目准入等17个禁止类、限制性规定,投资创业环境更加公开透明。全省11个市投资项目落地周期平均缩短三分之一以上。 (杜天生)

**【政务服务资源交易平台建设】** 2018年,山西省深入推进“互联网+”政务服务,构建全流程一体化在线服务平台,加快推动线上线下融合,实现政务服务一网通办。12月7日,山山西省政府办公厅印发《加快建设一体化在线政务服务平台 全面推进“三晋通办”实施方案》,为深入推进“互联网+政务服务”指明政策方向。

2018年,山西省行政审批服务管理实现一体化在线政务服务平台四级全覆盖。省级平台横向对接政务信息交换共享平台、信用山西平台及10个省直部门自建审批业务系统,纵向打通11个市级和117个县级平台,初步形成覆盖省市县乡四级的全省一体化在线政务服务平台,推动与国家平台对接工作。全省政务服务微信公众"三晋通"上线运行,首批上线15大类93项政务服务事项。省级政务服务网办事项达1162项,网办率85.70%。规范加强公共资源交易平台。出台《山西省公共资源交易平台服务管理细则》等5项制度,规范进场交易行为。与省发改委、省财政厅联合加强和规范公共资源交易监督管理工作,会同8部门实施工程建设领域招标投标专项整治行动,严格规范工程建设项目交易行为。省级政府集中采购实现全流程电子化、标准化采购,省本级分散采购项目全部纳入省平台交易。加快省级公共资源电子交易平台建设,新增15个电子评标室。主体库注册市场主体9000余家,实现"一地注册、多地使用、统一管理"。全年完成省级公共资源交易项目3032宗,同比增加388宗,交易金额258.7亿元,同比增长38%,节约资金6.56亿元,溢价或增值1.81亿元。

(柳　枫)

**【直属机关事务管理】** 2018年10月28日,山西省直属机关事务管理局挂牌成立。6月6日,山西省委办公厅、山西省政府办公厅印发《山西省党政机关办公用房管理办法》。9月19日,山西省委办公厅、山西省政府办公厅印发《党政机关公务用车管理办法》。9月,山西省省级公务用车信息化管理服务平台正式运行。实现省、市、县三级信息互联互通,搭建公务用车管理"全省一张网"。推进标准化建设,出台《山西省机关事务标准化建设工作实施方案》。发挥法律顾问作用,重大事项征求法律顾问意见。

开展全省公共机构节能"十三五"中期评估;推进节约型公共机构示范单位创建,全省45家单位通过国管局的复审;做好上年全省公共机构能源资源消费数据统计工作,全省公共机构能耗消费总量为210多万吨标煤,各项指标均已完成国家下达任务;推进节能节水改造,申请250万元专项资金,开展节水型小区建设;推动阳泉、大同、晋中等地新能源汽车的配套设施建设工作;启动全省公共机构重点用能单位名录库建设,211家重点用能单位录入。联合中共山西省委宣传部、省发改委、省住建厅印发《山西省关于推进党政机关等公共机构生活垃圾分类工作的通知》,印制宣传画和宣传手册,发放垃圾分类设备。1月,开展省直机关公共机构生活垃圾强制分类专项督查。年初接受国家有关部委的专项考核检查,太原、晋中等地获好评。

省直属机关事务管理局全年依法推进省直机关学府办公区维修改造工程、晋阳公寓一期尾项工程、省监委所属事业单位办公用房改造工程、局幼儿园维修改造工程。盘活国有资产,推进丽华甲第改建为省人才公寓项目建设。

完成住房货币化补贴发放任务。全年为94个单位、5959人发放住房补贴4020万元,归集补贴资金9413万元。优化业务流程,简化办事环节,推行"互联网+"服务,提升省直住房补贴政策覆盖率。

(贯　懿)

**【政府政策研究】** 2018年10月29日,根据《山西省机构改革方案》,山西省人民政府研究室挂牌成立,成为机构改革中新组建的山西省政府直属机构,为正厅级。内设机构6个,分别为办公室(机关党委、人事处)、研究一处、研究二处、研究三处、研究四处、研究五处。主要职责为:负责起草山西省政府和山西省政府主要领导重要讲话等文稿;根据山西省政府领导指示,组织或协同有关方面起草、修改山西省政府有关重要文件;负责组织或参与对全省改革开放和经济社会发展中的重大问题进行调查研究和决策咨询,对山西省政府重要工作、重大政策落实情况进行跟踪调研,提出政策性建议和咨询意见;负责对国内国际经济形势、各地区经济社会发展政策进行分析研究,收集、分析、整理和报送相关重要信息,为山西省政府决策提供参考建议;承办中共山西省委、山西省政府交办的其他任务。

2018年,山西省人民政府研究室编写《支持实体经济发展政策汇编》,会同22个部门,全面系统梳理汇总2013年1月至2019年1月期间发布且仍适用的支持实体经济发展的900多个政策文件,形成669条政策措施,分为综合篇、工业篇、服务业篇、农业篇四大部分。牵头研究全省土地、电力、交通运输和能源物流等要素价格的降价措施,收集分析行政事业型收费、经营性收费、中介收费、协会商会收费、社保基金、住房公积金等方面的基本情况和减免潜力,服务中共山西省委、山西省政府减轻企业负担政策的出台。　(武晨炜)

## 应急管理

**【应急管理机构】** 2018年,根据《山西省机构改革方案》,山西省成立应急管理厅(简称山西省应急厅),整合原省安监局、山西省政府办公厅、省民政厅、省国土资源厅、省水利厅、省煤炭厅、省公安厅、省农业厅、省林业厅等9个部门的安全监督管理、灾害防治救助、应急救援处置的相关职责和省防汛抗旱、减灾、抗震救灾、森林防火指挥部(委员会)职责,于2018年10月25日正式挂牌,并加挂省地方煤矿安全监督管理局牌子。省应急厅内设25个处室,行政编制130人。所属事业单位12个,总编制数291名。

(赵仲兵)

**【安全生产监管重点】** 2018年,山西省明确安全生产重点监管行业领域基本情况。工业生产方面有煤矿966座,其中生产煤矿672座、建设煤矿294座。非煤矿山906个,其中地下矿山 296 座、露天矿山 232 座、尾矿库 378 座。危险化学品生产企业 437 家、经营单位 5095 家、化工生产企业 104 家；一、二级危险化学品重大危险源 143 个，其中一级 98 个，二级 45 个，涉及企业 101 家；烟花爆竹生产企业于 2009 年整体退出，现有烟花爆竹经营企业 5912 家，其中批发企业 156 家，固定零售单位 5756 家。油气输送管道企业 17 家，管道数量 98 条，管道总长度 8417.80 公里，站场数 191 个。液氨制冷企业 432 家、粉尘涉爆企业 572 家。高层建筑 8804 栋，百米以上的超高层建筑 14 栋，5 万平方米以上城市综合体 37 个(其中 10 万平方米以上 8 个)。自然灾害方面，山西省内地形较为复杂，有山地、丘陵、高原、盆地等多种地貌类型，大部分地区的海拔在 1000 米以上，山地丘陵区约占全省总面积的 80%；山西属汾渭地震带，由一系列断陷盆地构成，是全国重要的地震活动区；地形高差变化大，地质构造条件复杂，易发生崩塌、滑坡、泥石流、地裂缝等地质灾害；山西属半湿润气候与半干旱气候过渡地带，气象条件复杂，干旱与洪涝并存，森林防火和防汛抗旱形势严峻。

（赵仲兵）

2018 年 6 月 16 日，山西省政府安委办联合太原市安委办在太原举办 2018 年安全生产宣传咨询日活动　（赵仲兵供图）

**【安全形势及灾害应对】** 2018 年，山西省应急厅坚守不发生重特大生产安全事故的底线，多措并举、科学施策，应急管理工作都取得成效。安全生产形势持续稳定好转，呈现出“两降两无一好”的态势：“两降”，即生产安全亡人事故起数和死亡人数“双下降”，共发生事故 954 起、死亡 1068 人，同比分别下降 12.72%、12.39%；部分重点行业领域事故起数和死亡人数“双下降”，煤矿、化工、道路运输和铁路运输等行业亡人事故起数和死亡人数双下降。“两无”，即全年无重大以上事故，煤矿无较大以上事故。“一好”，即全省安全生产形势好于全国平均水平。自然灾害应对有序，2018 年山西省先后出现低温冷冻、洪涝、风雹、干旱、山体崩塌等自然灾害，据统计，各类自然灾害共造成 11 市 109 个县(市、区)618.30 万人次受灾，因灾死亡 11 人，紧急转移安置 3511 人；农作物受灾面积 842.40 千公顷，其中绝收 188.80 千公顷；2245 间房屋倒塌，1.20 万间不同程度损坏；直接经济损失 110.20 亿元。山西省共投入救灾资金 2.48 亿元，救助受灾群众 207.01 万人。　（赵仲兵）

**【安全监管与执法】** 2018 年，中共山西省委召开 2 次常委会议听取安全生产工作汇报，制定《山西省贯彻落实〈地方党政领导干部安全生产责任制规定〉实施细则》，2018 年 6 月 15 日公开发布。山西山西省政府召开 4 次安委会会议，以 1 号文件安排部署安全生产工作。全面推行安全生产挂牌责任制，挂牌企业达 104 万家，重点行业企业基本实现全覆盖。并组织 5 个综合督查组在全省开展为期两月的安全生产综合督查。严格实行“四个一律”，强化安全执法。即对企业非法生产经营建设和经停产整顿仍未达到要求的，一律依法关闭取缔；对非法违法生产经营建设的有关单位和责任人，一律按法律规定的上限予以处罚；对存在违法生产经营建设行为的单位，一律依法责令停产整顿；对触犯法律的有关单位和人员，一律依法严肃追究法律责任。组织开展废弃矿井专项整治行动，查处浮山县信亿矿业集团公司瞒报事故案件。开展打击取缔黑加油(气)站点专项行动，取缔黑加油(气)站点 819 个，查扣黑加油(气)车 107 辆。查处超能力生产煤矿 17 座。制定并落实重大行政执法法制审核、行政执法全过程记录、行政执法公示制度。监督检查单位 6.10 万次，发现隐患 28 万多条，整改率 99.19%，其中重大隐患 223 项，已整改 208 项，责令停产整顿 305 家，行政罚款 4.80 亿元。同时，在全省安监系统组织开展首届安全生产执法比武竞赛。深化煤矿、非煤矿山专项整治。完成煤矿瓦斯抽采量 64.50 亿立方米，治理尾矿库“头顶库”106 座；建设公路安全生命防护工程 5242 公里，改造危桥 203 座。同时，专项整治危险化学品、建筑施工、金属冶炼等领域。健全完善风险防控机制。在 15 个县先行试点，探索经验，制定出台各行业领域安全风险评估分级标准 70 个、重大事故隐患判定标准 51 个，全省 4 万多家重点单位开展风险分级管控和隐患排查治理工作。地市试点开发电脑端和手机 APP 端，建立线上线下监管制度，推行双重预防机制和综合监管平台试点运行；试点出台“1+4”双重预防机制建设地方标准，组织开展“双防控”体系建设比武活动。加强安全培训和宣传。组织各市县政府分管负责人、各市安监局长和省直安全生产重点行业领域监管部门负责人参加2018年度全省安全生产专题培训。在省城南宫广场举办2018年安全生产宣传咨询日活动。

（赵仲兵）

【应急与消防】 2018年，山西省完成全省应急机构、队伍、装备、专家、物资、预案、重大危险源等相关电子数据采集，初步建立省级安全生产应急平台数据库。首次开展全省危化品应急救援技术竞赛，举办全省危化品道路运输车辆泄漏应急演练。全省消防队伍开展跨区域地震救援实战拉动演练和4次综合性跨区域灭火救援演练。全年共接警出动9400余起，出动消防车1.70万辆次、消防指战员9.60万人次，抢救疏散被困人员1.70万余人次，抢救财产价值1.86亿元。成功处置太原呼延蓄水坝漏水等事件。

（赵仲兵）

【防灾减灾救灾】 2018年，山西省推进防灾减灾救灾体制机制改革。加强防灾减灾救灾体制机制建设，5个市出台市级防灾减灾救灾体制机制改革实施意见和市级综合防灾减灾规划。出台《山西省民政厅关于在全省推行精准化救灾工作的指导意见》，全省84个县（市、区）制定冬春救助标准。妥善安排受灾群众冬春基本生活。省应急管理厅会同省财政厅下拨中央和省级冬春救灾资金和物资等救助受灾群众，人均救助金额约为130元。其中现金救助109.45万人，物资救助97.56万人，口粮救助135.24万人，衣被救助35.79万人，取暖救助10.16万人。及时下拨因灾倒损住房恢复重建救灾资金，全省共重建1099户房屋、修复3371户房屋。推进救灾物资储备体系建设。截至2018年底，2016年、2017年中央支持的1个市级、8个县级救灾物资储备库建设主体已建成，省民政厅上年使用省级福彩公益金支持的隰县、永济市救灾物资储备库已建成。运城市级救灾物资储备库待土地审批到位后，即可启动立项；临汾市自筹资金正在建设2400平方米的市级救灾物资储备库。太原市清徐县徐沟镇庄子村新建省级救灾物资储备库，占地面积23259.09平方米（34.89亩），建有救灾物资储备库库房、生产辅助用房、综合服务楼、附属用房等，总建筑面积11775平方米。各级落实分级储备主体责任，加大救灾物资采购投入力度，增加和丰富储备数量及品种，提升应对突发自然灾害的救灾物资保障水平。提升灾情管理水平。完成全省灾害信息员信息登记与更新，全省3.1万名灾害信息员的基本信息实现动态化、信息化管理。组织灾害信息员培训，有效提升灾害信息员业务能力。加强灾情报告工作，向应急管理部报送各类灾情1932次，平均每次灾害过程续报3次，核报率100%，为开展应急救灾工作提供有力支撑。开展防灾减灾宣传教育。围绕“行动起来，减轻身边的灾害风险”主题，省减灾委、太原市政府联合举办2018年“全国防灾减灾日”宣传活动，20多个省减灾委成员单位参加活动，展出展板50余块，发放宣传资料、应急手册2.30万份，进行自救互救现场教学演示和装备展示，进一步提升全民防灾减灾意识和自救互救能力。推进综合减灾示范社区创建。省、市、县三级民政、地震、气象部门通过组织培训、现场指导、提供支持等方式，积极开展创建工作，并对各市申报的省级综合减灾示范社区进行检查验收。

（赵仲兵）

【安全生产宣传与检查】 2018年2月7日，山西省政府召开安委会第一次全体（扩大）会议暨全省安全生产工作电视电话会议，省长楼阳生出席并讲话。会议以电视电话会议形式召开，副省长贺天才作工作部署。省煤炭厅、省公安厅交管局、阳泉市政府、朔州市政府、太钢集团、晋能集团负责人发言。12个重点行业领域生产经营单位负责同志9087人在属地参会。6月16日，山西省政府安委办联合太原市安委会在省城南宫广场举办2018年安全生产宣传咨询日活动。省、太原市70多个部门单位与市民开展“零”距离安全咨询互动。8月20日，山西省政府安委会下发《关于开展全省安全生产大检查的通知》，山西省政府安委办组织5个综合督查组于8月27日至10月21日在全省范围开展安全生产大检查综合督查。重点抽查煤矿、非煤矿山、交通运输、建筑施工、危险化学品、烟花爆竹、城镇燃气、钢铁（铸造）、油气长输管道、消防等行业领域的企业和人员密集场所。围绕安全生产大检查组织部署、组织开展自查自改、严格安全监管执法、深入开展专项治理、严肃事故查处和责任追究5个方面内容开展。山西省政府安委办同时制定18项打分细则，逐项检查、逐项打分。通过打分明确各企业针对性进行整改。

（赵仲兵）

## 人事人才

【人才发展体制机制改革】 2018年，山西省人力资源和社会保障厅（简称山西省人社厅）印发《山西省分类推进人才评价机制改革的实施方案》，建立以同行评价为基础的业内评价机制。推进职称制度改革，初步建立具有行业特色、专业特点的职称分类评价机制和制度体系。出台《山西省事业单位特设岗位设置管理办法》。把专业技术二级岗位人员聘用核准权下放到各市和省直主管部门。把世界排名前200位的高校硕士研究生纳入事业单位专项招聘范围，省直事业单位共招聘1211人。实施以增加知识价值为导向的收入分配政策，完善事业单位高层次人才收入分配激励机制，高校、公立医院、科研院所等事业单位在无收入全额拨款事业单位的5倍以内自主申报绩效工资总量，自主确定分配办法，自主创新分配方式，向高层次人才倾斜。支持山西大学和太原理工大学率先发展，下

放人才引进、职称评审和工资审批权，在两校开展管理岗位职员制改革试点工作。（王俊杰）

【高端创新型人才培养】 2018年，山西省人社厅实施高端创新型人才培养引进工程、新兴产业领军人才培育工程、专业技术人员知识更新工程，选拔享受政府特殊津贴专家58人、省级学术技术带头人150人、新兴产业领军人才80人，培训高层次人才2700余人，比上年增加360余人。加强高层次人才载体与平台建设，新设立18个院士工作站，选聘19名院士，山西省农业科学院获批国家级专家服务基地。高技能人才培养成效卓著，新确定国家级、省级高技能人才培训基地各5个，国家级技能大师工作室6个、省级技能大师工作室15个，评选出“山西省享受政府津贴高级技师”50名和“三晋技术能手”245名，在全国数控技能大赛和智能制造大赛中，均获得优秀组织奖，总分分别位列全国第11、12名；在第六届全国职工技能大赛上，获全国总冠军，“三晋工匠”全国称雄。（王俊杰）

## 外　事

【外事服务】 2018年，山西省政府外事办增强外事服务功能。服务12位省领导出访32个国家，引领对外经贸合作和人文交流，为传统产业改造升级和新兴产业培育壮大寻求外部支撑。

举办外交部山西全球推介活动，签署《山西省人民政府外事侨务办公室与大同市人民政府工作协议》，授予大同市一定的出访来访外事审批权。

举办东北亚地区地方政府联合会能源气候变化专门委员会会议，就污染防治和应对气候变化开展交流研讨。邀请接待15个国家和地区的72名外宾参加2018太原能源低碳发展论坛，为山西省能源领域国际合作发挥独特作用。会同全国友协组织“中国（兴县）国际扶贫研讨会”，接受美国VISA公司、高通公司捐赠价值约276万元的教育医疗物品。

举办“外国驻华使馆签证官山西行”等活动。组织大型媒体宣传报道40余条，山西外事一度登上百度搜索“山西”关键词头条，引起社会关注。（李卫兵）

【外事管理】 2018年，山西省政府外事办严格执行因公临时出国各项政策规定。支持市场主体走出去，招商引资、煤焦电冶、装备制造及国际产能合作团组占到64%。开展全省因公出国专项检查，对14家单位实地检查，开展警示教育、严查违纪问题，全省上下红线意识普遍增强，得到中央外办、外交部肯定。

制定《2018—2022年山西省国际友好城市工作指导意见》，新增友好城市7对、友好合作伙伴38对。截至2018年底，已有国际友城关系49对，友好合作伙伴关系86对。规范外事礼宾接待工作。改革外国人邀请管理办法，下放审批权，审发留学生审批表700多人次。

宣介APEC商务旅行卡，全年办理366张，单年总量进入全国第一方阵。在全国率先建成因公出国（境）网上申报、审批、服务等综合管理系统，实现办理和监管一体化、信息化，实现便民服务“最多跑一次”。

举办海外领保宣传进校园、进企业、进社区活动，及时发布海外安全风险评估、国别安全提醒等。组织各市、各单位外事干部海外安全风险培训。（李卫兵）

## 侨　务

【关爱侨界民生】 2018年，中共山西省委统战部侨务工作处开展元旦春节走访入户慰问活动，共走访贫困归侨侨眷、侨界知识分子、新侨家庭106户，发放救济困难慰问金共计13.90万元。协调省侨联举办迎新春省直侨界电影招待会及山西省侨界纪念改革开放40周年晋剧专场演出，走访关怀归侨侨眷、在省的海外华侨，以及侨务工作者共800余人次。全年为全省年满60周岁以上的归侨101名，共计发放生活补贴26.40万元。拨付各市华侨事务费45万元；救济困难归侨14名，发放救济资金6.50万元。

开展“侨爱工程送温暖”活动。组织9.60万元专项资金，为省直、运城市、太原市150余名老年归侨免费进行体检，发放侨法宣传手册、医疗保健知识宣传资料，解答健康咨询。

联系海外侨胞，做好侨务扶贫捐赠工作。通过侨务工作渠道，与多个海外基金会和慈善人士联系，开展文体用品、多媒体教学设备，推荐山西省贫困县中小学教师免费参加计算机、英语培训班等多种形式的援助活动。全年共计接受侨务捐赠42万元。（侯国柱）

【侨务依法行政】 2018年，中共山西省委统战部推进侨务依法行政工作，依法维护归侨侨眷权益。共受理归侨侨眷、华侨华人来信、来电47件次，协调有关方面，为海外侨胞在山西省投资合作项目提供政策指导和法律服务，帮助解决合资合作中的矛盾和经济纠纷；落实36名“三侨生”享受加分政策，依法出具13份华侨回国定居、归侨侨眷身份、延续工龄等证明。（侯国柱）

【侨务资源涵养】 2018年，中共山西省委统战部采取“请进来、走出去”涵养侨务资源。全年接待澳大利亚、德国、马来西亚、美国、斯里兰卡、日本、土耳其、意大利等国家和地区侨团侨社的侨领60余人次。组织11名侨务工作者到欧亚各国访问，联络海外侨团、侨社，慰问侨商、侨领及山西省外派老师，增进海外华侨华人对家乡的情谊。

开展海外联系人、联系站点建设。同澳大利亚、马来西亚、德国、日本、意大利、希腊、瑞典、捷克、斯里兰卡、菲律宾等国的华商社团签署海外联系人、联系单位委托协议，全年共计签署协议12份。

组织太原、运城、朔州等市32个

侨资企业参加“华创会”，同海外侨商签署合作意向12个。山西省代表团申报的投资合作项目有25个被组委会列入《华侨华人创业发展洽谈会项目册》，以华创会平台向海内外发布。

“第十三届世界王氏恳亲联谊大会”在太原举办。来自13个国家和地区约300名世界王氏宗亲参加在晋祠举办的祭祖活动，并与太原市有关部门签订经贸、旅游、文化等方面的交流意向。承办国务院侨办第63期侨领研习班。接待来自18个亚洲国家37名华社青年精英到晋访问。安排代表团与省发改委、省商务厅、省旅发委等进行交流洽谈，对山西省旅游文化等项目进行实地考察。

（侯国柱）

【友好合作推进】 截至2018年底，山西省与24个国家建立49对国际友城关系，其中省级15对；与40个国家建立86对友好合作伙伴关系，其中省级30对。开展友城间高层互访50多次，在境外友城伙伴城市举办各类主题活动11次。（黄健文）

【侨务合作】 成立山西省侨联新侨创新创业联盟和山西省海外留学归国人员创新创业协会，与57个海外侨社（团）签订海外联系点友好合作协议。山西省加入东北亚地区地方政府联合会并负责主持能源气候变化委员会工作。（黄健文）

【侨务文宣工作】 2018年，中共山西省委统战部坚持“以侨为桥”，推进侨务文宣工作。组织海外华裔青少年“中国寻根之旅”夏令营——山西营活动，来自美国、加拿大、澳大利亚、西班牙、意大利、荷兰、缅甸等17个国家的400名华裔青少年参营。选派43名教师分别到泰国、菲律宾、印度尼西亚等国华校任教。承办“2018年晋蒙陕甘宁五省区外派教师行前培训班”。承办国侨办“2018年华文教育·名师巡讲团”活动，选派山西省优秀教师组团到文莱里巴加湾、诗里亚两地宣讲中华传统文化，文莱8所中华学校，共计4358人次参加培训。承办中国华文教育基金会“2018海外华文教师山西培训班”活动，来自巴拿马、澳大利亚、荷兰、美国、南非、泰国、越南、印尼等国的20名海外华文教师参加培训。（侯国柱）

## 港澳事务

【因公到港澳培训】 2018年，山西省审批因公赴港澳297批1695人次。开展赴港澳学习培训。参加国务院港澳办第39期地方干部港澳访问团，组织省直单位、省高校干部和晋城、长治、运城等市干部17个团组450多人到港澳学习交流，搭建各部门、各市与港澳的交流平台。（张　军）

【山西代表团到港澳考察】 2018年，中共山西省委促进晋港晋澳交流合作深化。12月2日至5日，骆惠宁率山西代表团一行50多人，到香港、澳门开展招商活动，分别与香港特首林郑月娥、澳门特首崔世安会谈交流，会见中央驻港联络办主任和中央驻澳联络办负责人，拜会走访港澳工商企业界，召开交流合作恳谈会，举行招商签约仪式，达成多项交流合作共识。

（张　军）

【晋港澳交流合作】 2018年，中共山西省委推动晋港晋澳各领域交流合作。省政协主席黄晓薇到香港访问，省人大常委会副主任卫小春到澳门参加中国第14届国际软骨修复协会世界大会。2018年，山西省组织召开晋港交流合作工作座谈会、省政协港澳委员座谈会。香港电影界代表团访晋、香港特别行政区驻武汉办访晋和“香港与内地青少年法律交流周”“澳门广大中学老师访晋交流”等活动也先后举办。（张　军）

## 参事（文史）

【参事工作】 2018年，山西省政府参事室（文史馆）为政府决策咨询提供服务。组织参事和馆员参政议政、建言献策，推进新任参事、馆员的选聘工作。组织部分政府参事、文史馆员列席省十三届人大一次会议并讨论政府工作报告，参事馆员为山西经济社会和山西文化强省建设建言献策。推进参事馆员的遴选聘任工作，山西省政府新聘任5名参事。

山西省政府参事参与国务院参事室组织的配售电改革调研，撰写《山西省电力体制改革进展情况、问题及建议》《山西省农村电商产业调研报告》等多篇深度调研报告。在中国网、《山西青年报》、黄河新闻网等新闻媒体上登载各类文章12篇，被国务院参事室网站和《国是咨询》登载、转载参事馆员建议和文章13篇。利用机关网站《晋参在线》和内部刊物《晋参通讯》开展宣传报道。

（王合龙）

【文史工作】 2018年，山西省政府参事室（文史馆）开展文史书籍编纂与艺术创作活动。组织专人编写《次第春风到草庐——参事馆员口述回忆改革开放四十年》等书籍。组织文史馆员开展文史研究和书画创作活动。举办山西省政府文史馆员书画展览活动以及“生态山西走进绿色”大型诗书画作品展。举办“儒家文化与艺术人生”国学大讲堂和《张颔与地域文化》讲座。组织文史馆员参加山西古村落保护与利用专家学者研讨会。参与、承接国务院参事室（中央文史馆）、兄弟室馆的相关调研和活动，并组织山西省参事馆员到外省调研学习和文化交流。接待国务院参事室和湖南、广西、北京、陕西、安徽等室馆到晋考察交流。接待配合安徽省参事室就“地方戏剧种保护与传承”课题在临汾市调研，广东省参事室就“全域旅游和乡村振兴战略”在山西省内调研工作。（王合龙）

# 中国人民政治协商会议山西省委员会

Shanxi Provincial Committee of Chinese People's Political Consultative Conference

## 综 述

**【政协思想政治建设】** 2018年，山西省政协坚持以习近平新时代中国特色社会主义思想为指导，全面贯彻中共十九大精神、习近平总书记视察山西重要讲话精神，按照省委"一个指引、两手硬"思路要求和省委十一届六次、七次全会、经济工作会议精神及各项重大部署，建言资政和凝聚共识，团结政协委员和各参加单位，围绕全省工作大局，履行政治协商、民主监督、参政议政职能。开展习近平总书记关于加强和改进人民政协工作的重要思想学习研讨活动，确定9方面58个课题，各级政协委员5.30万人次和政协干部1.90万人次参加学习研讨。报经省委批准设立9个专委会分党组，从严管党治党。组织18个调研组对全省政协系统党建情况摸底调研，在考察调研、学习培训等活动中设立党的临时组织，推行政协委员全员参加专委会，形成党的组织对党员委员全覆盖、党的工作对政协委员全覆盖的新格局。推进委员队伍建设，"懂政协、会协商、善议政""守纪律、讲规矩、重品行"，提升政治把握、调查研究、联系群众、合作共事能力。 （周志清）

**【政协委员建言改革发展】** 2018年，山西省政协依托专委会组织委员和专家学者调研，召开常委会议专题协商，提出进一步优化煤炭供给结构、打造清洁电力外送基地、加快推进煤层气开发、促进新能源产业提质增量等建议，受到省委、山西省政府及相关部门的重视和采纳。就转型项目建设落实落地情况，组织省、市、县三级政协联动开展专项视察监督，及时向党政反馈视察情况，提出工作建议，助力省委、山西省政府相关部署落实到位。协同全国政协开展"健全系统性金融风险防范体系"专题调研，梳理反馈意见，为省委、山西省政府做好相关工作提供参考借鉴。依托专委会就发挥商会在经济建设中的重要作用开展专题调研，到28个民营企业家委员所办企业把脉问诊，推动问题解决和工作改进，推动民营经济持续健康发展。推进新一轮改革开放，运用调研、提案等履职方式，围绕推进供给侧结构性改革、加快开发区改革创新发展、深化"放管服效"改革、打造"六最"营商环境、促进科技成果转化、发挥海外侨领社团作用等重点，深入调研，献计献策。围绕人才体制机制改革创新，召开专题议政会议，形成关于引进高层次创新创业人才的政策建议。以交友联谊、交流合作、交融发展为主题，加强"请进来""走出去"，政协主席首次率团访问香港，

2018年3月3日，驻晋全国政协委员参加全国政协十三届一次会议开幕式

（周志清供图）

组织港澳委员到晋考察调研，接待全国政协海外列席侨胞回国考察团等20批次到晋参访。（周志清）

**【政协统一战线功能发挥】** 2018年，山西省政协围绕庆祝改革开放40周年，以政协委员亲历亲见亲闻，宣传改革开放以来取得的历史性成就，组织纪念"五一口号"发布70周年征文活动，引导各民主党派、无党派人士充分认识中国新型政党制度的特点和优势，不忘多党合作初心、继续携手前进。召开与民主党派工商联秘书长联席会议，听取工作建议，支持各民主党派、工商联和无党派人士参加政协学习、协商、调研、视察考察等活动。贯彻党的民族宗教政策，围绕坚持宗教中国化方向和治理佛教道教商业化等开展专题调研，促进民族团结。建立接待和走访界别委员制度，帮助非公经济人士创业创新创造排忧解难，为委员互学互鉴、共赢发展搭建平台。以山西省举办第三届海峡两岸神农炎帝文化旅游招商系列活动暨民间拜祖典礼为契机，开展沟通交流，促进两岸同胞心灵契合、共同致力民族复兴大业。（周志清）

**【政协委员履行职能】** 2018年，山西省政协拓展委员履职平台，分批次邀请委员列席常委会议，邀请省委、山西省政府领导同志听取大会发言，增强政协协商实效。出台《主席副主席接待和走访界别委员工作规则（试行）》《主席会议成员联系界别委员的意见》，依托专委会创建"委员之家"。制定《委员履职激励考核管理办法》，建立委员履职档案，开展委员履职年度考核、及时通报履职情况，引导激励委员勇于担当作为、严守纪律规矩，做好岗位工作和政协履职"两份作业"。落实省委统一部署，开展政协机构改革，优化专委会设置和职能配置，制定专委会工作指南，健全完善对口联系、日常工作等制度。组织委员围绕"五位一体"总体布局和"四个全面"战略布局，聚焦山西省实现"三大目标"、打好"三大攻坚战"等中心任务和人民群众普遍关切的20个重点课题开展调查研究，召开5次常委会议，组织10次专题议政、对口协商、界别协商、重点提案办理协商，征集提案941件，立案办复859件，主席会议确定的8个方面97件重点提案纳入山西省"13710"系统督办。省委书记骆惠宁、省长楼阳生多次就委员建议作出重要批示，委员的合理化建议得到省委、山西省政府和职能部门的回应和采纳。（周志清）

**【政协服务社会发展】** 2018年，山西省政协围绕加强大气污染防治、坚决打赢蓝天保卫战，召开常委会议专题协商，形成"十条建议"，省委、山西省政府及有关部门高度重视，纳入山西省"大气污染防治三年行动计划"。围绕汾河水库饮用水水源地保护、自然保护区建设与管理、黄河流域生态环境保护、黑臭水体治理、矿山生态修复、海绵城市建设、优化河长制工作联动机制等调研建言。

围绕构建新型政商关系、激励干部担当作为、弘扬廉政文化和完善立法规划、改进行政执法、促进司法公正等建言献策，组织委员到部分市、县，监督性调研扫黑除恶工作进展情况，参与重大专项、重点工作督导检查和年度目标责任考核等，选派委员担任司法机关、窗口单位特约监督员加强日常监督。

引导委员体察民情、了解民意，主席会议协商督办县乡医疗一体化改革等重点提案，围绕医养结合养老服务体系建设、高等教育"1331"工程实施、安全生产、低收入人群参加公务员考试报名费减免等民生关切，调研建言，促进相关问题解决。召开"发挥社会组织作用，加强社区治理体系建设"专题议政会，提出推进"三社联动"的若干操作性建议，助力打造共建共治共享的社会治理新格局。以"助力'二青会'，有我更精彩"为主题开展网络议政、问计于民。开展社情民意信息的汇总、分析、报送和跟踪反馈工作。收集社情民意信息1万余条，编报专刊96期，全国政协采用30篇，省领导批办、国家部委和省有关部门反馈46件。省政协机关第17次蝉联全国政协反映社情民意信息工作先进单位。（周志清）

## 重要会议

**【省政协十一届第二十七次常委会议】** 1月17日至18日在太原举行。省政协主席薛延忠主持会议并讲话，省委常委、常务副省长高建民，省委常委、组织部部长吴汉圣，省政协副主席朱先奇、卫小春、刘滇生、王宁、李悦娥、张友君、张璞、姜新文等常委会组成人员出席。会议听取高建民就政府工作报告(征求意见稿)所作的说明，以及法、检两院工作报告(征求意见稿)、政协常委会工作报告(讨论稿)，提案工作情况的报告(讨论稿)所作的说明，十二届省政协组成规模和委员建议人选名单所作的说明。省委办公厅、山西省政府办公厅分别通报政协提案办理情况。会议审议通过关于召开政协第十二届山西省委员会第一次会议的决定，决定省政协十二届一次会议于1月24日在太原召开；协商讨论政府工作报告，省法院、省检察院工作报告，发展计划和财政预算报告；政协第十二届山西省委员会参加单位、委员名额和委员人选名单；十一届省政协常委会工作报告、提案工作情况报告；省政协十二届一次会议议程(草案)、日程；关于授权主席会议审议政协第十一届山西省委员会常务委员会第二十七次会议未尽事宜的决定。（周志清）

**【省政协十一届主席会议】** 2018年，山西省政协十一届委员会主席会议共召开2次会议。即第五十七次、五十八次。

**第五十七次主席会议。**1月15日召开。会议研究省政协十一届二十七次常委会议和省政协十二届一次会议的有关事项，建议省政协十二届一次会议1月24日在太原召开;决定1月17日举行省政协十一届二十七次常委会议,为省政协十二届一次会议做准备。会议审议通过省政协十一届二十七次常委会议议程(草案)和日程,关于召开省政协十二届一次会议的决定(草案),省政协十二届一次会议日程(草案)和议程(草案),省政协常委会工作报告(草案),省政协十一届一次会议以来提案工作情况的报告(草案),关于授权主席会议审议政协第十一届山西省委员会常务委员会第二十七次会议未尽事宜的决定(草案),政协第十一届山西省委员会专门委员会工作情况的报告(稿)。会议决定将上述有关文件草案提交省政协十一届二十七次常委会议审议。

**第五十八次主席会议**。1月21日召开。根据省政协十一届二十七次常委会议授权,研究省政协十二届一次会议有关筹备工作:审议省政协十二届一次会议主席团、常务主席、主席团会议主持人和秘书长、副秘书长名单(草案);审议省政协十二届一次会议提案审查委员会人选建议名单(草案);审议省政协十二届一次会议分组办法和小组召集人名单(草案);审议省政协十二届一次会议秘书处工作机构设置和工作任务(草案)。

(周志清)

**【省政协十二届一次会议】** 2018年1月24日至30日,山西省政协十二届一次全体会议在太原举行。省政协主席薛延忠代表政协第十一届山西省委员会常务委员会向大会作工作报告,刘滇生向大会报告过去五年提案工作情况。委员们列席省十三届人大一次会议,协商讨论政府工作报告、省高级人民法院工作报告、省人民检察院工作报告以及其他报告。围绕全省改革发展稳定积极建言献策,共提交发言材料155篇、提案738件,反映社情民意信息136篇,14位政协委员围绕推进生态文明法制建设等内容大会发言。会议选举黄晓薇为十二届省政协主席,李正印、李晓波、张瑞鹏、席小军、李武章、李青山、谢红、李思进为十二届省政协副主席,赵光国为十二届省政协秘书长,丁文禄、卫忠平等97人为十二届省政协常务委员。会议通过政协第十二届山西省委员会第一次会议关于常务委员会工作报告的决议、政协第十二届山西省委员会提案委员会关于省政协十二届一次会议提案审查情况的报告、政协第十二届山西省委员会第一次会议政治决议。会议期间,省委书记骆惠宁、省长楼阳生和省委、省人大、山西省政府的领导同志,省军区、省高级人民法院、省人民检察院、省武警总队和省直有关方面负责同志出席大会开幕式和闭幕式,听取大会发言、参加联组会议和小组讨论,与委员们共商发展大计、共谋转型良策。

(周志清)

**【省政协十二届常委会议】** 2018年,山西省政协第十二届常务委员会召开4次会议,即第一次至第四次。

**第一次常委会议**。2月1日在太原举行。省委副书记、省政协主席黄晓薇主持会议并讲话。副主席李正印、张瑞鹏、席小军、李武章、李青山、李思进等常委会组成人员出席。会议审议通过《政协山西省第十二届委员会常务委员会工作规则》、主席会议提请审议的工作机构设置和人事事项。会议决定,政协第十二届山西省委员会设提案委员会、经济委员会、人口资源环境委员会、农村委员会、教科文卫体委员会、社会法制委员会、民族和宗教委员会、文史和学习委员会、港澳台侨和外事委员会,共九个专门委员会;设调研和委员工作室。会议决定:马伟、蒋福新、冉莉萍、赵胜利、郭玉玺任政协第十二届山西省委员会副秘书长。决定:孙群任提案委员会主任,阎贵林、李卫东任提案委员会副主任;孙跃进任经济委员会主任,刘德政、李岩、刘新平任经济委员会副主任;郭长青任人口资源环境委员会主任,杨波、郭泽光、杨春明任人口资源环境委员会副主任;丁文禄任农村委员会主任,张建全、赵志理任农村委员会副主任;苏亚君任教科文卫体委员会主任,李维靖任教科文卫体委员会副主任;李劲民任社会法制委员会主任,荣彰、丁伟跃、韩培方任社会法制委员会副主任;刘文秀任民族和宗教委员会主任,陈晓东、李太阳、张建忠任民族和宗教委员会副主任;闫润德任文史和学习委员会主任,翁金明、王丽梅任文史和学习委员会副主任;马天荣任港澳台侨和外事委员会主任,郭立、高绍柱任港澳

2018年1月24日至30日,山西省政协十二届一次会议在太原举行

(周志清供图)

台侨和外事委员会副主任；马伟任调研和委员工作室主任，郑丽君、牛牧、卢成任调研和委员工作室副主任。

**第二次常委会议**。5月28日至29日在太原举行。会议主要围绕“加强大气污染防治，坚决打赢蓝天保卫战”协商议政，建言献策。黄晓薇出席会议并讲话，副省长贺天才应邀出席，作关于山西省大气污染防治情况的报告，席小军作关于加强大气污染防治、坚决打赢蓝天保卫战调研情况的报告，赵光国作有关人事事项说明，中国环境科学研究院原副院长、中国环境科学研究院大气环境首席科学家柴发合应邀作大气污染防治专题报告，王霄娥等8位作大会发言。会议通过《关于接受王龙章、宋政峰同志请辞政协第十二届山西省委员会委员的决定》。

**第三次常委会议**。8月30日至31日在太原举行。围绕科学制定规划、推动乡村振兴战略实施建言献策。副省长陈永奇应邀出席会议，作关于山西省科学制定规划、推动乡村振兴战略实施情况的报告。席小军传达省委十一届六次全会和全国政协十三届三次常委会议精神，对贯彻落实作安排部署；报告省政协围绕乡村振兴战略规划编制工作开展调研的情况。省政协秘书长赵光国和省委组织部副部长赵建华分别就提交本次会议审议的相关文件和人事事项草案作说明。国家农业农村部农村经济研究中心主任、博士生导师宋洪远应邀作专题报告。焦斌龙等7位委员作大会发言。与会人员协商建言，凝聚共识，形成建言成果。会议审议通过省政协《关于加强委员队伍建设、发挥委员主体作用的意见（试行）》和《专门委员会通则(试行)》。

**第四次常委会议**。12月4日至5日在太原举行。会议围绕“推进能源革命、助力山西省资源型经济转型”建言资政。副省长贺天才应邀出席会议。席小军传达习近平总书记近期关于人民政协工作的重要讲话精神和全国政协十三届四次常委会议精神；贺天才作深入推进能源革命、助力资源型经济转型的报告；李武章作省政协相关调研情况的报告；郜向华等6位委员作大会发言；赵光国就提交本次会议审议的相关文件和人事事项草案作说明。中国能源研究所常务副理事长周大地应邀作专题讲座。会议审议通过省政协《全体会议工作规则》《关于召开政协第十二届山西省委员会第二次会议的决定》《关于省政协部分专门委员会更名的决定》和有关人事事项，决定：省政协农村委员会更名为省政协农业和农村委员会，省政协教科文卫体委员会更名为省政协教科卫体委员会，省政协文史和学习委员会更名为省政协文化文史和学习委员会；丁文禄任省政协农业和农村委员会主任，张建全任省政协农业和农村委员会副主任，赵志理任省政协农业和农村委员会副主任；苏亚君任省政协教科卫体委员会主任，李维靖任省政协教科卫体委员会副主任；闫润德任省政协文化文史和学习委员会主任，翁金明任省政协文化文史和学习委员会副主任，王丽梅任省政协文化文史和学习委员会副主任。决定潘云任省政协经济委员会副主任。（周志清）

**【省政协十二届主席会议】** 2018年2月至12月，山西省政协十二届委员会主席会议共召开8次会议，即第一次至八次。

**第一次主席会议**。2月1日上午召开。黄晓薇主持，会议审议《中国人民政治协商会议第十二届山西省委员会常务委员会第一次会议议程(草案)》《中国人民政治协商会议第十二届山西省委员会常务委员会关于设置专门委员会、调研和委员工作室的决定（草案)》《中国人民政治协商会议第十二届山西省委员会副秘书长名单（草案)》《中国人民政治协商会议第十二届山西省委员会专门委员会主任、副主任，调研和委员工作室主任、副主任名单(草案)》，决定将上述草案提请十二届一次常委会议审议；审议《中国人民政治协商会议第十二届山西省委员会常务委员会工作规则(草案)》，决定提请十二届一次常委会议审议。会议研究确定主席会议成员工作分工：主席黄晓薇主持省政协全面工作；根据中组部意见，李正印当选省政协副主席后继续兼任现职，抓集中连片特困地区脱贫攻坚，不参加省政协班子分工；副主席李晓波、李武章分管经济委员会工作；副主席张瑞鹏、李青山分管教科文卫体委员会、文史和学习委员会工作；副主席张瑞鹏、李思进分管提案委员会、港澳台侨和外事委员会工作；副主席席小军、李武章分管农村委员会工作；副主席席小军、谢红分管人口资源环境委员会、社会法制委员会、民族和宗教委员会工作；副主席席小军分管省政协办公厅工作；秘书长赵光国主持省政协机关工作和办公厅全面工作，分管调研和委员工作室工作。

**第二次主席会议**。3月21日上午召开。黄晓薇主持，会议研究讨论并原则同意《政协山西省委员会2018年度协商工作计划(送审稿)》，议定按要求提请省委常委会议审议；审议通过《省政协2018年主要工作责任分工及进度安排》；审议通过《省政协2018年调研视察考察安排》。

**第三次主席会议**。5月16日上午召开。黄晓薇主持，会议研究召开省政协十二届二次常委会议有关事项，决定省政协十二届二次常委会议于5月28日至29日在太原召开，建议会议的主要议题为：围绕加强大气污染防治，坚决打赢蓝天保卫战协商议政。会议审议通过关于接受王龙章、宋政峰请辞政协第十二届山西省委员会委员的决定(草案)。议定将以上草案提请省政协十二届二次常委会议审议。会议研究全省政协系统深入开展习近平总书记关于加强和改进人民政协工作的重要思想学习研讨的安排；审议《关于十二届省政协主席会议成员联系界别委员的意见(讨论稿)》《十二届省政协主席副主席接待和走访界别委员工作规则（试行）（讨论稿）》，要求相关部门根据会议讨论意见作修改完善；研究通过《2018年省领导领办督办重点提案选题》；审议通过《政协第十二届山西省委员会各专门委员会委员名单》《政协山西省委员会各专门委员会工作指南》。会议同意文史和学习委员会提出的关于举办十二届山西省政协委员学习研讨习近平总书记关于加强和改进人民政协工作的重要思想培训班的《工作方案》。会议决定分步建立省政协相关微信群。

**第四次、五次主席会议**。7月6日召开。黄晓薇主持，会议审议通过《十二届省政协主席副主席接待和走访界别委员工作规则（试行）》《关于十二届省政协主席会议成员联系界别委员的意见（试行）》。

**第六次主席会议**。8月4日召开。省政协副主席席小军主持会议，会议通过《政协第十二届山西省委员会关于加强委员队伍建设管理发挥委员主体作用的意见（试行）》，提请省政协十二届三次常委会议审议；通过《政协第十二届山西省委员会专门委员会通则（试行）》，提请省政协十二届三次常委会议审议，研究召开省政协十二届三次常委会议有关事项，决定省政协十二届三次常委会议于2018年8月30日至31日在太原召开，建议会议的主要议题为：围绕科学制定规划，推动乡村振兴战略实施协商议政。会议分别对围绕转型项目建设落实落地情况和山西省深度贫困地区脱贫攻坚情况开展专项视察监督作出安排。

**第七次主席会议**。8月28日召开。副主席席小军主持，会议研究召开省政协十二届三次常委会议有关事项，决定十二届三次常委会议于2018年8月30日至31日在太原召开。建议会议的主要议题为：学习贯彻省委十一届六次全会精神和全国政协十三届三次常委会议精神，围绕科学制定规划、推动乡村振兴战略实施协商议政。会议审议通过关于接受黄晓薇请辞政协第十二届山西省委员会主席、委员的决定（草案），关于接受尚朝辉请辞政协第十二届山西省委员会委员的决定（草案）。议定将以上草案提请省政协十二届三次常委会议审议。

**第八次主席会议**。12月27日下午召开。副主席席小军主持，会议研究召开省政协十二届五次常委会议和省政协十二届二次会议有关事项，通过省政协十二届五次常委会议议程（草案）和日程；通过关于调整省政协十二届二次会议召开时间的决定（草案）、省政协十二届二次会议秘书处机构设置和工作任务；通过省政协十二届二次会议议程（草案）、日程（草案），省政协十二届二次会议各次全体会议主持人名单，省政协十二届二次会议秘书长、副秘书长名单（草案）。议定将上述有关文件草案提请省政协十二届五次常委会议审议。会议听取关于政协山西省委员会常务委员会工作报告（讨论稿）、政协山西省委员会常务委员会关于省政协十二届一次会议以来提案工作情况的

### 2018年政协山西省委员会重点提案一览表

| 序号 | 案由 | 提案号 | 牵头承办单位 | 承办时间 |
|---|---|---|---|---|
| 1 | 关于深化“放管服效”改革，进一步改善营商环境的建议 | 021、030、123、267、452、464、602、662、683、737、740 | 省发展改革委 | 9月27日 |
| 2 | 关于围绕我省对外开放“新高地”建设要求，加快推进开发区创新发展的建议 | 023、180、193、263、296、373、374、378、480、484、682、704、721、775、829 | 省商务厅 | 10月30日 |
| 3 | 关于推进我省科技成果转化的建议 | 165、168、170、187、215、229、358、363、368、460、485、574、547、603、629、649、674、685 | 省科技厅 | 10月30日 |
| 4 | 关于打造黄河长城太行三大旅游板块的建议 | 026、029、088、262、324、401、422、432、455、470、532、566、617、669、710、790、802、825、833 | 省旅发委 | 10月10日 |
| 5 | 关于优化我省高校本科专业结构的建议 | 054、085、106、302、506、601、671、716、778、779 | 省教育厅 | 10月10日 |
| 6 | 关于推进我省县乡医疗一体化改革的建议 | 067、191、258、391、403、492、664、693、828、838 | 省卫计委 | 10月16日 |
| 7 | 关于做好深度贫困村易地搬迁工作的建议 | 015、111、260、276、279、450、628、643 | 省扶贫办 | 10月24日 |
| 8 | 关于加强汾河流域生态保护的建议 | 016、120、509、524、575、667 | 省水利厅 | 9月21日 |

报告(讨论稿)的汇报。（周志清）

## 专题议政协商

【专题议政座谈】 2018年2月22日在太原召开，全国政协委员、省委副书记、省政协主席黄晓薇主持会议并讲话。省委常委、省纪委书记、监委主任任建华结合山西监改试点工作实践，介绍《中华人民共和国监察法(草案)》相关情况，省委常委、统战部部长廉毅敏就在晋委员参加全国“两会”、履行职责提出要求，副省长张复明通报山西省经济社会发展情况，省发展改革委、商务厅、扶贫办负责同志分别介绍山西省打造“示范区”“排头兵”“新高地”、推进脱贫攻坚情况和需要委员通过提案等方式向国家有关部门反映的重要意见及建议。（周志清）

【“大力引进高层次创新创业人才”专题议政会】 2018年8月1日，“大力引进高层次创新创业人才”专题议政会在太原举行。副省长曲孝丽出席并讲话，省政协副主席席小军主持，副主席李青山讲话。省政协教科文卫体委员会主任苏亚君结合调研情况作主题发言，李中元等8位委员从引进用好高层次双创人才、优化人才生态系统建设等方面建言献策。(周志清)

【重点提案办理协商】 2018年10月16日，山西省政协“推进全省县乡医疗一体化改革”重点提案办理协商会在太原举行。副省长曲孝丽出席会议并讲话，省政协副主席席小军主持会议。省卫计委、省人社厅、省民政厅等提案承办单位负责人通报重点提案办理情况，提案者代表和基层代表就落实提案成果、加快推进山西省县乡医疗一体化改革发言。（周志清）

## 专委会工作

【提案督办】 2018年，山西省政协提案委员会编撰《提案工作知识手册》印发委员，聘请全国政协提案委原专职副主任王国卿做专题报告。广征提案线索，与各民主党派省委会、省工商联有关人员协商讨论提案选题，确保提案质量。全年共征集提案942件，经审查立案处理859件，其中集体提案221件，委员提案638件。所有立案提案全部办复完毕。对适宜公开的提案和办理答复在省政协门户网站发布，公开率达90%以上。开展重点提案督办。主席会议确定的8个方面97件重点提案纳入山西省“13710”系统督办，取得成效。按照省政协2018年协商工作计划，围绕推进山西省县乡医疗一体化改革召开重点提案办理协商会。（周志清）

2018年8月1日，山西省政协“大力引进高层次创新创业人才”专题议政会在太原举行（周志清供图）

【经济发展调研建言】 2018年，山西省政协经济委员会围绕“以能源革命为突破，助力山西省资源型经济转型发展”议题制定调研方案，采取省市县三级联动、对口部门参与、省内调研和省外考察相结合的方式，组织委员聚焦“煤电气新”四个突出问题开展调研，提出针对性强的建议，编印《调研报告集》《大会发言材料汇编》等。按照省委安排部署，组织委员到吕梁、晋中市开展安全生产推进情况视察监督，摸清存在问题，提出对策建议，向两个市的市委、市政府反馈情况，报送《关于全省安全生产重点工作推进情况的调研报告》。就“转型项目建设落实落地情况”组织委员到晋中、运城、晋城市开展专项视察监督，查找突出问题，提出意见建议，撰写两个单项视察监督报告和《关于开展全省转型项目建设落实落地专项视察监督报告》综合报告，梳理出117个具体问题清单。围绕十一届二十四次常委会议“关于开发区建设”议题组织委员调研，研究讨论推进山西省开发区建设的措施建议。（周志清）

【资源环境调研建言】 2018年，山西省政协人口资源环境委员会“加强大气污染防治，坚决打赢蓝天保卫战”议题组织委员开展调研，形成《关于加强大气污染防治，坚决打赢蓝天保卫战调研情况的报告》。有关建议被纳入《山西省打赢蓝天保卫战三年行动计划》中。围绕“汾河水库饮用水水源地生态保护”组织委员调研，形成《关于汾河水库饮用水水源地生态保护的调研报告》，提出相应对策与建议。围绕“加强自然保护区建设与管理”组织委员调研，形成《关于加强我省自然保护区建设与管理的调研报告》，提出6条意见建议。围绕“黄河流域生态环境保护”，联合吕梁、临

汾、运城和忻州市开展联动调研，形成《关于进一步改善黄河流域生态环境的调研报告》。（周志清）

【农业和农村工作调研建言】 2018年，山西省政协农业和农村委员会围绕十二届三次常委会议“科学制定规划，推动乡村振兴战略实施”议题，组织委员开展调研，汇编调研报告20余篇20余万字，邀请国家农业农村部农村经济研究中心主任、博导宋洪远作《学习贯彻中央一号文件精神，实施乡村振兴战略》专题报告。《关于进一步加强乡村振兴战略规划编制及实施工作的建议》经常委会议讨论后原则通过。组织委员组成4个专项视察监督组，突出重点开展调研，起草完成《关于省政协开展全省攻坚深度贫困落实情况专项视察监督情况的报告》向省委山西省政府反馈。组织委员到河曲县开展企业、人才、资金下乡调研，推动企业与农村产业对接，并召开产业扶贫企县结队帮扶河曲项目对接座谈会，8个产业扶贫合作项目成功签约。向全国政协反映山西省深度贫困攻坚情况，向全国政协常委会提交《创新生态扶贫机制，强化生态保护修复，实现增绿增收互促双赢》的大会发言材料。（周志清）

【教科卫体调研建言】 2018年，山西省政协科教卫体委员会围绕“大力引进高层次创新创业人才”组织委员开展调研。形成《关于大力引进高层次创新创业人才的建议报告》呈报省委、山西省政府，省委书记骆惠宁作出批示。围绕助力“二青会”主题组织委员开展调研，形成《关于积极助力第二届全国青年运动会的调研报告》报副省长张复明和相关部门。创新开展“助力‘二青会’，有我更精彩”专题网络协商议政，广泛征集社会各界办好“二青会”的意见建议。组织委员到阳泉市和省招生考试管理中心开展高考考试和录取工作巡视，提出针对性意见。加强与党派界别的联动调研。与省九三学社就“如何将山西资源禀赋打造成全生命周期的康养产品”联合开展专题调研；与体育界开展“第二届全国青年运动会筹备工作进展情况”“第十六届山西省运动会申办城市考察和评估”专题调研；与教育界开展“高等教育‘1331’工程建设”专题调研。发挥工作范围广、涉及领域宽、联系界别多的优势，在省政协各专委会中率先建立“委员之家”，分别围绕“如何办好委员之家”“推进体育事业发展”“文化产业创新”“我省中医药发展”主题，组织开展活动4次。反映和上报与本委职责密切的社情民意信息10余条。（周志清）

2018年6月26日，山西省政协“发挥社会组织作用，加强社区治理体系建设”专题议政会在太原举行 （周志清供图）

【社会法制调研建言】 2018年，山西省政协社会法制委员会围绕“发挥社会组织作用，加强社区治理体系建设”专题协商。7位委员作议政发言，形成《关于“发挥社会组织作用，加强社区治理体系建设”专题议政会情况的报告》报省委、山西省政府后，省委书记骆惠宁、省长楼阳生、副省长曲孝丽作出批示。省民政厅对全省社区治理体系建设工作专项督导检查，向省政协提交《关于省政协议政会议建议落实情况的报告》。组织委员就扫黑除恶工作进展情况监督性调研，形成《关于晋中市扫黑除恶专项斗争推进情况的调研报告》。对省国资委、大同市贯彻落实习近平总书记视察山西重要讲话精神情况督导检查，形成“一报告两清单”报送省委；督导检查晋中市贯彻落实省委十一届六次全会精神及系列专项部署情况。参加省政协理论研讨，《发扬“自我革命”精神，加强和改进人民政协工作》被《山西日报》理论周刊全文刊登。围绕《山西省十三届人大及其常委会五年立法规划（草案）》，牵头向各专委会、委员征集立法规划建议项目11件；围绕现行有效的190件地方性法规，征集修改的项目4件，提出修改建议15条。围绕《山西省行政执法公示办法（征求意见稿）》《山西省行政执法全过程记录办法（征求意见稿）》，提出4条立法建议，引起山西省政府法制办重视。

（周志清）

【民族和宗教调研建言】 2018年，山西省政协民族和宗教委员会开展“以社会主义核心价值观为引领，坚持宗教中国化方向，引导宗教与社会主义社会相适应”专题协商，分别到西藏自治区林芝市、拉萨市、山南市，青海省黄南州、湟中县和山西省忻州市、太原市开展专题调研，实地考察宗教活动场所，与教职人员、信教群众座谈交流，召开有关职能部门座谈会，发现5个方面的问题，提出6条建议。主动对接全国政协民宗委，接受工作指导。配合全国政协民宗委开展“治理佛道教商业化”专题调研。协调天津市政协民宗委开展“宗教界人才培养”专题调研，为做好宗教管理工作拓展思路。加强与市、县(市、区)政协民宗委的沟通联系，开展省政协民宗委委员、民宗界别委员走访看望活动。加强委员联系，建立委员智库，强化履职考核。（周志清）

2018年4月16日至20日，应香港特别行政区省级政协委员联谊会邀请，山西省政协主席黄晓薇，秘书长赵光国等对香港进行工作访问（周志清供图）

【文化文史和学习活动】 2018年，山西省政协文史和学习委员会开展委员履职能力建设，在清华大学公共管理学院举办“十二届山西省政协委员学习研讨习近平总书记关于加强和改进人民政协工作的重要思想”委员培训班，分三期对省政协委员全员培训。培训委员、机关干部560人。省市县三级联动，组织委员配合全国政协开展关于山西省大遗址保护和利用情况监督性调研，形成《关于我省大遗址保护和利用情况的监督性调研报告》上报全国政协办公厅，所反映的问题、意见建议在全国政协最终形成的《关于大遗址保护和利用情况的调研报告》中得到采纳。根据全国政协征集《脱贫攻坚纪事》文史资料的工作安排，收集整理“政协委员助力脱贫攻坚”相关文史资料，形成《关于宁夏政协组织助力脱贫攻坚情况的报告》。加强服务委员履职工作，全力做好社情民意和提案收集、协助上报的工作。坚持正确的办刊方向，高质量编辑出版《文史月刊》。（周志清）

【港澳台侨和外事活动】 2018年，山西省政协港澳台侨和外事委员会协调完成省政协领导率团访港交流事宜。应香港特别行政区省级政协委员联谊会邀请，省政协主席黄晓薇率团对香港工作访问。协调完成省党政领导团到港澳访问交流。以“发挥港澳委员作用，促进晋港澳合作”为题，组织港澳委员到晋调研，激发委员的爱国情怀、使命担当和履职激情。省委书记骆惠宁对港澳委员到省调研考察做出专门批示。开展对台工作。配合完成接待国民党前主席洪秀柱在晋参加“第三届海峡两岸同胞神农炎帝民间拜祖典礼”活动，配合接待以台湾文教经贸交流协会理事长杨朝钦为团长的台湾经贸参访团一行在晋参访活动。配合接待全国政协海外列席侨胞考察团围绕“引进海外资源，构建内陆地区对外开放新高地，助力山西转型发展和脱贫攻坚”在晋考察活动。围绕“充分发挥政协委员和海外侨领社团作用，促进山西省构建对外开放新高地”主题组织委员到闽桂考察学习。加强与对口部门的联系沟通、协调配合，主动与海归人才交流，拓展联络联系渠道，深化晋港澳同胞的团结联谊和友好传承。开展外事工作，强化外事工作服务职能。（周志清）

【调研和委员工作】 2018年，山西省政协调研和委员工作室起草《2018年度政协协商工作计划》、省政协十二届一次会议系列文件和2018年党组工作要点、省政协十二届一至四次常委会议等各类文稿130余件、近百万字，以文辅政。全年收集社情民意信息1万余条，编报专刊96期，向全国政协报送267篇，全国政协采用30篇，省领导批办、国家部委和省有关部门反馈46件。第17次蝉联全国政协反映社情民意信息工作先进单位。完善委员履职制度管理体系，完成《中国人民政治协商会议山西省委员会委员履职激励考核管理办法（试行）》等文件的起草工作。（周志清）

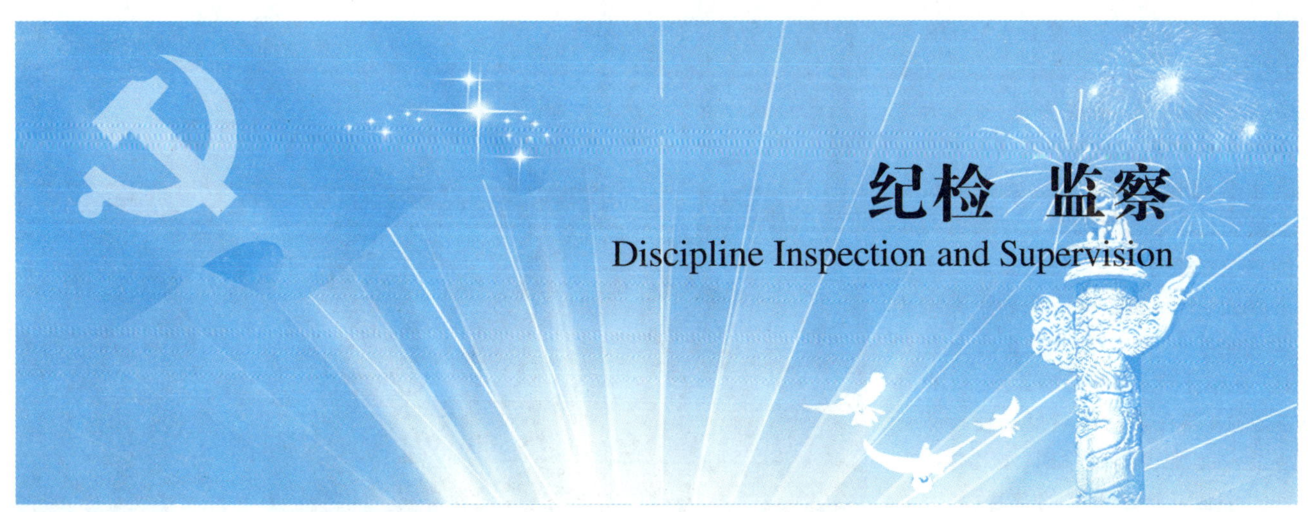


## 综 述

【概况】 2018年，山西省纪委监委自觉担负起“两个维护”重大政治责任，加强对党中央大政方针和党章党规执行情况、党中央及省委重大决策部署贯彻落实情况的监督检查，协助省委开展贯彻落实习近平总书记视察山西重要讲话精神督导工作，纠正贯彻执行中的形式主义、敷衍态度；聚焦“七个有之”问题，严明党的政治纪律，全省查处668人，比上年同期增长57.90%。协助党委严肃党内政治生活，加强对民主生活会的监督指导，督促党委（党组）书记在民主生活会上通报班子成员接受谈话函询情况，督促被谈话函询的党员领导干部在民主生活会上作出说明或检查。协助党委把好选用干部的政治关、品行关、作风关、廉洁关，全省共回复党风廉政意见8.11万人次。用好问责利器，处理落实“两个责任”不力、推进重点工作敷衍塞责等问题。全省共问责党组织508个，同比增长282%；问责党员干部3837人、同比增长251.10%，其中问责一把手2092人，同比增长207.20%。 （闫晓雅）

【纪检监察干部培训】 2018年，山西省纪委监委组织全系统开展学习、培训、调研、练兵，在学好用好党章党规党纪和宪法法律法规上花气力，在增强日常监督、执纪审查、依法调查等核心本领上下功夫，着力培养纪法兼通专才、执纪执法能手。省纪委监委组织各类培训65批次2626人次，市、县实现培训全覆盖。 （闫晓雅）

【中央八项规定精神落实】 2018年，山西省纪委监委落实中央八项规定精神、狠刹“四风”。落实习近平总书记关于作风建设重要批示精神，在常和长、严和实、深和细上下功夫，管出习惯、抓出成效、化风成俗。采取常规检查、交叉互查与机动督导相结合的办法，督促各级党组织在重要节点开展自查自纠、强化监督管理，负责任地管住自己的人、管好自己的事。关注“四风”新动向新表现，借助公安、税务等监控平台，形成联动机制，提高发现、甄别、处置能力，严肃查处“隐身衣”“青纱帐”里的违纪违法行为。制定《关于集中整治形式主义、官僚主义的实施方案》，把不担当、不作为、慢作为、假作为等6方面26类突出问题纳入日常监督、巡视监督、派驻监督范围，线索单列、台账管理、先行处置，强化监督执纪问责。结合整治群众身边腐败问题，全省通报曝光389批次、1434人次。 （闫晓雅）

2018年2月9日，中共山西省纪委十一届三次全体会议在太原举行

（闫晓雅供图）

【省纪委十一届三次全会】 2018年2月9日，山西省纪委十一届三次全会在太原举行。省委书记、省人大常委会主任骆惠宁出席全会并讲话。全会由省纪律检查委员会常务委员会主持。全会学习贯彻习近平新时代中国特色社会主义思想，贯彻落实党的十九大、十九届二中全会和中央纪委二次全会、省委十一届五次全会精神，总结上年纪检监察工作，研究部署2018年任务。审议通过任建华代表省纪委常委会所作的《深入贯彻十九大全面从严治党战略部署，努力实现山西政治生态持久的风清气正》的工作报告。

全会提出，2018年抓好9项重点任务。深入学习领会，加强监督检查，推动党的十九大精神在山西全面贯彻落实。围绕坚决维护以习近平总书记为核心的党中央权威和集中统一领导，推动党的政治建设切实加强。深化监察体制改革试点工作，推动制度优势更好地转化为治理效能。打好作风建设持久战，推动落实中央八项规定精神成果巩固拓展。加强党的纪律建设，推动管党治党进一步走向严紧硬。坚持发现问题、形成震慑不动摇，推动巡视巡察工作水平整体提升。保持高压态势，推动反腐败斗争压倒性态势向压倒性胜利转化。惩治群众身边腐败问题，推动全面从严治党向基层延伸。压紧夯实管党治党政治责任，推动形成一级抓一级、合力抓落实的工作格局。（闫晓雅）

2018年5月6日，中共山西省委常委、省纪委书记、省监察委员会主任任建华（右三）在吕梁市柳林县于家沟村调研脱贫攻坚工作 （闫晓雅供图）

## 纪律监察

【巡视巡察】 2018年，山西省纪委监委明确整改目标、责任主体、完成时限，抓好整改。中央巡视移交初次举报线索办结5394件，办结率94.30%。推进省委巡视工作，对标中央巡视工作规划，修订十一届省委巡视工作规划，细化实化巡视"路线图""任务书"。围绕坚持党的领导、加强党的建设和从严治党，把常规巡视与机动巡视、专项巡视贯通起来、穿插使用，重点检查学习贯彻习近平新时代中国特色社会主义思想和中共十九大精神情况，查找政治偏差，发挥政治监督和政治导向作用。完成十一届省委第三轮、第四轮巡视，对19个省直单位和36所高校党组织开展常规巡视，对2个省直单位党组织开展机动巡视，发现共性问题1608个、违反党的"六项纪律"问题390个、问题线索471条。坚持发现问题与整改落实并重，向分管省领导通报对被巡视党组织主要负责人的反馈意见，建立健全巡视机构与纪委监委、组织部门、宣传部门、政法机关、审计机关、信访部门的协作机制，各级纪委监委将巡视整改落实情况作为日常监督、派驻监督重要内容，督促被巡视党组织真改实改、全面整改。坚持巡视巡察一体谋划、一体部署、一体推动，出台建立巡视巡察上下联动监督网的指导意见、深化市县巡察工作实施意见、市县巡察统筹实施意见，指导市县巡察党组织共7751个，发现共性问题累计4.12万个、问题线索8386条。对乡镇进行提级巡察、机动巡察，向村(居)延伸巡察，巡察村(居)党组织4543个。（闫晓雅）

【腐败和作风问题专项治理】 2018年，山西省查处扶贫领域腐败和作风问题7723件、党纪政务处分4261人，同比分别增长216%和100.10%。聚焦民生保障，惩治发生在民生资金、"三资"管理、征地拆迁、教育医疗、低保养老、住房保障、生态环境、交通运输等领域的"微腐败"，整治在落实惠民政策过程中脱离实际、急功近利和基层干部吃拿卡要、盘剥克扣、优亲厚友等侵害群众利益问题。全省共查处群众身边腐败问题2.14万件、党纪政务处分1.25万人，同比分别增长280.90%、144.40%，基层党风政风和社会风气好转。聚焦扫黑除恶，会同政法机关建立涉黑涉恶腐败及"保护伞"问题线索双向移送制度和查办结果反馈机制，对涉黑涉恶问题线索大起底，找准扫黑除恶与反腐"拍蝇"结合点，彻查闻喜县盗掘古墓葬案、黑社会性质组织犯罪人员违规减刑案等案件中的腐败问题及"保护伞"。全省查处涉黑涉恶腐败问题591件1288人、"保护伞"问题109件108人、失职失责问题224件661人，移送司法机关51人。（闫晓雅）

【"四种形态"运用】 2018年，山西省纪委监委坚持抓早抓小、关口前移，纪法协同、双施双守，充分运用第一种形态，妥善运用第二种形态，准确运用第三种形态，果断运用第四种形态，实现纪法约束有硬度、批评教育有力度、组织关怀有温度。全省共运用“四种形态”（2015年，王岐山代表中纪委提出监督执纪问责要坚持“四种形态”）处理7.51万人次，同比增长53.20%；第一、二、三、四种形态分别占比67.50%、26.50%、3.90%、2.10%，监督执纪由“惩治极少数”向“管住大多数”拓展。强化派驻机构履责意识，理清与派出机关监督检查室的关系，衔接驻在单位机关纪委工作，发挥“派”的权威、“驻”的优势，延伸监督触角。全省各级派驻机构共处置问题线索1.38万件，同比增长220.40%；处分党员干部2738人，同比增长142.30%。创新工作机制，采取“连片联组办案”“乡案县审”等办法，破解乡镇监督难题。全省乡镇纪委（街道纪工委）共立案8828件，党纪政务处分7945人，同比分别增长36.10%、33.20%。（闫晓雅）

【纪检监察自身建设】 2018年，山西省纪委监委立足新职责新使命，完善监督检查和审查调查“前后台”工作机制，完善监督检查专题会、初步核实专题会、审查调查专题会、案件审理协调会的集体决策制度。严明“三条禁令”，定期排查纪检监察干部问题线索，对政治不纯、纪律涣散的认真清理，对作风漂浮、不能胜任的及时调整，对滥用职权、以案谋私的坚决查处，对担当不力、失职渎职的严肃问责。全省处置纪检监察干部问题线索1678件次，谈话函询774人，组织处理276人，党纪政务处分297人，移送司法机关8人，维护干部队伍纯洁。（闫晓雅）

## 监察体制改革试点

【反腐监督】 2018年，山西省深化监察体制改革，持续发挥“探路者”和“试验田”作用。加强党对反腐败工作的集中统一领导，省委将反腐败协调小组调整为反腐败领导小组，出台《关于加强党对反腐败工作全过程领导常态化制度化长效化的实施意见（试行）》，明确3项机制、7项制度，从机构设置、工作体制、决策机制、实施举措等方面作出具体安排。执行请示报告制度，按规定上报问题线索，请示报告重大事项、重要问题，省纪委监委机关向中央纪委国家监委报备采取和解除留置措施、处分决定82件，报批延长留置、从宽处罚建议15件，报请省委审核批准立案103件，采取留置措施19人，审议案件42件42人，落实双重领导。（闫晓雅）

【监察权规范运行】 2018年，山西省纪委监委增强对公权力和公职人员监督的全覆盖、有效性，坚持机构、编制、职数“三不增”，完成监察职能向乡镇和村居延伸、派驻机构全覆盖与派驻监察相结合的改革，形成纵向到底、横向到边的组织和制度体系，打通监察工作“最后一公里”。推动监察权规范高效运行，对表对标纪律检查机关监督执纪工作规则和监察法，对表对标中央纪委国家监委新出台的系列法规制度，协调省委政法委修订完善十项制度体系，实现纪法贯通、法法衔接。探索人大监督监察机关的具体办法，省委定位、定题、定调，省人大常委会依法听取和审议省监委《关于纪法贯通法法衔接制度建设工作的报告》，围绕监察法“对监察机关和监察人员的监督”组织执法检查，就监察工作中内部监督制约有关问题进行询问，监察机关依法接受人大监督迈出实质性步伐，走在全国前列。（闫晓雅）

【监察工作信息化】 2018年，山西省纪委监委推动监察工作信息化，创设案件信息查询平台，实现对不动产登记等必需信息的快捷查询，实现金融财产信息电子化专线查询；建设领导干部廉政档案电子活页册系统，建设举报入口统一、覆盖省市县纪委监委的信访举报网站群。（闫晓雅）

【执纪审查（调查）工作】 2018年，山西省纪委监委推动审查调查数量质量“双提升”，保持惩治腐败的高压态势。全年省纪委监委立案148件，同比增长196%；结案126件，同比增长61.50%；党纪政务处分107人，同比增长72.60%；移送司法机关20人，同比增长150%。全省立案2.47万件，同比增长42.10%；结案2.37万件，同比增长40.60%；党纪政务处分2.38万人，同比增长39.90%；组织处理2.78万人，同比增长66.30%；移送司法机关863人，同比增长125.90%；查处县处级及以上干部845人，同比增长64.10%。576名党员干部主动交代违纪违法问题。严把办案质量关，移送司法机关人员中的93%直接通过检察机关程序和实体审查，进入起诉阶段。强化查办案件的治本功能，督促指导发生重大违纪违法案件的党委（党组）召开专题民主生活会、警示教育会。（闫晓雅）

# 民主党派 工商联

Democratic Parties and Federation of Industry and Commerce

## 民革山西省委会

【思想政治建设】 2018年，中国国民党革命委员会山西省委员会(简称民革山西省委会)推进组织建设工作。全国人民代表大会和人民政治协商会议结束后，民革山西省委会在全省各民主党派中召开会议传达学习；以召开座谈会、举办大讲堂、开展征文、参观革命圣地和民革前辈故居等形式进行自我教育，加强思想引领。

2018年3月，民革山西省委会开展纪念中共中央“五一口号”发布70周年征文活动，收到征文96篇。7月，省委会开展庆祝改革开放40周年征文活动，收到征文42篇。8月，省委会配合团结报社长邵丹峰带领的“凝心聚力十三五·团结行”采访组到阳泉、晋中、吕梁、运城等市委会和省直基层组织开展思想宣传工作调研和采风活动。9月，省委会组织省直属基层组织负责人和省委会机关干部到延安、梁家河开展“不忘合作初心，继续携手前进”革命传统教育活动。11月，省委会组织机关干部到云南省开展“观故居，走多党合作之路”活动，参观云南陆军讲武堂旧址，民革前辈龙云故居、杨杰故居和国学大师姜亮夫故居及西南联合大学旧址。

(赵雅琤)

【组织建设】 2018年，民革山西省委会推进组织建设工作。全省党员4707人，高层次人才59人，约占发展总数1/4。其中，研究生以上46人，占19%；高级职称以上19人，占8%。推进示范支部建设和“民革党员之家”建设，截至2018年底，全省成立12个“民革党员之家”，在建27个。

2018年，民革山西省委会13名成员被任命为民革山西省第十二届委员会专门委员会主任。制定出台《民革山西省委会关于开展示范支部创建活动的实施方案》，在全省各级组织中开展示范支部创建活动。撤销省直属148支部，所属党员由省委会组织部调整安排；同意191人入党。省委会副主委刘美、长治市委会副主委秦晋陵到广州参加民革中央召开的“监察法实施与民主党派内部监督制度衔接”研讨会，作交流发言。省委会提交研讨会21篇论文，其中7篇入选民革中央监委会论文集。

(赵雅琤)

【参政议政】 2018年，民革山西省委会对内完善工作机制，培训骨干党员，出台《民革山西省委会参政议政管理考核办法》《民革山西省委会参政议政工作奖励办法》；对外完善联络机制，建立提案人同提案承办单位之间交流渠道，同政府对口单位如省经信委、省食药监局等建立工作联系，就如何开展重点调研课题明确调

2018年4月12日至13日，民革山西省委会组织机关干部、省直属基层组织主委赴西柏坡参观学习 (赵雅琤供图)

研方向、交流问题。民革山西省委会加强专委会建设，副主委不再兼任各专委会主任，让有专业特长、有资源、有阵地，担得起、扛得住、拿得下的同志领衔组建成立专委会。借用外脑外智，利用社会资源参与课题调研，提出对策建议。民革山西省委会领导班子成员参与高层政治协商，参加中共山西省委、山西省政府召开的协商会、谈话会、情况通报会等10余次，就人事事项、经济形势和经济工作等方面提出意见和建议。

2018年1月，民革山西省委会向省政协十二届一次会议提交集体提案27件。其中，《完善我省地方环保法规体系 推进生态环境持续改善》列为大会发言，《关于推进我省开发区改革创新发展的建议》《关于进一步完善乡村医疗改革的几点建议》列为省政协重点督办提案。5月，省委会举办参政议政骨干培训班，为参训学员讲授社情民意信息、统战信息撰写等方法。培训结束后，参训学员共报送社情民意信息85件。6月，为推动山西省地方特色陶瓷产业发展融入“一带一路”建设，民革山西省委会到阳泉市平定县开展“平定砂货烧制工艺”专题调研活动。7月，到运城、临汾开展“黄河生态经济带建设”专题调研。8月，省委会发动专委会力量，撰写《打造地理标志农产品 助推山西乡村振兴》《精准化教育提高新型职业农民培训质量》《精神脱贫的路径探析理论》3篇文章报送民革中央，参加民革中央在浙江省举办的首届莫干山乡村振兴论坛进行交流。

2018年，省委会向民革中央、中共山西省委统战部、山西省政协报送各类信息186件次，被采用24件次。其中，中共中央办公厅《每日汇报》采用1篇；全国政协采用1篇；中共中央统战部《零讯》采用3篇、《统战工作》采用2篇；民革中央采用2篇；山西省政协采用2篇，选编采用4篇；中共山西省委统战部《直言简讯》采用5篇，转送中共中央统战部1篇。

（赵雅琤）

2018年9月22日，民革山西省委、山西省台办、运城市政协联合举办海峡两岸“关公文化与中华民族精神”座谈会 （赵雅琤供图）

**【社会服务】** 2018年，民革山西省委会深入方山县积翠乡代居村驻村推进脱贫攻坚民主监督工作；民革山西省委会分管领导与专家学者组成脱贫攻坚民主监督调研组，9次走访吕梁市的方山、岚县、临县、石楼等贫困县26个村次，举办协商、座谈、培训、答复、互动反馈等会议20余次，提出意见建议29条。把方山县14个退出村作为样本试点，针对贫困户、脱贫户、非贫困户设计不同调查问卷，采用统计学方法分析评估脱贫攻坚中存在的问题，提出建议。在兴县举行统一战线“百千百”助力攻坚深度扶贫工程捐赠仪式。15名党员为兴县深度贫困户的15名大学生一对一每年每人捐赠5000元。组织省直医科大总支聚焦革命老区长治市武乡县石圪垯村，牵头各界人士创建中国妇女太行培训基地、建立乡村医生培训基地、提供免费法律咨询服务等。开展涉法涉诉信访、普法宣传、结对帮扶贫困地区律师事务所等工作，全年共派出党员律师400余人次，解决缠诉案件23起，提供法律援助14次。组织省直农大支部聚焦“三农”问题，开展涉农技术培训、咨询等社会服务工作。 （赵雅琤）

**【促进祖国统一】** 2018年，民革山西省委会坚持“九二共识”，反对“台独”，推进晋台交流合作。1月，开展“两岸一家亲，迎新送春联”活动，民革党员书法家书写春联50余幅邮寄岛内新老朋友。8月，在运城学院召开“关公文化研讨暨祖统专委会工作交流会”，以关公文化为纽带，促进海峡两岸文化交流。9月，省委会联合省台办、省文联、运城市政协主办的“海峡两岸关公文化座谈会暨名家书画邀请展”在运城关公文化旅游节期间举办，《新华内参》作专题报道，《团结网》《山西日报》《中国台湾网》等媒体予以登载报道。12月，民革中央与中共山西省委、山西省人民政府申请举办“中华根祖文化旅游节”，推动《关于整合山西根祖文化节庆资源，举办（中华）寻根拜祖文化旅游节的建议》纳入2019年山西省《政府工作报告》。

（赵雅琤）

## 民盟山西省委会

**【思想政治建设】** 2018年，中国民主同盟山西省委员会（简称民盟山西省委会）引深“不忘合作初心，继续携手前进”主题教育活动，举办庆祝改革开放40周年“不忘合作初心 继续携手前进”主题教育活动知识竞赛、纪念中共中央“五一口号”发布70周年征文活动和书画展等系列活动。截至2018年底，全省建立144个“盟员之家”，在朔州右玉、长治武乡八路军太行纪念馆设立“民盟传统教育基地”。（梁俊娜）

【组织建设】 截至2018年12月31日，山西省民盟盟员总数为10952人。全省共有58个省直属组织，包括11个市级委员会、9个基层委员会、9个总支、29个支部。

2018年，中国民主同盟山西省委员会（简称民盟山西省委会）37名盟员被确定为中国人民政治协商会议第十二届山西省委员会委员；12名盟员被选举为山西省第十三届人民代表大会代表；1名盟员被选举为第十三届全国人民代表大会代表；3名盟员被推荐为中国人民政治协商会议第十三届全国委员会委员；2名盟员被选举为山西省第十三届人民代表大会常务委员会委员；7名盟员被选举为中国人民政治协商会议第十二届山西省委员会常委。（梁俊娜）

【参政议政】 2018年，民盟山西省委会领导班子成员多次参加中共山西省委、山西省政府和有关部门举行的协商会、座谈会和情况通报会。在省政协十二届一次会议上，提交集体提案57件，立案51件，其中10个集体提案被确定为省政协领导领办督办的重点提案，大会发言《促进科技成果产业化应用，打造创新型内陆省份》受到一致好评。

2018年，民盟山西省委会共报送社情民意信息891篇，被全国政协采用10篇、民盟中央采用33篇、省政协采用41篇。其中，《建议在我省三甲医院设立临终关怀室》《我省医院医保基础用药缺失问题亟待解决》《在二青会发放免费大型垃圾收集袋的建议》《关于在“二青会”场馆附近停车场加装高速电子不停车收费系统（ETC）的建议》4篇信息得到省领导批示，《关于在我省全面实施“健康扶贫”工程的建议》和《关于加快“晋陕豫黄河三角”区域经济协同发展的建议》被中共山西省委统战部《直言简讯》采用。在民盟中央45个考核单位中排名第11；在全省6个民主党派排名中，以总分309分的成绩领先，受到省政协表扬。（梁俊娜）

【社会服务】 2018年7月，中共山西省委统战部组织全省统一战线开展助力攻坚深度贫困“百千百”工程，民盟山西省委会多次到静乐县对接、调查摸底，最终确定10名贫困大学生。民盟山西省委会10名班子成员携手骨干盟员，分别一对一帮扶这10名贫困大学生。9月11日，民盟山西省委会“百千百”帮扶结对签约仪式在忻州市静乐县举行。签约仪式上，盟省委领导班子成员和骨干盟员分别与这10名贫困大学生及学生家长签订帮扶协议，对每名大学生给予5000元资金资助。

2018年，民盟山西省委会携手中国社会福利基金会暖流计划公益基金，在吕梁市中阳县武家庄小学、忻州市五台县东冶镇北大兴学校、岢岚县宋家沟乡宋家沟寄宿制小学分别举行公益捐赠活动。（梁俊娜）

【“6个1”中长期调研规划】 2018年初，民盟山西省委会提出“6个1”中长期调研规划，写入《民盟山西省委会2018年度工作要点》和《民盟山西省委会五年工作规划（2018—2022）》。

“6个1”中长期调研规划是指由民盟山西省委会率先在全省范围内选取1个乡村、1个企业、1个景区、1个城镇、1个中（小）学、1个社区作为长期调研对象，要求11个盟市委在辖区内同样选择“6个1”调研基地，作为长期跟踪的调研对象和开展参政议政、社会服务的工作基地。

2018年11月6日，全国人大常委会副委员长、民盟中央主席丁仲礼走访民盟山西省委机关时，对“6个1”中长期调研规划给予肯定，作出批示，将山西民盟“6个1”中长期调研规划的做法在全盟宣传推广。（梁俊娜）

## 民建山西省委会

【思想政治建设】 2018年，民建山西省委会创新宣传方式，加大会的宣传力度，弘扬主旋律，传播正能量，对会员履职成果和先进典型进行全方位、多角度深度报道。据不完全统计，2018年，在国家级媒体刊发稿件19篇，省、市媒体刊发稿件24篇，民建中央网站发稿22篇，民建山西省委网站编发省委会消息213篇、地市消息271篇，微信公众号编发346期，《山西民建》发行6期，全省有10个市委会开通官方微信公众号，山西民建微信公众号推送篇目及阅读量位列各民主党派前列，影响力在民建各省级组织中也名列前茅，新闻宣传覆盖面和影响力提升。（张云鹏）

【组织建设】 截至2018年底，中国民主建国会山西省委员会（简称民建山西省委员会）会员总数5902人。从事经济和相关工作的人员占到80%以上；40岁以下会员2776人，占47%；41岁至50岁会员1711人，占29%；女性会员2173人，占37%；大学专科以上学历4977人，占84%；中级以上职称2556人，占43%；新的社会阶层为1593人，占27%。会员中高素质、经济界代表人士比例有提高，会员结构优化。（张云鹏）

【参政议政】 2018年，在省政协十二届一次全会上，民建山西省委报送团体提案37件，立案35件，其中《关于优化我省高校本科专业结构的建议》被省政协列为重点提案并由省政协副主席李武章带队先后赴太原师范学院、太原理工大学、山西传媒学院、山西医科大学4所高校调研，现场推进解决问题。报送大会发言3篇，其中《改善我省中小企业融资政策与环境的四点建议》在政协大会上交流发言。在省政协十二届二次会议上报送提案立案39份，报送大会发言2篇，其中《关于加快我省煤基制油的几点建议》进行大会发言。（张云鹏）

【专题调研】 2018年，民建山西省委会为促进山西省固废资源综合利用，提出《破解煤矸石粉煤灰资源化利用路径，推动山西省生态环境保护工作》的建议，被省政协选为重点建议报送全国政协。以“加大古村落的保护和利用”课题为重点调研内容，民建山西省委会文化旅游委员会牵头与省直七支部联合组成调研组，围绕山西省古村落及采空区、深度贫困搬迁空置村资源的保护和利用开展专题调研，形成《加大对古村落保护和利用 促进山西文旅产业发展》的建议。围绕山西省农村电商发展，完成《我省农产品上行体系建设》的调研报告。通过向各级组织征集春秋季课题，共向民建中央调研部报送调研成果21篇。（张云鹏）

【社情民意工作】 2018年，民建山西省委会共向民建中央、山西省政协、中共山西省委统战部报送社情民意192篇次，被采用17篇，其中以“采煤沉陷区综合治理”为基础的三个选题建议，分别被中共中央办公厅《每日汇报》、中央统战部《零讯》专报和中央统战部《统战工作》采用，被省委统战部评为建言献策优秀成果，获三项奖励。《应关注工业经济稳步向好中凸显的几个节能降耗问题》的建议得到副省长王一新的批示。《关于推进山西煤基制油产业发展的建议》被转化为省政协十二届二次全会大会发言，有17件社情民意转化为民建集体提案。民建山西省委会社情民意信息工作获民建中央和省委统战部先进单位。（张云鹏）

【主题教育】 2018年，民建山西省委会通过开展纪念“五一口号”发布70周年、庆祝改革开放40周年、纪念黄炎培先生诞辰140周年等活动，加大对会员的多党合作优良传统教育，先后赴革命圣地西柏坡、中共一大旧址、重庆民建成立纪念馆、黄炎培故居、中国民主党派历史陈列馆瞻仰学习，进一步坚定中国特色社会主义道路自信、理论自信、制度自信、文化自信。民建山西省委会荣获民建中央纪念改革开放70周年征文活动组织奖，7名会员受到民建中央奖励。（张云鹏）

【民主协商】 2018年，民建山西省委会参加中共山西省委、山西省政府、省委统战部组织的人事通报协商会、党风廉政建设和反腐败工作情况通报会、《政府工作报告》征求意见座谈会、全省法、检两院工作情况通报会、全省经济运行情况通报会，提出诸多建设性意见建议，受到中共山西省委、山西省政府的重视和肯定；参加中共山西省委经济工作会议，为推动山西省经济社会发展发挥作用，为坚持好、维护好我国新型政党制度在山西的发展和完善贡献力量。（张云鹏）

## 民进山西省委会

【思想政治教育】 2018年，民进山西省委会开展“不忘合作初心，继续携手前进”主题教育活动。落实民进中央思想政治教育主题年工作部署，制定印发活动方案。举办报告会、主题征文活动，纪念中共中央“五一口号”发布70周年和改革开放40周年，征集论文500余篇。制定“弘扬爱国奋斗精神，建功立业新时代”实施方案，号召广大会员双岗建功，鼓励广大会员将知识分子家国情怀融入干事创业实际行动中。开展理想信念教育活动，在延安、右玉举办凝聚思想共识培训班，在西柏坡开展红色教育学习活动，对多党合作历程和民进优良传统共同认知，凝聚广泛牢固思想政治共识。

开展先进典型选树和宣传专题实践活动。民进山西省委会委员杨良杰是国务院扶贫开发领导小组2018年“全国脱贫攻坚奖（创新奖）”获得者，是省委会重点宣传先进典型人物。在运城召开向杨良杰同志学习大会，作出在全省民进向杨良杰同志学

2018年11月14日，民进山西省委会在运城举办助力脱贫攻坚暨向杨良杰学习大会

（赵柱家供图）

2018年7月23日,民进山西省委会举行落实“百千百”工程结对帮扶签约仪式

(赵柱家供图)

习决定,中共山西省委负责同志亲切会见杨良杰,省委会在临汾、吕梁、太原等地举办“做时代新人先进事迹报告会”。

开展“改革创新、奋发有为”大讨论专题实践活动,与在各民主党派中开展“四比四促”活动。举办先进典型事迹报告会、集中培训研讨班。开展“我为山西民进创新发展做什么大家谈”活动,发放问卷调查,收集汇总梳理意见建议20余条,举行民营博物馆建设发展座谈会,实践调查研究,助推山西省文旅事业发展,推动大讨论活动走深走实。大讨论活动完成阶段性工作,编印工作简报11期,上报活动信息20余条。

讲好山西民进新故事,树立山西民进新形象。推进一报一刊一网一平台宣传阵地建设,2018年,编印工作简报34期,网站发稿500多件,微信推送文稿169件,出版会刊4期。

(赵柱家)

【组织建设】 2018年,中国民主促进会山西省委员会(简称民进山西省委会)机关编制25人,在职21人。设一室四部(办公室、组织部、宣传部、社会服务部、参政议政部)。截至2018年底,民进会员总数为6025人,平均年龄49.50岁。其中,女会员2851人,离退休会员1460人,中上层人士4609人。成员界别主要分布:教育界占61.30%(其中高教11.90%),出版界占2.50%,文化艺术界6.60%,科技界3.10%,医卫界11.10%,其余为人大、政协、政府、司法、党派机关,社会团体,公有制经济,新社会阶层人士等中高级知识分子。会员中,担任全国人大常委1人,担任全国政协委员1人;担任省市县级人大代表有103人,担任省市县级政协委员有664人;担任政府及司法机关副处级以上实职有34人。

开展星级基层组织创建。制作《山西民进基层组织工作记录本》,深化星级创建活动。在317个基层组织中,评选出146个星级基层组织。开通《山西民进组织信息管理和网上办公平台》,宣传报道有关活动。截至2018年底,收集基层组织活动信息300多条,编印组工信息47期,上报信息30余条,发放收回调查问卷2000多份。

加强人才队伍建设。推动高层次人才发展教育培训推荐工作。2018年,发展会员287人,平均年龄40.5岁,大学以上学历占96.5%,中上层人士占89.5%。会员总数为6025人,有1人担任全国人大常委会委员,1人担任全国政协委员;1人担任民进中央副主席,5人担任民进中央委员;1人担任省人大常委会副主任,10人担任省人大代表(其中省人大常委会委员3人);32人担任省政协委员(其中省政协常委5人);1人担任市政府副市长。制定《民进山西省委会2019年—2022年组织建设规划》。建立教育培训长效机制,打造“走出去”培训模式,举办3次较大规模系统培训,培训会员400余人次。为会员发展搭建平台,6名会员入选中共山西省委统战部建言献策智库专家名单;69名会员入选山西省“三晋人才”支持计划,其中高端人才3人,拔尖骨干人才38人,青年优秀人才28人;3人挂职副县(区)长。编印监委会会议纪要3期,工作简报4期。 (赵柱家)

【参政议政】 2018年,民进山西省委会落实中共山西省委书记骆惠宁提出的参政议政要认真贯彻“三要”精神指示,结合民进界别特色,围绕国家和山西经济社会发展总体部署,精准选题,组建3个专业化调研团队,围绕山西省会展业建设、新型材料发展、人才强旅、城乡教育、早期教育等课题,在大同、太原等地开展调研,完成6份调研报告。报送民进中央提案15件。参加省政协组织提案办理督办活动6次,推动建议意见落实和问题解决。执行季度信息报送通报制度,做好社情民意信息工作,收集信息400余件,报送信息80余件。其中,8件信息被全国政协和民进中央采用,1件信息被中共中央统战部《零讯》采用,1件信息获省领导批示。

省委会开展调查研究,多渠道多方式征求意见。省委会领导10余次参加中共山西省委、省委统战部举行的党外人士情况通报会等,围绕提升山西省会展业发展能力、新型材料产业发展、人才强旅等提出建议。

(赵柱家)

【社会服务】 2018年,民进山西省委会打造社会服务活动品牌,推进社会服务工作。举办开明大讲堂14次,在企业、社区等开展“春联万家”活动，在阳泉等地开展助学支教，在文水县、汾阳市等地开展“曙光义诊”，在太原等地开展“阅读进校园”，在吕梁学院开展“高雅艺术进校园”，累计服务群众上万余人。开展对外交流联谊活动，与民进山东开明画院等单位开展书画联谊，与宁夏民进企业家举办联谊会开展工作交流，搭建起互相交流学习合作平台。完成山西民进艺术团、山西民进企业家联谊会、民进山西开明画院换届工作，优化社会服务工作队伍。召开企业界会员座谈会，支持企业界会员办好企业。支持书画界、艺术界、出版界会员开展文化下乡活动，丰富群众文化生活。

（赵柱家）

## 农工党山西省委会

**【思想政治建设】** 2018 年，农工党山西省委会开展“三学一讲”专题活动，拉开“不忘合作初心，继续携手前进”主题教育活动序幕。开展纪念中共中央发布“五一口号”70 周年“四个一”活动。省委会领导班子成员和机关干部到原中共中央所在地西柏坡参观学习，重温历史；通过落实任务、专栏刊登、集结成册、表彰鼓励等措施，共收到征文 129 篇。纪念改革开放 40 周年系列活动。举办纪念改革开放 40 周年书画艺术交流活动，展出 100 余件书画艺术作品；组织“改革开放四十年，我们共同见证”书画摄影采风、专题征文、学习习近平总书记在庆祝改革开放 40 周年大会上的重要讲话精神等活动。将纪念改革开放 40 周年活动与助力攻坚深度贫困“百千百”工程结合起来，组织受帮扶的 9 名贫困学子到太原、忻州、晋中等地开展“改革开放四十年，我们共同见证”专题活动。开展纪念农工党山西省委会成立 30 周年“四个一”活动，总结农工党在山西的发展历程和经验，运用传统媒体、网络媒体等宣传渠道扩大影响，坚定各级组织和党员为多党合作事业作贡献的决心。营造宣传氛围。开设“纪念中共中央‘五一口号’发布 70 周年”“纪念农工党省委成立 30 周年”“资讯|地市动态一周回顾”“党员风采”“最美扶贫干部”“党员议政建言”“党员心声”等专栏，对关键节点、关键事件、关键人物等进行集中报道。在“团结报团结网”微信公众号每月公布的全国民主党派省级组织微信公众号影响力排行榜中，“山西农工”微信公众号在农工党各省级组织中，2 次排名第二、2 次第三、2 次第五、3 次第六。（杨　露）

**【组织建设】** 2018 年，中国农工民主党山西省委员会（简称农工党山西省委会）领导班子召开 14 次主委会议，集体研究决定重大问题，传达学习各类会议精神，做到依靠集体智慧把工作做细、做深、做扎实。12 月下旬，组织召开领导班子民主生活会，班子成员开展批评与自我批评，统一思想、增进团结。

基层组织活力提高。结合“党员之家”建设，设立省直基层组织党员活动基地 1 处，全年共有 6 个支部近 140 人在基地开展主题活动。筹备成立第七届专委会。七届专委会共 11 个，委员人数达 186 人，选定 35 人担任各专委会主任、副主任。制定《专委会工作规程》，明确专委会和委员职责，建立专委会主任联席会议工作机制和专委会委员能进能退、能上能下考核机制，从制度约束上保障专委会和委员履职、发挥作用。完成 1 个市级组织、5 个省直基层组织领导班子的调整，1 名党员新任市委专职副主委、3 名党员新任支部主委、7 名党员新任支部副主委。星级基层组织创建活动完成。印发《开展星级基层组织创建活动工作方案》《星级基层组织创建考评表》，修订《基层组织工作手册》，下发通知并召开省直基层组织负责人会议，对星创工作进行安排。12 月中旬，对全省 123 个基层组织进行考评，评出五星级基层组织 34 个、四星级 31 个、三星级 39 个、二星级 13 个、一星级 3 个、无星级 3 个，以省委会文件形式对全省星级基层组织通报表彰。在 12 月 20 日召开的 2018 年度全省星级基层组织创建活动总结表彰大会上，向五星级基层组织代表授牌。在 12 月 2 日召开的农工党中央十六届二次全会上，农工党主席陈竺对山西开展的星级基层组织创建活动给予肯定。

规范组织发展工作。严把党员发展入口关，制定《党员发展工作暂行办法》《2018 年组织发展规划》，新发

2018 年 7 月 28 日，农工党山西省委会举办纪念省委会成立 30 周年纪念大会

（杨　露供图）

2018年8月17至20日,农工党山西省委会举办"改革开放四十年 我们共同见证"专题活动 (杨 露供图)

展党员274人;全省党员本科以上学历者由77.20%提高到78.80%,平均年龄由39.40岁降到38.70岁,党员结构优化;完善党员数据库,全省4679名党员信息入库做到实时更新。培养新生力量与骨干党员,举办2018年新发展党员培训班和"不忘合作初心,继续携手前进"主题教育活动参政议政培训班,参训人数分别达到214人、80人;推荐20余人次参加中共中央统战部、农工党中央、中共山西省委统战部举办的各类学习培训。注重干部推荐,在1月份人大、政协换届安排基础上,6月份农工党中央书画院换届推荐1人担任副院长、4人担任理事,实现在中央书画院任职的"零突破"。

推进党内监督工作。召开"关于阳泉市部分政协领导干部和政协委员违纪违规典型案例通报警示教育会",组织省委会领导班子成员、农工党员中的省政协委员、省监委会委员学习通报精神。强化对委员履职的督查,修订《农工党山西省第七届委员会委员履职要求》,制作《省委委员履职情况表》,对省委委员和专委会委员履职进行监督规范。参与省委会领导班子民主生活会、省委会机关干部述职评议、全省星级基层组织创建、基层组织建设督导调研等工作,拓展履职领域,发挥监督作用。加强对违法违纪党员的监督,给予4名违纪党员党纪处分建议,其中1名在移送司法机关提起公诉前就给予纪律处分,由事后处理转变为事前监督处理。开展省际交流,农工党海南省委会、贵州省委会、湖南省委会、广西壮族自治区区委会到山西开展组织建设和党内监督工作交流。 (杨 露)

**【参政议政】** 2018年,农工党山西省委会领导班子成员参加中共山西省委组织召开的政党协商座谈会14次,向中共山西省委、山西省政府有关部门提出意见建议。对省政协提案工作报告、省发改委十三五中期报告提出的协商意见均被采纳。完成调研工作。省委会调研课题组和各市委会、专委会、党员专家组,完成25篇涉及医卫改革、经济发展、扶贫攻坚、社会管理、民生改善等领域调研报告。12月20日,召开2018年度调研成果交流汇报会,省委会领导班子和有关专家对这些调研报告进行现场评审,评出一、二、三等奖各7个,引导提高调研工作和调研报告质量。做好提案与社情民意信息工作。 (杨 露)

## 九三学社山西省委会

**【思想政治建设】** 2018年,九三学社山西省委会开展主题教育活动。制定《九三学社山西省委关于开展中共中央发布"五一口号"70周年纪念活动方案》,召开纪念"五一口号"发布70周年座谈会和庆祝改革开放40周年大会,举办山西、北京、江苏、湖北、唐山"四省一市"书画巡展,邀请社中央书画院到晋"送文化下基层"。组织开展主题学习、展板展示、文艺演出、书画巡展、座谈研讨、论文征集等系列宣传活动。动员社员参与社中央"社章社史知识竞赛",在微信平台的竞赛中山西省获平均分全国第三名和参赛率全国第八的好成绩,在现场决赛中,山西代表队获集体三等奖。

开展新闻宣传报道工作。社省委发挥社讯、网站、微信三位一体的立体宣传效果,增强新形势下的宣传引导能力。全年通过网站发布新闻稿件360篇次,微信公众号发布消息200余条,《山西社讯》编辑出版4期,并向社中央报送新闻稿件90篇次。

(张全双)

**【组织建设】** 2018年,九三学社山西省委员会(简称九三学社山西省委会)为第十届委员会,领导班子成员有1正7副,社省委常委24人,委员58人;社中央委员4人,常委1人。全省社员中有全国人大代表1人,省人大常委1人,省人大代表8人;有全国政协委员2人,省政协委员29人。其中,省政协副主席1人,省政协常委6人。

截至2018年底,全省共有市级委员会10个,直属高校委员会9个,直属支社18个;社员总数4155人,主体界别占比为72.50%。 (张全双)

**【参政议政】** 2018年,九三学社山西省委会履行参政议政职能。

政治协商建言献策。九三学社山西省委会主要领导参加中共山西省委、山西省政府及有关部门召开的专

2018 年 10 月 13 日，九三学社山西省委会举办九三学社山西组织建立 60 周年大会 （张全双供图）

题协商座谈会 5 次、调研协商座谈会 2 次，以及党外人士座谈会等，提出抢抓机遇发展康养产业等政策建议。设立药食同源产品研发重大科技专项建议被中共山西省委、山西省政府采纳，促成省科技厅设立省重大科技专项基金。

围绕中心议政调研。九三学社山西省委会聚焦康养产业发展、社会主义文明乡村建设、汾河流域生态修复及可持续发展三个课题开展调查研究。九三学社山西省委会领导带队在忻州、长治、临汾、晋城等地开展实地调研，形成《关于贫困山区社会主义文明乡村建设的调研报告》《关于加快康养产业发展调研情况的报告》《对汾河流域生态环境治理和水污染防治的分析与讨论》等调研成果。第十三届"九三论坛"上，九三学社山西省委会提出的《乡村振兴视域下贫困地区乡村文明建设》作为论坛发言，得到九三学社中央委员会主席武维华及社内专家肯定。

广泛共享扩大影响。《乡村振兴视域下贫困地区乡村文明建设的思考》《保护与开发山西古长城的建议》《关于对接雄安新区强化与京津冀联动融合的建议》等调研报告或提案被《山西日报》、黄河新闻网等媒体登载。组织社员参加社中央第一届"九三教育论坛"征文和研讨，提出来自教育第一线的意见建议，其中 1 篇征文获一等奖。 （张全双）

**【社会服务】** 2018 年，九三学社山西省委会做实做深九地合作。坚持"顶层设计、高位推进"，与社内蒙古自治区委、吕梁市委市政府、临汾市委市政府签署战略合作框架协议，绿色生态农业科研项目、中药材产业发展项目等一并跟进支持地方经济发展，九地合作内涵深化。

拓展社会服务内涵。在全省发起"扶贫攻坚山西九三在行动"主题活动，社省委领导班子成员带头，多名社员以挂职、驻村等方式奋战在脱贫攻坚第一线。响应和参加山西统一战线"百千百"工程，主委会召开专题会议进行部署，形成九三学社山西省委会三级保障帮扶经验，即主委任组长的总帮扶组助力偏关县决胜脱贫攻坚；副主委牵头所联系的各组织组建 10 个帮扶组，结对帮扶贫困大学生家庭；10 名社员一对一帮扶贫困大学生。对贵州威宁开展帮扶合作，依托"同心树人"品牌项目，促成运城康杰中学和威宁民族中学建立长期结对帮扶关系。综合统计，2018 年全省各级组织实施脱贫攻坚项目 40 项、科普讲座 50 次、科技服务 40 次、医卫服务 38 次，参与指导培训的专家 571 人，发放科普资料 49623 份/册、受益群众达 6.2 万人。

对接需求开展科普。开展"九三学社专家科普山西行""开展教学帮扶、推动教研改革"系列活动，举办科普类讲座 11 场；与中共山西省委统战部共同主办第 20 期"山西省民主党派学习讲堂"；联合省文旅厅机关

2018 年 9 月 27 日，九三学社山西省委与中共临汾市委、市人民政府签订战略合作框架协议 （张全双供图）

党委、省图书馆推出每月1期“文源讲坛·科技与人文系列讲座”，邀请多名院士专家授课讲座。（张全双）

【九三学社山西组织建立60周年大会】 2018年10月13日，九三学社山西省委会庆祝九三学社山西组织建立60周年大会在太原举行。大会回顾总结九三学社山西组织60年发展历程、取得成绩和发展经验，表彰一批先进组织和先进个人，出版纪念画册。（张全双）

## 山西省工商业联合会

【组织建设】 2018年，山西省工商业联合会（简称山西省工商联）开展民营重点骨干企业主要负责人、工商联和光彩会中骨干企业家、党员民营企业家、年轻一代民营企业家等四类骨干企业家队伍教育培训，组织“全省民营企业党员出资人培训班”等13次理想信念教育实践活动。“晋联通”全年累计发送263期1613条信息。推进工商联系统改革，出台山西省工商联深化改革实施方案，建立深化改革台账，将晋城市列为全省民营经济发展改革示范市，开展改革示范试点工作。推进所属商会改革，制定省工商联商会改革与发展的工作方案和团体会员入会办法等四个配套办法。推进五好县级工商联和“四好”商会建设，出台“四好商会”建设工作方案，组织开展申报工作。（冯学亮）

【参政议政】 2018年，山西省工商联组织开展“助转型、抓落实、转作风”主题调研活动，围绕民企转型创新发展、民企参与混合所有制改革、民企主导的开发区建设、民企参与军民融合等方面进行走访调研。成立省工商联参政议政委员会，发挥企业家主体作用，在省政协十二届一次会议上提交21件团体提案，上报件数和选用件数均比上年翻一番。提交全国工商联《关于建立政策落实综合推进机制激发市场主体活力的建议》等两件提案被全国政协第十三届一次会议选做大会书面发言。开展亲清政商关系专题调研，与中共山西省委统战部推动领导干部联系民营企业家制度出台，省市县共有2056名领导干部与3511名企业家建立联系制度。协助省委山西省政府召开全省企业家大会、民营企业家座谈会，配合省委统战部开展山西省第四届优秀中国特色社会主义建设者评选工作，省委山西省政府对100名优秀建设者进行表彰。与省经信委等部门联合授予26家民营企业“山西省优秀企业”荣誉称号。开展山西民企百强发布活动，中国民生银行山西分行为全省百强民企授信百亿元，与省国资委联合召开民企参与国企混改座谈会，以及省属国企混改项目新闻发布暨推介会，组织300余名民营企业家对接21户省属国企108个混改项目。与省国防科工局联合召开民参军培训讲座，组织100多家民营企业和商会参加山西省军民融合发展推进会暨武器装备采购论坛和军民融合科技成果项目路演及专场对接会。与省检察院建立长效对接协作工作机制，召开“营造保护企业家合法权益良好法治环境”和“服务企业家创新创业营造良好法治环境”座谈会，部分民营企业反映问题。与省法院签署《关于建立联动工作机制，依法保护非公有制企业合法权益，促进非公有制经济健康发展的意见》，组织召开依法保护非公有制经济健康发展工作推进会，搭建促进民营经济发展服务保障平台。与省司法厅在商会调解工作领域开展合作，指导山西省建筑企业商会、山西省广东商会、阳泉市郊区工商联成立人民调解委员会，建立化解矛盾纠纷机制。（冯学亮）

【服务民营经济发展】 2018年，山西省工商联牵头起草《关于支持民营经济发展的若干意见》（简称30条）初稿。起草过程中开展专题调研，借鉴其他省份出台意见和创新做法；征求民营企业家意见，畅通渠道让企业家参与《意见》起草工作，梳理全省民营企业存在困难和问题清单；听取金融、税务、国土等20多家政府职能部门关于促进民营经济发展意见建议，推动民营企业期市场开放、简政放权、要素配置、财税支持、信贷融资、降低成本等方面改革。11月26日，协助中共山西省委、山西省政府召开支持民营经济发展大会，出台“30条意见”。会同省委统战部开展大宣传、大调研等落实全省支持民营经济发展大会精神“十大行动”，深入11市119个县（市、区）对民营企业进行政策宣讲解读；协调相关部门制定配套措施。推动民营企业优惠政策贯彻落实。推进落实省委、山西省政府设立“山西晋商民营联合投资控股股份有限公司”（简称“晋民投”）参与国企改革和转型发展部署要求，做好“晋民投”筹备工作。以“市场运作、自愿参与、专业管理、依法合规”为原则，与省发改委、国资委、工信厅、金融办、综改区等有关单位联系协调，进行全方位多方面宣传发动和服务指导，在全省支持民营经济发展大会召开当天“晋民投”正式揭牌，资本金达45亿元，涵盖机械制造、医药健康、能源、科技、金融等行业领域。服务民营企业省内发展，引导民营企业“走出去，引进来”，完成2018中国（太原）国际能源博览会部分招商任务，邀请近700名客商参加。协助省委、山西省政府举办山西省（深圳）招商引资推介会。编印《民营企业参与“一带一路”建设政策汇编》，鼓励引导民营企业有序参与“一带一路”建设和境外投资。召开珠三角、长三角等区域的西商会联席会议，加强与异地山西商会的沟通联系。（冯学亮）

## 山西省总工会

【概况】 2018年，山西省总工会坚持工会资源向基层倾斜，出台文件将省、市总工会对乡镇(街道)、村(社区)工会补助标准提高1–1.50倍。开展大培训，省总干校培训基层工会干部4670人(次)。以地税代征工会筹备金数据为依据加大建会力度，开展第九个"工会组建月"活动和"货车司机入会集中行动"和"百人以上集中建会行动"，新建基层工会组织1032个，新增覆盖法人单位2623个，发展会员75162人。其中，"八大群体"会员34531名，货车司机23810名。截至2018年底，全省工会组织59054个，覆盖法人单位173745个，会员789万名，其中农民工会会员232万名。召开全省工会"三基建设"推进会暨产业工会工作会议，举办"三基建设"成果展，有针对性地开展组织、制度、工作规范化建设评估，89个"模范职工之家(小家)"、优秀工会工作者等先进集体和先进个人受到全国总工会表彰。拓展"13710"工作制度，制定《关于进一步加强效能建设的实施方案》，完善工作日程安排周报、月报制度，规范考核机制，服务效能得到提高。全省11个市总工会、70个县总工会实现主席高配，91个县总工会建立党组，全省各市、县总工会配齐兼挂职副主席，市总工会兼挂职副主席39名，县总工会兼挂职副主席441名。

（肖 翰 文慧霞）

【工会改革目标】 2018年7月26日至27日，山西省总工会在临汾召开山西省工会改革现场推进会，提出要树立"改革永远在路上"的意识，以构建联系广泛、服务职工的工会工作体系为目标，实施"六大行动"：立足改革创新，实施"勇于担当 奋发有为"创建行动，在党的建设、"三基"建设、联系引导社会组织方面谋实事、出实绩；聚力"三大目标"建设，实施"五小六化"提质行动，推进"五小"竞赛向竞赛群众化、管理智能化、内涵科技化、人才高端化、成果产业化、服务多元化升级；围绕共建共享目标，实施"美丽·安康·幸福"创建行动，发挥职工群众在污染防治、安全生产、维护社会稳定中的作用；服务脱贫攻坚大局，实施"手拉手"援助行动，在城市困难职工解困脱困、精准扶贫、对口援疆方面发力；着眼职工美好生活需要，实施会员普惠服务行动，建立工会普惠化服务体系；打造"互联网+工会"建设新模式，实施"网上工会"提速行动，实现服务职工点对点、零距离、全方位。

（肖 翰 文慧霞）

【"五小六化"提质行动】 2018年，山西省总工会作出实施"五小六化"提

2018年4月20日，山西省总工会第十三届委员会第四次全体会议在太原召开

（文慧霞供图）

质行动的工作部署。举办山西省“五小”竞赛成果精品展，组织观看“五小”竞赛巡礼《咱们工人有力量》专题片，召开全省三方“五小六化”竞赛推进会，深化全省工会系统竞赛工作督查调研，竞赛内涵、领域和空间拓展。在全国职工优秀技术成果交流活动中，山西省获得一项二等奖、两项优秀奖。山西省工会开展的“五小”竞赛被写入中国工会十七大报告，上升为全国工会战略。（肖　翰　文慧霞）

**【产业工人队伍建设改革】** 2018年山西省总工会贯彻落实全总关于产业工人队伍建设改革的决策部署，以开展大练兵、大比武作为全会重点工作和深化产业工人队伍建设改革的具体措施，联合省人社、科技、工信、住建等部门成立山西省职工职业技能大赛组委会，高卫东担任组委会主任，王蕾担任组委会常务副主任。履行牵头责任，推动全省产业工人队伍建设改革协调小组37个部门（单位）制定执行全年工作计划。召开全省产业工会工作会议，制定《贯彻落实〈关于提高技术工人待遇的实施意见〉责任分工方案》，动员组织百万职工参加第六届全省职工职业技能竞赛，并在全国第六届职工职业技能大赛中获团体第一。（肖　翰　文慧霞）

**【劳模表彰系列活动】** 2018年，“五一”期间，山西省委、山西省政府主要领导带头送奖到基层。评选表彰提高一线职工和专业技术人员比例，占到50.20%，突出注重基层、贴近一线的导向。与山西广播电视台主办“奋进新时代”——2018年山西省庆祝“五一”国际劳动节特别节目，在山西卫视黄金时段首播、黄河电视台重播，全国劳模、省劳模代表走上舞台，讲述奋斗故事。开展“弘扬劳模精神、塑造美好形象”劳模宣传活动，联合山西日报社、山西广播电视台举办2018年“三晋工匠年度人物”发布活动，组建由相关领域知名专家、著名劳模代表、资深媒体人士组成的专家评审委员会，严格把关，将评选活动打造成展示山西高技能领军人才新形象、激发全省产业工人积极性的抓手和平台。从初选257人中确定30名候选人名单，在省级媒体公示，并举办2018年“三晋工匠年度人物”发布晚会。

（肖　翰　文慧霞）

**【去产能职工安置】** 2018年，山西省总工会对接《山西信息》刊登的《我省去产能职工分流安置工作进展情况、存在困难和建议》，组织3个专项督查调研组到全省39家去产能钢铁、煤炭企业实地调研，在忻州、吕梁、长治召开去产能企业工会主席座谈会，根据调研情况，向省委、山西省政府分别作汇报，提出工会建议。制定《关于在去产能职工安置工作中进一步发挥工会组织作用的意见》，以“一汇编两清单”（山西省去产能职工安置工作政策汇编，地方工会、企业工会做好去产能职工安置工作任务清单）为抓手，协助党政做好去产能职工安置工作，助推1.4万名职工安置工作进行。《山西信息》第348期以《省总工会强化责任担当积极协助政府和企业做好去产能职工安置工作取得新成效》为题转发省总工会经验。省总工会在全国工会基层工作座谈会、全国工会源头化解职工队伍稳定风险工作会议上作交流发言。

（肖　翰　文慧霞）

**【农民工权益落实】** 2018年，“两节”期间，山西省总工会开展“农民工有困难找工会，拿不到工资找工会”专项行动得到农民工的拥护和感谢，全总、省委领导也给予肯定。11月12日，省委书记骆惠宁对保障农民工工资支付工作批示要求：“山西省保障农民工工资支付工作不能自满、不能松劲，人社厅要与省总工会联手做好工作。”省总工会召开主席办公会和党组会，集体学习传达批示精神，出台《山西省总工会关于进一步深入开展“农民工有困难找工会，拿不到工资找工会”专项行动的通知》和《关于报送农民工工资支付工作信息的通知》，就2019年元旦、春节期间开展专项行动进行安排部署。据统计，全省各级工会在“两节”期间共帮助1658名农民工追回欠薪1834.43万元，垫付农民工讨薪应急救助周转金100万元。没有发生一起农民工讨薪恶性事件，同时推动解决一批拖欠农民工工资问题。开展“尊法守法　携手筑梦”服务农民工公益法律服务行动，组建23支公益法律服务队，除对农民工进行现场咨询外，运用工会、司法行政系统、律协和律所的网站、手机APP、微博、微信等互联网技术平台，面向企业工会和农民工推出“互联网+”法律服务多项举措，提高对一线农民工服务覆盖率和精准度。

（肖　翰　文慧霞）

**【女职工维权】** 2018年，山西省总工会推动山西省政府出台《贯彻落实〈山西省女职工劳动保护条例〉的实施意见》。参加省人大常委会召开的《山西省女职工劳动保护条例》执法检查审议意见落实情况座谈会，作为主汇报单位对落实《条例》执法检查审议意见情况进行汇报。参与省人大内司委组织的《山西省女职工劳动保护条例》执法检查审议意见落实情况专题调研。各级工会配合地方人大及劳动、卫生、安监等部门，以中小非公企业和女职工相对集中行业为重点，对《条例》的执行情况进行监督检查。截至6月，全省118个县财政拨款单位全部落实30元卫生费，国有企业大部分落实，2%的一次性营养补助费和一年一次的妇科体检落实。开展第十七次“集体合同和工资集体协商月”活动，全省百人以上工会企业工资集体协商建制率保持在91%以上，女职工权益保护专项集体合同基本实现全覆盖。（肖　翰　文慧霞）

**【城市困难职工解困脱困】** 2018年，山西省总工会借鉴农村扶贫经验，推动将城市困难职工解困脱困列入政府专项工作，争取省财政专项帮扶配套资金支持，建立健全困难职工联系人制度，拓展帮扶渠道，加大资金投入，提高帮扶实效。组织召开全省工会保障工作会，对全省工会困难职工解困脱困工作进行安排部署。按照全总要求，做好困难职工档案精准识别工作。举办两期保障帮扶工作培训班，下发通报，督促各级工会做好困难职工档案管理和各项财政帮扶资金使用信息录入工作。联合省民政厅出台《关于加强困难职工数据比对和信息共享工作的通知》，明确对困难职工家庭进行精准识别的意义，对信息共享的层级、方式和内容作出具体规定，提升帮扶救助工作智能化水平。针对2017年度使用中央和省财政专项帮扶资金的县级以上帮扶中心，通过电话抽查、入户走访，查看档案资料、财务账簿凭证等方式，进行城市困难职工脱困解困工作督导检查。在此基础上调研，向省委山西省政府提交建议，推动解决城市困难职工脱困后可持续发展问题。截至年底，全省在档城市困难职工户数从年初的15.10万户减为4.10万户。

（肖　翰　文慧霞）

2018年8月17日，山西省总工会举办2018年“金秋助学活动”　（文慧霞供图）

【“四送”品牌】 2018年山西省总工会开展“春送岗位、夏送清凉、金秋助学、冬送温暖”品牌活动，为职工提供服务。在全省范围内开展就业创业服务月系列活动，提供免费就业服务11.80万人次，介绍69057人就业，创业扶持2123人。开展“六送”（送物资、送文化、送安全、送政策、送健康、送培训）活动，筹集资金为16.25万职工（农民工）送去清凉，发放慰问款物851.72万余元。筹集资金2119.20万元，发放助学款1914.82万元，资助困难职工和困难农民工子女5669人；为在读困难职工子女勤工俭学和社会实践联系单位105家，提供岗位347个。筹集资金近亿元，在“两节”期间走访慰问困难企业1170家、困难职工家庭96977户。

（肖　翰　文慧霞）

【职工安全健康保障】 2018年，山西省总工会落实打好污染防治攻坚战部署，将生态文明、环保达标、环境治理纳入“安康杯”竞赛考核指标，全省参赛企业、班组、职工数分别增加10.20%、9.80%、11.30%。12月21日，与省应急管理厅联合召开山西省2017—2018年度“安康杯”竞赛总结表彰暨经验交流会议，总结过去两年“安康杯”竞赛活动经验，表彰活动中涌现出的先进集体和个人，安排部署今“安康杯”竞赛工作。推进煤矿井口群众安全工作站建设和煤矿井口群众安全工作站星级竞赛活动，评选出18个“煤矿井口群众安全工作标兵站”。组织全省工会“安全生产月”活动，推进安全标准化班组建设，开展群众性隐患排查治理和安全生产合理化建议活动，促进职工体面劳动、安全健康、幸福生活。

（肖　翰　文慧霞）

【女职工工作】 2018年，山西省总工会开展2018年全省先进女职工集体和个人评选表彰活动，对在过去两年中为山西经济建设和社会发展作出贡献的先进女职工集体和个人予以表彰。经过推荐评选，共评出10个山西省十大杰出女子班组、10名山西省十大杰出女职工以及100个“山西省五一巾帼标兵岗”和200名“山西省五一巾帼标兵”。组织开展“巾帼建新功 共筑中国梦”全省先进女职工事迹巡回报告会，约400个单位近5000人现场聆听报告会。与省城镇集体工业联合社联合开展“弘扬工匠精神促进创新创业”第二届全省职工手工艺精品展评活动。组织开展工会女职工工作情况调研，3次召开座谈会，了解工会改革创新、产业工人队伍建设改革、企业转型、女职工转岗就业、女职工权益维护等情况。开展女职工提素建功活动，截至2018年11月，全省有96.07万名女职工参加各项提素建功竞赛比武活动，县级以上培育、选树女职工（女劳模）创新工作室95个、女性工匠262人。组织开展女职工维权行动月活动，推动《山西省人口和计划生育条例》落实。截至11月，全省有113个县（区）和11856个企业参加活动，参加职工189.90万人，女职工达140.31万人，宣传3886场次，法律咨询2069场次，专题讲座2308场次，知识竞赛443场次。

（肖　翰　文慧霞）

【对口援疆】 2018年，“两节”期间，山西省总工会组织开展慰问援疆干部和人才活动。5月5日，省总工会和新疆驻山西省新疆籍务工经商人员服务管理工作组共同举办以“学习中共十九大精神，爱党爱国敬业”为主题的劳模先进事迹报告会。8月17日，山西省工会对口援疆工作推进会召开。9月17日至21日，高卫东带领我省工会干部和劳模工匠，深入新疆维吾尔自治区开展集中对接援助和劳模工匠交流宣讲工作。全年累计投入援建资金726万元。12月11日，在北京举行的全国工会对口援疆援藏工作总结座谈会上，山西省工会就援疆工作作典型发言。

（肖　翰　文慧霞）

【非洲工会领导人代表团在晋考察】2018年5月16日至19日，非洲工会领导人代表团一行在山西省围绕农村建设、消除贫困、对非投资企业等主题进行参观考察，并与基层工会座谈交流。5月18日，高卫东会见到晋考察的非洲工会领导人代表团成员，与他们交谈。在山西省考察期间，非洲工会领导人代表团一行到大寨、平遥以及山西建投集团有限公司，学习大寨精神、了解平遥传统艺术以及相关非洲国家援建项目的建设情况，参观智慧工地项目。（肖　翰　文慧霞）

【委托课题研究】2018年，山西省总工会第一次以委托课题的方式，邀请山西大学、山西财经大学、省总干校三家单位的专家学者，就工会工作的现实和历史课题开展研究。为规范和加强省总工会理论研究课题管理工作，提高研究课题管理效率和实施质量，省总工会制定理论研究课题管理办法和委托外单位开展课题研究以及问卷调查专项经费管理办法。根据文件规定和省总工作安排，本着围绕中心、服务大局的原则，确定3项课题，分别是：山西工运人物王世益研究、山西工会“三基”建设研究、化解过剩产能背景下工会工作研究。委托课题工作由省总工会政研室牵头负责，从课题的立题、申报、审批、监管、结题、成果、经费等方面严把程序，严抠细节，召开委托课题开题报告会、中期评估会、结题验收会三次会议，邀请专家学者和省总相关部门的负责人进行现场点评。

（肖　翰　文慧霞）

【第七届全国职工全健排舞大赛举办】2018年10月30日至11月2日，中国职工文化体育协会、山西省总工会、大同市委市政府主办的“中国梦·劳动美”第七届全国职工全健排舞大赛，在大同大学体育馆举行。共有来自全国工会系统、企事业单位、行业文化体育协会等46支代表队的1400余人参加。大赛开通网络直播和网络投票平台，网络点击量达421.79万次，共有10824条评论以及1424517次点赞。山西省代表队除斩获多项团体和个人一等奖、二等奖外，大同市总工会获得特殊贡献奖、大同翔龙艺术团代表队获得最佳人气奖。（肖　翰　文慧霞）

## 共青团山西省委

【概况】截至2018年底，山西省共有青年1104.55万名（其中14至28周岁青年707.28万名），团员170.30万名，团员与青年比例为24.08%。基层团委4278个，团(工)委255个，团总支3395个，团支部77320个。专职团干部2955名，兼职团干部102787名。团省委直属11市、省直、国防、国资委、金融、33所高校共48个团委和3个驻外团工委(北京、天津、广东)。

2018年，山西省各级团组织以推进“1122”工作布局，各项工作取得成效。青年“双争双兴”工程列入《山西省乡村振兴战略总体规划（2018—2022年）》。“青春兴晋”行动得到省委书记骆惠宁批示肯定，在央视2套播出。联合长治市委向团中央申报并获批“全国青少年太行革命传统教育基地”(全国第四家)。山西山西省政府购买青少年社会服务做法在全国推广。团省委获第五届“创青春”中国青年创新创业大赛(互联网组)优秀组织奖。团省委机关党委被省直工委评为先进基层党组织。《中国青年报》头版报道《引领青年争当脱贫攻坚实干家——山西:“双争双兴”助力乡村振兴》。山西省“红色记忆V计划”推送的3部作品获第六届亚洲微电影艺术节一等奖。（赵舒悦）

【共青团改革深化】2018年，共青团山西省委出台团代表、委员、常委履职工作规则，决策运行机制规范。成立思想引领、脱贫攻坚、评选表彰等项目组，工作运行纵向扁平化。出台《市县共青团深化改革任务清单》，市县团委改革步伐加快。实施“青源”工程，中学共青团改革推进。改革团员管理，启用“智慧团建”系统，录入团支部7.75万个。建设“青年之家”1213个，团服务阵地走近青年。青学联、少先队改革统筹推进。团省委事业单位撤销5个。（赵舒悦）

2018年6月，共青团山西省委开展“青春兴晋”大学生暑期社会实践活动

（赵舒悦供图）

【青少年思想政治引领】 2018年，共青团山西省委开展“青年大学习”行动，用青少年喜闻乐见的方式，宣传习近平新时代中国特色社会主义思想和中共十九大精神，举办宣讲活动2300多场、主题团日学习2.06万次，在线学习107万人次。在各级共青团、青学联、青年社会组织中成立习近平新时代中国特色社会主义思想青年学习小组，学思践悟辐射带动。批准在山西省长治市建立“全国青少年太行革命传统教育基地”。“青年马克思主义者培养工程”培养青年政治骨干1.75万人。少先队开展“红领巾爱学习”活动，培养少年儿童对领袖的朴素感情。常态化开展社会主义核心价值观和中国梦宣传教育，举办10场“将改革开放进行到底”示范宣讲，开展1083场“红色记忆V计划”“我与国旗合个影”等主题活动，青少年坚定“四个自信”。5名青年入选2018年“全国向上向善好青年”，其中，张亚娟入选诚实守信类好青年，潘海波、张美静入选孝老爱亲类好青年，冯黎明、李小姣入选崇义友善类好青年。 (赵舒悦)

【青年创业创新创优】 2018年，共青团山西省委开展“创青春”系列工作，培育创新创业项目1133个，青创板挂牌161家企业，推动青年创新创业。山西“青年创业板”第五期企业挂牌仪式分别在太原、晋城两地举办，33家企业挂牌。第五届“创青春”山西青年创新创业大赛在山西综改示范区科技创新孵化基地举办，大赛由团省委、省发改委、省经信委、省教育厅、省科技厅、省人社厅、省农业厅、省国资委、省中小企业局、省扶贫办、省总工会等单位联合主办。(赵舒悦)

【青年志愿者活动】 2018年，共青团山西省委实施“双争双兴”工程，培养农村青年电商人才8526人，筹集3200万元公益金资助5229名贫困青少年，动员1150名青年志愿者和高校志愿服务队参与贫困帮扶，推进乡村振兴和脱贫攻坚。深化“保护母亲河行动”，成立山西青少年环保联盟，实施青少年节水护水行动，开展“河小青”“环保小河长”等生态环保实践，青少年绿色环保意识提升。开展学雷锋活动，完成太原国际能博会等大型展会志愿服务，推进“二青会”志愿服务工作，文明创建开展。

(赵舒悦)

【青少年社会服务】 2018年，共青团山西省委落实《中长期青年发展规划(2016—2025)》和《山西省青少年发展“十三五”规划》，争取财政600万元购买青少年社会服务22项，争取中央彩票公益金2000万元，实施“助力计划”山西省困境青少年服务项目，覆盖困境青少年143万人次。“共青团与人大代表、政协委员面对面”提交青少年提案、议案145件。每周推出“守护青春”法治广播，覆盖中小学2000多所、青少年300余万名。出台《关于构建未成年人司法保护工作社会支持体系的意见》，建成未成年人保护专线。实施“伙伴计划”“筑梦计划”，成立山西青年网络作家联盟等枢纽型社会组织，加强新兴青年群体和青年社会组织的联系服务。

(赵舒悦)

【“青春兴晋”行动】 2018年，共青团山西省委开展“青春兴晋”行动。春节期间(1—2月)，开展“一封家书”“学子归巢”“团支部建群”“乡村振兴青年人才库建设”等9大活动，引导山西在外优秀青年回乡就业创业，线上覆盖1023.21万人次，线下覆盖78万人次。中央电视台、《中国青年报》、山西电视台、《山西日报》等传统媒体和人民网、新华网、新浪、腾讯等新媒体对活动进行跟踪报道。暑假期间(6—8月)，开展“青春兴晋”大学生暑期社会实践活动，动员在外山西籍学子返乡赴各级党政机关、群团单位实践锻炼。团山西省委分到北京等6省市“双一流”高校，组织清华大学等21所“双一流”高校的346名学生召开7场座谈会。活动期间，通过网络新媒体报名5547人，经沟通调剂，1758名学子在山西省各地上岗实践。 (赵舒悦)

## 山西省妇女联合会

【概况】 2018年，山西省妇女联合会共有地市妇联11个，县妇联118个，乡妇联1206个，基层妇代会29221个。2018年，召开山西省纪念三八国际妇女节108周年大会，评选表彰省级三八红旗手110名、三八红旗集体95个、巾帼文明岗98个、巾帼建功标兵148名，组织开展三八红旗手、巾帼建功标兵巡讲，“向三八红旗手学习·为三八红旗手点赞”，庆祝改革开放四十周年三八红旗手宣讲，“三晋巧姐”作品展等系列活动。推进“十百千万‘三晋巾帼大宣讲’”活动，组织中共十九大女代表、妇联干部及三八红旗手、“最美家庭”代表深入农村、社区宣讲中共十九大精神22.3万场次。其中“中共十九大女代表接力宣讲网上行”活动线上线下宣讲14942场，覆盖77.27万人次，引领广大妇女听党话、跟党走。

开展大学习，部署大培训，组织大宣讲，推动大落实，形成强劲态势。全省共组织学习宣传宣讲2487场次，覆盖26.65万人次，推动习近平总书记重要讲话精神入脑入心笃行。

(侯少华)

【妇联系统改革】 2018年，山西省妇女联合会从基层一线替补、增补14名执委，省妇联执委中各族各界、各行各业劳动妇女和知识女性优秀代表比例由26%提高到41.05%，实现40%的改革目标。指导8个市完成换届工作，市县乡三级妇联执委中的基层一线代表比例均实现改革要求。推进“会改联”“区域化”建设，全省99.88%的村(社区)妇代会改建为妇联，99.21%的乡镇妇联组织完成区域化建设。市县乡村四级妇联组织新增兼职副主席68094名、执委312083名，破解工作力量“倒金字塔”难题。建立网格型妇女小组54557个，功能型妇女小组17658个;加强机关事业单位妇委会和团体会员工作，在非公

2018年9月1日，山西省妇女联合会举办《山西省家庭教育促进条例》宣传咨询活动 （侯少华供图）

经济组织和社会组织中建立妇女组织16320个，夯实基层组织网络，妇联组织基层基础夯实。落实省委对群团组织下基层工作要求，转变工作作风，省妇联领导班子深入各地农村（社区）宣讲中共十九大精神，三八妇女节期间送奖到基层，与基层妇女群众共度节日；机关干部轮流到信访岗位接访、到居住地社区报到、与妇女群众结对子，妇联干部作风扎实。夯实网上工作阵地，开展"姐妹相约·网上过节""争做巾帼好网民"等线上宣传活动，网络直播寻找山西"最美女性"揭晓仪式，吸引3万余名群众观看；网络直播第四届"晋嫂"家政服务技能大赛决赛，即时关注收看达12万余人次。山西半边天微信公众号全年位列全国妇联微信公众号影响力排行榜前列。 （侯少华）

【"巾帼"系列行动】 2018年，山西省妇女联合会推进"巾帼"系列行动。

深化"创新创业巾帼行动"。围绕供给侧结构性改革，为国企转岗分流职工、待业女青年提供技能培训和就业扶持。在腾讯视频和山西电视台开展省非物质文化遗产手工缝制、手工编织等20个项目的网络推广活动。举办第四届"晋嫂"家政服务技能大赛、第五届"三晋巧姐"剪纸作品展示，"春风行动"女性大型专场招聘会，激发妇女双创活力，帮助4万余名妇女实现创业就业。

推进"乡村振兴巾帼行动"。落实"农村妇女素质提升计划"，全省共组织农村电商、乡村旅游、家政服务、特色手工艺等专题培训399期，帮助21085名参训妇女实现转移就业。开展"推动移风易俗·弘扬时代新风"活动，组织文艺表演、故事分享、签名、志愿服务等宣传教育活动919场，覆盖12.7万人次。开展"美丽家园"建设活动，推动妇女从家庭做起、从改变生活和卫生习惯入手，清理整治房前屋后环境，净化绿化美化庭院，开展系列活动1045场，覆盖19.6万个家庭、56.7万人次，引导农村妇女弘扬文明新风，共建共享美好家园。

推进"三晋巾帼脱贫行动"。加大对贫困妇女的宣传教育和帮扶力度，举办全省推进"三晋巾帼脱贫行动"助力攻坚深度贫困现场观摩培训班。开展"巾帼脱贫大篷车"活动，共举办健康知识讲座1256场次，义诊8947人次；发放救助金165.10万元；举办脱贫技能培训358场次，受益贫困妇女达23065名；捐赠各类图书23200册。新创建各级各类"三晋巾帼脱贫示范基地"301个，举办贫困妇女脱贫技能培训班450期，带动13431名贫困妇女实现就业。全国妇女手工协会在山西的首个妇女手工扶贫工厂落户繁峙，首个"妇女手工扶贫培训基地"在静乐揭牌，助力贫困妇女脱贫攻坚。 （侯少华）

【妇女维权服务】 2018年，山西省妇女联合会加强源头维权，以省第十一届村民委员会换届选举为契机，推动女性和村妇联主席进"两委"。换届后，全省95.83%的行政村有女性"两委"成员；82.73%的村妇联主席（22363名）进入村"两委"。做实基层维权，深化"建设法治山西·巾帼在行动"活动，全省利用重要节日节点举办普法讲座2160场、面对面现场咨询3148次、法治文化活动2564场，参与群众达66.81万人次。发挥各级妇联信访接待室、妇女维权站、12338妇女维权服务热线作用，做实信访维权服务，做好婚姻家庭纠纷预防化解工作，全省妇联系统共接待处理信访案件2595件次，排查婚姻家庭领域矛盾纠纷1320件，化解1270件，化解率达96.20%。太原打造"妇工+社工+义工"模式，购买第三方服务实施"平安家园"反家暴维权支持项目、婚姻家庭矛盾纠纷调解与心理疏导项目，妇女维权工作提高。 （侯少华）

## 山西省文学艺术界联合会

【概况】 山西省文学艺术界联合会（简称省文联）实行团体会员制，由山西省戏剧家协会、山西省音乐协会、山西省美术家协会、山西省电影家协会、山西省电视艺术家协会、山西省舞蹈家协会、山西省曲艺家协会、山西省摄影家协会、山西省书法家协会、山西省杂技艺术家协会、山西省民间文艺家协会11个省级文艺家协会和11个市文联以及部分行业

2018年5月7日，山西省民间文学艺术家协会举办《中国民间文学大系》《中国民间工艺集成》出版工程座谈会

（樊丽红供图）

文联、产业文联组成。（樊丽红）

【群众文艺志愿服务】 2018年1月19日至20日，省文联开展“扎根生活沃土 服务基层群众”文艺志愿服务活动走进繁峙，现场写春联、送祝福。活动现场，书法家用各种书体创作形式多样的“福”字作品。（樊丽红）

【山西曲艺进“第十三届马街书会”】 2018年2月27日，中国曲协、河南省文联主办的“第十三届马街书会全国优秀曲艺节目展演”在河南省宝丰县开唱。山西省曲协选送由胡晚红表演的长子鼓书《闹红火》和由胡小龙、胡云云表演的武乡琴书《逐梦放映》入围参加该次展演。这两部作品均为暴玉喜创作。

河南省宝丰街书会又称“十三马街书会”，有700年历史。该届马街书会优秀曲艺节目展演活动，有从全国16个省市100多个节目中精选出的26个优秀曲艺节目、21个曲种参加展演，参演艺人1000余人，赶会群众近30万人。（樊丽红）

【赵望进书法艺术展】 2018年4月21日，“积步·写心·用世——赵望进书法艺术展(晋京汇报展)”在太原美术馆开展。

展览共展出200余幅作品，分“积步为学”“写心为道”“用世为归”三个部分。作品形式有中堂、条幅、对联、条屏、扇面、手卷、册页、手稿、题跋，有其题写的牌匾、楹联、碑石拓片等。

（樊丽红）

【“到人民中去”系列活动】 2018年，省文联纪念“5·23”“到人民中去”，开展系列活动。

5月18日，开展“山西省文联助力扶贫到繁峙手拉手送图书进校园”活动，现场把图书送到小朋友手中。

5月22日，省文联组织省杂协、音协、曲协、舞协的文艺工作人员到省文联扶贫村大同市浑源县东留村开展文艺慰问活动。省、市、县三级演员一起登台演出，分别表演特色节目《大同数来宝》、小品《咱爸咱妈》以及演唱《映山红》《九儿》《跟你走》《乡音乡情》、器乐合奏《绒花》《希望的田野上》和魔术。（樊丽红）

【“看山看水看山西”系列采风】 2018年7月16日，山西省电影家协会、吕梁市文联联合举办的“看山看水看吕梁”文艺采风活动，拉开山西电影界庆祝改革开放40周年“看山看水看山西”系列采风活动序幕。

这次活动围绕主题，组织19名编剧、导演、演员、摄影等电影艺术家，深入兴县、方山、岚县进行创作采风，收到效果。举行庆祝改革开放40周年“转型发展看同煤”“走进黎城看变化”等采风活动。（樊丽红）

## 山西省作家协会

【概况】 山西省作家协会(简称省作协)有团体会员20个，其中包括11

2018年1月19日至20日，山西省书法家协会开展两节“书法家送万福进万家”活动

（樊丽红供图）

2018年11月，山西省作家协会会员刘慈欣获克拉克想象力服务社会奖

（许小登供图）

个市文联、9个企业文协(作协)。全省共有省作协会员2834名，中国作协会员253名。　（许小登）

**【作协深化改革】** 2018年，省作协印发《山西省作协深化改革方案》。参照中国作协方案，在深入调研、反复讨论、征求意见建议的基础上，制定山西省作协改革方案，经省委宣传部部务会审议，报省委常委会研究通过，由省委办公厅发文，明确山西省作协改革任务。各项工作向基层倾斜。把研讨会开到基层，在高平、汾阳、代县，以及晋中电网公司等地为基层作家召开作品研讨会。把培训班办到基层，组织省内外专家为运城、高平、祁县、昔阳、汾阳等基层作者授课。各项培训、扶持活动增加基层同志比例。在省作协七代会中，基层和创作一线代表占比达95%，比例较上一届扩大。扩大服务社会的覆盖面。“两节”期间组织作家开展“山西作家走进基层”系列活动，到介休、兴县、原平、沁源、代县，以及山西农业大学、太钢等地开展文化惠民活动。在山西大学与商务印书馆太原分馆联合主办“大学堂·东方经纬”文学讲坛系列活动。与山西省图书馆联合开展系列文学讲座。落实挂职制度，选调3人到省作协挂职，安排省作协3人到扶贫点挂职。　（许小登）

**【作家主题采风】** 2018年，省作协围绕中心工作开展主题采风活动。以“纪念改革开放40周年”为主题，组织作家到代县、阳高、忻州、汾阳、垣曲采风。助力精准扶贫，组织作家到岢岚采风研讨，到隰县扶贫点采风慰问。全年组织作家400余人次采风10余次。与各界合作组织采风活动。推动山西省文旅产业发展，与省委外宣办、临汾市、吕梁市、《香港商报》等联合组织“著名作家看山西”系列采风活动，组织全国各地著名作家在吕梁及翼城、安泽、侯马等地采风考察，创作一大批反映山西转型发展、深厚历史文化的作品并在全国各大报刊发表。组织支持作家定点深入生活。与省委宣传部、省扶贫办、省出版传媒集团等组织作家深入脱贫攻坚第一线，对山西省脱贫攻坚工作进行采访，创作出版长篇报告文学《掷地有声——脱贫攻坚山西故事》。　（许小登）

## 山西省科学技术协会

**【概况】** 2018年，山西省科学技术协会(简称省科协)有市级科协11个；县(市、区)科协117个，其中独立建制115个；乡镇科协1108个，街道科协331个；行业科协2个，分别是省国防科协、省电力科协。省科协所属省级学会有135个，其中理科学会17个、工科学会34个、农科学会16个、医科学会21个、综合交叉学科学会47个。此外，企业科协、园区科协、高校科协等科协基层组织不断壮大。山西山西省政府与中国科协签署全面战略合作协议，结合山西实际需求，实施创新驱动发展战略，从脱贫攻坚、科技创新、智库建设、科学普及、人才培养、基层建设等方面开展合作，推进山西建设“资源型经济转型发展示范区”、打造“能源革命排头兵”、构建“内陆地区对外开放新高地”。　（吕　伟）

**【院士专家工作站建设】** 2018年，省科协新建院士专家工作站30个，全省科协系统共为企事业单位建立院士专家工作站108个，引进院士100余名，引进院士专家团队500余人，与院士专家团队签订合作项目200余项，累计申请专利540项，申请软件著作权186项，获得国家级、省部级各类奖项152个，联合培养各类专业人才1390人。举办高端论坛20余场，开展“院士专家山西行”活动17场，邀请15名院士来晋作主题报告、开展实地调研，并与省市县领导及企业开展座谈、建言献策。　（吕　伟）

**【大众创业万众创新活动】** 2018年10月9日至15日，省科协会同省发改委、山西综改示范区管委会等单位联合组织全国大众创业万众创新活动周山西分会场活动，共举办展示、论坛、竞赛、讲座等活动18项，线上线下展出项目800个，接待公众2万余人次，线上线下辐射人群近100万人次，打造双创发展展示平台、双创典型推介平台、双创资源汇聚平台。举办3项群众竞赛，涉及参赛项目234个；开展4项推选活动，参与对象556个，计票数1081万张，访问2亿

多人次；举行第二届“三晋新农人”创业创新竞赛，推动农业农村领域“五小”活动发展。开展第三届山西省大学生科学文化作品创新创意大赛，营造创新创业社会氛围。（吕　伟）

【学会服务站建设】 2018年，省科协出台《山西省科协学会服务站建设管理办法》，建立国家级学会服务站3个，省级学会服务站20个，企业科技创新e站试点10个，培训专利应用工程师414名，培养企业创新骨干430名。与省科技厅联合举办首届中国创新方法大赛山西赛区竞赛，评选出10个项目参加全国总决赛。实施金桥工程、一线创新工程师培养及创新方法推广、企会合作创新联盟建设、科技信息转化应用、知识产权战略巡讲等项目，推进“海智计划”工作基地建设，为更多的企业提供优质高效的服务。（吕　伟）

【科技工作者联系】 2018年，省科协出台《加强联系服务科技工作者实施办法》，举办山西省科协八大代表专题培训班，向省科协八大代表征集代表建议案，听取科技工作者的意见建议，密切同科技工作者的联系；打造“山西省科技工作者之家”网站和微信，网站更新栏目内容1021条，微信发布信息187条。全省科协系统深入开展“全国科技工作者日”系列活动。（吕　伟）

【网上科技之家建设】 2018年，省科协办好山西省科协门户网站、“山西省科技工作者之家”平台等，办好“山西科协”“山西科普”“科学之春”等微信公众号，发布各类信息2.30万条，点击量逾53万人次。动员各级科协组织加入中国科协工作平台，开展网上学术交流，利用现代网络信息技术为科技工作者和社会公众提供高质量的服务。（吕　伟）

【科技精英宣传】 2018年，省科协开展第二届山西最美科技工作者寻访活动，编制《黄土地上的科技之光》宣传画册。通过网站、电视、微信、报刊等载体，广泛宣传在晋工作院士、晋籍院士、与山西有合作关系的院士专家，宣传在转型综改建设中涌现出的领军人才、创新团队和基层一线科技工作者，广泛宣传山西的重大科技成果和科普活动，讲好科技故事，传播科协声音。（吕　伟）

2018年5月30日，2018年全国科技工作者日山西主场活动在省科技馆举办（吕　伟供图）

【科学素质纲要实施】 2018年，省科协出台《市级〈科学素质纲要〉实施工作考核办法评分细则》，组织开展《科学素质纲要》实施工作自查评估。针对重点人群，组织开展27项特色活动。举办山西省公众科学素质网络知识竞赛，参与答题超过70万人，答题超过600万人次。（吕　伟）

【科普活动】 2018年，省科协组织实施“科普中国·百城千校万村行动”。为3000个居民社区提供“科普网络书屋”服务，提供650种期刊、550部视频、340部挂图用于浏览；推进省城公交楼宇电视“科普每一天”工程，编播科普专题片48期，覆盖太原2800多辆公交车和400多个公共场所；为全省61个市县制作提供“科普大篷车”电视节目52期；打造“乌同鸦讲”等科普资源品牌，科普资源数据存储达总量112TB；运维“农村微课堂”微信公众号，发布信息223期，在线解答问题3.3万个。

2018年9月12日至21日，省科协牵头开展山西省2018年“全国科普日”暨第15届“科普三晋”系列活动，各级科协因地制宜举办丰富多彩的科普活动，省科技馆等13个单位获优秀组织单位表扬，山西省公众科学素质网络知识竞赛等11个活动获优秀活动表扬。举办第七届中国科普摄影大赛，收到全国各地作品5445件，成为知名科普文化品牌。农科110等科技热线免费为1.26万人次提供咨询服务，专家下乡服务89场次。开展全省青少年科技创新大赛、青少年机器人竞赛、宋庆龄少年儿童发明奖评选、青少年科学影像节活动、山西省青少年创意编程与智能设计大赛等活动，推动青少年科技教育活动发展。（吕　伟）

【现代科技馆建设】 2018年，山西省科技馆开放253天，接待观众107万余人次。新建VR虚拟现实体验馆和3D打印体验馆，组织科学实验、科学表演703场次，4个原创节目在全国大赛上获奖。“山西科学讲坛”举办41

期，受众 2.30 万人次；流动科技馆深入基层 42 个站点巡展，受众 77.18 万人次；科普大篷车深入基层 29 个站点巡展，受众 3.50 万人次；科技馆进校园深入基层 24 个站点巡展，受众 1.90 万人次。（吕 伟）

【科技创新课题建设】 2018 年，省科协围绕山西省"示范区、排头兵、新高地"三大目标、农谷建设以及山西省相对领先的技术确定 11 项课题研究。结合包点联系市、县工作，确定 23 项课题。成功申报并承担中国科协"新时代企业科协科技创新模式探索"等多项研究课题。编撰完成《调研动态》10 期、《科学决策参考》4 期，报送 6 期专报被省委办公厅《山西信息》刊发。围绕助力山西转型发展主题，举办"山西科学大讲堂"两次；举办智慧城市建设与资源型地区转型创新发展论坛、山西融入京津冀协同发展知识产权论坛等多场高端论坛。支持和指导长治市科协设立 17 项决策咨询课题，形成《决策咨询专报》呈报市委市政府参考。（吕 伟）

【第三方科技评估】 2018 年，山西省科协评估评价中心与有关公司合作，开发精准脱贫评估管理平台，提供精准脱贫第三方评估事中监控、事后评估等功能，为国家精准扶贫工作成效考核与决策提供依据。承接省扶贫办 2018 年易地扶贫搬迁成效评估督导项目，完成全省 83 个县的评估督导工作任务。受省直相关部门和地方党委政府委托，开展"2018 年易地扶贫搬迁成效评估""左权县、右玉县电子商务进农村综合示范评估"等项目。（吕 伟）

【学会学术活动】 2018 年，省科协以"转型综改，创新引领"为主题，举办 2018 年山西省科协年会，邀请 20 余名院士专家围绕人工智能、固体放弃物综合利用、绿色有机旱作农业、中药材、煤化工等主题等开展学术研讨和技术服务。继续实施精品学术活动择优资助项目，支持省级学会、市级科协举办年会、高端前沿学术论坛 23 项。修订出台《山西省优秀学术论文评审与管理办法》，举办第十九届山西省优秀学术论文评选活动。省医学会推动省直有关部门将科普文章纳入考核体系，医务人员做科普可以参评高级职称，被光明网称之为开创医学科普的"山西模式"。省林学会承接"山西省林业科技标兵"评选、"全省林业科普基地"评选、"山西省森林康养基地"评选工作。省金属学会制定科学技术成果评价管理办法，开展山西省冶金工业科技成果评价工作。省食品科学技术学会联合有关单位举办山西杂粮功能食品产业发展研讨会，组织两期食醋企业检验人员技能培训。省水利学会承办"京津冀晋永定河流域生态修复适宜技术高研班"和中国水之行——海河行（大同站）活动。省土地学会组织开展山西省第三次国土调查作业机构和数据管理系统软件研发机构的评选推荐工作。省护理学会组织开展护理管理人员岗位培训、专科护士培训和县级医疗集团、基层医疗机构优质护理服务培训，承接"山西护工"培训管理及考核，配合省直有关部门开展医疗护理员培训标准的制定。省自然科学博物馆协会连续 3 年举办全国科博场馆教育人员培训班，协助晋中市科技馆完成展品设计和人员培训。省气象学会承接山西省防雷装置检测专业技术人员能力评价工作、气象科学和技术工作奖评审工作。（吕 伟）

【学会治理】 2018 年，省科协推进学会治理结构和治理方式改革，指导 10 家省级学会换届，推动省科协所属学会秘书处职业化和实体化。开展承接政府转移职能试点工作，确定省医学会等 5 个省级学会为承能工作试点学会。出台学会团体会员和学会联合体管理办法，省科协军民融合学会联合体与中北大学等单位联合举办山西航天领域军民融合产业发展展示，与省军民融合协同创新研究院等单位承办山西省军民融合双创工作推进交流座谈会。全年召开改革领导小组会议 19 次、市级科协改革推进会议 2 次，向各市市委办公厅通报改革进展情况 3 次。《深化改革实施方案》细化分解的 64 项改革举措，完成 57 项，实现预定目标，取得阶段性成效。全省 11 个市均以市委办公厅名义出台科协改革方案，117 个县（市、区）中有 113 个以党委或党委办公室名义出台科协改革方案，县级科协改革覆盖率达 96%。（吕 伟）

## 山西省归国华侨联合会

【概况】 2018 年，山西省归国华侨联合会（简称省侨联）举办系列侨务活动。举行"新时代海外侨胞、台湾同胞山西·晋城经贸交流合作恳谈会"，在山西高平炎帝陵举办"问祖炎帝 寻根高平"戊戌年海峡两岸同胞神农炎帝民间拜祖典礼。开展"亲情中华·魅力山西"主题活动。举办"中法夏至音乐日·太原站"活动组团到海外访问交流。

山西省侨联"新侨创新创业联盟"召开第二届理事大会，18 家新侨双创示范基地单位入选联盟。6 月 10 日，中国华侨公益基金会、山西省侨联共同主办，启动中国华侨公益基金会"益空间"，开创"图书馆+公益"的公益文化新模式。7 月 12 日，启动山西省华侨公益基金会。（庞 乐）

【"亲情中华·魅力山西"主题活动】 2018 年，山西省侨联依托"亲情中华"品牌开展"亲情中华·魅力山西"主题活动，创建中国华侨国际文化交流基地。长治市太行文化区申报"中国华侨国际文化交流基地"。

2 月 28 日，"亲情中华·欢聚高平"文艺晚会在高平市职工文体活动中心举行，当地归侨侨眷、干部群众等 1000 余人观看演出。3 月 1 日，"亲情中华·欢聚长治"文艺晚会在古城长治举行，回乡海外侨胞、当地干部群众等 1000 余人在长治市潞州剧院观看演出。（庞 乐）

2018年12月7日至8日，山西省侨联“亲情中华·魅力山西”慰侨演出走进毛里求斯 （庞 乐供图）

**【海外侨胞与台湾同胞参加高平炎帝故里拜祖大典】** 2018年5月22日上午，农历四月初八，应中国侨联和省侨联邀请，来自39个国家和地区的近300名海外侨胞，与2000多名台湾同胞，各级领导、专家学者、各界人士和当地群众8000余人共拜人文始祖神农炎帝，共祈中华民族复兴。

典礼按照传统礼制，分为盛世钟鼓、恭启圣门、敬献花篮、净手上香、恭读拜文、行施拜礼、敬十献礼、敬献佾舞、祈福中华九项议程。（庞 乐）

**【“2018中法夏至音乐日”】** 2018年6月16日，山西省归国华侨联合会国际文化交流联盟和法国驻华大使馆主办，山西工美集团等单位协办的“2018中法夏至音乐日·太原站”活动在太原长风商务区举办。

“中法夏至音乐日”是一个公益性音乐节，每年在五大洲超过100个国家的450多座城市上演，连续12年在中国各大城市举办。2017年6月，经山西省侨联国际文化联盟牵线搭桥，该活动首次到山西。（庞 乐）

**【侨联组团访香港】** 2018年6月中旬，应香港华侨华人总会等香港侨界社团邀请，省侨联一行3人到香港出席香港华侨华人总会第八届理监事就职典礼，拜会香港山西商会等侨界社团，并到有关企业了解合作项目进展情况。

访问团在港期间，与香港侨界人士接触沟通，了解香港经贸、科技、文化等领域发展方向，并与有关机构就促进两地合作交流形成新的工作机制和平台。（庞 乐）

**【侨联组团出访阿联酋和毛里求斯】** 2018年12月3日至10日，应阿联酋迪拜龙城华商总会、毛里求斯华商经贸专业联合会邀请，由山西省侨联和部分市侨联组成的访问团一行4人，到阿拉伯联合酋长国和毛里求斯共和国进行访问。访问团到访迪拜、路易港，代表山西省侨联送上对海外侨胞的问候，受到侨团和侨胞的接待和欢迎。其间，访问团通过拜会当地侨（社）团，组织慰侨演出活动，与当地侨胞座谈，考察侨资企业等方式，了解海外侨情发展情况，就如何发挥侨务资源助力“一带一路”建设和山西经济转型发展进行探讨。

12月7日和8日，由中国侨联文化交流部支持，山西省侨联主办，华社联盟、仁和会馆、晋非经贸合作区承办的山西省侨联“亲情中华·魅力山西”慰侨演出走进毛里求斯。使馆经济商务参赞及当地华人华侨500余人观看演出。（庞 乐）

## 山西省台湾同胞联谊会

**【概况】** 2018年，山西省台湾同胞联谊会（简称山西省台联）多次深入太原、临汾、阳泉、运城、长治等地开展走访慰问活动，全年走访慰问台胞68户，送去米面油等慰问品共计2万余元。在走访过程中向台胞宣传党的对台方针政策，交流思想，增进乡亲感情。全年省台联共发放老台胞及遗属生活补贴151200元、生病和困难台胞补助7000元，送去节日和生日慰问品（金）19532元，台胞去世慰问金2000元。向全国台联争取山西省特困定居台胞帮扶名额，确定帮扶对象6名，其中一类2名、二类4名。

（唐 浩）

**【中青年台胞骨干培训】** 2018年6月19日至22日，山西省台联在党性教育基地太行干部学院举办中青年台胞骨干培训班，全省26名优秀中青年台胞骨干参加培训。通过集中授课与现场教学相结合的方式，全体参训学员加深对习近平总书记重要讲话和中央对台工作最新精神的理解，认识到老一辈革命家和先烈们留下的宝贵精神财富，培训收到良好效果。（唐 浩）

**【台商经贸考察暨恳亲参访团到晋参访】** 2018年5月1日至6日，由山西省台湾同胞联谊会主办，太原市台湾同胞投资企业协会承办的2018台商经贸考察暨恳亲参访团一行18人到晋，进行为期6天的考察参访活动。该考察参访团由台湾大同大学教授李福源带队，山西省台办、太原市台办、晋中市台办等有关领导出席。5月2日，12家台湾及大陆商家在太原米加U天地签约入驻山西省首个海峡两岸青年就业创业示范基地。本次考察团还分别到晋中、太原、晋北等地考察。其中晋源区正大现代广场、

2018 年 5 月 25 日，山西省第八次台湾同胞代表会议在太原召开　（唐　浩供图）

农特产品商场、花卉特色小镇等一批具有挖掘潜力的项目是本次参访团考察的重点。　（唐　浩）

【山西省第八次台湾同胞代表会议】 2018 年 5 月 24 日至 25 日，山西省第八次台湾同胞代表会议在太原召开。省委常委、统战部部长徐广国出席会议开幕式并讲话，全国台联副会长江利平致辞。会议收到 26 个省、自治区、直辖市台联以及 10 多个台湾岛内友好团体和统派代表人士的贺信贺电。会议选举产生山西省台联第八届理事会领导机构，新一届理事会理事年龄结构优化，先进性、代表性增强，为台联事业发展提供组织保障。审议通过《山西省台联七届理事会工作报告》《山西省台联章程(修正案)》《关于聘请山西省台联第八届理事会特邀理事的决定》。　（唐　浩）

## 山西省残疾人联合会

【概况】 2018 年，省市县乡共成立残联 1610 个，省残联 1 个，市残联 11 个，县(市、区)残联 119 个(含五台山风景名胜区残联)，乡镇(街道)残联 1479?个；社区(村)残协 24822 个，其中社区残协 2047 个，村残协 22775 个。全省共有残疾人 215.70 万，其中持证残疾人 824590 个。山西省各级残疾人联合会推进残疾人小康进程，全年完成 5.50 万名残疾预防重点干预和残疾儿童抢救性康复服务。通过机构康复、辅助器具适配和家庭医生签约服务等方式，全省 21.70 万名残疾儿童和持证残疾人得到基本康复服务。为 2.76 万名建档立卡持证贫困残疾人配备基本辅助器具。为 32.60 万名重度残疾人发放护理补贴，为 8000 余名下肢残疾人发放机动轮椅车燃油补贴。为 7234 名残疾人提供托养服务。实施“农村基层党组织助残扶贫工程”，帮扶 5000 户建档立卡贫困残疾人家庭发展种植业、养殖业和农副产品加工业。完成 4006 名城镇残疾人职业技能培训和 9500 名农村贫困残疾人实用技术培训。资助 538 名残疾学生和残疾人家庭子女学生接受高等教育。会同省民政厅等六部门出台《着力解决因残致贫家庭突出困难的实施办法》，对全省建档立卡贫困残疾人应保尽保、应助尽助。实施 3.5 万名残疾人预防重点干预和儿童抢救性康复项目，山西省康复研究中心（山西省残疾人康复医院）成为“中康医联体”第一批成员单位，省脑瘫康复医院收治两名来自新疆维吾尔自治区喀什地区英吉沙县的患儿伊力哈木和阿卜杜克。举办山西省第十一届残疾人运动会和中国技能大赛——山西省第六届残疾人职业技能竞赛。省残联党组成员、副理事长李俊温一行到晋中市特殊教育学校视察山西省残疾人田径队冬训工作，并出席“山西省残疾人体育训练基地”揭牌仪式。　（陈贺峰）

【预防干预和抢救性康复】 2018 年，山西省残疾人联合会实施 4 万名残疾预防重点干预和残疾儿童抢救性康复项目是山西省政府 2018 年民生实事之一。全年投入资金 6549 万元，完成 5.50 万名残疾预防重点干预和残疾儿童抢救性康复服务，任务完成率达到 136.62%，在山西省政府“13710”督办系统中被评为“优秀”。《人民日报》和中央电视台《新闻联播》《焦点访谈》进行专题报道，全省在中国残联举行的第二次全国残疾预防日宣传活动新闻发布会上作典型经验介绍。　（陈贺峰）

【“爱耳日”活动】 2018 年 3 月 3 日，山西省残疾人联合会在第十九次全国“爱耳日”这天，为推进全省听力障碍预防与康复工作，提高群众“安全用耳，保护听力”的意识，开展宣传教育活动。山西省政府残工委印发《关于开展第十九次全国“爱耳日”宣传教育活动的通知》。省市县围绕“听见未来，从预防开始”的主题，宣传听力残疾预防的重要性与必要性、耳科及听力保健科学知识、山西省政府民生实事残疾预防重点干预和残疾儿童抢救性康复项目以及全省残疾人精准康复服务行动相关政策，全面营造关爱、帮助听力残疾人的社会氛围。《山西日报》刊出专版宣传“爱耳日”活动和听力言语残疾康复相关政策、典型案例，山西卫视连续 10 天播出公益广告。通过移动、电信和联通网络向全省 2800 多万手机用户发送公益短信。在省城机场、车站和主要广场城市电子大屏和 2800 多辆公交车播出公益广告。山西广播电视台举办专家讲座。省人民医

2018年5月15日,山西省副省长曲孝丽(右三)在省聋儿康复教育研究中心看望慰问残疾儿童 (陈贺峰供图)

院、山西医科大学第一医院等各听力残疾康复项目定点机构举办义诊咨询和健康讲座。 (陈贺峰)

**【全国助残日活动】** 2018年5月20日,第二十八次全国助残日。主题是:全面建成小康社会,残疾人一个也不能少。全省各级残联结合当地实际,组织开展各种活动,弘扬人道主义思想,营造“平等、参与、共享”的社会环境,激发全社会扶残助残热情,塑造文明和谐友爱社会氛围。2018年,山西省人民政府将“实施4万名残疾预防重点干预和残疾儿童抢救性康复项目”列为民生实事,体现对全省残疾人群体的关心和重视。副省长曲孝丽等在助残日前夕,专程到省康复研究中心和省聋儿康复教育研究中心看望、慰问接受康复训练的残疾人及残疾儿童,向他们致以节日的问候。各级残联组织开展助残活动,帮扶救助残疾人,反映残疾人事业发展成就。 (陈贺峰)

**【“残疾预防日”活动】** 2018年8月25日,全国第二次“残疾预防日”,主题是:残疾预防从我做起。8月5日,中央电视台《新闻联播》以“百姓小事即大事”,播出山西“实施4万名残疾预防重点干预和残疾儿童抢救性康复项目”政府民生实事对残疾人的关怀。8月25日,中央电视台《焦点访谈》栏目播出山西省“探索建立儿童残疾筛查、转介、康复一体化工作机制”的内容,对儿童残疾筛查、诊断和康复工作进行宣传报道。8月23日,山西省残联党组成员、副理事长刘晔作为唯一省级残联代表出席中国残联在北京召开的全国残疾预防日新闻发布会,并回答记者的提问。省级媒体加大宣传力度。8月4日,《山西新闻联播》以“精准康复服务让残疾群体共享幸福”为题,对民生实事项目和精准康复服务行动进行宣传报道。8月24日至25日,山西广播电视台“健康之声”“行风热线”等栏目开设专家讲座栏目,邀请省内残疾预防和残疾人康复相关领域专家介绍残疾预防专业知识、解读有关残疾人康复政策。山西省政府残工委于8月17日召开全省建立残疾儿童康复救助制度电视电话会议,副省长曲孝丽出席会议并讲话。 (陈贺峰)

**【“爱在路上·善行三晋”公益活动】** 2018年11月25日,2018“爱在路上·善行三晋”助残徒步公益活动在省城汾河公园举行。太原爱尔眼科医院、省四建集团有限公司等爱心企业干部职工,太原市长跑协会会员,通过网络、电话报名的社会各界爱心人士,山西大学经济与管理学院志愿者和媒体的朋友们共计2400余人参加这次活动。活动以“爱心·健康·向善”为主题,这次徒步活动是一场公益筹款的嘉年华,主要为山西省残疾人福利基金会的“智障儿童启智”“孤独症儿童康复助养”“脑瘫儿童助养”“遇见你、遇见光明”“让盲童看看这世界”5个公益项目筹集善款。 (陈贺峰)

**【残疾人职业技能竞赛】** 2018年12月4日至6日,2018年中国技能大赛——山西省第六届残疾人职业技能竞赛在太原举办。这届竞赛由山西省人力资源和社会保障厅、山西省残疾人联合会联合主办,山西省残疾人就业服务指导中心承办。这届竞赛共设计算机组装、www网页设计、海报设计、摄影、水彩绘画、服装裁剪、服装制作、钩针编织、刺绣、剪纸、美发、美甲五大类共12个竞赛项目。来自全省11个市代表队的154名竞赛选手参赛。 (陈贺峰)

**【“逆光起舞 时代新人”盲人读者综艺活动】** 2018年12月1日,山西省残疾人联合会、山西省图书馆在太原市联合举办“逆光起舞 时代新人”为主题的盲人读者综艺秀活动,来自省妇女干部学校和太原市科技大学的60余名志愿者为活动提供帮助。活动中,来自太原市盲童学校、陵川盲人宣传队、左权盲人宣传队以及图书馆的盲人读者朋友,为观众带来歌曲《感谢有你》《报答》《你是我的眼》、戏曲《林海雪原》《花木兰》、诗朗诵《海燕》、鼓书《家》、器乐表演《沂蒙山小调》《映山红》等共16个节目。活动在大合唱《走进新时代》的旋律声中落下帷幕。 (陈贺峰)

## 山西省红十字会

**【概况】** 2018年,山西省红十字会加强干部队伍建设,依托省委党校和山西财经大学国际学术交流中心举办两期全省红十字会系统专职干部素质能力提升培训班，对全系统240余名专职干部进行培训，实现省市县红十字会专职干部培训全覆盖；依托中山大学举办红十字会干部综合能力提升研修班。全年组织省本级党员干部参加学习培训50余人次，人均学时达130余小时。

加强门户网站管理，强化舆情监控，规范省红十字会网络与信息安全应急响应和工作流程。以开展“博爱三晋”主题宣传为主线，弘扬社会主义核心价值观和“人道、博爱、奉献”的红十字精神，围绕“三救三献”核心业务，组织开展“5·8世界红十字日”“世界急救日”“世界献血者日”等系列主题宣传活动，在省黄河电视台支持下开办《专家来了》公益栏目，举办“四十不惑、大爱无疆”——山西省红十字会工作成就图片展，“红十字博爱月”宣传活动期间在省城8400辆公交车以及楼宇和电梯间进行宣传。全年在报纸刊物刊登文章十余次，在官网、微博发布新闻信息500余条，在各类新媒体及网络平台发布报道800余条，机关编排制作印刷宣传资料、画册及通讯3万余份，各项宣传总计视听人群达2000余万人次，点击率100万+，“大宣传”格局基本形成。（侯晓俊）

【红十字应急体系建设】 2018年，在全省红十字备灾仓储管理网络基本建成、救灾物资仓储面积达到4600余平方米的基础上，山西省红十字会争取到省财政彩票公益金支持集中采购包括帐篷、棉被、棉衣、救灾用折叠床等价值1200余万元的备灾物资，接受总会382.40万元的代储备灾物资，增强省红十字会备灾救灾实力。加强省红会赈济救援队建设，为救援队配备卫星电话、无人机、救援服等救援装备，组织救援队参加中国红十字会八省救援队演练，承办中国红十字赈济救援队（山西）培训班联合演练，以练代训，提升红十字会应急救援能力。探索应急救护培训知识和技能“5+N”模式，全年在铁路、电力、学校等人群完成48667多名初级救护员培训，超出年度目标考核任务的143%；为民众普及人数达77万人次，远超2017年的7.80万人，累计达到337万余人次。推进全省中小学救护培训进校园，全省8500余所中小学、幼儿园的27850名老师成为合格初级救护员，覆盖率达65%，提高15个百分点。服务脱贫攻坚，对全省扶贫队员开展应急救护知识技能培训，将救护培训纳入省委党校干部教育培训体系。新增山西省红十字救护培训管理平台在线学习和测试内容。（侯晓俊）

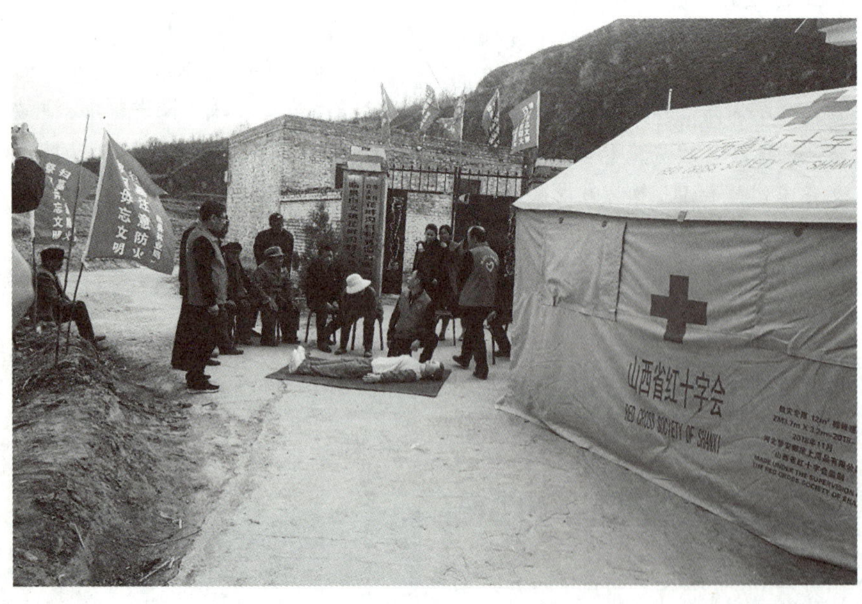


2018年4月7日，红十字工作人员、志愿者在吕梁市临县白文镇花畔沟村红十字森林防火服务站进行心肺复苏技能普及宣传（侯晓俊供图）

【人道救助工作】 2018年，山西省红十字会开展人道救助。开展“红十字博爱助医、助学、助困、助老、助残、助幼”项目，累计投入公益资金1100余万元，对全省城乡贫困家庭患有先天性心脏病、白血病、脊柱侧弯、马蹄内翻足以及省直单位大病致困职工家庭患者进行医疗救助，开展的“博爱送万家”活动对全省4000个特困家庭进行救济慰问。筹措400余万元款物，专项用于全省部分深度贫困建档立卡的长期卧床、丧失劳动力、60岁以上贫困复转军人、老党员的救助服务。在16个国家级贫困县建设“红十字博爱家园”项目，总数达26个；为80个贫困地区的博爱小学、农村中小学建设红十字书库并捐赠图书及配套设施；联合省卫健委开展山西省百千万卫生人才培养工程基层适宜人才公共卫生专业培训项目，培训乡村医生4303人；还实施博爱小学和博爱卫生站建设、“棋乐融融”助残益智项目、援建足球学校项目、“魔豆妈妈”创业扶贫项目等一系列人道救助项目。助力脱贫攻坚大局，深入中阳县关上村开展定点扶贫工作，结合红十字工作，帮助规划发展项目，引进2000万元肉鸡养殖项目，帮扶村民脱贫致富。

“红色之旅”开创红十字会社会化扶贫新模式。立足山西脱贫攻坚实际，与六家厅（局）单位联合启动实施“红色之旅——助力精准扶贫、乡村振兴”公益行动，各市县、定点扶贫单位等都参与，在岢岚、兴县等地开展活动四场。通过组织《星光大道》栏目的获奖歌手义演、专家义诊、疾病筛查、提供医疗救助、电商促销以及“一星一企一村”对接帮扶等一系列公益举措，发动社会各界爱心组织、爱心人士为习近平总书记视察山西所到地区、革命老区、贫困地区的群众早日打赢脱贫攻坚战助力，为乡村振兴助力，开创全国红十字会社会化扶贫模式之先河。

“国奶扶贫工程”项目惠及10万贫困家庭。与省卫健委、省食药监局、省扶贫办等5家单位联合，共同与北京联慈健康扶贫基金会发起“山西省国奶扶贫工程”项目，利用三年时间，向全省贫困地区捐赠价值1.45亿元的婴幼儿配方奶粉，积极改善全省贫困地区婴幼儿的营养和健康状况，从源头上降低婴幼儿营养不良及疾病发生率。该人道救助项目系省红十字会探索政府与社会组织合作，通过整合社会资源解决贫困地区民生问题的尝试，是全国红十字会系统的唯一项目，系省红十字会建会以来最大额度的单笔捐赠。（侯晓俊）

**【养老服务】** 2018年，山西作为红总会养老服务工作试点省份，联合省卫健委开展以医院为主体的医养养老、以养老院为主体康养养老、以社区为主体的居家养老、以农村日间照料为主体的日照养老、以智能服务为主体的智能养老等5种模式养老服务，将31家医院、养老机构列为全省养老服务试点单位，命名为“红十字福寿安康养老服务基地”。开展曜阳养老护理员、志愿者培训，对各养老服务机构护理人员和志愿者进行护理基本知识和技能培训，提升全省红十字养老服务能力水平。大同市被红总会确定为红十字养老服务项目试点市以来，探索智慧居家养老服务新模式，大同市公元398博爱国际康养服务中心在红总会“第四届中国养老服务业发展高峰论坛”上交流经验，获得肯定和好评。（侯晓俊）

2018年9月11日，山西省举办第四个“世界骨髓捐献者日”暨“造血干细胞捐献者，你还好吗”主题分享活动（侯晓俊供图）

**【捐献促进及保障】** 2018年，山西省红十字会推进无偿献血宣传动员，发起开展“文明山西、关爱生命——省直机关公务员无偿献血暨造血干细胞捐献月活动”，举行“世界献血者日”纪念活动，全年推动30.2万人次参加无偿献血，献血总量达到120余吨，山西省再次获“无偿献血先进省”荣誉称号，并在全国无偿献血表彰大会上作经验介绍，11个市全部获“无偿献血先进市”荣誉称号。完成国家下达3000人份的造血干细胞捐献志愿者资料入库任务，累计全省入库志愿者9.05万人份，157位志愿者成功捐献造血干细胞，其中6位捐献者分别向韩国、新加坡等国患者捐献。山西分库“志愿者保留”项目在中华骨髓库2018年宣传和志愿服务工作交流会、工作年会上进行经验介绍。探索形成人体器官捐献山西模式，与省卫健委联合成立山西省人体器官获取与分配管理服务中心，实现人体器官捐献“五统一”，即统一协调、统一获取、统一分配、统一管理、统一救助；全年线上登记人体器官捐献志愿者新增3656人，比上年增长近160%，累计达5747人，实现捐献74例，较上年增长40%，累计捐献228例，捐献大器官655个，使630位器官衰竭患者获得新生。（侯晓俊）

**【红十字青少年志愿服务】** 2018年，山西省红十字会开展青少年人道主义教育，组织全省红十字青少年以红十字训练营等为载体开展自救互救知识竞赛、人道传播、预防艾滋病宣传等红十字青少年活动，组织红十字青少年参加防灾避险知识竞赛并获奖。以山西南丁格尔奖章“零”的突破为契机建立39支南丁格尔志愿服务队，开展关爱农村儿童及敬老慰问等红十字特色志愿服务活动，造血干细胞捐献志愿者被授予“道德模范”等称号。（侯晓俊）

## 人大立法

【地方性法规修正和修订】 2018年5月31日，山西省人民代表大会常务委员会制定的地方性法规主要有《山西省家庭教育促进条例》，该条例经山西省第十三届人民代表大会常务委员会第三次会议通过。2018年，山西省人民代表大会常务委员会修正修订的地方性法规主要有：《山西省大气污染防治条例》《山西省实施〈中华人民共和国村民委员会组织法〉办法》《山西省农作物种子条例》《山西省节约能源条例》《山西省平遥古城保护条例》《山西省组织实施宪法宣誓办法》《山西省人民代表大会常务委员会组成人员守则》。 （郭　强）

【地方性法规废止】 2018年，山西省人民代表大会常务委员会废止的地方性法规主要有：《山西省丹河流域水污染防治条例》《山西省五台山风景名胜区环境保护条例》。 （郭　强）

【设区市地方性法规】 2018年，山西省人民代表大会常务委员会批准的设区的市地方性法规有：《大同市智慧城市促进条例》《晋中市禁止燃放烟花爆竹规定》《太原市大气污染防治条例》《太原市生态环境保护条例》《大同市电梯安全条例》《阳泉市城市绿化条例》《阳泉市道路交通安全管理条例》《长治市辛安泉饮用水水源地保护条例》《云冈石窟保护条例》《吕梁市机动车和非道路移动机械排气污染防治条例》《晋城市文明行为促进条例》《晋中市餐厨废弃物管理条例》《太原市生活垃圾分类管理条例》《大同市御河流域生态保护条例》《大同市文瀛湖保护条例》《忻州市养犬管理条例》《吕梁市中小学幼儿园规划建设条例》《吕梁市电梯使用安全条例》《晋中市燃煤污染防治条例》《阳泉市大气污染防治条例》《晋城市大气污染防治条例》《晋城市太行古堡群保护条例》《运城市禁止燃放烟花爆竹规定》《运城市涑水河流域生态修复与保护条例》《大同市云冈石窟保护管理条例(废止)》《大同市建设项目预防性卫生监督管理办法（废止）》《大同市贸易市场管理条例（废止）》《大同市动物和动物产品检疫条例(废止)》。 （郭　强）

## 政法委及综治工作

【扫黑除恶专项斗争】 2018年，山西省委政法委履行牵头统筹职责，扫黑除恶专项斗争取得阶段性成效。截至2018年底，全省共打掉涉嫌黑恶势力犯罪团伙1007个。其中，黑社会性质组织70个，恶势力犯罪集团275个，破获刑事案件7556起，查封、冻结涉案资金14.81亿元。检察机关批准逮捕1426件4575人，提起公诉537件2841人；法院一审宣判220件1233人，二审判决44件230人。全省纪检监察机关立案查处涉黑涉恶腐败、“保护伞”问题和失职失责等问题591件1288人，党纪政务处分617人，组织处理200个单位738人，移送司法机关51人。在全国扫黑除恶专项斗争推进会上，山西省作为6个发言单位之一作经验介绍。 （段剑锋）

【社会治安防控体系建设】 2018年，山西省委政法委应对风险挑战，维护安全稳定。以打好防范化解重大风险攻坚战为主线，开展矛盾纠纷排查化解工作，全年共排查各类矛盾纠纷135970件、化解130768件，化解率96.17%。开展打击严重暴力犯罪、毒品违法犯罪、“两抢一盗”犯罪、电信诈骗等多发性侵财犯罪、涉众型经济犯罪等各类违法犯罪活动，从严整治群众反映强烈的社会治安问题，确保全省社会治安大局稳定。坚持综合治理，完善治理体系。学习推广新时代“枫桥经验”。以省委办公厅文件印发《关于学习推广新时代“枫桥经验”提升全省城乡基层社会治理现代化水平的指导意见》，在全省确定16个县(市)区、153个乡镇(街道)、1085个村(社区)为先行试点地区，提升城乡社会治理能力和水平。推进“雪亮工程”建设。全年全省累计建设公共安全视频监控摄像机234.70万台。上年前三

2018 年 1 月 6 日，山西省委常委、省政法书记商黎光（前排左二）调研消防工作

（段剑锋供图）

季度，全省共运用公共安全视频监控图像信息直接破获刑事案件 1 万余起，占全省破案总数的 36.34%。推进基层平安建设。以省委、山西省政府两办文件印发《关于深入推进平安乡村建设的指导意见》，推动基层平安创建活动开展。推进综治信息化建设。截至 2018 年底，全省综治信息系统共受理各类事件 1332588 件，处置 1303214 件，处置率达 97.80%。推进综治中心规范化建设，出台《关于深入推进基层综治中心建设切实加强网格化服务管理的指导意见》，健全工作运行机制，使综治中心成为基层社会治理实战平台。

（段剑锋）

**【司法体制改革】** 2018 年，山西省委政法委推进司法改革，维护公平正义。省委、山西省政府两办印发《山西省深化司法体制综合配套改革实施意见》，在中央政法工作会议上作专题发言。推进员额制改革。在全国率先出台《山西省法官检察官退出员额管理暂行办法》，建立能进能退的员额良性滚动机制。推进法院、检察院内设机构改革。省法院基层法院内设机构改革方案于年底前完成审批程序。市、县两级检察院内设机构改革于上年 7 月基本完成，根据最高检有关改革意见，开展省检察院内设机构改革和市、县检察院内设机构改革调整完善工作。探索落实法官检察官惩戒制度。探索建立纪检监察部门与省法官检察官惩戒委员会查究员额法官检察官错案责任的工作衔接机制。结合《中华人民共和国监察法》颁布，对“1+4”10 项制度中的 91 处进行修改校正，确保对职务犯罪的依法精准打击。

（段剑锋）

**【法治社会建设】** 2018 年，山西省委政法委注重法治引领，服务中心工作。依法保障服务民营企业健康发展。出台《全省政法机关支持服务保障民营企业发展的指导意见》“1+4”制度体系等规范性文件，建立由省委政法委、省工信厅牵头的企业涉法维权问题协调工作机制，保护企业家合法权益。优化营商环境。在全省政法机关组织开展便民服务“最多跑一次”改革，提升服务效能。推动涉党政机关执行难案件执行，党政机关未执结案件由 5 月通报的 365 件下降至 20 件。推进环境治理法治化。组织开展打击破坏生态环境违法犯罪专项行动，全年立破坏生态环境类刑事案件 468 起，刑事拘留 482 人，提起公诉 212 件 453 人。加大执法监督力度。依法稳妥处置一批中央交办或在全国、全省有重大影响的案（事）件，组织开展案件评查活动，发现纠正一批存在执法司法过错或瑕疵的案件，确保严格执法公正司法。组织 18 个巡视组对 21 个基层政法单位开展授权执法巡查工作，对发现的突出问题限期进行整改。开展宣传引导，掌握舆论主动。组织开展“新媒体建设年”活动，畅通中央、省、市、县各级政法宣传工作联系互动渠道，形成具有特色的政法宣传新媒体矩阵。开展日常舆情监测上报工作。编发《政法舆情快报》，开展 24 小时专项舆情监测，建立覆盖省、市、县三级政法网络舆情工作专班，把握舆论引导主动权。

（段剑锋）

**【政法智能化建设】** 2018 年，山西省委政法委加快智能化建设，提升工作效能。推进山西政法综合信息网扩容改造工程。完成省级政法城域网和山西省刑事诉讼涉案财务集中管理信息平台建设任务。推进智能辅助办案系统试点应用。作为中央政法委确定的 7 个先行试点省份之一，推进项目立项、审批各项工作。推进跨部门大数据办案平台建设。制定《山西政法智能辅助协同平台总体方案》，完成平台总体框架和功能设计，实现设施联通、网络畅通、平台贯通、数据融通。

（段剑锋）

## 法治政府建设

**【法治山西建设】** 2018 年，山西山西省政府法制办推进法治建设协调指导工作。印发《关于在实施乡村振兴战略中加强乡镇（街道）村（社区）法治建设的指导意见》，出台《2018 年法治山西建设工作要点》等文件；组织召开深化法治山西建设 2018 年工作部署电视电话会议、2018 年山西省政府法治办第一次主任会议和各市法治建设工作会议等，为全省依法治理工作提供科学指导。完成《关于 2017 年法治山西建设情况的报告》《2017

年全省农村法治建设满意度调查情况分析报告》《2017年“人民群众法治需求状况”调查情况分析报告》《“十三五”规划法治山西建设推进情况中期评估报告》等法治建设专项报告,编撰出版《法治山西建设年度报告(2018)》。推进法治创建活动。宣传一批先进典型,制定全省法治创建工作分类标准,在全省11个乡镇、100个村(社区)开展乡村法治建设试点工作;确定22个法治惠民实事项目,编发《法治建设工作动态·法治惠民专辑》。(黄泉龙　王　娇)

【普法依法治理】 2018年,山西山西省政府法制办成立省普法依法治理领导小组。3月22日,以省委办公厅、山西省政府办公厅文件印发《关于成立山西省普法依法治理领导小组的通知》,成立由楼阳生任组长、商黎光任副组长,24家省直单位主要负责同志为成员的省普法依法治理领导小组,将办公室设在省司法厅。4月20日,召开全省普法依法治理领导小组会议。推动落实“谁普法谁执法”普法责任制。印发《关于全面贯彻落实国家机关“谁执法谁普法”普法责任制的实施意见》,召开新闻发布会进行解读;印发《省级重点单位普法责任清单》,向社会公开发布43家省直重点普法责任制单位,涉及561部法律。全省11个市均出台实施意见,完成普法责任清单发布工作。举办全省普法骨干专题培训班。8月27日至9月1日在长治举办,各市普法办分管领导及法宣科科长,省直各单位普法工作机构负责人共148人参加培训。开展“七五”普法中期规划督导检查。由省委、省直单位、省普法办工作人员组成6个督导组分赴11个市及部分省直单位督导检查全省“七五”普法规划落实情况,完成网上印证资料申报工作,撰写《山西省“七五”普法规划中期督导检查情况汇报》。面向全省各级各单位开展《山西省“七五”普法社会满意度调查》,对全省普法工作成效情况进行跟踪考察,回收样本45.60万余份,委托省法学会法治教育研究会分析研判,对各级各单位依宪行政、依法行政的社会效果进行总体评价。

(黄泉龙　王　娇)

【宪法及法治宣传】 2018年4月13日,山西山西省政府法制办举办全系统宪法宣誓仪式暨宪法专题法治报告会,启动全省宪法专题法治巡讲,讲师团成员应邀分赴全省各地开展宪法专题巡讲,累计宣讲233场次;7月30日,举办全省宪法学习专题报告会。印发《山西省宪法学习宣传专项督导工作实施方案》,抽调人员组成督察组,到各市开展宪法学习宣传专项督察,撰写《山西省宪法学习宣传自查报告》。发挥无纸化考试平台作用,全年组织宪法、公共法考试,与省纪委监委联合组织开展监察法考试,全省各级各单位累计有5.20万家单位181.80万人次参加考试。开展“我与宪法”优秀微视频征集展播活动。联合省网信办、省教育厅、省新闻出版广电局及省普法讲师团,从收集到的253部作品中筛选出43部优秀作品上报。联合省教育厅、省网信办面向全省征集平面作品、公益广告、微视频和微电影,推荐243部优秀作品参加第十五届全国法治动漫微电影征集评选活动。依托省图书馆文源讲坛开展公益普法宣讲,编印、赠阅《三晋法治》宪法专刊,制作、播出宪法专题电视、广播节目。结合2018年山西省文化科技卫生“三下乡”活动启动仪式暨集中示范活动和省工商局“3·15”国家消费者权益日法治宣传活动,开展“贯彻十九大,送法入民心”主题党日活动;在保利茉莉公馆建设工地开展“新时代新担当新作为‘送宪法进工地’”主题党日活动。“国家宪法日”宣传活动。12月3日在司法厅机关举办“弘扬宪法精神 走进司法行政”开放日活动。49名人大代表、政协委员、高校师生代表、社会公众代表、新闻媒体记者参加活动。12月4日上午在太原市南宫广场举办现场宣传宪法活动。活动现场展出各类法治宣传展板,分发各种法律单行本、法律知识读本、法治宣传传单等,有效营造“弘扬宪法精神 传播法治理念”的浓厚氛围。

(黄泉龙　王　娇)

【“以案释法”工作】 2018年,山西山西省政府法制办推进“以案释法”工作。健全完善制度。印发《关于在全省建立“以案释法”工作制度的实施意见》,明确开展以案释法工作的重要意义、指导思想、主体对象、基本任务和主要措施;印发《关于开展“以案释法”典型案例征集活动的通知》,面向各级各部门特别是省直单位广泛征集典型案例,共收到典型案例145件。搭建普法平台。与山西广播电视台合作,创办“以案释法”广播栏目和“法在身边”电视节目,邀请“谁执法谁普法”普法责任制重点单位做客直播间,针对社会热点和新颁布法规开展以案释法。全年共播出“以案释法”37期,“法在身边”28期。探索建立领导干部旁听庭审制度。8月30日,在省高级人民法院组织30家省直机关开展国家机关领导干部旁听庭审活动。(黄泉龙　王　娇)

【重点领域立法】 2018年,山西山西省政府法制办推动重点领域立法,提升法制建设质量,坚持立改废释并举,共完成《山西省实施〈中华人民共和国村民委员会组织法〉办法(修订草案)》《山西省人民防空工程建设条例(修订草案)》《山西省社会科学普及条例(草案)》《山西省开发区条例(草案)》《山西省平遥古城保护条例(修订草案)》《山西省城乡规划条例(修订草案)》《山西省节约能源条例(修订草案)》《山西省农作物种子条例(修订草案)》《山西省大气污染防治条例(修订草案)》等9件地方性法规草案审查、送审工作。《山西省农作物种子条例(修订草案)》和《山西省大气污染防治条例(修订草案)》分别于2018年8月23日经山西省政府第11次常务会议和2018年9月14日经山西省政府第12次常务会议研究通过，经省人大常委会审议通过。

（黄泉龙 王 娇）

**【政府规章审查】** 2018年，山西山西省政府法制办审查完成5件政府规章审结办理工作。《山西省人民政府关于废止和修改部分政府规章的决定》于2018年5月18日山西省政府第6次常务会议通过，5月22日楼阳生签署省人民政府令第257号公布；《山西省企业投资项目核准和备案管理办法》于2018年11月21日经省政府第17次常务会议通过，12月4日，楼阳生签署山西省人民政府令第258号公布；《山西省民航机场净空和电磁环境管理办法》于2018年12月25日经省政府第19次常务会议通过；《山西省气象灾害预警信息发布与传播管理办法(草案)》于2018年12月25日经省政府第19次常务会议审议通过，并于2019年5月1日开始实施；审结《山西省社会力量参与保护利用文物办法(草案)》。

（黄泉龙 王 娇）

**【规范性文件审查备案】** 2018年，山西省政府法制办规范性文件合法性审查。审查、备案以省人民政府、省人民政府办公厅名义发文的规范性文件、省直部门报送的规范性文件草案以及设区的市人民政府报备的规范性文件共计483件。办理省政府领导批办和涉法事务审查文件112件，办理国务院立法征求意见、省政府批办的法律法规征求意见、有关部门征求意见75件，办理山西省第十三届人民代表大会第一次会议代表建议和山西省政协十二届一次会议委员提案20余件。 （黄泉龙 王 娇）

**【依法行政推进活动】** 2018年9月底，山西省政府法制办在太原组织召开全省依法行政经验交流会议。省直有关部门法制机构负责人，各市政府法制机构负责人(市政府办公厅分管法制工作的领导)和相关工作人员，晋城市司法局、侯马市政府法制办负责人和原省政府法制办领导及机关各处室、所属事业单位负责人80余人参加会议。省公安厅、省人社厅、太原市政府法制办等12个与会单位代表作依法行政经验交流发言。组织开展“依法行政宣传月”活动。起草并向省直有关部门、各市政府办公厅及法制机构印发《关于开展2018年度“依法行政宣传月”活动的通知》，督促指导各市、省直有关部门开展“依法行政宣传月”活动，并通过《政府法制工作简报》刊载交流各地各部门推进依法行政好经验好做法，指导推动法治政府建设实践。开展全省依法行政评选表彰工作。同省人社厅奖惩处协调沟通，根据评选文件制订方案，先后组织召开领导小组办公室初审初选会议和领导小组会议，评选确定拟表彰对象名单。8月初，原省政府法制办与省人社厅共同印发《关于表彰山西省依法行政先进集体和先进个人的决定》，对全省50个依法行政先进集体和100个依法行政先进个人予以表彰并授予奖牌和荣誉证书。

（黄泉龙 王 娇）

**【行政执法“三项制度”】** 2018年，山西省政府法制办推行“三项制度”，即行政执法公示制度、执法全过程记录制度、重大执法决定法制审核制度。重点开展推进草案起草工作，对《山西省重大行政执法决定法治审核办法》《山西省行政执法公示办法》和《山西省行政执法全过程记录办法》修改完善，做到与综合行政执法体制改革、“放管服效”改革、推进“双随机、一公开”监管、规范行政执法工作等改革任务统筹协调、相互推进。督促指导综合执法工作。按照2018年工作要点和分工安排，配合省编办推动综合行政执法体制改革试点部门、市县开展综合执法工作。对省住建厅《关于〈山西省人民政府关于在晋中市榆次区城市管理领域开展相对集中行政处罚权工作的批复(代拟稿)〉的请示》、省体育局《山西省体育局行政许可和行政处罚文书格式(式样)》进行审核，反馈书面意见；对《关于阳泉市行政执法有关问题的复函》中阳泉市综合行政执法体制改革中遇到的问题，提出指导性建议和意见。

（黄泉龙 王 娇）

**【相对集中行政许可权试点】** 2018年，山西省政府法制办重点推进山西转型综改示范区和高平市改革试点工作。指导督促落实行政执法人员持证上岗和资格管理制度工作，组织申领山西省行政执法证件工作；开展山西转型综改示范区管委会、高平市政府开展行政执法人员资格审查和资格认证考试，为479人发放行政执法证件；向省委、省政府汇报试点单位工作推进情况，报送《山西省人民政府法制办公室关于报送加快推进山西转型综改示范区、高平市相对集中许可权改革试点有关材料的函》；组成专题调研组，到省综合改革示范区和灵石县就推进相对集中行政许可试点工作进行调研。

（黄泉龙 王 娇）

**【证明事项清理】** 2018年，山西省政府法制办按照《山西省人民政府办公厅关于做好证明事项清理工作的通知》，开展全省证明事项清理工作。8月24日，到大同、朔州等地市就证明事项清理工作进行专项督导调研。9月6日，组织召开全省证明事项清理工作推进会，全省11个设区市和近80个省级相关部门的清理工作负责同志参加会议。截至9月底，全省75个单位报送清理结果，5个单位零报送。汇总审核报送结果，对证明事项建议取消目录逐条进行审查，会同相关部门进行再次确认，形成一致清理建议。9月28日，起草《关于向司法部报送证明事项清理建议的请示》，连同清理建议目录报送省政府审定，以省政府办公厅文件报送司法部。国家法律法规层面设定的证明事项，全部清理审核完毕。组织开展对地方性法规设定的证明事项、省政府规章和省政府规范性文件设定的证明事项梳理汇总和审核工作。起草印发《关于进一步做好证明事项清理工作的通知》，对编制和公布证明事项保留清单、取消清单作出具体部署。各地各部门按照计划报送最终清理结果。

(黄泉龙　王　娇)

【行政执法证件管理】 2018年,山西省政府法制办推进对行政执法人员资格审查和认证考试工作的督促检查。通过考试巡视、检查调研,20余次对各级政府法制机构行政执法证件管理工作进行督导。起草印发《关于开展2018年行政执法证件审核注册工作的通知》,要求各市政府法制机构、省直部门法制机构统计确认行政执法主体和行政执法人员信息,组织开展行政执法证件年度审核注册及注销工作,组织开展2018年度行政执法人员资格清理。9月6日召开全省行政执法证件管理专题工作会议。起草印发《山西省人民政府法制办公室关于进一步做好行政执法证件管理工作的通知》,要求各地各部门在8月至10月期间,集中组织开展年度行政执法证件申领换发工作。全年审核发放证件29784人。梳理全省行政执法人员在编在岗情况,统计汇总全省行政执法人员持证情况。结合《山西省行政执法人员资格认证信息管理系统》"云平台"迁移工作,对证件管理系统维护完善,更新系统平台,优化年审、换证、补证流程,调整地市审批权限。 (黄泉龙　王　娇)

【行政复议案件办理】 2018年,山西山西省政府法制办办理行政复议案件182件。其中,上年结转13件,新收169件。办结160件。办结案件中作出维持决定68件,不予受理决定30件,终止决定28件,驳回行政复议申请决定24件,责令履职6件,确认违法决定2件,撤销决定1件,其他方式1件。撤销决定、责令履职等案件占办结案件比例不到10%,终止决定中包含有申请人诉求得到满足,主动撤回行政复议而终止的案件。案件纠错率同人民法院纠错率大致相当。会同省自然资源厅办理行政裁决案件7件,7件均按期提交行政裁决答复书及证据依据材料。收到厅机关行政复议申请6件。其中,上年转结1件,新收5件。办结6件。办结案件中不予受理决定3件,作出维持决定2件,责令履行1件。作为被申请人参与行政复议案件3件,司法部作出维持决定1件,山西省政府作出维持决定2件。推进行政复议体制改革,跟踪指导太原市、晋城市深化行政复议委员会试点工作,落实与省高院建立的行政复议和行政诉讼联席会议制度。 (黄泉龙　王　娇)

【行政应诉案件办理】 2018年,山西山西省政府法制办共办理省本级行政应诉一审案件57件。其中上年结转6件,新收51件。人民法院审结52件。审结案件中人民法院作出驳回诉讼请求16件,裁定驳回起诉17件,判决撤销行政行为13件,责令履行法定职责5件,判决行政行为违法或无效1件。全年共办理行政应诉二审案件39件。其中上年结转18件,新收21件。人民法院审结28件。审结案件中人民法院作出驳回上诉维持原判决定13件,驳回上诉维持原裁定8件,责令受理3件,撤回上诉1件,撤销复议决定责令中院继续审理1件,撤销一审判决1件,撤销原判决驳回起诉1件。办理厅机关行政应诉一审案件7件,人民法院审结6件。审结案件中作出驳回起诉2件,驳回诉讼请求4件。办理行政应诉二审案件8件。其中上年结转3件,新收5件。人民法院已审结4件。审结案件中,作出驳回上诉维持原判决3件,驳回上诉维持原裁定1件。办理完结国家赔偿案件1件。一审裁定驳回起诉,二审裁定驳回上诉,维持原裁定。(黄泉龙　王　娇)

【政府法律顾问制度推行】 2018年,山西山西省政府法制办按时完成厅机关法律顾问续聘工作,协助法律顾问开展工作。对上年法律顾问工作进行总结,完成《关于厅机关法律顾问工作情况的报告》。确定郝晓琴等7名法律顾问,通过法律顾问2017年浮动薪酬、2018年服务费用及支付方式。全年组织法律顾问召开案件讨论会5次,组织法律顾问对56项法律事务进行法制审核并出具法律意见。 (黄泉龙　王　娇)

【行政审批制度改革】 2018年,山西山西省政府法制办推进"最多跑一次"为民服务事项改革工作。推进行政审批前置申请材料清单规范化、标准化建设工作,梳理形成为民服务改革事项清单,编印《山西省司法厅行政审批服务指南》,省司法厅共23大项、57子事项行政审批及行政服务事项,全部实现"最多跑一次"。推进"互联网+行政审批"改革工作。"互联网+"一网通办依托山西政务服务网,实现律师事务所许可等行政许可事项"网上预审核",通过预审核的材料只需到市级司法行政机关提交材料原件备查。"物流网+"证书送达。委托开展快递邮寄服务,对需要进行现场审核不能当场办结的审批事项,在申请人自愿基础上,将办理完毕的许可文件及许可证件通过快递送达,快递费用全部由政府支付。"标准化+"提升效能。编制省司法厅"最多跑一次"办事事项标准化指南,对"审批条件、申请材料、审批时限、审批证件、审批收费、审批流程"等事项进行规范和统一。规范开展审批工作。

(黄泉龙　王　娇)

## 公　安

### ·治安管理·

【公共安全保障】 2018年,山西省公安机关完善公共安全监管,防范重大安全事故。开展区域重点整治和黑加油(气)站点集中整治,开展民爆物品管理审批突出问题专项治理,加强物流寄递行业安全监管,推动落实"三个100%"制度。组织开展道路交通秩序和突出违法行为集中整治、常态治理,狠抓重点车辆、驾驶人源头管理、动态管控，开展事故多发路段隐患排查治理，推进全省高速公路隧道安全风险防控“五大工程”，分类加强道路交通事故应急响应、分析研判和风险预警，全省道路交通事故起数、死亡人数同比分别下降3.60%和6.70%，没有发生重特大道路交通事故。加强车站、广场、旅游景点、学校等人员密集场所安全防范工作，建设硬隔离等防冲撞设施，落实武装巡逻四项工作机制和快速处置机制，严格大型活动安全许可审批和安保措施，完成年内各个节点和2400余场大型群众性活动安保任务，保持个人极端事件“零发生”。推进全省公共安全视频监控建设联网应用，视频监控摄像机总量达到230余万台，为2020年实现“全域覆盖、全网共享、全时可用、全程可控”总目标奠定基础。围绕“四个零”目标，推进清监革命，按照“资源集约化、管理精细化”思路，推进监所集约化整合，对关押量小、基础条件差、保障不力、不具备收押条件的看守所、拘留所予以关停整合。　（王瑞成）

【公安审批服务“一网通一次办”平台】 2018年6月13日，山西省公安厅与腾讯公司共同研发的山西公安审批服务“一网通一次办”平台正式上线，涵盖公安治安、交管、出入境等9大警种254项审批服务事项。截至2018年12月，平台用户达1000万人，实名注册用户913万人，应用点击量1.16亿人次，办理各类业务918万件，提供查询服务2232万次，受理咨询建议2万余条，实现95.50%的业务量最多跑一次，85%以上办理量做到“一网通”，53.20%的业务量不见面办理。

（王瑞成）

【企业周边治安环境治理】 2018年，山西省公安机关加强企业周边治安环境治理，摸排在建项目建设工程4076个，在3263个工程项目，建立“一企(工程)一警”联络制度，依法打击恶意阻工扰工，打击各类涉企违法犯罪行为，先后打掉“行霸”“市霸”“路霸”以及强揽工程的恶势力团伙116个。　（王瑞成）

【公共服务扩容提质】 2018年，山西省公安机关以审批服务便民化为重点，推进公安机关“放管服效”改革。建成并开通山西公安审批服务“一网通一次办”平台，涵盖262项公安审批服务事项。平台由省公安厅与腾讯公司合作研发，依托“一云多网、两级中心”公安大数据架构，构建“服务集成—数据汇聚—信息流转—网通、网上预约—综合受理—限时审批一次办”服务模式，具有“全省域、全覆盖、全流程”三大特点。6月28日，全省公安机关全面上线运行以来，用户达1013万人，使用量达1.19亿次，办理各类业务1000余万件，提供查询服务2781万余次，实现95%以上业务量最多跑一次，53.20%业务量不见面办理，8类派出所开具证明全部“零跑腿”，解决群众办事难、办事慢、多头跑、来回跑等问题，提升服务效能，节约警力资源，让群众和企业增强便利感、获得感、幸福感。省公安厅与腾讯公司共同创建“智慧新警务联合创新实验室”，借助腾讯公司技术优势，运用大数据、云计算、人工智能等现代信息技术，提升服务群众的能力水平。制定出台公安机关便民利企36条措施，严格窗口服务规范，开展“我在岗我负责我光荣”微笑服务活动和“向人民汇报”主题活动，网上网下、警内警外一体发力，推动管理服务理念、方式、作风、质效深层次转变提升。制定《支持服务保障民营企业发展的若干举措》，明确严打涉企涉商犯罪、开展企业周边治安环境治理、保护民营企业家合法权利、严格依法办理经济案件、高效服务民营企业等16条举措，受到民营企业欢迎。　（王瑞成）

【执法规范化建设】 2018年，山西省公安机关以公正执法为基本价值取向，推进执法规范化建设。制定《关于进一步深化全省公安机关执法规范化建设的实施方案》，推进公安执法规范化建设。强化执法指引。针对基层民警接处警中最困惑、最迫切需要规范的现场执法、实战操作难题，统筹扫黑除恶等重点工作，出台《110接处警工作手册》《扫黑除恶专项斗争实务手册》等一系列规范，围绕收集固定证据这一执法办案核心工作，制定涉及96个罪名、134个违反治安管理行为、129个其他行政违法行为的刑事、行政案件取证标准，为各级公安机关及基层一线部门开展工作提

2018年6月13日，山西公安审批服务“一网通一次办”平台正式启动

（王瑞成供图）

供指导。规范执法管理。推进以审判为中心的刑事诉讼制度改革，依托各级案管中心，推进刑事案件“两统一”向“四统一”（统一入口、统一审核、统一出口、统一监督管理）升级，推行行政案件“两统一”（统一入口、统一审查）机制，建立重大、疑难案件集体讨论制度和法制部门提前介入制度、非法证据排除制度，开展案件执法考评和信访案件评查工作，在全省公安机关所有执法办案部门和派出所设立专职法制员452名，兼职法制员2945名，向各市公安机关派出扫黑除恶法制审核专班，提升执法办案质量。完善执法监督。立足从警情源头开始对执法办案全过程的闭环式管理，建设全警执法全流程智能管理平台，配套开展指挥中心、办案中心、涉案财物管理中心、案管中心“四个中心”升级改造工作，实现执法办案从群众报警开始，一直到作出处罚、移送起诉、法院审判，全要素、全流程网上闭环管理，全省147个市、县公安机关全面建设应用执法全流程智能管理平台，执法信息化、智能化水平整体迈上新台阶。（王瑞成）

【公安信息化建设】 2018年，山西省公安机关以大数据建设为支撑，提升公安工作信息化水平。与互联网科技企业展开深度合作，提出“一云多网两级中心”建设思路，完成省级平台部署建设任务，推开各市数据中心建设，陆续推出一批应用模型。建成“数据汇集、智能应用、多警联动、精确预警、成果共享”工作对象动态管控处置平台和盯办核查指令平台，在省、市、县三级公安机关建立“一指四组、一指七组、两平台”的工作运行机制，实现对全省重点人、地、物、组织、场所的信息化掌控。强化多维感知实战应用，综合利用多维感知物联网大数据，加快车辆特征识别、人脸识别、声纹识别、边缘计算等智能技术应用，实现对人员密集区域、重点场所、要害部位风险的自动感知、预警防范、目标追踪等。依托“钉钉”信息推送和移动警务平台，研发各类警务应用APP，最大限度地把公安大数据战略体系和手段资源延伸到基层一线民警。扩容改造350兆数字集群系统，实现无线通信信号市县主城区100%覆盖，机场、高铁站点、重点国省道治安卡口等重点区域95%以上覆盖。推动建设4G执法记录仪系统，实现对基层公安机关现场执法终端设备的应用支持、现场执法过程的实时监督、执法视音频资料的完整保存管理。建成上线公务用车集中管理平台，对全省公安机关公务用车全部安装GPS定位系统，全流程线上审批、动态管理，防止公车私用。通过与全省公务车辆管理平台对接，实现向机关事务管理部门临时调配使用车辆的功能，缓解基层用车紧张问题。（王瑞成）

【山西公安“十佳女警”评选】 2018年，由山西省公安厅、省妇联组织网络投票评选山西公安“十佳女警”活动，12月10日结果揭晓，共评出“十佳女警”10名，优秀女警39名。十佳为：太原市公安局小店分局刑事侦查大队禁毒中队民警薛钰；浑源县公安局沙圪坨派出所民警孙丽君；平定县公安局刑警大队民警晋芳；长治市公安局城区分局西郊派出所指导员张民；定襄县公安局法制大队大队长梁美芳；晋中市公安局交警支队一大队二中队中队长白晓静；临汾市公安局法制支队支队长张丽青；平陆县看守所所长石文君；吕梁市离石区公安局莲花池派出所副所长杨艳；省公安厅办公室政务督查科科长田甜。（编辑部）

## ·打击犯罪侦查·

【公安扫黑除恶专项斗争】 2018年，山西省公安机关推进扫黑除恶专项斗争，净化社会治安环境。聚焦12个重点领域，对内建立12项斗争机制，对外无缝对接纪检监察、检察院、法院、组织、民政及相关行业主管部门，全覆盖打击、系统化治理。

省公安厅成立扫黑除恶专项斗争领导小组，挂牌督办12起涉黑涉恶案件，依法打击黑恶势力犯罪，推进扫黑除恶专项斗争。2月26日至3月5日，省厅扫黑除恶领导小组办公室抽调刑侦、治安、经侦、法制等部门业务骨干，组成六个督导组，赴全省各市对省厅确定的60起重点涉黑涉恶案件开展检查指导。省公安厅派出专案组赴闻喜查处“6·3”专案，集中追逃犯、追文物、追赃款，深化挖根打伞，配合检察院、法院起诉与审判，实现案件快侦、快捕、快判。

《山西日报》、山西电视台、山西电台、《太原晚报》等主要新闻媒体及网页分别在头版或重要位置刊登扫黑除恶专项斗争成果，在重要时段播出扫黑除恶专项斗争战绩，形成集中宣传高潮。各地张贴《关于依法严厉打击黑恶势力违法犯罪的通告》，公布举报电话与举报信箱，调动群众参与斗争积极性。

省厅先后17次召开双周调度会，采取提级管辖、异地用警等措施，打掉黑恶势力团伙1007个。其中，黑社会性质组织70个，恶势力犯罪集团275个，恶势力犯罪团伙662个。破获各类刑事案件7556起，抓获犯罪嫌疑人8349人，查封、冻结、扣押涉案资产116.98亿元；依法查处涉案国家公职人员129人、村“两委”成员175人；下发行业领域风险整改提示函2028份；线索核查办结率达90%以上。5月初，公安部法制局以《山西公安机关法制部门多措并举服务扫黑除恶专项斗争》为题，推广山西省公安法制部门服务扫黑除恶专项斗争做法。8月28日，全国公安机关扫黑除恶专项斗争推进会在太原召开，在全国推广山西省经验做法。（王瑞成）

【经济犯罪侦破】 2018年，山西省公安机关开展涉众型经济犯罪风险大排查，发现有潜在风险隐患的P2P网贷平台58个，其中高风险平台7个，通报有关主管部门予以化解处置。部署开展打击非法集资、网络传销、套路贷以及涉税等突出经济犯罪和“猎狐 2018”专项行动，破获各类经济犯罪案件 1679 起，抓获嫌疑人 1436 名，境外追逃劝返 21 人，处置风险隐患 976 条，挽回和避免经济损失 5.7 亿余元。在侦办“香野乡村”“晋商贷”等重大涉众型经济犯罪案件中，建立打击犯罪与追赃挽损、维护稳定同步推进工作机制，防止风险传导蔓延，确保社会大局稳定。（王瑞成）

**【刑事犯罪侦破】** 2018 年，山西省公安机关部署开展打击“盗抢骗”、破坏生态环境、黄赌“断链”“禁毒人民战争”三年攻坚战、食药打假“利剑”“破小案”会战等一系列专项行动，全面深化乱点整治，共计查破涉黄涉赌案件 5103 起，打击处理 12871 人；破获毒品案件 19856 起，抓获 20299 人，缴获各类毒品 2160 千克；侦办食药类犯罪案件 935 起，抓获犯罪嫌疑人 951 名，打掉生产窝点 57 个，涉案金额 8.66 亿元；立查破坏生态环境违法犯罪案件 988 起，抓获 784 人。全年共立刑事案件 96837 起，同比下降 9.10%，高于全国平均降幅，严重影响群众安全感的命案同比下降 22.40%，“两抢一盗”案件下降 24.50%，2018 年全省发生的命案全破，第一次实现全省年度现行命案全破目标。

（王瑞成）

**【网络犯罪整治】** 2018 年，山西省公安机关推进“净网 2018”专项行动，侦办各类涉网违法犯罪案件 10287 起，抓获违法犯罪嫌疑人 8533 人，清理网络违法犯罪信息 28 万余条。开展网上安全检查 8955 次，推进网络安全等级防护工作，依法备案等级保护单位 2427 家、信息系统 4626 个，检查重点单位 5000 余家，妥善处置网络安全事件 69 起，确保全省网络安全。（王瑞成）

**【集中追逃行动】** 2018 年 2 月 15 日，山西省公安厅召开集中追逃视频调度会，要求各级公安机关要围绕四类重点逃犯，即 83 名涉黑涉恶逃犯、44 名涉枪涉爆逃犯、516 名命案逃犯和 16 名 A 级、B 级逃犯，集中开展追逃行动。太原市公安局发动追逃“科技战”“信息战”，依托警务云、大数据，发挥各类平台信息资源优势，多渠道获取逃犯情报资源，多维度开展轨迹研判，启动“云捕系统”，发挥信息、科技手段在追逃中的战斗力。吕梁市公安局将集中追逃行动与“冬季严打整治”行动、“大巡逻、大防控”行动，以及千名民警“访百企、进千村、入万户”活动紧密结合，加大走访在逃人员家属工作力度，提高发现逃犯能力。临汾市公安局梳理全市 13 名涉黑涉恶逃犯，对每名逃犯从身份信息、家庭情况、社会关系、经济状况、生存技能等方面综合、立体建档，与技侦、网监、情报等部门联合分析研判，制定追逃措施。临汾、运城两市有 3 名涉黑涉恶逃犯自首。春节假期全省公安机关抓获各类逃犯 127 人，其中涉黑涉恶逃犯 27 人。（王瑞成）

**【文物犯罪专项打击】** 2018 年，山西省公安厅将打击文物犯罪与扫黑除恶专项斗争紧密结合，部署开展为期三年的打击文物犯罪专项行动。明确“三追一挖一铲”（追逃犯、追文物、追资产和深挖犯罪、铲除保护伞）和“四不放过”（在逃人员不到案不放过、被盗文物不追缴不放过、犯罪分子的经济基础不摧毁不放过、犯罪“保护伞”不铲除不放过）的工作要求，实行双周调度、异地用警等工作机制，推动打击文物犯罪专项行动。

全年共破获文物犯罪案件 584 起，抓获犯罪嫌疑人 840 人，打掉犯罪团伙 96 个，追缴文物 6093 组 7158 件，其中一级文物 46 件、二级文物 90 组 114 件、三级文物 280 组 409 件，破案数、抓捕数、追缴文物数均超过 2010 年至 2017 年的总和，遏制文物犯罪多发势头。通过彻查闻喜“603”等重大专案，开展临汾、运城重点区域集中打击整治，摧毁一批“保护伞”“关系网”，联合省文物局制定出台全省文物保护工作规定，提升安全防范的针对性和有效性。闻喜“603”专案先后抓获犯罪嫌疑人 175 人，破获案件 133 起，追缴文物 798 件（组），追缴涉案资产 2 亿余元。采取异地用警措施，直接指挥太原公安机关侦办“2·12”“3·12”盗掘古墓文物犯罪专案，打掉犯罪团伙 7 个，抓获犯罪嫌疑人 82 名，破获案件 56 起，追缴文物 1358 件（组）。

2018 年 5 月 27 日，“山西公安机关打击文物犯罪成果宣传”启动仪式在山西博物院举行

（王瑞成供图）

为铲除文物犯罪苗头、清除黑恶势力滋生“土壤”,明确把各类文物犯罪作为扫黑除恶12项延伸打击的重点之一，加大文物犯罪案件侦办力度,集中实施挂牌督办,对2016年以来30起未破文物犯罪案件和30名未抓获文物犯罪嫌疑人,发起“双30”攻坚行动。侦破临汾市曲沃县公安局民警直接参与实施的盗掘古墓文物犯罪案件，打掉文物犯罪团伙1个，抓获犯罪嫌疑人8人，收缴文物86件(组)。针对运城市新绛、闻喜、夏县、芮城等盗掘古墓文物犯罪案件多发区域,部署开展重点打击,接连破获发生在运城、临汾等地盗掘古墓文物犯罪案件62起，打掉文物犯罪团伙11个,抓获犯罪嫌疑人44名,收缴文物231件(组)。针对被盗文物转运快、销赃快、出境快实际,追缴文物3437件(组)。其中,一级文物29件,二级文物80件(组)，三级文物198件(组)。在侦办闻喜“6·3”专案中,专案组民警远赴广东、陕西、北京、河南、浙江、云南、澳门等地,成功追回被盗一级文物24件、二级文物59件(组)、三级文物105件(组)。在侦办闻喜“6·3”案件中,依法查处公安机关内部人员18人(其中民警10人),纪律处分相关责任人20人。针对一些文物犯罪黑恶势力与古玩市场个别商户倒卖走私文物的问题，联合文物、工商等部门加强文物市场管理,逐个走访宣传，逐户签订责任书,动员文物商户、爱好者和社会群众举报文物犯罪线索,特别是团伙性有组织文物犯罪线索，斩断非法交易链条,净化市场环境。联合省文物局于5月27日启动为期三个月的“守护文明,利在千秋:山西公安机关打击文物犯罪成果宣传”，集中展示公安机关在扫黑除恶、打击文物犯罪中追缴的珍贵文物,特别开设涉黑涉恶文物犯罪展示区,宣传打击战果,调动社会各界积极性。 (王瑞成)

## ·交通管理·

**【互联网交通便民服务】** 2018年,山西省公安交通管理局完成审批服务“一网通一次办”平台(交管业务部分)建设。平台可承担91项交管业务(77项车管业务、12项秩序业务、2项事故快处业务)办理工作,其中50项实现全网全流程办理,36项实现群众“最多跑一次”办理。6月13日,太原、忻州两地启动平台运行,7月1日在全省宣传推广应用。平台建设及推广应用有利于提升交管业务办理效能和群众对交管部门满意度。 (杜 虹)

**【放管服改革“二十条”落实】** 2018年,山西省公安交通管理局贯彻落实公安部交管局部署要求和“宁波会议”精神,各级交管部门成立改革领导小组和业务专班，将20条改革措施细化分解为62项任务清单，全省上下统一思想、统筹联动,逐一对账销号。省交管局多次与财政、保监、税务、邮政、银行和六类社会企业会商,签订合作协议,共享数据信息;开发电子支付功能,实现业务受理、缴费、制证一次排队、办结;推进业务下放,大幅新增机动车登记服务站和邮政代办网点；完成全省11个市新能源汽车号牌推广应用工作;协调财政部门提供经费,推进改革措施;开展窗口单位“我在岗我负责我光荣”微笑服务主题活动;组织暗访组开展多轮体验式检查,对问题严重的责任领导和工作人员采取停职、调离、诫勉谈话等问责措施。9月1日起,全省11个市20项改革措施如期落地，山西省作为先进典型在全国视频会上介绍经验做法。 (杜 虹)

**【道路交通多方管控】** 2018年,山西省公安交通管理局落实大气污染防治工作部署,参与柴油货车及散装物料运输车污染治理联合执法专项行动,提升道路交通管控水平。收集分析重要国省干线及高速公路每日通行数据，掌握重点路段通行情况,加强综合协调，推动山西省政府出台《关于柴油货车和散装物料运输车污染治理联合执法专项行动优化通行的指导意见》。各地交警部门在当地政府统一领导下,与交通运输、环保等部门互相配合，结合本地实际,科学制定货车优化通行路线。高速和地方交警密切协作，加强联勤联动,突出管控重点,维护全省道路交通安全畅通。货车优化通行以后,全省高速公路货车流量、流向发生较大变化,省交管局实行每日综合研判,及时发布预警提示,开展针对性宣传和舆论引导，开展常态化视频调度部署,逐步建立交通安全管理良好工作机制。组织开展机动车安全检验机构监督检查,实行“两检合一”,全面推动环保数据、安检数据共享。参与筹备在长治召开的全省柴油货车及散装物料运输车污染治理联合执法专项行动现场会,总结推广长治等地工作经验,安排部署专项行动,为打赢“蓝天保卫战”作出贡献。据统计,从8月15日实施专项行动至12月31日，全省达标天数平均为95天,优良天数比例为70.6%,PM2.5平均浓度下降15%。 (杜 虹)

**【农村交通安全管理】** 2018年,山西省公安交通管理局推动全省11个市召开农村交通安全现场会。12月26日至27日，提请山西省政府在晋城市高平召开全省农村道路交通安全工作现场会,强化各市政府和各有关部门对农村交通安全工作的组织推动。推广应用“山西农安通”手机APP,方便农村劝导员开展工作。以公安厅名义与省高院联合推动提高农村户口人员交通事故损害赔偿标准,按照农村居民“人均生活消费支出”加“人均可支配收入”的“1+1”模式，将赔偿标准由10082元提高至19212元,保障农村群众合法权益。 (杜 虹)

**【交通违法专项整治】** 2018年,山西省公安交通管理局组织“两个专项行动”，开展系列重点整治。部署开展

2018年12月24日，山西省公安交通管理局举行《山西省公安机关办理酒后驾驶机动车案件程序规定》新闻发布会 （杜 虹供图）

“压事故、整秩序、保平安”专项整治，与省交通运输厅联合开展冬季交通“百日安全行动”。组织开展中小学幼儿园“护校安园”交通秩序专项整治、道路交通安全大检查、安全生产月、酒驾醉驾毒驾周末夜查统一行动、大货车靠右行交通秩序整治、闯红灯和不礼让斑马线违法整治、高速公路隧道严重交通违法行为专项整治、打击假牌套牌假证违法行为专项行动、农村地区农用三轮车违法载人专项整治行动、农村面包车专项治理行动、国省道冬季交通秩序集中整治行动等，查处各类重点交通违法行为，消除安全隐患。11月11日，在晋中组织召开全省公安交警货车行车秩序治理现场会，总结推广晋中支队、高速六支队等货车行车秩序治理工作经验，安排部署深化交通秩序整治工作。通过整治，国省主干道路以及高速公路大货车靠右行取得成效，国务院督查组、公安部交管局给予充分肯定。11月29日，交通运输部、公安部在大同召开全国规范公路治超执法优化营商环境现场会，实地观摩大同支队、高速二支队货车靠右行整治和治超效果，山西省在大会上作联合执法经验汇报。 （杜 虹）

【车辆车驾管理】 2018年，山西省各级公安交警实施重点车辆和驾驶人日常监管，滚动排查源头隐患，及时通报交通运输部门和所属企业督促整改。利用缉查布控系统布控预警拦截，加大对逾期未检验、未报废车辆的路面管控力度。截至2018年底，全省大型旅游客车、公路客车、校车检验率、报废率，以及营转非大客车检验率、危险货物运输车报废率、校车违法处理率均达到100%；全省危险货物运输车、重型货车、农村面包车检验率，营转非大客车、重型货车及挂车、农村面包车报废率，营转非大客车、大型旅游客车、公路客车违法处理率均达99%以上。 （杜 虹）

【道路安全隐患排查治理】 2018年，山西省公安交通管理局实行较大交通事故深度剖析和挂牌督办，推动道路安全隐患排查治理。省交管局组建推动各级公安交管部门成立交通事故预防工作专班，开展“挖根源、找症结、定对策、抓落实，预防交通事故”专项行动，集中分析研判全省交通事故风险隐患。省交管局交通事故预防工作专班先后向各地推送伤亡事故和交通安全形势分析研判报告35期，提高事故预防的准确性、针对性和实效性；形成交管局盯办的问题清单169条，全部销号。邀请公安部道路交通安全研究中心专家、云南交警总队农村交通安全管理专家对全省较大事故高发原因进行深度剖析，指导事故预防工作。按照公安部交管局和山西省政府安委办要求，对一次死亡3人以上较大事故开展深度调查、挂牌督办。加强交通肇事逃逸案件侦破和交通事故信访案件办理工作。开展事故多发点、段及高速公路长下坡危险路段隐患排查，推动道路安全隐患整改。 （杜 虹）

【隧道安全五大工程】 2018年，山西省公安交通管理局开展高速公路隧道安全风险防控行动，推进实施隧道安全五大工程。亮化工程。增加隧道出入口照明亮度，在隧道墙体外缘增加反光设施，隧道内加装环状反光带，洞壁和地面铺设反光道钉，提升驾驶人通过隧道时的视觉感应亮度。护栏过渡设计整改工程。在隧道入口处设置护栏，引导车辆“贴壁进洞”，消除车辆撞击隧道入口墙壁安全隐患。入口阻拦工程。在隧道入口安装远程控制起降杆，遇突发情况，直接远程控制隧道入口车辆通行。柔性隔离工程。在有条件的隧道内，探索安装柔性隔离柱，物理隔离行车道，强制客货车辆分道行驶。标志标线完善工程。将隧道内分道实线延伸出洞，在隧道路段设立限速、禁止超车标志，出入口增设震荡线、彩色路面。强化科技手段应用，增设安全提醒系统、车速反馈仪、多种违法抓拍系统，开展超速、疲劳驾驶、未保持安全车距等隧道交通违法专项治理，全省高速公路隧道内交通事故得到控制，高速公路隧道管控经验在全国推广，受到公安部交管局表扬，全国多地交管部门等来山西交流学习。 （杜 虹）

【交通安全宣传教育】 2018年，山西省公安交通管理局开展交通安全社会宣传教育，提升广大群众交通安全文明法治意识。运用新媒体开展交通安全宣传提示。利用"三微一端"等新媒体传播快、覆盖广、影响大等特点,在春运、清明、五一、中秋、国庆等重要节点及雨雪雾等恶劣天气时段,强化宣传告知服务和预警提示。全省公安交警亮点工作融媒体大直播累计观看量达到数千万人次,在公安部交管局"全国交警直播榜"位列前三。加大交通安全社会面宣传力度。组织开展"在云端守护回家路"春运大型公益活动、"4·30"全省道路交通安全日等覆盖面广、社会关注度高的主题宣传教育活动。"文明出行 路畅人安"道路交通安全主题摄影展亮相第18届中国平遥国际摄影节。聘任社会知名人士担任交通安全公益宣传志愿者,推动形成政府主导、媒体倡导、公众人物引导、企业参与、人人行动的交通安全宣传新局面。开展重点群体针对性宣传教育。在国省道沿线村庄设立大型交通安全宣传牌,刷写交通安全宣传标语,发放农村交通安全手册,依托农村"两站两员"分级建立农村微信宣传群。定期到企业、客货运场站等开展交通安全宣讲,向重点驾驶人推送交通安全提示警示信息,到中小学校上好交通安全课。搭建文明交通信用平台,增强安全文明法治意识。制定出台《山西省文明交通信用体系建设管理办法》,同步开发"文明交通信用管理平台",初步实现通过建立"黑名单"制度,褒扬诚信、惩戒失信,建立全省文明交通信用制度,增强交通参与者文明意识。

(杜 虹)

**【交通安全协同共治】** 2018年,山西省各级公安交管部门对重要节假日、重大活动期间和恶劣气候条件下道路通行情况开展研判,组织通行策略,强化应急管理。完成元旦、春运、全国全省"两会"、清明、五一、端午、博鳌亚洲论坛、中国旅游日、上合组织峰会、高中考、中秋、国庆、中非合作论坛、世界旅游日,以及党和国家领导人到晋视察、中央环保督察组、国务院督查组来晋督察(查)、省领导调研、部队重大勤务保障等各类交通安全保卫任务。配合中央扫黑除恶专项斗争督导组开展工作,协调高速运营公司开通相关收费站全部出入口,开辟快速通道,建立快速发卡机制,掌握全省高速公路和普通公路流量,制定紧急情况下调流方案,推进全省范围内交通保障工作。与山西电视台、山西影视集团签订战略合作协议,合办交通安全宣传广播电视栏目,打造交管融媒体宣传矩阵。与省保监系统在风险保障、快处快赔、农村交管机构共建等方面开展合作。与邮政系统深化牌证寄递、警邮服务站建设等多方面合作,共同开展"30天零违法·邮政送豪礼"活动。与省旅发委、省运管局联合保障旅游特别是节假日期间全省道路交通安全畅通。与省气象服务中心建立高速公路气象联席会议制度,推送恶劣天气道路交通气象服务专报。与省交通控股集团就交通安全设施、科技项目和营房建设、隐患排查整改、应急管控、联合治超等工作进行合作。与省医疗系统就老年人驾车的交管新形态进行沟通,推出有效管控措施。与省应急管理厅联合召开交通安全工作座谈会,推动解决企业主体责任落实、事故多发点段隐患整改、危险化学品公路货运专用通道划定等问题。巩固全省道路交通安全齐抓共管、协同共治良好局面。

(杜 虹)

**【交通管理科技化信息化】** 2018年,山西公安交通管理局推进科技信息化重点项目建设。推进京昆高速山西段示范路(一期、二期)、太古隧道交通秩序管控系统、重点卡口运维监测系统、综合应用平台分布式系统和350M数字集群通信系统南、北片区基站等重点科技项目建设,加大对省级重点帮扶大队科技信息化项目建设支持力度,全省公安交警科技系统设备升级提档。全省高速公路大幅新增公路车辆智能监测系统、视频监控系统、交通违法检测等设施设备。

加大全省公安交警集成指挥平台设备接入力度,对应用不足的大队和执法站进行点对点指导,截至2018年底,全省交警大队平台应用率达94%,执法站应用率达92.50%,现场处罚率达到97.90%,进入全国前5名。依托科技手段加强对重点车辆安全隐患分析研判,布控、比对各类嫌疑车辆万余辆,查处各类交通违法行为二十余万起。

推进科技信息标准化制度化建设。出台山西省地方标准《高速公路交通安全监测设备设置要求》,编制

2018年9月8日至9日,山西公安交通管理局举办交通安全宣传体验活动

(杜 虹供图)

申报地标《高速公路交通安全监测设备标志设置要求》，实现全省高速公路交通安全防控体系建设的一体化和标准化。（杜 虹）

【交通执法规范化】 2018年，山西省被公安部交管局确定为交通事故处理执法办案系统全国试点省份。交管局接到任务后，成立工作领导组，确定太原、晋中、临汾和高速一支队为全面试点推进支队，其他支队为局部试点支队。多次召开全省视频会对执法办案系统应用进行培训，定期通报全省系统运行情况。各级交管部门对系统进行测试，提出修改建议200余条，完成系统建设试点工作。主导编制完成行业标准《道路交通事故当事人责任确定规则》。2019年1月1日起，该标准在上海、天津、四川、江苏、吉林等十个省（市）试行，对保障当事人合法权益，促进社会公平正义，推进全国事故处理执法规范化建设起到积极推动作用，展示山西公安交警在交通事故处理方面全国领先的能力和水平。加大执法记录仪配备，实行执法全流程监督。省交管局多措并举，提前完成全省路面和窗口交警、辅警执法记录仪的目标配备任务。其中，朔州支队、高速六支队为路面执勤执法民警全部配发4G执法记录仪。制发《山西公安交警执法记录仪使用管理规定》，陆续将各地执法记录仪平台接入交管局管理系统，实现对全省执法活动数据的管理、统计、分析和考核。组织全局民警开展无纸化学法用法考试，引导广大民警规范执勤执法。（杜 虹）

## ·边防保障·

【口岸安保管控】 2018年，山西省公安边防总队紧盯重大活动期间口岸动态安全，综合分析各项勤务数据和可能影响口岸安全的信息线索，梳理摸排在口岸查控、维稳管控、舆情监控等方面存在的风险隐患，严守人证对照、资料录入、证件鉴别前台查验“三条底线”，挑选基层业务骨干成立专职后台核查小组，充实后台核查力量，完成全国“两会”、上合组织青岛峰会、中非合作论坛北京峰会、上海进博会等重大活动期间边检安保任务。（宋晓徽 郑 炜 高 翔）

【通关服务创新】 2018年，山西省公安边防总队根据国家移民管理局关于“中国公民出入境通关候检不超过30分钟”部署要求，分别对太原口岸、大同和运城临时开放口岸的通关效率进行专题调研，按照“一口岸一方案”原则，制定《应对节假日客流高峰勤务工作方案》，加强对各执勤现场勤务组织的科学调度。在太原口岸入境现场再建2条自助查验通道，协调机场单位扩大太原口岸出境现场候检面积，改善通关环境，满足出入境旅客“快捷通关”需求。自觉将边检工作置于地方经济建设发展大局中谋划推进，推动大同、运城机场口岸正式开放。定期走访口岸联检、旅行社和机场公司等单位，听取意见建议，派员为航空公司和旅行社宣传讲解边检政策法规，举办以“打造‘六型’边检，擦亮国门名片”为主题的边检服务品牌宣传活动，省内多家重要媒体予以关注报道，刊发转载信息20余条，提升山西边检社会影响力。克服三地执勤的用警压力，打造“小单元、大协调”高效勤务模式，根据组勤模式同步完善口岸处突预案，规范应急处突人员岗位设置、巡检地点、携带装具等事项，为执勤一线添置补充应急处突装备，确保用警效能和应急力量建设与执法执勤需求最大化契合。2018年，总队完成国民党前主席洪秀柱、前副主席蒋孝严等要客的入出境边检任务，为价值两千余万元的种畜引进包机提供通关保障服务。

（宋晓徽 郑 炜 高 翔）

# 检 察

【检察扫黑除恶专项斗争】 2018年，山西省检察机关坚持依法快捕快诉，实行“捕诉一体”机制，提前介入引导公安机关收集、固定证据。共批准逮捕黑恶势力犯罪1425件4574人，起诉538件2860人。监督公安机关立案32件85人，纠正漏捕283人、漏诉148人，追诉漏罪404起。坚持破网打伞，除恶务尽，向监察机关移送黑恶势力“保护伞”线索118件79人。查处检察人员失职渎职及充当“保护伞”8人，推进社会治安形势好转。12月26日，省检察院在晋中召开全省检察机关扫黑除恶专项斗争督促座谈会。会议传达学习全国扫黑办主任第四次会议精神，贯彻落实全省检察机关重点工作调度会精神，总结2018年工作，安排部署2019年工作。会议指出，全省检察机关认真贯彻落实习近平总书记重要指示和中央、省委、最高人民检察院的部署要求，以中央第二督导组督导为契机，扛起政治责任，履行检察职能，狠抓督导督办督责，持续推进扫黑除恶专项斗争，取得阶段性成果。（霍小东）

【法治化营商环境营造】 2018年，山西省制定全省检察机关支持企业家创新创业意见和服务民营企业发展16条措施。建立“涉企”案件线索移送、督办机制，加强对民营企业家人身权、财产权的保护，对侵害民营企业合法权益犯罪批捕844件1265人，起诉1068件1641人。组织开展打击侵犯知识产权专项行动，批捕假冒注册商标、侵犯商业秘密等犯罪61人，起诉102人。打击强揽工程、非法高利放贷、欺行霸市等行为，对串通投标、非法经营、合同诈骗和强迫交易等扰乱市场交易秩序犯罪批捕916人，起诉1002人。开展虚假诉讼专项监督活动，加大对企业破产、清算等领域的监督，办理虚假诉讼监督案件24件。开展涉企民事案件执行监督行动，共办理250件，息诉21件。

（霍小东）

【打击破坏生态环境违法犯罪专项行动】 2018年，山西省检察机关开展打击破坏生态环境违法犯罪专项行动,批捕267人,起诉478人。办理生态环境和资源保护领域案件2512件,督促128家排污企业进行整治,修复被损林地、耕地、湿地、草原2万余亩,治理被污染河道100余千米,清理被污染的水体、土壤4180余亩,清除各类生活垃圾及生产固体废物1759万吨。 (霍小东)

2018年7月9日,山西省人民检察院举办"12309检察牵您手"主题检察开放日活动,10位人大代表、政协委员、人民监督员受邀参加活动 (霍小东供图)

【公益诉讼】 2018年,山西省检察机关开展公益诉讼工作,出台《关于支持检察机关依法开展公益诉讼工作的通知》。6个市、54个县(市、区)党委、人大、政府出台支持公益诉讼工作文件。全省检察机关公益诉讼立案6178件,发出诉前检察建议6088件;提起诉讼84件,法院审结49件,判决胜诉率100%。开展饮用水水源保护公益诉讼,立案并发出检察建议288份,整治修复被污染水源地226处。打击食品药品和医疗卫生领域违法犯罪活动,批捕181人,起诉532人。开展"保障千家万户舌尖上的安全"公益诉讼,办理食品药品安全领域公益诉讼案件3014件,发出诉前检察建议2981件,督促有关部门整治网络外卖"黑作坊"1万余个,没收不合格食品5332千克,假药、走私药品69种。 (霍小东)

【教育挽救矫正】 2018年,山西省检察机关贯彻宽严相济刑事政策,着眼教育、感化、挽救,依法对犯罪情节轻微、社会危害性较小的,不捕1921人,不诉1396人。弘扬新时代"枫桥经验",化解社会矛盾,依法对283起典型刑事申诉案件公开审查,和解息诉141件。履行社区矫正监督职能,帮助2996名社区矫正人员融入社会。 (霍小东)

【未成年人司法保护】 2018年,山西省检察机关与省未保委、教育、民政、妇联等11个部门联合出台《关于构建未成年人司法保护工作社会支持体系的意见》。开展"法治进校园"活动,248名检察官被聘为法治副校长。落实最高人民检察院一号检察建议,会同教育部门开展校园欺凌专项整治活动,加强校园安全管理,预防性侵害幼儿园儿童和中小学学生违法犯罪。打击侵犯未成年人犯罪,依法对故意伤害、猥亵儿童等犯罪批捕857人,起诉1086人。 (霍小东)

【法律监督】 2018年,山西省检察机关开展侦查监督和刑事审判监督。坚决防止和纠正冤错案件,依法对不构成犯罪或证据不足的,不捕2940人,不起诉1057人;监督公安机关立案808件,同比上升18.30%;监督撤案585件,同比上升16.80%;纠正漏捕、漏诉2455人,同比上升46.60%。依法对认为确有错误的刑事裁判提出抗诉634件,法院采纳370件,采纳率为64.10%。

开展刑事执行监督。依法对刑罚执行和监管活动违法提出纠正意见6732件,纠正6674件,其中纠正侵犯在押服刑人员休息权、劳动报酬权等违法行为554件;发现纠正减刑不当1257件。进行羁押必要性审查1579人,提出变更强制措施1505人,采纳1376人。推进未交付执行刑罚专项监督活动。加大对财产刑执行监督,纠正4161件。

开展民事、行政诉讼监督。组建民事、行政检察和公益诉讼案件专家委员会,共审查各类民事、行政申请监督案件8841件,对认为确有错误的生效判决、裁定、调解书提出抗诉169件,再审74件,改判、发回重审63件,改变率为85.10%;提出再审建议123件,法院采纳79件。对审判程序中的违法情形提出监督意见1977件,采纳1947件,采纳率为99.80%。对民事、行政执行活动提出监督意见1916件,采纳1905件,采纳率为99.40%。

(霍小东)

【检察体制改革】 2018年,山西省检察机关贯彻监察法和修改后的刑事诉讼法,建立"法法衔接"办案机制。全省检察机关受理监察机关移送案件863人,退回补充调查138人,提起公诉809人,不诉5人。打破平均分配,在市域范围内统一调配员额检察官比例,使员额配置向办案多的基层院倾斜。执行三级院检察人员权力清单,将90%以上的案件决定事项授权给员额检察官办理,明确14个业务类型149种案件。坚持院领导带头办理重大疑难案件制度,办案量占到21%。全面推进"捕诉一体"办案新机制,实现同一案件的批捕、起诉、侦查监督、审判监督由同一名员额检察官或同一个办案组一办到底、全程负责，健全司法办案监督制约制度体系。全面推进网上办案，建成司法办案、检察办公、队伍管理、检务保障、检务决策、检务公开与服务"六大平台"。深化检务公开，加强微信、微博、新闻客户端和门户网站建设，开通山西检察移动检务手机 APP。在案件信息公开网上公开案件程序性信息 4.91 万条、重要案件信息 2838 条、终结性法律文书 2.08 万份。（霍小东）

**【"支持和服务企业家创新创业 营造良好法治环境"专项工作】** 2018 年 7 月 19 日，山西省检察院召开新闻发布会，通报全省检察机关开展"支持和服务企业家创新创业 营造良好法治环境"专项工作的有关情况，公开发布十大典型案例。会前全省检察机关梳理近三年各类"涉企"重点案件 642 件，对 13 件重点案件督办。受理公安机关提请逮捕的"涉企"案件 491 件 689 人，批准逮捕 361 件 519 人，受理公安机关移送审查起诉"涉企"案件 393 件 814 人，提起公诉 329 件 532 人，维护企业、企业家合法权利。全省各级检察机关注重社会发展需求，主动走进企业、园区问需求、送服务，加强法律服务的供需对接，建立与工商联组织、商会、行业协会联系机制，建立支持和服务企业家创新创业专项工作的长效机制，营造良好的营商法治环境。（霍小东）

**【首届精品公诉案件评选活动】** 2018 年 9 月 4 日，山西省检察院举办全省检察机关首届十大精品公诉案件评选活动。活动邀请 9 名司法界、实务界、法学界人士担任评委，10 名省人大代表、政协委员、人民监督员应邀观摩评选活动。此次活动从全省检察机关近年办理的近百起案件中选出 19 起，作为候选案件参与最终评审，是山西检察机关办理优秀案件的集中展示，也是狠抓司法办案、全面提升公诉工作品质的缩影和代表。（霍小东）

**【"纪念检察机关恢复重建 40 周年"座谈会】** 2018 年 12 月 3 日，山西省检察院召开"纪念检察机关恢复重建 40 周年"座谈会，党组书记、检察长杨景海出席并讲话，党组副书记、副检察长崔国红主持会议，省委政法委政治部主任龚景华应邀参加。会议回顾山西检察事业 40 年历程，展望新时代检察工作的未来。杨景海检察长要求全省检察机关高举中国特色社会主义伟大旗帜，坚持以新思想统领新征程，落实最高人民检察院"十二个字"总要求，抓住发展机遇，开拓奋进，扎实工作，创造无愧于时代、无愧于历史的检察业绩。（霍小东）

2018 年 12 月 3 日，山西省检察院举办"纪念检察机关恢复重建 40 周年"文艺演出活动 （霍小东供图）

## 法 院

**【概况】** 2018 年，山西省共设有 133 个法院。其中，12 个中级人民法院（包括依行政区划设立的 11 个市中级人民法院和太原铁路运输中级人民法院），120 个基层法院（包括依行政区划设立的 117 个基层人民法院和太原、大同、临汾 3 个铁路运输法院）。

2018 年，山西省高级人民法院树立科学刑事司法理念，坚持主客观相统一、罪责刑相适应，对初犯、偶犯、未成年犯、老年犯以及具有自首立功、认罪认罚等情节的 6601 名被告人适用缓刑等非监禁刑，803 人被依法免予刑事处罚。规范减刑假释工作，8953 名正在服刑、改造良好的罪犯被依法予以减刑、假释。对判处缓刑、假释等非监禁刑的犯罪人员辅之以社区矫正，发挥刑罚的教育、感化、挽救功能。全年共受理各类案件 456540 件，审执结 432318 件，比上年分别上升 5.66%和 6.75%，以结案率 94.69%的成绩在全国法院系统排名第 3 位。山西省高级人民法院受理各类案件 8967 件，审结 8390 件，同比分别上升 13.98%和 13.73%。

（白 婕）

**【法院系统扫黑除恶专项斗争】** 2018 年，山西省法院系统以扫黑除恶专项斗争为重点，推进平安山西建设。全年共受理各类刑事一审案件 25328 件，审结 23886 件，同比分别上升 0.86%和 0.33%。制定《扫黑除恶专项斗争工作指导意见》《办理黑恶势力犯罪案件指引》等指导性文件，建立全省法院涉黑恶势力犯罪案件逐级报告、专项指导、督查督办、线索移交等七项工作机制，推动各级法院依法、高效开展扫黑除恶专项斗争,共受理涉黑恶势力犯罪案件538件,一审审结334件,一批村霸、行霸、市霸被依法严惩。其中,闻喜“盗墓黑帮案”被评为2018年度人民法院十大刑事案件之一。(白 婕)

【司法助推经济发展】 2018年,山西省法院系统找准司法服务的着力点和结合点,助推全省经济发展。依法稳妥审结民间借贷、证券期货、互联网金融等案件32919件,化解防范金融不良债权、涉金融犯罪可能引发的金融风险。对接脱贫工作司法需求,审结土地承包流转、林权转让等涉农案件1810件,公开审理省扶贫办原主任刘昆明受贿、滥用职权案,服务乡村振兴和精准脱贫。

保障经济转型发展。省高院出台《关于执行案件移送破产审查的工作细则》等规范性文件,强化破产审判功能,推动完善市场主体救治和退出机制,审理破产清算、重整案件99件,同比上升350%,推进供给侧结构性改革。加大知识产权保护力度,省高院出台《全面推进知识产权审判“三合一”改革的实施意见》,建立知识产权审判专家库和知识产权调研基地,提高知识产权司法保护的针对性和有效性,全年共审结知识产权案件1392件,优化科技创新法治环境,助力创新驱动发展。(白 婕)

【生态文明建设司法保护】 2018年,山西省法院系统推动生态文明建设司法保护,审理民事、行政环境公益诉讼案件29件,审结非法采矿、盗伐林木、非法占用农用地等各类破坏生态环境犯罪一审案件299件。6月5日,举行以“服务保障新时代生态文明建设”为主题的新闻发布会,首次向媒体全方位介绍全省法院发挥职能作用,保障山西生态文明建设情况。12月28日,山西省首例环境民事公益诉讼案,北京朝阳区自然之友环境研究所诉国家电投集团山西铝业有限公司环境公益诉讼一案成功调解结案。(白 婕)

2018年12月3日,山西省高级人民法院和山西省工商业联合会召开依法保护非公有制经济健康发展工作推进会 (白 婕供图)

【优化营商环境】 2018年,山西省法院系统优化营商法治环境。全年共受理商事一审案件124932件,审结117931件,同比分别上升10.88%和13.56%。落实中央、省委支持民营企业发展的决策部署,出台《关于为民营经济发展提供有力高效司法服务和保障的意见》,与省工商联共同搭建促进非公有制经济健康发展服务保障平台。依法审结涉及各类经济主体的买卖合同、股权转让、企业改制、物权纠纷等案件4.96万件,平等保护各类经济主体合法权益,促进形成公平、透明、可预期的法治化营商环境。打击破坏市场秩序、不正当竞争等违法行为,依法审结虚假出资、合同诈骗、串通投标、非法经营等案件597件,净化经济发展生态。(白 婕)

【行政案件集中管理受理】 2018年,山西省法院系统健全完善行政案件集中管辖制度,依法审理涉及城中村改造、综改试验区建设等土地资源、城建拆迁等行政案件,促进行政争议实质性解决,保护被拆迁人合法权益,确保重点工程推进。全年受理各类行政一审案件4417件,审结4156件。探索建立行政审判案例指导制度,5月16日,省高级人民法院召开新闻发布会,首次发布涉及房屋征收补偿、行政撤销、行政给付等行政行为在内的十大典型案例,公布2017年行政审判白皮书,统一行政裁判尺度,服务法治政府建设。(白 婕)

【司法便民服务】 2018年,山西省法院系统践行司法为民宗旨,创新完善司法便民措施,依法保障民生权益,满足群众多元司法需求。推动诉讼服务提档升级。省高院建立集立案审查、案件查询、信访接待、投诉举报等功能为一体的综合诉讼服务中心,实现现场服务、远程服务、网络服务等服务方式和平台无缝对接。各级法院巩固立案登记制改革成果,畅通立案渠道,推行网上立案、预约开庭、巡回审判、远程视频接访等诉讼服务,减轻人民群众诉累。

强化民生司法保障。运用司法手段促进解决“米袋子”“菜篮子”“药瓶子”安全,审结生产、销售假冒伪劣商品,危害食品药品安全犯罪案件418件。审结婚姻家庭、教育、医疗、住房、就业等案件5.77万件。维护妇女儿童合法权益,针对家庭暴力发出人身安全保护令23件;开展送法进校园活动，通过专题讲座、主题活动等形式，形成共同防治校园欺凌和暴力事件的联动机制。建立国家赔偿案件法律援助制度，审结国家赔偿案件90件，确认赔偿14件。提升司法救助规范化水平，依法减免缓诉讼费4500余万元，办结司法救助案件1025件。

构建多元化纠纷解决工作格局。省高院与省司法厅、省人社厅联合制定《关于进一步加强人民调解工作的意见》，构建"分调裁"一体化的立案前诉调分离、立案后诉裁分离、审理前难易分离的三级诉调对接、繁简分流、多元化解工作格局，全年诉前调解各类纠纷1.7万余件。化解涉军矛盾纠纷，完成全部涉军停偿案件的审判执行任务，服务国防和军队改革，促进军民融合发展。推动家事审判改革，与省民政厅、省妇联等部门建立联动工作机制，在家事审判工作中充分运用舜帝德孝文化、乔家大院家规家训等优秀传统文化教育引导当事人化解矛盾，调解各类家事纠纷2.45万件，家事审判"山西模式"受到全国妇联肯定，中央电视台三次以专题报道的形式予以宣传推广。（白　婕）

【案件执行集中攻坚】 2018年，山西省法院系统以"基本解决执行难"为目标，开展执行攻坚行动。全年共受理执行案件13.51万件，执结12.51万件(含执结2017年旧存案件9495件)，分别同比增长7.49%和8.43%，执结率达92.58%。

各执行联动单位通力协作，推动联合信用惩戒。4月19日，山西省决胜"基本解决执行难"动员部署会在太原召开，43个省联席会议成员单位和全省法院参加会议。6月28日，"晋立信·山西失信被执行人曝光台"上线运行，发布失信被执行人名单18万余例，对17万余名被执行人发布限制消费令，让违法失德者寸步难行的惩戒格局基本形成。9月18日，省十三届人大常委会出台《关于进一步加强人民法院执行工作的意见》，促进形成解决执行难长效机制。推动拒执犯罪惩治，司法拘留3495人、罚款151人，宣判拒执犯罪164案。

提升规范化水平。推进执行指挥中心实体化运行，实施执行办案全流程网上办理，实现精准管理到案、到人，通过跟踪筛查、定期考核、通报督办，结案平均用时由237天/件缩短到126天/件；终结本次执行程序案件合格率达94.55%。加大对财产查控、财产处置等重点环节的监督管理，通过与全国3800余家银行联通的"总对总"查控系统，发起查询涉案金额6860.89亿元，查到并冻结47.19亿元，查询股票3.12亿股；推行网络司法拍卖，拍卖6321次，成交1238件，成交金额24.47亿元，溢价率达182.10%；对执行案款实行"一案一账户"管理，确保当事人合法权益及时兑现。

开展重点专项活动。全省法院落实省人大常委会关于"基本解决执行难"工作情况报告的审议意见，连续开展"三个百日"行动，完成15项重点任务，执行到位金额281.62亿元，首次执行案件实际执结率达61.51%，同比增长20.79%。利用执行宣传专网，先后在运城、晋城、晋中等地组织5场全媒体网络直播集中执行活动，发布"执行不能"和拒执罪典型案例。全省法院执行工作核心考核指标全部达到最高人民法院要求。（白　婕）

【审判运行机制改革】 2018年，山西省高级人民法院推进司法体制改革，健全完善新型审判权运行机制，提升办案质效和司法公信力。落实司法责任制。完善审判管理监督机制，制定司法责任制实施细则，明确院庭长和审判组织司法权力清单和权责界限，确保放权不放任、监督不缺位。推进院庭长办案常态化，对院庭长办案情况实行定期通报，全年全省法院院庭长办结案件21.23万件，占全部结案的49.12%，同比上升121.16%。

探索编制、员额统筹管理。建立法院系统中央政法专项编制省级调剂机制和员额比例省级统筹管理机制，从包括省高院在内的20个法院调整60个政法编制补充到8个市区法院，向案多人少的32个中、基层法院倾斜员额配置，破解部分法院人案矛盾突出问题。制定员额法官退出管理办法，明确规定十种退出员额情形，全年因工作调动、到龄退休等原因共有115名法官退出员额。

推进以审判为中心的刑事诉讼制度改革。落实庭审实质化要求，505起案件证人、鉴定人、侦查人员出庭

2018年12月4日，山西省高级人民法院举行"12.4"宪法宣誓活动

（白　婕供图）

作证，23案排除非法证据，当庭宣判一审刑事案件6265件，同比上升79.36%。在全国率先推出庭后会议制度，优化完善刑事诉讼程序，保护被告人诉讼权利，提高刑事案件审判效率。《法制日报》等媒体对山西省刑事诉讼制度改革实践进行深度报道。统筹推进相关改革落地见效。按照科学配置、提高效能的原则，理顺职能、整合机构，推进基层法院内设机构改革。与最高人民法院第四巡回法庭协作开展涉诉信访改革探索，在全国法院首家试行刑事申诉案件律师代理制度，50名刑事律师轮流值班接待信访当事人，对41件刑事申诉案件提出立案审查建议，经最高人民法院第四巡回法庭裁定，5件进入再审程序。

（白　婕）

【智慧法院建设】 2018年，山西省高级人民法院推进智慧法院建设，提升司法工作信息化水平，促进审判体系和审判能力现代化。推进电子卷宗随案同步生成和深度应用。全省法院逐步实现案件立案、审理、执行、归档全流程电子卷宗随案同步生成。全年共生成电子卷宗29.73万件，电子卷宗覆盖率达97.58%。省高院该项工作被评为全国政法智能化建设智慧法院十大创新案例。提升审判管理信息化水平。省高院建设全省法院大数据管理和服务平台，完成对审判、执行、信访、卷宗等8类信息资源527万条数据的整理入库，为三级法院提供实时、可视的信息化审判管理支持。推广智能辅助办案系统，通过相似案例推送、适用法条参考等功能，提升审判工作的智能化水平。依托数字化法院系统，逐月对全省法院审判质量、效率、效果等5类20项约束性重点指标评比通报，促进审判执行质效整体提升。全年审限内结案率达99.79%；员额法官人均结案144.57件，同比上升10.66%；案件审理平均时长55.80天，比上年缩短38.80天。省高院被最高法院评为全国法院审判管理优秀业务单位。（白　婕）

【法院司法公开】 2018年，山西省法院系统推进司法公开平台建设和整合，促进司法公开从单向披露转为多向互动。全年共公开各类案件36.70万件、审判流程信息3665万余项，推送短信29.60万条，公开裁判文书35.83万篇。全省法院直播庭审7.88万场，居全国法院第9位；省高院直播庭审1401场，居全国高院第1位。

（白　婕）

【接受监督】 2018年，山西省法院系统把接受监督作为推动法院工作科学发展的重要保障，完善机制、畅通渠道，促进司法公正公信，自觉接受各项监督。接受人大监督，向各级人大及其常委会报告工作，健全与人大代表结对联络机制，邀请人大代表视察法院、出席会议、旁听庭审、见证执行1962人次，通过上门走访、集中座谈、电话沟通等形式，联络人大代表5900余人次，办结人大代表建议意见及其他事项2854件，回复率100%。依法接受检察机关诉讼监督。办理检察建议，配合检察机关履行诉讼监督职责，实行检察长列席审判委员会会议制度，重视检察机关对生效裁判提起的抗诉，审结各类抗诉案件779件。接受社会监督。接受政协民主监督，完善与民主党派、工商联、无党派人士和人民团体沟通协调机制，办理建议及其他事项714件。拓展人民陪审员参审案件范围，5547名人民陪审员参与审理案件8.67万件。全省法院召开新闻发布会87次，及时回应社会关切。利用微信、微博、手机APP等多种渠道，加强与公众互动沟通。开展公众开放日活动，邀请人民群众走进法院，零距离感受法治进步。

（白　婕）

## 司法行政

【法治宣传教育】 2018年，山西省司法厅组织召开全省司法行政系统信息化工作推进现场会，制定实施方案，对“数字法治、智慧司法”建设工作作具体部署。推进重点项目建设，完成厅机关视频点名常态化系统设备（指挥中心版和单兵装备版）安装调试工作，实现与司法部、全省监所的远程可视通信常态化。推进加密网建设、社区矫正智能管理系统和统一指挥视频系统建设工作。配合法援处，完成“12348”山西法网项目方案设计、项目招标、项目启动等相关工作，推动项目实施，开展律师管理等7个系统升级改造工作。整治网络安全，集中开展自查整改。完成14个信息系统向省级政务云迁移工作，配合法律职业资格管理处完成法律职业资格考试全省视频巡考工作，完成近40次视频会议技术保障工作。

2018年，山西省司法厅开展理论研究工作，征集研究课题。向司法部办公厅报送《治本安全观引领下的监狱体制改革问题研究》和《关于司法鉴定机构和鉴定人准入的考核评审研究》2项课题，完成省法学会法学理论研究课题《五台山地区管理和保护的法律问题研究》，完成省人大常委会“五年立法规划建议项目（2018-2022）”政治和民生保障领域建议项目的课题调研和草案撰写。组稿发行4期《山西司法》；筹划编印《山西省人民政府法制局成立30年》纪念册，浓缩总结政府法制机构30年历史；编纂《2017年山西省法规规章汇编》，推动政府法制理论研究工作与司法行政领域交流。

（黄泉龙　王　娇）

【法律职业资格考试】 2018年，山西省国家统一法律职业资格考试客观题考试报名人数14171人，参考人数11589人，参考率81.78%。全省共设11个考区，26个考点，253个计算机考场。客观题考试成绩合格人数4280人，合格率36.93%（占参考人数）。主观题考试报名人数4222人，参考人数4200人，参考率99.48%。首次“法考”组织实施工作平稳安全，实现组织实施零事故、考务工作零差错、考生违纪零报告、服务考生零投诉、负面舆情零发生的“五零”目标。（黄泉龙　王　娇）

2018 年 11 月 1 日，山西省司法厅举行信息化现场推进会　　（黄泉龙供图）

【社区矫正】 2018 年，山西省司法厅落实社区矫正工作监管责任，执行社矫工作制度。春节和全国“两会”期间，在全省司法所开展安全维稳工作督导检查，安排部署社区矫正安全稳定工作任务。引深“扫黑除恶”专项斗争工作，做好专案执行工作，成立社区矫正专案执行工作领导小组，实行工作专班。成立监狱戒毒人民警察参与社区矫正工作领导小组，制定出台《刑罚执行一体化实施意见》，逐步形成监狱与社区矫正工作互相衔接，互为助力的工作格局。全年抽调 33 名监狱戒毒人民警察参与社区矫正。规范社区矫正中心管理，全省 117 个县（市、区）全部建成社区矫正中心，覆盖率达 100%。创新教育帮扶方式，开展职业技能教育。沁水县组织服刑人员开展“种下希望，收获感恩”主题义务植树劳动和走进敬老院活动，长治市城区、晋城市高平市组织学雷峰大型公益劳动，达到环境与心灵“双改造”。与各地人社部门对接，研究建立对社区服刑人员开展职业技能培训长效机制。开展社区矫正档案评查活动；推进心理矫治工作，配合省综治办开展“重点人群心理服务体系建设示范创建活动”。安置帮教工作取得成效，落实刑满释放重点帮教对象必接必送制度。配合省综治办共同完成《关于全省刑满释放人员服务管理工作情况的调研报告》，8 月印发《关于进一步加强刑满释放人员救助管理工作的实施意见》，提高救助帮扶工作水平。

（黄泉龙　王　娇）

【律师工作】 2018 年，山西省共有律师事务所 758 个，比上年增加 53 个，注册律师工作人员 8937 人，其中专职律师 7525 人。全年代理案件为：民事诉讼 54826 件，行政诉讼 3263 件，刑事 11124 件，非诉讼法律事务 7476 件。代写法律文书 10859 件。

（黄泉龙　王　娇）

【法律援助】 2018 年，山西省司法厅参与对接以审判为中心的刑事诉讼制度改革，完善刑事法律援助制度。选取太原市为看守所法律援助值班律师工作站规范化创建试点，加强示范引领。联合省高院以阳泉市为试点，开展刑事案件律师辩护全覆盖工作。建立由司法厅牵头，省高院、省检察院等成员单位参加的刑事法律援助联席会议制度。完善法律援助监督管理，开展“中央、省级补助地方法律援助办案专款专项检查”和“全省法律援助案件质量行政评查”。与省残联、省农民工办联合开展“法援惠民生　关爱残疾人”“法援惠民生 助力农民工”法律援助品牌建设系列活动，选取晋城市作为全国残疾人品牌建设试点。全年全省办理残疾人法律援助案件 1217 件，受援人达 2859 人；农民工法律援助案件 4744 件，受援人达 10542 人。

（黄泉龙　王　娇）

【公共法律服务实体平台建设】 2018 年，山西省司法厅推进公共法律服务实体平台建设。全省建成县级公共法律服务中心 117 个，乡级公共法律服务工作站 1418 个，县、乡两级实现全覆盖；建成村级公共法律服务工作室 23250 个，占应建总数的 82.40%。完成“12348”山西法网 210 万项目招标工作和项目调研工作、“12348”山西法网 752 万项目的备案和招标公示工作。截至 2018 年底，“12348”山西法网浏览量为 5.24 万次，访问人数 9227 人次，注册用户 877 人，解答咨询 77 人次。基层司法行政基础数据信息库建设。3 月完成与司法部信息系统对接工作，全省调委会、调解员、司法所及其工作人员信息全部收集录入系统。

（黄泉龙　王　娇）

【司法鉴定监督管理】 2018 年，山西省司法厅印发《山西省司法厅关于严格司法鉴定准入和监管的实施意见》，召开全省司法鉴定工作座谈会，编制公告《2017 年国家司法鉴定人和鉴定机构名册（山西）》，优化升级“山西省司法鉴定监督管理系统”，梳理司法鉴定行政服务便民化改革事项。与省质监局商洽司法鉴定机构资质认定工作，举办全省资质认定司法鉴定机构质量负责人和内审人员培训班，安排部署司法鉴定能力验证工作。6 月 15 日，由司法鉴定科学研究院和省司法厅共同组织，对道路交通事故车速鉴定和道路交通事故痕迹鉴定能力验证项目采取现场集中测评方式进行。开展司法鉴定整改实地检查和血液酒精专项检查。印发《关于参加司法部第三届“宋慈杯”优秀司法鉴定文书评选活动的通知》，组织法医类、物证类、声像资料和环境损害司法鉴定文书评选活动。查处司法鉴定违法违规行为。全年受理28件，作出反馈12件，作出行政处罚8件，行政处理1件，行业惩戒4件，对2家机构进行约谈。开展司法鉴定中、高级专业技术职务任职资格评审工作，共推荐中级9人，高级1人。组织专家评审山西洪宇正业司法鉴定中心等10家鉴定机构申请司法鉴定业务所需仪器设备。组织8期法医临床“人体损伤致残程度分级”专项考评。

（黄泉龙　王　娇）

【律师工作】 2018年，山西省共有律师事务所758个，比上年增加53个，注册律师工作人员8937人，其中专职律师7525人。全年代理案件为：民事诉讼54826件，行政诉讼3263件，刑事111254件，非诉讼法律事务7476件。代写法律文书10859件。

（黄泉龙　王　娇）

【事业体制公证机构优化】 2018年，山西省司法厅推进事业体制公证机构机制优化。印发《关于加快推进全省事业体制公证机构机制创新的意见的通知》，文件在落实公证机构自主管理权、创新公证机构编制管理制度、完善公证机构法人治理结构等方面取得突破。5月30日，召开“全省公证工作改革视频会”，各市、县司法局、全省115家公证机构的负责人331人参加会议。7月2至5日，举办“全省公证改革与质量建设培训班”。将机制优化等各项改革任务列入2018年度改革督查工作。重点开展改革政策落实工作，拟定全省公证改革时间表，市、县级事业体制公证机构机制创新工作2018年底前完成。印发《关于调整全省公证执业区域的通知》，将全省84个执业区域正式调整为11个。

组织开展“最多跑一次”工作。组织业务培训，全省公证从业人员全员参训。召开山西山西省政府新闻发布会，宣布自9月1日起全省48项公证事项要实现“最多跑一次”，向社会公布《全省公证服务承诺》《全省公证机构咨询电话及微信公众号目录》《全省公证服务监督电话目录》。开展全省优秀公证案例评选工作和公证行业优秀论文评选活动；加强农村、贫困地区及贫困人口公证法律援助；全年共开展司法辅助业务2000余件；开展公证员高、中级职称评审工作和初级职称评审代评工作；开展全国涉外法律服务示范机构推荐申报工作和金融类公证卷宗专项质量评查工作。做好舆情处置，做好群众来访接待投诉受理工作，全年共接待投诉咨询30余次，回应晋城市、大同市3起网络舆情事件，督办运城市《焦点访谈》“莫名被贷款”事件。

（黄泉龙　王　娇）

【戒毒工作】 2018年，山西省司法厅贯彻落实戒毒局“1697”工作思路，推进司法行政戒毒工作改革，完善“四位一体、两个延伸”社会化大戒毒格局，推进六型场所建设，确保六大安全，实现全系统第12个“六无年”。

推进病残吸毒人员收治工作。配合公安机关启动病残吸毒人员“清零专项行动”，实行收治大夫双人值班，坚持全天24小时收治，确保病残吸毒人员应收尽收。推进规范化建设。推进安全管理规范化建设，开展安全隐患专项自查、大排查整治活动。推进规章制度立改废工作，汇编形成《戒毒工作法规汇编》《戒毒工作制度汇编》《戒毒执法权力运行手册》。开展规范文明执法整治专项活动。利用互联网，推行所务公开。推进场所智能化建设。视频点名系统安装应用，“山西智慧戒毒综合管理平台”建设项目申请成功，“互联网+戒毒服务”平台上线运行。推进教育戒治科学化专业化工作。对1.80万余人进行大回访、大调查，了解强制隔离戒毒人员戒治现状，分析原因，提出研究对策，为降低复吸率提供科学依据。总结戒治经验，把握戒毒工作内在规律，提高理论水平，报送多篇研究论文。与太原中医研究院专家共同研发的戒毒药品“扶正解毒颗粒”“益肾祛毒胶囊”获山西省食品药品监督管理局注册批准。围绕“弘扬禁毒文化、畅享绿色无毒”主题，在全系统开展全民禁毒宣传月暨“6·26”活动。开展疾病防控，突出关怀救治，全年实现全系统无疫情发生。

建立省、市两级戒毒工作联席会议制度。全省女性强制隔离戒毒人员实现由司法行政戒毒系统单独执行；建立强制隔离戒毒与社区戒毒、社区康复无缝衔接制度，临汾市开展强制隔离戒毒“出所必接”试点工作。推进系统所企分开、所社分开改革工作。

（黄泉龙　王　娇）

【司法扫黑除恶专项斗争】 2018年，山西省司法厅推进扫黑除恶专项斗争工作。制发119个指导性文件，加强对全系统的具体业务指导。进行4轮督导检查，建立厅局包联监所单位，监狱、戒毒单位领导包联监区、大队制度，实行常态化督导。逐级开展督导谈话和“回头看”，全系统共谈话4377人。

发挥司法行政工作职能作用，线索摸排取得成效。深挖彻查“保护伞”线索，加强干警队伍整肃。针对涉黑涉恶重点领域和关键环节，明确司法行政系统重点查处的11类黑恶势力“保护伞”和涉黑涉恶腐败问题。摸排各类线索683条。其中，涉黑涉恶线索398条，“保护伞”线索55条，其他违法犯罪案件线索230条。加强对律师辩护代理工作指导，全省接收到1275起律师代理涉黑涉恶案件情况报告，组织开展律师参与扫黑除恶专项斗争专题培训147批次，培训律师9031人次。启动开展为期三年的“扫黑除恶律师千场法治宣讲活动”，成立“百名律师宣讲团”，组织律师到监狱、戒毒单位、社区矫正机构、工矿企业、学校等场所开展送法活动。全方位开展法治宣传，部署开展为期三年法治宣讲主题活动，在全省开展“征集百篇典型案例、举办千场法治文化活动、组织万场主题宣讲”法治宣传主题活动，征集案例23篇，举办法治文化活动1342场，组织主题宣讲2840次，为开展专项斗争营造良好法治氛围。（黄泉龙　王　娇）

2018年11月27日，山西省司法厅召开民营企业家座谈会 （黄泉龙供图）

**【司法服务经济社会建设】** 2018年，山西省司法厅研究出台《关于充分发挥司法行政职能作用 服务全省进一步深化改革 促进资源型经济转型发展的实施方案》。组建31支法律服务团队，担任全省转型综合改革示范区等15家开发区管委会以及96家进驻开发区大型企业的法律顾问，为企业提供法律意见建议、决策咨询800余次，帮助企业挽回经济损失1.90亿元，服务重点工程项目建设、企业兼并重组、招商引资、科技创新1044件。

司法服务“三农”工作。解决困难群众“打官司难”问题，全年全省法律援助机构接待群众来访2.60万人次，接听群众来电3.90万个，办理各类法律援助案件2.30万件。做好农民工法律援助站公益服务，办理农民工法律援助案件289件，涉及515人，帮助讨回工资1443万元。开展矛盾纠纷排查调处和安全隐患排查工作，排查纠纷5.50万次，预防纠纷2.50万件，调解纠纷1.80万件，调解成功率达96.20%。 （张 霏）

**【陪审、监督与调解】** 2018年，山西省司法厅坚持发展“枫桥经验”，做好矛盾纠纷排查化解。印发《山西省基层法律服务所和法律服务工作者年度考核办法（试行）》等5件规范性文件，对全省基层法律服务所和基层法律服务工作者进行新部令颁布后的首次年度考核。与省高级人民法院、省公安厅联合印发《山西省人民陪审员选任工作实施方案》并予以组织实施。11月2日，召开全省人民陪审员选任工作动员部署会，启动人民陪审员制度改革，指导各级司法行政机关年底前完成《人民陪审员法》颁布后的首次选任工作。组织召开山西省人民监督员工作联席会议，对省级人民检察院人民监督员进行年度考核，评选出优秀人民监督员14名，对2名不符合条件的人民监督员作出免职决定。制定“千名金牌调解员 化解千起重大疑难纠纷”专项活动实施方案，排查化解各类矛盾纠纷，组织发动人民调解员集中排查线索5.50万次，排查纠纷2.06万件，调解纠纷14.63万件，调解成功14.11万件，调解成功率达96.50%。推进人民调解与司法诉讼对接工作，人民调解与行政调解对接工作；推进“公调对接”，推进治安案件和轻伤害案件的民事赔偿部分采取人民调解方式化解工作；推进商会人民调解工作和价格争议纠纷工作。与省工商联联合制定工作意见，新设山西省广东商会人民调解委员会、太原市建筑企业商会人民调解委员会、阳泉市郊区工商联民商事人民调解委员会。全年接受法院、公安等部门委托调解纠纷4027件。

（黄泉龙 王 娇）

**【法律顾问与律师事务】** 2018年，山西省司法厅规范村（居）法律顾问工作。制定印发村（居）法律顾问工作《考核评估办法（试行）》《服务标准（试行）》等文件。共有7114名法律工作者担任村（居）的法律顾问，覆盖率达100%。全省基本实现村（居）法律顾问微信群全覆盖，共建立村（居）法律顾问微信群1.58万个。推进法律服务各项工作。在迎泽区、小店区等12个县（市、区）以“律师驻队”形式开展律师参与城市管理执法试点工作。组织36家规模较大的律师事务所对接36个国家贫困县，开展一对一法律帮扶行动。推进军队全面停止有偿服务的法律服务保障工作。在全省范围内遴选6家“全国百家涉外法律服务示范机构”候选人、3名全国涉外法律服务人才候选人报司法部。完成“1+1”中国法律援助志愿者行动2018年志愿律师招募工作，核查全省律师队伍法律职业资格证，开展律师专业技术职务任职资格评审工作。

推动律师制度改革。参与司法部《律师法》修改调研工作。与省商务厅、省外办联合印发《关于发展涉外法律服务业的实施意见》，与省法院、省检察院、省公安厅、省安全厅和省律协联合印发《关于建立健全维护律师执业权利快速联动处置机制的意见》，与省法院、省检察院联合印发《关于在全省推行律师代理刑事申诉制度的实施意见》等。成立山西省司法厅律师惩戒委员会，修改司法行政志律师篇。全年全省考核合格的律师事务所758家，考核称职的律师8490人。

（黄泉龙 王 娇）

**【智慧政法暨监狱罪犯资金管理“一指通”系统上线】** 2018年8月31日，山西省监狱管理局、建设银行山西省分行、建设第三方金泰源科技有限公司在太原一监举行智慧政法暨监狱罪犯资金管理“一指通”系统正

2018 年 8 月 31 日，山西监狱罪犯资金管理“一指通”在太原一监正式上线

（田　庆供图）

式上线启动仪式。智慧政法系统是建设银行根据司法部要求设计完成的旨在帮助政法系统实现科学管理、人工智能、防控预警、便捷务实的智能系统，山西监狱系统是智慧政法一指通系统的全国首家应用单位，在罪犯资金管理方面成为应用大数据、云平台、互联互通先进技术的排头兵。

（田　庆）

## 仲　裁

**【仲裁工作管理】** 2018 年，山西省政府法制办与各部门加强联系沟通，推进仲裁工作健康发展。根据原国务院法制办通知，按时报送全省各仲裁委员会 2017 年受理案件情况、仲裁委员会工作总结。加强与全省 8 个仲裁委员会联系，审查换届材料，完善相关服务工作。（黄泉龙　王　娇）

**【仲裁案件受理】** 2018 年，山西省各级劳动人事争议仲裁机构共受理案件 8239 件，结案 8141 件，涉案金额 46660.77 万元，仲裁结案率 98.80%，调解成功率 74.30%。实现全省省县级仲裁机构实体化全覆盖。（王俊杰）

**【仲裁诉讼衔接】** 2018 年，山西省人力资源和社会保障厅（简称山西省人社厅）调解仲裁管理处与省高院联合转发《关于加强劳动人事争议仲裁与诉讼衔接机制建设的意见》，建立裁审衔接六个制度。选派市、县业务骨干与法院系统人员参加人社部举办的劳动人事争议仲裁与诉讼衔接工作示范培训班。（王俊杰）

**【调解组织建设】** 2018 年，山西省人社厅调解仲裁管理处对全省各市乡镇（街道）劳动人事争议调解工作推进情况进行摸底，下发《关于开展乡镇（街道）劳动人事争议调解综合示范工作的通知》，确定 25 个示范单位，启动劳动人事争议调解综合示范工作。联合山西省工商联，对第二批非公有制企业商（协）会劳动争议预防调解示范单位进行实地考评验收。调研督导示范单位太谷县胡村镇劳动人事争议调解中心。（王俊杰）

**【调解仲裁办案信息化】** 2018 年，山西省人力资源和社会保障厅调解仲裁管理处下发《关于在全省范围内全面运行调解仲裁办案系统的通知》。与山西省仲裁院、地市调解仲裁业务骨干和信息中心相关人员组成调研组，到浙江和江苏两省的三级仲裁机构、基层调解组织进行调研，推进调解仲裁工作信息化建设。组织全省劳动人事争议调解仲裁统计工作信息化和办案系统培训。深入 7 个市 22 个县（市、区）对 SMIS2012 统计软件、全国仲裁员信息管理系统和调解仲裁办案系统操作使用向县（市、区）进行延伸培训。截至 2018 年底，全省市级统计数据报送电子化、仲裁员数据管理信息化、办案系统实现运行。

（王俊杰）

## 山西省军区

【概况】 2018年，山西省军区学习领会中央军委主席习近平关于备战打仗重要论述，聚焦练兵备战、提高打赢能力，履行新时代军队使命任务。落实中央军委开训动员，贯彻军委主席训令，接受开训情况专项监察。举办团以上领导干部理论集训，开展军委主席负责制专题学习教育。以为反面教材为例，严密组织专题教育，肃清流毒影响，搞好思想清理和组织清理。开展"和平积弊大起底大扫除"活动，整顿和平积弊问题。做好军事政策制度改革思想政治教育，接受普法教育。

开展实战化训练。组织三级首长机关集中轮训，实现省军区、军分区、人武部三级首长机关基础和业务训练全覆盖。组织群众性岗位练兵比武竞赛活动，通过比武竞赛检验阶段性练兵成果。指导直属分队对新大纲课目进行试训论证。组织教练员评比竞赛，推动教练员队伍建设。落实军事设施保护工作，开展国防工程专项普查，对全省国防工程管理现状完成普查核查，规范涉军项目核查审批。组织忻州、阳泉、晋城军分区研究探索经授权组织非战争军事行动、国防动员指挥体系构建、平战转换组织实施等战备工作。指导太原警备区开展战备建设试点，初步形成省军区、军分区、人武部三级方案体系，维系日常战备值班秩序。

推进维管力量建设，结合全省民兵调整改革，指导各级成立县乡村三级国防工程维管小组，培训应用"太行一号"民兵综合应用信息系统，落实以专武干部和民兵为主体的维管专业队伍与人员形成军地共管局面。

强军主题教育。指导朔州、忻州军分区搞好教育试点，开展"传承红色基因、担当强军重任"主题教育活动，组织师团职领导干部上讲台讲党课，民兵骨干进村入户宣传党的创新理论。加强省军区党的领导和党的建设，协调召开省军区党委各级别专题组织生活会，加强党委对政治工作的领导，组织干部到右玉干部学院观摩学习"右玉精神"，到革命纪念馆等处参观学习。参加战区防空联合作战演练和省军区国防动员演练，推动政治工作作战数据建设。推进"三个一线"基层建设，落实基层三年规划评选表彰2018感动山西国防动员新闻人物。

国防教育指导。组织全省第7期县处级领导干部国防专题研究班。推动"十园百街千站"和国防教育"示范学校""示范村镇(社区)"建设。指导晋城军分区组织"纪念町店战斗胜

2018年2月2日，山西省军区召开民兵调整改革任务部署会

（山西省军区供图）

2018年6月29日，山西省军区组织机关干部和省属队官兵在太原解放纪念馆开展集体党日活动（山西省军区供图）

利80周年”活动，指导长治军分区探索“红色旅游+国防教育”路子，指导运城军分区推动国防教育“进场馆、进学校、进景区”，举办全国首届国防教育竞技大赛，社会关注度达300多万人次。

退休干部服务。完成新组建干休所与干部落编定位工作，摸底走访。协调山西医科大学第二医院开辟老干部和部队官兵医疗绿色通道。与山西电视台合作拍摄10集。督导直属干休所开展“争创安全年”和“百日安全”活动。

公共服务。省军区各级单位完成军事基础设施建设工作。全系统帮建133个贫困村完成脱贫77个。接收移交回山西安置的转业干部档案分期分批组织省、市计划分配转业干部培训。军队史志工作完成年度志鉴史料、大事记编纂、评奖与指导任务，完成省军区军史馆改扩建历史信息资料整理工作，推进省军区军史馆接待管理和建设工作。

（梁　菲　李向明等）

【军事管理制度改革】 2018年，山西省军区落实“新共同条令”（新颁发的《中国人民解放军内务条令（试行）》《中国人民解放军纪律条令（试行）》《中国人民解放军队列条令（试行）》），整治军容风纪、办公秩序，落实营院、官兵日常管理。接受军委国防动员部安全工作大检查，完成整改工作。调查研究军分区存在的突出矛盾和问题，推动部队管理制度进步。省军区战备建设局与联通山西分公司开展战略合作，推动智慧军营建设。完成地方行政区划调整后相关人武部整编调整工作。落实军队文职人员聘用制度改革。协调省军区、市区人武部岗位，完成现役干部转改文职人员遴选工作。完成山西省驻军向社会招聘文职人员考务工作。

（王　迪　任　岩等）

【交通战备业务管理】 2018年4月至6月，山西省军区完成国防交通信息管理系统数据的更新，更新国家交通战备办公室信息专网。评审通过《山西省交通图集、挂图总体设计方案》。建设战略投送支援力量，金汇通航公司队伍被纳入山西省国防交通应急保障队伍，设立山西省国防交通直升机应急保障中队，山西省交通战备工作完成地面和空中应急一体化保障模式升级，增强交通战备保障的综合能力和快速处置能力。4月与10月，山西省军区交通战备管理办公室开展两次交通战备干部培训。

（景匆停）

【军队有偿服务停止】 2018年，山西省军区协调推进军区及驻晋部队停止有偿服务工作。驻晋部队涉及有偿服务1726个项目，终止收回1550个，委托管理54个，资产置换97个，特殊项目22个，列入社会化保障项目3个，涉及善后的589个项目全部完成。省军区涉及有偿服务381个项目，终止收回354个，委托管理15个，特殊项目12个。涉及善后的198个项目全部完成。对直属单位职工进行分流转岗，推进军属园区实施社会化管理。（叶晓晨　朱元杰等）

【能源动员潜力调查】 2018年10月，山西省军区联合省国动委经济动员办公室、省统计局，对照现行潜力指标体系制订能源潜力统计调查表，纳入地方统计项目，审批制发《能源潜力调查统计报表制度》。协调省能源局、省商务厅、省自然资源厅、中国国电集团山西分公司、物资储备管理局、中石油山西分公司、中石化山西分公司等相关行业主管部门和单位，部署能源领域潜力统计任务，获取山西能源潜力资源底数。（张　炜）

【征兵服役事务管理】 2018年，山西省市县三级军区兵役机关对拒服兵役问题进行调研，形成调研报告，提出“取消拒服兵役退兵类型，采取服役部队除名、开除军籍等处理方式，再由兵役机关牵头有关部门实施联合惩戒”建议，被中央军委政治工作部、训练管理部、国防动员部《解决入伍新兵拒服兵役问题暂行办法》收录。强化征兵工作政府主导作用，实行各级“一把手”工程，推进征兵工作。纠治基层征兵“微腐败”，研究制定征兵工作人员“十个严禁”、专武干部“五个严禁”等廉洁征兵15项制度。山西省政府、省军区推动联合印发《全省征兵工作领导小组及办公室工作规则》和《征兵工作责任制度》，逐级细化地方政府、14个成员单位共计74项任务清单。

明确高校征兵工作规范。省征兵

办公室在中北大学组织开展大学生征兵宣传暨第四届百场国防教育宣讲进高校活动。联合省教育厅研究制订《山西省普通高等学校征兵工作实施办法》。省市两级征兵办公室、省教育厅与82所高校建立电话、微信、网络互通互联机制。

开展征兵人员业务培训考核与技能交流，组织省市县三级征兵"五率"(报名率、上站率、合格率、择优率、退兵率)量化考评。协调省委宣传部和新闻出版广电局播放2018年全国征兵宣传片，在各类报刊解读优抚优待政策，在"山西征兵"微信平台定期发布征兵动态。省征兵办公室联合省教育厅组织全省82所高校大学生开展重温"习主席给南开大学8名新入伍大学生回信精神"系列活动。聘请中国第25批亚丁湾护航编队唯一女陆战队员、北京大学在校生、山西籍优秀退役大学生士兵宋玺担任家乡"征兵宣传大使"，在《山西晚报》和"山西征兵"微信公众平台等进行专版报道，获军委国防动员部《要讯》刊发。

2018年，山西省征兵办公室协调部队接兵工作，组织补兵部队和相关任务市征兵办公室完成车运和被装发放任务。开展新兵役前教育训练，淘汰不合格兵员。

(吴 鹏 闫晋峰等)

2018年8月23日，山西省军区组织本级基本指挥所紧急拉动开设演练

(山西省军区供图)

**【学生军训实施】** 2018年，山西省军区推动学生军事训练改革，军地联合出台《山西省学生军事训练改革实施办法》，组织学生军训承训部队干部骨干培训。对院校帮训需求和驻晋部队承训能力进行摸底对接，制订《高校学生军训帮训计划》，为76所高校协调现役和民兵预备役帮训人员，杜绝违规开展学生军训商业化运营。完成全省高校、高级中学军训任务，组队参加第五届全国学生军事训练营。 (李向明 杨 慧)

**【国防动员能力建设】** 2018年，山西省军区推动国防动员基础能力建设发展。完成多项重大战备演训任务。落实国防动员单位军事训练大纲，汇编《岗位练兵应知应会知识手册》。探索建立军地融合式、常态化的训练机制。结合全省民兵调整改革，指导各级成立县乡村三级国防工程维管小组。开展全省人防指挥通信系统跨区拉动协同演练，组织吕梁市与榆林市、大同市与乌兰察布市签订《人防机动指挥通信系统跨区支援保障协议》，强化人防系统应急应战准备能力。出台《关于推动完善国防动员体系的实施意见》和《山西省国防动员建设"十三五"规划》，指导和推进全省国防动员建设发展，推动国防动员基础建设领域军地资源开放共享。

开展民兵调整改革，联合山西省政府制订印发《山西省"十三五"时期民兵调整改革方案》，实地检查调研各级地方民兵组织建设现状，坚持党管武装，压减基干民兵，完成民兵训练任务。指导大同军分区与运城军分区选择不同类型民兵组织，开展民兵基层建设试点。组织朔州军分区开展民兵基地化集中轮训备勤试点，完成基地化轮训工作。开展民兵组织结构调整，提高编组兵员的党员比例、退役军人比例和专业对口率，撤销7家不符合条件的非公企业武装部，对成建制编组城管、综合执法和保安公司人员队伍重新调整，建立党组织管理与思想政治教育制度。

与战区、驻晋部队、武警等单位就过境保障军事需求进行对接，组织开展国防动员专题调研与"十三五"规划中期评估，联合各级机构开展专项课题研究，开展智慧国防动员建设。部署国防动员单位课题训练联训联演联考联评和民兵工作"五项机制"建设任务。(张 炜 王瑞杰等)

**【国防教育宣传】** 2018年，山西省国防教育工作围绕命名百个国防教育基地、创建百所国防教育示范学校、创建百个示范村镇(社区)、打造百条国防教育示范街、组织百人国防教育宣讲等"五个一百"工作，推进国防教育对象、地域、时间、内容和手段"五个全覆盖"。开展"感动2018山西国防动员新闻人物"评选表彰活动，组织"爱我国防"大学生主题演讲大赛，派山西师范大学代表队参加全国大赛。在武乡县配合完成中华网首届国防教育竞技大赛总决赛工作，承办"'四位一体'红色旅游+国防教育"实践创新推进会。在中央军委批准的首批军营开放单位武警山西省总队机动支队举行省城"走进火热军营、汇

聚强军力量”军营开放日暨第18个全民国防教育日宣传活动。在山西省军区综合训练队举办山西省第7期县处级领导干部国防专题研究班。组织全区师团职领导干部面向党政机关、高校、企业和社会开展国防教育宣讲,深入全省各地机关、学校、企事业单位、农村、社区等252个基层单位开展国防教育宣讲301场,直接受众100928人。国防教育“双百”工程各市、县完成创建72所示范学校、78个示范村镇(社区)。省国防教育办公室下发《山西省国防教育基地命名管理办法》,对全省国防教育基地的分类和分级、命名和撤销、建设和管理、保障和奖励等进行规范。完成各地各部队双拥模范城(县)创建工作考核验收,推动双拥工作“五个绿色通道”建设。

建设推广“山西国防教育”微信公众平台,公布全省国防教育工作情况、转载国家国防教育工作指示和信息、发布各市县国防教育特色亮点工作宣传信息。“山西国防教育”微信公众平台发布国防教育信息46期258条,累计点击次数达1376147人次。

(张培荣)

【国防动员新闻人物】 2018年1月17日,由山西省军区组织,经过发动、推荐、投票、审核最后评选出的“2017感动山西国防动员新闻人物”揭晓,共有9名个人1个群体,分别是:沁源县常态民兵应急分队队长刘炎红、阳城县皇城相府女子民兵连连长张明霞、宁武县人民武装部四级军士长韩俊伟、文水县人武部贾峰耀、全国国防教育先进个人王艾甫、大同市浑源县“军队退役人员帮扶协会”秘书长王浩亮、盂县梁家寨乡武装部部长郭倩娜、省军区第七干休所护师杨维淳、垣曲县国防教育义务宣传员杨金玉、吕梁山体滑坡弹药销毁英雄群体代表。

(编辑部)

【红色文化资源整理】 2018年10月,山西省军区落实中央军委《传承红色基因实施纲要》措施。完成11市的革命历史类纪念设施和遗址168处普查登记工作,上报军委国防动员部政治工作局。其中,重要机构旧址8处;重要人物故居、旧居、活动地19处;重要事件、重要会议、重要活动遗址14处;革命斗争遗迹和重要战役战斗遗址21处;革命烈士、英雄烈士、英雄模范事迹发生地、墓园、纪念设施101处;其他5处。爱国主义教育基地国家级8处,省级43处;文物保护级别国家级9处,省级29处。省军区党史军史办到娄烦县、临县、兴县、岢岚县、五台县等地,访寻革命前辈习仲勋、张宗逊战斗、工作、生活的足迹,搜集整理革命老前辈在战争年代的珍贵图片资料100余幅,收集整理散落在民间的趣闻、轶事并编写故事,充实军史馆内容。老干部局在干休所开展“向老红军、老八路、老解放学习活动”,组织纪录片拍摄、美文征集、回忆录编撰等活动。与山西云媒体合作开展《听老兵讲故事》系列专题纪录片拍摄并刊播。动员老干部口述峥嵘岁月、谈理想信念、讲光荣传统、颂伟大成就、抒忠诚情怀,整理遴选出75个战斗故事编印《红色血脉代代传——离休干部故事选编》下发全区部队。

(李升科 张国庭等)

【转业干部移交安置】 2018年,山西省军区通过强军网、国防教育微信平台刊发《致转业干部的一封信》,先后在驻晋解放军、武警部队等基层单位进行政策宣讲,宣传山西安置政策,服务转业干部档案移交和选岗安置工作。出台《关于加强自主择业转业干部党员教育管理工作的通知》,为自主择业转业干部党员组织关系接转开辟“绿色通道”,对离队报到流程和时间节点予以具体规范,解决自主择业干部“口袋党员”问题,做好退役军人服务保障。武警部队转业干部移交安置任务全部划归省军区转业办,转业干部档案一次性移交地方。请地方专业培训机构对进省会安置计划分配转业干部进行免费集中培训。联合省双拥办深入各地市结合全省双拥模范城考核验收,转业安置工作作为检查验收重要内容实施“一票否决”。

(侯懿 苏林和)

【后勤保障】 2018年,山西省军区保障局对接战区战勤局和经济动员、交通战备部门,完善首都防空联合防护防卫作战保障方案及应对突发公共卫生事件、突发动物疫情专项处置预案。提升后装训练水平。以省军区三级首长机关集中轮训和岗位练兵比

2018年4月至5月,山西省军区组织年度三级首长机关集中轮训

(山西省军区供图)

武竞赛为重点，对国防动员军事理论、基本技能、应急应战业务和实际任务中的动员保障进行深入学习研究，严格落实训练考核。开展岗位练兵，组织业务培训，先后分专业、多层次组织财务军需、运输油料、军事设施和装备业务骨干进行集训。推进军事后勤领域军民融合工作，会同山西省发改委、国防科工办，与国家融办、军委后勤保障部对接接洽，以山西省政府和省军区名义印发《山西省"十三五"期间推进军事后勤军民融合深度发展实施方案》，推动经济社会发展和军事后勤双向支撑拉动。提升后勤装备训练水平，研究提升国防动员军事理论、基本技能、应急应战业务和实际任务中的动员保障能力。协调解放军第985医院共同探索建立卫勤派驻保障机制，配合完成首长机关轮训、岗位练兵比武、新兵集训、军队院校招生、文职人员招录等卫勤保障工作。协调省卫健委将部分军队人员纳入地方省部级、厅局级领导干部健康体检范畴，联合山西医科大学第二医院建立医疗服务保障和应急抢救机制。

（李　军　温　彦等）

## 武警山西省总队

【概况】 2018年，武警山西省总队围绕"维稳三晋、拱卫首都、增援周边"任务定位，构建"省城为重、中部加强、南北支撑、覆盖全域"的力量格局，着眼"智能、融合、务实、管用"推动"智慧磐石"工程，50%的执勤目标完成建设任务，注重研究"监墙"外执勤工作新情况，常态落实联勤巡逻，完成"三场维稳战役"，处置执勤险情7起，连续20年执勤无事故，完成各类临时任务800余起。始终把实战化训练摆上中心位置，坚持党委统揽、主业主责、常抓常议，强力组织集训培训、比武竞赛、演习拉动，高标准完成军事职业教育试点阶段性任务，落实军事训练专项考核、指挥员轮训、正营以上干部考核，部队训练水平提升。支队训练整体优良，参加武警部队3项大比武成绩优异，4个支队教导队被评为一级。坚持"四不"标尺，85.30%立功指标用于练兵备战，立起备战打仗的鲜明导向。坚持保中心指向不偏移，组织保障力量集训比武，练兵备战累计支出1.15亿余元。推动总队医院整编，规范运行队属保障力量，推进34个停偿项目清停善后和后勤重点领域问题"清仓归零"，办好公寓房、经适房建设等事关官兵实事，订购配发各类保障装备，严密组织巡诊、巡检、巡修全覆盖，为兵向战搞保障的精力更加聚焦。抓好巡视审计问题整改，推进退休转业干部移交工作，严肃处理违规违纪人员，实现审计移交问题100%查结、支队级单位巡察100%覆盖、巡视移交本级问题100%整改。（李升科　许　炜）

【参加中央军委2018年开训动员大会】 2018年1月3日，根据中央军委指示要求和武警部队统一部署，武警山西省总队在机动支队设野战化分会场，参加中央军委2018年开训动员大会。各支队机关、基层大(中)队设野战化分会场。全体官兵听令景从，庄严宣誓。总队司令员下达开训命令，两级机关干部闻令展开实弹射击和参谋业务技能训练，各级党委成员打响2018年开训第一枪。

（李升科　许　炜）

【"带新促老"经验事迹讲述会】 2018年2月6日下午，武警山西省总队召开"带新促老"经验事迹讲述会，总队部门副职以上领导和全体机关干部、直属队官兵及部分基层官兵代表在主会场参加会议，各支队、基层大(中)队全体官兵在分会场聆听讲述。带新促老活动顺应时代发展要求，探索新形势下开展思想政治教育新思路、新模式、新举措，使新兵融入新的环境、适应新的任务，顺利度过"第二适应期"。（李升科　许　炜）

【冲锋舟水上救援集训】 2018年6月20日，武警山西省总队机动支队，开展实地调研冲锋舟水上救援集训。集训针对2018年山西省特殊的防汛形势，立足防大汛、抢大险、救大灾，深化作战问题研究，狠抓实战能力提升，强化自身安全防护，塑造常备应对，高效行动的救援态势，确保抢险救援任务完成，确保全省人民安全度汛。

（李升科　许　炜）

【优秀教练员比武竞赛】 2018年7月16日至19日，武警山西省总队在训练基地组织优秀教练员比武竞赛活动。此次比武竞赛突出与练兵备战要求接轨、与新大纲内容标准接轨、与总队教练员队伍训练实际接轨，涵盖军事理论、制订计划、观课纠错、教案编写和现地教学5个方面的内容，检验各级教练员理论素养和教学组训能力。（李升科　许　炜）

【大、中队指挥员比武竞赛】 2018年7月30日至31日，武警山西省总队在训练基地集中组织大、中队指挥员比武竞赛，各支队和总队机关直属队的大、中队指挥员参加比武。这次比武竞赛，课目设置涵盖理论、体能、技能、指挥4大板块9项内容，着重突出与练兵备战要求接轨、与新大纲内容标准接轨、与总队指挥员训练实际接轨，力求通过考核检验促进基层指挥员训练落实，强化军事素养和综合能力。（李升科　许　炜）

【第80期全国省级救援队（中级）培训】 2018年9月16日至29日，武警山西省总队组织机动、太原、晋中支队官兵，完成参加第80期全国省级救援队(中级)培训。培训以提升救援队员应急救援业务理论、技术技能水平，培养地震救援初级指挥员为目的，由国家地震局应急搜救中心组织，在山东省地震局防震减灾训练基地开展，共11天88个课时。参训人员均通过综合考核，取得培训证书。

（李升科　许　炜）

【文职人员授装暨宣誓仪式】2018年12月24日上午，武警山西省总队举行文职人员授装暨宣誓仪式。全体机关干部、首批转改文职人员参加仪式。仪式在庄严的《中华人民共和国国歌》声中开始。总队举行文职人员授装暨宣誓仪式,标志着总队文职人员队伍建设迈出坚实的步伐。

(李升科　许　炜)

## 人民防空

2018 年 7 月 1 日,山西省人防办组织"砺兵—2018"跨区拉动演练参训人员开展主题党建活动 (拜江宏供图)

**【概况】** 2018 年,山西省人民防空办公室(简称山西省人防办)完成年度任务。9 月 30 日,《山西省人民防空工程建设条例》(修正案)通过省人大常委会审议并公布实施。防空防灾数据库四期工程建设完成方案制定、评审、招标,推进实施。推进国家人防重点城市结合民用建筑修建防空地下室。开展人防教育进机关、进学校、进社区、进企业、进网络"五进"活动。拟制《关于在中小学校开展人防教育的意见》,完善进学校工作机制;结合"5·12"防灾减灾日、"9·18"防空警报试鸣日,拓宽进社区范围和渠道;发放《山西省人民防空工程建设条例(修订版)》5000 份,全年全省受教育人数达 300 余万人。开展山西省人民防空袭方案修订工作。编制《山西省人民防空袭方案修订领导小组方案》,强化组织领导。采取多种措施,收集整理"十三五"全省人防指挥通信建设数据,协调省直有关部门采集相关数据,为防空袭方案编制提供数据支撑。邀请军队院校专家对省市两级分管领导和业务骨干进行方案修订培训,明确修订内容、方法,受到国家人防办肯定。

(拜江宏)

2018 年 6 月 30 日至 7 月 7 日,山西省人防办组织"砺兵—2018"山西人防指挥通信系统跨区拉动协同演练 (拜江宏供图)

**【人防工作管理】** 2018 年,山山西省人防办分期分批对 11 个地市和 23 个县(区、市)人防工作开展调研。推进印发企业投资项目承诺制改革试点防空地下室建设流程、事项准入清单及配套制度,在企业投资项目承诺制改革试点工作中加强防空地下室竣工验收和备案管理,针对基层监管和服务能力不足问题,开展业务培训。将应建防空地下室报建审批纳入省投资项目在线审批监管平台。推进已建人防工程维护和管理工作,提高网络化智能化水平,在省级人防办和大同、晋中、晋城、临汾四个市级人防办建设基于地理信息系统的人防数据库与辅助决策系统。

(拜江宏)

**【人防系统应急信息保障】** 2018 年,山西省人防办与省气象局联合印发《关于人防部门接入使用国家突发事件预警信息发布系统的通知》,把人防指挥信息网接入国家突发事件预警信息发布系统,拓展和提升全省人防系统应战应急信息发布渠道和保障能力。

(拜江宏)

# 经济管理

Economic Administration

## 综　述

**【转型项目建设】** 2018年，山西省发展与改革委员会（简称山西省发展改革委）推进转型项目建设，扩大有效投资。加强项目谋划储备。高起点谋划牵引项目，聘请国家级研究机构，聚焦9大领域研究谋划重大项目。安排下达8500余万元专项用于支持市县开展重大项目前期工作。开展项目谋划储备专项行动，建立项目储备月调度制度，初步形成8000余亿元项目储备规模。推进以市场换项目、以公共资源换项目，推进装备制造业发展。破解项目推进难题。召开全省推进转型项目建设现场会，落实六项机制，组织开展前期手续办理、集中开工、进工地到一线解难题等专项活动，针对性解决项目建设突出问题。开展政银企对接，达成合作意向1300余亿元。争取国家发改委核准132.7亿元额度的8支企业债券。召开项目土地专题协调会，协调解决119个土地问题。发挥重点工程示范带动作用。加快审批事项办理，推动重大项目开复工建设。加大重点工程"13710"督办力度，组织对全省市级重点工程确定、省市重点工程开复工及完成投资、省级重点工程项目审批事项办理及项目推进等方面进行督查。省市两级重点工程项目实现信息化动态管理，优化项目结构。全省重点工程完成投资2734.30亿元，完成全年投资计划的114.20%。增强民间投资活力。制定出台《进一步激发民间有效投资活动促进经济转型发展若干措施》，实施26条具体措施，大幅放宽民间准入。向民间资本推介基础设施领域项目32个，总投资713.10亿元，吸引民间资本695亿元。开展金融助推转型项目服务民营企业对接会，向20余家金融机构推介120余个民间投资项目，缓解企业融资难融资贵。　（郭卓宇）

**【供给侧结构性改革】** 2018年，山西省发展改革委推进供给侧结构性改革，加快产业转型升级。推进制造业高质量发展。开展"新时代构建山西省现代化经济体系路径研究"，出台《山西省增强制造业核心竞争力三年行动计划（2018—2020年）》。创新项目审核方式，采取"两步走"模式，帮助山西新能源汽车公司成为山西省第一家独立法人轿车生产企业，推动18万辆乘用车项目落户山西。按全产业链思路谋划通航产业发展，争取国家将山西省列为通用航空业发展示范省，编制完成《山西省通用机场布局规划（2018—2030年）》《山西省通用航空业发展规划（2018—2035年）》，组织开展山西（深圳）通用航空业专题推介会，中航货运重大项目落地山西，大同、长治通航产业园落地项目加快推进。推动以市场换项目，探索实施新能源指标集中配置，开展清洁能源供暖试点，新能源装备制造企业投资意愿增强，太重风机产能增长，一批光伏组件项目相继落地，光伏制造业销售产值突破180亿元。编制完成《"煤—电—铝（镁）—材"一体化改革试点实施方案》并上报国家，推动中铝华润吕梁一期电解铝项目建成投产。统筹推进钢铁去产能和改造升级工作，按期完成225万吨粗钢压减任务，支持企业加快装备升级和产品结构优化。工业战略性新兴产业增长14%，高技术产业增加值增长16.30%，均高于全国平均增速。

推进能源革命排头兵取得成效。配合国家起草《关于在山西开展能源革命综合试点的意见》，谋划推动山西省能源革命在全国率先破题。推动煤炭产业走"减优绿"之路，组织关闭煤矿36座、退出产能2330万吨。年末煤炭先进产能占比达57%，比年初提高15个百分点。发展新能源产业，推动大同二期、寿阳光伏应用领跑基地全部开工建设，国家电网灵丘风电供暖示范项目正式投产。全省新能源装机容量达2649万千瓦，占全省电力装机容量比重突破30%，其中风电装机1043万千瓦，进入全国前五。加大煤层气开发力度，加快煤层气管网互联互通建设，沁水煤田直送太原300万方煤层气项目顺利推进，全省煤层气开采量突破56亿立方米，利用量占全国90%以上。扩大晋电外送规模，新增电力外送能力1400万千瓦，确定一批外送电通道配套电源点。拓展省外市场，与江苏省建立电力合作新模式，全年外送电量达927亿千瓦时。

发展现代服务业。发挥省服务业发展领导小组办公室统筹协调职能。推进服务业清单化管理等6项工作推进机制，出台《山西省2018年服务业发展重点工作清单》和《关于加快咨询业发展的实施意见》。协调推进大同晋北物流园等重点物流项目建设。组织开展2018年国家服务业发展引导资金申报工作，推进国家服务业综合改革试点工作。全年全省服务业增加值同比增长8.80%，对全省经济增长的贡献率为71.70%。

推进大众创业万众创新。牵头起草《关于加快促进山西省分享经济发展的意见》。推进国家级、省级“双创”示范基地建设，加快建设省级创新平台。认定支持15个省级“双创”示范基地、8个省级工程研究中心，推荐3家省级工程研究中心申报国家地方联合工程研究中心。长治市城区作为首批省级双创示范基地，搭建“双创”平台，推进创新驱动发展，受到国务院办公厅通报表扬。全省新登记市场主体44.10万户，增长12.10%。举办2018年全国双创活动周山西分会场活动。（郭卓宇）

【重点领域改革】 2018年，山西省发展改革委推进重点领域改革，增强转型动力。推开企业投资项目承诺制改革试点。研究形成政府靠前服务、简化审批流程、强化企业信用约束的改革路径，报请山西省政府出台试点方案，编制试点操作流程图，推进“标准地”出让、区域能评、区域环评等配套改革，推行“多审合一、四图合审”，试点项目审批落地时间平均缩短一半，受到国务院通报表扬，建设工程审批时限居全国第四。推进投融资体制改革。起草《山西省企业投资项目核准和备案管理办法》，与国家办法相比，核准环节整体时限压缩40.20%，缩短审批时限。推进投资并联审批改革，对42项投资审批事项进行流程再造，省级投资项目全部实现网上申报、一窗受理，投资项目在线审批监管平台获全国“示范平台”称号。电力体制改革取得阶段性成果。输配电价改革落地，完成“一般工商业电价平均降低10%”目标，一般工商业输配电价排全国倒数第三、大工业输配电价排全国倒数第一。建立国网范围内第一家电力交易中心，全年全省完成交易电量644亿千瓦时，约占全社会用电量的30%。铺开增量配电业务试点，13个项目列入国家增量配电业务试点范围。推进价格改革。制定出台《关于全面深化价格机制改革的实施意见》，完善《政府定价的经营服务性收费目录清单》等6个收费目录清单。修订《山西省定价目录》，确保政府在目录之外无定价权。推进农业水价综合改革和城镇非居民用水价格改革。对全省煤矿瓦斯发电执行标杆上网电价政策。出台《山西省天然气管道运输和配气价格管理办法》，推进居民用气价格改革。推进全省供热价格管理工作。推进政务信息系统整合共享。推进政务信息系统建设，编制《山西省政务信息资源目录》，梳理政务信息资源目录4万余条，发布服务接口69个，代理国家接口十余项。推进政务信息系统接入工作，省数据共享交换平台完成与国家共享交换平台对接工作，实现横向108家省级政务部门、纵向11个市服务接口形式的数据共享。社会信用体系建设取得成效。报请出台《关于加强政务诚信建设的实施意见》《关于加强个人诚信体系建设的实施意见》。优化省级信用信息共享平台和“信用山西”网站应用服务功能，推进市级平台建设，累计归集各类信用信息5000万条。推进行政许可、行政处罚7天“双公示”工作，累计公示各类信息2000余万条，在第一季度全国双公示评估中排名第六。加强信用应用创新，培育第三方信用服务机构。（郭卓宇）

【城乡协调发展】 2018年，山西省发展改革委统筹推进城乡一体化，区域协同联动发展取得成效。推进乡村振兴战略。编制完成《山西省乡村振兴战略总体规划(2018–2022年)》。支持农业供给侧结构性改革，加快“一园一区一平台”建设，加快农村一二三次产业融合发展。推进国家农村产业示范园创建工作，组织开展国家农村产业融合发展示范园创建工作。加快农村基础设施建设，推进农村饮水安全、中小河流治理等重点工程。协同推进农村人居环境整治工作。推进新型城镇化建设。制定《山西省2018年推进新型城镇化建设重点任务》。规范推进特色小镇和特色小城镇建设。推动全省老工业基地调整改造，指导长治市做好产业转型升级示范区建设，在全国年度考核评估中被评为优秀。推进城区老工业区和独立工矿区搬迁改造19个重点项目建设。制定山西省区域协调发展指导意见。按照统筹平川与“两山”协调发展要求，开展调研论证，形成《山西省区域协调发展指导意见》，重点加强两山与平川、城市与乡村、经济与生态协调，建立健全区域合作、区域帮扶、利益补偿、公共服务均衡的区域协调发展机制。（郭卓宇）

【开放型区域经济发展】 2018年，山西省发展改革委融入国家战略，提高对内对外开放水平。融入“一带一路”战略。推动晋企“走出去”，加强国际产能和装备制造合作工作，全年境外投资项目备案12个，投资总额约1.75亿美元，开展与乌克兰、吉尔吉斯斯坦、肯尼亚、南非等国的省州郡合作。推进与德国北威州等友好省州战略合作，牵头筹备中国山西(德国)经贸暨人才合作恳谈会。深度融入京津冀协同发展。争取国家发改委印发《关于支持山西省与京津冀地区加强协作实现联动发展的意见》，赋予山西省“建设京津冀向中西部地区辐射的战略支撑带”重要定位，在基础设施互联互通、教育医疗联合共建等方

面给予支持,标志着进入国家区域战略。推进区域合作。联合印发《关于印发晋陕豫黄河金三角区域合作协调机制方案的通知》,推动建立晋陕豫黄河金三角区域合作协调机制。编制《蒙晋冀(乌大张)长城金三角合作区规划》。推进中部崛起、中原经济区等区域规划中期评估等工作。参加2018年中国中部国际产能合作论坛暨企业对接洽谈会。加快建设内畅外联大通道。争取铁路总公司同意以"肥瘦搭配"模式主导建设雄忻高铁,保障项目前期工作推进。争取铁路总公司同意主导建设大同至原平客运专线,解决项目多年停滞难题。推进大张、太焦、大原、阳大铁路项目建设和晋中–太原城际铁路项目。协调将阳泉至西柏坡、大同至阜平高速公路列入河北和山西省高速公路网规划。推动太原机场三期改扩建前期研究和朔州、晋城机场规划建设。争取国家发改委尽快批复太原市轨道交通近期建设规划调整。提升外资规模质量。3项外国政府贷款项目列入国家发改委备选规划。争取国家支持,募集境外低成本资金,推动同煤集团等企业向国家发改委申请境外发债。

(郭卓宇)

## 土地资源管理

【概况】 2018年,山西省自然资源厅挂牌成立,加挂山西省绿化委员会牌子,推动全省自然资源机构改革,省林业和草原局为厅管局,省测绘地理信息院为厅管事业单位。省委山西省政府印发"三定"规定,围绕"统一行使全民所有自然资源资产所有者职责,统一行使所有国土空间用途管制和生态保护修复职责"的定位,设置25个处(室、局),11个市规划和自然资源局挂牌成立。

保障全省用地计划,全省批地供地大幅增长,批准建设用地17.88万亩,其中工业项目用地7.15万亩、占到40%。全省供地17.60万亩,保障大张高铁、"二青会"场馆等一批重点项目用地。省级国土规划编制稳步推进,市县两级土地利用总体规划调整方案落地实施,为项目落地夯实规划基础。实施城乡建设用地增减挂钩,繁峙等18个贫困县增减挂钩节余指标省内交易1.80万亩、28.56亿元,10个深度贫困县跨省交易0.61万亩、18.91亿元,28个贫困县共计获得指标收益47.47亿元。建立"增存挂钩"机制,开展批而未用土地、闲置土地清理专项行动,完善批而未供土地手续10.90万亩,处置闲置土地8.70万亩。提请山西省政府调整提高全省征地统一年产值标准,落实压覆重要矿产资源承诺制改革,压缩用地报批时限。创新工业用地供地方式,降低企业用地成本。加大不动产登记保障力度,为交控集团办理42.52万亩交通用地登记手续,占全省已运营高速公路用地的89.85%,为化解政府债务、防范金融风险奠定基础。加强测绘地理信息服务保障,实施一批重大基础测绘项目,实现测绘市场统一监管。启动全省第三次国土调查,3个试点县(区)处于全国第一梯队。(王正宇)

【耕地保护】 2018年,山西省自然资源厅坚守全省5757万亩耕地红线。严格落实耕地保护目标责任,提请山西省政府印发《关于鼓励引导社会资本参与土地整治的指导意见》《市级政府耕地保护责任目标考核办法》,拓宽补充耕地途径,完善耕地保护考核指标和标准,强化制度保障。破解耕地占补平衡难题,建立"数量相等、产能相当"耕地占补平衡"算大账"新机制。推动政策实施,提升耕地粮食产能,落实高标准农田建设任务95万亩,推进省级耕地开发项目验收入库,截至2018年底,全省库存耕地占补平衡指标22.96万亩,粮食产能9880.77万公斤,确保一批重点转型项目实施耕地占补平衡。推进土地指标市场建设,《山西省土地指标交易调剂暂行办法》经省长办公会议通过,待省委全面深化改革领导小组审议后印发。

(王正宇)

【煤炭"减""优""绿"发展】 2018年,山西省自然资源厅落实煤炭去产能要求,注销煤矿采矿证26个,退出产能2330万吨/年。在自然资源部的支持下,发展煤炭先进产能,7座煤矿完成采矿登记,释放先进产能2604万吨/年,另有5座具备登记条件,产能2700万吨/年,山西省政府和企业予以肯定。加强矿产资源保障,省级财政投入3.57亿元,安排地质勘查项目83个。验收往年项目60个,新增资源

2018年10月27日,山西省自然资源厅正式挂牌成立 (王正宇供图)

量煤炭24.37亿吨、铝土矿8200万吨，煤层气推断资源量31.93亿立方米、潜在资源量233.42亿立方米。

（王正宇）

【矿政管理规范化】 2018年，山西省自然资源厅落实保护区内矿业权退出要求。推进中央环保督察问题整改，提请山西省政府出台重点保护区内矿业权退出处置政策措施，共处置自然保护区和泉域重点保护区内矿业权310宗。其中，注销205宗、变更登记105宗，退出矿业权面积1138平方千米，解决矿业权和重点保护区重叠问题。加强矿业权监管，抓好矿业权人勘查开采信息公示，清理570宗历史遗留“僵尸”矿业权，依法注销479宗。推动解决煤炭资源整合5大历史遗留问题，实施露天矿山综合整治，提升矿政管理规范化水平。

推动重大改革落地生根。泽州县“三块地”改革和太原市土地二级市场改革取得实质性突破。深化矿业权出让制度改革，会同省财政等部门出台《矿业权出让收益征收管理实施办法》，发布矿业权出让收益市场基准价，确定合同范本。煤层气审批“山西模式”在全国推广，改革内容继续深化，自然资源部授权常规油气矿业权、新增煤层气矿业权审批等3类审批权限；发布煤层气行业服务指南，细化完善配套制度。加快煤层气勘查开发，2017年出让的10个区块中，柳林石楼西等3个区块成功点火出气，实现“1年见气”。15个煤层气区块公开出让方案获得山西省政府批准，2个区块成功挂牌出让，成交总价9.20亿元。重点实施十大煤层气项目，推动老区块增储上产，迎峰度冬保供气量同比增加126万立方米/日，年产量达56亿立方米，同比增长10%。

（王正宇）

【地质环境管理和地质灾害防治】 2018年，山西山西省政府负责人在地质灾害隐患点开展一线督导调研，指导地方开展抢险救灾工作。建立平战结合的地质灾害防治技术支撑体系，保障人民群众生命财产安全。落实4000户农村地质灾害治理搬迁。完成全省矿山地质环境详细调查，开展省市县三级矿山地质环境保护治理规划编制，山西省政府印发《山西省矿山环境治理恢复基金管理办法》，省级治理规划报部审查。推进采煤沉陷区综合治理矿山地质环境专项治理项目，56个项目中52个主体工程完工，完成率达93%。

（王正宇）

【造林绿化和森林保护】 2018年，山西省自然资源厅启动实施太行、吕梁“两山”生态修复保护重大工程，全年完成营造林510.22万亩，超额完成年度任务。全省未发生重大森林火灾和人员伤亡，森林火灾受害率和林业有害生物成灾率均低于山西省政府考核指标控制线。联动实施林业生态扶贫“五大项目”，惠及贫困人口52.30万人。全省58个贫困县2563个合作社完成造林285.50万亩，5.20万贫困社员人均劳务收入7000元以上；争取退耕还林任务195万亩，任务量在全国15个省中居第二位；生态管护惠及2.40万贫困人口，人均增收6500元；经济林提质增效惠及贫困人口35.30万人。8月27日，省国土资源厅举行地质灾害远程跟踪督导和多发地质灾害应急演练。

（王正宇）

【土地权益信息管理】 2018年，山西省自然资源厅完成农垦国有土地确权登记发证，为全省农垦改革奠定基础。建成全国首个省级不动产登记调度中心，实现国家、省、市、县四级不动产登记互联互通，形成标准统一、覆盖全省、实时更新、互通共享的信息管理平台体系。8月21日，省国土资源厅、省林业厅联合召开全省林权不动产登记工作座谈会。截至2018年底，全省颁发不动产证书68.80万本、出具不动产证明39万次，保障群众不动产权益。征缴矿业权出让收益、土地出让金等975亿元。

（王正宇）

【违法行为整治行动】 2018年，山西省自然资源厅针对“大棚房”问题，查处晋中市榆次区“大棚房”案件，配合农业农村部门，开展全省设施农用地清理整治行动，前期全省共发现“大棚房”问题345宗、设施2342个，涉嫌违法违规占用耕地1569亩。配合牵头部门开展扫黑除恶专项行动。始终保持严格执法高压态势，开展严厉打击非法违法采矿行为、废弃矿井专项整治两项行动，全省出动执法人员9.90万人次、车辆2.70万车次，立案查处53个非法矿点，填埋关闭196个非法坑口，取缔和加固违法矿点，遏制非法违法采矿反弹势头。依法打击涉林违法犯罪行为，共立刑事案件411起，受理林业行政案件3564起，处理违法人员4431人次。（王正宇）

## 国有资产管理

【国资监管机构改革与企业监管】 2018年，山西省国有资产监督管理委员会（简称山西省国资委）内设机构调整优化，在原有基础上撤销1个处室，合并2个处室，更名3个处室，增设1个处室，内设机构数量由17个精减为16个。直接监管省属企业27户。

截至2018年底，山西省国资委监管企业（以下简称省属企业）资产总额2.96万亿元，同比增长22.78%；负债总额2.24万亿元，同比增长20.11%；所有者权益7160.81亿元，同比增长31.98%；营业总收入1.35万亿元，同比增长8.65%；资产负债率75.77%，同比下降1.69个百分点；完成增加值2663.67亿元，同比增长13.16%；实现利润总额307.24亿元，同比增长55.17%；实现利税1215.02亿元，同比增长20.44%；上缴税费841.31亿元，同比增长10.09%。成本费用支出总额1.33万亿元，同比增长7.98%，低于同期营业收入增幅0.67%；平均成本费用利润率2.32%，同比提高0.71%。

（杨　亮）

【国有企业改革】 2018年，山西省制订《2018年山西省深化国企国资改革行动方案》。召开省属企业市县国资委负责人会议，安排部署2018年重点工作。制定8个方面38项重点改革措施，确定改革施工图。提出打好“三供一业”移交、“处僵治困”、防范风险等“三大攻坚战”目标任务，推进“三项制度”等重点难点改革。

国有资本布局调整，突出企业主业。重新确定公布22户省属企业主业，7户省属煤企中4户不再将煤炭作为主业；省属国企煤炭增加值占比从61.20%下降4.80个百分点。推进国有资本优化重组。山西燃气集团重组问题得到解决，引入7家境内外战略投资者资金35亿元。山西潞安现代煤化工公司引进首批9家战略投资者，投资24.40亿元。重组企业一边组建一边形成生产力。通用航空、民爆集团和三家科研院所转制企业挂牌成立。加大对外合作。组织省属国企参加能博会等5场国内重大招商推介活动，参加中白工业园机械与电子行业对接会等4场专题对接会，推进“一带一路”建设和国际产能合作工作。推进招商引资项目落地。省属国企招商引资在建项目29个，全年完成投资68.45亿元。

重组混改，完善制度政策。起草《山西省属企业混合所有制改革实施办法》。汾酒集团整体上市工作进展顺利，股权激励方案经山西省国资委正式批复，落地实施。建投整体混改方案获山西山西省政府批复。子分公司层面混改加速。在混改面70.90%的基础上，再次筛选出108个340亿项目实施混改。新增潞安精蜡化学品公司、国际能源普丽环境公司等2户企业，开展员工持股试点。“腾笼换鸟”加快落地。截至2018年底，省属国企53个“腾笼换鸟”项目进入转让程序14个，预估价值25.40亿元；有意向方项目7个，预估价值30.90亿元。第三批108个涉及340亿元股权转让项目，向全国发布。山西焦化完成重大资产重组；漳泽电力、山煤国际、大同煤业、阳煤化工完成集团公司下属子公司的股权收购。95家企业入库，全年实现新三板挂牌企业2家，晋能清洁能源正在证监局IPO辅导备案，中条山集团推进制定北方铜业上市方案。大地控股推进香港上市。山西省与深圳市签署国资委签署战略合作协议。签约省属国企进口采购对接会暨重大采购项目。 （杨　亮）

【“处僵治困”和“瘦身健体”】 2018年，山西省推动“处僵治困”。组织召开省属企业“处僵治困”攻坚会议，制定下发《省属企业处置“僵尸企业”工作方案》《省属企业开展特困企业专项治理工作方案》，批复12户省属企业处置“僵尸企业”工作方案，完成43户企业改革任务。推动“瘦身健体”。截至2018年底，省属企业全部将管理层级压缩至4级以内，减少法人户数935户，减少比例达到21%，完成总体压减总目标的三分之二。化解落后产能。完成年度煤矿关闭退出实施方案初审和省级联合验收工作，省属6户煤炭企业关闭退出煤矿24座，退出产能合计1670万吨，占全省74.60%。印发《山西省剥离国有企业办社会职能和解决历史遗留问题2018年攻坚行动计划》，组织召开全省剥离国有企业办社会职能和解决历史遗留问题攻坚会议，与各地市签订目标责任书，建立领导定点督导制度，成立5个督导组，每月对定点包干市进行一次“集中会诊”。截至2018年底，山西省国有企业“三供一业”（占全国“三供一业”任务量的1/10）100%完成移交，高于全国10.50个百分点，完成国家下达的目标任务。

（杨　亮）

【金融风险防范】 2018年，山西省召开省属国企防控风险攻坚会议。组织应收账款清收专项行动，截至2018年底，省属国企应收账款895亿元，比6月底净下降239.90亿元，比年初净下降268.70亿元，降幅23.10%。重视国有企业金融风险防范。全年兑付到期1959.60亿元债券，未发生一笔违约，山西国企成为交易商协会全国会员中信誉度最好的板块；实现债券融资2562.41亿元，同比增长13.93%；控股上市公司再融资154.90亿元，同比增长70.70%，超过上年全年水平；市场化债转股新签协议250亿元，新落地47.50亿元；贸易收入同比下降5.50个百分点。依法处置高速公路债务风险。平移政府债务2600亿元，由国开行牵头的银团贷款全部落地。加快处置铁路融资债务风险。省长办公

2018年9月21日，山西省国资委召开省属企业“处僵治困”攻坚会议

（杨　亮供图）

会审议通过处置铁路建设融资债务风险工作方案，省国资委按要求推动相关工作。（杨 亮）

【经营人才选聘】 2018年，山西省推进市场化选人用人。起草《关于省属国有企业董事会市场化选聘高级管理人员的指导意见》，上报省委组织部。在新设公司或集团层面出缺情况下，推行经理层市场化选聘，全年在集团层面选聘2人，在9家试点企业32个子分公司层面选聘56人。开展选派外部董事工作。制定《关于省属企业外部董事选派的实施方案》，向省属国企分两批派出45名外部董事。健全法人治理结构。印发《关于进一步健全省属企业法人治理结构的意见》。推进三项制度改革。召开3场专题座谈会，在太钢、同煤、焦煤试点“三项制度”改革。在汾酒股份试点股权激励，在云时代公司试点科技人员激励。（杨 亮）

【“放管服效”改革】 2018年，山西省推进“放管服效”改革。优化机构设置，将规划发展处与政策法规处合并为战略规划处，突出改革导向，加大改革力度，新成立企业改革二处。完善国有资本授权经营体制。健全国有资本投资运营公司职责及运作机制。强化穿透式监管。建立常态化工作约谈机制，强化财务监督，完成对省属国企五类专项审计。“一企一策”实施目标考核。对经营业绩启用第三方评估，强化考核结果应用，明确实行“四挂钩”和“退一进二”政策，在全国首创。建立企业投资负面清单。建立以“管资本”为主投资监管体系，提高项目投资有效性。建设国资监管大数据平台项目。完成公开招标工作，召开项目建设启动会，项目开发建设启动。加强对省属国企服务。建立常态化调研服务机制，每个月到一户省属大型企业进行集体办公，提出“九步工作法”，解决长年积累的问题。（杨 亮）

## 财 政

【财政改革】 2018年，山西省财政厅以山西省政府办公厅名义出台《关于改进预算工作集中财力保基本保战略的意见》。在农口部门试行“大专项+任务清单”制度，解决农口资金项目多、管理不规范等问题。清理整合专项转移支付，省级专项转移支付项目数由2015年279项减少到96项。改革本科院校生均拨款制度，制定统一学科分类补助标准和差异化调整系数。将财政投入与省级公立医院基本医疗服务数量、绩效考核相挂钩，建立起公立医院“多劳质优者多得、少劳质低者少得”新型补助机制。提请省委山西省政府印发《关于全面实施预算绩效管理的实施意见》，构建预算绩效管理体系。开展管理会计专家团队入企服务和资产评估专家入所服务活动，对政府会计准则、资产评估准则宣传推广，对会计师事务所和资产评估机构执业质量检查和监督管理。推进预决算公开，部门预决算公开率达100%。建立起国有资产管理情况向省人大常委会报告制度。健全地方税体系。水资源税试点和环境保护税改革平稳运行，促进污染防治和生态保护改革效应逐步显现，全省地方税体系完善。推进国企国资改革，完成省属企业资产价值重估“增值一千亿元”工作任务，解决“三供一业”分离移交维修改造和企业分离办社会等历史遗留问题。（梁智腾 卫忠梅）

【财政收入】 2018年，山西省一般公共预算收入完成2292.70亿元，为年度预算的113.60%，比上年增长22.80%，增收425.70亿元。全省收入增幅排在全国第2位，仅低于西藏，在中部六省和周边省份中排名第一。

分级次看，省级一般公共预算收入完成761.90亿元，比上年增长27.90%，增收166.20亿元；市级一般公共预算收入完成553.60亿元，比上年增长13.90%，增收67.70亿元；县级一般公共预算收入完成977.20亿元，比上年增长24.40%，增收191.80亿元。11个市一般公共预算收入全部实现正增长，从高到低依次为临汾市29.80%、晋中市27.70%、吕梁市26%、晋城市23.60%、朔州市23.50%、运城市20.30%、太原市19.70%、阳泉市15.20%、长治市13.90%、忻州市11.20%、大同市10.50%。

分科目看，税收收入完成1645.70亿元，增长17.80%，增收248.30亿元，拉动一般公共预算收入增长13.30个百分点；非税收入完成647亿元，比上年增长37.80%，为年度预算的135.10%，增收177.40亿元，拉动一般公共预算收入增长9.50个百分点。其中，省级完成251.70亿元，比上年增长66.20%，增收100.30亿元。

分税种看，多数税种齐增长。除耕地占用税略有减收外，全省各项税收均增长较快。其中，增值税（含营业税）、企业所得税、个人所得税、资源税等四项主体税收收入完成1303.40亿元，占税收总额的79.20%，平均增长16.60%，增收185.50亿元，占全部税收增收额的74.70%，拉动税收收入增长13.30个百分点，是税收增长的核心动力。土地增值税、城市维护建设税、房产税等地方小税种合计完成342.20亿元，增收62.90亿元，平均增长22.50%，超过税收收入4.70个百分点。

分产业看，二、三产业同步增长。2018年，全省实体经济稳中向好，支撑工商业税收均实现较快增长。第二产业完成税收收入（地方征收部分，下同）1077.40亿元，占税收总额的65.50%，增长17.80%，增收163亿元，占税收增收总额的65.60%；第三产业完成税收收入566.80亿元，占税收总额的比重为34.40%，增长17.80%，增收85.20亿元，占税收增收总额的34.30%。第二产业中，对税收增收贡献最多的是采矿业，其次是制造业和建筑业。其中，采矿业（主要是煤炭）税收711.50亿元，比上年增长15.40%，增收95.10亿元，对税收增收贡献率为38.30%。制造业税收226.40亿元，增长

21.60%，增收40.20亿元，对税收增收贡献率为16.20%。建筑业税收81.70亿元，增长21.80%，增收14.60亿元，对税收增收的贡献率为5.90%。第三产业中，批发零售业、金融业与房地产业对税收增收贡献较大。其中，批发和零售业税收152.10亿元，增长22.40%，增收27.90亿元，对税收增收的贡献率为11.20%；金融业税收98亿元，增长17.60%，增收14.70亿元，对税收增收的贡献率为5.90%；房地产业税收169.60亿元，增长19.20%，增收27.30亿元，对税收增收的贡献率为11%。

（梁智腾　卫忠梅）

**【财政支出】** 2018年，山西省一般公共预算支出执行4283.90亿元，为年度调整预算的95.80%，与上年决算数相比，全年执行进度下降0.20个百分，比上年增长14%，增支527.50亿元。

分级次看，财政支出分级情况呈现两个特点。从增长速度看，全省支出增速比上年加快，市县增速快于省级，省、市、县增幅分别为7.30%、15.30%和15.80%，其中县级支出加速。财政支出重心继续向下倾斜。从十一五时期以来，县级支出比重提高，全年省、市、县各占全省总支出比重分别为18.40%、20.40%、61.20%，省级支出比重比上年降低1.20个百分点，市级上升0.20个百分点，县级上升1个百分点，全省支出重心下移为支持市县经济发展及基层财政建设提供财力保障。

分科目看，山西省一般公共预算支出总量呈上升趋势，支出结构调整变动，财政支出结构调整方向更注重于民生，上年民生支出3422.80亿元，占总支出的8成，同比增长11.90%，增支364.10亿元；政府公务支出有所控制，支持经济发展方面的支出以更为科学的方式进行调整。

一般公共预算支出中占总支出比重达10%以上有3个科目，依次为社会保障与就业支出、教育支出、农林水支出，占比分别为15.70%、1.60%和13.60%；占总支出比重大于5%小于10%的有4个科目，依次为城乡社区事务支出8.60%、一般公共服务支出8.50%、医疗卫生与计划生育支出8.40%、公共安全支出5.80%；其余支出比重较小。支出进度，各级财政落实财政支出进度考核奖惩制度，全年分月支出进度分别为6.90%、8.70%、9.90%、7.90%、9%、9.60%、9.10%、8.60%、9%、8.40%、8.4%和13%，上年同期分别为9.40%、4.80%、14.50%、8%、10%、8.40%、8.90%、8%、10.40%、6.90%、7.80%和11%，支出进度均衡性提升。

分领域看，全省各级财政部门对供给侧改革、脱贫攻坚、生态环保等领域和项目重点支持。其中，教育、社会保障和就业、医疗卫生等13项民生支出共完成3422.80亿元，占全部支出的79.90%，同比增长11.90%，增支364.10亿元；纳入GDP核算的8项服务业支出2913.80亿元，同比增长12.80%，增支331亿元。扶贫、污染防治、自然生态保护、能源节约利用等方面支出增长较快，分别增长74.30%、60.50%、64.70%、91.90%。

（梁智腾　卫忠梅）

**【财政支持转型创新】** 2018年，山西省财政厅将有限财力投向转型综改重点领域。转型综改示范区和开发区税收收入增量省市分成部分，用于示范区、开发区建设发展；县级新兴产业、第三产业产生的税收收入增量省级分成部分，用于县级新兴产业发展。实施创新驱动战略，省本级科技投入近20亿元，增长45.50%。加大科技成果奖励力度，省级科技奖励资金由500万元增加到6000万元。推动大众创业万众创新，安排专项资金支持小微工业企业上规升级。落实山西省政府40条财政支持人才政策，引进高精尖缺人才，引进优秀博士生由2017年485人增加到1103人。支持民营经济发展，山西省政府出台30条支持政策中，财政部门牵头12条，包括筹资50亿元组建政策性纾困救助基金、省市县三级筹资建立50亿元的接续还贷周转资金、财政分年度增加省级融资再担保资本金等，政策工具多样、含金量高。创新支持方式。省级企业技改引导资金规模翻倍，达到20亿元，扶持项目258个，带动企业投资391亿元，用于工业强基和绿色制造。规范发展PPP模式，投资总规模2752亿元。（梁智腾　卫忠梅）

**【民生保障改善】** 2018年，山西省财政统筹资金90多亿元，支持全省产业振兴、生态宜居、公共服务及强农惠农、农村改革四大板块建设。农业信贷担保体系累计为全省3144户农

2018年7月6日，山西省在上海证券交易所成功发行政府债券232.40亿元

（梁智腾供图）

业主体提供融资担保近18亿元。建设美丽乡村144个，发展村集体经济项目458个。推进实施高校“1331”工程及“双一流”建设，支持山西大学、太原理工大学率先发展。提高高职院校生均拨款水平。支持实施“136”兴医工程。企业和机关事业单位退休人员基础养老金月人均分别提高169元和173元。全省城乡居民基本养老保险基础养老金最低标准由每人每月80元提高到每人每月103元，城乡医保财政补助标准由每人每年450元提高到490元，基本公共卫生服务补助标准提高到55元，城乡低保保障标准每人每月至少提高20元。筹资2亿元支持农村公共文化服务体系建设。

（梁智腾　卫忠梅）

【政府债务风险防范化解】 2018年，山西省财政厅落实防范化解政府债务风险工作。使用新增债券459亿元弥补发展短板、支持经济建设，对脱贫攻坚、乡村振兴、公路铁路、生态保护等领域支出给予保障。化解存量债务。累计发行置换债券1343.40亿元，完成政府存量债务置换工作，每年减轻政府债务利息负担60亿元。一次性置换省属高校债务40亿元，解决高校还贷问题。参与全省高速公路和铁路建设债务化解工作。利用财政收入增长有利时机，通过分期注资方式置换高速公路债务1317亿元，制定铁路建设债务化解方案，明确在建和新建铁路资本金出资政策。

（梁智腾　卫忠梅）

【PPP项目入选项目】 2018年，国家财政部公布国家第四批PPP(政府与社会资本合作)项目396个，其中山西7个，分别为：长治市沁县县城集中供热，运城市中心城区热电联产集中供热(二期)工程，垣曲县低碳循环经济产业聚集区污水处理及工业用水综合工程，垣曲县城区集中供热，岢岚县宋长城景区及文体中心，交城县社会福利养护院，孝义市热力公司城东热源厂二期工程7个项目入围国家级第四批PPP示范项目。

山西省财政厅公布，山西省第四批PPP项目共31个，投资255.43亿元。

（编辑部）

## 国家财政监督

【概况】 2018年，财政部驻山西省财政监督专员办事处(以下简称山西省专员办)开展财政预算监管各类工作80余项，动态监控438户驻晋中央预算单位授权支付资金；督导1193亿元中央对地方转移支付资金提前下达；核减中央对地方转移支付申报审核资金8562万元；监控3个中央对地方转移支付项目执行情况，监控资金达3.60亿元；开展地方政府债务监管，发现置换债券问题金额2.88亿元；开展会计信息质量检查，发现各类问题金额300多亿元。

（郭　帅）

【中央转移支付监管】 2018年，山西省专员办加强中央转移支付监管，严格把关预算申报，甄别剔除虚假申报。完成城乡居民基本养老保险补助资金等审核，审核发现山西省2017年共有78个县(市、区)中央财政资金存在缺口，资金缺口合计8428.82万元。完成山西省2017年城乡义务教育补助经费安排使用情况审核，审核补助经费31.83亿元。完成山西省2017年度城乡居民基本医疗保险补助资金审核，重点审核居民个人缴费到位情况、地方补助资金到位情况和基金管理风险情况。完成中央财政城镇保障性安居工程专项资金审核，实地抽查3个地市40个县申报情况，抽查资金13.64亿元，达全省申报资金的25.30%，其中：核减租赁补贴2940户，核减率2.50%；核减公共租赁住房6615套，核减率11.46%；核减城市棚户区改造4557套，核减率3.88%。完成2017年度煤层气补贴审核，对分布于6个地市的15家中央企业和49家地方企业全覆盖审核，核减金额2155万元。完成2017年度节能与新能源公交车推广应用情况审核，审查比例占各市申报补贴车辆的60%以上，核减车辆78辆，核减运营时间104个月，核减中央补贴资金590万元。完成农业保险保费补贴审核，发现未及时下拨补贴款项、未按照文件规定补贴比例执行、未报送农业保险保费补贴绩效评价结果等三类补贴资金使用中存在的问题。完成2018年普惠金融发展专项资金申请审核，通过审核84户县域金融机构、24户村镇银行、7个PPP项目，发现问题27个，核减补贴资金2006万元。完成2018年度提前下达民航发展基金审查工作，核减金额3811万元。

重点监控执行环节，及时发现执行问题。完成2018年度提前下达转移支付资金督导工作。经督导，省财政向市县财政下达率达98.05%，4个市提前下达中央及省级资金均超过92%，下达率分别提高5和7个百分点。完成2017年度中央特大型地质灾害防治专项资金使用情况核查。开展山西省2017年度医保基金控费审核，实地抽查2个地市，对基本医疗保险基金管理规范程度、足额征收保费、开展基金中长期精算和公开定点医疗机构费用等信息四项指标审核打分。完成2018年上半年中央财政城镇保障性安居工程专项资金转移支付情况日常监管，对5个县（市、区）2018年上半年预算指标分解下达、资金拨付和使用情况进行跟踪，发现财政部门均未对提前下达的安居工程中央专项资金编制预算、国库集中支付不规范、存在虚列专项资金支出等问题。此外，对太原市2016至2017年度转移支付资金使用情况开展实地监控核查，并收集2016年以来扶贫资金日常监管发现的问题，强化日常监管工作。

开展绩效评价。完成2017年城镇保障性安居工程专项资金、重大公共卫生和计划生育项目、中职免学费补助资金、中职学校改善办学条件奖补资金、2017年度困难群众救助工作、城乡医疗救助补助资金等6项资金绩效评价。强化中央单位预算监管。全过程监控中央预算单位预算执行。对438户驻晋中央预算单位中央财政授权支付资金进行实时监控、疑点核查,全年共发现8户单位问题支付29笔,涉及金额154万元。审核审批新开银行账户16个,系统备案12个,撤户备案9个。年检单位410户,年检账户677个,合格率达100%。受理审核3户次预算单位国库直接支付申请,审核同意支付资金2254.88万元。完成8项中央预算单位专项审核,其中中央政策性粮油数量和成本费用重点核查,重点核查11个直属库2010—2017年10个批次的储备资料,并向6个调出省份提交审核报告,核减跨省移库费用27.57万元,核增进口小麦形成库存前向总公司支付利息208.31万元。完成淡季商业储备化肥利息补贴审核、国家成品油储备临时库存成本补助核定、国家战略物资储备的成本补贴审核、山西机场公安经费实际支出审核、军品生产线维持维护补助经费审核、专项债券贴息审核,并对国家储备棉、糖按季开展审核。通过以上监管手段,全过程、全方位监控驻晋中央预算单位预算执行情况,确保财政支出有理、有据、有序。

强化中央单位预算编制审核。开展中央驻晋预算单位2019年"一上"预算审核。共核减编制人数271人,净核减实有人数6人,净核增事业单位预计新增16人;核减津补贴当年需求数151万元;核减津补贴实有人员(含离、退休)113人;核减租用房屋654平方米;核减新增车辆1辆;拟建议核减项目19万元。完成对14户驻晋中央行政和参公单位医疗保险缴费经费专项审核。核减医保缴费总经费需求1437万元,核减医保新增经费需求1455万元。完成117个三级及以下预算单位公车改革方案审核及对山西银监局固定资产报废审核。

(郭　帅)

**【地方财政运行监控】** 2018年,山西省专员办确保财政可持续发展,把关新增政府债券使用情况。对山西省省本级和11个市本级、40个县(市、区)2015至2017年新增政府债券使用情况进行专项核查,重点核查金额680.19亿元,占全省新增政府债券额度的82.86%。核查中发现,将新增政府债券资金用于各类公司注册资本金、办公楼装修和发放工资等经常性支出、航线补贴、设立农业产业扶贫贷款风险补偿基金以及新增地方政府债券支出项目信息未录入系统等问题,涉及金额118.71亿元。

监控地方政府置换债券资金使用情况。上半年,对山西省省本级和9个市置换债券资金使用情况进行专项核查,重点核查金额412.19亿元,占全省置换债券额度的93.50%。核查发现存在债券资金沉淀、虚列偿债支出、未严格按照对应的项目偿还存量债务、未足额真实支付给债权人等问题,问题金额2.88万元。

开展置换债券备案审核。上半年完成2批次置换债券协议备案审核。报备四方协议2351份、金额127.42亿元,因无对应四方协议原因剔除协议9份,涉及金额0.16亿元,对符合备案要求的127.26亿元已全部予以备案。

查处山西省临汾市涉嫌违法违规融资问题。对山西省临汾市政府及其所属部门在滨河东路与南环路立交桥等四座立交桥项目中涉嫌违法违规融资问题开展实地核查,查清临汾市政府违规采用"BT模式"举借政府性债务,并违规提供担保的事实。

开展高铁、高铁新城建设及相关债务情况调研。对山西省高铁及高铁站情况进行调研,并赴阳泉北站实地核实,对山西省高铁项目、阳泉北站及周边开发建设规划、配套设施建设工程、房地产开发等情况进行解调研,并向财政部预算司专题汇报。完成对山西山西省政府2018年第二、三批公开发行债券现场观察,维护债券发行工作严肃性;开展对朔州市、大同市开展政府债务日常监管督导,摸清政府隐性债务规模;开展对省内部分地市及单位新增政府债券资金支出督导,防止财政资金及社会资源浪费;完成2018年政府外贷资金使用监管工作和2019年外贷计划的审核工作,出具审核意见。

加大地方财政收入监管力度。全年累计征收非税收入66.15亿元。完成2017年度部分中央非税收入汇算清缴工作,催收入库国网山西省电力公司以前年度欠缴的工业企业结构调整专项资金1.08亿元。向山西省财政厅提供2016至2017年可再生能源电价附加增值税相关数据。完成第一批非税收入划转相关工作。严格一般增值税先征后退审核:全年共办理3大行业84户企业的退税申请,审批退付一般增值税5.45亿元。其中,文化宣传3774万元、监狱戒毒4009万元、煤层气抽采46676亿元。加大实地审核力度,提升审核的针对性。深入28户监狱戒毒、宣传文化及煤层气企业开展实地审核,共审核资金2.17亿元,占申报退税资金的40%。严肃查处虚报退税申请、骗取国家资金的行为,规范退税审核。完善政策执行动态监控机制,从申报受理、审核批复到资金退库的重要环节入手,全过程动态掌握政策执行情况;定期与国库对账机制,赴部分地市开展退税政策落实情况督导,督促财政、国库部门按照相关政策规定及时、足额办理退税,确保退税资金安全。

开展县级"保工资、保运转、保基本民生"有关情况核查调研,发现2017年山西省共有15个县(区)缺口16.22亿元,通过"三保"可用财力外化解8.08亿元,但仍有8个县(区)应保未保共8.14亿元,提出4项建议。跟踪地方预决算公开检查问题整改。对山西省吕梁市岚县人民政府2016年决算人大未批复、山西省临汾经济技术开发区管理委员会2017年预算人大未批复情况进行实地核实,上报情况说明,推进预决算公开工作规范化。跟踪上年整改落实情况,其中预决算公开方面有4045户存在问题,整改3881户,未整改164户;真实性方面共有69个问题,整改33个,未整改36个;书面检查25人,诫勉谈话25人,批评教育42人,其他1人。

(郭　帅)

**【财政执法监督检查】** 2018年,山西省专员办开展会计信息质量检查,开展对朔黄铁路公司和神华港务公司2017年度会计信息质量检查。查出违规问题总金额88.72亿元,包括资产负债所有者权益不实,收入、成本费用类问题及利润不实,信息披露不实等问题。还发现该公司对山西、河北和北京三地税收分成比例不合理,山西省的税收收入受到严重影响。为履职尽责服务驻在地经济社会发展,为山西省争取回税收收入约5亿元及总投资4亿元的两个新建项目。

开展大型证券资格会计师事务所轮查。开展对中勤万信会计师事务所(特殊普通合伙)对中节能(天津)投资集团有限公司的审计情况专项检查。检查重点主要为公司2014–2016年度财务报表的审计情况,发现其开展无实物流转的融资性贸易,虚增营业收入111.46亿元、营业成本109.33亿元,即国有企业融资贸易中的"阴阳合同"问题,提出无真实贸易背景的票据业务形成的风险不容小觑,撰写相关信息上报财政部。

开展资产评估行业专题调研。完成资产评估行业专题调研。调研中对财政部门、山西省注册评估师协会、相关证券评估资格资产评估机构(在晋分所)等,采取走访与座谈相结合、查阅文件资料与实地走访相结合的方式开展调研,调研资产评估机构质量控制、执业质量、财务管理、总分所统一管理、特殊普通合伙改制情况。

(郭　帅)

**【财政专项调研】** 2018年,山西省专员办开展山西省清洁取暖政策实施情况调研。邀请中科院、清华大学等5名专家,联合省环保厅、发改委等多个部门,实地前往4个地市调研农村"煤改气""煤改电"等工作情况,搜集相关数据和案例,撰写上报"设立能源普遍服务基金"调研报告,入选国家高端智库研究成果呈报习近平总书记等中央领导,撰写上报信息《山西省清洁取暖政策实施情况及下一步工作建议》被国务院办公厅《专报信息》采用。全年山西省列入"2+26"通道城市和汾渭平原重点区域的7个城市全部纳入第二批中央财政支持范围,并将连续3年每年获得34亿元共计102亿元的支持。此外,财政部加大对山西省生态修复的支持力度,将汾河中上游生态修复项目纳入第三批山水林田湖草生态修复专项资金试点给予忻州市10亿元中央财政支持。

2018年7月24日,财政部山西专员办工作人员在会计监督检查一线工作

(郭　帅供图)

围绕煤层气抽采利用和税收优惠政策实施情况开展调研。针对山西省2017年冬季取暖实施"煤改气"后气源不足的问题开展专题调研。深入了解山西省煤层气基本情况、煤层气抽采企业生产经营状况、遇到的主要问题和突出困难,提出完善财政优惠政策的建议。

开展扶贫领域工作调研。对山西省119个县(市、区)有关人口、农村居民人均可支配收入、财政收入等数据资料,分析掌握贫困县认定标准依据等情况,通过对比各县(区)近三年收入水平、农村居民人均可支配收入等数据,结合有关贫困户认定程序和政策依据、山西省扶贫工作现状等,分析扶贫工作中存在的问题,提出精准定贫建议。

开展金融风险调研。对财政运行比较困难,具有典型性且极有可能演变成财政风险的襄汾县开展调研,对该县近五年来财政运行情况进行分析,对风险进行评估,并提出预防风险演变的四点建议。深入驻晋农村金融机构开展调研,发现山西现处于经济发展的"攻坚期",实体经济风险正在向银行业传导,山西农信社也遇到困难,积累了大量风险,就此撰写调研报告。开展农业保险保费补贴审核调研,发现未及时下拨补贴款项,补贴比例未达到文件规定,未报送农业保险保费补贴绩效评价结果。

开展重大政策落实评估调研。开展废矿物油再生油品免征消费税政策评估调研。落实国务院关于"建立税收优惠政策备案审查、定期评估和退出机制"的规定,通过核查调研企业投入产出、成本利润等状况,评估政策的有效性、社会效应和环境效益,为评估该项税收优惠政策进一步实施的必要性提出建议。开展农业保险保费补贴审核调研。发现农民投保率低、意识欠缺,县级财政补贴资金滞留情况严重,个别地方补贴比例不符合政策规定,承保方式为划片区,农民无自主选择权等问题。开展个人所得税专项附加扣除调研。共收到“两会”代表意见建议62条、预算监管单位意见建议26条，专家学者意见建议47条，社会群众意见建议52条，为个人所得税专项附加扣除政策的制定提供参考。完成重装企业退税转增国家资本金核查调研、中欧班列中欧班列补贴调研，提出完善政策相关建议。（郭 帅）

【财政监督服务社会】 2018年，山西省专员办开展“两会”财政解说服务工作。2018年“两会”期间，山西省专员办主要领导参与上会解说服务，及时掌握会议审议和代表委员所提涉及财政的意见建议情况，切实做好解说工作。

完善服务代表委员工作机制。通过座谈、走访、调研、书信等方式服务人大代表委员89名，收集相关意见建议181条，上报财政部175条，移交山西省财政厅6条，全部答复办理。不定期发布服务工作情况通报3期，并在年底实施周通报销号督办制度，确保服务工作全覆盖。与山西省财政厅联系，配合税政司开展年初、年中两次代表委员座谈会，召集代表委员40余人次，并做好意见建议整理、答复及反馈等工作。

服务地方企业财产资产难题。走访太原钢铁集团董事长全国人大代表高祥明，就其提出的钢铁行业去产能过程中遇到的“僵尸”企业高额债务处理难、移交“三供一业”移交处置费用高、难以变现的资产不能有效盘活等问题，在实地调研的基础上多次向相关司局和主管部门反映协调，使28亿元债务处置问题得到解决。债务处置后，临钢公司资产负债率已由2018年3月末的430%下降到70%。走访山西潞安矿业（集团）有限责任有限公司董事长李晋平，对其提出的由于集团不了解煤层气补贴政策，耽误报送该2017年度煤层气中央财政补贴资金申请事宜的困难，与财政部和省、市财政部门协调沟通，帮助其顺利完成补报申请手续。走访山西蓝焰控股股份有限公司副总经理兼山西蓝焰煤层气集团有限责任公司总经理田永东时，对他提出的该集团公司旗下晋中市昔阳县漾泉蓝焰煤层气有限责任公司2229万元被县财政部门滞留的问题，与当地县政府和财政部门沟通协调，予以解决，确保财政补贴资金落实到位。（郭 帅）

## 税 务

【税收收入】 2018年，山西税务系统各项收入完成2997.03亿元，同比增长15.37%，增收399.33亿元。其中，税收收入完成2888.64亿元，同比增长16.69%，增收413.06亿元；非税收入完成108.38亿元，剔除不可比因素，同口径增长16.20%，增收15.11亿元。

2018年，山西省税收收入有五个特点：税收收入保持较快增长；税收收入增幅逐季回落；“增值税、企业所得税、资源税和个人所得税”四大主税地位稳固，土地增值税和企业所得税领跑税收增长；地方级税收收入增长快于中央级，一般公共预算收入税收贡献突出；各市税收收入普遍增长较快。2018年，全省11个市税收收入增势较好，全部实现正增长。

（徐 靖）

【税收征管体制改革】 2018年，山西省税务系统按照党中央、国务院和国家税务总局部署，按照税务总局“四个确保”要求和“七个阶段”“八项任务”部署，“从一至八”工作法，在国税地税征管体制改革中前行。2018年10月底，省局及12个市级局、118个县区局、11个开发区局、69个市局派出机构、907个基层税务分局（所）挂牌和25549名干部“三定”全部落实到位。确保2019年1月1日，机关事业单位社会保险费和城乡居民基本养老保险费、基本医疗保险费以及第一批划转的7项非税收入项目的征管职责划转平稳过渡。改革期间，全省各级税务机关均成立改革工作小组和改革办公室，省、市局共派驻129个联络（督导）组，确保改革推进。

（徐 靖）

【非税收入】 2018年，山西省税务局推动非税收入征管改革各项工作，代拟并配合山西省政府出台社会保险费和非税收入征管职责划转工作实施意见和交接工作方案。全系统非税收入累计完成108.38亿元，同口径增长16.20%。其中，教育费附加完成47.47亿元，同比增长17.68%；地方教育附加完成31.53亿元，同比增长17.94亿元；残疾人就业保障金完成11.12亿元，同比增长3.97%；文化事业建设费完成0.81亿元，同比增长2.24%；工会经费完成16.79亿元，同比增长18.70%。推进第一批划转的4项财政部专员办非税收入项目和3项省级非税收入项目征管职责划转工作。（徐 靖）

【税收法律服务】 2018年，山西省税务局围绕新职能、新定位、新任务，以公告形式发布《山西省税务行政处罚裁量基准（试行）》，制定《税收规范性文件清理工作指引》和工作模板，对国税地税分设以来的237个税收规范性文件进行集中清理，确保改革后税收执法合法性与规范性的统一；开展证明事项集中清理，依法开展复议应诉工作，维护税法尊严和纳税人合法权益。突出政策综合和法治综合两项基本职能，建立专业化法律服务机制，创新公职律师培养使用。（徐 靖）

【税收营商环境优化】 2018年，山西省税务局落实各项税收优惠政策，落实税务总局优化税收营商环境10条措施和省局28条措施，推进科技创新、服务人才引进、制造业优化升级、深化国企国资改革、助力企业“小升规”、促进外资增长等工作，推出第二批优化税收营商环境政策措施，让纳税人享改革红利。11月3日，税务总局科研所与省局在太原联合主办“优化营商环境——税务在行动”主题研讨，发布《山西优化税收营商环境发

2018年6月15日，国家税务总局党组成员、副局长于春生（左二），山西省委常委、常务副省长林武（右三）出席国家税务总局山西省税务局挂牌仪式（徐　靖供图）

展报告》蓝皮书。2018年全省税务系统共减免各类税收573亿元。其中，落实各项税收优惠政策减税483亿元，同比增长15.71%；深化税制改革减税90.14亿元。（徐　靖）

【税种分类落实】 2018年，山西省税务局推进个人所得税改革。宣传新个人所得税法，开展业务培训，实施政策辅导，实现扣缴义务人培训辅导100%全覆盖；进行数据清理，推广应用自然人税收管理系统，确保2018年10月1日改革过渡期政策的平稳落实和2019年1月1日新个人所得税法全面落地。深化增值税改革。2018年5月1日省税务局实现税率调整后的发票开具及转登记办理工作，改革后申报运行平稳，增值税改革各项措施顺利推进；加强跟踪监控，开展改革效应分析，推进税收政策落实机制优化。强化企业所得税管理。与水利、环保、财政等部门紧密协作配合，推进水资源税和环境保护税改革。全年入库水资源税28.47亿元，环境保护税11.29亿元。开展印花税、契税、城建税、土地增值税立法调研工作，落实财产行为税各项规程指引。加强成品油消费税申报比对，防范消费税管理风险。开展车购税共享核查，堵塞车购税假完税证明征管漏洞。（徐　靖）

【办税“快车道”构建】 2018年，山西省税务局开展“政策服务年”主题活动，推出“最多跑一次”“全程网上办”清单，推行新办纳税人“套餐式”服务，促进线上线下融合，构建办税“快车道”。紧扣“优化税收营商环境、助力经济高质量发展”主题，开展第27个税收宣传月系列活动，落实《12366纳税服务热线整合工作方案》，成立“一键咨询”联合工作小组，推进“一人通答”。5月1日起，全省236个全职能办税服务厅全部高标准实现“一门办税”，落实首问责任制、限时办结等10项服务制度。推出支持民营经济发展4个方面30条措施，开展万名税务干部入企和领导干部驻厅服务。（徐　靖）

【征收管理优化】 2018年，山西省税务局简化行政审批，缩短税控设备发行流程，优化发票申领业务流程，确定票种核定标准，推行发票申领网上办理，简并涉税资料实行清单管理，优化税务注销程序便利市场主体退出。制定下发《开展大企业纳税服务工作的通知》，召开千户集团扩围工作税企座谈会，举办大企业税企高层对话会暨《税收共治合作协议》签字仪式，与省商务厅联合举办服务“一带一路”着力“构建内陆地区对外开放新高地”税收政策宣讲活动暨“一带一路”税务之家启动仪式，持续深化大企业税收共治合作。构建以“税费同征同管同服务”为基础，“实体+网络”为支撑的“1+2”便捷化的社保费征缴服务体系。（徐　靖）

【跨境税收服务】 2018年，山西省税务局创新税收服务“一带一路”措施，强化跨境税收风险监控。全省非居民企业税收收入累计完成36999.63万元，同比增长40.67%；通过对外汇信息进行跨境税收风险核查，入库税款1097.17万元。发布《中国居民赴克罗地亚共和国投资税收指南》《中国居民赴马其顿投资税收指南》及《中国居民赴斯洛文尼亚投资税收指南》，创新服务举措，推进服务“一带一路”建设。提升反避税工作质量，特别纳税调整税款1853.78万元。落实国家各项税收优惠政策和国际税收协定，全省非居民企业共享受税收协定待遇47笔，减免税额7342.48万元。（徐　靖）

【税收专项整治】 2018年，山西省税务局在实现“双随机、一公开”监管全覆盖基础上，完善“风险分级+双随机”随机抽查工作机制。结合全省煤炭生产行业经济税收实际，制定并下发《2018年煤炭生产企业税收专项整治实施方案》。保持税收领域扫黑除恶高压态势，共自查发现涉黑涉恶涉税线索102条，涉及企业125户，查补收入7.18亿元；接收外部门线索105条，涉及企业141户，查补收入5367.82万元。开展打击虚开骗税违法犯罪两年专项行动，查结虚开和骗税企业398户，查补总计3.39亿元。推进规范影视行业税收秩序专项工作，打击涉税违法行为。（徐　靖）

【电子税务管理】 2018年11月1日起，山西省税务局在全省试运行电子税务局，共计上线262项功能。其中，新开发上线的业务功能171项，优化完善原有业务49项，集成整合的业务功能42项。全程网上办的事项由原来网上税务局的69项，提高到99项。同时，以“强基础，优运维，严落实，促征管”为主线，理顺金税三期系统运维和事件处理，实现“一机一窗一界面”，配置37项业务单边操作，实现“一人一窗一流程”。做好自然人税收管理系统上线、社保费征管信息系统推广上线工作。 （徐 靖）

## 金融监管

### ·中国人民银行太原中心支行·

**【货币政策调控运用】** 2018年，中国人民银行太原中心支行“窗口指导”针对性，准确传导货币信贷政策意图，分类施策，指导金融机构保持信贷合理增长，满足山西实体经济发展需求。出台《关于全面落实宏观信贷政策更好地服务山西实体经济发展的实施意见》《关于推动山西省绿色金融发展的指导意见》等10多份指导意见，落实货币信贷政策，引导金融机构优化信贷结构，支持经济重点领域和薄弱环节。指导省市场利率定价自律机制配合地方政府实施房地产市场调控，确定差别化个人住房信贷政策，调整个人住房贷款最低首付款比例和最低贷款利率。发挥省利率定价自律机制作用，规范金融机构定价行为，引导贷款利率稳中有降，让利实体经济。实施四次定向降准释放流动性145.40亿元，累计发放支农再贷款140.17亿元、支小再贷款102.30亿元、再贴现179.79亿元，引导法人金融机构为“三农”、民营企业、小微企业提供低成本资金。累计办理常备借贷便利457.80亿元，确保法人金融机构流动性平稳。

改善民营企业小微企业金融服务。落实中国人民银行总行“几家抬”工作要求，联合省金融办、山西银监局等9部门，提出“五个抓好、五个突破”工作措施。联合印发《关于深化山西省小微企业金融服务工作的实施意见》，出台20项具体措施优化小微企业金融服务。出台《关于切实加强民营企业金融服务实施意见》，落实总行从信贷、债券、股权三个融资主渠道，采取“三支箭”政策组合，拓宽民营企业融资途径，提出13条工作措施。通过支小再贷款“先贷后借”模式，支小再贷款核定额度与贷款利率加点幅度挂钩执行，督导金融机构将中央银行低成本资金政策优惠传导至小微企业。增加支小再贷款、再贴现规模134亿元。截至2018年底，全省小微企业贷款余额同比增长8.07%，贷款加权平均利率较上年同期下降0.25个百分点，惠及单户授信1000万元以下小微企业较上年增加8.60万户，初步实现“增量、降价、扩面”预期目标。 （人行太原中心支行）

**【金融风险防范与化解】** 2018年，中国人民银行太原中心支行修订完善金融机构重大事项报告制度，报送机构由银行业扩展至证券业、保险业机构。开发运行山西省金融机构重大事项报告信息管理系统，提高报告时效，分析提示功能。完善金融风险动态情况报送制度，列出金融风险报送清单，规范金融机构报送内容、流程及审签要求，落实风险“早报告”制度。建立地方法人金融机构发行金融债券风险评估工作机制，开展金融债券风险评估工作。完善山西省金融风险监测月报制度，区分月度报告和季度报告，增加案例或情况反映，监测报告质量提升。完善大型企业风险监测制度，监测频率由半年改为按季度，实行清单管理，建立风险企业台账制度和案例库。重点领域风险防控和应对处置。落实中国人民银行总行年中工作会议精神，联合省金融办等7个部门，研究重点领域金融风险应对、化解、处置工作机制和措施，形成《山西省重大风险及风险处置预案》，维护辖区金融稳定。

按季对法人投保机构和非银行机构开展中央银行评级，按季对全辖投保机构、按月对问题投保机构开展风险监测，保费基数和风险状况现场核查力度，发挥风险差别费率机制正向激励和风险约束作用。针对辖区投保机构风险状况，约见谈话、下发风险警示函等形式提示风险，督促机构稳健经营。开展对问题投保机构早期纠正工作。多方协调，助推省联社对5家县级农村信用社开展改制化险工作。反映高风险农村信用社财务状况较差、保费负担过重等情况，为总行完善农村信用社费率优惠政策提供决策依据。

修订综合执法检查管理办法和金融机构综合评价办法，对综合执法检查针对性、实效性和规范性，提升综合评价工作科学性和对综合执法检查对象筛选支撑作用。开展2017年度金融机构综合评价工作，向被评价机构及其上级机构通报反馈评价结果，对综合评价排名靠后下降突出4家机构一对一约谈。根据综合评价结果提出2018年综合执法检查选择对象。开展2018年综合执法检查，完成现场检查和处罚立案工作，进入行政处罚阶段。 （人行太原中心支行）

**【金融消费权益保护】** 2018年，中国人民银行太原中心支行在全国率先开展全省范围金融知识普及教育纳入国民教育体系工作，4次在中国人民银行总行专业工作会议或业务培训班上作经验交流。会同沈阳分行等9家分支行完成全国统一读本《金融诚信伴我行》文字部分编写工作。开展金融广告治理，制作“抵制非法金融广告”“五招帮您守住钱袋子”公益宣传片。坚持问题导向，对12363投诉咨询电话管理，增加接听座席、实行领导跟班接听制度、增加满意度测评功能、业务培训和咨询投诉过程管理等措施，提高服务水平。全省人民银行系统共受理金融消费者投诉369件，同比增长11.48%，办结率97.29%，投诉处理体系高效运行。

（人行太原中心支行）

【金融服务与管理】 2018年，中国人民银行太原中心支行科学调拨发行基金，满足全省合理现金需求，现金投放保持平稳。累计投放现金1549.66亿元，回笼现金1406.31亿元，净投放143.35亿元，较上年增长24.22%。加大反假币工作力度，反假货币工作成效明显。累计收缴假人民币1022.78万元、130705张，金额同比增长3.97%、张数同比减少3.44%。加大残损人民币回收、销毁力度，提高流通中人民币整洁度。开展反假货币宣传活动，在部分县(市)建立假币案件举报机制。开展整治拒收人民币现金专项行动，处理拒收现金行为20起，维护用现主体正当权益。

(人行太原中心支行)

【支付结算体系运行】 2018年，中国人民银行太原中心支行支付结算业务系统平稳运行，山西省有104家银行网点加入现代化支付系统，85家银行网点加入人民币银行结算账户管理系统，7家银行网点加入同城票据交换系统。现代化支付系统业务量17746.89万笔，同比下降17.82%，金额52.97万亿元，同比增长3.78%。支付结算服务不断优化，按照“三级示范、城乡并进”模式，统筹推动移动支付便民示范工程，试点推进“移动支付进农村”。截至2018年底，山西省共建设农村“金融综合服务站”30297个，覆盖行政村23221个；全省58个贫困县全部建成1–2个与扶贫产业结合特色示范服务站，支付业务助推脱贫攻坚效能显现。优化企业开户服务，开发山西省单位账户辅助管理系统，实现银行与工商部门信息共享，大幅缩短账户开立、变更办理时间。支付结算监管，支付服务市场准入，开展支付结算现场执法检查。

推进金融信息化建设。推进山西省金融行业IPv6（互联网协议第6版）规模部署工作，部分地方性商业银行开展“山西省手机盾移动金融创新应用”项目。业务网网络设备更新，完成网络基础设备全面升级目标。推进架构转型，完成省级数据中心在线运行应用系统全面“云”化迁移工作，重要业务系统运维效率提升。开展区域“数字央行”建设，搭建大数据技术平台。重点金融标准宣贯，建立对标达标实施长效机制，指导辖内400家银行网点取得认证证书。

截至2018年底，金融信用信息基础数据库为山西省23.70万户企业和2050万自然人建立信用档案。全年累计提供企业征信系统查询16.62万次，个人征信系统查询834万次。对征信信息安全监管，编制《征信业务现场检查工作手册》，开发非现场监管系统，征信信息安全管理覆盖全流程、实现立体化。

(人行太原中心支行)

【反洗钱监管】 2018年，中国人民银行太原中心支行开展反洗钱分类评级和法人机构洗钱风险评估工作，督促义务机构反洗钱合规管理和洗钱风险管控。根据风险状况实施差别化监管，综合运用质询、约谈、督导、走访等方式，督促义务机构履行反洗钱职责，提升反洗钱工作有效性。开展金融机构反洗钱内部审计档案展评活动，促进金融机构变被动监管为主动管理。执行以案倒查及穿透式监管原则，开展反洗钱执法检查，保持监管高压态势。在全国率先开展证券期货业洗钱类型分析和金融机构重点可疑交易报告质量评价工作。开展反洗钱调查和协查，在反恐、反腐、禁毒、涉税、扫黑除恶等领域协助侦查机关开展案件线索调查，为线索排查、案件侦破提供支撑。

(人行太原中心支行)

【创建新型国库体系】 2018年，中国人民银行太原中心支行开展“国库会计标准化标杆库”创建活动，提升国库业务处理水平和核算工作效率。开展全省各级国库业务风险排查、代理支库业务和国库经收业务检查。加强国库监督管理。推进国库信息化建设，二代TIPS核心系统在山西省上线。推动财关库银横向联网工作，实现关税电子化缴库，关税入库速度从3至4天缩短为1天。构建适应地方政府新行政区划国库体系，国库机构撤销1家，更名3家，增强国库服务地方经济社会发展能力。

(人行太原中心支行)

【外汇管理和服务】 2018年，中国人民银行太原中心支行深化“放管服”改革，升级山西省外汇管理行政审批系统全面受理行政许可事项，实现行政审批“一网通办”，审批效率提升。印发“外汇现场执法工作统筹管理办法”等制度，统筹外汇业务核查、执法检查工作，实现外汇执法全流程管控。做好全省经常项目外汇业务专项核查，开展财务公司、银行专项检查，防范跨境资本流动风险。全年查处案件36起，收缴罚没款322万元。开发“网络监控管理平台”，全省外汇系统网络设备实时监控。支持国企混改项目，首次实现A股上市公司通过协议转让引进境外战略投资。有效拓宽企业融资渠道，促成全省首笔熊猫债企业贷款。 (人行太原中心支行))

【银行业金融机构整治拒收现金工作推进会】 2018年8月24日，中国人民银行太原中心支行组织召开山西省银行业金融机构整治拒收现金工作推进会，落实中国人民银行货币金银局关于开展整治拒收现金工作要求。各省级银行业金融机构和太原辖区市级金融机构运营部负责人参加会议。会议传达中国人民银行公告(2018第10号)和中国人民银行太原中心支行《关于进一步做好整治拒收人民币现金工作的通知》相关要求。通报2018年上半年主要工作存在问题，对金融机构做好整治拒收现金、规范发行库现金存取业务、提升现金服务水平作出具体安排。

(人行太原中心支行)

【开展TCBS应急备用系统应急演练】 2018年11月7日，国家金库山西省分库组织全省11个中心支库、96个县支库、7个商业银行代理支库开展TCBS应急备用系统（虚拟化TBS)应急演练。在全省国库和科技部门协同配合下，演练解决MT连接不畅和TBS服务器证书更新后验证问题，完成方案中设定各项任务。应急演练，验证山西省国库TBS系统全面虚拟化后作为TCBS应急备用系统有效性和可行性，为国库会计核算业务连续性、国库账务完整性和国库资金汇划畅通提供保障；加深各级国库人员对TBS作为TCBS应急备用系统处置流程理解和掌握，提高全省国库系统应急处置水平。

（人行太原中心支行）

【全省人民银行系统旺季现金供应暨安全管理电视电话会议】 2018年11月8日，中国人民银行太原中心支行组织召开全省人民银行系统旺季现金供应暨安全管理电视电话会议，对做好全省旺季现金供应及安全管理工作作出具体安排。会议通报2018年各级各类检查中发现库房管理、残损币复点清分销毁管理等方面存在问题，从规范执行安全管理制度、现金运行监测分析、小面额现金管理、做好现金供应应急处置舆情监测、业务风险防范和廉政风险防控等方面进行安排。会议通报全省人民银行系统各类事故隐患，从发行库守卫管理、武装押运管理、枪支弹药管理、机关安全管理等方面对安全管理工作提出要求。（人行太原中心支行）

## ·中国银行保险监督管理委员会山西监管局·

【概况】 中国银行保险监督管理委员会山西监管局（简称山西银保监局）根据国务院机构改革安排，原中国保监会与原中国银监会合并成立新的中国银保监会，省级设银保监局，地市级设银保监分局。2018年10月20日，山西银保监局筹备组成立，朱金渭任组长，成员为原山西保监局、山西银监局其他局领导，筹备期间统一以山西银保监局筹备组名义对外开展工作。2018年12月17日，山西银保监局挂牌。（李　鹏）

【督导银行改革】 2018年，山西银保监局督促银行业完善公司治理，加强银行业党的领导，强化股东股权管理，完善公司治理机制，深入推进银行业改革发展。

推动加强银行业党的领导。深入贯彻落实银保监会中小银行及保险公司公司治理培训座谈会精神，督促银行业金融机构把党的领导融入公司治理，压实党建责任。做好公司治理与党委议事决策规则的衔接，夯实基层党组织建设，要求法人银行业金融机构必须建立党组织。

强化股东股权管理。认真落实《商业银行股权管理暂行办法》，组织政策解读、股东和董事培训，印发告股东书，建立股东信息库。开展城商行、农合机构、村镇银行股东股权管理专项整治，深化关联交易专项整治。规范城商行股东融资、股权质押和股权托管。制定《农商银行股东监管实施办法》，加强发起人资质审核、筹建期间监管和股东持续监管。

完善公司治理机制。组织85家法人银行机构“三长”专题培训，加强董事会、监事会建设，严格董事、监事资格审查。督促法人银行机构修改完善公司章程，以严格执行章程为抓手推进公司治理。开展地方中小法人银行公司治理专项检查，提升公司治理水平。开展城商行“学法规、守法规，大力提升合规能力”专题活动。制定农商银行“强化公司治理年”实施方案。深化监审联动，203家法人银行机构开展外部审计。完善激励约束机制，落实绩效薪酬延期支付和追索扣回制度。（洪锦兰）

【实体经济服务】 2018年，山西银保监局贯彻《国务院关于支持山西省进一步深化改革促进资源型经济转型发展的意见》和山西省《关于发挥保险作用支持创新驱动转型升级的若干意见》，引导保险业支持资源型经济转型发展和综改试验区建设。推进绿色保险服务体系建设工作和环境污染强制责任保险试点工作，组织行业改进产品条款。推动生鲜快递保险“两会”前在临猗县落地。推动首台套重大技术装备保险，保险业为中车大同、太原重工和阳煤化工等企业首台套设备提供风险保障18.19亿元。协调推进险资入晋，保险资金通过各类途径投资漳泽电力、阳煤集团、山西焦煤等企业转型综改项目230.22亿元，累计投资余额达1164.48亿元。推动出口信用保险参与“一带一路”建设，举办“走出去”风险管理论坛，形成服务出口龙头企业“太钢模式”。

发展农业保险。主要险种承保数量扩大，玉米、小麦、马铃薯、能繁母猪、奶牛、育肥猪和森林保险承保数量分别增长9.71%、1.54%、52.39%、5.81%、50.54%、156.94%、1.75%。中央财政补贴品种增加，将育肥猪纳入中央政策性补贴品种范围，山西省中央政策性补贴品种达7个，覆盖省内主要食畜产品。政策性农业保险保障程度提升，在不提高保费基础上，中央政策性森林保险金额由原来每亩600元提高到每亩800元，费率由原来3‰降低到2.25‰。地方政策性农业保险产品日益丰富，保险业在全省75个县（市、区）开展33个品种地方政策性农业保险试点，实现保费收入1.58亿元，累计承担风险保障118.32亿元，参保农户达46.95万户次，累计支付赔款2.50亿元，简单赔付率达158.23%，受益农户20.86万户次。对清明期间低温冰冻灾害组织相关保险公司排查承保和受灾情况，开通理赔服务绿色通道，保险业受理各类报案1694件，支付赔款1.64亿元，简单赔付率达300%，受益农户11.42万户次。

参与社会保障体系建设。维护大病保险良好运营环境。与省市医保部门就保费拨付时间节点达成一致，2018年度保费到账率达80%以上；联合人社、财政等部门，明确全年居民医保人均财政补助标准增加40元中，20元用于大病保险；指导保险公司加大医疗费用巡查力度，发现不合理医疗费用3383笔579万元、虚假医疗费用8笔30万元，保障医保基

2018 年 5 月 9 日，山西银保监局举行警保联动数据共享座谈会　（李　鹏供图）

金安全高效使用。梳理汇总大病保险检查 5 大类 62 项问题，对 3 家大病保险承办公司提出相关整改要求，提高大病保险承办水平。落实《山西省人民政府办公厅关于加快发展商业养老保险的实施意见》工作方案，跟进《山西省人民政府办公厅关于加快发展商业健康保险的实施意见》落实情况，开展数据监测与窗口指导。推进忻州、长治两地基本医保经办试点工作。

社会管理体系创新。配合省安监局拟定《关于在全省高危行业领域实施安全生产责任保险的通知》，指导公司配套制定区域性安责险条款费率。参与电梯质量安全工作，调研电梯责任保险发展状况，研究“保险+服务”具体措施。联合省教育厅部署 2018 年校园方责任保险工作，实现校园方责任保险全覆盖。起草地震巨灾保险工作方案，探索符合山西省省情地震巨灾保险机制。（李　鹏）

【保险市场秩序规范】 2018 年，山西银保监局细化安排部署。将保险市场乱象整治工作作为防范金融风险任务，成立山西省深化保险业市场乱象整治工作领导组，制定《山西保监局关于进一步深化保险业市场乱象整治工作的实施意见》。下发《关于深化整治保险业市场乱象工作的通知》。由山西银保监局筹备组成员带队，组成 7 个督导组对 10 个市 17 家保险机构专项督导。对 4 家问题突出保险机构，约见省级机构负责人谈话，对存在问题“补课”，限时提交整改报告。

开展专项治理。对 6 家机构开展车险市场专项检查，对 5 家机构开展农险专项检查，打击向投保人赠送保险合同外利益、编制提供虚假报告等违法违规行为，整顿基层财产险市场秩序。开展人身保险治乱打非专项行动，人身险公司自查揭示乱象问题 1475 项，现场检查 2 家保险机构，发现销售乱象、产品乱象等 5 大类 15 项问题。现场检查中介机构 28 家次，查实违规开展互联网保险业务、虚构中介业务和经济事项套取资金等 29 项违法违规行为。打击非法商业保险活动，发现风险隐患 62 处，清除非法广告 52 项，取缔非法机构 7 家，移送问题线索 1 条。开展保险反欺诈“安宁 2018”专项行动，公安机关立案 4 起，向省公安厅移送案件线索 4 件。

加大行政处罚力度。提高案件审理效率和质量，行政处罚裁量标准，坚持机构个人双罚原则，2018 年，下发行政处罚决定书 23 件，对 4 家保险公司分支机构、14 家保险中介机构及 23 名高管人员罚款 159.87 万元，吊销 1 家保险专业代理机构业务许可证，给予终身禁入保险业处罚 1 人次。

（李　鹏）

【保险风险防范】 2018 年，山西银保监局完善风险防控机制。修订《风险定期排查报告制度》，出台《风险处置内部规程》，建立风险防控措施与排查结果周报制度。约谈 6 家制度执行不到位保险机构主要负责人。出台《合规管理工作方案》，明确合规监管评价标准，从落实合规责任、“三道防线”建设、合规管理成效等 4 个方面设定 13 项评价指标和 31 个评分标准。开展保险业高级管理人员培训，按照分级分类、全员参训原则，创新培训方式，培训内容突出风险防控，全省 1884 名高管人员分 18 批次参加培训。以“防范金融风险”为主题，派出 25 名巡查人员对 10 个地市 21 个县（区）进行巡查，通过明察暗访、调阅资料、个别座谈等方式，宣导防控风险相关精神，针对排查出 6 大类风险隐患采取防控措施。

开展重点领域风险防控。开展案件风险管理自查评估，约谈 5 家考评不合格、自查不到位机构负责人；强化司法案件报送渠道与时限要求，跟踪问责整改情况，全年保险业报告司法案件 13 起，涉案金额 648.20 万元，保险机构针对 4 起案件责任追究 17 人。

严防风险跨行业传递。联系省互联网金融风险整治领导组、处置非法集资领导组，与山西省政府金融办、工商局等部门建立良好合作关系。通过外部协调联动与内部分工合作，织紧织密金融风险防控网。组织防范和处置非法集资宣传月活动，将非法集资风险排查融入日常监管工作。对 3 家机构开展非法集资专项检查，针对发现 33 个问题，要求相关机构完善制度、强化执行。组织保险机构排查打着国家战略旗号开展违法违规金融活动，排查与宝盈中天、延保系等公司合作情况。妥善处置涉嫌非法经营互联网业务风险 1 起、以网络互助形式非法从事保险

业务风险 2 起。（李　鹏）

【保险消费者权益保护】 2018 年，山西银保监局推进保险纠纷多元调处机制建设。全省累计调解案件 1510 件，调解成功 1129 件。其中，经诉讼对接机制进行调解案件 828 件，同比增加 130.23%，调解成功 495 件。

处理保险消费投诉和矛盾纠纷。发挥 12378 热线主渠道作用，解决保险消费者合理诉求。全年 12378 分中心共接听保险消费投诉电话 21528 通，同比增长 27.99%。开展保护消费者合法权益“精准打击行动”，坚持个案检查和专项检查相结合，对 1 家保险公司和 1 家银邮代理机构进行现场检查，检查发现违法违规问题进入处理流程。

推进消费者权益保护基础性工作。开展保险消费者权益保护系列活动与“金融知识普及月”活动。指导 7 家被国家发改委列入《失信关联黑名单》保险公司分支机构做好失信信息核查及整改工作。（李　鹏）

【保险业改革创新】 2018 年，山西银保监局推进商业车险三次费改。组织各财产公司根据监管部门审批费率调整方案，确定系统切换时间；研究确定 14 项重要月度监测指标，对车险市场运行情况逐月监测；针对社会公众对“三次费改”的关注，组织省内广播电视台、广播电台等重要新闻媒体，以答疑形式对费改工作进行宣传。改革后山西省商业车险均单保费实现较大幅度下调，“双 70” 占比、续保客户降价比例提升。

推行车险电子化保单。与山西省公安厅交通管理局签署交通管理与保险服务信息化战略合作协议，推动保险业与公安交管部门合作，实现双方数据互联互通。组织保险行业协会开展可行性研究论证，明确电子保单生成、批改、推送等环节验收标准，组织完成信息系统联调测试。9 月起，山西省 26 家财产险公司全部上线车险电子保单服务，消费者可根据需要选择纸质保单和电子保单，保险业绿色便民服务水平提升。（李　鹏）

## ·中国证券监督管理委员会山西监管局·

【资本市场平稳运行】 2018 年，山西省资本市场呈平稳健康、稳中有进发展态势。上市公司资本运作能力提升，再融资和并购重组活跃，对资源和产业整合带动作用提升。辖区证券期货经营机构资本实力增强，代理交易规模同比实现大幅增长。其中，证券交易额增速明显，高于全国增速；证券公司业务创新业务有所发展，依赖经纪业务盈利模式有所改善。证券期货投资者数量稳定增加，投资者权益得到保护，市场秩序良好。全年将防风险作为全局工作重点，开展对辖区资本市场股票、债券、期货、基金等领域全方位风险隐患排查，主动研判、动态监测和实时预警，综合施策。推进上市公司退市风险治理，化解山西三维、南风化工、安泰集团和狮头股份等 4 家上市公司退市风险；山西省发起组建 50 亿元政策性纾困救助基金，通过市场化方式纾解重点风险公司融资困境，化解上市公司股权质押风险；对存在债券违约情况永泰能源和龙跃集团，通过高频现场督导、密集通报风险、督促公司及其控股股东自救、提请地方政府协调金融机构给予流动性支持等方式，控制风险外溢和蔓延；建立“日跟踪、周监测、月汇报”工作机制，督促和合期货合理控制资管业务规模；快速反应，迅速立案，用 44 个工作日依法查处山西三维环保信息披露违法违规案。2018 年，全省资本市场未出现群体性事件，无一家上市公司质押股票被强制平仓，债券违约风险未发生蔓延、感染，风险防范化解工作成效显著，维护辖区资本市场安全稳定运行。

（张　军）

【资本市场法治建设】 2018 年，山西证监局履行监管职责，落实从严监管要求，恪尽职守开展各类监管工作，维护市场稳定和投资者合法权益。全年累计开展各类现场检查 107 家次，同比增加 52.80%，检查对象和检查业务类型实现监管对象全覆盖；针对检查中发现问题，累计采取日常监管措施 85 件，同比增加 7.60%；采取各类行政监管措施 21 件，同比减少 2 件，监管对象自觉适应监管、规范运作程度提高。按照审批行政许可事项严谨，换发证券期货经营机构许可证，审核备案报告事项规范标准，累计核准证券期货经营机构行政许可事项 12 件，换发证券期货经营机构许可证 96 件，审核备案报告事项 984 件。

全年累计办理证券期货市场各类案件 33 起，涵盖内幕交易、信息披露、违法经营等多类案件，涉案主体包括上市公司、大股东、新三板挂牌公司、期货公司、会计师事务所等。开展山西辖区非法证券投资咨询专项整治活动，开展防非宣传，对投资者宣传全覆盖，摸排涉非线索 1 条。探索案件提前介入，保障当事人程序权利，执法成果运用等方式。累计审结案件 4 起（3 起案件被证监会作为典型案例宣传），处罚当事人 36 名，平均结案时间 16 个工作日，案件类型涉及从业人员违法买卖股票、期货公司违反风险监管指标、信息披露违法违规和内幕交易，罚没款 359 万元。

坚持以信息披露监管和现金分红为抓手，保护中小股东合法权益。2018 年，辖区累计 18 家上市公司派发现金分红 120.29 亿元，同比增长 88.92%。成立中证中小投资者服务中心山西调解工作站，与山西省高院联合召开诉调对接工作座谈会，辖区证券期货经营机构、私募基金机构签订投资者投诉处理承诺书，构建辖区证券期货纠纷多元化解体系。调解站全年受理案件 152 件，调解 116 件，涉及金额 536 万元。提升证券期货市场信访投诉事项办理规范性，修订完善内部规则制度。全年共接收投诉事项 233 件，225 件通过和解撤诉解决。开展“理性投资 从我做起”主题专项投资者教育宣传活动，充实“投资者保护专栏”、投教微讲堂，推送投资者保护案例、信息90篇，编制涉及证券期货投资知识、风险防范、依法维权等内容宣传海报、折页5万份向市场经营机构和社会公众发放。（张　军）

【资本市场服务企业发展】 2018年，山西资本市场围绕服务国企改革有效作为，推动省属国企利用资本市场再融资和并购重组，为国企国资改革提供新动能。支持山西焦化非公开发行融资42.92亿元、阳煤化工非公开发行融资20亿元；支持山西焦化成功实施重大资产重组，助力企业实现脱困转型，打造能源革命排头兵；支持*ST三维化解退市风险，通过重大资产重组转型为高速公路上市公司；支持汾酒集团实现混合所有制改革样板落地；支持山西汾酒在辖区国有上市公司中率先开展股权激励试点。6家上市公司并购重组规模累计137.03亿元，同比增长215.52%。其中，山西焦化、*ST三维、大同煤业、山煤国际4家国企重组规模达112.36亿元，有3家民营上市公司非公开发行融资66.15亿元，13家民营挂牌公司进行定向增发融资8.28亿元，1家民营企业发行公司债融资2亿元，2家民营上市公司开展并购重组。（张　军）

## 审　计

### ·地方审计·

【概况】 2018年，山西省审计厅履行职责，完成8大类138项审计任务，审计单位150个，查出违纪违规金额398.29亿元，对各地重大政策措施落实情况进行跟踪审计，审计1499个项目，抽查1562个单位，下达和落实、收回沉淀和统筹安排资金10.39亿元，新开(完)工或加快进度项目49个，建立健全规章制度51项。截至2018年底，全厅共有内设处室22个，外派处室13个，下属事业单位6个，编制401名，实有人员335人。（秦　旭）

【省级财政审计】 2018年，山西省审计厅对20个省级部门2017年度预算执行情况进行审计，延伸审计单位256个，涉及资金361.11亿元。查处乱收费、虚列支出以及“三公”经费和会议费、培训费管理不规范，政府采购、招投标制度执行不严格，国有资产监管不到位等问题，提高资金使用绩效，促进财政管理改革深化。（秦　旭）

【地方财政及专项审计】 2018年，山西省审计厅开展对5市5县政府债务和隐性债务抽查核实审计，调查了解各地政府性债务的规模、结构及增减变化情况，揭示违规举债担保等问题和风险隐患，为地方各级防范和化解债务风险提供决策参考，保障经济持续健康发展。对国信集团、晋商银行资产负债损益进行审计，揭示突出问题和潜在风险，注重揭示苗头性、倾向性问题，维护金融安全。对11个国定贫困县2017年度脱贫攻坚政策措施落实、扶贫资金分配管理使用及项目建设管理情况进行审计，共审计扶贫资金48.28亿元，抽查扶贫项目1170个，推动脱贫攻坚任务完成。开展全省2015年至2017年大气环境保护和污染防治专项审计，揭示山西省大气污染防治政策不到位、防治措施不得力、资金管理使用不规范等问题。（秦　旭）

【民生资金项目审计】 2018年，山西省审计厅按照审计署统一部署，组织各级审计机关对全省2017年保障性安居工程进行审计，审查安居工程项目825个，入户调查农村危房改造家庭6510户。对部分市县存在骗取、侵占、挪用安居工程资金和住房，安居工程住房和资金管理使用绩效不高，安居工程政策和帮扶措施未落实到位等问题，推动相关政策落地落实，惠及民生。（秦　旭）

【政府投资审计】 2018年，山西省审计厅贯彻《审计署关于进一步完善和规范投资审计工作的意见》，对全省15条公路和3条铁路等政府投资项目进行审计，对太原至焦作高速铁路建设征地拆迁情况进行专项审计调查，围绕重大项目审批、征地拆迁、环境保护、工程招投标、物资采购、工程结算、资金管理等关键环节，查处工程建设领域问题和腐败行为。开展7项国外贷援款项目审计，保障外资项目实施。（秦　旭）

2018年10月12日，山西省审计厅厅长王亚(右三)到审计点调研

（秦　旭供图）

【国企国资审计】 2018年，山西省审计厅贯彻中共中央办公厅、国务院办公厅《关于深化国有企业和国有资本审计监督的若干意见》，对山西太钢集团有限公司、山西建设投资集团、阳煤集团等4户国有企业资产负债损益进行审计，监督国有企业财务收支的真实、合法和效益，促进企业深化改革、提高经营管理水平，实现国有资产保值增值。 （秦 旭）

【负责人经济责任审计】 2018年，山西省审计厅创新“经济责任审计+”模式，坚持书记、市长（县长）与财政决算、部门单位主要领导与预算执行、企业领导干部与资产负债损益、校（院）长与书记、董事长与总经理“五个同步审”，安排审计省管领导干部45名。开展山西省政府经济责任审计风险防控审计调查，为山西省政府防控经济责任风险提供决策参考。 （秦 旭）

【对领导干部自然资源资产离任审计】 2018年，山西省审计厅对1市11县领导干部开展自然资源资产离任审计，聚焦重点地区和重点资源，围绕责任落实，查处重大资源毁损、重大生态破坏、重大环境污染、重大职责履行不到位等问题，促进领导干部落实自然资源资产管理和生态环境保护责任，推动绿色低碳发展，推进生态文明建设，促进我省转型升级战略实施。 （秦 旭）

【审计结果报送】 2018年，山西省审计厅从推动健全制度、完善管理、深化改革等宏观层面提出建议，共报送各类审计报告、专题报告、信息简报等674篇，国务院副总理胡春华批示1篇，省委山西省政府主要领导批示203篇次；提出建议392条，被采纳269条，采纳率为68.62%；推动建立健全规章制度37项，发挥审计建设性、服务性作用。 （秦 旭）

## ·国家审计监督·

【概况】 审计署驻太原特派员办事处（简称审计署太原特派办）对中央各部门所属地方行政、企业、事业组织和法律规定的其他事项进行审计和审计调查，主要管辖山西省和内蒙古自治区，面向全国。

2018年，审计署太原特派办共开展19个审计项目，其中审计15个，专项审计调查4个。查出主要问题金额18071560万元。其中，违规金额3401万元，损失浪费金额1196565万元，管理不规范金额16871593万元。审计发现非金额计量问题313个；损益（收支）不实金额1803667万元；审计发现侵害人民群众利益392万元；出具审计报告和专项审计调查报告19篇。审计处理处罚金额1307084万元，其中应上缴财政251万元、应归还原渠道资金1260万元、应调账处理金额1305572万元；移送司法机关、纪检监察机关和有关部门处理事项52件，移送处理人员63人，移送处理金额13418万元。审计促进整改落实有关问题资金1662725万元；审计促进拨付资金到位1072652万元；审计挽回（避免）损失17307万元。审计提出建议150条，被采纳143条；推动被审计单位制定整改措施241项；促进被审计单位建立、健全规章制度37项；提交审计信息45篇，被批示、采用94篇次。

2018年，审计署太原特派办同审计署金融审计司、哈尔滨特派办等单位联合实施的中信集团法定代表人经济责任审计项目、审计署财政司组织18个特派办和部分派出局实施的财政部预算执行审计项目被评为优秀审计项目。8月29日至30日，审计署太原特派办承办中俄审计研讨会。 （李 妍）

【民生资金审计】 2018年，审计署太原特派办抓好财政扶贫资金审计，组织开展山西省养老保险基金和医疗保险基金审计，围绕解决不平衡不充分问题，重点关注民生政策贯彻落实、资金筹集管理使用情况等。揭示出山西省某地产业扶贫项目未与贫困户建立利益联结机制、扶贫资金投向非农企业等问题，被央视《焦点访谈》报道。发现的“两票制政策落实情况”被审计署综合报告和重要信息要目采用，山西省省长对审计整改工作作出批示，分管副省长组织召开专题会议部署落实整改。 （李 妍）

【金融审计】 2018年，审计署太原特派办开展中国人民银行财务收支审计、兴业银行子公司资产负债损益审

2018年3月22日，审计署太原特派办审计人员在长江经济带生态环境保护审计项目现场查看海岸线渔船排污情况 （王 勐供图）

计等，揭示突出问题和潜在风险，关注金融领域发展风险、管控薄弱等问题，推动完善防范措施，维护经济安全。发现某地方资产管理公司存在监管缺失、变相从事贷款业务等问题，被重要信息要目采用上报后获国家领导批示，推动银保监会出台加强对地方资产管理公司监督的专项意见，划定其经营红线。（李　妍）

**【企业审计】** 2018年，审计署太原特派办开展国家电力投资集团有限公司、中国航空集团有限公司、中国通用技术(集团)控股有限责任公司、中国中钢集团有限公司资产负债损益和境外投资及境外国有资产管理使用情况专项审计调查，发现的“央企处僵治困工作”等问题，被重要信息要目采用，获中央领导批示。

（李　妍）

**【重大问题线索发现】** 2018年，审计署太原特派办聚焦领导干部权力运行，关注重点领域和关键环节。揭示的中信集团原党委委员、执行董事赵某某违规决策造成国有资产巨额损失并涉嫌受贿的问题线索被审计署单独编发要情，赵某某接受中纪委国家监委审查；揭示的部分科技企业非法从事资金支付结算业务、某公司非法集资并形成风险敞口等重大问题线索，被审计署移送处理。（李　妍）

## 统计管理

**【概况】** 2018年，山西省统计系统贯彻《关于深化统计管理体制改革提高统计数据真实性的意见》《统计违纪违法责任人处分处理建议办法》《防范和惩治统计造假、弄虚作假督察工作规定》。落实全系统中央编制机构人员纳入地方管理。县对乡镇统计人员派出制、首席统计员制、政府购买服务等取得进展。健全数据审核评估机制。开展数据核实修正工作，统计数据真实性准确性提高。细化专业数据审核评估办法，落实数据评估工作制度，推进统计公开透明。

开展统计法治教育。将统计法纳入全省国家工作人员学法用法和考试平台。组织全系统5000余名统计干部通过在线学习平台学习统计法律法规并进行考试。编印3.8万册法治宣传手册向乡镇以上领导干部和四上企业负责人发放。依法查处统计违法行为。对部分市县开展统计执法检查，配合纪检监察机关对相关责任人和责任领导进行责任追究，对违法单位进行行政处罚和社会公示。开展“以数谋私、数字腐败”专项整治，层层签订承诺书。完善统计上严重失信企业联合惩戒机制，推进涉企信息归集公示工作。

完成局队业务分工调整优化。按照国家统一部署，与山西调查总队联合制定《山西省局队业务分工调整实施方案》及各专业实施细则，7项统计调查任务分工调整优化工作按期完成。实施国民经济核算改革。制定GDP统一核算改革方案，推进阳泉、晋中改革试点，研究制定自然资源资产负债表编制工作方案。开展“三新”统计调查。健全电商平台名录库，探索“三新”经济增加值核算。深化投资统计改革。计划总投资500万—5000万元项目实施财务支出法统计，全部纳入联网直报平台，实现投资统计全口径联网直报。推进专业统计改革创新。发布生态文明建设年度评价公报，开展企业创新调查，完成研发支出计入GDP及历史数据修订，建立全国首个调查单位管理地方统计报表制度。

改进部门统计管理。修订《2018年山西省部门综合统计报表制度》，实施部门综合统计联网直报。印发《部门统计从业人员专业能力测评实施办法》，对48个省直部门282名统计从业人员进行专业能力培训测评。按照《山西省部门统计调查项目审批和备案工作规程(暂行)》，对省委政法委、省发改委、省直工委和省考核办等调查项目进行审批并公布。利用“多证合一”改革成果，推动与工商部门信息共享，实现基本单位名录库及时更新。（张奇科）

**【经济运行监测】** 2018年，山西省统计局加强经济运行监测。直报省领导统计专报60篇、专题报告20篇，编发统计分析报告233篇，批示53篇。开展文化旅游产业核算、现代服务业发展、产业结构演进等专题研究，完成29项三农普课题研究，编印山西发展报告、改革开放40周年系列丛书，《山西省志·统计志》出版发行。开

2018年10月，山西省统计局开展全省单位清查数据联审工作

（省统计局供图）

展重点领域统计调查监测。强化"三去一降一补"、战略性新兴产业、民营经济、文化产业、企业研发、GDP能耗等统计监测，完成省商环境调查、人口变动抽样调查和22项社情民意调查，服务社会公众。召开新闻发布会，联合主流媒体实时解读经济运行变化和亮点，推进统计资料馆建设。

（张奇科）

【经济普查】 2018年，山西省统计局成立第四次经济普查领导机构，41个部门组成。制定任务清单、职责分工和工作进度表，建立全过程数据质量管理体系，实现全员目标责任管理。推进前期工作。强化省级组织带动、调度指挥和普查员管理，完成机构组建、经费落实、物资采购、综合试点、"两员"选聘、人员培训、宣传动员等各项前期准备工作。启动普查宣传月，印制8万份宣传海报、200多万份清查告知书和92万份普查告知书。重视单位清查。组织7万多名普查员完成66.30万法人和产业活动单位、103.60万个体户清查任务。（张奇科）

【统计"三基"建设】 2018年，山西省统计局提升"三基建设"水平。召开全系统"三基建设"推进会，推动8方面14项任务落地。执行支部工作条例，落实"三会一课"等制度。分层次分类别分岗位培训系统干部1.10万余人次，组织3345名系统干部参加统计专业能力测评，提升基本能力和专业能力。开展基层基础规范化建设达标验收。全省54个县级统计机构、507个乡级统计机构通过达标验收。推进统计信息化建设。统计数据资源体系建设初见成效，统计云平台建设逐步推进，全省信息化安全体系、应用体系和运行维护体系完善。推进全省一体化办公自动化系统建设，无纸化办公与无线移动办公水平提升。

（张奇科）

## 国家统计

【概况】 2018年，国家统计局山西调查总队组织实施住户调查、劳动力调查、价格调查、农业与农村调查，组织实施有关社情民意调查、企业和个体经营户调查等；组织实施国家统计快速反应制度，开展经济社会重大问题和经济发展新动能专项调查；参与组织实施国家有关普查项目；根据国家统计局的授权，管理和公布有关统计调查数据；依法查处其组织实施的统计调查活动中发生的统计违法行为。连续5年荣获"促进山西经济社会发展贡献奖"。全年共编发经济类分析信息490篇，省级以上采用323篇次，中办国办采用11篇次，有25篇调研报告得到省级以上领导批示；其中国家统计局《每日调查》采用与上报中办国办篇数均位列全国调查队系统第1名，为历年最好成绩；省委采用位列省直和中央驻晋单位第1名。（乔森山）

【粮食生产统计】 2018年，山西省以农业供给侧结构性改革持续推进为主线，推动粮食作物种植结构优化调整；2018年，全省粮食总产量138.04亿公斤，比上年增产2.53亿公斤，增长1.87%。其中，夏粮产量22.99亿公斤，比上年下降1.65%；秋粮产量115.05亿公斤，比上年增长2.60%。粮食作物播种面积4705.59万亩，比上年减少65.79万亩，下降1.40%。其中，夏粮播种面积853.79万亩，比上年减少1.40万亩，下降0.16%；秋粮播种面积3851.80万亩，比上年减少64.40万亩，下降1.60%。分品种来看，粮食作物呈现出豆类面积增加，谷物、薯类面积减少的调优态势。豆类种植面积明显增加。全省豆类种植面积376.09万亩，比上年增加18.66万亩，增长5.20%。其中大豆面积225.80万亩，比上年增长15.10%。谷物类种植面积继续减少。谷物类种植面积4067.7万亩，比上年减少69.12万亩，下降1.67%。在谷物中，小麦、玉米面积减少，杂粮类面积增加。小麦种植面积840.40万亩，比上年略减；玉米面积2621.50万亩，下降3.28%；谷子、高粱、其他谷物面积共计604.60万亩，增长3.40%。薯类种植面积减少。薯类种植面积261.80万亩，比上年减少15.32万亩，下降5.53%。其中马铃薯面积235.50万亩，比上年下降6.60%。

（乔森山）

【农林牧渔产品统计】 2018年，山西省农村经济持续发展，农业生产稳步提高，主要农产品市场供给充足，农产品生产价格总体呈现平稳上扬态势。2018年山西农产品生产价格指数为104.70%。从各季度走势情况看，全年四个季度均保持上涨态势。与上年同期相比，一季度上涨6.18%，上半年上涨2.68%，前三季度上涨3.36%，全年上涨4.70%。农林牧渔四大类农产品呈现"三涨一跌"走势。

农业产品生产价格明显上涨。2018年，山西农业产品生产价格呈现明显上涨走势，同比上涨7.06%，各品种价格涨多跌少。分季度看，一季度同比上涨7.79%，二季度同比上涨2.44%，三季度同比上涨5.08%，四季度同比上涨19.25%。

林业产品生产价格持续低位运行。2018年林业产品生产价格在2017年下降的基础上，继续呈现下跌趋势，比上年同期下降29%。据调查了解，林业产品生产价格下降的主要原因：一是近年来苗木种类更为多样，种植面积较大，市场供过于求；二是规模化购买的客户相对减少。

畜牧业产品生产价格涨跌互现。2018年畜牧业产品生产价格比上年微涨0.86%。分季度看，一季度上涨4.01%，二季度下降3.32%，三季度上涨6.60%。四季度下降3.21%。分品种看，各类畜牧业产品除生猪价格下跌外其他普遍上涨。其中：牛、羊、禽、生奶、鸡蛋生产价格同比上涨6.97%、19.32%、4.82%、3.54%和12.81%；生猪生产价格同比下降16.35%。

渔业产品生产价格呈现上涨趋势。2018年渔业产品生产价格一路上扬，全年渔业产品生产价格同比上涨10.86%。分季度看，一季度上涨5.50%，二季度上涨17.38%，三季度上涨9.04%，四季度上涨5.22%。渔业产品生产价格上涨主要原因是由于随着居民收入水平提高，人们膳食结构改善，对水产品消费持续增加，促进渔业产品生产价格上涨。（乔森山）

【畜禽生产统计】 2018年，山西省推广畜牧良种化、养殖设施化、生产规范化、防疫制度化、粪污无害化的标准化生产技术，推进粮改饲试点工作，促进畜牧业提质增效和转型升级，全年主要畜禽生产保持基本平稳态势。

牛养殖量平稳增加。2018年末，山西牛存栏102万头，同比增长1.20%；全年出栏牛44万头，同比增长9.60%。牛肉产量6.50万吨，同比增长10%；生牛奶产量81.10万吨，同比增长4.70%。2018年，山西牛出栏价格呈逐季上涨态势，平均价格为24.80元/公斤，同比上涨4.50%。其中，一季度出栏价格24.30元/公斤，同比上涨8%；二季度出栏价格24.60元/公斤，同比基本持平；三季度出栏价格25.10元/公斤，同比上涨6.10%；四季度出栏价格25.30元/公斤，同比上涨4.10%。

羊存、出栏减少。2018年末，山西羊存栏875.60万只，同比下降7.20%；全年出栏羊558.70万只，同比下降5.40%；羊肉产量8.10万吨，同比下降5%。山西羊出栏价格呈现快速上涨态势，平均出栏价格为24.20元/公斤，同比上涨18.10%。其中，一季度出栏价格23.20元/公斤，同比上涨26.80%；二季度出栏价格23.70元/公斤，同比上涨20.70%；三季度出栏价格23.10元/公斤，同比上涨10.1%；四季度出栏价格26.50元/公斤，同比上涨17.10%。

生猪养殖受疫情影响较大。2018年末，山西生猪存栏549.50万头，同比增长1%，其中，能繁母猪存栏56.40万头，同比增长1.20%。全年出栏生猪814.60万头，同比下降1%，其中，一至四季度分别出栏230.70万头、161.50万头、213.20万头和209.10万头，一、二季度同比分别增长10.30%、13.20%，三、四季度同比分别下降1.80%和17.60%。全年猪肉产量65.20万吨，同比下降0.30%。2018年以来，山西生猪出栏价格基本运行在下行通道中，上半年猪价持续低迷，下半年遭遇非洲猪瘟，生猪出栏受阻，价格节节下挫。一至四季度生猪出栏价格分别为12.50元/公斤、10.50元/公斤、12.70元/公斤和10.60元/公斤，同比分别下跌25.10%、22.40%、8.60%和25.30%。

家禽养殖量小幅下降。2018年末，山西家禽存栏10202.50万只，同比下降2.90%；全年出栏家禽11968.50万只，同比下降2.90%；禽肉产量15.10万吨，同比下降1.20%；禽蛋产量102.6万吨，同比增长0.70%。2018年，山西家禽出栏价格稳步回升，为9.30元/公斤，同比上涨6.40%。一至四季度出栏价格分别为每公斤9.10元、9.20元、9.40元和9.60元，同比分别上涨8.70%、14%、-0.40%和2.10%。

（乔森山）

【工业生产者价格统计】 2018年，山西省经济发展持续向好，去产能效果明显，全年山西工业生产者价格涨幅呈逐步趋稳态势。

同比涨幅高位回稳。2018年山西工业生产者出厂价格（PPI）同比平均上涨6.70%。工业生产者购进价格同比平均上涨5.50%。全年价格总水平上涨，涨幅呈阶段性回稳趋势。

出厂价格指数高于购进价格指数。2018年，山西工业生产者出厂价格（PPI）同比涨幅均高于购进价格，困扰企业生产经营的“高进低出”现象得到极大缓解。

生产资料价格上涨，生活资料价格下降。生产资料全年同比平均上涨7.20%，生活资料全年同比平均下降0.20%。全年生活资料价格指数大部分时间运行在下降区间。二者之间差距逐渐缩小。（乔森山）

## 物价管理

【价格机制改革】 2018年，山西省出台《全面深化价格机制改革的实施意见》，完善《山西省定价目录》。持续加大清费力度，停征、降低、减免5项收费。深化居民用气价格改革。降低重点国有景区门票价格，进一步完善国有景区门票价格形成机制。完成普通高校本科学费标准调整工作。出台新一轮高速公路差异化收费优惠政策，减免费用约10亿元。（郭卓宇）

【输配电价改革】 2018年，山西省输配电价落地，电力市场化程度显著提高，连续三次降低一般工商业电价，每年可为企业用户减负13.30亿元，输配电价和工商业销售电价基本处于全国最低水平，大工业用电、110千伏输配电价全国最低，220千伏输配电价、一般工商业用电输配电价均排全国低价位第3。有序扩大市场化交易电量规模，在全国率先开展现货市场和交易平台建设，投运全国首个调频辅助服务市场，电力直接交易完成601亿千瓦时，累计为用电企业降低用电成本约15.50亿元。推进国家增量配电业务试点、局域电网项目建设。

（郭卓宇）

【涉企收费清理】 2018年，山西省开展清理涉企行政事业性收费工作，全年累计降低实体经济企业成本约393.60亿元。开展“红顶中介”专项检查，为减轻企业负担17.90亿元。持续加大价格违法案件处置力度。监测分析各大超市、集贸市场等主要农副产品供应及市场价格情况，警防价格异常波动。（郭卓宇）

## 市场监督管理

### ·综述·

【概况】 2018年10月26日，山西省市场监督管理局（简称山西省市场监管局）挂牌成立。为省人民政府直属机构，正厅级建制，整合原省工商行政管理局、原省质量技术监督局、原省食品药品监督管理局职责，以及省发改委和改革委员会价格监督检查与反垄断执法职责，省商务厅经营者集中反垄断职责、省科技厅专利管理职责。

主要负责全省市场综合监督管理、市场主体统一登记注册、组织和指导全省市场监管综合执法、反垄断统一执法、监督管理市场秩序、宏观质量管理、产品质量安全监督管理、特种设备安全监督管理、食品安全监督管理综合协调、食品安全监督管理、统一管理全省计量工作、统一管理全省标准化工作、统一管理、监督和协调全省认证认可和检验检测工作、知识产权工作、市场监督管理科技和信息化建设、新闻宣传、指导和协调全省市场监督管理系统开展非公经济组织党建工作、管理省药品监督管理局等职责。

山西省市场监管局机关行政编制211名；核定局长1名，副局长5名；核定处级领导职数35正（含食品安全总监1名、总工程师1名、市场稽查专员2名、机关党委专职副书记1名、离退休人员工作处领导职数1名)51副(含市场稽查专员2名)。

山西省市场监管局内设31个处室；下设2个直属行政机构：山西省价格监督检查与反垄断局、山西省工商行政管理局经济检查总队；2个派出机构：山西转型综合改革示范区工商行政管理局、山西转型综合改革示范区质量技术监督局；26个直属事业单位；12个协(学)会。（王晓江）

**【商事制度改革】** 2018年，山西省推开首批106项涉企事项“证照分离”改革。推进企业登记全程电子化，发放公示版电子营业执照3.90万张。在全国率先实现企业名称自主网上申报。省级工业产品生产许可实现委托下放、网上办理。加快食品生产和经营许可改革，推进药品医疗器械审评审批制度改革。企业开办时间压缩至5天，企业开办便利化程度在全国的位次前移，全省各类市场主体持续快速增长，总量达到235.60万户，同比增长12.40%。（王晓江）

**【市场监管查处】** 2018年，山西省落实公平竞争审查制度，加大反不正当竞争和反垄断执法力度，查处案件944起。加强供暖电信医疗等重点行业价格监管，查处案件401起。加强直销企业监管，查处传销案件31起。有效注册商标达14万件，同比增长28%；有效发明专利达1.30万件，同比增长11.20%；查处商标侵权案件1146起、专利侵权案件206起。

2018年，山西省市场监管局完成食品监督抽检6万余批次，同比增长23.3%。检查药品、医疗器械和化妆品生产经营单位11.70万家(次)，查处案件3327起。完成产品质量国家监督抽查171批次、省级监督抽查1.40万批次。查处广告违法案件376起、网络交易违法案件460起、合同违法案件164起。办理动产抵押1078件。加强特种设备安全监管，检验14.90万台(套)，排查治理各类安全隐患6302处，实现特种设备安全零死亡。（王晓江）

## ·工商行政管理·

**【概况】** 山西省工商行政管理局(简称山西省工商局)为省人民政府直属机构，正厅级建制。主要负责市场监督管理和行政执法工作，执行国家有关方针、政策和法律、法规，拟定、协调工商行政管理地方性法规、规章草案，承担工商行政管理规范性文件的审核、备案和清理工作，组织开展工商行政管理法律、法规和规章的行政执法检查工作。共有1个直属行政机构：山西省工商行政管理局经济检查总队；1个派驻机构：山西转型综合改革示范区工商行政管理局；7个直属事业单位；6个协(学)会；15个内设机构。（王晓江）

**【《2017年山西省市场主体发展指数报告》发布】** 2018年3月，山西省工商局组织编制并发布《2017年山西省市场主体发展指数报告》。该指数以山西省200余万家市场主体企业为研究对象，以2014年为基期，以100位基数(高于100，说明增长，反之则跌)，采用政府部门和200余家样本企业(不含个体工商及合作社)提供的数据计算而成。这是全国首个市场主体发展指数报告。市场主体发展指数将成为社会各界了解、掌握山西市场主体发展状况的重要渠道，为政府部门制定相关政策及为企业经营决策提供数据支撑，为培育、支持与壮大山西重点产业及特色产业发展提供有效指导。（王晓江）

**【支持民营经济发展实施意见出台】** 2018年12月13日，山西省市场监管局落实《中共山西省委山西省人民政府关于支持民营经济发展的若干意见》，发挥市场监管职能作用，服务和支持全省民营经济高质量发展，制定出台《山西省市场监督管理局关于支持民营企业发展的实施意见》。（王晓江）

## ·质量技术监督·

**【概况】** 山西省质量技术监督局为省人民政府直属机构，正厅级建制。执行国家及省有关质量技术监督工作的方针、政策，组织实施相关法律、法规，拟定并组织实施有关质量技术监督工作地方性法规、规章、制度。管理与质量技术监督有关的技术法规备案。负责地理标志产品保护工作。共有1个派驻机构：山西转型综合改革示范区质量技术监督局；15个直属事业单位；6个协(学)会；15个内设处室。（王晓江）

**【质量检查】** 2018年，山西省获批国家标准化综合改革试点，山西省政府先后召开质量提升、国家标准化综合改革试点推进会。发布省级地方标准222项，玻璃器皿产品等3个国家级质检中心获批成立，国家硅铝质耐火材料质检中心通过验收。新增社会公用计量标准97项，检定计量器具141万台（件），批筹山西省首个省级产业计量测试中心。（王晓江）

**【国务院批准山西省成为国家标准化综合改革试点省】** 2018年3月12日，国务院正式批准山西省开展国家标准化综合改革试点工作，成为中西部唯一列入试点的省份。复函要求山西省落实国务院决策部署，实施标准化战略，提升标准化整体水平，为全面深化标准化工作改革提供可复制、可推广的经验。这标志着山西省标准化综合改革翻开新的一页，山西省综改示范区先行先试又增加新项目。（王晓江）

**【两项国家循环经济标准化试点项目通过验收】** 2018年7月17日至18日，中国计量科学研究院房庆副院长率专家组，对太原不锈钢产业园区国家循环经济标准化试点和山西喜跃发路桥建筑材料有限公司国家循环经济标准化试点进行评估验收，一致同意两个国家循环经济标准化试点项通过验收。（王晓江）

**【“双随机、一公开”监管】** 2018年，山西省“双随机”抽查企业3.90万户，抽查率达7.40%，比总局要求的5%高出2.40个百分点。完成“多报合一”改革，2017年度企业年报公示率为93%，高于全国平均水平1.50个百分点。推进涉企信息归集共享和联合惩戒，向社会公示经营异常名录信息21.30万条。（王晓江）

**【煤层气和法兰锻件产品国家质检中心】** 2018年8月至9月，国家煤层气产品质量监督检验中心（山西）、国家法兰锻件产品质量监督检验中心（山西）顺利通过国家市场监督管理总局专家组现场验收。（王晓江）

**【省计量院5项科研项目通过验收】** 2018年12月18日，山西省计量院承担的“通风机检测设备及检测技术的研究”“智能防爆电气设备防爆试验装置的研制”“计量在生产过程中与产品质量的关联模式的研究”“电磁兼容辐射抗扰度试验结果评定研究”“新型叠加式力标准机的研制”5项总局科技计划项目通过国家验收。（王晓江）

## ·食品监督管理·

**【食品犯罪大案查处】** 2018年，山西食品监管部门联合公安等部门查处4起重大食品犯罪案件。

1月17日，吕梁市查获假冒名牌白酒内盒面纸14万余张。经查白某非法制造和销售的假冒名牌白酒包装，是通过四川人王某购买的。在重庆某印刷厂成功查获涉案假冒名牌白酒包装30余万张，在四川泸州某印刷厂查获假冒名牌白酒包装面纸18万余张。经相关白酒企业认定，该批涉案酒品包装全部为假冒，涉案金额600余万元。

6月22日，大同市侦破李某等生产、销售有毒有害食品案。经查，2016年以来，嫌疑人李某等人通过“醉月星婷”“广州英旗生物科技总代理销售”等网店和个人微信，大肆通过网络渠道销售含有药品成分的“赛维欧左旋肉碱减肥胶囊”保健品，销售金额500余万元。经检测，“赛维欧左旋肉碱减肥胶囊”含有药品“盐酸西布曲明”，为有毒有害食品。

6月28日，长治市在长子县一民宅内查获保健品357包，加工设备2台，涉案金额1000余万元。经查，自2002年以来，以崔某为首长期从事生产、销售假冒保健品活动。经有关部门检验，认定为有毒有害食品。

10月15日，太原市杏花岭打掉一个以岳某为首的生产销售假酒的团伙，查缴14家涉案烟酒店的伪劣白酒600余箱，抓获主要犯罪嫌疑人7人。经查，2016年以来，岳某等人在城乡接合部生产伪劣白酒，包装成名牌白酒后，低价分销至城区烟酒专卖店，非法牟取暴利。查明的涉案金额400余万元。（编辑部）

**【食品安全宣传周】** 2018年，山西省根据国务院食品安全办等19部门关于开展2018年全国食品安全宣传周活动的要求于6月29日至7月13日开展全省食品安全宣传周活动。2018年食品安全宣传周主题为“尚德

2018年11月2日，山西省市场监督管理局举行首次“双随机、一公开”抽查启动仪式（王晓江供图）

守法 共治共享食品安全”。通过安全宣传周,推动各级党委和政府把食品安全作为一项重大政治任务来抓,完善食品安全监管体制。推动各级食品安全监管部门强化监管执法,加强政府信息公开。从满足人民群众普遍需求出发,促进餐饮业提高安全质量。

引导食品企业及从业人员学法、知法、守法、用法,强化主体责任意识。推进食品行业诚信体系建设,弘扬尚德守法的行业风气。引导社会各界参与食品安全普法宣传和科学知识普及,积极参与社会监督 提高维权能力和科学素养,营造浓厚的食品安全社会共治氛围。 (编辑部)

## ·药品监督管理·

**【概况】** 2018年,山西省药品监督管理局根据《山西省机构改革方案》,重新组建山西省药品监督管理局,为山西省市场监督管理局部门管理机构,主要承担全省药品、医疗器械、化妆品监管职责。下设办公室、人事处(机关党委)、政策法规处、药品注册处、药品生产监管处、药品流通监管处、医疗器械监管处、化妆品监管处、稽查与应急管理处、行政审批管理处、科技与规划财务处(内审处)共11个内设机构,均为正处级建制。下设山西药科职业学院、省药品稽查总队、省药品不良反应监测中心、省食品药品检验所、省医疗器械检测中心、省药品监管管理局审核查验中心、省药品监管管理局技术审评中心、省医药与生命科学研究院、省药品监管管理局信息中心、省药品监管管理局后勤中心、省药物培植场共11个直属事业单位。 (杨晓锋)

**【药品重点整治】** 2018年,山西省药品监督管理局加强重点品种整治。药品生产环节,对中药材和中药饮片、特殊药品等风险品种,开展中药饮片、中药注射剂、中药提取物、多组分生化药品、化学原料药、特殊药品等专项检查,共检查企业344家次,发现一般缺陷477项,并全部监督整改。药品流通环节,抓住疫苗、含特殊药品复方制剂、中药饮片颗粒、血液制品、基本药物等重点品种,开展质量安全集中整治,共检查药品批发企业585家次,缴(注)销药品经营许可证4张,撤销GSP认证证书3张,立案查处18家,责令限期整改289家。

加强重点单位整治。采用“双随机一公开”方式,组织开展药品GMP跟踪检查,对存在严重缺陷的企业依法收回“药品GMP证书”9张,并在省局网站公开,接受社会监督。采用飞行检查和交叉检查等方式,对无菌、植入、介入、体外诊断试剂、装饰性彩色平光隐形眼镜、避孕套等高风险医疗器械生产经营企业开展集中检查,共检查企业26044家次,责令改正2212家,立案查处438起,罚没款242.1万元。

加强重点问题整治。把非法渠道购进药品、购销“回收”药品、无证经营、在核准地址之外储存药品、执行分类管理制度不严格、执业药师不在岗等问题作为重点,开展药店诊所药品质量安全集中整治,全省共检查药品零售企业和医疗机构24481家次,责令限期整改9045家,立案查处1395家,罚没款161.79万元。把经营使用无证医疗器械、未经许可(备案)从事经营医疗器械等违法违规问题作为重点,坚决打击“黑窝点”“黑网站”“黑平台”“黑门店”,全省共检查经营使用单位7264家,限期整改1351家,撤销许可证11家,罚没款186.10万元。

加强重点行为整治。以打击化妆品假冒伪劣、非法添加、超标超限等行为为重点,开展化妆品综合治理,全省共检查化妆品生产经营单位9904家次,责令整改2879家次,立案233起,罚没款19.68万元。针对网络销售化妆品新业态,对16家化妆品交易平台进行台账管理和突击检查,对违规行为责令整改,违法行为及时查处。针对美容美发机构使用产品不合法、不合格、来源不可追溯等违法违规行为,加强日常监管和监督检查,共检查4341家次,限期整改1086家,查扣化妆品444件,立案95起。针对药品广告虚假宣传、夸大宣传等违法违规行为,对4个严重违法药品广告,依法采取暂停销售、强制下架、撤销批准文号等行政强制措施。

(杨晓锋)

**【药品质量管理】** 2018年,山西省药品监督管理局在开展集中整治的同时,强化企业生产经营过程质量管理,提升风险管控能力。

制定药品生产监管机制。通过督促企业建立药品品种档案、风险评估防控机制、产品追溯召回和补偿救济制度、设置药物警戒部门等措施,规范药品生产企业管理,确保药品生产过程持续合规。

监督实施质量管理规范。在全省开展《医疗器械生产质量管理规范》执行情况专项检查,共检查企业95家,限期整改37家;组织开展第一类医疗器械备案信息的核实和规范管理工作,全省核实有效备案数为256件,发现问题产品159件,全省通报并全部责令整改。

推进疫苗管理。加强疫苗日常监管,实施疫苗仓储配送信息公示和疫苗生产企业质量管理承诺公示的“双公示”制度,督促企业建立疫苗质量全程追溯管理体系,严防非法渠道购进和使用疫苗等质量风险。妥善应对长春长生疫苗事件,组织全系统集中开展疫苗药品安全风险隐患排查化解行动。 (杨晓锋)

**【药品案件查处】** 2018年,山西省药品监督管理局建立省市县三级举报平台,开通八种投诉举报方式,共受理药械投诉举报1116件,省本级办结率为100%。落实举报奖励办法,鼓励匿名举报、企业内部举报和媒体举报,调动公众参与监督的积极性。全年全省共检查药品、医疗器械和化妆品生产经营单位11.74万家次,责令整改10948家,停产停业13家,查办案件3327件,罚没751.30万元。查获太原张芳香非法经营药品案、太谷多

2018 年 5 月 25 日，山西省食品药品监督管理局在全省范围内开展以“安全护肤，美丽人生”为主题的化妆品安全监管系列宣传活动 （杨晓锋供图）

家药店涉嫌经营假冒广誉远安宫牛黄丸案等多起大要案件。特别是与公安厅联合查处一起特大生产、销售假药案，打掉犯罪团伙 5 个，抓获犯罪嫌疑人 13 名，捣毁窝点 11 处，涉案金额高达近亿元，震慑违法犯罪行为。 （杨晓锋）

**【药品质量抽检】** 2018 年，山西省药品监督管理局完成药品抽检 6532 批次、医疗器械 431 批次、化妆品 622 批次，检出不合格产品 57 批次，发布质量公告 5 期。对抽检不合格品种的企业实施严格监管，对山西华康药业股份有限公司等 2 家企业下发处理意见书，要求停止品种生产、责令召回相关批次药品等行政强制措施。针对全省药品生产领域可能存在的安全风险，发布《药品质量风险提示》2 期，提高监管针对性和靶向性。

（杨晓锋）

**【药品监管效能建设】** 2018 年，山西省药品监督管理局优化审批流程。省本级 22 个行政许可事项、47 个子项、9 项其他权力集中到省政务服务中心和政务服务平台，授权首席代表全权审批。推行审批服务“马上办、网上办、就近办、一次办”。行政许可总时限由原来的 1368 个工作日压缩至 537 个，压缩率高达 60.70%，前置申请材料减少 33%，方便群众，提高办事效率。推进仿制药一致性评价。通过加强技术指导、搭建合作平台、促进外引内联、加强跟踪服务等举措，推动优势企业和优势品种率先开展评价。全省 75 家药品生产企业中，51 家 298 个药品批准文号开展一致性评价工作，其中 277 个文号在进行药学研究，9 个开展 BE 工作，7 个免 BE 品种进行稳定性考察，4 个完成 BE，亚宝药业 1 个品规通过国家局检查。

（杨晓锋）

## 能源监督管理

**【概况】** 国家能源局山西监管办公室（简称山西能源监管办）主要职能是监管电力市场运行，规范电力市场秩序；监管电网和油气管网设施公平开放；监管电力调度交易，监督电力普遍服务政策的实施；负责电力等能源行政执法工作，依法查处有关违法违规行为，监督检查有关电价；负责除核安全外的电力运行安全、电力建设工程施工安全、工程质量安全的监督管理以及电力应急和可靠性管理，依法组织或参与电力事故调查处理；负责组织实施电力业务许可以及依法设定的其他行政许可；负责协调有关跨省、跨区能源监管业务；负责法律法规授权以及国家能源局下达或交办的有关事项监管。2018 年，山西能源监管办内设综合处、市场监管处、行业监管处、电力安全监管处、资质管理处、稽查处六个职能处室。 （潘 洁）

**【电力市场秩序维护】** 2018 年，山西能源监管办推进市场建设。截至 10 月底，市场成员在册 1255 家，同比增长 75%；省内直接交易均价 315.95 元/兆瓦时，低于燃煤标杆价 16.05 元/兆瓦时，成交电量共计 617.91 亿千瓦时，累计减轻用户负担 14.50 亿元。电力现货试点稳中有进，建成以“全电量优化、新能源优先”为核心原则，满足全电量进入、统一平衡“双优型”电力现货市场。市场规则体系完善。印发一系列电力中长期交易规则配套文件，明确电量偏差免考工作的审核原则和测算标准，简化办理流程，增强市场主体参与的积极性。出台《山西电力合同电子化管理办法（暂行）》，提高市场主体合同履约能力和合同签订效率。辅助服务市场机制优化。完善电力辅助服务市场化建设，完善调峰市场参与机制，保障火电机组参与调峰辅助服务合理收益，缓解供暖期电网调峰压力。召开山西储能产业发展座谈会，形成《山西储能产业发展座谈会的论证意见》《储能技术及产业发展在山西的路径选择可行性研究报告》。培育 4 家发电集团开展独立储能试点工作（容量为百兆瓦级），10 家发电企业开展储能联合火电试点工作。推进增量配电业务改革试点工作。开展电力业务许可证（供电类）发放工作，培育售电主体，实地审查增量配电许可条件，提出具体整改措施。 （潘 洁）

**【电力安全监管】** 2018 年，山西能源监管办开展电网安全风险管控，编制《山西省电网运行安全风险分析报告

(2017—2018年度)》,梳理二级及以上电网运行安全风险4项(其中一级电网风险0项,二级电网风险4项),研究制定风险监视、控制措施。加强电力监控系统建设,分3个阶段开展电力监控系统安全防护专项检查工作,对289个省调发电企业督查,印发督查通报督促企业落实整改,推进系统备案、等保测评、安全防护评估工作。开展涉网安全专项监管工作,结合上年并网电厂涉网安全专项检查“回头看”工作,督促并网电厂开展发电机组并网安全性评价工作,组织省电力调度机构指导发电企业加强发电机组涉网安全隐患排查工作,消除涉网安全隐患。发挥电力安委会平台作用,完成对11家省级电力集团公司2017年度安全目标责任考核工作。开展电力建设施工安全专项监管,举办电力建设施工现场“强制性条文”执行要求和电力建设工程施工现场监理旁站工作要求讲座。 (潘 洁)

【行业政策监管】 2018年,山西能源监管办开展清洁取暖监管调研。聚焦去冬今春“气荒”问题,开展民生用气、清洁取暖等调研和专项监管。与地方有关部门建立协同监管机制,向企业明确保供要求。下发《关于开展山西省保障民生用气专项监管工作的通知》。开展光伏发电专项监管。围绕规划执行、并网接入、发电运行及价格补贴政策执行情况等内容,关注光伏领跑者项目、光伏扶贫项目以及新能源微电网示范项目中的分布式光伏项目,上报专项监管报告,下发整改通知并跟踪后续整改落实情况,促进山西省光伏发电行业健康可持续发展。推进油气管网公平开放。以山西能源监管一体化平台为载体加强信息公开与信息报送。明确备案油气企业与上下游用户按照天然气购销合同标准文本规范合同条款。开展信息公开和信息报送专项监管,对省内长输管网企业现场督查,促进管网企业信息公开和信息报送工作规范。推动信息平台建设落地。山西能源监管一体化平台系统于7月上旬通过功能验收。平台主体功能开发完成并投入运行。加强煤电去产能政策落实监管。会同省发改委开展煤电项目核准建设情况监管,督促省内核准(在建)煤电项目办理报建审批事项,将开工支持性文件报告备案。加强能源供需形势运行分析。每季定期召开全省煤电油气供需形势分析座谈会,编写《山西能源供需形势分析报告》,提出监管意见建议上报国家能源局和山西山西省政府。以统计年报为抓手,加强电力监管统计分析。组织各有关电力企业开展2018年度电力监管统计年报数据会审、新版电力监管统计调查制度宣贯和山西能源监管一体化平台培训,确保每一指标项的填报符合规范要求,满足监管需要。

(潘 洁)

【企业资质监管】 2018年,山西能源监管办推动阳光审批机制。落实“放管服效”工作和国家能源局“最多跑一次”服务要求,在门户网站提供翔实填报指南,审批业务网上办理,开通许可证邮寄服务,实现“企业最多跑一次”,甚至“一次不用跑”,为企业减轻负担。建立资质许可审批随机抽取机制,办理时限压缩,行政审批透明化。加强事中事后监管,对专项监管中列入国家能源局监管公告黑名单违规企业,及时跟进处理;通知到期企业提交延续申请,注销未延续承装(修、试)企业,完善进入退出机制。开展无证机组、超期服役机组后续监管工作,做好保障民生供热工作。2018年8月,到大同调研协商解决大同市冬季民生供热问题。开展信用信息归集工作,成立山西能源监管办能源行业信用信息归集工作领导小组,对信用信息归集工作实施统一领导、推动落实。 (潘 洁)

【供用电监管执法】 2018年,山西能源监管办推进“获得电力”监管工作。开展优化营商供电环境专项行动,组织4个专家组对4个地市供电公司及基层供电所、营业厅开展明察暗访专项行动,组织召开全省“获得电力”优质服务现场推进会,深入企业开展专项调研,建立承装企业定期报送制度,精简小微企业办电手续,确保用户“获得电力”便利水平提升。加强行政执法。针对供电监管违法违规行为,开展调查取证和行政处罚工作。修订完善《山西能源监管办行政处罚程序规定》,健全行政处罚程序,组织召开拟处罚案件讨论会和行政处罚委员会预备会议,确保所处罚案件符合程序和要求。开展“12398”能源监管热线标识普及和宣传工作。将“12398”能源监管热线(以下简称“12398”热线)标识普及和宣传有关要求纳入年度供电监管检查范畴。对全省12家煤炭、油气和5家新申领电力业务许可证(供电类)等能源企业专项检查和考核。办理“12398”投诉举报,按月发布通报。 (潘 洁)

## 太原海关

【概况】 2018年,太原海关落实全国通关一体化改革。推进提前申报等18项改革工作,实现与一体化改革对接融合。汇总征税同比(下同)增长4.36倍。太原、大同、运城3个机场旅检现场全部实现进境物品进口税移动支付。太原机场、武宿综合保税区实现“查检合一”、联合作业。部署金关二期海关特殊监管区域管理系统和保税物流管理系统全国统一版。各业务现场推进“无纸化”系列改革。

(宋 阳)

【通关监管】 2018年,太原海关落实“双随机、一公开”要求,推进监管工作。推进业务监控指挥中心建设,监管作业场所视频监控实现全覆盖。参与信用体系建设,实施“联合激励、联合惩戒”。全年监管货运量727万吨,同比增长3.25倍;监管进出境航班3218架次,增长8.20%;监管进出境人员39.87万人次,增长5.10%;征收税款15.30亿元,增长11.07%。 (宋 阳)

2018 年 5 月 2 日，太原海关落实机构改革举行漪汾街办公区挂牌仪式

（宋　阳供图）

【科技水平提升】 2018 年，太原海关提升科技创新能力。金关工程二期相关项目顺利落地。研发加工贸易辅助管理系统，提高企业通关效率。强化科研制标进度管理，科研立项 1 项，完成 1 项国家标准、2 项地方标准、1 项实用新型专利，承担总署 1 项应急技术保障研究。检验检测扩项 223 个，获证认可范围达到 4699 项。依托大同杂粮检疫检测、运城温带果蔬检疫国家重点实验室，推动当地政府搭建大同杂粮、运城果蔬、太原食醋检测等公共检测技术平台。（宋　阳）

【通关检疫】 2018 年，太原海关防控非洲猪瘟，对 20 批次疫区肉制品进行无害化处理。在全国内陆口岸首家试点建设智慧卫生检疫系统，截获禁止进境物 2454 批、检出传染病 541 例。检出入境动物疫情 6 批次、44 种次，植物疫情 48 批次、81 种次，其中 5 种为全国首次检出。开展质量提升行动，打击侵犯知识产权和制售假冒伪劣商品行为，检出不合格货物 66 批、货值 1644 万美元。实施“进口食品安全放心工程”“出口食品质量竞争力提升工程”，加强供港澳动物及其产品质量安全管理，处理 1 起口蹄疫疫情。（宋　阳）

【重点领域缉私】 2018 年，太原海关在重点领域打击走私工作取得成效。开展“国门利剑 2018”联合专项行动，以查办重点案件为突破，在打击手段、查获走私物品种类、查发渠道等多个方面实现关区“首次”突破。侦办大麻叶毒品走私案、摩托车走私案、“烟弹”和化妆品代购走私案和高档手表走私案。严防固体废物等“洋垃圾”走私进境，组织省内相关部门进行集中研判。打击象牙等濒危物种的走私违法活动，向林业部门移交查扣的象牙材料 84.2 千克。开展打击冻品走私专项行动，侦办总署缉私局一级挂牌督办案件 1 起、二级挂牌督办案件 1 起，共查扣走私冻品 3 批、26 吨，抓获犯罪嫌疑人 14 名。全年共立刑事案件 12 起，增长 50%，案值增长 30.46 倍，涉嫌偷逃税款增长 38.64 倍；立行政一般案件 38 起，增长 72.73%，案值增长 118.37%，涉税增长 25.13%。

（宋　阳）

【通关贸易便利化】 2018 年，太原海关提升关区贸易便利化水平。推广国际贸易“单一窗口”，关区累计业务量达 5.99 万份（批），主要业务覆盖率达 100%。落实口岸提效降费会议精神，推进压缩整体通关时间工作，关区进出口整体通关时间分别为 76.16 和 6.87 小时，压缩比分别为 36.03%和 40.16%，完成“压缩整体通关时间三分之一”要求；执行收费清单管理制度，仅剩 1 个收费项目，降低企业制度性成本。（宋　阳）

【海关支持山西发展】 2018 年，太原海关支持山西开放型经济发展取得成效。支持太原国际邮件互换局（交换站）建设，组织验收并派员进驻监管；验收大同进口肉类指定查验场和太原中鼎物流园海关作业区。太原航空口岸高分通过口岸核心能力复核。支持五台山机场获批临时开放。监管 36 列中欧班列。支持成立中国（定襄）出口法兰锻件产品质量技术促进委员会。服务运城国际果品交易博览会等会展经济。指导创建 9 个出口食品农产品质量安全示范区。落实税收减免优惠政策，减免税 1.25 亿元。支持富士康苹果手机区外维修项目。复制推广自由贸易试验区新一批改革试点经验。服务武宿综合保税区区内企业拓展业务种类。2018 年，山西省进出口总值 1369.90 亿元，增长 17.80%，连续第三年逆势增长。关注中美贸易摩擦，跟踪分析并提出应对建议，为省领导决策提供依据，协助相关部门和企业稳妥应对，3 篇省长专报均得到批示。做好驻村脱贫帮扶工作，右玉县 2 个帮扶村脱贫摘帽，兴县 1 个帮扶村原 83 户贫困户中 82 户脱贫。

（宋　阳）

## 口岸管理

【山西口岸发展】 截至 2018 年底，山西省有经国务院批准的对外开放口岸 1 个，即太原空运口岸（太原武宿国际机场）。经国家口岸管理办公室批复的临时对外开放口岸 3 个，分别是大同空运口岸（大同云冈机场）、运城空运口岸（运城张孝机场）和忻州空运口岸（忻州五台山机场）。

2018年，山西空运口岸共出入境人员366818人次（同比增长3.61%），出入境飞机2801架次(同比增长3.59%)。其中，太原空运口岸出入境人员31.80万人次，出入境飞机2355架次；大同空运口岸(临时开放)进出境人员2.39万人次，进出境飞机146架次；运城空运口岸(临时开放)进出境人员2.53万人次，进出境飞机298架次。

4月20日，台北—太原的MU5012号航班降落太原武宿国际机场，太原航空口岸旅检监管现场原出入境检验检疫工作人员与海关关员统一上岗作业，开展卫生检疫、申报、现场调研、查验、处置等各环节监管工作，149名旅客及机组人员顺利通关。7月27日，太原航空口岸正式开通至俄罗斯如科夫斯基直飞航线。9月3日，山西和天津口岸共同签署《晋津深化跨区域口岸合作框架协议》，落实晋津两省市政府合作协议，加强口岸合作，提升贸易便利化水平，促进区域经济发展。10月23日，中鼎物流园铁路口岸正式获批海关监管场所登记证书，为太原铁路口岸获批临时开放打下基础。11月15日，根据《山西省机构改革方案》，口岸管理职责由原省经信委划入省商务厅。12月2日，山西省首张关税保证保险保单正式通关。12月5日，省口岸办获《中国口岸年鉴》(2018版)优秀组稿单位三等奖。2018年，共签发一次性有效出入境通行证、外国人签注、台湾居民来往大陆通行证共计59枚，服务进出境航班1580架次。共开行山西直达俄罗斯、白俄罗斯、哈萨克斯坦、德国等欧亚大陆的中欧班列50列。（宋晓徽　郑　炜　高　翔）

【空运口岸（临时开放）】2018年4月，运城机场列入国家口岸办印发的《2018年度口岸开放审理计划》，国家口岸办启动正式开放审理程序。运城空运口岸(张孝机场)于2017年4月12日经国家口岸管理办公室批准临时开放，开通运城至香港、曼谷和芭提雅国际航线。10月31日，国家口岸办批复山西忻州五台山机场临时开放，成为山西省实现对外开放的第四个航空口岸。开通上海、广州、天津、重庆、银川、海口、桂林、厦门、南京、哈尔滨、昆明、济南、兰州等城市的定期航班。（宋晓徽　郑　炜　高　翔）

【太原武宿综合保税区】2018年，太原武宿综合保税区共有34家跨境电商企业入驻，全年监管进出口货值370.39亿元，同比增长54.01%。跨境电商实现爆发式增长，通过武宿综保区跨境电商平台交易的出区货值(销售额)1910.5万元，同比增长268倍。（宋晓徽　郑　炜　高　翔）

【山西方略保税物流中心】截至2018年底，山西方略保税物流中心累计为山西省企业办理报关报检5851票，占侯马关区总票数的95%以上；监管货物1151万吨(方)，货值17.40亿美元。其中，2018年累计完成234票，监管货物0.0003万吨，监管货值0.005亿美元。做到货物无丢失、票据无差错、税款及商检规费无欠缴；客户有晋城富士康、汇源果汁、蓝星化工、永济新时速、汤荣汽配等100余家，辐射至澳大利亚、巴西、印尼、墨西哥等20余个国家和地区，覆盖铁矿砂、铜精粉、果汁生产线、聚苯醚、医疗设备等20余类150余个品种，累计为企业提供融资30.80亿元，直接、间接汇聚和带动全省绿色税收17亿元；直接、间接带动2000人以上就业岗位；为所服务企业降低物流、交易、融资等综合成本10%以上，效率提高15%以上。

（宋晓徽　郑　炜　高　翔）

【山西兰花保税物流中心】2018年3月1日，山西兰花保税物流中心通过国家四部委正式验收。6月19日，正式获得海关总署颁发的保税物流中心(B型)验收合格证书、注册登记证书。9月22日，开展第一单保税物流业务。全年共为富士康、中国中车、烟台杰瑞等公司开展加工贸易深加工结转、保税进口等业务333单，进出口额达4.88亿元，降低进出口企业进出口物流成本，为促进富士康加工贸易产能向内地转移承接及晋城市外贸进出口快速发展起到推动作用。（宋晓徽　郑　炜　高　翔）

【长治鲜梨首次出口】2018年1月5日，满载2204箱鲜梨的货运汽车从山西省长治市襄垣县驶出发往美国，实现长治鲜梨首次出口。美国是全球检验检疫措施最严格的国家之一，为保证鲜梨顺利出口，长治出入境检验检疫局帮扶企业办理出口水果备案和生态原产地备案，协助完成美国FDA食品企业注册，带领企业负责人赴河北沧州、山西运城和临汾等地学习当地水果企业开拓国际市场的先进经验和做法，督促企业加强日常管理，有效控制病虫害发生，提高鲜梨品质。（宋晓徽　郑　炜　高　翔）

【活体动物入境监管】2018年8月21日，731只种羊乘包机从澳大利亚抵达太原。这是太原海关机构改革以来，也是山西省复制推广自由贸易试验区第四批改革试点经验工作以来，首次以“通关一体化，实现跨部门一次性联合查验”模式服务货用包机直接引进种用动物。8月25日，682头种猪从法国巴黎飞抵太原武宿国际机场，这是太原航空口岸首次从法国引进种猪。（宋晓徽　郑　炜　高　翔）

【大同国际陆港开关运营】2018年4月19日，大同国际陆港港务有限公司、大同电子口岸有限公司、山西中远海运国际货运有限公司三方正式签署合作协议，合作建设“大同国际陆港中远海运集装箱堆场”。项目建成后，可辐射全国集装箱堆放网络，提供便利、高效的还箱、拼箱及堆放服务。大同电子口岸有限公司与山西中远海运进行信息系统相互对接，实现数据共享，构建集装箱国际贸易大数据平台，为企业提供精准数据服务，提升效率。8月28日，大同国际陆港进口肉类指定查验场正式开关，大同电子口岸正式开关运营。大同国际陆港总投资56亿元，位于大同经济技术开发区(国家级)装备制造园区,占地6707亩,是集国际物流中心、金融商贸中心、信息数据中心为一体的现代化、区域性、综合性国际陆港。规划建设保税物流中心(B型)、进口肉类指定查验场、国家级杂粮检疫检测中心、电子口岸“单一窗口”、海铁空陆多式联运接驳区、天津港进口直营商品展示展销中心、食品加工园区、大宗商品交易中心、普货仓库区、综合配套服务区十大功能区域。

(宋晓徽　郑　炜　高　翔)

**【口岸监管与服务】** 2018年,山西省口岸办推进“单一窗口”业务整合,将功能拓展至海关特殊监管区域。加大“单一窗口”推广应用力度,引导企业使用“单一窗口”标准版功能,山西省“单一窗口”覆盖12大基本功能37个应用项目，与25个部委实现实时信息对接和共享。提升“单一窗口”主要申报业务应用率,全年主要业务覆盖率达100%。4月20日，企业通过“单一窗口”填写申请信息并向业务现场提交申请材料办理企业注册手续,即取得报关报检双重资质,实现企业“一次登记、一次备案”。7月26日,省口岸办、太原海关在太原联合举办中国(山西)国际贸易“单一窗口”关检融合统一申报培训。

提升综保区、保税物流中心等海关特殊区域场所发展质量和贸易便利化水平。推动金关二期海关特殊监管区域系统、保税物流管理系统、保税货物流转系统等上线运行,提升信息化管理水平。支持跨境电子商务发展,做好海关各项监管工作。修改完善《太原跨境电子商务服务试点项目工作方案》。推进“保税展示交易”“分送集报”等创新制度落地实施。全年全省跨境电商进出口总值1888.70万元,增长266倍,太原武宿综保区首个保税加工项目落地。

促进口岸开放。加强实际监管,加大对口岸开放工作督促指导,指导大同、运城、五台山机场开展口岸标准化建设，确保大同连续12次临时开放,运城连续4次临时开放,五台山机场实现首次临时开放。完成中鼎物流园海关监管作业区系统设备联调和信息系统接入海关监控指挥中心。促进加工贸易转型升级。总结区外保税维修工作，论证“工单式核销”应用成效,设立主板维修账册,优化相关监管方案和管理办法。全年全省加工贸易进出口总值为928.90亿元,同比增长14.90%,占全省外贸总值的67.80%。完善统计预警分析监测。开展宏观经济研究和山西省外贸形势分析,关注能源领域重点行业、重点企业、重点商品供需、价格和进出口形势,向山西省有关领导报送进出口统计速报、分析报告、专报等50余份。

推进“互联网+海关”建设。推进政务服务“一网、一门、一次”改革要求,完善“互联网+海关”一体化网上办事平台建设,将出入境检验检疫事项纳入海关政务服务事项清单。发挥12360海关热线作用,建立“企业问题清零机制”,高质量回应企业诉求。推进海关行政许可标准化建设和规范化管理。推行审批服务“马上办、网上办、就近办、一次办”。在山西省各级海关机构设立10个行政审批“受理窗口”,实现“一个窗口”受理,简化审批层级,优化内部核批。推出“关企合作平台”，推广应用海关行政审批网上办理平台,实现行政审批事项“一网通办”。

优化行政审批程序。落实《海关行政审批“一个窗口”服务规范》,行政审批事项实行“目录管理”“首问负责”“一次告知”“公开公示”等制度措施。开展“减证便民”。精简进出口环节监管证件,2018年11月1日起在进出口环节验核的监管证件从86种减至46种,其中42种监管证件实现联网核查。要求企业和群众提交的单证材料由132种缩减至40种，降低制度性交易成本。

(宋晓徽　郑　炜　高　翔)

**【口岸检验检疫作业】** 2018年,山西省口岸办减少双边协议出口商品装运前的检验数量。推行进口矿产品等大宗资源性商品“先验放后检测”检验监管方式。创新检验检疫方法,应用现场快速检测技术,缩短检验检疫周期。检验检测扩项223个,获证认可范围达4699项。依托大同杂粮检疫检测、运城温带果蔬检疫国家重点实验室,推动当地政府搭建公共检测技术平台。对进出口鲜活食品农产品强化源头监控,优化鲜活产品检验检疫流程,加快通关放行。

(宋晓徽　郑　炜　高　翔)

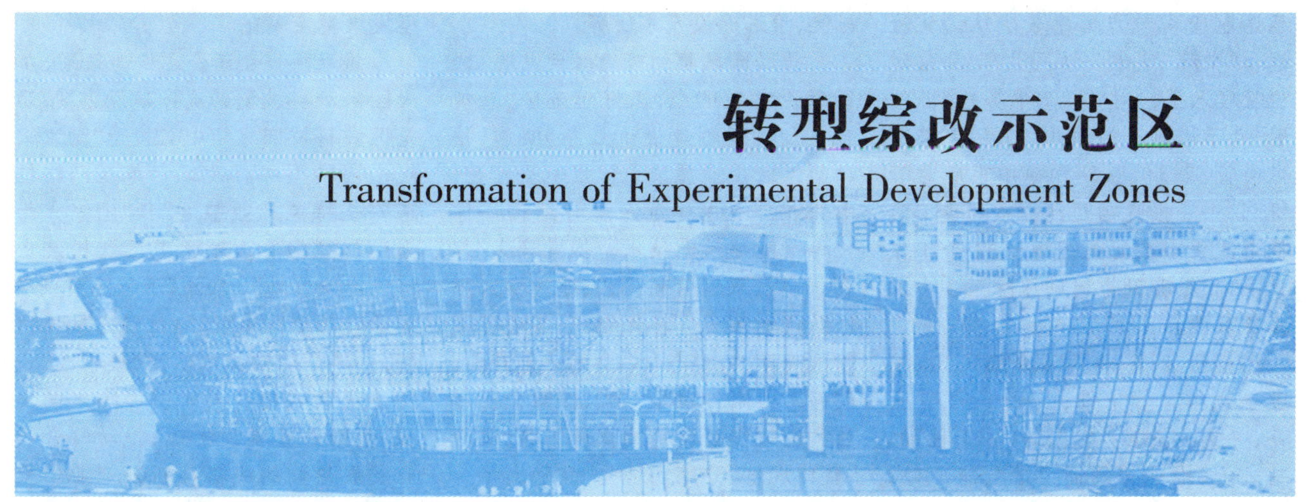

# 转型综改示范区

Transformation of Experimental Development Zones

## 综 述

【概况】 2018年,山西转型综合改革示范区构建现代产业体系,推进项目落地开工,各项经济指标实现快速增长,完成省、市下达目标任务。全年完成地区生产总值474.80亿元,同比增长13.80%;规上工业总产值1187.10亿元,增长15.00%;规上工业增加值261亿元,增长17.70%;固定资产投资154.70亿元,增长102.80%;工业投资100.80亿元,增长303.60%;一般公共预算收入33.40亿元,增长12.30%。

1月18日,太原市院士工作站建设领导小组举办“太原市2017年度院士工作站授牌”会议,综改区5家院士工作站获集中授牌。

8月29日,资本助力中小企业创新发展论坛在综改区清控创新基地举行。会上举行山西股权交易中心“晋兴板”企业集中挂牌仪式,综改区5家优质中小企业登陆资本市场。

9月9日,山西省第二届跨境电商大会在综改区清控创新基地举办。9月19日,山西高等创新研究院第一届理事会正式成立。

10月9日,主题为“高水平双创,高质量发展”的2018年全国“大众创业万众创新活动周”山西分会场活动在综改区拉开帷幕。10月10至12日,中美清洁能源中心清洁煤技术联盟2018年会在科技创新城召开。中国科技部、美国能源部以及中美双方科研机构、大学、公司等100余名专家学者参会。10月18日,山西进出口品牌产品体验中心在综改区武宿综保区正式启动。山西省人民政府与中国工程院共建的中国工程科技发展战略山西研究院在太原成立。

12月4至5日,太原高新区获2017年度火炬统计工作先进单位。12月12日,综改区成果转化有限公司正式运行,标志综改区控股集团二级公司业务板块开始全面整合。

(刘 鹰)

【改革创新】 2018年,山西转型综合改革示范区推进大部制、扁平化机构改革。在完成大部制机构整合的基础上,根据示范区发展需求和新机构实际运行情况,及时调整完善机构职能,形成投资合作、项目建设、创新发展、物业保障等“一条龙”服务机构,涵盖项目引进、建设、经营、创新全流程,推进“权力型结构”向“服务型结构”转变。

推进“三制”改革。在完成领导班子任期制、全员岗位聘任制和绩效工资制的基础上,建立容错机制和改革创新引领人才培养办法等细化配套制度,健全考核机制,实现薪酬分配、岗位聘用、考核奖励与转型成效、企业评价、廉洁从政直接挂钩,调动员工干事创业积极性,激发内生动力。

推进政策创新。将“1+2+26”体制机制政策制度体系的顶层设计细化、规范为普惠类、培育类、协议类三种兑现模式,构建扶持政策、实施细则(操作规程)、兑现模式、“一网通办”四个层面的扶持政策和兑现实施体系。其中“一网通办”作为国内首个为企业服务的专业化平台,实现服务企业内容最多、量化最深、服务最全。

强化风险防范。以加强内部管控为重点,探索建立合法性审查、法律顾问、流程控制、台账管理、重点审核等综合性风险防控制度和措施,防范招商引资、建设管理、经济发展过程中的各种风险,确保政策落实公开透明、权力运行严格规范。 (刘 鹰)

【营商环境优化】 2018年,山西转型综合改革示范区推动系统集成创新,打造“六最”营商环境新亮点。推动省市下放事权工作规范化管理。在上年省市下放1176项事项授权到位的基础上,重点推进承接事权的规范化管理工作,形成示范区行政管理权事项清单794项,精简各类行政管理权事项382项,编制《山西转型综改示范区各单位行政管理权事项清单》及运行流程图、风险防控图、办事指南等配套文件,建立集中审批、分类监管、综合执法有机结合的权责分配体系。

推进“双承诺制”审批服务改革。制定《示范区深化企业投资项目承诺制改革工作方案》,完善承诺制改革工作相关配套制度和实施细则,编制承诺制管理节点信息表。从优化流程、减少环节、强化协同共享、加强过程管理入手，对“政府服务+企业信用”双承诺制进行深化、拓展，完善项目会商、联审、联勘和事中事后监管机制，企业投资项目从立项到竣工验收全流程审批时限缩短为31个工作日以内，企业开办时间压缩至3个工作日以内。

创新“四个一”管理新模式。在推进一颗印章管审批、一个大厅管服务、一支队伍管执法“三个一工程”的基础上，推进一网通办管效能，形成“四个一”服务管理新模式。“一网通办”从11月1日起实施，150项事项全部纳入“一网通办”政务服务系统，实行“前台综合受理、后台分类审批、统一窗口出件”审批模式。通过建立“互联网+政务服务”系统，实现网上投资审批、网上企业开办、网上政策兑现、网上项目管理、网上企业服务，网上招标采购、网上智慧办公、网上公车服务，做到行政管理事项办理能上网尽上网，实现审批服务高效便捷，公开透明。

拓展深度服务企业平台体系。加强“一网一线”综合服务平台、科学仪器共享服务平台、科技成果转化服务平台、咨询中介服务平台管理运营，制定管理办法，提升服务效能。借鉴深圳经验，在生物医药、电子信息、新能源汽车和新材料等主导产业领域加快开放式公共科技创新平台建设，山西高等创新研究院、中国工程科技发展战略山西研究院正式进入运行阶段。推动金融服务平台建设，借鉴重庆、青岛等地经验成立山西潇河产业金融研究院，搭建金融综合服务平台，为企业提供更多深度服务。

推进国际化创业宜居环境建设。秉持“产业为基、生态为本、文化为魂”和“园区即景区、产业即旅游”理念，打造潇河生态文化景观带，编制完成概念规划和中心区概念性城市设计方案，启动前期建设工作。与世界接轨的国际医院、国际学校引入合作方，启动部分项目建设前期准备工作。在已建设大学生就业廉租房的基础上，推进建设人才住房。

推动园区集约节约绿色发展。践行绿色发展理念，抓好示范区“五规合一”和《规划建设十五条》实施，推动新入区企业屋顶光伏发电全覆盖，率先推广SD建筑保温与结构一体化等节能建筑新技术。探索环保“督查+巡查”双监管新模式，通过专业环保队伍和第三方环保组织，实现环境管理高标准、常态化。盘活土地存量，创新工业用地供地方式，探索先租后让和缩短出让年期的供地方式，实行“整体规划、分期供地”。鼓励支持企业建设多层厂房，刚性约束建设地下车库，规划建设中小企业园和专业产业园，实现土地集约利用、资源共享。

（刘　鹰）

**【产业发展】** 2018年，山西转型综合改革示范区转换增长动能，探索搭建特色现代产业体系基本架构。推动招商引资项目落地实现新突破。落实山西省政府《关于改革和创新招商引资工作的若干意见》，制定示范区《招商引资导则》和《2018年项目手册》，研究梳理出招商的重点地区、重点产业、重点行业、重点企业，编制招商引资地图，开展精准招商、产业链招商。全年共签约项目89个，计划总投资约1183亿元，预计年产值约2090亿元。建立招商引资项目管理系统，利用信息化平台，实现项目对接、落地、建设全流程网上手续办理、信息采集统计和进度跟踪督办，加快项目开工建设进程。全年新开工新兴产业项目66个，完成全年目标的106.40%。其中，开工投资额超30亿元项目10个，10亿元至30亿元项目10个。26个重点技改项目进展顺利。其中，中电科第三十三所电磁防护材料等9个项目建成投产。

推动现代产业体系加速形成。根据全省产业布局和示范区实际，聚焦打造体系完整的特色产业集群，针对性引进培育龙头企业、关键配套企业和研发机构，初步搭建电子信息、先进制造、生物医药及食品、新材料及加工4个千亿级产业集群以及大数据等新兴产业未来框架，为示范区转型发展奠定基础。

推动科技创新资源快速集聚。加大国家级科技创新载体建设力度，示范区被科技部火炬中心授予“国家火炬山西转型综合改革示范区网络信息安全特色产业基地”和“国家火炬山西转型综合改革示范区煤机装备特色产业基地”。实施《示范区新兴产业培育计划》，通过建立动态扶持机制，引导企业向技术研发、技术改造、科技成果转化和人才引进等方向发展，帮助企业提质扩能，推动符合产业发展导向的战略性新兴产业扩大规模。全年共有42家企业纳入新兴产业培育库。新增国家级企业技术中心1家，总数达4家。截至2018年底，全区经认定的高新技术企业达550家，占全省1/3。

推动存量企业加快提质扩能。锦波生物Ⅲ型人源胶原蛋白、阳煤现代煤化工装备、中电科三十三所电磁防护材料等26个重点技改项目进展顺利。其中，蒙牛5条高端奶生产线等4个项目建成投产。青岛啤酒太原公司新上易拉罐生产线从立项到投产仅用5个月时间，创造青啤集团全国同类项目的最快速度。

推动跨境电商新业态蓬勃发展。建立健全跨境电商政策体系，制定出台《示范区跨境电子商务发展扶持办法》，配合省、市加快申报国家跨境电子商务综合试验区。在武宿综合保税区内建成全省唯一的跨境电商公共服务平台。山西太原飞机拆解基地建设项目和航空仓储保税物流中心项目等一批重大服务贸易、加工贸易及跨境电商项目正式落地。（刘　鹰）

**【项目建设】** 2018年，山西转型综合改革示范区推进项目建设。6月26日，太原重工轨道交通齿轮箱升级改造项目在综改区建成投产，标志该项目实现智能化制造。8月18日，武宿综合保税区永大不锈钢法兰项目正式投产运营，这是中国首个引进智能制造系统的法兰加工项目。8月23日，益海嘉里粮油深加工项目落户综改区，开工建设。9月27日，中国电科

（山西）电子信息科技创新产业园项目奠基仪式在综改区潇河产业园区举行。10月19日，江铃重汽在整车厂总装车间举行新车下线仪式，江铃重卡威龙HV5正式面世。11月15日，主题为“千里江铃一日还”的活动在广州举行，江铃威龙HV5正式上市。11月7日，智奇铁路设备有限公司的高铁轮轴智能制造试点示范项目和山西科达自控股份有限公司的矿山装备远程运维服务试点示范项目，入选国家工信部公布2018年智能制造试点示范项目名单。11月9日，山西和信基业科技股份有限公司的路网安全智能服务平台项目和山西清众科技股份有限公司的山西“农谷”智慧农业综合服务平台建设项目，入选国家工信部2018年大数据产业发展试点示范项目。（刘　鹰）

【平台建设】 2018年，山西转型综合改革示范区推进平台建设。3月26日，综改区政策兑现服务平台正式上线运行。9月28日，山西外贸综合服务中心在综改区武宿综保区正式启动，全境通跨境电商B2B平台与山西外贸综合服务平台上线。来自俄罗斯、白俄罗斯、蒙古国企业代表及省内相关外贸企业等150余人参加。10月26日，综改区政府采购全流程电子平台正式运行。全省首个实现政府采购全流程电子化交易。11月18日，全国首个城市级静态交通大数据平台“帷幄停车”在综改区建成上线。12月27日，综改区金融服务平台正式上线运行。（刘　鹰）

【开发园区】 2018年，山西省出台《山西省开发区发展水平考核办法（试行）》《山西省开发区管委会领导班子收入绩效管理办法（试行）》《山西省市场化选聘开发区高级管理人员工作办法（试行）》等政策文件，完善开发区体制机制改革的顶层设计，对开发区实行有进有出、有升有降的动态管理。推进开发区管运分离改革，指导民营企业潞宝集团企业化管理运营潞城经济技术开发区。推动开发区国际化建设迈出坚实步伐，晋中开发区依托主导产业启动建设国际合作产业园，实现山西省国际合作园区零突破。

2018年8月3日，山西省人大常委会审议通过《关于在全省省级以上开发区推广山西转型综合改革示范区授权经验的决定》，将示范区的授权推广适用到山西省所有国家级和省级开发区。为提升开发区政务效能，山西省在全省范围内推广企业投资项目承诺制无审批管理改革试点工作，成为全国首个承诺制改革试点省份。山西转型综改示范区率先在全省实行“一个图章管审批、一个大厅管服务、一支队伍管执法”的“三个一”管理模式。省商务厅多次到山西综改示范区调研，在全省省级以上开发区推广示范区经验，会同示范区梳理示范区在体制机制改革创新6个方面32条经验，形成《山西转型综合改革示范区可复制推广改革创新发展经验清单》，印发全省开发区复制推广。省商务厅协调省国土资源管理部门为开发区用地审批设立“绿色通道”，建设用地审查时间由29个工作日减为15个工作日。

2018年，山西省商务厅推进开发区整合设立扩区，省级及以上开发区由年初的40家增至64家，工业、生态文化旅游、现代农业产业开发区齐头并进，形成综改示范区一极引领、市管开发区多点支撑、县管开发区联动跟进态势。按照“差异化、特色化”布局要求，明确开发区主导产业，初步形成装备制造、电子信息、生物医药、食品及农产品加工、新材料、现代服务业等一批产业集群。

2018年，山西省纳入统计的工业类开发区完成地区生产总值2347亿元，同比增长13.9%，高出全省增速7.20个百分点。全省开发区完成一般公共预算收入126亿元，同比增长38.50%；税收收入443亿元，同比增长22%。全省开发区企业集群、产业集聚的效果明显，成为全省经济的重要增长极。截至2018年底，集聚43031家入区企业，其中规模以上工业企业902家、高新技术企业805家、有进出口实绩的外贸企业510家、外商投资及港澳台投资企业226家；创造占全省14%的地区生产总值、15.90%的固定资产投资、41.60%的规上工业企业主营业务收入、65%的进出口、57.60%的实际利用外资。2018年，全省开发区新建重大转型项目完成137个，完成率106%，总投资额3320.6亿元，累计完成投资381亿元。（黄健文）

## 投资促进

【概况】 2018年，山西省投资促进局招商引资签约项目2518个，总投资额15643.40亿元，完成年度目标任务的130.40%。招商引资签约项目中开工项目1652个，总投资额4030.90亿元，其中2018年签约并开工项目1512个，当年开工率为60%，各市均完成当年签约项目开工率30%的年度目标任务。全省招商引资新开工项目形成固定资产投资的新开工项目到位资金1082.40亿元，约占同期全省固定资产投资的20%，对全省稳投资、促增长发挥重要作用。（周英巧）

【招商引资】 2018年，山西省在中国（太原）国际能源产业博览会期间组织重大项目洽谈，在第十七届中国西部国际博览会期间举办山西省（成都）招商引资推介对接会，在首届中国国际进口博览会期间举办山西省（上海）跨国公司推介对接会，采取“1+6”模式举办山西省（深圳）招商引资推介会，举办山西省与香港、澳门工商界人士恳谈会，与省国防科工办在太原联合举办山西省军民融合发展推进大会，与晋城市联合举办新时代海外侨胞、台湾同胞经贸文化交流合作恳谈会，以上活动共签约投资项目和合作协议176个，总投资额2579.50亿元。联合山西省政府驻天津、上海、广州办事处（招商局）举办6场区域性产业招商活动，签约21个项目，总投资501.40亿元。对接到访客商50余批次，其中，促成落地项目

3个,促成签约项目5个,对接洽谈的项目6个。

2018年,山西省完善"13710"招商项目督办系统。通过对系统升级改造,实现从签约项目只能按市分类统计和跟踪进展到开发区签约项目独立跟踪统计的转变;通过建立"企业反馈问题专用平台",实现从基层招商部门间接反馈问题到企业直接反馈问题的转变。优化"96301"山西省投资服务热线。实行全省"一张网"模式,实现省市互通,受理电话1600余次,在投资区域、投资方向、投资项目、优惠政策等方面为投资者提供咨询服务,在问题协调办理、项目对接、回访跟踪方面提供专业服务。发挥外来投资者投诉协调作用。受理投诉案件7起,办结5起。建立由省商务厅牵头协调,山西省外来投资者投诉中心具体组织,32家省直相关业务厅局协调推动的《山西省外来投资企业投诉服务工作联席会议制度》。

(周英巧)

【区域合作】 2018年,山西省落实国家发改委《关于支持山西省与京津冀地区加强协作实现联动发展的意见》,以2018年蒙晋冀(乌大张)长城金三角合作区第五届联席会议为契机,支持大同打造融入京津冀"桥头堡";支持运城、临汾等共同打造好晋陕豫黄河金三角示范区;发挥山西省政府驻外办事处"窗口"和"桥梁"作用,以泛珠三角地区山西商会第一届第二次联席会议为契机,探索建立与山西省政府驻外办事处、商协会三方合作的工作推进机制;借力山西省政府协议、廊洽会等促进项目合作,承接产业转移,促进区域合作水平提升。推进落实以山西省政府名义签署的合作协议。按照省委书记骆惠宁"对山西省政府签署的合作协议落实情况作个分析"的重要批示和副省长王一新具体指示要求,对山西省2006年以来以山西省政府名义与兄弟省份、国家部委及机构、高等院校、企业和境外部分国家94个合作方签署的111份合作协议,特别是2016年9月以来与59个合作方共签署的60份合作协议落实情况,进行大起底和全面梳理。支持商(协)会和民营企业发展。省投促局制定出台支持民营企业8条举措,召开山西省异地商会会长座谈会;为地方与商(协)会合作牵线搭桥,促成岚县和神池县分别与海南省山西商会签署招商委托合作书,帮助海南省山西商会协调联系与山西各市(县)政府合作设立在琼招商联络机构;制定印发《山西异地商会联系服务工作机制》《异地山西商会联系服务工作机制》。

(周英巧)

【展会平台】 2018年,山西省投资促进局举办中国(太原)国际能源产业博览会。探索引入市场化运作机制,委托第三方开展展会策划、招商招展、运营服务等,首次实现全程社会化办展。参加2018津洽会、第三届丝博会、第二十一届西洽会、第十九届青洽会、第二十四届兰洽会、第二十届投洽会、第十七届西博会七场国家级展会,累计参展面积突破1515平方米,参观人数近17万人,展示160家企业约1170种特色产品,推介山西。参展企业展会现场交易额近400万元,实现意向签约116家,展会活动成为招商引资的重要平台之一。省投促局获投洽会特别贡献奖、丝博会优秀组织奖和优秀布展奖、西洽会最佳组织奖及兰洽会优秀组织单位称号等多项荣誉。

(周英巧)

【粤港澳招商活动】 2018年,山西省投资促进局举办山西省(深圳)招商引资推介会。会上,签约25个投资合作项目和战略合作协议签约仪式,总投资额567.80亿元,涵盖先进装备制造、新一代信息技术、新材料、现代服务业等山西省转型重点产业领域。六场专题会签约50个项目,其中投资类项目42个,合作框架协议8个,总投资额达974.50亿元。举办山西省与香港工商界人士座谈会。参会嘉宾主要涉及地产开发和基础设施建设,金融业、电视传媒及文旅产业、新兴化工、新能源、新材料及节能环保产业、生物产业和食品医药产业等多项领域。举办山西省与澳门工商界人士座谈会。会上,澳门工商界代表人士对加强晋澳两地在发展文化旅游产业、促进中医药科研成果转化利用、推动中小企业发展、发挥澳门葡语国家商贸合作服务平台作用四个方面务实合作的共识给予鲜明支持。 (周英巧)

## 开发园区发展

【开发区产值】 2018年,山西开发区规模以上工业总产值7021.10亿元,较上年增加1978.60亿元。进口总额576.70亿元,出口总额314.90亿元,从业人员92.30万人。开发区规模以上企业总产值达100亿元以上的有:山西转型综改示范区2369.30亿元,清徐开发区230.90亿元,大同开发区149.20亿元,忻州开发区119.10亿元,孝义开发区391.80亿元,交城开发区203.70亿元,晋中开发区275.80亿元,长治高新区294.10亿元,晋城开发区299.70亿元,运城开发区175.20亿元,盐湖开发区136.70亿元,汾阳杏花村经济技术开发区218亿元,兴县经济技术开发区121.60亿元,介休经济技术开发区336.40亿元,长治经济技术开发区120.40亿元,洪洞经济技术开发区135.70亿元,闻喜经济技术开发区223.90亿元,永济经济开发区117.90亿元,河津经济技术开发区335.10亿元。

(编辑部)

【开发区税收】 2018年,山西开发区税收收入440.90亿元,较上年增加184.30亿元。其中税收达10亿元以上的有:山西转型综改示范区78亿元,清徐开发区20.60亿元,大同开发区11.10亿元,朔州开发区11.40亿元,忻州开发区12.50亿元,孝义开发区22.10亿元,晋中开发区21.40亿元,长治高新区31.30亿元,晋城开发区22.50亿元,汾阳杏花村经济技术开发区34亿元,兴县经济技术开发区20.60亿元,介休经济技术开发区18.70亿元,长治经济技术开发区17

亿元，屯留经济技术开发区20.30亿元，河津经济技术开发区12.90亿元。

（编辑部）

## ·太原不锈钢产业园区·

【概况】 2018年，太原不锈钢产业园区规模以上工业增加值完成15.51亿元，增速22.70%；固定资产投资完成13.86亿元，同比增长21.70%；一般公共预算收入完成2.10亿元，同比增长28.90%；工业投资增长速度15.80%；入区企业数增长率91%；工业增加值增长速度22.70%；非煤产业产值增长速度15%；高新技术企业数增长率50%。

改进招商引资工作。完善招商引资政策，创新招商引资方式，构建招商引资新格局，对接项目27个，总投资545亿元。新引进签约项目18个，总投资124亿元。（郭　微）

【项目建设】 2018年，太原不锈钢产业园区开展"转型项目建设年"工作，推行无审批承诺制，配套实行项目代办服务制、专业论证制、周例会考核制等工作制度。总投资9.33亿元的9个项目实施无审批承诺制，深化项目包联制度，建立考核督查制度，建立管理综合行政执法部、综合执法队、派出所等多部门联动机制，营造和谐稳定的施工环境。转型项目39个，总投资162亿元，其中21个项目于3月底集中开工，总体开工率于8月底达100%。（郭　微）

【基础设施建设】 2018年，太原不锈钢产业园区推进基础设施建设，完成京丰场地土方平整工程、广立护坡工程和交易中心次干道工程。水电配套方面，完成10千伏阳铁线、10千伏东方线和10千伏浏河线3项迁改工程；完成钢园路电力管沟工程、丰润街西段电力管沟招标工作；完成10个企业项目的自来水接入事宜。园林绿化方面，完成三期公园绿地、小返河东路道路、横河北抢险路道路3个绿化工程，新增绿化面积5.80万平方米；完成兴安南二巷和丰源西路行道树补栽补种工作，补栽树木215株；加强园林精细化管理，养护面积达16.8万平方米。全年拆除建筑面积8.40万平方米，征收土地650亩，共支付征地补偿款2.18亿元。

（郭　微）

【营商环境优化】 2018年，太原不锈钢产业园区优化营商环境，精简审批事项，创新服务方式，打造"六最"营商环境。优化审批流程。入企解决难题。现场服务2950人（次），发现并解决问题192个。拓宽融资渠道。融资1.47亿元。为太原日德泰兴精密不锈钢有限公司融资900万元。通过参股方式分别向融盛财产保险公司、山西龙翔杭萧科技有限公司注资500万元，帮助企业顺利落地。共投入科技创新研发资金7700万元，培育高新技术企业18家，科技型中小企业20家，科技型小微企业19家。院士工作站、省级重点实验室等研发机构达8个，搭建创新服务平台5个，打造成果转化基地1个，获得专利数240件。争取上级科技补贴资金，10家企业获批1808万元。（郭　微）

【"三化三制"改革】 2018年，太原不锈钢产业园区推行"三化三制"改革。"三化"改革与全球十大专业咨询服务机构之一的德勤公司建立战略合作联盟，委托其制定发展战略规划（2018–2025）。完成《不锈钢产业规划及招商地图（初稿）》，明确不锈钢产业将采取"短期从中段深加工起步，长期向下游逐步延伸"的发展思路，聚焦三大方向，主攻七大领域，推动将园区建设成为全球最具影响力的高品质不锈钢工业制品深加工基地和中国中部最大的不锈钢制品贸易流通中心。在完成编制人员聘任制改革的基础上，重点对购买服务人员进行聘任制改革。通过"招录招聘为主，市场调剂补充"的形式，经过严格程序，冗余精简率20%以上。实行差异化绩效考核，严格奖惩兑现，对未聘人员设置过渡性岗位，并制定学历提升方案。（郭　微）

【"融合"改革】 2018年，太原不锈钢产业园区推动区区融合。《园区与尖草坪区融合改革发展方案》于2018年8月经市委、市政府正式批复，"三个统一"基本落实，推进"六个平台"建设，推进"一区两园"各项工作。融盛无人潜航器项目落户A区，中试研发厂房投入运行，企业与中科院声学所东海站、上海美多（原上海无线电三厂）、晋西集团签署战略合作协议。科技创新园一期1215亩用地详细规划完成，土地征拆启动，三纵三横（15千米）道路基础设施启动立项、设计工作。转型产业园以"火工区退城安置，预留发展空间，原址土地释放，集聚军民融合产业，实现产城融合发展"为路径，重点推动军工企业火工区及火工仓库搬迁。（郭　微）

【安全生产】 2018年，太原不锈钢产业园区制定出台《贯彻落实〈规定〉的实施细则》《党政同责、一岗双责、失职追责管理办法》等制度，创新安全监管模式，集中帮扶企业开展标准化建设，61家企业创建达标。开展安全生产大检查和专项检查，累计排查安全隐患1300余条，全部整改销号，整改率100%。各类安全生产事故及死亡人数均为零。严查环境违法行为，改善环境质量。15家违法排污企业和建筑工地实施行政处罚，3家"散乱污"企业进行取缔。（郭　微）

## ·晋中经济技术开发区·

【概况】 晋中经济技术开发区成立于1996年，时属省级开发区。2012年3月，经国务院批准升级为国家级开发区。2017年4月27日，以晋中经济技术开发区为主体，整合榆次工业园区（含山西中鼎物流园、山西新能源汽车园）、山西高校新校区，向晋中城区西南部扩区，山西转型综合改革示范区晋中开发区正式揭牌运行。示范区晋中开发区为晋中市政府的派出

2018 年 2 月 23 日，山西转型综合改革示范区晋中开发区举行 2018 年首批招商引资项目集中签约仪式　（张　茸供图）

机构，统筹负责示范区所涉晋中区域范围内相关改革创新发展工作。受晋中市和山西转型综合改革示范区管委会双重领导，以晋中市领导为主，与山西转型综合改革示范区内其他园区统一规划、统一政策、统一授权。

2018 年地区生产总值、规上工业增加值、固定资产投资、一般公共预算收入分别完成 74.59 亿元、45.37 亿元、134.32 亿元、7.89 亿元，增速分别为 13.30%、15.20%、124%、42.39%。地区生产总值、规上工业增加值增速分别高于全市 6.20 和 7.20 个百分点，固定资产投资和工业投资增速分别为全市的 12.92 倍和 25.68 倍，均在全市排名第一。（张　茸）

【项目建设】 2018 年，晋中经济技术开发区建设库共有项目 149 项。其中，产业转型类 124 项，其他类 25 项；开复工率为 100%，完成投资 134.32 亿元。全区 24 项省、市重点项目，总投资 378.40 亿元，全年计划投资 64.66 亿元，完成投资 85.49 亿元，完成年度计划的 132.21%。（张　茸）

【招商引资】 2018 年，晋中经济技术开发区共引进项目 44 项，总投资 332.43 亿元，包括世界和国内 500 强 5 户，外资企业6 户，投资 30 亿元以上项目 5 项。引进项目亩均投资强度达 601 万元，同比增长 10.50%。当年签约转型项目开工率达 61.90%，招商引资实效性得到增强。储备项目 33 项，计划投资 755.38 亿元，是上年同期的 13 倍。（张　茸）

【产业发展】 2018 年，晋中经济技术开发区确定发展 5 大产业集群，打造 10 大特色产业园区。按照打造产业特色突出、产业链条完整、产业分工合理、产业布局优化的现代产业集群发展思路，确定 5 大产业集群分别是：新能源汽车、智能装备制造、医药健康、食品、现代物流，通过产业发展高起点，培育未来发展新优势，实现产业层次大提升。通过构建吉利汽车及零部件配套产业园、山西智慧科技城等 10 大特色产业园区，为打造以五大产业集群为主体的千亿级产业基地提供支撑。通过补链、延链、强链，推动产业集群发展。新能源汽车产业作为示范区晋中开发区最大的特色优势产业，在产业发展上以吉利新能源汽车为龙头，通过其带动作用引进吉利核心零部件生产供应商，形成产业氛围，促成斯纳德新能源专用汽车等项目落地，整车制造规模初现；以娃哈哈、海玉食品、尚品天香、双合成等食品企业为重点，新引进北方功能食品产业园项目集教育示范、旅游体验等功能为一体的综合性安全食品产业生态示范园区，形成具有自身特色的食品产业集聚效应；以中鼎物流为龙头，引进苏宁物流、普洛斯物流、和安物流等项目，推动打造十大物流企业，形成技术水平先进、主营业务突出、核心竞争力强的现代物流集群。（张　茸）

【改革创新】 2018 年，晋中经济技术开发区推行管运分离。逐步完善集团公司组织架构、决策机制、经营风控体系和考核机制，支持集团公司在基础设施建设、资金筹集、土地开发、企业管理和服务等方面发挥更大作用。全年集团公司共承建区内市政道路 16 条，当年开工 11 条；先后启动总面积 230 万平方米、总投资 30 亿元的山西智慧科技城等五大标准化厂房项目；加快推进开发区建设由单纯政府主导向政府主导和市场运作相结合的转变。

推进三制改革。实行“特职特聘、特岗特薪”。面向社会招聘政策研究、经济管理、统计分析、工程管理等领域专业化岗位，优先招聘高层次人才以及工作经验丰富的人才，所聘人员不占编制，实行合同管理，按照年度和聘期考核确定进退流转，加快推进全员岗位社会化选聘进程，最终选聘的 30 名人员中“双一流”及硕士及以上学历毕业生 16 名，占选聘人员总数的 53%，“特职特聘、特岗特薪”在全省首次启动完成；优化绩效考核体系。在现有绩效工资制基础上，完善绩效考核体系，推进绩效考核向精细化管理转变，绩效考核指标中任务指标占比由 60%提高到 80%，指标设置聚焦经济主业，突出经济发展指标和项目推进指标。

探索轻资产重资本运营模式。出台《企业（项目）入驻工业标准厂房管理暂行办法》，明确入驻标准。先后启动精工谷、金科、吉利、晋晟鼎业、奥帕斯车桥等五大标准化厂房项目，使企业能够“拎包入住”，降低企业前期

投入，缩短项目建设周期，推动入区项目尽快投产运营、产生效益。

实施工业地产分割转让。出台实施《工业房地产转让管理办法（试行）》，晋中开发区内划拨或出让工业用地及其土地上建成的工业厂房及配套设施，可按照《办法》进行整体或者分割转让，解决土地低效使用问题，促进工业房地产资源合理配置。

（张　茸）

2018 年 10 月 29 日，晋中开发区举行斯纳德新能源专用汽车制造项目开工仪式

（张　茸供图）

**【营商环境】** 2018 年，晋中经济技术开发区优化审批流程。实行全方位、高效率、保姆式的企业投资项目承诺制管理制度，开工前审批事项减少到 2 项；中介超市启动运营，近 300 家中介机构可以提供 50 余种中介服务，收费标准比市场均价减少一半以上；由财政列支 2000 万元推行政府服务、审批代办、四图联审等具体办法，实现一次性告知、一个窗口受理、一站式服务。推进商事制度改革，开展“证照分离”和企业名称自主申报改革试点工作，企业开办时间缩减至 1 个工作日，全区在册企业达 4015 户，同比增长 24.10%；推进事中事后监管体制创新，建立企业年度报告制度，开展涉企信息归集公示工作，完善透明高效的准入后全过程监管体系。

（张　茸）

**【人才引进】** 2018 年，晋中经济技术开发区共引进创新创业人才 39 人，引进企业经营管理人才、科研人才、专业技术人才等各类人才千余人。其中，合作院士 16 人，硕士及以上 250 余人，海外高层次人才 50 余人，涉及通用航空、智能制造、医疗健康、新材料等领域。制订出台《晋中开发区人才及团队引进培育扶持（试行）办法》，构建起多维度人才发展体制机制新架构，全年预算安排 750 万元作为创业、人才培养奖励资金；调配 296 套公租房作为高管人才公寓，确保高层次人才引得进、留得住、用得好。

（张　茸）

**【基础设施建设】** 2018 年，晋中经济技术开发区基础设施建设项目完成投资 46.10 亿元，占全区固定资产总投资完成额的 34.40%。推进 20 条园区道路建设重点工程，五大产业园区路网框架基本搭建完成，改善园区道路交通环境。完成投资 44 亿元，主干路网框架基本搭建完成，为招商引资、产业布局、经济发展起到带动和支撑作用。推进公共配套设施建设。全年投资约 1200 万元，共实施电力迁改、供水铺装及迁改、施工水电接入等 31 项配套工程，满足山西智慧科技城等 22 个重点项目建设、生产、投产的需要。土地清表。建立一整套土地报批、收储、出让的制度办法，全年出让土地 3576.68 亩，清表总面积 4265 亩，在全省开发区中均居第 2 位。（张　茸）

**【公共服务平台】** 2018 年，晋中经济技术开发区推进科技孵化器建设。利用示范区晋中开发区国家级科技孵化器平台，培养以信息、高端智能制造、医药健康、新材料、通用航空等产业为代表的新兴产业和高新技术企业，开展招商引才、创业服务、载体建设等工作，全年新引进企业 21 户，包括计算机硬件开发、自动化设备与软件的研发、大数据分析等较为先进的项目。连续两年被评为国家级孵化器良好等级。推进双创基地建设。依托区内条件成熟的企业，围绕壮大开发区战略性新兴产业，培育双创主体，双创示范基地建设规模、创新创业能力等各项指标得到增长，双创载体建设取得成果。开发区中小企业创业基地被认定为 2018 年省级中小企业双创示范基地。山西晨晨信息科技有限公司被认定为省级科技企业孵化器，山西鼎圣精工有限公司被认定为省级众创空间。推进校地合作平台建设。与太原理工大学围绕招商引资、新产业研究、传统产业升级、科技成果转化、人才引进开展合作，通过对区内 32 户企业进行实地调研后，太原理工大学整理出企业在液压、机械、医药、食品、焦化、电气和电子等领域的技术需求和亟待解决的技术难题。截至 2018 年底，太原理工大学与山西高行液压股份有限公司、太重集团榆次液压工业有限公司、山西菲达科技有限公司、天一纳米材料科技有限公司等开展技术服务。（张　茸）

## ·大同经济技术开发区·

**【概况】** 2018 年，大同经济技术开发区建成医药工业园区、装备制造园区、高新技术园区、现代服务园区、御东园区五大产业园区，打造通航产业园区、中银纺织产业园等特色产业园区。初步形成以医药和装备制造为支柱，新能源、新材料、电子信息、通用航空、商贸物流、食品加工为辅助的产业布局。全年，开发区全区生产总值完成 73.50 亿元，同比增长 10.30%；规上工业增加值预计完成 39.30 亿元，同比增长 11.50%；第三产业增加值完成 22.70 亿元，同比增长 9.90%；规模以上工业总产值完成 140 亿元，同比增长 28%；规模以上销售收入完成 133 亿元，同比增长 32%；公共财政预算收入完成 4.97 亿元，同比增长 30%；固定资产投资完成 69.30 亿元，同比增长 20%；外贸进出口总额完成 22.23 亿元，同比增长 54.58%，占目标任务的 147.22%。（张维新）

【改革创新】 2018 年，大同经济技术开发区推进改革创新。

完成“三制”改革。领导班子任期制：领导班子 1 正 6 副，任期三年。全员岗位聘任制：内设 8 个部门、5 个园区服务中心以及区内设 18 个科级机构工作人员，通过竞聘、选聘方式完成聘任。绩效工资制：出台《大同经济技术开发区薪酬管理实施办法》和《大同经济技术开发区绩效考核办法》。

推进“三化”改革。市场化改革方面：实施“管建分离”“管运分离”。成立大同经济技术开发区招商集团有限公司，下设大同经济技术开发区经济发展投资有限公司、大同经济技术开发区经济建设有限公司、大同市科技创业中心有限公司、大同市开发区云州电力有限公司、大同电子口岸有限公司、大同华岳热电公司、大同开发区财信融资担保有限公司、大同开发区创投基金管理有限公司（筹建）8 家子公司，在建设运营、招商引资等领域开展市场化运作。医药产业园区、高新产业园区中央大道、运煤专线、装备园产业区云州街绿化养护工作委托河南森苑园林建筑工程有限公司和大同市兰园绿色园林建筑工程有限公司负责养护运营管理。御东污水厂委托北京博天环境集团有限公司子公司大同博华水务有限公司运营。御东污水厂二期改扩建 PPP 项目采用 BOT（建设–运营–移交）方式实施。开发区通航产业园区、装备产业园区清扫保洁工作由大同市新城机扫有限公司以外包运营方式运营。

中层干部市场化选聘。开发区 8 个部、5 个园区服务中心财政运营部、投资促进部、装备制造产业园服务中心、医药工业园区服务中心 4 个中层干部岗位（副处级）面向全区及社会公开招聘。

在专业化改革方面：建设专业化产业园区。规划布局新能源汽车及零部件产业园、增程式清洁能源汽车产业园、新能源产业园、现代医药产业园（一）、现代医药产业园（二）、现代智能科技纺织产业园、通用航空产业园、国际陆港自贸区、装配式建筑产业园、大数据产业园、石墨烯产业园、食品加工产业园、电子商务及现代服务业产业园、人工智能及大健康产业园、新材料产业园、上海漕河泾（大同）国际创新创业园、国际合作产业园、科技新城、科研机构中试城、国家级现代农业装备 4.0 产业制造基地等 20 个产业园区。引进专业化人才。岗位专业化、社会化选聘，试行特岗特薪、特职特聘。

在国际化改革方面：建设通航产业国际合作园区。开展中德、中美、中比（比利时）国际通航产业合作。产业园签约总投资 29.17 亿元，引进、落地入驻德国轻型飞机研发制造项目、D–Motor（比利时）轻型航空发动机军民融合制造项目、美国传奇飞机制造项目、美国艾尔飞斯克航材制造项目、美国海湾石油研发等项目。建设中以科技创新国际合作园区。成立大同–以色列科技合作办公室，引进以色列特拉维夫大学技术转移中心，推动中以科创产业园建设。4 月 8 日至 12 日大同市代表团出访以色列，同以色列国家创新署、以色列农科院、6 家高科技企业进行合作对接。5 月 21 日特拉维夫大学技术转移中心获落地大同的授权，7 月 21 日在大同市汇泉广场挂牌成立。开展中乌（乌克兰）合作。（张维新）

【招商引资】 2018 年，大同经济技术开发区创新招商举措。顶层设计指导招商。委托商务部投促局，编制大同市营商环境提升计划、大同市城市营销方案、大同市产业招商地图。充实招商队伍。设立招商总局和 10 个招商分局。在北京、上海、珠海、昆山、成都设立 5 个招商联络处，加强招商引资工作。聘请 4 名招商顾问。创新招商方式。采取挂图招商。聚焦京津冀、珠三角、长三角，绘制《大同开发区招商地图》，依托十二大产业图谱，按图索骥，挂图招商。延伸产业链条。突出新能源、新能源汽车、新材料、镁铝合金、现代医药及医疗器械、新一代信息技术、高端装备制造、节能环保、通用航空产业等 9 大产业链，培育龙头企业，引进研发机构和配套企业，延伸壮大产业链条。利用原有厂房和建设标准化厂房招商。引进 19 个租用厂房的新项目，租用面积 14.70 万平方米。开工建设总面积 51 万平方米的装备产业基地标准化厂房；建成云中 e 谷产业园标准化厂房 10 座，在建 6 座，总面积约 30 万平方米。

招商成果丰硕。全年签约项目 94 个，总投资额 1715.43 亿元，同比增长 196.4%，涉及新能源、新材料、大数据、通用航通等多类新兴产业。其中，30 亿元以上省外项目有 6 个，世界 500 强企业 1 家，大型央企 1 家；新能源类项目 35 个，总投资 915.75 亿元，占比超 37%。（张维新）

【项目建设】 2018 年，大同经济技术开发区落实并联审批机制、项目化管理机制、县区联动机制等“六项推进机制”，开展“前期手续集中办理月”活动、“项目集中开工月”活动、“进工地、到一线、解难题”活动，实行“一企一策”“一事一议”，为 12 家企业在高创中心和汇泉广场提供临时办公场所，为签约项目解决资金 6.5 亿元。

大同经济技术开发区全年开复工项目 81 个，总投资 405.50 亿元，完成投资 59.90 亿元。其中，新开工项目45个，总投资226.60亿元；续建项目36个，总投资178.90亿元。产业类项目53个，总投资300.40亿元；基础设施项目20个，总投资10.83亿元；社会民生类项目2个，总投资16.77亿元。

推进29个重大项目建设。总投资308.30亿元，年度计划投资46.20亿元，全年完成投资43.60亿元。其中，新兴产业24个，总投资249.50亿元，完成投资34.3亿元，涉及新能源、高端装备制造、新材料、节能环保等领域。主要有：投资30亿元的新建中银羊毛羊绒产业基地项目、投资22.70亿元的大同移动能源产业园项目、投资10亿元的年产1000台新型简约智能起重机及10万台减速机项目等。

投产项目初显效益。大同经济技术开发区竣工投产项目16个，投资30亿元的新建中银羊毛羊绒产业链基地项目，投资20亿元的瑞城建筑产业化基地项目、投资3亿元的山西晋投玄武岩开发有限公司5万吨岩棉制品技改项目、投资2亿元的大同宏鑫岩棉科技有限公司年生产加工10万吨岩棉制品生产基地建设项目，投资2亿元的大同隆基乐叶光伏科技有限公司新建年产500兆瓦"超级领跑者"组件制造项目等。总投资92.83亿元，预计实现产值约9.76亿元。 （张维新）

【产业建设】 2018年，大同经济技术开发区出台《大同经济技术开发区关于促进医药产业健康发展的若干意见实施细则》，应对医药行业出现的仿制药一致性评价和"两票制"政策影响。全年，医药产业预计实现产值82.90亿元，增长33.61%，产业规模占全省约三分之一。装备制造产业增长。中国重汽大同齿轮有限公司、陕汽大同专用汽车有限公司延续上年势头，产值连续两年提升。装备制造产业预计实现产值49.33亿元，同比增长11.65%。

外贸进出口产业发力。大同经济技术开发区推进大同国际陆港项目，帮助企业申报保税(B型)物流中心。出台《大同经济技术开发区关于促进大同国际陆港发展的扶持政策》。大同国际陆港进口肉类指定查验场开关，大同电子口岸于8月28日开关运营。截至2018年，大同市怡亚通供应链有限公司、大同市易华科技有限公司等10家外贸类企业进驻，实现2000万元进出口贸易额。

支持中小企业发展。2018年，大同经济技术开发区申报国家"双创"载体升级资金扶持项目获批，争取国家财政部5000万元载体升级资金。联合北大1898咖啡馆等众创平台，打造中小企业优质孵化平台。拓宽产学研合作渠道，开展产学研合作企业占规上工业比重达到57%。设立院士工作站，中科院高福院士与同达药业院士工作站由省人社厅授予挂牌，中科院杨秀敏、岳清瑞、任辉启院士与晋投玄武岩院士工作站投入运行。全年，新注册个体工商户751户，同比增长33.90%；5家企业完成"小升规"。 （张维新）

【营商环境】 2018年，大同经济技术开发区深化审批制度改革。实现"一个大厅管服务、一枚公章管审批、一支队伍管执法"。政务服务大厅进驻部门5家，设置窗口7个。其中，行政审批局3个，派驻部门4个。进驻大厅涉及项目审批事项52项（全区行政审批事项164项），占全区审批事项的31%。35项审批事项集中到行政审批局办理，项目审批除派驻机构外，基本实现一颗印章管审批。项目审批时间缩短为45天。推行各环节并联办理，实现企业开办3个工作日办结。区综合执法大队承接安监、城管、价格、商务等行业行政处罚和行政强制事项404项，实现一支队伍管执法。落实企业承诺制、审批流程再造、容缺受理、并联审批、项目无障碍施工等政策。开展"证照分离""多证合一"改革试点。实现"三十六证合一"。建立"一网通办"政务服务信息化体系。实现企业开办、承诺制审批、政策兑现、招商引资、综合办公等事项"一网通办"。对标综改区，推进依法授权工作。对标综改区1184项行政职权清单，对原1330项权力事项逐一进行对照梳理，结合实际，向市审改办申请下放行政职权事项1370项。报市政府待批。

完善基础配套设施。加大基础配套设施建设投入，总计投入约4.6亿元，完善"九通一平"基础设施建设。道路建设：道路及雨污水续建项目共9个，总投资3.76亿元。其中污水管线工程1项，道路建设工程8项。完成二园区经十路建设工程、二园区经十一路建设工程，总长1.37千米。标准化厂房建设：投资14.33亿元规划建设建设38万平方米的装备产业基地标准厂房及配套设施，完成投资2.20亿元。场地平整：投入约4000余万元为正道新能源汽车项目、大连冰山黄花菜项目、汽车轮毂项目、雄韬氢能产业园项目等8个项目进行场地平整，共计2100亩。

降低生产要素成本。落实优惠政策，对符合条件的企业，减免增值税2219.24万元，减免所得税15656万元，补贴房屋租赁费、基础运营费等项目扶持资金3100万元。帮助38家企业申报市级工业振兴奖励资金共10446万元，占全市奖励资金40%。出台《大同经济技术开发区促进企业自主创新扶持办法(试行)》，对全区30家符合条件的企业发放科技创新奖励380万元。争取产业扶持资金。全年争取市级产业扶持资金10.20亿元。 （张维新）

## ·运城经济技术开发区·

【概况】 运城经济技术开发区位于运城市区东部，北临机场和大运高速，西接市区学苑路，东连苦池水库和209国道，南至盐池和中条山。总规划面积105.63平方千米，建成区面积38平方千米。入驻个体工商户9472户，入驻企业4150家。其中，规模以上工业企业31家，外商投资企业10家，世界500强企业6家，进出口企业16家，高新技术企业6家，新三板上市企业2家，Q版挂牌企业5家，完成股改申报上市企业8家。截至2018年底，形成高端装备制造、轻工食药、现代商贸物流三大主导产业格局。全年全区规上工业总产值完成175亿元，同比增长7%；规上工业增加值完成27亿元，同比增长5%，总量全市排第四。固定资产投资完成24亿元，同比增长38%。限上销售品零售额完成58亿元，总量全市第二。进出口总额完成4.40亿元，同比增长39%。财政总收入完成5.80亿元，一般公共预算收入完成2.70亿元。

（运城经济技术开发区）

【管理服务】 2018年，运城经济技术开发区承接市政府下放职权，梳理编制权责清单479项。实行“一口受理、一表申报、并联审批、统发证照”的“一站式”服务模式。实行投资项目承诺制、两集中、两到位，马上办、网上办、就近办、一次办，一枚印章管审批、一个大厅管服务、“双随机一公开”。审批时限压缩一半以上，施工许可压缩至5个工作日；环评批复压缩至10个工作日；民众办件量大的社会事务类审批事项1个工作日内办结。开发区平均每天入驻企业1.50户、个体工商户5户，在全市排第四。营造“六最”营商环境，使客商愿意来、留得住，项目落地快、建得成。

（运城经济技术开发区）

【招商引资】 2018年，运城经济技术开发区制定《招商奖励办法》。对引进年税收贡献在100万元以上的产业项目和50万元以上的软经济项目，按该项目财政贡献的30%进行奖励，实行继承制。制定审核制度，严格项目投资强度、产出率和税收。升级宣传媒介，聘请上海广传文化传媒公司制作高质量宣传片。实行图谱招商，聘请北京金笔创逸规划设计院设计开发区产业规划，依照规划制定招商图谱，实现精准招商。全年签约项目29个，总投资135.52亿元，实际到位资金34.08亿元，均超额完成市定全年目标任务。引进落地五大单体投资超10亿元的转型项目。成都大运汽车股份有限公司投资30亿元的大运新能源汽车生产基地二期项目；山西建工集团投资30亿元的建筑产业现代化园区项目；浙江东南网架股份有限公司和山西运城建工集团共同投资20亿元的运城装配式建筑产业基地项目；上海制版集团投资17.80亿元的高新技术产业链园区项目；北京中科三阳科技有限公司投资10亿元的大数据产业园项目相继开工建设。4月3日，运城经济技术开发区举行2018年运城市转型项目建设年第一批重点项目暨山西运城制版集团高端包装新材料研发生产项目开工仪式。5月10日，山西建筑产业现代化（运城）园区建设暨2018年运城市转型项目建设年第二批重点项目集中开工。（运城经济技术开发区）

【科技创新】 2018年，运城经济技术开发区推动科技创新，提升产业转型升级，鼓励自主创新，培育高新技术企业，注重知识产权保护和专利申报，培育经济发展新动能，推进开发区转型跨越发展。拥有高新技术企业11家；先进装备引进20件；登记技术合同49份，技术合同交易额1亿元；科技型中小企业申报成功11家。新增科技型中小企业16家和民营科技企业10家；省级以上众创空间3家；省级2家，运城电子商务产业园创业梦工厂、运城职业技术学院大学生科技创业园；完成运城市蓝红杂交小麦研究中心和山西河东雄风农机有限公司两家农业科技创新示范基地的认定工作。（运城经济技术开发区）

【生态环保】 2018年，运城经济技术开发区基本完成38项攻坚任务，辖区大气环境质量得到改善，综合污染指数下降11.10%，$PM_{2.5}$平均浓度下降7.70%，$SO_2$平均浓度下降41.30%，重污染天气同比减少4天。

（运城经济技术开发区）

## ·风陵渡经济开发区·

【概况】 风陵渡经济开发区1992年11月经山西省人民政府批准设立，2006年3月经国家发改委审核公告。风陵渡经济开发区包括“一区两园”，风陵渡工业园和芮城工业园，规划面积27.60平方千米，其中：风陵渡工业园21.60平方千米，芮城工业园6平方千米。

2018年，风陵渡经济开发区规模以上工业总产值33.40亿元；工业增加值完成13.70亿元，固定资产投资3.70亿元；招商引资到位境内省外资金1.03亿元；两税收入完成3.25亿元；公共预算收入完成3967万元。

（刘　毅）

【项目建设】 2018年，风陵渡经济开发区在建项目23个，总投资23.88亿元。其中，精细化工类项目2个，总投资5.41亿元，累计已完成投资0.31亿元；特色轻工类项目2个，总投资5.55亿元，累计已完成投资0.33亿元；节能环保类项目4个，总投资0.88亿元，累计已完成投资0.60亿元；现代服务类项目4个，总投资5.88亿元，累计已完成投资5.61亿元；房地产类项目8个，总投资4.20亿元，累计已完成投1.43亿元；其他项目3个，总投资1.96亿元，累计已完成投0.61亿元。制定“一个月开工一个工业项目”的目标，开工转型项目3个；推进精细化工产业园和新材料产业园建设。2018年市商务局下达风陵渡经济开发区的2个投资5亿元以上转型项目任务目标已完成。（刘　毅）

【市政建设】 2018年，风陵渡经济开发区共完成市政公用设施建设投资7.50亿元，建成黄河南北路、风后东西街、娲皇大街、外环路、条山路、浮云山路等12条城市道路，全长28千米；建设雨水管网34.22千米；铺设污水管网41.20千米，铺设一企一管工业污水管网12千米；生活污水处理厂日处理能力1万吨；工业污水厂日处理能力5000吨；东西两座供水公司日供水能力2万吨；铺设天然气中压管道20余千米；拥有110千伏变电站一座；建有热力公司一座，集中供热（汽）能力70吨/小时；铺设高速

2018 年 11 月 18 日，风陵渡经济开发区举行 2018 年重点转型项目暨紫罗蓝高性能有机颜料项目开工奠基仪式 （刘　毅供图）

宽带通讯光缆；城区亮化路灯 590 盏；有线电视网络覆盖全区；道路绿篱面积约 14.51 万平方米，栽植各类苗木 11708 棵，绿化覆盖率 29%；环卫清扫保洁面积约 70 万平方米 。

（刘　毅）

【“三化三制”改革】 2018 年，风陵渡经济开发区推进“三化三制”改革。建设国际化招商引资平台。建设市场化城市运营队伍。引进和培养专业化人才。制定“三制”改革实施方案。结合实际制定“一图三方案”，同时相应出台操作性强的实施细则。整合内设机构。将原有 22 个内设机构进行整合，建立“1+6”的体制机制构架，即：党建引领部、改革创新统筹部、园区发展规划部、经济运行监管部、转型项目促进部、营商环境服务部和基础设施建设部。实行“部长+主管+主办”的市场化、企业化运行机制，部长对本部门工作负全面责任，主管对具体管理的工作负主体责任，主办对本岗位的工作负具体责任。实行公开竞聘上岗。在岗人员采取“双向选择”（个人选部门、部门选个人）方式竞聘上岗，优胜劣汰，择优聘用。

共有国家级高新技术中心 1 家，省级民营科技企业 1 家，市级技术中心 2 家，专利申报量 12 项，授权实用新型专利 24 项，技术交易合同额 5200 万元，推动企业创新发展。风陵渡经济开发区民营经济创新创造创业小镇于 2018 年 12 月 17 日被山西省科技厅认定为 2018 年度第二批省级科技企业孵化器，同时与中北大学、太原理工大学、山西中医药学院、太原科技大学等院校科研单位联系，选择市场发展前景好、技术领先、处于产业链高端的早期项目予以投资和孵化，入驻企业 12 家。 （刘　毅）

【环境保护】 2018 年，风陵渡经济开发区出台《大气污染防治 2018 年行动计划》，依法清理取缔占道露天经营烧烤 5 户；取缔石料场、散物料堆场所 15 家，整治规范石料场 5 家、规范散煤场 6 家。中央环保督察反馈意见 9 项整改任务全部达到销号标准；省委山西省政府环保督察反馈意见整改不彻底问题 4 项，全部完成整改。 （刘　毅）

【社会管理】 2018 年，风陵渡经济开发区落实“党政同责、一岗双责、齐抓共管”工作机制，对辖区 28 家生产经营单位逐户落实监管责任，对 15 家企业逐一进行隐患排查，发出《责令改正书》58 份、《强制措施决定书》3 份，查处整改各类安全隐患 175 处，整改率为 100%。 （刘　毅）

## ·绛县经济开发区·

【概况】 山西绛县经济开发区（原山西省华信经济技术开发区）是 1997 年 12 月 31 日经山西山西省政府批准成立的省级开发区，2006 年经国家发改委审核更名为山西绛县经济开发区，规划面积 14.98 平方千米。截至 2018 年底，开发区共有注册企业 290 户，其中，工业企业 85 户，规模以上工业企业 19 户，是省级新型工业化（装备制造）产业示范基地。

2018 年，绛县经济开发区规模以上工业总产值完成 35.29 亿元，同比增长 20.61%；销售收入完成 33.38 亿元，同比增长 24.50%；工业增加值完成 9.63 亿元，同比增长 22.9%；进出口完成 30559 万元，同比增长 105.24%；固定资产投资完成 4.79 亿元，同比增长 16.60%。财政总收入完成 8050 万元，同比增长 15%；一般公共预算收入完成 3359 万元，同比增长 28%。

（许引弟）

【项目建设】 2018 年，绛县经济开发区确定重点项目 26 项，其中工业类项目 21 项，总投资 17.30 亿元，基础设施类项目 5 项，总投资 6.79 亿元；在建项目 14 项，总投资 11.42 亿元，前期项目 7 项，总投资 12.28 亿元，竣工项目有 5 项，总投资 0.39 亿元。鲲鹏膨化饲料建设项目、二厂 101 车间技改项目、科瑞废砂再生利用项目、华暖 6 万吨岩棉生产线项目、泉源阀门铸件项目、新力源废旧轮胎综合利用项目、立恒宇废旧轮胎综合利用项目、源清水务污水预处理项目 8 个项目投入使用。 （许引弟）

【招商引资】 2018 年，绛县经济开发区制定出台《绛县开发区 2018 年招商引资工作实施方案》《2018 年度招商引资工作考核评价办法》《重点项目建设考核奖惩办法》《开发区招商引资优惠政策汇编》和《绛县开发区 2018 年度产业招商小分队工作方案》

等政策文件，年初15个内设机构和6个派驻机构明确招商引资任务，采用“月调度、季通报、年考评”的办法，开展全员招商；与上海东方龙、北京中金万瑞两家公司签订正式委托招商协议；组织招商小分队外出招商30余次，先后邀请到德国戴姆勒集团、台湾慧聚生物医药有限公司、深圳中装建设集团、深圳中世控股等28家国内外知名企业到开发区投资考察。新引进企业57家，签约项目22个，2018年开工项目16个，开工率达到73%；协议总投资31.67亿元，完成年度目标30亿元的105.60%；实际到位资金10.08亿元，完成目标10亿元的100.80%。完成投资五亿元的重大转型项目两个，分别是总投资5.20亿元的中焱恒植物提取物项目和总投资6亿元的泰鑫源民营工业园项目。

（许引弟）

【改革创新】 2018年，绛县经济开发区深化“三化三制”改革市委重新对绛县开发区班子作出调整，开发区领导班子全面调整配备到位，全员聘任制和绩效工资制全面实施；承接省、市、县向开发区下放的各项行政职权。绛县人民政府赋予绛县经济开发区第一批县级行政职权573项下放到位；以绛县经济开发区为主，整合绛县安峪工业园区和绛县航空产业园区申报扩区，形成“一区三园”发展格局，《扩区可行性研究报告》通过专家论证，等待山西省政府、省商务厅批准；开发区总体规划经运城市人民政府批复；《控制性详细规划》根据总规批复调整内容修改；起步区产业发展规划和招商规划编制完成；环评规划委托太原核清环境工程设计有限公司开展编制工作。 （许引弟）

【基础设施建设】 2018年，绛县经济开发区总投资855.65万元的里册峪危桥改造项目，完成一期桥梁主体建设；总投资369万元道华晋路道路绿化改造项目，工程全长1.80千米，绿化面积约1.40万平方米；将山西冲压厂棚户区改造项目合并至中信机电制造公司铁运部二期工程一并实施建设。华晋冶金铸造厂棚户区改造二期项目全面启动，收购36套存量商品房作为公租房房源，总建筑面积1741.56平方米。 （许引弟）

【营商环境】 2018年，绛县经济开发区制定出台《关于深化行政审批制度改革推进审批服务便民化实施方案》和《关于开展全面梳理和编制公共服务事项清单工作的通知》等指导性文件，以“两集中、两到位”和“四办”为目标，完成入驻大厅单位11家，其中行政审批单位6家，公共服务单位5家，共设窗口20个，1个导服台。累计集中办理的行政审批事项共计59项，公共服务事项8项。实现政务大厅“一门受理，一条龙服务”功能。

（许引弟）

## ·临汾经济开发区·

【概况】 2018年，临汾经济开发区围绕提质升级和新扩区起步区建设重点，以规划为纲，以项目为基，以招商为要，以服务为本，开展招商引资、项目建设、营商环境和升级国家级开发区等工作。全年全区生产总值突破百亿，工业总产值完成20亿元，企业主营业务收入完成398亿元，固定资产投资完成18亿元，财政总收入完成8.30亿元。 （梁　青）

【改革创新】 2018年，临汾经济开发区与中建集团深度合作，召开北京规划会、北京招商会，对扩区后产业规划统一部署；采取市场化融资模式与多个公司对接，探索社会化融资路径。推进升级国家级开发区，编制完成《临汾经济开发区升级国家级开发区可行性研究报告》，经山西省政府第13次常务会议研究通过，同意临汾开发区申请升级。3月中旬组织召开临汾开发区（北京）发展战略规划会，邀请国内知名专家、企业家82人为开发区规划把脉会诊，确立产业发展方向，更新发展理念，开拓发展视野。编制完成《临汾经济开发区起步区产业发展规划（2018—2035年）》；编制完成《临汾开发区循环化改造实施方案》；编制完成《临汾经济开发区国民经济和社会发展第十三个五年规划纲要中期评估报告》和《临汾经济开发区未来三年预期目标及推进措施报告》，对升级国家级开发区53项指标进行可行性定位，从数量上指明升级路线；推进编制《临汾经济开发区总体规划》《起步区控制性详细规

2018年4月14日，临汾经济开发区在招商引资推介会上签约“生态空港产业新城建设”等5个项目 （梁　青供图）

划》《规划环境影响报告书》等工作。创新投融资发展理念。成立开发区投资租赁担保公司工作组，聘请专业经济顾问，先后注册成立山西融创发展投资有限公司和临汾创能科技有限公司。盘活开发建设公司，借鉴先进地区经验，与兴业银行、四方证券、江海证券、大同证券、招商证券等十余家金融部门沟通拓宽融资渠道，探索新融资渠道，助推项目建设。

（梁　青）

**【招商引资】** 2018 年，临汾经济开发区采取以链招商、以商招商、平台招商和推介会招商等方式，实施“挂图作战，图谱招商”战略，共签订合同及协议 10 项，签约金额 110.78 亿元。分别是：投资 2 亿元的中台瑞智加工件项目；投资 2.68 亿元的互联网+智能化工厂项目；投资 3.80 亿元的精密铸造自动化、信息化生产项目；投资 1 亿元的 3D 打印装备产业化生产项目；投资 1.50 亿元的 V 法自动化生产线项目；投资 3 亿元的五洲国际广场附属设施建设项目；投资 8 亿元的中骏国际社区项目；投资 47 亿元的生态空港产业新城建设项目；投资 6 亿元的能源物联网综合能源站项目；投资 35.80 亿元医疗器械及医疗服务产业园项目。（梁　青）

**【项目建设】** 2018 年，临汾经济开发区出台《临汾开发区转型项目建设年(2018)工作方案》，确定 45 个重点项目(含 20 个重点监测项目)。实施重点项目包联机制，组建 30 余个包联小组，形成“一个项目、一套班子、一抓到底”工作格局，截至 10 月底，20 个重点监测项目完成投资 11.72 亿元。谋划现代装备制造产业园、智能 3DP 装备产业化项目及中国 3D 打印与绿色铸造重点实验室、新能源汽车产业园、空港通航小镇等 5 个 10 亿元以上重点转型项目，现代装备制造产业园开工并完成投资 2.15 亿元。开展重点项目“前期手续集中办理月”“进工地、到一线、解难题”和“项目集中开工”等活动，加速项目开工前期手续办理，帮助项目单位解决困难和问题。10 月 16 日，3 个重点项目集中开工，总投资 10.48 亿元。争取市委、市政府支持，梳理 7 个起步区重点转型项目，建立长效协调机制，制定项目落地事项清单和工作台账，落实责任单位，推进项目实施。

（梁　青）

2018 年 5 月 18 日，第二十一届中国北京国际科技产业博览会、2018 中关村创新论坛暨第十三届中国高新技术产业国际论坛在中关村软件园国际会议中心举办，临汾经济开发区荣膺“2018 中国自主创新·卓越园区”奖　（梁　青供图）

**【基础设施建设】** 2018 年，临汾经济开发区确定并实施 7 个市政基础设施配套项目。分别是：滨河东路辅路(河汾四路—向阳西路)道路工程，完成可行性研究报告、岩土工程勘察报告、环境影响评价报告编制工作，取得《建设项目选址意见书》；中大街北段(工业路—机场快速通道)道路工程办理前期手续，完成地形图测绘工作；东大街北段(工业路—机场快速通道)和汾三路东段(烟草大楼北侧—鼓楼北大街)道路工程，完成地形图测绘工作；滨河东路综合管沟工程，完成图纸审查及招投标工作，施工单位为临汾市市政建设养护有限公司，按程序推进；通港大道及综合管廊工程前期手续和明珠广场的前期手续，待扩区后总体规划批复后确定道路线型及管廊方案后办理相关手续。

（梁　青）

**【效能建设】** 2018 年，临汾经济开发区坚持管理与治理并行，执法与服务并重，推进城市管理、安全生产、联合执法、信访维稳等工作，完成各项工作任务。在城市管理方面，组织工商、质监、税务、环保和综合执法等部门联合行动，开展不正当竞争、商标侵权、特种设备、金融风险排查、税务排查、合同诈骗、网络监管、市容市貌整治等专项行动，发现问题及时纠正，发现隐患及时排除，确保辖区的和谐、整洁和稳定。在安全生产工作方面，制定临汾经济开发区 2018 年安全生产执法年活动实施方案，推进安全生产标准化建设，实行安全例会制度，多次组织建设规划、消防、执法等部门联合行动，开展专项治理和安全生产月活动，全区生产企业安全生产形势稳定，未发生生产安全事故。在劳动监察和信访维稳方面，开展人力资源市场、劳务派遣用工、农民工工资等专项检查，检查企业 83 家，做到欠薪案件“三个清零”，从源头治理拖欠农民工工资问题；妥善处置社会事务移交后的各类信访问题，办理信访事项 37 件，维护辖区稳定。在土地管理方面，落实《临汾市项目落地耕地占补平衡实施方案》，执行规划的管控和引领作用，建立土地利用计划执行台账和建设项目用地预审台账,引导项目依规选址,推进节约集约用地,完成临汾开发区2018年集约利用评价,完成开发区扩区后四至范围勘测定界工作。（梁　青）

【行政审批制度改革】 2018年,临汾经济开发区推进行政审批制度改革,按照全省承诺制改革要求,及时调整《临汾经济开发区企业投资项目承诺制改革试点工作方案》,对企业投资项目承诺制改革试点事项清单进行重新梳理,完善《临汾经济开发区企业投资项目承诺制实施细则》《企业投资项目承诺制项目服务、监管通知书》等十项配套制度。推进并联审批工作,起草《临汾经济开发区投资项目并联审批部门联席会议工作规则(暂行)》《临汾经济开发区投资项目并联审批工作配套制度(暂行)》及十余个具体流程图,统一清单告知,统一平台办理,统一流程再造,统一多图联审,税务窗口统一入厅。

（梁　青）

【生态文明建设】 2018年,临汾经济开发区成立环境保护工作领导组,建立联席会议制度,明确任务分工和工作职责,推进环保工作。开展大气环境治理,燃煤锅炉全部取缔,没有散煤炭销售点和生活垃圾处理场;完成两家民营加油站油气回收和双层罐改造;所有建筑工地按照“六个百分百”要求进行扬尘治理;及时启动重污染天气响应。工商、质检、环保等部门和各社区形成联合工作小组,对散乱污企业进行集中整治。截至2018年底,无小散乱污企业。对辖区7条主要街道、8条次干道和沿街单位、小区产生的垃圾及时清运,解决垃圾二次污染问题。加大清扫保洁和清洗力度,避免二次扬尘。落实中央环保督查反馈问题整改,对反馈、转办问题建立台账核查,10项问题全部办结。开展VOCs治理,对常压、催化装置所有的密封点进行统计,为后续检测提供保障,配合第三方开展VOCs治理及现场检测工作。（梁　青）

## ·侯马经济开发区·

【概况】 侯马经济开发区(简称侯马开发区)是经国务院审核通过的省级开发区,位于侯马市区东部。新增16.62平方千米,总面积达24.78平方千米。生产总值完成60.80亿元,同比增长7.20%;公共财政预算收入完成8700万元,同比下降4%;工业总产值完成38.20亿元,同比增长6.80%;固定资产投资完成7.68亿元,同比下降30.70%;进出口总额完成601.83万美元,同比增长54.90%。

（杨建强　林广源）

【招商引资】 2018年,侯马开发区运用以商招商、平台招商等多种方式推动选商引资,探索市场化委托招商模式,与山西省政府驻环渤海、长三角、珠三角招商局,以及知名企业协会等合作,实施专业化选商引资。引进各类项目240个,其中:工业项目25个,包括云创手机结构件、羽顺燃气壁挂炉、昱贤磁电等;电子商务、医疗器械、商贸物流等现代服务业类项目215个。在全省省级开发区中名列第一。在招才引智上,组建开发区高级人才库,入库优秀人才55人,其中博士2人,并组建研发团队。

（杨建强　林广源）

【项目建设】 2018年,侯马开发区推进建设国家智能制造试点示范、全省医疗健康产业重要承载区、晋南最大的大宗商品和进出口商品物流基地“三件大事”,启动“六个十”重点项目工程,实施总投资75.82亿元的23个省市区重点项目,其中转型项目14个,占全部项目的70%。新开工建设云创手机结构件、羽顺燃气壁挂炉等16个项目,其中9个项目投产。

（杨建强　林广源）

【“三化三制”改革】 2018年,侯马开发区在“三化”方面,成立6个招商局和4个产业管理委员会,推进精准招商和项目服务专业化;推动国有海达公司与北大方极研究院、广东保健品协会紧密合作,研究园区管运分离,激活市场化活力;抢抓“一带一路”战略契机,支持中欧班列持续开行,探索共建中外合作园区,加快国际化步伐。在“三制”改革方面,完成全员岗位聘任工作,改革传统考核机制,尝试开展第三方考核测评,为实施薪酬绩效工资做好准备工作。

（杨建强　林广源）

【营商环境】 2018年,侯马开发区实施客商安心、安身、安家、安业、安康的“五安”工程,推进行政审批制度和企业投资项目承诺制改革,打通项目落地“最后一公里”,推进“只进一扇门”“最多跑一次”“全程网上办”。学习综改示范区经验,主动探索“一个窗口、一张清单、一枚公章、一支队伍”的高效精简审批流程,持续优化开发区营商环境。（杨建强　林广源）

【安全生产】 2018年,侯马开发区开展安全隐患排查,对建筑工地、食品药品、人员密集场所等重点区域隐患排查整治,排查各类生产经营单位165家,排查整改安全隐患463处。推进生态文明建设,严控污染项目入区,严格整治污染摊点,区内污染面源全部得到治理。（杨建强　林广源）

## ·阳泉经济技术开发区·

【概况】 阳泉经济技术开发区位于阳泉市区东北部,采取“一区多园”模式,以阳泉经济技术开发区为主体,整合东区工业园、白泉工业园、郊区荫营工业园进行扩区,区域面积80平方千米。常住人口11万人,入区企业8318家。国家发改委、省发改委分别授予“产城融合示范区”“山西省第二批双创示范基地”称号。

2018年,阳泉经济技术开发区工业投资完成3.66亿元,增长27.10%;工业增加值完成16.57亿元,增长15.60%;非煤产业产值完成61.97亿元,增长13.80%;有实质性生产经营活动企业达3743家,增长29.90%;高技术企业新增3家,达到21家,增长16.70%;实际利用外资完成19131万元，增长91.31%。公共预算收入完成2.77亿元，增长45.70%；进出口总额完成3.95亿元，增长10%；社会消费品零售总额增长7.20%；投资强度、产出强度、税收强度分别达390.70万元/亩、136.86万元/亩、6.46万元/亩；经营（销售）收入完成119.40亿元。（安晋陶）

【体制机制改革】 2018年，阳泉经济技术开发区加快建设专业化、市场化、国际化的管理团队，实行开发区领导班子任期制、全员岗位聘任制和绩效工资制“三化三制”为主要内容的体制机制改革，落实省委提出的“5+2”重点任务，其中依法授权、“三制”改革、剥离社会事务、复制综改示范区做法、业务骨干培训5项工作深入推进，管运分离和深化内设机构改革、招商引资和项目建设2项探索取得进展。统一管理、统一规划、统一政策“三统一”经济职能加快整合，接收扩区范围内566户企业和822户（含个体）纳税户，实现工商监管和税收征管全覆盖。原郊区白泉工业园区管委会机构、编制、人员划归开发区管理，更名为开发区荫营园区管理服务中心。（安晋陶）

【园区规划】 2018年，阳泉经济技术开发区坚持规划引领，委托中国中建设计集团有限公司联合北京规划设计院，对编制完成的《开发区总体规划》《起步区产业发展规划》修订。《四至勘界报告》获省自然资源厅、省住房和城乡建设厅批复。农转征土地审批绿色通道开通。推进园区道路平台，形成500余亩项目落地平台，科技大街一期形成部分路基，大连东街综合整治工程完成。（安晋陶）

【项目建设】 2018年，阳泉经济技术开发区围绕新一代信息技术、现代装备制造、新材料进行产业规划和项目谋划。较扩区前，三大主导产业规划面积增加2.50倍以上，产值增加2.1倍。动态储备一批产业项目，完成投资128.72亿元。省、市级14项重点工程，累计完成投资10.67亿元，完成计划投资的110%，占全社会固定资产投资的55.40%。重点工程投资占比全市排第三，转型项目投资占比全市第一。全年申报上级专项资金3389.90万元。百度云计算中心二期启动前期工作，云谷科技创新园开工建设，华鑫电器、华茂制链等项目陆续建成投运。（安晋陶）

【招商引资】 2018年，阳泉经济技术开发区抓好招商引资工作，编制招商规划和招商地图，完善招商引资支持政策。发挥“招商大使”“招商引资工作站”和信息产业顾问作用，拓展招商引资渠道。签约项目25项，总投资额98.11亿元，签约项目开工率52%，到位资金额8.93亿元。主办深圳、杭州两场专题招商活动和中国科幻40年高峰研讨会及科幻主题活动。山西省第二批双创示范基地获批。（安晋陶）

【营商环境】 2018年，阳泉经济技术开发区推进相对集中许可权改革，按照“审批最少、流程最优、体制最顺、机制最活、效率最高、服务最好”的“六最”目标要求，借鉴山西转型综改示范区等先进成熟经验，对接国际通行规则，推行行政审批改革。将原先分散在区内发展改革、经济发展、建设管理、公用事业等10余个部门的22项行政许可事项全部划转至行政审批服务局，启用开发区管委会行政审批专用章，对1611项行政职权事项进行梳理整合，实现“一枚印章管审批”和“办事不出区”目标。监管方式由“单独部门监管”改为“部门日常巡查和联合督查相结合”，强化项目投资全过程监管和服务。开展政务服务“一网通办”“一站式”办理、预约办理等便民服务，政务服务从“群众跑腿”向“数据跑路”转变。深化投资项目承诺制管理，项目节省时间成本至少1个月以上。企业开办时间压缩至3个工作日，一般工业项目从立项到竣工验收的审批时限压缩至38个工作日。（安晋陶）

【山西阳泉（深圳）产业合作恳谈会】 2018年4月15日，由阳泉市政府主办、阳泉经济技术开发区管委会承办的山西阳泉（深圳）产业合作恳谈会在深圳龙岗召开。在重点项目签约仪式上，阳泉市燃气、百度数据中心余热综合利用、汽车零部件产业基地、矸石山治理和生态旅游、智能家居装配件生产基地建设等10个项目现场签约，总投资额58.95亿元。其中，开发区管委会分别与济南同日数控设备有限公司、中建环能建筑工程有限公司、昀圣实业（上海）有限公司三家企业签订汽车零部件产业基地项目、百度数据中心余热综合利用、智能家居装配件生产基地建设3个项目协议。（安晋陶）

【“招商引资工作站”设立】 2018年2月27日，阳泉经济技术开发区设立首批“招商引资工作站”，聘任第一批“招商大使”。经过层层选拔，最终在山西大学科技园、阳泉市高新技术创业服务中心、阳泉经济技术开发区众盈企业服务中心、阳泉三和园企业孵化器有限公司、百度（阳泉）创新中心、山西省新晋商联合会、阳泉市众创电子商务产业园有限公司7家单位设立“招商引资工作站”，同时聘选8位相关领域专家任“招商大使”。“招商引资工作站”的设立和“招商大使”的聘任，为开发区招商引资工作注入新的活力。（安晋陶）

## 综 述

【概况】 2018年，山西省粮食总产136.30亿公斤；单产293.30公斤。肉类总产92.20万吨，比上年减少0.20%；禽蛋产量102.60万吨，增长0.70%；牛奶产量81.10万吨，增长4.70%。全省牛存栏102万头，比上年增长1.20%；出栏44万头，增长9.60%。羊存栏875.60万只，减少7.20%；出栏558.70万只，减少5.40%。家禽存栏10202.50万只，减少2.90%；出栏11968.50万只，减少2.90%。全省水果面积540.50万亩，产量750.50万吨。水果出口量32万吨(海关报检数据)，出口额3.70亿美元，产品远销世界58个国家和地区。蔬菜总面积265万亩、产量822万吨。全省中药材种植面积为310万亩。远志、连翘、黄芩、柴胡产量分别约占到全国需求量70%、50%、40%、25%。恒山黄芪和安泽连翘获得国家地理保护产品，安泽县被誉为全国连翘生产第一县。

2018年，全省农产品加工企业销售收入实现1802亿元，增幅达到10.80%。全省农业产业化龙头企业销售收入超10亿元18家，超5亿元40家，销售额过亿元农产品加工企业由2011年不到100家增加到目前224家。全省农村居民人均可支配收入11750元，增长8.90%，快于城镇居民收入增速2.40个百分点。 (孙青洪)

【推动乡村振兴战略实施】 2018年，山西省农业农村厅出台《推进乡村振兴战略的实施意见》《乡村振兴战略总体规划》和产业振兴、生态宜居、乡风文明、治理有效、生活富裕、体制机制创新"5+1"专项规划。同步推进市、县总体规划和专项规划编制。调整完善省委农村工作领导小组，组建产业振兴、文化振兴、生态振兴、乡村建设、民生保障、组织人才振兴、规划和体制机制创新7个专项推进小组。出台2018年实施乡村振兴若干政策措施，新增15亿元财政资金，整合资金90多亿元，用于发展城郊农业、旱作农业、省级三大战略和六大产业集群等乡村振兴项目，带动全省各级各渠道投入乡村振兴资金达千亿元。

(孙青洪)

【农业供给侧改革】 2018年，山西省农业农村厅优化农业结构。新调减籽粒玉米118万亩，打造杂粮、畜牧、蔬菜、果业、中药材、酿造六大优势产业集群，全省创建特优区、产业园、农业开发区32个，"忻州杂粮""吉县苹果"和"沁州黄小米"入围国家特优区创建行列。忻州国家级杂粮产地交易市场开工建设。新认证"三品一标"产品1295个，绿色、有机农产品产地面积同比增长60.80%。发展有机旱作农业，出台实施意见，制定扶持政策，新增资金7亿元，启动实施耕地质量提升、农水集约增效、旱作良种攻关等六大工程，支持1市5县30个有机旱作农业封闭示范区创建，建立专家包县包片制度，推广旱作技术1100万亩次。聚焦农业科技创新和农村改革两大任务，围绕平台打造、产品开发等10个突破，出台农谷建设规划和扶持政策，设立产业发展基金，推进"谷城院"融合与国家级农高区创建，举办全国农村改革(太谷)论坛。建设雁门关农牧交错带示范区，推进农林草牧业协调发展，打造全国北方农牧交错带样板区。全区粮经饲比例调整到52:18:30，示范区草食畜养殖量占全省比重达到65%。融入国家"一带一路"战略，提升运城农产品出口平台，建设农产品出口服务中心和检疫检验服务平台，连续举办三届果博会，2018年全省出口水果3.7亿美元。城郊农业、乡村旅游等新产业、新业态蓬勃发展，新建设益农信息社7000个。 (孙青洪)

【农村改革】 2018年，山西省农业农村厅基本完成农村土地承包经营权确权登记颁证。落实农村土地所有权、承包权、经营权"三权分置"办法，引导土地经营权有序流转，县乡两级农村产权流转交易市场基本建成。农村集体产权制度改革稳步推进，全省有21978个集体经济组织完成清产核资工作，中央和省确立14个试点县完成试点任务并通过验收。农垦改革发展"两个3年"任务完成。整合资金1亿元，实施现代青年农场主等"四个计划"，累计培育各类新型职业农民5.80万人。 (孙青洪)

【国家农村产业融合示范园山西入选园区】 2018年，国家发改委会同农村农业部、工业和信息化部、财政部、自然资源部、商务部、文化和旅游部制定《国家农村产业融合发展示范园认定管理办法(试行)》。印发首批国家农村产业融合发展示范园创建名单，共148个名单。山西省6个园区入选，分别是：大同市阳高县农村产业融合发展示范园、晋中市太谷县农村产业融合发展示范园、运城市万荣县农村产业融合发展示范园、运城市盐湖区农村产业融合发展示范园、吕梁市孝义市农村产业融合发展示范园、忻州市五寨县农村产业融合发展示范园。 (编辑部)

【"一村一品"示范村镇】 2018年，按照《全国农业现代化规划(2016–2020年)》中关于打造"一村一品"示范村镇的要求，农业农村部组织认定第八批全国"一村一品"示范村镇300个，其中山西省被认定的有平顺县龙溪镇佛堂岭村(平顺潞党参)、襄汾县景毛乡申村(晋乡红苹果)、隰县阳头升乡竹干村(隰县梨)、汾阳市栗家庄乡(裕源核桃)、太谷县任村乡(美枝蔬菜)、曲沃县里村镇(里丰葡萄)。

(编辑部)

【农产品结构变革】 2018年，山西省加快优化区域结构、产业结构和产品结构。按照"稳粮优经扩饲"思路，调整种植业结构，推进杂粮、鲜干果、蔬菜、中药材、饲草作物"五大替代玉米行动"，2017年、2018年共调减籽粒玉米350万亩。全省粮经饲比例由2015年的86.8:12.1:1.1调整为82.7:14.3:3.在调减籽粒玉米170万亩的情况下，全省粮食总产达138亿公斤，为历史第二高产年份。按照"增猪、稳鸡、发展牛羊驴等草食畜"的思路，发展规模化养殖，规模养殖场占到全省养殖量的58%。 (孙青洪)

【山西最美村干部】 2018年，由省委组织部、省委宣传部、省民政厅指导，山西晚报社主办山西最美村干部评选，11月30日颁奖。"山西最美村干部"称号获得者10名：刘桂珍(忻州市代县段家湾村党支书、村委主任)、韩小抗(晋城市沁水县侯村党支书、村委主任)、程玉珍(长治市壶关县刘寨村党支书、村委主任)、刘建平(阳泉市平定县甘泉井联村党委书记)、张拉生(吕梁市交口县枣林村党支书)、范世锁(运城市万荣县范家村党支书、村委主任)、石金平(临汾市蒲县山中村党支书)、石狗栓(太原市阳曲县店子底村党支书)、宋向林(晋中市左权县里长村党支书、村委主任)、刘开强(大同市浑源县东尾毛村党支书)。另有王明花等10人获提名奖。

(编辑部)

【山西十大"三农"新闻人物】 2018年，由山西农民报发起的2017年度山西十大"三农"新闻人物评选颁奖于3月30日举行。扎根山区40年，一肩挑四担的优秀共产党员，全国脱贫攻坚模范刘桂珍获"特别贡献奖"。获十大"三农"新闻人物的有：郭若桥(一心为村民谋富路的第一书记)、候国红(新能源产业领军人)、武栓虎(全国最美农村员)、高培芳(破解红枣裂果难题的专家)龚凯庆(乡风文明推动者)、高本增(跟拍三农典型的组工干部)、史录刚(指尖上科普的倡导者)、武祝琴(开创果业发展新模式)、张顺宝(黄花致富新路带头人)、杨雪岭(蔬菜经纪人)。 (编辑部)

【山西乡村爱心大使】 2018年12月23日，"汾酒杯"第五届感动百姓山西乡村爱心大使颁奖典礼举行。这一活动由山西省委宣传部，山西省农村文化促进会主办，前四届已推出40位爱心大使。此届共评议出10位"爱心大使"：赵丹芳(壶关县鹅屋乡邮政投递员)、段爱平(襄垣县王桥镇返底村党支书村主任)、郭小平(临汾红丝带学校校长)、李刚(临汾蓝天救援队队长)、贾永平(平顺县龙溪镇龙镇村党支书)、许生义(阳高县王官镇村民)、宋根栋(阳泉河底镇东南沟村党支书)、郭崇喜(运城空港任埝头村村主任)、袁建军(怀仁县金沙滩肉业公司)、李艳萍(孝义市瑶圃村村民)。另有梁茂林(襄汾)、马金明(太原)、石建华(原平)、王国平(平定)、薛凤喜(临县)5人获提名奖。 (编辑部)

## 农产品质量建设

【农产品质量安全】 2018年，山西省农业农村厅狠抓农产品质量安全监管，新建8个省级出口食品农产品质量安全示范区，全省农产品例行监测合格率达到98.7%，全年没有发生重大农产品质量安全事件。 (孙青洪)

【农产品区域公用品牌建设】 2018年，山西省农业农村厅加快打造区域公用品牌，推进特优区和产业园建设。打造"山西玉露香梨""山西核桃"2个省级区域公共品牌和20个功能农产品品牌，全省特色产业产值占农业总产值比重达75%。 (孙青洪)

【农产品出口平台建设】 2018年，山西省农产品出口增长强劲，农产品出口扩大至89个国家和地区。水果出口36万吨，出口额达到4亿美元，永和苹果首次出口泰国、孟加拉国，芮城苹果首次出口塞舌尔、蒙古国，柳林红枣首次出口英国。红芸豆、甜玉米、苦荞等杂粮出口量大幅增长，杂粮出口额达1980万美元，同比增长28.25%，阳泉杂粮首次出口澳大利亚。干果、中药材出口取得突破，振东药业炒黄芩、山茱萸首次销往台湾。

(孙青洪)

【农产品质量提升】 2018年，山西省加快推进农业标准化建设。新制定修订农业地方标准62项，新认证"三品"生产主体894家、产品1608个、产地面积501.10万亩，新登记农产品地理标志14个，"三品一标"获证产品数量年增幅达46.30%。 (孙青洪)

【新农品新品种推广】 2018年，山西省完成玉米、小麦、大豆、棉花4种主要农作物486个品种40个区组84

个试验点的国家级试验任务；采用统一分发种子、抗性鉴定、DNA指纹检测及转基因成分检测，统一组织安排玉米、小麦、大豆、棉花、水稻5种主要农作物354个品种43个区组249个试验点的品种试验；根据品种审定制度改革要求，拓展品种试验渠道，继续推进联合体试验、特殊类型品种自主试验，共有3个普通玉米联合体开展实验，试验品种186个，试验点96个，有玉米和大豆2种作物24个特殊用途品种开展自主试验，试验点44个。全年共审定通过104个主要农作物品种，其中玉米品种85个，大豆品种5个，小麦品种12个，棉花品种2个，为促进全省农业增产增收提供品种支撑。开展主要农作物审定品种引种备案工作，全年共发布四次公告，引种备案品种221个，其中玉米品种201个、小麦品种10个，丰富主要农作物品种类型。开展非主要农作物品种登记工作，全年共向农业部上报4批15种作物119个品种，其中已完成登记程序的有72个，部级已复核的47个。为推进有机旱作农业发展，培育特色优势产业，提高抗旱节水良种普及率，加大新品种引进力度，从省内外引进大豆、马铃薯、谷子、高粱、黍子、糜子、燕麦、红芸豆、绿豆、豌豆、向日葵、胡麻、青贮玉米、机收玉米等各类农作物品种192个，分别在大同灵丘、朔州山阴、临汾蒲县、长治北郊等地组织引进筛选试验，筛选抗旱节水品种20多个，在全省11个市开展抗旱节水新品种展示，建设抗旱节水新品种展示基地3000亩。（孙青洪）

## 种植业

【粮食生产】 2018年，山西省粮食总产136.30亿公斤，比上年增产0.90亿公斤，增幅0.70%。粮食单产287.90公斤/亩，比上年增加3.30公斤/亩。其中夏粮总产22.99亿公斤，比上年减产1.65%；夏粮单产269.30公斤/亩，比上年减少4.10公斤/亩，减产1.50%。秋粮总产113.30亿公斤，比上年增产1.3亿公斤，增幅1.10%左右。

（杨艳芳）

【种植结构调整】 2018年，山西省种植业品种结构持续调优向好。籽粒玉米面积减少，共调减非优势区籽粒玉米118万亩。杂粮、蔬菜、中药材等特色作物增加。谷子318.40万亩，比上年增加19.60万亩；高粱49.20万亩，比上年增加15.50万亩；大豆205.4万亩，比上年增加9.20万亩；马铃薯257.40万亩，比上年增加5.20万亩；燕麦、荞麦等其他作物249.20万亩，比上年增加11.10万亩。蔬菜407.20万亩，比上年增加6万亩。大田中药材174万亩，比上年增加5万亩。棉花8.50万亩，比上年减少0.70万亩。饲用作物增加，青贮玉米、饲草等种植面积171.40万亩，比上年增加18.80万亩。农产品品质提升。“三品”认证产地面积增长，新增区域公用品牌5个，岚县马铃薯、沁州黄小米、大同黄花被评为全国百强区域公共品牌。实施果业“三品”提升行动，全省优果率提高1%。区域布局优化。围绕汾河谷地、上党盆地、雁门关、太行山、吕梁山和城郊农业六大区域布局，突出优势杂粮、旱作农业、功能食品三大特色，培育打造杂粮、蔬菜、果业、中药材四大种植业特色产业集群。（杨艳芳）

【蔬菜生产】 2018年，山西省蔬菜播种面积438.80万亩，比上年增加2.30万亩，增长0.50%；产量达1349万吨，比上年增加9.20万吨，增长0.70%。价格方面，全年全省平均地头批发价为2.51元/公斤，较上年增加0.29元/公斤，增幅13.07%。蔬菜价格总体趋势好于去年，菜农增收明显。（杨艳芳）

【惠农政策落实】 2018年，山西省落实《财政部农业部关于全面推开农业“三项补贴”改革工作的通知》精神，配合财政部门改革完善“农业支持保护补贴”，并以财、农两厅下达《山西省财政厅、山西省农业厅关于做好农业支持保护补贴资金工作的通知》。对用于耕地地力保护的补贴资金，由按照粮食实际播种面积发放调整为按照土地确权登记面积发放，补贴标准由分品种四个标准调整为统一每亩补贴67元，下达资金33.75亿元。

（杨艳芳）

【有机旱作农业推进】 2018年，山西省下发《关于加快有机旱作农业发展的实施意见》，推进有机旱作农业发展。完善领导机构，成立全省有机旱作农业发展领导小组，陈永奇副省长担任组长，14个省直部门负责人担任领导小组成员。推进“六大工程”建设，加大对有机旱作农业的投入，中央和省市县共计投入7亿元左右。推进典型示范。启动1个市、5个示范县和30个封闭示范片建设，成立由省农业厅、农大、农科院等科研推广部门31位专家组成的有机旱作专家指导组，实行首席专家负责制和专家联系包县、包片技术指导服务，推行“行政领导+农业专家+农技指导员+基地+合作社+示范户+辐射户”的包联责任制。加强对市县工作的督促指导。组织召开有机旱作农业现场观摩推进会。出台有机旱作农业示范创建县、示范片创建县工作考核方案和专家指导服务考核方案。基本构建有机旱作农业发展框架，生产能力得提升，促进农业转型升级。（杨艳芳）

【灾害应对】 2018年，山西省灾害性天气频发，4月初，大部分地区出现强降温、降雪、大风天气，农业生产受到影响。农业农村厅与气象部门密切配合，加强灾害性天气监测预警，利用互联网、移动终端、微信等现代化信息手段下发紧急通知30余次，安排部署农业防灾减灾工作。灾后组织市、县有关部门加强灾情核查报告，组织农业专家和技术人员分赴灾区查灾，指导农民群众开展灾后生产恢复。组织各地农业部门与保险公司密切配合，开展灾情查勘和理赔工作，减轻农民损失。在重要农时季节，收集、汇总、上报农情信息，及时准确反映生产动态。（杨艳芳）

【绿色高产高效模式】 2018年，山西

省以标准化、机械化、信息化为方向，集成推广高产高效、资源节约、生态环保的技术模式。7个部级整建制创建县和31个省级示范片共集成组装50余套技术模式，涉及谷子、小麦、油菜等10余种粮油作物。推广优质高产多抗、节水节肥节药等绿色高效技术，提高资源利用率和土地产出率。全年全省秋播优质专用小麦种植比例达57.50%。示范推广新品种、新技术、新装备。泽州县霍秀村1100亩旱地小麦项目示范田，采用探墒沟播绿色节本增效技术，在晚播条件下，仍获亩产357.90公斤的好收成。开展代耕代种、代管代收、代烘代储、统配统施、统防统治等专业化服务，破解产前、产中、产后等环节的制约瓶颈，基本实现项目区全覆盖，组织化程度和集约化水平提高。各地在绿色高质高效创建中，坚持龙头企业带动，发展订单生产，促进一、二、三产业融合发展。翼城县建设4万亩“公司+农户”产供销一体化优质小麦生产基地，实施订单生产。其中引进师栾–2号优质强筋小麦品种1000亩，与翼城强筋面业签订合同，合同价以每公斤高于市场价0.20元进行收购，开展高档面粉开发。（杨艳芳）

【种植业新技术示范推广】 2018年，山西省集成11项先进实用技术，其中谷子地膜（包括渗水地膜）覆盖穴播、燕麦“两深一浅”抗旱栽培、小麦探墒沟播等5项技术被列入全年全省重点推广的20项技术中。绿色谷子生产技术、旱地谷子地膜覆盖技术、小麦探墒沟播技术、胡麻垄膜沟播集雨综合技术等4项技术成为山西省地方标准，燕麦“两深一浅”抗旱栽培技术、晋西北旱地向日葵高产配套技术和晋西北春播油菜抗旱栽培技术3项技术列入山西省地方标准编制中。在粮油主产区重点示范推广谷子、大豆、小麦等8种作物32个新品种和小麦宽窄行探墒沟播技术、谷子覆膜（渗水）穴（精）播全程机械化技术、胡麻垄膜沟播集雨综合技术等10项旱作集成技术，推广面积达170.40万亩。开展粮油新品种、新技术和新模式的试验、示范，在全省42个县布局53个试验点，共进行90项试验。杂粮以引进品种和建立良种繁育基地为重点，从省内外引进高粱、谷子、黍子、糜子、燕麦、红芸豆、荞麦、绿豆、豌豆、马铃薯等各类杂粮新品种200余个，分别在大同灵丘、晋中榆次区、临汾蒲县等地进行种植试验，在11个市开展杂粮新品种展示，建立新品种展示基地3000亩。在雁门关区域、吕梁山区域、太行山区域、上党盆地区域等四个杂粮生产优势区域建立谷子、黍子、燕麦、绿豆等特色杂粮作物良种繁育基地4000亩。针对目前杂粮作物品种老化现状，选择谷子、荞麦、莜麦、黍子4种主要杂粮作物在5个县进行品种提纯复壮和良种繁育。小麦主要在芮城、河津、闻喜等12个小麦主产县开展探墒沟播配套技术、优质特色小麦品种对比、防灾减灾、品质稳定性检测、有机肥部分替代化肥、宽幅条播、机械匀播对比等8项技术试验。油料引进向日葵新品种20个、新技术4项，在右玉等10个县进行试验示范。（杨艳芳）

【旱作良种】 2018年，山西省加强不同生态区优势作物抗旱、抗逆及功能性种质资源创新，加快谷子、高粱、小麦等抗旱节水作物新品种选育，强化有机旱作农业发展的品种良种支撑。加大抗旱节水新品种引进和试验筛选工作力度，从外省引进大豆、马铃薯、谷子、高粱、荞麦等10多种杂粮和油料作物抗旱节水新品种192个，通过科学组织品种引进筛选试验，筛选出适应我省有机旱作农业发展的抗旱节水新品种20多个。加强抗旱节水优种示范推广，分作物、分区域建设抗旱节水新品种展示基地3000亩，加快特色作物品种更新，抗旱节水良种普及率达83%。加快特色良种繁育基地建设，建立谷子、高粱、荞麦等特色良种繁育基地4000余亩，组织开展特色作物提纯复壮、良种繁育，确保特色良种有效供给。加强种业法制建设，修订《山西省农作物种子条例》，为依法治种奠定法制基础。（杨艳芳）

【品种试验】 2018年，山西省承担完成4种主要农作物486个品种40个区组84个试验点的国家级品种试验任务，组织安排5种主要农作物354个品种43个区组249个试验点的省级品种试验。拓宽品种试验渠道，先后开展3个普通玉米联合体试验、24个特殊用途品种自主试验和67个品种自主生产试验。严格品种审定，完成省农作物品种审定委员会换届，成立山西省第七届农作物品种审定委员会，审定通过114个主要农作物品种，其中玉米品种91个，小麦品种16个，大豆品种5个，棉花品种2个。完成外省审定与我省属于同一适宜生态区的主要农作物品种引种备案129个。加强非主要农作物品种登记，全年分批受理审查上报14种作物221个品种，其中188个品种通过农业农村部复核公告。举办农业植物新品种保护培训班，邀请农业农村部专家讲授农业植物新品种保护的相关法律知识和申请策略，提升植物新品种保护、管理能力和水平。（杨艳芳）

【种子市场监管】 2018年，山西省组织开展春季、秋季种子市场检查，联合农业综合执法机构开展检打联动，各级种子管理部门组织出动检查人员3654人次，出动检查车辆1523辆次，检查经营门店2856个次，检查品种1035个次，检查包装标签1254个次，检查种子生产经营档案2319份次。对资质不健全、经营行为不规范、手续不完善的种子经营门店，分别采取现场教育、限期整改、立案查处等方式进行处理。加强种子生产经营主体备案，全省共备案种子生产经营网点6388个，其中经营不再分装备案5708个，委托代销备案1116个，委托生产备案69个，分支机构备案3个。加强种子市场信息监测，16个种业信息直报点报送种子市场和生产基地监测信息8000余条，新增的14个种子市场观察点报送市场终端信息1051次。（杨艳芳）

【种子抽检】 2018年，山西省完成冬季种子企业督查检查，随机抽取17家省级发证企业，抽检32个玉米种子样品，涉及32个品种。对救灾备荒储备种子实施100%批检，共抽检玉米、大豆、粟3种作物35个种子样品。完成春季种子市场抽检，组织各市种子管理站随机抽取辖区不低于30%的经营门店检查，共抽检种子样品208份，涉及经营门店181个，生产商104个。完成秋季小麦种子专项抽查，在运城市、临汾市、晋城市、晋中市等小麦主产区随机抽取36个经销门店，抽检39份小麦种子样品，涉及31个品种，29个种子生产商。开展品种纯度种植鉴定，在海南完成228份农业部和全省冬季企业抽查玉米种子纯度田间种植鉴定，在运城盐湖区完成40份上年秋季抽查小麦种子纯度田间种植鉴定，在长治市完成467份全国春季市场抽查玉米种子纯度种植鉴定，在文水完成176份全省春季市场抽查玉米种子纯度种植鉴定。承担农业部种子质量认证试点示范工作，按照《2018年种子认证试点示范实施方案》要求，指导潞玉种业建立认证示范田500亩。 （杨艳芳）

【马铃薯产业扶贫】 2018年，山西省立足雁门关、太行山、吕梁山三大马铃薯优势产业带，项目资金向贫困地区倾斜，加快脱毒种薯繁育推广，提升马铃薯产业发展水平，带动农民脱贫。在大同、朔州、忻州、吕梁等8个主产市的25个县落实脱毒种薯原种繁育基地235亩、原种繁育基地1.492万亩，引导种薯企业配套建立一级种薯基地约10万亩，繁育晋薯16、青薯9号、冀张薯8号、费乌瑞它等一批在生产上表现突出的品种，保证脱毒种薯自主繁育供应，全省脱毒种薯覆盖率达35%。印发《2018年优质鲜食马铃薯生产示范基地项目工作方案》，组织大同、朔州、忻州等7个市的20县开展示范基地建设。

（杨艳芳）

【科学施肥施药】 2018年，山西省制定下发《山西省2018年春播作物科学施肥指导意见》《山西省到2020年化肥使用量零增长行动2018年工作方案》和《关于推进2018年农药使用量零增长工作的指导意见》。落实以配方施肥替代农民习惯施肥、有机肥替代化肥、新型肥料替代传统肥料、机械施肥替代人工施肥、培育新型农业经营主体和科学施肥社会化服务组织为主要内容的“四替代两培育”措施。通过百县千乡万户安全用药培训、培育新型服务主体、推进产学研推企农对接、成立山西省农药使用量零增长绿色发展联盟等措施控制农药使用量，化肥使用量零增长行动取得明显成效，全年全省农药使用量比上年减0.80%。 （杨艳芳）

【病虫害防治】 2018年，山西省农作物病虫害总面积1.05亿亩，较上年减少0.17亿亩次。全年病虫害发生特点是：常发、重发病虫轻于常年，部分病虫呈现区域性暴发，病虫盛期时间晚，持续时间短。受异常气候影响，玉米大斑病、马铃薯晚疫病、高粱蚜虫、二代黏虫、玉米红蜘蛛等重大病虫在部分地区出现暴发流行态势。全省各级植保部门因地制宜采取防控措施，有效控制重大病虫危害，实现“确保重大病虫不大面积暴发成灾，蝗虫不起飞危害，总体危害损失率控制在5%以下”的目标，确保全省粮食安全。全年全省累计防治农作物病虫9940.80万亩次，占到病虫发生面积的94.20%。

（杨艳芳）

【田头市场示范点】 2018年8月14日，由省农业厅组织的山西省田头市场示范点竞演举行，有21家流通主体参演，最终成绩前10名者被评为省级田头市场示范点。分别是：运城圣耕历山农业开发有限公司、长子县顺兴农牧有限公司、云州区俊文瓜果蔬菜交易批发市场、吉县永发果业有限责任公司、孝义市力农蔬菜种植专业合作社、芮城县凯富蔬菜专业合作社、晋中市清清苹果种植专业合作社、阳泉市郊区西南舁乡无公害水果北舁交易中心、文水县山晋吕盛源果品有限公司、山西郭富强枣业有限公司。 （编辑部）

## 林业和草原

【概况】 2018年，山西省林业和草原局完成林业投资111.70亿元。其中，中央财政资金39.80亿元，地方财政资金51亿元，其他资金20.90亿元。林业产值497.50亿元。其中，第一产业369.70亿元，第二产业62.80亿元，第三产业65亿元，三产比例74:13:13。

10月27日，山西省林业和草原局作为山西省自然资源厅部门管理机构挂牌组建成立。山西省林业和草原局整合原省林业厅职责，以及原省农业厅草原监督管理职责，原省国土资源厅、省水利厅、省农业厅以及省住房和城乡建设厅等部门的自然保护区、风景名胜区、自然遗产、地质公园等管理职责。主要职能是负责全省森林、草原、湿地、荒漠化生态系统修复和生物多样性保护等工作，组织开展全省林业和草原生态保护修复和造林绿化工作，监督管理全省森林、草原、湿地、陆生野生动植物资源和各类自然保护地，组织开展荒漠化防治工作，推进林业和草原改革相关工作。根据2018年12月山西省委、省人民政府《关于印发〈山西省林业和草原局职能配置、内设机构和人员编制规定〉的通知》规定，山西省林业和草原局为副厅级，设局长1名，副局长3名。山西省森林公安局为山西省林业和草原局的正处级直属机构，纳入地方公安序列，称为山西省公安厅森林警察总队。山西省森林公安局局长由副厅级调为正处级，其他机构编制事项保持不变。

山西省林业和草原局撤销政策法规与宣传处（行政审批）、对外合作处、产业发展处，新成立国有林场和种苗管理处、草地管理处、荒漠化防治处，将原来的野生动植物保护与自然保护区管理处分为野生动植物保护处、自然保护区管理处，整合原来的造林绿化管理处和省绿化委员会办公室职能，成立生态保护修复处。山西省林业和草原局内设处室13

个，编制80名。局属独立核算单位225个，包括9个省直林局108个国有林场。其中，行政单位11个，事业单位209个(包括机构改革转隶的山西省草原工作总站、山西省世界遗产和风景名胜区管理事务中心)，社会团体5个。全省森林和野生动植物、湿地类型的自然保护区45处（国家级8处，省级37处）；草地保护区1处；森林公园139处(国家级22处、省级56处、市县森林公园61处)；湿地公园61处(国家级19处，省级42处)；风景名胜区49处(国家级6处，省级43处)；地质公园19处(国家级的9处、省级的10处)；国家沙漠公园12处；自然文化遗产地3处。

（贯向前）

**【经济林产业发展】** 2018年，山西省林业和草原局重点发展传统干果经济林和特色灌木经济林，建立吕梁核桃、晋西北沙棘特色农产品优势区和灵石核桃、稷山板枣现代农业产业园，提升林业产业发展竞争力。新发展经济林7.93万公顷，经济林提质增效完成13.34万公顷。实施“小灌木大产业”战略，新建和改造沙棘10.55万公顷、年产沙棘果9232吨。山西琪尔康翅果生物制品有限公司、吕梁野山坡食品有限公司和鸿泰农林科技开发有限公司获得中国林业产业创新奖。山西玉露香梨和山西核桃被山西省政府评为2018年最具影响力山西农产品区域公用品牌。推进森林康养产业发展，编制《山西省森林康养产业发展总体规划纲要》，组建山西省森林康养投资管理集团有限公司，12个森林康养基地被列入国家级森林康养基地试点，在坚持森林资源实物价值与景观康养价值相分离的前提下，完成对省直林局11个森林康养基地森林景观康养资源资产价值评估。全年森林旅游、疗养和休闲人数2251万人次，收入31.38亿元，直接带动其他产业产值21.87亿元。全年育苗7.46万公顷，苗木产量619273万株，种子采集量1562吨。花卉种植0.16万公顷。

（贯向前）

**【集体林权制度改革】** 2018年，山西省林业和草原局推进集体林权制度改革。印发《关于进一步完善集体林地确权发证工作的通知》，流转集体林地3.34万公顷，新发放到户林权证8.39万本、股权证14万本。推进林业资产收益改革试点，9个县20个实施主体创新机制。大宁县作为“山西省林业综合改革试点县”，成为全国33个集体林业综合改革试验区之一。探索集体林地承包权和经营权分离运行机制，指导乡宁县、寿阳县开展经营权流转证发放试点工作。推进国有林场改革工作，鼓励引导国有林场托管集体公益林37.73万公顷，完成国有林场改革省级验收工作，总结太原、长治、阳泉、吕梁等市国有林场经验，编印《山西省国有林场改革实践与探索》，推广宣传国有林场改革先进典型事迹和经验。

（贯向前）

**【林业产业投资基金项目库入选】** 2018年，国家林业和草原局下达第一批全国林业产业投资基金项目库的入库项目及建议计划，首批289个项目。该基金系与中国建设银行共同发起成立，总规模1000亿元。首批山西入库项目为涉林企业10个。分别为：汾州核桃高新技术加工；垣曲历山康养基地；乌金山旅游康养；年转化工万吨沙棘果生产线及种植基地；有机沙棘制品开发技改；年产5万吨绿色果菌、小杂粮食品；红枣深加工扩建；糁子沟生态旅游；年产5000吨沙棘果加工；忻口战役旧址万亩生态八大园。

（编辑部）

**【省直林区建设】** 2018年，山西省直林局发挥林业生态建设主力军作用，完成营造林6.75万公顷。杨树丰产林实验局与右玉县合作造林0.39万公顷。管涔山国有林管理局推出“大美管涔，康养福地”森林康养品牌，高桥洼林场被列为全国森林康养基地试点单位。五台山国有林管理局推广索道运苗和翼式集流蓄水覆盖抗旱保水一体化整地集成技术，营造林1.19万公顷。黑茶山国有林管理局创新局地合作造林机制，营造林0.64万公顷。关帝山国有林管理局发展林下经济，培育香菇菌棒12万棒。太行山国有林管理局推进集体公益林托管，与盂县、榆社县签订2.17万公顷。太岳山国有林管理局发展森林康养产业，七里峪和大南坪林场列入全国森林康养基地建设试点单位。吕梁山国有林管理局发展林下经济产业，养殖森林猪1000头、森林鸡2000只、淡水鱼10万尾；培育木耳2万棒，香菇1万棒，采集林木种子8吨，生产黄芩

临汾市永和县乾坤湾三北工程

（贯向前供图）

茶4吨。中条山国有林管理局围绕把太宽河保护区建成野大豆、丝棉木、领春木等国家级保护植物和乡土珍稀树种培育基地,组织开展珍稀濒危植物培育试验。 (贯向前)

【省直林区“155651”发展思路】2018年12月3日,山西省林业和草原局在太原召开省直林局局长座谈会,提出省直林区“155651”总体发展思路,即突出发展现代林业、建设美丽林区“一个主题”;明确活力林区、富裕林区、文化林区、和谐林区、美丽林区“五大定位”;强化增绿色、增资源、增活力、增效益、增功能“五增措施”;抓好党的建设、良种繁育、标准化造林、森林经营、林业产业、综合保护“六大工程”;达到资源有扩张、质量有提升、效益有体现、管理有特色、和谐有保障“五有效果”,建成林分稳定、景观优美、功能齐全、产业突出、队伍齐整、和谐美丽现代新林区“一大目标”。 (贯向前)

【市县林业工作】2018年,山西省各市县林业工作各具特色。太原市借力开发式造林机制推进,拓展环城市绿色廊带,累计投入10.85亿元、营造林1.73万公顷。大同市围绕五大生态治理项目营造林1.3万公顷,绿化村庄21个。朔州市按照“小灌木大产业”思路,种植经济林0.49万公顷。忻州市营造林4.09万公顷,初步形成“带、片、点、圈”同步绿化格局。晋城市突出“一村一特色,一街一景点”特色,高标准绿化村庄22个。阳泉市依托市中心苗圃建成全市首个皂荚采穗圃繁育基地。长治市围绕乡村振兴,发展森林康养产业,完成10个森林乡镇,100个森林村庄建设。晋中市发挥生态经济产业优势,建设50个经济林示范园,林果业产值5.82亿元,展示晋中“林业效应”。吕梁实施生态扶贫,实现4万贫困人口脱贫。临汾市推进吕梁山生态脆弱区、太行山水源涵养区、百里汾河经济带湿地植被恢复区绿化,完成营造林3.30万公顷。运城市围绕大南山生态修复保护,投资0.35亿元完成12.40千米通道绿化。 (贯向前)

【“互联网+全民义务植树”试点】2018年,根据全国绿化委员会《关于批复山西等6省(区)开展第二批“互联网+全民义务植树”试点工作的通知》和山西省绿化委员会《关于同意太原市开展“互联网+全民义务植树”试点工作的批复》,全国绿化委员会决定在山西太原开展“互联网+全民义务植树”全国第二批试点工作。3月12日,山西省绿化委员会、山西省林业厅、太原市绿化委员会、太原市林业局、阳曲县林业局在太原市阳曲县泥屯镇北山义务植树基地举行“3·12”植树节40周年纪念活动暨山西省“互联网+全民义务植树”太原试点平台上线启动仪式。社会各界代表400余人现场扫描山西全民义务植树尽责二维码进行捐资,义务植树1500余株。 (贯向前)

【山西省森林康养投资管理集团有限公司】2018年4月17日,山西国信投资集团公司和山西林业发展投资公司出资注册山西省森林康养投资管理集团有限公司,作为山西省森林康养产业引进战略投资一级平台。6月20日,山西省森林康养投资管理集团有限公司开始运行,标志山西森林康养产业迈出规模化发展的重要一步,让“康养山西、夏养山西”成为全国知名品牌。 (贯向前)

【“两山”生态修复工程】2018年,山西省启动实施太行山、吕梁山生态系统修复保护工程。4月26日,十一届省委全面深化改革领导小组第十三次会议审议通过《太行山吕梁山生态系统保护和修复重大工程总体方案》。5月18日,山西省委办公厅、山西省政府办公厅印发《方案》,标志工程启动实施。工程建设围绕生态修复机制创新试验区、山水林田湖草系统治理试验区、“一圈一带”生态修复先导区、生态保护修复助推脱贫攻坚先导区的战略定位,按照全流域布局、按山系治理、整区域推进思路,以42个县为重点、辐射带动81个县,在吕梁山生态脆弱区、京津冀生态屏障区和太行山水源涵养区,统筹推进实施大规模国土绿化、退耕还林还草、森林质量精准提升、生态公益林保护、自然保护区和湿地建设、干果经济林提质增效、经济林扩容增量、森林旅游和森林康养、草畜牧业可持续发展和林业生态建设扶贫“十大工程”。 (贯向前)

【“外国使节看三北”活动】2018年6月4日至8日,“走近中国林业 外国使节看三北”考察活动在太原市启动。考察活动共为期5天,来自乌拉圭、德国、南非、智利、巴基斯坦、越南、日本、老挝、斯里兰卡、澳大利亚等10个国家驻华使节,实地考察太原、吕梁、临汾、运城4市9个县共13个林业生态建设工程现场,感受山西省三北防护林建设工程和水土流失治理等林业生态建设成效。“三北”工程作为全国“三北”工程40年建设的一个缩影,集中向外国使节展示中国三北工程建设成效,扩大中国林业国际影响力。 (贯向前)

【中国最美古树入选】2018年,全国绿化委员会办公室、中国林学会联合组织开展中国最美古树遴选活动,“古树”一般指树龄在百年以上的,并定为三级。4月结果揭晓,山西5株古树入选,分别是:原平市大林乡西神头村的楸树、永济市虞乡镇张家窑村的麻栎、泽州县柳树口镇麻峪村的黄栌、和顺县青城镇神堂峪村的元宝槭、沁水县中村镇下川村的紫丁香。 (编辑部)

## 畜牧业

【概况】2018年,山西省畜牧业产值达361.50亿元,占到农业总产值的25%。生产生猪存栏达549.50万头、出栏814.60万头,家禽存栏10202.5万只、出栏11968.5万只,牛存栏102万头、出栏肉牛44万头,羊存栏

875.60万只、出栏558.70万只。肉、蛋、奶产量分别达92.20万吨、102.60万吨、81.10万吨，基本满足城乡居民的消费需求。

2018年，《山西雁门关农牧交错带建设条例》列入山西省人大五年立法规划。1月，山西省人民政府修订出台《山西省突发动物疫情应急预案》。举办全省兽药政策法规培训，畜牧业绿色发展人才培训等活动。（郑晓静）

**【畜产品价格监测】** 2018年，山西省生猪价格大幅波动。3季度企稳微增，非洲猪瘟疫情发生后，猪价大幅下跌。价格水平同比下降。活猪、猪肉的平均价格，分别为每公斤12.15元、20.93元，同比分别下跌19%和15%。生猪养殖效益分化。猪粮比价平均6.44:1，生猪养殖主产区亏损，非主产区微利。

鸡蛋价格趋势呈季节性波动。恢复性上涨，平均每公斤价格8.41元，比上年同期上涨26%。饲养一只蛋鸡一个产蛋周期平均盈利约20.10元。活鸡和白条鸡价格水平总体高于历史同期，分别为每公斤13.79元和16.38元，同比分别上涨16%和7%。饲养肉鸡只均盈利约4–5元。

生鲜乳收购价格同比小幅下跌。生鲜乳收购价格平均每公斤3.08元，同比上涨6%。A级牧场生鲜乳价格为3.10–3.40元/公斤，每头奶牛年利润为1278元。B级牧场生鲜乳价格为2.80–3.10元/公斤。

2018年，牛羊肉价格稳步上涨。牛肉价格每公斤56.53元，同比上涨6%；活牛每公斤25.43元，同比上涨6%。出售一头育肥牛盈利2000元以上。羊肉每公斤57.70元，同比上涨15%。活羊每公斤24.31元，同比上涨21%。出售一只育肥羊盈利约200–300元。（郑晓静）

**【畜禽规模化标准化养殖】** 2018年，山西省规模化养殖占到全省养殖量的68%，成为养殖的主要形式。推进畜禽标准化养殖示范创建，54%以上的规模养殖场在设施装备、生产技术、管理制度等方面达到标准化养殖水平。建设国家畜禽养殖标准化示范场6个。开展种畜禽场标准化创建工作，制定种畜禽场标准化创建十有标准，创建标准化种畜禽场22个。编写完成《山西省畜禽养殖企业案例》。备案规模养殖场达20600个，其中年出栏生猪500头以上的养殖场4339个，年出栏肉鸡5万只以上的养殖场712个，年存栏蛋鸡1万只以上的养殖场1864家，年出栏羊200只以上的养殖场8978个，年存栏奶牛100头以上的养殖场363个，年出栏肉牛100头以上的养殖场616个。

饲料生产。2018年，山西省共有各类饲料生产企业205家，其中单一饲料生产企业23家，预混合饲料生产企业44家，浓缩、配合、精补料生产企业141家。全省饲料总产量共305.80万吨，饲料行业生产总值102亿元，饲料添加剂产品总量21.50万吨，总产值5952万元。饲料质量监管水平提高，无饲料质量安全及生产安全事件发生。

奶业生产。2018年，山西省奶牛存栏32万头，集中分布在朔州、大同、忻州、太原和晋中等五个市，占全省91%。100头以上的养殖场（户）比重为64%。全省牛奶总产量81万吨，在全国排10位。山西省共有生鲜乳收购站265个，其中：乳品企业开办15个，奶畜养殖场开办101个，奶农合作社开办149个；运输车163辆。全省乳制品加工企业共14个，乳制品种类包括巴氏消毒奶、UHT奶、奶粉和酸奶。山西省范围内三大乳品加工企业为伊利、蒙牛和本地企业古城，日均收奶约1480吨左右，其中加工大约1180吨，其余喷粉保存。举办山西省奶业政策暨奶业提质增效技术培训。（郑晓静）

**【动物疫病防控】** 2018年，山西省免疫畜禽5.5亿头（只、羽），规模养殖场“先打后补”试点扩大到38个，试点数量较上年增加19个。全年共监测样品54.90万份，其中血清学48.1万份；病原学6.80万份，比2017年翻一番。高致病性禽流感、口蹄疫、新城疫、小反刍兽疫、猪瘟、高致病性猪蓝耳病免疫抗体合格率均达70%以上。全省共主动上报动物疫情983起，同比上报率增加65.09%。

2018年，山西省召开重大动物疫病防控视频会议，对动物防疫工作进行安排部署。主持召开重大动物疫病联防工作会议，北京、天津、河北、郑州联勤中心等有关省市参加，省、市间的信息互通和联防联控得到加强。8月，山西省农业厅与山西省人社厅、山西省总工会开展“山西省首届动物防疫职业技能竞赛活动”，制定出台《山西省规模化养殖场主要动物疫病净化示范创建工作方案》。山西桦桂农业科技养殖有限公司通过国家净化创建场验收。人畜共患病综合防控力度加大，布病呈现下降趋势，布病新发病例为2824例，同比下降8.6%。

发生5起非洲猪瘟疫情，依次是左云县张家场乡、阳曲县泥屯镇、阳曲县西凌井乡、尧都区贾得乡、泽州县高都镇。山西省委、山西省政府、山西省农业农村厅部署全省防控工作，建立属地管理、领导包保、监管网格、有奖举报四项制度，启动对履职不到位、渎职、违法等行为“三问责一追究”机制，组织3次全省性专项督导，落实各项防控措施。开展全省非洲猪瘟防治技术师资培训。全省范围内对生猪养殖、交易、屠宰、无害化、野生环节，对生猪及其产品的市场流通、餐厨剩余物处理、用餐厨剩余物喂猪等情况开展多轮次、不间断排查，累计排查生猪3.10亿余头次，做到区域全覆盖、主体全覆盖、环节全覆盖、时段全覆盖。对全省养猪场、屠宰场、无害化处理场、疫区省份调入山西省生猪产品、猪血为原料饲料开展专项监测活动，检测样品1万余份。申请监测资金875万元，为省级实验室购置专项检测设备。在5个市、1个县和2个省级实验室开展检测工作。连续8年组织开展实验室检测比对工作，2018年11个市级37个县级共48个实验室参加检测比对，市级实验室比对项目正确率100%。

创新监测方式。9个市30个不同规模养殖场连续开展定点监测，对禽流感等10个病种运用28个检测方法开展定点定量连续实验室检测，发放检测报告653份，同比增加40.70%。

推进动物防疫基础设施建设。组织申报山西省陆生动物疫病病原学监测区域中心建设项目4个（朔州市、晋城市、忻州市、长治市），项目总投资1000万元，其中，申请中央预算内资金800万元，地方配套200万元。完成朔城区动物防疫基础设施建设项目的验收工作。

推进基层动物防疫体系建设。乡镇畜牧兽医站编制4696人，在岗人员有3244人，空编率31%；115个农业县中，村级动物防疫员每月每人补贴100元的县有24个、200元的县有72个、300元以上的县仅有19个。（郑晓静）

【动物检疫】 2018年，山西省实施产地检疫畜禽共计29328.54万头(只)，屠宰检疫畜禽共计17363.97万头(只)。全省共有畜禽屠宰场(点)234个。其中，生猪屠宰场(点)152个、牛羊屠宰场(点)65个、家禽屠宰场(点)17个。开展检疫技能竞赛，提高队伍素质。2018年，山西省举办中国技能大赛——第一届山西省动物检疫技能竞赛。（郑晓静）

【畜产品安全保障】 2018年，山西省完成兽药检验检测5003批，其中监督检测任务3855批，包括饲料203批、兽药500批、畜产品2524批、生鲜乳678批；完成各类委托检验任务800批；完成农产品安全县创建及突发事件畜产品检测共75批；完成农业农村部屠宰专项检测任务49批；完成重大动物疫病用兽用生物制品批签发共224批。屠宰环节“瘦肉精”监督抽检10650份。制定《2018年全省动物及动物产品兽药残留监控计划》，抽检畜产品样品1885批，合格率100%。山西省饲料兽药监察所共接受农业农村部比对能力验证考核7次，其中兽药1次、生鲜乳1次、畜产品残留1次、饲料4次，考核结果全部合格。山西省成立“兽医新型药物创新研究研发基地”。

完成生鲜乳监测781批。其中，生鲜乳违禁添加物专项指标监测共403批；《生乳》国标指标监测95批；配合农业部异地抽检180批；奶畜散养户指标监测任务103批，均符合国家标准。启动兽用抗菌药使用减量化行动试点，在山西桦桂农业科技有限公司、晋中市金粮农业科技有限公司和山西南山百世食安农牧业有限公司3家企业开展兽用抗菌药使用减量化示范创建，组织山西省农业大学专家对创建企业开展技术指导，拟定《养殖场兽用抗菌药使用减量效果评价方法和标准》。（郑晓静）

【瘦肉精监督抽检】 2018年，山西省及时下发屠宰环节“瘦肉精”抽检的通知，开展屠宰环节“瘦肉精”抽检工作；为确保畜产品质量安全，加大屠宰环节“瘦肉精”监督抽检任务，全省的抽检数量为10650份，并按季度汇总屠宰环节“瘦肉精”监督检测数据，按时上报农业农村部。

出台《山西省畜禽屠宰管理条例》。将人工饲养的猪、牛、羊、驴、兔、鸡、鸭、鹅的屠宰纳入定点屠宰监管范畴。创建生猪屠宰标准化企业30个，占到生猪屠宰企业的22.73%；创建牛、羊、鸡、鸭屠宰标准化企业30个，占相应屠宰企业的27.52%；在生猪屠宰标准厂中向农业农村部推荐2–3个生猪屠宰标准化示范厂。（郑晓静）

【畜禽产品追溯体系研发】 2018年，山西省对畜禽来源、数量、动物标识、入场时间、动物检疫合格证明（畜禽）、畜禽运输车辆、经纪人、待宰圈编号、静养时间、静养期间畜禽状态、屠宰时间、生产工人、检疫检验人员、检疫检验记录、排酸时间、产品分割、动物检疫合格证明(产品)、无害化处理、出库时间、运输车辆、销售市场等信息详细记录。畜禽从入场到出厂每个生产环节全程记录，实现屠宰的畜禽可追溯到来源，生产的肉品可追踪到市场。（郑晓静）

【病死畜禽无害化处理体系建设】 2018年，山西省推进病死畜禽专业无害化处理厂建设工作。截至2018年底，建成并运行10个专业无害化处理厂，全年处理病死猪73万多头，专业化处理率达到100%。实施养殖环节病死猪无害化处理项目，严格落实中央补助资金2350万元。（郑晓静）

【现代畜牧业提升工程】 2018年，山西省推进现代畜牧业提升工程建设。省财政补助4450万元用于现代畜牧业提升工程建设，项目包括服务能力提升项目、动物防疫社会化服务试点项目、种畜禽保护培育项目、畜产品质量提升项目、畜禽屠宰标准化创建试点项目、优质牧草生产利用一体化示范建项目、保险服务提升项目等7个子项目，由扶持量的发展向质的发展，扶持生产向扶持服务转变。山西省财政扶持乡村振兴项目，其中安排资金1.45亿元用于建设10个畜禽粪污集中处理示范中心和640个规模养殖场建设畜禽粪污资源化利用设施。

规范官方兽医管理。官方兽医资格确认工作完成，新确认官方兽医457名，取消官方兽医资格239名，全省官方兽医达4449名。山西智慧动监信息平台建设。建成省级、11市、115县级智慧动监信息平台和75个县级移动智慧动监信息平台，山西省动物卫生监管能力和服务能力得到大幅提升。开展三品认证，完成畜产品无公害农产品认证、绿色食品认证、有机食品认证169个，其中羊产品47个，蛋鸡产品54个，肉鸡产品1个，肉牛产品20个，猪产品42个，蜜蜂产品5个。（郑晓静）

【畜禽繁育改良】 2018年，山西省累计推广应用10万头份次驴和猪冻精、鲜精、羊冻精、胚胎移植技术。培育推广晋汾白猪21756头。合成零世代种猪321头，推广集成式家庭母猪养殖场8个，psy达26。推广应用种猪场净化、免疫、保健综合配套等10项实用先进技术。开展猪、驴、羊生态高效养殖技术培训5次。

资源保护。2018年，国家级太行山羊保种场获国家审定通过，5个国家保护种质资源场创建完成。马身猪、广灵驴国家保护种质资源场异地搬迁。《山西省地方畜禽品种志》文字材料和图片资料编写完成，与中国农业出版社签订出版合同。

良种技术推广。2018年，山西省编制生猪、驴产业扶贫实施方案，集中开展政策解读、技术培训4次，特色扶贫推进。全省全年帮扶26712户贫困户出栏生猪797094头，完成任务775000头的102.90%；帮扶17482户贫困户饲养驴35687头，完成任务31160头的114.50%。（郑晓静）

【畜牧业金融支持】 2018年，山西猪业协会与山西农业大学、山西省农谷管委会等单位举办智能化养猪培训暨山西省首届智慧养猪论坛，推动北京农信互联落地"农谷"，实现互联网金融与畜牧业实体经济互联互通新突破。组织养殖企业与大连商品交易所、人寿财险等金融企业对接，从新视角新领域探索解决制约养殖企业产品销售、风险管控问题办法和途径。推动担保方式创新，与山西省农业担保有限公司、国家邮储银行合作，设立适合山西省畜牧业的畜牧贷款新产品，先后组织研讨会、培训会、对接会6次，论证担保方案5个，推出猪、鸡、牛、羊等金融支持品种5个，发放贷款2600多万元，授信2.5亿元，取得金融支持畜牧的重大突破。生猪业内交流与合作加强，协办全国畜牧总站授权的"2018寻找中国美丽猪场公益活动"，主赛场设在太原市，山西长荣农业科技股份有限公司等10个本省养猪企业赢得中国美丽猪场称号。（郑晓静）

【畜禽良种繁育社会化服务】 2018年，山西省启动畜禽良种繁育社会化服务组织认定方案和工作标准的编制工作。与清控五和、牧鑫源、华亿等本省现代畜牧科技公司进行交流，在种公猪测定、肉牛冻精、羊冻精、胚胎移植技术推广应用方面开展合作，在雁门关区冷冻胚胎移植技术、鲜精及冷冻精液人工授精技术等肉羊繁殖技术推广试点启动，利用上述科技公司技术优势、团队优势加快全省肉羊遗传改良进程。（郑晓静）

【农牧交错带示范区建设】 2018年，山西省推进《雁门关农牧交错带示范区建设2018年行动计划》制定实施，加快推进"草牧结合、农牧循环、生态有机"的雁门关示范区建设。种植业结构进一步优化。通过调减籽粒玉米、扩大饲草和经济作物种植面积，全年苜蓿、青贮玉米、燕麦草等优质饲草种植面积达到136万亩，比上年增长3个百分点，粮经饲比例达到52:18:30。推进草食畜生产基地建设，实行牧繁农育，建设草畜一体化示范场50个、种畜场10个。一二三产业加快融合。通过建设怀仁羔羊、岢岚绒山羊等省级产业园，畜产品加工、冷链物流建设、农畜产品电子商务平台等建设，扩大雁门关特色农产品知名度和影响力。推进农牧循环发展。建设绿色生态示范牧场10个。

（郑晓静）

【畜禽粪污资源化利用】 2018年，山西省推进畜禽粪污处理与资源化利用工作，整合中央和省级财政资金1.45亿元扶持规模养殖场建设粪污处理设施，全省完成1122个，全省规模养殖场粪污处理设施配套率达68.60%，比国家考核要求高出8.6个百分点。综合利用率提高。通过扶持建设畜禽粪污集中处理中心，示范引导规模场和散养户在畜禽粪污就地就近还田利用的基础上进行集中收集和处理，全省畜禽粪污综合利用率达74%，比国家考核要求高出14个百分点。制定规模养殖场粪污处理设施建设规范，实施畜禽粪污综合防治资源耦合和能源回收利用省重点科技推广项目，推广运城市临猗县粪污全量还田模式，为全省规模养殖场粪污处理提供技术支撑。整县推进进度加快。高平市推进畜禽粪污处理整县推进项目，泽州县列入国家扶持范围。畜牧业绿色发展取得新进展。全省根据畜禽粪污土地承载力，优化畜牧业生产布局，推进畜牧业绿色发展，沁水县等8个县被评为首批省级畜牧业绿色发展示范县。（郑晓静）

## 渔　业

【渔业经济发展】 2018年，山西省渔业系统加快推进渔业转方式调结构，坚持"提质增效、减量增收、绿色发展、富裕渔民"，渔业经济稳步发展。2018年在面对环保督查带来的水域养殖面积减少的情况下，全省水产品总产量5.46万吨，较上年增长3%；全省渔业经济总产值8.35亿元，较上年增长3%。全省渔民人均纯收入达到8500元。（孙青洪）

【水产品质量安全保障】 2018年，山西省多部门严密监控产地水产品质量安全。印发《2018年水产品质量安全专项整治与日常执法监管实施方案》及《2018年山西省产地水产品和水产苗种质量安全监督抽查计划》，将水产健康养殖示范场、水产原良种场、无公害水产品产地等主要水产品生产基地和大中城市水产品批发市场全部纳入水产品质量安全药残监控范围。水产品质量安全监控范围覆盖全省11个市和51个县。全年开展2批产地水产苗种、3批产地水产品质量安全监督抽查。同时，配合农业部相关质检单位完成4次市场水产品质量安全例行监测（平均合格率94.80%）、2次产地水产品质量安全监督抽查（合格率100%）和1次产地水产苗种质量安全监督抽查（合格率100%）任务。完成全国第二届青年运动会产地水产品质量安全保障方案并上报省食药局。（孙青洪）

【渔政执法】 2018年，山西省渔政执法成效明显。加强渔政队伍建设，组织全省62名渔政执法人员报名参加第二批全国统一渔业行政执法人员持证上岗考试。打击非法捕捞，加强黄河禁渔期、禁渔区管理。在河南省小浪底水库参加农业部开展的“亮剑2018渔政执法活动”启动仪式，制定并印发《山西省“渔政亮剑2018”系列专项执法行动实施方案》，全国黄河禁渔启动仪式后，山西省于4月2日，在垣曲县小浪底水库举行山西省“渔政亮剑2018”系列专项执法行动启动仪式。按照行动方案，截至2018年底，印发宣传资料36010份，出动执法人员707人次，出动执法车辆217车次，出动执法船艇19艘次；检查渔港码头及渔船自然停靠点18个次，检查渔船128艘次，检查市场22个次，检查船舶网具修造点5个，水上巡查里程816海里；查办在太原市场非法经营砗磲案件1件，查获涉案人员2人，移交公安部门。参加农业农村部交叉执法行动。5月底，选派4名渔政执法人员赴甘肃省参与为期一周的黄河禁渔交叉联合执法行动，依次巡查黄河临夏段、刘家峡水库、黄河玛曲段等重点水域，查获非法网具4处共计300多米。由内蒙古自治区渔业局带队的4名外省渔政执法人员到山西省小浪底水库垣曲段也开展此项行动，依次对黄河垣曲段、古城码头、西滩码头等重点水域展开巡查，劝返垂钓人员3名，没收网具4张。继续开展渔船检验工作，全年渔船受检率达到100%，渔业安全事故“零”发生。垣曲县小浪底水库渔政码头开工建设。（孙青洪）

## 农业机械化

【概况】 2018年，山西省农机总动力达1441.10万千瓦。其中，大中型拖拉机保有量达9.87万台；玉米联合收割机达2.10万台。畜牧业、设施农业、林果业、农产品初加工等机械协调发展，多功能、高效率、高性能、复式作业机械占比提高。农机作业水平提升。全省机耕、机播、机收面积分别完成267万公顷、263.40万公顷、189.60万公顷，机耕、机播、机收水平分别达80.20%、73.10%和52.60%，与上年相比分别提高1个、2个和2.2个百分点。全省主要农作物耕种收综合机械化率达到69.80%，比上年提高1.70个百分点，农业生产由人畜力作业为主进入以机械作业为主的新阶段。农机社会化服务水平提高。全省农机合作社达2358个。其中，国家级农机合作社56个；省级农机示范合作社220个、示范家庭农场185个、示范农机大户350个。农机专业合作社和农机大户承担全省70%以上的农机作业任务，在土地适度规模经营中发挥主力军作用。农机安全生产形势向好。全年发生2起农机事故，造成1人死亡，1人轻伤，低于山西省政府下达的农机安全生产考核指标。（秦永红）

【农业机械化推广】 2018年，山西省从各个方面推进农业机械化。

机械化有机旱作农业。制定《关于加快机械化有机旱作农业发展的实施意见》和2018年行动计划，推进农田宜机化改造、机械化秸秆还田、农机深松整地、机械化生态保护、机械化秸秆综合利用等有机旱作农业工程。落实中央和省级财政资金1.08亿元，实施农机深松整地作业面积达37.60万公顷，增产增收效益可达5亿元以上；农机深松整地作业补助标准由每0.07公顷补贴25元提高至补贴30元。安装农机深松整地作业监控系统4500台（套），实施信息化远程监测作业面积占实际补助面积的比例预计达90%以上；编撰专业培训教材《机械深松整地作业技术》。农业农村部督导组对山西省农机深松整地工作给予肯定和评价。全省新增保护性耕作示范面积1.30万公顷，示范总面积达116.70万公顷。完成农作物机械化秸秆还田160万公顷、机械化加工转化农作物秸秆377.80万吨、机械免少耕播种补助面积2.70万公顷。投入800万元，在运城、临汾、晋城试点开展机械化免少耕播种作业试点补助面积2.67万公顷。

农作物机械化。建设全程机械化示范点83个，组织各类技术培训班191期，各类新技术新机具现场演示培训活动161次，培训农机技术人员、农机操作手以及农民2.90万人。全年全省主要农作物全程机械化作业面积达167万公顷。其中，小麦、玉米、马铃薯耕种收综合机械化率分别达94.30%、81.50%、68.10%；高粱、胡麻、莜麦、谷子等特色作物耕种收综合机械化率分别达83.10%、68.80%、71.40%和60.70%。新绛、怀仁、翼城被农业农村部认定为全国基本实现主要农作物生产全程机械化示范县。

农时季节机械化生产。春耕期间，全省投入各种农业机械50万余台，完成秸秆还田25.30万公顷，机械耕整地181.70万公顷，机械浇灌地44.50万公顷，机械深松整地13万公顷，机械播种157.30万公顷，其中机播春玉米124.60万公顷，机播马铃薯、豆类等杂粮面积32.90万公顷。“三夏”期间，协调省交通厅为参加跨区作业的机手每年发放跨区作业证2500个；协调中石油、中石化对参加农机作业的拖拉机和联合收获机开通绿色通道优先供油；协调省气象局向全省农机管理人员、农机手发布天气预报、作业市场信息2万余条。与《山西日报》《山西经济日报》《山西农民报》、黄河新闻网等新闻媒体合作宣传报道农机化生产工作25次。全省投入各类农业机械43万台件，其中投入联合收割机1.30万台，完成小麦机收51.50万公顷；完成秋粮机复播35.90万公顷，小麦机收率达97.50%、机械复播率达98%；机械深松作业2万公顷。“三秋”期间，全省投入45万台农业机械，完成玉米机收112.70万公顷、马铃薯机收7.60万公顷、小麦机播48.50万公顷，机械耕整地96.70万公顷。

丘陵山区机械化。在全省建设丘陵山区机械化示范点42个，丘陵山区机械化示范点种植面积达895.30公顷，示范区机耕面积846.70公顷，机播面积846公顷，机收面积406.70公顷，引进丘陵山区机械化生产装备45台。其中，动力机械7台，耕整地机械6台，播种机械9台，中耕机械9

台，植保机械1台，收获机械5台，其他机械7台。示范点农作物耕种收综合机械化率达78.89%，带动全省丘陵山区农作物耕种收综合机械化率达60%。为改善丘陵山区农机作业条件，协调省财政追加1200万元，在全省11个市15个县（市、区）试点开展农田宜机化改造533.30公顷，取得经济、生态和社会效益。（秦永红）

【农机购置补贴】 2018年，山西省在2018—2020年农机购置补贴方案中，将农机购置补贴范围扩大到14个大类31个小类83个品目，比上年增加6个大类12个小类39个品目，实行敞开补贴。增加补贴机具品目，主要是围绕有机旱作农业、丘陵山区、特色农业生产机械化等农业生产急需、农民急用的机具。在山西省政府新闻办新闻发布会上，解读《2018—2020年山西省农业机械购置补贴实施方案》。制定《深化"放管服效"改革 加快推进农机购置补贴工作便民化步伐的意见》，在补贴手续、信息化建设、核验和监管模式等方面推进。对于非牌证管理、补贴额度较小的机具，实行即买即补，随后抽查。开发农机购置补贴手机APP，购机者可通过手机APP随时查询农机购置补贴政策、补贴产品、补贴标准、补贴资金使用和兑付情况等信息，在网上办理补贴申请，预约现场核机，只需要跑一次就可以办完补贴手续。推广使用补贴机具网络投档软件，实现企业网上投档。印发《关于进一步做好农机购置补贴信息公开专栏建设工作的通知》，将信息公开基础条件不具备的市县统一连接到"省内农机购置补贴信息公开专栏平台"，实时公布补贴资金申请登记进度和享受补贴购机者信息，保障购机者知情权。组织召开农机购置补贴政策暨廉政警示教育培训班，对农机购置补贴工作人员进行廉政警示教育。2018年，全省共使用补贴资金4.14亿元，扶持3.60万户购置4.70万台件农机具。（秦永红）

【农机社会化服务体系】 2018年，山西省采取健全组织机构、完善章程制度、资金项目倾斜、创建农机化示范社场户等措施，在全省发展农机专业合作社28个，总数达2358个，培育农机示范合作社41个、示范家庭农场20个、示范农机大户20个。培训新型职业农民（农机操作手）4211人。以农机合作社和农机大户为主的农机化经营主体壮大，农机社会化服务能力增强，成为农业生产主力军。工作中，组织开展"智慧农机合作社社长业务培训"，引导农机合作社社长和市县农机部门以"智慧化、精准化"为突破口，通过更新理念，创新模式，实现农机合作社规模化发展。组织农机社会化服务体系建设现场培训会，通过现场观摩、经验交流、问题剖析等方式，引导市县农机部门以"智慧"农机为引领、拓宽服务领域为手段、规模化经营为目标，增强农机社会化服务组织的市场核心竞争力，提高农机社会化服务组织程度。举办全省农机手大赛，在70多名参赛选手中评选出2名农机手、3名维修工参加全国农业行业职业技能大赛。扶持8个农机合作社开展规范化、智能化建设，通过为有条件的农机合作社安装智能精准设备、进行服务能力建设补助等手段，使其降低生产成本和管理成本，引导农机合作社朝着"智能化、精准化"方向发展，提升农机合作社市场竞争力。针对合作社融资难、融资贵问题，与农行山西省分行联合开发农机购置贷、经营贷等信贷产品，为64个农机合作社提供专属授信额度3800多万元。四次参加农业农村部组织的全国农机维修研讨会、农机社会化服务提档升级现场会等会议，推动山西省农机社会化服务能力建设提档升级。（秦永红）

【特色产业机械化】 2018年，山西省在雁门关农牧交错带建立20个饲草机械化生产示范点。其中，牧草机械化生产示范点10个，开展牧草生产、青贮机械化技术试验示范，推进饲草料机械化；秸秆饲草加工示范点10个，开展畜禽养殖工程工艺、饲喂技术、废弃物资源化利用技术演示和交流，促进畜禽养殖机械系统优化升级。开展以果园管护及水肥一体化为主的技术示范应用，发展果园微耕机、果园植保、果品转运、果品分级和冷藏保鲜机械等装备。建设10个农业机械化生产示范区，在耕种、移栽、植保、灌溉、转运等环节，集成示范高效机械化生产技术，提升设施农业耕作机械化、植保物理化、环控智能化、运输轨道化、装备电动化发展水平。（秦永红）

【农机示范推广】 2018年，山西省建设农机新技术推广示范点137个，重点示范推广主要农作物全程机械化、丘陵山区机械化、水肥一体化、秸秆综合利用、牧草收获加工、设施农业技术装备、果园管护、无人机植保飞防、农产品初加工、机械化烘干、农田残膜回收等农机化新技术新机具。举办第十三届北方现代农业装备推广展示交易会，组织各类技术培训班191期、现场演示培训活动161次，培训农机技术骨干和农机手2.90万人。引导农机企业与科研单位联合申报41项现代农机装备引进试验项目，获省科技进步奖1项、实用新型专利15项、发明专利1项，发表论文32篇。（秦永红）

【农产品初加工机械化扶持】 2018年，山西省投入省级项目资金250万元，扶持贫困地区建设小型、便民、省钱、安全的农村磨坊油坊，实现"磨面不出村、榨油不出乡"的项目目标。在16个县（市、区）扶持建设农村磨坊油坊升级改造建设示范点54个、在32个县（市、区）新建高标准农产品处理及初加工装备技术示范点37个，示范推广新型、高效、节能农产品加工装备3622台套，形成8万吨的农副产品加工能力，加工收益达650万元。（秦永红）

【农业机械化示范建设】 2018年，山西省投入2000万元，在2个市21个县40个乡80个村开展农业机械化示范创建活动，建设机耕道7290米、机库棚6650多平方米、硬化场地1300多平方米、培训技术和管理人员

2300多人次；装配智慧农机信息装备380多台（套）；引进先进适用机具90余台（套）；建设农机化综合示范区总面积达3413.30公顷。聘请第三方对农机化综合示范县项目进行绩效评价，绩效评级为“良”。（秦永红）

【农机安全监理】 2018年，山西省对全省270余名农机监理人员进行业务培训。开展变型拖拉机专项整治工作，与省公安厅交管局联合印发《关于继续深入开展变型拖拉机专项整治工作的通知》，明确报废标准和时间进度要求。开展农机安全生产执法检查、专项整治、打非治违、“农机安全生产月”等活动，举办全省农机事故应急处置演练，联合交管部门开展变型拖拉机专项整治，共发送“一信三书”2万多份，排查拖拉机、联合收割机1.50万台次，整改隐患4370项。5人被评为2018年度全国农机安全监理示范岗位标兵。全年全省新注册登记拖拉机、联合收割机1.1万台，检验3.7万台，新训新考驾驶员3614人，期满换发驾驶证2405人。（秦永红）

【农机生产质量监督】 2018年，山西省组织对16家玉米收获机生产企业进行现场督导检查，在产品方面进行107项改进、售后服务方面进行34项整改。完成21项部级推广鉴定任务、42项省级推广鉴定任务。组织开展“3·15”农机质量宣传活动和农机打假专项治理行动，查处不合格农机具77台（件），散发宣传材料17万份，展示优势机具1360台（件），接受群众咨询2万人次。修订5种产品的部级推广鉴定大纲，制订2种产品的行业标准。按照“属地管理、就近处理、首问负责、无偿服务”的原则，受理各类农机产品质量投诉案件11起，全部结案，为农民挽回经济损失14.70万元。（秦永红）

【智慧农机】 2018年，山西省开展智慧农机信息平台建设工程。组织实施“山西省智慧农机信息服务管理平台建设项目”并通过验收。推动“互联网+农机”的发展，引进、推广耕整地、深松、播种、收获等农机作业远程监控系统，以及农业植保无人机、无人驾驶拖拉机等智慧农机装备，农机平台建设覆盖面扩大，农机管理信息化服务水平提升。编制《山西省智慧农机信息平台数据接口标准》，组织山西大学、太原理工大学等有关专家和农机作业信息采集终端厂商，对接口标准进行论证，专家组经质询、讨论后认为，接口标准定义合理，参数设置基本完整，符合全国农机化信息服务平台基本规范，能够基本满足山西省智慧农机精准作业需求。2018年，全省累计安装农机作业远程监控系统8000余台套。（秦永红）

## 农　垦

【概况】 山西农垦系统截至2018年有国有农场（公司）30个。其中，省属农场（公司）8个，市属农场9个，县属农场13个，分布在全省9市、26县（区）境内。垦区总人口32042人，其中：农场总人口31071人。职工3769人。其中，年末在岗职工2541人、离休10人、退休3564人。垦区总面积30.32万亩，其中耕地9.34万亩、牧草地6.63万亩、林地9.03万亩、居民点及工业用地1.51万亩、其他3.81万亩。

2018年，山西农垦经济保持稳中有进的发展势头。垦区大多数农场以粮食生产、蔬菜种植和奶牛养殖为主业。主营种植、养殖业的企业有24个，农作物种植面积9.37万亩，粮食产量38680吨，比上年增加6402吨，增长19.83%；大牲畜年末存栏1.04万头，比上年减少0.04万头，全垦区肉类总产量4267吨，比上年增长14.66%。牛奶产量30779吨；全年完成农林牧渔业总产值36340万元，比上年增长14.13%。垦区规模以上工业企业及规模以下工业企业50家，国有工业企业1家，比上年减少1家农副食品加工业，49家非国有工业企业。主要工业产品完成配合饲料21000吨，白酒78000万升，家具12500件，除草剂原药253吨。全年实现工业总产值46858.5万元，比上年减少1.63%；工业销售产值26736万元，比上年减少0.80%。

全年实现生产总值6.32亿元，比上年增长8.17%。其中第一产业增加值1.48亿元，比上年增长6.30%；第二产业增加值2.60亿元，比上年4.32%；第三产业增加值2.24亿元，比上年增长14.37%。一、二、三产业增加值分别占生产总值的23.42%、41.14%、35.44%。人均国民生产总值20252元；居民生活水平和职工收入稳步增长，2018年职工人均收入21126元，比上年增长2.73%；居民人均可支配收入11422元，比上年增长25.04%；垦区加快职工住宅基础设施建设，职工居住条件和环境得到极大改善，2018年人均住房使用面积16.60平方米，比上年增加1.02万平方米。（李国华）

【农垦改革】 2018年，山西省召开推进农垦改革发展会议，学习中央和省委、山西省政府关于农垦改革发展文件精神。印发《2018年农垦改革发展工作要点》《2018年山西农垦改革发展督导考核工作方案》。召开全省农垦改革发展中期推进会，推进农垦改革发展专题会议，就下一步工作任务进行安排部署，制定周报告、旬碰头制度，推进农垦改革进度。

在农场办社会职能改革方面，开展国有农场办社会职能改革情况调查，明确各市国有农场办社会职能改革的工作步骤、路线图、时间表和具体责任人。建立省级办社会职能改革工作联席机制。召开山西省农垦国有农场办社会职能工作联席会议，建立山西省推进农垦国有农场办社会职能改革工作联席会议机制。全面推进国有农场办社会职能改革工作。完成农业农村部下达的山西省2018年深化农垦改革责任书目标任务要求。在农场土地确权登记发证方面，落实中央和省级农垦国有土地确权经费440.25万元，保证农垦国有土地确权发证顺利进行。联合省自然资源厅召开全省农垦国有土地确权登记发证培训会。联动推进土地确权工作。与省自然资源厅召开多次土地确权发证工作专题协调会，现场研究解决确权工作中遇到的问题。分别建立农垦国有土地使用权确权登记发证工作进度月报和周报制度。

山西省有土地确权发证任务的25个国有农场，2018年经国土、农业部门共同调查核实土地面积基数为31.8万亩，截至12月2日，完成土地使用权确权登记发证任务。其中权籍调查土地总面积达到30.3万亩，确权率为95%，登记发证土地总面积29.7万亩，发证率为94%。 （李国华）

【贫困农场开发】 2018年，山西省垦区获中央财政国有贫困农场扶贫资金1289万元，安排扶贫资金项目3个，分别在永济黄河农牧场、方山肉牛场、大同云城乳业公司实施。扶贫资金全部下达各市县。为推动项目实施进度，确保项目工程质量，在项目农场开展自查的基础上，组织开展督导检查，对发现的问题下达整改通知书。 （李国华）

【农垦惠民】 2018年，山西省农垦25个国有农场有18个农场享受税费改革转移支付省级补助资金，共计524万元，其中山阴、忻定、方山、唐城4个农场补助资金157万元。开展全省农垦国有农场职工养老保险情况摸底调查，与省人社厅对接，出台相关政策，减轻农场负担，解决职工退休养老难题。 （李国华）

## 农业科研

【概况】 截至2018年底，山西省农业科学院拥有国家高粱产业技术创新战略联盟及29个国家现代农业产业技术体系综合试验站。省级重点实验室9个，省级工程技术研究中心2个，农作物种质资源库1个，海外高层次人才创新创业基地1个，省级重点学科点4个，拥有山西省农业科技创新联盟及6个省级产业技术创新战略联盟，与山西大学合办山西大学生物工程学院并开设硕士学位授予点3个，博士后科研工作站1个。编辑出版《华北农学报》《村委主任》《山西农业科学》《山西果树》等专业刊物，建有山西农业科技服务网站。

2018年，山西省农业科学院开展科研课题983项。其中，国家级165项、省级327项、横向协作61项、院级430项。新开课题336项，其中：国家级83项、省级105项、横向协作19项、院级129项。国家级课题主要包括：科技部中央引导地方科技发展专项4项，重点研发专项课题及子课题8项，通过国家审定农作物新品种6个、省级审（认）定农作物新品种54个，登记品种51个。12个品种获农业农村部颁发的植物保护新品种权证书。获国家授权专利359件。其中，发明39件、实用新型320件。获山西省科学技术奖11项，经山西省质量技术监督局批准发布的山西省农业地方标准80项。 （朱俊菲）

【农业科技示范推广】 2018年，山西省农业科学院在全省65个县开展83项推广项目，建立核心示范田1.6万亩，推广品种223个，集中展示先进适用简约化技术190项，辐射推广25.80万亩，开展各类培训365次，培训农民2.10万人次。在签约县实施科技创新攻关项目21项，科技成果转化与示范推广项目29项，设立永和红枣、运城果业、隰县玉露香梨、和顺肉牛、广灵食用菌、长子蔬菜、静乐藜麦、安泽中药材、武乡小米、阳曲旱作节水、壶关西红柿等全产业链的科研推广专项，通过项目落地，示范引领当地特色农业产业发展。与当地主导产业、优势产业、特色产业紧密结合，建立农业科技示范基地，发挥辐射带动效应，建立阳曲艺机一体化“专家大院”型服务、娄烦“一村一品一主体”产业脱贫、万荣“苹果高光效树形技术”提质增效、静乐“藜麦新品种选育和病虫害防治”产业引领等科技成果转化试验示范基地。探索“十字形”高效农业生产托管模式。通过建立横向的农业生产托管联盟与纵向的省县乡村四级联合社进行联合，构建系统的十字形托管模式。在平遥县合之瑞种植合作联合社，构建县、乡、村三级联合社，托管2万余亩，通过横向托管与中粮集团、中煤保险、中化集团、正大集团、爱种网等农业公司形成合作，协力解决农业产销问题。 （朱俊菲）

### 2018年山西省农业科学院获国家授权发明专利一览表

| 专利名称 | 完成单位 |
| --- | --- |
| 一种判断农药纳米乳液层状液晶形成的装置及其测试方法 | 植物保护研究所 |
| 藜麦即食方便米的制备方法 | 农产品加工研究所 |
| 全自动玉米播种机的种料控制装置 | 作物科学研究所 |
| 全自控玉米播种机 | 作物科学研究所 |
| 一种鉴别生长性能优异的晋南牛的IGF2基因分子标记及其应用 | 畜牧兽医研究所 |
| 一体式生物质自力旋风气化燃烧炉 | 棉花研究所 |
| 食用菌栽培袋刺孔增氧机 | 试验研究中心 |
| 一种紫小麦麦麸花色苷提取方法 | 小麦研究所 |
| 一种核桃营养杯育苗方法 | 果树研究所 |

续 表

| 专利名称 | 完成单位 |
| --- | --- |
| 一种糙小米方便粥及其制备方法 | 经济作物研究所 |
| 梨小食心虫的人工饲养装置及方法 | 植物保护研究所 |
| 基于内陆盐碱地的亚铁包膜改良剂 | 农业环境与资源研究所 |
| 一种H1、H3和H9型禽流感病毒检测试剂盒及检测方法 | 畜牧兽医研究所等 |
| 一种环保型温室消毒方法 | 生物技术研究中心 |
| 一种防治果树腐烂病的杀菌剂及其制备和使用方法 | 果树研究所 |
| 输送枣夹核桃的机械手 | 农产品加工研究所 |
| 一种克服西瓜连作专用微生态复合菌剂及应用方法 | 生物技术研究中心 |
| 一种草莓专用抗重茬生物有机肥的制备方法 | 生物技术研究中心等 |
| 一种高粱体细胞悬浮培养方法及应用 | 高粱研究所 |
| 手握式育苗种子精量播种器 | 棉花研究所 |
| 一种茶花鸡的选育方法 | 畜牧兽医研究所 |
| 一种樱桃李的远缘杂交方法 | 园艺研究所 |
| 一种微生态复合菌剂及其处理固态作物栽培基质的方法 | 生物技术研究中心 |
| 与晋南牛生长性状相关的SNP标记及其应用 | 畜牧兽医研究所 |
| 一种梨属矮化砧新品种组合辐射选育方法 | 旱地农业研究中心 |
| 棉花GhWRKY51转录因子及其编码基因与应用 | 棉花研究所 |
| 一种杏树竹片插皮枝接换头方法 | 小麦研究所 |
| 应用于网室内棉花不育系授粉的熊蜂授粉遮风避光场所 | 棉花研究所 |
| 青稞冲调粉的制备方法 | 农产品加工研究所 |
| 制备富硒黑麦全粉即食麦片的方法 | 农产品加工研究所 |
| 谷子免间苗精量穴播机 | 经济作物研究所 |
| 一种提高小麦抗旱能力的复方制剂及其使用方法 | 棉花研究所 |
| 一种玉米收割机 | 作物科学研究所 |
| 一种食用向日葵三系选育方法 | 小麦研究所 |
| 一种藜麦高产密植栽培方法及藜麦茶的制备方法 | 生物技术研究中心等 |
| 一种拼合式炊暖两用秸秆燃烧节能炉 | 棉花研究所 |
| 梨小食心虫初孵幼虫毒力测定方法 | 植物保护研究所 |
| 藜麦果肉饮料的制备方法 | 农产品加工研究所 |

### 经山西省质监局批准发布的2018年度山西省地方标准

| 名 称 | 起草单位 |
|---|---|
| 雁北嗜蓝孢孔菌菌丝体纯化培养技术规程 | 食用菌研究所 |
| 灵芝菌种质量检验与生产技术规程 | 食用菌研究所 |
| 雁北嗜蓝孢孔菌特效功能内含物提取技术规程 | 食用菌研究所 |
| 地沟式大棚反季节平菇栽培技术规程 | 食用菌研究所 |
| 青贮高粱节水高效栽培技术规程 | 高粱研究所 |
| 沙棘嫩枝扦插育苗技术规程 | 生物技术研究中心 |
| 藜麦栽培技术规程 | 生物技术研究中心 |
| 葡萄绿盲蝽发生监测与绿色防控技术规程 | 果树研究所 |
| 核桃丰产栽培技术规程 | 果树研究所 |
| 葡萄避雨棚搭建技术规程 | 果树研究所 |
| 富硒苹果生产技术规程 | 果树研究所 |
| 苹果园化学农药合理使用技术规程 | 植物保护研究所 |
| 山楂叶螨抗药性监测技术规程 | 植物保护研究所 |
| 甘蓝病虫害农药减量控制技术规程 | 植物保护研究所 |
| 果园桃蚜绿色防控技术规程 | 植物保护研究所 |
| 露地辣椒病虫害绿色防控技术规程 | 植物保护研究所 |
| 小麦玉米一年两熟栽培模式主要病虫害绿色防控技术规程 | 植物保护研究所 |
| 藜麦主要病虫害综合防治技术规程 | 植物保护研究所 |
| 玉米套种芸豆高效种植技术规程 | 高寒区作物研究所 |
| 梨树落花后套袋前主要病虫害化学防治技术规程 | 植物保护研究所 |
| 饲用燕麦旱作栽培技术规程 | 高寒区作物研究所 |
| 绿豆膜下滴灌栽培技术规程 | 高寒区作物研究所 |
| 绿色农产品红芸豆生产技术规程 | 农作物品种资源研究所 |
| 甜荞宽窄行栽培技术规程 | 农作物品种资源研究所 |
| 谷子种质资源低温库保存技术规程 | 农作物品种资源研究所 |

续 表

| 名　称 | 起草单位 |
|---|---|
| 旱地大麦生产技术规程 | 农作物品种资源研究所 |
| 谷子萌发期抗旱性鉴定技术规范 | 农作物品种资源研究所 |
| 旱地糜子蓄水保墒耕作技术规程 | 农作物品种资源研究所 |
| 糜子间作种植技术规程 | 农作物品种资源研究所 |
| 莜麦全膜覆盖穴播技术规程 | 农作物品种资源研究所 |
| 猪脂肪原代干细胞分离、培养及应用方法规程 | 饲料兽药研究所 |
| 畜禽配合饲料袋装发酵生产技术操作规程 | 饲料兽药研究所等 |
| 蓖麻机械化收获栽培技术规程 | 经济作物研究所 |
| 远志主要虫害绿色防控技术规程 | 经济作物研究所 |
| 幼龄果园间作花生栽培技术规程 | 经济作物研究所 |
| 半野生大豆牧草生产技术规程 | 经济作物研究所 |
| 芝麻小型农机具机械化播种技术 | 经济作物研究所 |
| 冬小麦秸秆覆盖高产栽培技术规程 | 小麦研究所 |
| 冬小麦田杂草绿色防控技术规程 | 小麦研究所 |
| 旱地小麦干热风灾害防控技术规程 | 小麦研究所 |
| 密植高产宜机收春玉米品种评价规范 | 旱地农业研究中心 |
| 补灌区春玉米密植高产全程机械化高效生产技术规程 | 旱地农业研究中心 |
| 畜禽粪便生产生物有机肥生产技术规程 | 农业环境与资源研究所 |
| 箭舌豌豆种子繁育技术规程 | 农业环境与资源研究所 |
| 日光温室越冬茬果菜类蔬菜秸秆还田技术规程 | 农业环境与资源研究所 |
| 旱作藜麦地膜覆盖栽培技术规程 | 农业环境与资源研究所 |
| 绿肥用油莎豆栽培利用技术规程 | 农业环境与资源研究所 |
| 玉米丝黑穗病绿色防控技术规程 | 玉米研究所 |
| 春玉米密植高产籽粒收获技术规程 | 玉米研究所等 |
| 甜荞亲本纯化技术操作规程 | 作物科学研究所 |
| 利用谷子抗除草剂材料杂交技术规程 | 作物科学研究所 |
| 八宝景天种苗栽培技术规程 | 园艺研究所 |
| 山西苹果水肥一体化技术规程 | 园艺研究所 |
| 苜蓿制种蜜蜂授粉技术规程 | 园艺研究所 |
| 小蜂螨防治管理规范 | 园艺研究所 |

续 表

| 名 称 | 起草单位 |
|---|---|
| 日光温室甜瓜蜜蜂授粉技术规程 | 园艺研究所 |
| 微型月季种苗组培快繁技术规程 | 园艺研究所等 |
| 主干形枣树栽培技术规程 | 园艺研究所等 |
| 辣椒红色素含量测定规程 | 蔬菜研究所 |
| 无公害白芦笋生产技术规程 | 蔬菜研究所 |
| 春白菜日光温室集约化育苗技术规程 | 蔬菜研究所 |
| 全株玉米青贮肉牛饲料技术规程 | 畜牧兽医研究所 |
| 小黑豆有机芽苗菜生产技术规程 | 隰县农业试验站 |
| 苹果冰温贮藏技术规程 | 农产品贮藏保鲜研究所 |
| 树莓鲜果贮运保鲜技术规程 | 农产品贮藏保鲜研究所 |
| 恒山北芪菇生产技术规程 | 农业资源与经济研究所 |
| 设施蔬菜连茬种植土壤处理技术规程 | 农业资源与经济研究所 |
| 旱地荞麦保苗技术规程 | 右玉农业试验站 |
| 饲用玉米一次性施肥技术规程 | 农业环境与资源研究所 |
| 大豆种质资源抗胞囊线虫鉴定技术–SSR 分子标记法 | 农作物品种资源研究所 |
| 冬小麦苗期耐盐性鉴定评价技术规范 | 农作物品种资源研究所 |
| 谷子种质资源繁殖更新技术规程 | 农作物品种资源研究所 |
| 枣疯病防治技术规程 | 园艺研究所等 |
| 日光温室油桃蜜蜂授粉技术规程 | 园艺研究所等 |
| 切花月季北方设施生产技术规范 | 园艺研究所 |
| 绿色食品日光节能温室越冬茬黄瓜生产技术规程 | 农产品贮藏保鲜研究所等 |
| 绿色食品日光节能温室越冬茬番茄生产技术规程 | 农产品贮藏保鲜研究所等 |
| 绿色食品日光节能温室越冬茬西葫芦生产技术规程 | 农业环境与资源研究所等 |
| 实验用牛微生物学与寄生虫等级及监控 | 畜牧兽医研究所 |
| 实验用牛环境条件 | 畜牧兽医研究所 |

续 表

| 品种名称 | 选育单位 | 完成人 |
|---|---|---|
| 中地88(东华北中熟区) | 玉米研究所 | 樊智翔等 |
| 太1305 | 作物科学研究所 | 唐朝晖等 |
| 长6794 | 谷子研究所 | 张俊灵等 |
| 长6990 | 谷子研究所 | 张俊灵等 |
| 九圣禾2468 | 棉花研究所 | 薛建兵等 |
| 瑞普909 | 玉米研究所 | 武　忠等 |

## 2018年山西省农业科学院通过国家审(鉴)定新品种目录

| 品种名称 | 选育单位 | 完成人 |
|---|---|---|
| 并单61 | 作物科学研究所 | 段运平等 |
| 天育101 | 生物技术研究中心 | 王长彪等 |
| 先赢1号 | 作物科学研究所 | 李凌雨等 |
| 强盛178 | 作物科学研究所 | 段运平等 |
| 赛德16 | 作物科学研究所 | 白琪林等 |
| 先得利198 | 小麦研究所 | 张　虎等 |
| 赛博169 | 作物科学研究所 | 白琪林等 |
| 瑞普686 | 玉米研究所 | 王建军等 |
| DF606 | 山西大丰种业有限公司 | 钮笑晓等 |
| 强盛196 | 山西强盛种业有限公司 | 尚　霄等 |
| 沃锋168 | 作物科学研究所 | 段运平等 |
| 大丰1401 | 山西大丰种业有限公司 | 钮笑晓等 |
| 大丰1407 | 山西大丰种业有限公司 | 钮笑晓等 |
| 和世利1728 | 现代农业研究中心 | 任志强等 |
| 太玉969 | 作物科学研究所 | 白琪林等 |
| 先赢311 | 玉米研究所 | 陈喜明等 |
| DF607 | 山西大丰种业有限公司 | 钮笑晓等 |
| 强盛197 | 山西强盛种业有限公司 | 尚　霄等 |
| 大丰1403 | 山西大丰种业有限公司 | 钮笑晓等 |
| DF686 | 山西大丰种业有限公司 | 钮笑晓等 |
| 宏瑞66 | 玉米研究所 | 徐劲松等 |
| 强盛191 | 山西强盛种业有限公司 | 刘金兰等 |

## 2018年山西省农业科学院通过山西省审(认)定新品种目录

| 品种名称 | 选育单位 | 完成人 |
| --- | --- | --- |
| 并单72 | 作物科学研究所 | 段运平等 |
| LT5918 | 现代农业研究中心 | 卜华虎等 |
| 赛博168 | 作物科学研究所 | 白琪林等 |
| 强盛193 | 山西强盛种业有限公司 | 尚　霄等 |
| 瑞普909(内蒙古、晋夏播区) | 玉米研究所 | 武　忠等 |
| 宁单88 | 现代农业研究中心 | 杨慧珍等 |
| 兰库8017 | 隰县农业试验站 | 王建军等 |
| 晋糯18号 | 玉米研究所 | 范　瑞等 |
| 彩甜糯1958 | 高粱研究所 | 邵林生等 |
| 华耐甜玉782 | 高粱研究所 | 邵林生等 |
| 品豆21 | 农作物品种资源研究所 | 张海平等 |
| 长豆33号 | 谷子研究所　作物科学研究所 | 刘永忠等 |
| 晋遗51 | 山西豆冠种业有限公司 | 张海生等 |
| 运H13 | 棉花研究所 | 潘转霞等 |
| 品育8012 | 小麦研究所 | 姬虎太等 |
| 沃麦608 | 小麦研究所 | 张建华等 |
| 运麦14观74 | 棉花研究所 | 谢三刚等 |
| 运旱1411-2 | 棉花研究所 | 柴永峰等 |
| 运旱1512 | 棉花研究所 | 柴永峰等 |
| 临旱9号 | 小麦研究所 | 刘新月等 |
| 临旱9号 | 山西绛山种业科技有限公司 | 郑　军等 |
| 太麦101 | 作物科学研究所 | 马惠英等 |
| 晋太1510 | 作物科学研究所 | 温辉芹等 |
| 长麦3897 | 谷子研究所 | 常云龙等 |
| 运糯32号 | 棉花研究所 | 宋　昱等 |
| 临糯88 | 小麦研究所 | 张凤琴等 |
| 运黑161 | 棉花研究所 | 宋　昱等 |
| 运黑14207 | 棉花研究所 | 宋　昱等 |
| 六月红 | 果树研究所 | 李　全等 |
| 汾核1号 | 经济作物研究所 | 李　建等 |
| 晋柠1号 | 农业环境与资源研究所 | 蒙秋霞等 |
| 好乐1号 | 现代农业研究中心 | 蔚　露 |
| 好乐2号 | 现代农业研究中心 | 李志强 |

# 水　利

Water Conservancy

## 综　述

【概况】 2018年，山西省完成水利投资211亿元，建成水库605座，其中大型水库9座，中型水库69座，大中型水库库容21.28亿立方米。全年实际灌溉面积2408.18公顷，小型水利设施累计达8489处，小型水利灌溉面积113.02公顷。累计除涝面积89.25公顷。万亩以上灌区114处，万亩以上机电灌站68处，防渗长度16721.35千米。累计堤防长度10788.10千米。水利工程总供水量75.56亿立方米。地下水开采量30.72亿立方米，水土流失累计治理面积679.84万公顷，新增水土流失累计治理面积35.61万公顷。改善和提高农村饮水安全标准人口382.90万人。城乡供水工程年供水量12.99亿立方米。全省小水电全年发电量4.25亿千瓦每小时，水产品总量47773吨。

（王秀芳　贾　懿）

【水利行业监管】 2018年山西省配合水利部3次对省内水利项目稽查，问题整改率82%。开展各类安全生产检查8次。山西省选取柏叶口水库为试点，依托第三方机构对柏叶口水库进行全方位、全过程辨识生产工艺、设备设施、作业环境、人员行为和管理体系等方面存在的安全风险或隐患，针对安全风险或隐患，制定符合水库工程实际的规章制度和操作标准，向全省推广先进经验，设专项经费50万元，用于柏叶口安全风险分级管控和隐患排查治理双重预防机制建立工作试点。山西省针对水利水电施工企业安全生产管理人员考核工作制定流程图和廉政风险控制图，严格申报审核标准程序，强化对施工企业安全管理人员的培训考核，2018年共计完成考核1102人。

（王秀芳　贾　懿）

【水利依法行政】 2018年4月，山西省对贯彻落实《山西省汾河流域生态修复与保护条例》情况执法检查。11月30日，第十三届山西省人大常委会第七次会议表决通过《运城市涑水河流域生态修复与保护条例》。选择太原市清徐县、吕梁市汾阳市、临汾市侯马市、运城市盐湖区、忻州市保德县等6县（市、区）作为首批“水利法治创建示范县”试点。全面清理调整省水利厅现行权力清单，更新职权清单变化条款，所有涉水行政职权事项按统一标准予以规范。

2018年山西省水利行政审批制度改革，以省级政务服务中心为平台，推行“一个窗口对外、一站式服务、一站式办结”的服务程序，确保实行全程网办事项，比例达到73%。加强对省境边界水事活动、水事矛盾敏感地区水事活动的监督检查，对黄河

2018年3月22日，山西省水利学会举办2018年“世界水日”“世界水周”水利科普报告会

（省水利厅供图）

柳林段违法违规建设护岸工程查处。

（王秀芳 贾 懿）

【水资源管理】 2018年，山西省实际用水总量74.76亿立方米。农田灌溉水有效利用系数实际值0.538，重要江河湖泊水功能区水质达标率62.70%。优化全域化水资源配置。根据《山西省水资源全域化配置方案》，在将用水总量分配到市的基础上，督促各市再分配到各县、各行业。利用万家寨引黄北干线，调黄河水向永定河生态补水5000万立方米。京津冀晋等区域地下水修复试点。2018年内中央第二批水利发展资金下达4亿元用于山西省地下水超采区综合治理。《山西省地下水超采区综合治理实施方案(2018年度)》确定汾河流域为地下水超采区综合治理区。至11月项目完成投资1.87亿元(完成中央投资的46.70%)，年底完成全部投资的80%以上。岩溶大泉保护。在晋祠泉域重点保护区实施禁采、限采，分类处置泉域内煤矿。督促晋祠泉域重点保护范围19座煤矿，办理泉域水环评，依法审批，划定禁采区。汾河水库、汾河二库联合调度，加大汾河河道对晋祠泉域的入渗补给。晋祠难老泉地下水位较上年初上升2.5米。第三次水资源评价。修订《山西省第三次水资源调查评价技术大纲》《山西省第三次水资源调查评价技术细则》，成立山西省第三次水资源调查评价工作协调推进组和技术指导组。国家级重要江河湖泊水功能区水质监测。年内，重要水功能区水质达标率目标值65%，年度重要河湖水库功能区水质达标率68.20%。水资源消耗强度控制。用水总量控制在86亿立方米以内，万元地区生产总值用水量和万元工业增加值用水量较上年度分别下降7.40%、3%。

（王秀芳 贾 懿）

【水利技术】 2018年，重点水利技术研究与推广项目涉及大水网及水利工程建设、汾河流域生态治理、水质及水资源开发利用、节水及灌溉工程、饮水安全、水土保持、水产养殖等8大类技术问题，共安排项目36个。

山西省水利厅上报申请科技进步奖项目共3个：山西省水库大坝安全智能监控系统开发及应用(省河道与水库技术中心主要承担完成)、灌溉施肥动态调控决策及实施技术研究与应用、天地一体化水利大数据仿真平台(省水利科学研究院主要承担完成)。山西省水科院承担的“潜流人工湿地污水处理技术研究”、山西省水利职业技术学院承担的“桑干河水生态修复研究”等22个项目通过水利厅验收。验收通过率达到90%以上。山西省水利建设工程局研究出台多部施工工法，通过省住房和城乡建设厅或中国水利工程协会批准的工法有33项，其中2018年5项工法于12月份报省级批准。

（王秀芳 贾 懿）

【水利信息化建设】 2018年，山西省水利厅网络安全与信息化领导小组成立，对全厅机关及所有54家直属单位进行2018年网络安全执法自查与抽查，开展省水利厅电子政务、网站安全专项整治及全省关键信息系统、工业控制系统、网站的安全检查及软件正版化检查工作。从3月份开始根据山西山西省政府政务云平台建设要求对所有的信息系统资源进行需求调研和摸底，到7月份确定19个水利信息系统迁移至山西省政府政务云平台。

山西省水利厅启动水利行业数据能力中心建设工作，主要由信息资源建设、数据处理及存储等管理、业务应用支撑三部分内容组成，为防汛抗旱、水资源、水土保持监测与管理、农田水利管理、水利工程建设与管理、水质监测与管理、水利信息公众服务和水利行政等各水利应用提供系统功能、运行环境和安全保障，为水利门户网站提供平台、数据支持。9个重点水利工程单位的信息化调度、全线信息自动化建设、全省地下水超采区综合治理信息化等项目开工建设。水库水位水质监测和地下水监测体系建设维护资金共355.20万元，完成招投标工作。（王秀芳 贾 懿）

2018年7月28日至29日，由中国水利学会、水利部海河水利委员会、省水利厅、大同市政府主办的中国水之行——海河行(大同站)公益活动在大同市举行

（省水利厅供图）

## 水利规划

【概况】 2018年，山西省完成“十三五”水利发展规划中期评估、“十三五”水利扶贫规划中期评估和国家级区域规划涉及水利方面实施情况的中期评估。编制完成防汛抗旱水利提

升工程实施方案，重点项目清单报送水利部。开展山西省耕地草原河湖休养生息规划（水利部分）自查。开展保持基础设施领域补短板水利领域实施方案。

完成水利项目前期审查49项（可研8项、初设4项、设计变更14项，大水网分水口协调、有关水利项目建设、资金等审查意见23项）。批复汾河新二坝工程、一坝段综合治理工程初设及中游核心区汾河大堤应急加固工程实施方案等。运城市板涧河小浪底引黄水质提升工程2个项目可研出具审查意见，临汾市引沁入浮——尧都区专线水质提升工程由临汾市发改委批复前期立项。县域小水网调蓄水库工程。上报32个项目中：完成初设批复13项、可研批复1项、出具可研报告审查意见10项、可研报告完成初审8项。黄河古贤枢纽工程前期可行性研究报告批复。完成《古贤工程山西供水区规划》。

12月，完成省级水行政机构改革任务，厅机关划转5项职责，转隶公务员和事业单位人员107人，核定机关行政编制100名，内设处室20个，同时设总工程师、总规划师、总经济师各1名。完成改革任务自查情况报告总计11项：全面推行河长制湖长制、农业水价综合改革、水资源管理体制改革、水利投融资体制改革、水利"放管服效"改革、水资源税改革、河湖管护体制改革、小型水利工程管理体制改革、水利科技管理体制改革、大宁县小型水利工程建设与管护改革等。 （王秀芳 贾 懿）

**【生态补水】** 2018年，山西省推动和拓展黄河水的使用量及覆盖范围。通过实施永定河生态水量调度，利用万家寨引黄北干线黄河水向永定河生态补水5000万立方米；关闭大同市市云州区周士庄镇二三十里铺地下水水源地，利用引黄水代替地下水（置换水量11500立方米/天）；推进小浪底引黄工程2.47亿立方米和禹门口水利工程新增取水5.05亿立方米的黄河干流取水许可相关手续办理等工作。汾河流域累计配置水量3.82亿立方米，其中汾河灌区引水1.56亿立方米，向下游河道生态补水2.26亿立方米，供给汾河中游区域工农业生产和汾河流域生态修复治理所需水源。 （王秀芳 贾 懿）

**【"七河"生态修复规划】** 2018年，山西省委、山西省政府印发《以汾河为重点的"七河"流域生态保护与修复总体方案》，引进战略投资方成立的"中交汾河投资控股有限公司"揭牌运营，汾河干流中游核心区段15座蓄水闸坝、汾河太原段综合治理三期水利部分等工程全面完工，汾河干流建成24个水量水质监测站，汾河新二坝工程、一坝综合治理工程、中游示范区清淤工程等一批工程开工建设。依托新组建的永定河流域投资有限公司，桑干河流域生态修复项目大同市御河段整治工程在永定河流域四省市率先开工。滹沱河、漳河、沁河、涑水河、大清河等其他重点河流治理项目同步推进。建立重点河流生态补水机制，万家寨引黄工程全年向汾河补水1亿立方米、向桑干河补水5000万立方米。

（王秀芳 贾 懿）

## 水利工程

**【大小水网建设】** 2018年，山西省中部引黄工程水源泵站实现首台机组上水，试通水至兴县；辛安泉供水工程实现向长治市工业供水1800万立方米；小浪底引黄工程板涧河水库通过蓄水验收，地下泵站主体工程基本具备上水条件；东山供水工程多库联通工程主体完工，四库联调能力达到4874万立方米。配套的县域小水网积极推进，年内新增的6县县域小水网规划和13座水库可研报告通过技术审核，2座水库初设批复，6座水库和3个灌区工程基本建成，开始4座新开工水库、3座续建水库等一批重点工程建设。 （王秀芳 贾 懿）

**【农村水电安全管理】** 2018年，山西省对建成的27座（大型9座，中型6座，小Ⅰ型10座，小Ⅱ型2座）农村水电站水库大坝全面排查；4月底，完成全省149座登记在册的水电站"双主体"责任人的落实。5月至8月，分4次对大同、长治、晋城及省直15座水电站进行安全度汛督查。7月底，配合水利部检查组对晋城市4座带水

桑干河支流七里河综合治理工程 （省水利厅供图）

库水电站安全度汛检查。8月底,9座水电站完成标准化建设工作,2座水电站完成自评,年底完成达标评级。

（王秀芳　贾　懿）

**【重点水利工程建设】** 2018年,山西省水利厅与天脊集团、潞安焦化、潞安精细化、潞安弘峰焦化等企业签订供水意向书,共签订17家企业,向潞宝集团、潞安煤基清洁能源有限责任公司实现供水1300万立方米。9月21日,启动供水工程验收暨输水线路分部工程验收工作,四库连通主体工程通水验收按计划推进,四库连通联调2550万立方米;10月26日，中部引黄桥头渡槽工程合拢;10月28日，天谷崖渡槽合拢;10月28日,中部引黄水源泵站首台机组1#电机、定子、转子吊装完成。小浪底引黄板涧河调蓄水库下闸蓄水验收。年内完成隧洞掘进18.08立方米，隧洞衬砌65.25千米,输水管道铺设12.7千米。三工程批复概算172.08亿元，累计下达153.09亿元,到位149.17亿元。

（王秀芳　贾　懿）

**【中小水利工程建设】** 2018年,山西省县域小水网开工。临汾市项目:北掌水库主体完工;四沟水库工程扫尾开展验收准备；刁口水库主体完成90%；南峪水库大坝左右坝肩完成开挖、部分坝段清基完成。吕梁市项目:汾阳花枝水库完成征地拆迁,施工单位进场，但PPP实施方案遇到困难。晋中市项目：祁县昌源河灌区工程、平遥源神庙灌区准备法人验收;太谷侯城乡灌区改造工程基本完成;太谷南山水库泄洪洞贯通,大坝填筑完成93%；祁县左家滩水库大坝坝肩作业遇到疑似断层裂缝,已停工。长治市项目:屯留县县域小水网工程王村余吾支线土建施工完成90%；官庄泵站、南岗电灌站主体完成;黎城南村水库临建完成,左右坝肩基础处理完成,泄洪洞已经贯通,正坝基开挖。运城市项目:盐湖张良调蓄水库进行下闸蓄水验收准备。

（王秀芳　贾　懿）

**【水库安全管理】** 2018年3月24日,《山西日报》公示2018年全省大中型水库安全责任人名单;小型水库责任人各市县于4月底前在当地主要媒体公示。细化、实化岗位管理及监管职责,完善水库防汛准备和应急预案,强化值班制度和应急管理。强化水库安全隐患排查督查。4月至5月进行2轮备汛和汛前检查,排查省直管水库、抽查市县管水库。5月至9月水利部先后9次对山西小型水库明察暗访,督查问题涉11市96座水库186条。7月督查222座水库(水库总数的37%),问题涉及136座水库。年度转发水利部整改通知并上报整改情况9次，省级10个督查组下达整改通知5次,全省通报2次,约谈市、县及水管单位负责人2次。

（王秀芳　贾　懿）

## 农田灌溉

**【高效节水灌溉】** 2018年,山西省节水灌溉建设任务50万亩。年度下达5市10县高效节水灌溉项目中央资金2.91亿元，新建高效节水面积47.29万亩。加上上年结转项目,落实面积53.45万亩,总投资3.92亿元,年底全部完成。灌溉水利用率达54.20%。农业综合开发中型灌区节水改造项目。2017—2018年度项目为运城常乐垣等3个灌区,总投资5250万元,年底投资到位,项目全部完成。2018—2019年度立项太原敦化3个灌区项目，投资4500万元。年内到位1680万元,完成1360万元，达到投资80%的目标要求。中央资金维修养护项目。3月份下达投资6000万元,年底全部完成。

（王秀芳　贾　懿）

**【农业水价综合改革】** 2018年,山西省农业水价3种改革模式:泵站灌区电价水价补贴模式、井灌区水权分配及交易模式、自流灌区小幅稳步调整模式。6月14日,印发《关于扎实开展农业灌溉水权水市场改革及农业水价综合改革等工作的通知》;10月11日,印发《关于进一步做好农业水价核定工作的通知》；年内下达水价改革资金8600万元。截至2018年底,稷山、洪洞2个水价改革试点县改革任务基本完成,高效节水灌溉项目县水价综合改革工作同步开展;年内目标235万亩建设任务全部完成。

（王秀芳　贾　懿）

## 防汛抗旱

**【防汛工作】** 2018年,山西省汛期出现6次较大范围降雨过程，全省605座水库、2035座大中型淤地坝无一垮坝,主要河流未决口,重要城市和重要基础设施安全度汛,最大限度减少灾害风险和损失,实现“三确保、一减少”目标。

雨情。汛期经历12次强降水过程,平均降水量328.20毫米。与历年同期的371.10毫米相比较偏少近1成;各县(市、区)平均降水量在180—473.40毫米之间。水情。受强降水影响,汛期多数中小河流发生不同量级洪水。黄河山西段河津龙门水文站发生17场次洪峰超2000秒立方米洪水,其中超过漫滩预警流量(2200秒立方米)洪水13场次。灾情。全省11市、40县（市、区）受灾，受灾人口13.71万人。因洪涝灾害造成的直接经济损失3.23亿元,其中:农业直接经济损失0.91亿元,工业交通业直接经济损失1.18亿元,水利工程水毁直接经济损失0.93亿元。

2018年汛期,山西省经历12场强降水过程。汛前，省水利厅派出4个督导组，对黄河沿线进行全方位、拉网式重点督查,整改隐患17处。汛中,省防办、沿黄4市19县防汛部门坚持值守,强化巡查,保障黄河防汛安全。全省72个县发布过山洪灾害预警，县级监测预警平台发布预警323次，发布预警短信7.02万条,启动预警广播2179站次，通过预警撤避转移1800余人。

（王秀芳　贾　懿）

**【抗旱减灾】** 2018年，山西省春、夏两季发生阶段性干旱。农作物受旱面积789万亩，受灾面积150万亩,成

2018 年 5 月 5 日至 7 日，由人民日报、新华网等 7 家中央媒体组成的“防汛备汛行”采访团到山西采访报道　（省水利厅供图）

灾面积 90 万亩。农业总损失 8.78 亿元（粮食作物损失 6.17 亿元，经济作物损失 2.61 亿元），林牧业、水产养殖等经济损失 1.43 亿元。估计全省粮食总产量 136.30 亿千克，比上年增产 0.90 亿千克。

2 月 6 日，山西省防指印发《关于加强我省抗春旱工作的通知》。投入抗旱资金累计 18979 万元，开动各类水利设施 5.60 万眼（处）、投入抗旱人员 46 万人，实灌面积 1832 万亩，浇灌 2996 万亩次（冬浇 352 万亩、春浇 1539 万亩、夏浇 1105 万亩），挽回粮食损失 1.60 亿千克、3.50 亿元，挽回经济作物损失 2.60 亿元。全省抗旱服务队新建、维修抗旱设施 757 眼（处），维修抗旱设备 2780 台（套），出动抗旱设备 1118 台（套），拉运水 1.60 万立方米，抗旱扩浇面积 12 万亩，浇灌果树 159 万株，累计解决 2.70 万人、0.30 万头大牲畜临时性饮水困难。　（王秀芳　贾　懿）

## 节约用水

**【水资源消耗强度控制】** 2018 年初，山西省制定水资源消耗强度控制任务，即万元地区生产总值用水量比上年度下降 3.90%，万元工业增加值用水量比上年度下降 2.80%，完成的地区生产总值比上年同期增长 6.10%；规模以上工业比上年同期增长 3.90%；到年底，万元地区生产总值用水量可比 2015 年下降 12.70%左右，万元工业增加值用水量预计可比 2015 年下降 9.50%左右。　（王秀芳　贾　懿）

**【节水型社会建设省级补助】** 2018 年，山西省下达节水型社会建设补助项目（转移支付类）省级资金 800 万元，主要用于扶持第一批县域节水型社会建设达标县开展相关建设内容，到年底推动 16 个左右县（区）达到标准要求。编制并印发《节水型社会达标建设实施方案编制大纲》和《自评分对照汇总表》，6 月，在太原市组织第一批参建县（区）节水技术负责人员开展评价培训，给予参建的县（区）每县 40 万元的资金扶持。编制节水型社会建设（事业发展类）补助项目 2160 万元的年度投资计划，主要用于扶持节水载体建设、节水宣传、节水技术推广和节水管理支撑等相关项目的开展。　（王秀芳　贾　懿）

## 水土保持

**【水土流失综合治理】** 2018 年，山西省水土保持任务为完成水土流失综合治理面积 525 万亩。7 月，邀请水利部等单位领导和专家对全省 200 余名水土保持技术人员培训。截至 2018 年底，完成水土流失治理面积 532 万亩，累计治理度达到 63%。

（王秀芳　贾　懿）

**【水土保持重点工程建设】** 2018 年，山西省实施中央水利发展资金水土保持（小流域治理、病险淤地坝除险加固）、坡耕地水土流失综合治理、京津风沙源治理水土保持、黄土高原塬面保护、水土保持工程建设以奖代补试点、沟坝地治理、省水保生态建设补助等国家和省水土保持重点工程项目。山西是全国水土保持工程建设以奖代补试点项目 9 个试点省份之一，吉县、隰县、大宁县、乡宁县、蒲县和汾西县被水利部纳入《黄土高原地区沟壑区固沟保塬综合治理规划》实施范围。10 月 8 日，在隰县召开全省水保重点工程建设现场会。至 10 月底，京津风沙源治理水土保持项目任务全部完成，中央水利发展资金水土保持项目、坡耕地水土流失综合治理工程、黄土高原塬面保护项目完成中央投资 75.80%。　（王秀芳　贾　懿）

**【水土保持监督管理】** 2018 年，山西省组织省、市、县三级水保监督部门，对全省 805 个在建大中型生产建设项目开展水保督查；配合上级部门对太焦铁路等 15 个部批生产建设项目监察。完成水保补偿费收费标准修订；开展水保补偿费制度建设和征收使用情况、最严格水土保持监管调研并提交调研报告。按黄河上中游管理局要求，完成晋陕蒙接壤地区生产建设项目水保动态监管任务。截至 10 月底，共审查省级水保方案 58 个，接收省级水保设施验收报备 50 个。

（王秀芳　贾　懿）

## 农村供水

【农村饮水安全】 2018年，山西省农村饮水安全落实资金15.04亿元（中央资金3.08亿元，省级资金4亿元，市县落实资金7.96亿元），新建农村饮水安全巩固提升工程5837处；改善提高360万人饮水安全问题；2018年退出的26个贫困县饮水安全问题全部解决。 （王秀芳 贯 懿）

【贫困农村饮水项目攻坚】 2018年4月，山西省水利厅组织技术人员对全省43个未脱贫县饮水安全状况开展为期3个月的调查评估。从7.08亿元省以上投资中安排下达6.145亿元用于支持15个上年脱贫县和43个未脱贫县农村饮水安全巩固提升工程建设，贫困地区省以上投资占比87%，比上年增加17%。

提升脱贫攻坚农村饮水安全保障水平。山西省有农村饮水单户旱井11.57万眼，大型雨水集蓄池518座，涉及41个县1650个村庄45.29万人（其中贫困县27个、贫困村607个、贫困人口6.59万人）。2018年内安排省以上投资4596万元，用于解决河曲、偏关、隰县、交口等30个县的农村饮用旱井水问题。启动水质氟砷超标供水工程改水。年内安排1.8亿元对氟砷超标的未改水村庄实施改水工程建设。 （王秀芳 贯 懿）

【绿色小水电创建】 2018年，按山西省水利厅《关于做好2018年绿色小水电创建有关工作的通知》要求，山西省各有关市因地制宜、分类推进，创建绿色小水电站。6月15日，在太原举办“全省绿色水电站创建培训班”，共30余人参训。7月底推荐泽州县拴驴泉等6座水电站进入全国绿色小水电站创建行列。

（王秀芳 贯 懿）

【农村水电扩容增效】 2018年，山西省电站增效扩容改造和河流生态修复。5月中下旬对农村水电增效扩容改造项目督查，年底，10座水电站完成改造，试行发电。累计完成投资8638万元。年内5条河流上的27个河流生态修复项目全部开工建设。汾河完成生态修复任务，沁河加紧实施。累计完成投资513万元。

5月4日，印发《关于编制山西省农村水电直供电片区电网改造可行性研究报告的通知》。7月6日，印发《关于山西省农村水电直供电片区电网改造可研报告编制有关要求的通知》。

（王秀芳 贯 懿）

## 引黄入晋

【概况】 2018年，黄河水务集团保障地方和工业用水大户的用水需求，配合大水网工程建设，拓展水务市场。支持综改示范区建设，保障水源供给能力。开辟生态环保新领域，提升企业竞争力。集团公司抓好桑干河永定河生态补水。累计供水3.01亿立方米，其中太原1.04亿立方米、大同0.35亿立方米、朔州0.25亿立方米、汾河生态供水0.80亿立方米、文瀛湖生态供水0.07亿立方米、桑干河生态供水0.50亿立方米。

黄河水务集团与民生银行太原分行开展战略合作，推动项目、资金、客户资源共享和优势互补。完成太原基地及半坡街家属区“三供一业”物业分离移交工作，山西建投建安物业管理有限公司成立引黄项目部开展专业化物业管理。 （闫淑铮）

【引黄工程供水工程建设】 2018年，黄河水务集团引黄工程推进大同、阳曲供水工程建设。6月19日，引黄工程连接段阳曲原水直供工程汾河沉管穿越施工成功。7月25日，完成阳曲原水直供工程穿汾河沉管静水压试验，沉管施工满足设计要求。11月1日，大同市黄河给水工程作为引黄入晋北干线工程配套工程之一竣工验收，建设完成日供水能力40万立方米水厂1座、加压站1座、主干管网56千米。 （闫淑铮）

【引黄工程太原供水】 2018年，引黄工程太原市供水工作严管水源地及供水干线水质状况，建立水质保障监测体系，保障太原市生活、生产用水需求。向太原市日供水量突破30万立方米；10月11日，日供水量增至35万立方米。截至2018年底，引黄工程累计向太原市供水12.78亿立方米。

（闫淑铮）

【水泵电机组防倒转保护】 2018年，黄河水务集团引黄工程总干线、南干线5座泵站一期工程15台机组防倒转保护装置全部安装投运。装置为公司自持《水泵电机组防倒转保护系统》实用新型专利，用于高扬程泵组的防倒转保护，为引黄工程的安全运行提供可靠保障。 （闫淑铮）

【企业合作】 2018年，黄河水务集团与中国水利水电第四工程局有限公司、博天环境集团股份有限公司、太原市润民环保节能有限公司、山西建筑工程集团有限公司、中国电建市政建设集团有限公司开展战略投资合作，筹备生态环保控股公司。黄河水务集团与奥地利福伊特水电有限公司签署引黄二期扩机工程包括二期扩机工程19台水泵及其附属设备国际采购合同。 （闫淑铮）

# 工　业
Industry

## 综　述

【概况】 2018年，山西省工业和信息化厅（简称山西省工信厅）围绕“示范区”“排头兵”“新高地”三大目标，统筹推进稳增长、调结构、促转型、深融合等工作，完成目标任务。全省工业生产总体平稳，增加值增速保持在合理区间。规模以上工业增长4.10%，比全国平均水平低2.10个百分点，全国排名第26位。

按轻重工业分类，轻工业增长3.40%、重工业增长4.20%。

按隶属关系分类，中央企业增长4.30%、地方企业增长4.10%；省属企业增长3%、市（地）属企业增长3.20%、县以下企业增长5%。

按经济类型分类，国有企业增长9.60%、集体企业下降12.50%、股份合作企业下降26.30%、股份制企业增长4.20%、外商及港澳台投资企业增长4.30%、其他类型企业下降20.40%。

按企业规模分类，大型企业增长3.70%、中型企业增长7.40%、小型企业增长0.90%、微型企业增长8.40%。

按地市增长分类，11个市工业增速“9正2负”，其中，太原（10.80%）、长治（8.50%）、晋中（8%）、晋城（7%）、运城（7%）、大同（5.70%）和阳泉（5%）7个市规模以上工业增速快于全省；忻州（1.50%）、吕梁（1%）、临汾（−4%）和朔州（−4.50%）4个市增速低于全省。

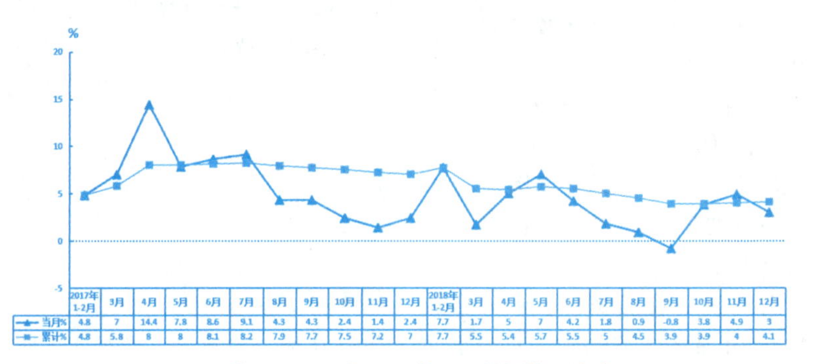

2017年至2018年山西省工业增长情况统计图

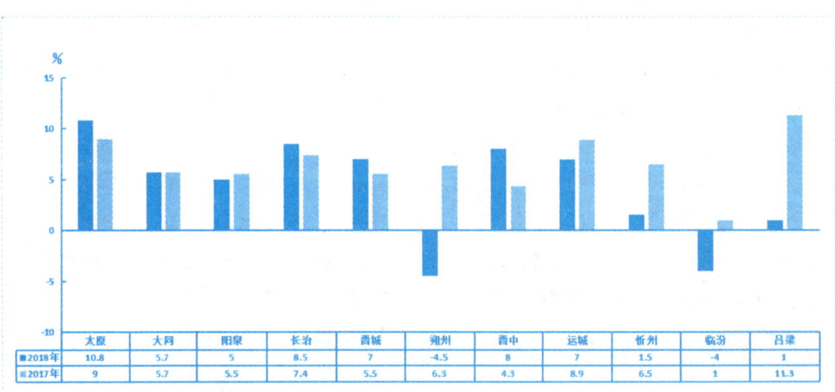

2017年至2018年山西省各市工业增速情况统计图

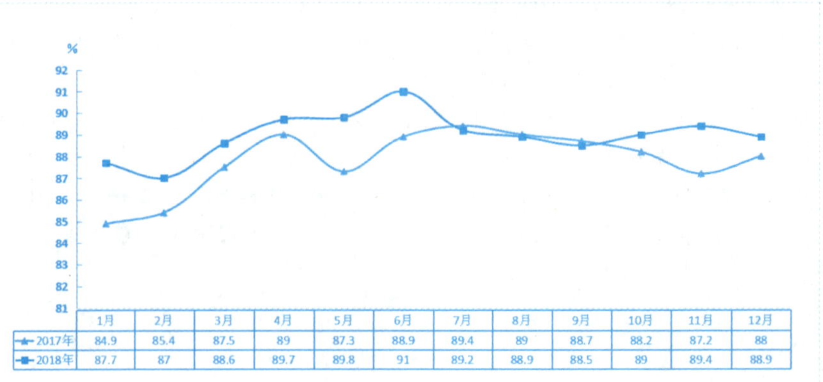

2018年山西省工业品出厂价格情况统计图

按行业增长分类，12 个主要行业“10 增 2 降”，纺织工业增加值同比下降 12.90%、有色金属工业下降 4.50%，其他行业均实现正增长，其中：煤炭工业增长 0.30%、非煤工业增长 8.20%。非煤工业中，装备制造业增长 14.50%、化学工业增长 14.40%、电力工业增长 9.30%、医药工业增长 8.70%、焦炭工业增长 6.80%、建材工业增长 6.70%、钢铁工业增长 6.50%、食品工业增长 6.40%、煤层气采掘业增长 5.80%。

2018 年，全省规模以上工业主要行业增速情况：

产品产量上，重点监测的 15 种工业产品 12 种产量同比增长、2 种产量下降，其中：煤炭产量完成 8.90 亿吨，增长 3.70%；焦炭产量 9256.20 万吨，增长 11.30%；粗钢 5386 万吨，增长 19.90%；钢材 4903.30 万吨，增长 17.80%；氧化铝 2024.50 万吨，增长 2.30%；水泥 4127.30 万吨，增长 15.70%；新能源汽车 43778 辆，同比增长 1.70 倍；电解铝 93.30 万吨，下降 5.30%；手机 1979.40 万台，下降 3.30%。

工业经济运行特点：市场供求关系进一步改善，企业活力明显增强。企业开工率同比回升。2018 年，全省工业企业开工情况较上年进一步好转。12 月份全省规模以上工业企业开工率 88.90%，同比提高 0.90 个百分点，环比回落 0.50 个百分点。分行业看，装备、焦炭、化工、电力、医药开工率 90%以上；煤炭、建材、轻工(食品)开工率 80%以上，分别环比回落 0.40 个、1.80 个、2 个百分点；冶金行业开工率 75%左右，环比持平。

主要工业品价格保持上涨。2018 年，全省工业品出厂价格累计上涨 6.70%，同比回落 12.7 个百分点，环比回落 0.20 个百分点。

具体情况：煤炭，12 月末环渤海动力煤价格指数报收于 570 元/吨，环比下跌 1 元/吨，同比下跌 7 元/吨；山西省 5500 大卡动力煤价格 543 元/吨，环比持平，同比下跌 6 元/吨。钢铁，6.50 毫米线材价格 3510 元/吨，环比下跌 40 元/吨，同比下跌 440

2017 年至 2018 年山西省工业品出厂价格涨幅情况统计图(一)

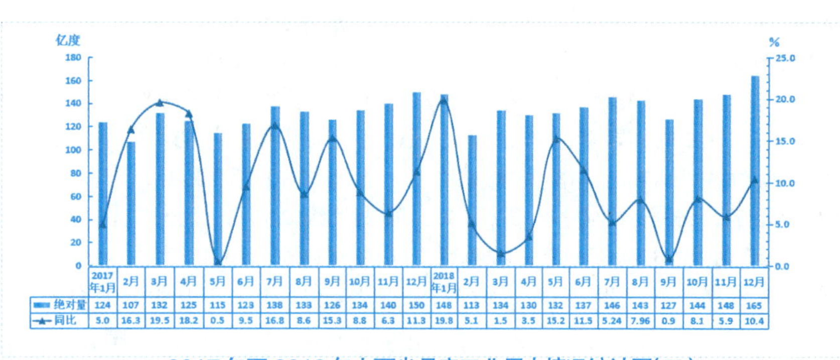


2017 年至 2018 年山西省月度工业用电情况统计图(二)

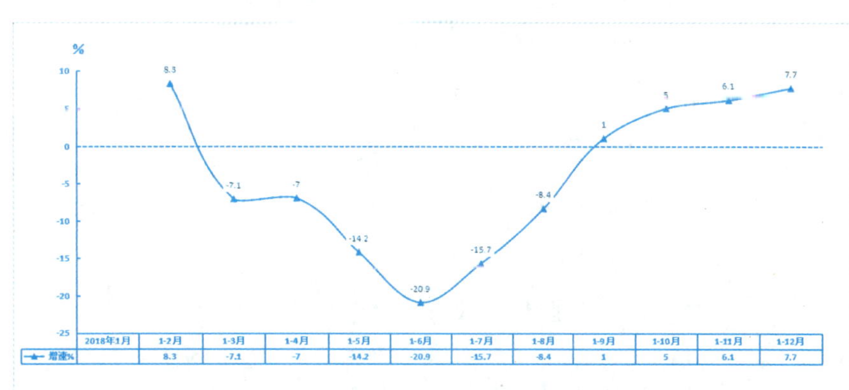


2017 年至 2018 年山西省月度煤炭产量完成情况统计图

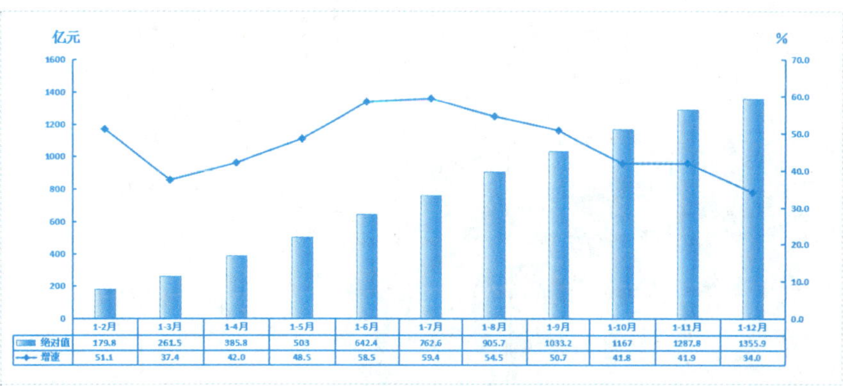


2017 年至 2018 年环渤海动力煤价格变化情况统计图

元/吨;304B不锈钢价格14831元/吨,环比下跌692元/吨,同比下跌445元/吨。有色金属,电解铝价格13583元/吨,环比下跌108元/吨,同比下跌768元/吨;氧化铝价格3025元/吨,环比下跌125元/吨,同比下跌134元/吨。焦炭,二级冶金焦价格1950元/吨,环比下跌150元/吨,同比下跌200元/吨。化工,甲醇价格2615元/吨,环比下跌23元/吨,同比下跌128元/吨。建材,425#散装水泥价格340元/吨,环比持平,同比上涨20元/吨。

产品销售大幅增长。2018年,全省规模以上工业实现销售产值增长13.20%。其中,实现出口交货值增长12.80%,高于全国4.30个百分点;工业产品产销率98.60%,一季度以来连续10个月保持在97%以上,同比提高0.90个百分点。规模以上企业数量增加。主营业务收入2000万元规模以上工业企业达3875户,比上年增加294户,全年“小升规”企业达到500余户。

要素保障支撑有力,用电运输指标较快增长。发用电量稳定增长。2018年,全省发电设备平均利用3715小时,同比增加145小时。其中,火电装机利用小时4313小时,同比增加321小时。截至2018年底,全省装机容量8757.70万千瓦,较上年(8073)增加684.70万千瓦。全年发电量3087.60亿千瓦时,增长11.65%,增速同比加快1.50个百分点;全社会用电量2160.50亿千瓦时,增长8.50%,同比放缓2.30个百分点,其中,工业用电量1667.10亿千瓦时,增长7.90%,同比放缓3.20个百分点;外送电927.10亿千瓦时,增长19.60%,同比加快11百分点。

货物运输增势强劲。2018年,全省公路货物运输量完成126213万吨,同比多运11333万吨,增长9.90%,增速同比加快0.60个百分点。全省铁路货物运量完成70369.70万吨,同比多运11090.30万吨,增长18.7%,增速同比加快3.60个百分点。其中,煤运量61367.20万吨,同比多运10410.70万吨,增长20.40%;其他物资运量完成9002.50万吨,同比多运679.60万吨,增长8.20%。全年晋煤外运量完成58253.10万吨,同比多运7283万吨,增长14.30%。

结构调整步伐加快,转型升级增效提质。传统产业中先进产能占比提升。煤炭行业关闭退出煤矿36座、产能2330万吨,2016年以来累计退出

2018年山西省规模以上工业主要行业增速情况统计表

单位:%

| 主要工业行业 | 2018年增速 | 2017年增速 |
|---|---|---|
| 总　计 | 4.10 | 7 |
| 煤炭工业 | 0.30 | 3.60 |
| 非煤工业 | 8.20 | 9.70 |
| 煤层气采掘业 | 5.80 | 11.70 |
| 焦炭工业 | 6.80 | 6.40 |
| 电力工业 | 9.30 | 12.7 |
| 冶金工业 | 3 | 7.20 |
| 钢铁 | 6.50 | 2.60 |
| 有色 | −4.50 | 17.10 |
| 化学工业 | 14.40 | 12.30 |
| 建材工业 | 6.70 | 7.90 |
| 装备制造业 | 14.50 | 13.90 |
| 医药工业 | 8.70 | 0.40 |
| 食品工业 | 6.40 | 2.80 |
| 纺织工业 | −12.90 | −1.20 |
| 战略性新兴产业 | 14 | 10 |
| 制造业 | 9.20 | 8.90 |

**2018年山西省重点监测产品产量情况统计表**

| 产品名称 | 计量单位 | 12月 | 比上年同月增长(%) | 2018年1—12月 | 比上年同期增长(%) |
|---|---|---|---|---|---|
| 原煤 | 万吨 | 7657.53 | 3.47 | 89339.98 | 3.73 |
| 焦炭 | 万吨 | 805.03 | 18.46 | 9256.16 | 11.32 |
| 水泥 | 万吨 | 316.88 | 145.50 | 4127.26 | 15.70 |
| 生铁 | 万吨 | 410.86 | 16.60 | 4761.33 | 14.80 |
| 粗钢 | 万吨 | 451.10 | 16.80 | 5386.24 | 19.90 |
| 钢材 | 万吨 | 413.20 | 15.40 | 4903.31 | 17.80 |
| 原铝 | 万吨 | 6.99 | −23.20 | 93.28 | −5.30 |
| 氧化铝 | 万吨 | 177.86 | 9.10 | 2024.46 | 2.30 |
| 发电量 | 亿千瓦小时 | 4.33 | 1.63 | 51.19 | 9.16 |
| 煤层气 | 亿立方米 | 299.68 | 9.51 | 3041.70 | 8.81 |
| 化学药品原药 | 吨 | 2443.59 | 2.10 | 27830.00 | 2.50 |
| 手机 | 万台 | 108.62 | −44.70 | 1979.40 | −3.30 |
| 新能源汽车 | 辆 | 4396.00 | −14.40 | 43778.00 | 167.9 |
| 光伏电池 | 万千瓦 | 41.29 | 76.90 | 349.34 | 71.10 |
| 光缆 | 万芯千米 | 10.24 | −41.50 | 137.43 | −34.40 |

88座、产能6920万吨；先进产能达5.82亿吨，占煤炭总产能57%，较年初提高15个百分点。钢铁行业，遏制"地条钢"死灰复燃，全年压减钢铁产能225万吨，1200立方米及以上高炉产能2515万吨，占炼铁总产能(6397万吨）的39.30%；100吨以上转炉和50吨及以上合金钢电炉产能2310万吨，占炼钢总产能（7480万吨)的30.90%，同比提高2个百分点。电力行业关停淘汰不达标燃煤机组203.30万千瓦，全省风电、太阳能装机容量分别达1043.20万千瓦、864.10万千瓦，占全省装机总量11.90%、9.90%，同比分别提高1.1、2.60个百分点。焦化行业淘汰产能691万吨，炭化室高度6米(含5.50米捣固)以上大机焦产能4456万吨，占全省建成焦炉产能32%，同比提高2个百分点。

非煤工业效益增长。制造业发挥关键支撑作用。2018年，全省非煤工业增长8.20%，增速高于全省工业4.10个百分点，对全省工业增长的贡献率达96.90%。制造业全年增长9.20%，高于全省5.10个百分点，贡献率76.40%。从结构看，按可比口径，非煤工业、制造业占全省工业的比重较上年(51.30%、35.50%)分别提升3个、2.10个百分点。

新产业新产品快速成长。战略性新兴和高技术产业快速增长。2018年，全省规模以上工业中，战略性新兴产业增长14%、高技术产业增长16.30%。装备制造增长。全省规模以上工业中，装备制造业增长14.50%。其中，通信设备制造业、汽车制造业、新能源装备制造业分别增长21.30%、21.10和17.40%。从产品看，汽车产量增长15.50%，其中新能源汽车增长1.70倍；光伏电池增长71.10%、铁路机车增长80.60%。

工业投资增速反转，新兴产业投资增势强劲。推进转型项目年建设，扭转上半年工业投资下降局面，全年实现"V"形反转，进入稳定增长通道。2018年，全省工业投资增长7.70%，较上年加快4.60个百分点，其中装备制造业投资增长61.40%，占全省工业投资比重14.20%，比上年提升4.70个百分点。装备制造业投资中，新能源汽车、电器机械和器材、计算机通信和其他电子设备三个制造业投资分别增长2倍、2.70倍和76.10%。工业技术改造投资增长20.90%，占全省工业投资比重30.80%，提升3.40个百分点。

企业效益改善。2018年，全省规模以上工业实现主营业务收入19252.10亿元，同比增长11.40%，增速高于全国2.90个百分点；实现利税2657.30亿元，同比增长24.30%；实现利润1355.90亿元，增长34%，增速高于全国23.70个百分点，其中：非煤工业实现利润661.60亿元，同比增长

57.30%，增速快于煤炭工业39.80个百分点，拉动规模以上工业利润增长23.80个百分点，贡献率达到70%，同比提高37.80个百分点，冶金、焦炭、电力、化工、机电、轻工、食品、建材、医药、纺织行业均实现盈利。

营运效率提升。2018年，全省规模以上企业每百元主营业务收入成本79.20元，同比减少1元，比全国平均水平低4.70元；销售利润率7%，同比提高1.20个百分点；亏损企业亏损额同比下降6.20%；资产负债率同比下降2.10个百分点；应收账款平均回收期48.40天，同比缩短3.70天；产成品存货平均周转天数18.20天，同比缩短1.10天。（董晨阳）

**【工业经济调控】** 2018年，山西省工信厅加强运行监测调控。制定全省工业经济运行实施方案，加强运行调度，抓好生产要素协调保障，稳定工业运行基本面。规模以上工业同比增长4.10%；规模以上工业实现利税2657.30亿元，同比增长24.30%。加大服务企业工作力度。联合省委政法委建立企业涉法维权问题协调工作机制，推动全省各市、县和8个开发区全部开通"96302"企业服务热线，开展服务企业常态化工作。举办"走进华为——山西省大数据环境下企业家能力提升培训班"，提升企业家创新能力。推进"获得电力"营商环境整改。做好清理拖欠民营企业中小企业账款和涉企收费清理规范工作，持续降低企业运营成本。支持中小企业持续健康发展。贯彻省委支持民营经济发展30条意见，全年新认定216户"专精特新"中小企业，新创办小微企业11.30万户，新培育"小升规"企业522户。增强传统产业发展质量。强化行业指导。制定印发钢铁、有色金属、电力、建材、轻工、食品等产业2018年行动计划，制定实施消费品工业三年振兴计划和焦化产业打好污染防治攻坚战推动转型升级实施方案，推动传统产业向中高端迈进。坚决退出过剩产能。深化供给侧结构性改革，压减钢铁产能225万吨，淘汰焦化产能691万吨、煤电产能203.30万千瓦，均超额完成年度目标任务。推进"煤–电–铝（镁）–材"一体化改革。编制完成改革试点实施方案，并上报国家发改委和工信部。加快吕梁局域电网试点建设，吕梁中润公司一期43.20万吨合金铝项目正式投产。推动企业技术改造。修订省级技术改造专项资金使用管理暂行办法，实施技改13大专项工程，发挥技改资金引导撬动作用，支持258个项目。工业技改投资增长20.90%，占全省工业投资比重30.80%。

新兴产业持续发展壮大。强化分类指导。分行业制定印发七大战略性新兴产业2018年行动计划，制定实施全省打造优势产业集群2018年行动计划和制造业振兴升级专项行动

**2018年山西省重点工业产品价格变化情况（含税价）统计表**

| 产品名称 | 单位 | 2018年12月 | 2018年11月 | 2018年10月 | 2018年9月 | 2017年底 |
|---|---|---|---|---|---|---|
| 5500动力煤（环渤海） | 元/吨 | 570 | 571 | 571 | 569 | 578 |
| 5500动力煤（太原） | 元/吨 | 542.5 | 543 | 541 | 541 | 549 |
| 二级冶金焦炭 | 元/吨 | 1950 | 2100 | 2500 | 2350 | 2150 |
| 6.5毫米线材 | 元/吨 | 3510 | 3550 | 4420 | 4300 | 3950 |
| 304B不锈钢 | 元/吨 | 14831 | 15523 | 15867 | 15833 | 15276 |
| 电解铝 | 元/吨 | 13583 | 13691 | 14104 | 14504 | 14351 |
| 氧化铝 | 元/吨 | 3025 | 3150 | 3117 | 3132 | 3159 |
| 尿素（小颗粒） | 元/吨 | 1900 | 2010 | 2060 | 1970 | 2000 |
| 甲　醇 | 元/吨 | 2615 | 2638 | 3056 | 2910 | 2743 |
| 聚氯乙烯（PVC） | 元/吨 | 5939 | 6332 | 6710 | 6795 | 6255 |
| 氯丁橡胶 | 元/吨 | 27845 | 32500 | 34568 | 33942 | 31590 |
| 水泥（425#） | 元/吨 | 340 | 340 | 340 | 320 | 320 |
| 平板玻璃 | 元/重量箱 | 60 | 61 | 65 | 63 | 63 |

方案，推动新兴产业发展壮大。全省工业战略性新兴产业增长 14%，制造业增长 9.20%。推进项目建设。深入落实省委山西省政府“转型项目建设年”要求，分行业、分类别、分层级推进 1000 个项目建设，太钢高性能碳纤维、晋能高效异质结组件、吉利晋中基地乘用车商用车等一批新兴产业项目建成投产或部分投产。

加强招商引资。编制完成山西省制造业十二大领域发展(招商)图谱，牵头举办四期招商图谱专题培训班，组织山西(深圳)先进装备制造产业专题对接会，推进制造业精准招商。推进智能制造。培育省级智能制造试点示范 19 户，中电二所、太重轨道交通项目入选国家智能制造专项，智奇铁路、科达自控成功获批国家智能制造试点示范，全省国家级智能制造试点示范企业达到 6 户。

企业技术创新体系完善。加快创新平台建设。推动成立智能制造、轨道交通产业技术联盟，成立装备制造、物联网和人工智能等标准化技术委员会。加快企业技术中心建设，新增 3 户国家级、34 户省级企业技术中心。省级制造业创新中心从无到有，新创建试点中心 1 家、试点培育中心 5 家。

促进行业关键共性技术研发。编制完成 2018 年度全省重点行业关键共性技术发展导向目录和企业技术创新重点项目计划，推动太钢集团双相不锈钢钢筋在港珠澳大桥工程首次批量化应用，太重集团 250 吨智能铸造起重机实现关键核心部位完全智能化，打破国外垄断。

促进产学研合作。组织重点企业与中科院、C9 高校等开展对接合作，组织企业同太原理工大学、太原科技大学等省内院校进行技术对接，阳煤集团与太原理工大学签约“煤层气生

**2018 年山西工业领域省级技术改造专项资金项目表**

| 序号 | 支持年度 | 企业名称 | 项目名称 | 企业类型 | 项目建设地址 | 专项类型 | 支持额度(万元) | 备注 |
|---|---|---|---|---|---|---|---|---|
| 1 | 2018 年 | 应县优尊陶瓷有限责任公司 | 技改扩建年产 3400 万件新骨瓷锂瓷技术改造升级项目 | 民营企业 | 朔州市应县 | 工业转型强基 | 270 | |
| 2 | 2018 年 | 临猗县力达纸业有限公司 | 年产 10 万吨高档生活用纸升级技改项目 | 民营企业 | 运城市临猗县 | 消费品三品工程 | 390 | |
| 3 | 2018 年 | 山西新环橡塑制品有限公司 | 两化融合管理体系贯标达标 | 民营企业 | 运城市 | 两化融合及信息化 | 100 | 贫困县项目 |
| 4 | 2018 年 | 山西云冈纸业有限公司 | 利用商品浆扩建 10 万吨生活用纸技改项目 | 民营企业 | 大同市大同县 | 工业转型强基 | 636 | 贫困县项目 |
| 5 | 2018 年 | 山西鹏远塑料彩印有限公司 | 年产 4000 吨塑料彩印软包装技改项目 | 民营企业 | 运城市临猗县 | 工业转型强基 | 111 | |
| 6 | 2018 年 | 朔州市华伦建陶有限公司 | 技改扩建年产 1100 万平方米内墙砖生产线项目 | 民营企业 | 运城市临猗县 | 工业转型强基 | 1452 | |
| 7 | 2018 年 | 运城制版有限公司 | 企业管理系统(SAP)和制造执行系统(MES)信息化项目 | 民营企业 | 运城市 | 两化融合及信息化 | 285 | |

2018 年 3 月 28 日，山西"企业创新板"开板暨首批企业集中挂牌仪式在太原举行 （董晨阳供图）

产金刚石"校企合作协议。新培育 26 户省级研究生教育创新中心。

完善技术创新机制。推进"企业创新板"开板运营,15 户企业成功挂牌。落实首台(套)重大技术装备保险补偿等支持创新的优惠政策,3 户企业 5 个首台(套)重大技术装备获得国家保费补贴。

绿色低碳循环发展推进。加快构建绿色制造体系。培育创建绿色工厂、绿色园区、绿色产品,推动企业实施绿色供应链管理。太钢成为全国钢铁行业绿色发展标杆，晋西车轴、华翔集团、鸿富晋精密工业(太原)成功入选工信部第三批绿色工厂,亚宝药业集团、孝义盛世富源甲醇制造有限公司 2 个项目入选工信部绿色制造系统集成项目。

推进资源综合利用。支持太钢不锈配套水处理改造等 21 个资源综合利用重点项目建设。组织召开"第六届亚洲粉煤灰及脱硫石膏处理与利用技术国际交流大会",山西建龙、晋城煜盛列入国家废钢铁加工行业准入企业名单,山西省成功获批新能源汽车动力蓄电池回收利用试点地区。全省大宗工业固体废物综合利用率达到 68.30%。

抓好节能降耗攻坚。修订完成《山西省节约能源条例》。开展工业能效对标达标活动,天泽煤化工集团入选国家重点用能行业能效"领跑者"企业名单。推广高效节能技术产品，山西天海泵业有限公司 3 个系列井用潜水电泵入选国家节能技术装备推荐目录。

融合发展水平提升。推进两化融合。15 户企业入选 2018 年国家两化融合贯标试点企业,广誉远、嘉世达机器人项目入选工信部信息消费试点示范项目,工信部正式批复同意综改示范区国际互联网数据专用通道建设。出台全省深化"互联网+先进制造业"发展工业互联网的实施意见和"企业上云"3 年行动计划，推动实体经济和新一代信息技术深度融合。

推动服务业与制造业融合。开展服务型制造示范,大同中科唯实矿山科技有限公司获批工信部第二批服务型制造示范。遴选制造业单项冠军示范企业,华翔集团入选第三批国家制造业单项冠军企业。推进工业文化发展,太原兵工厂和阳煤集团三矿入选第二批国家工业遗产。 （董晨阳）

**【信息化和工业化融合发展】** 2018 年,山西省电子信息制造业企业数量 150 余家，其中规模以上企业 67 家。主营业务收入首次突破千亿，达到 1049.80 亿元,同比增长 7.10%。全省软件和信息技术服务业规模以上企业累计完成主营业务收入 46.70 亿元,软件业务收入 28.70 亿元。电信业务总量累计完成 1370.10 亿元，同比增长 133.80%。

2018 年,山西省工业化与信息化融合发展水平指数为 47.80，较上年增长 5.70%，两化融合发展水平增速高于全国平均水平。两化融合发展水平全国排名提升第 17 位。整体来看，山西省两化融合发展水平处于全国中等偏下，通过推动两化融合贯标、企业信息化改造、企业上云等工作，两化融合发展水平指数逐渐接近全国平均水平。截至 2018 年底,山西省共有贯标企业 92 户（全国 13120 户),排在第 22 位;国家级贯标试点企业 53 户(全国 3110 户),通过国家两化融合管理体系贯标评定企业 37 户(全国 4036 户),通过国家两化融合管理体系贯标评定企业数量占山西省贯标企业数量的比例为 40.20%。 （董晨阳）

**【数字经济支持发展】** 2018 年,山西省工信厅优化大数据发展环境。制定印发大数据发展应用 2018 年行动计划,起草完成全省大数据发展应用促进办法,会同省财政厅制定全国首个省级信息化建设项目支出预算标准。发挥大数据专项资金支撑引领作用，全年支持 58 个项目。开展"数行三晋·智赢未来"系列主题活动。

构建特色数字经济产业生态。研究起草全省培育建设大数据产业基地实施意见，加快制定信息安全、传感器、人工智能等特色产业布局规划,推进大数据重点项目建设,中科院山西先进计算中心建成运营,华为山西(吕梁)大数据中心正式揭牌。山西中科曙光云计算科技有限公司、山西和信基业科技股份有限公司、山西清众科技股份有限公司 3 户企业项目入选工信部 2018 大数据产业发展试点示范。

加快电子信息产业发展。推进中

电科“一中心三基地”产业园、潞安太阳能2兆瓦高效单晶太阳能电池等一批重大项目建设。组织开展锂离子电池、光伏制造行业规范公告申报。召开智慧养老、传感器等领域上下游产业对接会，组织信息技术服务标准宣贯及培训。开展首版次软件产品申报工作，完成软件企业退税624万元。

（董晨阳）

【信息化大数据平台建设】 2018年，山西省工信厅制定大数据战略，建设标志性工程省级政务云平台。包括基础设施层、软件支撑层、政务应用层的分层架构，围绕领导决策支持、政务协同办公和政务服务构建三大应用核心，建设政务信息系统集群，推动山西省电子政务的发展。云平台解决政务资源利用率低、基础建设不完善、网络缺乏统一规划、安全防护缺少统一管理等问题。山西省级政务云平台创造当年建设、当年上线、当年运营的“山西速度”，全年上线系统182个，41个部门170余个信息系统迁入平台，完成信息系统迁移工作，政务信息化建设运营模式实现重大变革，相关标准化工作全国领先。

提升数字经济发展支撑能力。加强工业信息安全保障体系建设，举办工业信息安全高峰论坛，开展全省工控安全自查。统筹推进数据中心布局建设，全省建成各类数据中心27个，设计服务器容量39万台。（董晨阳）

2018年7月20日，山西省能源局召开全省煤炭环保专题会议 （贾文浩供图）

## 煤炭工业

【概况】 2018年10月27日，山西省能源局挂牌成立。遵循中央顶层设计，突出山西地方特色，由原省煤炭厅行业管理职责，以及省发改委能源管理职责，原省经信委节能降耗、能源管理等职责整合，组建省能源局作为山西省政府直属机构，履行全省能源行业管理职责，构建集中统一、协调高效能源管理新格局。

2018年11月4日，中国工程院重大咨询能源项目“能源革命推动老工业基地转型发展课题研讨会”在潞安集团召开 （贾文浩供图）

2018年，全省能源行业紧扣争当全国能源革命排头兵目标定位，抓改革、调结构、促转型，全省能源主要经济指标稳中有升。原煤产量9.26亿吨，同比增加5112万吨，增长5.80%；商品煤销量8.27亿吨，同比增加3511万吨，增长4.44%；煤炭盈利534.27亿元，同比增加101.12亿元，增长23.34%；煤层气（含井下瓦斯抽采）产量120亿立方米，同比增加5亿立方米，增长4.20%；电力装机总量8757.70万千瓦，同比增加685万千瓦，增长8.50%；发电量累计完成3087.60亿千瓦时，同比增长11.65%；全省全社会用电量累计2160.50亿千瓦时，同比增长8.5%；净输出电量累计927亿千瓦时，同比增长19.60%；预计单位地区生产总值能耗下降3.20%。

2018年，山西省煤炭行业焦炭产量、外调量、出口量均位居全国第一，山西省焦炭产品70%以上外销天津、河北、山东、河南、江苏等重点产钢省份，辐射东北、西南省份，焦炭出口量占全国60%以上，是全国乃至全球最大的焦炭供应基地。山西焦化主体企业共 80 户。其中，独立焦化企业 71 户、钢焦配套企业 9 户。焦炭产量完成 9256 万吨万吨，同比增长 11.32%，占全国产量的 21.10%。焦化行业实现主营业务收入 1872.80 亿元，同比增长 19.80%；实现利润 177.50 亿元，增长 1.20 倍，拉动规模以上工业利润增长 9.50 个百分点，贡献率 27.80%，同比提高 16.20 个百分点。（贾文浩　董晨阳）

2018 年 12 月 12 日，2019 年度煤炭交易大会在中国（太原）煤炭交易中心举行
（李海涛供图）

**【煤炭产能置换】** 2018 年，山西省制定山西省《天然气（煤层气）储气调峰设施规划（2018—2020 年）》，争取中央预算内资金 1.4 亿元支持省内集约化、规模化开展储气调峰项目建设。2018 年，全省新建应急储气设施 4 座，新增储气能力 3600 万立方米。建设管网互联互通，推进晋城华港液化工厂增输改造，临长线联络线等项目建设，提高全省气源统一调配和供应保障能力。全年投资 6.05 亿元，建成投产重点输气管道 4 条，新增里程 171 千米，新增输气能力 29.95 亿立方米。推进煤层气体制机制改革，做好国家下放煤炭采矿权范围内地面煤层气开发项目备案承接和管理工作，鼓励多种市场主体参与煤层气勘探开发，建立煤层气及其他矿产资源协调开采机制，加强多种气体资源综合勘探开发力度。（贾文浩）

**【煤炭交易服务体系建设】** 2018 年，中国（太原）煤炭交易中心煤炭巩固现货交易成果。截至 2018 年底，拥有注册交易商 13761 户，推广定制化交易模式，扩大交易规模。加强煤炭产运需衔接机制，连续七年组织召开年度煤炭“太交会”，建设煤化工平台，开展甲醇现货交易上线条件前期工作。与期货交易所、期货公司合作，尝试引入期货市场的一些服务功能，开展期现结合业务。中心电商平台期现融合专区上线，期现结合产品“保价通”研发落地，举办期现业务培训、期现融合发展论坛等活动，推动期现结合。煤炭现货交易模式和平台建设成果被省科技厅鉴定为科技成果国际领先水平，连续六年通过国家 ISO27001 信息安全管理体系认证。

更新煤炭新闻时讯、煤炭信息速递、煤炭市场报告和煤炭市场蓝皮书等信息产品，市场接受程度提高，行业影响力提升。参与设计中国能源价格指数和直达煤价格指数，优化和发布“中国太原煤炭交易价格指数”，反映经济形势，指导经营管理，促进公平交易。自主研发《煤炭质量升贴水标准》成为煤炭供需企业就不同质量规格产品定价的重要参考。首次编写出版《中国煤电发展报告》，帮助交易商把握煤电未来发展趋势。能源大数据平台获省煤炭工业协会创新成果一等奖。创立自主文化品牌“晋道大讲堂”，联盟单位增至 16 家，举办 8 场。

金融产品优化完善，资金监管产品“易付保”实现全线上办理，“煤炭订单融资”“票据融资”“仓单融资”和“应收账款融资”等融资服务产品办理流程优化，为交易商带来更佳的交易体验。（李海涛）

2018 年 9 月 16 日，2018 年太原能源低碳发展论坛在中国（太原）煤炭交易中心举行
（李海涛供图）

**【晋能集团】** 2018年，晋能集团有限公司(简称晋能集团)总资产2700亿元，拥有清洁能源、电力、房地产3家板块公司、11家市公司、51家直属公司以及通宝能源1家上市公司，在册员工9.60万人。2018年，全年营业收入完成1036.20亿元，同比增长1%；全年实现利润35.30亿元，增长115.40%。

绿色发展。2018年，晋能集团清洁能源产业，风电、光伏发电总装机达到122.72万千瓦，年上网电量21亿千瓦时，装机规模和发电量稳居全省前列；光伏电池组件已建成涵盖高效多晶、高效单晶、异质结三代领先技术、年产1.76兆瓦世界前5%先进产能。煤炭产业，生产和试运转矿井70座，产能7800万吨/年，原煤产量突破8000万吨，排名全省前三；先进产能占比达54%；原煤入选率超过50%；年煤炭贸易量达到1.65亿吨，用户覆盖全国主要煤炭消费市场。电力产业，在役运行电厂9座，在建控股电厂2座，总装机795.20万千瓦，发电量251.40亿千瓦时，售电量86.50亿千瓦时，装机规模和发电量位列全省前列，全部实现超低排放；供热覆盖太原、长治、阳泉、吕梁、晋中5市，供热面积达到9000万平方米，总供热量达到2979万吉焦，供热规模全省第一；吕梁局域电网一期工程全部建成，实现向中铝供电；输配电网覆盖3个市12个县(区)，所辖用电户85万户，年供电量75.80亿千瓦时。房地产业，控股房地产开发企业22个，资产总额158亿元，开发项目12个，储备土地2287亩，规划建设面积550万平方米，总投资253亿元。打造万景苑、万景嘉苑、国际金融中心等一批精品工程，年销售收入17.50亿元，实现利润1.73亿元。

风电、光伏新增装机22万千瓦，发电量完成21亿千瓦时，同比增加51%。电池组件转换效率保持国际先进水平。光伏组件出口印度、德国、巴西、日本等30多个国家和地区，年出口额达10亿元。

安全生产。2018年，晋能集团实施“136”安全管理模式和“333”安全抓手，全年累计督查矿井260矿次、地面生产经营单位420个单位次，发现隐患问题6453条，整改6414条。安全红线管理制度落实，执行《安全问责制度》和《安全红线管理制度》，对3起触碰红线规定行为，进行追责。生产经营提质增效，产业实力增强。推进减量置换和减量重组，天和煤业等8座煤矿关闭退出，退出产能565万吨。掌石沟、黄山、紫金3座矿井竣工投产，新增产能300万吨，下窑、四明山等6座矿井进入联合试运转，形成产能525万吨。全年先进产能占比高于全省平均水平。洗煤厂35座，总洗选能力6510万吨，全年入洗原煤4139万吨，精煤产量提高。

晋能集团太原美佳煤机制造项目　　（李慧芳供图）

电力产业市场营销和综合供给能力提升。大土河热电厂2#机组投产，新增装机35万千瓦，农网改造、贫困村通动力、吕交线等工程按期完成年度计划。依托吕梁局域电网，打造“煤—电—铝”产业链经营模式，实现局域电网一期工程与山西中铝华润合金铝项目同时通电投产。巩固与太钢集团长协合作，年发电量成交52.40亿千瓦时，占全省交易总规模的8%，与不进行长协交易相比，全年发电量增加7亿千瓦时，利润增加0.80亿元。燃煤火电企业全年机组平均利用小时同比增加659小时，比省调30万千瓦等级机组高563小时；所属企业设备一类障碍8次，同比减少17次，下降68%。

企业改革。2018年，晋能集团压减各类无效法人单位163户，处置“僵尸企业”36户，完成小集团本部注销工作。混合所有制改革迈出实质步伐。保德煤电公司率先完成混改。装备公司及所属5家公司参与省煤机集团混改项目加速推进。管理水平提升，形成《关于加强三项费用有关事项的工作意见》《资金使用管理办法》等30余项制度。梳理筛选出三年转型的战略型、牵引性项目共计33项，做好项目计划储备。全年累计发行各类债券金额311亿元。内部企业自行还本付息累计98亿元。突出依法合规，11个建设项目完成环评批复，46个项目完成排污许可证办理和换发，11个建设项目完成竣工环保验收。

科技创新和管理。2018年，晋能集团制定《晋能集团科学技术奖励办法》，首批奖励30个科技创新项目。集团技术研究院牵头组织的煤矿巷道支护技术及示范工程、高瓦斯、煤与瓦斯突出矿井瓦斯综合治理技术研究”等11项获重点科技创新项目，全年新授权专利27项，累计授权专利123项。王庄煤业沿空留墙技术、盖州煤业110工法、关岭山煤业柔模混凝土沿空留巷等先进工艺广泛应用。长治公司自主开发“机电信息管理系统”，2018年获山西省煤炭工业协会特等奖等多个奖项，被中国设备管理协会评为“中国设备管理优秀单位”。多晶光伏组件电池效率达到19%的国际先进技术指标，单晶电池效率达到21.50%，推动技术成果转化，在文水、晋中组件基地实现量产。

（李慧芳）

## 电力工业

【概况】 2018年，国家电网山西省电力公司（简称国网山西电力）以电网规划、建设、运行管理及电力调度、经营等为主营业务，拥有资产871.70亿元，员工2.83万人，下设11个市供电公司、104个县供电公司，服务客户1132万户，承担向京津唐、河北、江苏、湖北、山东等地外送电力任务，年售电量突破2100亿千瓦时。

截至2018年底，国网山西电力总装机83314.80兆瓦。按调管范围划分，江苏直调装机容量3300兆瓦（阳城电厂，点对网方式送江苏电网）；华北直调装机容量7240兆瓦；山西直调装机容量67692.60兆瓦；地区小电厂合计容量5082.20兆瓦。山西省调装机以火电为主，常规火电机组154台，容量46885兆瓦，占比59.30%（含1台余热机组，100兆瓦）；燃气机组9台，容量1845兆瓦，占比2.70%；煤层气电厂2座，容量175.80兆瓦，占比0.30%；水电站4座（含抽水蓄能），容量2068兆瓦，占比3.10%；风电场105座，容量10746.10兆瓦，占比15.90%；光伏电站120座，容量5972.70兆瓦，占比8.80%。常规火电机组当中，供热机组109台，容量29235兆瓦，占比62.40%；空冷机组136台，容量40705兆瓦，占比86.80%；循环硫化床机组62台，容量11965兆瓦，占比25.50%。

共有220千伏及以上电压等级变电站263座，主变591台（含换流变24台），变电容量136618.69兆伏安（含换流变容量9723.12兆伏安）。其中，1000千伏交流特高压变电站3座，变压器5台，容量15000兆伏安；±800千伏直流特高压换流站1座，换流变24台，容量9723.12兆伏安；500千伏变电站23座（含榆社开闭站），主变44台，容量38500兆伏安；220千伏变电站236座，主变518台，容量73395.574兆伏安。共有110千伏变电站934座，主变1941台，容量79317.10兆伏安；其中，用户站412座，主变864台，容量32436.5兆伏安。35千伏变电站1755座，主变3514台，容量29615兆伏安；其中用户站1189座，主变2388台，容量18816.30兆伏安。

共有220千伏及以上输电线路834条，线路长度25327.68千米（不含过境跨省输电线路）。其中，1000千伏交流特高压线路9条，境内长度1283.92千米；±800千伏直流特高压双极线路2条，境内长度615.82千米；500千伏线路97条，长度6285.47千米；220千伏线路726条，17142.47千米（其中省调线路635条，15763.15千米）。另有过境跨省输电线路（资产

2018年山西省重点行业用电情况统计表

单位：亿千瓦时

| 行　业 | 12月 | 同比% | 2018年 | 同比% | 2017年 | 同比% |
|---|---|---|---|---|---|---|
| 全省工业用电 | 165.30 | 10.40 | 1667.10 | 7.90 | 1545.20 | 11.10 |
| 煤炭行业 | 30.70 | 9.50 | 287.80 | 11.10 | 259 | 9 |
| 钢铁行业 | 31.10 | 11 | 293.70 | 10.80 | 265.20 | 7.10 |
| 有色行业 | 20.60 | 37 | 188.50 | 5.90 | 178.10 | 17.10 |
| 化工行业 | 15.50 | −2.90 | 174.50 | 1.70 | 171.60 | 14.50 |
| 电力行业 | 40.90 | 5.40 | 412.70 | 3.20 | 400.10 | 8.70 |
| 汽车制造业 | 0.08 | −57.90 | 0.87 | 49.20 | 0.58 | — |
| 食品行业 | 1.20 | 6.30 | 13.20 | 10 | 12 | 4.80 |
| 铁路船舶航空航天制造 | 0.60 | −40.30 | 5.70 | 48.60 | 11 | — |
| 计算机通信电子制造业 | 0.50 | 692.70 | 6.90 | 850.40 | 0.72 | — |

2018 年 1 月 25 日，国网山西电力应对恶劣天气，保障电网安全稳定运行
（龙　云供图）

属于国网公司、华北分部及浙江、陕西、山东、河北公司等单位)42 条，全长 15761.48 千米，山西境内长度 5404.887 千米。共有 110 千伏线路 1910 条，线路长度 23163.60 千米，其中用户线路 647 条，长度 7152.40 千米。共有 35 千伏线路 3074 条，线路长度 26969.60 千米，其中用户线路 1804 条，长度 14304.70 千米。
（龙　云）

**【电网建设与发展】** 2018 年，国网山西电力修编“十三五”公司和电网发展规划，特高压落地和西电东送通道调整纳入国家规划。陕北–湖北直流山西段前期文件全部取齐，166 项工程取得核准。推进重点工程建设，开工蒙西—晋中交流、晋北特高压配套电源改接等 92 项工程，竣工盂县、神泉电厂送出工程，投运古交、山阴电厂送出等 92 项重点工程。完成中部电网“卡脖子”线路改造，缓解电源“空心化” 问题。加大配电网建设力度，完成 5.3 万户“煤改电”，建成 5 个小康电示范县和 10 个新农村电气化县。太原配网网架提升经验成为国网典型推广模式。强化工程质量管控，五寨 500 千伏变电站工程获中国电力优质工程奖和国网优质工程银奖，6 项配网工程入选国网“百佳”，配网标准化建设通过国网达标验收。

国家大气污染防治行动计划配套建设 12 条重点输电通道中，山西省境内共有 7 条，涉及特高压 5 条。其中，国网山西电力负责建设管理特高压工程项目“两交三直”(蒙西—晋北—天津南、榆横—晋中—潍坊 1000 千伏特高压交流输变电工程、灵州—绍兴、山西晋北—江苏南京、内蒙古上海庙—山东临沂±800 千伏特高压直流输电工程)5 项。截至 2018 年底，最后一项内蒙古上海庙—山东临沂±800 千伏特高压直流输电工程实现双极高端带电。
（龙　云）

**【电力产业发展】** 2018 年，山西省加大关停淘汰煤电机组电量奖励力度，淘汰拆除 30 万千瓦以下不达标煤电机组 38 台、容量 203.30 万千瓦。完成单机 30 万千瓦及以下煤电机组超低排放改造 144 台、容量 868.65 万千瓦。优化省内电网结构。启动“两交一直” 特高压配套工程和开展建设 500 千伏“西电东送”通道点对网调整方案前期工作，推进核准项目建设，组织 2019 年农村电网升级改造前期工作，争取中央预算内投资 1.50 亿元，完成山西省“两年攻坚、三大任务”。外送电快速增长。争取国家增加山西省跨省跨区优先发电计划 85.30 亿千瓦时，跨省跨区市场交易电量增加 127 亿千瓦时。全年实现外送 927 亿千瓦时，同比增加 152 亿千瓦时。电力体制改革推进。放开电力直接交易市场规模，全年开展各类直接交易 17 批次，完成交易电量 644 亿千瓦时，达年度目标规模 107%。激发市场主体活力，允许售电公司代理电力用户参与所有市场交易，累计代理交易电量 382.61 亿千瓦时，占市场总成交电量 59.40%。加快建设 13 个增量配电业务试点。吕梁局域网实现启动运行，保障中润公司合金

2018 年 5 月 31 日，国网太原公司走进中小学校，宣传用电知识　（龙　云供图）

铝项目用电。(贾文浩)

【新能源产业发展】 2018年,山西省新能源建设规模壮大。推进风电、光伏等新能源和可再生能源项目建设。晋北风电基地规划项目推进,装机规模同比增加166万千瓦。大同二期、寿阳光伏发电应用领跑基地开工建设,长治光伏发电技术领跑基地完成备案,光伏领跑基地装机规模达400万千瓦。57个贫困县光伏扶贫电站建成投运。新能源和可再生能源装机2170.69万千瓦,占全省电力总装机24.79%,全省能源供给体系实现由单一煤电向光伏、风电等多轮驱动转变。(贾文浩)

2018年9月17日,临汾尧都220V输变电设备综合检修现场

(龙 云供图)

【电力工业经营管理】 2018年,国网山西电力完成省内售电量1657.69亿千瓦时,同比增长9.57%;外送电量466.44亿千瓦时,同比增长32.80%。

适应改革监管要求,部署35项优化经营管理策略。净增接电容量1273.90万千伏安,电能替代电量63.60亿千瓦时,同比增长20%。新扩建113座充换电站,充电设施覆盖70%以上县域。拓展工业余热综合利用等市场,综合能源业务营收达2.40亿元。全省外送电量突破900亿千瓦时,同比增长19.60%。台区线损合格率保持95%以上,线路停电次数同比下降19%,业扩结存率同比降低80%。(龙 云)

【电力工业安全生产】 2018年,国网山西电力出台安全巡查等4项制度,发布全员安全责任清单,配置市、县公司安全总监,设立专项奖励基金重奖重罚。推进现场安全管控,加强施工企业作业层班组建设,培育40支核心分包队伍,生产技改工程应用施工分包管理系统。推进现场"军事化、标准化、可视化"管理,"四不两直"安全督查1.50万次,覆盖现场1.4万个,现场作业平稳有序。确保大电网安全,完善"三道防线",实现大面积停电应急演练市县公司全覆盖,应对负荷连创新高、新能源集中并网等考验,完成重大保电任务。推进变电站消防验收取证,开展电气火灾治理等专项行动,整改隐患2677项,治理老旧变电站95座,220千伏及以上线路停运次数同比下降36%。实现特高压消防驻站,长治站10年无故障运行,雁门关换流站500天零闭锁。设备质量源头管控,标准物料精简率达73%。(龙 云)

2018年6月27日,山西省汾西县乡镇联村光伏扶贫电站300KW电站并网

(龙 云供图)

【电力营销与服务】 2018年,国网山西电力实施报装接电专项行动,高低压办电环节减至4个和2个,10千伏接电时间同比下降53.90%,节约客户投资2.50亿元。构建现代服务体系,建成晋中、侯马城区营配综合服务试点,11个市供服中心实体运转,3323个低压营配服务网格、6.40万个台区微信群覆盖经营全域,故障报修工单和恢复时间同比分别下降35%和50%。交费、办电、能源服务等业务"应上尽上,全程在线",线上办电率达

99.90%。助力脱贫攻坚，规模占全国四分之一的2235座光伏扶贫电站提前并网，带动17.70万贫困户增收。帮扶55个定点村脱贫摘帽。服务新能源发展，开展新能源优先调度和市场化交易，并网装机增长30%，弃电量同比减少8.19亿千瓦时，弃电率同比下降4个百分点。 （龙 云）

【电力科技与信息化】 2018年，国网山西电力大电网安全稳定控制、输变电防灾减灾等项目取得突破，274项专利获得授权，28项科技成果获省部级以上奖励，11项通过省科技奖评审，首获全国职工优秀创新成果奖和国网科技进步一等奖。

2018年，国网山西电力通信系统稳定可靠运行，全省未发生八级及以上通信安全事件。通信重点工程建设评价指数、通信专业管理规范指数、通信网络运行可靠率、通信管理系统综合应用评价指数等各项通信指标完成率达100%。启动"光通信系统(A平面)整体改造工程"，构建依托省调、省备调、地调、500千伏及220千伏变电站的省级骨干光纤传输网络，累计完成153台重要通信设备安装及60个通信站点调整和扩容工作。各市"光通信系统改造工程项目"通过国网经研院可研报告评审，"数据通信网接入网整体改造""光通信B平面改造"项目完成招标，"十三五"通信建设工作取得进展。 （龙 云）

## 装备制造工业

【概况】 2018年，山西省机电工业实现工业增加值同比增长14.70%，其中：通信设备、汽车、重型装备、新能源装备、其他装备制造业分别增长21.30%、21.10%、11.70%、17.40%、3.60%。实现主营业务收入2297.40亿元，同比增长11.60%；实现利润93.40亿元，同比增长25%；拉动规模以上工业利润增长1.80个百分点。实现机电产品出口584.80亿元，同比增长24.80%；进口机电产品314.30亿元，增长11.20%；实现顺差270.50亿元，同比增长45.60%。全省691户规模以上企业机电企业中有189户亏损，亏损面位27.40%，同比提高2.90个百分点；亏损企业亏损额27亿元，同比增长17.40%；全行业资产负债率为67.80%，同比降低2.30个百分点。

太重集团牵头编制国内外第一项起重机报废标准《铸造起重机报废技术条件》，填补国内外起重机机械技术领域缺乏整机报废标准的空白。 （董晨阳）

【装备制造行业投资】 2018年，山西省推进总投资5890465万元的37个重点装备制造项目建设。争取国家级智能制造试点示范企业6户、国家级智能制造专项3个。在全省范围内组织开展省级智能制造试点示范，培育省级智能制造示范企业19户，其中示范企业6户，试点企业13户。2018年获得中央财政资金4626亿元，其中，中国电子科技集团公司第二研究所、太重轨道交通设备有限公司获国家智能专项支持3050万元。中车大同电力机车有限公司、太重股份有限公司、阳煤化机集团等5个首台(套)重大技术装备获得保险补偿资金1576万元。 （董晨阳）

【企业高精尖装备制造】 2018年，山西省各类装备制造龙头企业开展高精尖装备制造。

太重集团推进高端装备制造。国内首台套9000吨/小时排土机(含卸料车)设备在太钢岚县袁家村铁矿交付使用。首台超大型1900千焦双作用式全液压海上打桩锤，在太重天津滨海重装基地成功完成打桩试验。首台具有独立自主知识产权的250吨智能铸造起重机在宝钢股份上海梅山钢铁有限公司投入生产。三峡集团定制起重量1300吨的桥式起重机发货。840付轮轴产品交付德国杜伊斯堡德铁场。太重轨道交通齿轮箱升级改造项目竣工投产。

机车产品制造。采用永磁和直驱技术的完全自主知识产权的大功率交流传动电力机车在中车集团大同公司下线大运N9H南方版牵引车试制下线。中车大同公司自主研发的和谐2F型大轴重电力机车通过中国铁路总公司评审，被认定为达到国际先进水平。中车大同电力机车有限公司第一条机车精益生产线达到产品量产标准。

太原锅炉集团公司的循环流化床3.3兆瓦热态研究实验室通过项目验收，被认定达到国际领先水平。

汾西重工赛思亿电力推进设备装配50M风电运维船。 （董晨阳）

【装备制造经济合作】 2018年，山西省各类装备制造龙头企业开展多形式经济合作。5月30日，大运汽车与法士特开展产品配套、技术研发及市场推广领域的战略合作；7月19日，与康明斯新能源开展战略合作。9月4日，山西航天清华装备有限责任公司与奥地利帕尔菲格集团开展油缸项目战略合作。11月16日，太重集团与中北大学开展军民融合战略合作协议暨"某智能化武器系统"项目合作，中北大学、太重集团军民融合技术研究中心成立。12月3日，汾西重工与德国E-MS就直流组网许可证合同再次签订修正案。12月14日，太重集团与山西焦化集团有限公司就"焦炉烟尘治理及机焦侧除尘技术合作开发。11月，株洲所宝鸡时代公司与中车太原机车车辆有限公司合资设立太原中车时代轨道工程机械有限公司。 （董晨阳）

【装备制造行业建设】 2018年，山西省争取国家级智能制造试点示范企业6户、国家级智能制造专项3个。在全省范围内组织开展省级智能制造试点示范，培育省级智能制造示范企业19户，其中示范企业6户，试点企业13户。中央财政资金专项支持4626亿元。其中，中电二所、太重轨道获国家智能专项支持3050万元，中车大同、太重股份、阳煤化机等5个首台(套)重大技术装备获保险补偿资金1576万元。省级智能制造示范获得省级技改专项资金3765万元，拉动固定资产总投资近5亿元。

组织企业参加2018年中国技能大赛——第三届山西省“栋梁杯”工业机器人技术应用技能大赛暨第三届全国工业机器人技术应用技能大赛山西省选拔赛、第一届山西省“太尔时代杯”三维建模与快速成型技术技能大赛、第一届山西省“辰榜杯”多轴加工技能大赛。 （董晨阳）

## 冶金工业

【概况】 2018年，山西省冶金工业总体平稳增长，钢铁行业去产能政策效应持续显现，有效供给加快释放，产量大幅增长、价格高位运行、效益持续向好；有色行业受市场、环保、资源等多因素制约，生产回落、价格下跌、效益收窄。

钢铁工业。山西省是全国第五钢铁大省，钢铁联合企业27户，主要集中在临汾、运城、太原、吕梁、长治5个市。生铁、粗钢、钢材产能分别为6397万吨、7525万吨、6920万吨，主要产品有建筑用棒线材以及热轧卷板、冷轧卷板、热轧中厚板、焊管、精密带钢等碳钢和不锈钢系列产品。主要企业有太钢集团(1200万吨)、中阳钢铁(535万吨)、福盛钢铁(530万吨)、山西建龙(525万吨)、立恒钢铁(500万吨)，五大企业粗钢产能占比约44%。太原钢铁(集团)有限公司年产1200万吨钢，其中生产不锈钢450万吨。不锈钢、不锈复合板、铁路行业用钢、双相钢、耐热钢、造币钢、高牌号硅钢、车轴钢、纯铁、9%Ni钢等多个品种市场占有率全国第一。从产能结构看，全省符合产业政策的16座1200立方米及以上高炉，炼铁产能(2515万吨)占全省炼铁总产能的39.30%；全省14座100吨以上转炉和4座50吨及以上合金钢电炉合计粗钢产能2310万吨，占比全省粗钢总产能31%。

截至2018年底，全省规模以上钢铁企业257户，其中黑色金属矿采选业155户，黑色金属冶炼及压延加工业102户；实现利润203.40亿元（占全省比重15%），总资产3102亿元（占全省比重8.20%），总负债1974.10亿元（占全省比重7.30%），资产负债率63.60%，从业人员15万人（占全省比重8%）；亏损企业84户，亏损面32.70%，亏损企业亏损额7.5亿元（占全省比重2.30%）。生铁产量4761.33万吨，同比增长14.80%；粗钢5386.24万吨，同比增长19.90%；钢材4903.31万吨，同比增长17.80%；不锈钢416.60万吨，同比增长0.70%。全省压减粗钢产能225万吨，完成国家下达的年度任务。

8月，太钢研发的宽幅“手撕钢”填补国内空白，突破国外技术垄断。“手撕钢”是太钢生产的一款不锈钢箔材，其厚度为0.02毫米，仅有A4纸的四分之一，宽度为600毫米。12月22日，太钢在中国钢铁行业庆祝改革开放40周年高峰论坛上获“钢铁行业改革开放40周年功勋企业”称号。

（董晨阳）

【有色金属工业】 2018年，山西省有色金属工业依托铝、镁、铜三大主要品种，发展生产加工。截至2018年底，全省规模以上有色企业115户，其中有色金属矿采选业22户，有色金属冶炼及压延加工业93户；实现利润18.30亿元(占全省比重1.30%)，总资产1205.40亿元（占全省比重3.20%），总负债853.70亿元（占全省比重3.10%），资产负债率70.80%，从业人员4.90万人（占全省比重2.60%）；亏损企业49户，亏损面42.60%，亏损企业亏损额14.70亿元（占全省比重4.50%）。原铝产量93.28万吨，同比下降5.30%；氧化铝2024.46万吨，同比增长2.30%；精炼铜18万吨，同比下降6.40%；金属镁9.70万吨，同比下降30.80%。1月，山西闻喜银光镁业集团被沈阳飞机工业（集团）有限公司评选为优质供应商，是6家优质供应商中唯一的一家民营企业。5月23日，山西中铝华润有限公司轻合金一期项目正式投产。

（董晨阳）

【冶金工业项目建设】 2018年，山西省推进冶金行业项目建设。

钢铁行业。太钢集团启动不锈钢棒线材生产线智能化升级改造项目、高端冷轧取向硅钢项目，加快打造本部核心精品制造基地。太钢大明不锈钢深加工二期项目推进，打造山西综改示范区钢材保税加工样板工厂。尖山铁矿选矿厂全磁流程改造；袁家村铁矿绿色升级资源综合利用改造工程开工。山西晋南钢铁集团实施2×1860立方米高炉及配套2×150吨转炉、2×300平方米烧结项目。棒材、型钢、镀锌管项目建成投产。山西建龙实业淘汰落后100平方米烧结机完成265平方米烧结机建设。山西晋钢开工建设晋钢智造科技产业园区，总投资106.60亿元人民币，一期投资71.20亿元，规划有中科院金属研究所晋钢高温合金联合实验室、“公转铁”铁路专用线、煜盛废旧金属加工处理、3D打印铸造等项目。

有色金属行业。山西中铝华润有限公司吕梁轻合金循环产业基地一期43.2万吨合金铝项目轻合金一期项目部分产能投产，实现吕梁煤电铝材一体化项目投资建设。山西新材料公司启动28万吨碳素系统挖潜创效项目，促进精细氧化铝降低成本、提升市场竞争力和抗风险能力。东方希望晋中铝业二期铝工业项目三线进料投产，全公司形成年产200万吨氧化铝生产能力。山西信发化工扩建项目一期工程120万吨/年氧化铝、山西孝义华庆铝业改扩建项目一期工程40万吨/年氧化铝相继投产。山西铝业兴县杨家沟铝土矿取得采矿许可证。大同莱特科技汽车全铝制动生产系统生产基地落户大同。中德新能源汽车轻量化铝镁合金(通航配套)二期项目开工建设，打造年产260万套高端铝镁合金产品生产能力。中条山集团启动年产5万吨高精度铜板带铜箔和200万平方米覆铜板项目奠基，项目总投资20.88亿元。启动年处理铜精矿150万吨综合回收项目开工，总投资61.39亿元。 （董晨阳）

【冶金工业提质增效】 2018年，山西

省推进冶金行业提质增效。

钢铁行业。太钢集团始终将提质增效作为公司新发展理念。在不锈钢方面,超纯铁素体毛面板成功用于青岛和宁夏的大型建筑;热轧铁素体不锈钢在国内首次用于换热器制造;双相不锈钢首次应用于海外化学品船;开发成功笔头钢,打破国外企业的市场垄断;率先向国内多个第三代核电项目的关键设备提供系列不锈钢材料;不锈钢中板成功中标巴基斯坦核电项目;镍基锅炉管应用于国家首套700℃超超临界试验平台,实物质量达进口水平。碳钢方面,开发取向硅钢HiB热卷,各项性能指标达到国内先进水平;开发3个牌号电动汽车用硅钢产品,开始向主要电动汽车制造企业供货;电磁纯铁应用于“天宫二号”“神舟十一号飞船”和新一代运载火箭“胖五”的关键部位;联合研发的350千米/小时高速动车轮轴通过中国铁路总公司组织的技术评审,质量达到进口水平,具备批量供货的准入资质太钢不锈钢冷连轧数字化车间成功将五机架连轧机、超长连续退火线、超长酸洗线、在线平整、在线拉矫、在线切边六大工艺高度集成在一个机组,可直接生产成品,全线装备国产化率达90%以上。车间人员减少50%,生产效率提高40%,成材率提高4%,工艺纸节约75%。

首钢长钢启动实施TPM管理工作,累计发现并整改问题点42900余项,基层一线职工发掘“亮点”项目3505项,累计盘活闲置物资价值约1494万元。长钢公司比目标多盈8.61亿元,其中外部市场增利占比25.18%,内部工作增效占比74.82%。晋钢集团2018年获中建五局、中铁物贸“优秀供应商”及“中建七局A级合作企业”,入围中国水电及中国铁建区域集采;获2018“百年匠星”中国建筑业特色品牌优秀材料供应商,入选《65家优质热轧带肋钢筋生产企业》。

有色金属行业。中铝山西新材料以扭亏为盈并持续盈利为基本目标,加速全产业链产品质量优化和降本增效工作。中条山集团抓住提质降本增效的关键环节,实施精细化管理项目。完成金银产品质量提升技术改造工程,金锭、银锭品位达上海期货交易所注册标准。 (董晨阳)

【冶金工业创新驱动】 2018年,山西省推进冶金行业创新驱动。

钢铁行业。太钢集团生产的新一代超超临界650℃级别不锈钢锅炉管C-HRA-5通过国家锅容标委技术评审;太钢自主开发成功具有国际先进水平的不锈钢箔材超精密制造技术,并批量生产出宽度600毫米、厚度0.02毫米的极限规格软态不锈钢箔材。箔材的成功开发使太钢成为世界上唯一可批量生产宽幅软态不锈钢箔材产品的企业;成功研制出更加优异的新一代环保型笔头用不锈钢材料,质量达到进口材料水平,并已申报3项国家发明专利;在食品用不锈钢方面,率先将304、316等不锈钢产品推广应用于厨具、食品储罐、食品加工机械等领域;成功研制为“人造太阳”提供全奥氏体不锈钢冷轧板、中厚板、复合板、异型材、锻件、钢管等一系列产品。在国家发改委公布的全国1331家国家企业技术中心2017-2018年评价结果中,太钢技术中心以93分的成绩被评为优秀,位列全国第14位,居冶金行业和山西省第一位。太钢主持和参与的“不锈钢冷轧带钢全连续生产线技术集成与创新”“高品质双相不锈钢系列板材关键制备技术开发及应用”等3项成果获冶金科学技术一等奖,一项成果获二等奖。山西建龙实业有限公司检测中心成功获“试验室认可证书”,公司跻身国家认可实验室行列。

有色行业。中铝材料应用研究院山西分院签约揭牌仪式2018年7月在中铝山西新材料公司技术研发中心举行。国家电投山西铝业科技信息实验中心参加由北京中实国金国际实验室能力验证研究有限公司组织的铝土矿国际比对,$Al_2O_3$、$TiO_2$测试,结果与中位值(标准值)一致,测试能力达到国际一流水平。闻喜银光镁业集团抓住汽车、轨道交通及军工航空航天轻量化的机遇,发挥镁深加工优势,取得突破性进展。 (董晨阳)

【冶金工业兼并重组】 2018年,山西省推进冶金行业兼并重组。

太钢以稳定原料来源、保证产品质量为目标,理性推进重大资产重组,实施国内铬铁合作项目,谋划国际产能合作,启动海外资源项目前期工作。山西立恒钢铁集团作为主要股东的连云港恒鑫通矿业有限公司矿石精选物流项目和山西建邦集团有限公司作为主要股东的连云港亚旭高梯度电磁选铁矿石物流项目相继落户连云港上合物流园区,项目建成投产后园区处理原矿石量1000万吨规模,年产铁精矿超过800万吨。山西建龙实业有限公司通过“股权+债权”转让的方式,签订完成马来西亚东钢集团60%股权框架合作协议,进一步规划主导实施以板带产品为主的200万吨钢铁项目。山西建邦集团投资入股的巴基斯坦中巴钢铁公司开工建设,高炉点火成功生产,创造巴基斯坦工业史新纪录,结束巴基斯坦从印度进口铸造铁的历史,推动山西省钢铁企业海外布局。 (董晨阳)

## 化学工业

【概况】 2018年,山西省化学工业规模以上企业299户,实现销售收入785.40亿元,同比增长16.90%;实现利润4.70亿元,同比扭亏增利9.60亿元。培育4个国家级技术中心,24个省级技术中心。传统煤化工方面,全省化肥产能约1200万吨,其中尿素生产企业主要分布在晋城、运城等市,重点企业有天泽煤化工、晋煤集团、阳煤集团、兰花集团等;甲醇生产企业主要分布在长治、晋城、大同等市,重点企业有同煤广发、兰花集团、阳煤集团、潞宝集团等;聚氯乙烯生产企业主要分布在晋中、长治等市,重点企业有榆社化工、瑞恒化工等;氯丁橡胶重点企业有山纳合成橡胶公司和长治霍家工业公司。炼焦化产品深加工方面:山西省焦化建成产能1.40亿吨,每年可副产280亿立方米焦炉煤气、490万吨煤焦油、140万吨粗苯,为山西省发展煤焦化特色产业提供保障。现代煤化工方面:煤制油生产企业为潞安集团和晋煤集团,产品有高端润滑油基础油、碳氢环保溶剂、费托蜡、特种燃料、专属化学品、高清洁汽油和均四甲苯。煤制乙二醇生产企业有阳煤平定化工公司和阳煤寿阳化工公司,产能共40万吨。盐化工方面,生产企业为南风化工公司,主要产品有元明粉、硫酸镁、硫酸钡和硫化碱。精细化工方面,生产企业有山西翔宇化工有限公司,主要产品为橡胶防老化剂4020、RD;山西青山有限公司,主要产品为荧光增白剂;山西格瑞特建筑科技股份有限公司,主要产品为减水剂;山西金凯奇建材科技有限公司,主要产品为减水剂。

(董晨阳)

**【化工产业布局】** 2018年,山西省化工产业依托资源、能源、区位和技术等优势,逐渐显现出向大型企业和资源集中地发展的趋势,基本完成在"肥、醇、炔、苯、油"五大领域的产业布局。太原地区形成以阳煤太化等为代表的煤化工和精细化工产业集群;运城地区依托丰喜集团、青山化工、翔宇化工等企业形成化肥和精细化工为特色的大型化工基地;长治、晋城地区形成以天脊集团、天泽集团、兰花集团等企业为龙头的全国最大的高浓度氮肥、复合肥生产基地和以潞安煤制油、晋煤天溪煤制油为核心的现代煤化工示范基地;临汾、晋中、吕梁等地区依托当地丰富的焦炭资源,形成炼焦化产品深加工基地;同煤集团大型煤制甲醇及下游深加工、煤制天然气项目的落地推进晋北特色煤化工基地建设。

(董晨阳)

**【煤化工发展服务合作】** 2018年10月10日,山西省经信委联合省发改委、省国资委、省金融办四部门组织召开"山西省金融服务转型项目融资对接会",其中山西沃能化工、潞宝兴海新材料等企业与相关金融机构进行现场签约。12月17日,山西金岩集团金岩精细化工有限公司与西安交通大学软件学院在西安举行战略合作签约仪式,开启双方"企校联合""产学研联合"的序幕,计划在焦—化行业首次打造全智能的人才培养、项目研发、系统建模和产品制造产业链条。

(董晨阳)

**【煤化工转型升级】** 2018年,山西省编制印发《山西省现代煤化工产业发展2018年行动计划》。开展山西省现代煤化工发展决策咨询活动。以重点企业为依托、重大项目为支撑,推动现代煤化工高端示范和传统煤化工优化升级,加大环保治理和资源综合利用。通过传统煤化工与现代煤化工、化工新材料等产业耦合发展,延伸产业链,提升发展水平,拓展产品市场范围,确保企业生产经营稳定,科学可持续发展。整合现有合成气、焦炉煤气、电石炉气等资源,优化工艺流程,联产乙二醇、甲烷气(天然气)等现代煤化工产品;化肥、甲醇、烧碱、PVC等传统煤化工产品向精细化、专用化和系列化发展。结合下游产品市场、技术、原料需求、产品运输等要素,合理选择甲醇、烯烃、芳烃、乙二醇后加工的适宜品种,推进煤基甲醇、烯烃、芳烃后加工产业递进式发展。加大对农药、涂料、染料、炭黑等传统领域的结构调整与优化升级。发展各类助剂、催化剂、添加剂等高附加值精细化工产品和工程塑料、可降解塑料、有机硅、有机氟、特种碳纤维、聚氨酯等化工新材料,逐步从以传统化工产业为主向以现代煤化工和化工新材料为主导转变。

7月16日,省发改委、省商务厅、省经信委和赛迪顾问股份有限公司联合编制完成《山西省制造业十二大领域发展(招商)图谱》,包括节能环保、新材料、现代煤化工、先进装备制造、现代医药及医疗器械、新一代信息技术、大数据、特色轻工等12个产业,推动构建新兴产业快速成长、传统产业更具竞争力的现代产业格局。

(董晨阳)

**【危化品生产环境整顿】** 2018年,山西省成立推进危化品生产企业搬迁改造工作领导小组,加强全省城镇人口密集区危化品生产企业搬迁改造统筹协调工作,并明确要求2018年启动现有城镇人口密集区安全和卫生防护距离不达标的危化品生产企业搬迁改造工作,为期两年。组织对全省419家危险化学品生产企业的安全、环境、卫生条件逐个进行摸底调查和科学评估、论证、复核,确定长治市潞城区潞宝兴海新材料有限公司、忻州市忻府区繁荣富化工有限公司、晋中市介休诚宏福得一化工有限公司、山西三佳化工新材料有限公司、榆社东方红制漆有限公司榆社分公司、吕梁市交城县宏特煤化工有限公司实施搬迁改造,其中1家企业采取异地迁建,4家企业采取就地改造,1家企业实施关闭退出。7月18日,山西省政府第12次省长办公会通过《山西省城镇人口密集区危险化学品生产企业搬迁改造实施方案》并印发;10月18日,制定印发《关于下达城镇人口密集区危险化学品生产企业搬迁改造任务的通知》,要求涉及搬迁企业的县(市、区)人民政府按照"一企一策"原则,制定具体的企业搬迁改造实施方案。截至2018年底,晋中、忻州、吕梁、长治4个市全部出台市级层面的危化品企业搬迁改造实施方案;涉及晋中、吕梁、长治的5家搬迁改造企业所在县(市)完成"一企一策"方案制定;编制忻州1家企业的"一企一策"方案。

(董晨阳)

**【甲醇制芳烃技术获进展】** 2018年,中科院山西煤化所MTA工艺集成具有自主知识产权的甲醇制芳烃及与之匹配的烷基化、烷基转移技术,具有催化剂稳定性长(>20天)、芳烃单程收率高(>30%),二甲苯选择性高(>60%),芳烃产品结构可灵活调节等优点。完成国内首套二段式百吨级甲醇制芳烃中试,各项技术指标

达到国际先进水平。根据项目路线和相应技术指标，百万吨级甲醇制高附加值芳烃项目投资额度约为45亿元，产品年销售收入80亿元，内部收益率为15%。（董晨阳）

【入围中国石油化工500强】2018年，中国石油和化学工业联合会、中国化工企业管理协会共同发布2018中国石油和化工企业500强排行榜。山西有18家企业入围，其排序为：018阳泉煤业化工、080山西潞宝集团、116山西美锦能源、176山西兰花科技、177天脊煤化工、178晋煤金石化、196山西鑫升焦化、211太原化学工业、270山西禹工煤炭气化、281山西焦化、285山西天泽煤化工、358山西榆社化工、360山西通洲煤焦、385山西晋丰煤化工、435山西三维华邦、457山西金象煤化工、469山西永东化工、477南风化工。（编辑部）

## 新材料产业

【概况】2018年，山西省新材料生产企业有104户，主营业务收入1153.70亿元，增长9.50%；实现利润68.60亿元，增长24%。新材料产业工业增加值增速11.40%，总量占全省规上工业增加值比重的1.50%，占全省战略性新兴产业工业增加值比重的15.10%。

围绕新型金属材料、新型化工材料、新型无机非金属材料、前沿新材料四个领域，初步形成较为完整的新材料产业体系，特殊钢深加工、镁合金深加工、煤焦化—烯烃—精细化工产品、粉煤灰、煤矸石等工业废弃物—新型建材等产业链条基本成型。一批新材料产品和技术在国内外具备影响力，不锈钢形成每年430万吨生产能力，规模跃居亚洲最大；煤系高岭土深加工产品年产量达60万吨左右，居国内第一位，成为全球主要产地；钕铁硼永磁材料产量占到全国的1/7；精细化工、化工新型材料综合产能达到100万吨，其中TDI、白乳胶、氯丁橡胶等品种均处于国内领先地位；镁金属合金材料及制品的研发应用居国内前沿水平。（董晨阳）

【金属新材料产业项目推进】2018年，山西省金属新材料产业项目包括太钢年产16万吨取向硅钢等4个项目，总投资50.80亿元。其中，投资28亿元太钢集团年产16万吨高端冷轧取向硅钢项目、投资12.50亿元的大同尚镁科技有限公司每年3万吨镁合金新材料深加工及100万支轮毂项目、投资4.90亿元山西建邦集团铸造有限公司年产50万吨高纯铁新材料技改项目开工建设。（董晨阳）

【化工新材料产业项目推进】2018年，山西省化工新材料产业项目包括潞安集团高硫煤清洁利用油化电热一体化项目技改扩产等6个项目，总投资123亿元。其中，投资22.70亿元的潞安煤基清洁能源公司180万吨/年高硫煤清洁利用油化电热一体化示范项目扩产240万吨/年技改项目推进工程建设；投资36.40亿元的山西沃能化工科技有限公司年产30万吨乙二醇联产LNG项目、投资5亿元的山西潞宝兴海新材料有限公司年产3万吨锦纶6棉型短纤维项目开工建设。（董晨阳）

【无机新材料产业项目推进】2018年，山西省无机非金属材料产业项目包括山西三元碳素有限责任公司年产10万吨超高功率石墨电极项目等3个项目，总投资62.80亿元。其中，投资30亿元的三元碳素公司年产10万吨超高功率石墨电极项目、投资12.8亿元的山西沁新集团新创能源科技有限公司年产2万吨锂电池负极材料项目、投资20亿元的山西尚太锂电科技有限公司年产10万吨锂离子电池负极材料一体化项目开工建设。（董晨阳）

【前沿新材料产业项目推进】2018年，山西省前沿新材料产业项目包括山西平晶光电科技有限公司年产6200毫米蓝宝石晶体项目等4个项目，总投资56.80亿元。其中，投资20亿元的平晶光电公司年产6200毫米蓝宝石晶体项目、投资18.80亿元的华晶恒基新材料有限公司年产4寸蓝宝石单晶片1030万片项目、投资8亿元的山西蓝科途新材料有限公司年产5亿平方米锂电池隔膜项目开工建设。（董晨阳）

## 节能环保产业

【概况】2018年，山西省节能环保产业总体规模壮大，年均增长超过8%；推进50个重大项目建设，征集推广一批重点节能技术，引导用能单位采用先进适用节能技术、产品。

强化统计监测。研究节能环保产业统计指标体系，统一统计口径，对节能环保产业企业生产经营情况进行监测，组织各市及时上报本地区节能环保产业发展状况，注重监测及其成果运用。

结合入企服务常态化等专项行动，对节能环保产业项目实施动态跟踪管理，加快项目建设，引导各市建立项目动态储备库，及时跟踪、及时掌握、适度调整。

加大资本支持。及时发布节能环保企业、产品、装备、技术、项目清单，支持优势节能环保企业利用资本市场筹措发展资金，引导和鼓励社会资本、民间资本和外资投向节能环保产业领域。

创优发展环境。对国家和山西省节能环保和资源综合利用方面的财政补贴和税收优惠等政策进行梳理，确保政策有效落实；发挥政府采购引导作用，将山西省获得认证的节能环保产品优先列入政府采购清单；搭建平台，开展产品、装备、技术、服务对接、洽谈、展示活动，为企业开拓市场创造条件。（经 信）

【重点技术应用推广】2018年，山西省节能环保产业攻克节煤节电、余热余压利用、大气污染防治、固体废物处置和资源化利用、矿山治理与土壤修复等方面的关键共性技术，推进落实国家重点节能低碳技术推广目录，围绕煤炭、电力、冶金、化工、焦化、建材等工业重点领域，出台山西省重点节能技术推广目录。重点推广串联式连续球磨机及球磨工艺、大规格陶瓷薄板生产技术及装备、高效降膜式蒸发设备节能技术、蓄热式电石生产新工艺、热风炉优化控制技术、焦炉上升管荒煤气显热回收利用技术、机床用三相电动机节电器技术、空压机节能驱动一体机技术、烧结余热能量回收驱动技术、干式高炉煤气能量回收透平装置技术、余热锅炉动态补燃技术等20项技术。 （经 信）

【节能环保技术应用】 2018年，山西省节能环保节能技术应用于针对钢铁、电力、有色、焦化、水泥等重点耗能行业，结合山西省行业实际，制定出台高耗能行业能耗领跑者制度实施方案，树立能效标杆，引导重点用能单位对标先进，促进工业能效水平提升。加快推进列入计划的燃煤发电机组超低排放和节能改造，扩大节能环保产品应用市场。推进既有居住建筑供热计量和节能改造。（省住建厅负责）推进甲醇汽车推广应用，指导督促晋中市、长治市总结试点经验，强化基础设施建设，加强对甲醇燃料加注规范作业和安全运营管理，加大甲醇汽车在公共领域的推广应用力度，推广甲醇汽车应用。

（经 信）

【节能环保引领】 2018年，山西省节能环保产业引导产业园区低碳化、绿色化、集约化发展。重点督促指导省综改示范区修改完善实施方案，进一步开展试点工作，创建特色鲜明、示范意义强的低碳工业园区试点。加强工业固废综合利用产业布局的规划引导，以产业集聚集群区为载体，加强工业固废的污染防治和综合利用，重点推进太原高新技术产业园区等一批工业园开展以“资源节约型、环境友好型”为重点的产业共存生态绿色示范园区创建活动，实现动态调整，滚动发展。进一步推进煤矸石、粉煤灰、脱硫石膏综合利用三大产业集群集聚发展。

依托企业节能技术改造、燃煤机组节能改造、重点用能行业能效对标和重点用能单位能耗在线监测系统建设，引导技术咨询、节能评估、能源审计、“节能医生”诊断等服务业态发展。发挥相关行业协会的平台作用，鼓励用能单位与节能服务企业就技术、装备、产品进行对接。 （经 信）

## 医药工业

【概况】 2018年，山西省医药产业规模以上企业89户，累计完成主营业务收入204.70亿元，同比增长16.60%；实现利润20.20亿元，同比增长1%；实现利税34.60亿元，同比增长7.10%。

全省有医药工业企业130余户，涵盖化学原料药、化学制剂、中成药、生物制品、卫生材料和医疗器械等领域，现取得GMP证书174张，共有药品生产批号6945个（其中化药4801个、中药2126个、生物制品18个）。建成国家级企业技术中心1家、省级企业技术中心26家。现代医药产业作为山西省委山西省政府确定的九大战略性新兴产业之一，初步形成集研发、制造、物流于一体，门类较为齐全的产业体系。晋北原料药及制剂、晋中中成药、晋南新特药三大产业基地，规模占全省医药工业总量的80%以上，集聚区逐步实现规模化发展。 （董晨阳）

【行业扶持】 2018年，山西省医药产业组织召开医药工业重点项目座谈会，开展医药企业基本情况摸底工作，完成行业运行分析和“十三五”规划中期评估，制定出台《山西省生物医药产业集群发展推进计划》和《山西省医药工业2018年行动计划》。

扶持推进山西华元医药生物技术有限公司“新建中药现代化医药产业基地口服固体制剂建设项目”、山西同济药业有限公司“年产2000吨甲硝唑原料药生产线建设项目”、山西君德医疗器械现代仓储中心有限公司“山西君德医疗器械现代仓储中心项目”等29个重点投资项目，累计支持资金9428万元。 （董晨阳）

## 建材工业

【概况】 2018年，山西省规模以上建材企业425户，实现利润30.80亿元（占全省比重2.30%），总资产770.30亿元（占全省比重2%），总负债597.80亿元（占全省比重2.20%），资产负债率77.60%，从业人员7.30万人（占全省比重3.90%）；亏损企业136户，亏损面32%，亏损企业亏损额7.20亿元（占全省比重2.20%）。水泥产量4127.26万吨，同比增长15.70%；平板玻璃2121.70万重量箱，同比增长7%。

截至2018年底，山西省水泥熟料产能6000万吨、折合水泥产能7800万吨。全省水泥企业188户（包括停产和在建企业），其中有熟料生产线企业75户、粉磨站和配制站113户，有生产许可证企业133户（其中熟料企业55户）。 （董晨阳）

【供给侧结构改革】 2018年，山西省推进建材产业去产能工作，巩固去产能成果。严禁新增水泥熟料和平板玻璃产能，管住新增产能入口，为行业供给侧改革提供缓冲期。严格执行水泥熟料产能出让只能出省，不能进省的规定，对两家企业产能出让予以公告。加强对行业企业动态情况的跟踪，利用水泥生产许可、矿山开采许可、项目备案信息等行政记录信息，强化综合执法去产能手段。与省生态环境厅做好衔接汇报，组织落实好全省建材行业夏季和秋冬季错峰生产工作。

在水泥行业推广高效粉磨、高能效烧成、大型高效袋式除尘等新技术，推广先进适用智能制造技术并开展试点示范，推动水泥工业技术进步。继续开展水泥质量保障能力提升行动，以《水泥生产企业质量管理规程》宣贯落实及水泥生产企业标准化化验室建设与管理为突破，推动行业质量管理保障能力的提升，推动水泥行业全面实施排污许可，严格执行通用硅酸盐水泥新标准和水泥玻璃产能减量置换办法，严打水泥无证生产。

推进山西省建材新兴产业发展，培育建材新兴产业领军企业，发展建材工业循环经济及生态绿色产业链，实现绿色发展。推广水泥窑协同处置技术应用。引导企业开展水泥石灰石露天矿山生态修复，科学合理引导企业建设绿色矿山，使建材产业向科技环保产业发展。鼓励建材企业建设绿色工厂、绿色矿山。（董晨阳）

**【水泥行业管理】** 2018年，山西省建材协会通报全省水泥行业违法违规专项检查情况和2018年水泥熟料企业夏季错峰生产工作情况。召开全省水泥工业绿色发展与产品质量品牌提升专题活动暨广灵金隅水泥绿色智能化工厂建设及产品质量品牌提升工作现场推进会。会议要求进一步加强山西省水泥工业绿色发展及提升质量保证能力，提高制造业绿色改造升级，推进绿色制造能力，落实《水泥生产企业质量管理规程》，建立标准化化验室，夯实质量技术基础，推动水泥工业实现高质量发展。

水泥错峰生产。2018年6月26日，山西省经信委环保厅为建材协会制定《2018年水泥熟料企业夏季错峰生产的实施方案》，水泥熟料企业夏季停窑20天。控制水泥熟料总量，缓解产能严重过剩的矛盾，市场供需状况保持平稳，节能减排与减轻大气污染，保证行业经济效益稳步增长，推动水泥熟料企业夏季错峰生产工作。在秋冬季大气污染综合治理攻坚行动、冬春季水泥企业错峰生产等工作期间，安排2018–2019年冬春季水泥企业错峰生产停窑时间，水泥熟料企业停窑5个月。全省减少水泥熟料产量390.90万吨，减少燃煤消耗45万吨（折标煤），减少二氧化碳排放1690万吨，减少二氧化硫排放600吨，减少氮氢化合物排放21700吨，减少粉尘排放3600吨，减少熟料库存约400万吨，减少企业流动资金占用约6亿元。错峰生产达到预期目标。

开展水泥行业违法违规专项检查。2018年，省建材行办、省建材协会、各市县经信部门及行业专家组成两个检查组，对省内74户带水泥熟料企业（其中只有生产熟料的企业5户）和111户水泥粉磨站（含配制厂），按照建设项目核准备案、环境保护、工艺技术、质量管理及有水泥熟料企业配套矿山等重点进行现场核查。

推进水泥企业质量管理。8月17日，山西省水泥工业绿色发展与产品质量提升专项活动在太原启动。该活动由省建材行业办、建材工业协会主办，山西省建筑材料质量检验测试中心承办。（董晨阳）

## 国防科技工业

**【概况】** 2018年，山西省国防科技工业推动军民融合深度发展，优化国防科技工业产业结构，壮大军工和民爆经济实力，发展国防科技工业。全省军工系统营业收入增长9.64%，利润增长57.34%，职工年收入增长12.13%。民爆行业销售收入增长22.06%，利润增长153%，生产总量位居全国第二。山西省国防科工办与中国银行山西省分行开展战略合作。

民爆行业生产经营实现快速增长，实现工业生产总值27.26亿元，同比增长24.11%；销售总值27.16亿元，同比增长24.06%；生产工业炸药42.69万吨，同比增长22.32%；销售42.76万吨，同比增长22.14%；生产现场混装炸药24.31万吨，同比增长25.92%。生产工业雷管10622万发，销售10417万发，同比分别增长9.21%和9.67%；实现利润4.45亿元，同比增长153%。

产品产能结构优化。全省民爆企业共撤销生产点2个，拆除、关闭低水平工业包装炸药生产线7条。新建地面站3个，扩能改造地面站3个。减少工业包装炸药产能3.10万吨，通过产能置换增加现场混装炸药产能4.90万吨。全省民爆企业现场混装炸药占工业炸药比重达到56.94%，工业炸药和工业雷管生产总量分别占总产能75.52%和36.93%，高于全国平均水平。所有露天开采矿山均实现现场混装车“一体化”爆破作业模式。推动技术进步，全省4家企业对工业雷管生产线技术改造，改进抗爆间室门机安全连锁措施，提升生产线钢板防护间防殉爆能力。全省民爆企业13条工业炸药生产线和1个库房启动安全技术升级改造。山西宸润隆科技公司新型数码电子雷管及起爆系统科研项目在工信部立项。江兴民爆器材有限公司新型起爆具和山西惠丰特种汽车有限公司JTRH–18型静态乳化装置及工艺技术、末端敏化装置及工艺技术、BCLH型现场混装粒状铵油炸药车及工艺技术等4项科研成果通过国家工信部的科技成果鉴定。其中，江兴民爆器材有限公司新型起爆具达到“国内首创、国际先进”，山西惠丰特种汽车有限公司3项科研成果均达到国内先进水平。

（赵登斌）

**【武器装备科研生产】** 2018年，山西省国防科技工业围绕军品重点型号、重点项目和重要节点，加强军品科研生产要素保障，解决中信机电制造公司、晋西江阳化工有限公司、北方自动控制技术研究所、中北大学等29个单位要素保障和产品配套问题，保障军品科研生产和重点型号任务完成。中信机电制造公司的蝎形排爆扫雷机器人参加全国“跨越2018陆上无人系统挑战赛”，获第一名。中国辐射防护研究院完成“嫦娥四号”发射现场核应急任务。实施领导干部入企服务和领导干部联系民营企业活动，主动对接，协调解决影响制约企业发展问题。军工项目建设推进，全省军工科研和生产能力改善。创新驱动，国防科技创新成果丰硕。全省军工年研发投入22.34亿元。汾西重工有限公司“退役动力电池梯次利用和再生利用技术”、中国电科集团第二研究所“超高纯碳化硅粉料制备关键装备及工艺技术”列入全省科技重大专项。获国家科学技术进步奖一等奖2项，军队奖1项，集团奖75项，国防科学技术奖31项。其中，国防科学技术进步特等奖2项，一等奖5项，国防技术发明一等奖1项。组织评选2018年度全省国防科技工业创新奖29项，拥有有效发明专利数1026件，全国排名第10位。开展“五小”竞赛，参加活动职工4.50万人次，汇集成果13924项，创造效益2.13亿元，申报专利299项。（赵登斌）

【军工安全监管】 2018年，山西省国防科技工业局将隶属关系不在省国防科工局但生产经营场所在山西的4个中央军工单位纳入安全监管范围，做到监管全覆盖。落实企业全员安全生产责任制。完善安全风险管控清单和隐患排查治理台账，构建底数可查、来源可溯、流向可循、责任可究的危化品全链条可追溯体系。加大安全投入，推动企业技术改造，争取国家危险场所专项改造资金1.80亿元。开展安全大检查活动，强化军工和民爆隐患排查整改，拉紧安全生产高压线，全年军工系统未发生重伤以上安全生产事故，民爆行业连续11年无安全生产事故，完成山西省政府下达的安全生产控制指标和工作目标。

各级党委强化维护信访工作协调解决。落实安全保密责任落实，加强定密管理，强化保密体系建设，加强保密日常监督管理，组织保密专家对全省军工单位保密交叉检查，组织开展22家企业保密认定复查工作，对41家重点企业反间谍培训，组织开展军工、民爆单位枪爆物品和易制爆危化品管控排查，夯实保密保卫基础，全年未发生失泄密案件和邪教人员滋扰破坏等事件。（赵登斌）

【国防科技工业职工职业技能大赛】 2018年5月29日，中国技能大赛——山西省国防科技工业职工职业技能大赛决赛，由山西省国防科学技术工业办公室、山西省人力资源和社会保障厅、山西省总工会联合举办。比赛设加工中心操作工（四轴）、焊工、车工、钳工、数控机床装调维修工、钣金工、行车工等10个比赛工种，分别在太原、长治、侯马3个赛区进行，来自国防系统各企事业单位的24支代表队共计400余名选手参加决赛。经过角逐产生各工种比赛的66名获奖者。（赵登斌）

## 轻工业

【概况】 2018年，山西省轻工业规模以上企业73户，累计完成主营业务收入117.80亿元，同比下降0.10%；累计实现利润总额5亿元，同比下降6.40%。主要产品产量及主营业务收入：机制纸及纸板46.10万吨，合成洗涤剂6.60万吨，皮革、毛皮制品1.20亿元，家具制造业1.70亿元，文教、工美制造业8.30亿元。

2018年，山西省轻工业办完成行业运行分析和“十三五”规划中期评估，以及各类项目的申报、咨询和服务工作；会同省人社厅、省城联社开展山西省轻工行业先进劳动模范评选工作；开展国家级工艺美术大师评审推荐工作，薛晓东获中国工艺美术大师称号。平定砂器制作技艺列入《第一批国家传统工艺振兴目录》。5月7日，金晖兆隆高新科技股份有限公司代表山西塑料行业参展2018美国国际塑料橡胶展览会（NPE）。11月9日至10日，金晖兆隆公司获2017绿色生产与消费国际交流会“绿色设计国际大奖”“光华龙腾奖·绿色设计先锋团队”奖，入选首批“绿色环保产品领跑榜”。山西大华玻璃实业有限公司、山西宏艺玻璃有限公司入选中国轻工业日用玻璃行业（日用玻璃制品）十强企业；山西杏花村汾酒厂股份有限公司入选中国轻工业酿酒行业十强企业；山西中德塑钢型材有限责任公司、山西惠丰型材有限公司入选中国轻工业塑料行业（塑料异型材）十强企业；金晖兆隆高科技股份有限公司入选中国轻工业塑料行业（降解塑料）十强企业；山西澳瑞特健康产业股份有限公司入选中国轻工业健身器材行业十强企业。（董晨阳）

【玻璃及陶瓷工业】 2018年，山西省内设立在祁县的国家玻璃器皿产品质量监督检验中心通过国家质检总局评估，质量监督检验中心达到国内先进水平。大华玻璃实业有限公司起草制定“玻璃器皿高脚杯”“玻璃器皿杂件”“玻璃器皿原料”三大技术标准，首先实现玻璃器皿电熔炉生产，研发激光炸口机、自动磨边机、浮雕刻花机、刻线机、自动烘边机等22款国内首台（套）智能制造装备。

2018年，山西省扶持推进应县优尊陶瓷有限责任公司“技改扩建年产3400万件新骨瓷锂瓷技术改造升级项目”、临猗县力达纸业有限公司“年产10万吨高档生活用纸升级技改项目”等共7个重点投资项目，累计支持资金3244万元。

4月17日至20日，“2018山西·朔州陶瓷产品进出口交易会”在朔州应县举办，其间安排陶瓷产品展销、投资项目洽谈等活动。10月11日至12日，祁县举办首届中国玻璃器皿博览交易会。（董晨阳）

【塑料产品标准】 2018年1月26日，国家标准化管理委员会依法备案地方标准。标准编号：DB14/T 1461-2017，标准名称：食品用塑料包装桶（壶），由山西省质量技术监督局2017年11月20日批准。该标准规定食品用塑料包装桶（壶）的产品结构、要求、试验方法、检验规则、标志、包装、运输、贮存，适用于以聚乙烯（PE）为主要原料，采用吹塑工艺成型，容量在20L（包括20L）以下的食品包装用桶（壶），不适用热灌装类、碳酸饮料类产品的包装。该标准的制定为生产企业提供可依据的产品质量标准，解决省内生产的食品用塑料包装桶（壶）存在标准不一致、技术指标参差不齐等标准问题，规范企业生产，填补此类产品在山西的空白。（董晨阳）

**【食品工业发展】** 2018年，山西省食品工业保持稳定发展。规模以上食品工业企业有300家，完成主营业务收入579.70亿元，利润总额38.90亿元，利税总额105.50亿元。（与工信厅提供相偏差，核对统计年鉴。规模以上企业299户，累计完成主营业务收入536.40亿元，同比下降7.20%；实现利润总额35.50亿元，同比增长28.60%。）

农副食品加工业。2018年，全省规模以上企业159户，实现主营业务收入219.60亿元，同比下降4.20%；利润总额3.30亿元，同比下降5.70%；利税总额3.60亿元，同比下降7.70%。其中，淀粉及淀粉制品制造主营业务收入6.70亿元，同比增长123.30%；肉制品加工完成主营业务收入同比下降8.90%，利润总额同比下降55.60%；食用植物油加工和食用菌加工业务下降明显，主营业务收入分别较同期下降95.50%和50%。

食品制造业。2018年，全省78家规模以上企业，实现主营业务收入113.70亿元，同比下降2.20%；利润总额7.90亿元，同比持平；利税总额10.30亿元，同比增长3%。

罐头食品制造发展明显回落，完成主营业务收入16.60亿元，同比下降14%；发酵制品制造和保健食品制造下降尤为明显，主营业务收入均同比下降50%。

酒、饮料和精制茶制造业。2018年，全省实现主营业务收入203.10亿元，同比下降12.70%；利润总额24.30亿元，同比增长50%；利税总额64.10亿元，同比增长41.50%。其中，白酒制造业总体发展平稳，累计完成主营业务收入150.50亿元，同比下降13.70%，利润总额同比增长75.20%，利税总额同比增长54%。在饮料制造中，果蔬汁饮料制造规模企业27家，主营业务收入较同期下降15.20%，利润总额同比下降45.50%。

（董晨阳　黄永建　王　彬）

**【食品行业调研扶持】** 2018年，山西省开展食品行业企业调研，组织编写、制定分行业能耗限额地方标准，协助企业制定相关企业标准，举办中国（山西）酒饮食品产业交易博览会、中国（山西）食品餐饮旅游博览会暨面食文化节等活动，完成《山西省食品产业发展现状及监管研究报告》，开展包装食品标签及相关法律法规培训、食品安全责任险公益培训等培训活动。

扶持推进山西老传统酒业有限公司“年产5000吨配制酒改扩建项目”、山西娃哈哈食品有限公司“八宝粥生产线技术改造项目”、朔州市朔煤古城食品有限公司“年产5万吨燕麦及小杂粮深加工”项目、今麦郎饮品（晋中）有限公司“81000瓶/小时软化纯净水生产线技改项目”等11个重点投资项目，累计支持资金4785万元。5月25日，北京燕京啤酒（晋中）有限公司再次通过山西省食品工业研究所开展的山西省食品诚信体系认证。（董晨阳）

**【食品餐饮旅游博览会】** 2018年1月6日，举办山西进口葡萄酒博览会；5月30日，省经信委发布《山西省食品工业2018年行动计划》；8月24日，举办2018中国山西食品餐饮博览会；8月31日至9月2日，第13届中国（山西）酒饮食品产业博览会在太原煤炭博物馆举行；9月19日，举办第二届世界酒文化博览会；11月1日，举办山西（运城）国际果品交易博览会。（黄永建　王　彬）

**【“六味斋杯”食品品牌评选活动】** 2018年4月至6月，山西省食品工业协会主办2018“六味斋杯”消费者喜爱的山西食品品牌评选活动。全省114家食品企业报名或推荐参与。蓝顿旭美食品有限公司、山西天赐绿珍农业科技有限公司、山西厦普赛尔食品饮料股份有限公司、山西古城乳业集团有限公司、山西海玉园食品有限公司、山西省平遥牛肉集团有限公司、山西尧都泉酿造有限公司、山西金绛食品有限公司、山西九牛牧业股份有限公司、太原六味斋实业有限公司、大同市华建油脂有限责任公司、山西源源醋业有限公司、山西塞北红食品有限公司、晋城市古陵山食品有限公司、山西智康食品有限公司、平遥步升牛肉有限公司、太原酒厂有限责任公司、山西晋保汇农业科技有限责任公司、山西五台山天域农业开发有限公司、吕梁野山坡食品有限责任公司共20家公司获奖。

（黄永建　王　彬）

**【烟草制造业】** 完成主营业务收入43.20亿元，同比增长3.60%；利润总额3.60亿元，同比增长4.30%；利税总额27.60亿元，同比增长2.20%。

（董晨阳　黄永建　王　彬）

## 2018 年山西省分地区食品工业主要效益指标表

| 地区 | 企业数(家) | 主营业务收入 | | 利润总额 | | 利税总额 | |
|---|---|---|---|---|---|---|---|
| | | 总量(亿元) | 增减% | 总量(亿元) | 增减% | 总量(亿元) | 增减% |
| 山西 | 300 | 579.70 | −6.50 | 38.90 | 22.30 | 105.50 | 22.70 |
| 太原 | 34 | 108.80 | 1.20 | 7.60 | −16.50 | 34.10 | 0.30 |
| 大同 | 20 | 10.20 | −27.10 | 0.50 | 150 | 0.60 | 0 |
| 阳泉 | 4 | 2.30 | 21.10 | 0 | 0 | 0 | 0 |
| 长治 | 25 | 46.90 | 5.40 | −0.20 | −112.50 | 0.20 | −89.50 |
| 晋城 | 25 | 13.30 | 18.80 | 0.40 | 100 | 0.10 | −50 |
| 朔州 | 17 | 15.90 | −12.60 | 0.50 | −50 | 1.10 | −26.70 |
| 晋中 | 48 | 76.70 | 2.50 | 1.30 | −35 | 3.40 | −17.10 |
| 运城 | 55 | 49.40 | −29.40 | 2 | −31 | 2.70 | −25 |
| 忻州 | 22 | 9.10 | 5.80 | 0.50 | 0 | 0.80 | 0 |
| 临汾 | 13 | 9.40 | −9.60 | −0.10 | 0 | 0 | 0 |
| 吕梁 | 50 | 237.70 | −8.20 | 26.30 | 81.40 | 62.30 | 58.10 |

## 2018 年山西省限额以上食品加工业商品零售额及其增长速度统计表

单位:亿元

| 指 标 | 绝对数 | 比上年增长(%) |
|---|---|---|
| 粮油、食品类 | 208.30 | 1.30 |
| 饮料类 | 25.70 | 2.20 |
| 烟酒类 | 82.10 | 12.80 |

## 2018年山西省食品工业主要产品产量及其增长速度情况表

| 产品名称 | 计量单位 | 总产量 | 同比增长(%) |
|---|---|---|---|
| 粮 食 | 万吨 | 1380.40 | 1.90 |
| 其中:玉 米 | 万吨 | 981.60 | 0.40 |
| 小 麦 | 万吨 | 228.60 | −1.60 |
| 谷 子 | 万吨 | 47.30 | 13.70 |
| 豆 类 | 万吨 | 35.60 | 25.80 |
| 薯 类(折粮) | 万吨 | 51.60 | 10.30 |
| 油 料 | 万吨 | 15.50 | 2.80 |
| 蔬菜及食用菌 | 万吨 | 821.90 | 1.90 |
| 水 果 | 万吨 | 750.50 | −11.10 |
| 其中:瓜果类 | 万吨 | 53 | 13.90 |
| 园林水果 | 万吨 | 697.60 | −12.50 |
| 食用坚果 | 万吨 | 12.50 | −41.60 |
| 其中:核 桃 | 万吨 | 12 | −42.10 |
| 精制食用植物油 | 万吨 | 1.90 | −300 |
| 鲜、冷藏肉 | 万吨 | 68.10 | −3.90 |
| 其中:猪 肉 | 万吨 | 62.50 | −0.30 |
| 牛 肉 | 万吨 | 6.50 | 10 |
| 羊 肉 | 万吨 | 8.10 | −5 |
| 禽、蛋 | 万吨 | 102.60 | 0.70 |
| 水产品 | 万吨 | 4.80 | −9.90 |
| 方便面 | 万吨 | 1.90 | −23.60 |
| 小麦粉 | 万吨 | 9.20 | −32.10 |
| 乳制品 | 万吨 | 45.80 | −12 |
| 液体乳 | 万吨 | 45.20 | −3.70 |
| 罐 头 | 万吨 | 1 | 5 |
| 糖 果 | 万吨 | 0.32 | 0 |
| 白 酒(折65度商品量) | 万万升 | 1.67 | 17.70 |
| 啤 酒 | 万万升 | 1.76 | −49.20 |
| 饮料酒 | 万万升 | 3.53 | −22.40 |
| 软饮料 | 万吨 | 106.90 | −16 |
| 其中:碳酸饮料类 | 万吨 | 18.20 | 7.10 |
| 包装饮用水 | 万吨 | 32.60 | 14 |
| 果汁和蔬菜汁饮料 | 万吨 | 18.30 | −53.50 |

【纺织工业发展】 2018年，山西省纺织工业坚持结构调整和产业升级，行业规模持续增长，创新能力不断增强，产业结构有所优化，行业整体获得稳步发展，但在市场竞争激烈、产业结构不合理、劳动力成本上升等多重因素的制约下，行业整体呈持续低迷态势，各项主要经济指标不同程度下滑。完成纺织行业“十三五”规划中期评估报告。发挥各行业协会桥梁纽带作用，维护行业利益。纺织服装行业9人获“五小”竞赛活动总结表彰大会表彰。山西彩佳印染有限公司“低碱低温连续前处理工艺”项目“一种棉织物双氧水快速连续冷堆练漂方法”获中国纺织行业专利奖金奖。

2018年，全省纺织工业增加值同比下降12.90%，全省纺织工业规模以上企业41户，累计完成主营业务收入41.30亿元，同比下降19%；实现利润总额1.20亿元，同比下降25%。

（董晨阳）

【纺织印染项目扶持】 2018年，山西省纺织工业扶持推进山西绿洲纺织有限责任公司大麻纺织生产线技术改造项目、绿洲大麻纺织智能化生产线项目一期和山西彩佳印染有限公司，年产5000万米高科技服装面料及年染纱3000吨生产线建设项目(一期工程)3个重点投资项目，累计支持资金1517万元。 （董晨阳）

【纺织工业“巧媳妇”工程人才建设】 2018年5月、10月，山西省服装协会应左权宏远职业技术学校邀请，先后组织专业教师对近200名妇女开展服装缝纫技能培训。7月，左权三星制衣有限公司在左权县拐儿镇拐儿村开展实施“巧媳妇”工程，解决贫困户就业65人。12月24日，公司新厂区被左权县扶贫办命名为“左权县扶贫实训基地三号工厂”，解决贫困搬迁户就业80多人。12月底，由山西瑞拓制衣有限公司帮扶的平遥县杜家庄乡东凤落村“巧媳妇”项目工程竣工，安置近70名妇女就业。

9月15日，山西绿洲纺织有限责任公司同太原理工大学签署人才培养协议，每年选送10名非纺织专业本科生，参加为期2年的纺织专业理论知识脱产学习，为公司发展储备人才。 （董晨阳）

## 中小工业企业

【概况】 2018年，山西省中小企业出台措施，推动全省中小企业高质量创新转型发展。中小企业(法人单位)户数达31.01万户，比上年净增5.45万户，同比增长17.41%；从业人数达449.73万人，比上年净增28.75万人，同比增长6.83%；完成营业收入27929.56亿元，同比增长7.38%；上缴税金达1055.84亿元，同比增长9.90%。全省规模以上中小工业企业3632户，比上年净增273户；从业人员81.60万人，同比增长0.10%。

（许 罡）

【中小企业发展政策环境】 2018年，山西省中小企业完善政策支持体系。立足全省创新驱动、转型升级大局，结合贯彻新《中小企业促进法》、结合国发42号文件精神、结合省委明确的三大目标、结合中小企业创新转型这一中心任务，研究制定“小升规”企业培育、“专精特新”企业培育、企业规范化股份制改造等重点工作的专项配套措施、工作规划和实施方案。制定出台《关于进一步促进小微工业企业上规升级的意见》，并举行新闻发布会，对政策措施进行发布和解读。提出立法建议。新的《中华人民共和国中小企业促进法》于9月1日颁布后，及时向山西省政府法制办、山西省政府办公厅秘书五处及省人大财经委提出修订山西省《实施〈中华人民共和国中小企业促进法〉办法》，并列入5年立法计划的建议。

（许 罡）

【中小企业生产经营】 2018年，山西省中小企业经济运行呈现持续稳中趋缓态势，主要经济指标继续保持增长。实现主营业务收入8963.50亿元，同比增长12.10%；主营业务成本7269.90亿元，同比增长10.60%；利润总额538.60亿元，同比增长35%；产成品存货418.20亿元，同比增长12.80%；应收账款1469.60亿元，同比增长14.90%，增速在全国排第9位。

按对外交流来看，2018年，山西省推动中小企业对外交流合作。为落实国发42号文件精神，推动山西省中小企业产业集群国际合作，加快融入“一带一路”发展战略，建设“一带一路”中小企业产业集群中外合作区。指导祁县、定襄县筹建“一带一路”中小企业产业集群中外合作区，同工信部中小企业局对接沟通，结合对接情况与全省实际，确定重点支持祁县创建合作区，完成建设方案。

帮助企业宣传形象。支持中小企业开展对外交流合作，组织中小企业参加国内大型展览展销活动，进行产品推介，开展合作洽谈，并给予展位费、布展费等补助。组织装备制造、食品医药、新能源新材料及“专精特新”等70余家企业、近200种产品参加APEC技展会，签约和达成合作意向金额共计2.312亿元。2018年10月，组织全省46家优秀中小企业、民营企业共175种“专精特新”和“区域优势品牌”产品参加第十五届中国国际中小企业博览会，进行产品推介，开展合作洽谈，达成多个合作意向，涉及金额5664.13万元。

从重点监测企业看:2018年12月，全省共计有1883家中小企业进入重点监测范围，其中：工业1301家，农林牧渔业123家，建筑业75家，第三产业384家。从企业规模上来看，中型企业有268家，占14.23%；小型企业1139家，占60.49%；微型企业476家，占25.28%。

2018年12月，重点监测的中小企业实现营业收入1803.33亿元，同比增长18.95%；营业成本1522.77亿元，同比增长26.71%；利润总额111.32亿元，同比增长352.78%；应收账款

224.68 亿元，同比增长 9.09%；应缴税金 36.93 亿元，同比下降 2.67%；从业人员 24.14 万人，同比增长 9.06%。

2018 年，全省重点监测的 1301 户中小工业企业中，采矿业实现营业收入 264.39 亿元，同比增长 19.78%；制造业实现营业收入 1188.78 亿元，同比增长 36.02%。其中，农副食品加工业实现营业收入 70.86 亿元，同比下降 2.31%；食品制造业实现营业收入 57.25 亿元，同比增长 1.78%；石油加工、炼焦和核燃料加工业实现营业收入 213.60 亿元，同比增长 29.60%；化学原料和化学制品制造业实现营业收入 70.73 亿元，同比增长 19.59%；医药制造业实现营业收入 58.94 亿元，同比增长 45.76%；非金属矿物制品业实现营业收入 236.25 亿元，同比增长 150.29%；黑色金属冶炼和压延加工业实现营业收入 78.72 亿元，同比增长 22.50%；计算机、通信和其他电子设备业实现营业收入 12.77 亿元，同比下降 4.85%；设备制造业实现营业收入 106.16 亿元，同比增长 11.54%；其他制造业实现营业收入 283.50 亿元，同比增长 32.75%。

从产业集群来看，2018 年，全省重点监测的特色产业集群 22 个，涉及企业 1752 户，其中 1117 户开工，总开工率为 58.51%。

开工率在 80%以上的产业集群有 9 个，分别是大同医药、定襄法兰、汾阳白酒、怀仁陶瓷、稷山纸包装、清徐醋业、屯留农副产品、闻喜金属镁和榆次纺机；开工率在 50%–80%的产业集群有 6 个，分别是侯马装备制造、交城铸造机加工、太谷玛钢、泽州铸造、万荣添加剂、原平皮带机；开工率不足 50%的产业集群有 7 个，分别是大同县活性炭、平遥铸造、祁县玻璃器皿、山阴乳制品、阳城陶瓷、阳泉耐火材料、榆次液压。

22 个产业集群全年实现营业收入 415.72 亿元，同比增长 3.77%。全年营业收入同比增长速度为正的产业集群有 15 个，分别是大同县活性炭、大同医药、定襄法兰、汾阳白酒、怀仁陶瓷、稷山纸包装、平遥铸造、清徐醋业、泽州铸造、屯留农副产品、万荣添加剂、闻喜金属镁、阳泉耐火材料、榆次液压和原平皮带机。其中，大同医药、汾阳白酒、平遥铸造、屯留农副产品、闻喜金属镁、阳泉耐火和榆次液压 7 个产业集群增速达两位数。全年营业收入增长速度为负的产业集群有 7 个，分别是侯马装备制造、交城铸造机加工、祁县玻璃器皿、山阴乳制品、太谷玛钢、阳城陶瓷和榆次纺机。其中，交城铸造机加工、祁县玻璃器皿、山阴乳制品和阳城陶瓷 4 个产业集群，同比降幅达两位数。

（许　罡）

**【中小企业“专精特新”】** 2018 年，山西省培育“专精特新”中小企业。制定出台《2018 年及未来五年“专精特新”中小企业培育工程工作规划》和《“专精特新”中小企业培育工程实施方案》，建立“专精特新”中小企业培育库，搭建“专精特新”中小企业展示平台，完善评审标准和办法，组织 2018 年省级中小企业发展专项资金“专精特新”中小企业项目申报工作，在市县推荐、专家组评审的基础上，新认定“专精特新”中小企业 216 户，安排资金 4320 万元，对筛选确定的“专精特新”中小企业给予重点支持。截至 2018 年底，全省“专精特新”中小企业累计达 408 户，培育一批具有竞争力的“小巨人”企业。

按照高质量发展的要求，把“专精特新”中小企业培育确定为一项长期性工作，重点通过加强整体规划、加强素质提升、加强宣传推介、加强资金扶持、加强融资服务、加强技术创新（“六个加强”），强化“专精特新”中小企业培育，牵引带动全省中小企业加快创业创新、转型升级步伐。

（许　罡）

**【中小企业培育】** 2018 年，山西省中小企业推进小微企业创办。依托全省 375 个小微企业服务站，开展创业培训和创业辅导，1 月至 9 月，全省新培育小微企业 9.1 万户，新创办小微企业 5 万户，超额完成年度目标任务。联合省科技厅、省金融办等部门举办 5 期“创享行”双创沙龙活动，在项目推荐、资金支持、贴息贷款和基金跟投等方面对创业路演项目进行支持。“创享行”双创沙龙活动成功举办 16 期，40 个优秀企业和项目共获得 243 万元资金奖励。6 月 14 日，对山西转型综改示范区管委会奖励 500 万元用于支持一批优秀的初创小微企业项目。联合 8 个省直部门举办 2018 “创客中国”山西创新创业大赛。

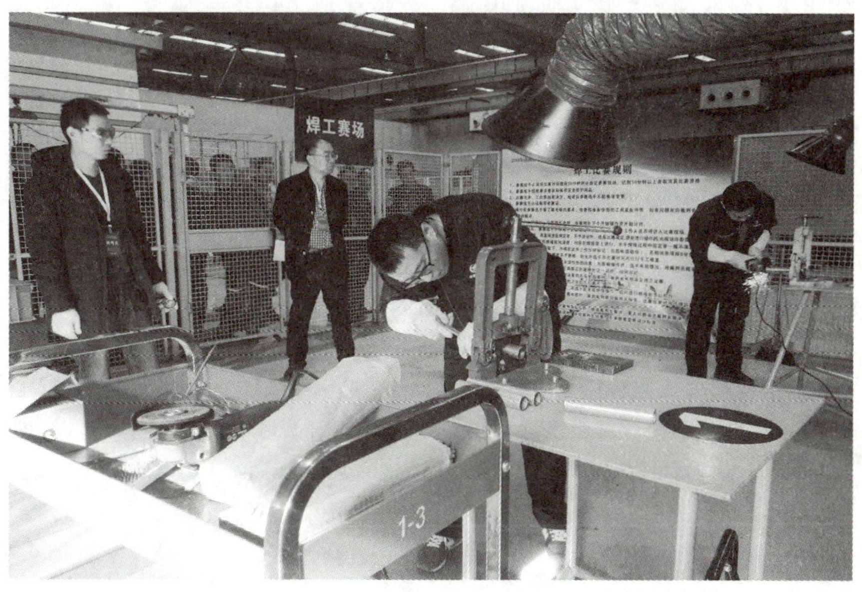


2018 年 11 月 24 日，山西省中小企业局联合省转型综改试验区举办 2018 年山西省中小企业双创工匠型专业技能大赛
（省中小企业局供图）

开展“四新”中小企业评价工作。组织山西省中小企业发展促进会开展2018年山西省“四新”中小企业评价工作，引导全省中小企业发展新技术、新产品、新业态、新模式（简称“四新”），共262户中小企业获评2018年“四新”中小企业。

推进“双创”基地建设。新公告10家省级小微企业双创示范基地，新认定23家省级小微企业双创基地，全省省级小微企业双创基地达到146个，省级示范基地10个，国家级示范基地5个，厂房面积3827万平方米，入驻企业5678户，吸纳就业13万余人。推进双创示范县建设。确定11个双创示范县（市、区），安排专项资金1.5亿元进行支持，实现双创示范县市域全覆盖。

引导中小企业做大做强。研究出台专项支持政策，提出16条专项支持“小升规”的政策措施。开展常态化帮扶指导，加大调研摸排力度，摸清企业底数，完善“小升规”企业基础库和培育库建设，强化跟踪监测与常态化帮扶指导，定期深入企业宣传解读政策，及时帮助企业解决困难和问题。全省进入“小升规”企业培育库的中小企业共430户，向统计部门申报待审核的357户。

实施“3个1”人才培训工程。组织中小企业董事长培训4期300人、总经理培训11期1100人、专业技能人才培训30期4000人。举办2期中小企业大讲堂，先后组织全省300多名企业家及企业高管人员参加，提升企业家素质。开展境外培训，在以色列组织全省民营企业、中小企业优秀董事长双创高级研修班，近30名企业家参加。（许　罡）

**【中小企业服务体系建设】** 2018年，山西省推进服务平台网络建设。构建“1+11+ 24”（1个省级枢纽平台、11个市级综合服务窗口平台、24个产业服务窗口平台）平台网络体系，基本形成互联互通、资源共享、服务协同的中小企业公共服务平台网络。截至2018年底，省级枢纽平台共入驻中小企业11861户，发布服务需求685项；入驻服务机构达1083家，发布服务项目1915项、服务活动1952条，线上线下对接服务35623条，发送短信241854条。

培育公共示范平台。向国家工信部推荐太原清控创新基地为国家级示范平台，新认定9家省级中小企业公共服务示范平台，支持示范平台开展中小微企业公共服务活动。6月27日，在太原清控创新基地举办“第一届全省中小企业服务对接活动”。

（许　罡）

**【中小企业融资模式创新】** 2018年，山西省中小企业开展客户推荐。因地制宜搭建新型融资平台，实施客户推介制、共同考察制、项目对接制、信息反馈制，截至9月底，全省各级中小企业管理部门累计向属地金融机构推荐客户1335户。

加大信贷支持力度。实施银行小微企业贷款风险补偿政策，鼓励银行业金融机构加大对小微企业的信贷支持力度。2018年，扩大小微企业信贷风险补偿金规模，将小型微型企业贷款风险补偿资金自1000万元扩大至2000万元。

加强担保体系建设。筹措资金对开展中小微企业融资担保业务、再担保业务给予补助，享受补助的25户担保机构给予补助1778万元，为1321户中小企业提供担保贷款107.80亿元。

深化政银企合作。与省建行、工行、民生等多家金融机构合作，以“助保贷”“云税贷”“小额票据贴现中心”为依托，在全省范围推动政银企合作平台建设，加强小微企业融资服务。开展客户推荐机制，实施客户推介制、共同考察制、项目对接制、信息反馈制，提高对接成功率，引深政银企保合作深度。6月底前，各市向属地金融机构推荐客户1035户。

推进企业规范改制。举办全省中小微企业股份制改造及金融知识普及教育培训班，对上年完成规范化股改的75户中小微企业奖励资金2250万元。全省进入股改目标库的中小微企业达到339户，进入股改程序的中小微企业达到119户。

助推企业直接融资。健全完善企业上市后备资源库，实施中小企业上市培育工程。新推动8户中小企业在“新三板”挂牌，累计有87户中小微企业登陆“新三板”，1662户中小微企业在山西股权交易中心展示。对自上年11月至今“新三板”挂牌上市中小企业、晋兴板挂牌并融资成功的8家企业给予420万元直接融资奖励。

（许　罡）

**【中小企业运行监测】** 2018年底，山西省中小企业加强中小微企业运行监测。开发建设山西中小企业大数据平台，初步建立省市县乡“四级联动”和全面统计22个产业集群、50个创业基地、1500户重点企业、200户企业手机快速调查“五位一体”的运行监测体系，掌握运行情况，强化预测预警分析，为各级各部门指导中小企业发展提供决策依据。定期召开经济运行分析会，及时掌握企业生产经营状况，密切跟踪市场动态变化，采取措施，推动全省中小微企业稳增长。

（许　罡）

# 建筑业

## 综 述

【概况】 2018年,山西省完成建筑业总产值4071.50亿元,同比增长14.20%,完成建筑业增加值1152.80亿元,按不变价计算同比增长6.10%。

建筑业总产值较快增长。有工作量的总承包和专业承包建筑业企业2666家,比上年增加128家,同比增长5%;共完成建筑业总产值4071.50亿元,同比增长14.20%。其中,省内产值完成2626.10亿元,同比增长19.70%,占总产值比重64.50%;省外完成产值1445.30亿元,同比增长5.30%,占总产值比重35.50%。

签订合同额增长。有工作量的总承包和专业承包建筑业企业签订合同额9049亿元,比上年增加459.80亿元,同比增长5.40%。其中,上年结转合同额4012.30亿元,比上年增加362.80亿元,同比增长9.90%;本年新签合同额5036.70亿元,比上年增加96.90亿元,同比增长2%。

(省统计局)

【持续发展意见出台】 2018年,山西省住房和城乡建设厅(简称山西省住建厅)印发《关于促进建筑业持续健康发展的实施意见》,提出山西省推动行业转型升级等方面具体措施,推动山西省建筑业转型发展。推动建筑业运行监测,坚持月分析、月调度、月排名制度,及时掌握各市和相关行业进展的统计信息,进行分析研究。查找存在的问题,制定针对性措施,确保山西省建筑业运行平稳。扶持企业做大做优。评选48家企业为山西省骨干建筑业企业,其中16家企业为优秀骨干建筑业企业,重点帮扶树立山西省建筑业发展标杆。促进全省企业发展。从帮扶山西省企业承揽本地业务、加快企业提升资质等级等方面助力山西省企业发展速度。继续做好特、一级企业扶持培育工作,对具备升特、升一条件的企业实行靠前指导。获得住建部核准的山西省企业特级资质9家15项,一级资质15家24项,山西省建筑企业高等级资质实现跨越式发展。吸引省外企业在山西省落户。印发《关于鼓励外埠建筑业企业在山西省落户的指导意见》,从资质申请等方面给予迁入或在山西省成立子公司的省外优质建筑业企业优惠政策,为行业发展注入新的动力。省外企业完成建筑业产值3566.60亿元,同比增长7.50%以上。

(李国红　米玉婷)

【建筑市场制度】 2018年,山西省住建厅印发《房屋建筑和市政基础设施工程施工评标办法》,加大省内科技成果和投标人资信的评审权重。提升全省企业省内市场占有率。遏制投标

2018年10月26日至28日,第八届山西节能环保、低碳发展博览会暨2018山西(太原)绿色建材装配式建筑展览会在山西省展览馆举行　(省住建厅供图)

人陪标、围标、串标等违法违规行为，促进评标活动科学化、规范化。加大建筑市场监督执法检查和“双随机”核查。加大资质批后监管力度。重点对资质申报中人员资格、业绩真实性进行核查，撤回、撤销15家企业资质，对其中1家存在以弄虚作假手段取得资质的企业予以通报，计入不良行为记录，3年内不得再次申请该项资质。（李国红　米玉婷）

【诚信体系建设】 2018年，山西省住建厅印发《关于进一步加强建筑市场监管公共服务平台建设 提高信息采集录入质量的通知》，实现信息采集、资质审批和市场监管等事项的联动管理，确保数据录入质量。平台在建项目信息平均填报率达98.63%。提升对企业和执业人员质量、安全、管理、个人方面的良好评价和不良信息采集力度，提高诚信评价在招投标中的分值权重，构建营造“失信惩戒、守信激励”的市场氛围。（李国红　米玉婷）

【建筑节能】 2018年，山西省住建厅推进新建建筑全部执行65%节能标准。提升建筑能效，节能75%新建居住建筑节能地方标准编制完成初审。推进绿色建筑规模化发展，山西省新建建筑绿色建筑标准执行率达40.38%。新增二星级及以上高星级绿色建筑面积194.23万平方米，完成年度目标的194.23%。实施能源替代工程，山西省新建建筑可再生能源应用比例76.94%，降低建筑能耗，实现清洁能源互补利用。指导晋中、阳泉、长治、晋城、吕梁、临汾、运城7个城市编制工作方案，申报国家清洁取暖试点市，为既有建筑节能改造及建筑能效提升工作提供支持。

（李国红　米玉婷）

【建筑科技推广】 2018年，山西省印发《加强建筑垃圾管理加快推进资源化利用的实施方案》，组织研发新技术，开展建筑垃圾资源化利用技术研究，开展科技成果登记，激发企业创新动力和潜力，营造科技创新氛围。加大推广应用，发布节能技术、产品推广目录共计228项。召开推进会，推动建筑垃圾资源化和再生产品推广应用。组织开展地热能供热应用调研，形成《关于地热能供热的调研报告》，上报省人民政府。与省发改委联合印发《关于征集地热能供热建筑应用示范项目的通知》，开展试点示范。开展地热能供热发展路径研究。

（李国红　米玉婷）

【装配式建筑推广】 2018年，山西省印发《关于进一步加快推动装配式建筑发展的实施方案（2018—2020）》，开展装配式建筑调研，全面掌握山西省装配式建筑发展形势和现状，形成调研报告上报省人民政府。在推广发展期积极稳妥推动山西省装配式建筑发展。指导督促太原、大同两个试点城市开展工作，认定山西建设投资集团有限公司等9家省级装配式建筑产业基地，3个省级装配式建筑示范项目，通过试点示范，带动山西省发展。成立省装配式建筑专家委员会和山西省装配式建筑产业联合会，发挥专家和企业的力量。召开山西省装配式建筑推进会，就下一步工作进行具体安排部署。（李国红　米玉婷）

装配式建筑——长治市长子县丹朱大街地下管廊项目

（李国红供图）

## 质量安全

【工程质量监督检查】 2018年，山西省住建厅落实参建各方主体的工程质量安全责任，全省新办理质量监督手续的工程2406项，新办理竣工验收备案的工程1484项，设立永久性标牌的工程1484项，建立质量信用档案的工程1484项。开展工程质量管理标准化工作。按照住建部安排部署，山西省住房和城乡建设厅印发《山西省建筑工程质量管理标准化工作方案》，规范工程参建各方主体的质量行为，强化施工过程质量控制，推行工程质量管理标准化，推进质量行为管理和工程实体质量控制标准化，全面提高工程建设品质。提升山西省投资项目报建阶段图审效率，印发《关于进一步规范山西省施工图审查市场 提高服务效率的通知》，并在山西省住建领域企业投资项目承诺制改革工作推进会上对山西省审批人员进行培训；结合山西省企业投资项目承诺制改革试点方案要求，制定《关于实行施工图审查制度改革的实施意见》，推行住建、消防、人防、气象四项技术审查事项“多审合一”；建立施工图数字化审查信息平台，实现网上审查和审核（备案）；实行政府购买服务，所需审查服务费用纳入市级政府财政预算，不再由建设单位支付，报请山西省政府印发。研究起草《山西省工程勘察设计大师评选管理办法(征求意见稿)》,为山西省培养工程勘察设计行业领军人才,带动山西省整体工程勘察设计质量水平持续提高建立长效机制,已报送省法制办审查通过。为确保山西省装配式混凝土建筑工程质量,组织起草《山西省装配式混凝土建筑工程施工质量管理导则(试行)》。(李国红　米玉婷)

【安全监管与专项整治】 2018 年,山西省开展山西省建筑施工安全专项治理行动。对建筑工程施工安全关键领域和薄弱环节集中治理,防控施工现场重大安全风险。开展山西省预防建筑施工起重机械、模架支撑和土方(隧道)开挖坍塌事故专项整治,严格专项施工方案的编审、交底、实施、验收,严厉查处未编制危大工程专项方案或未按照专项方案施工等行为,坚决遏制群死群伤事故发生。开展钢结构网架工程安全生产专项整治。为深刻汲取长治 2 起钢结构网架工程倒塌事故教训,举一反三,下发《关于开展钢结构网架工程安全生产专项整治的通知》2 个文件,要求各级住建部门利用 2 个月时间,对辖区内钢结构网架工程,特别是煤场钢结构网架工程逐一进行排查，并建立检查台账，消除安全隐患。开展建筑工地食堂食品安全专项整治，强化餐饮过程管理,保障建筑工地食堂食品安全管理水平。开展全系统消防安全隐患大排查大整治,重点围绕建筑工地消防安全管理、公共消防设施建设、消防安全宣传教育等情况开展排查整治。开展山西省建筑施工安全生产综合督查，抽查山西省 11 个市在建项目 70 个、施工企业 25 家，检查施工安全 12275 条,发现施工安全隐患 602 条,通报企业和项目 19 个。制定全系统安全生产大检查工作方案,成立专项领导组,省市县三级住建部门累计出动检查组 1567 个，出动检查督查人员 14557 人（次），抽调专家 476 人(次)。共检查企业 2294 家,排查一般隐患 9247 条,整改 8616 条,限期整改 631 条；责令限期整改企业 370 家,责令停产停业整顿企业 45 家,实施行政处罚罚款 864.31 万元,关闭取缔企业 8 家。(李国红　米玉婷)

【工程质量监督检查通报】 2018 年,山西省住建厅通报 2017 年山西省建设工程质量监督机构考核结果。山西省房屋建筑和市政基础设施工程质量监督机构共 141 家，全部参加考核,通过考核 87 家,未通过 54 家。通报 2017 年度山西省勘察设计图审情况。在汇总山西省图审机构报送的 2017 年山西省施工图设计文件审查情况的基础上,对初审违反强制性条文较多的 30 家勘察设计单位进行公开通报。开展山西省建筑工程勘察设计质量专项检查,各市住建部门对勘察、设计、图审等有关单位和执业人员执行有关法律法规和工程建设强制性标准情况开展专项检查。组织开展工程质量检测机构检测能力检查,按照抽查率不低于 30%的要求,对晋中、吕梁和长治市检测机构常规检测和节能检测进行能力检查,并形成专项检查报告。开展山西省建筑工程质量安全综合督查，抽查山西省 11 个市在建项目 70 个、质量检测机构 56 家和施工图审查机构 18 家，检查工程实体质量、检测质量、勘察设计质量内容 7770 条，发现工程质量问题 553 条,并对检查情况进行通报。强化事中事后监管,组织开展 2017 年度山西省工程质量检测机构动态考核,山西省 723 家建设工程质量检测机构中 679 家考核合格,44 家考核不合格。(李国红　米玉婷)

【建筑工程技术创新】 2018 年 9 月修订公布《山西省超限高层建筑工程抗震设防界定规定》。严格执行《山西省超限高层建筑工程抗震设防界定规定》,组织专家对 12 个超限高层建筑抗震设防项目超限高层建筑工程进行抗震设防专项审查，审查率 100%。严格落实《关于积极推进建筑工程减隔震技术应用的通知》，山西省抗震设防 8 度区、地震重点危险区新建的学校和医院建筑工程 120 项采用减隔震技术。开展 2017 年度省级施工工法评审工作,组织专家对申报的 920 项工法进行评审，公布 614 项省级工法,鼓励企业不断采取新技术、新工艺,进一步提高山西省工程建设技术水平；审核公布 2018 年度省建筑业新技术应用示范工程立项项目 239 项,推广“建筑业 10 项新技术”;组织编制完成《沸石抗裂硅质防水建筑构造图集》等 2 套标准图集,通过专家委员会审查,并予以公布。6 月 27 日至 29 日，在省城乡建设学校举办的以“弘扬工匠精神、助力山西建造”为主题的 2018 年度山西省“建投工匠杯”建筑施工职业技能大赛,组织山西省 12 支参赛队伍共 93 名选手参加砌筑工、抹灰工(镶贴)比赛,5 个单位和 25 名工人获荣誉证书。

(李国红　米玉婷)

# 商贸服务业

Commercial Service Industry

## 综　述

【概况】 2018年，山西省社会消费品零售总额7338.50亿元，同比增长8.20%。限额以上网络零售额增长27.60%。山西省商务厅在省委、山西省政府的领导下，以服务全省转型发展为目标，推进商务领域改革创新发展，推动商务运行稳中向好，实现高质量发展。着力推动开发区二次创新创业，以开发区“三化三制”改革为重点的体制机制改革取得突破性进展，全省开发区空间规划布局初步成型，经济发展带动作用逐步显现，初步形成山西转型综改示范区带动其他开发区、全省各开发区引领转型综改的局面。构建现代工业体系和12个产业集群开展系统定向精准招商，把扩大招商引资、推动产业优化升级作为全省转型发展的重要路径，持续谋划推进，夯实招商基础。借助能源产业博览会、中国国际进口博览会等重大平台开展精准招商，吸引海内外资金进驻山西。省商务厅以积极融入“一带一路”大商圈为统领，推动开放型经济发展。参与“一带一路”建设，加强与“一带一路”沿线国家的经贸往来，推进对外经济合作。把握消费升级新特点、新趋势，聚焦便民服务消费、中高端消费、绿色消费等领域，实施“消费升级行动计划”，促进内贸流通高质量发展，提升商贸流通业发展水平，支持商贸流通企业做大做强，推动本地品牌企业发展壮大。

（黄健文）

【农产品流通体系完善】 2018年，山西省下发《山西省商务厅关于推进农商互联助力乡村振兴工作方案的通知》，在全省开展农商互联工作，组织山西省18个电子商务进农村综合示范县的26家企业参加全国农商互联大会。农特产品现场成交量超过300万元，线上下单突破200万元。商务部将山西省美特好超市、丈子头农产品市场确定为全国首批公益性农产品示范市场。组织召开全省贫困地区农特产品“五进”对接促销会，200余家贫困县企业与180家医院、高校、国企、机关等采购单位对接，签订采购合同238个，成交额约3622万元，促进贫困地区农特产品销售。

（黄健文）

【特色商业街建设】 2018年，山西省商务厅印发《关于开展2018年度山西省特色商业街培育工作的通知》，对评审认定的山西省特色商业街，给予资金支持，用于特色商业街区公共设施的升级改造、功能完善、配套服务、环境整治、消防安全以及品牌宣传、促销推广活动等方面，全面提升特色商业街的绿化、亮化、景化、美化

2018年9月3日至9日，山西省商务厅经贸代表团赴德国、卢森堡开展工作访问

（黄健文供图）

水平。截至2018年底，全省共认定特色商业街24条，特色商业街销售46.26亿元，日均客流23.97万人，安排就业人员27116人。（黄健文）

【诚信营商环境创建】 2018年，山西省商务厅贯彻落实《商务部等19部门关于开展2018年“诚信兴商宣传月”活动的通知》精神，围绕2018年全国诚信兴商宣传月活动主题“弘扬诚信理念，优化营商环境”，下发《山西省省商务厅关于联合开展2018年“诚信兴商宣传月”的通知》，制定《山西省2018年开展“诚信兴商宣传月”的实施方案》，9月7日，省商务厅联合省直22个单位和有关行业协会，召开2018年“诚信兴商宣传月”活动动员视频会议，就组织开展好山西省2018年“诚信兴商宣传月”活动作动员和安排部署。（黄健文）

## 批发零售

【概况】 2018年，山西网络零售店铺超20万家，实现网络零售额396.30亿元，同比增长40.50%。其中实物商品网络零售额189亿元，占网络零售额的47%，同比增长50.10%，增速位列全国第四；非实物商品零售额207亿元，占网络零售额的53%，同比增长33%；农村网络零售额60.20亿元，同比增长27.90%。2018年重点监测平台全省店铺数22.30万家，其中，农村店铺7.70万家，占全省的三分之一。从全年走势看，店铺数量呈逐步增长态势。（黄健文）

2018年，山西省社会消费品零售总额7338.50亿元，同比增长8.20%。按经营单位所在地分，城镇消费品零售额5956.70亿元，同比增长8.20%；乡村消费品零售额1381.90亿元，同比增长8.40%。按消费形态分，商品零售额6660.40亿元，同比增长8.20%；餐饮收入678.20亿元，同比增长8.20%。（省统计局）

【零售企业构成】 2018年，山西省限额以上零售企业2066家。其中，私营1525家，国有和集体123家。国有控股186家，私人控股1671家。在零售企业中，综合性零售企业357家，其他专门性零售企业中，汽车、摩托车零配件及燃料零售企业827家，家用电器及电子产品零售企业199家，食品、饮料及烟草零售企业161家，纺织、服装及日用品零售企业124家，医药及医疗器材零售企业115家。（省统计局）

## 电子商务

【电商发展】 2018年，山西省培育区域公共品牌，结合历史文化、产业特色、发展定位等，推出“和美和顺”“一方粮川”“五台斋选”等20个区域公共品牌，推动当地产业发展；开发一批适宜网络销售的网货产品，推出“武乡小米”“万荣苹果”“大同黄花”“壶关西红柿”等网红产品；培育一批农村电商龙头企业，公共服务中心入驻企业达到400个。山西省创新一批农村电商示范模式，通过政策引导、资金扶持、品牌打造等，发现和培养本土电商的发展，培育出“乐村淘模式”“武乡模式”“岢岚模式”，万荣、右玉、陵川经验模式在全国电商扶贫工作会予以推广。（黄健文）

【电子商务进农村】 2018年，商务部、财政部、国务院扶贫办支持山西省18个国贫县开展电子商务进农村综合示范工作，支持山西省43个县开展综合示范，争取国家财政资金71350万元。18个县被商务部确定为国家级电子商务进农村综合示范县，提前实现36个国贫县、10个深度贫困县全覆盖，共计获得国家财政资金71350万元。2018年，前三批25个综合示范县实现网络零售额13.30亿元，培训各类电商人员8.40万人次。（黄健文）

## 物 流

【物流发展政策指导】 2018年，山西省根据国务院关于推进电子商务与快递物流协同发展的相关政策，以省政府办公厅名义下发《关于推进电子商务与快递物流协同发展的实施意见》，意见分总体思路及目标、主要任务、保障措施三大部分，对电子商务与快递物流协同发展的诸多方面进行了政策性规划，对山西物流业的发展具有指导意义。在任务部分共分六个方面共列18条。主要有：强化制度创新、优化政策法规环境、完善基础

2018年3月12日，山西省副省长王一新（右三）到山西全球蛙电子商务公司调研（黄健文供图）

设施、强化规范经营、优化配送通行管理，提升快递末端服务能力、发展绿色生态链等。对每条任务都在文尾括号标出负责单位(或单独或联合)，由于电子商务与物流涉及多个方面多个行业，被分别列为负责单位的有省发展改革委、省经信委、省邮政管理局、省国土资源厅、省住房和城乡建设厅、省商务厅、省公安厅、省交通运输厅、各市人民政府。（编辑部）

【工业领域现代物流】 2018年，山西省工业领域推动现代物流业发展。建立全省社会物流统计体系，发布月度物流景气指数，推动全省智慧物流体系建设。发展多式联运，全年组织开行50列中欧中亚班列，中鼎物流园形成铁路、公路、多式联运、信息服务等“七大港”功能格局。（董晨阳）

【煤炭物流服务】 2018年，山西省煤炭行业开展物流服务。落实与铁路部门签订的《战略合作框架协议》，巩固和发展定期协调新机制，拓展煤炭物流、电商平台、物流基地建设等方面合作空间。对接铁路部门，承接煤炭年度供运需中长期合同签订工作，促进煤炭交易合同与铁路运力衔接。与铁路部门签署《煤炭交收库铁路运输合同》，为交收仓库合作企业做大做强提供物流保障。拓展公路物流服务平台既有业务，发展公铁多式联运，打造分支机构，丰富融资渠道，改良提升平台功能。集装箱煤炭多式联运，开拓新布点布局，提供全方位、全流程服务，解决环保、运力、资金安全问题，为煤交中心市场化发展提供新动能。煤交中心入选全国供应链创新与应用试点。（李海涛）

## 餐饮住宿

【餐饮发展】 2018年，山西餐饮限额以上企业442家（年主营业务收入200万元以上），其中正餐服务431家，快餐服务9家，营业面积1200513平方米，营业收入538821万元，营业利润-14609万元。（张奇科）

【餐饮名店名品推进】 2018年，山西省烹饪餐饮饭店行业协会组织梳理山西餐饮品牌名店，通过企业申报、现场点评、微信展示、社会评价等程序，梳理出山西餐饮名店152家，名品95个，名宴15个，发现若干晋菜爆款和濒临失传的宴席。召开“山西百家餐饮品牌企业家发展大会”，推进品牌建设和产业升级。举办“烹饪基础知识专业培训”“食品安全管理员培训”，组织中式烹调(面点)师职业技能鉴定。以“大师工匠。引领食尚”为口号召开“2018山西名厨与餐饮服务名师大会”，组织晋、湘、豫三省餐饮行业代表祭拜中华食祖炎帝。（黄健文）

【住宿发展】 2018年，山西省住宿营业收入392135万元，接待国内游客70318万人次，入境过夜游客(外国人及港澳台来客)713466万人次，限额以上住宿企业(年主营业务200万元以上)334个，共有客房73146间，床位119870个，限额以上住宿企业按资本分，国有和集体54个，私营226个。按行业小类分，旅游饭店177个，一般旅馆177个。（张奇科）

【酒店星级】 2018年，山西省共有五星级酒店15个，其中太原市4个、大同市1个、阳泉市1个(平定县内)、长治市2个、晋城市2个（阳城县内)、朔州市1个、晋中市2个(灵石县内有1)、运城市1个(永济市内)、吕梁市1个(孝义市内)。四星级酒店58个，其中太原市12个、大同市8个、阳泉市3个、长治市2个、晋城市9个(阳城县、陵川县各1)、朔州市4个(右玉县有1)、晋中市4个、运城市3个(河津市、芮城县各1)、忻州市5个(五台山2,原平县、繁峙县、定襄县各1)、临汾市5个(侯马市、襄汾县各1)。三星级酒店62个、二星级酒店17个、其他218个。（张奇科）

## 家政美容

【家政服务】 2018年，山西省家政服务企业2088家，从业人员约20万人，营业额41.9亿元。根据省政府全民技能提升工程的相关精神，山西省完成家政服务专项培训，受训人数12407名。10月，全省31家骨干家政服务企业参加人力资源和社会保障部在大同召开的华北地区家政服务对接扶贫会议，31家企业与山西58个贫困县对接，签订《劳务对接框架协议》350余份。在省商务厅和省质监局安排下，山西省《家政服务从业人员基本要求》和《家政服务溯源管理规范》两个地方性标准完成起草。行业组织对60家典型家政企业申报的经营统计资料审核和统计，初步形成山西省家政行业统计分析报告。

（黄健文）

【美容美发】 2018年，山西省美容美发化妆品企业门店共有26293家，从业人员有40.87万人，行业收入为101.91亿元。美容美发行业作为一个新兴产业，逐渐形成以美容、美发、化妆品、美容器械、教育培训、专业媒体、专业会展和市场营销等八大领域为主体的综合服务流通产业。行业组织有山西美容美发化妆品协会。6月，2018首届中国(太原)国际美妆文化节暨第18届中国(山西)国际美容美发美体化妆用品博览会在太原举办，本届文化节由8个活动组成，参展面积15000平方米，展位500个，业内观众1万余人，交易额2.1亿元。2018年全国工商联相关专业委员会与山西省共同在太原举办“中国美业转型升级论坛战略研讨会”，山西省150余位美业企业负责人参会。山西广播电视台经济资讯频道与省美容行业组织联合开设“美丽女人”栏目，于8月4日开播。（黄健文）

# 供销合作

**【概述】** 2018年，山西省供销社全系统经济运行保持快速增长态势。全省供销社购销总额等主要经济运行指标快速增长，全系统经营结构日趋优化，经济增长的基础巩固，增长的稳定性增强，整体发展态势向好。推进供销合作社综合改革，启动综合改革试点轮换，推动"三位一体"、基层社合作经济组织属性试点，推动农产品加工业、仓储物流服务业、农村电商业务等升级转型。推进基层组织高质量建设。健全社有资产监督管理机制，确保社有资产保值增值。

截至2018年底，全系统领办创办合作社1678家，合作社示范社180家，其中国家级43家，合作社联合社103家；建立综合服务社10406个，行政村覆盖率达37.20%，全系统入社入股农户达62.91万户、187.72万人。全系统新增入社入股农户20.45万户、入社社员62.20万人，累计达到62.90万户、187.70万人。

全系统购进总额累计完成802.65亿元，同比增长24.60%；销售总额累计完成887.91亿元，同比增长24.50%。汇总利润2.67亿元，比上年同期增长12.20%。消费品类对销售总额增长贡献率达42.96%，全系统农副产品购销分别比上年增长39.30%、33.80%。

四大传统业务占全系统销售总额的95.90%。全系统农产品类销售268.30亿元，全系统同比增长33.80%，对经济增长的拉动作用明显。农业生产资料实现销售155.50亿元，同比增长8.50%；日用消费品类实现销售381.50亿元，同比增长29.70%；再生资源类实现销售46.20亿元，同比增长12%。发展新型业态。全系统电商销售额20.20亿元，同比增长55.50%。仓储物流服务业务发展较快，营业额5.30亿元。

各市供销社经济发展不平衡。长治、运城、晋中三市销售额突破百亿元，占全系统比重的50.60%。全省8个市销售总额增幅高于全系统平均水平，分别是临汾市社64.10%、吕梁市社35.90%、运城市社31.90%、朔州市社31.10%、太原市社27.10%、阳泉市社26.80%、长治市社25.50%、忻州市社25.20%。市、县、基层三级业务增长较快，省级企业销售同比下降。省社直属企业销售总额完成75.40亿元，同比下降8.20%；市社直属企业销售总额完成139.00亿元，同比增长38%；县及县以下销售额673.50亿元，同比增长27%；县社直属企业销售总额完成268.90亿元，同比增长14.40%；基层供销社销售总额完成317.70亿元，同比增长25.90%。

存在的问题：转型发展的新动能不足。全省供销社经济总量偏小，存在社有企业规模小、新型业态少、项目储备少、资产收益率低等突出问题，经济结构欠优。各级社及社有企业的传统业务在激烈市场竞争中市场适应能力差。（狄重阳　尤伟斌）

**【特色产品流通平台建设】** 2018年，山西省供销社建设全国优质杂粮产地交易市场。整合系统、社会各类资源，在全省布局5家不同规模的优质杂粮产地交易市场，打造山西杂粮品牌，建立小杂粮基地。其中，总投资5500万元、财政支持2000万元的2个市场启动建设。完成托管服务土地12万余亩，引领带动杂粮合作社40多个，带动农户1.50万户以上，年交易额超过10亿元。

建设山西中药材电子交易中心。搭建中药材电子交易中心，在全省布局建设6个仓储物流基地，打造平遥中医药健康养生旅游街项目，对接全省150个中药材专业合作社，超万名药农社员，对接全国17家中药材专业市场。（狄重阳　尤伟斌）

**【联社系统综合改革】** 2018年，山西省供销社全系统服务乡村振兴战略，围绕加强基层组织体系建设、构建农业社会化服务体系、加快发展以电子商务为统领的农村现代流通体系三个方面，推动综改试点工作。省社先后出台助力实施乡村振兴战略行动计划和若干措施。全省11个市、114个县（市、区）出台综合改革方案。选定20个贫困县（包括10个深度贫困县）作为重点推进试点县。委托第三方评估机构设定3级63个指标体系，对第一轮25个省级综改试点县进行综合评估，平均得分达85.65分，综合评级为"良好"。

全系统推动社有企业产权改革与投资路径改革。与中国供销电子商务公司开展战略合作。省盐业公司更

2018年1月22日，山西省供销社召开全省供销社工作会议　（省供销社供图）

名注册为山西省盐业集团有限责任公司，省棉麻公司组建山西物流产业集团公司，省果品公司组建山西晋果食品冷链物流集团有限公司，省农芯乐电商公司、农资集团、恒泰棉麻公司均获得中国供销电子商务公司股权投资。

围绕“一特一新”，促进社有企业转型发展。发展新型业态，落实中药材交易中心、杂粮产地交易市场、冷链物流三个三年行动计划。各级供销社整合社会资源，向流通上下游产业链延伸，拓展经营领域。省供销社赛马场棚改项目开工。太原市社建设垃圾分类智能回收站点。阳泉市社对废旧家电和报废汽车进行绿色无害化处理。大同市社实施城乡生活垃圾分类和废旧塑料回收项目。吕梁市社采取“供销+物流+金融+贫困户+保险”新模式，实施物流扶贫。盐业集团引领辣椒种植规模扩大。

推进重点领域改革。化解历史债务。中国农业银行总行批复同意将全省供销社系统本金9.43亿元，本息合计21.87亿元，涉及981户企业的委托资产协议批量转让给省供销社，解决供销社历史遗留问题，获大同市、阳泉市、太原市政府领导批示支持。推动生产、供销、信用“三位一体”试点工作，10个试点县全部出台实施方案，4个县组建23个乡镇级农合联会。推进资金互助试点。18个省级试点单位参与资金互助社员户数1913户，可用互助资金额达到3951.54万元，同比增长26.40%。

加快基层组织体系建设。在晋中市召开深化供销合作社综合改革暨强化基层社合作经济组织属性专项试点现场推进会，总结晋中市专项试点工作经验，落实基层组织建设改革方略，强化基层组织合作经济属性，晋中经验在全省复制推广。

（狄重阳　尤伟斌）

【服务创新】 2018年，山西省供销社全系统落实农业社会化服务惠农工程。建设乡级惠农服务中心261个、村级惠农服务站1473个，培育新型庄稼医院。其中，新建提升惠农服务中心118个、惠农服务站361个、新建改造庄稼医院118个。联合农资企业、基层社、农民专业合作社、惠农中心（站）等，聚焦农科院校、农业农村部门农技人员，建设311个新型庄稼医院、350个智能配肥站和液体加肥站，配置测土仪，聘请专兼职庄稼医生，为农民提供农资信息咨询、农业技术推广、良种引进示范、测土配肥、农药合理利用、病虫害防治以农机具使用等服务。建设综合服务社。以基层社为主体，与庄稼医院、惠农服务站相互渗透、融合发展，开展以农民提供农业技术、农机耕作、土地托管等多领域服务。

土地托管、服务面积达1370.65万亩。新增土地托管面积129.26万亩、土地服务面积337.38万亩。省社举办“创新为农服务模式　推动乡村振兴战略”培训班，提高农技人员专业素养和服务能力。构建为农服务信息化体系。应用“互联网+农资技术”，建立农资流通服务信息服务平台。打造以供应链为核心的农村电商仓储物流体系。发展以电子商务为统领的农村仓储物流体系、冷链物流配送体系。搭建农村电子商务服务体系。依托省级“农芯乐”电商平台，上联全国总社“供销e家”，下接市县终端网点，引导企业自愿免费入住平台，开展“万人培训”、运营管理、展示展销和品牌创建等业务，为优质农产品插上“电商翅膀”。依托“二十四节气”文化，开展鲜活农产品“走出山西 网上行”等活动，举办各类展销活动40场，其中在贫困县举办活动11场，200多家企业参展，30个贫困县参加，帮助贫困县销售特色农产品3亿多元。

打造覆盖全系统各类经营主体及终端网点的电商融合发展体系，实施“五免一扶持”优惠政策，推进基层网点的信息化改造，促进线上线下融合发展。建成县级电商服务中心114个，建设村级体验店1.30万多个，覆盖贫困村3600多个，占全省7993个贫困村的45%。截至2018年底，全系统实现电商销售额达20.20亿元。

省社启动省级城乡直通商贸体系建设工程，总投资1.2亿元，建设1个综合物流园区、15个配送基地。市县供销社建设物流服务中心104个，配备物流车辆218辆，助推农产品流通，实现全省贫困县全覆盖。

长治市社采取扶贫资金、村集体资产折股量化、土地经营权入股等方式，资产收益扶贫试点取得突破，武乡县社扶贫超市获政府肯定。朔州山阴泰和牧业专业合作社采取“银行贷款、政府贴息、合作社担保”的做法，带动贫困户增收。忻州市社采取领办、合作、联合的形式，新发展专业合作社联合社12个。

出台行业扶贫三年行动方案，围绕区域特色产业，通过股份制改造基层社、领办创办专业合作社吸纳贫困户入社入股，带动贫困户脱贫。累计帮扶贫困户9600余户，帮助贫困户增收2100余万元。

（狄重阳　尤伟斌）

【省社直属单位转型发展】 2018年，山西省盐业集团有限责任公司构建山西中药材电子交易中心服务平台。以“晋药网”为载体，提升电子交易、技术服务、质量追溯、检测监管、金融支付、仓储物流“六位一体”服务功能，健全智慧“晋药”供应链市场交易体系，累计接待访客达16万人次。融合清华大学、南京大学、北京中关村先进科学技术，打造“数字晋药、本草晋药、精品晋药”；与阿里巴巴、浪潮集团等20多家国内知名互联网服务平台对接，从中优选郑州郑大公司开展深度合作。推动山西太原中医药产业园区、平遥中医药健康旅游文化园区、现代化种苗繁育苗圃园区“三个园区”建设。对接农业部、全国供销总社等国家部委、山西山西省政府及相关部门，争取政策和项目资金支持。与全省150家中药材专业合作社、200多名经纪人、1000个信息员、超万户药农开展深度合作。发挥全省供销社系统的资源优势、全国总社“供销e家”的平台优势、山西供销“农芯乐”的网络优势，实现网上交易、终端配送的一体化经营。通过市场手段整合省内外中药材生产者、加工者、经营者、消费者及日本津村、北京同仁堂、深圳和顺堂等知名药企资源，拓宽销售渠道、增加市场份额。

截至2018底，中药材电子交易中心对接全省150个中药材专业合作社，大宗交易以包括山西37种道地药材为主的近80个品种，交易范围辐射全省11个地市、62个县以及河北、河南、甘肃、江苏、安徽、湖南等部分省外市场，累计形成线上撮合交易3.6亿元。

山西晋果食品冷链物流集团有限公司(简称“晋果集团”)依托赛马场仓库、物流中心、冷库、招待所、电商等资产，营业总额完成6002万元，同比增加1810.30万元，增幅43%。所有者权益完成1835.60万元，同比增加106万元，增长7%。按照“一个中心、两个平台、三个网络、五个基地”的目标任务，联合全省供销社企业持续推进冷链物流体系项目建设。12月，获得商务部·全国农产品冷链流通监控平台项目组数据直采合格证书。

山西农资集团有限公司在忻州、大同、吕梁、长治、太原统筹建设全国性优质杂粮产地交易市场，成立全资子公司山西供销杂粮有限公司，组建省级杂粮产业化联合体，推进山西杂粮渠道建设。

山西恒泰棉麻有限责任公司获得中国供销电子商务有限公司直属单位供销云仓公司投资入股，更名为山西供销物流产业集团有限公司，开展供销仓储物流建设。仓储设施总占地面积近2600亩，仓储面积达25万平方米。依托全省1.30万个电商基层综合服务网点，建设山西供销物流云平台，开展智能仓储管理、城乡配送、冷链物流业务，延伸开展以农产品、日用品B2B供应链为中心的信息服务、仓单质押融资服务、仓储超市等业务，实现销售4.42亿元，比上年同期增长33.40%。（狄重阳　尤伟斌）

**【供销产业展会经济】** 2018年，山西省供销社组织部分协会、市县供销社参加或协办交易博览会，拓展山西农产品交易渠道。1月，参加第九届深圳春节年货博览会。7月，供销社茶叶协会协办第五届山西茶业博览会。9月，参加全国农资科技博览会暨全国品牌农产品交易会。12月，参加中国国际热带农产品交易会

（狄重阳　尤伟斌）

## 粮食和物资储备管理

**【概况】** 2018年，山西省粮食作物播种面积313.71万公顷，比上年减少4.39万公顷，下降1.40%。其中夏粮播种面积56.92万公顷，比上年减少933公顷；秋粮播种面积256.79万公顷，比上年减少4.29万公顷。分品种看，粮食作物呈现出豆类面积增加，谷物、薯类面积减少的“一增两减”调优态势。全省豆类种植面积25.07万公顷，比上年增加1.24万公顷。其中大豆面积15.05万公顷，谷物类种植面积271.18万公顷。其中玉米种植面积174.77万公顷，比上年下降3.28%。薯类种植面积17.45万公顷，比上年下降5.53%。其中马铃薯面积15.70万公顷，比上年下降6.60%。

全省粮食总产量1380万吨，比上年增加1.87%。其中，夏粮产量229.90万吨，比上年减产1.65%；秋粮产量1150.50万吨，比上年增产2.60%。全省粮食消费量1339万吨，比上年减少25万吨，减幅1.80%，消费量相对保持稳定。小麦产销缺口308万吨，稻谷产销缺口114.50万吨，玉米产大于销564万吨，大豆产销缺口120.50万吨。总体看，粮食产销基本平衡，品种结构矛盾突出。2018年，全省粮食收购量676万吨，比上年减少32万吨。2018年，全省销售粮食815万吨，比上年减少11万吨。

截至2018年底，全省国有粮食企业511个，拥有职工1.72万人。其中，购销企业192个，加工企业12个，其他企业307个。运营各级救灾物资储备库。其中，省级重要物资储备品种为应急生活必需品储备和活体猪储备；市级重要物资储备为应急生活必需品。储备方式由民营流通企业和养殖企业实行定点储备。

山西省粮食和物资储备局承袭原省粮食局职责及原省经信委、省民政厅、省商务厅等部门组织实施重要物资和应急储备物资收储、轮换和日常管理职责，负责粮食流通和物资储备工作管理工作。省粮食和物资储备局保留独立机构由省发展改革委员会管理，市、县级粮食部门全部撤销并入市、县发展改革部门，加挂粮食和物资储备局牌子。

2018年，山西省粮食和物资储备局在粮安考核、兴粮惠农、管粮管储、产销合作、品牌开发等方面完成工作任务。（辛剑波）

**【粮食保供稳价】** 2018年，山西省粮食和物资储备局执行收购政策，多渠道筹集收购资金114亿元，统筹各类市场主体入市收购，累计收购粮食613万吨。落实“六稳”要求，强化粮情市场监测预警。组织开展各类检查2406次，出动人员9805人次，检查主体5936个，维护市场秩序。编制粮食应急预案操作手册、军供应急储备粮和市级应急成品粮油储备管理办法。建立应急供应网点1522个、加工企业170家、配送中心114家，粮食安全保障调控和应急设施中央预算内投资项目全部开工，80个“放心粮油”示范店和300个示范经销点建设任务完成。出台《关于深化粮食产销合作提高安全保障能力的实施意见》，举办2018山西粮食产销衔接会，21个省粮食局代表和132家企业受邀参会，规模、层次达历年最高水平。与辽宁等6省签订产销合作协议，省际间粮食产销合作强化。参加全国粮食交易大会，成交粮食总量53.35万吨、总额15.25亿元，分别占全国8.80%和5.40%。（辛剑波）

**【储备粮管理】** 2018年，山西省粮食

2018年7月31日,山西省粮食和物质储备局举办"山西小米"北京推介会

(辛剑波供图)

和物资储备局提高储备粮管理水平。实施粮库智能化升级改造,争取补助资金1.26亿元,完成134个库点的整体设计、省级平台建设等任务,督促各市县推进信息化项目建设。组织开展全省库存粮食大检查和跨市交叉检查,检查企业59个、粮食15亿公斤,推动问题整改。开展春秋两季"两个安全"大检查,为全国政策性粮食数量质量大清查做好准备。推进新建库项目和仓储设施提升改造,新增仓容4135万公斤。完成省级储备粮轮换和粮食质量安全监测任务,获全国粮食质量安全监管工作"先进单位"称号。贯彻落实"一规定两守则",与有关储备库签订"两个安全"责任书,全年未发生安全储粮和安全生产事故。

(辛剑波)

**【粮食产业发展】** 2018年,山西省粮食和物资储备局配合顶层设计,发展粮食产业经济。山西省政府办公厅印发《关于加快推进农业供给侧结构性改革大力发展粮食产业经济的实施意见》,国家局与山西省政府签订《共同推进粮食产业高质量发展保障国家粮食安全战略合作协议》。支持太原市、山西粮油集团规划建设粮食物流产业园区,推进粮食和物流产业现代化建设。实施"优质粮食工程"。编制"优质粮食工程"三年实施方案,争取中央补助资金3.3亿元、省级补助1.2亿元;山西省政府成立"优质粮食工程"建设领导小组,将"优质粮食工程"纳入全省乡村振兴战略总体规划同步实施。争取7000万元用于扶持杂粮加工企业和山西好粮油项目建设。

打造山西小米品牌。山西省政府成立"山西小米"品牌建设领导小组,投入资金2074万元用于品牌建设和开发;制订小米品牌建设实施方案、三年发展规划,加强目标引领和工作统筹;推进标准制定,支持企业创新产业链,开发中高端小米产品;统一标识授权,在央视一套、央广和重点交通干线投放广告,"山西小米"号动车同步开通;承办全国粮食科技周太原分会场活动,与国家粮科院举办首届全国小米品鉴大会,开展"山西小米"精品展等活动。先后2次举办"山西小米"北京推介活动。在全国粮交会上与吉林省粮食局联袂推介"吉林大米""山西小米",共同开拓中高端市场,全国人大原常委郭凤莲为"山西小米"代言。成立"山西小米"运营中心,开展线上线下销售。

"山西小米"品牌建设经济和社会效益初步显现,9家联盟企业基地种植规模达6666公顷,55家规上小米企业入驻电商平台,全省小米企业年销售额突破15亿元,辐射带动农户15万户。创新开发富硒小米、月子米等产品,以优质优价助农增收。吉林等6省粮食局先后到晋考察。小米品牌开发的做法和经验在全国加快推进粮食产业经济发展第二次现场会、2018中国粮油财富论坛上作交流发言。

(辛剑波)

## 石油化工供销

**【概况】** 2018年,中国石化销售有限公司山西石油分公司(简称山西石油分公司)有在用油库13座,在营加油站1385座,非油品便利店1133座,资产总额74.42亿元。

2018年,山西石油分公司树立"市场即战场"理念,组织市场攻坚。零售工作贯彻"点上狠、面上稳"竞争策略,建立对标、点评、通报工作机制,下放营销权限,出台增量激励政策,全力巩固零售市场份额。直分销工作紧抓市场、细分客户,实行梯次定价、"一户一价",开展"油气非"全商品营销,扩大量效规模。配合政府"打非治违",全年参与政府部门联合执法1726次,取缔流动加油车246辆、自建油罐388个、非法加油站468座,代储罚没油品578吨。山西石油分公司累计销售成品油395万吨,同比增长3.40%,市场占有率提高1.90%,经营总量下滑不利局面得到扭转,实现经营总量和市场占有率双增长。

发展终端网络,盘活无效低效站,实施加油站防渗改造,推进"生命工程"建设。采取传统方式和轻资产方式,发展站点11座。其中,新建5座(加油站4座、LNG加气站1座)、租赁4座、"他有我营"2座。通过降费、提量、清理等措施,12座站走出低效行列,退租9座无效低效站,资产存量盘活。落实国家环保治理要求,完成防渗改造914座,改造完成率66%。1月16日,中国石化销售山西运城石油分公司获全国首张民用机场油料供应安全运营许可证。日均为29条航线、37个航班提供加油服务,为5.34万架次航班安全加注航油21万余吨。 (王喜梅)

【石油市场开拓】 2018年,山西石油分公司非油品业务全口径营业额28.2亿元,年计划完成率151%,同比增幅85%,实现毛利额1.19亿元,同比增长4%。在聚焦发展夯实非油业务基础方面,完善内部运行体制,实行非油分部制运作,推进管理专业化,发挥中央仓作用,统采统配覆盖全省588座便利店,搭建起非油品供应链。做实门店销售,全年店内零售3.88亿元,同比增长13%;基础品类零售占比57%,同比增加7个百分点。举办"易捷"全国特色商品展销会,扩大"易捷"品牌知名度和影响力,现场销售订货2600余万元。优化库存结构,推进"四清",压减滞销商品库存,库存周转由90天降至73天。完成"加油山西"APP平台开发和上线工作,1个半月注册用户18万人,绑卡用户4.30万人。推进汽服、广告、保险等平台类业务发展。 (王喜梅)

【成品油流通规范】 2018年,山西省发布《山西省加油站服务技术规范指南》《山西省石油成品油流通行业自律公约》,推动石油成品油流通行业规范化、标准化、信息化管理和依法诚信经营。全年全省共销售成品油641.28万吨,其中汽油289.13万吨,柴油352.69万吨。为解决市场非法加油点、非法加油车、非法油品的问题,山西省组织成品油市场"三黑清零"行动,联合执法1122次,取缔黑加油站(点)226个,查收黑加油车70辆,查设非法油品192.60吨;立刑事案件19起,刑事拘留25人;查处治安案件31起,治安拘留59人。 (黄健文)

【石油基础管理】 2018年,山西石油分公司加强制度体系建设,推进全员成本目标管理,狠抓HSSE管理,数质量全过程管控,规范油库运行管理,强化审计监督,依法依规治企,消除企业"低老坏"现象、"出血点"问题和不规范行为。全年新增制度126项,废止制度131项,制度管理体系建设方面,理清层级、规范分类、有序承接。规范资产运营,多渠道挖潜增效,费用总额较预算节约4396万元,资产盘活创效2986万元。落实HSSE专业分委会职责。推进加油站液位仪应用,国家部委、中国石化集团公司和地方政府各级部门抽检5000余个样品全部合格。推进管输扩距配送、跨区优化配送、降低铁路延时费,节费742万元,节费同比增加207万元。落实内审外查问题整改,推进遗留问题清理开展自查自纠。加强合同管理,强化法律维权,挽回损失2009万元,取缔假冒仿冒侵权站6座,对43座侵权站开展商业诉讼打假维权。 (王喜梅)

【特色商品展销】 2018年11月22至26日,山西石油分公司在山西省煤炭博馆举行2018年中国石化易捷全国特色商品展销会,展销会旨在践行央企与地方共建、共享、共赢新发展理念,提升山西名优特色产品品牌影响力,推动中石化从油品供应商向综合服务商战略转变。展销会有26个省市134家知名企业携2000种特色商品,接待参展观众3.50万人,现场销售和订单金额达2600余万元。 (王喜梅)

## 烟草专卖

【概况】 2018年,山西省烟草专卖局(公司)下辖太原、大同、阳泉、长治、晋城、朔州、忻州、吕梁、晋中、临汾、运城11个市级烟草专卖局(公司),111个县级烟草专卖局(营销部)。总资产192.80亿元。其中,固定资产净值20.23亿元;流动资产166.31亿元。资产负债率为15.69%,从业人员7168人。烟草商业系统实现利税总额88.97亿元,同比增长4.38%,其中利润31.07亿元,同比增长6.11%。卷烟单箱销售收入2.74万元(含税),同比增长4.60%。卷烟单箱税利0.67万元,同比增长3.94%。三项费用率4.95%,同比下降0.12个百分点。实现降本增效1107.65万元,完成国家局下达任务的110.77%。 (朱永胜)

【烟草专卖监管】 2018年,山西省各级烟草专卖局推进打假打私,发挥涉烟案件情报线索分析平台功能作用,协同公安、交通、邮政等相关执法部门联合开展行动,打击物流、寄递和货物运输领域涉烟违法犯罪活动。全省查处假烟案件3781起,5万元以上假烟案件72起,查处假烟1843.95万支,标值2155.98万元;查处走私卷烟152.49万支,标值91.12万元;向公安机关移送案件45起,依法拘留41人,逮捕31人,判刑32人;破获符合国家局标准的网络案件23起。

各级烟草专卖局探索山西烟草县级局市场监管模式,提高市场监管针对性。推进违法卖烟大户治理活动,推行"一户一码"管理,开展卷烟零售户守法经营率季度专项检查活动,推进违法违规卖烟大户治理行动,责令暂停经营262户、注销119户,全省客户守法经营率稳定保持在97%以上。试点利用互联网+微信服务,实现证照网上申请办理。截至2018年底,全省持证零售户124505户,其中城市持证零售户为60092户,农村持证零售户为64413户。

省局出台《卷烟违规经营责任追究规定(试行)》,规范经营,强化内部专卖监督管理。全省系统真烟外流数量同比减少70.90%,其中跨省外流卷烟数量同比减少64.72%。 (朱永胜)

【卷烟(雪茄烟)经营】 2018年,山西省烟草商业系统销售卷烟658.96亿支(131.79万箱),同比增长0.41%,其中,销售一类烟103.99亿支(20.80万箱),同比增长9.08%;二类烟87.80亿支(17.56万箱),同比增长19.09%;三类烟296.62亿支(59.32万箱),同比增长1.99%;四类烟130.02亿支(26.00万箱),同比下降8.59%;五类烟40.49亿

2018 年 12 月 15 日，长治烟草新建卷烟物流配送中心投入运行　（朱永胜供图）

支(8.10 万箱)，同比下降 25.17%。山西地区销量居前三位品牌为"云烟""红塔山""红河"，销量分别为 124.16 亿支(24.83 万箱)、68.18 亿支(13.64 万箱)、43.02 亿支(8.60 万箱)。销售雪茄烟 1.22 亿支，同比增长 57.77%。

卷烟(含雪茄烟)实现销售收入 360.51 亿元(含税)，同比增长 5.03%。销售卷烟(含雪茄烟)实现税利总额 88.91 亿元，同比增长 4.30%，其中利润 31.05 亿元，同比增长 5.85%。

（朱永胜）

【烟草品牌培育】 2018 年，山西省烟草商业系统推进"自主调控、区域联动、全省联控"三位一体品牌市场联控机制，启动云烟(紫)、云烟(福)全省联调联控，采取月度总量控制、投放策略调整、辅助策略跟进等"组合拳"策略，推动重点品牌价值持续回升。全省销售重点品牌 533.11 亿支(106.62 万箱)，同比增长 2.43%，增幅高于全国平均水平 0.22 个百分点；销量占比 80.90%，同比提高 1.60 个百分点。按照《全省卷烟品牌规格退出实施细则》规定，实施分结构、分品类、分梯次卷烟品牌规格评价和引入退出，全年清退卷烟品牌规格 29 个、引进 27 个。严格卡死选点投放范围和新品投放策略两个关键点位，实施上市时间和投放客户类型"两个差异化"，紧扣新品培育成功率实施动态定期评测和严格考核评价，新品培育成功率达 84.62%。与云南中烟联合启动"助力经典云烟"专项营销活动，在总量摆布、结构优化、品规调控上采取针对措施，实施云产卷烟销售定期通报制度，助推云南中烟及山昆自有品牌销售总量、市场份额、销售结构"三个稳步回升"。加大细、中、短、爆等新兴卷烟消费引导和潜力挖掘，全省细支烟销量 74.44 亿支(14.89 万箱)，同比增长 38.81%；中支烟销量 6.49 亿支(1.30 万箱)，同比增长 106.99%；短支烟销量 7.16 亿支(1.43 万箱)，同比增长 21.37%；爆珠烟销量 12.35 亿支(2.47 万箱)，同比增长 178.19%。

（朱永胜）

【烟草营销网络建设】 2018 年，山西省烟草商业系统深化市场化取向改革，实现省级卷烟营销平台全覆盖、全应用。激发市公司市场营销主体创新活力，开展客户自律互助小组建设、客户经理移动办公平台建设、专销联动工作机制建设，先后在吕梁、忻州、长治推进全省系统卷烟营销基础工作。全省建成客户自律互助小组 3840 个，覆盖客户占比 41.24%；零售示范终端 685 户，占比 5.61‰；环保吸烟室(区、点)144 个。出台《卷烟经营大户管理办法》，针对违规大户采取"两减、三限、一停"处理措施；开展"新晋商、巧算账、增信心、助盈利"主题营销活动。国家局市场监测数据显示，山西省零售客户盈利水平提升，客户平均毛利率达到 8.92%，部分自律小组客户超过 10%。　（朱永胜）

【烟叶种植与收购】 2018 年，山西省烟草专卖局规范烟叶种植与收购管理。全省种植烤烟 1.80 万亩。签订烟叶种植收购合同 596 份，收购烟叶 4.83 万担。共有种烟农户 596 户。上等烟比例为 54%，中等烟比例为 46%。国家烟草专卖局检查工商交接等级合格率在 80%以上。烟叶收购均价 26.2 元/千克，同比增加 1.8 元/千克。烟农实现总收入 6344 万元，同比减少 2903 万元。户均收入 10.64 万元，同比减少 0.26 万元。

推动现代烟草农业建设。在山西省烟草种植面积中，机械化作业情况：耕地面积 1.62 万亩、起垄 1.62 万亩、移栽 0.59 万亩、覆膜 1.56 万亩、施肥 1.54 万亩。湿润育苗技术推广 1.50 万亩、轮作 0.80 万亩、沤制有机肥 0.50 万亩、小苗深栽 1.50 万亩，开展烟田废弃地膜捡拾 1.50 万亩。

（朱永胜）

【烟草企业管理】 2018 年，山西省烟草专卖局超额完成国家局下达的年度目标任务，实现 1107.65 万元，完成率达到 110.77%；优化存款结构，实现资金收益 4.77 亿元。开展全省系统固定资产大盘点、大清查，盘活闲置资产 183 项，处置无效资产 435 项。

推进物流新改建项目，长治市局新建配送中心投入运行，实现太原、晋中等市局异型烟分拣线改造升级。探索建立同厂家备品备件统一调配管理机制和物流运行分析台账管理机制，拓展物流降本增效新途径，物流费用控制水平继续保持行业领先。推广应用新能源物流配送车 22 辆。

在全国烟草行业第 29 届优秀质量管理小组成果发布会上，运城市公司"执行者"质量管理小组成果"变形托盘自动检测装置的研制"荣获一等奖;太原市公司“精细严”质量管理小组成果“循环利用卷烟包装箱装运托盘的研制”和临汾市公司“702”质量管理小组成果“提高客户经理实地拜访精准率”获二等奖;长治市公司“新跃”质量管理小组引进应用成果“提升临烟物流异型烟分拣效率”获引进应用奖。

完善投资项目和物资采购管理制度,加快推进采购管理信息平台建设,建立健全中介机构、印刷、车辆等供应商库,公开招标金额占比91.61%,同比提高1.59个百分点。多方协调、落实进度,按期完成“三供一业”分离移交协议签订。 (朱永胜)

## 会 展

【概况】 2018年,山西省举办展览活动165场,展览总面积122.07万平方米,较上年分别增长26.92%和13.35%。全年净增展览数量35场,展览总面积14.38万平方米。其中:市场化办展154场,党政机关办展11场;引进会议类活动19场,参会人数累计达3.27万人,较上年分别增长171.43%和233.67%。全年净增会议数量12场,参会人数2.30万人。以世界酒文化博览会、国际能源产业博览会、国际果品交易博览会为代表的展会成为山西品牌走出山西,走向世界的重要平台。 (黄健文)

【中国区域会展经济交流会】 2018年,山西省展览馆搭建区域会展经济交流平台。

8月10日,承办中国区域会展创新大会暨豫晋陕会展高峰论坛。论坛以“中国区域会展业创新发展之路”为主题,促进区域内会展资源整合,创造合作发展的机遇,推动豫晋陕区域会展业的健康发展。中小城市会展研究机构举行签约仪式,宣布成立中小城市会展研究智库。

12月14日,由运城市人民政府主办,运城市商务局、山西省展览馆承办晋陕豫黄河金三角区域会展经济交流会在运城召开。来自北京、山西、陕西、河南、浙江、重庆、江苏等地的150余名会办、商协会、场馆负责人以及会展行业代表齐聚一堂,为黄河金三角区域会展业发展事宜共同探讨交流。 (韩一平)

【中国(太原)煤炭交易中心】 2018年,中国(太原)煤炭交易中心举办外部会议92场,场地使用133天;举办展览79场,展览面积76万平方米。截至2018年底,8年累计办展417场,办会600余场,成为太原能源低碳发展论坛、国际能源产业博览会和世界骨科大会等一系列高规格大型展会长期会址。 (李海涛)

【煤炭交易大会】 2018年12月12日,中国(太原)煤炭交易中心2019年度煤炭交易大会开幕。太原煤炭交易中心是获国务院批准,全国唯一冠以“中国”字样的全国煤炭交易中心。本届交易大会有全国钢铁、煤炭、化工、建材、银行、期货、证券、物流等企业2000余人参会。大会为期3天,一方面举办各项高峰论坛,一方面组织省内重点煤企签订2019年度中长期合同,开设多种交易专场。本届大会展示能源大数据平台成果,交易价格指数与煤炭质量升贴水标准成果运用。 (编辑部)

【山西省展览馆重要会展】 2018年1月8日至10日,山西省展览馆举办各类展览50场。承办山西“五小”竞赛优秀成果展。集中展示全省“五小”竞赛成果400多项精品,是在基层推荐、专家评审基础上产生。全省参赛的单位达到4.84万家,比上年增加138.40%;参赛职工(学生)达526.30万人,比上年增加68.80%;创造“五小”成果项目16.10万项,比上年增加53.30%。其中,获国家专利项目有1699项,产生直接经济效益76.50亿元,比上年增加42.50%。

1月17日至28日,山西省展览馆承办首届太原年货会。年货会由五大部分组成,分别为第六届山西省科普惠农特色优质农产品展销会、阳曲县第二届年货会、交城县第二届年货会、FM100.9第一书记年货节以及第八届全国年货精品展销会(太原会场)。展览面积达2万平方米,展览期间总客流量达10余万人。

3月9日至15日,山西省展览馆承办“国粹杯”赏石文化艺术交流博

2018年12月2日,由中国煤炭博物馆承办的山西煤层气产业主题展在中国煤炭博物馆开展 (张程飞供图)

览会。展览包括海玉筋脉厅、新疆厅、上海厅、内蒙古厅、水石厅、综合厅、精品厅。其中,评出书法获奖作品33幅、绘画获奖作品19幅。

4月1日至3日,山西省展览馆承办2018年第十届山西(太原)国际畜牧业交易会。展会以养殖企业为核心,涉及畜牧行业上下游产业链条各个环节相关产品与服务,吸引120多家企业参展。

4月13日至15日,山西省展览馆承办山西暖通展览会。展会吸引全国200余家企业参展,展出面积近2万平方米,展览期间参观观众累计达3万余人次。展会参展企业涵盖暖通领域产业链,包括空气源热泵、地暖、散热器、壁挂炉、新风、空气能净化及相关配套产品,集中展示大量最新国内外供热供暖新技术及产品,旨在促进山西能源清洁绿色发展。

4月22日至24日,山西省展览馆承办第十七届(2018)太原煤炭工业技术装备展览会。以"创新、互联、智能、高端"为主题,突出展示煤炭工业机械化、信息化、现代化、自动化、智能化相关设备和技术。展览面积达2万平方米,参展观众达3万余人次。

5月18日至20日,山西省展览馆承办2018中国(山西)古村镇旅游博览会。博览会专注于古村镇旅游发展,以"寻找古村镇·回望老传统"为主题,汇聚国家级传统村落、历史文化名村(名镇)、农业旅游示范区、村落环境治理机构、名家大咖书画、传统村落摄影展等,展现古村镇魅力。

8月16日至18日,山西省展览馆承办"第二届中国(太原)现代物流暨智慧交通产业展览会"。国内70余家高端企业亮相展会。展会以"现代物流、融合、创新、发展"为主题,重点突出展示山西省现代物流与"一带一路"建设及装备制造业融合;智慧物流云平台建设;现代物流园区建设;搬运、仓储、包装等现代化装备和新技术;新能源运输工具;智慧交通关联产业的最新发展成果,旨在加快推进山西省及中国中部地区现代物流发展,建设智慧交通物流,促进区域经济转型升级,形成物流业与支柱产业和区域经济联动发展的新格局。

9月7日至9日,山西省展览馆承办第三届中国(太原)汽车后市场暨物流博览会。展会展出总面积达2万平方米,参展企业超过300余家,共设9个展区,展出范围涵盖汽车配件及养护设备工具、润滑油、美容、装饰用品、电子产品、物流等方面。

9月19日至23日,承办阳曲县首届"农民丰收节"暨第三届特色农产品展销会。展会以"庆丰收、展成果、增收入、促振兴"为主题,共设立有"五个展区一条街"。9月20日至27日,承办清徐县首届农民丰收节暨首届农产品展销会。参展企业共64家,展览面积共1700平方米,分为"非物质文化遗产、特色农产品民间工艺"集中展示区和各乡镇特色农产品展示区以及特色小吃一条街。

9月21日至23日,2018中国(山西)人工智能博览会举办。博览会以"智能科技、连接未来"为主题,是人工智能技术应用全方位,多角度的展示,参展范围囊括中国市场上最优质人工智能企业和产品,涉及领域有:智能语音交互、智能识别、智能穿戴、智能出行、智慧养老、智慧医疗、智能家居、智能自动规划、智能显示传达等高精尖技术。评选出2018中国(山西)人工智能博览会金奖、银奖、应用奖、"黑科技"奖等奖项。

10月26日至28日,第八届山西省节能环保、低碳发展博览会举办。展会以"绿色、制造、创新、发展"为主题,10家重点企业及100家国内外重点环保企业参加展会。博览会展示全省各区域在节能环保工作、低碳经济发展建设方面取得阶段性成果,推广和交流节能环保技术与低碳发展先进经验。 (韩一平)

## 互联网服务

**【概况】** 2018年，山西省持续深化信息基础设施建设，网络承载能力和服务能力提升，数字化、网络化、智能化水平得到提升。其中，网络覆盖持续加强，全省光缆总长度120.80万千米，居全国第18位；互联网宽带接入端口2025万个，居全国第19位；移动通信基站总数达1840万个，居全国第17位。上网速率快速提升，“宽带山西”2018专项行动取得明显成效，光纤宽带建设进度加快，FTTH/O(光纤到户/办公室)用户超九成，高于全国平均水平；光纤到户端口达到1852万个，占到宽带端口总数的93.20%，在全国排名9位。宽带端口总数93.20%，在全国排名第9位；光纤用户达到955万户，占宽带用户总数的96.10%，稳居全国第1位。固定宽带平均接入速率达90.71Mbit/s，同比增长36.40%；移动互联网月户均接入流量达6163.5MB，居全国第23位；互联网省际出口带宽达到16895Gbps，居全国第11位；移动宽带用户普及率从26.20%增至89.30%，固定宽带家庭普及率从41.10%增至79.90%。初步建成覆盖山西全省的窄带物联网网络，开通NB-IoT(窄带物联网)基站1.70万个，实现乡镇以上区域全覆盖；全年全省注册域名数量达107.56万个，居全国第11位；备案的互联网网站总数达75986个，居全国第16位；IPv4地址数量共计564.3万个，居全国第19位。同时，山西省通信管理局成立IPv6（互联网协议第六版）规模部署推进工作领导组，协调各电信运营企业推动IPv6改造工作，推进省内IPv6全面部署。 （编辑部）

**【“互联网+”双创乘数效应路径探索】** 2018年，山西省通过开展丰富多彩的双创活动，积极探索实现“互联网+”和创新创业乘数效应的有效路径，以推动省内新旧动能转换和产业转型升级。

8月30日，由山西省教育厅、山西省发展和改革委员会、山西省经济和信息化委员会、山西省人力资源和社会保障厅、山西省农业厅、山西省扶贫开发办公室、共青团山西省委员会主办的第四届山西省“互联网+”大学生创新创业大赛总决赛在太原举办，层层选拔后的176个互联网、云计算等新一代信息技术与多领域多门类融合的参赛项目进行路演，并有4个项目签署投融资合作意向书。

10月9日至15日，山西省发展改革委牵头主办，省科协、太原市政府、山西转型综改示范区共同承办的“全国大众创业万众创新活动周”山西分会场在山西转型综改示范区举行。慧虎智能中医健康筛查机器人、山西农业云大数据平台、快成物流“互联网+大宗商品物流”平台、“天河云”公有云服务平台等硬科学方面的创新创业成果)，涉及人工智能应用、大数据平台服务等领域，展示“互联网+”与双创的集智效应。 （编辑部）

**【《2018年山西省互联网发展报告》】** 2018年9月17日，山西山西省政府新闻办举行新闻发布会，山西省通信管理局和山西省互联网协会联合向社会发布《2018年山西省互联网发展报告》。报告涵盖山西省基础资源、互联网用户发展、互联网业务发展、互联网企业发展、互联网与经济社会融合、互联网安全管理等内容，深入研究山西省互联网行业发展特点，整体反映山西省互联网行业的进步幅度，探索数字经济背景下互联网行业发展的新思路和新举措。 （编辑部）

**【网民规模】** 2018年，全省“网络覆盖工程”加速实施，互联网“提速降费”工作开展，更多居民尤其是农村居民用得起互联网。截至2018年12月底，全省网民规模达2286万人，普及率为61.50%。手机网民规模达2238万人；农村网民规模达1013.20万人，占全省网民的44.30%。其中，网民PC(个人计算机)端应用中，即时通信、网络视频、网络新闻分别位列前三名，用户规模分别达到1386.70万人、1342.40万人、1259.60万人；网民手机网络应用中，手机即时通信、手机网络支付、手机网络购物类应用分别位列前三名，用户规模分别达到2189万人、1771.20万人、1741.20万人。（编辑部）

【互联网企业】 2018年，山西省“互联网+”向广度和深度拓展，依托网民规模及基础设施建设等资源优势及相关利好政策，山西互联网企业整体发展势头良好。2018年全省增值电信企业的互联网业务总收入55583万元。

行业分布结构优化。互联网企业仍以商务应用类企业为主，占比达60.11%；行业基础服务类企业占比从2017年的4.80%提升至12.71%；本土传统媒体积极向新媒体转型，网络广告营销模式迎来爆炸式增长，为山西省互联网媒体企业注入新的机会点，企业占比由2017年的4.10%提升至10.23%。（编辑部）

【本土固定互联网应用】 2018年，互联网在全省经济社会各个领域广泛应用、深度融合，承载的应用服务和功能覆盖越来越多。在推进供给侧改革过程中，尤其在电子商务、政务服务、便捷交通、卫生计生等领域，推动山西省经济结构调整和产业转型升级。本土固定互联网应用仍然以新媒体、电子商务、教育等类型网站为主，与旅游、文化等领域的融合不够深入。备案网站的TOP10以政务网站为主，日均访问量在1.40万次以上，“互联网 ”政务服务应用不断深化。山西加速云计算、大数据、物联网、工业互联网等产业新技术的应用，政策支持、应用实践等方面均有成效，提升山西数字化发展水平。（编辑部）

【移动互联网APP应用】 2018年山西省提供的APP总量4752个，APP总下载量74576万次。其中，西瓜视频单个APP的下载量61089.2万次，占山西省APP下载量的81.92%，呈现一家独大之势。（编辑部）

【网络安全建设】 2018年，山西省通信管理局重视网络安全建设，开展防范打击通讯信息诈骗专项工作，强化电信市场监管和行风建设，推进公共互联网网络安全环境治理工作，强化网络信息治理，提升网络运行安全和应急通信保障能力，开展网络信息安全宣传引导和教育培训，把各类安全隐患尽可能消除在萌芽状态，规范行业健康发展，构建良好网络空间秩序。2018年，山西省感染木马或僵尸程序受控主机的IP同比减少66.28%；木马或僵尸程序控制服务器IP同比减少41.81%，山西省范围内被篡改网站数量同比减少48.39%。（编辑部）

【影响互联网十件大事推选】 2018年4月29日，山西省通信管理局和山西省互联网协会启动“2018年影响山西省互联网发展的十件大事”网络投票活动。投票活动受到社会各界的广泛关注，网络投票达7502张，其中获得网络有效投票5422张。通过综合评价，在9月17日新闻发布会上，山西省通信管理局和山西省互联网协会联合发布“2018年影响山西省互联网发展十件大事”：山西推进“互联网 ”党建工作；山西推进“互联网 ”医疗健康发展；山西公安审批服务“一网通一次办”平台正式上线；山西山西省政府与腾讯公司签署建设“数字山西”战略合作框架协议；山西山西省政府推进“政务上云”；山西探索实现“互联网 ”双创的乘数效应的有效路径；山西高速公路运营进入移动互联网时代；山西网络扶贫工作在京获多个奖项；山西推进一体化在线政务服务平台建设；山西通信基础设施支撑能力和服务水平提升。（编辑部）

## 通信服务

### ·通信行业发展与监管·

【概况】 2018年，山西省有联通、移动、电信3家基础电信运营企业。27家移动通信转售业务试点企业。90余家通信工程建设企业。全行业从业人员约为13万人。

截至2018年底，山西省电信业务总量累计完成业务收入1370.10亿元，同比增长133.80%。电信业务收入累计完成250.30亿元，同比下降1.10%。光纤到户端口总数达1861万个，在宽带接入端口中的占比达91.90%。移动通信基站总数达18.4万个。光缆总长度达119.50万千米。互联网省际出口带宽总数达16895G。光纤宽带用户总数达955.20万户，占比达96.40%。固定宽带家庭普及率达到79.80个/百户，移动宽带用户普及率达到88.90部/百人。全省通信业固定资产投资完成80.20亿元。

围绕省委山西省政府大数据发展战略，三家基础电信企业建成数据中心26个，投入运营22591平方米，机架数5975个。在建数据中心机房14个，面积为47780平方米，机架数9880个。移动物联网(NB-IoT)推进网络部署，开通基站20308个，基本实现乡镇以上全覆盖。移动和固定网络持续升级改造，具备支持IPv6协议能力。（魏程明）

【电信服务】 2018年，山西省通信管理局完成第三批电信普遍服务试点项目，总投资11.60亿元(中央财政补助2.33亿元，山西移动、山西联通、山西电信自筹9.27亿元)，建设开通3284个行政村的光纤宽带网络。截至2018年底，山西省行政村宽带网络覆盖率达98.84%，提前完成“十三五”目标任务。11月23日，省转型综合改革示范区国际互联网数据专用通道获工信部批复。规范通信建设市场，联合省住建厅印发光纤到户通信设施建设标准，协调大张高铁、太焦高铁通信设施共建共享工作。（魏程明）

【电信行业监管】 2018年，山西省通信管理局组织开展网络质量和服务水平“双提升”专项行动。推进互联网网络接入服务市场清理规范工作，在

2018 年 1 月 9 日，山西省通信管理局召开 2018 年度工作会议　（魏程明供图）

门户网站和省内媒体发布用户消费提醒，动态更新持证企业名单，对涉嫌违规的 7 家企业调查处理。对 8 件校园营销疑似违规线索核查，对太原移动违规寄卡行为约谈并通报。暗查暗访营业厅资费营销宣传不规范行为，对检查中发现的问题在全行业通报。组织 16 家单位召开综合整治骚扰电话专项行动协同工作座谈会，建立健全工作机制，协同整治骚扰电话。截至 2018 年底，关停违规手机号码 20835 个，将 1226 个问题电话转送相关部门核查处理。印发工作方案，提出 10 项“惠民实事”工程，开展监督检查。全省网站备案数 72651 个，山西省本地接入主体数 6667 个，网站备案率 100%，网站备案信息准确率 95.82%，IP 地址报备出错率低于 1%。配合互联网相关内容主管部门协查关闭违法违规网站 310 个。网络提速降费惠及民生。全省 50 兆位/秒、100 兆位/秒以上宽带用户占比分别达 92.20%、71.80%。完成政府工作报告中关于网络降费的“三降低一取消”目标：流量“漫游”费取消，全省移动流量平均资费较上年下降 62.8%，家庭宽带和企业宽带资费水平较上年降幅分别为 45%和 27%。　（魏程明）

【电信安全保障】 2018 年，山西省通信管理局完成通信信息诈骗防范系统全部设计功能建设，上线与公安机关的协同联动平台。系统试运行以来，累计检测疑似诈骗电话 254 亿次，拦截诈骗电话呼叫 369 万次，拦截诈骗电话号码 50 万个。组织开展公共互联网网络安全威胁治理工作，自行开展省内分布式拒绝服务攻击资源威胁及 Struts 2 系列漏洞、勒索病毒等网络安全专项治理，发现并处置被篡改网站 30 个、被植入后门网站 227 个、网页仿冒事件 131 个；发现并处置省内用户感染已知移动互联网恶意程序数量 36.60 万个、感染已知木马和僵尸网络数量 17.50 万个；处置网络安全事件(一般)147 件，保障网络空间安全。组织行业开展“扫黄打非”等 10 余项净化网络环境专项行动，处置违法违规网页(URL) 7126 个、垃圾及有害短信 2832 万条、骚扰及有害电话呼叫 2978 万次。督查省市各级基础电信企业完善“党政同责、一岗双责、齐抓共管”的安全生产责任体系，全年行业未发生人员死亡及重伤安全事故，各项控制指标均在控制范围之内。建立首个通信安全生产技术专家库，推进通信局(站)在用防雷系统安全检测，全年通信网络安全运行稳定，未发生安全事故。开展综合性应急演练 29 场，完成春节、“两会”、防汛抗旱、省委转型会议、中央巡视组在晋巡视期间等应急保障任务 319 次。　（魏程明）

## ·中国电信山西分公司·

【概况】 2018 年，中国电信山西分公司(简称电信山西分公司)业务收入达 31.79 亿元，同比增长 3.75%。收入份额 13.01%，较上年提升 0.59PP；移动用户达 399.29 万户，宽带用户 209.97 万户，用户户均流流量达 5.58G。天翼高清用户渗透率达 69.24%。推进基础信息资源和重要领域信息资源建设，促进山西省信息基础设施的提档升级和信息技术应用推广，提升移动网质量。以支撑 VoLTE 试商用为核心，聚焦“五高一重”，建设“四领先一确保”4G 网络，提升用户感知。全网 MR 覆盖率 95.33%，城区覆盖率 97.71%，城区下行平均速率 37.19Mbps，行政村点覆盖率 86.20%。

构建生态圈业务能力，优化用户体验。以构建全速系列物联网为目标，强化业务支撑，保持省内行业首张窄带移动物联网领先优势。NB-IoT 与 LTE 800M 基站同步共址部署，建设 NB-IOT 基站 10789 个，完成全省覆盖，承载自来水抄表、燃气抄表等多项 NB-IoT 业务。

推进全光城市建设，以千兆为引领提升网络接入能力。全年新增末梢端口 108.58 万线、分光器端口 65.58 万线，其中城市区域新增末梢端口 82.30 万线、分光器端口 51.66 万线，农村区域新增末梢端口 26.28 万线、分光器端口 13.92 万线，末梢端口累计达 729.29 万线、分光器端口累计达 428.14 万线。

构建生态圈业务能力。提升容量和端到端感知，支撑天翼高清用户快速增长。全省 CDN 网络分发能力达 1920G，具备内容加速、PSP 加速、Cache 缓存能力；完成天翼高清优品包CDN系统建设，支持天翼高清直接点播腾讯视频相关内容。助力山西天翼高清用户发展累计达138万户。统筹内外部需求，按需快速建设IDC机架接应客户，提升政企上云能力。山西“2+2+9”IDC资源基础架构成型，累计形成机架能力1411架，网络出口带宽3.08T，“2T”业务支撑力度增强。整合现有业务网和信息化两朵云，云资源池集约化建设，形成对内统一CT云基础设施，提供计算能力3034物理CPU核，存储能力1647TB，满足对业务平台、IT系统、NFV资源统一规划和承载。

（于俊玲）

**【电信企业改革】** 2018年，电信山西分公司推进企业改革，推动中国电信转型升级。根据细分市场发展需求，公司引入“划小承包”经营模式，划分建立1100余个一线承包责任田，覆盖城市、农村、商圈、社会各类实体以及政企用户群渠道，建立全省清晰的划小承包视图，采取竞争性选拔的方式选聘优秀承包人，推行团队成员双选、打破KPI、增量收入提成上不封顶、竞争性淘汰等市场化机制，提升员工的主动积极性。全省划小承包责任田全部签订划小承包协议，维护一线自主承包经营体的责权利，为一线员工搭建内部创业平台。组建全省倒三角支撑服务体系，建立面向小CEO的内部服务支撑平台，成立省市两级综合服务支撑中心，借助倒三角支撑系统及易问系统，为一线承包单元提供“一点接入、全程响应”的专业化、集约化支撑服务和管控保障，通过一线问题工单分析，倒逼管理及业务流程优化，推动各级管理部门从管理考核者向服务支撑者转变。公司采取权力下放、服务下沉、集约支撑、逆向考核等手段，推动“一线围绕客户转、部门围绕一线转”的新型运营管理模式创新。根据划小责任田的市场细分专业，组建省、市两级与一线承包单元相对应专业化运营团队，促进专业部门从“按渠道属性细分的岗位管理”向“按市场细分的团队化运作”转变，以服务支撑一线承包单元为前提，将专业条线工作从职能管理转变为面向一线的生产指导。

（于俊玲）

**【电信智慧运营】** 2018年，电信山西分公司拓宽信息化应用领域，打造智慧生活，服务山西国民经济发展。

在云业务领域，推进“企业上云”工作，按照全国“2+31+X”云资源池部署策略，进行山西资源池建设工作，IT云资源池新增的计算和存储资源满足省内近40个IT系统和业务平台的硬件需求。云资源池内存利用率超过70%。引入软件定义网络-SDN新技术，统一管理网络设备，实现网络策略高效配置，提升安全防护能力。应用软件定义存储-SDS新技术，建立稳定、易扩展的分布式存储架构。通过并行处理技术提升数据传输速度，冗余机制确保数据安全不丢失。入围山西省工信厅企业上云云服务提供商大名单。

在IDC领域，太原、吕梁、忻州、晋中、运城、大同IDC机房完成验收；电信山西分公司综改区数据中心一期土建项目设计招标完成，一期预计建设机架2000个。全年太原IDC出口完成1800G带宽扩容，达到3000G出口带宽，支撑IDC业务发展。

在物联网领域，将物联网场景从“简单连接”向“平台聚物”转型，拓展物云产品16类，涵盖水务、燃气、热力、烟感、充电桩、农业、监控、车联网等行业。3月，牵头成立山西省NB-IOT专委会，会员拓展至43家；完成省内首个NB-IoT平台对接项目，采用中国电信NB-IoT解决方案，实现对水表的智慧管理、绿色节能、遥控调整、数据获取、故障报警等功能；4月，阳泉在省内开通首家NB-LoT物联网智能光交、智能井盖检测系统。

在电子金融领域，推广翼支付，用户通过翼支付缴纳水费、电费、燃气费、话费，宽带费、有线电视费、在线充油卡等。全年民生应用交易达31.19万笔，为12所院校提供校园卡充值服务86.24万笔。在太原、忻州、长治、阳泉率先上线党费线上交费功能。翼支付与支付宝、微信支付成为国内前三大个人移动支付APP。

“互联网+”领域，拓展互联网+政务、互联网+医疗、互联网+金融领域业务，服务地方经济发展。覆盖公安、电力、烟草、高校、物流、金融、保险、医疗等多个行业和企业，针对专业领域要求，提供智慧生活、智慧交通、智慧教育、智慧医疗等应用。全年公安警

2018年4月25日，中国电信山西公司为黄河、长城、太行三大板块旅游公路开工仪式提供通信保障（于俊玲供图）

务E通取得突破，全省4个地市公安系统覆盖电信业务；为全山西省政府单位提供关键基础信息检查等互联网安全服务；为山西省文化和旅游厅提供移动执法、网上巡查、旅游大数据短信等信息化服务；为山西省政府提供标准化办公系统升级改造，协助山西省政府提高办公效率；为建设银行、工商银行、交通银行、兴业银行、光大银行提供固网业务服务；为华夏银行、晋商银行、农信社等金融机构提供WIFI覆盖、云堤、IDC等新兴业务合作。

在医疗领域，与山西省儿童医院探索智慧医疗业务；8月21日至23日，电信山西分公司携"FIRST教育专网、云网融合、云安全、新高考选班排课、同步课堂、标准化考场、智能阅卷"等重点应用亮相山西省首届基础教育信息化应用成果展；为山西恒跃集团定制"数字云工厂"解决方案，提供数字工厂平台建设、专线业务、云资源服务等综合信息服务，为企业直接降低运营成本20%左右，提升交付率6%，成为山西省首例"互联网+制造"示范项目。（于俊玲）

**【通信业务服务】** 2018年，电信山西分公司提高服务质量。固定电话装机及时率99.82%；因特网业务装机入网及时率97.08%；移动电话障碍修复及时率为99.67%；客户咨询投诉处理满意率90.15%。

落实电信服务规范。开展天翼高清服务标准、营业厅服务标准、政企服务标准贯标达标工作，通过强化标准要求，对内倒逼内部工作提升，对外提升客户感知。多举措提升营业厅受理效率。通过厅店排队系统，将用户等候时长纳入端到端监控系统，次日预警督办，按月通报平均受理时长和等候时长，加强指标运营情况监督。加强甩单系统使用，通过后台受理，减少前台录入时长，缩短等候时长。提升10000热线客服服务能力。10月上线智慧客服系统，通过全流程优化，提升客户感知，话前应用个性化IVR导航、智能语音、智慧鉴权等自助工具进行服务引导，话中应用智能预判、智能检测用户问题，提供场景专区、投诉预处理等在线工具辅助座席快速处理，话后应用质检对人工服务质量实施检测评定，及时触发协同服务。客户代表平均通话时长124.3秒，新系统平均通话时长117.01秒，缩短7.29秒。

开展资费公示，确保新老用户同权。线上、线下主动公示主流资费，根据当季营销政策，及时更新，保证新用户对主流资费套餐知晓权。系统优化保证老用户实现套餐迁转。普通移动业务用户可自由选择全部在售套餐相互迁转；合约用户按照签订协议相关规定执行，对于确有套餐迁转需求的用户，可先办理解约后进行套餐迁转；开放副卡、阿福卡、互联网卡对老用户迁转受理。开展全省业务大检查，排查"新老用户不同权"宣传，核查在售销售品、礼包包装及营销话术的宣传。

强化装维服务，聚焦客户体验，推进质量变革。推进宽带"当日装、当日修、慢必赔"服务，优化"当当慢"服务承诺，提升客户感知。装机时长由33.6小时缩短到24.6小时；修障时长由15.3小时缩短到10.6小时。开展"我是用户进行时"宽带体验活动，宽带业务从"我要装宽带""我要用宽带（我要看电视）""我要修宽带""我要咨询投诉"进行全流程穿越体验。移动业务从重点场景的4G网络客户感知开展体验对标，对2条高铁、5条省内高速、562个重点区域，1.08万用户的4G网络体验对标调查。（于俊玲）

**【电信网络服务】** 2018年，电信山西分公司推进业务创新，发展智能组网业务，针对用户对网络品质提升诉求，为家庭客户提供的家庭型服务产品，包括家庭网络标准化测评服务，家庭优先无线组网方案设计、终端安装调优及家庭网络保障服务，可按客户需求提供组网终端产品，提升用户家中宽带业务用户体验感知，家庭WIFI实现全覆盖，解决用户家庭上网"最后一公里"问题。启动天翼高清内容运营，引入影视、教育、游戏等增值应用内容，丰富天翼高清产品维度；启动智能家居应用业务，上线视频监控产品。举办13期智能组网培训，培训装维人员600余名，开展装维服务工程师星级认证管理工作，认证智慧家庭工程师装维人员100%完成智能组网产品安装。全年完成18万次智能组网上门服务。

提升移动网质量。聚焦五高一地（五高包括高速、高铁、高校、高流量商务区和高密度住宅区；一地指地铁）重点区域，按照"点线面"全面对标友商，6条重点高速、2条重点高铁测试评估对标优化补盲，对"五高一地"重点场景数万个资源小区展开以客户感知为主分场景访谈和评估工作，开展VoLTE和NB-IOT测试优化。

提升光网质量。以客户感知为引领，以客户服务为核心，践行"当日装、当日修、慢必赔"宽带装维服务承诺，在建成覆盖全省高品质全光宽带网络基础上建设"千兆示范小区"，打造体验4K天翼高清视频。完成黄河、长城、太行三大板块旅游公路开工仪式通信保障和远程会议支撑任务。

山西分公司宽带网络实现由窄带接入网向融合高速率、提供多种综合业务全光宽带接入网转变，光宽用户占比达98.81%，实现全光网络运营；户均带宽达97.30兆，百兆以上光宽用户占比达86.50%。移动网络覆盖质量提升，用户投诉下降，城区覆盖率达98%以上，移动数据平均下行速率达34兆位/秒以上，移动用户端到端感知优良率保持在94%以上。

压降宽带故障及重复故障，全省宽带故障申告率由8%降低6.2%，宽带重复故障率降低16%；管控入网测速动作，新装用户测速合格率达98%以上；开展当日装、当日修、慢必赔服务承诺，全省总体装机时长由39.6小时下降至27小时，修障时长由13.1小时下降8.0小时，当日装比例达

97.8%,当日修比例达 97.6%;整体客户装维满意度达 99%以上。 (于俊玲)

【电信惠民利民】 2018 年,电信山西分公司贯彻落实“提速降费”要求,覆盖流量、宽带、语音等方面。提速惠企,降低中小企业宽带平均资费。为推动互联网和实体经济深度融合发展,互联网专线业务价格在上年两次下调 23.5%基础上,2018 年度再次下调 10%;完成中小企业数据梳理及打标,为 550 家企业发放提速降费告知函,降低企业信息服务使用成本。

流量惠民,降低移动网络流量资费。2018 年 7 月,取消流量漫游费,手机上网流量资费降幅达 30%;推出优惠国际漫游流量产品,60 余个方向国际漫游流量资费降幅超过 50%;推出大流量套餐体验活动,牵引用户向大流量套餐迁转,推进流量达量送红包活动,鼓励用户使用流量。

宽带提速,加大基础网络建设力度。推广 100 兆及以上宽带,新装用户百兆以上,融合新装用户 300 兆以上,省家庭有线宽带平均接入速率达 85 兆位/秒,平均单位带宽价格下降 30%。降低家庭宽带价格、提升宽带速率,推出 20 兆/360 元包年宽带产品;20 兆以下速率光纤宽带用户年内提速至 20 兆;2018 年用户平均带宽达 163 兆位/秒,较上年提升 103%。

(于俊玲)

【通信实名制管理】 2018 年,电信山西分公司落实工信部实名制新规,推进用户实名制工作。在 2018 年工信部、省通信管理局实名制检查中,实名登记率高于中国电信集团平均值和全国三家基础运营商平均值。下发《关于进一步落实电话用户真实身份信息登记实施规范及相关工作要求的通知》。针对实体渠道开展 4 轮暗访,覆盖 1760 个实体渠道,合规率环比上年提升 2.30PP。全年因实名制考核代理渠道 27 家,清退 4 家;行政警告处分 2 人,问责谈话 10 人,通报批评 1 人,渠道经理待岗学习 1 人。各类渠道代理商签订信息安全协议,办理时执行相关流程规范,暗访合规率全年提升 3.41PP。落实实名制新规,优化系统流程。办理业务实名制验证时增加活体检测,增加“港澳居民居住证”“台湾居民居住证”和“外国人永久居民身份证”作为实名登记有效证件。 (于俊玲)

【物联网开放实验室(NB-IoT)建设】 2018 年 3 月 15 日,“物聚启智 联合创新——山西省 NB-IoT 专业委员会成立大会暨产业链研讨会”在山西太原举行。成立大会上,中国电信山西分公司作为第一届专委会主任委员单位,承接成立山西省物联网开放实验室(NB-IoT)。

开放实验室(NB-IoT)由山西省物联网产业技术联盟发起,由中国电信山西分公司承接成立。中国电信山西分公司作为山西省信息化建设主力,为会员企业提供跨地域、全业务综合信息服务能力和客户服务渠道体系。实验室可为产业链共建、共享,多方协同辐射全国,提供“终端+网络+平台+应用”端到端的、可配置开发测试环境,优先考虑联盟成员单位接入。

山西省物联网产业技术联盟开放实验室(NB-IoT),针对共性物联网技术问题研发,实现技术共享。与产业链广大合作伙伴,共同探索物联网业务新机遇,构建物联网发展新常态,促进物联网产业生态化发展。开放实验室(一期)为会员企业提供如下服务:试用类,免费为会员企业提供物联网卡、物联网模组、DTU 试用服务;验证类,网络连通性、应用服务器连通性、终端功耗、端到端通信持续运营验证;服务类,定制化行业终端开发、物联网开放平台对接联调;咨询类,通信技术咨询、物联网开放平台对接咨询、终端元器件选型咨询、终端功耗优化咨询;参观展示类,实验室现场参观、实验室正式交流、实验室展示、展会展示、物联网相关知识培训等。 (于俊玲)

【通信信息诈骗防范打击】 2018 年,电信山西分公司对工信部、公安和集团公司通报涉诈号码完成核查处置,电话核查系统工单处置及时率达 100%;对反诈态势及时研判,对假冒领导诈骗实施精确重点打击,遏制诈骗电话增长势头。规范语音专线、400 等重点业务。建立完善技术手段,加强源头管控。完善和提升各项技术手段措施,对违法诈骗行为及时提醒和主动拦截。加大宣传教育,提高网络安全意识。2018 年国家网络安全宣传周,山西分公司组织相关单位,以多种形式、多种渠道开展宣传活动,帮助社会公众提高网络安全意识。向全省用户发送提示短信 360 余万条;利用营业厅和微信公众号开展宣传活动,活动期间发放 19800 份宣传单页,宣传海报 1250 份,播放音视频 480 小时。 (于俊玲)

## ·中国联通山西省分公司·

【概况】 2018 年,中国联通山西省分公司(简称山西联通)推进“五新”联通山西实践,以 144 项重点工作为牵引,推动各项工作迈上新台阶。截至 2018 年底,山西联通主营收入预算完成率 100.08%,中国联通集团北十省排名第 2;同比增长 4.84%,排名第 3;完成利润目标,预算完成率 100.02%,排名第 7,同比增幅北十省排名第 2;实现主营收入、利润“双超完成”。 (黄云霞)

【服务营销改革转型】 2018 年,山西联通推进 O2O 协调营销体系建设;围绕客户需求打造政企沃服务平台;推动网络线“互联网+工单”运营模式转型。推进以增量分享为核心的全生产场景划小改革,实施项目(产品)经理负责制,在省公司搭建专属区域,打造创新“梦工厂”。实施县域振兴行动计划改善经营业绩,251 个县分公司收入同比实现正增长。动态优化机构职责,实现全省光缆线路维护市场化运营,调整大中台运营模式,实行审计大区制体制改革。承办“中国联通杯——王者荣耀电竞大赛——暨王者荣耀城市赛·春节狂欢月”活动山西赛区线下决赛。（黄云霞）

**【支撑管理能力提升】** 2018年，山西联通采取“三个一切”的经营理念，提升支撑管理能力。推进“双效提升”和“三基能力”建设，宽带终端成本较上年每户下降52元，单塔租赁成本较上年末降低145元；系统外不合规收入全部清除，关闭的2017年度项目建设周期同口径较上年减少148天。创新网络管理模式。建立“沃优栅格”体系，名单制管控“沃维网格”体系。实施网在营前，优化资源配置机制，提升能力交付效率。倒三角支撑体系助力划小改革，构建“一级平台、两级管理；一点响应、首问负责”综合支撑体系，工单量、工单办结效率和解决率提升。从拓展触点、完善中台、开放平台能力等方面，体系化支撑互联网化营销转型。开展物资清理整顿，账实相符率较上年末提升9.60个百分点，抗风险能力增强。（黄云霞）

**【春节业务营销】** 2018年春节期间（除夕至正月初五），山西联通移动业务发展用户数较上年春节增长78.70%，其中传统渠道发展用户数较上年春节增长112.90%。针对春节期间用户触点减少，营销活动陷入低潮局面，山西联通开展线上线下无缝隙式宣传。锁定客户消费热点区域，在超市、彩票站、快递柜、咖啡厅、网吧、机场、车站、住宅小区、快递上张贴产品二维码，宣传春节期间营销策略及优惠亮点，用户扫码后即可完成受理。在太原南站，实现车站广场、候车大厅、进出站口、换乘通道的山西联通广告、品牌宣传全覆盖。探索全员线上营销新模式。参与员工达到8358人，带动扫码27.76万笔，人均扫码量33.22笔，累计下单1775笔。山西联通各类“码”共计4.20万个，扫码总量突破90万笔。（黄云霞）

**【信号营销服务】** 2018年，山西联通开展信令营销业务，针对用户在关机或不在服务区等无法接通的状态下，将用户漏接的电话信息和互动营销信息通过信令营销平台实时发送到用户手机，实现漏话提醒。“166”号段预约放号。开展交换网码号传递规范整治工作，完成现网数据排查，全省统一数据制作规范，清理垃圾数据释放交换机资源，实现对关口局数据制作的统一及规范化。对全省“10655”开头短号码核查整顿，清理下线107个长期不使用号码。（黄云霞）

**【联通通信保障】** 2018年1月25日至31日，山西联通为省人代会提供现场保障和应急支撑。成立5个通信保障服务小组，从机房设备、光缆路由、远程监控、现场保障等多方位多角度通信保障。对会议主会场和代表驻地基站优化；组织太原分公司开通山西电视台到山西大剧院两条电路，黄河新闻网直播使用两条互联网电路；配合上述两家新闻媒体完成直播电路调测。制定《2017年“人代会”保障方案》《人大会议通信应急预案》，做好通信保障和通信服务。5月25日至6月12日，参加中国联通“匠心网络万里行2018”应急通信保障拉动演练活动。开展2018年“防汛、抗震”应急通信演练。（黄云霞）

**【“开放知识库”运营】** 2018年4月12日，山西省“开放知识库”在“山西联通客户服务”微信公众号上线。“开放知识库”是集业务咨询、服务、知识传播、品牌宣传与客服渠道支撑于一体的开放型企业知识平台。

山西联通“开放知识库”众筹命名为“你问沃答”，客户可对首次投放8个模块，460个单元相关知识任意搜索，操作简单、结果快捷直达，还可对搜索结果点赞、吐槽、评价交互。开放共享特色契合客户使用需求，形成自主传播分享的互联网传播模式。（黄云霞）

**【“智能客服机器人”上线】** 2018年4月26日22:00时，山西联通客户服务微信公众号在线客服智能机器人—“沃小晋”首发上线，实现互联网客服“人机交互，毫秒服务”。“智能客服机器人”应用人工智能、自然语言处理技术，具备多轮会话、自主训练学习、知识积累分类等功能，上线运营后可依据山西省客户交互表达习惯形成自发训练、持续优化语聊库机制。“沃小晋”智能客服机器人支持微信、短信、网页链接、APP等全渠道接入，共设置154个业务场景，1182条拟人化QA交互知识信息，7×24小时在线即时响应，为客户提供全业务即时查询、缴费、办理、业务咨询等服务。智能机器人无上限服务人数，实现客户服务需求响应“0”等待，提升互联网客服运营能力，改善客户体验。

（黄云霞）

**【3G网双载波清退】** 2018年，山西联通为应对4G容量和负荷增长对网络带来的压力，提升用户体验和客户感知，推动技术演进提升频谱效率，加快3G网双载波清退工作。为释放3G占用频段，发挥4G网频谱效率高优势，制定3G退频单载波方案统一退频标准，将试点基站、试点区域、试点地市、分阶段全网退频等6个关键点进行安排部署，确保整个清频工作中用户感知不下降。（黄云霞）

**【5G基站开通】** 2018年10月1日，山西联通NSA组网5G业务First-Call打通，成为全国首个非5G试点城市开通5G基站省分公司。山西联通在业务大厅部署5G演示业务，介绍5G业务、行业应用，为省市政府、集团客户进行多场5G业务展示、推广。探索5G组网模式，利用现有网络资源，采用现有NB VPN通道，实现5G基站接入山东5G核心网，并在四枢纽楼顶、业务大厅分别部署5G基站，山西联通5G基站灌包速率865兆比特/秒，达到5G终端CPE的极限速率（850兆）。（黄云霞）

【联通诈骗电话治理】 2018年,山西联通完善实时关停技防手段,严把入网环节,全省诈骗电话被举报件次减少,由10月的31件下降至11月的23件,累计关停欺诈及骚扰电话2865户,欺诈举报率下降到0.19件/百万用户,骚扰电话举报率下降到1.74件/百万用户。将从事疑似骚扰或诈骗号码用户列入企业黑名单,禁止其入网180天;加大网上用户邮寄目的地审核,对欺诈重灾区的用户停止受理,从源头上遏制不法分子购卡可能。省公司信息化部于11月16日凌晨在BSS系统上线对鹰眼系统下发欺诈号码实现自动关停功能,以及相对应白名单功能,避免诈骗号码的传播。 (黄云霞)

## ·中国移动山西省公司·

【概况】 截至2018年底,山西省移动通信客户达2379.20万户,4G客户达1795.50万户,宽带客户达318.10万户,物联网连接数达486万户。累计总计费时长达868.61亿分钟,短信业务量达12.10亿条,移动数据业务流量达62648.20万GB,手机上网业务户均流量达2.85GB。山西移动共有通信基站9.61万座,光缆56万皮长千米,网络覆盖全省100%行政村及以上区域。50兆以上宽带客户占比达92.20%,家庭固定宽带平均资费下降超过50%,移动流量平均资费下降68.40%。关停电信诈骗涉案号码152个;日均拦截诈骗骚扰电话9万余次;监测发现处置涉黄类不良信息298个,清理高风险域名13个,关停并下架整改业务IP地址18个。 (张维汀)

【数字经济与实体经济融合】 2018年1月30日,中国移动山西公司总经理参加中国移动·九三学社"九企合作"对接会。山西移动利用物联网、大数据、云计算等新技术,推动数字经济与实体经济融合。2月12日,省中小企业局部门负责人来公司交流。省中小企业局局长指出,要借鉴先行省份优秀经验来推动中小企业信息化发展,坚持以满足需求、发现需求、挖掘需求、引领创造需求为原则,推进信息化,通过"局部开展、试点推行",形成示范效应后复制经验、规模推广。3月14日,工信部公布上年全国网站备案信息核查结果,山西移动网站备案主体信息准确率100%,接入信息准确率93.10%,网站备案准确率,在支撑国家网络信息安全保障工作中发挥作用,为互联网管理和健康发展提供基础和保证。公司重视网站备案管理工作,自研ICP备案核查系统,推进网站备案信息准确性核查工作,确保备案网站准确调度。4月,双创一期项目"和锁屏"出孵;"洞悉""基于大数据及体验营销的旅游销售推广平台"2个项目第三期正式入孵;四期"和卫士"和"基于和对讲产品在微信上建立的语音交互平台"两个项目入孵公示。 (张维汀)

【山西移动改革转型】 2018年,中国移动山西公司深化改革转型,打造与战略转型要求相适应的组织架构、能力布局、运营管理模式,以改革促转型、以转型促发展,深化"大连接"战略落地。体系化推进机构优化,构建大市场、大网络、大IT运营体系。中国移动山西公司提升电渠能力建设,优化网厅、短厅、微厅、手厅、移动商城,推进微店迭代升级,提供便捷业务受理体验和全方位本地化服务。3月推出集充值、查询、娱乐、生活服务于一体"山西移动和生活"。山西移动聚焦客户感知,建立产品品质管理体系。聚焦客户触点需求、投诉问题,输出客户痛点优化建议、产品质量感知差评点,做好客户需求异动、触点服务评价预警,提升产品品质。山西移动打造精品NB-IoT网络,助推万物互联,实现城区NB覆盖。 (张维汀)

【移动行业战略合作】 2018年2月11日,中国移动山西公司与山西广播电视台签署战略合作协议,双方构建起新合作机制,在内容生产、线上线下产业开发、IPTV业态发展、短视频制作、云媒体技术、基础设施等开展深入合作。5月8日,"移动大连接,智汇中小微"中国移动助力中小企业信息化提升活动在甘肃省酒泉市举办。山西移动公司与山西省中小企业局现场签署战略合作协议。根据协议,双方本着"加强联合,政企联动,携手共进,协同发展"原则,推动中小企业"上云上平台"。5月,山西移动公司与大同市人民政府签订战略合作框架

2018年5月31日,山西移动联合山西广播电视台、山西广电传媒集团举办"连高清视界 启无限精彩"主题新闻发布会,正式发布魔百和(TV版) (张维汀供图)

协议，根据协议内容，双方互为重要战略合作伙伴，在“互联网+”、云计算、大数据、物联网等信息化建设方面开展深度合作；加大信息安全基础设施建设，以信息化助力经济结构调整和产业转型升级。5月18日，山西新闻网成立20周年暨山西日报手机报上线仪式上，山西日报社与山西移动公司双方签订战略合作协议。5月31日，山西移动联合山西广播电视台、山西广电传媒集团举办“连高清 视界 启无限精彩”主题新闻发布会，正式发布魔百和(TV版)。5月23日至6月14日，山西移动公司派2辆应急通信车和4名应急通信专家赴山东青岛，按保障统一要求完成2018年青岛上合峰会指定酒店和会议场所等地应急通信保障任务。9月6日，中国移动山西省分公司赴山西大学大数据科学与产业研究院就数据智能和移动大数据应用等内容进行沟通交流。双方表示，发挥各自优势，建立长效沟通、联合研究机制，推进产学研深度融合，丰富大数据产品应用，推动云计算、物联网发展，创新医疗、农业、环保、矿山等行业发展，携手助力数字山西建设。　（张维汀）

## 邮政服务

### ·邮政管理·

【概况】 2018年，山西省邮政全行业业务总量完成94.06亿元，同比增长29.88%；业务收入(不包括邮政储蓄银行直接营业收入)完成74.17亿元，同比增长13.01%。其中，快递业务量完成3.03亿件，同比增长24.52%；业务收入完成38.55亿元，同比增长28.53%，支撑网上零售额1800亿元。邮政普遍服务和快递服务满意度提升，消费者申诉处理满意率达98%。

全省邮政普遍服务网点保持在1650处，累计建成村邮站7282个，邮政普遍服务网点乡镇覆盖率和建制村直接通邮率均保持100%。全省许可快递企业达257家，设立分支机构3137家，完成末端网点备案2611个，快递网点乡镇覆盖率达100%。

（刘博军）

【邮政业发展】 2018年，山西省邮政管理局为太原国际邮件互换局工程，组织省发改委、太原海关及航产集团、邮政企业同步开展审批与建设工作。克服审批部门多、周期长，建设时间紧、任务重等困难，召开专题推进会议20余次，与海关总署、中国邮政集团公司对口沟通10余次。山西省政府办公厅印发《邮政快递业调研座谈会纪要》，对行业发展五方面内容提出支持。

对接省商务厅拟定推进电子商务与快递物流协同发展实施方案。9月3日，山西省政府办公厅印发《关于推进电子商务与快递物流协同发展的实施意见》，省局组织各市局梳理落实清单117项，明确责任人和时间表，多项内容获全省现代服务业发展资金支持。落实《山西省支持快递业发展的若干措施》，朔州、吕梁、临汾、阳泉等市先后出台支持政策，基本实现省市全覆盖。落实邮政专用车辆免费通行省内高速公路政策，普遍服务成本降低。开展“十三五”邮政业发展规划中期评估工作。

推进农村地区邮政基础设施建设项目，翻建网点59处。省级快递分拨中心自动化水平上升，22个品牌快递企业市级分拨中心、19个县域分拨中心实现规范化。8个市局推进快递企业入驻13个物流园区。建成快递末端综合服务站1483个，农村快递公共取送点749个。城市快递自营网点标准化率达到92%，智能快递柜格口达到6万个。末端服务质量提升。在全省推广快递配送车辆“四统一”模式。全省11个市城区8192辆快递配送车辆均实现规范化管理，9个市局出台或联合公安部门出台通行政策。推进“快递进校园”，在80所高校规范收投全覆盖基础上，32所高校实现快递服务集约化。开展快递业信用体系建设工作，向“信用山西”推送行政许可、行政处罚信息。联合省快递协会、消费者协会及相关省直部门成立信用评定委员会。采取诚信宣誓、签名承诺等形式，开展“诚信快递 你我同行”主题宣传周活动。做好邮政业消费者申诉处理工作。加强快递员权益保护，联合省快递协会在快递业务旺季期间开展“走一线、送温暖”慰问活动，邮政企业在全省建成城市投递员之家126个。

落实10部门关于推进快递业绿色包装工作指导意见，企业落实《快递封装用品》系列国家标准和《快递业绿色包装指南(试行)》。全省品牌企业电子运单使用率达到95%，快递企业在全省投放可循环中转袋8万余条。应用新能源车辆和清洁能源车辆、甩挂运输和多式联运，全省行业新能源汽车达到215辆。　（刘博军）

【依法治邮】 2018年，山西省邮政管理局推进“放管服”改革。行政许可流程简化，邮政普遍服务5项行政审批时间压缩至法定时限一半，快递许可平均办理时限压缩到8到7个工作日。开展达标专项检查、建制村直接通邮核查和中央巡视移交邮政普遍服务问题专项检查，建立问题台账，销号管理，全年检查邮政普遍服务营业场所1434处，下发检查通报50份，责令整改76次，行政处罚20起，邮政服务质量提升。监督销毁无法投递又无法退回信件3913件。举办全省系统行政执法案卷评审培训班，交叉点评历年典型案卷，邀请山西省政府法制办专家现场指导，全省系统行政执法规范性提高。　（刘博军）

【寄递安全管理】 2018年，山西省邮政管理局召开全省寄递企业主体责任落实培训会，强化区域总部安全管理责任。落实“三项制度”，推进企业应用实名收寄系统，实名率保持在99.60%以上。关注安检机配而不用、用而不实等问题，推进持证上岗和双人轮岗，全省安检机达到233台，持证人员358人，市级品牌快递企业分中心视频监控联网率达到82.14%。推进“安全生产月”活动，协同有关部门开展寄递渠道反恐、禁毒、扫黄打非、打击侵权假冒等工作，通过信息共享、管控联动，多维度、多方式开展隐患排查和执法检查。加强行业应急管理，完成《山西省邮政业突发事件应急预案》修订评估。完成上合组织青岛峰会、中非合作论坛北京峰会、首届中国国际进口博览会等重大活动和快递业务旺季服务保障工作。提前制定方案，多轮次现场督导，执行24小时值班和每日零报告制度，全省寄递渠道保持安全稳定畅通。（刘博军）

## ·邮政业务·

【概况】 2018年，中国邮政集团公司山西省分公司（简称山西邮政）实现业务收入33.6亿元；新增金融总资产154.52亿元；邮政劳动生产率16.44万元/人；固定资产投资2.59亿元。完成新建太原邮件处理中心征地工作；实施太原邮件处理中心包分机改造，完成安检机采购招标、配备36条伸缩皮带机，购置邮路汽车、三轮摩托及电动车等900余辆，邮件处理能力经受住“双11”和冬旺季考验。安防保障投入加大，启动全省邮政营业网点监控联网工程，更新东太堡综合楼、部分市县消防报警系统。全省邮政信息技术创新升级，实施省中心机房改造、省际网络扩容、虚拟化平台升级等工程项目；软开中心完成金融从业人员轮岗系统、内控管理系统、“员工宝”二期等十余个系统开发，支撑企业经营。“三供一业”工作按集团要求推进，分离移交家属区310处，协议签订率100%。

2018年，“邮农合作社”模式获评为第十四届全国邮政企业管理现代化创新成果三等奖；在全国集邮联举办的“庆祝改革开放四十周年”集邮巡展中，省集邮协会获得全国集邮巡展、图书评选和征文活动3个组织奖；在全国邮展上，省集邮协会送展的5部邮集和3部文献分别获6个银奖1个镀银奖。太原市集邮协会会员李存宇的税票类邮集《在中国山西使用或加盖的印花税票（1917－1937）》在2018年曼谷世界邮展中获镀金奖。申请对接省委扫黑除恶安排，完成29000封到乡镇党委和村委会的信件专送任务。打造内陆对外开放契机，在政府主导下推动建成太原国际邮件互换局，取得政策资金支持。争取太原晋源区委支持，在新建社区批量投放排他性智能包裹柜。发挥全省邮政1100多处农村网点、代办局所和乡邮员投递优势，参与全省乡镇交通安全工作站、村级交通安全劝导站和乡镇交通安全员、劝导员“两站两员”建设。集团公司拨付新建太原邮件处理中心1.4亿元；拨付“三供一业”分离移交资金1.26亿元。争取到地方政府普遍服务、扶贫及太原国际邮件互换局建设运营补贴1977万元，包括忻州物流配送及返城电商扶贫190万元。（李　江）

【普遍服务和特殊服务】 2018年，山西邮政投资4052万元，实施普遍服务基础设施改造；投入579万元，用于服务“三农”项目。全省409个空白乡镇实现邮政局所全覆盖，其中百余局所转为自办，建制村通邮率达100%，1024个电子化营业网点“第三方支付”开通率100%，发生支付的网点占51.37%。开展“一封信，一颗心”主题教育和“三大歼灭战”等专项整治活动，投递质量和服务水平提升。狠抓寄递渠道安全，完成中国国际进口博览会、中非合作论坛北京峰会、“两会”等国家重大活动服务保障工作。机要通信质量保持全红，实现“十二连冠”。（李　江）

【马克思书房主题邮局】 2018年5月11日，为纪念马克思诞辰200周年，由由中国邮政集团公司太原市分公司与太原市图书馆开设的“马克思书房”配套设立的“马克思书房主题邮局”同时对外开放。（李　江）

【邮政业战略合作】 2018年5月15日，山西邮政与省公安厅交管局召开警邮合作座谈会，安排部署优化合作流程、提高便民服务效率、加大基础设备投入以及加强系统对接、宣传推广、农村道路交通安全等工作。8月底，全省11个代办交管业务便民服务点开通运营。5月18日、7月5日、9月20日、9月26日，山西邮政分别

2018年5月3日，在国家邮政局经济文明建设委员会指导举办的“中国梦 邮政情 寻找最美快递员”活动中，临猗县百世李朋璇（右）获“最美快递员”称号

（李　江供图）

与东方航空股份有限公司、陕西汽车运输集团有限公司和中银保险有限公司、中国联通山西省分公司、中国铁塔股份有限公司山西省分公司签订战略合作框架协议。（李　江）

【投递服务质量专项整治】 2018年，山西邮政做好平信、报刊等邮件投递工作。6月15日，山西邮政启动提升投递服务质量专项整治活动。活动期间，省分公司对投递人员开展“一封信一颗心”主题教育培训，学习先进事迹，提高失业道德水平；学法律法规和标准规范，提供服务技能；加强警示教育，杜绝各种违规行为。针对平信报刊投递服务质量开展专项整治，分阶段打好邮件退转不规范、跟段检查不落实、收发室村邮站逾期邮件不清退等问题的“三打歼灭战”工作，落实“三个百分之百”目标。通过全面推进投递外勤监控系统应用，设置监控点条码，反映投递行走路线；做好建制村直接通邮工作；强化投递服务质量，业务邮件投递服务规范管控。7月至12月，省分公司组织开展平常邮件质量提升活动，实现平常邮件收寄、分拣封发、运输、投递和清(改)退质量水平。（李　江）

【代理金融差异化服务体系建设】 2018年7月，山西邮政启动代理金融差异化服务体系建设。省分公司提出柜面服务方面重点推进4项规范礼仪服务，加快柜面业务办理，优化办理流程，做好客户识别和业务转介服务。厅堂服务方面，推进“8+N”模式推广。（李　江）

【绿色邮政建设行动】 2018年8月29日，山西省邮政分公司制定出台《关于开展绿色邮政建设行动的实施意见》。提出用3年时间，将企业打造成绿色运营践行者、绿色生活推动者、绿色生态守护者、绿色品牌塑造者。推广应用绿色低碳包装材料，可降解绿色包装材料应用比例达50%以上；包裹电子运单使用率达90%以上。推动邮件处理中心和信息机房的节能建设和运营，倡导员工低碳生活。11月1日至7日，省公司以“绿色邮政、绿色发展”为主题，在全省范围内开展“绿色邮政宣传周”活动。（李　江）

【寄递翼改革】 2018年9月25日至26日，山西省寄递翼改革动员部署会议召开。寄递翼改革实施“一个主体、整合资源、分层运作、清晰核算”，整合邮政公司寄递业务主要资源和速递物流公司全部资源，组建山西省寄递事业部，对内作为快递物流业务经营管理的责任主体，对快递物流业务实行统一管理、统一经营、统一核算、统一考核的改革思路。（李　江）

【太原国际邮件互换局(交换站)运营】 2018年11月5日，太原国际邮件互换局(交换扎)运营启动仪式在太原武宿国际机场货运楼举行。省委常委、常务副省长林武出席启动仪式，宣读省委副书记、省长楼阳生的批示。（李　江）

## ·快递行业管理·

【快递业发展环境建设】 2018年，山西省邮政管理局推进“邮政在乡”“快递下乡”工程，全省邮乐购站点达到1.62万个，县乡村三级寄递服务体系完善。邮政企业推出“一市一品”农特产品典型项目14个，交易额1.11亿元。快递企业打造服务农业“一地一品”项目30个，快递服务制造业项目5个，运城市“快递+苹果”项目产值达1.80亿元。绿色发展步伐加快。（刘博军）

【快递业绿色包装】 2018年，山西省邮政管理局落实10部门关于推进快递业绿色包装工作指导意见，企业落实《快递封装用品》系列国家标准和《快递业绿色包装指南(试行)》。全省品牌企业电子运单使用率达到95%，快递企业在全省投放可循环中转袋8万余条。应用新能源车辆和清洁能源车辆、甩挂运输和多式联运，全省行业新能源汽车达到215辆。（刘博军）

【快递业监管】 2018年，山西省邮政管理局开展“不着地、不抛件、不摆地摊”专项整治和快递市场清理整顿，围绕重点品牌、重点地区、重点环节开展“双随机”检查，查处违法违规行为159次，行政处罚136起，全省快件处理场所和县以上末端离地设施铺设率保持全覆盖，快件处理场所视频联通实现全覆盖。推进行业自律，省快递协会顺利换届，市级快递协会达到4个。采取新闻发布会、专题培训、知识测试等方式贯彻《快递暂行条例》及其释义。（刘博军）

## 无线电管理

【概况】 山西省无线电管理局负责本行政区域除军事系统外无线电管理工作，根据审批权限实施无线电频率使用许可，审查无线电台(站)建设布局和台址，核发无线电台执照及无线电台识别码(含呼号)，负责本行政区域无线电监测和干扰查处，协调本行政区域无线电管理相关事宜。

2018年，山西省受理用频设台申请61家，指配双工频率88对、单工频率203个，指配1.4GHz频率20MHz，1.8GHz频率10MHz；审批各类台站3732个，换发执照860个；指配业余电台呼号1095个，核发业余无线电台执照1454个。完成5G中频段所涉台站摸底汇总工作；为大西铁路客运专线有限公司原平至太原段GSM-R基站办理设台手续，颁发电台执照；为太原轨道交通有限公司、山西广播电视无线中心和太原国际机场有限责任公司颁发频率使用许可证；对太原国际马拉松赛临时用频协调。

截至2018年底，全省共有各类无线电台站79646个。其中，广播电视430部、基站50392个、无线接入1568个、数传54部、卫星地球站66个、微波148个、集群2066个、固定台579部、移动台15646部等。（李金凤）

【频谱使用评估】 2018年，山西省无线电管理局根据《国家无线电办公室关于开展频率使用率评价工作的通知》要求，制定《山西省2018年频率使用率评价工作实施方案》，成立频率评价工作领导组，完成全省频率使用率评价工作，向国家无线电办公室提交评价报告。完成1.4GHz、1.8GHz频段频率规划的编制发布工作、1.4GHz专网频率指配工作和1.8GHz频段无线接入频率使用许可市场化配置试点工作。 （李金凤）

【空中电波秩序维护】 2018年，山西省无线电管理局制定《山西省打击“伪基站”违法犯罪活动专项行动方案》和《山西省开展打击治理“黑广播”违法犯罪和集中整治违规使用调频广播电台专项行动方案》，查处“黑广播”违法犯罪案件19起，缴获“黑广播”设备19套；查处“伪基站”违法犯罪案件17起，缴获“伪基站”设备16套，查获涉案人员14人。（李金凤）

【无线电安全保障】 2018年，山西省无线电管理局做好无线电安全保障工作，全年共参加高考、公务员录用、资格类考试等无线电安全保障240次，累计出动人员3146人次，出动车辆747辆次，动用监测设备1821台（套）次，发现作弊信号67个，直接查处40起，实施技术阻断27起，查获涉案设备45台（套），查获涉案人员19名。在全国两会、春节等节假日、敏感时期、重大活动期间，实行24小时监测值班制度，累计监测时长7456小时，保证各类无线电通信业务用频安全。 （李金凤）

【无线电干扰排查】 2018年，山西省无线电管理局排查各类无线电干扰48起。省站、运城市局排查太铁集团所属GSM-R网络和永济高铁沿线铁路专用频率受到的不明无线电信号干扰，排查运城机场地空通信频率无线电干扰隐患，保障民航飞行安全和铁路运行安全；全省各地排查手机信号屏蔽器干扰移动4G网络，保障公众移动通信网络畅通；省站、晋中市局和大同市局联合排查法国SMOS卫星干扰隐患，保障国际通信业务用频安全；配合国家监测中心完成晋中市某卫星地球站干扰排查工作，省站排查中国卫星通信集团有限公司所属卫星干扰。 （李金凤）

【无线电管理执法】 2018年，山西省无线电管理局在“2·13”世界无线电日、“5·17”世界电信日等时间节点，开展形式多样的《无线电管理条例》宣传活动。开展无线电管理行政执法能力提升专项行动，建立完善行政执法工作细则等配套制度8项；为全省103名执法人员换发新版执法证件；创新多部门联合执法模式，组建5个区域执法分队，分区域或与当地相关执法部门联合开展无线电台站核查和无线电设备销售市场监督检查执法行动。首次对电信运营商擅自用频和广播电视部门擅自改变设备工作参数等行为行政处罚，对考试作弊行为开展行政执法，行政处罚案件数量质量较上年提高。省站查处乔某擅自使用手机信号放大器干扰铁路无线电业务案入选工业和信息化部无线电管理局“无线电行政执法十大典型案例”。注重现场执法信息采集和事后案件处理规范性、合法性，全省开展行政执法77次，下发责令改正通知书46次，作出行政处罚决定15次，没收违法无线电设备116台（套），执行罚款71000元。（李金凤）

【无线电监测】 2018年，山西省无线电管理局注重日常监测，省监测站和各市监测站发挥技术设施优势，全年开展日常监测工作17870多小时，发现各种不明信号或违规设台行为192个。晋城站在监测中发现气象部门未经批准擅自设置使用气象雷达站、长治站在监测中发现某大型企业未经批准擅自使用无线对讲机频率16对；省站、长治站、晋城站为9个设台用户进行新建台站电磁环境测试，出具测试报告9份，为保障重点工程项目实施提供技术依据。全年全省编报频谱监测统计报告120份，上报工信部无管局《山西省无线电频谱监测统计报告》12期。 （李金凤）

【在用无线电设备检测】 2018年，山西省无线电管理局省站、长治、晋城和运城等站，开展在用无线电设备检测工作，先后对广电、气象观象台、民航等单位无线电台（站）检测，共检测电视发射机29套、广播电台36套，雷达2套，超短波台站2170个。省站协助公安对10套伪基站设备鉴定，出具鉴定报告。 （李金凤）

【基础技术设施建设】 2018年，山西省无线电管理局完成大同、晋城、晋中、忻州、临汾、长治市无线电监测技术机房标准化建设任务；完成全省视频会议系统和无线电管理一体化平台建设，整合全省A级监测站、B级监测站、高山站和小型站监测数据资源，实现全省日常监测业务数据共享，对“黑广播”自动查找，对考试保障和重大无线电安全保障活动智能化监管。按照国家统一部署，开展“十三五”规划执行情况中期评估工作。购置4辆无线电监测车，提升省监测站无线电监测机动能力；购置10套数字压制设备，提升各市局无线电安全保障能力。 （李金凤）

# 旅游业

Tourist Industry

## 综　述

【概况】 2018年10月28日，新组建的山西省文化和旅游厅（简称山西省文旅厅）挂牌成立。根据《山西省机构改革实施方案》，将省文化厅、省旅游发展委员会的职责整合，组建省文化和旅游厅。

截至2018年底，全省共有A级旅游景区204家，其中AAAAA级景区8家，AAAA级94家。全省星级饭店226家（五星级17家，四星级58家）。旅行社892家（出境组团社103家）。持证导游16200余人。山西红马国际旅行社有限公司、山西太平洋国际旅行社有限公司和山西宝华盛世国际旅行社有限公司进入全国百强旅行社。全年全省接待入境过夜旅游者101.93万人次，国内旅游者7.037亿人次，实现旅游总收入6728.70亿元。

2018年，山西省接待入境旅游者95.71万人（次），实现海外旅游创汇3.50亿美元，同比增长分别为6.38%、10.32%。累计接待国内游客5.60亿人（次），实现国内旅游收入5338.61亿元，同比增长分别为26.49%、26.27%。实现旅游总收入5360.21亿元，同比增长26.21%。（王小龙）

【山西旅游发展推动】 2018年9月20日，由山西山西省政府主办、省旅发委和临汾市政府共同承办的2018山西省旅游发展大会在临汾召开。来自海内外的600多位嘉宾，聚焦创建国家全域旅游示范区，畅谈旅游改革发展大计。该次大会以“华夏古文明·山西好风光”为主题，以加快培育文化旅游战略性支柱产业、建设富有特色和魅力的文化旅游强省为目标，以打造黄河、长城、太行三大旅游板块为支撑，坚持全域旅游为导向、文旅融合为主线、改革开放为动力、项目建设为抓手，采取“1+3+N”模式，进行山西旅游的大展示、大推介、大招商。大会期间，签约35个旅游项目，总金额达1090.93亿元。

举行“华夏古文明·山西好风光”旅游推介会、省旅游发展专家咨询委员会年会暨山西旅游创新才智峰会、山西省投融资项目洽谈会等活动。

（王小龙）

【假日旅游】 2018年，山西省假日旅游接待游客1.21亿人次，占全年接待游客总量的17.20%，实现旅游收入656.14亿元，占全年旅游收9.75%。春节期间，接待游客1365.45万人次，同比增长43.57%，实现旅游综合收入62.96亿元，同比增长31.78%；五一期间，接待旅游者2613.35万人次，同比增长21.76%，实现旅游综合收入115.25亿元，同比增长20.84%；国庆期间，接待游客5454.43万人次，同比增长16.70 %，实现旅游综合收入352.29亿元，同比增长18.30 %。

（王小龙）

【旅游营销与宣传推广】 2018年，山西省文旅厅聚焦“华夏古文明·山西好风光”主题，全方位彰显山西文旅新形象。加大新媒体宣传推广，开展网络媒体看山西活动，组织旅游达人、网络写手等开展文旅体验游活动。融入京津冀，与三地旅游部门在线路产品开发、客源互换等方面开展务实合作，打造跨省市旅游线路产品。推出“坐火车游山西”10条主题旅游精品线路，联合中国铁路太原局集团公司开展百趟旅游专列入晋游活动，全年达到103列。加大境外市场营销力度，在美国纽约时报广场LED大屏播放山西文旅形象宣传片，在北京外国人聚居地、加拿大蒙特利尔、德国柏林国际旅游交易会、巴西里约、葡萄牙里斯本、韩国、俄罗斯莫斯科和乌里扬诺夫斯克州举办8场专场旅游推介会，参加港澳台地区旅游会展，邀请境内外旅行商566人到晋踩线考察，省内出境旅行社与南非、巴西、葡萄牙等建立跨境旅游合作机制。举办2018全省旅发大会、2018港澳青少年长城研学游宣传推广活动暨内地游学联盟大会和首届　大河文明旅游论坛等多场重大文化旅游活动，将大河文明旅游论坛秘书处设在临汾市，打造成每两年一届的永久性旅游论坛活动。与山西广播电视台共同打造的大型旅游城市品牌推介竞演节目《人说山西好风光》获第25届电视文艺“星光奖”电视文艺栏目

提名奖。 (王小龙)

【旅游接待与收入】 2018年,山西省接待游客70449.30万人次,其中国内游客70378万人次,国内游客较上年增加14305万人次。旅游总收入6728.70亿元,较上年增加1368.50亿元,旅游外汇收入37798万美元,较上年增加2784万美元。截至2018年底,山西共有五星级饭店15家,四星级饭店58家。 (王小龙)

## 旅游规划与建设

【国家全域旅游示范区】 2018年,山西省制定《山西省创建全域旅游示范区研究报告》,研究起草《山西省创建国家全域旅游示范区实施方案》。经山西省政府第11次省长办公会议原则通过,7月23日向文化和旅游部递交关于创建国家全域旅游示范区的申请,推动市县创建国家级旅游业改革创新先行区。在大同市获得第二批国家级旅游业改革创新先行区创建单位的基础上,指导大同市编制完成《大同市国家级旅游业改革创新先行区建设实施方案》。推动右玉、左权两县申报创建国家级旅游业改革创新先行区工作。两县研究推进措施和办法,在旅游体制机制改革创新方面大胆尝试,争取创建成功。 (王小龙)

【黄河、长城、太行三大旅游板块规划】 2018年4月2日,山西省政府办公厅印发《2018年三大旅游板块突破性开局行动方案》,4月12日在晋中榆社县云竹湖景区组织召开2018年三大旅游板块突破性开局行动任务安排部署动员会,启动三大旅游板块专题片拍摄工作。委托专业团体编制以沿黄河、长城、太行的地区为主体区、辐射及相关地区为关联区,覆盖全省范围的《山西省黄河、长城、太行三大板块旅游发展总体规划》,旅游规划年限为近期2018—2020,中远期2020—2025两个阶段,以沿黄河、长江、太行地区为主体区,辐射及相关地区为关联区,覆盖全省范围。规划内容主要包括发展背景、客源市场、发展定位和发展战略、功能分区和空间布局、旅游公共服务体系、旅游产品和项目、形象和品牌、资源保护、政策保障等规划由文本及图件、说明组成。山西省政府办公厅印发《关于印发山西省黄河、长城、太行三大板块旅游发展总体规划的通知》,要求各市、县人民政府加强对三大板块锻造工作的领导,加强旅游基础设施建设,配套完善政策、资金、人才、管理等旅游发展要素支撑。省直部门发挥职能作用,加强工作指导,强化政策支持。旅游企业发挥市场主体作用,激发投资创业活力,围绕规划确定的业态分布、产品体系和重点项目,塑造黄河、长城、太行三大旅游新品牌。(王小龙)

2018年,太原汾河公园景区一角 (佚 名供图)

【旅游设施建设】 2018年3月27日,山西省旅发委在洪洞县召开全省旅游厕所革命工作现场推进会,全面启动新一轮“旅游厕所革命”,计划在2015年至2017年全省新建改建旅游厕所2784座的基础上,2018年至2020年再新建和改建厕所2500座,其中,2018年完成总任务量的40%(1000座,实际完成1034座),2019年、2020年各完成30%。山西全省“旅游厕所革命”亮点频出,临汾成为全国旅游厕所建设的先进典型。识别全省文化旅游资源901处,配合交通部门规划布局总里程13060千米的“城景通、景景通”旅游路网格局。“三大板块”旅游公路开工建设里程1846千米,占到年度目标里程1000千米的185%,完成投资78.1亿元。推进文旅信息化建设,“一部手机游山西”上线试运行,旅游便利化水平提升。

(王小龙)

【山西新增1家AAAAA级景区】 2018年10月29日,国家文化和旅游部将新晋AAAAA级旅游景区授予洪洞大槐树寻根祭祖园。至此,山西拥有8家AAAAA级景区,分别是云冈石窟、五台山、皇城相府、乔家大院、平遥古城、绵山、雁门关、洪洞大槐树。 (王小龙)

## 旅游行业管理

【《山西省旅游条例》施行】 2018年1月1日,新修订的《山西省旅游条例》施行。《条例》共设11章64条。将旅游发展规划、旅游专项规划和景区规划纳入法律调整范围内,从资源的保护与开发利用、旅游用地保障、旅游

交通等基础设施、公共服务设施建设与管理、旅游人才培养等方面进行全产业链的要素配置规定和行业管理规范。（王小龙）

**【旅游市场管理】** 2018年，山西省举办首届“大槐树杯”百名金牌导游大赛和山西旅游品质榜颁奖仪式。加大旅游服务质量行业监管力度，约谈存在服务质量问题的10家旅行社。举办全省文化市场管理能力提升培训班，开展调研学习和对口交流，开展综合执法岗位练兵技能竞赛活动，提升全省综合执法能力。强化执法检查，查办案件1048件，行政处罚1308家次，吊销许可证4家，取缔11家。推广晋城市文化市场经营场所分级分类管理和综合执法网格化管理办法。深化行政审批制度改革，营造“六最”营商环境，实现15项审批事项全部进驻审批大厅，承诺办理时限平均缩减50%。与省工商局、省公安厅建立信息推送机制，与省民政厅建立内部会商机制，实现行政审批与行业监管无缝对接。联合公安、工商、物价、质监、食药监等相关部门开展联合执法行动，对上年明察暗访不达标景区进行约谈，提出整改措施；在全省A级旅游景区（景点）开展“平安景区”创建活动；开展扫黑除恶专项斗争，堵塞行业管理漏洞，全省文化和旅游市场秩序改善。（王小龙）

**【首届“大槐树杯”百名金牌导游大赛】** 2018年4月19日，以“人说山西好导游”为主题的山西省首届“大槐树杯”百名金牌导游总决赛开赛，这是山西省最大规模的导游专业赛事。山西商务国旅裴杰、邵卿、郭俊、韩李英、赵济英、李杰6位选手获奖，每人获得2万元的奖励。（王小龙）

2018年4月19日，山西省首届“大槐树杯”百名金牌导游总决赛开赛

（王小龙供图）

**【文明旅游工作】** 2018年6月5日，山西省“文明旅游 为中国加分”活动启动。山西多措并举持续大力推进文明旅游，并认真探索把游客不文明行为记录纳入严重失信联合惩戒机制，对列入不文明行为记录“黑名单”的，进一步推进与交通、工信、商务、海关、税务、铁路、民航等部门协作，依法依规加大联合惩戒力度。

推进文明旅游，提升广大游客和从业人员的文明意识和文明规范，山西持续做好文明旅游的教育引导工作，丰富文明旅游传播方式，采用“编口号、唱歌谣、献金点、讲故事”的方式，组织编制文明旅游歌谣、文明旅游故事、文明旅游口号；同时把文明旅游培训作为导游领队培训的重中之重，使导游领队善于组织引导游客的文明行为，善于劝导阻止游客不文明行为以及能够及时正确处理由于游客不文明行为引发的各种纠纷。

山西抓好团队文明旅游工作，把好组团关、落地关、行程关三个环节；山西各地抓住主要客源地和目的地的特点，编印“多看美景、不刻美名”“客随主便、入乡随俗”“文明旅游、我先行”等针对旅途中不文明细节的宣传资料，通过文明旅游进景区、进社区、进校园等活动进行宣传，做好重点区域的文明旅游宣传引导工作。

山西省旅行社加强导游领队文明旅游宣传引导能力的培训，将文明服务、文明引导纳入导游领队的业绩考核，落实导游领队工作与文明旅游引导一岗双责。（王小龙）

**【2018山西省旅游安全与应急管理培训班】** 2018年8月29日，由省旅发委组织的2018年山西省旅游安全与应急管理培训班在皇城相府举办。各市旅发委分管安全工作负责人、质监所长、部分重点县（区、市）旅游部门及部分AAAA、AAAAA级旅游景区和国际旅行社等230余人参加培训。该次培训重点对旅游行业风险管控、旅游安全与应急管理等方面进行授课，学员实地观摩景区反恐防爆和人员密集场所应急疏散演练，了解应急处置流程，掌握应对突发事件所采取的防护措施及办法，提高救护及逃生能力。（王小龙）

**【乔家大院景区被处罚】** 2018年7月31日，文化和旅游部对复核检查严重不达标或存在严重问题的7家5A级旅游景区予以处理，其中，山西省晋中乔家大院景区被取消旅游景区质量等级。（王小龙）

## 对外贸易

【概况】 2018年,山西省进出口完成1369.90亿元,比2017年增长17.80%。其中,出口810.40亿元,增长17.40%;进口559.50亿元,增长18.40%。自2018年8月单月进出口额达到历史峰值154.90亿元以后,全省单月进出口额呈逐月下降态势。对"一带一路"沿线国家进出口增长26.30%;民营企业进出口增长23.30%。出口结构优化,机电产品、高新技术产品出口分别同比增长24.80%、24.60%,占出口总额的比重分别达72.20%、61.60%。服务贸易进出口额56.72亿美元,同比增长50.60%,占外贸的比重达21.40%。 (黄健文)

【贸易市场扩展】 截至2018年底,山西省172家企业共备案设立境外投资企业267家,其中124家境内企业对其设立的198家境外投资企业实现对外直接投资,累计实现对外直接投资28.96亿美元,分布在中国香港、澳大利亚、土耳其、毛里求斯、加拿大、美国、马来西亚、新加坡、墨西哥、蒙古、津巴布韦等50个国家和地区,涉及批发零售、采矿、制造业、租赁和商务服务业、住宿餐饮、农业、科学研究和技术服务业等多个行业。其中,国有企业对外投资额占到全省累计对外投资额的48.70%,民营企业对外投资额占到全省累计对外投资额的51.30%。在"一带一路"沿线28个国家共备案设立94家境外投资企业,实现对外直接投资7.23亿美元,占山西省对外投资存量的25%,分布在土耳其、马来西亚、新加坡、蒙古、印度尼西亚、泰国、越南、俄罗斯、格鲁吉亚、波兰等国家,涉及采矿、制造、房地产等领域。

从企业性质看,截至2018年底,实际开展对外投资的124家境内投资主体,24家为国有性质,占比19.40%;100家为民营性质,占比80.60%。进行对外直接投资的198家境外企业中,41家为国有企业设立的境外投资企业,数量占到20.70%,对外投资额14.10亿美元,占到全省累计对外投资额的48.70%;157家为民营企业设立的境外投资企业,数量占到79.30%,对外投资总额14.90亿美元,占到全省累计对外投资额的51.30%。

从投资方式看,山西省实现对外直接投资的198家境外企业中,179家境外企业为绿地投资,19家境外企业为并购投资,主要分布在澳大利亚、土耳其、马来西亚、墨西哥、加拿大、蒙古等国家,涉及采矿、制造、餐饮等行业。 (黄健文)

## 招商引资

【概况】 2018年,山西省招商引资签约项目2518个,总投资额1.56万亿元,当年签约当年开工项目1512个,当年开工率60%,转型项目占到82.70%;形成固定资产投资的新开工项目到位资金1082亿元,对拉动全省固定资产投资做出18%的贡献。截至2018年底,山西省现存外商投资企业625家,共有578家外商投资企业参加外资企业联合年报,申报投资总额共490.36亿美元,累计直接利用外资达到139.80亿美元。外资企业从业人数17.99万人。全省新设外商投资企业47家,合同外资41.11亿美元(含增减资项目),同比增长86.37%。全省实际利用外资23.62亿美元,同比增长39.70%。按照商务部统计,山西省实际利用外资11.71亿美元,同比增长419.60%,增幅在全国排名第一。利用外资绝对值在全国排名第17位,比上年提升9位;在中部六省排名第5位,比上年提升1位。

(黄健文)

【招商机制建设】 2018年,夯实招商基础。省商务厅提出发挥省政府驻外办事处招商引资职能和完善招商引资考核的指导意见,与省发改委建立招商项目储备衔接机制,与省工信厅研究编制《山西省制造业十二大领域发展招商图谱》,对100个重点招商项目包装策划,向社会发布《2018山西省重点招商项目册》《山西投资指南》,全面介绍山西产业政策和投资环境。与省统计局建立招商引资统计

机制,将招商引资改为全口径统计。（黄健文）

【精准招商】 2018年,山西省在2018中国(太原)国际能源产业博览会期间举办3场新技术新成果专题对接活动,在首届中国国际进口博览会期间举办山西省(上海)跨国公司推介对接会和8场配套招商活动,在深圳采取“1+6”模式举办山西省(深圳)招商引资推介会。山西省联合环渤海、长三角、珠三角招商局在珠海、天津、大连、厦门、南京、澳门举办6场产业招商活动,签约项目21个,总投资501.40亿元。（黄健文）

【利用外资及港澳台资】 2018年,山西省从企业实际投资来看,山西杏花村汾酒厂股份有限公司、富晋精密工业(晋城)有限公司实际到位外资及港澳台资分别为8.08亿美元、2.15亿美元,分别占全省实到外资及港澳台资23.62亿美元的34.21%和9.10%。从外资及港澳台资的来源国别和地区看,香港仍是外资及港澳台资主要来源地,2018年,香港实际到位资金14.95亿美元,占全省实际到位外资及港澳台资的63.29%,是支撑山西省利用外资及港澳台资的主要地区;2018年,美国实际到位资金3.44亿美元,同比增长63.42%。从外资及港澳台资投向的行业分布看,第二产业仍是利用外资及港澳台资的主体。2018年,山西省第二产业实际利用外资及港澳台资22.89亿美元,占实际利用外资及港澳台资总额的96.91%,其中制造业实际到位资金15.84亿美元,占全省实际到位外资及港澳台资的67.07%;第一产业利用资金78万美元;第三产业利用资金7014.61万美元,同比减少54.88%,第三产业有较大的上升空间。（黄健文）

## 对外经济合作

【“一带一路”建设参与】 2018年,山西省商务厅与香港投资推广署联合举办“一带一路,共创新思路”投资推广研讨会,联合省国税局、省地税局、省注册税务师协会等召开税收政策宣讲会。联合中信保山西分公司举办企业“走出去”风险管理论坛,邀请中国人保财险国际风险处置专家对企业就境外风险防范进行培训。与中国银行、招商银行等举办银企对接会,推动“走出去”企业同金融机构的合作。省商务厅强化重点项目跟踪服务。跟踪山西省企业较为成熟的对外投资意向和项目,支持发展战略清晰、主业突出的企业开展对外投资,从备案、融资、风险防控等多方面给予支持和帮助。制订重点联系企业名单,有针对性地加强指导和服务。联合保险、金融、税务等第三方服务机构,举办服务企业“走出去”培训。多次派代表到“一带一路”沿线国家进行访问,并与冰岛、瑞典、芬兰、挪威、丹麦、爱尔兰、印度尼西亚、马来西亚、泰国、吉尔吉斯斯坦、哈萨克斯坦等国家开展合作对接,邀请中白工业园、印尼苏拉威西岛镍铁工业园、泰国农业部、南南合作促进会等负责人向山西省企业介绍境外园区及合作项目信息,拓宽企业获得境外投资信息的渠道。组织企业参加东盟博览会展示山西省企业对外合作的成果,寻找合作机会。（黄健文）

【国际产能合作】 2018年,山西山西山西省政府印发《山西省关于推进国际产能和装备制造合作工作实施方案》,建立国际产能合作项目库。编制《山西省重点产业国际产能合作发展规划》,组建晋企“走出去”战略合作联盟。省直政府部门、企业、金融机构签署《协同推进山西省“一带一路”建设国际产能和装备制造战略合作协议》,推动国际产能合作重点项目落地,山西建邦集团投资印度尼西亚钢材生产项目,山西建龙公司、晋能清洁能源公司、东辉新能源动力研究院都开展国际并购。省领导带队到冰岛、瑞典、芬兰、印度尼西亚、哈萨克斯坦等10余个国家开展国际产能合作对接活动。（黄健文）

【外贸竞争优势培育】 2018年,山西省商务厅联合省外贸发展联席会议成员单位出台跨境电商产业园区发展、国家跨境电商综试区成熟经验做法复制推广、外贸综合服务企业发展、国际自主品牌培育等一系列推动外贸高质量发展政策文件。山西省制定支持外贸特困企业的若干措施,帮助受中美贸易摩擦影响较大的企业渡过难关。建立中美贸易风险预警机制,成立省市两级风险预警小组,对受影响企业高、中、低预警分级,建立高、中危企业旬报监测制度。省商务厅加大对中美贸易摩擦情况的摸底,联合省经信委集中开展实地调研。省商务厅加大信息报送力度,密切跟踪中美贸易摩擦最新进展,上传下达,向省委、山西山西省政府报送相关情况,向商务部报送经验做法和诉求建议,向企业解答相关问题,帮助太重集团向商务部反映对美进口机械产品加征关税的请示。（黄健文）

# 金 融

Finance

## 银 行

### ·银行业发展·

【概况】 2018 年,山西省银行业经营规模扩大,存贷款规模增长,金融支持重点领域和薄弱环节力度加大。

全省社会融资规模存量 3.71 万亿元,同比增长 9.10%,较年初增加 3238.80 亿元。其中,直接融资较年初增加 535.50 亿元,同比多增 25.10 亿元,占比为 16.50%;间接融资增加 2107.50 亿元,同比少增 469.90 亿元,占比为 65.10%。

全省银行业资产总额 45272.56 亿元,较年初增长 7.75%;负债总额 43638.02 亿元,较年初增长 7.58%;所有者权益 1634.54 亿元,较年初增长 12.64%。分机构类型看,政策性银行、国有商业银行、股份制商业银行、城市商业银行、农村金融机构资产总额分别为 4016.01 亿元、15726.50 亿元、5269.39 亿元、5031.82 亿元、11317.41 亿元,分别占总资产的 8.87%、34.74%、11.64%、11.11%、25.00%。

2018 年,全省银行业实现净利润 333.62 亿元,同比减少 2.21 亿元。从机构类型看,国有商业银行净利润同比减少 10.61 亿元,农村中小金融机构净利润同比减少 4.40 亿元。从单个机构看,建设银行净利润同比减少 31.88 亿元,民生银行净利润同比减少 11.92 亿元;农村信用社净利润同比减少 3.47 亿元,村镇银行净利润同比减少 1.27 亿元。政策性银行净利润同比增加 7.66 亿元。

(中国人民银行太原中心支行)

【本外币存贷款】 2018 年,山西省金融机构本外币各项存款余额 3.53 万亿元,同比增长 7.60%,较上年提高 1.20 个百分点;各项存款较年初增加 2489.30 亿元,同比多增 513.50 亿元。全省金融机构本外币各项贷款余额 2.53 万亿元,同比增长 11.90%,较上年上升 1 个百分点;各项贷款较年初增加 2668 亿元,同比多增 450.70 亿元。全省金融机构余额存贷比 71.50%,较上年上升 2.80 个百分点。新增存贷比达 107.20%。金融机构新增中长期贷款 2207.60 亿元,同比多增 302.10 亿元;新增票据融资 334.20 亿元,同比多增 480.90 亿元。地方法人机构新增贷款 1099.50 亿元,同比多增 80.20 亿元,占全省贷款增量 41.20%。金融机构新增服务业贷款 1575.20 亿元,占全部新增贷款 59%,同比提高 2.50 个百分点;新增高端制造业贷款 57.10 亿元,同比多增 56.60 亿元;新增基建领域贷款 1261.80 亿

2018 年 9 月 3 日,中国人民银行太原中心支行举行 2018 年"金融知识普及月 金融知识进万家"暨"提升金融素养 争做金融好网民"启动仪式

(人行太原中心支行供图)

元，同比多增338.50亿元；新增保障性住房开发贷款389.80亿元，占全省房地产新增贷款36.70%，是上年增量2倍；新增个人购房贷款559.60亿元，同比增长2.30%，增幅较上年收窄41.40个百分点。

（中国人民银行太原中心支行）

【金融支持重点领域】 2018年，山西省涉农贷款余额1.04万亿元，同比增长5.70%，较年初增加641.10亿元，占各项贷款新增额24%；小微企业贷款余额4723.20亿元，同比增长8.10%。贷款加权平均利率5.90%，较年初降低0.45个百分点。其中，小微企业贷款加权平均利率7.08%，较年初降低0.22个百分点。金融机构精准扶贫贷款余额1296.30亿元，同比增长4.50%。其中，个人精准扶贫贷款余额232.20亿元，产业精准扶贫贷款余额326.50亿元，两者带动62.70万贫困人口创业增收；项目精准扶贫贷款余额737.60亿元，累计服务1233万人次。

（中国人民银行太原中心支行）

## ·中国工商银行山西省分行·

【概况】 2018年，中国工商银行股份有限公司山西省分行（简称工行山西分行）实现拨备前利润63.07亿元，较同期增加4.83亿元，增幅8.29%；实现净利润36.90亿元，较同期增加1.27亿元，增幅3.57%。净利息收益率较同期增加11个基点，较系统平均水平高3个基点，对全行盈利增长起到重要作用。截至2018年底，本外币全部存款余额4363.28亿元，时点增量235.08亿元，四大行占比30.70%。其中，储蓄存款（人行口径）时点增量171.15亿元，总行系统内排第16位；增量同业占比达34.05%，比年初提升4.17个百分点。公司存款时点余额536.09亿元，较年初净增61.67亿元，同比多增76.22亿元，日均余额529.37亿元，较上年净增13.28亿元。机构存款余额897.04亿元。本外币各项贷款（含贴现）余额2475.24亿元，较年初增加175.65亿元，一般贷款较年初增加253.59亿元，超过前4年增量总和，四行占比32.40%。公司贷款时点余额净增120.33亿元。个人贷款净增133.26亿元，是上年同期1.84倍。小微企业贷款（监管口径）余额325.74亿元。实现存款净收入56.98亿元，占营业净收入55.03%，较同期增长10.84%；实现贷款净收入34.47亿元，占营业净收入33.28%，较同期增长9.08%；实现中间业务（未含银行卡还原收入）收入19.02亿元，四大行占比32.87%。不良贷款余额29.40亿元，较年初减少22.38亿元，不良贷款率1.19%，较年初下降1.06个百分点。

（赵晓红）

【支柱产业信贷服务】 2018年，工行山西分行将山西支柱产业作为支撑贷款规模压舱石，累计投放交通、煤炭、电力贷款624.60亿元，净增183万元，满足重点企业资金需求；审批完成交控集团651亿元银团贷款，裕光2×100万千瓦火电项目历经十年完成20亿元贷款审批；为山西“腾笼换鸟”振兴地方经济、重点引进的第一家外埠入晋大型集团企业——苏晋能源以及山西燃气集团、航空集团等新四梁八柱企业提供工行智慧和金融服务，助力地方经济转型发展。打造市场“新引擎”。聚力开拓城市基础设施、城市公共事业、产业聚集区、教育、医院、文化旅游板块金融服务领域。全年新市场累投174亿元，同比多投20.90亿元；开展幸福产业市场专项营销活动和县级医院提质活动，实现幸福产业贷款净增3.50亿元。深化“全渠道”服务，创新供应链场景化服务模式，供应链实现投放21户43笔，投放金额3993万元；首次办理实现国内信用证项下福费廷业务2051万元，实现业务零突破；办理福盛钢铁eucp 6000万元。打造“全融资”格局。开展债券承销、代理投资、投贷联动，为同煤、山煤发行43亿元短融，票面利率创发行人同品种债券最低纪录；为交控集团办理理财融资37亿元；山西国电4亿元理财直接融资工具获批，汾酒集团期酒、中铁三局ABS业务达成合作意向，引导理财资金更好支持实体经济发展。

（赵晓红）

【众创空间暨普惠金融】 2018年，工行山西分行在山西省银行业中开展众创空间暨普惠金融实验室启动筹建、“创新创业大赛”首期创客招募选拔系列活动，创新打造“融资+融智”双创服务模式。借助“一体两翼双网”服务平台架构开展场景化合作，在服务民生领域翻开崭新一页。全辖人行

2018年10月9日，中国工商银行与山西焦煤集团签约产业场景战略合作协议

（赵晓红供图）

定向降准口径贷款余额13.43亿元，较年初净增4.23亿元，完成年度计划423%。全辖银监普惠口径贷款余额19.31亿元，较年初净增5.05亿元，完成年度计划505%。探索扶贫小额贷款投放模式，提出“龙头企业+合作社+贫困户”“致富带头人+合作社+贫困户”“合作社+贫困户”“直贷”四种扶贫小额贷款投放模式。全辖扶贫小额贷款余额4.21亿元，累计投放3亿元，完成年度计划100%；产业扶贫贷款余额10.02亿元，贷款累计投放8.06亿元；项目扶贫贷款余额5.93亿元，贷款累计投放2.23亿元。涉农领域贷款余额6.15亿元，较年初净增2.54亿元，完成年度计划84.69%。把好新增入口、存量管控、不良处置“三道闸口”，完善风险管理制度、流程和标准，严防系统性风险和区域性风险。截至2018年底，小微企业不良贷款余额较年初下降1019万元，不良率较年初下降0.83个百分点；剪刀差余额为零，较年初下降511万元。

（赵晓红）

【拓户工程】 2018年，工行山西分行抓源头、用平台、提质量，拓户工作呈现全新气象。围绕对公基础业务转型发展主线，新增有效对公结算账户18149户，同比增长671户，完成计划125%。自主创新研发“融易拓”平台，营销客户5680户，成为扩大客户规模、优化客户结构重要渠道和手段。推广便捷开户和智能开户服务，开户时间较传统模式缩减80%，预约开户客户达5953户，占当期开户总量70%。金融资产5万元以上公司客户净增1642户，完成计划273.67%。全年个人客户净增96万户，较年初增幅6%，有效客户净增64万户，较年初增幅5.54%。聚焦两大重点资金富集型版块，坚持代发工资两个不变政策，新增代发营销奖励政策不变、“两个进场”维护存量客户模式不变，启动代发工资72万户批量签订薪金溢薪火计划，提升代发工资资金留存。截至2018年11月底，净增单位1119户，增幅15.27%；个人客户净增6.79万户，增幅2.87%；代发额累计870.60亿元，同比净增57.44亿元。从合作破局以来发行社保卡83万张，同比多发52万张，社保客户新增37万人，布设一站式服务网点94个，为6.50万名客户补换社保卡，社保合作地域从两家扩展到11家。省行系统内首家启动“外拓宝”零售外拓营销智能平台建设，成为基层目标市场管理、外拓过程管理和营销业绩管理利器，外拓宝用户3335人，累计外拓1.98万次，外拓客户1.15万户，月外拓次数达4500次，平均每个网点月外拓10次，对大零售转型发展提供助力。依托网点阵地营销和互联网渠道，信用卡有效客户全年净增38.30万户，完成总行计划137%。将私人银行客户、财富客户以及金融资产20万元以上高中端客户作为市场攻坚重点对象，打通客户晋升通道，提升客户星级和综合贡献，建立分层服务、全产品营销、综合化服务机制，私人银行时点客户较年初净增269户。依托网格化营销管理，夯实“财政、社保、住房、军队”四大核心板块，加大行政事业单位、教育、医疗、公检法、社团、工会组织等传统类客户群体以及住宅维修资金、公共资源等新市场营销力度，新增机构客户1561户，完成年度计划156.10%。其中，工会及社团组织拓展占比达80%以上，存款占比达85%。日均金融资产5万元客户较年初增加259户；三方存管新增客户14.27万户，完成全年计划83.28%。

（赵晓红）

【存款业务】 2018年，工行山西分行储蓄存款时点净增168亿元，日均净增95亿元，储蓄存款增量对全部存款贡献达72%。公司存款实行有贷户打包认领，紧盯传统大户和贷款客户，关键节点锁定重点企业资金动向，综合运用大额资金监控平台等系统，提前预警和督促各行严控重要时点走款，上下联动多维实施策略挽留，实现派生存款体内循环，坚持量价协调促发展，实现抓存工作常态化，公司存款余额净增68.50亿元，同比多增55.20亿元，日均净增42.30亿元，同比多增13亿元。机构存款打赢重点领域改革营销攻坚战，推进公共资源交易领域以点带面，快速投产交管局规费线上缴费项目，法院一案一账号项目初尝胜果，机构存款余额达897.04亿元。按照总行“大同业”战略部署，与民生、光大、兴业、广发等4家银行开展合作，办理非结算性同业存放14笔，共计105亿元，为全辖利润贡献500余万元，拓宽新利润增长点。

（赵晓红）

【中间业务】 2018年，工行山西分行以提升中间业务组织收入能力为重点，实现中间业务（含银行卡还原）收入19.70亿元，四大行占比32.87%。投行业务，探索“非标转标”路径，落地全国首单能源行业供应链ABS项目；完成两单、5.80亿元并购贷款落地。实现投行中间业务收入25662万元。资管业务，开展专项营销、优化业务考核，实现养老金与资产托管业务收入7707万元，养老金理财产品累计销售72.65亿元，托管业务营业贡献合计1.01亿元。个人金融资产实际净增162亿元，较年初增幅4.39%；个金营业贡献37亿元，同比增3.30亿元，占零售贡献96%。其中，储蓄存款实现量价协同，规模拉动1.13亿元，利率拉动1.07亿元。贵金属业务，推出区域银元宝系列产品，累计销售342.38公斤，实现中间业务收入70余万元；重点开展场景化营销，创造销售12.5公斤金砖20个、单笔订单100公斤金条等多项销售记录。私行业务，对内开展综合化服务，对外探索集群外拓营销，实现中间业务收入14099万元，私银客户综合贡献达到14.60亿元，同比增长1.10亿元。网络金融业务，以“融e行、融e联、融e购”三大平台为核心，融e行、融e联新客户渗透率分别高于全国平均水平4.60和2.80个百分点。信用卡业务，实现中间业务收入6.28亿元，较同期增加2.02亿元，占据全辖中间业务收入31.90%。票据业务，全年共办

理票据直贴 479.08 亿元，实现票据净收入 2.26 亿元，同比净增 0.42 亿元。（赵晓红）

【资产质量】 2018 年，工行山西分行将资产质量管控工作锁定为全年工作头等大事，落实“大户团队制”，推进不良资产重点大户清收处置。对不良资产大户实行省分行领导挂帅清收工作机制。累计清收处置不良贷款 31.62 亿元，完成清收处置任务 183%，较上年同期多清收 15.05 万元。以现金清收、资产扣收、贷款重组等多种手段化解不良贷款，截至 2018 年底，信用卡不良贷款余额 4.12 亿元，较年初下降 816 万元；不良率 3.71%，较年初下降 0.86 个百分点。监测预警，化解风险贷款，潜在风险融资客户户数较年初减少 30 户、余额较年初减少 28.40 亿元；统筹信贷资源配置，推动信贷资源向优质客户、重点领域、战略板块迁徙，贷款存量移位 391.77 亿元，实现对信贷结构前瞻调整和资产质量主动管控。不良贷款余额 29.41 亿元，较年初减少 22.37 亿元，控制在总行年初计划 54 亿元内，不良率较年初下降 1.06 个百分点，低于系统平均水平(1.52%)0.33 个百分点。全年累计劣变 8.80 亿元，同比少劣变 12.85 亿元。剪刀差余额 2.34 亿元，较年初减少 0.69 亿元，控制在总行年初计划内(7 亿元)。（赵晓红）

【网点服务】 2018 年，工行山西分行开展三次网点服务规范度非现场检查，网点覆盖面达 30%，限期整改服务规范问题 400 余条；聘请第三方公司以神秘顾客调研方式对辖内五家重点二级分行 288 家网点服务规范度测评，发现典型问题第一时间通知相关二级分行和网点，及时整改纠偏。截至 2018 年底，业态优化(含新增旗舰店)16 家，完成总行奋斗目标 15 家 106%；网点布局优化 15 家，完成总行奋斗目标 10 家 150%；网点标准化装修 59 家，完成总行奋斗目标 58 家 102%。（赵晓红）

## ·中国农业银行股份有限公司山西省分行·

【概况】 截至 2018 年底，中国农业银行山西省分行(以下简称农行山西分行)各项存款余额 3370 亿元，比年初增加 148 亿元，各项贷款余额 1736 亿元，比年初增加 189 亿元，同比多增 127 亿元。（田喜成）

【支持地方经济发展】 2018 年，农行山西分行围绕国家产行业政策和山西省经济工作会议部署，立足“重、新、补”，主动服务实体经济，加大对地方经济建设金融服务。截至 2018 年底，法人实体贷款余额 1451.95 亿元，较年初增加 133.24 亿元。聚焦山西重大战略规划、重点改革领域，围绕山西省重点项目名单，支持太原热力公司“大温差”项目 10 亿元、支持山西国新能源集团有限公司 9.45 亿元，为国家电投集团盂县东方新能源发电有限公司发放贷款 3.30 亿元。支持国企改革新主体。争取总行支持，完成交控集团 150 亿元授信审批，投放 170 亿元，在参团行中审批最快、出贷最早、投放最多。支持基础设施建设“补短板”。围绕山西省“东融南承西联北拓”战略，支持“铁、公、机”和“岸、港、网”建设，向太焦客专、蒙西华中铁路、准朔铁路、太原铁路枢纽西南环线等放贷 41 亿元，交通设施贷款余额达 268 亿元。

发展绿色金融。加快绿色信贷投放效率，绿色信贷重点投放在铁路、太阳能和风电项目等方面。其中，铁路方面主要投放在太焦城际铁路、晋豫鲁铁路通道、太原铁路枢纽西南环线等项目，累计投放 55.46 亿元，太阳能和风电方面主要投放在大同中电光伏发电有限公司、国家电投集团寿阳清洁能源有限公司等项目。构建多元化绿色金融服务体系。重点围绕国家打好大气、水、土壤污染防治三大战役。完善农行山西分行专项信贷政策，支持纳入国家和各省规划生态保护修复、水污染防治、北方地区清洁取暖、农业面源污染防治、农村人居环境综合整治、固体废弃物和垃圾处置等绿色项目，支持节能环保产业、清洁生产产业、清洁能源产业发展壮大。丰富绿色信贷产品。发展能效信贷、绿色信贷合同能源管理收益权质押贷款，开展基于碳排放权、排污权、节能量(用能权)等环境权益抵质押融资。发挥农业银行集团综合经营平台优势，建立涵盖绿色债券、绿色资产证券化、绿色投资、绿色基金、绿色租赁、绿色保险等多元化绿色金融服务体系。全行绿色信贷余额 279.26 亿元，较年初增加 41.41 亿元。

做好普惠金融服务。按照“服务到位、风险可控、商业可持续”三项原则，加大信贷投入，解决民营企业“融资难”问题。完成央行降准口径普惠贷款计划，贷款余额 32 亿元，比年初增加 19 亿元，增幅 146%；完成银保监会“两增两控”监管要求、“三个不低于”监测要求。农行山西分行履行国有大行社会责任，努力为企业减费让利。为 97 户单位减免服务收费，涉及金额 2924.03 万元，减免小微企业各项服务费用 360 多万元，降低其融资成本。突出创新引领，构建适应民营企业需求产品体系与服务模式。发放“科创贷”1000 万元、“简式贷”4020 万元、“微捷贷”28000 万元。

支持合理自住购房需求，农行山西分行以特色产品“农民安家贷”为抓手，为农民进城购房提供更好普惠金融服务。截至 2018 年底，全行个人住房贷款比年初增加 66.44 亿元。其中，“农民安家贷”累计投放 8883 笔，24.37 亿元，余额 51.95 亿元，较年初增加 21.19 亿元。（田喜成）

【服务“三农”力度加大】 2018 年，农行山西分行围绕乡村振兴战略和美丽乡村建设以及金融扶贫要求，就“三农”服务、精准扶贫、创新惠农服务发力。截至 2018 年底，涉农贷款余额达 498.35 亿元，较年初净增 19.73 亿元，增速 4.12%。在支持大、新、特

“三农”方面,加大信贷投入,支持全省农村基础设施建设、水利民生工程、县域旅游业务和特色农业发展。其中,在做好以“百优特色”产区为代表特色产业金融服务方面,就对“清徐醋”“晋中肉牛”等11个特色产区各类主体提供贷款40127万元,较年初增加15859万元。注重惠农业务创新发展。抓好“惠农e贷”,按照“一县一快贷”“一特色产业一快贷”思路,发展惠农便捷贷、特色产业贷、政府增信贷、信用村信用户贷、产业链贷、电商贷6大模式,创新推出果e贷、蔬菜贷、药材贷、烟商贷、养殖贷等25个特色产品。“惠农e贷”余额从27.4万元增长8.24亿元,带动整体农户贷款净增11.15亿元,余额19.10亿元。推广“惠农e付”,惠农e通农户版客户达43.60万户,26383个惠农服务点完成互联网化升级,比年初增加19246个,实现金融交易728.87万笔、78亿元;“铺天盖地”推进“贴码”“绑卡”,在23913个服务点上线聚合扫码功能,丰富农村地区支付方式。发展“惠农e商”,围绕核心企业、专业市场、县域批发商、惠农通服务点和农户五大客群,搭建本地化电商通道,推动“惠农e商”做大规模、做实流量、扩大覆盖、提升质量。年末惠农e通核定商户7.56万户,电商平台交易31.56万笔、22.46亿元,客户规模和交易规模双创新高。 (田喜成)

**【信用业务拓展】** 2018年,农行山西分行推动“线下+线上”立体化信用业务发展,丰富和优化线上信用产品。“网捷贷”白名单客户新增62万户,上线长治公积金直连项目;准入代发工资、分行特色模型优势单位合计1139家;“网捷贷”余额3.63亿元,较年初增加1.71亿元。“微捷贷”上线当日实现系统首笔发放,截至2018年底,余额1.79亿元。在创新服务方面,实施新客户、新资金专项营销活动、教师专享理财产品营销活动;面向驻地武警、军队开展拥军慰问和金融服务活动;开展“迎金秋进校园”综合营销活动,“缤纷校园 七彩青春”借记卡卡面设计大赛等客户营销服务活动,满足客户多样化金融需求。 (田喜成)

## ·中国银行山西省分行·

**【概况】** 2018年,中国银行山西省分行(简称中行山西分行)实现营业收入64.26亿元、拨前利润38.53亿元、净利润31.25亿元,分别同比增长10.49%、19.37%、46.42%。人民币各项存贷款日均余额分别新增80.45亿元、107.34亿元。个人贷款(含卡分期、卡透支)较年初新增48.66亿元。为太钢集团注册发行省内首笔DFI。承销省内首笔代销私募。银团贷款业务完成全年任务。移动支付(二维码)市场占比排名当地金融机构第一。完成首笔证券类理财资金托管业务、实现电子汇总征税保函省内首发、总行区块链福费廷交易系统业务系统内首发。

截至2018年底,全行不良授信资产较年初减少0.44亿元;不良率0.89%,较年初下降0.14个百分点,不良资产和不良率持续四年实现“双降”。 (高 歌)

**【服务实体经济】** 2018年,中行山西省分行落实中国银行总行与山西省政府签署战略合作协议,以转型项目建设年为契机,实现授信投放354亿元,票据融资、贸易融资(剔除福费廷业务)合计发生额超过400亿元;新增各类公司贷款111.52亿元,同比增幅9.78%,支持全省重点项目和企业融资需求。

坚持“创产品+降成本”双管齐下,为缓解企业融资难问题做出贡献。根据山西省企业实际需求和融资痛点,量体裁衣,打造代销私募债券、DFI发债注册、资本项下境外直接投资增资等一系列创新产品模式。累计帮助省大型企业发行非金融企业债务融资工具264亿元,同比提升147%。规范金融服务收费行为,累计减免企业服务收费52户,金额近1460万元;减免客户利息20户,金额1661万元。2018年,对新发放普惠型小微企业(除商住房贷款外)实施4.86%贷款利率,较以往平均利率下降112BP。

做好首届进口博览会金融服务工作,邀约122户省内企业参会,提供一揽子金融服务,高效支持晋企展会成交,实现意向合作金额1.1亿美元。利用中总行跨境撮合平台,邀约

2018年12月21日,中国银行山西省分行举行支持民营经济发展合作签约大会

(高 歌供图)

省内40余家中小企业参加多场境内外跨境撮合活动，促进企业产品、服务“走出去”，经验、技术“引进来”。

坚持对各类市场主体同等对待，邀请省内百余家民营企业，举办民营经济发展合作签约大会，发布《中国银行山西省分行支持民营企业发展措施30条》，与首批40家民营企业现场签订业务合作意向协议。设立普惠金融事业部、加快“五专”经营机制落地、奖励资源投入、合理降低小微企业融资成本等方式，提升普惠金融服务质效。全年1000万元以下普惠型小微企业贷款增速高于各项贷款平均增速12个百分点；贷款客户同比新增3791户；普惠金融贷款不良率较年初下降0.66个百分点。

（高 歌）

【金融风险管控】 2018年，中行山西省分行针对外部形势复杂性，选取有代表性地区和企业，对市场和客户调研，盯紧市场风险变化动态，了解客户面临困难和金融服务诉求，强化风险管理前瞻性。完善债权银行沟通联系机制，完善议事规则，结合实际情况，一户一策，共担风险、共享信息，推动风险化解。坚持与企业共渡难关工作理念，从实际出发帮助遭遇风险事件企业摆脱困境，对暂时遇到困难企业，不抽贷、不断贷、不压贷，帮助企业融资纾困，化解流动性风险。

做好潜在不良防控工作，全年累计完成24户共32.31亿元潜在不良化解。打好存量清降“组合拳”，推动大户清收督导，安泰等项目进入协议还款期，实现现金还款4226.38万元。通过调整授信品种、延长贷款期限、调整还款计划、变更授信主体等方式，累计化解潜在不良资产7.53亿元，实现表内全口径不良清收6.13亿元。

抓“关键少数”，一级抓一级，层层抓落实，通过管人员、管行为、管成长、管专业、管履职五管齐下，提升风险管控水平。抓“关键环节”，根据总行新版“50条措施”制定中行山西省分行2018年“50条措施”及相关配套制度，将“50条措施”印制成“口袋”书，将关键环节及主要风险点绘制成图，开展“大讲堂”“创意50条”评比、每月“100测”“上门送教”等活动，直接穿透到基层，打通制度落实“最后一公里”。抓“关键风险”，组织开展“防范非法集资宣传月”及规范民间借贷行为宣传教育活动。按照监管部门和中总行要求，整治市场乱象专项治理活动，坚持以问题为导向，开展“全面体检”，提升全行内控合规水平。

（高 歌）

【金融场景建设】 2018年，中行山西省分行推动科技与业务深度融合，向高质量发展模式转变。坚持科技引领，以手机银行为统一入口整合场景，推动场景建设，实现金融场景与生活场景互促，丰富全省人民消费渠道，提升惠民、便民金融服务能力。手机银行月均月活客户数达44.50万户，较上年增长107.90%；交易金额达5144亿元，较上年增长118.53%。智能柜台在山西覆盖面广，将低风险、高频率一些业务，迁移至移动智能设备，大幅缩短客户等待时长，提升客户体验。（高 歌）

【管理平台创新】 2018年，计投放智能柜台720台，网点覆盖率98.40%；移动柜台43台，实现二级机构全覆盖；智柜业务迁移率达92.84%。坚持创新驱动，探索建立由分行财务管理部、信息科技部联合牵头，多部门协同联动“2+N”创新工作机制，搭建创新管理平台，引导员工直接参与全行各项经营管理，形成业务发展和经营管理提升新动能。2018年，共有13个产品创新、17项管理创新成果相继落地，直接或间接带动创新收益近1亿元。（高 歌）

## ·中国建设银行山西省分行·

【概况】 中国建设银行山西省分行（简称建行山西省分行）有营业机构418个。其中，一级分行1个，二级分行11个，综合型支行15个，城区单点、网点型支行227个，县域支行155个，城区储蓄所、分理处3个，县域储蓄所、分理处6个。员工10080人。

2018年，建行山西省分行各项贷款余额2205亿元，新增190亿元。核心存款余额3168亿元，日均新增94亿元。中间业务净收入19亿元。对公加权有效客户新增1.30万户；个人加权有效客户新增191万户。资产质量不良贷款余额71亿元，不良贷款率3.21%，逾期不良持续负“剪刀差”。经营效益实现主营业务收入87亿元，同比增加1.7亿元，增幅1.50%；实现拨备前利润52.60亿元。（麻林楠）

【金融服务地方经济】 2018年，建行山西省分行对公大中型项目储备1438亿元，增长346亿元。为山西交控集团、大西铁路、吕临铁路等优质客户发放贷款227亿元。开展“存量挖潜增效、移位再贷”，通过减额、提价、增信等手段，支持优质行业、优质客户，移位再贷249亿元。提供融智服务，为五大煤企重点国有企业，银行间债券市场直接融资187.62亿元。认购承销地方政府债52亿元，沉淀存款126.83亿元。

助力国企国资改革。邀请五个省份煤炭龙头企业到晋，举办“全国煤炭行业债转股业务研讨会”，为可持续发展蓄力。在落地市场化债转股资金118亿元基础上，与国投、同煤、汾酒、交控等省属重点国企签署350亿元综合化降杠杆及并购重组框架协议。优化煤炭行业信贷资源配置。对省属七大煤企确定分户施策、支持策略，授信全部获总行批准，为晋煤、阳煤集团新增5.34亿元流动资金贷款；落实差别化信贷政策，对所有煤炭客户建立正面清单。做好钢铁行业去产能。建立风险客户台账，钢铁行业客户信贷减少3.20亿元。支持电力新能源领域。以“增速适度、着眼集团、以新代旧、多元服务”策略，降低火电信贷占比，增加新能源（风电、太阳发电）贷款支持，三年新增32亿元，绿色能源贷款占比提升22.80%。国际业务践行“本币优先”理念，跨境人民币

2018 年 8 月 20 日，中国建设银行山西省分行举行“劳动者港湾”挂牌仪式暨媒体开放日活动（麻林楠供图）

业务全年实现 31 亿元，创新“开证融链通”“福费廷”等产品为实施“走出去”企业跨境融资 20 亿元。

增强服务优质客户能力。深耕司法监狱系统，与全省监狱系统全面合作，开立基本账户 41 户，新增存款 20 亿元，发放贷款 9.40 亿元，新增 2 万狱警职工代工业务，年代发量 15.50 亿元；为正华集团搭建“资金融通系统”；全国首家上线监狱服刑人员“一指通”系统。武警业务突破落地，实现全省武警系统所有基本户全部落户，存款新增 20 亿元。创新资产服务模式。为华融晋商发行全国建行系统及全省同业首单 15.60 亿元公募型资产支持票据，创新“金额动态调整债务融资工具”为阳煤集团发行 10 亿元私募债券，与建行子公司联动合作为同煤子公司设立债权融资计划。丰富多层次定制化金融服务。贴合生活缴费、车主消费、大型商圈等高频消费场景，发展快贷、信用卡分期、个人住房按揭等便捷易用消贷产品，新增 300 亿元。抓实场景化生态圈建设。生态圈数量达到 15 个。巩固社保、校园等传统领域，龙支付应用场景建设，拓展充电桩、智慧停车等项目，以“裕农通+”服务新模式，打造农村金融生态。打造支付结算首选银行。网上银行、手机银行客户规模突破 750 万户。（麻林楠）

**【多领域服务】** 2018 年，建行山西省分行以普惠金融、住房租赁、金融科技“三大战略”推进为抓手，以纾解社会痛点难点问题为导向，服务民生。

普惠金融发展新模式。出台“支持民营经济 28 条”，以“大数据+平台经营”模式累计支持小微企业 3.20 万户，贷款余额 344 亿元，投放 93 亿元，普惠范畴新增 16 亿元，四行占比达 67%；上线“惠懂你”智能 APP，帮助 2200 户小微企业高效获取资金 5 亿元；降低融资成本，“信用快贷”年利率降幅达 32%，使用 APP 享受 95 折价格。

住房租赁贡献建行方案。与住建厅签署《住房租赁综合服务平台全面合作协议》，参与全省方案制定；建行系统内首批上线监管、公租房、监测分析、企业、共享五个系统，导入企业房源上线 8200 套、公租房 7.80 万套，注册用户 4.60 万户，多个地市在线交易破零。

金融科技打造智慧银行新生态。14 个业内先进平台技术推向社会。“智慧政务”平台支持“互联网+数字山西”建设；“智慧政法”打造出全国独一无二的监狱系统生态圈，“区块链”为外向型企业拓展开放新空间，“同业合作”平台为农信社等 37 家中小型金融机构提供定制化技术支持，以“善行宗教”“安心养老”“公益教育”等智慧生态推动金融资源共享共建。

2018 年，建行山西省分行围绕山西省委山西省政府明确示范区、排头兵、新高地经济建设主线，发挥金融全牌照优势，制定综合金融服务方案，创新金融特色产品，支持和推动全省重点国有企业改革转型升级，满足国有企业混合所有制改革、调整企业债务结构、降低企业债务率等各方面的金融需求。与山西国投集团、大同煤矿集团、山西交控集团、山西汾酒集团签署“国企改革暨综合化降杠杆合作框架协议”。（麻林楠）

**【惠普金融业务】** 2018 年，建行山西省分行突出机制推动力。印发《加大金融精准扶贫信贷支持力度开展止降清零行动工作方案》《金融助推山西深度贫困地区脱贫攻坚工作实施方案》；金融精准扶贫贷款新增 2 亿元，余额 20 亿元，增速高于对公贷款平均增速；个人扶贫贷款新增 3.30 亿元，超额完成监管计划，带动脱贫人口 9300 余人。拓宽农民增收渠道。打造直达田间地头的“裕农通+”村口银行，服务点总量 1.50 万个，覆盖农民 48 万户。推动特色农产品“善融商务”网上行，收到扶贫订单 2.80 万笔，交易额 9 亿元。开展公益扶贫。设立“扶贫爱心超市”，组织捐赠活动，开展定向慰问，携手省第二人民医院送医送药下乡，投入 110 万元资金进行公益资助。

全年对公非贴贷款经济资本占用比例下降 0.99 个百分点，个人贷款经济资本占用系数下降 0.57 个百分点，管理产品定价。调整定价授权权限，对重要议价客户实行差异化定价授权政策；调整小微企业贷款内外部价格，优化普惠金融贷款定价审批流程，支持普惠金融业务发展。（麻林楠）

【客户服务改革创新】 2018年，建行山西省分行开展系列营销活动。以大额存单、聚财系列存款以及传统定期等存款产品为抓手，开展“定存美好薪福生活”“抓大聚小”以及个人存款“吸金王”等多层级存款竞赛活动，优化存款结构，提升资金稳定性。抓好重点源头资金。坚持代发工资业务“一把手工程”定位，源头客户和基本户、有贷户营销。建立“省分行—二级行—网点”三级联动业务直通车机制。累计代发799.12亿元，同比多增75亿元。紧盯煤炭、烟草、铁路等系统性客户和大型房地产客户，带动存款日均新增13.20亿元。推进存款过程管理。紧盯到期资金、循环资金、CTS资金、县域资金等四类资金。建立“横向到边、纵向到底”工作机制，协同联动，抓紧抓实存款增存稳存工作。

（麻林楠）

【住房租赁综合服务平台】 2018年，建行山西省分行与山西省住建厅举行山西省住房租赁综合服务平台启动仪式，住房租赁综合系统从合作搭建完成正式转入平台运行阶段，成为全国三大系统地市级城市全覆盖的首家省级分行，住房租赁战略发展迈入新阶段。以共享金融科技力量整合资源、激活住房要素市场、稳定租赁关系、平抑租赁价格、纾解社会痛点，推动智慧城市建设，营造宜居宜业环境。（麻林楠）

【“建行模式”破解小微企业融资难题】 2018年，建行山西省分行以金融科技助力推进普惠金融战略，打通金融服务“最后一公里”。“大”数据挖掘“小”信息，创新服务普惠金融“五化”模式，批量化获客、精准化画像、自动化审批、智能化风控、综合化服务，破解信息不对称难题。以“双小”承接“双大”，网络供应链融资当年累计投放35亿元，批量带动上下游小微客户435户。打造平台经营新模式，“一分钟”融资、“一站式”服务、“一价式”收费，解决小微企业融资难、贵、慢。如全流程线上“小微快贷”实现秒申、秒审、秒放，通过银税系统直连为诚信小微客户提供纯信用贷款14.60亿元，“惠懂你”APP帮助2200户小微企业获取资金5亿元。智能风险管控，大数据选客控险、模型化系统排险、智能化预警避险，提升可持续服务能力。（麻林楠）

【以“民工惠”破解欠薪难题】 2018年，建行山西省分行与省住建厅、省人社厅签订合作协议，打造全省建筑业信息化建设平台，解决山西省劳务用工市场农民工工资按时足额发放问题，惠及5.40万户民工群体。

（麻林楠）

【风险管理】 2018年，建行山西省分行健全管理机制，印发《主动全面风险管理实施细则》，配套细化66项工作任务，责任到条线、责任到岗位，按季督办、反馈报送；修订《风控委员会议事规则》，发挥风控委对风险研究、协调、决策平台作用；出台《加强全面风险管理轨迹督察》，涵盖全面风险管理的关键基础环节；实施对省分行本部和二级机构的信贷主体责任考核，层级和条线的双线管控责任，压实不良处置责任。处置不良贷款34.44亿元，处置额创历史新高，为减轻企业财务负担、腾挪更多信贷规模支持地方企业融资创造良好条件。

（麻林楠）

## ·中国邮政储蓄银行山西省分行·

【概况】 2018年，中国邮政储蓄银行山西省分行（简称邮储银行山西分行）完成全年工作任务。下辖11个二级分行、2个直属单位、96个一级支行，1214个网点。其中，67%网点分布在县域，覆盖全省所有县域。全省从业人员6579人。截至2018年底，全省总资产规模2579.72亿元，增长143.21亿元，增幅5.88%。各项贷款结余762.37亿元，较上年增长134.43亿元，增幅21.41%。发展小额信用贷、扶贫小贷，全年发放个商及小额贷款60.09亿元，贷款余额69.84亿元，净增9.81亿元；全年投放精准扶贫贷款20.33亿元，结余28.73亿元。支持房地产去库存和消费升级，发放消费贷款49.21亿元，贷款结余145.77亿元，余额净增22.05亿元；小微企业贷款投放，发放小企业法人贷款25.72亿元，结存余额25.51亿元，余额净增5.13亿元，发放公司贷款249.01亿元，贷款结余321.10亿元，较上年增长26.76%。办理票据直贴244.50亿元，同比增幅30.10%，结余142.18亿元，较上年增长47.98%。办理融资租赁保理及中企云链再保理业务2.23亿元。（杨宏东）

【负债业务】 2018年，邮储银行山西分行拓展负债业务，保持负债规模持续增长。各项存款结余2436.31亿元，较上年增长98.70亿元，增幅4.22%。个人金融坚持旺季营销与重点客群分类开发，发挥网络优势，加快网点转型，提升客户体验，突出联动发展，拉动储蓄存款稳定增长，储蓄规模达2142.82亿元，较年初增长75.32亿元。公司金融业务坚持项目引领，拓展客户行业范围，集中发力财政专项资金、代收付类资金，截至2018年底，存款余额291.37亿元，增长21.94亿元，增幅8.14%，市场占有率2.04%。

（杨宏东）

【中间业务】 2018年，邮储银行山西分行以提升中间业务收入能力为重点，打造基础产品支撑、重点领域拉动、新兴业务创收的格局。做优做强基础及结算业务，开展代发工资、代发养老、非税收缴、国库集中支付、烟草资金归集、电力资金归集等业务。发挥大资管引擎拉动作用，推动资产管理转型，全年销售个人理财类产品322.02亿元、全年销售机构理财102.86亿元；截至2018年底，托管业务总规模达295亿元，同比增长35%。其中，证券投资基金和理财托管分别新增66亿元、4.10亿元。实施新信用卡三年规划，发放信用卡30.51万张，结存卡量88.91万张。

（杨宏东）

【资产质量优化管理】 2018年，邮储银行山西分行发挥授信政策导向作用，授信政策调研和特色行业授信政策指引。发展绿色金融，打好污染防治攻坚战，支持转型升级企业和项目，退出僵尸企业，挤出低效、无效占用信贷资金，为新兴产业发展腾出空间。出台绿色银行三年建设规划，推进绿色银行建设。审查审批把关，信审质量和信审效率。监测行业与重点客户，定期开展监督检查。风险限额管理，完善考核评价机制，管控能力提升。健全监测、预警体系，处置不良资产。截至2018年底，全行贷款不良率0.68%，较上年下降0.04个百分点，分别低于总行限额目标0.27亿元、0.11个百分点。（杨宏东）

【互联网金融安全服务】 2018年，邮储银行山西分行顺应互联网金融发展趋势，打造线上线下综合金融服务渠道。智能化网点建设，促进网点转型，提升客户体验。投放新型智能自助设备184台。其中，ITM 157台、现金出纳机27台。ITM累计布放数量263台。试点上线ATM、CRS“刷脸取款”功能，实现金融服务“无介质化”。实现柜面交易通过手机银行、微信银行、ITM三个渠道远程自助填单功能。全省现金类自助设备实现无卡无折取款功能。新拓展电子银行客户127万户，电子银行客户规模829万户，渗透率52.96%、交易替代率91.50%。其中，手机银行结存客户637万户，丰富互联网金融生态场景，新增电子支付商户41户。“邮储银行山西分行”微信公众号平台关注客户达11.32万户，成为营销服务客户新平台。全年未发生信息科技操作风险事件。热力费代收、城乡居民养老保险批量代收、ETC无线发卡等10项业务系统开发上线。新增“双平台”功能模块9个、报表119张，减轻基层报表任务。启动大数据分析平台建设。依托网点WLAN平台，开展客户关系管理和数字营销主题分析，新增固化报表126张，月均推送客户数据800余万条。11月12日，零售信贷工厂上线，引入“智能化”“移动化”手段对信贷运营模式进行转型升级，实现零售信贷作业管理集约化、作业标准化、决策智能化、产品模块化和营销综合化，提高作业效率，提升客户体验和服务质量。（杨宏东）

【营运管理】 2018年，邮储银行山西分行推进业务流程和柜面作业组织调整，开展7项业务处理流程优化项目。实现公司类贷款放款等集中上收，个人业务集中授权交易数据展108支，达360支。营运中心集中处理效率提升，个人业务排队时长、资金清算类退回率、公司结算业务平均处理时长和等待时长等指标改善。资金备付金率较上年下降2个基点。

（杨宏东）

【战略合作】 2018年12月6日，邮储银行山西分行与山西交通控股集团有限公司签订高速公路债务融资再安排银团合同，合同份额为129亿元。融资安排致力改善交控集团债务结构，化解山西省高速公路债务风险，助力山西省交通体制改革发展。

（杨宏东）

## ·中国农业发展银行山西省分行·

【概况】 2018年，中国农业发展银行山西省分行统筹推进信贷支农、业务经营、风险防控、基础管理、管党治行等各项工作。全年累计投放各类贷款300亿元，贷款余额904亿元，较年初增加176亿元，增幅24%，分别高于全国农发行系统、全省金融机构平均增幅14、12个百分点；贷款加权平均利率4.79%，比全省银行业平均利率低110个基点；对公存款日均余额466亿元，较上年增加129亿元，增幅38%。实现经营利润9.55亿元，较上年增盈3.71亿元。（席晓军）

【乡村振兴战略金融支持】 2018年，中国农业发展银行山西省分行把服务乡村振兴战略作为新时代履行支农职责总抓手，打造服务乡村振兴品牌银行。支持棚户区改造。发挥省级统贷模式优势，对接全省棚改计划，累计审批棚改贷款187亿元，发放221亿元，截至2018年底，棚改贷款余额444亿元，支持新建和改扩建安置住房593万平方米，惠及全省33.10万人。支持建设美丽乡村。审批贷款7.40亿元，支持吕梁石楼“四好农村路”，大同、朔州污水处理等省市级重点项目建设。发展绿色信贷。向忻州偏关、代县投放贷款3亿元，支持当地光伏扶贫项目建设，审批2.60亿元林业贷款，支持太原古交、晋中榆社植树造林和荒山绿化。（席晓军）

【区域粮食安全维护】 2018年，中国农业发展银行山西省分行保障中央和省级粮食收储、轮换信贷资金供应，保护种粮农民利益。累放贷款16.30亿元，支持粮食收储、轮换180余万吨，粮棉油贷款余额达166.30亿元。推进“封闭运行+大数据”模式，粮食库存监控系统运转良好，确保库存安全；探索推进“贷款保证保险”业务模式，提高粮食信贷风险抵御能力。

（席晓军）

【金融风险防控】 2018年，中国农业发展银行山西省分行清收处置不良贷款近12亿元。截至2018年底，不良贷款率0.96%，比全省银行业平均水平低2个多百分点。现金清收不良贷款1.03亿元，完成10.60亿元不良贷款批量转让。（席晓军）

【基础管理夯实】 2018年，中国农业发展银行山西省分行推进“信贷队伍建设年”活动。分层级举办业务培训，推广贷后检查尽职管理系统，提升管控能力和履职水平。推进内部改革。省分行内部审计分离、信贷风险单设、内控合规职能调整、运营管理处组建，配套落实制度、岗位、人员等，现代银行建设步伐加快。强化科技支撑，完成综合办公平台、CM2006和综合业务等系统升级改造，筹划网银上线准备工作。完成全部机构安防监

控系统整合和升级改造。 （席晓军）

## ·华夏银行股份有限公司太原分行·

**【概况】** 2018年，华夏银行太原分行累计实现拨备前利润106亿元。除太原市外，在大同、朔州、长治、运城、临汾、晋中共设立6个异地机构，对外固定营业机构共计30个(含5个社区支行)，完善辐射全省金融服务体系。

全年资产总额达512亿元。对公一般性存款日均、个人一般性存款日均、个人基础型存款日均均完成计划。逾欠贷款下降，资产质量压力缓解。逾欠贷款和偏离度指标连续两年下降。贷款偏离度下降到129%，控制在总行要求150%以内。“双90”贷款和现金清收，完成总行计划。受利率市场化和信贷投向政策影响，营业收入和拨备前利润同比下降。全年实现拨备前利润8.64亿元，经营情况符合预期。“两增”监管目标完成。小微条线单户授信1000万元以下(含)贷款余额和小微条线单户授信1000万元以下(含)贷款户数同比增加、增速高于平均水平的监管目标。 （韩 雪）

**【业务板块发展】** 2018年，华夏银行太原分行围绕总行“3–3–1–1”客户定位，启动分行对公客户“核裂变”三年发展计划，带动分行“3–3–1–1”客户合作达到67户，合作覆盖率47%，省级地方国企开户覆盖率87.50%。截至2018年底，分行正常类融资客户存款日均较上年增加6.01亿元；日均存款沉淀率达50.60%。

公司业务优势巩固。以“搭平台、建机制、做推动”为措施，优化公司金融业务体系建设，提高整合能力和运行效率。建成“四部一中心”内部组织架构，营销综合策划、推动和协调管理，实现板块间统筹、高效的运行。创新合作模式，搭建综合金融服务平台。重点产品运用总量425亿元，带动公司产品类中间业务收入实现1.91亿元。

开展多层次主题营销。以“消费信贷、财富管理、收单支付、普惠金融”四大客群为目标，突出“金融+生活”场景模式，搭建“金融+旅游”平台，开展第二期“山西好风光 华夏银行伴您游”活动，推广“放薪管家”代发工资平台，全年新增客户123户。

推进个人业务基础管理。以业务转型为目标，修订四个办法(客户经理考核办法、营销客户经理考核及转正办法、目标评价办法、销售奖管理办法)，强化激励机制。对大额存单、慧盈、定活通等重点产品支持，年末个人金融资产总量达239亿元，较年初增加15亿元。实现信用卡中间业务净收入1.41亿元，同比增长25%。

（韩 雪）

**【资产质量】** 2018年，华夏银行太原分行问题贷款清收转化效果明显，资产质量改善。通过授信转化、现金清收、申报核销、办理以资抵债等手段处置20亿元，承接“联盛系”留债0.52亿元，清收新增非逾期贷款欠息10.19亿元，缓解资产质量压力。

（韩 雪）

**【基础管理】** 2018年，华夏银行太原分行依托分行监控平台，对新生产机房的物理主机远程监测和控制，实现各类信息系统、应用程序、特色业务日常运维监控自动化。

提升大数据应用水平，助力分行业务发展。召开“拥抱大数据，驱动新发展”论坛。开发太原分行“核裂变”客户关系管理系统、搭建“员工异常行为排查”“贷款应还利息提前预警”“POS无纸化审批流程”“员工护照管理”“会计辅助管理”5个子系统，利用自动化管理手段，节约成本耗费，减少人为差错，提高工作效率。

强化价值管理理念，提升发展内生动力。强化绩效考核价值导向，制定《客户经理绩效考核办法》，加大管会利润与销售绩效挂钩，把分行绩效奖金基数与经济利润挂钩比例提高至70%。推广结构化定价，利用APP管理软件，支撑客户经理营销过程定价管控，分行新投放人民币贷款利率从年初5.13%提高到5.17%，上升0.04个百分点。

深化会计运营改革，实时监控现金流量，持续压降营业网点现金库存，年末网均降至103万元，同比降幅74%，增加资金收益257万元。

（韩 雪）

**【风险防控】** 2018年，华夏银行太原分行完善全面风险管理架构，加强重点领域风险防控。推进操作风险三大管理工具运用和业务连续性管理。累计堵截各类风险事项163件，完成包括同城灾备、防抢防爆、舆情应急等23项应急演练。推进案件防控工作，保持高压态势，全年实现“零案件”目标。加强反洗钱统筹管理，推进整治、防范和打击非法集资、非法放贷及金融诈骗、“七五” 普法宣传等工作，风险防控和合规管理能力提升。

（韩 雪）

## ·山西省农村信用社联合社·

**【概况】** 2018年，山西省农村信用社联合社(简称“省联社”)坚持服务“三农”根本宗旨不动摇，加大支农支小、改革发展和风险防控力度。截至2018年底，全省农村信用社有省、市、县、乡四级机构3182个。其中，省级机构1个、市级机构11个(3个市联社，5个办事处，3个审计中心)、县级机构108个、管理部6个，营业网点3056个，全省从业人员42472人，服务范围基本覆盖全省各县（市、区）、乡(镇)、村。全省农信社资产总额11427亿元，较年初增加856亿元；各项存款余额7678亿元，较年初增加609亿元；各项贷款余额4765亿元，较年初增加642亿元。

推进普惠金融服务。全省各级农信社找准目标客户，夯实主体定位，拓展基础类客户，加大信贷投放。截至2018年底，涉农贷款余额达3944亿元，较年初净增363亿元，增幅10.13%，占各项贷款82.76%，约占全省银行业金融机构40%。建成农村金融服务站10248个，建设自助银行网点2362个，安装自助设备3709台，

2018年10月23日，全省农信社资金服务协同平台正式启动　（夏广朝供图）

拓展特约商户24107户，布放POS机具32002台，流动银行服务车31辆。支持小微企业发展。全省农信社小微企业贷款余额2665亿元，占全部贷款56%，约占全省银行业金融机构43%，高于各项贷款同比增速13.33个百分点，小微企业贷款户数15.24万户，高于上年同期3.41万户，实现“两增两控”工作目标。全年为小微企业减免服务收费641.47万元，节约利息支出2.27亿元。印发《山西省农村信用社进一步支持民营经济助力小微企业健康发展的实施意见》，制定信贷投放规划和目标，推广和研发信贷产品，拓宽客户增信渠道，扩大民营企业金融服务覆盖范围。全省农信社支持太原市康培园林绿化工程有限公司、山西东方资源发展有限公司、山西亚宝投资集团有限公司等民营企业10417户，余额2554亿元，占全部企业贷款余额90%以上。精准扶贫，履行扶贫社会责任。精准扶贫贷款余额254亿元，较年初净增3.23亿元。其中，单位扶贫贷款余额为162亿元，个人扶贫贷款余额为92亿元。个人扶贫贷款中“5321”扶贫小额信贷余额为64亿元，占全省各银行业机构一半以上。推进重点项目落地。依法合规参与银团（社团）贷款，向山西交通控股集团有限公司、山西省国有资本投资运营有限公司、山西能源交通投资有限公司和晋阳资产管理股份有限公司等融资需求额度较大的590个实体企业投放贷款总额达704亿元，较年初增加180亿元；投资债券支持省内企业融资余额达295亿元。　（夏广朝）

**【银行化改革】** 截至2018年底，山西省108家县级机构中，累计召开创立大会71家，挂牌开业67家。按照银保监会对加快职能转换和加强行业审计监督要求，在朔州、晋城改制、组建成立2家审计中心。　（夏广朝）

**【风险防控】** 2018年，山西省联社完善全面风险排查机制。建立“网点日排查、县级机构周排查、市级机构月排查、省联社季检查”常态化工作机制，通过上线科技系统、预警监测、紧盯问题整改、责任落实等措施，严密防控资金业务风险、流动性风险、市场风险、操作风险、案件风险等各类风险。建成覆盖省、市、县三级机构全面风险管理架构，初步构建起多层次、全方位、立体式的风险防控机制。建立全省农信社不良贷款压降调度制度。在做实农商银行资产质量形态基础上，采取多种强力措施，压降不良贷款，保持不良贷款余额、占比“双降”。开展“整治市场乱象”和“制度执行年”活动为抓手，加大风险排查力度、制度执行力度、问题整改力度和追责问责力度，重点围绕高风险投资、逾期贷款、借冒名贷款、违规担保等领域，深挖问题，查深查透，不留死角，对审计、监管、内部检查等各方面发现问题，提高整改率，加大问责力度。对拒不整改、虚假整改、敷衍整改、屡改屡犯行为严肃问责。开展党建、审计、巡视和监管发现问题整改四个“回头看”工作，建立问题台账，紧盯各类问题整改，促进合规经营。

（夏广朝）

**【综合服务平台建设】** 2018年，山西省联社构建“小银行、大平台”管理体制和运行机制，改制农商银行法人治理、经营模式、资本管理、内部控制等方面机制转换，以省联社为中枢大平台，为辖内小法人机构提供科技建设、资金营运、客户服务、资金清算、电子银行、教育培训、战略合作、产品研发及推广等综合服务。电子渠道交易额和用户数成倍增长，全省统一客户服务中心投入运营，资金营运服务协同平台正式启用，大额存单业务系统、财务管理及大总账系统上线，科技信息平台、资金清算平台等各大平台加快建设，新一代柜面系统等一大批科技系统投产，省联社通过CMMI（即能力成熟度模型集成）3级认证，山西农信全系统软件研发标准化流程等方面达行业相关标准，研发管理能力获国际认可。　（夏广朝）

## 保　险

### ·保险业发展·

**【保险市场体系】** 2018年，山西省保险市场组织体系完善。截至2018年底，全省有保险公司49家（含1家法人机构——中煤财险）。其中，财产险公司26家、人身险公司23家，各类保险公司分支机构2550家；保险专业中介机构网点1170家（含华泰财险EA门店178家)、保险兼业代理机构网点7922家；保险公司员工3.15万人，执业登记保险销售、经纪、公估从业人员47.25万人。（李　鹏）

【风险保障服务】　2018年，山西省保险业为社会提供各类风险保障31.91万亿元，同比增加8.98%；实现保费收入824.88亿元，同比增加0.12%，累计增速由负转正。分险种看，财产险市场非车险业务增速较车险快42.74个百分点，财产险业务(不包括财产险公司承保的意外险、健康险)保险金额6.93万亿元，同比增加37.50%。人身险市场保障型业务增速快于储蓄型业务(不包括财产公司承保的投资型家财险)26.18个百分点。

各保险公司发生赔款与给付支出267.35亿元，同比增长2.38%，较保费收入增速高出2.26个百分点。其中，包括城乡居民大病保险健康险业务赔付支出34.67亿元，同比增加46.28%；意外险业务赔款支出4.58亿元，同比增加19.66%；保证保险赔款支出2.81亿元，同比增加192.90%；信用保险赔款支出580406万元，同比增加339.01%；农业保险赔款支出6.91亿元，同比增加47.51%。(李　鹏)

【保费收入与赔付】　2018年，山西省保险业原保险保费收入8248756万元，其中财产类险2129401万元，人身类险6119354万元。赔款及给付共2673460万元，其中财产险1024465万元，人身险1648994万元。

（李　鹏）

【保费收入与赔付】　2018年，山西省保险业原保险保费收入8248756万元，其中财产类险2129401万元，人身类险6119354万元。赔款及给付共2673460万元，其中财产险1024465万元，人身险1648994万元。(李　鹏)

## ·中国人寿保险股份有限公司山西省分公司·

【概况】　中国人寿保险股份有限公司山西省分公司(简称中国人寿山西省分公司，以下称省公司)，全辖机构总数达623个。其中，省级分公司1个；市级分公司机构11个；县级支公司机构128个，系统员工4179名。

截至2018年底，全省系统总保费达173.63亿元，同比增长7.96%，增速超全省行业11.70个百分点；市场份额29.38%，较上年提高3.10个百分点。保障型保费实现6.15亿元，同比增长14.70%，阳泉、太原、晋城等公司增速在30%以上。

2018年，保费达124.98亿元，同比增长25.07%，占总保费的71.98%，同比提高9.90个百分点。特定保障型业务占10年期及以上期交保费比重达57.60%，较上年提高26个百分点。主销产品“国寿福”件均保费达3830元，较上年提高1306元。大短险保费达6.70亿元，预算执行率103.90%，同比增长17.56%。掌上保险5321.95万元，同比增长55.29%。寿代产、寿代养老分别达3.91亿元和13.31亿元。推荐广发银行联名卡2.66万张。电销、网销新单保费收入分别达542.64万元和8668万元。

全年理赔20.70万人次，支出11.11亿元，同比增长18.40%。全年承办城乡居民大病保险项目11个，服务人数达1113.31万人。统筹帮扶联系点128个，投入扶贫资金198万元；大病扶贫覆盖35个县区53.58万人建档立卡扶贫人口。推进集团公司与山西省政府战略合作协议落地，累计投资达228.80亿元。（王平均）

【销售转型】　2018年，中国人寿山西省分公司推进转型实践。个险渠道推进销售转型战略项目落地，固化周经营模式，周标保平台达2360万元。省市两级同步成立收展发展部；银保渠道推广“五自”标准化体系；团险渠道推广3S管理和掌上保险行销模式。

改善销售队伍。个险持证人力达43575人，个险长险举绩率、一年内新人长举率、三晋率分别增长7%、3.26%和9.62%。个险主管考核达标率62.80%，季均达标主管3110人，分别较上年增长4.11%和4.68%。收展队伍增员9414人，运城、太原、阳泉收展月均增员率在8.50%以上。银保规划师人力达7865人，月均增员率9%；客户经理队伍953人，同比增长81%。团险季均有效人力1375人，同比增长25%。

夯实基础管理。建成标准化营业部227个，较年初增加86个；功能组月均考核达标率较上年提升18.40个百分点；智能参会系统实现全覆盖，日均刷脸人力达1.60万人；月度参会率60%以上的人力达2.10万人。e职场绑定人数达2.90万人，全年拜访客户数突破100万人次。全年批复24个基层营业用房，34个柜面和职场办公环境改善。

教培职能升级。全年省市县三级公司培训部岗位人员达220人，星级导师达2926人；市级培训基地达6家，县支公司培训教室覆盖率达44%。累计举办各类创业、启航、晋阶培训3251期，培训7.80万人。

（王平均）

【业务经营管理】　2018年，中国人寿山西省分公司实施个险、团险、银保三大渠道分级分类管理；启动“千帆竞发”专项社会招聘，定向为县支公司引进254人；探索费用直投基层机制，下拨基层各项绩效奖励达9200万元，较上年增长41.50%。

增强运营能力。全年保全e化率达94%，同比提高23个百分点；核保自动化通过率达87.30%，同比提高21个百分点。理赔全流程智能化作业率达59.30%，小额理赔时效降至0.5天，同比减少2.25天。客户自主回访替代率达87.91%，人脸识别应用率达69.93%，“智能语音导航”系统服务客户89.30万人次，微信在线服务客户1.20万人次。

强化科技应用。全年国寿e店累计开通人数5.17万人，月均活跃人数达2.52万人，服务访问量达5000万次。无纸化投保累计出单32.17万件，使用率达92.58%。完成516个职场网络建设，建成作战指挥中心169个，

完善新开发个性化应用系统50余个，累计自有应用系统总数达73个。（王平均）

【风控防控】 2018年，中国人寿山西省分公司对涉及违规2713名销售人员、348名管理人员查处和追责，102个反洗钱问题全部整改。对50多家县支公司开展现场突击检查和审计工作。客户投诉总量同比下降14.70%；全年满期给付和年金给付8.60万余件，风险评级结果保持A类。（王平均）

## ·中国人民财产保险股份有限公司山西省分公司·

【概况】 2018年，中国人民财产保险股份有限公司（简称人保财险山西省分公司）为204.20万名客户提供风险保障8.25万亿元，同比提升12.86%；实现保费收入79.74亿元，同比增长13.61%；实现利润1.61亿元，同比增加5000万元；市场份额34.75%，同比提升0.53个百分点；增量保费9.55亿元，增量份额39.25%。为8900户企业，56.62万户家庭，5399万亩农作物提供8.25亿元风险保障，处理赔案103.36万件，支付赔款49.60亿元，同比增长14.68%；上缴税金10.24亿元，同比增长7.79%。（梁　曦）

【市场开拓】 2018年，人保财险山西省分公司建成“送修+费用+增值服务”4S店渠道获取模式，以“费用市场化投入、送修资源协同、客户真实信息获取为核心”二网渠道获取模式、以“地面电销+互联网销售为核心”电商渠道获取模式；战略性发展家自车业务，加快续保团队、车商团队和地面电销团队建设，构建车险销售过程管理模式，扭转家自车发展开局不利局面，市场份额24.56%；战略性推进续保团队建设，团队增员905人，产能2.82亿元，占比家自车11.30%，同比上升8.30个百分点，人均月产能提升8.66万元；推广人保V盟，加快商业模式变革与技术变革融合，V盟会员突破6万人，保费规模近7000万元。融合发展，升级保险供给，完善商业非车险发展模式。强化保险供给和对标意识，提升重点险种和分散性业务拓展能力，全年商非保费收入突破13.04亿元，同比增长50.77%。大项目续保责任落实，加大创新支持力度，传统商非与新兴商非同向发力，传统大客户续保率100%；非车险专业团队建设和管理。成立光伏保险项目组，保费收入672万元；成立助贷险专营机构12家，实现全覆盖。成立商非专营机构数量25个，商非专业团队134个，商非专营机构平均产能1871万元，完成专营机构和专业团队非现场验收。拓展新兴市场，创新“保险+服务”模式，新兴商非保费8.64亿元，增速88.12%，市场份额27.95%，提升3.66个百分点；货运险保费收入8869万元，同比增长35.90%。安责险保费收入3114万元，同比增速135%。首台（套）综合保险获突破，实现保费收入6475.43万元，同比增速3838%。全年助贷险保费收入2.30亿元，增速265.90%。意健险保费收入1.90亿元，市场份额24.77%，同比回升1.77个百分点。农业保险保费收入4.80亿元，市场份额51.03%，为全省226.79万参保农户提供农业风险保障332亿元，赔款支出3.83亿元，受益农户达59.14万户次。坚持“金融扶贫、保险先行”，深入基层走访调研，结合当地优势农业资源，打造“一县一品”农业发展新模式。农险产品百种，承保11个市100余各区、县农业保险，涉及目标价格保险，收入保险、期货保险等创新型产品。坚持“保险扶贫，人保先行”，大力推广“两减四推一倾斜”保险扶贫模式，为44个贫困县提供风险保障。在河曲、岢岚等8县推动“五位一体”扶贫小额信贷保证保险，直接撬动扶贫贷款资金4.55亿元，带动9059户贫困户实现增收脱贫。全年开发农业保险扶贫产品39个，创新“一保通”综合保险交口模式、“扶贫红枣共保”临县模式、政府扶贫救助保险忻州模式；开展农业扶贫保险，为全省33.52万人次提供风险保障106亿元，支付赔款金额1.31亿元，受益7.30万人次。全省首单农业产业扶贫保险“深贫保”业务在忻州河曲县落地。战略性推进农村销售队伍建设，建立协保员+营销员+地面电商、产寿健协同展业模式，完善三农服务站、点建设，全年建成97个三农营销服务部，服务部经理选聘到位率101.47%，协保员队伍5954人，净增1200人。履行社会责任，扶危济困、热线公益、回报社会。派驻临汾大

2018年8月15日，人保财险山西省分公司与交口县人民政府签订“一保通”扶贫保险合作协议（梁　曦供图）

宁县白村、南堡村6名驻村干部,结对帮扶455人,投入90万元、引资300余万元,改善基础设施、扶植村办企业,资助贫困大学生完成学业;深化“中国人保助学公益行”,捐助国学希望教室8所,捐赠助学用品20余万元。 (梁 曦)

【社保服务平台构筑】 利用社保平台,对接多层次社保体系建设,拓展社保业务,加大系统对接投入,提升“一站式”即时结算服务效率。全年社保保费收入10.81亿元,同比增长66.76%,保费规模跨越10亿元大关,超额完成总公司7.90亿元计划目标,在11市55个县开展城乡居民大病保险业务,服务人群1213万,为参保人群提供风险保障5.40万亿元,支付赔款10.72亿元,受益51.40万人次;在8个市开展建档立卡贫困人口补充保险,为154万人次贫困人口提供风险保障6180亿元,支付赔款1.80亿元,收益贫困人口达3.70万人次;拓展多种补充保险、意外险、门诊等新项目;形成涵盖大病保险、补充医疗保险、扶贫医疗救助保险、重大疾病保险、意外伤害保险等一体化业务格局。 (梁 曦)

【转型发展助推】 2018年为山西潞安矿业集团、太钢集团、山西焦煤集团、大同煤矿集团、中煤平朔集团等国有大型企业提供企财险风险保障1420亿元。全省各级开展政企互动1573次,同比增长155%,实现互动成果202个。促成中国人民保险集团与山西省人民政府签订战略合作协议;与山西省高级人民签订战略合作协议,开创“人民法院+人民保险”合作创新模式和“保全+救助”保险新机制。助力国家治理现代化,推动“保险+科技+服务”等创新模式,开发ERA环境风险评估系统,试点校园预计风险管理系统,发展环境污染责任险、安责险、医责险、校责险,发展首台套综合保险、新材料保险、专利保险,推进综治保险、巨灾保险、电梯保险,创新拓展关税保证保险、司法类保险,提供风险保障4323.08亿元,同比增长26.40%。聚焦县域发展,深化九大工程,竞争能力提升。扩大基层授权,区县支公司定位为经营单位,设立理赔部门,差异匹配权限,提高经营自主权。注重后备人才培养,开展机关与基层双向交流锻炼,改善基层队伍结构,为全省县域支公司招录100名销售人员,个人代理营销员拟纳编33名。加大基层帮扶指导,制定省分公司领导班子和部门主要负责人对口包点制度,现场办公、现场调研、现场指导成为工作新常态。深化“县域长青”行动,制定农村销售队伍建设方案,明确农村销售渠道建设指导意见,推进县域差异化业务获取模式。落实总公司“鸿雁计划”相关工作安排,为三农营销服务部配备专职三农营销服务部经理岗。截至2018年底,全省共建立818个三农服务站,3613个三农服务点,服务网络遍及全省119个市县、642个乡镇、2317个行政村。 (梁 曦)

【服务能力建设】 2018年,人保财险山西省分公司复制推广“南京模式”,“以管理为中心”向“以客户为中心”转变,对内转变机关作风,深化全员营销,简化请示报告流程,实施服务基层时效承诺制;对外坚持服务直达客户,整合线上线下资源,强化在线理赔团队建设,推广微信理赔、极速理赔和小额案件快处等新工具,开展警保联勤、心服务站、理赔夜市、电动车主干道巡查、VIP客户“全程托付”、空中120救援服务等多项优化客户体验举措,加大微信公众号绑定考核,推广俱乐部系统管理平台,深化客户经理制,整合增值服务,万元以下理赔周期7.78天,同比提速26.60%,总公司亿元保费投诉量为0.58件,同比下降21.62%;理赔案件结案率96.41%,监管机构服务评价90.48分。 (梁 曦)

## ·中国太平洋人寿保险股份有限公司山西省分公司·

【概况】 2018年,中国太平洋人寿保险股份有限公司(简称太平洋寿险山西分公司)累计实现原保险保费收入91.26亿元,同比增长11.70%,总体规模保费在山西省保险市场位居第二名。在客户服务方面,太平洋寿险山西分公司以“客户服务自助化、营运作业自动化、服务流程无纸化、数据应用智能化”为策略,推进“智能营运”建设,提升创新与服务能力,为公司业务快速发展提供保障。全年共计处理各类赔案4.03万件,累计给付理赔金4.02亿元,理赔数额大幅增长。

(刘志平)

【太保集团与政府签署战略合作协议】 2018年6月5日,太保集团与山西省人民政府在太原签署战略合作协议。此次战略合作协议的签署,标志着双方将在农险、大病、年金、责任险、基础设施建设、投融资、养老健康、扶贫等领域开展全面深度合作。

(刘志平)

【个险业务活动】 2018年,太平洋寿险山西分公司个人业务新保保费达成20.87亿元,全司排名第六,新保达成率102.80%;短意险达成率104.40%,健康合作险达成率205.90%。

创新客户经营活动。在推动落地总公司“保障升级”“法定转指定”等日常客户经营活动的基础上,山西分公司根据业务节奏,开展三个季度“忠诚行动”客户经营活动,通过服务评价、孤儿单客户服务、智能面访推动等线上活动提升客户体验,提高公司信誉及知名度。

开展培训助力营销。用基本法思维做基础培训,推动追踪一年内新人持续获薪、获得更高奖励;围绕一年内新人,推进落地岗前培训、衔接训练、新人大练兵,重点追踪训后评估效果;落地最佳实践典范案例,建立萃取师梯队,通过典范挖掘和萃取,树立标杆,打造学习型团队。 (刘志平)

【渠道业务和健康养老业务活动】2018年,太平洋寿险山西分公司立足供应短期保障,探索创造长期价值,推进跨系统、跨条线间协同发展格局,制定"产品+系统+服务"一体化客户需求解决方案,落地同山西山西省政府签署的"战略合作协议",提升专业支持,加大风险管控,确保业务可持续健康发展。

渠道业务围绕"固本培元"经营主线,聚焦业务目标和利润目标达成,夯实渠道基础,开拓创新项目。加强外部渠道合作深度与广度,实现互联互通;内部优化业务模式,严控经营风险,推动业务转型多元发展。健康养老业务围绕"员福业务发展为主线,重点项目推动为抓手,医保业务突破为方向"战略举措,通过专业赋能和协同联动,夯实业务发展基础。渠道业务和健康养老业务在对内创造利润价值的基础上,发展成为公司长期获客的重要来源,坚持发挥品牌服务和社会效益,强化重大企业客户经营能力,实现经营价值和社会保障双重体现。截至2018年底,渠道业务累计实现短险保费1.39亿元,市场份额18.90%,市场排名第二位,健康养老业务累计新保达成0.71亿元,实现员福大客户突破。(刘志平)

【财务管理】2018年,太平洋寿险山西分公司以降本增效为依托,优化公司资源配置;以总公司数字财务工程为牵引,提升专业能力;以打造财务专业队伍为目标,优化人才支撑。

优化管控手段,提升服务能力,保障公司业务发展。加强费用管控水平,根据总公司经营方向及措施动作合理匹配费用资源;与渠道、营运建立信息共享联通机制,落实精细化管理,建立闭环管理,共同提升渠道业务的经营管理能力;整合经营分析报告体系,形成分条线、分机构、分层级的分析内容,完善财务支持能力。

夯实基础工作,适应信息化进程,完成多项系统试点和上线工作。上线会计档案电子化系统,提高财务自动化程度,获集团会计档案无纸化项目卓越贡献奖;完成"E票通"管理平台上线,获"E票通"项目优秀执行奖;试点推动完成集团公司、寿险总公司资金池项目上线工作;配合完成总公司太保E行上线工作,取得总公司推动奖;跟进晋商银行、农信社批量代收付渠道上线,拓宽公司现有收付款渠道。

提升专业能力,形成人才支撑,营造高效氛围,打造最强财务。连续五年获"太平洋好管家"荣誉称号、连续四年获得山西(银)保监局颁发的数据统计先进单位荣誉、连续三年被评为A级信用级别的纳税人。

(刘志平)

【合规经营防范风险】2018年,太平洋寿险山西分公司守住"一守三全"经营目标,保障公司健康快速发展。以"风控能力最强"为指导,以"一守三全"为合规经营目标,站在转型2.0高度,坚守风险底线、禁触合规红线、严密内控防线,坚持三道防线协同,坚持依法合规经营,强内控、防风险,强化以往各种内控管理举措,完善风险防控体系,提升防范化解重大风险能力,实现年度合规内控责任目标。开展"治乱打非""四反一防范"及乱象整治工作,防范案件风险。推进条线负责制,开展"治乱打非""乱象整治"、非法集资风险排查、反洗钱、反欺诈、反舞弊等专项治理活动;加强对营业场所风险管控,开展宣传与警示,强化一、二道防线全防全控、联防联控、重防重控,推进案件防控与处置,控制风险,预防风险,全年未发生风险案件。(刘志平)

## ·中国太平洋财产保险股份有限公司山西分公司·

【概况】2018年,中国太平洋财产保险股份有限公司是中国太平洋保险(集团)股份有限公司旗下专业子公司,为客户提供财产保险产品和服务。公司总部设在上海,注册资本为人民币194.70亿元。中国太平洋财产保险股份有限公司山西分公司(以下简称"太平洋产险山西分公司")是中国太平洋财产保险股份有限公司所辖省级分公司,1992年起设立机构并正式对外开展业务。截至2018年,太平洋产险山西分公司有11家地市中心支公司,75家县级支公司。

(周苗为)

【产品创新与客户服务】2018年,太平洋产险山西分公司结合市场需求,开发新险种。推出"太健康"百万全家桶、"太享贷"家政雇佣责任险、诉讼财产保全责任保险、驾乘人员意外伤害保险、食品安全责任险、环境污染责任险、个人信用保障保险等,为客户衣食住行提供保险保障。为方便客户投保,简化投保流程,推出"车险电子保单",客户在投保时只需提供手机号及电子邮箱即可马上投保,实现投保流程"移动化""通用化""去纸化",同时便于客户快速查找个人投保信息。推出电子发票,方便客户实时查阅和接收。

提升服务质量。"以客户需求为导向"创新客户服务模式,推出"太贴心"微信自助理赔服务,客户通过微信自主报案理赔,半小时之内可收到赔款,为客户提供快捷、方便、周到服务,提升车险理赔时效。推出"太好赔"系列服务,针对女性客户,推出太保"蓝朋友"专属守护,全程陪伴服务;针对三年未出险客户、女性客户,提供金钥匙服务,上门接车、送车修理、修复结算、出险期间代步服全程包办。针对三年未出险客户,人伤纠纷一纸委托,不再困扰。涵盖探视、慰问、接送、跟踪、陪同鉴定、调解、收单等服务,全程无忧。(周苗为)

## ·中国平安人寿保险股份有限公司山西分公司·

【概况】2018年,中国平安人寿保险股份有限公司山西分公司(简称平安人寿)适应经济发展新常态,保护保险消费者合法权益。各项业务健康发展。截至2018年底,分公司下辖太原本部12个营业区、10个地市三级机构和55个县域四级机构。

2018年,分公司累计实现总保费收入70.84亿元,同比增长23.80%。其中,个人代理保费59.45亿元,同比增长20.90%,银行代理渠道年累计实现保费收入40053.71万元,同比增长43.60%。直销业务累计实现保费收入73745.29万元,同比增长39.50%。分公司营销员人数站上25500人平台。上缴各项税款28777.34万元。其中,上缴公司增值税2925.46万元,占总缴纳税款12.89%。

分公司累计为172万客户提供7735亿元保险保障,同比增长44.90%。在赔付方面,全省死伤医疗赔款支出29600.37万元,同比增长21.20%。满期、年金给付支出55018.52万元。其中,年金给付27105.41万元,同比提升464.20%。

截至2018年底,分公司在山西累计投资达98.50亿元。其中,债权累计投资额51.60亿元;基础设施投资方面,向太焦高速公路项目投资额23.46亿元;新能源开发方面,风电累计投资额达1.50亿元。 (王 琛)

**【销售渠道拓宽】** 2018年,平安人寿山西分公司从用户到客户"双圈双户"经营模式转化和再升级。个销产及个销养保费平台增长。其中,个销产保费同比增长8.10%,累计达成83458万元;个销养保费同比增长20.30%,累计达成11545万元。

制作一年内新人个销车险,个销卡式业务主拓产品课程,利用微信、直播、公众号等线上平台推广,线下配套制作产养一年内新人训练手册、车险三折页、部课早练手册、车险一页纸等行辅资料助力新人展业。全年个销产3月内新人破零率51%,个销产一年内新人首单平均62天,助力新人留存。

2018年,个销产累计获客360368人次(未去重),月均获客3万人次;个销养累计获客563704人(未去重)。学平险客户数较上年新增18708个(未去重)。人均综拓收入1390元。其中,个销产贡献人均综拓收入953元,个销养贡献人均综拓收入86元。

2018年7月,个人客户经理俱乐部会员人数较1月环比提升26.30%;较上年7月同比提升74.10%;会员占比由年初17.90%提升至21%。组织个人客户经理俱乐部沙龙,建立荣誉文化体系,对综拓绩优人员支持,提升会员保费贡献度,搭建会员推动五大体系。通过线上微讲堂学习、线下早会宣导反馈、指标追踪、定期会议培训4个模块形成固定标准化运作流程,搭建月度综拓功能组方案,制定《综拓功能组操作手册》,支持功能日常组运作。 (王 琛)

**【便民服务创新】** 2018年,平安人寿山西分公司推动"智慧客服"服务,依托生物认证、大数据、人机交互和远程视频等技术,客户通过金管家APP等移动入口,随时随地办理理赔申请和保单信息确认等业务。

2018年,以"阅读与分享"为主题开展各类加值服务。关注PGC质量与体验、UGC培育与运维及服务口碑传播。少年读书说TED演讲比赛,VIP高尔夫沙龙等客户回馈活动等各类线上线下阅读服务。开设亲访、电话、信函、网络等多种投诉渠道,在各营业场所公布投诉处理流程,便于客户咨询、投诉。对受理各类投诉案件,妥善处理,化解客户纠纷。公司在全省定期开展总经理接待日活动客户座谈会,开展贬损客户录音听取工作,配合前线管理部门制定投诉宣讲计划等,提高服务水平和业务品质。

(王 琛)

**【理赔服务】** 2018年,平安人寿山西分公司依托人工智能等互联网前沿技术,通过移动终端、影像技术、大数据应用,构建智能理赔审核模型,实现手机在线申请理赔,30分钟内赔款到账,减免8–10项理赔申请纸质资料。截至2018年底,理赔案件43884件,赔付金额3.40亿余元,豁免保费0.60亿余元,理赔E化覆盖全省超97%案件,闪赔案件占比超1/3,理赔最快速度2.05分钟,理赔客户服务满意度95.39%。

落实服务承诺。依托平安后援集中运营平台,落实理赔全流程各环节标准化作业流程,缩短理赔服务时效。特色服务助力品质提升。2018年,重疾先赔、特案预赔等特色服务共计服务客户70人次,累计为客户赔付理赔款669万余元,平均服务时效0.90天。

(王 琛)

**【风险防范】** 2018年,平安人寿山西分公司合规经营管理水平,对各流程

2018年5月20日,平安人寿山西分公司举行幕天捐书活动 (王 琛供图)

合规管控，法律合规部牵头各业务员部门前线、共同资源各条线开展贯穿全年自查自纠工作，排查内容包括：职场管理、采购风险管理、销售行为管理、防范和处置非法集资违规代销风险管理、费用管理、人员信息管理等，针对内外勤及公司管理涉及相关问题开展自查自纠，强化风险管理及内外勤合规意识，严控稽核风险，避免亮牌问责。

治乱打非专项排查。推进防风险、治乱象工作，保护保险消费者合法权益。

开展防范和处置非法集资专项排查工作。

开展保险业市场乱象整治工作，涵盖销售乱象、理赔乱象、违规套费乱象、数据造假乱象四个工作模块。

开展内控自评项目，制度执行自查工作。

落实监管政策。成立由班子领导组成领导小组，对乱象整治工作全面负责；执行小组层面，乱象整治工作由法律合规部整体牵头，推动各业务条线，落实排查方案，坚持自查与自纠并重，注重整改实效。（王　琛）

## 证　券

【股权市场及社会投资】　2018年，山西证监局加强对辖区多层次资本市场体系建设，配合省地方金融监管局做好辖区上市挂牌后备企业资源库入库企业筛选培育工作，召开上市辅导备案企业培训会，扩大上市后备资源，支持区域性股权市场发展。推动山西股权交易中心获山西省政府正式批文，在证监会进行合法运营备案。

截至2018年底，辖区共有A股上市公司38家。其中，主板31家，中小板4家，创业板3家。新三板挂牌公司89家，本年度新增10家。省股权交易中心挂牌企业175家，新增101家；展示企业1569家，新增79家；股份（股权）托管公司430家，新增197家。辅导备案拟上市企业共12家，新增4家；大运汽车上市申请处于证监会审核中。辖区有山西证券、大同证券2家证券公司、35家证券分公司和185家证券营业部，比上年新增3家分公司、新增7家营业部。辖区证券经营机构投资者资金账户总数为417.84万户，客户总资产3107.21亿元，累计代理证券交易总额46159.83亿元，同比分别增长10.04%、24.21%、9.47%。发展辖区证券公司创新业务，改善依赖经纪业务盈利模式。辖区有和合期货、晟鑫期货、三立期货3家期货公司、5家分公司和25家期货营业部，比上年增加3家分公司。期货经营机构投资者开户数5.49万户，客户保证金余额20.30亿元，期货市场累计成交额为25306.64亿元，分别同比增长8.79%、15.60%、13.60%。辖区期货公司总资产、净资产均有所增长，资本实力（增资1000万元）有所增强。辖区2家法人证券公司、3家法人期货公司各项风险控制及流动性指标符合监管要求，未发生风险事件。

辖区公私募投资基金持续发展。截至2018年底，山西证券共管理4只公募基金，存续规模34.61亿元。在中基协登记私募基金管理人59家，新增10家。其中，私募股权、创业投资基金管理人49家，私募证券投资基金管理人10家；在中基协备案正在运作私募基金85只，新增34只，实缴规模122.69亿元。各类投资基金服务实体经济能力日益增强、社会投资活力激发。（张　军）

【资本市场融资】　2018年，山西省辖区实现资本市场直接融资1485.31亿元，同比增长37.40%。其中，上市公司增发股份融资86.15亿元，公司债融资394.01亿元，企业债融资24亿元，地方政府债融资681.92亿元，证券公司柜台市场融资192.12亿元，证券业务创新融资2.19亿元，资产支持证券（ABS）融资7.40亿元，私募股权、创投基金融资80.99亿元，新三板挂牌公司定向增发融资8.31亿元，区域性股权市场为企业实现直接融资8.19亿元。（张　军）

2018年12月4日，山西省证监局举办“12·4”普法和打击非法证券宣传活动

（省证监局供图）

## 房地产市场

【概况】 2018年，山西省有房地产开发企业2379家。房地产开发投资完成1376.60亿元，同比增长18%，增幅比上年加快45个百分点，比全国平均增速快8.50个百分点。

从工程构成看，房地产开发投资中建安工程投资完成961.40亿元，同比增长9.20%，占房地产开发投资的比重为69.84%；设备工器具购置15.60亿元，同比增长7.20%，占房地产开发投资的比重为1.13%；土地购置费328.90亿元，同比增长73.20%，占房地产开发投资的比重为23.90%。

从工程用途看，商品住宅投资完成1033.80亿元，同比增长22.10%，占房地产开发投资的比重为75.10%；办公楼投资完成36.80亿元，同比增长3.30%，占房地产开发投资的比重为2.70%；商业营业用房投资完成153.20亿元，同比增长3.60%，占房地产开发投资的比重为11.13%。 （省统计局）

【房地产市场运行】 2018年，山西省强化稳定房地产市场的主体责任，下发《关于加强房地产市场监测分析、做好房地产市场分类调控的通知》，要求各市加强房地产市场统计监测和分析，强化分类、精准调控，防范化解房地产市场风险。督促指导太原市出台《关于加强房地产市场调控工作的实施意见》，采取限购、限贷等政策，太原市房地产市场热度下降，房价上涨势头遏制。根据住建部商品房交易日报系统数据，12月，太原市新建商品住房平均价格为10076元/平方米，连续7个月保持在10000元/平方米上下。根据国家统计局数据，12月，太原市新建商品住房销售价格环比指数100.90，比上月下降0.40个百分点，在全国70个大中城市中排第25位，中部六省省会城市中排第2位，周边五省省会（首府）城市中排第4位。加强市场研判和政策储备，多次召集各市房地产主管部门召开房地产市场调控工作专题会议，传达学习党中央、国务院和省委、山西省政府有关房地产市场调控的主要精神，对相关工作安排部署。召开房地产市场调控工作研商会，协调省发改、财政、国土、税收、人行、银监等相关部门对山西省房地产市场形势及风险隐患分析研判，梳理总结现有调控政策，提出政策建议。结合山西省实际推动去库存工作，下发《关于印发化解房地产库存2018年行动计划的通知》，要求各市做好非住宅和县级城市房地产去库存工作，实现商品房待售面积和消化周期“双下降”。

（李国红　米玉婷）

【房地产销售】 2018年，山西省房地产企业商品房销售23610186平方米，其中住宅22158597平方米，办公楼326075平方米，商业用房706497平方米，其他419017平方米。商品住宅销售套数191333套，其中90平方米以下38369套，144平方米以上26106套。待售住宅面积6393184平方米，其中待售三年以上面积1772627平方米。 （编辑部）

## 市场监管

【概况】 2018年，山西省住房和城乡建设厅（简称山西省住建厅）开展房地产市场专项检查和整治，开展山西省房地产市场秩序规范整治行动、“双随机、一公开”检查、太原市治理房地产市场乱象专项行动，累计查处房地产市场各类违法违规行为436起。开展房地产企业信用评价。对山西省454家房地产企业开展信用等级评价，促进企业依法诚信经营，构建诚实守信、规范有序的市场环境。联合人行、银监部门印发《关于进一步加强商品房预售资金监管的通知》，要求各市严格执行商品房预售资金监管制度规定，规范商品房预售资金存取行为，防范房地产市场交易风险。 （李国红　米玉婷）

【住房租赁市场规范发展】 2018年，山西省制定印发《山西省发展住房租赁市场的实施方案》，提出山西省发展住房租赁市场的任务书、时间表和路线图，要求用3–5年时间把租赁住房占新增住房供应量的比例提高到50%左右。推进住房租赁综合服务平台建设。与建行山西省分行共同推进山西省住房租赁平台系统建设，8月22日，启动山西省住房租赁综合服务平台。11个地级市住房租赁综合服务平台建成，整合租赁房源9万套，为租赁各方主体提供高效便捷的租赁服务。培育4家国有、8家民营和混合所有制住房租赁企业，鼓励16家房地产开发企业、经纪机构和物业企业开展租赁经营；多渠道筹集租赁房源，开展6个购租租赁住房项目试点。加大对住房租赁的金融支持。与建行山西省分行签订住房租赁全面合作协议，争取1000亿元的授信支持。与建行山西省分行等金融机构，梳理优化新建、改建、回购租赁住房的贷款业务流程。（李国红 米玉婷）

【住宅全装修行业指导】 2018年，山西省住建厅推进住宅全装修，山西省政府印发《关于加快推进住宅全装修工作的指导意见》，提出土地规划条件、统筹协调建设、加强销（预）售管理、加强质量管控、强化主体责任、创新发展模式、加强组织保障、政策激励扶持、加大信贷支持、加强宣传引导等10条具体措施。

（李国红 米玉婷）

【二手房市场完善】 2018年，山西省二手住房成交面积533.4万平方米，成交总金额247.5亿元。针对二手房市场成交量上升，交易市场更加复杂化、中介行为不规范等问题，山西省加强对从事二手房交易的房屋中介公司监督和管理，制定统一的收费标准，核算中介机构的成本和收益。完善相应的交易细则。确立健康的市场运行规则，规范整个中介服务市场。完善二手房贷款发展格局，形成一个合理化、规范化的，以住房公积金抵押贷款为主，商业二手房贷款为辅的形式。积极开发贷款品种，降低二手房贷款条件，使二手房贷款业务更加满足中低收入者的需要。完善个人信用制度，审查借款人的住房信贷为银行提供依据，降低银行进行二手房贷款业务的金融风险；建立住房置业担保制度，保证在一定期限内，借款人承担支付欠款，化解个人贷款的违约风险，消除银行住房贷款业务的顾虑，促进二手房贷款的发展。

（李国红 米玉婷）

## 物业管理

【物业服务标准体系建设】 2018年，山西省住建厅健全物业管理服务标准，提升服务水平。12月，在《住宅物业服务标准》《写字楼物业费服务标准》《工业园区物业服务标准》《场馆物业服务标准》基础上，出台《高校物业服务标准》，健全物业服务标准体系，引导物业服务企业找准市场定位，转变管理者的角色，强化服务意识，提高物业服务的规范化和标准化水平，为推进物业服务业健康发展提供依据和保障。（李国红 米玉婷）

【物业单位监管】 2018年，山西省住建厅出台《关于进一步做好“多证合一”后房地产企业事中事后监管工作的通知》，要求各市按照“双随机，一公开”的要求，对办理“多证合一”后的房地产经纪机构和物业服务企业加强监督管理。制定随机抽查事项清单，建立健全“双随机”抽查机制，对发现的违法违规行为，依法依规加大惩处力度。通过现场检查、合同抽查、投诉受理等方式，采取约谈、书面警示、记入信用档案、公开通报、列入黑名单等措施，打击违法违规行为。建立健全企业信用档案，搭建信用体系基础平台，建立信用信息与工商等相关职能部门间的互通机制，完善信用公开制度，合理应用信用评价结果。

（李国红 米玉婷）

【物业市场监管】 2018年，山西省住建厅强化市场监管，规范市场秩序。加快推进信用体系建设，构建以信用为核心的市场监管新模式。出台《关于开展2017年度房地产企业资质动态考核及信用评价工作的通知》，开展物业服务企业信用等级评价工作，采取记入信用档案、公开通报、列入黑名单等措施，严厉打击违法违规行为，强化守信激励和失信惩戒机制，促进物业服务企业讲诚信、守规则，规范物业市场秩序。

（李国红 米玉婷）

# 交通运输

Transportation

## 综 述

**【概况】** 2018年，山西省交通建设完成投资463.50亿元，完成年度计划140.50%，同比增长59.10%。其中，农村公路建设完成投资264.10亿元，占总投资57%，同比增长94.40%。营业性公路运输完成货运量12.60亿吨、货物周转量1907.70亿吨千米，同比分别增长9.90%和8.50%。水路运输完成货运量23.20万吨、货物周转量1298.50万吨千米，同比分别增长14.80%和24%。民航完成旅客吞吐量1843万人次、货邮吞吐量6.20万吨，同比分别增长16.40%和12.70%；7个机场旅客吞吐量均实现两位数增幅，大同和临汾2个机场增幅达50%以上；太原武宿机场新增3条国际航线，年旅客吞吐量超过1300万人次。全省收取车辆通行费241.3亿元，同比增长13.50%。其中，高速公路收取229.40亿元，增收28.50亿元，同比增长14.20%。

高速公路建成长治至临汾等5个项目，新增通车里程270千米，达5605千米；打通河曲等3个出省口，规划的33个出省口打通26个。干线公路完成新改建里程192千米，开工建设2条重载交通试验路段。农村公路建设三年千亿工程开局良好，完成新改建里程2万千米，新增通客车建制村1514个，分别是省政府下达目标任务的2倍和7.50倍，分别占全国的1/16和1/5；襄垣等4县（区）被命名为全国"四好农村路"示范县；三大板块旅游公路开工建设1846千米，完成672千米，黄河干线吕梁碛口段和临汾乾坤湾段、太行干线陵川段3条旅游公路试验段基本建成。具备条件建制村通客车率达99.85%，7个市实现建制村通客车全覆盖。发布《山西省通用机场布局规划》，山西省被国家批准为通用航空发展示范省；朔州支线机场和芮城、阳城通用机场建设前期工作，太原客运东南站、阳泉综合交通客运枢纽等综合客运枢纽，黄河老牛湾至龙口等3项航运工程和24个渡口码头改造工程进展顺利。

1月15日至21日，全省ETC快通卡周充值额首次突破亿元大关，推出手机APP充值业务，单周充值额达4800万元。推进会计制度改革，选定晋中分局作为试点单位试运行。7月1日，提前5个月正式在全系统126家预算单位试运行新制度。

（师国梁　陈瑞丽）

**【交通运输服务】** 2018年，山西省交通运输厅（简称山西省交通厅）会同省国资委、山西交控集团围绕优化债务结构、降低债务风险开展研究，提出债务化解方案，化解政府还贷高速公路2600亿元债务风险。聚焦深度贫困县和26个脱贫摘帽贫困县，完成交通扶贫投资238.50亿元，占全省交通固定资产投资的51.50%。定点帮扶的天镇县玉泉镇6个贫困村实现整村脱贫，省交通运输厅被评为全省干部驻村帮扶工作模范单位。新能源汽车在城市公交、城市出租汽车中的比例分别达到61%和22%，太原、大同两市列入全国绿色配送试点城市，高速公路服务区全部安装电动汽车充电桩。

（师国梁　陈瑞丽）

**【运输管理体制改革】** 2018年，山西省交通厅机关机构改革基本完成。承接厅属事业单位的73项行政职能和省水利厅渔船检验职能，内设机构、人员调整和干部配备等工作按规定全部完成。推进厅属事业单位改革工作，山西交控集团涉改企业、人员、债务、资产等全部移交。实施"分区域、分路段、分时段、分车型"，区别不同支付方式、区别不同行驶里程、区别不同车型的新一轮高速公路差异化收费政策，全年累计优惠通行费9.20亿元，惠及货车1838万辆。调整优化运输产业结构。推广多式联运、甩挂运输、无车承运人、定制客运等先进运输组织方式，太原、大同、临汾3个城市入选陆港型国家物流枢纽承载城市。深化"放管服效"改革。取消行政审批1项、下放3项。政务服务窗口全年受理省级审批事项66256件，全部按时办结，跨省大件运输联网审批办结率100%。推行"不见面审批"和"最多跑一次"审批服务，"全程网办"审批事项达到89%，超过省政府下达的85%的目标要求。普通货车实现“两检合一”、省内异地互检和异地年审。全省新增更新公交车1240辆，11个地级市公交车全部实现全国交通“一卡通”，推进太原、临汾“公交都市”创建工作，太原、临汾等9个地级市建成公共自行车服务系统。全省新开通4条省际、1条市际、5条县际公交化运营的旅游客运线路，省际、市际、县际公交化运营的旅游客运线路达36条。修订发布8项高速公路施工标准化指南，制定《农村公路建设管理办法》。（师国梁 陈瑞丽）

【交通运输法治和安全管理】2018年，山西省政府出台《山西省民用机场净空和电磁环境保护办法》，填补全省民航机场领域法制空白。依法办理行政复议案件12件，清理规范执法车辆1190辆。组织开展宪法宣传系列活动。全年发生生产安全事故5起、死亡6人，同比分别下降16%和50%，未发生较大以上生产安全事故。加强安全生产基础，全年累计排查安全问题隐患8232项，整改8122项，整改率98.66%。完成公路安全生命防护工程5242千米、危桥改造201座、灾害公路治理57千米。确定高速公路团雾路段21处56千米，全部安装雾区引导防撞系统。强化“两客一危”重点营运车辆动态监控，应用“大数据”治理车辆超速、疲劳驾驶等不安全行为成效明显。推进安全风险管控和隐患排查治理双重预防试点工作，长临高速“19+1”安全责任体系等4项案例入选交通运输部“平安交通”安全创新案例。加强治超工作。出台《道路货物运输货单使用管理办法》，探索以电子抓拍代替人工执法的非现场执法路子，全省货运车辆超限超载率稳定控制在0.20%以内。推进扫黑除恶专项斗争。全系统1500名领导干部参加履职督导谈话。围绕道路运输、工程建设等5个领域10类重点，开展行业重点治乱专项行动，开展线索摸底排查工作，摸排上报涉黑涉恶线索162条。加快科技创新。省厅编制交通运输信息化发展规划，5个部省共建项目前期工作推进。阳泉市引进百度公司在全国率先建设无人自动驾驶车路协同系统，在全省高速公路封闭测试成功。“重载水泥混凝土铺面关键技术与工程应用”获2018年度国家科学技术进步奖二等奖，另有11项研究成果获省科学技术奖。5月4日，山西省在国家交通运输部和公安部联合举办的关于规范治超执法深入推进联合执法常态化制度化暨隧道安全风险防控工作电视电话会议上，作治超经验交流。全省超限超载率控制在0.20%以内，高速公路杜绝非法超限超载车辆，干线公路杜绝非法超限超载车辆，全年未出现一例因超限超载引起的死亡事故，未出现一座因超载导致的危桥。

（师国梁 陈瑞丽）

【春运活动】2018年2月1日至3月12日，山西省交通部门打造“平安春运、温馨春运、便捷春运、诚信春运”，确保春运工作平稳有序。截至3月12日，累计运送旅客1206.14万人次，道路水路运输安全平稳，未出现旅客滞留和大的服务质量投诉问题，未发生较大以上安全生产事故，完成为期40天的道路水路春运任务。春运期间，全省道路客运累计发送班线客车42.39万辆次，其中，班车41.22万辆次、包车1.17万辆次，共运送旅客1199.46万人次，日均发送旅客29.98万人次；水路客运累计投放客船781艘次、27849个客位，运输旅客6.68万人次。春节（2月15日至2月21日）期间，全省高速公路、干线公路路网安全畅通，道路水路运输安全有序，无较大拥堵和旅客滞留情况，未发生旅客投诉事件和重大安全事故。全省高速公路通行量599.94万辆，同比增长18.70%，共为573.84万辆次七座及七座以下小型客车免通行费1.92亿元，同比分别增长19.30%、25%；绿色通道减免通行费224.08万元。全省干线收费公路通行量32.18万辆，同比下降26%，其中七座及七座以下小型客车29.19万辆，免费额262.14万元；绿色通道减免通行费1.58万元。全省道路运输共投入营运客车46001辆次，累计运送旅客131.31万人次，同比下降8.90%；城市客运共投入公交车7.80万标台、出租车27.58万辆，累计运送旅客4352.50万人次。水运累计投入客运船舶150艘次、5153个客位，完成客运量1.63万人次，同比增长66.20%。

春运期间，省高管局、山西交控集团延伸服务内涵，联合山西交通广播电台（FM88）、山西省高速公路服务区协会在全省高速公路服务区开展“情满旅途·温馨回家路——报车号送午餐”主题互动活动。截至2月12日，共有1194人次参加活动，服务区累计送出2388分免费的自助午餐；除夕当天共有1400余人品尝到服务区免费赠送的美味水饺。

（师国梁 陈瑞丽）

【长假期间交通】2018年清明期间，山西省交通管理部门落实七座及七座以下小型客车免费通行政策，共减免通行费6543.50万元。其中，高速公路七座及七座以下小型客车通行量216.64万辆，减免通行费6333.85万元；普通干线收费公路小型客车通行量21.39万辆，减免通行费209.61万元。国庆长假，10月1日至7日，全省高速公路通行量924.31万辆，同比增长10.40%。共收取客货车辆通行费4.28亿元，同时为670.63万辆次七座及七座以下小型客车免收通行费2.05亿元，绿色通道减免通行费1375.33万元。全省干线收费公路通行量94.47万辆，同比下降14.70%。共收取客货车辆通行费1249.09万元，其中为53.23万辆次7座及以下小型客车免收通行费517.51万元，绿色通道减免通行费10.12万元。

全省道路运输投放营运客车78196辆次，其中班车70234辆、包车7780辆、加班车2092辆、定制客车173辆，累计运送旅客189.29万人次，同比增长6.10%。全省水运累计投入客运船舶990艘次、19658个客位，完成客运量14.51万人次，同比下降16.30%。

全省机场共起降航班3023架次，运送旅客39.57万人次，同比下降2%；运送货邮870.15吨，同比增长13%。其中太原机场共起降航班2075架次，运送旅客28.68万人次，运送货邮757.80吨。（师国梁　陈瑞丽）

## 公　路

【《道路货物运输货运单使用管理办法》印发】 2018年11月19日，山西省交通厅印发《道路货物运输货运单使用管理办法》，成为国内首例对货运单使用管理办法进行规定的规范性文件，对每一辆经检测认定的超限超载货运车辆精准源头核查。通过源头核查倒逼货运源头企业合法装载，规范执法行为，形成闭环管理。（师国梁　陈瑞丽）

【公路投资】 截至2018年9月27日，山西省国省干线公路共完成投资51.97亿元，提前三个月超额完成省政府下达的50亿元目标任务，完成投资相比上年同期提高18%。

（师国梁　陈瑞丽）

【实现移动支付全覆盖】 2018年9月5日，山西省高速公路移动支付系统上线运行。系统由山西交控集团与招商银行太原分行合作建设。用户通过手机扫码方式即可完成通行费支付，全省高速公路运营进入移动互联网时代。覆盖全省高速公路324个收费站的1466条出口车道，支付方式包括微信、银联云闪付、招商银行手机银行、掌上生活等手机APP等。完善用户体验、服务用户便捷通行，集团开通24小时客户服务热线。

（师国梁　陈瑞丽）

【资本运营平台组建】 2018年11月13日，山西交控集团举办山西路桥股份有限公司上市仪式。从13日起"山西三维"将退出A股舞台，"山西路桥"正式亮相资本市场。同日，集团牵头组建的山西交控资本管理有限公司、山西交通产业基金揭牌成立。

（师国梁　陈瑞丽）

【高速公路差异化收费】 截至2018年9月30日，山西省共为1838.16万辆次货车减轻社会通行成本8.74亿元，平均每辆货车减少成本47.55元。其中：集中连片贫困区13条路段高速公路货车通行费优惠50%。全年共有1146.61万辆次货车享受优惠，减轻社会通行成本5.77亿元。带动京大、王繁2条经营性高速公路为130.15万辆次货车减轻社会通行成本3350.92万元。

试行按行驶里程阶梯式收费政策的13条路段，1823.15万辆次25吨以上重载货车享受优惠，减轻社会通行成本1.24亿元。带动经营性高速公路翼侯路为102.42万辆次货车减轻社会通行成本689.94万元。国际标准集装箱车辆和厢式货车享受上述各项优惠政策，再优惠10%，最大优惠幅度不超过50%。累计享受优惠车辆371.56万辆次，减轻社会通行成本3829.49万元。其中，享受优惠集装箱车辆96.99万辆次，减轻社会通行成本1802.92万元。使用ETC卡支付的货车约5122.51万辆次，累计减轻社会通行成本1.03亿元。ETC业务快速发展，持ETC卡交费的货车占货车总流量的22.5%。试行分时段差异化收费政策的5条路段，货车通行费优惠50%，在晚8点(含)至次日早8点(含)货车通行费优惠70%。全年享受优惠货车共220.58万辆次，减轻社会通行成本3156.37万元。客运班车办理包缴车辆1.57万辆次，累计优惠金额4551.04万元。高速公路货车流量较上年同期增长9.0%，政府还贷高速公路货车车流量较上年同期增长10.50%，其中，集中连片贫困区13条高速公路货车流量较上年同期增长27.70%。通行集中连片贫困区路段的货车，平均降低物流成本4%–5%。

（师国梁　陈瑞丽）

【高速公路建设】 2018年10月16日，山西省霍永高速公路西段通过验收。路线起点位于隰县寨子乡中桑峨村，终点位于永和县王家坪，全长47.72千米，采用四车道公路标准建设，设计时速80千米。11月20日，运城至灵宝高速公路运宝黄河大桥建设项目通过验收。大桥从芮城县陌南镇柳湾村跨越黄河进入河南，连接三淅高速，与连霍高速形成互通枢纽。项目采用6车道高速公路标准建设，全长1690米，桥宽32米，设计时速80千米。12月29日，霍永高速公路永和至永和关段通车。全长23.62千

2018年12月29日，霍永高速公路永和至永和关段正式通车

（师国梁供图）

米，路线起点位于临汾市永和县芝河镇官庄村，与霍永高速公路西段终点相接，项目终点与陕西延安至延川高速公路黄河大桥桥头相接，全线均位于永和县境内。（师国梁　陈瑞丽）

【高速公路移动支付系统运行】2018年9月5日，山西交控集团推动建设的高速公路移动支付系统正式上线运行，全省324个收费站的1466条高速公路出口车道实现移动支付，高速公路运营进入移动互联网时代，大幅提升通行效率和高速公路出行体验。（师国梁　陈瑞丽）

【城际公交线路】2018年2月11日，山西省晋城市和河南省郑州市、焦作市同时举行城际公交开通仪式。晋城至郑州、晋城至焦作两条城际公交线路，运行模式为双向对开，由山西汽运集团晋城汽车运输公司和郑州交通运输集团、焦作交通运输集团3家企业共经营，票价仅为原来长途客运票价三分之一。

4月23日，长治市开通长治至郑州、长治至安阳、长治至晋城，长治至壶关太行山大峡谷、长治至平顺通天峡5条城际旅游公交路线。新开通的城际旅游公交线路实行法定节假日、双休日免费的优惠政策。工作日运营票价长治至郑州线路单程票价20元，长治至晋城线路单程票价10元。长治至壶关太行山大峡谷、长治至平顺通天峡线路全时段免费。

（师国梁　陈瑞丽）

【三大板块旅游公路复工】2018年4月25日，黄河、长城、太行三大板块旅游公路部分建设项目在吉县、大通县、左权县、平顺县、陵川县五地开工复工。三大板块旅游公路规划总里程13206千米，2018—2022年集中建设主体区旅游公路5537千米，连通A级及以上景区62个、非A级景区356个。（师国梁　陈瑞丽）

【大同汽车客运东站投入运营】2018年12月5日，大同汽车客运东站投入运营，同日，大同城际（旅游）公交客运启动。客运东站位于大同市平城区御河东岸北环路北，由山西汽运集团雁北汽车运输有限公司建设，总体建设用地241.66亩，设计日发班车840余次，发送旅客29500人。客运线路覆盖京、津、冀等14个省市区，是大同地区规模最大的道路旅客运输车站，也是全国公路综合枢纽站之一。新站在客运售票、检票和行车安全监管等方面实现智能化。

（师国梁　陈瑞丽）

2018年12月5日，大同汽车客运东站投入试运营　（师国梁供图）

## 铁　路

【概况】2018年，中国铁路太原局集团有限公司（以下简称中铁太原局）管辖大西高铁、石太客专、南同蒲、北同蒲、大秦、侯月、侯阎、石太、太中银、韩原、太兴、瓦日、京原、京包、太焦、迁曹等干线和支线。与4个铁路局集团公司交界：京包线K225+000处（郭磊庄站）、京原线K234+000处（灵丘站）、石太线K117+000处（赛鱼站）、石太客运专线K222+400处（太原东站）与北京局集团公司分界；南同蒲线K849+500处（风陵渡站）、侯阎线K76+650处（禹门口站）、太中银线K1173+650处（吴堡站）、大西高速线K686+048处（永济北站）与西安局集团公司分界；太焦线K190+700处（夏店站）、侯月线K147+273处（嘉峰站）、瓦日线K501+417处（长子南站）与郑州局集团公司分界；京包线K380+500处（古店站）与呼和浩特局集团公司分界。线路总延展里程11841.734千米，营业里程4538.699千米。其中客运专线534.569千米，双线营业里程3501.01千米，电气化营业里程4246.797千米。道岔10739组，道口120处，桥梁3895座，隧道535座，明洞23座。配属机车1154台，客车1821辆，动车组54组。搭建完成法人治理架构，建立现代企业制度，推进企业法治化市场化经营，非运输企业由12个重组整合为9个，并全部完成公司制改革。改革优化集团公司机关经营管理机构，设职能机构26个，生产机构1个，附属机构30个，派出机构3个，内设机构、人员编制分别精简45.90%、25.60%。

（孙淑环）

【安全管理】2018年，中铁太原局加强安全基础建设，清单化构建制度、指标和评价体系，完善安全管理制度，建立健全岗位安全生产责任制，出台安全巡查、红线管理等办法，规范站段安全管理制度体系，先后清理废止"僵尸"文件639个、"土政策、土规定"117项，车间班组台账和工作量化指标同比精简47%和38.60%。开展高铁"普速化、普铁化"整治，排查高铁轨旁设备和沿线环境，推进大西高铁综合维修生产一体化建设。加大安全投入，完成大秦、同蒲等铁路16次集中修、综合修施工，10组2A型动车组、50台和谐机车，以及道岔打磨车等新装备投入运用。全年集团公司消灭一般A类及以上事故，高铁、重载未发生责任行车作业事故；责任铁路交通事故同比减少28件、降幅30%；集团公司累计奖励有功人员1118人、233.50万元。 （孙淑环）

【货物运输】 2018年，中铁太原局制定实施货运增量三年行动方案。紧盯市场，访煤企、赴港区、进电厂，抓网格化营销，盯"公转铁"货源，为货运增量提供货源支撑。坚持北打大秦、中攻瓦日，构建路港联动机制，拓展下游接卸市场，大秦线年运量完成4.51亿吨。瓦日线年运量完成3395万吨，比上年增长75.60%。实施专项提效措施，两级调度阶段计划平均兑现率由不足50%提升到80%以上。全年货物发送量比上年增加7972万吨，占全路增运总量的29.30%。

（孙淑环）

【旅客运输】 2018年，中铁太原局实施站车畅通工程，开展客运基本服务专项整治，大西高铁18个高铁车站实现持二代身份证直接进站，常旅客积分、网上订餐等便民举措获旅客好评。落实"一日一图"要求，错峰安排动车整修，先后增开杭州、长沙等方向动车组，全年旅客发送量比上年增加341.90万人，增长4.70%，履行社会责任，心系革命老区，开行"蔡家崖号"旅客列车，吕梁至太原实现乘火车一日往返。举办"山西全域旅游铁路行"主题推介活动，开发十大旅游精品线路，全年开行普速旅游专列44列、动车旅游专列11列，引流入晋102列。 （孙淑环）

【现代物流】 2018年，中铁太原局铁路口岸作业区开通试运营，开行出口俄罗斯等国家的6列中欧中亚班列，开辟辐射广州等地的4条国内直达专线，促成到达天津、日照等港口的多个铁水联运项目，中欧班列累计开行51列，比上年翻两番。截至2018年底，中鼎物流园入园企业60余家，仓库运用率达85%，货物吞吐量完成265万吨，收入1.48亿元。完善中鼎云平台功能，注册客户1.20万个，成交金额1.50亿元，成为国内首家自动生成公铁联运解决方案、实现"铁路+公路"物流轨迹追踪等功能的互联网物流平台。举办"第二届山西中鼎物流论坛"，应邀出席铁路运输与现代物流融合发展论坛、中国（太原）物流产业展览会，获"中国物流社会责任贡献奖""国家多式联运示范工程"等多项荣誉。 （孙淑环）

【经营管理与开发】 2018年，中铁太原局坚持规范经营，开展自查自纠，清理风险债权858笔。坚持创新管理，31个劳动组织改革项目实施，深入设备修程修制改革，大秦公司收购唐港公司国铁股权、太原通信段资产和投资蒙华公司完成。注销辅业国有资产管理中心，33个非运输企业全部剥离28个站段管辖，资产资源向核心业务、优势企业集中。坚持产学研一体化开发，电动液压转辙机开辟城市地铁和巴基斯坦铁路市场，全路市场占有率70%以上，制造业创效占全路工业板块40%以上。设计旅游精品线路，完善五大旅游列车停留基地，吸引地方政府投资，全年开行、接入旅游列车90列，定制冠名12列，创收5230万元。推进商贸物流业转型，商品汽车物流量15.90万台，商品汽车物流量等创造多个全省第一。加强土地综合开发，高架桥下土地利用、无轨物流基地、电动汽车充电站、快捷酒店等一批社会化经营项目得到拓展。 （孙淑环）

【铁路工程建设】 2018年，中铁太原局推进高铁重载运输新通道建设。9月28日，大西高铁原平西至太原南段开通运营，朔州至准格尔铁路、朔山联络线和东港站改造工程有序推进，太原枢纽西南环线路基工程、全线架梁施工全部完成，太原站增建"两线一台"，瓦日线南吕梁山、石楼、华子书隧道病害整治完成阶段任务。启动22个短平快扩能改造项目，开工8项、完成3项。严格质量安全红线管理，杜绝工程质量一般以上事故。全年累计完成建设投资170.06亿元，兑现年度计划。4月7日至4月30日、9月29日至10月23日，大秦线完成两次集中修施工。 （孙淑环）

【科技创新】 2018年，中铁太原局瞄准重载运输领域，成立全路首家重载铁路技术研究中心，5个领域11项课题在总公司立项。聚焦安全运输，推进安全大数据应用和数据服务平台建设，智慧物流云平台、基于G网的STP传输技术等成果应用取得实质性突破；投资960万元开展重点课题攻关，34项成果获推广运用；投入627万元奖励57项科技成果和854项合理化建议。评选集团公司级优秀QC成果211个，推荐铁道行业优秀QC小组19个，获山西省级优秀QC小组79个，奖励29.25万元。

（孙淑环）

【瓦日铁路万吨重载运输模式开启】 2018年1月17日，由两台HXD型机车牵引110辆货车组合而成的万吨重载列车，自瓦日铁路兴县站驶向山东滕州站和邹城站。这是中铁太原局继大秦铁路之后，开辟的又一条重载运输通道。 （孙淑环）

【太原至长沙、杭州高铁动车组开行】 2018年7月1日，中铁太原局开行太原至长沙、杭州高铁动车组。太原南至长沙南动车组途经石家庄、郑州、武汉等城市，每日10时46分从太原南站始发，18时18分终到长沙南站，总计运行里程1500余千米。太原南

2018年1月17日8时30分，瓦日铁路开行首趟万吨重载列车，图为由两台HXD型机车牵引的万吨重载列车 （孙淑环供图）

至杭州东动车组途经石家庄、济南、南京等城市，每日12时52分从太原南站始发，21时10分终到杭州东站，总计运行里程1400余千米。太原到长沙、杭州的旅程由原来的26小时、20小时缩短至8小时左右，均实现“当日达”。 （孙淑环）

【冠名列车开行】 2018年，中铁太原局开通系列冠名列车。6月21日，以“蔡家崖号”冠名，蔡家崖站至太原线路的K7823/2次旅客列车开通。7月21日，中铁太原局与临汾市政府、山西省文旅集团、山西电视台黄河频道联合开行“中国根·黄河魂”主题动车组旅游专列。8月21日，太原南开往运城北的D9225次“黄河号”旅游列车开行，集团公司启动“山西全域旅游铁路行”主题活动。围绕“三大板块”，设计黄河风情、长城边塞、太行山水、红色经典、根祖文化等10条旅游精品线路，常态化开行“黄河号”“长城号”“太行号”等主题旅游列车，推出周末游、团队游、自助游、众筹游等系列旅游新产品，让“坐火车游山西”成为旅游新时尚。坚持“火车开到哪里，就把山西旅游宣传到哪里”，用好员工、站车、网络等各类资源，培养千名山西旅游宣传员，打造近个旅游宣传示范站车，在12306网站开展山西旅游专题展示，打造宣传推介山西旅游的“靓丽窗口”。与全路17个铁路局集团公司建立旅游合作机制，每年开行入晋旅游列车100列以上；融入“夏养山西”康养品牌，完善“吃、住、行、游、购、娱”等旅游配套服务；组建“山西全域旅游铁路联盟”，实施百家企业商品铁路站车销售计划等，助力山西旅游产业链加快发展。

（孙淑环）

【大西高铁原平西至太原南段开通运营】 2018年9月28日，大西高铁原平西至太原南段开通运营。大西高铁原平西至太原南段全长111千米，设计时速250千米，自北向南新建原平西、忻州西、阳曲西3个车站，汇入太原南站后与石太客专、大西高铁（太原南至西安北）接续，链入全国高铁网络，在忻州西站建设预留京太铁路（雄安至忻州段）接口。 （孙淑环）

【中国重载铁路技术交流暨大秦重载铁路运营三十周年论坛】 2018年10月26日至27日，“中国重载铁路技术交流暨大秦重载铁路运营三十周年论坛”在太原举行。论坛总结大秦重载铁路运营三十周年的运营经验。论坛以主会场论坛、圆桌论坛和分会场论坛形式，举办多场重载铁路学术交流。论坛期间，“重载铁路技术研究中心”在中国铁路太原局集团有限公司正式揭牌，该中心将从事“重载机车自动驾驶”“下一代移动通信（LTE-R）”“抑尘技术”等前瞻性重载技术的课题研究。论坛同时举办中国重载铁路发展成就展览、装备展览以及《奋斗大秦重载脊梁》大秦铁路开通运营三十周年主题摄影展。

（孙淑环）

2018年9月28日11时57分，大西高铁原平西至太原南段正式开通运营 （孙淑环供图）

## 民用航空

【概况】 2018年,山西航空产业集团有限公司由原山西省民航机场集团公司改制而成,为国有独资企业。营业收入实现7.69亿元,同比增长7.30%,其中主营业务收入7.62亿元,其他业务收入0.07亿元。主营业务收入中,航空业务收入4.47亿元,非航空业务收入3.15亿元,分别占比58.70%和41.30%。

所辖5个机场完成运输起降13.34万架次,旅客吞吐量1599万人次,货邮吞吐量5.60万吨,分别同比增长10.88%、13.12%、10.43%,旅客吞吐量完成全年计划的104.50%;其中太原机场完成运输起降10.73万架次,旅客吞吐量1358.84万人次,货邮吞吐量5.34万吨,分别同比增长6.89%、9.57%、10.27%。开通航线154条,通航城市84个。大同机场完成运输起降0.95万架次,旅客吞吐量101.63万人次,货邮吞吐量0.16万吨,分别同比增长55.67%、58.77%、-5.23%。开通航线22条,通航城市29个。长治机场完成运输起降0.77万架次,旅客吞吐量69.03万人次,货邮吞吐量777.10吨,分别同比增长16.23%、23.89%、67.12%。开通航线15条,通航城市17个。吕梁机场完成运输起降0.42万架次,旅客吞吐量36.73万人次,货邮吞吐量103.20吨,分别同比增长26.02%、33.18%、137.79%。开通航线10条,通航城市14个。五台山机场完成运输起降0.47万架次,旅客吞吐量32.78万人次,货邮吞吐量54.50吨,分别同比增长21.60%、25.52%、111.24%。开通航线17条,通航城市28个。

2018年,山西航空产业集团有限公司开通太原经海口至悉尼航线。太原国际邮件互换局兼交换站(一期)启动运营。所辖各机场在全国240个定期航班通航机场(不含港澳台地区)吞吐量排名中,太原机场排名29,大同机场排名93,长治机场排名114,吕梁机场排名154,五台山机场排名157。 (郭 静)

【航空安全管理】 2018年,山西航空产业集团有限公司印发《贯彻落实民航局二十六条措施实施方案》,确保各项工作任务落实到位。细化分解上级部门下达安全生产控制指标,签订《安全目标责任书》,压实安全责任。制定《安全生产责任制》,明确集团本部、各成员企业的安全生产责任;修订完善《质量/环境/职业健康安全生产目标考核暂行办法》,组织开展年度考核,强化考核结果运用,提高安全管理质量。

组织安全绩效管理专题培训,普及机制运用办法,建立安全绩效指标。制定《安全生产风险管理工作制度》《安全生产事故隐患排查治理工作制度》《安全风险分级管控和隐患排查治理双重预防机制实施办法(试行)》,规范公司安全生产风险管理和隐患排查治理工作,为强化风险管控工作奠定基础。开展安全生产大检查、中小机场专项整治等专项行动,发现隐患1070项,整改完成1050项,整改率98%,未整改完成项均制定整改措施。建立航务专业化管理队伍,提升空管保障能力。

开展"平安民航""平安货运"建设,对标安全保卫设施标准,各机场均加大安全投入,升级或新增安检信息系统人脸识别功能,改造或升级安检通道。长治机场购置双视角X光机,大同机场改造门禁系统和视频监控系统,安装人身和行李安检信息管理双机热备份系统,吕梁机场建立安保指挥中心,改造安防监控系统,五台山机场购置爆炸物检测仪、防爆罐、防爆毯。空军和民航局联合授予五台山"空军民航军民合用机场运行保障示范单位"称号。

明确机场净空保护区内建、构筑物审核工作流程。加强机场净空保护区巡查和障碍物处置工作。督促各机场建立净空管理联席会议制度,完善相关应急预案,加大净空保护法律法规和相关民航安全知识宣传力度,普及机场净空保护常识,增强全社会保护机场净空环境的自觉性。加强信息分析研判,强化敏感信息报送工作。各机场处置围界周边火情68次,处置危重旅客转诊74人次。完成应急队伍业务培训、应急演练等工作。

(郭 静)

【民航服务质量】 2018年,山西航空产业集团有限公司开展"民航服务质量体系建设"专项行动,提升服务品

2018年12月6日,山西省省长楼阳生(左)为山西通用航空集团有限公司揭牌

(郭 静供图)

质。平均放行正常率84.23%，超出行业平均水平。太原机场推进Ⅱ、Ⅲ类盲降系统建设、A-CDM系统建设及机坪管理移交工作，地面运行效率和保障能力提高，地面保障资源调配管理优化。对标民航法规规章和标准，完善服务管理手册和员工业务操作手册，建立企业服务质量管理体系，实现服务质量全闭环管理。健全完善行李运输服务标准，规范行李运输流程，加大对合约方装卸工培训力度，开展行李运输装卸专项整治活动，太原、大同、吕梁机场安装行李装卸监控系统，实现旅客行李全流程可视监控。各餐饮商户执行同城同质同价，杜绝候机楼餐饮服务乱收费的现象。配餐公司推出山西特色餐食，推广儿童餐、无糖餐以及低卡路里餐等，提升旅客满意度。完善军人及特殊旅客服务标识并实施设施设备改造工作，针对特殊旅客成立服务队，建立服务标准，制定作业指导书。制定投诉管理制度、完善投诉处理机制等措施，解决引发投诉根源问题，旅客投诉降低，未发生有效投诉。（郭　静）

【航空市场开拓】 2018年，山西航空产业集团有限公司加大航空市场开发力度，多措并举拉动客源。太原机场启动国内中转联程服务，实现中转旅客无缝转机衔接；深化与国内各大在线旅游公司、基地公司以及铁路局的“空铁联运”合作；优化升级现有阳泉城市航站楼服务功能，新增平遥城市航站楼，延伸航站楼服务范围；加大与第三家基地航空公司昆明航的沟通合作力度，昆明航在太原机场落户第三架飞机。与山西省文化旅游投资控股集团有限公司开展战略合作框架协议。与新加坡樟宜机场集团公司探讨合作。

国内航线：太原机场新增到克拉玛依、茅台、临沂、十堰等9个城市的航线航班，加密25条航线；大同机场新增到南京、合肥、深圳、乌鲁木齐等11个城市的航线航班，加密1条航线；长治机场新增到烟台、贵阳、长沙等3条航线，加密2条航线；吕梁机场新增到鄂尔多斯、大连等2个城市的航线航班；五台山机场新增到长沙、杭州、兰州、贵阳等13个城市的航线航班。

国际（地区）航线及口岸开放工作：太原机场新增太原经海口至悉尼、太原经成都至圣彼得堡、太原至莫斯科3条洲际航线，太原经浦东至芝加哥航线通过美方TSA安保考察。新增太原经昆明至芭提雅、太原经昆明至合艾航线，加密太原至普吉航线。完成国际及地区运输起降共计2847架次，出入境旅客32.63万人次，分别同比增长11.04%和1.72%。大同机场申请航空口岸第13次临时开放，在维持现有柬埔寨暹粒、泰国芭提雅、曼谷国际包机基础上，新增香港航线。五台山机场航空口岸开放改造工作基本完工。（郭　静）

2018年10月30日，太原—海口—悉尼航线开通

（郭　静供图）

【机场设施建设】 2018年，山西航空产业集团有限公司在机场建设方面完成投资约2亿元。完成太原国际邮件互换局兼交换站项目。太原机场启动三期改扩建前期工作，机坪扩容、国际服务设施改造、桥载设备替代APU项目、1号航站楼高架桥平台拓宽、飞行区安防系统建设、飞行区排水系统改造项目推进。大同机场改扩建项目招标工作完成，进入可研编制阶段；大同机场总规修编稿完成并上报民航华北局审核。长治机场航站区改扩建工程项目推进。吕梁机场飞行区防洪防汛系统改造工程完成，机场防汛标准提升。五台山机场口岸建设项目基本完工。太原机场民航小区建设项目推进，完成三个地块的规划条件审批工作，进入土地收储阶段。（郭　静）

【航空通航发展】 2018年，山西航空产业集团有限公司与航空工业集团旗下航空工业建投合资成立山西通用航空集团有限公司，参与全省通航发展谋划布局，推进山西通用机场规划建设等前期工作，推进山西低空空域管理改革试点，协助省发改委完成山西省通用航空业发展示范省申报工作。参加山西（深圳）招商引资推介会，向粤港澳大湾区专题推介山西通航，开拓通航项目引进、招商渠道。与晋中开发区拟定山西转型综改示范区晋中开发区项目入区投资协议，与中航材、中航油、省体育局、山西文旅集团、中体飞行（北京）公司签署战略合作协议，在产业园区开发、通航制

造、通用机场建设及运营等方面达成合作意向。（郭　静）

【航产集团参加世界航线发展大会】2018年9月16日至18日，山西航空产业集团有限公司受邀参加第二十四届世界航线发展大会（广州），集中展示改革开放以来山西机场发展进步新风貌。会议期间，推进太原经浦东至芝加哥和太原经烟台至大阪航线开通工作。与英国博闻公司、广东省机场管理集团有限公司、内蒙古民航机场集团公司、成都双流国际机场、天津滨海国际机场等就航线互通、航空业务往来、航线优化等事宜交流。（郭　静）

【航产集团亮相中国国际航空航天博览会】2018年11月5日至11日，山西航空产业集团有限公司参加第十二届中国国际航空航天博览会，以图文展板、专题视频短片、宣传手册等形式，展示公司三大产业板块（机场、通航、实业）、全省三大旅游板块（黄河、长城、太行）和省内各机场航线分布图，大屏幕滚动播放“中国民航带您看山西”“山西航空产业集团有限公司”及“省内各机场”等系列宣传片。公司获第十二届中国国际航空航天博览会民航展区展台优秀奖。与捷克飞机制造企业就生产制造环节开展协商工作；与北京航空航天大学就无人机应用业务领域拓展达成共识，意向引入山西省进行研发制造，在机场校飞等业务进行合作实验洽谈；就全省发展通勤飞行、短途运输拟选用的机型进行解与调研，为公司后期发展奠定基础。（郭　静）

【山西省民航业旅客服务职工职业技能大赛】2018年12月6日至7日，山西省民航业旅客服务职工职业技能大赛在太原举办。山西省总工会直属基层工委主办，公司工会承办，东方航空山西分公司工会、山西航空有限责任公司工会协办。主题为“优服务，提升品质　强技能，勇创一流”。全省6个机场、两个驻场航空公司共8个单位的30名选手同台竞技。大赛共设置配载、值机和服务三个单项。每个单项都设有理论考试和实际操作两部分内容。（郭　静）

## 内河航运

【水路交通安全监管】2018年1月25日，山西省地方海事局印发《关于做好2018年水路交通安全监管工作的通知》，全省水路交通安全监管加强对“重点船舶、重点水域、重点时段”的安全监管，深入开展“救生衣行动”，严格执行“四不乘船、八不出航”规定。强化通航航道安全监管，依法认定通航水域，划清船舶航行线路；强化水运工程建设安全监管，开展质量安全大检查，提升建设项目质量和安全水平；强化渡口码头安全监管，配备必要的安全防护设施设备，加强影响渡运安全行为的检查力度；强化船舶检验质量和适航性监管，加大船舶结构和稳性检验力度，保持船舶安全技术状况符合要求；强化船员适任能力监管，严格船员培训考试发证管理，确保船员适任；强化水路运输安全生产监管，严格水路运输从业资质规定的安全生产条件；强化新型船舶安全监管，按照《山西省水上交通安全管理办法》规定的新要求，依法对漂流、浮桥、气垫船、摩托艇、餐饮船等新型船舶实施监管，确保全省水路交通安全形势稳定。4月24日开始，由省局领导带队，组成5个督查组，分赴各市督查水上交通安全监管工作。督查工作采取明察暗访相结合的方式进行。重点督查各市对“五一”期间水上交通安全监管工作安排部署情况、开航前安全检查和安全教育情况、水路交通运输安全生产专项整治开展情况、防汛备汛情况、水上交通安全隐患排查治理和整改落实情况，落实“四不乘船、八不出航”和旅客乘船安全告知制度情况。截至6月底，全省水路旅客运输量66.55万人（次），货物运输量8.98万吨，水上交通连续13年零10个月未发生重大以上责任事故，海事监管与航运发展取得新成绩。8月，省地方海事局又组织11个市地方海事局开展交叉检查，现场排查渡口码头、船舶、船员存在的安全隐患，做到重点水域、重点船舶全覆盖，对发现的问题做到跟踪整改落实。（师国梁　陈瑞丽）

【横渡母亲河”活动护航】2018年，山西、河南举办第九届“中国三门峡横渡母亲河”活动，这是第24届中国三门峡国际黄河旅游节的品牌活动和重头戏。5月28日，来自各省市的4000余名参渡者在河南三门峡天鹅湖南岸与山西平陆太阳渡口之间2000米宽的河面上横渡黄河。平陆县地方海事处和三门峡市及湖滨区海事处针对活动参加和观看人员众多、游泳健将上岸集中，码头场地窄小的特殊情况，为确保活动顺利举行和安全渡运，晋豫两省出动海事执法人员20多名、海事执法船2艘，组织两岸航运两个、工作人员近50名、各种船舶20余艘，为活动提供护航服务。

（师国梁　陈瑞丽）

## 城乡建设规划

**【《山西省城乡规划条例》修订】** 2018年9月30日，山西省第十三届人民代表大会常务委员会第五次会议通过对《山西省城乡规划条例》作出修改，原《条例》于2009年11月26日经山西省第十一届人民代表大会常务委员会第十三次会议通过，于2010年1月1日起施行。修订内容涉及第九条、第十二条、第二十条、第二十条第一款、第三十四条第二款，并将开发区总体规划审批权限下放至设区市人民政府。（李国红　米玉婷）

**【《山西省平遥古城保护条例》修订】** 2018年9月30日山西省第十三届人民代表大会常务委员会第五次会议通过对《山西省平遥古城保护条例》作出修订。原《条例》于1998年11月30日山西省第九届人民代表大会常务委员会第六次会议通过。修订内容主要涉及在平遥古城内划分核心保护范围、建设控制地带、环境协调区，规范平遥古城保护范围内生产、生活、游览和从事建设、保护、利用等活动。围绕古城保护的责任主体、利用措施、法律责任等作出规范。针对过去古城保护过程中违法成本过低的问题，条例修订过程中对违反规划、私拆乱建、破损历史建筑物以及违法经营等行为，细化处罚内容，明确处罚标准，加大处罚力度。

（李国红　米玉婷）

**【都市区规划】** 2018年，山西省开展太原都市区发展协调机制研究，建立专家咨询机制，开展城市设计，推进《太原都市区规划》实施，优化太原、晋中城市空间布局，提升城市品质，推动山西中部盆地城市群一体化发展。出台《山西省环城生态休闲区规划建设指南》。推进17个市县总体规划编制，7个设区市完成“城市双修”规划，4个市县编制总体城市设计。运城、晋城完成全国城市设计试点年度任务。（李国红　米玉婷）

**【历史文化名城保护】** 2018年，山西省普查建档历史建筑2676处、公布挂牌743处，12个历史文化名城、25个历史文化街区保护专项评估通过验收。（李国红　米玉婷）

## 城市建设

**【住建部门行政审批制度改革】** 2018年，山西省住房和城乡建设厅（简称山西省住建厅）召开住建领域企业投资项目承诺制改革试点工作推进会，印发《山西省住建领域企业投资项目承诺制改革试点工作推进总体方案》，配套制定《企业投资项目承诺制改革监管服务办法（试行）》等八个规范性文件，明确审批事项的适用范围、申报材料清单、基本流程、时限要求、容缺处置办法等内容，对施工许可证核发制定承诺后审批的基本流程和操作办法，对市政类政府统一服务事项提出统一要求。

营造“六最营商环境”（审批最少、流程最优、体制最顺、机制最活、效率最高、服务最好）。2018年，山西省住建厅制定住建系统省市县三级政府部门行政审批事项标准清单，实现三级同一审批事项要素基本一致，同层级住建部门审批事项数量基本接近。梳理22项公共服务事项，制定公共服务事项清单。梳理厅行政审批事项，制定行政审批事项“四办”清单。开展“减证便民”行动，取消4项由省住建厅设定、实施的行政审批证明事项。印发《关于贯彻实施山西省证照分离改革试点总体方案的通知》，指导相关市级住建部门推行证照分离改革，试行“政府告知、企业承诺、批准后事中事后监管”的审批模式。

工程建设项目审批制度改革。2018年，山西省住建厅推进工程建设项目审批制度改革，出台《加快推进工程建设项目审批制度改革实施方案》《关于推进施工图审查制度改革的实施意见》，建成施工图审查信息化平台，实现施工图“多审合一”和政府购买服务，工程建设项目从立项至竣工验收审批时限压减至100个工作日以内、一般性工业项目审批时限压减至45个工作日以内。

“互联网+政务服务”。2018年，山西省住建厅初步完成网上审批系统升级改造工作基础数据梳理收集工作；实现厅网上审批系统与省政务服务中心系统间的单点登录对接、全流程数据对接；完成厅网上审批系统与省企业信用信息平台的对接工作。全年受理企业资质申请1909件，受理企业资质证书变更增补申请1312件。受理执业资格注册27500人次。受理省外建设类企业入晋备案947件；受理“三类人员”申请30550件；接收建设项目选址意见书核发、超限高层建筑工程抗震设防专项审查、风景名胜区内建设活动审批共43件；协助省人事考试中心安排监理工程师、二级建造师、建筑师等三类建设类执业资格考试有关工作；协助省人事考试中心发放个人执业资格证书6516本。 （李国红 米玉婷）

**【市政基础设施建设】** 2018年，山西省住建厅推进城市市政基础设施建设。全省城市(含县城)市政基础设施建设累计完成投资738亿元。新建改造城市道路1164千米；新建改造水气热管网4572.47千米；新增绿化面积2558万平方米。推进地下综合管廊建设，累计开工地下综合管廊67.16千米，完工22.65千米。推进园林城市创建工作，完成10个市、县申报国家园林城市(县城)初审；定襄县、曲沃县被省政府命名为省级园林县城。 （李国红 米玉婷）

**【城市建筑面貌整治】** 2018年，山西省开展城乡建筑风貌和第五立面管控专项整治，以武宿机场周边建筑第五立面整治为牵引，带动山西省整治工作，太原、晋中率先首期完成武宿机场周边建筑第五立面整治672万平方米，忻州完成整治83万平方米。开展第二届全国青年运动会比赛场馆周边区域城市风貌、山西省施工现场围挡等专项整治。拆除违章建筑262个，完成建筑立面整治1221万平方米，规范施工现场2200余个。

（李国红 米玉婷）

**【城市人居环境改善】** 2018年，山西省住建厅围绕设施提升、城市安居、城中村改造和环境提质“四大工程”任务，促进山西省城市人居环境改善。山西省改善城市人居环境四大工程累计投资2700.20亿元。其中，设施提升工程完成751.20亿元，城市安居工程完成1575.67亿元，城中村改造工程完成198.15亿元，环境提质工程完成175.18亿元。全年山西省新增公交车辆1757辆、运营线路1768.70千米，缓解城市交通压力；新建、扩建变电站29座，新增、更换配电变压器467台，改造老旧10千伏线路1218千米，保障城市供电能力；新增固定宽带用户121万户、4G用户596万户，通讯质量提升。保障性安居工程推进，保障基本住房需求。完善山西省城市保障性住房供应体系，开工各类保障性住房13.60万套，建成20.37万套；商品房竣工1970万平方米，房地产开发总体保持稳定。城镇中低收入住房困难家庭和棚户区居民居住条件改善，居住水平提高。城中村改造是棚户区改造重点任务，开工7.60万户，同步进行市政设施配套建设，城中村脏乱差现象消除。生态环境改善，宜居水平提高。建设固体废物处置项目3个、建成再生资源回收站点35个、投放旧衣物回收箱1700个。新设计执行绿色建筑标准面积2818万平方米、可再生能源建筑应用面积2869万平方米；抢险维修文物保护单位23个；完成城市河道整治94.20千米，蓄水美化面积2.80平方千米；淘汰城市燃煤小锅炉4068台、黄标车32146辆、老旧车13362辆，全省平均空气优良天数达201天。

（李国红 米玉婷）

**【城市生活垃圾分类】** 2018年，山西省住建厅组织开展山西省生活垃圾分类培训，邀请深圳市垃圾分类方面专家，对各地主管部门约130人培训。指导各市开展生活垃圾分类。太原市在850个党政机关、373个小区楼院开展垃圾分类工作，出台《太原市生活垃圾分类管理条例》。长治市政府印发《关于印发长治市生活垃圾分类处理与循环利用工作实施方案》，召开城市生活垃圾分类工作推进会。推进垃圾处理设施建设。阳泉市垃圾焚烧发电项目，长治市、晋城市餐厨垃圾处理设施基本建成。太原市、晋中市、长治市推进垃圾焚烧发电项目。 （李国红 米玉婷）

**【城镇污水处理设施建设】** 2018年，山西省住建厅推进城镇污水处理设施建设，重点推进太原汾东、大同恒安新区、晋中正阳第二污水处理厂和污泥处理处置设施等项目建设，开展污水管网建设奖补工作，将改善城市人居环境奖补资金1亿元用于重点支持山西省生活污水配套管网建设。部署开展提效改造、设施保温工作，在汾河、桑干河流域，率先启动污水处理设施三项主要污染物排放指标，达地表水Ⅴ类标准的提效改造工作。指导山西省城镇污水处理厂采取明渠覆盖、设施保温等措施开展冬季保温工作，提升氨氮处理效果。下发山西省城镇污水处理厂自动监控数据分析结果的通报，加大督查检查力度，对存在超标排放情况的污水厂现场督察，查找超标原因，制定整改措施，强化污水厂运行管理，提高污水处理出水水质。截至2018年底，太原汾东、大同恒安新区和晋中正阳第二污水处理厂等重点项目完工；8个设区城市的污泥处置中心建成投运；推进汾河、桑干河流域污水处理厂提效改造工作；新建污水管网928.1千米，占年度计划700千米的132.59%。

（李国红 米玉婷）

**【城市黑臭水体治理】** 2018年，山西省住建厅推进城市黑臭水体整治工作，针对生态环境部和住建部对山西省城市黑臭水体整治工作提出的问题，指导太原、吕梁两市制定整改方案，限期完成整改，下发《关于进一步加快推进城市黑臭水体整治工作的通知》。配合生态环境厅开展城市黑臭水体整治环境保护专项行动,整治完成的水体核查,掌握黑臭水体整治进展情况。山西省设区城市排查出74个黑臭水体,69个整治完成,整治率达93.24%。 (李国红 米玉婷)

【海绵城市建设】 2018年,山西省住建厅印发《关于进一步加快海绵城市建设工作的通知》,明确年度重点工作和具体要求,推进实施一批海绵城市建设项目,建立月报制度,实行项目化管理,抓好海绵城市建设工作。组织召开全省海绵城市建设工作推进会议,对各市及所辖县级市海绵城市建设各项工作进展情况督促指导,组织开展海绵城市工作进展情况调研指导工作。全省建设海绵城市面积149.60平方千米。(李国红 米玉婷)

【城市市政运营行业监管】 2018年,山西省住建厅下发《关于做好2018年度城市排水防涝工作的通知》,对全城市排水防涝工作安排部署,开展城市易涝点整治,从落实防汛责任制、开展汛前安全检查、做好城市汛期应急管理工作等方面提出具体要求。下发《关于加强城市公共广场安全工作的紧急通知》,开展安全排查,强化城市公共广场安全工作。按照国家和省有关安全工作的安排部署,先后下发指导性文件,指导各市在"两会"、节假日等重点时间节点,做好城市供水、燃气、公园和风景名胜区运营安全工作。 (李国红 米玉婷)

【城市燃气市场监管】 2018年,山西省住建厅会同省质监局,组织相关部门,印发《关于立即开展山西省汽车加气站和充装点专项整治行动方案》,开展为期40天的专项整治行动,打击"汽车黑加气站和充装点",依法取缔非法违法汽车充装点30个,关停整顿汽车充装站(点)244个,问责相关责任人72个,规范汽车加气站经营秩序,净化市场经营环境。印发《山西省城镇燃气行业安全专项整治工作方案》,组织开展整治工作,抓好城镇燃气安全。

(李国红 米玉婷)

【"公交都市"建设】 2018年,山西省城市客运推进城市公交建设,指导临汾、太原两市积极开展"公交都市"创建工作。2018年临汾市围绕打造绿色公交、智慧公交的主题,实现微信、支付宝、公交e出行扫码支付、工行银联卡等方式的公交移动支付业务;完成市级信息化综合监管平台,逐步将公交车、巡游出租车、网约出租车、公共自行车数据统一接入监管平;公交线路纯电动车率、公交车收车回场率、公交场站配备充电桩率均达到100%。太原市着力在公交线路优化、智能化系统建设、场站设施建设、纯电动公交车辆配套充电设施建设、定制公交服务等方面全方位推进公交都市建设。2018年共优化调整线路18条,新开线路5条,市政府投资4189万元用于智能化系统建设,启动新城、柴村、长风东、省体育中心、明珠、嘉节、长风西、唐槐园、松庄9个公交场站及充电桩建设。在城市公交行业大力推广和应用新能源汽车。截至2018年底,全省共新增更新公交车1240辆,其中新能源公交车1188辆,占全省更新新增公交车辆总数的95.80%,远超年初制定的70%的目标。至此,全省共有新能源公交车8894辆,占全省公交车辆总数的58%。临汾、忻州、吕梁、长治等设区市及襄汾县等15个县(市)全部更新为新能源公交车。推进跨市城际公交发展。全省共实现18条城际公交线路,其中市际公交4条,分别为太原—晋中、长治—晋城、侯马—新绛、侯马—绛县,县际公交14条,共涉及清徐、潞城、襄垣、临猗、中阳等15个县。

(陈瑞丽)

【出租汽车管理改革】 2018年,山西省客运系统深化出租车改革工作,督导全省11市全部完成出租汽车行业改革的政策制定工作,出台当地《网络预约出租汽车管理实施细则》。指导各市做好网约车的许可工作。截至2018年底,全省共许可网约车平台企业39家,涉及18个线上平台公司,许可车辆2537辆、驾驶员2770人。推进传统出租行业转型升级。重点开展出租汽车经营权管理改革,明确今后新增出租汽车经营权一律实行无偿使用。2018年经营权有偿出让已到期太原市车辆全部无偿期限制;长治、临汾、大同、晋中已退还经营者有偿出让金。晋城市预计在2019年全部实行出租汽车经营许可期限制和无偿使用。做好出租汽车运价机制的理顺。太原、长治、吕梁、临汾等市出台当地出租汽车运价管理规定,将巡游出租汽车运价由政府定价调整为政府指导价;太原、长治、吕梁等市建立运价动态调整机制。截至2018年底,全省除阳泉市外的10个设区市均建立运价结构协调机制和动态调整机制。做好出租汽车行业新老业态融合。把实施"互联网+巡游出租车"工程作为推动巡游出租车行业转型升级的突破口。山西宝利出租汽车有限公司与滴滴平台签订合作协议,择优选取100台服务优质的巡游出租汽车组建"滴滴车队",由平台优先向乘客推荐,为优秀巡游出租汽车驾驶员增收开辟新的渠道。建立健全行业维稳工作机制。建立出租行业维稳每日"零报告"制度,加强行业舆情监控,完善行业应急机制。各市开展形式多样的打击非法营运专项行动,如运城市联合交通综合执法部门,对100多辆无证经营的网约进行处罚;晋城市客运处联合运管、交警部门开展为期一个月打黑治非行动,共查处非法营运车辆8辆。强化市场运营监管。针对利用"滴滴出行"平台非法从事网约车经营的情况,各级监管部门多次约谈相关负责人责成整改。加强行业维稳督导检查,组织召开全省深化出租汽车行业改革暨维护行业稳定工作电视电话会议,各市加强对出租行业维稳工作的组织领导。

(陈瑞丽)

【公交信息化建设】 2018年,山西省公交系统完成"交通一卡通"互联互通工作。11市全部完成"山西省交通一卡通省级清分结算平台”“山西省交通一卡通密钥管理系统”及相关配套工程，省内实现交通卡跨地市交易的清分结算，并支撑信息共享、移动支付、异地充值等服务，同时完成与部级交通一卡通系统平台对接，实现跨省交易的清分结算。截至2018年底，全省累计发放“交通一卡通”共32.67万张。推进95128电召平台建设。山西省11个设区市全部开通95128出租汽车电话约车服务平台，日接单量月1万余单。完成网约车监管平台建设。开发建成“山西省网络预约出租汽车监管信息交互平台”，实现平台公司、网约出租汽车、从业人员的在线申报，行政许可、车辆定位、实时跟踪、订单管理、档案管理、统计查询、投诉考核管理等主要业务功能，并实现与部级网约车监管平台的对接，实现地市级网约车监管数据的上传和部级数据的下发接收，解决各市自建平台难以互联互通的问题。（陈瑞丽）

【道路春运】2018年，山西省平稳实现道路春运，全省共投入公交运力50万标台次，日均1.25万标台次，共运输旅客1.59亿人次。投入出租汽车171.60万辆次，日均投入量达4.29万辆次，总客运量达1.15亿人次，日均客运量287.50万人次。春运期间，公交行业未发生一起造成人员伤亡的交通事故，未发生一起旅客滞留事件。（陈瑞丽）

【城市客运统计】2018年，山西省汽车客运系统完成全省2017年度城市客运统计年报和交通运输企业一套表联网直报工作。截至2018年底，全省共有公交企业140个，公交车辆14313辆，折合16072.10标台，公交线路1558条，线路长度达到29670.80千米，其中公交专用道329.40千米，公交调度指挥中心102个，公交停保场189.56万平方米，城市公交年客运量近15.90亿人次。共有出租企业269个，出租车辆42926辆，载客车次53176.40万次，城市出租年客运量10.03亿人次，运营里程38.65亿千米，载客里程24.71亿千米。（陈瑞丽）

## 村镇建设

【农村人居环境整治】2018年，山西省住建厅牵头编制《山西省农村人居环境整治三年行动实施方案》，5月12日由省委办公厅、省政府办公厅印发。方案印发后，对山西省各市县实施方案编制培训和安排，对11个市和118个县（市、区）上报的实施方案逐一提出备核意见，下达各市县人民政府。根据《山西省农村人居环境整治三年行动实施方案》要求，牵头编制《山西省农村人居环境整治2018年行动计划》，明确2018年实施农村人居环境整治工作的具体任务和要求，以省改善农村人居环境领导小组名义印发。编制《省级示范县农村人居环境整治三年行动实施方案汇编》，印发全省学习借鉴。组织省级规划设计单位和有关专家到介休市进村入户实地调研指导，现场提出观摩点整治要求，建立专家包村包户制度，定期到现场把关，为山西省农村人居环境整治现场会召开提供有效保障。（李国红　米玉婷）

【农村危房改造】2018年，山西省完成农村危房改造任务8.11万户，完成贫困县农村四类重点对象危房改造任务，实现脱贫攻坚“两不愁、三保障”住房安全保障目标。对深度贫困县及山西省贫困村危房现状调查摸底并录入信息系统，以山西省精准扶贫大数据平台为依托，通过各部门比对分析相关数据，确定危房现状存量，确保任务数据精准。督促各地严格执行个人申请、村委评议公示、乡镇审查公示、县级核准、市县组织实施、录入农户信息、年底竣工验收的工作程序，组织各市对所有农村危房改造户清查，处理解决一批对象认定环节中存在的问题。聚焦四类重点对象，依照申请足额安排任务。5月，部署开展农村危房改造腐败和不正之风治理、质量提升、规范档案管理三个专项行动，印发《农村危房改造巡查工作方案》，由分管领导每月带队实地巡查一个市的农村危房改造工作。分别在吕梁市石楼县、大同市天镇县、忻州市繁峙县召开3次农村危险土窑洞改造暨深度贫困县农村危房改造片区现场会，分管厅长带队开展3轮农村危险土窑洞改造专项督查，赴吉县、中阳县、右玉县实地核查和脱贫考核指导；对各市进展定期通报，对进度滞后的县下达督办函并组织约谈，确保完成年度改造任务。（李国红　米玉婷）

【农村危险土窑洞调查】2018年，山西省住建厅对山西省农村危险土窑洞情况摸底调查，安排专家赴6市12县30个乡镇实地调研，完成《山西省危险土窑洞现状调研报告》，编制《山西农村危险土窑洞加固技术指南》，分析山西省各类危险土窑洞不同的病害类型，制定不同危险等级的鉴定标准，针对不同的病害类型，明确相应的改造方式，确保改造质量。（李国红　米玉婷）

【农村生活垃圾污水治理】2018年，山西省住建厅指导所有县（市、区）编制县域农村生活垃圾治理专项规划，建立项目库，制定年度建设计划。重点在50个县初步建立农村生活垃圾收运体系，协调省财政安排3.46亿元资金用于各县垃圾中转站等项目建设。启动农村生活垃圾治理验收，制定《山西省农村生活垃圾治理验收办法》《山西省农村生活垃圾治理绩效评价办法》《山西省农村生活垃圾收运体系建设考核办法》《山西省非正规垃圾堆放点排查整治考核办法》《山西省农村生活垃圾分类考核办法》等考核办法，完成对30个县验收。启动农村生活垃圾分类试点，制定《山西省农村生活垃圾分类治理实施方案》《山西省农村生活垃圾分类技术指南》，指导各地按照“四分法”

开展农村生活垃圾分类试点工作，岢岚、灵石、长子3个县获评为全国首批农村生活垃圾分类和资源化利用示范县，阳曲、灵丘等18个县确定为省级试点县，21个试点县在155个乡镇906个村启动农村生活垃圾分类试点。制定《山西省农村人居环境整治2018年行动计划》，开展20个建制镇生活污水处理设施建设。对汾河流经建制镇和全国重点镇生活污水处理设施建设情况摸底。召开山西省村镇污水治理工作推进会，对重点工作安排部署。14个建制镇完成污水处理设施建设。山西省479个建制镇（不含85个县城驻地镇），具备污水处理能力的69个，全国重点镇117个（不含21个县城驻地镇），具备污水处理能力的42个，汾河流经建制镇44个（不含7个县城驻地镇），具备污水处理能力的13个。

（李国红　米玉婷）

**【非正规垃圾堆放点整治】** 2018年，山西省住建厅开展非正规垃圾堆放点排查整治，组织各地深入实地逐村摸底，排查录入非正规垃圾堆放点9480个；下发《关于做好非正规垃圾堆放点排查整治工作的通知》，指导各地建立工作台账，实行滚动销号制度，截至2018年底，累计整治6435处，整治率68%。（李国红　米玉婷）

**【传统古村落保护】** 2018年，山西省登记建档古村落1700处。其中，中国传统村落279处，省级传统村落286处；中国历史文化名镇名村40处，省级历史文化名镇名村197处；226个村得到中央资金支持；16个村入选首批中国传统村落数字博物馆。建立省级住建、文化、文物、财政、国土、农业、旅游、环保等八部门参与的“7+1”协调工作机制，定期召开专题会议，听取进展汇报，协调解决困难和问题，推进传统村落保护项目实施。重点做好104个传统村落保护项目协调指导工作，104个中国传统村落的163个保护项目中，47个项目完工，73个项目在建，46个前期，完成投资1.42亿元。按照县级自查、市级抽查、省级督查的方式，会同省财政厅、省环保厅对129处中国传统村落保护项目开展专项督查，重点从项目实施、资金拨付、技术指导、领导机制等方面督查，全面掌握项目实施情况和资金使用情况。完成《山西省历史文化名城名镇名村保护条例》立法，编制《山西省传统村落保护发展管理办法》，编写《山西省传统建筑解析与传承》《山西省传统村落保护发展规划编制要求》《山西传统村落图集》。制定《山西省传统建筑认定标准》，印发《传统建筑调查登记表》《传统建筑综合评价与级别评定表》《传统建筑档案》。召开山西省传统建筑调查认定人员培训会，组织各市完成实地调查和资料填报。结合“黄河、长城、太行”三大板块旅游发展总体规划，启动碛口、沁河流域传统村落集群保护利用试点工作，明确建立分级名录、保护传统建筑和开展宣传报道等重点任务。会同中国传统村落保护与发展研究中心等单位开展山西省传统村落摄影作品征集、传统村落达人推荐、传统村落微电影作品征集、传统村落三维实景模型征集、传统村落论文征集等五项省级传统村落系列活动；召开第三届传统村落保护发展会议。

（李国红　米玉婷）

**【中国传统村落山西入选村落】** 2018年12月10日，由国家住房和城乡建设部、国土资源部、文化部、财政部、农业部、文物局、旅游局七部委认定的第五批中国传统村落名录公布，本批共有2446个村落入选，山西省有266个，其中晋城市93个，长治市37个，吕梁市29个，临汾市28个，晋中市27个，阳泉市21个，运城市10个，忻州市8个，朔州市7个，大同市5个，太原市1个。（编辑部）

**【乡村建筑风貌整改】** 2018年，山西省研究制定易地扶贫搬迁集中安置点规划设计和风貌管控整改工作方案，召开山西省村镇建设工作会，进行具体部署，推进现场核查、指导整改、专家复核和跟踪蹲点四个阶段。组织省规划院、设计院、建科院、太原理工大学等40余名专家分6个组，进入省扶贫办提供的385个安置点现场，对规划设计和风貌管控进行实地核查。各市按照专家核查提出的整改要求逐一制定整改方案。组织省规划院、省建筑设计院专家初审通过的286个项目进行复核。建立易地扶贫搬迁集中安置点专家定点联系制度，每个安置点配备乡村建筑风貌技术专家定点跟踪指导，省级专家重点联系10个省级示范安置点，市级专家负责总量30%的安置点，其余安置点由县级专家定点联系，确保各安置点按照整改完善后的规划设计进行项目施工。组织专家组研究和把握易地扶贫搬迁安置点建筑风貌特点和规律，遴选太原市娄烦县羊圈沟村、大同市天镇县李二口村、大同市阳高县花苑村等10个案例，编辑印发《山西省易地扶贫搬迁安置点示范案例集》。

（李国红　米玉婷）

**【农村“煤改气”工程质量安全监管】** 2018年，山西省住建厅下发《关于加强山西省农村“煤改气”工程建设质量和施工安全监督管理工作的通知》，要求各级住建部门加强农村“煤改气”工程建设管理，履行工程建设规划设计招投标，施工监理，竣工验收等程序，规范农村“煤改气”工程质量安全监管。健全山西省农村“煤改气”工程技术标准，为山西省农村煤改气工程提供技术支撑，通过实地调研，参考国家城镇燃气标准规范，组织编制下发《山西省农村“煤改气”工程技术导则（试行）》。联合省安监局组织开展山西省农村“煤改气”工程质量安全专项整治行动，重点检查工程参建各方主体责任落实、施工质量安全监督、运行安全等，抽查山西省11个市44个在建项目和44个建成项目，保障农村“煤改气”工程实施。

（李国红　米玉婷）

# 环境保护

Environment Protection

## 环境质量

【环境质量改善量化问责】 2018年，山西省出台《山西省环境空气质量改善量化问责办法（试行）》《山西省水污染防治量化问责办法（试行）》。以量化问责制度倒逼党政领导在污染防治攻坚战中尽职履责。两个《办法》体现环境保护"党政同责、一岗双责"的具体举措。出台依据是《山西省党政领导干部生态环境损害责任追究实施细则（试行）》，同时参考《京津冀及周边地区2017年—2018年秋冬季大气污染综合治理攻坚行动量化问责规定》和《山西省2017年—2018年秋冬季大气污染综合治理攻坚行动量化问责规定》。两个《办法》的特点是将量化问责由阶段性安排向制度化、常态化转变，明确规定环境空气质量改善、水污染防治的问责对象为11设区市及其所辖县（市、区）党委政府主要领导、政府分管领导，主要包括副县（市、区）长、县（市、区）长、县（市、区）委书记以及设区市的副市长、市长、市委书记。空气质量改善方面，列入量化问责考核的主要指标为环境空气质量综合指数、细颗粒物浓度、优良天数比例，量化问责的情形是环境空气质量综合指数及其改善幅度或细颗粒物浓度排名落后（县市区按排名后10位，设区市按排名后3位），且仍对工作重视不够，环境空气质量依然恶化严重（细颗粒物浓度单月或连续恶化超过一定比例，或全年累计多个月出现恶化情况），或未能完成年度细颗粒物和优良天数比例约束性考核目标。水污染防治方面，问责的情形主要包括两类：一是未完成水环境质量改善目标，根据地表水国考断面水污染物超标程度或年度出现水质同比恶化的次数不同，对应不同的问责对象；二是未完成水污染防治重点工作，包括城市黑臭水体消除情况。水污染防治年度重点工作任意一项未完成的，或城市建成区黑臭水体消除比例未达考核要求的，均要被问责。 （编辑部）

【大气环境】 2018年，山西省环境空气综合指数为6.39，11个地级市综合指数范围为5.18—7.67。全省环境空气6项监测指标中，可吸入颗粒物（$PM_{10}$）、细颗粒物（$PM_{2.5}$）年平均浓度和臭氧（$O_3$）日最大8小时平均第90百分位数浓度超过二级标准，二氧化硫（$SO_2$）、二氧化氮（$NO_2$）年平均浓度和一氧化碳（CO）日均值第95百分位数浓度达二级标准。截至2018年底，山西省$PM_{2.5}$平均浓度55微克/立方米，同比下降6.80%；综合指数6.39，同比下降10.80%，重污染天减少3天，$PM_{10}$、$SO_2$、$NO_2$、CO、$O_3$同比分别下降1.80%、41.10%、4.80%、16.70%和2.20%。

（王 毅 王 颖 夏国辉）

2018年7月31日，全省生态环境保护大会在太原召开 （王 毅供图）

【水环境】 大气降水:2018年,山西省11个地级市降水PH介于6.26–7.15之间(酸雨标准:PH<5.60),全省无酸雨出现。水环境质量改善,58个地表水国考断面中,水质优良断面34个,较国家考核目标多3个断面。

地表水:2018年,山西省地表水水质整体呈中度污染。监测的100个断面中,水质优良(Ⅰ~Ⅲ类)断面58个,重度污染(劣Ⅴ类)断面23个。主要污染指标为氨氮、化学需氧量、五日生化需氧量,其中氨氮、化学需氧量年平均浓度超过地表水Ⅲ类标准。11个地级市中,阳泉和长治2个市地表水水质为良好,其他9个市地表水水质均有不同程度污染,其中大同、运城和临汾3个市地表水水质为重度污染。

城市集中式饮用水源地:2018年,山西省11个地级城市的26个集中式饮用水源地水质达标率为88.10%。其中,21个地下水水源地水质达标率为89%,5个地表水水源地水质达标率为86.40%,临汾市和阳泉市水源地有超标情况,主要超标项目为总硬度、硫酸盐。

地下水:2018年,山西省布设地下水环境质量监测井269眼,实际监测264眼,达标192眼,占72.70%。

(王 毅 王 颖 夏国辉)

【声环境】 2018年,山西省城市区域环境噪声昼间平均等效声级为53.8dB(A),夜间平均等效声级为44.50dB(A),评价级别均为"较好";全省城市道路交通噪声昼间平均等效声级为65.80dB(A),夜间平均等效声级为55.90 dB(A),评价级别均为"好";全省城市功能区噪声昼、夜间达标率分别为88.10%、71.60%。

(王 毅 王 颖 夏国辉)

【辐射环境】 2018年,山西省辐射环境质量总体良好。实时连续伽马辐射剂量率和累积剂量处于当地天然本底涨落范围内。气溶胶、沉降物、土壤、地表水、饮用水源地水、地下水中天然放射性核素活度浓度处于天然本底水平。空气(水蒸气)和降水中氚活度浓度、空气中气态放射性碘探测未见异常。城市集中式饮用水水源地水总α和总β活度浓度低于《生活饮用水卫生标准》(GB 5749–2006)规定的限值。环境电磁辐射射频综合场强监测结果远低于《电磁环境控制限值》(GB8702–2014)中规定的公众曝露控制限值12V/m(频率范围为30~3000MHz)。

(王 毅 王 颖 夏国辉)

【湿地保护修复制度方案】 2018年1月22日,山西山西省政府公布《山西省湿地保护修复制度方案》。《方案》规定禁止擅自征收、占用国家及省级重要湿地;禁止侵占自然湿地等水源涵养空间,已侵占的要限期予以恢复;禁止开(围)垦、填埋、排干湿地;禁止永久性截断湿地水源;禁止向湿地超标排放污染物;禁止对湿地野生动物栖息地、鱼类产卵场、索饵场和鱼类洄游通道造成破坏;禁止破坏湿地及其生态功能的其他活动;到2020年全省湿地面积不低于225万亩,湿地保护率提高到50%以上。

(贯向前)

【森林生态系统服务功能价值评估】 2018年6月28日,山西山西省政府在太原举行新闻发布会,向社会公布山西省森林生态系统服务功能价值评估成果。该项工作从2013年启动到2018年结束,历时5年,汇集13个森林生态站连续监测数据,遵循行业标准,对森林7项生态功能进行价值研究,首次完成全省森林生态系统服务功能价值评估。评估结果显示,2016年山西省森林的生态总价值量为3172.64亿元。山西森林生态服务功能价值重点体现在以下方面:年涵养水源101亿立方米,每年价值量为1034.58亿元,占生态功能总价值量的32.60%。年吸收空气污染物63.37万吨,年吸尘降尘8687.52万吨,年净化大气环境价值887.98亿元,占生态功能总价值量的28%。年固土量为7.23亿吨,相当于省内年侵蚀量的1.60倍。年价值量为583.33亿元,占生态功能总价值量18.40%。年固碳762.88万吨,年释氧1788.97万吨。年价值量为328.48亿元,占生态功能总价值量的10.40%。年生物多样性保护价值255.67亿元,占生态功能总价值量的8.10%。 (贯向前)

【第八届国际沙棘协会大会】 2018年9月18日至20日,山西省人民政府和国际沙棘协会在太原市联合主办以"沙棘产业构建绿水青山、助力精准扶贫"为主题的第八届国际沙棘协会大会,300余名国内外专家学者以及相关企事业单位负责人参加会议,互相交流沙棘发展的专业技术知识、共同探讨沙棘产业发展前景和方向。国际沙棘协会技术委员会主任、芬兰图尔库大学教授主持开幕式。山西省副省长陈永奇、全国绿化委员会办公室专职副主任胡章翠、国际沙棘协会郃源临主席、世界水土保持学会宁堆虎秘书长、德国沙棘协会主席约尔·托马斯·莫塞尔、印度沙棘协会秘书长维伦德拉·辛格出席大会并致辞。山西省林业厅党组书记、厅长任建中作题为《着力打造沙棘优势品牌 倾力推进生态脱贫攻坚》主旨发言。本届大会旨在交流沙棘资源培育利用研究成果,展望沙棘产业发展前景,加快沙棘资源建设与产业发展步伐,推进国际技术与经济交流。 (贯向前)

【创新生态修复保护"八大机制"】 2018年11月15日,山西省人民政府办公厅印发《关于创新机制加快国土绿化步伐的实施意见》,创新造林绿化置换经营开发、森林景观康养资源置换造林、购买式造林、全民义务植树尽责、集体林地限期绿化、集体公益林委托管理经营、林业生态保护补偿、林业生态建设成效年度考核评价等"八大机制",激发市场活力,推动国土绿化,建设美丽山西。 (贯向前)

## 生态保护

【流域生态保护】 2018年,山西省委、山西省政府印发《以汾河为重点的"七河"流域生态保护与修复总体方案》，引进战略投资方成立的中交汾河投资控股有限公司揭牌运营，汾河干流中游核心区段15座蓄水闸坝、汾河太原段综合治理三期水利部分等工程全面完工，汾河干流已建成24个水量水质监测站，汾河新二坝工程、一坝综合治理工程、中游示范区清淤工程等一批工程开工建设。依托新组建的永定河流域投资有限公司，桑干河流域生态修复项目大同市御河段整治工程在永定河流域四省市率先开工。滹沱河、漳河、沁河、涑水河、大清河等其他重点河流治理项目同步推进。建立重点河流生态补水机制，万家寨引黄工程全年向汾河补水1亿立方米、向桑干河补水5000万立方米。（王秀芳 贾 懿）

**【生态环境损害赔偿制度】** 2018年11月5日，山西省委办公厅、省政府办公厅印发《山西省生态环境损害赔偿制度改革实施方案》。该《实施方案》在国家《生态环境损害赔偿制度改革方案》的基础上，细化生态环境损害赔偿的适用范围，明确生态环境损害赔偿范围、责任主体、索赔主体、损害赔偿解决途径等。这一制度从法规层面明确，政府是损害赔偿权利人。省人民政府、各市人民政府是省、各市行政区域内生态环境损害赔偿权利人。违反法律法规，造成生态环境损害的单位或个人，将承担生态环境损害赔偿责任，做到应赔尽赔。制度又明确三种生态环境修复方式。一是赔偿义务人自行开展生态环境的修复；二是赔偿义务人无能力开展修复工作的，可以委托具备修复能力的社会第三方机构进行修复，修复资金由赔偿义务人向委托的社会第三方机构支付；三是生态环境损害无法原位修复的，赔偿权利人指定的部门或机构根据磋商或判决要求，结合本区域生态环境损害开展替代修复。根据国家及山西省的相关要求，赔偿资金作为政府非税收入，全额上缴同级国库，纳入预算管理。（编辑部）

**【打赢蓝天保卫战三年行动计划】** 2018年7月29日，山西省公布打赢蓝天保卫战三年行动计划，计划规定的重点任务为8项：（一）调整优化产业结构，推进产业绿色发展。优化产业布局；严格控制“两高”行业产能；强化“散乱污”企业综合整治；深化工业污染治理；培育绿色环保产业。（二）加快调整能源结构，构建清洁低碳高效能源体系。有效推进清洁取暖；加强煤质管控；重点区域继续实施煤炭消费总量控制；开展燃煤锅炉综合整治；提高能源利用效率；加快发展清洁能源和新能源。（三）调整运输结构，发展绿色交通体系。优化调整货物运输结构；加快机动车结构升级；强化油品质量监管；强化移动源污染防治。（四）优化调整用地结构，推进面源污染治理。实施防风固沙绿化工程；推进露天矿山综合整治；加强扬尘综合治理；加强秸秆综合利用和氨排放控制；强化烟花爆竹禁燃禁放措施；严禁燃煤旺火和露天焚烧垃圾。（五）实施重大专项行动，大幅降低污染排放。开展秋冬季攻坚行动；打好柴油货车污染治理攻坚战；开展工业炉窑治理专项行动；实施挥发性有机物（VOCs）专项整治。（六）强化区域联防联控，有效应对重污染天气。建立完善区域大气污染防治协作机制；加强重污染天气应急联动；夯实应急减排措施。（七）健全法规标准体系，完善环境经济政策。完善地方性法规标准体系；拓宽投融资渠道；加大经济政策支持力度。（八）加强基础能力建设，严格环境执法督察。完善环境监测监控网络；加大环境执法力度。（编辑部）

**【生态环境红线划定】** 2018年，山西省划定生态保护红线。两次书面征求11个市和13个省直部门意见，深入各市逐个对接，并对60多个县区进行现场核查与对接。组织与周边河北、陕西、内蒙古、河南进行跨省对接。8月23日，山西省政府常务会议审议通过《山西省生态保护红线划定方案》。10月18日，《划定方案》通过生态环境部、自然资源部组织的技术审核。（王 毅 王 颖 夏国辉）

**【生态文明建设】** 2018年，山西省落实国家和山西省《生态环境保护“十三五”规划》确定的目标、指标和重点任务，以改善环境质量为核心，实行环境保护制度，强化污染防治与生态保护联动协同效应，开展大气、水、土壤污染防治。参与全国碳市场建设完成山西省2016、2017年度碳排放报告、核查及监测计划制定工作。完成国家对山西省2017年度控制温室气体排放目标责任评价考核工作。组织山西省应对气候变化领导组29个成员单位及11市对各自分工领域开展自评估，编制完成自评估报告及印证材料合订本。通过组织现场审核、会议质询及实地考察，国家考核组确定山西省超额完成单位生产总值二氧化碳排放下降3.9%年度目标。开展基础能力建设。召开重点排放单位碳排放报告及监测计划制定工作培训会及第三方核查能力建设培训会，对各市、县气候工作主管部门、相关企业及第三方核查机构的1000余人培训；编制完成山西省2015年、2016年温室气体排放清单；完成《山西省碳排放峰值预测及总量控制研究》等课题中期评估及终期评审。举办山西省2018年全国低碳日主题宣传活动。委托人民网山西分公司制作《应对气候变化在山西》专题宣传片，总结山西省10年来应对气候变化工作成效、经验及做法。

（王 毅 王 颖 夏国辉）

**【生态文明科技创新】** 2018年，山西省科技厅统筹重点研发、成果转化、国际合作、平台和基地建设等领域，推动生态文明科技创新。在社会发展领域，重点研发计划围绕水污染防治、大气污染防治、生态修复、资源综合利用等方向，支持“汾河流域水环境诊断及水质目标保障技术”等项目21项。支持太原进入首批三家国家可持续发展议程创新示范区启动建设，12条科技厅专项支持措施获全国科技工作会肯定。（杨先锋）

【生态绿色发展】 2018年，山西省发展与改革委员会推进生态文明建设，提高绿色发展水平。推进绿色低碳循环发展。贯彻落实《山西省节能减排实施方案》，推进煤炭消费减量等量替代工作。推动园区循环化改造，加强资源循环利用基地建设，加快推进餐厨废弃物资源化利用和无害化处理试点工程建设，开展《山西省十三五循环经济发展规划》中期评估，推进垃圾焚烧发电项目建设工作，加强资源综合利用。推进冬季清洁取暖工作。申报北方地区冬季清洁取暖试点城市，做好冬季清洁取暖督促指导工作。支持生态系统保护修复。配合相关部门起草《太行山吕梁山生态系统保护和修复重大工程总体方案》《"七河"流域生态保护与修复总体方案》。争取"两山七河"生态保护和修复项目中央预算内资金17.37亿元。推进"两山七河"重大生态工程建设，全省完成营造林600万亩。完善生态文明体制。联合有关部门制定出台《山西省生态保护红线划定方案》《山西省加快推进生态文明建设2018年行动计划》。推进《山西省生态文明体制改革实施方案》涉及的生态环保领域重大改革，初步构成推进生态文明体制改革的政策体系。推动芮城、娄烦、平鲁区、孝义四个国家生态文明先行示范区建设。（郭卓宇）

【造林绿化】 2018年，山西省林业和草原局以吕梁山生态脆弱区、环京津冀生态屏障区、重要水源地植被恢复区、交通沿线生态景观区为重点，部署推进国土绿化工作。完成营造林34.01万公顷。其中，人工造林30.80万公顷，封山（沙）育林3.21万公顷，占年初营造林计划的113%。围绕精准提升森林质量，完成2017年度森林抚育6.24万公顷。开展义务植树活动，四旁（零星）植树10775.40万株。实施退耕还林12.85万公顷。其中，经济林6.74万公顷，防护林6.11万公顷。绿化村庄500个，晋城市泽州县晋庙铺镇范谷坨村、阳城县东冶镇蔡节村、吕梁市汾阳县栗家庄乡栗家庄村、阳泉市郊区李家庄乡汉河沟村、临汾市古县石壁乡三合村、朔州市朔城区南榆森乡青钟村6个村获2018年"全国生态文化村"。回顾总结三北工程建设40年发展历程和辉煌成就，营造推进工程建设浓厚氛围，在全国三北工程建设40周年总结表彰大会上，右玉县作典型发言，山西省6个集体、7名个人受到国家林草局表彰。《2017年全国生态气象公报》显示，全国31个省（区、市）植被生态质量均呈改善趋势，其中山西植被生态质量改善最快。（贾向前）

【森林和草原资源保护】 2018年，山西省林业和草原局推进森林和草原资源保护工作。划定并严守涉林生态保护红线，将涉林自然保护地全部纳入红线范围进行保护。出台《山西省湿地保护修复制度方案》，推进湿地保护工作。山西省太岳林局沁河源、浑源县神溪和洪洞县汾河3处国家湿地公园（试点）通过国家验收，正式命名为国家湿地公园。全省373.34万公顷永久性生态公益林全部划界落地，增加补偿经费1.1亿元。结合中央环保督察反馈问题整改工作，查找问题123个，整改72个，销号验收43个。完成全省195个自然保护地的矢量化落界工作，明确监管范围。组织开展涉林违法犯罪"双六""绿剑2018"等系列专项打击行动，侦办刑事案件416起，行政案件4030起，处理人员5299人次。开展森林防火工作，全年发生森林火灾12起，过火0.07万公顷，受害0.03万公顷，受害率0.08‰，明显低于山西省政府0.50‰以下的考核目标。完善林地定额管理，永久性使用林地0.18万公顷。（贾向前）

【自然保护区监管加强】 2018年，山西省生态环境厅落实《山西省人民政府办公厅关于印发山西省省级自然保护区调整管理规定的通知》，控制自然保护区调整，对于不符合调整管理规定的桑干河、霍山、泽州猕猴省级自然保护区提出不同意调整的意见。协助省林业厅做好自然保护区晋升工作，太宽河自然保护区晋升为国家级自然保护区。会同省林业厅、省农业厅联合印发《山西省自然保护区"绿盾2018"监督检查专项行动方案》，公布举报电话。组织各市对照生态环境部遥感监测报告对568个疑似点位进行现场逐一核查。开展自然保护区省级巡查。配合生态环境部"绿盾"第二巡查组开展督查，完成"绿盾"任务。（王毅 王颖 夏国辉）

【矿山生态环境恢复治理】 2018年，山西省生态环境厅在县域矿山生态环境详细调查成果基础上，形成《山西省矿山生态环境详细调查总报告》《山西省矿山生态环境详细调查总图集》《山西省矿山生态环境详细调查总数据集》。印发《关于开展山西省采煤沉陷区综合治理矿山生态环境恢复治理试点示范工程绩效评价的通知》，组织各地开展绩效评价。（王毅 王颖 夏国辉）

【生态修复保护】 2018年，山西省林业和草原局将粮改饲试点县范围由30个县扩大到44个县，安排任务4.53万公顷，完成3.75万公顷。推进草原有害生物防治工作，在大同、朔州、忻州、晋中、吕梁、运城、临汾等区域完成鼠虫害防治22.61万公顷。投资0.13亿元开展草地资源清查工作。组织沁县、沁源县、偏关县、岚县、娄烦县和五台山风景名胜区实施的2个草原防火项目被列入山西省农业厅2018年省转型项目，由中央安排0.23亿元，地方配套0.024亿元。⊖（贾向前）

【生态文化村入选】 2018年12月20日，中国生态文化协会在成立十周年志庆会上为2018年确定的"全国生态文化村"授牌，此次全国共确定128个全国生态文化村。按照生态环境良好、生态文化繁荣、生活产业兴旺、村民生活富裕的标准，全国已累计确定生态文化村806个。此次山西获此荣誉的有：晋城市泽州县晋庙铺镇范谷坨村、晋城市阳城县东冶镇蔡节村、吕梁市汾阳市栗家庄乡栗家庄村、阳泉市郊区李家庄乡汉河沟村、临汾市古县石壁乡三合村、朔州市朔城区南榆林乡青钟村。（编辑部）

## 节能减排

【煤炭产能置换】 2018年，山西省去产能任务完成，全省关闭煤矿36座，退出产能2330万吨。推进减量置换和减量重组，推进11个手续不全煤矿抓紧完善手续。国家累计批复山西省40座新建煤矿产能置换方案，产能1.96亿吨，累计确认158座资源整合建设煤矿置换方案，产能1.54亿吨。按照市场化、法治化方式进行减量重组，相关厅局密切配合反馈24个减量重组包审查意见。煤炭供需有序，新投产矿井31座，新增产能3575万吨。在完成5座煤矿产能核增基础上，推进26座煤矿产能核增。加强生产能力登记公告和生产要素管理，全省生产煤矿637座，生产能力99980万吨。先进产能68190万吨，占生产总能力达68%。（贾文浩）

【冶金工业节能减排】 2018年，山西省推进冶金行业节能减排。

钢铁行业：太钢集团公司2018年11月，完成3座焦炉烟道气的超低排放改造，采用“碳酸氢钠干法脱硫除尘与SCR中低温脱硝”工艺，烟尘、二氧化硫、氮氧化合物分别小于10、15、50毫克/立方米，优于超低排放要求。焦煤铁路运输项目完工投入使用。首钢长钢公司为充分利用富余高炉煤气、转炉煤气和焦炉煤气，对厂区煤气资源进行整合优化，最大限度实现二次能源再利用，减少煤气放散对环境造成的影响，继75t/h锅炉发电项目之后，再建一套130t/h锅炉富余煤气发电机组，富余煤气发电项目35兆瓦发电机组实现并网，推动能源综合利用和节能降耗减排。山西立恒钢铁有限公司完成焦化焦炉烟气消白、除尘项目建设并投运。

有色金属行业：中铝山西新材料2018年启动实施9项环保大项目，包括熟料窑收尘技术改造和氧化铝生产系统焙烧收尘改造项目等，实现达标排放。国家电投山西铝业完成烟气余热回收项目创新升级改造工程并成功投运，回收焙烧炉烟气热能与水分，减少新蒸汽消耗，稳定氧化铝生产控制指标，打通供热系统夏季运行的工艺流程，可创造年度效益约500余万元。晋中铝业实施标本兼治、综合治理，针对拜耳法赤泥的特性，利用管道将赤泥输送到压滤车间，把赤泥压出滤液返回生产再次利用，和周边村民合作在赤泥库播种大豆成功。中条山集团垣曲冶炼厂完成污酸污水系统改造项目建成投入运行。

（董晨阳）

【能耗“双控”工程】 2018年，山西省分解下达能耗总量和强度“双控”目标，做好国家对山西省能耗“双控”目标考核工作。强化节能预警调控，按季发布节能目标完成情况晴雨表，各市采取有效措施，完成“双控”目标任务。强化节能管理，起草上报《山西省节约能源条例（修订草案）》。实施重点用能单位“百千万”行动，促进能耗“双控”指标完成。（贾文浩）

【清洁取暖工作】 2018年，山西省召开2018中国（山西）暖通展览会。开展“煤改电”居民采暖用电与新能源发电企业市场化交易试点，全年完成交易电量3.50亿千瓦时，占“煤改电”用户用电量90%以上。大同灵丘30万千瓦风电供暖试点示范项目一期10万千瓦供热站建成投产，实现从燃煤送暖到风电送暖转变。（贾文浩）

【能源绿色管理】 2018年，山西省因地制宜推广应用煤炭绿色开采技术，探索煤矸石返井充填开采试点、保水开采、煤与瓦斯共采等新技术。焦煤集团中兴矿、晋能集团盖州矿等推广应用无煤柱自成巷开采先进工艺技术取良好试点效果。发展煤炭洗选加工，全省原煤洗选率达73%。推进煤矿“四化”建设，全省28座矿井35个综采工作面进行自动化改造。推进煤矿机房硐室无人值守建设，全省262个井下变电所、106个水泵房实现无人值守。全省能源领域建成20余个省级和1个国家级工程技术中心。煤炭清洁高效利用和新型节能技术等领域获国家重点研发计划经费支持。“循环流化床锅炉关键技术”项目实现炉内超低排放，“石墨烯储能超级电容器”项目具备产业化条件。（贾文浩）

【节能环保项目建设】 2018年，山西省节能环保产业在高耗能、高排放的领域，引导重点用能企业和高碳企业以实施重大项目为载体，实现节能减排，绿色发展，拓展节能环保产业发展空间。发挥重点项目的示范引导作用，促进节能环保产业链延伸，产品附加值提高。在技术改造专项资金使用中，重点支持一批工业领域的节能环保产业项目。

在节能环保装备制造方面，重点推进太原重工新能源装备有限公司风力发电机组关键零部件智能工厂建设项目、原锅炉集团有限公司循环流化床锅炉超低排放技术改造、山西平遥华丰防爆电机有限公司YB3节能高效电机二期项目、山西思诺电气有限公司节能环保高新技术产品S14-M·RL系列变压器技术改造等项目；在节能技术推广方面，重点推进山西易通环能科技集团有限公司100万平方米/年节能蓄热电采暖技术推广应用建设等项目；在环保产业方面，重点推进山西福万达工业新材料有限公司雾霾净化路灯、山西普丽环境工程股份有限公司脱硝催化剂、脱硝催化剂再生综合利用等项目；在资源综合利用方面，重点推进山西平朔煤矸石发电有限责任公司基于CFB固硫灰升级利用的年产100万吨陶粒制备工艺等项目；在节能环保服务方面，重点推进同煤电力环保科技有限公司年资源化利用6000立方米废弃 SCR 脱硝催化剂、山西国科节能有限公司晋能长治热电有限公司供热系统增容改造等项目。

(经 信)

## 污染防治

【《山西省大气污染防治条例》修改】 2018 年 11 月 30 日,山西省人大常委会通过修订后的《山西省大气污染防治条例》。山西省是煤炭资源大省,传统工业发展主要依赖煤炭资源,是大气污染的主要来源之一。新修订的《山西省大气污染防治条例》,从源头控制燃煤污染。主要体现三个特点。一是强化政府对大气环境质量的责任。明确“大气污染防治实行目标责任制和考核评价制度,由省人民政府制定考核办法。上级人民政府对下级人民政府的大气环境质量改善目标、大气污染防治重点任务完成情况实施考核。考核结果应当向社会公开。”二是强化对燃煤污染的防治。一方面从源头上控制,对高污染煤炭的限制开采作了专门规定。另一方面,对禁煤区进行专门规定。三是强化重污染天气应急措施,提高大气污染预警和应急响应能力,完善大气重污染应急管理体系。 (编辑部)

【大气污染防治】 2018 年,山西省政府印发《山西省打赢蓝天保卫战三年行动计划》《山西省大气污染防治 2018 年行动计划》《关于开展 2018-2019 年秋冬季大气污染综合治理攻坚促进空气质量进一步改善的通知》,调整优化产业、能源、运输、用地“四大结构”。山西省退出煤炭过剩产能 3090 万吨、焦化 691 万吨,化解钢铁过剩产能 225 万吨,关停煤电机组 203.30 万千瓦,排查整治“散乱污”企业 1.80 万多家;全省范围执行大气特别排放限值,燃煤机组基本实现超低排放,钢铁、水泥等重点行业改造率达 94%,焦化行业达 67%以上;完成 96.29 万户清洁取暖改造,11 个设区市建成区 35 蒸吨及以下燃煤锅炉基本淘汰;推进大宗物料运输“公转铁”,铁路货运量同比增加 14.30%;强化区域联动,晋中、临汾、运城、吕梁 4 市纳入汾渭平原大气污染联防联控重点区域;组织 13 次应对重污染天气区域应急联动。全年全省环境空气质量呈全面改善的态势,与上年相比,环境空气质量综合指数下降 10.80%,优良天数增加 7 天,重污染天减少 3 天,细颗粒物平均浓度下降 6.80%,完成国家下达目标任务,可吸入颗粒物下降 1.80%,二氧化硫下降 41.10%,二氧化氮下降 4.80%,一氧化碳下降 16.70%,臭氧下降 2.20%。

(王 毅 王 颖 夏国辉)

【水污染防治】 2018 年,山西省推进饮用水水源环境保护规范化建设,完成 5 个市级饮用水源地 74 个环境问题整治。推动黑臭水体治理,城市黑臭水体消除比例达 93.20%。安排 4 亿多元资金对汾河、桑干河等重点流域 67 个城镇污水处理厂实施扩容提质和保温增效改造。实施跨界断面水质考核生态补偿。

(王 毅 王 颖 夏国辉)

【土壤污染防治】 2018 年,山西省推进农用地和重点行业企业用地土壤污染状况详查,完成 2 个土壤污染修复试点。汲取“4·17”三维集团违法排污教训,开展固废、危废、涉重金属行业排查整治和煤矸石、粉煤灰环境污染治理大检查,打击固废非法转移违法犯罪。制定煤矸石、粉煤灰省级规范处置标准,把企业固废处理能力作为生产能力的前置条件。

(王 毅 王 颖 夏国辉)

【林业有害生物防治】 2018 年,山西省林业有害生物灾害发生 23.31 万公顷,完成林业有害生物防治 18.09 万公顷,成灾率为 1.90‰,低于山西省政府确定的年度考核控制指标。出台《山西省松材线虫病和美国白蛾防控总体方案》,重点加强松材线虫病等重大林业有害生物防控。组织完成沁水县首次发生的松材线虫病媒介——松褐天牛危害情况调查取样,成功繁育 150 万头异色瓢虫,在襄汾县东岭森林公园现场释放异色瓢虫 13 万头,用于林业有害生物防治。

(贾向前)

【危险废物污染防治】 2018 年,山西省制定《山西省 2018 年危险废物规范化管理督查考核工作方案》,开展省市县三级危险废物规范化管理督查考核,提升危险废物规范化管理水平。省级危废考核抽查 8 个市 119 家单位。其中,产废单位达标率 79.8%,经营单位达标率 90.70%。印发《山西省坚决遏制固体废物非法转移和倾倒进一步加强危险废物全过程监管实施方案》,共排查 569 处非法倾倒点,整治 378 处;各市初步建立重点产废地区、行业、企业及种类;对 649 处固体废物处置设施及其运行情况摸底调查。完成山西省三家电器拆解企业 2018 年度的电器审核工作。开展涉重金属企业全口径摸底调查,建立山西省全口径涉重金属行业企业清单,开展涉镉等重金属重点行业企业排查整治工作,按季上报工作进展。落实持久性有机污染物(POPs)统计调查制度,完成山西省 POPs 调查任务。抓好山西省 POPs、汞等国际公约的履约工作。按季上报易制毒化学品生产使用环境监管及无害化销毁工作情况。

(王 毅 王 颖 夏国辉)

【辐射环境污染防治】 2018 年,山西省对 160 余家使用Ⅲ类以上放射源和Ⅱ类射线装置的核技术利用单位例行执法检查,处罚企业 18 家,下达责令改正违法行为决定书 22 家。开展对移入山西省异地使用Ⅲ类以上放射源单位首次作业的监督检查,共检查用源单位 13 家,监测放射源 44 枚。全年安全收贮 264 枚废旧放射源,消除安全隐患。

(王 毅 王 颖 夏国辉)

【噪声污染防治】 2018 年,山西省推进城市声环境功能区划分工作,印发《关于山西省声环境功能区划情况的通报》;印发《关于做好山西省 2018 年度考试录用公务员笔试、选调生笔试考点周围噪声监管工作的通知》,开展“绿色护考”行动;组织地市参加生态环境部组织的噪声管理培训班。

（王 毅 王 颖 夏国辉）

**【机动车污染防治】** 2018年，山西省推进柴油货车污染治理。印发《山西省环境保护厅集中开展柴油货车排放达标治理工作方案》，将机动车管理列入山西省大气污染防治条例。提升机动车污染防治监管效率。通过省级机动车环境管理综合业务平台对各市上传数据抽查，下发《关于督促大同市加快完善在用排放检验信息系统及联网规范建设的通知》等文件，要求按照《规范》对市级平台认真逐项修正完善；对达不到《规范》要求的检验机构立即断网，停业整改。指导各市开展机动车排放检验相关工作。分三期举办机动车排放检验管理培训班，覆盖山西省机动车排放检验机构和各市管理人员；召开机动车环境管理工作推进会，针对日常管理发现的问题讲解《规范》及相关标准。指导各市严格机动车排放检验机构监管，印发《关于山西省级机动车综合业务管理平台抽查情况的反馈》《关于开展山西省机动车排放检验机构专项执法检查的通知》等，要求各市对辖区内所有机动车排放检验机构开展全覆盖专项执法检查；对机动车排放检测机构进行4次现场检查，现场提出整改要求；启动柴油货车"大户制"管理和新购柴油货车注册登记前环保管理。

（王 毅 王 颖 夏国辉）

**【排污权交易】** 2018年，山西省完成省级、市级排污权交易969宗，总成交额45624.19万元。其中，企业间成交36717.39万元，政府储备排污权出让8906.79万元，应缴入国库8887.29万元，实缴入国库8887.29万元。涉及二氧化硫7035.09吨，化学需氧量325.48吨，氨氮18.45吨，氮氧化物15372.54吨，烟尘2081.26吨，工业粉尘2528.73吨。截至2018年底，山西省排污权交易试点7年累计完成排污权交易2940宗，实现交易金额29.89亿元。其中，政府储备排污权出让金额占总成交额的45%，企业间交易金额占总成交额的55%。

（王 毅 王 颖 夏国辉）

**【施工扬尘防治】** 2018年，山西省加强建筑施工扬尘整治，山西省住建厅联合省环保厅出台关于实施绿色施工加快推进转型项目建设的相关文件，发起百家施工企业绿色施工承诺倡议书。开展4次专项检查，抽查208个在建项目，对施工扬尘治理较差的86个在建项目分三批通报，处罚问题严重的企业54家。

（王 毅 王 颖 夏国辉）

## 环境监管

**【中央环保督察"回头看"】** 2018年，山西省将中央生态环境保护督察组提出问题的整改作为重大政治任务、重要民生工程、重大发展问题来安排。根据2017年中央生态环境保护督察意见，山西省确定的60项整改任务中还有5项没有按期完成。在"回头看"中山西省分解为38项整改任务（"回头看"24项、大气污染专项督察14项），要求各市、各有关部门细化工作措施，明确责任时限，以"坐不住、睡不着、等不得"的紧迫意识，把中央环保督察反馈问题整改落到实处。同时，将督察整改作为推动工作的重大机遇和有利契机，将污染防治攻坚与产业结构升级、能源结构优化统一起来，倒逼"两高"企业转型，倒逼传统产业升级，倒逼运输结构调整，不断改善生态环境质量，努力走出一条以生态优先、绿色发展为导向的高质量发展新路子。（编辑部）

**【生态环境保护资金投入】** 2018年，山西省生态环境保护专项资金共计投入34.35亿元（争取中央投入10.69亿元，省级投入23.66亿元），重点保障大气、水、土壤污染防治行动计划的实施。其中，大气污染防治专项资金17.56亿元（争取中央投入7.28亿元；省级投入10.28亿元）、水污染防治专项资金13.38亿元（争取中央投入1.37亿元，省级投入12.01亿元）、土壤污染防治专项资金0.54亿元（省级投入0.29亿元，中央土壤详查专项资金0.25亿元），农村专项资金2.87亿元（争取中央投入1.79亿元，省级投入1.08亿元）。

（王 毅 王 颖 夏国辉）

**【生态环境法治建设】** 2018年，山西省生态环境厅配合山西省人大常委会完成《山西省大气污染防治条例》修订，修正《山西省汾河流域水污染防治条例》《山西省重点工业污染监

2018年11月6日，中央第二生态环境保护督察组对山西开展"回头看"工作动员会在太原召开

（王 毅供图）

督条例》和《山西省减少污染物排放条例》,废止《山西省五台山风景名胜区环境保护条例》《山西省丹河流域水污染防治条例》。制定并由山西省人大常委会出台《关于促进农作物秸秆综合利用和禁止露天焚烧决定》。

生态环境标准建设情况。2018年,向原山西省质监局报送开展地方环境保护标准制修订的项目共计22项,涉及大气、水、土壤、监测等领域排放标准、监测方法标准以及技术规范。批准发布《山西省燃煤电厂污染物排放标准》《山西省水污染源重金属在线监控(监测)系统安装技术规范》《煤矸石堆场生态治理技术规范》等地方标准。

(王 毅 王 颖 夏国辉)

**【生态环境监测】** 2018年,山西省贯彻中共中央办公厅、国务院办公厅印发的《关于深化环境监测改革提高环境监测数据质量的意见》。省委办公厅、省政府办公厅印发《山西省深化环境监测改革提高环境监测数据质量实施方案》。实施环境空气质量监测预报预警,开展未来三天全省区域环境空气质量预报及信息发布,完成2018年春节、国庆节全省空气质量潜势预报,对吕梁、晋中、临汾、运城市未来5天空气质量指数(AQI)级别和$PM_{2.5}$浓度范围预报。开展环境空气自动监测状态转换工作。对山西省县级空气自动监测站监督检查,加大对违规违法监测行为的查处力度。推进地表水国考断面水质自动监测站建设,山西省36个新建水站和8个建水站通过生态环境部组织的专家评审。推动国控土壤环境质量监测点位例行监测,对全省78个国家网土壤背景点位采样。推动18个国家重点生态功能区县域生态环境质量监测、评价与考核工作。推动排污单位开展自行监测及信息公开,山西省持有排污许可证的单位均编制自行监测方案,采用自承担或委托有资质的环境监测机构的方式,对所排放的污染物和厂区周边的环境质量开展自行监测,通过环保部门网站向社会实时公开自行监测数据和相关信息。推进固定污染源废气挥发性有机物(VOCs)监测工作。

(王 毅 王 颖 夏国辉)

**【生态环境监察执法】** 2018,山西省出动环境监察执法人员22523人次,检查企业12799家,行政处罚立案6905件,行政处罚金额6.75亿元,比上年增长15.50%。五类典型案件1857件。其中,按日连续处罚53件,查封扣押879件,限产停产629件,移送行政拘留263件,涉嫌污染犯罪移送公安机关33件。市县排查和生态环境部督查发现市级饮用水水源地环境问题74个。完成74个,完成率为100%。

(王 毅 王 颖 夏国辉)

**【渔业生态文明建设】** 2018年,山西省按照农业农村部要求,完成《濒危野生动植物种国际贸易公约附录物种核准为国家重点保护水生野生动物目录(征求意见稿)》《水生野生动物及其制品价值评估办法(征求意见稿)》《水生野生动物基准价值标准目录表》《水生野生动物基准价值标准目录》等文件的省级修改意见反馈工作;邀请中国水产科学研究院淡水中心专家实地调研指导汾河生态修复项目,对省直渔业技术人员开展新技术培训;按照省生态保护红线工作办要求,提供山西省水流生态保护补偿工作有关材料(渔业部分),对山西省国家级水产种质资源保护区情况核实,提供保护区坐标矢量图;审核《生态保护红线划定方案》(市县反馈意见),提出审核意见;向农业部反馈山西省对《黄河禹门口至潼关河段“十三五”治理工程和黄河潼关至三门峡大坝河段“十三五”治理工程对黄河中游禹门口至三门峡段国家级水产种质资源保护区水生生物保护生态补偿协议书》相关内容的修改意见;组织开展2018年全国放鱼日山西同步增殖放流活动;完成临汾、晋中相关行政许可项目审批工作。配合农业部完成水生哺乳动物情况调查、海河流域山西段限捕区禁捕区划定调研核查工作。(孙青洪)

**【河湖长制实施】** 2018年,山西省河湖长工作体系全面建立,河湖长制由“有名”向“有实”转变。2.10万名河湖长全部上岗履职,全年累计巡河巡湖58.10万人次,发现问题整改率达到99%。推进全省河湖“清四乱”“清河”专项行动和采砂专项整治工作,清理违章堆积物、建筑物、淤积物1000余万立方米,整治采砂场点271个。阳泉、晋城等市率先实行河湖警长制,严打各类破坏河湖生态环境违法犯罪活动。(王秀芳 贾 懿)

**【环保督察】** 2018年,山西省分三批对10个地市进行环保督察“回头看”,组织对朔州市自查自纠,10个市累计核查问题2699个,谈话问询174人次,确定70个责任追究问题线索,问责65人。其中,厅级干部1人,处级干部25人,科级及以下39人。开展环保督察效果评估。落实中央环保督察组反馈意见整改方案涉及11个市、13个省直部门和9个企业集团,共60项整改任务含755个项目。整改办对整改任务实行台账式、清单式管理,建立周调度、月通报制度,要求逐一整改销号清零。整改期间,组织调度整改信息1.30万余条,编发工作简报33期,上报国家环境保护督察办工作进展情况17期;出台督察整改任务销号管理办法,规定整改任务销号验收、信息公开、上报备案、抽查核查的具体要求。11月6日至12月6日,中央第二生态环境保护督察组对山西省进行督察“回头看”,向中央督察组移交调阅资料2436套10115件,配合中央督察组对6市38个县开展下沉督察,协助9个省直部门的28位处级以上干部问询谈话,编印工作简报135期,做好后勤保障。省级“一报一台一网”发布新闻稿件190篇条;11个市级发布新闻稿件2079篇条。中央督察组共向山西省转办33批2659件群众举报案件全部办结,办结率为100%。

(王 毅 王 颖 夏国辉)

**【排污许可制度管理】** 2018年,山西省推进排污许可证核发工作。开展排污许可专业技术培训；发布《山西省环境保护厅关于开展陶瓷、屠宰及肉类加工等行业排污许可证申请与核发工作的公告》和《山西省生态环境厅关于开展水处理行业排污许可证申请与核发工作的公告》；指导各市县环保部门及排污单位开展排污许可证申领工作。全年全省核发国家统一编码的排污许可证 495 张。加强排污许可证证后管理。转发《环境保护部关于报送火电、造纸及有色金属排污许可证抽查结果的函》，要求各市对上年核发的 539 张排污许可证的核发质量抽查评估；印发《关于全省火电和造纸行业排污许可证年度执行报告提交情况的通报》，转发《生态环境部〈关于全国火电、造纸行业企业排污许可证执行报告报送情况的通报〉的通知》，各市加大对火电、造纸等 15 个行业排污许可证执行报告报送情况检查力度，加强对排污单位台账记录、自行监测、信息公开等情况检查。完善排污许可制度建设。印发《山西省环境保护厅关于加快推进排污许可制度实施工作的通知》，对山西省原有排污许可管理有关规定修改完善。印发《关于核查全省建设项目竣工环保验收情况的通知》，对山西省建设项目“三同时”执行情况和竣工环保验收情况核查。

（王　毅　王　颖　夏国辉）

【行政审批制度改革】 2018 年，山西省推进承诺制改革，加大简政放权力度。赋予开发区审批权限，在开发区试行承诺制试点工作，印发《加强环境保护促进开发区绿色发展的实施意见》，除法律、规章规定必须由生态环境部和省级环保部门审批权限外，其余环评审批权限全部下放至开发区，将风电、焦化、垃圾处置、输气（油）管线等六类建设项目审批权限全部下放至开发区和设区市。出台《山西省不纳入建设项目环境影响评价审批管理名录》，对 44 类环境影响小且不涉及自然保护区、饮用水水源保护区和泉域重点保护区等环境敏感区项目，一律豁免环评审批。加大环评权限下放，除规定的化工、电镀、工业固废及危废医废处置利用等 11 类由市级审批的项目外，90%以上建设项目由县级审批。精简环评审批事项，取消环境影响登记表审批，全部实行网上备案，取消建设项目试生产和竣工环境保护验收审批，改由建设单位自行编制验收报告、自行验收。

优化行政审批流程，促进转型项目落地。压缩审批时限，将进驻审批大厅 24 项行政审批事项精简为 19 项。10 月，再次取消或部分下放审批事项 11 项（其中取消 4 项、部分下放 7 项），占山西省 21.2%，审批时限压减 50%，审批要件、证明事项精简幅度达 49%，审批环节由 8 个精减为 4 个环节，方便企业和群众办事效率。提高行政审批效率，取消水土保持方案批复、行业部门预审作为环评前置条件；简化申报要求，申报材料由原来的 9 项压减为 4 项；实行环评与选址意见、用地预审等并联审批。实行“一站式服务”，严格落实岗位责任制、限时办结制、一次性告知等制度，推行受理条件、办理程序、办结时限等“一站式服务”；开辟转型和重大项目“绿色通道”，实行“提前介入、主动对接、动态跟踪”等措施，促进项目落地。

（王　毅　王　颖　夏国辉）

【区域环评改革试点】 2018 年，山西省创新环评管理模式。建立区域环评和项目环评联动机制，推进区域规划环评工作，对符合规划环评结论及审查意见要求的建设项目，简化环评文件编制内容，对已经开展环评的城市改造、棚户区改造、移民搬迁等片区改造类建设项目，其所包含的具体建设项目免予办理环评审批手续。建立区域“三线一单”管控模式，以 11 个设区市为单元，完成区域“三线一单”（生态保护红线、环境质量底线、资源利用上线和环境准入负面清单）编制工作，落实自然保护区、风景名胜区、饮用水水源保护区等生态保护红线管制要求，提出环境准入负面清单，建立生态环境分区管控体系。推进区域环评改革，制定山西省《区域空间生态环境评价工作实施方案》。

（王　毅　王　颖　夏国辉）

【生态环境科技】 2018 年，山西省组织开展科技计划（专项、基金等）项目推荐申报工作。推荐报送社会发展、高新技术领域、应用基础研究项目 23 项，落实科研经费 840.5 万元。按照生态环境部对“2+26”通道城市大气重污染成因与治理攻关跟踪研究工作要求，安排省大气污染控制院十工作站，组织省内外高校和科研单位，对各地级市大气污染防治工作开展技术支持。

（王　毅　王　颖　夏国辉）

【生态环境应急管理】 2018 年，山西省落实《全国环境应急管理工作要点》，妥善应对突发环境事件，接报并参与处置突发环境事件 15 起。其中，安全生产事故引发环境污染事件 6 起，交通事故引发的环境污染事件 8 起，倾倒危险废物事件 1 起，均为一般突发环境事件。对乡宁县煤焦油泄漏事件、尧都区同世达煤化工公司脱硫液泄漏事件，响应快速、处置科学，控制污染物扩散，对周边环境未造成损害性污染。加强“12369”环保举报热线受理工作。山西省“12369”环保举报平台全年受理污染举报案件 17351 件。其中，电话 8083 件、微信 6686 件、网络 2528 件、其他 54 件，全部予以办结，办结率为 100%。强化突发环境事件应急预案管理。完成应急预案编制、备案工作企事业单位 5956 家，其中重大环境风险企业数 240 家，备案率 100%；较大环境风险企业数 491 家，备案率 94%；一般环境风险企业数 4351 家，完成备案率为 83.30%。

（王　毅　王　颖　夏国辉）

【生态环境信访】 2018 年，山西省环保系统受理信访件 19579 件。其中，来信 940 封，同比增长 21%；12369 热线 17351 件，同比增长 18%；电子邮件 796 件，同比增长 47%；来访 492 批 727 人次，来访批次同比减少 33%、来访人次同减少 38%。反映环境污染与生态环境破坏的信访件 19466 件，约占总数的 99%，突出问题是大气污染、水污染、噪声污染和固

2018年6月2日，中小学生参观环境教育社会实践基地　　（王　毅供图）

体废物污染，分别占总数的61%、13%、26%、10%。省生态环境厅共受理环境信访件363件，其中来信243件(包含环保部转办80件)，同比增长15%；接待来访120批275人次，重复访21批次60人。来访批次同比增加20%、来访人次同比减少18%。受理案件都按规定时间办结，办结率达100%。

（王　毅　王　颖　夏国辉）

**【生态环境宣传教育】** 2018年，山西省发布省内环境新闻600多条，召开新闻发布会11次，官方微博发布信息1000多条，微博粉丝量达到17万多人，微信发布信息1386条，微信粉丝量达到16639人，阅读量达到43000次。完成宣传报道任务，唱响环保主旋律。组织中央环保督察"回头看"宣传活动，省市各类媒体共刊播中央环保督察新闻稿件5000余篇，省市媒体和网站在重要版面、重要栏目和重要时段连续刊播督察公告4万余次，编发舆情简报15期；落实中央环保督察整改宣传活动，在山西省"一台一报一网"发布环境保护督察整改工作相关报道553条；开展京津冀秋冬季大气污染防治攻坚行动宣传活动，发布典型报道1000余条，开展伴随式采访1次，开展"打赢蓝天保卫战"主题采访3次。舆论监督和舆情处置工作。山西省委宣传部与山西省生态环境厅联合出台《媒体开展涉环保舆论监督工作流程》，对新闻媒体开展环保舆论监督提出规范性要求，在"双微"、《生态山西》周刊和《环保大数据》内刊上开设"曝光台"，组织撰写、刊发批评稿件5篇，下发舆情信息33件。开展社会化环保宣传活动，推动公众参与。4月22日至6月5日，开展以"美丽中国，我是行动者"为主题的系列宣传活动，举行第四届绿色读书月活动、环保小河长和绿色生活地图绘制活动、第二次污染源普查宣传咨询和"美丽中国，我是行动者"健步走活动、环保春晚等。其中，环保春晚活动现场观众1500余人，网络观看人数达到20多万人次，宣传效果明显。推进环保设施向公众开放，700多名群众在7家省级环境教育场所现场参观。中小学环境教育社会实践基地，山西省中小学环境教育社会实践基地增加到4家，为青少年开展生态环保活动提供新平台。引导环保社会组织参与环保宣传，举办山西省首次社会环保组织发展研讨会，建立山西省环保组织联系网。

（王　毅　王　颖　夏国辉）

**【查处违法排污百日行动】** 2018年，山西省从5月开始至8月15日在全省开展查处违法排污百日行动。此次"百日行动"重点整治四类违法排污行为：依法查处工业企业不正常使用、擅自停用、未配套建设污染防治设施或超标排放大气污染物的违法排污行为；依法查处工业企业未配套建设、不正常使用污染防治设施或超标排放，以及通过暗管、渗井、渗坑、灌注等方式恶意排放生产废水的违法排污行为；依法查处工业企业非法贮存、转移、倾倒、处置固体废弃物的违法排污行为；依法查处2017年以来群众反映强烈、重复举报、屡查不改、问题突出的工业企业违法排污行为。

该次行动全省累计检查工业企业24921家次，查处重点排污单位3044家、行政处罚12512万元，累计查处四类典型案件1006件，其中按日计罚17件，查封扣押333件，限产停产555件，移送公安101件，拘留137人；按照边查边改、分类处置的原则，依法关停取缔企业286家，对违法排污行为予以严厉打击。

（编辑部）

## 综 述

**【概况】** 2018年，山西省教育系统共有各级各类学校1.53万所，在校生635.01万人，教职工58.41万人。其中：幼儿园6973所，在园幼儿98.79万人，专任教师56742人，学前三年毛入园率89.70%。义务教育阶段中小学校7232所，在校生342.26万人，专任教师27.64万人。特殊教育学校76所，在校生1.14万人，专任教师2096人。高中阶段学校（不含技工学校）954所，在校生104.90万人（其中普通高中512所，在校生67.93万人，中等职业教育学校442所，在校生37.02万人），专任教师9.28万人，高中阶段毛入学率94.45%；普通高等学校83所，其中本科院校33所（含独立学院8所）、高职高专院校50所，成人高等学校10所，普通本科在校生50.29万人，专科在校生26.26万人，在学研究生3.90万人，高等教育毛入学率49.10%。2018年，山西省教育厅完成2018级成人高等学历教育2.81万人的新生学籍注册和2018届毕业生3.3万人的学历电子即时注册工作。

2018年，山西省教育经费收入913.42亿元，具体来源渠道为：一般公共预算安排的教育经费727.65亿元，政府性基金预算安排的教育经费收入21.22亿元，企业办学中的企业拨款2亿元，民办学校中举办者投入4.48亿元，捐赠收入0.26亿元，事业收入149.85亿元，其他教育经费6.73亿元。全省教育和其他部门教育经费总支出819.29亿元。 （张建伟）

**【深入学习贯彻习近平新时代中国特色社会主义思想宣讲进校园】** 2018年，山西省教育系统将学习贯彻习近平新时代中国特色社会主义思想作为首要政治任务。开展中共十九大精神分层分类集中轮训，教育厅领导带头宣讲，让中共十九大精神第一时间进教材、进课堂、进头脑。组建讲师团在全省71所高校巡回宣讲，组织高校36万余师生“同上一堂课”，用新思想武装头脑、凝神聚气。以省委第六督查组督查反馈问题整改为契机，由委厅主要领导牵头抓总，聚焦五大方面15个问题严改实改。在延安梁家河干部培训学院举办2期党员干部党性教育培训班，启动山西“教育大讲堂”专题讲座，系统组织全省高校系统的主题教育，各高校全年举办培训班311场（次），培训人员37000余人次。 （赵婷婷）

**【“三基建设”】** 2018年，山西省印发《山西省教育系统2018年“三基建设”指导意见》《省教育厅加强“三基建设”2018年度重点任务清单》《关于建立干部职工个人能力提升档案的通知》等文件，组织高校开展“标准问题讨论”，对标一流找差距，明确提标对标事项2329项，推进“三基建设”（基层建设、基础工作和基本功训练）目标任务落实落细。建立厅党组定期研究“三基建设”工作机制和班子成员“三基建设”联系点制度，高校党委班子成员落实“三基建设”联系点制度，开展重点任务定期提醒、督促和通报，推动“三基建设”全面增强。指导所属高校全面完成基础工作评估和基本能力测评工作，全省教育系统38万余名干部教师专业能力测评全部达标。打造省教育厅一目录三手册“升级版”，建立基础资料数据库，全面规范基础工作。 （赵婷婷）

**【教育体制机制改革】** 2018年，山西省教育厅研究制订《深化教育体制机制改革的实施意见》，谋划13个方面35项重点改革任务。提请省委、省政府出台《关于全面深化新时代教师队伍建设改革的实施意见》，全面深化教师队伍改革。启动学前教育改革省级试点，实施义务教育8大攻坚计划，推进普通高中三项改革试点，启动中小学安全风险防控试点，推进全省民办学校分类管理改革，最大限度释放改革效应。芮城学前教育改革模式引起全国关注，晋中市“县管校聘”管理改革和校长职级制改革经验成为全省样本，高平市统筹编制资源解决公办幼儿园教师编制短缺问题做法在全省推广，并被《中国教育报》头版头条专题报道，山西省基础教育工作在全国基础教育改革创新研讨会上评为省级优秀案例。推进阳泉、晋中两市中考改革,晋中市作为全国唯一的中考制度改革典型案例,获第五届全国教育改革创新特别奖。开展高考综合改革基础条件评估,推进山西省高考综合改革。推进职业教育招生考试制度改革,在5个专业试行“文化素质+职业技能”考试办法。省教育厅等五部门联合印发《关于深化高等教育领域简政放权放管结合优化服务改革的实施意见》,扩大高校办学自主权。指导高校落实以知识价值为导向的多点教学、绩效考核和绩效分配政策,激发高校教师教书育人、科研创新的积极性。 (赵婷婷)

【教师队伍建设】 2018年,山西省30个国培项目县和42个能力提升工程项目县,实施国培计划,对乡镇及以下18万名中小学幼儿园教师开展混合式培训。全省20余万名中小学幼儿园教师按要求完成学习培训任务,达到教育部规定的年均72学时的继续教育要求。全省9600余名教师参加专业带头人领军能力研修、教师跟岗访学、双师型教师(教师、技师)专业技能培训和教师企业实践等7大类29项任务培训。各地共交流义务教育学校校长1114人,交流教师1.35万人,交流比例分别达到应交流人数的29.21%和15.20%。太原市娄烦县等48个贫困县招聘特岗教师2167名,全年履约到山西省中小学任教的257名部属师范大学免费师范毕业生和山西省省属师范院校461名免费师范毕业生就业工作岗位全面落实。太原市阳曲县杨家井小学梁贵兴等220名优秀教师获“晋绥儿女支持老区教育奖”称号。全年安排集中连片特困县乡村教师生活补助资金1.10亿元,实际发放2.40万人,发放资金9060万元。全年安排原民办代课教师教龄补贴省级补助资金2735.65万元,实际发放人数10.60万人。完成全省高校教师高级专业技术职务和中小学教师正高级专业技术职务评审工作。开展师德师风专项整治行动,对全省教师队伍中存在的违反职业道德行为核查督办。全年全省9.20万人参加各类教师资格教育理论考试,考试20万科次,3002人申请高校教师资格认定教育教学能力测试。 (赵婷婷)

【语言文字保护教育】 2018年,山西省教育厅举办第21届推普周活动。完成全年汉语方言调查和摄录任务,通过教育部、国家语保中心验收。完成县域普通话普及情况调查工作。初步统计全省各地建档立卡贫困人口中,青壮年普通话培训需求情况、中小幼教师普通话水平达标情况、基层干部普通话普及率及学习需求情况。开展学校语言文字工作达标建设。对朔州市朔城区、晋城市沁水县、阳城县、高平市、陵川县语言文字工作督导评估。选送171件作品参加2018年全国中小学师生书法篆刻展示交流活动。举办全省语委干部培训班,配合教育部、国家语委做好各类人员的培训选拔工作,选派12名语委干部、3名中小学骨干校长、3名幼儿园骨干园长、3名经典诵写讲骨干教师、3名书法教师、10名贫困地区语文教师、5名中小学诵读教育骨干教师参加国家级培训。 (赵婷婷)

【学校体育教学】 2018年,山西省政府办公厅印发《关于强化学校体育促进学生身心健康全面发展的实施意见》。开展学校体育教学、训练、竞赛及条件保障体系建设改革成果征集活动。承接全国青少年校园篮球骨干教师专项培训,6省份共200余名篮球教师参训。开展全国青少年校园足球、篮球特色学校遴选创建,开展校园足球夏令营活动,全年夏令营分营任务完成率在全国居第4位。依托山西大学成立“山西省学生体质健康监测中心”,组织全省国家学生体质健康标准培训,全省高校和市、县的200余人参训。完成2018年《国家学生体质健康标准》测试数据上报工作。建立山西省学生体育竞赛协调机制,印发《2018年山西省教育系统体育竞赛计划》,举办2018年度足球、篮球、排球、跳绳、乒乓球、电子制作、无线电测向、定向越野锦标赛、跆拳道等单项比赛及山西省第二十一届大中学生田径运动会。与省体育局、共青团山西省委联合举办山西省首届青少年冰雪嘉年华活动。 (赵婷婷)

【学校卫生防控整治】 2018年,山西省教育厅印发《关于开展2018年师生健康中国健康主体健康教育活动

2018年2月3日,2018全国青少年“未来之星”冬季阳光体育大会山西分会场暨山西省首届青少年冰雪嘉年华活动在太谷县举行 (省教育厅供图)

的通知》《山西省学校结核病防控工作方案》《关于加强学校和托幼机构手足口病防治工作的通知》等文件。组织开展“艾滋病防治知识进高校活动”。开展结核病和高校艾滋病防控工作专项检查。开展学校传染病防控和食品安全管理专项督查。在全省中小学生中开展“拒吸第一支烟 做健康新一代”签名活动。完成全省中小学卫生保健机构摸底调研工作。启动全省儿童青少年近视调查工作及山西省儿童青少年去逛流行病学项目调查工作，组织开展2018年全国儿童青少年近视防控试点县（市、区）和改革试验区申报工作。（赵婷婷）

**【学校艺术活动】** 2018年，山西省人民政府与教育部在上海签署《山西省学校美育改革发展备忘录》。选派高校代表参加全国第五届大学生艺术展演活动，山西省表演类节目作品获4个全国一等奖，12个全国二等奖，12个全国三等奖，省教育厅获省级教育行政部门优秀组织奖。完成第六届中小学艺术展演活动作品征集整理工作，举办表演类5个专场的省级集中展演。太原市小店区刘家堡乡第一初级中学等27所中小学校被教育部认定为“全国中国小学中华优秀文化艺术传承学校”。山西师范大学的“山西梆子戏”获批“第一批中华优秀传统文化传承基地”。开展2018年高雅艺术进校园活动。举办“梦从这里出发”山西省第三届高校毕业季优秀美术作品展。成立山西省教育厅学校艺术教育委员会。（赵婷婷）

**【学校国防教育】** 2018年，山西省教育厅推动省人民政府办公厅和省军区战备建设局联合印发《山西省学生军事训练改革实施办法》。太原成成中学校等24所中小学校被教育部命名为中小学国防教育示范学校；太原理工大学等8所高等院校和太原市实验中学校等165所中小学校被教育部命名为国防教育特色学校。太原理工大学等4所高校被评为全民国防教育先进单位，骞大军等5名教师被评为全民国防教育先进个人。组队参加第五届全国学生军事训练营和全国军事课教学展示系列活动。

（赵婷婷）

**【校园安全稳定】** 2018年，山西省教育厅与各高校签订《安全工作责任书》，将安全生产目标责任分解落实到基层单位。创建省、市、县三级平安校园1.33万所，占全省学校85.50%。全年全省学校安全法制教育实现全覆盖，涉及学生500余万人；开展学校安全应急演练学校1.15万所，安全应急演练覆盖率99.68%，开展安全应急演练1.15万次，配备法制副校长、法制辅导员8768人。推进学校“三防”建设，全年全省学校安装摄像头27.11万个，投入资金24.37亿元。全省教育系统聚焦校园贷、中小学欺凌、扰乱教育教学秩序、校园周边综合治理等重点环节摸底排查扫黑除恶线索111条（地市共70条，高校41条），均移送相关部门。开展学校及周边综合治理专项整治行动2903次。

（赵婷婷）

**【家庭经济困难学生资助政策】** 2018年，山西省教育厅安排学前教育资助经费1.54亿元，受助幼儿达15.39万余人；义务教育阶段免费教科书资金3.2亿元；对城乡家庭经济困难的寄宿学生安排生活费补助资金1.98亿元，受助学生达19.77万人；对21个集中连片贫困县的农村义务教育中小学在校生实施营养改善计划，安排资金1.17亿元，受助学生14.63万人；中等职业学校在校生免学费全覆盖，安排中央和省级资金3.04亿元，受助学生30.1万名，安排中职国家助学金0.58亿元，受助学生达5.02万人；安排普通高中建档立卡家庭经济困难学生免除学杂费资金（中央和省级）3673.48万元，免学杂费学生数达5.52万人；安排家庭经济困难普通高中在校生助学金（中央和省级）1.92亿元，受助人数达14.39万人。对普通本科高校、高等职业学校全日制本专科在校生中家庭经济困难学生资助，资助面占在校生总数的22%，资助标准为每生每年3000元。安排国家奖助学金5.01亿元；落实研究生奖助学金制度，安排研究生奖助学金1.86亿元，受助学生达3.10万人。办理生源地信用助学贷款38.46万人，贷款金额达到24.78亿元。

（赵婷婷）

**【教育行政审批制度改革】** 2018年，山西省教育厅推进“两集中、两到位”，截至6月底，实现所有行政审批

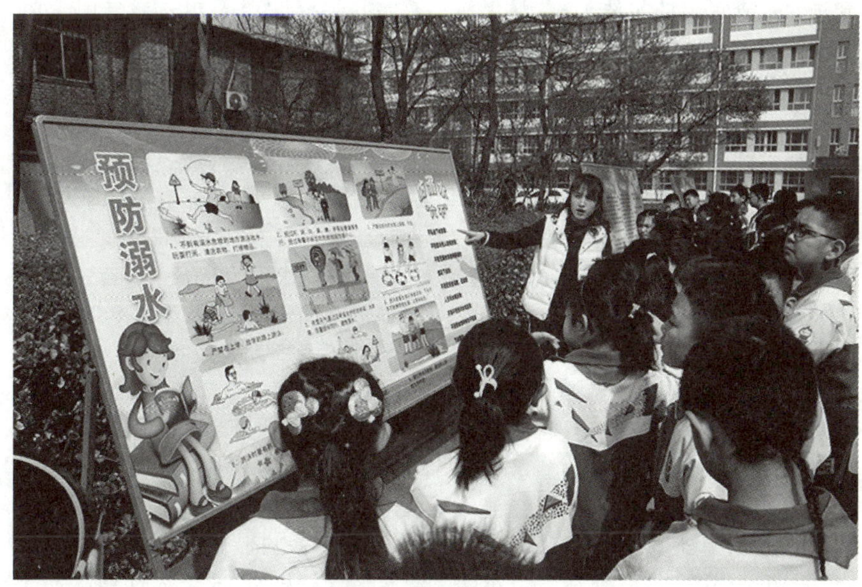


2018年3月，山西省教育厅举办“做自己的首席安全官 平安校园行”主题系列活动

（省教育厅供图）

事项及工作人员全部集中到位，驻省政务服务中心独立开展行政审批工作。围绕9项随机抽查事项，依法开展“双随机一公开”工作。梳理教育领域群众反映强烈堵点问题5项，与省发改委等部门深入对接，加快推进解决。开展权责清单标准化工作，规范省、市、县三级教育部门行政事项。依法依规开展行政审批工作，全年受理行政审批事项294件17.27万个，全部按照审批流程办结。(赵婷婷)

【教育依法行政】 2018年，山西省教育厅制定《省教育厅2018年度普法责任清单》，推动落实党政主要负责人，履行法治建设第一责任人职责。开展厅机关“五个一”学法活动：印发一个学法计划、配发一本宪法单行本、听一次宪法辅导报告、举行一次宪法宣誓、进行一次宪法知识测试，提高依法履职能力。开展公职人员在线无纸化学法用法考试，厅机关在职人员及直属事业单位参加2018年度宪法、监察法及公共法3次无纸化学法用法考试。加强地方性教育法律法规制定，全年省人大立法计划中，教育方面的立法正式项目4件，预备项目2件。做好规范性文件审查备案，全年审核备案党内规范性文件2件，合法性审查规范性文件4件。强化章程建设，1所高校章程核准备案，2所高校章程修订工作完成。印发《省教育厅法律顾问和公职律师管理办法》，规范法律顾问和公职律师工作，基本形成事前防范法律风险、事中严格依法办事、事后落实法律责任的法律事务运行机制。(赵婷婷)

【教育法治宣传】 2018年，山西省教育厅整合社会、行政资源开展多渠道多层次法治宣传教育活动，构建全方位青少年普法体系。组织各级教育行政部门法治工作人员参加教育部举办的“法治思维与提升依法行政能力”专题培训班、第三期全国中小学法治教育名师培育工程等培训，提高法治教育理论水平和业务素质。举办全省“学宪法 讲宪法”“五个一”系列活动，362个微课作品参加宪法微课大赛，67名教师获奖；82部微电影作品参加宪法微电影大赛，11人及团体获奖，10名教师获微电影大赛优秀指导教师奖；全省1.90万多名中小学生参加“学宪法讲宪法”主题征文大赛，257名学生获奖，213名教师获优秀指导教师奖；90名大中小学生参加“学宪法讲宪法”全省演讲比赛决赛，10人获一等奖、17人获二等奖、30人获三等奖。山西代表队获得全国总决赛知识竞赛团体亚军，高校辩论赛团体三等奖、最佳辩手奖，高中组演讲比赛一等奖，小学组演讲比赛二等奖，初中组、大学组演讲比赛三等奖。近100万名中小学生参加全国学生“学宪法讲宪法”活动网络在线学习，位居全国第10名。(赵婷婷)

【教育督导】 2018年，山西省全域通过国家义务教育发展基本均衡县督导检查，完成省政府与教育部签署的义务教育基本均衡发展目标任务。创新规范幼儿园办园行为督导评估办法，刊发于国务院《教育督导决策参考》。完成全国义务教育第二轮第一年数学学习质量、体育与健康状况、课程开设、条件保障、教师配备、学科教学和学校管理等相关影响因素的质量监测任务，省教育厅再次被教育部授予“省级优秀组织单位”称号。推动县级职教中心达标建设，又有16个县(市、区)通过省级达标验收。完成全省第二次270所中等职业学校办学能力评估和46所高等职业院校适应社会需求能力评估。山西工商学院通过教育部本科教学工作合格评估。委托第三方完成山西农业大学、山西医科大学、山西师范大学、山西中医药大学、太原师范学院、忻州师范学院、长治医学院、运城学院本科教学工作审核评估。报请省政府批准，召开省政府教育督导委员会全体委员会议，压实15个成员单位履行教育职责。(赵婷婷)

【毕业生就业创业】 2018年，山西省各高校举办大中型专场招聘活动194场，参会单位1.19万家，提供就业岗位18.76万个；举办专场招聘2099场，参会单位2873家，提供就业岗位8.20万个。全年网上报名入伍2.88万人，实际入伍7744人。全省在校生创业人数达1908人；应届毕业生创业人数达882人。开展大学生创业意识培训和创办企业培训261班(次)，培训学生1.92万人。组织开展其他创业大赛、创业论坛、创业讲座活动844场(次)，参加人数5.72万人。基层就业项目招聘毕业生3523人，其中“农村教师特岗计划”招聘2200人，“三支一扶计划”招聘600人，“西部志愿者计划”323人，“选调生”400人，毕业生到各级各类中小企业就业12.55万多人。毕业生2.41万人申请享受求职补贴政策，共计2414.30万元。

(赵婷婷)

【教育交流合作】 2018年，山西省国家公派出国留学录取207人，其中地方合作项目录取83人。截至2018年底，山西省高校接收外国留学生人数达到1471人，较上年增长21%。山西财经大学、山西农业大学赴法国、西班牙参加国家留学基金委组织的海外教育展。建设教育国际合作交流平台，推进教育对外开放。推动与德国开展校际交流合作，签署协议7个；对接捷克摩拉维亚西里西亚州政府，推动山西财经大学与西里西亚奥帕瓦大学开展校际交流；对接俄罗斯乌里扬诺夫斯克州，推动与乌里扬诺夫斯克国立大学等4所高校签署5个合作协议。做好面向港澳台地区招收本科学生工作以及赴港澳教师选派、晋港澳姊妹学校建设等工作，推进与港澳台地区合作交流，新建晋港澳姊妹学校5对。全年全省选派对外汉语教师、志愿者33人。(赵婷婷)

【教育援疆】 2018年，山西省制定《省教育厅提高教育援疆质量具体措施》，以提高受援地学校办学质量为目标，深化基础教育N对1援助模

式。做好山西省九所普通高校定向招收培养受援地学生工作，全年落实招生计划90名。举办五家渠教育行政干部山西培训班。推动实施省教育厅与新疆生产建设兵团六师五家渠市教育局、昌吉州教育局签订的《职业教育东西部协作行动计划落实协议书》，支持以就业为导向的职业教育，拓展短期援疆支教活动。选派13名援疆优秀专业教师援疆，1名同志挂职五家渠教育局副局长。实施《援疆援藏万名教师支教计划》，选派100名优秀教师赴新疆昌吉州阜康市和农六师五家渠市8所学校支教。（赵婷婷）

【民办教育】 2018年，山西省人民政府办公厅印发《关于支持和规范社会力量兴办教育促进民办教育健康有序发展的若干意见》。开展省属民办学校年度检查，全省民办学历高校年检合格17所；非学历高校年检合格37所，不合格8所。开展校外培训机构专项治理，全省各县（市、区）全部完成校外培训机构专项治理整改任务。（张建伟）

【社区教育】 2018年，山西省教育系统完成社区教育培训任务872.31万人次，创建学习型街道（乡镇）、学习型居委会（村）、学习型企业、学习型社区等各类学习型组织3900多个，为学习型社会建设打下基础。大同市获批第六批全国学习型城市建设联盟成员城市。（张建伟）

## 基础教育

【学前教育】 2018年，山西省教育厅成立学前教育专家指导组，启动实施学前教育改革发展省级试点，在全省建立38个试点实验区，开展学前教育10项改革试点，探索解决体制机制难题。省教育厅与各市人民政府签订学前教育发展备忘录，落实县级政府发展和监管学前教育的主体责任。开展防止和纠正幼儿园教育“小学化”专项整治行动，促进幼儿园科学保教。召开全省学前教育第三期行动计划高平推进会，观摩交流学前教育改革发展工作经验，推动全省落实第三期行动计划。全省新增普惠性幼儿园634所，超额26.8%完成年度任务。清理整顿无证办园。开展优质幼儿园帮扶工作。组织开展第七个全国学前教育宣传月。（赵婷婷）

【义务教育均衡发展】 2018年，山西省推进“全面改薄”，如期完成校舍建设和设施设备采购整体任务“过九成”目标。全省所有县区消除超大班额，75个县消除大班额，撤并一批空壳学校及乡村小规模学校，学校布局结构优化，长治市两类学校建设经验获教育部作现场推介。采取“学校联盟”“集团化办学”“学区化管理”“对口帮扶”等方式，推动优质中小学校和其他学校在教师配备、教学管理、教研培训、学校文化等方面实现资源共享和一体化管理，扩大优质教育资源覆盖面，提升区域义务教育办学水平。举办山西省首届基础教育信息化应用成果展示交流活动，2.28万人参加。全省“宽带网络校校通、优质资源班班通、网络学习空间人人通”分别达到92.62%、76.96%、37.53%，“三通”各项指标均高于全国平均水平，位居全国12位。（赵婷婷）

【中小学德育和心理健康教育】 2018年，山西省教育厅组织开展全省第二批“全国中小学生研学实践教育基（营）地”推荐工作，大同市中小学示范性综合实践基地获批第二批“全国中小学生研学教育实践教育营地”，皇城相府管理区等7家单位获批第二批“全国中小学生研学教育实践教育基地”。启动第三批中小学心理健康教育特色学校争创工作，确定推荐太原市第66中学校等6所学校，上报教育部参加第三批中小学心理健康教育特色学校的评审。开展全省青少年校外活动保障和能力提升项目申报工作，共86家单位受到支持，支持金额为3414万元。（张建伟）

【普通高中教育】 2018年，山西省教育厅研究制定《关于普通高中选课走班的指导意见》《关于学生生涯规划教育的指导意见》，召开普通高中学生综合素质评价、生涯规划教育、选课走班试点工作专项推进会，加大对试点学校的指导，培育种子学校。完成58所4轨以下高中撤并，学校布局优化，办学条件改善。学习借鉴上

2018年5月30日，省委书记骆惠宁在晋中市榆社县河峪中心学校参加少先队主题队日活动 （张建伟供图）

海、浙江、山东等高考改革试点省市经验，召开全省高中新课标培训会，指导各地做好高考改革和高中新课程改革的各项准备工作。推进普通高中多样化特色发展，形成学校特色。

（张建伟）

【特殊教育】 2018年，山西省教育厅建立未入学残疾儿童少年信息库，完善"一人一案"机制，全面普及残疾儿童少年义务教育。联合省残联等六部门印发《着力解决因残致贫家庭突出困难的实施办法》，解决贫困家庭未入学适龄残疾儿童义务教育问题。中央和山西省分别投入特殊教育专项经费1500万元、500万元，用于特殊教育学校改善办学条件，优先向贫困地区倾斜。开展言语康复技能、国家通用手语和盲文方案及新上岗教师、随班就读骨干教师、特教学校校长、特教专干等专题培训8次，培训人员720人次，"国培计划""省培计划"优先向贫困地区教师倾斜。全省11个市和30万人口以上县均建有特殊教育学校，对家庭经济困难的残疾学生实行高中阶段免费教育。 （张建伟）

## 职业教育

【职业教育基础能力建设】 2018年，山西省教育厅启动山西省中等职业学校改革发展示范学校建设项目，确定太原铁路机械学校等50所学校为第一批项目建设学校。启动实施优质高职学校和骨干专业建设项目，山西省财政税务专科学校等20所学校成为山西省优质高等职业院校建设单位，山西财贸职业技术学院等3所学校成为山西省优质高等职业院校培育建设单位，确定建设100个特色鲜明、优势明显、与地方经济社会发展契合度高的骨干专业。太谷县、祁县、垣曲县通过第四批国家级农村职业教育与成人教育示范县复检。

（张建伟）

【职业学校管理】 2018年，山西省教育厅完成2018年度中等职业学校办学资质清查和管理星级评估认定工作，清查举办中等职业学历教育的学校375所，其中345所学校具备中等职业学历教育办学资质；22所学校需按要求限期整改；8所学校取消中等职业学历教育办学资质。全省认定管理五星级学校42所，管理四星级学校102所，管理三星级学校129所，管理二星级学校67所，管理一星级学校13所。 （张建伟）

【职业院校专业建设】 2018年，山西省教育厅新增太原铁路机械学校等41所职业院校，"城市轨道交通运营管理（机电）"等88个专业，高职院校新增117个招生专业，调整撤销42个落后专业。山西工程职业技术学院主持的黑色冶金技术专业获批准立项教育部建职业教育教学资源库建设项目。 （张建伟）

【职业院校招生考试改革】 2018年，山西省教育厅制订普通高中和中等职业学校招生计划，全年中职招生10.01万人，其中普通中专学生3.78万人，成人中专学生4300人，职业高中学生5.80万人。推进高等职业教育招生考试制度改革，在对口升学考试中，有信息技术、护理类、旅游服务、交通运输类、资源环境类5个专业试行"文化素质+职业技能"考试办法。

（张建伟）

【职业教育教学科研】 2018年，山西省教育厅印发《关于印发山西省促进产教融合实施方案的通知》，推进职业教育产教融合、校企合作。深化职业教育集团化办学，华北机电学校牵头成立山西军民融合职业教育集团，吸纳省内知名军工企业和多所职业院校加入。指导山西交通职业技术学院举办京津冀沪宁晋川交通职教集团联盟2018年会，探索省际间交通职业教育的交流合作、资源共享和人才培养。申报第三批全国现代学徒制试点，新增9个试点单位。确定58个单位为首批省级现代学徒制试点单位，探索联合招生、联合培养的协作育人机制。 （张建伟）

【职业技能大赛】 2018年，山西省成立省代表团参加全国职业院校技能大赛，承办矿井灾害应急救援技术等项目比赛，共有72所学校539名选手372名指导教师参加82个项目的比赛，取得一等奖7个，二等奖24个，三等奖60个。山西工程职业技术学院在"工业机器人技术应用"赛项取得全国第一名。组织山西省第十二

2018年5月6日，山西省2018年职业教育活动周艺术展演在山西艺术职业学院举行 （省教育厅供图）

届职业院校技能大赛,7135名选手报名。举办全省职业院校教学能力大赛,中高职院校732名教师的348件作品报名参赛,产生一等奖43个、二等奖69个、三等奖112个。举行全省“2018年职业教育活动周”活动。（张建伟）

【农民与职工技术培训】 2018年,山西省教育系统完成353.87万人次农村实用技术培训,其中妇女培训138.90万人次,残障人员培训7.50万人次。全年全省高校完成职工继续教育培训任务2.30万人次,其中煤炭行业职工培训1.20万人次。（张建伟）

## 高等教育

【高校党建】 2018年,山西省健全高校党委书记抓基层党建工作述职评议考核制度,实现三级党组织书记抓党建工作述职评议全覆盖。成立山西省民办学校党委,省委组织部印发《山西省民办高校党委书记管理暂行办法》,健全完善民办高校党组织参与决策和监督机制,开展民办学校党建工作“双覆盖”攻坚行动,太原理工大学现代科技学院党委等5所民办学校党委被评为全省社会组织“双强六好”省级示范党组织,民办学校党建加强。推进高校基层党组织规范化、标准化建设,完善高校基层党组织会议和党政联席会议议事决策规则,编制《党支部标准化工作手册》。加快高校基层党组织党务干部队伍建设,制定印发《关于深入推进高校教师党支部书记“双带头人”培育工程的实施意见》,“双带头人”配备率达90.80%,工委所属高校院系专职组织员配备率达74.80%。打造山西省高校基层党建品牌,获批创建全国首批党建工作标杆院系1个,全国首批“双带头人”教师党支部书记工作室1个,全国首批党建工作样板支部16个,2个研究生党员获全国“百名研究生党员标兵”称号。组织开展全省教育系统党建工作标杆院系、样板支部和“双带头人”教师党支部书记工作室遴选工作,选树一批教育系统党建工作精品案例、主题党日活动工作案例、基层党组织书记工作案例等先进典型。开展全省高校系统建党97周年“两优一先”表彰工作,87名共产党员、54名党务工作者、86个基层党组织受到表彰。（张建伟）

【高校思想政治和意识形态教育】 2018年,山西省教育厅修订《意识形态工作责任制实施细则》《意识形态工作领导小组工作规则》,出台《国家安全责任制实施细则（试行）》《书记议稳制度》等制度,将意识形态工作纳入高校领导班子年度考核和党委书记抓党建述职评议考核,压实意识形态工作责任。完善工作机制,实现每周舆情分析、每季度研判形势、每半年召开高校党委书记专题研判会议、每年党内通报,确保意识形态阵地可管可控。启动课程思政教育教学改革试点,推动高校构建“三位一体”思政教育课程体系。遴选产生“三全育人”综合改革试点高校9个、试点院系5个,以点带面打造思政工作“三全育人”新格局。（张建伟）

【支持两校率先发展】 2018年,山西省委办公厅、省政府办公厅印发《关于支持山西大学和太原理工大学率先发展的若干意见》,明确12条支持举措,在人员聘用、岗位设置、薪酬分配、职称评审等方面为两校下放自主权,在经费投入、学科专业建设、人才住房建设、合作办学、思政工作、对外交流、改革发展等方面为两校提供更大支持。5月,太原理工大学与清华大学签署战略合作协议;8月,山西大学与北京大学签署战略合作协议。根据协议约定,清华大学和北京大学将发挥学科建设、师资队伍、管理理念等方面的优势,在队伍建设、人才培养、科研服务、国际交流等方面,对太原理工大大学和山西大学总体指导,支持两校“双一流”建设。8月,山西省与九校联盟高校举行战略合作座谈会,省政府与北京大学、中国科技大学、中国人民大学等10所高水平大学签订战略合作协议,山西省省校合作迈上新台阶。（张建伟）

【高等教育“1331”工程】 2018年,山西省教育厅确定30个创新团队（含培育）入选2018年重点创新团队建设计划,确定18个平台入选2018年重点实验室、工程（技术）研究中心、产业技术创新研究院（战略联盟）

2018年7月18日至22日,山西省第二十一届大中学生田径运动会在太原师范学院举行（省教育厅供图）

建设计划。山西大学“极端光学协同创新中心”被教育部认定为首批省部共建协同创新中心；签约太原理工大学“煤层气合成金刚石”技术，打破国外技术封锁；遴选支持学科群实现产业服务全覆盖，高等教育服务经济社会发展能力提升，“1331工程”（一个根本任务立德树人，抓重点学科、重点实验室、重点创新团队三项建设，抓创新中心、研究中心、战略联盟三项建设，出一批标志性成果）迈入提质增效新阶段。（张建伟）

【高等学校布局和专业结构调整】 2018年，山西省教育厅新审批设立大同师范高等专科学校、太原幼儿师范高等专科学校和山西卫生健康职业学院等3所专科层次学校。全省本科院校均制定各高校专业优化调整方案。2018年秋季学期实际招生专业1160个，招生专业中包含新增的新兴应用型专业66个，不安排招生专业232个，其中撤销67个，停招115个，实施间招19个，因办学条件等因素暂缓招生31个。77个陈旧专业方向被取消，超额完成预期目标。（张建伟）

【重点学科建设】 2018年，山西省人民政府学位委员会印发《关于统筹资源聚合力量 全面推进重点学科建设的意见》，以资源汇聚为总方向，以省级统筹为手段，以构建“顶天立地”学科建设新格局为目标，通过政策倾斜、资源汇聚、人才聚集、资金投入等10项具体改革措施，推进一流学科建设。启动第二轮“服务产业创新学科群建设计划”。山西大学成为教育部与山西省部省合建的教育部准直属高校。太原理工大学被教育部列入一流学科建设高校，化学工程与技术学科入选国家“双一流”建设学科。山西中医药大学成为硕士研究生推免资格高校。山西大同大学成为硕士学位授权单位。全年全省有省级重点学科63个，重点建设学科126个，重点扶持学科10个。（赵婷婷）

【高等教育质量工程】 2018年，山西省获批教育部新工科研究与实践项目9项，虚拟仿真实验教学项目1项，“高等教育基于慕课的教学模式探索与应用推广”相关配套制度建设与实践项目1项。推进专业建设和教学改革创新，评选优势特色专业37个，教学改革创新项目264项，大学生创新创业训练计划项目920项，其中5项大学生创新创业训练项目入选2018全国大学生创新创业年会。开展教学成果奖评审工作，评选上年山西省教学成果奖（高等教育）250项，其中特等奖50项，一等奖100项，二等奖100项。遴选确定25项优秀成果推荐申报2018年高等教育国家级教学成果奖，其中3项优秀成果获2018年高等教育国家级教学成果二等奖。（赵婷婷）

【高层次人才队伍建设】 2018年，山西省加强高层次人才队伍建设，李魁武院士正式加盟中北大学，山西大学全职引进长江学者江怡教授，山西医科大学全职引进“国家杰青”曹济民教授。山西大学高山和胡英泽2人入选教育部“长江学者奖励计划”特聘教授（青年学者），教育厅所属高校入选山西省第十批“百人计划”96人。组织高校申报2018年“千人计划”“万人计划”推荐工作，向教育部推荐8名自然科学人选，向省委宣传部推荐10名哲学社会科学人选。向省委组织部推荐2018年度青年拔尖人才人选12名，获批8人。推荐2018年度山西省“百人计划”人选161人（团队），签约121人（团队）。向省人社厅推荐新兴产业领军人才人选36名，获批25人。2018年教育厅所属高校共引进人才867人（其中博士410名）。遴选推荐全省高校系统1906名教师入选山西省“三晋英才”支持计划。（赵婷婷）

【高校科技创新】 2018年，山西省高校科研经费收入为19.80亿元，比上年增长26.80%；获批国家社科基金59项、国家自然科学基金378项；发表学术论文2.2万篇，其中被SCIE收录4244篇、EI收录2239篇，3所高校入选最新的全球《Nature》指数排行榜，太原理工大学李晋平团队以第一单位在《Science》发表论文，实现历史性突破；获得专利授权数2177项（其中发明专利1027项），专利拥有数达到6140项（其中发明专利3731项），较上年分别增长41.50%（12%）和21.50%（10.60%）；专利出售44项，增长69.20%。一大批优秀的学科领军人才和学术骨干快速成长。中北大学刘俊教授团队入选国家自然科学基金委创新研究群体、薛晨阳教授团队成为科技部重点领域创新团队，山西大学钱宇华教授成为2018年度“全球高被引科学家”，太原理工大学石琪、王安帮获国家优秀青年基金资助。（赵婷婷）

【研究生教育】 2018年，山西省新增博士学位授权点19个，增长数量位居全国第17位，新增博士专业学位授权点2个，实现山西省专业博士学位授权点“零”突破，增长数量位居全国第6位。新增一级学科硕士学位授权点20个，硕士专业学位授权点6个。36项研究生联合培养基地人才培养项目受到支持，医教协同培养临床医学专业学位硕士研究生工作持续推动。新增省级研究生课程建设试点4个。举办“极端光学”等4期研究生暑期学校，立项支持80项研究生教育改革研究课题。2018年“中国研究生创新实践系列大赛”，全省获华北赛区一等奖5项、二等奖10项、三等奖11项、优秀指导教师5名、优秀组织奖2项；获全国总决赛二等奖3项、三等奖1项、优秀组织奖1项。遴选和支持206项研究生教育创新项目，其中博士创新项目105项，硕士创新项目101项。开展2018年度山西省研究生优秀学位论文评选，共评选37篇优秀博士学位论文、76篇优秀硕士学位学位论文。（赵婷婷）

## 综 述

**【科技发展政策推动】** 2018年，山西省科技厅修订《山西省科学技术奖励办法》及实施细则，增加颠覆性技术、管理创新奖等奖励内容，奖励总额度由500万元增加至近6000万元，在科技部作典型交流发言。出台《山西省支持科技创新若干政策》12个实施细则，投入1.20亿余元对获国家科学技术奖励、新认定国家或省级科技创新基地、孵化与双创平台、高新技术企业等进行奖补，释放政策效应。推进项目、人才、机构等“三评”改革，优化科技计划申报、评审、预算调整、项目验收等各环节管理流程。政策落实落地，对山西省14个以增加知识价值为导向配套政策进行督查评估，激发科研机构和科技人才创新动力。完成厅机关机构改革任务，科技管理职能由研发管理向创新服务转变。

推动历时18年未完成9家省属科研院所转制工作，8家按时完成改革任务，1家上报国务院国资委审批。分类制定科研院所、高等院校、国有企业评价指标体系，完善对市县政府考核评价。

推动厅直属单位省生物研究所、省自动化研究所改制为山西省生物研究院有限公司和山西省信息产业技术研究院有限公司。

推动开发区改革创新。山西“农谷”获批首个省级农业高新技术产业示范区，申请建设国家级农业高新技术产业示范区；两年切块专项资金支持省转型综改示范区科技研发；推动运城盐湖工业园区进入省级高新技术产业开发区行列。 （杨先锋）

**【能源和新兴产业关键核心技术攻关】** 2018年，山西省科技厅制定《落实〈山西打造全国能源革命排头兵行动方案〉实施方案》，推动“卡脖子”关键核心技术“攻尖”“迭代创新”和“不对称创新”超前布局，分两批投入2.8亿元，立项实施科技重大专项项目48个。投入资金1.2亿元，实施重点研发计划项目644项。突破一批关键核心技术，太钢集团自主研发十多种特种钢产品用于国际热核聚变实验装置，T800碳纤维主要指标达国际先进水平，阳煤集团与清华大学联合开发晋华炉获煤炭工业科技特等奖，重载水泥混凝土铺面关键技术与工程应用等3项科研成果获2018年度国家科学技术奖。 （杨先锋）

**【科技开放合作】** 2018年，山西省科技厅举办2018年太原能源低碳发展论坛，来自美国、俄罗斯等21个国家和地区以及国内17个省（区、市）嘉宾2200余人参会。与国家自然科学基金委联合实施“NSFC—山西煤基低碳联合基金”，新立项38项。新建国际科技合作基地4家。以清华大学山西清洁能源研究院为龙头，与C9高校等高端科研机构合作交流。建设新型研发机构，山西高等创新研究院理事会成立，中国工程科技发展战略山西研究院签约落地。 （杨先锋）

**【科技创新城市建设】** 2018年，山西省科技厅启动县（市）创新能力监测，交城县进入首批国家创新型县（市）建设公示名单。推荐长治市试点建设国家创新型城市，煤科学与技术省部共建国家重点实验室培育基地创建省部共建国家重点实验室。新建省级重点实验室20家、工程技术研究中心19家、科技创新团队11家、中试基地5个、产业技术创新战略联盟6个、科技基础条件平台7个，启动省级临床医学中心建设。推动大型仪器和设施设备等创新资源开放共享，入库仪器设备总数达3162台（套），价值约19亿元。 （杨先锋）

**【科技创新平台建设】** 2018年，山西省科技厅推动科技企业孵化器和众创空间向专业化方向发展。深化国有企业改革，与省国资委联合推动省属企业建设众创空间和科技企业孵化器，打造创客大军。长治市城区搭建“双创”平台、推进创新驱动的做法，于2018年11月作为典型经验获国务院第五次大督查通报表扬。2018年，山西省科技厅组织召开唯美诺模式和华翔经验现场推进会，举办山西省众创空间发展论坛及 9 期“创享行”双创沙龙。全年省级科技企业孵化器增长 31.90%，达 62 家，众创空间增长 25.50%，达 231 家。举办中国创新创业大赛山西赛区比赛，中国创新挑战赛（山西），9 个项目在国赛中获奖。（杨先锋）

【发明专利】 2018 年，山西省专利申请量 27106 件，增长 31%。其中，发明专利申请量 9395 件，增长 27.30%。全省专利授权量 15060 件，增长 33.10%。其中，发明专利授权量 2284 件，下降 4.10%。（杨先锋）

【十大科学新闻】 2018 年，由山西科协指导，山西科协传播年度评选活动组委会主办“科学之春”SSTM 年度科学传播系列评选（第五届），从 1 月份启动，20 多万人参加，经过近两月的推荐、初评，微信投票，评出“2018 年度山西十大科学新闻”，分别为：中国首套 9000 吨排土机是太重造；太原理工大学科研论文登上国际顶级学术期刊；中国最薄不锈钢山西问世，打破国外长期垄断；山西大学实现在量子水平光信号长距离隐形传输；山西省薄煤层开采进入智能化时代；山西刘慈欣斩获 2018 年克拉克奖；山西省以 6000 万元重奖科技功臣；中国半导体 SiC 单晶体材料和设备生产实现新突破；山西科学技术奖首次采取提名制；阳煤集团联手外企攻克技术难题，首创国内高端刮板机应用技术。（编辑部）

【十大科学传播事件】 2018 年，由山西科协指导，山西科协传播年度评选活动组委会主办“科学之春”SSTM 年度科学传播系列评选（第五届），从 1 月份启动，20 多万人参加，经过近两月的推荐、初评，微信投票，评出“2018 年度山西十大科学传播事件”，分别为：山西省政府与中国科协签署全面战略合作协议；中国工程科技发展战略山西研究院成立汇聚院士专家智慧助力山西转型发展；全国科技助力精准扶贫现场会在晋召开，山西省科技助力精准扶贫工作名列前茅；山西省科协组建科学传播专家团队，促进公民科学素质提升、2018 年山西省公众科学素质网络知识竞赛掀起全民热潮，参与答题人次达到 609 万；山西省科协举办智慧城市与资源型地区转型创新发展系列论坛；“燎原计划”山西站活动有效推进高血压防控工作；山西科技报举办创刊 40 周年庆典，见证改革开放后山西的科技巨变；山西省青年医师科普能力大赛连续举办五年，推动青年医师科普能力全面提升；百姓放心品牌计划为企业品牌成长助力。（编辑部）

【民营科技创新企业】 2018 年，由山西科协指导，山西科协传播年度评选活动组委会主办“科学之春”SSTM 年度科学传播系列评选（第五届），从 1 月份启动，20 多万人参加，经过近两月的推荐、初评，微信投票，评出“2018 年度民营科技创新企业”，分别为：山西汉威激光科技股份有限公司、山西国禾天元现代农业有限公司、山西瑞亚力科技有限公司、山西宇皓环保纸业有限公司、山西诚信种业有限公司、山西杏花源酒业有限公司、山西正和九生农业科技有限公司、山西晋臻黄酒有限公司、山西中加石膏山冰酒有限公司、山西一把灰科技股份有限公司、太原市东山机动车检测有限公司。（编辑部）

【十大科学传播人物】 2018 年，由山西科协指导，山西科协传播年度评选活动组委会主办“科学之春”SSTM 年度科学传播系列评选（第五届），从 1 月份启动，20 多万人参加，经过近两月的推荐、初评，微信投票，评出“2018 年度山西十大科学传播人物”，分别为：山西医科大学管理学院院长、教授程景民，山西省农业科学院玉米研究所副所长、研究员张中东，山西大学环境科学研究所所长、教授董川，国家知识产权局专利局太原代办处主任、研究员，山西新闻网记者葛海霞，《农产品加工》杂志社社长兼主编张成龙，山西省气象信息中心工程师范秀平、平定县科协主席赵彦君、昔阳县全民科学素质工作领导组副组长兼办公室主任赵珍珠，山西运城科普惠农服务中心主任张山虎。（编辑部）

【科技创新人物】 2018 年，由山西科协指导，山西科协传播年度评选活动组委会主办“科学之春”SSTM 年度科学传播系列评选（第五届），从 1 月份启动，20 多万人参加，经过近两月的推荐、初评，微信投票，评出“2018 年度科技创新人物”，分别为：山西省农业科学院植物保护研究所所长、研究员范仁俊，山西农业大学农学院副院长、教授孙黛珍，同煤集团塔山煤矿党委书记、董事长马占元，山西科达自控股份有限公司董事长、硕士生导师付国军，山西农业大学文理学院副院长、教授赵晋忠，山西智杰软件工程有限公司董事长韩温，山西术素医疗器械有限公司董事长郭福生，山西康斯亚森生物科技有限公司董事长郝朝辉，

山西皇城相府酒业有限公司董事长、总经理郭新胜，山西省区块链研究会秘书长荣强。（编辑部）

【医学科学传播奖】 2018 年，由山西科协指导，山西科协传播年度评选活动组委会主办“科学之春”SSTM 年度科学传播系列评选（第五届），从 1 月份启动，20 多万人参加，经过近两月的推荐、初评，微信投票，评出“2018 年度山西医学科学传播奖”，分别为：山西省人民医院主任医师陈胜利、山西大医院主任医师高宇平、太原市中心医院主任医师李新华、山西中医学院附属医院主任医师马文辉、晋西机器工业集团有限责任公司医院主任医师郑书谊、山西大医院主任医师韩振国、山西大医院主任医师原丽莉、山西省人民医院主任医师宋洁富、山西大医院主任医师陈维红、山西中医学院第三中医院主任医师吕玉娥、山西大医院主任医师任洁、山

西大医院副主任王晋喜。（编辑部）

## 科研机构

【专业科学研究机构】 2018年，山西省县以上政府部门属研究与开发机构共154家。其中，自然科学和技术领域121家，社会与人文科学领域21家，科技信息文献机构12家。

（杨先锋）

【科技研发机构人员】 2018年，山西省研发机构科技人员8382人，比上年减少435人，减少4.93%。其中，博士毕业476人，占科技活动人员总数的5.68%，较上年提高0.66个百分点；硕士毕业2186人，占科技活动人员总数的26.08%，较上年提高1.83个百分点。（杨先锋）

## 科技投入

【科技经费收支】 2018年，山西省研发机构科技活动收入为220472.90万元。其中，来自政府的资金为178196.80万元，占80.82%；非政府资金422761万元，占19.18%。全年全省研发机构科技经费内部支出为206989.80万元，比上年减少10577.40万元，减少4.86%。其中，人员劳务费108090.10万元，比上年减少536.90万元，减少0.49%；科研基建费16286.60万元，比上年增加11428万元，增长7.55%。按照科技活动人员计算的人均科技经费为24.69万元，比上年增加0.01万元。（杨先锋）

【R&D活动经费及人员投入】 2018年，山西省研发机构R&D活动经费为78043.10万元，较上年增加254.60万元，增长3.11%。其中，基础研究经费9863.30万元，减少50.55%；应用研究经费32029.80万元，增长4.87%；试验发展经费36150万元，增长43.46%。基础研究、应用研究和试验发展活动经费支出所占比重分别为12.64%、41.04%和46.32%。全年全省研发机构投入R&D人员2797人年，较上年增加254人年，增长9.99%。其中，投入基础研究活动的人员为548人年，较上年减少76人，减少12.18%；投入应用研究活动人员931人年，较上年增加142人年，增长18%；投入试验发展活动人员1318人年，较上年增加188人年，增长16.64%。基础研究、应用研究和试验发展投入R&D人员所占比重分别为19.59%、33.29%和47.12%。（杨先锋）

【科技型企业政策支持】 2018年，山西省科技厅实施高新技术企业“倍增计划”，高企数量增幅超过30%，总数达1500家以上，五年任务三年完成。科技型中小企业入库2670家。规模以上工业中，高技术产业增加值、战略性新兴产业增加值较快增长。

新认定、复审备案民营科技企业390家，全省安排科技创新券经费2802万元，扶持民营经济发展。对新出台政策文件进行公平竞争审查，为民营企业创造平等营商环境和条件。

（杨先锋）

【“创享行”双创沙龙】 2018年10月31日，本年最后一期（第7期）“创享行”双创沙龙在太原清控创新基地举行，双创指创新创业。“创享行”双创沙龙由清控（太原）创新基地主办，山西转型综改示范区、省科技厅、省政府金融办、省中小企业局、省科协和省金控集团进行指导。其宗旨为选拔最优秀的创业项目，邀请最给力的投资者，让项目与资本完美对接，2018年，共举办7期，有14家创业企业通过沙龙获得投资机构共计1.1亿元金融支持，3家企业获得308亩土地支持，5家企业获得贴息支持138万元，35家企业获得资金无偿资助支持105万元。（编辑部）

## 科技成果

【国家科学技术奖入围项目】 2018年1月8日，国家科学技术奖颁发，山西3项成果获国家科技进步奖（通用项目）二等奖。分别为：太原钢铁（集团）有限公司主持完成的“超大规模微细粒复杂难选红磁混合铁矿选矿技术开发及工业化应用项目”、中铁十二局集团有限公司参与完成的“高速铁路狮子洋水下隧道工程成套技术项目”、山西晋城无烟煤矿业集团有限责任公司参与完成的“煤层气储层开发地质动态评价关键技术与探测装备”项目。（编辑部）

【发表论文】 2018年，山西省研发机构共发表科技论文2464篇，比上年增加181篇，增长7.93%。其中，向国外发表412篇，占发表科技论文总数的16.72%；出版著作59种，较上年减少3种。全年获得专利授权572件，较上年减少24.93%，其中发明专利147件，占专利授权量的25.70%。

（杨先锋）

【研发课题】 2018年，山西省研发机构课题经费投入总额为63024.8万元，比上年增加8528万元，增长15.65%。课题投入人员3609人年，比上年增加41人年，增长1.15%。全年全省研发机构在研课题1972项。其中，基础研究课题、应用研究、试验发展、研究与试验发展成果应用和技术推广与科技服务课题分别为251项、474项、643项、361项、243项，五种活动类型的课题占课题总数的比例分别为12.73%、24.04%、32.61%、18.31%和12.32%。从课题所属学科分布看，课题主要分布在农学、化学和材料科学学科。其中，农学学科928项，占课题总数的47.06%；化学学科167项，占课题总数的8.47%；材料科学学科94项，占课题总数的4.77%。从课题所属技术领域看，课题主要集中在生物和现代农业技术、能源技术和新材料技术三个领域。其中，生物和现代农业技术1033项，占课题总数的52.38%；能源技术193项，占课题总数的9.79%；新材料技术139项，占课题总数的7.05%。（杨先锋）

【科技成果转移转化】 2018年，山西省科技厅制定《山西省科技成果转移转化示范基地和示范企业管理办法》，军民融合科技成果转化和知识产权交易平台正式上线，完善省科技成果转化和知识产权交易平台，累计征集供给信息2万余项，需求信息1.38万余项，方便供需对接。举办中科院纳米技术及先进技术成果对接合作，军民融合科技成果展。2018年山西省科技活动周暨改革开放40周年科技创新成果对接展等重大展会成果对接活动。 （杨先锋）

【林业科技创新和信息化】 2018年，山西省林业和草原局推进科技创新和信息化，驱动林业和草原事业发展。组建成立连翘和油用牡丹产业"国家创新联盟"，构建科技创新平台。太原东山站、金沙滩站、芦芽山站和偏关站四个省级生态监测站通过国家评估，加入中国森林生态系统定位观测研究网络（CFERN）认证，成为国家级生态监测站。国家林草局与德国农业部签署《在山西开展中德森林抚育合作项目的联合声明》，"中国森林可持续经营规划"项目在中条林局中村林场启动实施。建立省市县乡林业技术推广体系，组建2600余人推广服务团队。启动林业技术推广实训基地和经济林示范园遴选工作，首批确定10个实训基地、20个示范园。编制完成《山西智慧林业发展规划》。 （贾向前）

## 测　绘

【概况】 截至2018年底，山西省各级测绘地理信息管理机构实际从事测绘地理信息管理工作人员459人；各级管理机构直属测绘单位55个。其中，事业单位51个、企业4个，从业人员1421人。全省共有测绘资质单位688家。其中，甲级30家、乙级92家、丙级254家、丁级312家，从业人员13658人。全年省级基础测绘经费1071万元。完成省级1:1万基础测绘1.2175万平方千米数字线划图和3.75万平方千米数字正射影像图更新生产。落实基础性地理国情监测经费2383.13万元，完成全年基础性地理国情监测任务；开展专题性地理国情监测，完成全年山西省地级以上城市及典型城市群空间格局变化监测。完成省卫星导航定位服务系统安全建设、阳泉市现代化测绘基准体系建设、国家地理信息公共服务平台涉密版山西省级节点建设以及"天地图·山西"11个设区市的数据融合。3个县级数字城市地理空间框架建设项目通过验收。

推进科技创新，投入科研经费160万元，开展公益性科研项目3个，完成1项；申报科技奖项，7项科技成果和工程项目获国家行业协会奖励。

提供测绘地理信息服务保障，参与突发自然灾害抢险救援3次，与中国人民解放军61206部队正式签署军民融合发展合作框架协议，协助开展国土资源执法监察、生态红线划定、离任干部自然资源离任审计、耕地在线核查等工作。

开展地图服务，《晋城城市地图集》《走进山西地图集》通过验收，《山西省历史地图集》修编工作启动。保障紧急公务用图，完成《山西省领导工作用图（2018版）》编制，为中央领导和省委省政府主要领导考察调研制作提供各类公务用图2800余幅。

监管测绘市场，推进"放管服效"改革，全年受理各类行政审批事项463件，限时办结率100%。 （王文斌）

【测绘行业管理】 2018年，山西省测绘地理信息管理机构审查发放测绘资质证书71家。其中，丙级47家，丁级24家，丙级升乙级16家，初审乙级升甲级3家。开展2018年全省甲、乙级测绘资质"双随机"巡查工作，对山西省交通规划勘察设计院等6家甲乙级测绘资质单位进行巡查。开展2017年度测绘资质年度报告公示工作，测绘资质管理信息系统和局网站向社会公开。

开展测绘地理信息信用体系建设，完成全省乙、丙、丁级测绘资质单位2016-2017年度信用信息审核发布。信用信息"双公示""双告知"工作，配合"信用山西"和国家企业信用信息公示系统（山西）信用信息共享建设，完成局行政许可和行政处罚"双公示"信用信息和"双告知"信用信息数据录入。无信用信息异议处理。

3月印发《山西省测绘地理信息局关于开展质量提升行动的实施方案》。5月印发《关于开展2018年全省测绘地理信息质量监督检查的通知》。随机抽取太原市6家测绘资质单位开展省级质量管理体系建立和运行情况监督检查。开展全省测绘地理信息成果质量监督检查，随机抽取38家测绘资质单位38个测绘项目成果，委托山西省测绘产品质量监督检验站进行检查，检查结果依法公布。山西省测绘产品质量监督检验站受委托完成侯马市1:1000基础测绘、阳泉市测量基准建设、岢岚县基础测绘、太原市现代测量基准建设、太原市测绘应急无人机航摄影像图、介休市基础测绘等项目成果质量检查验收。山西省测绘产品质量监督检验站全年检定测绘仪器2175台。其中，全站仪575台，电子经纬仪35台，光学经纬仪4台，数字水准仪107台，光学水准仪285台，GPS接收机814台，手持测距仪355台。 （王文斌）

【基础测绘】 2018年，山西省测绘地理信息管理机构推进基础测绘"十三五"规划年度系列工作。实施完成晋北、晋西测区和晋东测区部分1:1万基础地理信息采集更新。开展2018年度省域基础性地理国情监测和省地级以上城市空间格局变化专题性监测工作。落实省级基础测绘经费1071万元，市县级基础测绘经费1131.16万元；基础性地理国情监测专项经费2383.13万元，国家革命老区、少数民族自治地区、陆地边境地区和欠发达地区基础测绘专项补助经费200万元。

实施完成省卫星导航定位服务系统安全建设，合理配置光闸硬件设备和防火墙、格式规约内容审计和格网化服务软件设备，实现全省卫星导航定位基准服务系统运行安全、可靠、持续。统筹规划全省现代化测绘基准建设，实施水准观测计算、GPS观测计算和独立坐标系建设，建立市域坐标管理系统，完成历史数据CGCS2000坐标系转化。完成阳泉市现代化测绘基准体系建设。实施山西省影像控制点数据库管理系统建设。提升邻省边界地区卫星导航定位系统服务能力，与陕西省、内蒙古自治区达成共享协议，共享基准站站点共32个。推进2000国家大地坐标系使用，协助省国土资源厅、省环境科学研究院、省政务大厅、太原市国土资源局等开展相关业务数据成果2000国家大地坐标系转换和应用。

推进1:1万基础测绘成果更新，完成晋西晋北1.2175万平方千米1:1万数字线划图和晋东3.75万平方千米1:1万数字正射影像图更新生产任务。各市、县(市)完成1:5000地形图更新380平方千米，完成1:2000地形图测制57.20平方千米、更新100.00平方千米，完成1:1000地形图测制8.50平方千米，完成1:500地形图测制27.10平方千米。(王文斌)

**【航空航天遥感影像获取与应用】** 2018年，山西省遥感中心共接收亚米级监测影像15个批次，共878景，数据量约1.39TB；2米级监测影像15个批次，共735景，数据量约494GB。接收第三次全国土地调查卫星影像37个批次，1086景，总数据量约为1.47TB。全省完成航空摄影6665.20平方千米，用于基础测绘3397.20平方千米、应急测绘保障26平方千米、数字（智慧）城市建设1783平方千米、其他1459平方千米。(王文斌)

**【智慧城市、数字城市建设】** 2018年，山西省测绘地理信息管理机构完成数字岢岚、数字灵石和数字侯马3个县(市)地理空间框架建设。数字汾阳地理空间框架建设完成航空摄影、外业像控点测量、空三加密、实景三维模型制作、正射影像图制作和外业1:500、1:2000大比例调绘工作。(王文斌)

**【地理国情普查监测】** 2018年，山西省测绘地理信息管理机构完成山西省地理国情普查业务管理系统建设。利用地理国情普查数据成果，完成《山西省地理国情普查成果地图集》编制。完成全年基础性地理国情监测任务。实施好国家级专题性监测任务，完成全年山西省地级以上城市空间格局变化专题性监测。全年完成地籍测绘455316.50平方千米、房产测绘68412523平方米、地级行政区域界限测绘46.30千米、县级行政区域界线测绘70.50千米。(王文斌)

**【地图公共服务】** 2018年，山西省测绘地理信息管理机构编制完成2018版《省领导工作用图》，新增“山西省历史沿革、地缘区位、铁公机岸港网、地表覆盖、生态修复、太原都市区、开发区布局、太原城区”8幅地图。完成原国家测绘地理信息局《中国城市地图集》第二批编制试点项目《晋城城市地图集》编制。编制完成《走进山西地图集》。启动《山西省历史地图集》修编。为中央、国务院领导视察山西制作提供各类公务用图2800多张。为省旅游发展委员会、省环境保护厅等单位编印“山西省旅游景点分布图”“山西省环保控制点分布图”“偏关县煤炭企业规划图”“农行太原分行营业网点分布图”等专题地图。与山西省交通运输厅签订协议编制2018版《山西省交通地图集》。为全省19家单位提供专题地图325幅，向各级政府部门提供工作用图1250幅。向各级党政机关、社会公众提供实物地图4821多册(张)，制图数据8套。(王文斌)

**【国家版图意识宣传教育】** 2018年，山西省测绘地理信息管理机构开展版图知识进校园活动，3月1日与太原市第三实验小学联合开展国家版图知识科普活动，4月26日在山西省实验小学举办“中国历代疆域变迁”知识讲座。4月至9月开展“美丽中国”第四届全国国家版图知识竞赛和少儿手绘地图大赛(山西赛区)活动，4月23日印发工作方案安排部署，比赛期间参加网络答题32715人，纸质答题41713人，收到少儿手绘地图作品共2805幅；8月24日，山西省少儿

2018年7月20日，原山西省测绘地理信息局下属山西省遥感中心无人机应急分队为五台山景区核心区山体崩塌事故抢险救援提供应急测绘保障 (王文斌供图)

手绘地图竞赛组委会组织专家对参赛作品进行评选，评选出一等奖4幅、二等奖20幅、三等奖40幅及若干优秀奖。“8·29”测绘法宣传日与各市国土资源局制作国家版图教育宣传展板，印刷发放全国版地图、国家版图意识宣传折页、国家版图知识教育读本等。9月4日，在太原召开山西省国家版图意识宣传教育工作座谈会。（王文斌）

【“天地图”建设与应用】 2018年，山西省测绘地理信息院（原山西省测绘地理信息局）推进平台数据更新和融合，完成全省范围内居民地、绿地、体育场、道路、水系等数据更新，增加部分区域倾斜摄影数据；原山西省综合地理信息中心与国家基础地理信息中心签订《天地图数据融合协议》，参加2018年数据融合技术培训与交流大会，完成省级节点与国家节点矢量、兴趣点和影像数据融合，完成大同市、长治市、阳泉市、离市区、盐湖区、忻府区和太原市局部城区省级节点和市级节点数据融合。推动“天地图·山西”应用，为公安厅、武警山西省总队、气象局等厅局前置服务提供技术支持，为省农业厅农牧信息中心和省发改委信息中心提供互联网服务。截至2018年底，12家单位通过公众网、4家单位通过政务内网，26家单位采用前置服务方式在线使用“天地图·山西”平台服务。（王文斌）

【成果汇交与分发】 2018年，山西省测绘地理信息院（原山西省测绘地理信息局）向国家测绘地理信息局汇交2017年度基础性地理国情监测成果数据和2018年度山西省地级以上城市空间格局变化专题性监测成果数据。完成国家测绘成果档案存储与服务设施项目——山西省测绘档案馆建设工程建设。山西省测绘资料档案馆完成国家测绘地理信息局归档真彩色数码航摄像片（激光数码）晋东南测区归档整理21盒2106件；完成科技项目、基础测绘项目档案归档审核、立卷、上架、系统著录等共25盒，数据量4.57GB；完成航摄数据档案整理归档，数据量6.92TB。省综合地理信息中心完成正射影像元数据、矢量地图元数据、航空影像元数据、图集元数据等相关地理信息资源目录数据更新入库，向103家用户提供1:1万基础地理信息数据342GB，向原山西省测绘工程院、省基础地理信息院、省地图院等6家单位提供1:1万基础地理信息数据和地理国情信息数据共80GB。（王文斌）

【测绘成果保密管理】 2018年，山西省测绘地理信息管理机构印发《关于开展2018年涉密测绘成果保密检查工作的通知》。各市测绘地理信息行政主管部门联合当地保密部门对2017年1月至2018年5月申领测绘成果测绘资质单位和用户单位开展测绘成果跟踪保密检查，检查单位94家。对侯马数字城市建设平台，“数字岢岚”地理信息公共平台数据脱密处理审核。对山西省第三地质工程勘察院保密培训。在测绘资质单位巡查中开展保密检查。山西省综合地理信息中心开展涉密网建设，完成涉密网终端机房的改造、终端节点部署、业务系统的部署、系统集成调试等工作。完成国家秘密测绘成果提供使用审批275件，提供1:1万地形图纸质版930幅，1:5万地形图纸质版90幅；1:1万DLG数据7904幅，1:1万DOM数据166幅，1:1万DEM数据138幅，数据量共计342GB；三角点173个、水准点428个、GPS点453个。（王文斌）

【测量标志管理】 2018年，山西省测绘地理信息管理机构完成太原市“双塔”三等三角点和“庙前山”一等三角点、忻州市秦城乡“大榆66”一等水准点和“秦城村”D级GPS点、晋城市“二水厂”和“白（印）水桥”D级GPS以及大同市“御东”D级GPS点和“E097”E级GPS点共8座测量标志迁建审批。完成运城市舜帝陵景区和长治潞城市体育公园2座景观型测量标志，推进阳泉市南山公园景观型测量标志建设工作。（王文斌）

【应急测绘保障】 2018年，山西省测绘地理信息院（原山西省测绘地理信息局）完成国家测绘应急保障能力建设山西省单项工程2018年度建设任务，数据快速传输软件、省区应急数据库系统、视频会议系统的招投标和相关设备接收、安装、测试与验收等。参加山西省2018年地质灾害远程会商指挥实战应急演练。3月10日、4月30日、7月20日参加吕梁市石楼县东庄村山体崩塌事故、吕梁市离石区彩家庄村山体崩塌事故、五台山景区核心区山体崩塌事故抢险救援，提供应急测绘保障。（王文斌）

【测绘地理信息服务】 2018年，山西省测绘地理信息院（原山西省测绘地理信息局）开发“山西省生态保护红线意见征求系统”，协助省环境保护厅完成全省生态红线的划定，配合省审计厅开展离任干部自然资源离任审计。山西省遥感中心与省国土资源执法监察总队签订《山西省国土资源执法监察平台高分卫星影像服务协议书》，向省国土资源执法监察总队提供首期覆盖全省影像数据成果。完成武宿机场周边建筑第五立面整治效果变化监测任务。协助国家土地督察北京局完成2018年度山西省新增耕地在线核查任务。

与中国人民解放军合作测绘地理信息成果、项目与基础设施。为省军区建设局编制《兵要地志图集》提供省政区、地势、公路、铁路、森林、水系，年极端气温、年降水量、年平均气温等专题地理信息数据，11地市政区交通图和中心城区图，平型关大捷、临汾战役、上党战役、太原战役、忻口战役等专题图件37幅。

以山西金瓯土地矿产咨询服务有限公司和山西迪奥普科技有限公司为试点开展地理信息产业监测工作，分别于5月、8月、10月三个阶段上报企业经济运行监测数据和全省地理信息产业发展综合情况。全省测绘地理信息行业完成服务总值18.74亿元，同比增加2.87亿元，增长18.08%。（王文斌）

【测绘科技项目与科技奖励】 2018年，山西省测绘地理信息院（原山西省测绘地理信息局）申报公益性科技项目3项，落实经费160万元；实施完成“三维不动产权籍管理系统建设”项目，通过专家评审验收；“基于无人机倾斜摄影技术在城市三维建模和应急测绘中应用研究”和“自然资源要素监测技术研究”2个项目完成年度任务。获中国测绘学会测绘科技进步二等奖1项，获中国测绘学会优秀测绘工程奖金奖1项、银奖1项、优秀地图作品裴秀奖银奖1项，获中国地理信息产业协会中国地理信息产业优秀工程奖金奖1项、银奖1项、铜奖1项。（王文斌）

【测绘行业标准化】 2018年，山西省测绘地理信息管理机构完成《卫星导航定位基准站网数据中心维护与管理规范》《管线测绘工程监理规程》等30余项国家和行业标准征求意见工作。10月14日开展世界标准日宣传活动。全年全省测绘地理信息质量监督检查工作中，对测绘单位业务范围现行标准配备、标准受控情况、标准培训、项目引用技术标准，技术设计书、技术总结、检查报告编制与标准符合情况等进行检查。（王文斌）

## 水　文

【地下水监测工程（水利部分）山西省单项工程】 2018年12月4至5日，水利部国家地下水监测工程建设项目办公室（以下简称“部项目办”）在山西省太原市主持召开国家地下水监测工程（水利部分）山西省单项工程档案验收会和完工验收会。验收专家听取建管单位、设计单位、监理单位工作汇报，现场查验档案资料整理情况及硬件系统部署情况，查看统一开发业务系统和本地化定制系统演示，核查竣工财务决算和资产管理情况，对有关事项进行质询。验收组认为山西省水文局按照初步设计批复要求，完成建设任务，档案验收等级为优良。工程质量合格，同意通过完工验收。项目建成后，实现对山西省地下水资源有效监测和监测信息查询、统计及分析，为各级领导、各部门和社会提供及时、准确、全面地下水动态信息，提高地下水监测自动化水平与信息化服务能力，为全省地下水合理开发利用、落实水资源管理制度、生态建设和环境保护投资决策提供技术支撑。（刘耀峰）

【山西省首届水情技能大赛】 2018年12月11至14日，山西省首届水情技能大赛在太原举办。比赛由省水利厅主办、省水文局承办，分综合业务理论、洪水预报作业、业务应用及服务操作3个项目，采用闭卷笔试和上机操作结合方式进行。参赛队员近40名，从省局、9个水文分局、112个测站中选拔产生。（刘耀峰）

## 气　象

【气象服务】 2018年，山西省气象局针对年内出现的重大气象灾害，加强监测预报预警和应急气象服务，保障人民生命财产安全。针对汛期黄河流域山西段防洪严峻形势，严密监测、准确预报、及时预警、科学应对，确保安全平稳度汛。加强部门合作联动，联合29个部门推进气象灾害防御工作。全国第二届青年运动会气象保障服务工作有序，青运气象台正式运行。完成第15届山西省运动会和全国第二届青年运动会大同赛区冬季项目保障服务任务。现代气象为农服务体系完善，《山西乡村振兴战略气象保障服务实施方案（2018—2022年）》编制完成并实施。直通式气象服务覆盖80%以上新型农业经营主体。推进太原、大同、运城农业气象试验站建设。开展农产品气候品质评估、政策性农业保险服务等工作。制定实施山西生态文明建设气象保障服务三年行动计划，编制山西省打赢蓝天保卫战三年行动计划实施方案。省委书记骆惠宁、省长楼阳生在省局报送的《山西省生态气象监测评估分析报告》上作出重要批示。指导地方政府开展生态文明建设品牌创建和申报，安泽和交城两县获得“中国天然氧吧”认证，翼城历山被授予“历法之

2018年7月31日，山西省委常委、大同市委书记张吉福（右二）在利仁皂水质监测断面调研（刘耀峰供图）

源”称号。

山西省气象局与京津冀和汾渭平原气象部门联合开展大气污染防治区域联防，开展霾、大气颗粒物、酸雨和温室气体监测评估工作，开展气候变化对农业、林业和自然资源等方面的影响评估。落实国家军民融合发展战略，主动对接相关部门，融入政府决策部署。与太原卫星发射中心召开军地合作联席会，与太航仪表有限公司、中北大学签订合作协议，深化合作交流。与太航仪表有限公司、中国兵器集团等联合研发科技产品。各地气象部门与当地驻军开展融合协作。（杨　柳）

【气象现代化建设】　2018年，山西省气象局开展综合观测能力建设，国家地面观测站基本实现自动化观测。全省统一的气象装备、维护保障和监控体系初步建立。气象卫星遥感综合应用业务体系初步建立，风云四号气象卫星省级接收站建设基本完成。太原、五寨新一代天气雷达建设有序推进。推进全省智能网格气象预报业务建设，实现单轨运行。基于全省智能网格预报“一张网”，制作各类天气预报预警产品。全年暴雨预警准确率为83%，强对流天气预警时间提前量达38分钟。

围绕山西“示范区”“排头兵”“新高地”三大目标，以服务需求为牵引，以落实省部合作协议为抓手，推进气象现代化重点项目落实。生态文明建设人工影响天气保障工程列入省政府乡村振兴战略项目；汾河源头水生态修复人工影响天气能力建设一期工程完成。公共财政保障水平提升。推进基层台站综合改造。制定实施气象现代化三年行动计划实施方案。气象现代化水平提高，2018年山西气象现代化评估得分较上年提高4.10分。（杨　柳）

【气象信息化建设】　2018年，山西省气象局提升网络传输能力，形成“一网双平面”的网络架构。推进智慧气象信息化基础建设，完成基础设施资源池扩容。实现气象数据标准格式传输与实时入库归档。加强网络安全。深化与水利等重点行业用户交流，与省防汛办数据实时共享。（杨　柳）

【气象改革和法治建设】　2018年，山西省气象局落实省委省政府企业投资项目承诺制改革部署，涉及气象部门企业投资项目承诺制改革工作推进顺利。开展转型建设年气象保障工作。构建防雷安全监管体系，防雷安全监管纳入地方安全生产责任制考核。开展政务服务“一网、一门、一次”改革。

推进气象法治和标准化建设。《山西省气象设施和气象探测环境保护办法》和新修订《山西省人工影响天气管理办法》发布施行。《山西省气象灾害预警信息发布与传播管理办法》经省政府第260号令发布，气象行政执法监督，发布实施气象地方标准7项。

体制机制和发展环境优化。完善高层次人才激励、创新团队建设、优秀专业技术人才培养机制。省级气象科学研究所改革推进。1人获国务院政府特殊津贴，1人取专业技术二级岗位任职资格，5人取正高级专业技术任职资格。选拔省局首席专家、县级综合气象业务技术带头人，选送业务骨干和专业技术人员访问进修、学习交流。

气象工作融入地方考核评价体系。省委将气象工作纳入目标考核体系，省政府将气象安全生产工作纳入政府安全生产目标考核体系。

科学管理水平提升。召开基层台站基础设施建设和综合管理现场会；规划体系建设和规划落实，完成“十三五”规划中期评估。推进援疆援藏工作，建设国家安全人民防线。执行保密制度，全年没有发生失泄密事件。科普宣传，开展气象科普“四进”宣传活动51场。（杨　柳）

## 地震监测

【MS3.0级以上地震】　2018年，山西省发生三次有感地震事件，未造成财产损失和不良社会影响，分别是2月7日太原市清徐县3.40级地震、3月18日临汾市霍州市3.60级地震和11月15日太原市清徐3.1级地震。（和　炜）

【地震烈度速报与预警工程（山西分项）建设】　2018年，山西省地震局实施国家地震烈度速报与预警工程（山西子项目）项目，编制完成《山西地震烈度速报与预警工程建设方案》初稿，截至2018年底，30个新建基准站和122个新建基本站的租地手续办理完成128套，新建27个基准站土建施工招标方案完成初审，招标代理公司完成造价清单编制。（和　炜）

【综合地震台综合建设】　2018年，忻州综合地震台被中国地震局监测预报司列为“综合台改革体制机制试点建设单位”。山西省地震局推进忻州综合地震台改革与技术系统建设。试行代县中心地震台整合并行五台科技中心和定襄地震台业务工作落实忻州综合地震台管理和运维工作。

离石中心地震台监测中心搬迁重建工作作为中国地震局地震台站环境优化改造项目，总投资完成121万元。新建监测中心328平方米。

夏县中心地震台大地电场搬迁工作，完成观测室建设，试运行正常。

山西省地震局与中铁电气化局集团京原铁路三电迁改项目经理部合作开展代县中心地震台大地电场迁建工程。

太原基准地震台部分测项迁建工作，与太原铁路枢纽西南环线有限公司、太原市高速铁路投资有限公司合作开展。（和　炜）

【监测效能评估】　2018年8月9日，山西省地震局启动全省地震台站观测测项监测效能评估工作，对各学科观测手段的观测系统、观测环境、观测质量三大方面9项内容作出详细、客观评价。印发《关于开展全省地震台站观测测项监测效能评估工作的通知》，召开监测效能评估工作推进会，起草评估模板，确定监测效能评估标准、内容及完成时间节点。截至2018年底，各学科质量检查小组全部按要求完成学科监测效能评估，形成《山西前兆监测效能评估报告(2018)》。

（和　炜）

【科研科技成果】 2018年4月27日，山西省地震局与深圳防灾减灾技术研究院和南方科技大学在地球科学基础研究、省级重点实验室创建等方面科技交流与合作，同南方科技大学地球与空间科学系和海洋科学与工程系开展战略合作。

2018年，山西省地震局争取省部级及中国地震局司局级各类科研项目23项。其中，山西省面上自然基金项目1项、山西省面上青年基金项目1项、地震科技星火计划项目3项、地震监测预报科研三结合项目5项、测震台网青年骨干培养专项1项、震情跟踪工作任务10项、地震应急青年重点课题2项。省部级及中国地震局科研项目34项。局属科研项目36项。其中，一般项目22项，青年项目9项，重点项目3项。承担3项地震科技星火计划项目，1项山西省科技攻关计划项目通过验收。完成《山西省防震减灾优秀科技成果汇编（2011—2018年）》，汇编内容涵盖监测预报、震灾防御、应急救援等三大领域科研或工程项目。推进地震科技创新团队建设，成立科技创新团队6个。

地震局防震减灾科技成果奖19项，包括：科学技术类成果13项，基础工作类成果6项。推荐2018年度山西省科技进步奖励项目1项、2018年度中国地震局防震减灾科技成果奖励项目4项。山西省地震局预报中心张淑亮研究员承担中国地震局地震科技星火计划项目《交城断裂晋祠段岩溶井水位巨升型异常成因及性质研究》获2018年度中国地震局防震减灾科技成果三等奖。（和　炜）

【抗震设防要求与地震安全性评价管理】 2018年，山西省地震局推进区域性地震安全性评价工作，起草山西省区域性地震安全评价管理办法和区域性地震安全性评价工作大纲(征求意见稿)。印发《山西省地震局推进城市地震安全工作实施方案》。与太原理工大学签订协议，规范地震安全性评价报告第三方技术审查机构费用的支付管理。开展抗震设防监督检查，3月12日至16日，由省政府办公厅、省地震局、省发改委、省教育厅、省住建厅、省公安消防总队等单位组成的检查组，检查大同市、朔州市、忻州市及浑源县、山阴县、宁武县农村危房改造、异地扶贫搬迁、地质灾害治理、采煤沉陷区治理等农村安居工程的抗震设防监管情况。7月16日至21日，省国土资源厅、省地震局联合组成第六督查组检查运城市、临汾市地质灾害治理工作。（和　炜）

【震害防御基础探查】 2018年，山西省地震局有关专家对大同市区、朔州市区、忻州市区活动断层探测与地震危险性评价可行性研究报告进行论证。大同市、朔州市、忻州市立项报告获批，忻州市完成项目招投标启动实施。运城市、晋中市取得市领导批复。

推进震害防御基础项目建设。完成运城市中心城区震害预测项目、太原盆地田庄断裂探测项目、太原市经济技术开发区地震小区划、运城市地震小区划项目。

基础探测成果推广应用。临汾市区地震小区划、活断层探测、震害预测项目成果在《临汾市总体规划(2017—2035年)》、河西产业园区建设及多个一般工民建项目中得到应用。长治市晋获断裂带(长治段)活断层探测成果先后为国家重点项目提供技术依据。太原盆地田庄断裂探测项目成果在太原市规划、土地利用等工作中开展实际应用。晋获断裂带(晋城段)活断层探测成果为《晋城市城市总体规划(2018—2035年)》编制、泽州县政府转型项目选址、晋阳高速改扩建、晋城市机场建设等重点项目提供相关技术服务。（和　炜）

【防震减灾法治建设】 2018年8月6日至23日山西省地震局配合省人大检查组(受全国人大委托)对朔州市、吕梁市、临汾市、晋城市《中华人民共和国防震减灾法》宣传贯彻，履行防震减灾法定职责，地震监测台网规划、建设和运行，建设工程抗震设防，抢险救灾物资储备，避难场所规划建设等工作进行检查，形成《山西省人大常委会关于检查〈中华人民共和国防震减灾法〉实施情况的报告》，报全国人大。3月23日，山西省地震局提交省法制办《山西省防震减灾条例》修订稿，列入立法预备项目。完成3个省政府下年度立法计划建议项目，《山西省地震预警管理办法》制订、《山西省防震减灾条例》修订、《山西省建设工程抗震设防条例》修订。

（和　炜）

【防震减灾科普教育】 2018年，山西省地震局印发《2018年防震减灾宣传和科普工作要点》，指导各市地震局在"5·12防灾减灾日""7·28防震减灾宣传周"等时段开展多种形式防震减灾宣传活动。全省开展"平安中国"防灾宣导系列公益活动。"防灾减灾千场科普讲座"活动，举办科普讲座100余场。

山西省地震局各市参加"全国防震减灾知识大赛""第二届全国防震减灾科普讲解大赛""第三届防震减灾公益设计大赛""全国防震减灾科普作品大赛"等系列宣传活动，与山西省地震局、山西省教育厅、山西省科协联合举办"山西省防震减灾知识竞赛"。与山西省民政厅、山西省地震局、山西省气象局联合开展国家级和省级综合减灾示范社区创建工作，认定国家级示范社区35个、省级示范社区131个。与省教育厅联合开展2018年度省级防震减灾示范学校认定工作，认定示范学校94所。8所学校获国家防震减灾科普示范学校认定，4个县(市、区)获省级防震减灾示范县认定，5个教育基地获省级防震减灾科普教育基地认定。

2018年6月，《山西省防震减灾

2018年4月22日，“山西省防震减灾知识竞赛”决赛在山西大学音乐厅举行

（和　炜供图）

科普体验馆建设项目可行性研究报告》获山西省发展和改革委员会批复。项目建设地址位于大同市南郊区文盛街，总建筑面积5634平方米，省发改委基建投资2799万元，总工期为30个月。（和　炜）

【地震灾害风险预评估】 2018年1月23日至30日，山西省地震局配合中国地震局在河北省、山西省、内蒙古自治区开展地震灾害损失实地调研，重点调查山西省宁武县、原平市地质地貌情况、人口密度、建筑物结构类型及抗震能力和地震应急准备能力，重新修订预评估结果，完善应急处置要点报告《山西省地震灾害损失预评估和应急处置要点报告》，上报中国地震局。

对太原市、晋中市、阳泉市地震灾害风险评估工作进行培训指导。邀请中国地震局地震预测所专家组成调研组对朔州市应县4个乡镇12个村庄、怀仁县2个乡镇6个村庄、平鲁区4个乡镇10个村庄进行实地调研，对房屋结构及年代、建筑抗震性能、道路交通、地形地貌、地质环境、次生灾害、大型企业（大型煤矿、大型危险源、大型输变电网等）等情况数据收集，对人口稠密县城和乡镇航拍，为开展地震灾害风险评估工作和更新地震应急基础数据库打下基础。（和　炜）

【应急避难场所建设与管理】 截至2018年底，山西省建成33个国家标准三类以上室外应急避难场所，有效面积约282万平方米，可容纳城镇人口约75万人。其中，一类8个、二类12个、三类13个。

推进室内应急避难场所建设与认定，阳泉市印发《关于推进室内应急避难场所建设的通知》；晋中市建成顺城街地下空间综合利用工程、晋中市规划展示馆广场地下空间综合利用工程两处室内应急避难场所，总面积达7万平方米；忻州原平市政府将Ⅰ类应急避难场所范亭文体广场附属公共场馆认定为室内应急避难场所，总建筑面积35745平方米。

（和　炜）

【地震应急救援队伍建设】 2018年12月7日，山西省地震局将省地震救援队办公室职责正式移交省应急管理厅。截至2018年底，山西省分别依托太原市消防支队（省地震灾害紧急救援一队）和省军区（省地震灾害紧急救援二队）组建2支省级地震灾害紧急救援队伍300人；11个市分别依托消防、武警、军分区、矿山等部门建立17支2536人地震专业救援队伍。

3月至11月，山西省地震局组织省军区、省武警、省消防和太原、朔州、晋中、阳泉、长治、临汾6支市级地震救援队队员120人次，分四批赴国家地震紧急救援训练基地、兰州陆地搜寻与救护基地、山东地震应急救援训练基地，进行不同级别地震救援专业培训。（和　炜）

## 公共文化

### ·公共文化服务·

【公共文化事业发展】 2018年，根据《山西省机构改革方案》，山西省文化厅、省旅游发展委员会职责整合组建山西省文化和旅游厅（简称省文旅厅），作为省政府组成部门，不再保留山西省文化厅、省旅游发展委员会。

为提升全省公共文化发展，省文旅厅加强顶层设计，完善制度体系，拟定《山西省繁荣群众文艺发展规划（2018—2021）（征求意见稿）》《山西省公共图书馆事业发展规划（2018—2021）（征求意见稿）》《山西省公共数字文化建设规划（2018—2021）（初稿）》《山西省文化志愿服务管理办法（征求意见稿）》，在全国率先出台《山西省基层综合性文化服务中心建设评价指标（试行）》《山西省县级文化馆图书馆总分馆制建设评价指标（试行）》。

2018年，全省专业艺术表演团体151个，专业艺术表演场馆95个，年演出31780场。美术馆39个，年举办展览352场。非物质文化遗产保护机构130个，艺术教育机构19个，文化科研机构35个，文化市场执法机构127个。全省文化市场经营机构4209家。截至2018年底，全省建成县级图书馆总馆98个、文化馆总馆103个，整合建成1.30万余个基层综合性文化服务中心。 （王小龙）

【《山西省基层综合性文化服务中心建设评价指标（试行）》出台】 2018年8月，原山西省文化厅为贯彻落实《中华人民共和国公共文化服务保障法》、中央和山西省关于推进基层综合性文化服务中心建设有关要求，全面把握山西省基层综合性文化服务中心建设现状，规范建设标准，制定出台《山西省基层综合性文化服务中心建设评价指标（试行）》（简称《指标》）。《指标》分四个部分，共500分，其中设施建设190分、服务提供125分、运行管理机制145分、提高指标40分，另外达标分为400分。原省文化厅根据需要委托开展基层综合性文化服务中心建设情况抽样评估，评估结果将作为下一年度项目资金分配的重要依据。 （王小龙）

【文化基础建设】 2018年，山西省文化和旅游厅推进“转型项目建设年”建设工作，全省在建文化设施共77项，总建筑面积65.75万平方米，计划总投资54.31亿元，完成投资29.01亿元。引导各地开展县级公共图书馆、文化馆、美术馆标准化建设，落实资助项目32个（建设类10个、验收购置类32个），落实资助资金3020万元。落实中央专项资金，面向基层配送流动文化车19台、流动舞台车24台；落实贫困地区村文化活动室设备购置资金3000余万元，组织各市面向1500个贫困村配送文化惠民设备。争取省财政安排新增彩票公益金6760万元，支持县域重点文化设施项目54个、基层舞台建设项目133个、基层文化能人培训31期1271人次、高雅艺术进校园195场、文化品牌下基层项目2个、县域总分馆26个、基层综合文化中心38个。 （王小龙）

【公共数字文化建设】 2018年，山西省推进全省公共数字文化建设工程，完成贫困地区17个县85个乡镇90个村（社区）的设备配送及现场培训工作，统筹推进全省公共文化数字管理平台建设。加强基层文化队伍培训，开展文化精准扶贫、晋陕文化馆文化共享工程专题培训班及公共数字文化服务推广等省级培训近30个班次，提高全省基层公共文化工作人员业务水平。 （王小龙）

【文化惠民】 2018年，山西省文化和旅游厅做好政府民生实事“免费送戏下乡一万场”，调动全省各级文艺院团280多个、演职人员80余万人次下乡演出1.60万余场，让群众共享文化发展成果。开展以“共筑中国梦同贺三晋春”为主题的“省城两节文艺演出”和“拥军进企大拜年”，演出100余场。开展“祝福祖国欢度国庆”庆祝建国69周年优秀剧目展演23场，开展省级公益彩票基金高雅艺术进校园及文化品牌基层行资助项目共17项。开展“做新时代红色文艺轻骑兵”主题实践活动，涌现出太原龙城残疾人艺术团、大同市晋剧院、应县文化馆、忻州市北路梆子一团、左权开花调艺术团、昔阳县向阳文化公司歌舞团、孝义市碗碗腔剧团、阳泉市歌舞团、隰县文化艺术团、长治市群众艺术馆、陵川县盲人曲艺队等一批优秀红色文艺轻骑兵演出单位。培育省级文化惠民品牌，涌现“长风之夜”“周二剧场”“龙城剧场”等常态化品牌剧场，扩大山西优秀传统文化的影响力和传播力。 (王小龙)

【庆祝改革开放40周年群众文化系列活动】 2018年6月15日至10月10日，山西省委宣传部、原省文化厅、省总工会共同举办“山西省庆祝改革开放40周年群众文化系列活动”。实行省市县乡村五级联动，于6月15日在全省11个市119个县(市、区)及各乡镇街道办事处同步启动。省委常委、宣传部长廉毅敏出席在太原理工大学举行的“鼓舞山西”锣鼓艺术展演活动并观看演出。原省文化厅厅长刘润民出席活动并致辞。“系列活动”以“放歌新时代，唱响新征程”为主题，历时4个月，除启动仪式和闭幕式外，分音乐类、鼓乐类、美术类、摄影类、书法类、舞蹈类、戏曲类、综合类和其他9大板块，以省级示范活动为引领、带动市县及基层全面开展自办活动。系列活动以基层为主阵地，实施“六个统一”管理模式(统一要求、统一时间、统一启动、统一主题、统一标识、统一评审)，共计开展活动2万余场。 (王小龙)

## ·图书馆·

【概况】 2018年，山西省共有公共图书馆127个，藏书总量1859.92万册，年借阅量接近961.27万册次，年组织讲座2463余场。 (李望博)

【总分馆制建设】 2018年，山西省继续组织实施图书馆分集群系统建设、业务培训，推进县级文化馆图书馆总分馆制和基层综合性文化服务中心建设，启动2018-2020年度县级总分馆制建设与基层综合性文化服务中心建设三年规划编制工作。省文旅厅组织11市119个县在永济市和中阳县现场观摩，总结推广永济市总分馆和中阳县基层综合性文化服务中心建设经验。4月23日，山西省图书馆首家海外分馆在毛里求斯中国文化中心开放，成为展示山西历史文化和对外开放的窗口。同日，山西省图书馆光大银行分馆成立，成为山西省图书馆与银行系统的首次合作，借助其网点打造“馆银合作”模式，为读者打造共建共享、通借通还的更加便捷的图书馆服务网络。截至2018年底，山西省图书馆各分馆图书流通量3万余册。 (李望博)

【《山西省县级文化馆图书馆总分馆制建设评价指标（试行）》出台】 2018年8月，原山西省文化厅为贯彻落实《中华人民共和国公共文化服务保障法》、中央和山西省关于推进县级文化馆图书馆总分馆制建设有关要求，全面把握山西省县级总分馆制建设现状，规范建设标准，制定出台《山西省县级文化馆图书馆总分馆制建设评价指标(试行)》(简称《指标》)。《指标》分六个部分，共1000分，其中设施建设245分、队伍建设95分、文献资源建设100分、服务提供300分、运行管理机制240分、提高指标20分，另外达标分为800分。原省文化厅根据需要委托开展县级总分馆制建设情况抽样评估，评估结果将作为下一年度项目资金分配的重要依据。 (李望博)

【图书馆品牌服务打造】 2018年，全省图书系统打造品牌服务。8月16日至17日，山西省图书馆与中国知网等联合举办2018数字出版与数字图书馆融合发展国际研讨会。会议围绕“协同创新 融合发展”主题，组织筹备1个主题论坛、7个专题分论坛，来自25个国家和地区的1000多位出版界与图书情报界专家学者参加会议。

11月22日至24日，山西省图书馆学会与山西省高校图工委联合举办“新时代图书馆创新融合与建设发展研讨会”。山西省图书馆学会和山西省高校图工委的46位代表参加活动，推进山西省智慧图书馆建设和提升公共文化服务效能。 (李望博)

【山西省图书馆】 2018年，山西省图书馆新增藏量60472册(件)，馆藏总量达到380余万册(件)。数字资源本地存储104.66TB，包括CNKI中国知网、万方数据资源系统、方正阿帕比电子书、超星知识库、读秀知识库等大型品牌数据库和自建山西地方特色数字资源库。2018年共接待读者120.86万人次，借还书刊148.92万册次，办理读者证2.25万个；举办公益讲座186场，累计服务约3.40万人次；举办公益展览61场，共计接待观众15万余人次；举办社会教育活动2次；举办新年古琴音乐会、图书馆之夜嘉年华、世界读书日朗诵会、端午诵读会等专题文化活动9场，累计服务7000余人次；书刊推介、长风读书会、桐叶故事会等阅读推广活动300余次，累计参与8万余人次。

读者服务。2018年1月1日，山西省图书馆举办“馆长带您走进图书馆”座谈活动。2月4日，举办《一凡·希望说》之“书香情，爱传递”主题沙龙。4月14日，举办“文化新三晋 阅享新时代——2018年‘世界读书日’名篇名家朗诵音乐会”。4月22日，举办主题为“与法同行 悦读越美”的“图书馆之夜嘉年华”活动。6月10日，举办“走近通儒大家，感受国学魅力——姚奠中先生专题图书展”系列活动。6月16日，举办第九届少儿粉笔画大赛——“童心筑梦新时代”少儿粉笔画展示活动。6月18日，举办第九届“品端午 诵经典”少儿端午诵读会。10月13日，山西省图书馆、山西省盲协、太原市盲协联合举办“长风有梦 与爱同行”第二届盲人读者健步行活动。“小年”期间，山西省图书馆举办“2018少儿民俗文化冬令营”，让青少年与非物质文化遗产、中华优秀传统文化亲密接触。

社会服务。2018年，山西省图书馆新策划“法律系列·法眼看水浒系列讲座”，与山西省社科联合作推出“家在山西家乡好·文源讲坛繁荣群众文化系列讲座”；开设“灵性的回归”——中国当代诗人绘画巡回展（太原站）；在宁夏回族自治区图书馆开设“新时代新征程新面貌——山西古村落摄影展”；举办“绿色宜居 生态五寨”摄影展、“人文柳林 多彩家园”文化艺术展。“阅读推广活动”初具品牌效应，面向少儿读者，举办全省群众文化活动，开展“阅读进校园”馆校合作等活动，举办大型传统文化活动和多种形式的小读者阅读活动。面向视障读者，开设“我是你的眼—阅享人生”读书栏目，为盲人读者在微信群推荐朗读优秀文章132篇，分享音频168篇；面向普通读者，开设长风读书会活动，举办15场，参与人数1000余人。举办2018年数字出版与数字图书馆融合发展国际研讨会；作为联盟成员馆，推动“中国—中东欧国家图书馆联盟”成立，加快“中国—中东欧国家图书馆联盟”合作进程。

文化志愿服务。2018年3月10日，山西省图书馆先后举行义务小馆员表彰大会和亲子志愿家庭表彰大会。2017秋季及2018寒假共有106名义务小馆员、200余组亲子志愿家庭参加志愿活动。9月25日至28日，与宁夏回族自治区图书馆联合承办2018年“春雨工程”——全国文化志愿者边疆行“魅力山西·宁风晋韵”山西省文化志愿者文化交流宁夏行系列活动。并与宁夏回族自治区图书馆签订《晋宁文化交流合作框架协议》。

古籍保护。2018年5月18日，山西省图书馆承办“册府千华 妙手匠心——山西省古籍保护成果展”。召开全国古籍修复工作研讨会，为“十三五”期间全国古籍修复工作谋篇布局。开展以“坚定文化自信 传承中华文明”为主题的“古籍修复技艺进校园”系列活动。6月8日，山西戏剧职业学院的50余名学生走进省图参加体验活动。举办“如果考古和古籍会说话，猜猜它会说什么”互动沙龙。7月16日，“中华古籍普查文化志愿服务行动 山西行”活动在兴县关向应图书馆展开，帮助关向应图书馆普查古籍及民国线装书1690种9888册，整合晋绥根据地时期图书目录4000余种。（李望博）

## ·博物馆·

**【概况】** 2018年，山西省设立备案8家博物馆，博物馆总量增至150家。其中，26家博物馆纳入中央免费开放补助范围；135家博物馆对外开放，接待观众游客人数达2200.40万人次。（孙婉姝）

**【博物馆馆际交流与合作】** 2018年，山西省博物馆系统开展展览交流。合作推出“争锋——晋楚文明特展”“碰撞·融合——长城文化展”“匠心·光影——镜头下的山西古建筑”“山西出土玉器精品展”“守护文明·利在千秋——山西公安机关打击文物犯罪行动成果宣传”“古韵新生——山西省可移动文物保护成果展”“润物细无声——可触摸体验文物精品展”等。“帽美如花童年记忆——晋式童帽专题巡展”“山西军民抗战史实巡展”“丝路遗珠——珐琅精品展”等巡展项目在北京、晋城等地推出。

晋祠博物馆举办“唐风华彩——晋祠博物馆唐代名碑拓片展”“珠联玑对——连云港市博物馆藏当代书法名家楹联展”“镜涵春秋——晋祠博物馆藏铜镜展”“唐风华彩——晋祠博物馆唐代名碑拓片展”“丝路遗珠——珐琅精品展”“远古回声——半坡遗址与半坡文化展”。

太原市博物馆与故宫博物院合作推出“紫禁风华——2018太原·故宫文物展”。

大同市博物馆联合洛阳市博物馆、呼伦贝尔民族博物馆，推出“融合之路——拓跋鲜卑迁徙与发展历程”；与武汉博物馆共同举办“西京印迹——大同辽金元文物展”。（孙婉姝）

**【文创产品参展】** 2018年5月18日，山西省第二届文物文创试点单位文创产品联展在山西博物院开展，展览主题为“春水初生，匠心美陈”。山西博物院、中国煤炭博物馆、八路军太行纪念馆、云冈石窟研究院、晋祠博物馆、解州关帝庙文管所、永乐宫壁画艺术博物馆、山西祁县乔家大院民俗博物馆8家单位选送160余件精美产品参展。9月15日，山西博物院文创空间进驻太原华润万象城。10月25日至28日，山西博物院参加第十三届中国北京国际文化创意产业博览会。（刘鳞龙）

**【山西博物院】** 2018年，山西博物院进入全国8家优秀博物馆行列。该院智慧博物馆建设的观众智慧导览APP获国家软件著作权，文物知识图谱和文物数字化展示平台获第二届国际数字遗产最佳竞赛入围奖和实践奖。有3件国宝入选《国家宝藏》。

2018年，山西博物院构建和推广现代公共文化，同国内外文博界开展交流与合作。馆内展览主要有：1月12日，“等观——徐天进书作、梓庆山房木作、晋魂艺品”雅集活动。1月20日，“回乡——忻东旺的艺术人生”特展，展出110余件作品及早期炕围画和玻璃画。2月3日，山西博物院、湖北省博物馆、河南博物院、山西省考古研究所、宜昌博物馆、襄阳市博物馆共同举办“争锋——晋楚文明特展”，展品331组660余件文物（其中一级文物102件）。2月6日，山西博物院、安徽博物院联合举办“静观——邓石如书法艺术”。4月14日，山西博物院、意大利都灵埃及博物馆主办，蒙都蒙斯特公司协办“金字塔·不朽之宫——古埃及文明特展”，此为山西举办的首个古埃及文明主题展览,获第八届博博会“全国博物馆国际交流奖”。共展出都灵埃及博物馆甄选144件组235件珍贵文物,其中狮身人面像、木乃伊、亡灵书、塞克荷迈特女神像、孔苏金字塔都是见证古埃及文明的文物珍品。5月18日,举办“穿墙透壁——李乾朗建筑绘画艺术展”。通过20种建筑类型、近百幅别具特色古建筑手绘艺术作品,解剖中国建筑之美。5月27日,山西省公安厅、山西省文物局主办,山西博物院承办“守护文明,利在千秋——山西公安机关打击文物犯罪成果宣传”展,展出山西各地公安机关成功追回珍贵文物491组(4431件),多为商周时代青铜重器。其中,国家一级文物25件,国家二级文物80件,国家三级文物199件。8月23日,举办“翰墨丹青——山西博物院藏书画精品展”。9月13日,山西省文物局主办、山西博物院承办“古韵新生——山西省可移动文物保护成果展”。9月29日,山西博物院与内蒙古博物院、甘肃博物院、辽宁省博物馆联合举办“碰撞·融合——长城文化展”。

开展的馆际交流有:5月4日,山西博物院应邀参加“北京大学120年校庆特展”,展出镇馆之宝晋侯鸟尊、晋侯墓地出土2件晋侯稣钟。5月21日,山西博物院和太原市盲童学校共同举办的“润物细无声——可触摸体验文物精品展”在太原市盲童学校开展。6月1日,嘉兴博物馆与山西博物院、山西省考古研究所共同举办的“山西出土玉器精品展”在嘉兴博物馆开展。

社会教育功能发挥。2月20日、22日、23日,山西博物院在会展中心举办三场忻东旺艺术解读活动。5月30日,山西省博物馆协会成立大会暨第一届会员代表大会在太原召开。7月14日,山西博物院举办美籍华人王纯杰夫妇文物捐赠仪式。9月11日,中国文物保护技术协会第十次学术年会在山西太原召开。10月14日至11月25日,“晋界”讲坛特邀北京大学历史系赵世瑜教授、中国人民大学国学院王子今教授、内蒙古自治区文物考古研究所张文平研究员、山西大学历史文化学院赵杰副教授作长城系列公众讲座。11月4日,山西博物院小小讲解员团队代表参加CCTV少儿频道《赢在博物馆》第二季启动仪式,11月17至19日,到北京参加“国家宝藏”第二季拍摄。 (张程飞)

【中国煤炭博物馆】 2018年,中国煤炭博物馆(以下简称中煤博)推进事业单位改革、资产经营理顺及公司经营创收三项中心工作。多渠道开展文物征集,以最小投入征集回有价值文物、各类藏品264件。完成“抗日烽火中的中国煤炭工业掠影”布展设计工作。录入“博物馆藏品综合管理信息系统”,做好藏品及文献资料保管、保养、修复等工作。完成《中国煤炭史志著作总目提要》汇总及编写校对整理工作,山西省科技厅两个项目正式立项,《煤炭博览》杂志完成全年4期编辑发行任务。“5·18国际博物馆日”中煤博举办博物馆新业态论坛,召开学术年会,举办接受捐赠仪式等系列庆祝活动。9月5日,中煤博通过2014–2016年度国家一级博物馆运行评估。12月2日,山西煤层气产业主题展开展,推进新业态“四足鼎立”工作。

(张程飞)

【山西省地质博物馆】 2018年,山西省地质博物馆制定《山西地质博物馆2018–2025年发展规划》及《山西地质博物馆信息化建设方案》《山西地质博物馆工作人员培养提升方案》《地质博物馆运行提升方案》《风险管控方案》“四个方案”,制定地质博物馆30项管理制度初稿,逐步形成完备制度体系。开展合作交流,承办“魅力地质——中国的世界地质公园”“地球瑰宝——中国地质博物馆百年精品展”临展;邀请中国地质博物馆等单位、专家来馆指导10次,赴武乡八路军纪念馆、太原市图书馆等单位调研座谈12次,提升博物馆运行水平。

完善展陈项目,充实馆藏标本。在东广场新设“晋地巨龙”模型,完成东广场亮化,成为汾河新景观;增设“恐龙涂鸦”等2项互动项目,科学展示休闲厅矿物标本;新增标本700余件,接收捐赠入库标本62件;补充制作标识标牌54件。推进公众服务和科普工作,接待省、部级领导调研指导5批次,同行业考察7次,全年累计接待参观公众40余万人;推进“地博书堂”建设;开展13本科普图书的编制工作;利用“地球日”“五一”开馆日举办系列科普活动,邀请国内知名专家开展“地博科普讲堂”5期,参加人员2000人,举办“探秘三叠纪”等科普活动7次,开展“志愿者校园行”活动5次,累计参加2400余人;与太原理工大学等院校签订实习基地协议;再版《走进山西地质博物馆》《煤炭传奇》等科普图书,编写《化石·山西地质博物馆》专刊,向社会招募“小小地学家”,征集修订讲解词、LOGO等;与山西综合广播联合举办“心相牵 爱留守”公益活动;与山西省青年志愿者指导中心、省图书馆联合主办“首届山西青年志愿服务项目大赛获奖项目展示暨项目培训交流活动”。

重视科技创新。开展“山西晚古生代锯齿龙类脊椎动物化石及地层系统调查”等项目,协同中科院专家到永和等地开展古生物调查,先后修复各类化石标本490余件,在权威期刊发表论文8篇。发布《山西省矿产资源报告2018》,推进自然资源部储量评审中心委托的三个项目助推“人才加项目”,绿色矿山及规划评估等工作取得阶段性成果;完成地质报告评审80份、建设项目压覆重要矿产资源评估(调查)报告评审83份、“三合一”开发利用方案评审15份、矿产资源储量登记书的审查和登记30份,组织开展地质勘查项目监理,现场监理79次,野外验收项目6个。实施“山西省重要地质钻孔属性数据库建设项目”“山西地质博物馆成果地质资料保护性修复项目”。汇交接收成果地质资料230份,馆藏地质资料总量 1.35 万份；向社会提供借阅资料服务 472 人次、529 份次、7850 件次，数据量达 54.22GB；汇交入库钻孔数 2603 个；向全国地质资料馆转送 A 类成果地质资料 182 种。

依托“互联网+山西国土”，提升博物馆信息化建设水平。博物馆网站累计浏览次数达 176.20 万次。开通“最新资料”等模块功能，及时在官网等平台发布馆内信息，共计 206 篇；与山西省自然资源厅 OA 办公系统联通，终端辐射馆全体工作人员。推进矿政业务信息化、社会化服务。组织开展“地质资料管理信息系统运行维护”项目，保障《地质资料管理信息系统》等系统正常运行，为矿政服务提供技术支撑。（王正宇）

【筹建山西青铜博物馆】 2018 年 10 月，山西省文物局筹建山西青铜博物馆。经过研讨论证，基本确定青铜博物馆的定位、选址、馆名、经费测算和展陈设计思路等基本内容，依托太原青铜博物馆基址，开展前期工作。

（孙婉姝）

## ·文化馆·

【文化馆发展】 2018 年，山西省文化馆总计 129 个，从业人员 1768 人。文化站 1409 个，从业人员 2686 人。其中，乡镇文化站 1196 个，从业人员 2186 人。全省共举办展览 3772 个，举办培训班 14829 次，组织文艺活动 2.50 万次，累计支出 35749.20 万元，其中商品和服务支出 5038 万元。其中，文化馆共举办展览 862 个，举办培训班 6383 次，组织文艺活动 5888 次，累计支出 25512.70 万元，其中商品和服务支出 5038 万元。（陈燕萍）

【文艺普及推动】 2018 年，山西省组织参与由文化和旅游部举办的“春雨工程”文化志愿者边疆行活动。山西省 22 名文化志愿者走进黑龙江漠河开展大舞台、大展台文化交流活动；由山西省文化馆组织的“文化惠民在三晋暨文化志愿者走基层活动”获全国优秀项目；组织创作十首山西民歌广场舞，并在全省举办“山西特色广场舞”培训班。举办“舞动三晋”山西特色广场舞大赛，打造山西民歌广场舞品牌，培养基层广场舞优秀团队，做好全民艺术普及推广工作。山西省文化馆举办文化志愿者培训班、“三区”人才建设培训班、数字文化培训班等，全年数十次派业务干部赴基层为当地文化馆业务干部提供业务指导和培训，提升全省群文队伍业务水平。

（陈燕萍）

【文化馆网络直播培训】 2018 年，山西省文化馆组织各市群艺馆、县文化馆参加“国家公共文化云　共享直播”网络培训，培训内容为“新时代文艺惠民与慕课制作”，利用“互联网+”助力全省全民艺术普及工作。这是山西省文化馆开展公共数字文化建设以来，首次组织全省范围内的文化馆网络直播培训。省文化馆、11 市及 50 个县文化馆共计 674 人参加培训。

（陈燕萍）

【省际群众文艺交流】 2018 年，山西省文化馆完成国家艺术基金资助项目“晋蒙陕冀”四省区二人台表演人才培养项目结项工作。与陕西省艺术馆联合举办的 2018 年晋陕文化馆公共数字文化建设专题培训班于 9 月 3 日至 9 月 7 日、10 月 22 日至 10 月 26 日分别在西安和太原开班。这两次培训创新培训方式，两省联动，助推两省数字文化馆建设，开启两馆合作、互动新模式。来自山西省 11 市 97 县的群艺馆、文化馆馆长和业务干部 130 人，以及百余名陕西省艺术馆及陕西市、县群艺馆、文化馆馆长、业务干部和陕西、甘肃、青海部分基层文化馆人员共 230 余人参加。培训班还在陕西省数字文化馆、陕西省非遗陈列馆及山西省太谷县国家级、省级非遗基地进行现场教学。

（陈燕萍）

# 文学艺术

【文学创作与交流】 2018 年，山西省作协抓好现实题材项目创作，召开推动会，梳理跟踪现实题材创作选题，一批作品在《人民文学》等重要报刊发表，并被《小说选刊》《小说月报》等权威选刊转载，入选多种年度评选与相关排行榜；一批作品获得重要文学奖项，如刘慈欣获克拉克想象力服务社会奖，张卫平电影《保卫人祖山》获第十六届平壤国际电影节特别奖等。截至 2018 年底，山西省作家获得 50 余项各类奖项。报告文学《重回 1937》《水土》、长篇小说《活水》等产生影响。开展重点项目带动创作工作。出版“晋军新方阵”第五辑，推进“晋军新方阵”第六辑的编辑出版工作；“双百工程”新出版《司空图传》《郭子仪传》2 部传记和 17 部长篇小说；《大湄公河》《水土——中国水土生态报告》2 部作品得到中国作协扶持；《和平万岁》《沦陷日》2 部作品受到省委宣传部扶持；省作协扶持《小城槐香》《寻找田小军》等 8 部重点作品。

推进阵地建设。各刊编辑质量得到提升，外稿量增加，原创作品选载量增长，在全国的吸引力增强。《黄河》刊发的《天上有太阳》被《长篇小说选刊》全文选发，并获第三届长篇小说年度金榜特别推荐奖；报告文学《中国特高压》（《起点》）获国家电网有限公司职工文学创作奖；《山西文学》新创栏目《步履》重点扶持 90 后青年作家，引发文学界关注。两刊全年有 28 篇（次）作品被全国各选刊选载、连载。推荐鲁顺民等人的选题入选中国作协 2018 年度定点深入生活项目，一批作家参加专题学习。推荐 12 人加入中国作协，发展省作协会员 140 人。以签约作家为重点带动青年作家成长。实施签约作家制度。第六批签约作家共 17 人，其中新文学群体作家占比由 29%提升为 59%。召开签约作家工作总结会议。举办 2018“龙城论剑：山西文学新趋势对话会”，邀请中国现代文学馆特聘研究员与山西省签约作家开展“一对一”对话。

拓展学习交流渠道。开展与中国作协及有关单位的合作，承办中国作家协会举办的“全国青年作家深入学习习近平新时代中国特色社会主义思想”专题培训班。与鲁迅文学院共同举办“新时代现实主义文学传统的继承与发扬”座谈会。推荐山西省作家参加宁夏、浙江等地培训活动。

（许小登）

【文学评论】 2018年，省作协发挥评论家与各类媒体的作用，山西文学话语权提升。组织评论家回应中国文学发展的重大理论和实践问题，跟踪与关注文学创作新动向。在《中国文学批评》《中国文艺评论》等报刊发表理论评论文章。培养山西文学批评力量。做好签约评论家的培养工作，对11位签约文学评论家续签。推荐一批青年评论家加入中国文艺评论家协会，刘芳坤被聘为中国现代文学馆特约研究员，薛晋文进入国家“万人计划”青年拔尖人才行列。发挥各类媒体作用。“一院两刊”、微信公众号作用显现。推进与省市电台、电视台、报刊、网站以及省外媒体的联系，各类媒体宣传报道山西省作家及其创作情况。组织各类创作研讨会。山西文学院举办“三晋新锐作家群系列研讨活动”，《黄河》举办“《黄河》与作者系列研讨会”，《山西文学》举办中短篇小说创作笔会。全年举办各类研讨活动近30次。 （许小登）

【文学出版座谈会】 2018年5月4日，《中国民间文学大系》《中国民间工艺集成》出版工程座谈会在太原召开。11月5日，纪实文学《撇捺人生王秀春》及《王秀春曲艺作品集》出版，并在太原举行座谈会。其中，《撇捺人生王秀春》一书由人民文学出版社出版，《王秀春曲艺作品集》由北岳文艺出版社出版。 （樊丽红）

【艺术创作】 2018年，山西省成立“山西省文化厅艺术专家委员会”，参与年度重点艺术创作计划的研究制定以及选题策划、论证、跟踪指导、评比评论等工作。编制印发《山西省艺术创作规划（2018—2021）》。开展“深入生活、扎根人民”主题实践活动，建立神池、右玉艺术采风创作基地。实施精品战略引领艺术创作，大型音乐舞蹈史诗《为有牺牲多壮志——右玉和他的县委书记们》、上党梆子《太行娘亲》入选国家舞台艺术精品工程剧目。晋剧大戏《泥火情》《暖冬》、小戏《懒三脱贫记》入选2017年度戏曲剧本孵化计划项目。山西省8部大戏、7部小戏、9项传播交流推广项目、4项艺术人才培养项目、9项青年艺术创作人才资助项目共37个项目获批2018年度国家艺术基金资助，资助金额3660万元。 （王小龙）

【艺术科研项目管理】 2018年，山西省加强对艺术科研项目的管理与指导，提升山西省艺术科研水平。大同大学王鹏龙《明清“宣大”堡寨聚落古戏台与戏曲活动的调查研究》、太原师范学院赵霖《新时代山西“非遗”秧歌舞多元化发展走向与价值研究》、山西师范大学刘二永《中国古代戏曲叙事理论史通论》获国家社科基金艺术学项目立项。 （王小龙）

【第九届华北五省市（区）舞蹈大赛】 2018年8月10日，第九届华北五省市（区）舞蹈大赛在太原举行。大赛分中老年组、幼儿组、业余少年组、业余青年组、专业少年组、专业青年组7个组别、254个作品，有5000余名演员参加角逐。8月15日，举行闭幕式暨颁奖晚会。

“华北五省市（区）舞蹈大赛”创办于2000年，由北京市、天津市、河北省、山西省、内蒙古自治区文联及其所属的舞蹈家协会共同主办，其宗旨是推动区域舞蹈艺术传承、创作、发展，搭建文化发展战略合作平台。

（樊丽红）

【优秀电视艺术作品推选活动】 2018年，山西省第二十一届优秀电视艺术节作品推选活动在太原举办。自7月30日发布活动通知，共计收到栏目剧、纪录片、公益广告片、形象宣传片、电视文艺节目等多种类别200余部作品。活动设立最佳、优秀、好作品三个层次。经过评委评审，推选出27部最佳作品，33部优秀作品。

（樊丽红）

【话剧重点项目】 2018年，山西省话剧院完成各类演出共计103场，创收800多万元。其中话剧《立秋》演出24场，《生命如歌》演出50场，均入选改革开放四十周年优秀舞台艺术作品展演活动。话剧《甲午祭》演出2场，入列省文化和旅游厅、省演艺集团2018年重点推广剧目，入选国家艺术基金2018年度滚动扶持资助项目。山西省话剧院与吕梁市委市政府、山西沁园春雪影视有限公司、福建长空御龙影视文化有限公司联合摄制的电视剧《第一书记们》入列省委宣传部2018年重点文化项目。

【话剧展演】 2018年，山西省话剧院编排的话剧《立秋》于1月15日、16日在江苏省南京市保利大剧院演出2场；6月20日、22日，参加国家艺术基金资助项目“第四届中国原创话剧邀请展”，在北京市中国国家话剧院上演2场；11月13日，作为中央专项彩票公益金高雅艺术进校园演出剧目在山西各地高校演出18场。话剧《生命如歌》于4月9日至10月18日，作为国家艺术基金传播交流推广资助项目“从天山到太行——带亮剑之师回故里”在陕西、四川、重庆、云南、湖南、安徽、河南、宁夏、甘肃、新疆10个省市自治区的19个城市演出41场；4月9日至6月2日，参加由国家教育部、文化部、财政部举办的“高雅艺术进校园活动”，为28所高校献演29场；参加“2018年山西省戏曲进校园”活动，在省内高校完成9场演出；7月，参加山西优秀舞台作品中华行活动，在宁夏人民会堂和甘肃人民剧院演出6场;10月，在故事发生地新疆生产建设兵团第六师五家渠市演出6场。

5月18日到6月7日，山西话剧院《歌舞小品综合晚会》剧组在临汾市永和县、汾阳市、太原市27个乡村，开展“免费送戏下乡一万场”演出活动25场，演艺进景区活动2场。

【文化艺术专业委员会成立】 2018年，山西省工艺美术协会批准成立两家分支机构，分别为紫砂和陶瓷文化艺术专业委员会。1月14日，紫砂文化艺术专业委员会成立。8月8日，陶瓷文化艺术专业委员会成立。专委会按照《山西省工艺美术协会章程》和《专业委员会工作规则》开展行业发展工作。（冯晓东）

【艺术交流活动】 2018年3月2日至11日，山西演艺集团歌舞剧院歌舞团受陕西韩城市旅游发展委员会邀请，到德国参加旅游招商推介活动。9月6日至11日，山西演艺集团歌舞剧院歌舞团、民族乐团组成山西歌舞文化艺术团赴葡萄牙，以“华夏古文明，山西好风光”为主题开展对外交流演出活动。12月5日至9日，山西演艺集团歌舞剧院民族乐团应邀到毛里求斯开展“亲情中华·魅力山西”慰问演出活动，让观众切身感受到山西民歌浓郁风格和独特韵味。

（山西演艺集团）

【“右玉精神”主题宣传】 2018年9月5日至6日，山西演艺集团策划创排“绿色的旋律——2018右玉森林音乐会”，包括《民族管弦乐专场演出》《山西民歌专场演出》《交响乐专场演出》3场演出，在右玉县南山森林公园举行。三场音乐会贯彻“绿水青山就是金山银山”绿色发展理念，弘扬“全心全意为人民服务，迎难而上、艰苦奋斗，久久为功、利在长远”的“右玉精神”。（山西演艺集团）

【文化艺术人才培养】 2018年，山西省落实艺术中专六年制计划招生1405人，实际招生注册894人，6年制戏曲专业招生321人，比上年的179人增长79%。推选9名选手参加第22届“中国少儿戏曲小梅花荟萃”比赛，全部获得小梅花金花称号，太原艺校李晨阳、山西戏剧职业学院宋新齐等6人获最高奖“金花十佳”，山西省“小梅花奖”总数达218朵。山西戏剧职业学院、运城学院等6个院校的10个节目经评审，入选全国第三届“梨花杯”青少年戏曲教育教学成果展演名单，占到全部69个参演节目的1/7强。选送年轻画家4名分赴西安美术学院和国家画院进行为期一年的进修学习。（王小龙）

大型音乐舞蹈史诗《为有牺牲多壮志——右玉和他的县委书记们》

（山西演艺集团供图）

## 社科研究

### ·山西省社会科学院（山西省政府发展研究中心）·

【社科系统课题研究】 2018年，省社科院立项院规划课题35项，青年课题7项，省哲社课题5项，省软科学课题7项，省社科联重点课题1项，晋商文化研究专项课题重点课题1项、一般课题1项。发表论文180余篇，出版著作16部。获2017年度“百部(篇)工程”奖一等奖2项，二等奖1项，三等奖2项。省社科院获组织奖。获山西省第十次社会科学研究优秀成果一等奖1项，二等奖2项，优秀奖2项。（徐宏新）

【《语海》出版工作推进】 2018年4月11日，山西省社科院《语海》工作委员会与上海辞书出版社就《语海》编纂出版工作开展意见交流，双方就编纂工作中遇到的问题确定解决方案，安排统稿和出版工作。推进《语海》出版工作。《语海》是2012年省社科院与上海辞书出版社共同签约的大型文化工程。（徐宏新）

【期刊动态】 2018年，山西省社科院主管主办《语文研究》《经济问题》杂志入选“2018年度中国人文社会科学期刊AMI综合评价”A刊核心期刊(中国社会科学院中国社会科学评价研究院)，2018年度“中文社会科学引文索引(CSSCI)”(南京大学中国社会科学研究评价中心)、2018年度“中文核心期刊要目总览”(北京大学图书馆)，获2018年度“山西省第二届出版奖(提名奖)”。《五台山研究》杂志进入2018年中国人文社会期刊评价报告(AMI)引文数据库来源期刊。《五

## 山西省第十次社会科学研究优秀成果评奖获奖名单(一、二等)

### 一等奖(27项)

| 序号 | 成果名称 | 著作人 | 工作单位 |
|---|---|---|---|
| 1 | 变迁与优化:建国以来中国共产党社会整合机制研究(专著) | 贾绘泽 | 山西师范大学 |
| 2 | 马克思主义文艺育德思想研究(专著) | 刘晓哲 | 山西大学 |
| 3 | 核心价值观为实现中国梦提供思想保证(论文) | 艾 斐 | 山西省社会科学院 |
| 4 | “四个全面”战略布局的问题导向(论文) | 郑文靖 | 中共山西省委党校 |
| 5 | 社会科学中复杂系统范式的适用性问题(论文) | 殷 杰 王亚男 | 山西大学 |
| 6 | 科学研究中的意义建构问题(论文) | 郭贵春 | 山西大学 |
| 7 | 巴塞尔协议III框架下中国商业银行资本监管研究(专著) | 崔 婕 | 山西财经大学 |
| 8 | 能源经济理论与实践(专著) | 张华明 | 山西财经大学 |
| 9 | 贫困识别、演进与精准扶贫研究(专著) | 高 帅 | 山西大学 |
| 10 | 代理法论(专著) | 汪渊智 | 山西大学 |
| 11 | 股权众筹平台监管的国际比较(论文) | 樊云慧 | 山西财经大学 |
| 12 | 教育工学:教育理论向实践转化的理论探索(专著) | 刘庆昌 | 山西大学 |
| 13 | 牛津大学导师制的历史演进(专著) | 杜智萍 | 太原师范学院 |
| 14 | 冲突与协调--透视农村中小学布局调整(专著) | 周芬芬 | 山西师范大学 |
| 15 | 《毛诗大序》接受史研究——儒学文论进程与士大夫心灵变迁(专著) | 郑 伟 | 山西大学 |
| 16 | 中国古代的诗社与诗学(专著) | 郭 鹏 尹变英 | 山西大学 |
| 17 | 祭祀 仪礼 戏剧——中国民间祭祀戏剧研究(专著) | 王志峰 | 山西师范大学 |
| 18 | 清凉寺史前墓地(编著) | 薛新明 | 山西省考古研究所 |
| 19 | 山西省考古研究所 | 王金平 李会智 徐 强 | 太原理工大学 |
| 20 | 城市化进程中的开罗边缘群体(论文) | 车效梅 李 晶 | 山西师范大学 |
| 21 | 明代官方修史与朝廷政治(专著) | 杨永康 | 山西大学 |
| 22 | 稳健型股票价值投资研究——基于区间数据的序化建模与决策分析(专著) | 宋 鹏 | 山西大学 |
| 23 | 网络组织理论与治理研究(专著) | 孙国强 | 山西财经大学 |
| 24 | 合法性视角下制度距离对中国跨国公司国际市场进入模式的影响研究(专著) | 陈怀超 | 太原理工大学 |
| 25 | 中国戏曲文物志(编著) | 车文明 | 山西师范大学 |
| 26 | 钢琴中的诗、画、乐——中国传统美学视阈下的钢琴音乐研究(专著) | 李 静 | 中北大学 |
| 27 | 上党神庙剧场研究(专著) | 王潞伟 | 山西师范大学 |

## 二等奖(73项)

| 序号 | 成果名称 | 著作人 | 工作单位 |
|---|---|---|---|
| 1 | 国家治理体系与治理能力法治化的理论探析(论文) | 赵跃先　姜延博 | 山西师范大学 |
| 2 | 十八大以来我国公平正义的价值引领与实践进路(论文) | 张二芳 | 山西财经大学 |
| 3 | 马克思主义自我批判精神及其当代价值(论文) | 郭正红 | 山西师范大学 |
| 4 | 以科学辨析把握社会主义自由观(论文) | 乔　瑞 | 山西师范大学 |
| 5 | 费希特的宗教批判(论文) | 崔文奎 | 五台山研究会 |
| 6 | 激励与规约:大学诚信制度何以构建(专著) | 党志峰 | 山西医科大学 |
| 7 | 马克思主义的国际主义思想发展与范式转换研究(专著) | 尹占文 | 山西大学 |
| 8 | 科学发展观的人学思想研究(专著) | 张　莉 | 山西大同大学 |
| 9 | 科恩的科学编史思想与方法研究(专著) | 苏玉娟 | 中共山西省委党校 |
| 10 | 黄河文化在当代文化建设中的传承与创新(专著) | 刘建霞 | 中共山西省委党校 |
| 11 | 梅勒的因果观及其启示性意义(论文) | 孙　岩 | 山西大学 |
| 12 | 七情之理——王阳明道德哲学的现象学诠释(专著) | 陈清春 | 山西大学 |
| 13 | “不可说的”还能“说”吗?——冯友兰与前期维特根斯坦之视域比较(论文) | 赵海燕 | 太原科技大学 |
| 14 | 资源型地区人口城市化发展研究(专著) | 韩淑娟 | 山西省社会科学院 |
| 15 | 山西推进精准扶贫政策研究(专著) | 《山西推进精准扶贫政策研究》课题组 | 山西省人民政府发展研究中心 |
| 16 | 定向增发、股权结构与投资效率研究(专著) | 王晓亮 | 山西财经大学 |
| 17 | 清代恰克图贸易的制度框架、交易方式及启示(论文) | 张喜琴 | 山西财经大学 |
| 18 | 收入不平等和中国经常账户失衡问题研究(论文) | 翟晓英　翟晓鸣 | 山西大学 |
| 19 | 煤矿安全状况与经济社会协调发展研究(专著) | 姚有利 | 山西大同大学 |
| 20 | 教育改善贫困效应的地区异质性研究(论文) | 高艳云　王曦璟 | 山西财经大学 |
| 21 | 中国电信产业技术创新与激励规制研究(专著) | 朱丽萍 | 山西财经大学 |
| 22 | 农村二孩生育试点三十年(专著) | 吕世辰等 | 山西师范大学 |
| 23 | 矿业权政策性整合法律问题研究——以山西煤炭企业兼并重组为背景(专著) | 郗伟明 | 山西财经大学 |
| 24 | 西方刑法思想的起源与进化——以西方文学罪罚观为视角(专著) | 刘春园 | 山西大学 |
| 25 | 就职宣誓:国家治理现代化的构建(论文) | 马　华　王晓宾 | 山西大学 |
| 26 | 古村镇文化景观整体保护与扶贫策略研究——以山西“三河一关”20个古村镇为中心(专著) | 段友文 | 山西大学 |
| 27 | 基于煤矿资源的利益博弈和策略选择——山西煤矿开采与经营中的政企关系研究(论文) | 董江爱　徐朝卫 | 山西大学 |

续表

| 序号 | 成果名称 | 著作人 | 工作单位 |
|---|---|---|---|
| 28 | 全球人口体力活动不足的概况及特征(论文) | 乔玉成 王卫军 | 山西师范大学 |
| 29 | 体育与人的社会化研究(专著) | 常乃军 赵 岷 | 山西大同大学 |
| 30 | 体育运动心理理论与应用(专著) | 石 岩 | 山西大学 |
| 31 | 中国民办高等教育管理伦理研究——以独立学院的视角(专著) | 苗玉宁 | 山西大学商务学院 |
| 32 | 论儿童精神成长(论文) | 王福兰 | 山西大学 |
| 33 | 论服务型教师培训体制的架构与优化(论文) | 樊香兰 孟 旭 | 太原师范学院 |
| 34 | 解构武术(专著) | 李翠霞 | 山西大同大学 |
| 35 | 儿童作为研究者:理论建构与实践探索(专著) | 席小莉 | 山西师范大学 |
| 36 | 我国高职院校学生学习能力评价及培养研究(专著) | 李志河等 | 山西师范大学 |
| 37 | 中国当代短篇小说演变史(专著) | 段崇轩 | 山西省作家协会 |
| 38 | 北宋寒韵系字的锐钝分化与元代北方方言“寒山”与“桓欢”分韵之间的关系(论文) | 王为民 | 山西大学 |
| 39 | 作为广告的景观和作为景观的广告——广告景观初论(论文) | 李雪峰 | 山西大学 |
| 40 | 汉英谚语对比研究(专著) | 寇福明 | 山西大同大学 |
| 41 | 传媒业大数据应用误区与应用策略分析(论文) | 袁文丽 贡嘉阳 | 山西大学 |
| 42 | 山西抗战戏剧研究(专著) | 段 俊 | 山西师范大学 |
| 43 | 北方民间宝卷研究(专著) | 尚丽新 车锡伦 | 山西大学 |
| 44 | 金代科举与文学(专著) | 裴兴荣 | 山西大同大学 |
| 45 | 爱德华·阿尔比戏剧研究(专著) | 樊晓君 | 山西师范大学 |
| 46 | 禅宗语录词语研究(专著) | 何小宛 | 运城学院 |
| 47 | 赵宗复传(专著) | 秦志敏 | 太原理工大学 |
| 48 | 汾河流域人水关系的变迁(专著) | 孟万忠 | 太原师范学院 |
| 49 | 古代建筑测绘(编著) | 王崇恩 朱向东 | 太原理工大学 |
| 50 | 晋阳古城一号建筑基址(研究报告) | 山西省考古研究所,太原市文物考古研究所,晋源区文物旅游局 | 山西省考古研究所 |
| 51 | Bone needle fragment in LGM from the Shizitan site (China): Archaeological evidence and experimental study(论文) | 宋艳花 李小蓉 吴小红等 | 山西大学 |
| 52 | 当代中东国家边界与领土争端研究(专著) | 谢立忱 | 山西师范大学 |
| 53 | 超越村庄:泉域社会在中国研究中的意义(论文) | 张俊峰 | 山西大学 |

续表

| 序号 | 成果名称 | 著作人 | 工作单位 |
| --- | --- | --- | --- |
| 54 | 南京政府前期农民纳税心理与抗税行为分析——以山西农民抗税斗争为中心的考察(论文) | 张启耀 | 运城学院 |
| 55 | “全产业链”理论与应用研究:以山西为例(专著) | 郭丕斌　吴青龙<br>周喜君　王　云 | 太原师范学院 |
| 56 | 旅游景区周边环境规划、利用及促动经济增长研究(专著) | 胡炜霞 | 山西师范大学 |
| 57 | 山西省“十三五”科技创新规划研究报告(研究报告) | 高　策　邹文卿<br>周文凯等 | 山西大学 |
| 58 | 金融集聚影响区域经济发展的机制研究(专著) | 黄解宇　张秀娟<br>孙维峰　王有鸿<br>李小丽 | 运城学院 |
| 59 | 创新网络惯例、网络位置与知识共享(论文) | 常红锦　杨有振 | 山西财经大学 |
| 60 | 山西古村落:遗产保护与遗产旅游(专著) | 邵秀英　耿娜娜 | 太原师范学院 |
| 61 | 地方政府智库建设研究(专著) | 地方政府智库建设研究课题组 | 山西省人民政府发展研究中心 |
| 62 | 基于财务视角的商业模式研究(论文) | 李端生　王东升 | 山西财经大学 |
| 63 | 海归高管能促进企业技术创新吗?(论文) | 张信东　吴　静 | 山西大学 |
| 64 | 中国煤层气产业发展研究(专著) | 牛冲槐　张永胜 | 太原理工大学 |
| 65 | Optimal financial and ordering decisions of a firm with insurance contract(论文) | 王文利　骆建文 | 太原科技大学 |
| 66 | 王羲之王献之墨迹全集解读丛书(专著) | 张兴元 | 山西中医药大学 |
| 67 | 中国戏曲文化中的“禁忌”现象研究(专著) | 张勇风 | 山西师范大学 |
| 68 | 《昭代箫韶》研究(专著) | 郝成文 | 山西师范大学 |
| 69 | 山西寺观壁画山水图式研究(专著) | 赵建中 | 太原科技大学 |
| 70 | 绛州锣鼓的考察与研究(专著) | 杨高鸽 | 运城学院 |
| 71 | 走向课堂的乡土艺术:踢鼓子秧歌的当代演变(专著) | 黄建新 | 山西大学 |
| 72 | 元明清时期关公戏文本研究(专著) | 杜　鹃 | 中北大学 |
| 73 | 戏曲关目与关目漏洞(论文) | 梁晓萍 | 山西大学 |

台山研究》和《晋阳学刊》2018年进入(CSSCI)来源期刊扩展版(南京大学中国社会科学研究评价中心)。

（徐宏新）

## ·山西省社会科学界联合会·

**【社科社团建设】** 2018年，山西省社会科学界联合会（简称山西省社科联)坚持以习近平新时代中国特色社会主义思想为指导，围绕全省中心，着眼于服务改革发展、促进哲学社会科学繁荣，全面推进各项工作，完成年度工作目标任务。山西省社科联与各市和高校沟通联系，推动长治学院、大同大学、中北大学、运城学院等4所高校新成立社科联，全省高校社科联达到8个。新审批成立学会、研究会8家，省级社科类社会组织达到128家。通过单独建、依托建、联合建等方式建立98个学会党支部，全部配备党建指导员，夯实学会党的组织和党的工作“两个覆盖”。加强日常管理和业务指导，组织党组织负责人专题培训，开展调研工作，帮助落实专项经费48000元并拨付给16个学会党组织。指导各市、各高校社科联和各学会、研究会组织专题座谈会、研讨会、论坛、讲座、征文等活动30余次，发挥政治引领作用。（杜伟琴）

**【重点课题研究与评奖】** 2018年，山西省社科联围绕中央及省委、省政府的部署要求，确立2018至2019年度重点课题169项，对2017至2018年度148项重点课题评审结项。参加全省宣传思想文化调研课题研究，机关干部参与撰写的调研成果2篇获一等奖，1篇获三等奖。组织完成《弘扬优秀家风家训 传承中华传统文化——以“山西闻喜裴氏家风家训”为例》《山西景区依托型乡村旅游精准扶贫和社区发展研究》2篇调研报告，以《决策参考》的形式报送省委、省政府领导和相关部门。（杜伟琴）

**【社会科学“晋字品牌”】** 2018年，山西省社科联组织社科评奖，推动树立山西哲学社会科学的“晋字品牌”。组织完成山西省第十次社会科学研究优秀成果评奖工作，评出一等奖27项，二等奖73项，三等奖99项，优秀奖93项，大评奖注重突出政治导向，增加马克思主义学科组2项一等奖指标，提高马克思主义理论研究成果的奖励比例。完成2017年度“百部(篇)工程”评审工作，获奖成果125项，其中一等奖23项，二等奖37项，三等奖65项。在评审中，特别体现对青年人才和应用类研究成果的侧重。在125项获奖成果中，45岁以下青年学者的成果有93项，占74.40%；应用理论研究成果有66项，占53%，使“百部(篇)工程”成为扶持青年社科工作者和应用型成果的重要渠道。

（杜伟琴）

**【社会科学普及宣传】** 2018年，山西省社科联完成《山西省哲学社会科学普及条例(草案)》起草工作。《条例(草案)》于8月23日经省政府常务会同意，以议案形式送交省人大审议，11月28日省第十三届人大常委会第七次会议专题审议通过。加强社科普及宣传基地建设，全年新建立19个省级科普基地，省级社科普及基地达到30个。联合“文源讲坛”“朔州大讲堂”“晋中学习讲坛”等，送专家下基层6场，主办中国共产党党史系列讲座13场，晋冀文化系列讲座18场，各基地举办各种讲座、活动1000多场次，受众达10万人次。注重新时代社科宣传媒体建设，完成对山西社科网的改版升级，做好《学术论丛》《山西社科界》编辑发行工作。（杜伟琴）

## ·三晋文化研究会·

**【三大丛书编纂】** 2018年，三晋文化研究会继续编纂出版三大丛书系列，推进《三晋石刻大全》(李玉明总主编)文献资料搜集、整理、研究和出版工程。截至2018年底，《三晋石刻大全》共有65个县(市、区)68卷编纂完成，59个县(市、区)62卷出版，6县6卷编辑或印制。出版《溯文明之源·寻华夏之根》2018首届尧文化高峰论坛论文访谈专集，约38万字。出版《治国方略史鉴》，约70万字。（王　岳）

**【三晋文化研讨系列活动】** 2018年1月13日，民进山西省委、山西省文化旅游促进会、三晋文化研究会共同主办的山西省文化旅游促进会2017年年会暨海峡两岸与香港、澳门青年

2018年6月10日，首届“溯文明之源，寻华夏之根”尧文化高峰论坛在临汾市举行（王　岳供图）

学生体验中华民族优秀传统文化研学旅行座谈会在太原举行。

4月22日，山西省社科院、三晋文化研究会、三晋出版社、名作欣赏杂志社联合在太原举办《元遗山论》增订出版研讨暨降大任先生追思会。

4月23日，三晋文化研究会主办的新时代尧文化高峰论坛专家访谈活动在北京举行。

6月10日，省委宣传部、光明日报社、中国先秦史学会、临汾市委、临汾市人民政府主办，三晋文化研究会参与承办的首届“溯文明之源·寻华夏之根”尧文化高峰论坛在临汾召开。出版发行尧文化论文集。14篇文章在《光明日报》《人民日报党报头条》《山西日报》《山西晚报》《发展导报》《太原日报》刊登。

10月23日，三晋文化研究会主办的全国农产品加工产业发展战略研讨会暨山西农耕文化论坛在太原举行。

12月26日，三晋文化研究会和晋城太岳干部学院、皇城相府共同举办“太岳精神”研讨会。北京和省外百余名专家学者围绕太岳精神主题开展专题发言。 （王　岳）

## 档　案

【概况】 2018年，山西省共有各类档案馆157个，专职档案工作者6600余人，兼职档案人员12200余人。

2018年，山西省档案馆接收入馆档案5个全宗4439卷35698件，接收21个单位的政府公开信息文件1719件。全年征集社会各界档案、图书、资料39册（共计56本），发放捐赠证书16本。审核上报目录体系采集条目417984条，组织全省各级综合档案馆申报国家重点档案保护与开发项目储备任务17个。馆藏档案的划控鉴定和数字化工作完成45603卷，共计1005317页档案划控鉴定工作。 （柳　杨　段丽婧）

【《抗日战争档案汇编》工作推进】 2018年12月11日至13日，山西省档案馆在太原举办《抗日战争档案汇编》培训班。国家档案局专家授课，解读《汇编》工作的项目介绍、工作流程、编纂规则及注意事项等。推动《汇编》工作开展。 （柳　杨　段丽婧）

【档案馆库建设】 2018年，山西省档案馆推进新馆建设，确立新馆设计方案。办理《建设工程规划许可证》。做好对已列入《中西部地区县级综合档案馆建设规划》批复立项的县级档案馆的监督指导与功能性审核工作。排查现有馆库安全隐患，修缮改造馆库楼外墙、查阅利用大厅等。

（柳　杨　段丽婧）

【档案服务】 2018年，山西省档案馆提升服务水平。全年共接待利用者2547人次，利用档案7434卷，资料3970册，复印8119页。根据国家档案局工作部署，形成《山西省档案馆馆藏档案资料利用规定（试行）》，为规范档案利用行为提供遵循。

（柳　杨　段丽婧）

2018年12月12日，山西省档案馆在太原市举办《抗日战争档案汇编》培训班

（柳　杨供图）

## 物质文化遗产

【概况】 2018年，山西省有不可移动文物53875处，其中全国重点文物保护单位452处，省级文物保护单位487处，市、县级文物保护单位12466处。全年共开展28项考古发掘工作，考古发掘面积2万余平方米，出土各类器物4000余件/套。共投入30791万元文物保护专项资金，其中中央财政15646万元，省级财政15145万元。

2018年，山西省文物局开展涉旅文物单位“两权分离”改革课题研究，制定《山西省涉旅文保单位“两权分离”改革指导意见》，召开改革推进会，分阶段确定改革任务清单，明确督促检查时间表，推开文旅攻坚战。

2018年，天龙山石窟数字复原国际巡展项目入选中宣部“中华文化走出去”项目库。八路军太行纪念馆获全国文物系统先进集体称号。山西省民俗文化遗产保护研究平台和太原徐显秀墓壁画数字项目纳入国家2018年度“互联网+中华文明”示范项目库。陶寺北墓地获“2017年度全国十大考古新发现入围奖”，“彩绘类文物高光谱数字化保护关键技术研究项目”获测绘科技进步奖一等奖。《清凉寺史前墓地》获山西省第十次社会科学优秀成果一等奖,《晋西商代青铜器》获山西省社科联“百部(篇)工程”二等奖。山西文博志愿者之家代表山西参加“全国红色革命文物传播V计划大赛”,共有3部作品获一等奖、6部作品获二等奖、8部作品获三等奖。 (孙婉姝)

**【世界文化遗产保护工程】** 2018年,平遥古城启动城墙内墙62、99号等险情段落墙体加固工程,并组织编制《世界文化遗产平遥古城监测预警体系建设方案》。云冈石窟启动21—30窟危岩体加固工程。五台山启动南山寺善德堂维修工程,组织编制《五台山古建筑群(显通寺)环境整治工程设计方案》。 (孙婉姝)

**【文物保护与利用】** 2018年,山西省文物局维修北马玉皇庙、崇福寺、太谷光华寺、黎城城隍庙、和顺懿济圣母庙等一批全国重点文物保护单位,保护新绛白台寺、悬空寺等全国重点文物保护单位内的彩塑壁画、油饰彩画。开展应县木塔局部足尺模型试验,启动木塔精细化测绘工作,组织推进应县木塔匾额楹联保护修复项目。启动泽州坪上汤帝庙、大同水神堂、渠家大院长裕川茶庄等抢险维修工程的实施。实施文物数字化采集项目。组织有关单位对洪洞广胜寺水神庙、太原净因寺开展彩塑壁画数字化采集。

推进晋阳古城遗址、陶寺遗址、蒲津渡与蒲州故城等大遗址的考古发掘和保护利用工作。陶寺遗址利用建设完成游览道路、木栈道等设施与观象台、宫殿区等重要节点连接,初步形成遗址内游览线路,开展遗址保护展示与开放利用。 (孙婉姝)

**【文明守望工程】** 2018年,山西省文物局推进动员社会力量认养文物建筑、创设非国有博物馆和研发文创产品三项重要任务,制定具体政策,召开南部片区和北部片区文物建筑认养推介会,与山西电视台黄河频道联合开设“文明守望”栏目,启动“请城砖回家、为长城疗伤”活动,推动“文明守望工程”工作。 (孙婉姝)

**【古村落古民居保护】** 2018年,山西省文物局组织对阳城县砥洎城、沁水县湘峪古堡等国保古村落的维修保护。湘峪古堡佣人院、都可轩院维修工程基本完工,诗书院、城门里院、城门里东院、下西院修缮工程实施;砥洎城素履居、笃庆居等二期修缮工程基本完工。 (孙婉姝)

2018年,山西省文物局推进文物保护工作,启动“文明守望工程”

(孙婉姝供图)

**【重要考古项目发掘】** 2018年,山西省文物局开展重要考古项目发掘。

闻喜酒务头墓地。2018年,山西省考古研究所联系市县文物部门清理3座“甲”字形大墓、7座中小型墓、1座灰坑。“甲”字形大墓,墓道朝南,墓室东西向长方形,墓室内由生土二层台、椁室、棺室、腰坑组成。墓主人骨骼保存极差,有殉人、殉狗,共出土青铜器、陶器、玉石小件等近200件。闻喜县酒务头墓地是一处新发现的商代晚期大型高等级贵族墓地,是运城地区首次发现的商代晚期贵族墓地,对研究商代晚期殷墟文化的分布范围、政治地理具有重要意义,对研究运城地区在商代晚期政治地位有研究价值。

襄汾陶寺北两周墓地。位于山西省襄汾县城东北约7公里处的陶寺村北。墓地面积约24万平方米。2018年重点发掘大墓M3011。M3011是迄今陶寺北墓地发掘规格最高的一座墓葬,时代为春秋晚期。葬具为一椁双棺,在棺椁间西部、南部发现大量青铜器,其中一套编钟上发现有大量铭文,其中1件甬钟上可见有“卫侯之孙申子之子书……”等刻铭,可确定该编钟与卫国有关,或揭开春秋晚期晋卫两国的一段重大历史事件。

山西兴县碧村龙山时代遗址。2018年3至12月,山西省考古研究所联合山西大学历史文化学院、兴县文物局,在原有发掘区域,继续清理和重点解剖,保护性回填发掘区。开展遗址年代、古环境、古地貌、古植物、古动物等多学科合作研究。弄清小玉梁地点的聚落布局与演变,确认该台地经历半地穴房址和石砌排房早晚两大阶段,年代相当于龙山文化晚期至二里头文化早期。

山西绛县西吴壁遗址。2018年春、秋两季,中国国家博物馆、山西省考古研究所及运城市文物保护研究所联合组队，对绛县西吴壁遗址开展大规模考古发掘，发现大量二里头、二里冈期冶铜遗迹，出土数量众多的铜炼渣、炉壁、矿石、石范及相关工具，并发现许多陶、石、骨器。证明西吴壁遗址是一处夏商时期的冶铜遗址，为研究中国早期冶铜手工业提供资料。（孙婉姝）

**【文物密集区体制改革】** 2018年，山西省文物局在古堡文物密集区，安排专项经费1000万元予以支持；晋城市编制保护规划，启动太行古堡群申遗工作，召开首届太行古堡国际论坛，通过以奖代补的方式支持密集区文物保护利用项目。在红色文物密集区，长治市编制完成《黎城、武乡、左权"十三五"期间红色革命文物保护与发展总体规划大纲》，成立以市长为组长的领导小组，印发实施方案。（孙婉姝）

## 非物质文化遗产

**【非遗保护与推广】** 2018年，山西省文化和旅游厅开展晋中文化生态保护实验区第一期建设目标任务"回头看"，推动省级文化生态保护区申报。提出在"全省域"范围内对文化生态整体性保护，组织有关专家先后多次到山西省有关市县调研考察，推进"省域国家级文化生态保护实验区"建设。印发《关于贯彻落实〈中国传统工艺振兴计划〉的实施意见》，全年举办培训班10期，提升非遗传承人群的文化艺术素养、审美能力、创新能力。推动全国第八个传统工艺工作站"文化部恭王府驻山西忻州（静乐）传统工艺工作站"活动。组织忻州市、县两级宣传文化部门和驻忻高校代表共100余人到中央文化管理干部学院参加首期非物质文化遗产保护与传承培训班。组织工作人员到贵州参加工作站"传承人对话"系列交流活动。推荐山西大学、中北大学、太原理工大学、太原师范学院、山西戏剧职业学院5所高校入选中国非遗传承人群"研培计划"院校，山西省成为全国入选院校最多的省份之一。（王小龙）

**【首届山西非物质文化遗产博览会】** 2018年7月至9月，由山西工艺美术集团与省文化和旅游厅等单位主办的首届山西非物质文化遗产博览会系列活动在忻州代县雁门关、晋城司徒小镇、临汾壶口瀑布和太原市分段共同举办。活动汇集7大类别200余个国家级和省级的非遗项目。博览会以"保护·传承·转化·发展——非物质文化遗产融入现代生活"为主题，博览会分为开幕式、"长城博览"非遗展示系列活动（忻州市）、"三晋瑰宝"非遗精品与非遗文创作品展（太原市）、"大美太行"戏曲曲艺荟萃（晋城市）、"黄河之魂"传统音乐展演（临汾市）、闭幕式6大部分14项专题活动。展览共分为11大板块：漆彩三晋，三晋窑火，晋式家具，青铜古韵，指尖上的神奇·锦绣山西 美好三晋，农民画、炕围画省级非遗展览，长城博览摄影展，非遗中药炮制技艺·晋药展，晋派砖雕展，第一书记店展销区和非遗食品展销等。全省200多个省级以上非物质文化遗产项目参与，上千件精品参展。（冯晓东）

**【第二届全省职工手工艺精品展评活动】** 2018年9月28日，由山西省总工会、山西省城镇集体工业联合社主办，山西工艺美术集团承办，主题为"弘扬工匠精神，促进创新创业"第二届全省职工手工艺精品展评活动在山西工艺美术馆举行。全省11个市和省级产业数万名职工报送精品600余件。展览分刺绣、剪纸、编织布艺、雕塑、漆器五个类别，展出精选作品400余件。省财贸轻纺烟草工会命名的传统工艺（手艺）大师创新工作室的代表与省劳动竞赛委员会记功的省工艺美术第四届"神工杯"职业技能大赛漆器、剪纸项目前三名选手获发奖牌、证书以及奖金。（冯晓东）

**【非遗展示场馆建设】** 2018年，将山西省工美馆深化改造成山西省非物质文化遗产展示馆。打造八大非遗"晋字牌"（晋酒、晋药、晋醋、晋艺、晋风、晋韵、晋味、晋茶）宣传产品；山西省城镇集体工业联合社和山西省文化和旅游厅联合打造综合性现代化非遗展示推广平台——山西省非物质文化遗产文创基地（五一广场）；在完善山西晋韵小剧场、非遗书屋、鼓楼街帽儿巷食品文化一条街、榆次官道巷民俗文化小镇非遗展示中心等传承演艺平台的基础上，打造平遥旅游景区山西手工艺品连锁专卖店及山西非物质文化遗产平遥古城展演中心；在太原工美馆（非遗馆）开辟"夜读非遗"主题活动，在五一广场非遗文创基地，开辟"文化夜市广场"主题活动。（冯晓东）

**【非遗"进景区、社区、军营"】** 2018年，山西省推行非遗"进景区、社区、军营"。走进25所中小学和幼儿园，近10万师生参与活动。在"文化和自然遗产日"举办走进鼓楼街帽儿巷食品文化一条街大型主题活动和"非遗进军营·慰问人民子弟兵"、庆祝建军90周年"军民鱼水一家亲"等慰问演出活动。太原市优秀文化艺术进校园"双百工程"非物质文化遗产专场活动在娄烦县下静游小学、峰岭底小学、杜交曲小学、下石家庄小学举办。组织工艺美术企业参加展览22期，其中国内19期、国外3期；获"百花杯""金凤凰"奖8金、15银、21铜、18优秀等奖励。山西省城镇集体工业联合社与中国民协、山西民协联合举办"我们的节日"系列主题讲座，开设晋艺大讲堂；在介休举办寒食节孝善文化主题论坛；联合举办首届中国农民丰收节（秋分）民俗系列活动——中国炎帝文化论坛。同清华美院及韩国知名企业"雪花秀"公司合作开展山西非遗漆器髹饰技艺传承保护工作。在芮城永乐宫、太原美术馆分别举办"文化之美·漆心可见"清华大学雪花秀非遗保护基金年度成果展、"漆彩三晋"山

西漆艺巡展。（冯晓东）

【非物质文化遗产文创基地落户太原】 2018年2月1日，山西省非物质文化遗产文创基地落户太原五一广场，由山西工艺美术集团与山西省文化馆共同打造。基地由非遗展示区、创意蜂巢文创公寓、非遗晋味老街坊、群众文化小剧场和画廊五大区域组成。非物质文化遗产展示区通过前店后场形式，将演艺、体验、销售集合为一体，打造非遗项目活态体验馆。入驻项目包括铁货、中药炮制、砂器、陶瓷、葫芦、玉雕、木雕、刺绣等国家级、省级非遗项目近30家非遗项目企业和传承人。文创公寓实现创业人群全天候“安居创业”。山西非遗晋味老街坊通过非遗小屋、老街坊的形式，全方位展示山西省各地非遗特色小吃和制作技艺。（冯晓东）

## 文化产业

【文化产业发展】 2018年，山西省推进文化强省战略，把文化产业列为7大非煤产业之首，制定出台支持文化产业发展、推动文化创意产业与设计服务融合发展、推进文化金融合作、鼓励民营资本投资文化旅游业等文化经济政策，设立文化发展基金、文化产业发展投资基金等多个基金。大批社会资本进入文化产业，文化产业成为山西投融资活跃领域。文化及相关产业法人单位实现营业收入364.05亿元，比上年增长21.90%。从行业来看，三大行业发展齐头并进，增幅均达两位数。文化制造业法人单位实现营业收入65.10亿元，比上年增长12.30%，占比17.90%；文化批发零售业法人单位实现营业收入140.87亿元，比上年增长21.20%，占比38.70%；文化服务业法人单位实现营业收入158.08亿元，比上年增长27.00%，占比43.40%。规模以上文化产业法人单位共有364个，实现营业收入209.64亿元，比上年增长20.60%，占全省文化产业法人单位57.60%。

（王小龙）

【重点文化产业项目】 2018年，山西省文化产业园项目规划占地1178亩，总投资约45亿元，主要建设云水间119客栈聚落、留住山西民间博物馆聚落等七大核心功能区。累计完成固定资产投入4.30亿元，6个示范展示馆主体建设和装修基本完成，室外配套及景观全部完成。山西文化保税区项目位于太原武宿综合保税区内，总投资额6亿元，占地面积127亩。截至2018年底，累计完成固定资产投入约2.50亿元，工程完成近55%。

（王小龙）

## 文化交流

【山西文化展示】 2018年，山西省举办平遥中国年、运城关公文化旅游节、大同云冈活动旅游月、临汾文化尧都旅游节等系列节庆活动以及平遥国际摄影展、平遥雕塑展和灵石国际版画双年展、“2018艺术山西”展、当代陶艺名家邀请展等活动。市场化运作“山西优秀舞台艺术中华行—全国保利院线一带一路城市巡演”，10台精品剧目在全国10多个省演出76场。评选认定山西艺术职业学院、山西戏剧职业学院、山西省工艺美术馆、太原美术馆等10个单位为首批山西省对外文化交流基地。

（王小龙　孙婉姝）

【晋港澳台文化交流】 2018年，山西省开展与港澳台地区交流活动。澳门文化局参访团、澳门文化协会参访团、“台湾大学生山西行”交流团等到晋考察交流。从台湾地区博物馆引进“穿透墙壁——李乾朗古建筑手绘艺术展”。举办第三届海峡两岸同胞神农炎帝故里民间拜祖典礼。

（王小龙　孙婉姝）

【对外交流与合作】 2018年，山西省对外文化交流合作升温，组建文化交流团组33个，到孟加拉、韩国、葡萄牙、毛里求斯、埃及、意大利、希腊、捷克、俄罗斯等国，合计406人次（不含营业性演出人员）。完成葡共《前进报》节党际交往、“2018欢乐春节”、山西品牌丝路行（东盟站）、友城交流等任务，与泰国、葡萄牙、斯里兰卡、埃及等国相关机构签署合作协议或合作意向书，建成省图海外分馆毛里求斯中国文化中心分馆。邀请捷克摩西州政府代表团、美国格雷斯大学乐团、斯里兰卡龙华书院、埃及国家图书馆等到晋考察交流。举办乌克兰著名艺术家作品展等展览展会。山西博物院从意大利都灵埃及博物馆引进“金字塔·不朽之宫——古埃及文明特展”。太原市推进“飞龙在天——天龙山石窟数字复原巡展”项目建设，入选中宣部中华文化走出去文化交流重点项目库。（王小龙　孙婉姝）

# 新闻广电

## 新闻出版

**【传统媒体出版】** 2018年，山西省图书出版3304种，比上年减少213种，增长-0.06%。总印数10174万册，比上年减少725万册，增长-0.07%。期刊出版201种。总印数2259万份，比上年减少42万份，增长 0.02%。报纸出版60种。总印数198105万份，比上年减少3005，增长-0.02%。

（张奇科）

**【山西日报报业集团】** 山西日报报业集团由机关、所属媒体、传媒（集团）公司三大板块组成。截至2018年底，拥有主报《山西日报》和10个子报、2个子刊、1家省属文化企业山西日报传媒（集团）有限责任公司。

2018年，山西日报报业集团围绕中央省委、省政府工作重心，加强新闻宣传新舆论引导，为全省改革发展营造主流舆论。《山西日报》理论周刊坚持每周刊发署名“粟实”或重点研究单位撰写的重要理论文章；头版“三晋之声”栏目组织90多篇“朔辰”评论文章；“热点透析”栏目每两月定期召集相关专家、学者针对热点、难点问题集中研讨，策划撰写理论文章；全年开展12次“科学理论三晋行”大型主题活动。围绕省委各项重大决策部署策划推出重大主题宣传，开设重大主题栏目20余个。完成习近平总书记视察山西重要讲话精神一周年、争当能源革命“排头兵”、全国“两会”、省“两会”等重大战役性报道。

供给侧结构性改革。2018年，山西日报报业集团推进媒体供给侧结构性改革，将生活文摘报社、良友周报社合并组建良友文摘报社，增强发展合力。各子报子刊按照精准定位要求，强化新闻服务，转变经营模式。《山西晚报》精心打造“封面人物”“奋斗”等重点栏目，主办“感动山西”十大人物评选、寻找晋商领袖、千里走黄河等品牌活动。《山西法制报》精准配合全省政法系统工作，与法院、金融机构等合作创办“晋立信”山西失信被执行人曝光台。《山西农民报》与农村科技函授大学合作开设“农村微课堂”、与农资公司合作“3·15”系列专刊等，实现社会效益和经济效益双丰收。《人民摄影报》举办16个有影响力的活动，强化国内摄影专业报刊影响力。《山西市场导报》仅在“3·15”国际消费者权益日活动中就策划特刊版面160个，实现广告收入120万元。山西新闻网发挥自身专业优势，为部分企事业单位开展新媒体代维运营工作。

新老媒体融合发展。2018年，山西日报报业集团推进媒体深度融合。6月4日，集团网络技术中心初步决

2018年3月13日，全省新闻出版广播影视工作会议在太原召开

（省新闻出版局供图）

定采用“互联网+文件服务器”方式，实现山西日报内容向新媒体二级平台的安全高效推送。6月中旬，山西日报客户端完成升级改版，增加语音播报和本地视频直播功能。山西日报融媒体中心媒资库与省级“中央厨房”媒资库，实现互联互通，达到文稿、素材的双向交换。7月下旬，山西日报开通与省级“中央厨房”专线，实现报社与省级“中央厨房”对接。山西日报机房完成私有云升级改造，建成207平方米的融媒体平台物理空间，完成全媒体生产系统相关部署。加快推动现有人员全媒体转型，先后举办13次媒体融合专题培训，200多人次参加培训。先后派出30多人次分别到《人民日报》《解放日报》《河北日报》等兄弟党报实地跟踪学习。

报业多元化经营升级。2018年，《山西日报》广告、发行两大主业保持稳中有升，广告收入连续4年稳定在3200万元左右，发行收入比2017年度增长3.86%。新媒体经营渐有成效，客户端通过提供综合信息发布和形象展示服务，实现经营收入305万元。

推动多元经营项目落实。与中国普天集团开展合作推动山西日报文创园项目建设，对方落实投入资金2400万元。传媒集团印务公司开始拓展数码印刷业务，劳动服务公司争取到“一带一路”物流配送业务优先权，向物流产业进军。2018年，集团实现总收入3.52亿元。 (郭成强)

**【山西出版传媒集团】** 山西出版传媒集团有限责任公司是一家集纸质出版、数字出版、版权贸易、印刷复制、物资供应、出版物发行于一体的专业化、大型文化企业集团。截至2018年底，有成员单位16家，包括山西人民出版社、山西教育出版社、希望出版社、北岳文艺出版社、山西科学技术出版社、山西经济出版社、三晋出版社、山西春秋电子音像出版社8个出版社，山西新华书店集团和三晋报刊传媒集团2个子集团，山西新华印业有限公司、山西美术印务有限责任公司、山西人民印刷有限责任公司3个印刷企业，山西省新闻出版纸张有限责任公司、山西省印刷物资有限责任公司2个物资供应公司及集团教材中心。

2018年，集团150余种出版物获省部级以上奖励。其中，希望社《一诺的家风》《老土豆》入选中宣部“优秀儿童文学出版工程”，《老土豆》入选“2018年向全国青少年推荐百种优秀出版物”。北岳社《落日与朝霞》获第七届鲁迅文学奖诗歌奖，“沈从文故乡五书”获中国“最美的书”，希望社《刀尖上的舞者》获第七届徐迟报告文学奖。三晋社《最善拓本泰山经石峪金刚经》《侯马盟书研究论文集》分别获全国“优秀古籍图书奖”一、二等奖。人民社《潮来潮去》、春秋社《生命如歌》等126种出版物获第二届山西出版奖。《编辑之友》获“全国百强社科期刊”“最美期刊”称号和山西出版奖报纸期刊奖，《小学生拼音报》入选“第九届向全国少年儿童推荐百种优秀报刊”。人印公司、新华印业获“精密达杯”明星企业。

阵地作用发挥。2018年，山西出版传媒集团在主题出版方面，修定《主题出版实施方案》，确定工作思路。各出版单位围绕宣传党的理论方针政策、弘扬三晋优秀历史文化、纪念改革开放40周年等主题，策划出版《〈共产党宣言〉在中国》《中国改革开放全景录:山西卷》《40件物品中的改革开放史》等一批主题出版物。教育社《闪耀世界的中国奇迹》入选中宣部主题出版重点选题目录。北岳社《掷地有声》紧贴脱贫攻坚这一重大题材，紧扣时代脉搏。报刊集团《太行军工》入选国家广播电视总局“弘扬社会主义核心价值观 共筑中国梦”主题原创网络视听节目名单。在主题读物发行方面，书店集团全年政治类图书实现销售254万册，《习近平新时代中国特色社会主义思想三十讲》发行132万册，超额完成中宣部目标任务10%，相关出版单位、教材中心、书店集团、三厂两公司面对供版时间晚、环保压力大、原辅材料涨价等不利因素，通力合作，加班加点，完成国家统编三科教材顺利使用和“课前到书、人手一册”政治任务。

出版重点项目。2018年，山西出版传媒集团有40余个项目入选省部级规划并获资助。教育社《中国分类文学史》、北岳社《郭汉城文集》增补入选“十三五”国家重点出版物出版规划，人民社《近代中国分省人文地理影像采集与研究》、教育社《丝路五

2018年7月4日，省委常委、宣传部部长廉毅敏(前排中)到山西出版传媒集团调研出版改革发展工作 (省传媒集团供图)

道全史》、科技社《文昌纸寿》等5个项目入选国家出版基金，人民社“新出土历代散佚碑刻巡展”获国家艺术基金资助，教育社“新生命教育教材”数字开发项目入选新闻出版改革发展项目库，书店集团信息系统升级、美印公司绿色环保印刷等5个转型项目获省级文化产业发展专项资金支持，25个项目获省级重点文化扶持奖励。全年有34种出版物入选全国农家书屋重点出版物推荐目录。

版权输出。2018年，集团新成立版权管理中心，对版权工作统筹管理和顶层设计。全年有科技社《李可古中医杂病治疗大法》、经济社《闲雅集》等29种出版物版权输出至俄罗斯、乌克兰和我国台湾地区。希望社获“中国版权最具影响力企业”称号，北岳社入围中国图书海外馆藏影响力全国百强。“走出去”工作成效显著，为晋版图书与国际接轨注入新活力。

（张　茂）

## 广播影视

【概况】 2018年，山西省有广播电视播出机构112个，开办274套广播电视节目。其中，省级1个（山西广播电视台），市级11个（各市广播电视台），县级96个，教育电视台4个。全省有电视频道140个。其中，省级电视频道8个、市级电视频道32个（含4个教育电视台）、县级电视频道96个、付费电视频道4个。广播频率134个，较上年度新增2个市级广播频率（新增长治交通广播、大同交通广播频率）。其中，省级广播频率8个、市级广播频率30个、县级广播频率96个。

2018年10月，根据全省机构改革总体部署，成立中共山西省广播电视局党组，10月28日，山西省广播电视局正式挂牌。

截至2018年底，全省广播电视从业人员27088人。其中，管理人员4148人，专业人员14967人（编辑、记者7393人，播音员、主持人988人，工程技术人员4146人，艺术人员909人，其他人员7973人）。

2018年，全省广播电视行政事业单位总收入38.85亿元、资产总额84.48亿元。全省广播电视企业总收入29.63亿元，资产总额72.64亿元。全省广播电视广告收入8.22亿元，有线电视网络收入8.08亿元，新媒体业务收入1.13亿元，电视购物频道收入14.22亿元，广播电视节目销售收入0.24亿元。

山西省中短波转播发射台计15座，中波发射机39部，发射功率459千瓦。山西省调频电视转播发射台204座，有调频发射机236部，功率402.63千瓦；有电视发射机452部，功率437.60千瓦。山西省移动多媒体广播（CMMB）发射机11部，功率12千瓦。山西省有线广播电视传输干线网络总长69739.77公里。

截至2018年底，山西省有线广播电视覆盖用户数7694501户。其中，数字电视覆盖用户数5938297户（双向电视覆盖用户数1273868户）；有线广播电视实际用户数3820082户。其中，数字电视实际用户数3118081户；有线电视网络互联网实际用户数150607户；无线数字广播覆盖用户数597945户，无线数字电视覆盖用户数1039392户。2018年，山西省广播综合覆盖率为98.80%，比上年增加0.05%；山西省电视综合覆盖率为99.57%，比上年增加0.02%。山西卫视全国覆盖人口达10.16亿。（丁耿彪）

【主题宣传】 2018年，山西省广播电视和网络视听媒体把学习宣传贯彻习近平新时代中国特色社会主义思想摆在首位，强化广播电视媒体“头条”建设和网络视听媒体“首页首屏首条”建设，在广播电视媒体重要频道频率、重要时段、重要栏目开设“在习近平新时代中国特色社会主义思想指引下——新时代新作为新篇章”“庆祝改革开放40周年”“奋进新时代 谱写新篇章”专题专栏。完成全国“两会”、省“两会”宣传报道，完成2018年太原能源低碳发展论坛和2018中国（太原）国际能源产业博览会宣传报道，在宣传山西改革发展、讲好山西故事上推出一批好专栏、好作品，营造良好舆论氛围。电视专题节目《刘桂珍：四副担子一肩挑》获2018年中国新闻奖一等奖，广播直播节目《“精准扶贫，我们在路上”——隰县第七届玉露香梨节》和融媒短视频《清明时节捏面燕忆故人寄相思》获中国新闻奖三等奖；《李伟：“试飞”复兴号 我们的速度与激情》《走出矿井当农民》《牢记习近平总书记嘱托谱写新时代山西新篇章之脱贫攻坚》3件新闻作品入选全国广播电视优秀新闻作品。《阳煤化工用煤“淬炼”价值 实现“黑”到“白”的裂变》等29件优秀广播电视新闻作品入选全省优秀广播电视新闻作品。（丁耿彪）

【节目制作播出】 2018年，山西省广播电视剧广播节目制作时间247100小时。其中，制作新闻资讯类广播节目时间47744小时，制作专题服务类广播节目时间81671小时，制作综艺益智类广播节目时间59372小时，制作广播剧类广播节目时间11198小时，制作广告类广播节目时间25733小时（其中制作广播公益广告5362小时7046条），制作其他类广播节目时间21382小时。

2018年电视节目制作时间112401小时。其中，制作新闻资讯类电视节目时间39128小时，制作专题服务类电视节目时间25947小时（其中纪录片制作时间2070小时），制作综艺益智类电视节目时间11221小时，制作影视剧类电视节目时间948小时，制作广告类电视节目时间21352小时（其中制作电视公益广告2010小时3917条），制作其他类电视节目时间13805小时。

2018年广播节目播出时间506324小时。按播出类型分，播出新闻资讯类广播节目时间120650小时，播出专题服务类广播节目时间114114小时，播出综艺益智类广播节目时间115124小时，播出广播剧类广播节目时间43132小时,播出广告类广播节目时间37726小时(其中播出广播公益广告时间10835小时),播出其他类广播节目时间75578小时。按播出来源分,转播中央台节目时间85259小时,转播省级台节目时间32062小时,转播市地级台节目时间24539小时，播出自制节目时间285168小时,播出购买、交换节目时间79296小时。

2018年电视节目播出时间640383小时。按节目类型分,播出新闻资讯类节目时间93794小时,播出专题服务类节目时间79510小时(其中纪录片播出时间10618小时),播出综艺益智类节目时间44608小时,播出影视剧类节目时间292624小时,播出广告类节目时间68572小时(其中播出公益广告时间13329小时)，播出其它类节目时间61275小时。按节目来源分,转播中央台节目时间62426小时,转播省级台节目时间30781小时,转播市地级台节目时间22450小时，播出自制节目时间181705小时,播出购买、交换节目时间343021小时。 (丁耿彪)

【融合推进】 2018年,山西媒体智慧云平台、山西广电“晋视界”智慧融媒体平台、临汾市广播电视网络中心智慧广电全IP融合业务网、晋中市广播电视台晋中全媒体云服务平台、阳泉市广播电视台“现场云”直播平台、太原有线网络公司智能融合一体化平台、大同市广播电视台“大同云”平台等项目建成投入运行。朔州市广播电视台“智慧朔州”、吕梁市广播电视台“一网两微一端一窗口”及晋城、长治、运城、忻州等60多家市、县播出机构开展“两微一端”智慧广电业务,主动与旅游、农业等产业进行相加相融。媒体融合发展加快,39个县级融媒体中心挂牌成立。山西广播电视台新闻客户端安卓版本测试上线，黄河客户端完成方案设计、专家论证等工作,全台活跃微博、微信平台超过50个,微信平台用户总规模达千万以上,微博用户规模达500万,“山西新闻联播”“人说山西好风光” 微信公众号粉丝数超过300万，初步形成“1台+2端+N号”全媒体传播矩阵。(丁耿彪)

【影视剧创作】 2018年山西省立项备案电视剧8部，拍摄电视剧5部198集。讲述右玉县人民坚持不懈植树造林故事电视剧《右玉和她的县委书记们》在央视一套首播,电视剧《立秋》获国家广电总局专项扶持。动画片《奇奇怪怪》在腾讯视频播放量破亿并登录北京卡酷少儿频道播出。广播电视新闻节目创新创优取新成绩,山西广播电视台《走进大戏台》获第25届中国电视文艺“星光奖”;《国乐大典》传承中华优秀国乐文化,获全国广播电视节目创新创优奖。实施“记录新时代”纪录片创作传播工程,全省27家纪录片制作机构申报三大类44个纪录片选题项目,纪录片《山路弯弯》在央视播映获第24届中国纪录片长片好作品奖。开展优秀公益广告扶持项目征集活动,《尊重知识,保护知识产权》获国家广电总局公益广告扶持评审二等奖、《传承中华文明 坚定文化自信》《斑马线上的温度》获三等奖,太原广播电视台获优秀传播机构三等奖。开展2018年山西省优秀网络视听作品评选活动,选出30部全省优秀作品,《高原上的心愿》《山上有棵树》《老高回到洛江沟》《太行军工》在国家网络视听节目内容建设扶持项目中获奖。 (丁耿彪)

【公共服务】 2018年,山西省广播电视直播卫星户户通情况。全省广播电视直播卫星用户规模350万户。各县均建立设备仓储保管和出入库台账登记制度,形成一整套工程管理办法和实施流程。2018年,山西省在偏关县、静乐县、平顺县3个县启动实施应急广播体系建设工程，中央补助1339万元下达各县。

2018年，全省完成167个无线发射台数字广播电视节目覆盖测试与优化设计工作。落实中央投资3840万元，完成24个无线发射台站基础设施改造工作。太原教育电视台新增调频广播发射中央人民广播电台交通广播节目,中央人民广播电台在阳泉狮脑山、大同七峰山、吕梁木孤山和省直属1125台使用调频广播发射经济之声节目。推进融合网试验项目建设,忻州市完成无线双向网试验基站部署,五台山风景区建设3个无线双向网试验基站,实现五台山游客中心及其周边无线双向网覆盖,搭建起手机电视业务场景,完成家庭电视双向化试点改造。 (丁耿彪)

【安全播出监管】 2018年,山西省各级广播电视管理部门和播出机构、网络机构全面落实“谁主管、谁负责”和属地管理责任，完成全年54天重要保障期安全播出保障任务。2018年,山西省广播电视剧召开5次安全播出和网络安全专题会议,发布安全播出和网络安全预警信息131次,约谈安全播出事故单位3个，责任人10名,5人受到处分,向全省广电系统通报2018年全省安全播出工作和重大事件、事故情况。对全行业220个信息系统进行年度网络安全检查和关键信息基础设施检查。为支持大西高铁建设,克服困难,督促忻州中波台实施临时迁址发射,确保搬迁过程中传输发射安全。

2018年,山西省有持证视听网站8家、备案视听网站有13家。重点视听网站山西网络广播电视台,整合山西广播电视台所属各频率、频道资源,集广播、电视、网络于一体,是山西重要的思想文化阵地,肩负着宣传党政方针、传播新闻、社会教育、文化娱乐、信息服务等多种职能,是山西公众获取信息主要渠道,也是山西了解全国、全国了解山西重要窗口。

网络视听内容管理,印发山西省网络视听节目内容审查实施办法。对持证网站节目内容规划和上线内容备案审查。2018年,网上提交国产影视剧2836部(54946集),提交境外影视剧申报1001部(1787集),提交自审节目690部(921集)。随机执法检查5家单位,要求2家互联网视听节目服务单位整改。查处“西瓜视频”,两次约谈“西瓜视频”企业负责人,要求其整改,对违规节目下架;查处“热片网”“秀爱折影城”等网站。(丁耿彪)

## 版权管理与服务

【版权执法监管】 2018年,山西省版权局将打击侵权盗版作为全年工作的重要任务,提高工作标准,加大打击力度,突出重点领域、重点环节、重点位置、重点对象的整顿工作,保持对生产、销售侵权盗版制品违法行为的高压打击态势。全面净化全省出版物市场。全省立案查办各类侵权盗版案件53起。 (郝子谋)

【版权宣传“七进”活动】 2018年4月20日至26日,山西省各级版权管理部门开展版权宣传“七进”活动。“版权宣传进媒体活动”:组织各级版权管理部门运用广播、电视、公交移动电视等媒体,通过刊登公益广告、专栏专题宣传、播放宣传视频、播报形成活动等方式宣传。“版权宣传进机关活动”:设计制作版权宣传漫画给100余个省级政府机关以及部分市级机关,要求在宣传栏、电梯口张贴并组织学习《政府机关使用正版软件管理办法》等相关文件。“版权宣传进企业活动”:到版权密集型单位宣传,引导员工学习知识产权知识、树立创新理念。“版权宣传进校园活动”:太原市版权局深入校园,集中宣传著作权法律法规知识。“版权宣传进社区活动”:大同市通过群众喜闻乐见的形式,举办版权宣传进社区晋剧专场演出,深受社区群众欢迎。演出现场还设立“侵权盗版举报点”,并讲解识别盗版图书常识。“版权街头集中宣传活动”:阳泉市举行“知识产权宣传周”版权宣传活动启动仪式。大同市开展保护版权签名活动,宣传普及版权知识。太原、晋中、晋城、吕梁等市纷纷在城市广场、图书馆门前、主要街区以摆放宣传展板、发放宣传资料、现场解答问题等多种方式,宣传法律知识。“版权宣传进移动终端活动”:如太原市利用移动在线服务向全市市民发送智能短信60万余条版权宣传主题短信,开展版权知识宣传普及,扩大宣传活动的覆盖面、增强宣传活动的时效性,提升宣传效果。 (郝子谋)

【打击网络侵权盗版违法行为】 2018年7月起,山西省版权局与省公安厅、省通信管理局、省互联网信息办公室全省范围内联合开展第14次打击网络侵权盗版专项治理“剑网行动”。以网络侵权多发领域为重点目标,以查办网络侵权盗版案件为重要抓手,集中整治网络转载、短视频、动漫等领域侵权盗版多发态势,重点规范网络直播、知识分享、有声读物等平台版权传播秩序,巩固网络影视、网络音乐、电子商务平台、应用商店、网络云存储空间等领域专项整治成果。开展重点网站主动监管工作,对传播文学、影视、音乐、新闻、游戏等作品的重点网站全面清理整顿,将有关重点监管对象依法纳入版权监测范围。全省共主动监管网站100余家。部分市组织互联网企业开展自查自纠,全面清理整顿,约谈网站负责人,认真查找、及时整改侵权盗版问题。

处置国家版权局移转的涉嫌侵犯网上著作权案件线索5起。经认真核定,其中3起山西省无管辖权。其余2起,山西版权局组织精干力量,开展调查取证和案件查办工作。办结涉及网络侵权盗版的案件2起,分别是“朔州那些事儿”微信平台案和歪歪视频案。以上两个网站不但侵犯著作权,也含有淫秽色情等相关信息,分别给予3万元和1万元罚款的行政处罚。 (郝子谋)

【版权公共服务体系建设】 2018年,山西省率先在省转型综改示范区和部分版权密集型单位共12家建设全流程管理的版权专业工作机构。探索知识产权质押融资办法。研究知识产权质押融资工作,寻找突破办法。与国家版权局和兄弟省市积极沟通,对国家版权局和部分省市版权质押融资工作相关情况持续跟踪,与省科技厅等畅通联系渠道,与省金控集团就版权质押融资工作开展对接。帮助解决版权实务难题。加强对图书、报刊采编人员的版权法律知识培训,提高其在版权工作新形势下使用、管理、保护版权资源的能力,2018年共有近千人参加培训。做好版权登记工作。发挥作品版权登记工作和版权贸易合同备案在厘清版权权属、化解版权纠纷、提供权利证据、避免版权侵权等方面的重要作用,扩大工作的覆盖面和社会影响。完成作品版权登记300余件,完成版权贸易合同备案53件。 (郝子谋)

【软件正版化长效机制】 2018年,山西省下发《山西省2018年推进使用正版软件工作计划》,探索实施软件集中采购工作、推广正版软件管理工作指南、开展政府机关软件正版化工作督促检查、做好预装正版操作系统软件监管等方面的工作。对省直各单位软件正版化工作责任人信息数据库核实清理,督促各市建立健全软件正版化工作机构,确保各项工作精准对接、工作责任有效落实。加快推进全省省属国有企业和银行业金融系统使用正版软件检查整改工作,对使用正版软件工作情况进行严格自查,摸清使用正版软件工作底数,发现问题及时整改,建立健全推进使用正版软件工作长效机制。 (郝子谋)

# 医疗卫生

Medical Treatment and Public Health

## 综 述

【概况】 截至2018年底，山西省有医疗卫生机构42055个，其中，医院1367个(三级57个、二级365个、一级309个、民营893个)，乡镇卫生院1313个，社区卫生服务机构965个，村卫生室28321个，门诊部406个，专业公共卫生机构447个，其他机构63个。乡村医疗卫生机构基本实现服务全覆盖，92%的县级综合医院达到二级甲等及以上水平。共有医疗机构床位20.83万张，每千人口床位为5.60张。有卫生技术人员24.61万人，其中，执业(助理)医师99217人，每千人口2.67人；注册护士103831人，每千人口2.79人。2018年度，山西省各级医疗卫生机构总诊疗量达1.30亿人次，入院总量494.29万人次，门诊病人次均诊疗费用为180.20元，住院病人人均住院费用为8068.80元。

(季 巍)

【医疗卫生改革】 2018年，山西省实施“136”兴医工程，围绕全面提升医疗水平这一主线，推进临床专科、重点医学实验室和卓越医学团队3项重点建设，协同推进前沿医疗技术引进开发、医学装备保障、科技基础平台、国际医学协作、专病诊疗中心、科研成果转化6个基础项目实施。启动12个领军临床专科建设。省内二级以上公立医院全面推开临床路径工作，在全国率先推广县域医疗集团优质护理服务。家庭医生签约服务覆盖2110.20万城乡居民。“健康山西”信息平台覆盖46所三级医院、78所县级医院、3000余个基层机构。建立三级医院纵向帮扶县级医疗集团医联体60个。成立省级专科联盟37个。新设置审批投资规模1000万元以上的社会办医疗机构10余所，山西省最大规模的社会办三级医院在运城开诊运行。

(季 巍)

【公共卫生事业发展】 2018年，山西省基本和重大公共卫生项目获得国家绩效考核奖励463万元。法定传染病报告发病率、结核病报告发病率均低于全国平均水平。5种重点地方病均达到国家消除或控制标准。基本公共卫生服务、地方病防治等4项工作在全国大会交流经验，职业病监测信息化建设受到孙春兰副总理的肯定。通过国家卫生县城（乡镇）初审15个。改造无害化卫生厕所15万座。全年未发生较大及以上突发公共卫生事件，处置各类突发事件22起。食品污染物和有害因素监测覆盖全省所有县(市、区)。山西省无偿献血工作

2018年1月15日，山西省县乡医疗卫生机构一体化改革发展研讨会在太原举办 (季 巍供图)

2018年9月27日，全国县域综合医改现场会在运城召开 （季 巍供图）

连续6届12年获“全国无偿献血先进省”称号。（季 巍）

**【职业病防治】** 2018年，山西省依法依规开展职业卫生技术服务机构资质认可工作。每年对50%的机构开展监督检查。对企业职业健康检查，及技术服务机构出具的检测、评价报告的原始记录一并核查，发现违法违规问题严肃查处。组建职业健康专家库。每年“双随机”开展职业健康检查机构专项检查。省卫生健康委直属事业单位省医疗设备服务中心取得放射卫生技术服务机构甲级服务资质，填补全省空白。（季 巍）

**【山西“互联网+”医疗健康】** 2018年4月，山西省卫生健康委员会印发《山西省进一步改善医疗服务行动计划实施方案(2018–2020年)》，9月山西省人民政府办公厅印发《山西省促进“互联网+医疗健康”发展行动计划(2018–2020年)》，明确加快医疗健康与互联网深度融合的工作要求，为“互联网+”卫生计生工作指明方向。

6月22日，“国家远程医疗与互联网医学中心远程协作平台”在京正式启动，大同市第三人民医院成为“国家远程医疗与互联网医学中心大同协同中心”，结合互联网医疗健康服务及智慧医院建设要求，建立规范有序的“互联网+医疗健康”模式。

8月，晋中市第三人民医院和北京迈康智源医学研究院合作打造“互联网+医疗/医院创新实践”的全病程治疗“云医院”项目启动。该项目通过“全病程治疗活动——连续性治疗业务”的开展，让患者在疾病治疗的全流程接收“规范化–全品类–连续性–标准化”的医疗服务，为打造互联网智慧医院开展有益探索。

9月4日，由山西省卫生健康委员会主办的山西卫生健康服务平台上线运行。

## 妇幼保健

**【母婴安全行动】** 2018年，山西省卫生健康委员会实施母婴安全行动，实现每市、县危重孕产妇救治中心和危重新生儿救治中心“两个全覆盖”。落实计划生育特殊家庭扶助关怀联系人制度，家庭医生签约服务和就诊绿色通道“三个全覆盖”。特殊家庭扶助金标准较上年提高150元。流动人口卫生计生信息共享系统完成国家试点任务。创建全国流动人口基本公共卫生计生服务均等化示范县区2个，健康促进示范企业学校14个。为全省30万怀孕妇女提供免费产前筛查与诊断服务。免费“两癌”筛查惠及40万贫困地区农村妇女。全省公共场所和用人单位累计建成母婴设施903个。计生便民服务改革解决群众生育登记办事堵点问题。（季 巍）

**【母婴设施建设】** 2018年，山西省卫生健康委员会与省总工会等部门推进全省公共场所和用人单位母婴设施建设。共建成标准化母婴室903个，在建124个，母婴设施总面积达13209.7平方米，覆盖机场、车站、医院、商业中心、旅游景区等公共场所和用人单位1015个，全省应配置母婴设施的公共场所配置率达93.63%，高出年度目标13.63个百分点。（季 巍）

**【计划生育保障机制】** 2018年，山西省将计生特别扶助金由伤残家庭每人每月400元、死亡家庭每人每月500元提高到伤残家庭每人每月550元、死亡家庭每人每月650元，并列入2019年部门预算。下达省级计生家庭奖励政策补助经费1.33亿元；安排免费孕前优生健康检查、支持计划生育免费基本技术服务、人口出生性别比综合治理等计划生育工作专项补助经费1.26亿元。（季 巍）

## 医疗卫生服务

**【医疗服务行动】** 2018年，山西省卫生健康委员会印发三年实施方案及系列专项工作方案，以全省三级医院和县级医疗集团为重点推进实施，增强群众就医获得感。预约诊疗平台覆盖全省所有三级公立医院和县级医疗集团，提供预约服务400余万人次；建设完成山西省远程医疗中心项目，远程医疗覆盖全省90%的省、市、县三级体系；高级、初级卒中中心覆盖全省所有地市，山西省卒中急救地图于10月29日正式合拢，为全国首个实现“地市全覆盖”的省份；全国首家启动胸痛中心“全省模式”建设，打造全域覆盖、全民参与、全程管理的

"三全"区域救治网络;明确临床检查互认原则,推进省内同级医疗机构间、医联体内、县级医疗集团内互认工作。(季 巍)

【家庭医生签约服务】 2018年,山西省卫生健康委员会联合省人社厅、财政厅出台完善基层医疗卫生机构绩效工资、保障家庭医生签约服务的绩效工资政策,明确家庭医生补助标准和渠道,落实机构内部分配自主权,调动基层医疗卫生机构活力。县乡村三级卫生计生队伍融合,在全省推行"1名村医+1名乡医+多名上级医院医生"的"1+1+X"家庭医生团队模式。开展"进万家""宣传月"等活动,涌现出贺星龙等一批基层好医生、好团队先进典型,其中榆次区长凝镇卫生院、永济市城西社区卫生服务中心家庭医生团队被原国家卫生计生委评为"优秀家庭医生团队"。签约服务信息化建设推进,58所三级医院、78所县级医院、3000余所基层医疗卫生机构接入平台,平台注册人数170余万人,预约挂号累计服务患者546万人次。在线签约84万户,可查阅健康档案166万份。(季 巍)

【村级医疗卫生服务】 2018年,山西省健全乡村医生队伍建设政策,在老年乡村医生退养政策上取得突破。老年乡村医生退养补助标准从现行的每人每月100元提高到200元,在中部省份处于中上水平。出台《推进乡村卫生服务一体化管理实施方案》,落实县域医疗集团对村卫生室和乡村医生的管理责任,将村卫生室融入县域医疗集团管理。争取省级补助2200余万元,落实乡村医生参加城乡居民养老保险缴费、老年村医退养和村卫生室运行维护补助。明确全省1400余个偏远小散村落常住居民基本医疗卫生服务保障的提供形式和办法,通过建立服务台账、提供服务登记、服务提供责任者与居民信息联系三项制度,推动村卫生室"空心"村基本医疗卫生服务提供精准到户到人。(季 巍)

【航空医学救援网络】 2018年,山西省卫生健康委员会适应山西省促进通用航空产业发展和低空空域改革方向,鼓励通航企业直升机医学救援项目落地山西,引导、支持通航企业协作开展航空医学救援服务,并纳入卫生应急资源统筹调度,完善极端条件突发事件伤病员救援网络。截至2018年底,山西医科大学第一医院、山西医科大学第二医院、太原市120急救中心等29个医疗机构和院前急救机构,与通航企业建立直升机航空医学救援合作机制,初步建立覆盖11市12县的直升机立体紧急医学救援网络,累计实施直升机转运救援9次。(季 巍)

2018年5月18日,山西省举办"2018世界家庭医生日"活动

(季 巍供图)

【精神卫生服务】 2018年,山西省建立精神科专科联盟,组织省、市专科机构与贫困县医院、新成立精神科县医院对口帮扶。新成立的精神科门诊量较上年度增加70%以上。联合综治等五部门开展全省严重精神障碍管理服务能力提升工程,建立精神卫生工作全过程规范化操作流程、质控体系,服务水平稳步提升。专科联盟开展培训30余期,培训全省精神心理专业人员3000余人次,培训精神科转岗医师235人,覆盖全部贫困县及新成立精神科的县。在全省推广运城市精神卫生综合管理试点经验。在太原、临汾、运城三市开展全国社会心理服务体系试点工作。(季 巍)

【医疗便民服务】 2018年,山西省卫生健康委员会研制开发"一网通办"政务服务平台和手机APP,率先在省直各部门中实现从申请人提出申请到审批办结全程"网上办、掌上办"。比国务院、省政府目标要求提前3个月,超国务院指标要求20%、超省政府指标要求15%。申请材料"一单通"保证"一次告知"。在试点基础上,推行医师、护士执业注册申请材料"零申请材料""一单通"。医护人员执业注册申请材料由原来一人一份20余页,改革为仅需提供注册基本信息,精减申请材料95%以上,全国领先。审批流程"两步并作一步走",简化办理程序。医疗机构设置审批等6项事项,精简流程和办理时间60%以上。(季 巍)

## 中医药

【中医药事业发展】 2018年,山西省中医院被确定为国家中医临床研究

基地建设单位和全国中医药文化宣传教育基地。创建国家级中医区域诊疗中心2个，全国基层中医药工作先进单位2个。建设基层中医馆120个，国家级传承工作室19个。成立山西省中医药“一带一路”对外交流合作联盟，入选国家2018年度中医药国际合作专项1个。 （季　巍）

【中医药科技创新】 2018年，山西省推进中医药科技创新和文化传播。省中医院被国家中医药管理局确定为第二批国家中医临床研究基地。40个试点县的中药资源普查工作通过国家验收，新增10个普查县完成野外作业。完成中药材种子种苗繁育基地、中药资源省级监测中心的验收工作。推进山西振东制药和山西华卫药业的中药标准化项目。省级中医药数据中心完成基本建设。 （季　巍）

【中医药文化传播】 2018年，山西省启动“中医中药中国行”系列活动。开展2018年“服务百姓健康行动”全国大型义诊活动周。山西省中医院被国家中医药管理局确定为全国中医药文化宣传教育基地。山西中医药大学获第四届全国悦读中医活动悦读中医好声音、好视频、金牌成员等多个奖项。组织举办全省中医药经典理论知识竞赛。组织拍摄《山西中医药》纪录片。组建山西省中医药“一带一路”对外交流合作联盟，整合全省中医药优势资源，发挥针灸等中医药特色技术专家团队的核心作用，通过授课、医疗技术输出、建立中医药对外交流中心等方式将中医针灸、康复等中医药特色技术逐步推广到“一带一路”沿线国家。中国—北美广誉远中医药中心项目和中国—澳大利亚振东中医药中心项目成功通过国家2017年度中医药国际合作专项验收。山西中医药大学和省针灸医院联合申报的中国—荷兰中医药中心项目入选国家2018年度中医药国际合作专项。 （季　巍）

## 医政管理

【现代医院管理制度启动】 2018年，山西省先后印发《山西省建立现代医院管理制度实施方案》《山西省贯彻落实〈关于加强公立医院党的建设工作的意见〉的实施办法（试行）》，加快推动公立医院管理体制和治理机制改革。印发《山西省三级公立医院2018年度绩效考核工作方案》，启动全省三级公立医院绩效考核工作。印发《山西省开展制定医院章程试点工作实施方案》，在全省所有三级公立医院、24个县级医疗集团和10%社会办非营利性医院开展章程试点工作。印发《关于扩大公立医院薪酬制度改革试点工作的实施方案》，薪酬制度改革试点由阳泉1个市扩大到全省11个市，涉及38家试点医院（其中省级4家、市级14家、县级20家），试点医院绩效工资总量在当地无收入全额拨款事业单位的5倍以内自主申报，其中财政保障部分按原渠道实行总量包干，其余部分由单位自行解决。印发《推进临床路径工作实施方案（2018—2020年）》，在全省二级以上公立医院全面开展临床路径管理工作。 （季　巍）

【医卫人才建设】 2018年5月，山西省举办县级医疗集团人才招聘大会，全省119个县级医疗集团全部参会，吸引省内外高校毕业生3万余名应聘，现场签约1747人，达成意向1.3万人次。被人民网等誉为“务实的引才之举”。落实高层次人才奖励经费301万元。举办全国性学术年会5个。委直医疗机构建成院士工作站3个，国家级博士后科研工作站1个，累计建成院士、博士后工作站15个，柔性引进院士11名。完成全科医生转岗培训210人。招录农村订单定向免费培养医学生270名。新增国家级住院医师规范化培训基地5个。“医卫双优下基层活动”“基层卫生人才能力提升项目”继续医学教育项目，全年培训各级各类专业人员27万多人次。获批国家自然科学基金30项。

印发《山西省全科医生特设岗位计划试点工作实施方案》，协调国家争取全科医生特设岗位招聘指标157人、中央财政专项补助785万元，在大同、吕梁、临汾市的11个国家集中连片特困县开展试点工作。截至2018年底，大同、临汾市公开招聘基层特岗全科医生27名，吕梁市完成105名基层医师全科特岗计划招聘考试。 （季　巍）

2018年5月26日，山西省县级医疗集团人才招聘大会在山西中医药大学新校区举办 （季　巍供图）

2018年3月，山西省卫生健康系统举办护工就业计划工作推进暨培训会

（季　巍供图）

【县乡村一体化信息平台建设】 2018年，山西省卫生健康系统推进县乡一体化信息化建设。召开全省县乡医疗机构一体化信息化建设示范推进会，总结经验，全面推广，健全完善县域综合医改“山西模式”，提高群众享受医疗卫生服务的可及性与便捷性。探索实施县乡一体化信息化建设“大平台”模式，构建县乡村一体化信息平台。探索实施县乡一体化信息化建设“双引擎”模式，构建以电子病历为核心的医疗集团信息云平台、以健康档案为核心县域人口健康信息平台。探索实施县乡一体化信息化建设“混合云”模式，实现县域内电子健康档案和电子病历共享、检查检验结果互认。（季　巍）

【医养结合】 2018年，山西省卫生健康委员会开展安宁疗护试点工作，全省确定20家试点单位，其中13家医院、2家社区服务中心、5家医养结合机构。积极推进公立医疗机构养老服务试点，探索符合山西省实际的发展模式和路径。全力推进医疗服务老年人能力建设，重点要求二级以上综合医院开设老年病科。截至2018年10月底，全省87%的三级综合医院、59%的二级综合医院开设老年病科，83%的医疗机构开通为老年人便利服务的绿色通道，62%的养老机构能够提供医疗服务。（季　巍）

【医疗服务价格改革】 2018年，山西省在取消药品加成基础上，按照“总量控制、结构调整、有升有降、逐步到位”的原则，同步调整医疗服务价格，各市平均调价1600余项；对市场竞争比较充分、个性化需求比较强的口腔正畸、辅助生殖技术和美容等67项医疗服务项目实行市场调节价，由公立医院自主制定价格。权力下放，推进市县公立医院综合改革。将市县级公立医院医疗服务价格调整权限授权市县级政府。由当地人民政府根据本地医疗卫生发展的实际情况，在省规定的调价类别内可自行选取调价的项目。省级主管部门不再统一规定调价项目和调价幅度。落实按病种收费，推进定价方式改革。制定省级公立医院100个病种收(付)费标准。截至2018年底，各市制定的按病种收(付)费均在100个以上。（季　巍）

【医疗卫生国际合作】 2018年，山西省卫生健康委员会围绕“一带一路”建设总体布局，建立国际医疗领域友好合作新伙伴。协助参与组建山西省中医药“一带一路”对外交流合作联盟；山西中医药大学和省针灸医院联合申报的中国–荷兰中医药中心项目入选国家2018年度中医药国际合作专项；2018年8月由武晋副主任率“山西卫生援外调研工作组”赴喀麦隆实地调研后建议在喀麦隆雅温得妇儿医院成立“中医中心”，截至2018年底，山西省针灸研究所(山西中医学院第三中医院)制定《国家卫健委援喀麦隆“中医中心”三年合作项目方案申请书》，正向国家卫健委申请评估、立项。（季　巍）

【基本药物配备使用】 2018年，山西省将公立医院优先采购使用基本药物列入2018年度卫生计生工作重点任务清单，明确各级各类公立医院基本药物的使用比例，建立基本药物使用情况与基层实施基本药物制度补助资金拨付挂钩的考核激励机制。省药采平台采取对中标挂网基本药物单独标注、单列目录的方式，提示医疗机构优先采购，月通报公立医院基本药物采购情况及占比情况，推动公立医院优先采购使用基本药物，最大程度减少患者药费支出，促进医院合理用药。（季　巍）

# 体　育

Sports

## 综　述

【概况】 2018年，山西省体育局推动全省体育工作，推动完善群众身边的体育组织、体育指导、体育赛事、体育设施、体育活动、体育文化“六边”工程建设，发展“体育+”和“+体育”全民健身活动新模式；以第二届全国青年运动会筹备工作为重点，推进竞技体育项目布局调整，办好第十五届省运会，做好第十八届亚洲运动会参赛工作，推进足球项目改革发展；提升体育产业发展水平，推动通用航空产业发展。销售中国体育彩票42.84亿元，完成全年目标任务107.10%，同比增长22.65%，筹集公益金9.36亿元。全年取得世界、洲际赛事金牌11枚，亚运会金牌3枚和全国赛事金牌56枚，国际单项赛事中，山西省运动员共获得金牌18枚。11名运动员入选参加印度尼西亚雅加达亚运会的中国体育代表团，参加9个大项的比赛，夺得3金2银2铜。承办国内外大型赛事。申请承办28项国内外重要赛事，覆盖所有项目运动管理中心。举办山西省第十五届运动会并以竞争性申办的方式确定大同市、朔州市为第十六届省运会承办城市。

2018年山西省体育竞赛名录(省级青少年体育部分)中，设置各项目青少年体育比赛61项；32所学校被认定为“山西省高水平体育后备人才基地(2018—2021)”；提升体育后备人才队伍建设力度，将业余教练员培训列为基本工作，举办业余训练教练员培训班，培训范围基本覆盖全省青少年业余训练教练员队伍。

完成389个“百县万村示范村”、168个行政村、770个移民新村全民健身路径工程等设施建设，筹备首届“全省最美社会体育指导员”暨山西省社会体育指导员电视技能展示大赛。开展全民健身活动和赛事，举办60余项全国群众体育赛事活动、100余项省级群众体育赛事活动和400多项市级全民健身赛事活动；推动“全民健身运动模范市、县”创建工作。推荐太原、大同、长治3市，屯留、榆社、永济、安泽4县区市参与“全民健身运动模范市、县”创建活动。《“健康山西2030”规划纲要》2018年行动计划印发，提出全省居民健康素养水平要达到15%，推动创建2个国家级、7个省级健康促进县(区)工作。

(王宏德)

【“体育+”发展模式】 2018年，山西省体育局与大同、朔州、长治、忻州、吕梁市人民政府，山西医科大学、山西医科大学第一医院、大同大学，山西文化旅游投资控股集团有限公司、山西建设投资集团有限公司、鑫控集团有限公司等开展战略合作。推动“体育+旅游”，举办高平“后羿杯”全国射箭挑战赛、左云“摩天岭”杯中国公路自行车联赛等赛事。以自行车、马拉松、冰雪、足球项目为龙头，提升项目普及程度。建立山西省马拉松、自行车赛事联盟，为加盟单位提供赛事指导、比赛运行、专业服务、安全保障评价体系等各方面支持。自行车赛事举办数量超过30次，参赛人数超过1.30万人次，带动各类消费超过0.50亿元。完善健身休闲产业政策体系，推动体育与文化、旅游、康养等产业融合发展。与巴西、阿根廷、乌拉圭、德国等国家先进体育组织互动合作，开展足球、武术、太极、柔道、乒乓球和艺术体操等体育文化交流活动。

(王宏德)

【冰雪运动项目】 2018年，山西省体育局推进二青会单板滑雪平行项目(8个小项)和花样滑冰(30个小项)办赛场馆建设和改造工作，确保符合比赛要求。与黑龙江、吉林、辽宁、内蒙古等冬季项目强省合作，引进和联合培养优秀运动员，为备战二青会、冬季全运会及北京冬奥会打下基础。配合国家体育总局开展跨界跨项跨季选材工作，重点在全省范围内开展雪橇、滑雪等冬季项目选材工作，向国家输送跳台滑雪、越野滑雪、自由式滑雪、单板滑雪和冰壶等冬季项目运动员30人。以举办二青会冬季项目为契机，在筹备二青会及备战2022年冬奥会过程中，落实《群众冬季运动推广普及计划(2016—2020年)》。

(王宏德)

【全国第二届青年运动会筹备】 2018年，山西省体育局推进第二届全国青年运动会筹备工作。前期确定的48个场馆(新建场馆19个，改造场馆

29 个）基本完工，新增项目的 9 个场馆基本满足比赛条件。推进青运村主体建筑、国际体育交流中心、山西体育中心西侧和南侧二青会安保指挥中心配套用房建设，健康南街过街人行天桥设计图纸完成，立交匝道完成 60%的工程量。开发社会资源，省内外 30 余家（除省属国企以外）企业赞助金额达 2.60 亿元。落实二青会视觉元素识别系统工作。8 月 18 日，中华人民共和国第二届青年运动会会徽“山河”、以褐马鸡为创意元素的吉祥物“青青”、主题口号“青春的约会 拼搏的舞台”出炉。二青会开幕式倒计时一周年仪式与省第十五届运动会闭幕式合并举行；二青会火炬传递方案和圣火采集方案进入报批程序。出台《第二届全国青年运动会食品药品安全保障总体方案》，开展二青会食品供应养殖基地遴选和食品原材料供应商的初步筛选工作。（王宏德）

【山西省第十五届运动会】 2018 年 8 月 8 日至 18 日，山西省体育局在太原举办第十五届运动会。省运会设竞技体育项目（青少年组）和群众体育项目两部分。竞技体育设 21 个大项 497 个小项，运动员 4036 名；群体体育设职工组、农民组、高校组、成人组、老年人组 5 个组别 21 个大项 110 个小项，参赛近万人。项目有 27 人、21 次、创 10 项山西省最高纪录。

（王宏德）

【学校体育发展意见】 2018 年 6 月 21 日，山西省政府办公厅印发《关于强化学校体育促进学生身心健康全面发展的实施意见》，提出到 2020 年，提升学生运动技能和体质健康水平，基本形成体系健全、制度完善、充满活力、注重实效的学校体育发展格局；提出学校要开足体育课程，保证每天一小时校园体育活动时间，中小学校要合理安排家庭“体育作业”，课余训练与体育竞赛机制互为补充，中小学要把学生参加体育活动情况、学生体质健康状况和运动技能等级纳入初中、高中学业水平考试和学生综合素质评价体系。（王宏德）

## 竞技体育

【全国竞技比赛承办】 2018 年 4 月 13 日，太原承办全国游泳冠军赛暨亚运会选拔赛。

6 月 23 日，太原承办国际摔联女子跤积分赛中国站公开赛，中国队力夺 4 枚金牌，获得团体总分第一名。俄罗斯、日本位列团体总分第二、三名。

9 月 14 日，太原承办全国田径锦标赛。比赛设 45 个项目，男子 22 项，女子 22 项，混合 1 项。全国 33 支队 1300 余人参赛。山西省 15 名运动员参加 17 个项目的角逐，夏雨雨、李俊霖、蒋义帆分别在女子 10000 米、男子 800 米和女子 4×100 接力项目（与解放军双记分）中夺冠。

11 月 29 日，太原承办全国女子水球冠军联赛（太原站）比赛活动，全国 7 个省市 120 名运动员参赛。

（王宏德）

【山西运动员年度成就】 2018 年，山西运动员在各项体育比赛中取得好成绩。3 月 8 日（当地时间），山西运动员裴蕊娇在国际射联世界杯比赛（墨西哥瓜达拉哈拉）女子步枪三种姿势（3×40）项目资格赛中以 1178 环排第一名，创造世界纪录，决赛又以 455.4 环获得冠军，创造世界纪录，创造两项世界纪录。

3 月 14 日，WCBA 总决赛第三回合，山西竹叶青女篮以 63:85 不敌北京女篮，以 0:3 的总比分获亚军。

3 月 17 日，山西运动员李政与队友王涵，以 328.50 分蝉联国际泳联世界跳水系列赛第一站比赛（北京）与第二站比赛（日本富士山）男女混合双人 3 米板冠军。

4 月 22 日，赵若竹在国际射联世界杯韩国站女子气步枪项目上以 252.4 环领先第二名 1.4 环的优势获得冠军，创造该项目决赛新的世界纪录和世界青年纪录。23 日，赵若竹和河北杨浩然组队以 499.3 环摘取气步枪混合团体桂冠。

5 月 13 日，山西大学水球队夺得全国大学生水球锦标赛（昆明）男子乙组、女子乙组冠军。

5 月 14 日至 15 日，马亚男搭档孙梦雅（山东）获第八届女子划艇世界杯赛（匈牙利赛格德）双人划艇 500 米和 200 米双料冠军。（王宏德）

【山西足球职业比赛】 2018 年 4 月 1 日至 7 月，山西足球协会举办的恒大 2018 足球协会超级联赛在阳泉市

2018 年 8 月 8 日至 18 日，山西省体育局在太原举办第十五届运动会

（王宏德供图）

开战。全省9个市13支球队400余人经过78场争夺，山西信都足球队、山西元晟杰·至盛足球队摘得冠亚军。

11月，太原理工大学男队参加亚洲大学生体育联赛亚洲杯足球赛(晋江)，代表中国大学生参加2019年世界杯大学生足球赛决赛阶段比赛。

(王宏德)

**【马拉松系列赛事】** 2018年，山西省会同省发改委等11个部门联合出台《山西省支持社会力量举办马拉松自行车等大型赛事实施方案》，全省每年马拉松赛事举办数量超过25次，参赛人数超过15万人次，带动各类消费超过1亿元。太原国际马拉松赛晋级国际田联银标赛事。9月8日，太原国际马拉松赛开赛。来自全国各地的3万余名跑友和8个国家的34名特邀运动员在汾河两岸竞速。马拉松赛设男女全程马拉松、男女半程马拉松、迷你马拉松、家庭亲子马拉松等六个项目。来自肯尼亚和埃塞俄比亚的6名选手包揽男、女组全程马拉松赛前三名。

5月27日，临汾市举办主题为"尧文化寻根之旅"的"尧王杯"马拉松赛，来自肯尼亚、德国、英国、日本、埃塞俄比亚等国家和19个省、自治区、直辖市及港澳地区1万名选手参赛。(王宏德)

**【速度滑冰竞技比赛】** 2018年1月，2017—2018全国大众速度滑冰马拉松系列赛(老牛湾站)举行。本次比赛是山西首次承办的国家级冰上赛事，也是首届在黄河河道举行的全国性冰雪赛事，助力打造黄河、长城、太行三大旅游板块。(王宏德)

**【太原柔术国际冠军赛】** 2018年8月25日，太原柔术国际冠军赛举行。赛事为UAEJJF国际柔术联合会官方授权的UAEJJF亚洲锦标赛中国区分站预选赛，是国内的顶级柔术赛事。来自中国、俄国、美国、法国、巴西、澳大利亚等18个国家的392人报名。

(王宏德)

2018年9月16日，全国田径锦标赛在太原开赛　(王宏德供图)

**【山西残疾人运动会】** 2018年9月26日，山西省第十一届残疾人运动会在太原举办。430名运动员报名参赛，参赛运动员包括肢体残疾、听力残疾、视力残疾等类别，共进行14个大项211个小项的比赛，产生金牌189枚、银牌100枚、铜牌60枚。

(王宏德)

**【"后羿杯"射箭挑战赛】** 2018年5月25日至31日，第三届海峡两岸神农炎帝文化旅游招商系列活动之一中国·高平"后羿杯"射箭挑战赛暨全国射箭华北赛区分站赛（华北赛区）开弓。北京、天津、山西、河北、内蒙古五省(区、市)与香港队等总计16对男女知名箭手参加挑战赛，辽宁董兴宝和上海吴佳欣摘得男女组桂冠，山西任沿舟和杜安琪分获男子第五名和女子第六名。北京奥运会女子个人射箭冠军张娟娟与高平六中学生互动交流，推广射箭运动。(王宏德)

**【第五届跤坛争霸赛总决赛】** 2018年，山西省举办第五届跤坛争霸赛。赛事由山西省体育局主办，是山西摔跤比赛中规格最高、规模最大的体育比赛。设轻量级66公斤级、中量级85公斤级、重量级85公斤以上级三个级别，设三场分站赛和一场总决赛。5月至10月运城、忻州、长治分赛区的争夺战渐次拉开，在太原举办总决赛。观赛人数达100万人次。

(王宏德)

## 群众体育

**【全民健身】** 2018年，山西省推进全民健身工作。围绕"一个中心"(以人民为中心)，更新"两个理念"(融合发展、创新发展)，实现"三个指标"(人均体育场地1.8平方米，经常参加体育锻炼人口数达1100万人，体育产业总规模超过320亿元)，发展"四个项目"(自行车、马拉松、冰雪、足球)，依托"五个助力"(资金、人才、科技、二青会、三级联创)，推进"体育+"发展模式。

1月1日，以"新年登高健身，远望成就梦想""强健体魄·阳光生活·共享青运"为主题，省城群众迎新年登高活动在中北大学举行。约4000人攀登二龙山。

2月8日至3月6日，各市开展两节全民健身大拜年活动，举办优秀社区健身项目交流展示、冰雪嘉年华趣味比赛、街头体育文化活动、球类友谊赛、春节文化体育庙会等活动。

3月26日至4月25日，河津市

举办以“鱼跃龙门，华耀河津”为主题的第二届桃花节，开展旅游健身活动。

4月25日至9月30日，在太原举行以“强健体魄·阳光生活·共享青运”“全民健身与青运同行”为主题的全民健身社区行活动。

6月5日，举行山西省直机关第五届职工运动会，98个厅局单位7000余人（次）参加活动。

7月，省财政厅下达第一期建设资金2000万元，专项用于山西省移民新村全民健身路径一期工程，要求对全省1593个移民村全覆盖，每个村健身场所不少于200平方米，安装一套健身路径（不少于9件）和两套室外乒乓球桌，规模较大的村安装篮球架和室内健身场所。

8月9日，在太原举行“全民健身日”山西省分会场启动仪式暨十五届省运会职工组拔河比赛。

8月16日，吕梁市第二届“晋绥杯”篮球邀请赛在兴县开赛。参加本次比赛的有静乐、岢岚、离石、方山、岚县等10支代表队。

9月6日至10日，举办“看黄河、走长城、穿越太行”2018中国忻州旅游文化嘉年华 越野拉力赛。分集结赛、越野拉力赛、越野穿越赛，在5个赛段进行比赛，途经忻州9个县（区），总里程约1000千米。

11月17日，太原市怀旧趣味运动会举行，6个城区300余人参加。

（王宏德）

**【群众登山健身大会暨五老峰登山节】** 2018年4月28日至5月31日，全国群众登山健身大会（永济站）暨第18届五老峰登山节举行。此次活动以“深入贯彻十九大 实现体育强国梦”为主题，设竞赛组和体验组两个组别，设置全民登山竞速赛、鹳雀楼风筝风车节、中华健身鞭全国鞭友交流活动、青少年摔跤散打足球展示、特色体育传统体育进景区等十大版块20余项特色主题活动。

（王宏德）

**【群众冬季运动推广普及系列活动】** 2018年11月25日至2019年3月，山西省群众冬季运动推广普及系列活动在大同举行。本次活动主题是“欢乐冰雪、健康中国、强健体魄、阳光生活、共享青运”。各市结合大众冰雪、冰雪旅游、民俗冰雪活动，开展群众喜爱、参与度高的项目，举办各类群众性冰雪赛事活动，形成冰雪健身新时尚，丰富冬季运动产品供给，满足群众冬季运动需求，推进冰雪运动进校园，加大青少年冰雪赛事活动开展力度，组织冰雪运动会、冰雪冬令营，让冰雪运动走进青少年。

（王宏德）

**【足球训练】** 2018年9月6日，山西体育局联合中体未来投资有限公司引进拜仁慕尼黑足球俱乐部、全日制国际足球学校，助推山西省、太原市体育、教育、运动康复产业发展。

9月14日，太原理工大学男子足球队作为中国大学生球队的代表参加2018中德大学生足球训练营。

10月20日，阿根廷萨尔塔省和乌拉圭卡内洛内斯省青年足球联队，与山西大学足球队在太原开展邀请友谊赛。（王宏德）

**【体育赛事助力临汾旅游发展大会】** 2018年3月23日至10月，临汾市举办中国·临汾“尧王杯”汽车场地越野公开赛、全国啦啦操联赛（临汾站）、中国·临汾全国马拉松赛、中国·临汾全国航空模型公开赛、中国·临汾全国轮滑大赛、中国·临汾第二届百里汾河自行车骑行公开赛、中国·大宁国际越野跑挑战赛暨首届全民徒步大会等十大体育赛事。助力山西旅游发展大会落户临汾。（王宏德）

**【中国晋中国际柔力球大赛】** 2018年9月14日至17日，第四届中国晋中国际柔力球大赛在平遥举行。本项赛事唯一由国家体育总局相关部门主办，大赛秉持“传承中华文明·传播中国声音·传递健康快乐”宗旨，以“亲近平遥城·爱上柔力球”为主题，设境外组和境内组，分网式项目和花式项目，有13个国家和地区16支代表队，19个省、自治区、直辖市58支代表队，共816名运动员展开对决、开展技艺交流。（王宏德）

**【大同排舞挑战世界纪录】** 2018年10月9日，中国·大同2万人排舞挑战世界纪录特大型活动开幕。山西各市、河南、山东、北京、天津的2万余名广场舞爱好者，以《舞动中国》为背景曲目，2万人全场同时开跳。经世界纪录认证机构（WRCA）官方人员现场审核确认，创造“世界最大规模的排舞”世界纪录。（王宏德）

## 体育产业

**【体育旅游博览会项目推介】** 2018年12月11日，山西省参加中国体育旅游博览会（广州）。山西展区以“赛在二青会 游在三晋中”为主题，以推介二青会为主线，体育文化、体育旅游为辅线，融合二青会、体育产业资源交易信息平台、太原龙舟赛、中国晋中国际柔力球交流大会、临汾尧王杯体育赛事、云竹湖运动休闲小镇、右玉玉龙马园以及太行、长城、黄河风光，展示山西古代体育文物《捶丸图》《下棋图》等特色展品，推广山西特色体育项目柔力球。（王宏德）

**【入选中国体育旅游精品项目】** 2018年12月12日，山西五项目入选中国体育旅游博览会体育旅游精品项目，山西芮城圣天湖景区、交城县果老峰景区获评中国体育旅游精品景区，晋中国际柔力球交流大会、晋城棋子山国际围棋文化节获评中国体育旅游精品赛事，晋中市获评中国体育旅游精品目的地，晋中国际柔力球交流大会获得中国体育旅游十佳精品赛事，山西省体育局获优秀组织奖和最佳展示奖。（王宏德）

**【山西元素亮相斯迈夫体育产业大会】** 2018年4月19日，山西省体育局参加第13届斯迈夫全球体育产业大会暨国际体育消费展（浙江杭州）。山西体育产业携优秀体育产业资源

亮相，山西展区开展二青会赛事资源推介，介绍体育小镇，推动体育产业资源开发与合作。（王宏德）

## 体育设施

【体育场馆建设】 2018 年，山西省推进体育比赛场馆建设。射击射箭训练基地建设基本完工，山西国际体育交流中心项目、太原滨河体育中心、太原水上运动中心、大同白登山滑雪场等二青会比赛场馆基本竣工，省级大型体育场馆及部分市县体育场馆节假日实现免费、低收费开放。省体育博物馆、省全民健身中心、五龙国际冰雪小镇、长治航校升级、体育职业学院足球训练基地、拜仁（太原）足球学校等改扩建工程列入省体育局重点工程项目。（王宏德）

【健身设施智能化建设】 2018 年，山西省推进实施“体育+科技”，重点推动移动互联网、大数据等现代信息技术手段与全民健身融合发展，利用现代技术推进健身设施智能化，推进智慧赛道建设，大同御河生态园智能健身步道投入使用，推进环漳泽湖智慧运动系统建设。（王宏德）

【航空运动教学设施建设】 2018 年 9 月，山西通用航空职业技术学院开工建设，该学院在大同县杜庄乡下泉村南，总占地 556.2 亩，主要建设内容包括教学楼、行政楼、飞行教育综合馆、图书馆、实训楼、科研楼、体育馆等。该学院为全日制高等职业教育专科院校，设飞行训练、通用航空机电与电子设备维修、通用航空乘务与物流管理等专业。11 月 18 日，山西省体育局、大同市人民政府、北京广慧金通教育科技有限公司在大同举行合作共建山西通用航空职业技术学院签约仪式。（王宏德）

【社区体育场地设施建设】 2018 年 5 月 12 日，山西省推动“健康山西”工程建设，开展城市社区、公园、广场等公共体育设施完善、更新工作，为全面建成城市社区“15 分钟健身圈”、县城“10 分钟健身圈”夯实基础。完成国定贫困县 136 个行政村体育场地设施建设。（王宏德）

**2018 年山西省运动员参加世界比赛成绩一览表**

| 比赛名称 | 姓名 | 性别 | 项目 | 成绩 | 名次 | 时间 | 地点 |
|---|---|---|---|---|---|---|---|
| 亚洲少年击剑巡回赛 | 许　杰 | 男 | 个人花剑 | | 3 | | 无锡 |
| 滑板亚运会选拔赛 | 诸佳愉 | 女 | 碗池 | | 3 | 6.2 | 江苏南京 |
| 美国射击世界杯 | 赵若竹 | 女 | 十米气步枪 | 627.6/230.2 | 3 | 5.10 | |
| 第 11 届亚洲气枪锦标赛 | 赵若竹 | 女 | 个人 10 米气步枪 | 631.1/228.5 | 3 | 11.2–12 | 科威特 |
| 澳大利亚青年射击世界杯 | 苗婉茹 | 女 | 50 米步枪三姿 | 1155/428.3 | 3 | 3.25 | 澳大利亚 |
| 亚洲艺术体操锦标赛 | 赵雅婷 | 女 | 成年个人团体 | | 3 | 4.30 | 马来西亚 |
| 第 18 届亚运会 | 赵雅婷 | 女 | 个人全能 | | 3 | 8.28 | 印尼 |
| 国际泳联游泳世界杯赛（北京站） | 刘祉彤 | 女 | 800 米自由泳 | 08:35.37 | 3 | 11.2–4 | 北京 |
| 第 35 届世界跳伞锦标赛 | 贺亚楠 | 男 | 成年特技 | 33.34 | 3 | 8.24–31 | 保加利亚 |
| 第 35 届世界跳伞锦标赛 | 贺亚楠 | 男 | 团体 | | 3 | 8.24–31 | 保加利亚 |
| 美国跆拳道公开赛 | 肖树楠 | 女 | –67 公斤级 | | 3 | 2.2–5 | 拉斯维加斯 |

续表

| 比赛名称 | 姓　名 | 性别 | 项　目 | 成绩 | 名次 | 时间 | 地点 |
|---|---|---|---|---|---|---|---|
| 女子摔跤亚锦赛 | 裴星茹 | 女 | 57公斤 | | 1 | 2.27–3.4 | 吉尔吉斯 |
| 亚洲少年击剑巡回赛 | 许鸿彬 | 男 | 个人花剑 | | 1 | 7.19–20 | 无锡 |
| 墨西哥瓜达拉哈射击世界杯 | 裴蕊娇 | 女 | 步枪三姿 | 1178–62x/455.4 | 1 | 3.8 | 瓜达拉哈 |
| 韩国昌旺射击世界杯 | 赵若竹 | 女 | 十米气步枪 | 628.8/252.4 | 1 | 4.22 | 韩国昌旺 |
| 韩国昌旺射界世界杯 | 赵若竹 | 女 | 混合团体 | 836.6/499.3 | 1 | 4.23 | 韩国昌旺 |
| 德国青年射击世界杯 | 傅宇甜 | 女 | 团体 | 1157/3497 | 1 | 6.26 | 德国 |
| 第18届亚运会 | 赵若竹 | 女 | 十米气步枪 | 250.9 | 1 | 8.20 | 雅加达 |
| 第52届射击世界锦标赛 | 赵若竹 | 女 | 10米混合团体 | 840.5/500.9 | 1 | 9月 | 韩国昌原 |
| 第11届亚洲气枪锦标赛 | 赵若竹 | 女 | 气步枪团体 | 1893 | 1 | 11.2–12 | 科威特 |
| 第11届亚洲气枪锦标赛 | 赵若竹 | 女 | 10米混合团体 | 843.1/500.1 | 1 | 11.2–12 | 科威特 |
| 世界杯分站赛 | 董　栋 | 男 | 网上个人 | | 1 | 4.26 | 意大利 |
| 世界杯分站赛 | 董　栋<br>涂　潇 | 男 | 网上同步 | | 1 | 4.26 | 意大利 |
| 世界杯分站赛 | 董　栋<br>涂　潇 | 男 | 网上同步 | | 1 | 8.5 | 日本 |
| 第18届亚运会 | 董　栋 | 男 | 网上个人 | | 1 | 8.30 | 雅加达 |
| 蹦床世锦赛 | 董　栋 | 男 | 混合团体 | | 1 | 11.7 | 俄罗斯 |
| 蹦床世锦赛 | 涂　潇 | 男 | 混合团体 | | 1 | 11.7 | 俄罗斯 |
| 世界青年跳水锦标赛 | 李　政<br>练俊杰 | 男 | 双人十米台 | | 1 | 7.23–29 | 乌克兰基辅 |
| 世界青年跳水锦标赛 | 李　政 | 男 | 一米板 | | 1 | 7.23–29 | 乌克兰基辅 |
| 世界青年跳水锦标赛 | 李　政 | 男 | 十米跳台 | | 1 | 7.23–29 | 乌克兰基辅 |
| 国际泳联跳水系列赛 | 李　政<br>王　涵 | 男<br>女 | 混合双人三米板 | 331.5 | 1 | 3.9–11 | 北京 |
| 国际泳联跳水系列赛 | 李　政<br>王　涵 | 男<br>女 | 混合双人三米板 | 328.5 | 1 | 3.15–17 | 日本富士 |
| 国际泳联跳水系列赛 | 李　政<br>王　涵 | 男<br>女 | 混合双人三米板 | 337.95 | 1 | 6.9 | 武汉 |
| 皮划艇世界杯 | 马亚男 | 女 | 单人划艇500米 | | 1 | 6.9 | 匈牙利 |
| 世界青年皮划艇锦标赛 | 马亚男 | 女 | 单人划艇500米 | | 1 | 7.29 | 罗马尼亚 |
| 亚洲皮划艇锦标赛 | 马亚男 | 女 | 单人划艇500米 | | 1 | 10.18 | 上海 |

续表

| 比赛名称 | 姓名 | 性别 | 项目 | 成绩 | 名次 | 时间 | 地点 |
|---|---|---|---|---|---|---|---|
| 女子皮划艇世界杯 | 马亚男 | 女 | 双人划艇 500 米 | | 1 | 5.16 | 匈牙利 |
| 女子皮划艇世界杯 | 马亚男 | 女 | 双人划艇 200 米 | | 1 | 5.16 | 匈牙利 |
| 皮划艇世界杯第一站 | 马亚男 | 女 | 双人划艇 500 米 | | 1 | 5.19 | 匈牙利 |
| 皮划艇世界杯第二站 | 马亚男 | 女 | 双人划艇 500 米 | | 1 | 5.26 | 德国 |
| 第 18 届亚运会 | 马亚男 | 女 | 双人划艇 500 米 | | 1 | 8.30 | 印度尼西亚 |
| 第 35 届世界跳伞锦标赛 | 贺亚楠 | 男 | 青年特技 | 33.34 | 1 | 8.24–31 | 保加利亚 |
| “一带一路”中国跆拳道公开赛 | 周泽琪 | 女 | –67 公斤 | | 1 | 6.8–11 | 陕西西安 |
| 意大利国际青少年乒乓球公开赛（U15） | 梁家怡 | 女 | 女子团体 | | 1 | 3.25–30 | 意大利 |
| 奥运希望杯体操邀请赛 | 杨焱智 | 男 | 团体 | | 1 | 11.29–12.1 | 捷克利贝雷茨 |
| 奥运希望杯体操邀请赛 | 杨焱智 | 男 | 吊环 | | 1 | 11.29–12.1 | 捷克利贝雷茨 |
| 奥运希望杯体操邀请赛 | 杨焱智 | 男 | 跳马 | | 2 | 11.29–12.1 | 捷克利贝雷茨 |
| 意大利国际青少年乒乓球公开赛（U15） | 梁家怡 | 女 | 单打 | | 2 | 3.25–30 | 意大利 |
| 蹦床世界杯分站赛 | 董 栋 | 男 | 网上个人 | | 2 | 11.7 | 俄罗斯 |
| 第 18 届亚运会 | 裴星茹 | 女 | 57 公斤 | | 2 | 8.19–22 | 印尼 |
| 国际摔联积分赛 | 武 伟 | 男 | 74 公斤级 | | 2 | 9.5–20 | 波兰 |
| 女子摔跤世界杯 | 裴星茹 | 女 | 59 公斤级 | | 2 | 3.17–18 | 日本 |
| 亚洲柔道公开赛 | 张 雯 | 女 | | | 2 | 11.29–12.2 | 香港 |
| 美国射击世界杯 | 赵若竹 | 女 | 混合团体 | 842/459.7 | 2 | 5.10 | 美国 |
| 第 18 届亚运会 | 赵若竹 | 女 | 混合团体 | 492.5 | 2 | 8.19 | 印尼 |
| 射击青年世界杯 | 刘锦尧 | 男 | 10 气手枪团体 | 1716.0 环 | 2 | 3 月 | 澳大利亚 |
| 射击青年世界杯 | 刘锦尧 | 男 | 10 气手枪混合团体 | 389 | 2 | 3 月 | 澳大利亚 |
| 第 8 届东亚空手道锦标赛 | 陈晓东 | 男 | 青年个人组手+76 千克 | | 2 | 4.19 | 韩国 |
| 国际摔联古典式摔跤积分赛 | 钱海涛 | 男 | 82 公斤级 | | 3 | 6.15–26 | 匈牙利 |
| 世界摔跤锦标赛 | 裴星茹 | 女 | 59 公斤级 | | 3 | 10.17–30 | 匈牙利 |
| 亚洲少年摔跤锦标赛 | 李 强 | 男 | 110 公斤级 | | 3 | 5.10–13 | 乌兹别克斯坦 |
| 乌兹别克斯坦 | 张 雯 | 女 | –57 千克 | 团体 | 3 | 8.29–9.1 | 印尼 |

## 2018年山西省运动员参加全国锦标赛冠军赛录取名次

| 比赛名称 | 姓　名 | 性别 | 项　目 | 成绩 | 名次 | 时间 | 地点 |
|---|---|---|---|---|---|---|---|
| 全国男子自由式摔跤锦标赛 | 武　伟 | 男 | 74公斤级 | | 1 | 4.22–25 | 重庆荣昌 |
| 全国女子自由式摔跤锦标赛 | 裴星茹 | 女 | 57公斤级 | | 1 | 4.10–13 | 包头 |
| 全国古典式摔跤锦标赛 | 王成武 | 男 | 82公斤级 | | 1 | 3.28–31 | 迁安 |
| 全国古典式摔跤冠军赛 | 王成武 | 男 | 82公斤级 | | 1 | 11.20–24 | 淄博 |
| 全国柔道锦标赛 | 旭日刚 | 男 | –73公斤级 | | 1 | 4.13–17 | 迁安 |
| 全国柔道公开赛 | 张　雯 | 女 | –57千克 | | 1 | 6.27–29 | 呼和浩特 |
| 全国中国式摔跤锦标赛 | 李朋朋 | 男 | 52公斤级 | | 1 | 5.18–20 | 浙江龙港 |
| 全国中国式摔跤锦标赛 | 周志鑫 | 男 | 65公斤级 | | 1 | 5.18–20 | 龙港 |
| 全国中国式摔跤锦标赛 | 青格勒巴雅 | 男 | 100公斤级 | | 1 | 5.18–20 | 龙港 |
| 全国柔道公开赛 | 张　雯 | 女 | –57千克 | | 1 | 6.27–29 | 呼和浩特 |
| 全国中国式摔跤锦标赛 | 乌云高娃 | 女 | 75公斤级 | | 1 | 5.18–20 | 龙港 |
| 全国公路自行车联赛第一站 | 白　月 | 女 | 绕圈赛 | 1:33.31 | 1 | 5.15–18 | 唐山 |
| 全国BMX自行车总决赛 | 赵志阳 | 男 | 越野赛 | 33.512 | 1 | 7.29 | 营山 |
| 全国场地自行车总决赛 | 朱　静 | 女 | 全能赛 | | 1 | 8.1–4 | 太原 |
| 全国公路自行车锦标赛 | 白　月 | 女 | 个人赛 | 01:59.2 | 1 | 8.1–5 | 温州 |
| 全国射击团体个人锦标赛 | 赵若竹 | 女 | 气步枪混合团体 | 842/498.6 | 1 | 6.12–22 | 长兴 |
| 全国射箭室外锦标赛 | 李柯鑫<br>吕　娜<br>杜安琪 | 女 | 团体淘汰赛 | | 1 | 10.14–19 | 长兴 |
| 全国竞走大奖赛(1) | 王榛浩 | 男 | 少年10千米竞走 | 43:02 | 1 | 3.3–4 | 黄山 |
| 全国室内田径锦标赛(1) | 陈夏蓉 | 女 | 铅球 | 16.22米 | 1 | 3.7–10 | 仙林 |
| 全国室内田径锦标赛(4) | 李俊霖 | 男 | 800米 | 1:51.27 | 1 | 3.11–12 | 西安 |
| 全国田径大奖赛(1) | 李俊霖 | 男 | 800米 | 1:50.01 | 1 | 4.10–12 | 肇庆 |
| 全国田径大奖赛(1) | 张　雨 | 女 | 跳高 | 1.80米 | 1 | 4.10–12 | 肇庆 |
| 全国田径大奖赛(2) | 李俊霖 | 男 | 800米 | 1:50.75 | 1 | 4.16–18 | 株洲 |
| 全国竞走大奖赛(3) | 王臻浩 | 男 | 少年10公里竞走 | 43:00 | 1 | 5.7–8 | 太仓 |
| 全国田径大奖赛(4) | 李俊霖 | 男 | 800米 | 1:50.53 | 1 | 5.22–24 | 涪陵 |
| 全国田径冠军赛 | 李俊霖 | 男 | 800米 | 01:55.3 | 1 | 6.15–17 | 贵阳 |
| 全国田径大奖赛(3) | 李晓东 | 男 | 十项全能 | 7071分 | 1 | 5.15–15 | 淮安 |

续表

| 比赛名称 | 姓　名 | 性别 | 项　目 | 成绩 | 名次 | 时间 | 地点 |
|---|---|---|---|---|---|---|---|
| 全国田径大奖赛(3) | 张　雨 | 女 | 跳高 | 1.76 米 | 1 | 5.15—15 | 淮安 |
| 全国田径省市分区邀请赛 | 辛雅茹 | 女 | 链球 | 57.68 米 | 1 | 7.8 | 枣庄 |
| 全国短跑、跨栏、跳跃及接力项群赛(1)暨全国田径省市分区邀请赛 | 黄　震 | 男 | 撑竿跳高 | 4.80 米 | 1 | 8.3—4 | 大连 |
| 全国短跑、跨栏、跳跃及接力项群赛(2) | 乔月峰 | 男 | 跳高 | 2.15 米 | 1 | 8.6—7 | 大连 |
| 全国田径省市分区邀请赛 | 郑冠宇 | 男 | 1500 米 | 3:53.30 | 1 | 8.25 | 河北 |
| 全国田径锦标赛 | 李俊霖 | 男 | 800 米 | 1:51.10 | 1 | 9.14—17 | 太原 |
| 全国田径锦标赛 | 夏雨雨 | 女 | 10000 米 | 33:38.64 | 1 | 9.14—17 | 太原 |
| 全国田径锦标赛 | 蒋义帆 | 女 | 4×100 米接力 | 44.72 | 1 | 9.14—17 | 太原 |
| 京津冀田径挑战赛 | 郑冠宇 | 男 | 1500 米 | 4:07.51 | 1 | 10.20 | 北京 |
| 京津冀田径挑战赛 | 李菁华 | 女 | 跳高 | 1.72 米 | 1 | 10.20 | 北京 |
| 全国蹦床冠军赛 | 董　栋<br>涂　潇<br>杨颜苇 | 男 | 网上团体 | | 1 | 9.9 | 合肥 |
| 全国蹦床冠军赛 | 王　振<br>李家杰 | 男 | 单跳团体 | | 1 | 9.9 | 合肥 |
| 全国蹦床冠军赛 | 方璐鹭<br>夏琳娜 | 女 | 单跳团体 | | 1 | 9.9 | 合肥 |
| 全国蹦床冠军赛 | 许晴晴<br>张慧荣 | 女 | 双人同步 | | 1 | 9.9 | 合肥 |
| 全国蹦床锦标赛 | 胡译乘<br>张慧荣<br>许晴晴<br>贾宇洁<br>方璐鹭<br>夏琳娜 | 女 | 团体 | | 1 | 5.4 | 天津 |
| 全国蹦床锦标赛 | 周　杰<br>刘昌鑫<br>符　冰<br>周子龙<br>王　振 | 男 | 团体 | | 1 | 5.4 | 天津 |
| 全国蹦床锦标赛 | 贾宇洁<br>胡译乘 | 女 | 双人同步 | | 1 | 5.4 | 天津 |
| 全国蹦床锦标赛 | 董　栋 | 男 | 网上个人 | | 1 | 5.4 | 天津 |
| 全国艺术体操冠军赛 | 赵雅婷 | 女 | 成年单项棒 | | 1 | 6.4—10 | 深圳 |
| 全国艺术体操个人冠军赛集体锦标赛 | 赵雅婷 | 女 | 成年个人单项棒 | | 1 | 4.17—24 | 蓬莱 |
| 艺术体操锦标赛暨U系列锦标赛 | 赵雅婷 | 女 | 成年个人单项圈 | | 1 | 7.27—8.3 | 攀枝花 |

续表

| 比赛名称 | 姓名 | 性别 | 项目 | 成绩 | 名次 | 时间 | 地点 |
|---|---|---|---|---|---|---|---|
| 艺术体操锦标赛暨U系列锦标赛 | 赵雅婷 | 女 | 成年个人单项棒 | | 1 | 7.27–8.3 | 攀枝花 |
| 全国女子水球冠军联赛 | 曹雨佳 | 女 | 女子水球 | 沪陕晋联 | 1 | 11.23–29 | 太原 |
| 全国皮划艇静水冠军赛(冬季) | 马亚男 | 女 | 单人划艇500米 | | 1 | 1.13–16 | 贵州六枝 |
| 全国皮划艇静水冠军赛(冬季) | 马亚男 | 女 | 单人划艇1000米 | | 1 | 1.13–16 | 六枝 |
| 全国皮划艇静水冠军赛(冬季) | 马亚男 | 女 | 划艇四项全能 | | 1 | 1.13–16 | 六枝 |
| 全国皮划艇(静水)锦标赛 | 马亚男 | 女 | 双人划艇500米 | | 1 | 9.10–17 | 临沂 |
| 全国青年皮划艇(静水)暨U18冠军赛 | 裘艺 | 女 | 双人皮艇500米 | | 1 | 6月 | 天津 |
| 全国青年皮划艇(静水)暨U18冠军赛 | 裘艺 | 女 | 双人皮艇1000米 | | 1 | 6月 | 天津 |
| 全国青年皮划艇(静水)暨U18冠军赛 | 裘艺 | 女 | 四人皮艇500米 | | 1 | 6月 | 天津 |
| 全国青年锦标赛 | 季博文 | 男 | 四人艇500米 | | 1 | 5.26–6.2 | 天津 |
| 全国青年锦标赛 | 季博文 | 男 | 四人划艇5000米 | | 1 | 5.26–6.2 | 天津 |
| 全国武术套路锦标赛(女子赛区)暨亚运会选拔赛 | 姚洋 | 女 | 长拳 | 9.67 | 1 | 5.26–29 | 大同 |
| 全国武术套路冠军赛 | 高晓彬 | 男 | 刀术 | 9.67 | 1 | 10.19–22 | 曲阜 |
| 全国武术套路冠军赛 | 姚洋 | 女 | 长拳 | 9.67 | 1 | 10.19–22 | 曲阜 |
| 全国男子武术散打锦标赛暨亚运会选拔赛 | | | | | | | |

# 社会生活

Social Life

## 婚姻　家庭

【居民婚姻状况】 2018年，山西省居民登记结婚数278154对（较上年减少9569对），其中复婚9410对（较上年增加526对）。初婚者为475647人，再婚者为81403人。山西省居民登记离婚数为70873对。（编辑部）

【婚姻登记规范化】 2018年，山西省民政系统各级婚姻登记机关推行婚姻登记规范化，在基本程序和重点要素上规范服务行为，做到依法行政，履行职责。各市通过培训，检查以及现场会形式提升规范化水平，打造人民满意的标准化婚姻登记机关。太原市于5月18日，在迎泽区政务大厅召开示范、实务操作现场会，市（区）县民政局分管领导及婚姻登记处负责人30余位参加会议。结合规范化的推行，各地出台多种便民措施，临汾市从上年4月起，停征婚姻登记费之后，2018年6月又开始由婚姻登记机关主动为登记人免费复印材料。全省婚姻登记工作稳步开展，以临汾为例，截至2018年10月，共办理国内结合登记29129对，同比下降1.90%；离婚登记7339对，同比增长8.40%，补发结婚证9564对，补发离婚证264对，与上年同期基本持平。（编辑部）

【居民家庭生活状况】 2018年，山西省居民家庭生活情况，以调查4499户为据，共有常住人口12805人，平均每户常住2.85人，平均每户从业1.56人。城乡分别调查，则城镇调查2729户中，平均每户常住人口2.93人，平均每户从业人口1.40人，平均每人住房面积34.01平方米。农村调查1770户中，平均每户常住人口2.72人，平均每户从业人口1.80人，平均每人住户面积38.11平方米。（编辑部）

【家庭教育推动】 2018年，山西省妇女联合会牵头起草、推动出台《山西省家庭教育促进条例》，推动家庭教育步入法治轨道。9月1日实施日这天，组织省市县乡村五级妇联联动开展条例颁布实施宣传咨询日活动，共举办宣传咨询活动815场，发放宣传资料62.31万份，开展全媒体宣传100余次，专题学习培训174次，覆盖群众100万人次，全社会关心、支持和参与家庭教育工作初见成效。山西省家庭教育（网络）指导与服务中心揭牌。开展家庭文明建设实践活动，重点围绕党政机关“清正廉洁”、农村“移风易俗”和城镇“绿色环保”三个类别，推选出50户全国最美家庭和五好家庭。全省累计创建亲子阅读体验基地2623个，开展家庭教育巡回讲座2927场、举办家风家教故事会2217场、家庭亲子阅读活动1298场，参与群众达66万人次。（侯少华）

【殡葬事业改革】 2018年，山西省殡葬改革在政策创制、安排部署、贯彻落实、设施建设等方面都取得改革开放以来的最大突破。召开全省推进殡葬改革工作暨殡葬领域突出问题专项整治会议。报请省政府出台《关于加强殡葬基础设施建设的意见》，山西省民政厅联合发改委、财政厅等16个部门印发《关于推动殡葬改革促进殡葬事业发展的实施意见》。

（王卫东）

## 劳动就业

【概况】 2018年，山西省人力资源和社会保障厅研究制定《关于做好当前和今后一个时期促进就业工作的实施意见》，紧盯大学生、农民工、退役军人、去产能职工、城镇就业困难人员等重点群体，推行就业统计实名制，精准实施五大工程、十项活动。实施创业带动就业工程，举办“中国创翼”创业创新大赛山西选拔赛、山西省大学生创业星火项目评选大赛等活动，新认定省级创业孵化基地、创业园区14个，新建市级创业孵化基地、创业园区21个，创业带动就业12.45万人，完成全年任务124.50%。实施大学生就业质量提升工程和就业创业促进计划，开展公共就业服务进校园、高校毕业生就业服务月、人才智力交流大会等专项招聘活动，将高校毕业生纳入全民技能提升工程培训范围，应届高校毕业生就业率达93.75%。实施困难群体就业帮扶工程，帮助17.25万失业人员再就业，完成全年任务的115%；帮助4.72万城镇就业困难人员就业，完成全年任务的118%，零就业家庭基本实现动态消零。向国家争取就业专项资金18.90亿元，比上年增加2.30亿元，增长13.70%。全省城镇新增就业55.70万人，转移农村劳动力40.90万人，分别完成目标任务的123.70%、124%，同比分别增长7.50%、1.70%；城镇登记失业率3.26%，同比下降0.17%，就业指标实现“两增一降”，全省就业局势总体稳定。 (王俊杰)

【职业技能提升工程】 2018年，山西省人力资源和社会保障厅印发《山西省全民技能提升工程实施方案》，按照“人人持证、技能社会”的要求，争取国家专项资金10亿元，在全国率先组织开展100万人的职业技能培训，实行实名制管理，全年完成培训110.90万人，其中城乡劳动者就业前技能培训67.50万人、企业在岗职工培训43.40万人，培训后就业率达36%。人力和社会保障部给予肯定并在全国范围内推广，山西日报头版报道，入选2018年山西10大新闻。落实省委77次常委会议精神，推进“高校毕业生就业创业培训”“为开发区项目建设提供人才支撑”两件实事，将高校毕业生纳入全民技能提升工程培训范围，对离校两年以上未就业高校毕业生实施“特惠制”培训，培训高校毕业生8.30万人，为301个(户)招商引资项目和入驻企业提前培训3.18万人。 (王俊杰)

【欠薪欠保问题清理】 2018年，山西省人力资源和社会保障厅开展大规模的劳动法律法规宣传活动，提高劳动法律法规政策知晓度。对用人单位劳动用工实行动态监管，全省企业劳动合同签订率达98.20%。实现省市县三级劳动人事争议仲裁机构实体化全覆盖，仲裁结案率达98.80%，调解成功率达74.30%。落实治欠保支制度措施，实现农民工工资“三个清零”，共办结工资类案件673起，为1.25万名农民工追发工资1.60亿元，分别下降63%、55%和51%，在保障农民工工资支付工作考核中，位列A级，受到国家通报表扬。开展部分军队退役人员“走访慰问排查疏导”活动和“相关政策落实季末清零”行动，共解决个案问题37个，清理欠薪1673万元、欠保8599万元，帮助1897人就业，实现“四个动态清零”。支持企业军转干部《给省委省政府的一封信》万人签名活动。人社信访案件数量占全省信访总量的比重降低8%，25起重点案件全部办结。 (王俊杰)

【政策惠民】 2018年，山西省人力资源和社会保障厅加大减税降费力度。出台阶段性降低社会保险费率政策，将养老保险单位费率从20%降至19%，失业保险单位费率从2%降至0.70%，6个市工伤保险费率分别降低20%—50%。全年为实体经济企业减负37.10亿元。推动国有企业改革。全面完成10934名去产能职工分流安置任务，安置率达100%。将5户省属国有煤炭企业47.70万名职工的医疗、生育保险全部纳入属地社会统筹，解决多年遗留的历史难题。支持民营经济发展。对照省委“民企30条”，出台工作方案，在失业保险费返还和降费率、开展职工技能培训和畅通职称申报渠道等8个方面发力，责任到人、跟踪督办，取得初步成效。深化收入分配制度改革。出台《关于提高技术工人待遇的实施意见》《关于改革国有企业工资决定机制的实施意见》《关于调整机关事业单位工作人员基本工资标准和增加机关事业单位离休人员离休费三个实施意见》，将公立医院薪酬制度改革试点扩大到除阳泉市外的省直及其他10个市的38家公立医院。支持开发区“三化三制”改革，出台《山西省开发区管委会领导班子收入绩效管理办法》和《山西省开发区实行管运分离面向市场引入专业化管理团队办法》。 (王俊杰)

## 收入与消费

【激发活力带动增收】 2018年，山西省人力资源和社会保障厅出台《关于激发重点群体活力带动城乡居民增收实施方案》，对技能人才、科研人员等七大重点群体实施差别化的收入分配激励政策，全国独家开展政策评估，带动城镇居民增收2.88个百分点，对城镇居民收入的贡献率为44.37%。发布企业工资指导线，基准线为8.50%。按月人均300元的标准提高机关事业单位工作人员基本工资，年底前全部兑现到位。提高县以下机关事业单位工作人员工资待遇，乡镇工作补贴月人均提高100元，一、二类艰苦边远地区津贴月人均分别提高40元、60元。提高城镇退休人员基本养老金，月人均增加170元，企业退休人员基本养老金实现“14连涨”，月人均3297元。将城乡居民基础养老金最低标准由每人每月80元提高到103元，为全国由地方财政筹资提待(每人每月提高5元)的13个省份之一。将失业保险金标准提高到当地最低工资标准的80%。提高工伤职工伤残津贴、生活护理费和工亡职工供养亲属抚恤金三项待遇，月人均分别增加165元、233元、63元。按不低于每人每月500元的标准提高中小学班主任津贴。全年城镇居民人均可支配收入31035元，增长6.50%。 (王俊杰)

【消费升级】 2018年，山西省消费市场增长平稳、结构优化。全省社会消费品零售总额7338.50亿元，同比增长8.20%。出台消费升级行动计划，加快城乡便民消费服务中心建设，太原成为全省现代供应链体系建设试点城市。全省旅游总收入和接待国内外旅游者人数增长25.50%。限额以上单位商品零售企业书报杂志类、中西药品类、通信器材类分别增长27.70%、21.23%、15.80%。居住类消费加快，家用电器和音像类材料类、家具类、五金电料类消费分别增长30.80%、

16.90%、27.90%。消费新业态模式拓展。网上零售及快递等相关行业快速发展，全省限额以上网络零售额增长27.70%。（杜天生）

【城镇人均收支】 2018年，山西省城镇居民人均可支配收入31035元(上年29132元)，其中工资性收入18572元。消费支出19790元，其中食品消费4703元，占24%，居住消费4247元，占21%，教育文化2638元，占13%，医疗2138元，占11%。（编辑部）

【农村居民人均收支】 2018年，山西省农村人均可支配收入11750元(上年10788元)，其中工资性收入5736元，经营净收入3075元。消费支出9172元，其中食品消费2540元，占27%，居住消费2076元，占22%，教育文化1150元，占12%，医疗1065元，占12%。（编辑部）

## 社会保险

【全民参保计划】 2018年，山西省人力资源和社会保障厅实施全民参保计划，全省基本养老、基本医疗、失业、工伤、生育保险参保人数分别达2416.70万人、3259.90万人、431.10万人、596.70万人、481.40万人，分别完成目标任务的102.50%、100.90%、101.20%、102.20%、103.30%。向中央争取社保转移支付资金287亿元，比上年增加27亿元，增长10.40%。

（王俊杰）

【养老制度改革】 2018年，山西省人力资源和社会保障厅推进机关事业单位养老保险制度改革，公布“中人”视同缴费指数，出台《山西省职业年金基金管理实施办法》，启动实施新养老金计发办法。建立城乡居民基本养老保险待遇确定和基础养老金正常调整“两个机制”。研究制定《关于对被征地农民实行基本养老保险补贴的指导意见》和《关于完善企业职工基本养老保险省级统筹制度的通知》。推进社会保险费征管体制改革，完成社保存量数据的比对整理移交工作，在国家五部委联合召开的全国社会保险费和非税收入征管职责划转工作动员部署会议上作典型发言。（王俊杰）

【医疗和生育保险合并试点】 2018年，山西省人力资源和社会保障厅推进医疗和生育保险合并实施试点，作为全国12个试点市之一，晋中市参保人员生育医疗费在院直接结算，产检费定额直补，待遇水平稳中有升，惠及35万人。（王俊杰）

【失业保险技能提升】 2018年，山西省人力资源和社会保障厅开展失业保险援企稳岗“护航行动”和技能提升“展翅行动”，在费率降低一半的前提下，发放稳岗补贴4.30亿元，惠及2620户企业、130.60万名职工，分别增长82%、33%，发放技能提升补贴4439万元。（王俊杰）

【工伤保险参保范围扩大】 2018年，山西省人力资源和社会保障厅扩大工伤保险工程建设项目参保范围，新开工项目参保率达100%，在建项目参保率达97.90%；修订辅助器具配置目录及费用限额标准，将省煤炭社保中心划转承担工伤保险经办管理。

（王俊杰）

## 社会救助

【困难群众兜底保障】 2018年，山西省民政厅以统筹城乡社会救助体系、增强兜底保障能力为目标，改革完善社会救助制度，实现“两项制度”有效衔接，打造统筹衔接、政社互补、高效便捷、兜底有力的多层次综合救助格局。将城市、农村低保保障标准每人每月提高至少20元，全省城市低保平均保障标准达到496元/人/月，比上年提高30元；农村低保平均保障标准达到4080元/人/年，比上年提高434元。全省所有涉农县(市、区)农村低保标准均达到或超过国家扶贫标准。建立特困人员救助供养标准与城乡低保、最低工资和经济困难失能老年人护理补贴标准联动调整机制，提升特困人员救助供养水平。全年共保障城市低保对象35.80万人、农村低保对象101.60万人、特困供养对象13.90万人。在民政部、财政部开展的困难群众救助工作绩效评价中，山西省被评为优秀等次。（王卫东）

【《山西省残疾儿童康复救助制度》印发】 2018年11月7日，山西省人民政府印发《山西省残疾儿童康复救助制度》，对救助对象、救助条件、救助内容、救助标准、救助流程、救助监管等作出明确规定，是山西省残疾儿童康复工作中的第一个专项制度。

（陈贺峰）

【贫困妇儿生活救助】 2018年，山西省妇女联合会推动贫困县适龄农村妇女“两癌”免费检查纳入省政府民生实事，36个贫困县402130名妇女完成检查，完成率达100.50%。做好建档立卡贫困“两癌”患病妇女救助对象摸排工作，发放“贫困母亲两癌救助”专项基金988万元。实施特困妇女儿童救助项目，救助贫困妇女儿童2492人，救助金额达137.92万元。实施“春蕾计划”“恒爱行动”“儿童权利倡导和儿童保护”等公益项目，为困境儿童送去关爱和服务。开展省妇女儿童发展“十三五”规划中期评估督导工作，对全省11个市22个县进行实地评估检查，推进全省妇女儿童事业发展。（侯少华）

【慈善救济】 2018年，山西省慈善总会共接收捐赠款物合计4.03亿元；捐赠支出达3.94亿元。其中，直接接收捐赠善款2681.24万元，接收捐赠物资价值3.76亿元。其中，“留守儿童”项目全年下拨留守儿童项目资金122.98万元；“免费午餐”项目在山西省吕梁、晋城、运城等地的5所小学为500余名小学生提供免费午餐，筹集支出善款58.24万元。被评为AAAAA级社会组织。

减轻困难群众医疗负担，开展“微笑列车”项目，全年救助贫困唇腭

2018 年 11 月 9 日，山西省“一张纸献爱心行动”启动仪式在山西大学举行

（武学亮供图）

裂患者 285 人，减免费手术金额 129.59 万元。格列卫、达希纳、易瑞沙、特罗凯、多吉美、安维汀、泰瑞沙、捷恪卫、维全特等项目为 14188 人次贫困重症患者提供价值 37889.27 万元药品救助。开展“中国移动‘爱’心行动”三期项目，截至 2018 年底，共救助三期贫困心脏病患者 196 人，减免金额 441 余万元。

助学方面，6 个“衣恋阳光班”学生得到资助，资助金额达 90 万元。陈海珠女士在海外筹集助学款 56.95 万元，用于冯村博爱学校发展。开展“慈善情暖万家”活动，对大同市、晋城市、运城市等地困难群众进行慰问，累计发放款物 319.29 万元。

推进慈善宣传工作。省总会网站更新和发布慈善组织慈善信息；向《慈善》杂志社提供全省慈善组织重要新闻稿件；联合省城各大新闻媒体报道慈善活动；整顿《山西慈善》杂志，全年共发行 6 期，发放 9000 余册。推出微信公众号：“山西省慈善总会”，发布信息 30 余篇。

截至 2018 年底，全省 11 个市成立慈善总会，85 个县（市、区）成立慈善组织，三级慈善网络初具规模。

（武学亮）

【慈善救助活动】 2018 年 3 月 13 日，北京“爸爸的选择”科技有限公司向山西省慈善总会捐赠价值 10 万元的纸尿裤，成为慈善总会 2018 年接收的第一批爱心物资。太原市万柏林区 77 岁老人李培信将 1 万元捐赠给山西省慈善总会定向用于阳曲县上原小学和老人连续资助的太原理工大学大学生赵某。3 月 26 日，北京怡宝乐佳商贸有限公司捐赠价值 26 万余元 Duri 丽维婴儿配方羊奶粉。9 月 19 日，旺旺集团太原分公司与山西省慈善总会在山西省娄烦县晋阳掌村联合举办捐赠价值 4 万多元爱心食品慰问活动，用于慰问当地贫困留守老人。11 月 9 日，“一张纸献爱心活动”在山西大学启动。通过捐献废旧纸张积聚善款，用于救治贫困家庭先心病患儿和建立“救急难”基金。

（武学亮）

## 住房保障

【保障性安居工程】 2018 年，山西省住房保障工作任务为：棚户区住房改造开工 12.52 万套、建成 11.40 万套；公租房建成 1.10 万套；城镇保障性安居工程完成投资 500 亿元；列入国家计划的政府投资公租房（不含已依照规定盘活的公租房）的分配要完成 90%以上；发放城镇住房保障家庭租赁补贴 8.19 万户。同省发改委、省财政厅、省国土厅印发《棚户区住房改造项目认定办法》，规范山西省棚户区住房改造工作。山西省棚户区住房改造开工 12.81 万套，完成年度任务的 102.30%；棚改建成 17.21 万套，完成年度任务的 150.90%；公租房建成 1.32 万套，完成年度任务的 119.90%；城镇保障性安居工程年度投资 537.10 亿元，完成年度任务的 107.40%；政府投资公租房累计分配 25.32 万套，分配率达 92%，较年度任务提高 2 个百分点；城镇住房保障家庭租赁补贴年度发放 8.36 万户，完成年度任务的 102%。

（李国红　米玉婷）

【棚改资金筹集】 2018 年，山西省住建厅争取棚户区改造资金，报请省政府批准，对 2018—2020 年实施的棚改项目以每套 3000 元的标准给予省级财政棚改专项补助；争取国家城镇保障性安居工程中央财政专项资金 26.90 亿元、配套基础设施补助资金 5.30 亿元，安排省级财政棚改补助资金 4.12 亿元、租赁补贴及其他支出 4000 万元；争取国家开发银行和农业发展银行棚改专项贷款年度授信 330.21 亿元，年度发放 425.56 亿元；以晋建保字〔2018〕668 号文件提请山西省政府投资基金理事会成立山西省棚户区改造投资基金，解决棚改资本金筹集困难。（李国红　米玉婷）

【共有产权住房探索】 2018 年，山西省住建厅开展共有产权住房探索。对广州、深圳共有产权住房政策进行专项调研，学习研究试点城市的成功经验和做法，结合山西省住房保障工作实际，邀请房地产领域专家学者进行多次论证，征求相关部门意见，起草开展共有产权住房试点工作的指导意见，通过省法制办规范性文件备案审查。（李国红　米玉婷）

【公积金管理】 2018年，山西省住建厅组织召开山西省公积金“放管服”改革暨信息化建设推进会，太原、大同公积金中心做典型发言。推进公积金与房产、国土、民政、银行等部门信息共享，打通信息孤岛，推进业务创新。太原、大同、长治等10个城市以优秀等次通过住建部“双贯标”验收，75%的城市建成公积金综合服务平台，所有市数据体系规范，银行结算直连，服务渠道多元，为落实“放管服”改革要求奠定基础。利用移动互联网、人脸识别等新兴技术，搭建微信、APP、网厅等服务渠道，实现公积金“最多跑一次”，“最好不跑路”，太原市公积金缴存、提取和贷款90%以上的业务办理都迁移到线上，综合离柜率达80%左右。

住房公积金缴存383.07亿元，同比增长7.47%，提取额205.77亿元，同比增长45.11%，发放贷214.06亿元，同比增长19.54%。截至2018年底，山西省公积金缴存总额2748.46亿元，提取总额1660.01亿元，缴存余额1088.45亿元，发放住房公积金贷款1189.83亿元，贷款余额785.01亿元。提取率60.40%，个贷率72.12%。

推进煤炭企业公积金分中心管理机构调整。将省属五大国有煤炭分中心管理机构调整纳入2018年年度目标任务考核，协调解决煤炭企业公积金管理机构移交过程中人员入编、分流，职务、职级任聘及资产交割等关键性问题，推动晋煤、同煤、潞安3大集团公积金管理机构移交所属地方政府。以公积金“双贯标”和综合服务平台建设为契机，理顺县（市、区）公积金管理体制。侯马、洪洞、孝义、方山及大同开发区、榆次开发区6个县级公积金管理机构，上划到市级公积金管理中心。 （李国红 米玉婷）

【新市民住房问题调研】 2018年，山西省住建厅组织11个中心动用207名调查员，深入企业、乡镇（社区、街道）、个体工商户（零售业）店铺、居民家庭等，对28个区（县）4856份样本进行一对一面访调查，在认真分析研究基础上，撰写《新市民住房问题调查报告》。 （李国红 米玉婷）

## 社会福利

【老年人照顾服务】 2018年9月14日，山西省政府办公厅文件印发《关于开展老年人照顾服务工作的实施意见》。《山西日报》、新华网、新浪、搜狐、网易等主流媒体对《实施意见》进行宣传报道。省老龄委办公室筹划，贯彻落实骆书记重要批示精神，组织专题学习，制定细化措施，协调各牵头单位和责任单位制定落实方案，指导各成员单位和各市老龄委（办）做好相关工作，推动《实施意见》落实落地。 （季 巍）

【“敬老月”主题活动】 2018年10月，山西省老龄委办公室以“营造敬老爱老社会氛围、纪念改革开放40周年”为主题，开展各项活动，为广大老年人送温暖、办实事、做好事、解难事。10月15日，《山西日报》头版刊载“敬老月”系列活动报道，10月16日，“山西综合广播电台”和“省政风行风评议热线”分别播报“敬老月”活动专题报道，10月17日，《山西日报》重阳节专版刊载全省老龄事业发展综述，营造尊老敬老爱老助老良好社会环境和舆论氛围。 （季 巍）

【人口老龄化国情教育】 2018年，山西省落实全国老龄办等14部委《关于开展人口老龄化国情教育的通知》，指导各地开展人口老龄化国情教育，举办国情报告会、敬老故事会、知识竞赛、征文比赛等形式多样主题文化活动，提升关心关爱老年人公民意识，支持参与老龄事业发展。

（季 巍）

【农村老年日间照料中心建设】 2018年，列入山西省政府民生实事的“新建600个农村老年人日间照料中心”全部建成，全省日间照料总数达到5890个，覆盖73%的千人以上行政村，惠及100多万名农村老年人。经济困难的高龄和失能老人两项补贴以及困难残疾人生活补贴全面落实。争取2个全国居家和社区养老服务改革试点市，大力扶持民办养老机构，积极谋划康养产业发展，拟定2019—2021年康养产业发展行动方案，启动忻州康养产业综合园区建设。

（季 巍）

【特困失能老人救助】 2018年，山西省为解决农村地区高龄特困失能、半失能老年人实际困难，对全省10个深度贫困县失能、半失能老年人进行救助，每县100名，每名老年人救助1000元，共计100万元。为改善特困失能、半失能老年人生活条件，提供更直接、更便捷照料服务，开展“暖心关爱行动暨全省特困失能、半失能老人照料及护理资助试点项目”，申请中央财政支持社会组织参与社会服务项目资金50万元，筹集省福彩公益金配套资金50万元，以每人2000元标准，资助全省各地农村特困失能、半失能老年人共460人。

（季 巍）

【残疾人精准康复服务行动】 2018年，山西省残疾人联合会推动省政府出台《山西省残疾儿童康复救助制度》，21.70万名残疾儿童和持证残疾人得到基本康复服务，服务率达到88.45%。残疾人精准康复服务8—11月核心信息准确率全国第一，受到中国残联通报表扬。 （陈贺峰）

## 优抚安置

【退役军人事务机构】 2018年，根据《山西省机构改革方案》，山西省成立退役军人事务厅，从省级有关单位挑选出16人，分设综合组、人事组、财务组、业务组4个工作组，完成省民政厅优抚安置和拥军优属职责、省人社厅军官转业安置职责划转任务；全面完成省民政厅3个处室14名干部、8个事业单位437名干部职工和省人社厅1个处室8名干部、2个事业单位26名干部职工的人员转隶，接收2018年度军队转业干部10名。按照“三定”方案核定的内设机构数、人员编制数、领导干部职数，设立内设机构、配备使用干部，截至2018年底，省退役军人事务厅机关44名编制人员全部到位，10个内设机构正常工作，机构改革18项任务完成。

（王文飞）

【退役军人安置】 2018年，山西省按照档案移交、考核赋分、培训教育、组织考试、制定计划、部署任务、积分选岗、接收安置的安置流程，科学有序推进军转干部安置工作，完成师职干部2人（省委组织部负责安置）、团以下及专业技术干部700多人的安置任务，计划安置的党政机关和参公事业单位比例达93%，排在全国前列。全年，山西省通过开展"阳光安置"，组织各市量化评分退役士兵档案，及时公示分数和岗位信息，邀请纪检监察、新闻媒体、社会公众全程监督，从档案评分到选岗安置各环节全部透明操作。截至2018年底，912人全部参加"阳光安置"选岗，873人选定岗位，占总数的95.70%，自谋职业3人，占比0.40%，36人未选岗，占比3.90%。

（王文飞）

【退役军人走访慰问】 2018年，山西省开展军队退役人员走访慰问活动，11个市党政领导带头走访慰问军队退役人员56名，各县（市、区）委书记、县长研究解决军队退役人员重点疑难复杂矛盾问题1000余人次。分类退役军人各类诉求，做到在政策范围内的，问题诉求解决到位；不符合政策的，思想教育转化到位；特殊困难群体，救助帮扶落实到位。积极推动落实相关政策，解决等遗留问题1104例，为2177名退役士兵发放待安置期间生活补助2442.3万元。退役军人事务厅在春节前成立由33名医务人员组成专业医疗队伍，开展"情系荣军、关爱功臣"和"情系革命老区、关爱伤残老兵"活动，走访慰问活动深入开展。（王文飞）

【双拥工作】 2018年，山西省双拥工作取得成效。新一届省级双拥模范城（县）创建工作按照动员部署、自查自荐、初审把关、考核验收四个阶段推进，截至2018年底，完成评选考核任务。组织各地深入开展创建国防教育示范学校、示范村镇（社区）活动，全省建成113所国防教育示范学校、105个国防教育示范村镇(社区)，新命名第三批46个国防教育基地。开展军营开放活动，全省党政军领导和各界群众共1.50万余人走进军营。组织军地文艺汇演、双拥晚会、慰问演出等共70余场。省双拥办联合省红十字会、省军区政治工作局组织救护专家举办10余场应急救护培训进军营活动。驻晋部队先后出动兵力5.80万余人次，机械车辆2000多台次，参加急难险重和维稳处突等任务。省、市、县三级落实军地协调会议制度，各级收集双拥热点难点问题100余件，召开协调会93次，年底前办结率达90%以上。实施军人子女中考、高考加分等政策，500余名军人后代享受教育优待。53名现役军官随军家属安置任务全部完成，随军未就业家属全部发放困难生活补助，累计发放2776人次，共计1166.70万元。（王文飞）

【退役军人信息采集】 2018年，山西省退役军人事务厅抽调精干人员，组成综合、业务、宣传、督导四个工作组，推进退役军人信息采集工作。全省各级共投入专项资金1113.60万元，举办培训班54场次，培训业务骨干2400多人，配置专项采集设备2320台，设立固定信息采集点1929个，抽调聘用精干力量3562人。全省各级共印制发放宣传海报、公告42万份，各级电视广播滚动播出时长1000多小时，对点推送公告短信2846万条，争取每名采集对象都能通过一种渠道得到信息采集通知。连续两周在省综合广播电台"政风行风"栏目宣传信息采集政策，接听听众热线，回应社会关切。在乡镇街道、社区设立固定采集点，在人员相对集中的单位、企业增设采集点，方便对象采集，针对年老体弱、疾病伤残行动不便的对象，主动上门服务，做到应采尽采。投入100万元开展网络提速、用户扩容和设备升级，保证信息采集工作。抽调30名工作人员组建厅直属信息采集突击队，到机关、企事业单位、大型厂矿社区开展流动巡回采集，从11月22日至12月29日，共到87家单位上门服务，采集对象4612人。定期收集各地反馈的问题，对200余个信息采集的共性问题，整理编印问答提纲分发各地，确保应知尽会。

（王文飞）

## 社区建设与社会组织管理

【社区治理创新】 2018年，山西省27255个村和2660个社区换届工作圆满完成，"两委"班子及其下属自治组织建立健全。社区治理创新实践持续深化，山西省创建的"全国社区治理和服务创新实验区"通过民政部验收。选择10个县区开展省级社区治理和服务创新实验。实施边远贫困地区、边疆民族地区和革命老区社会工作专业人才支持"三区计划"和社会工作服务机构"牵手计划"。（王卫东）

【社会组织管理机制改革】 2018年，山西省民政厅改革社会组织管理方式，将全省性社会组织年检改为年报，简化年检程序，节约社会组织审计费用，实现减证便民。加强社会组织涉企收费管理，深化行政审批制度改革，做到审批机构、人员、职责"三集中"，依法依规登记社会组织。加强社会组织监管，纳入社会信用体系建设，对年报的社会组织按照不低于5%比例抽查，对违法违规行为加大惩戒力度。

（王卫东）

【社会管理公共服务标准化试点】 2018年，国家标准化管理委员会联合国务院有关部门共同制定《社会管理和公共服务综合标准化试点细则》，并公布第五批试点项目。山西省有5个项目入选，分别为：太谷县文化旅游发展委员会（公共文化标准化试点），山西转型综改示范区（政务服务标准化试点），长子县明志学校（教学服务标准化试点），曲沃图书

馆（公共文化服务标准化试点），山西省食品药品检验所（检验服务标准化试点）。（编辑部）

## 民族宗教事务

【概况】 据2018年调查统计，山西省有汉族人口3424余万人，有54个少数民族成分（缺乌孜别克族）11.68万人。少数民族人口数约占全省总人口的0.34%。人数最多的少数民族是回族，其次是满族。全省117个县（市、区）均有少数民族居住，其中城市居住的约9万人，占少数民族人数的77%；农村居住的近3万人，占少数民族人数的23%。有41个少数民族聚居村、57个少数民族相对聚居街道、社区。

山西省宗教分布呈大分散小集中格局。截至2018年，山西省有信教群众近164万人，信教人口占全省总人口的4.29%。其中，佛教近70万人、道教7万人、伊斯兰教8万人、天主教23万人、基督教56万人。经认定备案的宗教教职人员8213人，依法批准的宗教活动场所2933处，登记的宗教团体246个。省级爱国宗教团体7个、市级50个、县级189个。全省119个县（市、区）都有宗教工作任务，信教人数在万人以上县有60个，信教群众相对聚居村110个。（茅立新）

【民族教育】 2018年，山西省委统战部在大中小学校深入开展“五个认同”和爱国主义、民族团结教育，组织高校少数民族学生和山大附中西藏班学生开展社会实践活动。指导晋中市创新性开展民族文化教育基地、民族红色文化传承基地、民族交往交流交融基地“三个基地”建设。省民委和省文化厅命名山西省艺术职业学院为山西省民族艺术训练基地，指导太原市话剧院修改完善反映民族团结的大型古装话剧《北魏风飏》。传承和发展民族传统体育，确定山西省10个竞赛和表演项目，参加在郑州举办的全国第十一届少数民族传统体育运动会。（侯国柱）

【民族团结】 2018年，山西省委统战部组织开展全国民族团结进步创建示范单位推荐、遴选工作。晋中市榆次区南窑社区、运城市阳光少数民族服务管理站2个单位被国家民委命名为第六批全国民族团结进步创建示范单位。组织安排朔州、晋中、阳泉、长治四市4名少数民族代表参加全国少数民族参观团，重温党的奋斗历史，纪念改革开放四十周年，弘扬中华民族伟大精神，铸牢中华民族共同体意识。（侯国柱）

【少数民族管理与服务】 2018年，山西省委统战部探索散杂居城市民族工作。组织大同、阳泉、晋中市部分（区、县）干部及街道、社区负责人到广东考察、学习、交流少数民族流动人口服务管理工作，推进少数民族流动人口服务管理体系试点城市建设，促进各族群众交往交流交融。少数民族聚居村工作取得新成效。全年国家民委下达山西省少数民族发展资金共636万元，省财政配套资金100万元，共736万元全部切块分配到有建档立卡贫困人口的少数民族聚居村所在县、市（区）。截至2018年底，全省23个少数民族聚居村全部实现脱贫。（侯国柱）

【民族产业】 2018年，山西省委统战部推进民族用品定点生产企业工作。联合中国人民银行太原中心支行，对全省“十三五”期间全国民族用品定点生产企业进行调研考察，组织安排开展申报工作，确定山西省14家企业为全国民族特需商品定点生产企业，落实国家对民品企业的优惠政策。依法加强清真食品安全监管工作。严格清真食品生产经营许可证和标志牌的使用管理，重要节点、重大节日组成联合检查组对各市清真食品市场进行监督检查，确保清真食品业健康发展。（侯国柱）

【宗教政策新规】 2018年，省政府制定出台《关于进一步加强佛教寺院监督管理工作的意见》《关于把好入口关加强佛教道教教职人员管理的实施意见》《关于五台山尼众佛学院规范化建设若干意见》和《关于加强和改进新形势下伊斯兰工作的实施意见》。（侯国柱）

【宗教管理】 2018年，山西省委统战部宗教处按照中央统战部要求，摸底统计汇总全省违规建设大型露天宗教造像，制定总体方案和一像一案治理方案并按要求报中央统战部。依法拆除长治襄垣县违规建设大型露天释迦牟尼佛像。截至2018年底，全省已拆除9座违规建设大型露天造像（共20座）。做好教职人员认定备案工作。全年认定备案1174名佛教教职人员。对151名道教教职人员进行认定备案并发放教职人员证书。指导省佛协做好“二部僧三坛大戒”工作。指导省道协做好道教正一派传度活动。审批各市上报筹备设立的宗教活动场所。组织开展省佛教协会、省伊斯兰教协会换届工作。做好寺观教堂维修费的相关工作。

制定出台《关于发挥佛道教和民间信仰在“实施中华优秀传统文化传承发展工程”中积极作用的实施意见》，指导佛教、道教、伊斯兰教开展“四进”宗教活动场所活动。指导五台山举办第四届五台山信仰国际学术研讨会，加强佛教思想建设。

管理五台山藏传佛教工作，指导五台山做好散居僧人治理工作和僧人户籍管理工作。排查治理清真寺等各类宗教组织举办假期学习（培训、托管）班。（侯国柱）

## 组织领导

【农村工作暨脱贫攻坚会议】 2018年2月24日，省委农村工作暨脱贫攻坚会议在太原召开。省委书记骆惠宁讲话，省长楼阳生作具体安排。省委副书记、省政协主席黄晓薇主持会议，副省长陈永奇作会议总结。

会议指出，要深入学习贯彻习总书记关于“三农”和扶贫工作重要思想，准确把握新时代山西实施乡村振兴战略的历史方位。强调要走好中国特色社会主义乡村振兴之路，加快推进乡村治理体系和治理能力现代化，加快推进农业农村现代化，实现农业全面转型升级、农村全面繁荣进步、农民全面富裕发展。

会议指出，要聚焦深度贫困持续发力，坚决打好精准脱贫攻坚战。进一步强化目标引领，细化打好精准脱贫攻坚战三年行动方案，拿出更多实招硬招；进一步聚焦深度贫困，坚决攻下贫中之贫、困中之困；进一步提高脱贫质量，统筹推进面上脱贫工作；进一步把好现行标准，确保正确的工作导向；进一步激发内生动力，把扶贫与扶志扶智扶德结合起来；进一步压实工作责任，确保2018年连战连胜。

会议对乡村振兴和脱贫攻坚工作作出具体部署。以20字方针为引领，着力构建乡村振兴战略规划体系；以供给侧结构性改革为主线，推动农业高质量发展；以农村人居环境整治为抓手，加快建设美丽乡村；以一体化发展为目标，加快城乡融合步伐；以攻克深度贫困为重点，坚决打好脱贫攻坚战；以激发乡村活力、促进共同富裕为目标，全面深化农村改革；以社会主义核心价值观为导向，培育文明乡风；以创新人才开发使用机制为重点，加快培育乡村人才队伍；以农业农村优先发展为要求，进一步强化科技、财政、金融兴农支农力度；以基层党建为统领，坚持自治、法治、德治相结合，提升乡村治理水平。

会议讨论《中共山西省委山西省人民政府关于推进乡村振兴战略的实施意见(讨论稿)》。并表彰2017年度全省脱贫攻坚奖获得者。太原市、长治市、晋城市、农谷管委会、孝义市负责人分别作大会典型发言。阳曲县、吉县、临县、岢岚县、左权县、武乡县负责人分别在脱贫攻坚工作部署会议上作交流发言。 (严志刚)

【贫困县脱贫摘帽】 2018年，山西省完成年度减贫任务。17个国定贫困县、9个省定贫困县进入脱贫摘帽程序，2255个贫困村退出、64.90万人口

2018年2月24日，省委农村工作暨脱贫攻坚会议在太原召开 (严志刚供图)

脱贫,贫困发生率降到1.10%。贫困地区农村居民人均可支配收入达到8250元,同比增长12.60%,高出全省3.70个百分点。经过连续三年工作,脱贫成效集中显现,扶贫格局发生变化。58个贫困县2017年脱贫摘帽15个,2018年有26个进入脱贫摘帽程序,贫困村由7993个减少到900个以下,贫困人口由329万人减少到25万人,贫困发生率由13.60%下降到1.10%。

2018年,山西省58个贫困县退耕还林183万亩、惠及8.90万贫困户;造林绿化285.50万亩,2563个扶贫造林合作社带动5.2万贫困劳动力增收;森林管护吸纳2.40万贫困护林员;150万亩经济林提质增效惠及14.10万贫困户。(张海光)

2018年10月17日,山西省扶贫办举办"激发内生动力 凝聚帮扶合力"先进事迹报告会(严志刚供图)

**【驻村帮扶"六大行动"】** 2018年,山西省出台《关于进一步加强驻村工作队选派管理工作的实施意见》。严格选派要求,实行"一村一队、一队三人"。从省直帮扶单位硬抽人、抽硬人,新增单位24个,派出工作队773支、队员2319人,市县新增帮扶单位236个、工作队4575支、队员1.30万人,单位包扶贫困村全覆盖。严格驻村要求,驻村干部属地在编管理,"五天四夜"全脱产帮扶。随机明察暗访,暗访结果点对点反馈各市。对各市、省直单位和驻县大队长专项考核。提拔优秀驻村干部1861人,问责1138人次、召回147人。大同市对驻村帮扶干部不作为慢作为问责追责,运城市实行"红黑名单"月通报和新闻媒体"曝光台"制度。严格工作要求,开展村情民意走访、基础工作巩固、政策举措落实、资金项目盘点、内生动力提升、作风问题整治等"六大行动",实行台账管理,解决人在村心在外、吃不透村情、抓不准矛盾、工作概念化一般化表面化问题。收集村情民意26.80万条,解决问题24.70万个,引进帮扶资金13.30亿元,实施万元以上帮扶项目9871个。以干部责任感增强群众获得感,以帮扶精准度提升群众满意度,闻喜县国税局柴晓飞等13名干部牺牲在扶贫一线,用生命完成使命。(张海光)

**【"一县一策"集中攻坚】** 2018年,山西省紧盯10个深度贫困县、3350个深度贫困村、28.47万深度贫困人口,政策、资金、项目、人才向深度贫困县重点倾斜。出台《关于"一县一策"集中攻坚深度贫困县的意见》,最大限度为10个深度贫困县提供体制机制政策支持,量身定制10条共享政策、每县1条专享政策。划拨中央和省财政专项扶贫资金的30.30%、共14.40亿元集中支持。安排64%的退耕还林、54%的造林绿化、43%的光伏扶贫项目。省直新增279支工作队967名队员,重点支持深度贫困县。深度贫困县贫困人口减少13.80万,贫困发生率从18.40%降到7.20%,农民人均可支配收入增幅连续两年高于全省平均增幅。铺开3350个深度贫困自然村整村搬迁工程,完成整村搬迁2812个,占83.90%。简化审批流程,精准对接需求,激励改革创新、担当作为。投入与破除体制机制障碍相统筹,提升政策落实的乘数效应。上缴省市土地出让金3.50亿元全部留县,吕梁市政府搭建投融资平台为深度贫困县增信,撬动社会资本73.28亿元投入林业、交通、水利等扶贫项目。精准脱贫与区域发展相融合,打破瓶颈制约激活优势资源。宁武县依托芦芽山自然保护区实施生态旅游扶贫,带动1800户贫困群众增收。兴县与驻地11户企业合作,实施帮扶项目39个。短期脱贫与长远发展相衔接,拓宽贫困群众增收渠道。借鉴推广造林扶贫合作社经验,深度贫困县组建扶贫专业工队851个,以议标方式承接小型基础设施、公共服务项目,带动4800余名贫困劳动力增收。(张海光)

**【推进特色农业扶贫】** 2018年,山西省农业农村厅举办推进产业扶贫助力乡村振兴企业与项目暨产销对接洽谈会,签约金额68亿元。安排资金6.25亿元,支持10个深度贫困县培育主导产业。完善"五有"产业扶贫机制,挖掘推广38个贫困县产业扶贫典型经验,山西省"五有机制"入选全国产业扶贫十大机制创新典型。(孙青洪)

**【社会力量扶贫】** 2018年,山西省落实习近平总书记"加大各方帮扶力度"重要指示,实施领导联系、单位包村、县际结对、企县合作、专业人才挂职、学校医院对口"六个帮扶"。每个深度贫困县都有1名省领导联系帮扶，3至5家省直单位包村帮扶，2名技术人才、金融骨干挂职帮扶，按需选派产业扶贫科技特派员363人，10个深度贫困县121个乡镇全覆盖，10个经济强县结对帮扶，8家省属国企、97家民营企业合作帮扶深度贫困县，在239个村实施项目306个。10所省属高校、17所省级示范高中、11所省属重点职业院校、38家三级医院对口帮扶。省直新增24个单位、279支工作队全部增派到深度贫困县。中央单位倾力帮扶。26个中央在晋定点扶贫单位领导实地调研指导，78名挂职干部全身心帮扶，投入和引进资金5.39亿元，消费扶贫购买农产品2998万元，助销农产品1.26亿元。企业群团助力攻坚。统一战线实施“百千百”工程，1867家企业投入资金33.20亿元，实施项目6017个，帮扶3889个村、32.30万贫困人口，帮扶贫困生1万名以上。团省委开展青年电商培育、人才帮扶、助学助困工程和创业就业“四项工程”。省妇联开展“三晋巾帼脱贫行动”。社会力量积极参与。出台《关于支持社会工作专业力量参与脱贫攻坚的实施意见》，600余家社会组织、2130个志愿组织、7.24万志愿者参与扶贫，实施帮扶项目185个，投入帮扶资金物资4.26亿元，帮扶贫困村4874个。中国扶贫基金会爱心包裹行动、中国福利基金会免费午餐和暖冬行动惠及1万余名贫困学生。“光明扶贫工程”免费救治农村贫困白内障患者3199人次。中国社会扶贫网注册61万人，消费扶贫超市销售5.72亿元，项目扶贫超市引进资金13.31亿元，实施项目24.70万个。大同市85名企业家认领152个村372个项目，募集资金3200万元。

（张海光）

【扶贫“四库”建设】 2018年，山西省推进“四库”建设（数据库、政策库、项目库、人才库），数据库开发数据分析、质量监测、成效展示系统，与行业部门共享共用。政策库梳理集成“三农”普惠、扶贫特惠、部门优惠政策11类171项，动态更新，网上公开。项目库对实施主体、建设内容、资金投入、带贫机制精准管理。人才库为精准扶贫提供决策咨询和技术服务。聚焦精准识贫精准脱贫，现行标准细化量化实化，坚持“两不愁三保障”标准，贫困退出指标脱离实际的纠偏，行业部门搭车的剔除，规范为户脱贫5项、村退出13项、县摘帽14项指标。建档立卡起底清底见底，紧盯拆户分户，有房、有车、有企业、有公职“四类人员”和村“两委”主干，识贫脱贫不准等问题，集中40天时间，组织14.16万干部，逐村逐户大起底、大排查，识别贫困户1.46万人，识别漏评户2.55万人，认定返贫户0.14万人，纠正错退户0.38万人，清退错评户3.22万人。动态管理纠正纠偏纠错，脱贫攻坚期内按季度动态调整，符合条件的应纳尽纳、及时帮扶，达到脱贫标准有序退出、继续扶持，漏评、错评、错退及时纠正。把解决贫困发生率虚高与年度动态管理结合起来，贫困发生率20%以上的3个县全部下降到12%以下，30%以上的村由1264个降到161个；连续两年没有贫困村退出的2个县涉及的3个贫困村全部退出，没有贫困人口退出的村由4986个降到827个。

（张海光）

2018年11月18日，省委常委、组织部部长吴汉圣（左五），副省长陈永奇（右四）代表省委、省政府接见山西省2018年全国脱贫攻坚奖代表　（严志刚供图）

【脱贫攻坚宣传】 2018年，山西省全方位、多角度讲好山西扶贫故事，营造脱贫攻坚浓厚氛围。选树先进典型，推荐全国脱贫攻坚奖，程玉珍、沙万里、杨良杰、吕梁市林业局获全国脱贫攻坚奖。举办先进事迹报告会、脱贫攻坚报告会。评选全省脱贫攻坚奖130人、组织创新奖30个，开展驻村帮扶模范单位模范个人、扶贫系统先进集体先进工作者评选表彰活动。创作推介优秀作品。创作纪实报告文学《掷地有声—脱贫攻坚山西故事》，出版《百村脱贫案例》《百村搬迁案例》。推介《右玉和她的县委书记们》《吕梁护工》《第一书记》等优秀文艺作品22部。举办“精准脱贫同奔小康”摄影作品展。免费送戏下乡1.6万场。加大宣传力度。举办中国（兴县）国际扶贫研讨会，开展扶贫国际交流合作。全国扶贫日开展“激发内生动力，凝聚帮扶合力”主题活动，农村改革论坛专设脱贫攻坚分论坛，《厚植生态底色，做足脱贫成色》主旨演讲受到广泛关注。中央主流媒体报道山西脱贫攻坚928次，《山西日报》、山西电视台开设专题专栏，集中报道脱贫攻坚重大政策、重点工作和显著成效，全年宣传报道1.40万次。

（张海光）

【扶贫干部教育】 2018年，山西省落实中组部、国务院扶贫办《关于聚焦打好精准脱贫攻坚战加强干部教育培训的意见》，出台实施办法，坚持实践需求，提升培训效果。分级负责，省级抓示范、市级抓重点、县级广覆盖。省级层面举办各类示范培训班137期。分类实施，各级党政领导突出观念培训，扶贫系统干部突出岗位培训，行业部门干部突出政策培训，帮扶干部突出素质培训，贫困村干部突出技能培训。创新方式，以考促学、现场教学、案例导学、网络跟学，省级认定11个示范培训基地，把培训课堂搬到企业、基地和村户，县委书记县长、乡镇党委书记乡镇长现身说法，干部在线学院开设扶贫专题。全省累计培训2393期、39.70万人次。其中，地方党政领导1.8万人次，扶贫干部3.20万人次，行业部门干部2.30万人次，帮扶干部9.50万人次，贫困村干部22.90万人次。分34期完成全省5600余名贫困村党组织书记集中轮训。 （张海光）

【“全国脱贫攻坚奖得主”山西获四项奖项】 2018年10月17日（本日系全国扶贫日），全国脱贫攻坚奖表彰大会暨脱贫攻坚先进事迹报告会在京举行。会议由国务院扶贫开发领导小组组织，“全国脱贫攻坚奖”是扶贫领域国家最高荣誉，共设奋进奖、贡献奖、奉献奖等五类奖项。2018年共有139个先进个人和先进单位获奖。2018年山西省程玉珍（长治市壶关县五龙山乡刘寨村党支部书记、村委会主任）获奋进奖，沙万里（忻州市繁峙县第三工程公司总经理）获奉献奖，杨良杰（运城山西中农乐农业科技有限公司董事长）获创新奖，吕梁市林业局获得组织创新奖。 （编辑部）

【中国国际扶贫研讨会】 2018年6月27日，中国国际扶贫研讨会在吕梁市兴县举行。该会由中国人民对外友好协会、山西省人民政府共同主办。16个国家的160余位驻华使馆、国际组织、跨国企业中外代表参加会议。会议以“友谊与合作的桥梁——携手推进国际减贫事业发展”为主题，推动扶贫领域的国际交流合作。期间，举行国际组织（企业）与兴县扶贫项目意向签约及捐赠仪式。9家中外国际组织（企业）与兴县人民政府签约，开展务实合作。 （张海光）

## 政策措施

【脱贫攻坚政策】 2018年，中共山西省委、山西省政府以习近平新时代中国特色社会主义思想，尤其是关于扶贫工作的重要论述为指导，结合山西脱贫攻坚的形势及工作进展，连续制定政策，指导全省脱贫攻坚精准发力、扩展成果。2月24日，省委、山西省政府出台《关于推进乡村振兴战略的实施意见》，要求加强党对“三农”工作的领导，坚持“三农”重中之重地位，按照产业兴旺、生态宜居、乡风文明、治理有效、生活富裕的总要求，统筹推进农村经济建设、政治建设、文化建设、社会建设、生态文明建设和党的建设，加快推进乡村治理体系和治理能力现代化，加快推进农业农村现代化，走出中国特色社会主义乡村振兴道路山西路径，实现农业全面转型升级、农村全面繁荣进步、农民全面富裕发展。7月27日，省委、省政府印发的《关于坚决打赢全省脱贫攻坚战三年行动的实施意见》，要求各级各部门坚持以脱贫攻坚统揽经济社会发展全局，紧紧抓住脱贫攻坚这个“头等大事”和“第一民生工程”，全面落实精准扶贫精准脱贫基本方略，稳定实现农村贫困人口“两不愁、三保障”，确保山西与全国同步，贫困群众和全省人民同步进入全面小康社会。

从脱贫攻坚实际问题出发，山西省更细化制定政策，提出具体措施。5月25日，山西省委办公厅、山西省政府办公厅印发《关于“一县一策”集中攻坚深度贫困县的意见》，表明山西要创造更加宽松的政策环境，打消基层干部在推进落实扶贫工作中遇到的一些模糊节点的顾虑，激励更多贫困人口依靠自身劳动实现脱贫，以改革创新的精神，先行先试。9月26日，省政府印发《关于开展消费扶贫促进精准脱贫若干措施的通知》，要求调动社会各界参与消费扶贫的积极性，切实解决贫困地区产品销路窄、组织化程度低、增产不增收等突出问题，促进贫困地区贫困群众农产品、畜产品、旅游产品、劳务服务与市场需求有效对接；促进贫困地区贫困群众产品变商品、收成变收入、服务变劳务，带动贫困人口增收脱贫；促进贫困地区生产好产品、打造硬品牌、对接大市场，增强自我发展能力，形成可持续增收长效机制。 （编辑部）

【资金扶贫】 2018年，山西省省级扶贫专项资金比上年增长28.60%。30%财政专项扶贫资金用于10个深度贫困县，规模达14.90亿元。涉农资金实质性整合6类56项资金148.90亿元，由贫困县“大类间打通、跨类别使用”。安排省级扶贫周转金5亿元，引导45个贫困县投入2.40亿元，撬动银行贷款16.20亿元，支持136户农业龙头企业带动贫困人口脱贫。

（梁智腾 卫忠梅）

【扶贫资金项目管理】 2018年，山西省紧盯资金投入使用、项目建设、公告公示、拨付进度和监督管理五大关键环节，资金分配实行“一因素三挂钩”（因素法分配，与扶贫成效、重点工作、资金滞留挂钩）。抓投入保增长。各级财政扶贫投入186.31亿元，其中专项扶贫资金115.65亿元，增幅26.40%。统筹整合资金148.90亿元。抓项目保效益。出台《关于加强县级脱贫攻坚项目库建设的实施意见》，建设省级项目库信息系统、绩效监控信息系统，县级全部建成项目库，完成项目入库共2.45万个，其中在建1.75万个，投资230亿元。抓拨付保进度。查资金、查项目、查办法，通过简化程序、专项督导、通报推动和落实奖惩等方式，确保扶贫资金及时到村到户到人。对绩效评价好的15个县、统筹整合好的5个县给予奖励，对序时支出进度不达标的33个县等额核减。全省拨付率98.20%。抓监管保安全。出台《扶贫项目资金公告公示制度》《加强扶贫资金监管的意见》，公告公示纳入政府信息公开工作范畴，省市县扶贫资金分配使用结果一律公开，乡村两级扶贫项目建设和资金使用情况一律公告公示。推广岢岚县扶贫项目"两报两议"做法，群众知晓率98.60%。印发《山西省2018年扶贫审计工作考核实施办法》，扶贫审计县级全覆盖。闲置资金专项清理2.10亿元全部整改到位。（张海光）

【金融精准扶贫】 2018年，中国人民银行太原中心支行出台《进一步做好金融支持山西深度贫困地区脱贫攻坚的实施意见》等3个文件，指导督促金融机构加大扶贫信贷投放。向11个地市下达扶贫再贷款限额56亿元。其中，10个深度贫困县扶贫再贷款限额13.70亿元，较上年增加3.70亿元。修改完善《金融机构信贷政策导向效果评估办法》，提高金融扶贫支持效果考核分值权重。组织193家金融机构完成全省金融精准扶贫政策执行效果评估。牵头召开全省金融助推脱贫攻坚工作通报会，督促个别金融机构开展扶贫贷款"止降清零"行动，按季对金融扶贫信贷投放进行通报。提升深度贫困地区基础金融服务水平，贫困村和贫困户信用评级、搬迁安置点支付服务基础设施、扶贫产业特色服务站、农村支付支持电子商务应用示范区（站）、金融扶贫政策和金融知识宣传等实现全覆盖。开展全省金融扶贫领域作风问题专项治理。全年发放扶贫再贷款54.60亿元，引导撬动全省金融精准扶贫贷款新增99.40亿元，惠及贫困地区人口1295.70万人。推进农村"两权"抵押贷款试点工作。

（人行太原中心支行）

【脱贫攻坚资金争取】 2018年，山西省发展和改革委员会改善公共服务供给，从补齐短板、加快推进教育卫生领域项目建设，改善办学办医条件等方面着手，谋划600余个教育建设项目和400余个卫生领域建设项目。争取中央资金和省配套资金做好3个公共实训基地建设项目工作。争取社会领域中央预算内资金2.14亿元，用于实施社会服务兜底、公共体育普及、文化旅游提升三大工程。推进二青会场馆建设工作。推进采煤沉陷区搬迁工作。采取集中新建安置、货币化安置等方式对搬迁户进行安置。按照成熟一批、安排一批思路，做好搬迁安置集中新建小区基础设施和公共服务设施项目建设工作。将灵石县纳入国家第二批重点采煤沉陷区综合治理试点县。推动对搬迁安置任务核定后的七大煤企配套资金落实。推进天然气产供储销体系建设。制定《山西省煤层气（天然气）产供储销体系建设工作方案》《山西省天然气储气调峰设施专项规划（2018—2020年）》。召开天然气产供储销体系建设和迎峰度冬供应保障推进会，与各市人民政府签订《民生用气保障责任书》。与"三大油"对接争取气源，落实2018年度天然气合同资源量58.77亿立方米。完成华港液化工厂增输改造、临长线固县至金峰输气管道联络线等重点管线互联互通项目建设。推进"甲醇替代天然气"工作。推进对口支援新疆工作。组织召开全省对口支援新疆工作领导小组第十二次会议，及时下达2018年对口援疆项目投资计划。推进援疆项目实施。共安排对口援疆项目45项，援助资金2.71亿元。（郭卓宇）

【科技系统扶贫】 2018年，山西省科技厅围绕脱贫攻坚，实施科技特派员创新创业工程，安排2000万元支持10个深度贫困县实施产业扶贫项目19项，推荐进入国家星创天地公示名单11家，实施"三区"人才支持计划项目166项，选派科技特派员1291人。推进汾西县5个村对口帮扶，发挥科技优势，转化推广双胞菇、黄粉虫、连翘等优秀种植养殖科技成果，持续推进产业精准扶贫完成，136户367人脱贫，1个村实现整村脱贫。

2018年，山西省科协实施"百千百"工程和"1658"示范行动，推动"十三五"末实现乡村e站、农技协组织服务、农村科普信息员等"六个全覆盖"。建立科普惠农中心服务站20个，在贫困县推广新技术、新产品220项。组织动员3354名科技工作者、326个农技协在贫困县开展精准扶贫，共帮扶贫困户75410人。做好省科协定点扶贫工作，推动方山县麻地会乡4个包扶村党的建设、产业培育、公益服务等迈上新台阶。

山西省农业科学院编制完成10个深度贫困县的脱贫主导产业培育调研报告。选派260名科技特派员和81名深度贫困县乡镇特派员，对贫困地区和革命老区的广大农民开展科技培训，助力脱贫攻坚。推广项目向贫困县的倾斜力度，在27个贫困县实施48个科技推广项目，项目数量占全部推广项目总量的57%，经费占推广项目总经费的60.70%。选派省市县三级工作队10支、全院在职农村第一书记21人，持续推进干部驻村帮扶工作，结对帮扶实现贫困户全覆盖。根据科技扶贫行动计划，在临县、永和县、和顺县、静乐县、岢岚县、隰县建立科技扶贫示范基地。（吕伟 杨先锋 朱俊菲）

【资本市场服务脱贫攻坚】 2018年，山西证监局推动建立资本市场支持辖区脱贫攻坚的长效机制。证监局领导带队到娄烦县、汾西县、隰县等贫困县、乡、村调研，推动市场化力量促进贫困地区产业整合。落实资本市场服务脱贫攻坚战略，引导贫困地区企业用好多层次资本市场，推动壶化集团规范运作申报IPO，指导晋坤股份、喜跃发2家贫困地区企业在新三板挂牌、9家贫困地区企业在山西股权交易中心挂牌。完成娄烦县白家滩村驻村帮扶工作，扶贫工作队全年驻村265天，单位直接投入帮扶资金13.80万元，帮助引进扶贫资金1000万元。引入龙头企业支持包扶村娄烦县白家滩发展蛋鸡养殖产业，首期投资1800万元、可容纳10万只蛋鸡的两座现代化养殖大棚投产运营，实现白家滩村脱贫摘帽提供有力支撑。辖区17家上市公司累计投入扶贫资金1.67亿元，协助发展产业脱贫项目164个；山西证券与汾西、代县、娄烦县结对帮扶，大同证券与隰县结对帮扶；指导新湖期货太原营业部实现辖区苹果"保险+期货"试点项目第一单，为山西省国家级贫困县大宁县687户贫困果农3000吨苹果提供价格风险保障。发挥资本市场功能，"金融+产业"精准脱贫长效机制成效显现。

（证监局）

【农业银行助力脱贫】 2018年，农业银行山西分行在聚焦精准扶贫，把区域精准、客户精准和路径精准作为金融扶贫基本要求，重点抓好建档立卡贫困户小额扶贫贷款投放，发展光伏扶贫、政府增信扶贫等模式，与牧原集团、九牛牧业等龙头企业产业扶贫合作力度，累计投放扶贫小额贷款13658笔、6.38亿元，贷款余额9.31亿元。加大国定贫困县信贷投放，围绕贫困县重点项目、重点产业、重点企业，打造基建项目带动、支柱产业带动、龙头企业带动三大模式，国定贫困县贷款净增19.10亿元，完成总行下达计划147.60%。其中，与省属企业合作，介入全省光伏扶贫电站项目，支持大同左云、晋中榆社、忻州偏关等10个项目22亿元，支付土地租金和组织生产就业等，带动贫困户6300余户增收，围绕产业扶贫项目，支持乳业、中药材、小杂粮等特色产业。其中，支持乳业发展，向山西古城乳业集团发放贷款8300万元，兴建合作奶站89个，辐射奶牛养殖户2300户、5000多人，吸纳就业和权益分红可带动建档立卡贫困人口486人增收，人均增收2000元以上。截至2018年底，全行精准扶贫贷款余额达40亿元，比年初增加12.80亿元，带动或服务建档立卡贫困人口87674人，增加39586人。

（田喜成）

【中国银行助力脱贫】 2018年，中国银行山西省分行统筹做好金融扶贫与定点扶贫，聚焦产业项目、民生项目、深度贫困村，深化金融服务方式、金融产品和驻村扶贫工作创新。累计投放个人扶贫小额贷款20055万元，覆盖全省42个县域，帮助4002户贫困户脱贫增收。发挥"公益山西"扶贫平台集约化采买作用，实现销售金额逾千万元，解决运城和吕梁贫困地区农户农产品滞销问题。派出60名驻村工作队员，分赴56个村开展驻村扶贫工作，在临汾永和县坡头乡开办"扶贫爱心超市"，健全完善贫困村"精准扶贫、精准脱贫"帮扶体系。

（高　歌）

【农业发展银行助力脱贫】 2018年，中国农业发展银行山西省分行在10个深度贫困县累放棚改、农村公路、环境整治等贷款23.3亿元。推进产业扶贫"吕梁模式"。建立绿色通道，完善办贷流程，加快审批投放，年末产业扶贫"吕梁模式"贷款余额达到4.65亿元，支持企业65户，实现吕梁全市13个县域全覆盖，涵盖红枣、小米、油脂、核桃、野生沙棘、奶牛和生猪养殖等吕梁当地特色农业产业，带动当地建档立卡贫困人口就业增收。对忻州秀容古城项目审批贷款10.80亿元，投放2亿元。在忻州繁峙县投放全省首笔贫困村提升工程贷款。该项贷款全年审批13笔、17.20亿元，投放11笔、8.80亿元，支持贫困地区人居环境整治和村容村貌提升。与省扶贫公司合作，投放全省首笔扶贫周转金委托贷款，全年累放达9048万元，支持企业28户，并配套2亿元自营性贷款。推进易地搬迁、农村公路、水利、光伏、网络等多领域扶贫业务，扶贫项目贷款175亿元，产业扶贫贷款71亿元。

（席晓军）

【保险精准扶贫】 2018年，山西省推广临县保险扶贫经验，"两减四推一倾斜"保险精准扶贫模式覆盖全省10个深度贫困县和临汾隰县，累计减免20.53万户次贫困户政策性农业保险个人自缴保费434.49万元。开展农险扶贫工作，保险机构为全省26.56万户次贫困户提供105亿元特色农险风险保障，累计支出赔款1.36亿元，受益贫困户12.15万户次。推动"五位一体"扶贫小额信贷保证保险发展，累计撬动贷款逾4.51亿元，帮助9059户贫困户实现增收。按照《山西省农村建档立卡贫困人口医疗保障帮扶方案》要求，推动落实基本医保经办、大病保险和贫困人口补充医疗保险"一站式"健康保险扶贫政策。2018年保险业承办209.67万农村建档立卡贫困人口补充医疗保险，累计赔付20.75万人次9118.65万元。联合山西省卫健委实现省级定点医疗机构住院费用一站式结算，减轻贫困人口就医负担。保险业创新扶贫模式，通过返贫责任险、扶贫"一保通"等产品设计，为贫困户构筑脱贫保障网。

（李　鹏）

## 精准脱贫

【特色产业扶贫】 2018年，山西省落实习近平总书记"深度贫困地区要重点发展贫困人口能够受益的产业"重要指示，扭住利益联结关键，延伸产业链、提升价值链、构建脱贫链。特色农业扶贫实施特色农产品优势区和产业园创建、贫困户组织化提升等9项行动，贫困县建立专家组，贫困村选派指导员，开展实用技术培训，带动95万贫困人口增收。5633个贫困村提升"五有"（村有产业、有带动企业、有合作社，贫困户有项目、有技能）机制，实施项目4447个，省级认定105家扶贫龙头企业、79家扶贫农民专业合作社。光伏扶贫新建2484座、102.94万千瓦村级电站全部并网发电，惠及4478个贫困村、16.30万贫困户。累计建设村级电站3270座、集中电站53座，总规模261.91万千瓦，结算收益4.38亿元。旅游扶贫534个示范村带动6.15万贫困人口增收。电商扶贫36个国定贫困县全部被确定为国家电子商务进农村综合示范县，村级网点覆盖10315个村，农副产品上行33.20亿元，带动27.40万贫困人口增收。资产收益扶贫483家企业和合作社带动8.35万贫困户。（张海光）

【农机资产收益扶贫】 2018年，山西省开展以农机合作社为载体，将财政涉农、扶贫资金注入农机合作社形成农机固定资产并量化为股，贫困户以股入社，探索“资产变股权、资金变股金、贫困户变股东、收益有分红”发展模式，实现农机合作社和贫困户双赢成效。制定《全省农机资产收益扶贫工作指导意见》，投入1400多万元，建设农机资产收益扶贫试点184个，吸纳和带动贫困户6700余户、贫困人口1.90万人，实现可分配收益400多万元，户均分红达800元以上。工作中，组织成立农机资产收益扶贫宣讲组，历时8天，行程1500多千米，在吕梁、晋中、朔州3市9个县开展资产收益扶贫典型经验巡回宣讲活动，受训人数达2300多人，对指导各地开展试点工作起到引导和借鉴作用。组织11个市和58个贫困县农机部门，进行农机资产收益扶贫试点工作现场培训，通过现场观摩、经验交流、问题剖析等方式，引导贫困地区将提高农机化作业水平和农机社会化服务化组织程度与扶贫攻坚任务结合起来，以股份合作制为抓手，通过创新组织形式做好农机资产收益扶贫试点工作。（秦永红）

【培训就业扶贫】 2018年，山西省实施培训就业扶贫专项行动，紧盯贫困地区和建档立卡贫困劳动力，开展职业技术培训，扩大有组织劳务输出，推进培训就业扶贫工作。培训农村贫困劳动力9.20万人、转移就业10.10万人。推进劳务品牌建设，发挥“吕梁山护工”“天镇保姆”等劳务品牌示范带动效应，全省各类特色劳务品牌近70个，主要涵盖家政服务、护理护工、烹饪烹调、交通运输、建筑施工等行业；推动就近就地就业，建设扶贫车间476个，带动2.30万贫困劳动力就近就业。新增公益性岗位吸纳贫困劳动力3000余人。将公务员招录计划的6%、省直事业单位招聘计划的12%，专门用于招录招聘基层服务项目人员，将“三支一扶”招募计划向深度贫困县倾斜。（王俊杰）

【扶志扶智扶德】 2018年，山西省对贫困地区开展扶志扶智扶德，最大限度激发内生动力，促进精准脱贫。实施教育引导，激励有志想做。开展感恩奋进教育，弘扬“吕梁精神”“太行精神”“右玉精神”，提振脱贫攻坚“精气神”。7126个村开办周末学堂、农民夜校等，70%以上的村建立村民议事会、道德评议会等群众自治组织。设立孝善养老基金469个、募集3787万元。改进帮扶方式，带动有事可做。采取以工代赈、生产奖补、劳务补助等多种方式，引导诚实劳动增收脱贫。推广中国社会扶贫网+爱心扶贫超市、项目扶贫超市、消费扶贫超市“一网三超”模式，贫困户劳动表现记积分、积分兑物品。提升能力素质，帮助有技会做。全民技能提升工程免费培训贫困劳动力，推广“扶贫车间”，开发适宜就近就业的岗位和公益性岗位，依托“吕梁护工”“天镇保姆”“太行家政”等劳务品牌优势，带动贫困劳动力转移就业。财政扶贫资金到村到户项目完善带贫益贫机制。扶贫小额信贷坚持户借户还、贫困户自愿和贫困户参与。推进农村产权制度改革，重点发展生产和改善生产条件。推进“三基建设”，保障有人领做。基层组织引领、驻村干部帮带、创业致富带头人示范，培训创业致富带头人9092人。（张海光）

【易地扶贫搬迁】 2018年，山西省铺开“十三五”剩余15.93万贫困人口搬迁工程，新建集中安置点355个。1502个集中安置点竣工1463个，竣工率97.40%；入住31.30万人，入住率86%。落实习近平总书记“整村搬迁是解决深度贫困的有效办法”重要指示，聚焦3350个深度贫困自然村，“六环联动”推进整村搬迁。精准识别对象、新区安置配套、旧村拆除复垦、生态修复整治、产业就业保障、社区治理跟进“六环联动”，完善集中安置点规划选址风貌管控，统筹解决“人钱地房树村稳”七个问题。三管齐下突破重点难点。扭住产业就业，保障老年群体，攻坚拆除复垦。迁入迁出两地统筹，建设特色产业园、扶贫车间，捆绑使用政策，优先实施生态、旅游和光伏项目，开发公益岗位，每户至少一人就业。落实养老、低保、健康和残疾人等政策，配套养老中心、日间照料中心、卫生院所等设施。按期拆除人均奖励1万元，自行复垦奖励5000元。多措并举严守底线红线。对搬迁对象精准界线、人均住房面积标线、搬迁不举债底线、项目管理红线和资金使用高压线，盯住不放，警示提示，及时纠偏，项目竣工率、搬迁入住率、稳定脱贫率和拆除复垦率作为重要考核指标。截至2018年底，累计完成搬迁2812个，入住21.60万人。旧房拆除1448个，复垦924个，复垦土地1.94万亩。（张海光）

【林业扶贫】 2018年，山西省林业和草原局鼓励贫困户以林地经营权、林木所有权、财政补助资金等入股新型经营组织，获得稳定收益。规范扶贫造林攻坚专业合作社运行机制，鼓励引导贫困社员参与造林营林、管林护林和经济林管理，推动实现“平面参与”向“立体参与”转变，带动52.30万贫困人口增收。58个贫困县2563个合作社完成造林19.03万公顷，带动5.20万贫困社员人均劳务收入达0.70万元以上；退耕还林完成195万亩惠及8.90万贫困户，户均增收达3761元；生态管护惠及240万贫困人口人均增收6500元；经济林提质增效项目惠及贫困人口35.30万人。国家林草局、国家发改委、国务院扶贫办联合下发通知推广山西省生态扶贫经验做法。

（贾向前）

【教育扶贫】 2018年，山西省制定出台《山西省2018年教育扶贫行动计划》《山西省深度贫困县教育脱贫攻坚实施方案》《山西省教育扶贫领域作风问题专项治理实施方案》等系列政策文件，指导各地各校结合实际，创新扶贫思路和扶贫办法，推进教育扶贫政策落地生根。88所省级示范高中和60所重点、骨干职业院校对贫困县学校开展对口帮扶，促进贫困县教育水平提升。安排一定数量的招生计划支持省属本科、高职专科院校为贫困县免费定向定量培养紧缺专业人才。开展消费扶贫工作，推动农特产品进校园深度推进会，加强贫困地区农特产品产销对接。

健全义务教育控辍保学机制，资助体系实现各阶段教育、公办民办学校和家庭经济困难学生“三个全覆盖”，全年资助中高职生6.60万人、大学生7123人，营养改善计划惠及66.8万学生，生源地助学贷款24.78亿元，资助38.46万人，个人资助账户资助深度贫困县高三贫困生1650人。

（赵婷婷）

【健康扶贫】 2018年，山西健康扶贫创造“山西经验”。建立健全健康扶贫“双组长领导、双督导落实、双签约服务”的推进机制、“一扩大、三保险、三救助”的保障机制、对贫困地区“四优先”的帮扶机制，贫困群众大病集中救治病种数和救治率、贫困患者住院实际报销比例均排全国前列。

落实健康扶贫政策。实施大病集中救治、慢病签约服务、重病兜底保障“三个一批”，落实“三保险三救助”“双签约”政策，87.70万人次获得医疗救助，贫困人口住院综合报销比例90.10%，让群众“看得起病”；推进县乡医疗机构“一体化”改革全覆盖，推开县域内“先诊疗后付费”，13家省级定点医疗机构纳入“一站式结算”范围，让群众“方便看病”；完善疾病防控，推进医卫融合改革，关口前移，让群众“少生病”。城乡居民基本医疗保险门诊、住院整体打包付费在全市推广，贫困人口大病救治、慢病签约、重病兜底保障均达99.90%，落实“三保险、三救助”等健康扶贫政策，住院费用报销比例提高到92.90%。

推进“双签约”服务。开展家庭医生签约服务，组成服务团队10939支，双签约率达到100%。

实施“先诊疗后付费”和“一站式结算”服务。13县市区建成“一站式结算”服务和统筹监管系统，191家县乡医疗机构上线运行，岚县、兴县率先建成并运行县域外“一站式结算”信息系统，服务群众9.44万人次，其中建档立卡贫困患者5.53万人次，贫困群众住院费用个人自付比例仅为4.75%，遏制因病致贫、因病返贫问题。

加快村卫生室融合达标步伐。以30分钟健康服务圈为目标，推开临县、兴县等4个县村卫生室整合试点工作，在保障人员不减、投入不变的情况下，整合村卫生室120个。5个脱贫摘帽县村卫生室达标率96.20%，354个脱贫村卫生室达标率100%，全市村卫生室达标率上升到95.54%。

10月15日，国家卫生健康委员会办公厅、国务院扶贫办综合司通报表扬在中西部22个省份创建健康扶贫工作示范县中成绩突出的45个县。山西省岚县、隰县、临县位列其中。三县的主要经验为：岚县建立“八项信息互通”和“八项保障政策”；隰县开展健康扶贫政策、知识、服务“三到家”活动，组建健康扶贫小分队送诊下乡；临县实施“123456”帮扶工程，在破解因病致贫返贫问题方面取得成效。

（季 巍）

【社保扶贫】 2018年，山西省推进社保扶贫。开展人社领域扶贫政策落实情况专项督查，建档立卡贫困人口城乡居民基本养老、医疗保险参保率和政府最低保费代缴率均达100%。将深度贫困县失业保险金标准提高到当地最低工资标准的90%、稳岗补贴标准提高到上年度缴纳失业保险费总额的60%，将深度贫困县参保职工申领技能提升补贴的条件放宽到累计缴费12个月。农村低保推进对象衔接、标准衔接、政策衔接、管理衔接，打通双向进入通道，符合条件的贫困老年人、贫困残疾人和重病患者全部纳入低保，贫困人口与低保对象重合度达到43.60%。农村低保省级提标240元，全省平均4080元，41.50万贫困人口享受扶持。农村养老政府代缴养老保险，58个贫困县贫困人口参保率100%，新建改建敬老院54所、日间照料中心600个。残疾人扶贫“两项补贴”应补尽补，为21.90万困难残疾人发放生活补贴1.20亿元，30万重度残疾人发放护理补贴1.80亿元。为2.50万建档立卡贫困残疾人免费发放适配辅助器具。 （张海光）

【贫困残疾人扶贫】 2018年，山西省残疾人联合会做好残疾人精准脱贫工作，为32.60万名重度残疾人发放1.96亿元护理补贴，为8000余名下肢残疾人发放216.98万元机动轮椅车燃油补贴。完成城镇残疾人职业技能培训4006人、农村贫困残疾人实用技术培训9500人。对1906户贫困重度残疾人家庭进行无障碍改造。

（陈贺峰）

【首批百个旅游扶贫示范村名单公布】 2018年7月23日，山西省公布首批包括太原阳曲县侯村乡店子底村等100个旅游扶贫示范村名单。为开展山西省旅游扶贫示范村工作，山西省旅发委、省农业厅、省扶贫办联合印发《山西省旅游扶贫示范村工作方案（2018—2020）》。按照方案要求，未来三年山西省将聚焦“黄河、长城、太行”三大板块贫困地区，打造旅游扶贫重点村，全面推进贫困地区旅游产业发展，带动贫困人口脱贫增收，每年建设100个左右旅游扶贫示范村。

（王小龙）

【网络扶贫获奖】 2018年11月30日，由中央网信办信息化发展局指导、中国网络社会组织联合会主办、新华网承办的以“网络扶贫 创新引领”为主题的2018网络扶贫论坛暨创新优秀案例发布会在北京举行，山西省获3个奖项。其中，中国电信集团有限公司运城分公司“普遍服务试点项目”和中国移动山西有限公司大同分公司“易地扶贫搬迁监控服务项目”入选全国“2018网络扶贫优秀案例”。山西省互联网协会获2018网络扶贫创新优秀案例征集活动优秀组织奖，是全国唯一获奖的社会组织。 （编辑部）

## 基础建设

【贫困村提升工程】 2018年，山西省以户为基、以村为体、以县为战，6432个村实施项目1.92万个。新改建农村公路、旅游公路1.29万千米，通客车行政村新增590个；安全饮水提升惠及67.67万贫困人口；生活用电改造完成674个村、惠及10.29万贫困人口，完成动力电改造；危房改造完成8.11万户；电信普遍服务完成1964个贫困村，全省贫困村宽带覆盖率99.23%。义务教育学校“全面改薄”完成90%以上，新建、改扩建农村卫生室2747所，村容村貌、户容户貌、精神面貌得到改善。 （张海光）

【文化扶贫】 2018年山西省出台《山西省文化扶贫三年行动方案（2018—2020）》《山西省2018年文化和信息扶贫行动计划》，明确文化扶贫目标任务、具体举措及工作要求。联合省扶贫办召开全省文化扶贫现场推进会。实施公共文化服务提升工程，为17个贫困县88个乡镇110个村（社区）数字驿站配送设备；落实资金450万元用于3个贫困地区基层图书馆建设项目；落实资金100万元用于阳曲县文化馆建设项目；落实1525个村文化活动室文化活动设备购置资金3050万元；针对贫困县免费送戏下乡演出6561场。在深圳、北京文博会等展会上推荐25个贫困县文化产业项目；为贫困地区培养创新型、管理型文化产业人才12人。在全省首批确定太原阳曲县侯村乡店子底村等100个扶贫示范村，从规划、培训、公共服务建设等10个方面采取具体措施，实施精准扶贫。组织开展扶贫剧目展演和扶贫题材美术作品创作活动。 （王小龙）

【体育扶贫】 2018年12月30日，山西省体育局、省扶贫办、省财政厅联合举办山西省2018年移民新村全民健身路径工程，健身器材捐赠仪式在宋家沟村举行，服务145万移民新村群众健身。解决1593个移民新村体育健身场地设施问题。利用2017—2020年中央专项彩票公益金支持地方社会公益事业发展资金，总投资4000万元，完成770个移民新村全民健身路径普及工程。 （王宏德）

【邮政业助力脱贫】 2018年，山西省邮政管理局助力脱贫攻坚。推进“邮政在乡”“快递下乡”工程，全省邮乐购站点达到1.62万个，县乡村三级寄递服务体系完善。推出“一市一品”农特产品典型项目14个，交易额1.11亿元。快递企业打造服务农业“一地一品”项目30个，快递服务制造业项目5个，基本实现贫困地区全覆盖，其中运城市“快递+苹果”项目产值达1.8亿元，被评为“全国快递服务现代农业金牌项目”。推进定点扶贫工作，临汾市吉县屯里镇窑头村、长治市武乡县蟠龙镇安乐庄村先后实现整村脱贫。 （刘博军）

【电信公司助力脱贫】 2018年，电信山西分公司承担扶贫任务共67个村，选派专职扶贫人员43人，兼职扶贫人员207人。67个扶贫村原有贫困人口7600余人，脱贫5400人，脱贫率达71%。公益扶贫、产业扶贫、办公设施改善、村容村貌修整等形式投入资金约160余万元。

加大通信业务扶贫工作力度，面向全省贫困地区，提供8款简单易用、价格低至299—499元4G入门机。扩大通信扶贫覆盖网点，各贫困村所在县的电信专营店统一悬挂“中国电信通信业务扶贫指定服务点”标识牌，具备“扶贫专属资费”受理能力。推出扶贫专属套餐，2018年累计为759名贫困户赠送致富包，为430个贫困村赠送宽带，全省36个贫困县扶贫终端上柜。推广扶贫致富信息应用，针对“中国社会扶贫网”“公益山西”两款APP提供定向免流包及免费加载（0元可选包），助力贫困村信息化建设。

完成第三批电信普遍服务项目建设。2018年启动电信普遍服务试点项目，山西分公司承接运城20个试点行政村和大同290个行政村光纤通达和开通点亮工作，截至11月底，完成电信普遍服务项目建设工作通过验收，打通信息扶贫“最后一公里”。工程共敷设各类光缆3153公里。大同分公司为290个行政村的党建活动室或文化室免费提供一条二年期100M宽带，助力信息扶贫攻坚。运城分公司电信普遍服务项目带宽达100M，远远超过项目要求“提供不低于12M的宽带接入能力”标准。 （于俊玲）

## 社会参与

【消费扶贫】 2018年，山西省落实习近平总书记“产业扶贫要突出解决市场营销问题”重要指示，出台《关于开展消费扶贫促进精准脱贫若干措施》，搭建农特产品进机关、企业、学校、医院、军营供需对接平台，采取“五进”对接承销、龙头企业带销、宣传推介展销等九种方式，鼓励引导社会各界买贫困地区产品、献扶贫济困爱心，全国政协主席汪洋、国务院副总理胡春华批示给予肯定。促进产销衔接对接大市场。组织参加全国性展会，首届农民丰收节、全国扶贫日举办促销活动，开展"五进"定向采购。山西(运城)国际果品交易博览会一次签约8.80亿元。拓展经营模式延伸产业链。97家4A级以上景区与贫困村贫困户合作景点直销；品牌超市、批发市场设立消费扶贫专柜，进场交易管理费减半；社会组织个人订单认领，娄烦县"扶贫农场"4000亩特色种植基地成功签约。阿里巴巴等知名电商和乐村淘等本土电商线上营销，带动6400个贫困村网销13.90亿元。依托企业、市场带动，把贫困群众组织到产业链中，让农特产品卖上好价钱、农民有好收成、市民买到好东西、扶贫建立起好机制。（张海光）

**【政协服务脱贫攻坚】** 2018年，山西省政协聚焦实施乡村振兴、加快脱贫攻坚献智出力。安排常委会议，围绕"科学制定规划，推动乡村振兴战略实施"深入协商议政，就统筹新型城镇化和乡村振兴、强化村庄规划顶层设计、建立乡村振兴人才培育机制、促进城乡要素流动、整治农村人居环境、推进平特色小镇建设等提出针对性建议。发挥民主监督职能作用，组成4个专项视察监督组，深入10个深度贫困县，实地了解精准扶贫、精准脱贫政策落实情况，及时向党政反馈情况问题、提出意见建议。深入扶贫联系点，走访困难群众，研究制定帮困措施，协调解决实际问题；组织常委、委员开展产业扶贫企县结对帮扶活动。（周志清）

**【助力脱贫攻坚"百千百"工程】** 2018年，山西省委统战部开展统一战线助力攻坚深度贫困"百千百"工程，组织各民主党派、工商联、无党派、新的社会阶层等统一战线各领域代表人士，精准对接帮扶100个贫困村、1000个贫困户及100名贫困户子女。参与帮扶企业1867家，实施项目6017个，投入资金33.21亿元，帮扶3889个村、32万多贫困人口、1万多名贫困学生。省职教社在中阳、岢岚等深度贫困县开展农民实用技能培训，在阳泉实施去产能再就业"温暖工程"项目，受训人员共计2000余人次。开展中阳县"百千百"工程消费扶贫暨招商引资活动，推销特色产品、对接项目合作、搭建电商平台。"百千百"工程推进实施过程中，涌现出振东集团、大运九州集团、亚宝药业等先进扶贫典型，形成"多点发力、各方出力、共同给力"的统一战线大扶贫格局。"百千百"工程被国内众多知名媒体报道，受到中央统战部肯定，被《统战工作》刊登并印发全国，并获中央统战部2018年度统战工作实践创新成果奖。

2018年，山西省委统战部引进黑龙江食用菌种植技术，支持中阳县于2018年8月脱贫摘帽。在中阳、岢岚等深度贫困县开展农民实用技能培训，在阳泉实施去产能再就业"温暖工程"项目，受训人员2000余人次。

港澳台统战工作处助力贫困地区民生改善。争取中华海联会支持，利用香港李兆基基金、澳门霍英东基金，在全省18个贫困县捐资1050万元建设海联新农村卫生室180所。引导港澳人士参与助力脱贫攻坚，香港山西商会与石楼县开展结对帮扶活动；澳门山西商会捐款50万元建设5所老年人日间照料中心；香港福建希望工程基金会捐资50万元港币建设晋祠镇小学"正心科技馆"项目；香港无限极"思利及人"基金会捐资60万元开展"助学圆梦"项目；澳晋联谊会为岢岚县宋家沟小学贫困学生捐赠物品。

非公有制经济工作处引导非公经济人士投身"千企帮千村"和"百千百"扶贫行动。12月12日，全省2036家民营企业，投入资金33.84亿元，帮扶4433个贫困村，带动37.45万贫困人口摆脱贫困。动员87家民营企业与58个贫困县开展合作帮扶，实现帮扶对接全覆盖。

侨务工作处加大帮扶救助。拨付各市华侨事务费45万元；救济困难归侨14名，发放救济资金6.50万元。

（侯国柱）

**【民主党派与工商联扶贫】** 2018年，民盟山西省委会在上年对忻州市11个贫困县通过"明察"手段完成全面调研基础上进入深度调研阶段。2018年初，民盟山西省委会选取忻州市岢岚县宋家沟村为样本，成立由民盟山西省委会主委王维平任组长，副主委卫忠平、徐佩雄任副组长，机关干部和盟员专家10人组成的调研组，深入宋家沟调研20余次，累计用时2个多月，共走访当地村民210余户。调研组针对不同群体展开调研和设计调查问卷、访谈提纲，通过与村民拉家常、摸家底，了解村民生产生活情况，掌握反映宋家沟村在新时代脱贫攻坚和乡村振兴过程中取得的成绩以及存在的困难等第一手田野资料。

民建山西省委会以中阳县宁乡镇郝家岭村为扶贫点，实施产业项目扶贫；参与"山西统一战线助力脱贫攻坚深度贫困'百千百'工程"，组织会员结对帮扶10名贫困大学生；通过各种活动载体积极捐资捐物，累计向贫困地区捐献款物600多万元，受助学生人数达500多人，资助总额50多万元。开展招商引资、科技扶贫、医疗义诊、扶贫助教、企业咨询等社会服务活动200多次，参加人数3500多人。

民进山西省委会在大同市开展脱贫攻坚民主监督，向市县有关部门提出关于巩固脱贫成果、加大扶贫搬迁力度重在资金落实、关注边缘户问题、解决内生动力不足问题、肯定驻村扶贫干部工作等建议。省委会开展脱贫攻坚民主监督与"百千百"工程结对帮扶相结合，拓展民主监督实践形式。制定结对帮扶实施方案，成立10个帮扶小组，与大同广灵10名深度贫困户大学生签订帮扶协议。编印工作简报6期，提供帮扶金额13.28万元。

九三学社山西省委会组建脱贫攻坚民主监督专家队伍，社省委领导班子分别率队到运城平陆、万荣等深度贫困县，采取全面调研与专题调研、监督与帮扶相结合的方式，开展脱贫攻坚民主监督，重点关注健康、教育、产业、居住条件改善、县级财政涉农资金统筹整合使用情况等5个领域存在的问题。召开座谈会3次，走访农户40余户，访谈扶贫干部、教育、医卫工作人员、农民等200余人次，提出意见建议17条。为提高民主监督实效，九三学社山西省委会将民主监督的成果转化为提案建议，其中关于扩大贫困人口慢病医疗保险覆盖病种范围的建议通过省人大建议形式得到落实和执行，扩大健康扶贫社会效果。

山西省工商联推动“千企帮千村”精准扶贫行动向深度贫困地区倾斜，民营企业参与扶贫户数达2036家，投入资金33.84亿元，帮扶4463个村、37.85万贫困人口，121家企业和商会与58个贫困县签约。推进全省统一战线“百千百”工程，组织中阳县消费扶贫暨招商引资推介活动，达成项目合作、就业培训、产品购销等协议33个，协议金额9亿元、就业意向2090人。组织消费扶贫专题展销活动，联合有关部门举办山西首届“消费扶贫年货节”活动。扶贫与社会服务部获2018年全省脱贫攻坚组织创新奖。3家民营企业获全国“万企帮万村”精准扶贫行动先进民营企业称号，3名企业家获“2018年全国脱贫攻坚奖”和“光彩事业国土绿化贡献奖”。

(梁俊娜　张云鹏等)

【工会助力脱贫攻坚】 2018年，山西省总工会学习全总扶贫工作经验，大力宣传、组织学习全总扶贫队员、壶关县水池村“第一书记”夏成方同志先进事迹。以和顺县总工会为助力脱贫攻坚和乡村振兴创新试点，指导他们创新“党建带工建”机制，建立村级工会工作组，搭建服务外出农民工的“1456”工作机制，“和顺经验”被省委《工作研究与交流》刊登。出台《关于进一步发挥工会组织作用助力脱贫攻坚工作的实施方案》，强化全省工会干部全身心投入到脱贫攻坚战中来的政治责任和使命担当。实施助力脱贫攻坚“手拉手”援助行动，与省扶贫办联合开展“给职工送温暖，为贫困户献爱心”消费扶贫活动，举办全省工会干部脱贫攻坚示范培训，总结推广忻州市总“培训扶贫”经验和“岢岚厨师”“吕梁护工”品牌，开展村情民情走访、基础工作巩固、资金项目盘点、政策措施落实、内生动力提升、作风问题整治“六大行动”。加大扶贫投入，省总定点扶贫的岢岚县宋家沟乡5个村实现整村脱贫。

(肖　翰　文慧霞)

【交通管理系统扶贫攻坚】 2018年，山西省公安交通管理局完成对口帮扶对象——吕梁兴县木崖头村、王家畔村脱贫摘帽任务。落实“一村一队、一队三人”要求，扶贫干部全部驻村脱产工作，交管局班子成员和结对帮扶民警多次进村入户，实地走访慰问调研，提高广大群众政策知晓率和满意度。开展产业项目帮扶，指导王家畔村、木崖头村分别开展光伏发电和农产品特色加工，帮助农民增收。动员社会力量帮扶，多次组织开展捐赠慰问活动；组织留守儿童参加夏令营，进行心理辅导；协调企业为当地学生提供助学金和免费上学名额；建立流动扶贫超市，送出衣、物300余件；筹措2万元善款，设立孝善养老基金，表彰奖励模范村民，倡导文明道德风尚。山西卫视、黄河电视台等省级媒体多次对扶贫工作队事迹进行宣传报道。通过退耕还林、易地搬迁，实现生态脱贫。木崖头村和王家畔村共完成退耕还林1.21万亩，每户每亩可获得生态补偿1500元。其中4个自然村完成整村搬迁和拆迁复垦，集中安置或搬迁51户139名村民。

(杜　虹)

【驻晋部队定点帮扶】 2018年，山西省军区驻晋部队8个定点帮扶贫困村中，晋中军分区定点帮扶的左权县石匣乡下白堠村、朔州军分区定点帮扶的应县白马石乡界河村、长治军分区定点帮扶的沁县新店镇新店村、吕梁岚县人武部定点帮扶的界河口镇塔上村代表省军区通过军委检查考评。协调省水利厅、交通厅、林业厅、国土厅等4个单位，帮助解决大宁县胡城水库、沿黄扶贫旅游公路建设、造林失败地等工程项目立项及资金难题。全国扶贫日活动期间，省军区政治工作局协同省政府有关部门共同举办山西省贫困地区农特产品“五进”(进机关、进企业、进校园、进医院、进军营)对接承销会，协调驻太原、晋中部分部队参加活动，现场代表驻晋部队与贫困地区农产品企业达成采购意向。在定点帮扶的大宁县安古村开展扶贫调研暨医疗下乡活动，实地查看省军区帮扶项目，看望慰问贫困户，组织军地人员帮扶工作座谈会。医护人员深入贫困户家中开展医疗巡诊活动。吕梁岚县人武部部长李伟奇获全省脱贫攻坚奉献奖，陆军预备役步兵××师获全省脱贫攻坚组织创新奖。

(邓宏刚)

【煤炭交易中心助力脱贫】 2018年，中国(太原)煤炭交易中心加大扶贫帮扶力度，旱鸭养殖、肉兔养殖、核桃林套种、中草药等扶贫项目初具规模。农村“五洁净”“六要六有”工程推进，村容村貌焕然一新。两个扶贫村在验收工作中被评为优秀，中心驻村工作队被评为“先进驻村工作队”。

(李海涛)

【联通公司助力脱贫】 2018年，山西联通驻村帮扶天镇县新平堡村南天村和常胜山村，改善两村农田水利基础设施，为两村修机井一眼，铺设和更新输水管线6500米，疏通河道1800米，两村增加1200多亩农田、80亩林地的灌溉面积。截至2018年底，南天村建档立卡贫困户共计60户149人，累计脱贫24户48人，常胜山村建档立卡贫困户80户243人，累计脱贫66户209人。山西联通省、市、县三级公司，共承担134个贫困村扶贫任务，派出驻村工作队员306人，2017年至2018年，累计引进和筹措扶贫资金795万元，安排扶贫项目53个。完成两批共计820个行政村的FTTH覆盖建设，总投资1.55亿元，第三批1044个行政村FTTH覆盖在建中，项目总投资预算4.01亿元。在信息扶贫方面，定制“美丽乡村”主题惠农产品，截至2018年7月底，累计惠农54.30万户，送出手机1.10万部，补贴购机款900余万元。

（黄云霞）

**【平安人寿助力脱贫】** 2018年，平安人寿山西分公司确定对口帮扶隰县城南乡上友村。9月3日，公司带领志愿者团队前往晋中市左权县羊角平安希望小学，开展"爱的旋律"音乐主题支教行动启动仪式，向羊角平安希望小学捐赠价值33000元厨房及教学设备。9月，为晋中市榆次区张庆乡永康平安希望小学师生配备打印机、电子白板、点读笔、音响等教学器材，共计27200元。通过阳曲县扶贫开发中心向阳曲县采购15万公斤石碾小米，搭建平台鼓励代理人队伍自己采购。11月，公司在上友村搭建"平安有爱"图书角，筹集书籍和分公司采购300余本书籍进行捐赠。12月21日，公司对隰县城南乡上友村开展冬季贫困户生活关怀慰问活动，为24户建档立卡贫困户捐赠越冬食品粉条、腐竹紫菜等，每户380元，共计9120元。

（王 琛）

**【太平洋寿险脱贫攻坚】** 2018年10月25日，太平洋寿险晋中中支、山西证券负责人到晋中市昔阳县沾尚镇谷兴沟村，与乡政府、村两委共同举办羊肚菌大棚帮扶资金捐赠仪式。太平洋寿险山西分公司推动谷兴沟村上线羊肚菌大棚项目，向总公司申请脱贫资金10万元，于9月18日支付给扶贫村，协助村委解决资金缺口。10月25日，太平洋寿险大同中支负责人参加大同市广灵县望狐乡刘子进村蔬菜大棚启动仪式。该村为公司对口扶贫村，拟建蔬菜大棚。太平洋寿险山西分公司支持产业扶贫，向总公司申请扶贫款9.70万元，于10月中旬支付到刘子进村。（刘志平）

**【城联社服务三农脱贫攻坚】** 2018年，山西省城联社山西工美集团结合忻州代县、神池、偏关扶贫工作实际，开展农民画采风、培训、创作。在总书记视察山西一周年之际，在忻州市岢岚县城及宋家沟村和代县、临汾、长治、和顺先后举办"牢记总书记嘱托在希望的田野上 山西农民画农民画"展览活动，印制画册进行宣传。全省城联系统分别在昔阳县大寨干部学院和太行干部学院举办提升服务"三农"脱贫攻坚乡村振兴能力培训班和基层党组织书记培训班。落实扶智扶志扶技政策。在扶贫点代县神涧村和十里铺村及山西工美集团帮扶点偏关县天峰坪镇天峰坪村、联系点神池县虎鼻乡塘洞村，挖掘农村资源，立足产业发展特点，以"传统工艺"助推脱贫攻坚。开展"家家户户有手艺，村村都有手工业合作集体经济"，探索扶持村集体经济新机制"破零"工程。天峰坪村成立偏关县裕慧农牧专业合作社，带动19户贫困户养猪39头，15户贫困户养鸡310只。举办十里铺村妇女美容化妆培训班、天峰坪村妇女刺绣培训班、剪纸培训班；特邀农科院专家为神涧村和十里铺村举办果林栽培和玉米培育专题讲座。神涧村新增植树经济林面积4000余亩，300千瓦光伏发电，推进投资158万元的干鲜果加工基地和投资20万元的小杂粮加工基地建设，投资18万元建设"长城脚下·雁门人家"系列文化扶贫样板房屋工程。偏关县全县集中连片建设光伏电站项目天峰坪村投资1.40亿建起22.3兆瓦村级联合电站。举办第四届"杏花风正起·扶贫采风忙"省城文艺工作者"深入生活，扎根人民"代县采风扶贫活动及座谈会，组织贫困户开展"走出贫困村·寻找致富路"活动，推销地方土特产品和手工艺品。加强驻村帮扶"三基建设"，完善基本资料；开展村情民意走访；组织结对帮扶负责人走访入户。发挥扶贫爱心超市的作用，为村民免费发放生活用品。首届非遗博览会"长城博览"主题活动期间，为神涧村和十里铺村、天峰坪村村民免费演唱杨家将戏曲各8场。创建农副产品和手工艺品"第一书记店"（五一广场文创基地店）销售平台和电子商务平台，销售娄烦、静乐、代县、神池、偏关等县的扶贫项目类农副产品和手工艺品。7月至8月，晋城市城联社、工艺美术协会在高平市平头村、泽州县大阳镇举办手工技艺培训班，培训农民学员超过500人。10月22日至24日，省城联社在昔阳县大寨干部学院举办全省三级城联社系统服务"三农"乡村振兴能力培训班。（冯晓东）

# 人 物

Figures

## 革命烈士

**武秉公** 男，汉族，1902年1月生，朔州市怀仁县亲和乡安大庄村人，1946年8月中共党组织任命其为怀仁三区粮秣。1947年，被国民党驻大同38师2营抓捕，并将其杀害于清水河村。2018年2月12日，追认武秉公同志为烈士。

**张步汉** 男，汉族，1897年8月生，闻喜县畖底镇东颜村人。1939年加入中国共产党，担任东西颜村党支部书记。1945年国民党部队以张步汉暗通八路将其杀害。2018年4月13日，追认张步汉同志为烈士。

**霍开锦** 男，汉族，1912年生，平遥县宁固镇油房堡村人。1945年参加中共领导的地下工作。1947年遭国民党政府抓捕被乱棍打死。2018年6月19日，追认霍开锦同志为烈士。

**闫有渠** 男，汉族，1905年生，平遥县杜家庄乡杜家庄村人。曾任中共领导下的杜家庄村第二闾闾长、农会秘书。1947年9月遭国民党政府抓捕被乱棍打死。2018年6月19日，追认闫有渠同志为烈士。

**张丹华** 女，汉族，1981年12月生，翼城县王庄乡上石村人，生前系翼钢公司监督检验中心化验室主操兼班长。2013年3月16日，在抢救街上躺卧的醉酒青年时，不幸被车横撞碾压身亡。2018年6月28日，评定张丹华同志为烈士。

**王　强** 男，汉族，1982年5月生，灵石县翠峰镇人，生前系灵石县森林防火应急分队副队长。2018年3月2日，在执行扑救山火任务中不幸遇难。2018年7月24日，评定王强同志为烈士。

（省民政厅）

## “改革先锋”称号获得者中的山西籍人士

**申纪兰** 女，汉族，中共党员，1929年12月出生，山西平顺人，山西省平顺县西沟村党总支副书记，山西省妇联原主任，长治市人大常委会原副主任，平顺县委原副书记。改革开放以来，她不断探索山区发展道路，全面发展农、林、牧、副生产，带领平顺县西沟村人治山治沟、兴企办厂，逐浪市场经济大潮，奋力建设小康新村，西沟村的发展始终走在山西前列。她是唯一连任十三届的全国人大代表，初心不改、矢志不渝。荣获“全国劳动模范”“全国优秀共产党员”“全国道德模范”等称号。

**杜润生** 男，汉族，中共党员，1913年7月出生，2015年10月去世，山西太谷人，原中央农村政策研究室主任，原国务院农村发展研究中心主任。他长期从事我国农村改革与发展战略研究，重视调查研究，善于把群众实践经验上升到学术理论的高度。主持上世纪80年代5个中央“1号文件”的起草，对农村改革起到了强有力的推动作用。在实行家庭承包经营责任制、废除人民公社体制、改革农产品流通体制、调整农业产业结构、发展多种经营和乡镇企业、推行基层民主政治建设、鼓励农民进城务工经商、维护农民的物质利益和合法权益等一系列重大问题上积极探索，从理论到实践层面都作出了重要贡献。

**李彦宏** 男，汉族，无党派人士，1968年11月出生，山西阳泉人，百度在线网络技术（北京）有限公司董事长、首席执行官。他秉持“用科技让复杂的世界更简单”的理念，上世纪90年代率先深入研究搜索引擎技术，拥有“超链分析”技术专利。2000年归国创业成立百度公司，发展成为全球第二大独立搜索引擎和最大的中文搜索引擎。注重人工智能前沿科技研究，推动人工智能、大数据等技术与制造、汽车、教育、金融、生活服务等领域的深度融合及在社会治理方面的应用，助力我国经济的高质量发展和智慧城市的构建。成立百度基金会，促进公益事业。荣获“首都杰出人才奖”等。

**陈日新** 男，汉族，中共党员，1932年6月出生，2007年12月去世，山西大同人，原平朔煤炭工业公司党委书记、总经理，曾任原大同矿务局局长，朔州市政协主席。他以敢闯敢试敢冒风险的精神，率先引进西方先进经验和设备，使我国改革开放初期首个最大的中外合作项目——平朔安太堡露天煤矿建设项目从开工建设到竣工投产，只用当时我国建设矿山周期的1/4时间，创造了"三高一快"的平朔模式，推动了我国煤炭工业露天开采水平一步跨越30年。探索中外合作经营企业模式，为大规模引进外资、合作创办企业发挥示范引领作用。安太堡煤矿被誉为我国改革开放的"试验田"。

**景海鹏** 男，汉族，中共党员，1966年10月出生，山西运城人，中国人民解放军航天员大队特级航天员。2008年执行神舟七号载人飞行任务，实现中国人首次太空行走。2012年执行载人飞行任务并担任指令长，圆满完成天宫一号与神舟九号载人交会对接任务。2016年担任指令长，执行天宫二号与神舟十一号载人飞行任务，圆满完成与天宫二号空间实验室交会对接，开展一批体现国际科学前沿和高新技术发展方向的空间科学与应用任务，首次实现我国航天员中期在轨驻留，成就了三巡苍穹的中国奇迹。荣获"八一勋章"和"英雄航天员"荣誉称号。（编辑部）

# 先进人物

## ·2018年全国五一劳动奖章山西获得者名单·

胡雄彪　太原聚兴劳务有限公司第一施工队队长
李　彬　中车大同电力机车有限公司车体车间机焊组组长
李　杰　阳泉煤业（集团）有限责任公司三矿机电动力部综采组工人
琚红波　潞安集团王庄煤矿边角煤掘进队副队长
陈程丽（女）　山西皇城相府文化旅游有限公司导游
郭焕平（女）　山西天宝集团有限公司技术部部长
陈晓武　山西晋阳碳素有限公司项目经理
薛　辉　亚宝药业集团股份有限公司芮城工业园技术部经理
龚建玲（女）　淮海工业集团有限公司第二研究所仿真室主任设计师
徐卫强　山西蓝焰煤层气集团有限责任公司勘探队工人
余广勤　山西四建集团有限公司第四分公司测量组组长
贾　嵘（女）　山西省实验小学校长
景文记　临汾市人民医院脑血管病介入科主任
张立政　山西省孝义中学校教师
赵建国　山西大同大学教师
牛江丽（女）　运城中学教师
赵春雷　中国铁路太原局集团有限公司党委书记、董事长
陈义洲　大同煤矿集团机电装备公司中央机厂工人

（省总工会）

## ·2018年全国脱贫攻坚奖山西省获奖人员名单·

**奋进奖：**
程玉珍（女）　长治市壶关县五龙山乡刘寨村党支部书记、村委主任

**奉献奖：**
沙万里　忻州市繁峙县第三建筑安装工程公司经理

**创新奖：**
杨良杰　山西中农乐农业科技有限公司董事长

（省扶贫办）

## ·2018年山西省获全国三八红旗手人员名单·

**全国三八红旗手标兵**
韩利萍　山西航天清华装备有限责任公司数控铣工

**全国三八红旗手**
王　艳　太原市公安局交警支队122指挥中心副主任
高淑霞　大同市妇联主席
王　雪　阳泉市锦丰种植有限公司董事长
王丽萍　平陆县三门镇党委书记
李卓玉　山西大学生命科学学院院长、教授
师燕芸　山西省眼科医院眼底病科副主任
龚建玲　淮海工业集团淮海研究院研究员级工程师

（省妇联）

## ·2018年山西省五一劳动奖章获得者名单·

王清洁　太原钢铁（集团）有限公司能源环保部部长
吴建平　山西西山煤电股份有限公司马兰矿工程一队队长
张　明　太原重型机械集团有限公司太原重工包装储运分公司制模工
任　鹏　太原煤碳气化（集团）有限责任公司太原天然气公司生产部部长
张丽明　太原矿山机器集团有限公司技术中心设计员
张翠鱼（女）　太原公交第四分公司一车队驾驶员
时炜杰　山西太水市政工程有限公司项目经理
梁建荣　太原东山五龙煤业有限公司调度中心主任
张晋峰　太原市第一建筑工程集团有限公司项目经理
李志宏　山西云时代太钢信息自动化技术有限公司首席工程师
温国强　太原市万柏林区市容环境卫生队工长
王全德　太原市小店区环卫清运队司机
王张龙　山西会馆面食总监
李新威　太原供水集团有限公司小店营销分公司经理

王贵明　太原市杏花岭区杨家峪乡东沟村党支部书记、村主任
张　丽（女）　太原市尖草坪区柏板乡镇城村昱含养殖场农民
梁永强　太原市晋源区晋源街道要子庄村农民
丁拖保　清徐县日前果业专业合作社理事长
张爱生　娄烦县庙湾乡水峪村农民
刘志荣（女）　杏花岭区后小河小学校长
李　文（女）　太原市第三十七中学校党总支书记兼校长
田肉虎　古交市种子管理站站长
张平国　太原市政建设集团有限公司党委书记、董事长
王　荣　太原四联重工股份有限公司董事长
裴伟俭　太原市人民医院院长
刘志刚　太原市晋源区总工会主席
陈姜兵　富士康（太原）科技工业园工会联合会党委副书记
赵冰峰　山西省古交市人民检察院副检察长
李玲义　太原市工商行政管理局老干处处长、派驻娄烦县庙湾乡双井村第一书记
许希武　山西转型综合改革示范区阳曲产业园区企业服务中心主任
王怀伟　大同煤矿集团有限责任公司四台矿综采一队队长
刘艳响　中车大同电力机车有限公司车体车间底加一组组长
焦云峰　国电电力发展股份有限公司大同第二发电厂综合分公司副主任
张文华（女）　大同市城区北街岳翠园社区党支部书记兼、主任
段军山　大同市南郊区工商业联合会南郊区驻京信访维稳工作组负责人
韩飞宇　山西同达药业有限公司技术总工程师
刘　宁　大同市卫生局卫生监督所政策法规科科长
刘传颖　国网山西省电力公司大同供电公司客户服务中心副主管
李志刚　大同公路分局公路建设物资经销站负责人
高　峰　大同市文物监察大队队长
郑　江（女）　大同市赛诚机车设备有限责任公司工会干事
王志强　大同市档案局驻灵丘县柳科乡柳科村工作队员、挂职乡副书记、科长
乔俊文　大同市民政局救助管理站支部书记、站长
宋立芬（女）　中国农业银行股份有限公司大同市分行运营管理部副经理
崔守武　大同县党留庄乡邢庄村党支部书记、村委主任
潘　廷　阳高县大白登镇潘寺村种植养植综合专业合作社经理
赵　军　广灵县壶泉镇赵庄村委员会党支部书记
刘　中　天镇县南河堡乡顾家湾村永存种养专业合作社经理
张从兵　左云县长丰马铃薯种植专业合作社经理
姜美琴（女）　浑源县穆岳小学教师
霍月红（女）　大同市第五人民医院风湿免疫科副主任
杨五五　山西中新甘庄煤业有限责任公司董事长
鲍永生　大同煤矿集团有限责任公司马脊梁矿矿长
李　敬　中国工商银行股份有限公司大同分行高级经理
王　俊　大同开发区投资促进部副部长
姚武江　阳泉煤业（集团）有限责任公司一矿机电工区机电队技术员
秦卫峰　阳泉煤业（集团）有限责任公司五矿开拓三队队长
苗奋明　阳泉市南庄煤炭集团有限责任公司南庄公司综采二队工人
王滨祥　阳泉市燕龛煤炭有限责任公司生产技术部副部长
武春明　中国邮政储蓄银行股份有限公司山西省阳泉市分行业务部经理
王艳娥（女）　山西省阳泉市人民检察院刑事检察二部副部长
谈永刚　阳泉市政务服务中心监督科科长
梁丽秀（女）　平定县林鑫种植专业合作社理事长
韩树平　盂县梁家寨乡沙湖滩村养殖户
王重阳　阳泉市第一中学校办公室副主任
潘玉泉　阳泉市妇幼保健计划生育服务中心主任
任紫亭　阳泉煤业集团华越机械有限公司总经理
安年春　山西省阳泉荫营煤矿矿长
李晓光　阳泉市利阳农产品有限公司经理
牛艺儒　长治市畜牧兽医局生态畜牧技术推广站站长
吴俊文　山西康宝生物制品股份有限公司技术副总
程亚丽（女）　中国邮政集团公司长治市分公司市场营销部经理
郭旭刚　山西澳瑞特健康产业股份有限公司区域销售经理
秦栋梁　潞安集团漳村煤矿安装队队长
杜建忠　武乡县丰州镇南亭村党支部书记、村委主任
关晓先　长子县新拓养殖有限公司总经理
王俊锋　襄垣县古韩镇小垴村村民委员会党支部书记
王布兰　长治县荫城镇工农庄村党支部书记
侯克青　长治职业技术学院系总支书记
杨迎春　长治市第二中学校教师
常国良　长治市第二人民医院主任
樊体武　长治医学院附属和平医院泌尿外科主任
王峰松（女）　山西省沁县中学教师
赵　军（女）　长治市人民医院科主任
马国利　山西成功投资集团公司总裁
张鲁威　潞城市第三中学校长

周剑波　首钢长治钢铁有限公司炼钢厂厂长
常桔红　长治市公安局警务保障处处长
樊志荣　黎城县纪委监委委员
韦全军　晋煤集团成庄矿综采三队队长
董沁樑　沁和能源集团有限公司侯村煤矿监控工
靳　晋　国网山西省电力公司晋城供电公司工程师
孙晋泉　泽州县冶铸加协会秘书长
靳文莲(女)　陵川县盲人曲艺队副队长
袁　敏　中国工商银行股份有限公司晋城泽州支行行长
李进才　晋城市城区南街金华社区党支部书记
原培丰　阳城县龙丰养鸡农民专业合作社社长
李海霞(女)　高平市第三中学教师
王　锐　晋城市无线电管理局工程师
阮守志　地税局稽查局局长
柴慧青　晋城市龙韵实业有限公司总经理
闫玉喜　富晋精密工业(晋城)有限公司工会主席
黄贵庭　山西兰花煤炭实业集团有限公司副总经理
庞占雄　神华国能集团有限公司神头第二发电厂生产技术部主任
白文功　山阴县三兄蔬菜专业合作社带头人
王　旭　中煤平朔集团有限公司煤炭洗选中心工人
乔淑芳(女)　中电神头发电有限责任公司主管
张业民　中国人民银行朔州市中心支行金融稳定科科长
杨振国　中国移动通信集团山西有限公司朔州分公司市场部经理
石文杰　大同煤矿集团煤炭运销朔州矿业公司秦皇岛商贸公司经理
谭俊伟　国网山西省电力公司怀仁县供电公司经理
柴彩虹　朔州市朔城区科兴种植专业合作社理事长
杨立新　应县臧寨乡大营村党支部书记
王　枝(女)　朔州市平鲁区畜牧兽医局兽医
段雁平(女)　右玉县中医院副主任医师
杨　佑　山西中煤四达机电设备有限公司总经理
王小清　山西煤炭运销集团莲盛煤业有限公司董事长
张尚富　忻州市住房公积金管理中心宁武管理部副主任、宁武县余庄乡马营村第一书记
王　云(女)　原平市天成东大购物商贸有限公司人力资源部经理
贺会平　定襄县康瑞生物科技有限公司生产科技术员
郭　军　宁武县供水有限责任公司安装队队长
苏小娟(女)　岢岚县宋家沟乡政府经营管理员
吴大奎　山西河曲晋神磁窑沟煤业有限公司综采队检修班煤机组组长
苏　磊　山西煤炭运销集团泰山隆安煤业有限公司电工班班长
石孟良　山西鲁能河曲电煤开发有限责任公司上榆泉煤矿副总工程师
刘桂珍(女)　代县峪口乡段家湾村党支部书记、村委主任
杨喜园　保德县南河沟乡寨塌村党支部支部书记
赵保义　静乐县堂尔上乡石照村种植户
李桂成　神池县长畛乡红崖子村种养植户
王　飞　偏关县陈家营乡黑山村种植户
石晓伟　五台槐荫中学语文教研组教师
王晓玲(女)　五寨县第一中学教师
杨　芳(女)　繁峙县农业技术推广中心主任
刘学新　忻州市五台山机场有限责任公司党委书记、总经理
崔英英(女)　山西五台农村商业银行股份有限公司党委书记、董事长
吕彦玲(女)　忻州市幼儿园副园长
武美萍(女)　孝义市中阳楼街道办事处工会主席
闫晓锋　方山县公安局交通警察大队交管中心主任
任晓炜　孝义市市政工程总公司项目经理
高淑琴(女)　山西地方电力有限公司兴县分公司党办主任
赵　军　吕梁市纪委监委第五执纪监督室副主任(2015–2017年石楼县前山乡韦家湾村第一书记)
马　健　市委组织部办公室主任
白　宇　山西省吕梁公路局孝义公路管理段段长
解广文　交城县太行村镇银行有限责任公司小微业务部经理
张丽云(女)　交城县天宁镇坡底幼儿园园长
张　伟　吕梁泰化石油集团有限公司扶贫队队长
李巨源　汾阳市贾家庄镇董寺村党支部书记
曹继平　中阳县益源养殖专业合作社业主
张　宏　山西省吕梁市孝义市人民医院医生
兰挨元　石楼县人民医院骨科主任
苗彩云　山西省临县第一中学校教师
刘秉兴　文水中学校长
王志平　岚县林业局局长
李利民　中国共产党柳林县孟门镇委员会党委书记
李青云　临县丛罗峪镇杨家坡村党支部第一书记
王建富　方山县麻地会乡水沟湾村第一书记
梁玉春　经纬纺织机械股份有限公司榆次分公司首席服务师
郝贵忠　山西海玉食品有限公司饼干生产组组长
马汉杰　山西安泰股份有限公司冶炼厂设备环保科科长

祁玉龙　山西和顺正邦煤业有限公司机电负责人
郝左亮　左权县鱻淼葡萄开发专业合作社技术总监
赵　勇　山西吉利汽车部件有限公司生产总监
张保平　太谷县恒信畜牧专业合作社理事长
翟秀莲(女)　祁县古县镇大桑村村委主任、党支部书记
王志录　昔阳县煜峰种植专业合作社负责人
吴奋明　榆社县田鑫浩达农业有限公司负责人
侯晓燕(女)　平遥三中副校长、教师
李　玮　晋中职业技术学院教师
王　敏(女)　晋中市第一人民医院妇科主任
王晋斌　寿阳县人民医院急诊科医生
杨　洪　中国农业银行晋中分行党委书记、行长
乔志军　晋中开发区农村商业银行股份有限公司党委书记、董事长
刘为众　国电榆次热电有限公司总经理、党委副书记
孙志远　晋中市公安局城区分局党委委员、副局长
韩明光　国网晋中供电公司党委副书记、纪委书记兼工会主席
靳宏斌　山西汤荣机械制造股份有限公司三分厂厂长
郭凌冰　华翔集团股份有限公司职工
张国栋　山西中强福山煤业有限公司安全副总
郑海军　山西地方电力有限公司安泽分公司部门副主任
李彦良　山西乡宁焦煤集团神角煤业有限公司调度组长
冯林宇　大宁县同德化工有限公司工人
陈国芳　霍州煤电集团团柏煤矿注浆队班组长
姜云鹏　临汾市公安局情报侦查支队科员
杨悦明　临汾市园林事业局主任科员
成跃进　永和县桑壁镇署益村农民
贺彦荣　吉县柏山寺乡东石泉村农民
闫锁保　临汾市隰县午城镇习礼村支部书记
张国红　汾西县和平镇和平村村委主任
盖寅生　浮山县张庄乡徐村农民
张莉莉(女)　临汾市第一小学教师
尤爱萍(女)　临汾市妇幼保健院副院长
张军丽(女)　霍州市人民医院心血管呼吸科副主任
裴小业　中国工商银行股份有限公司临汾分行行长
贾牛骏　山西煤炭进出口集团蒲县豹子沟煤业有限公司董事长
荆冰寅　山西路桥集团长临高速公路有限公司董事长
付　强　临汾市总工会办公室主任
谢静萍(女)　临汾市地方税务局副局长
李文龙　山西中条山集团胡家峪矿业有限公司桐木沟坑口深采工段副段长
尚振宏　山西漳泽电力股份有限公司河津发电分公司行政综合部技术员
任国斌　中铝山西新材料有限公司炭素厂组装车间副主任
宁学军　垣曲县供电公司乡镇供电所主管
吕春红(女)　际华三五三四制衣有限公司技术处模板中心技术员
闫海燕(女)　运城市蒲剧青年实验演出团演员
王　媛(女)　运城市李家大院景区旅游开发有限公司讲解服务科科长
李望增　国网永济市供电公司经理
尚　军　中铁隧道集团蒙华铁路3标一工区负责人
杨良杰　盐湖区龙居镇西张耿村农民
穆云峰　临猗县楚侯乡王范村农民
张振华　芮城县阳城镇江口村农民
李建平　夏县尉郭乡尉郭村农民
李加顺　稷山县稷峰镇陶梁村农民
史英岐　新绛县人民医院心血管科医生
张俊仙(女)　运城市教育局教育工委办公室主任
张锋利　运城幼儿师范高等专科学校教师
刘　俊　河津市人民医院院长
周永平　绛县卫生和计划生育局局长
张　磊　运城市纪委党风政风监督室副主任
刘宝乾　大运汽车股份有限公司副总经理
辛　亮　北方通用动力集团有限公司国营第六一六厂工人
董惠丽(女)　山西平阳重工机械有限责任公司技术专家
王玉良　山西北方兴安化学工业有限公司吸收组组长
魏力钧　晋西集团山西利民工业有限责任公司工人
郭志强　中国兵器工业集团第二〇七研究所兵器首席专家
王志恒　中国辐射防护研究院党委书记
李　昱(女)　省教育厅省脱贫攻坚教育扶贫领导组办公室主任科员
梁晓艺　省人民检察院技术处副处长
王　健　省交通运输厅重点公路工程建设办公室农网处主任科员
朱晓芳(女)　省国家税务局机关党副主任科员
孟东风　省委党校食堂技师
尹卫国　省直工委宣传部副部长
陈　浩　省公安厅指挥中心负责人
高一钧　省委办公厅秘书一处处长
张世丽　山西潞安矿业(集团)有限责任公司常村煤矿综掘一(2)队队长
高仰琳　山西省平遥煤化(集团)有限责任公司选煤车间主任
王玉宝　山西焦煤西山煤电(集团)有限责任公司董事长、党委书记
孙耀军　运城公路分局临猗公路管理段北景道班班长
王卫青　山西交通控股集团有限公司晋中高速公路分公司霍州收费站站长
高　平　大同交通运输执法局天镇

县分局局长
崔 岩 山西省女子监狱信息技术科科长
白永雷 山西省曲沃监狱一监区监区长
薛晋文 太原师范学院文学院院长
门九章 山西中医药大学教授
吉宏明 山西省人民医院神经外科主任
王 飞 山西广电信息网络(集团)有限责任公司忻州分公司总经理
周 婕(女) 红马甲集团股份有限公司保洁主管
牛变珍(女) 山西省投资集团有限公司财务管理部部长
王力群 山西省经贸学校教师
谭忠豹 山西杏花村汾酒集团有限责任公司党委副书记、总经理
田 茵(女) 山西省农业厅会计核算中心副主任
吴 琼 山西省扶贫开发办公室主任科员
赵桂香(女) 山西省气象台副台长
袁振宇 山西漳电国电王坪发电有限公司设备管理部副主任
任志强 国网山西省电力公司长治供电公司客户服务中心主任
李 斌 中国移动通信集团山西有限公司业务支撑系统系统平台维护主管
薛万强 中国电信集团公司太原分公司网络发展部主管
鞠玮琦 中建二局山西分公司项目商务经理
邵 江 山西省宏图建设集团有限公司项目经理
赵 飞 中建三局山西分公司太原经理部项目经理
高 巍 山西焦煤爱钢装备再制造股份有限公司机械厂厂长
王立新 山西煤炭运销集团临汾有限公司物流部部长
邓英海 中铁三局集团桥隧工程有限公司第十四工程队队长
白国峰 中铁十二局集团拉林铁路工程指挥部项目经理
曹太然 中铁十二局集团建安公司第二十一项目部项目经理
张海峰 太原国际机场有限责任公司旅客服务部主管
李建荣 山西省地质调查院基础中心副主任
屈晓荣(女) 山西省煤炭地质勘查研究院副院长
温爱明 中铁十七局集团建筑工程有限公司执行董事
沈大军 中铁三局集团有限公司工会生产宣传部部长
王 伟 汾阳市农村信用合作联社理事长
杨秀峰(女) 中国农业银行晋中大学城支行行长
陆 钦 中国工商银行股份有限公司山西省分行党委书记、行长
朱少辉 太原重型机械集团有限公司太原重工技术中心设计员
邵 泉 山西太钢医疗有限公司院长
孔李兵 中国铁路太原局集团有限公司太原机务段动车运用车间动车组司机
高亚青(女) 中国铁路太原局集团有限公司太原客运段韩京车队北京K610/09次三组列车长
马金莲(女) 吕梁市柳林县薛村镇小成村村民、吕梁市懿星家政服务有限公司负责人
王应枝 吕梁市中阳县车鸣峪乡车鸣峪村村民
刘桂珍(女) 忻州市代县峪口乡段家湾村党支部书记、村委会主任李自芳大同市灵丘县佳农牧业有限公司董事长、三里坊种养专业合作社理事长
张先保 长治市武乡县故县乡五村党支部书记、村委会主任
张尚富 忻州市住房公积金中心派驻宁武县余庄乡驻村帮扶工作队队长兼马营村第一书记
陈建华 临汾市汾西县永安镇后加楼村党支部书记
贺星龙 临汾市大宁县徐家垛乡乐堂村卫生所医生
梁丽秀(女) 阳泉市平定县柏井镇南青村党支部书记
巨彦军 晋中市左权县羊角乡原党委副书记、乡长
王财全 山西大学派驻静乐县丰润镇庆鲁村驻村帮扶工作队队员兼庆鲁村第一书记
王金天 山西省应县人民武装部政治委员
仇海涛(女) 山西省国土厅派驻岢岚县阳坪乡驻村帮扶工作队队长
成永生 吕梁市信访局派驻中阳县下枣林乡驻村帮扶工作队队长
李 飞 长治市沁源县赤石桥乡原党委书记
李林旺 山西省农业厅派驻临县大禹乡驻村帮扶工作队副大队长兼圪麻岭村第一书记
徐 阳 山西国新晋药集团有限公司董事长
高牛记 山西省地方志办公室派驻和顺县青城镇驻村帮扶工作队队长兼大窑底村第一书记
郭若桥 临汾市委组织部派驻永和县阁底乡奇奇里村第一书记
王文太 晋城市沁水县胡底乡关工委常务副主任
杨庆昌 大同市兰园绿色园林绿化工程公司总经理、山西雁塔土木古建有限公司董事长
杨良杰 中国民主促进会运城市委员会果农服务站站长
沙万里 忻州市繁峙县第三建筑安装工程公司党支部书记、总经理
宋以斌 晋中市昔阳县大寨镇安家沟村党支部书记、昔阳县厚基伟业商贸有限公司董事长
赵洪胜 山西省审计厅派驻左权县芹泉镇芹泉村第一书记
郝大庆 山西省人社厅派驻五台县东雷乡驻村帮扶工作队队长
胡俊来 全国扶贫开发协会副会长、晋中市扶贫开发协会会长

贺虎平　兴县山花烂漫农业综合开发有限公司总经理
韩智慧　潞宝金和生食品有限责任公司董事长
万　勇　山西省林业厅造林局派驻平顺县杏城镇驻村帮扶工作队联络员
马国林　山西金控集团派驻临县三交镇驻村帮扶工作队队长
石狗拴　太原市阳曲县侯村乡店子底村党支部书记
冯国宝　山西潞安智华农林科技有限公司董事长
刘瑞贤　中北大学朔州校区党委书记
杨河芬　大同市人社局派驻天镇县张西河乡许家窑村第一书记
张忠兵　国家开发银行山西分行客户三处处长
郭平毅　山西农业大学教授
曹彦军　河北省山西商会常务副会长、和顺县山河醋业有限公司总经理
阎长丽(女)　山西润生大业生物材料有限公司总经理
范淑芳　大同市疾病预防控制中心财务科科长
王　阳　忻州市纪委、监委案件审理室副主任
窦江波　沁水县公安局行政审批科科长
程春梅　晋西集团山西江阳化工有限公司技术质量部部长
闫彩霞　潞安集团常村煤矿洗煤厂煤质车间副主任
王安红　太原科技大学电子信息工程学院副院长
马伟兰　山西大学附属子弟小学校长
吕淑媛　山西省水利建筑工程局第三分局总工程师、修造厂厂长
李秋艳　中铁十七局集团第一工程有限公司青岛地铁1号线项目总工程师
王晓霞　中国铁路太原局集团有限公司太原电务段动车车载设备车间党支部书记
张永清　山西省黑茶山国有林管理局
王　瑾　太原市导游协会
张　鹏　西山煤电集团工会副主席
张树新　山西新景矿煤业井口群众安全工作站站长
赵志霄　朔州市总工会调研员
王正阳　忻州市安全生产信息调度中心科员
张国卿　吕梁山煤电有限公司店坪煤矿党委书记
冀素华　晋中市总工会生产劳保部部长
李洪涛　潞安矿业集团常村煤矿安全副矿长
任玉明　霍州煤电集团工会生产保护部部长
王　鹏　运城市总工会劳动保护部部长
高振明　山西焦煤集团有限责任公司工会副主席
王均国　汽运集团党委副书记、总经理
裴晓军　太原钢铁(集团)有限公司工会生产保护部部长
申国义　高平市科兴新庄煤业有限公司矿长
闫向东　兵器集团第二〇七研究所工会主席
巩　丽　西山煤电集团马兰矿女工家属服务站站长
陈云朝　山西财经大学教师
王镛坤　山西省劳动人事争议仲裁院副院长
祁朝晖　山西广播电视台时政部副主任
郭晋生　寿阳县劳动保障监察执法队队长
宋　继　太原市总工会权益保障部副部长
马志杰　蒲县宏源煤业集团有限公司劳动争议调解委员会主任
孙建新　忻州市中级人民法院民一庭副庭长
殷志香(女)　汾阳市总工会专职副主席
侯慧文　大同市中级人民法院民四庭庭长
杨红艳(女)　柳林县公安局指挥中心主任、工会主席
张　伟　芮城县人民法院党组书记、院长
原伟鹤　阳城县河北畜牧兽医站
任爱平　广灵县畜牧兽医服务中心
姜万富　广灵县畜牧兽医服务中心
连婷婷　晋西工业集团有限责任公司行车工
温润陞　晋西工业集团有限责任公司钣金工
崔　浩　山西航天清华装备有限责任公司加工中心操作工
董智斌　淮海工业集团有限公司数控机床装调维修工
王　钊　淮海工业集团有限公司计算机程序设计员
崔　帅　山西航天清华装备有限责任公司钳工
张丽娟　淮海工业集团有限公司引信装试工
聂会明　山西平阳重工机械有限责任公司车工
桑永刚　淮海工业集团有限公司焊工
陈宇杰　山西江淮重工有限责任公司网络通信安全管理员
任　凯　中车永济电机有限公司机加分公司
李永庆　太原重型机械集团有限公司
王建彪　太原重型机械集团有限公司
张　磊　山西电力建设有限公司
梁晓龙　汾西矿业设备修造厂
贾俊杰　山西电力建设有限公司
景鹏立　山西航天清华装备有限责任公司
崔　浩　山西航天清华装备有限责任公司
解亚波　山西航天清华装备有限责任公司
王永晶　太原重型机械集团有限公司
王小平　太原重型机械集团有限公司
张红兵　太原重型机械集团有限公司
周自强　国网山西省电力公司电力科学研究院
曹二皇　中国移动通信集团山西有限公司
栗　强　中国移动通信集团山西有限公司
吕国平　太原一建集团
苏占争　太原一建集团
李宝成　山西四建集团有限公司

(省总工会)

## ·2017 年度山西省脱贫攻坚奖获得者·

（2018 年 2 月表彰）

**奋进奖(共 10 人)**

马金莲（女） 吕梁市柳林县薛村镇小成村村民、吕梁市懿星家政服务有限公司负责人

王应枝 吕梁市中阳县车鸣峪乡车鸣峪村村民

刘桂珍（女） 忻州市代县峪口乡段家湾村党支部书记、村委会主任

李自芳 大同市灵丘县佳农牧业有限公司董事长、三里坊种养专业合作社理事长

张先保 长治市武乡县故县乡五村党支部书记、村委会主任

张刘生 运城市垣曲县皋落乡皋落村委会主任、鼎诺种养专业合作社负责人

张尚富 忻州市住房公积金中心派驻宁武县余庄乡驻村帮扶工作队队长兼马营村第一书记

陈建华 临汾市汾西县永安镇后加楼村党支部书记

贺星龙 临汾市大宁县徐家垛乡乐堂村卫生所医生

梁丽秀（女） 阳泉市平定县柏井镇南青村党支部书记

**贡献奖(共 10 人)**

巨彦军 晋中市左权县羊角乡党委原副书记、乡长

王财全 山西大学派驻静乐县丰润镇庆鲁村驻村帮扶工作队队员兼庆鲁村第一书记

王金天 山西省应县人民武装部政治委员

仇海涛（女） 山西省国土厅派驻岢岚县阳坪乡驻村帮扶工作队队长

成永生 吕梁市信访局派驻中阳县下枣林乡驻村帮扶工作队队长

李　飞 长治市沁源县赤石桥乡原党委书记

李林旺 山西省农业厅派驻临县大禹乡驻村帮扶工作队副大队长兼圪麻岭村第一书记

徐　阳 山西国新晋药集团有限公司董事长

高生记 山西省地方志办公室派驻和顺县青城镇驻村帮扶工作队队长兼大窑底村第一书记

郭若桥 临汾市委组织部派驻永和县阁底乡奇奇里村第一书记

**奉献奖(共 10 人)**

王文太 晋城市沁水县胡底乡关工委常务副主任

杨庆昌 大同市兰园绿色园林绿化工程公司总经理、山西雁塔土木古建有限公司董事长

杨良杰 中国民主促进会运城市委员会果农服务站站长

沙万里 忻州市繁峙县第三建筑安装工程公司党支部书记、总经理

宋以斌 晋中市昔阳县大寨镇安家沟村党支部书记、昔阳县厚基伟业商贸有限公司董事长

赵洪胜 山西省审计厅派驻左权县芹泉镇芹泉村第一书记

郝大庆 山西省人社厅派驻五台县东雷乡驻村帮扶工作队队长

胡俊来 全国扶贫开发协会副会长、晋中市扶贫开发协会会长

贺虎平 兴县山花烂漫农业综合开发有限公司总经理

韩智慧 潞宝金和生食品有限责任公司董事长

**创新奖(共 10 人)**

万　勇 山西省林业厅造林局派驻平顺县杏城镇驻村帮扶工作队联络员

马国林 山西金控集团派驻临县三交镇驻村帮扶工作队队长

石狗拴 太原市阳曲县侯村乡店子底村党支部书记

冯国宝 山西潞安智华农林科技有限公司董事长

刘瑞贤 中北大学朔州校区党委书记

杨河芬 大同市人社局派驻天镇县张西河乡许家窑村第一书记

张忠兵 国家开发银行山西分行客户三处处长

郭平毅 山西农业大学教授

曹彦军 河北省山西商会常务副会长、和顺县山河醋业有限公司总经理

阎长丽（女） 山西润生大业生物材料有限公司总经理

（省扶贫办）

## ·2018 年山西省三八红旗手·

**太原(11 名)**

高海花 小店区教育局副局长

庞丽英 杏花岭区纪委副书记、监委副书记

李　蓉 万柏林区副区长

刘佩云 古交市妇联主席

董　娟 阳曲县北小店乡党委书记

张翠萍 太原市妇联办公室主任

马荣辉 太原市第二少年业余体育学校射击教练

武小刚 太原市卫计委妇幼健康服务处处长

翟玉兰 太原市农业科学研究院植保科科长

周　婕 红马甲集团股份有限公司保洁主管

马永红 太原市体育运动学校举重教练

**大同(9 名)**

王桂英 大同市第五人民医院主任医师

张力平 大同市委政法委综治办副主任

赵　敏 大同市公安局云冈区分局人口管理大队大队长

陈晓丽 广灵县妇联主席

张志琴 太原市水产技术推广站助理工程师

杨　敏 左云县公用事业管理中心副主任

杨雪飞　大同市唐情结飞天创意商贸有限责任公司董事长
翟秀云　云州区第一中学教师
王春梅　阳高县委办公室副主任科员、驻村扶贫工作队队长

**朔州(7名)**

胡丽萍　山西交通控股集团有限公司朔州高速分公司朔西收费站副站长
刘　芳　平鲁区双碾乡人民政府科员
边秋菊　朔城区下团堡联区福源中学教师
朱明珠　平鲁区市政公用局工人
李　梅　右玉县妇联副主席
王红梅　朔州市第二小学教师
卢世华　右玉县新城镇明德小学教师

**忻州(9名)**

贾丽萍　忻州市动物疫病预防控制中心实验室主任
刘冬梅　静乐县鹅城镇综合服务中心科员、窑会村第一书记
杨春枝　忻州市卫计委副主任
徐　敏　忻州市扶贫办科员
田　欣　岢岚县神堂坪乡经营管理员
沈红梅　五寨县砚城镇卫生院护士长
杨秀林　忻州市绿色农产品发展中心主任
郭迎春　定襄县第二实验小学教师
贾小玲　忻府区妇联副主席

**吕梁(9名)**

车唤连　吕梁市委办公厅机要局副局长
杜亮姝　孝义市美术馆副馆长
牛　娟　吕梁市好大姐家政服务有限公司总经理
任红红　离石区泰化幼儿园园长
王爱平　吕梁市纪律检查委员会第五监督检查室主任
王韶华　离石区妇联主席
高永红　离石区城镇中学教师
杨红艳　柳林县公安局指挥中心主任
张小玲　柳林县人民检察院检察长

**晋中(9名)**

王晋萍　灵石县英武乡党委书记
王小珍　晋中市中医院皮肤科主任
刘晓敏　山西日报报业集团山西市场导报社晋中工作站负责人
梁　娟　山西吉利汽车部件有限公司人力资源部部长
柳改清　介休市副市长
王清梅　平遥县教育科技局中小学高级教师
焦小静　灵石县市政管理局局长
贾　敏　太谷县明星镇程家庄村支部副书记
赵京雁　昔阳县赵壁乡副乡长

**阳泉(7名)**

李爱卿　平定县岔口乡大前村党支部书记、妇联主席
侯秀英　盂县西潘乡党委书记
王文珊　中国建设银行股份有限公司阳泉分行行长
潘　苗　阳煤集团总医院副主任药师
郭爱芬　矿区桥头街道西马家坪社区党总支副书记
赵秀枝　郊区实验小学校长
张　洁　阳泉天竹餐饮文化有限公司董事长

**长治(9名)**

张金红　城区一中副校长
史彩凤　郊区区委老干部局局长
田俊丽　长治市物华商贸有限公司董事长
郝彩红　武乡县太行上电希望小学校长
李翠萍　潞城市妇联主席
王俊兰　沁县红旗小学校长
李　静　长治弈锋诚妇女儿童维权服务中心主任
马显秀　平顺县昌秀林木开发有限公司经理
刘艳玲　高新区行政审批局副局长

**晋城(7名)**

白　晔　晋城市金佰园商贸有限公司总经理
张艳霞　泽州县公安局指挥中心主任
秦春花　高平市人民医院主任医师
谭慧平　沁水县机构编制委员会办公室主任
原荼英　阳城县农业委员会农业综合执法大队大队长
陈程丽　山西皇城相府文化旅游有限公司导游
靳文莲　陵川县盲人曲艺宣传队副队长

**临汾(11名)**

高向阳　尧都区辛寺街办事处党工委书记
贺兰珍　大宁县曲峨镇山庄村党支部书记
张红梅　洪洞县山西钰瑞源家居用品有限公司总经理
陈永香　吉县桑娥谷泉农副产品销售有限公司董事长
郭　婧　汾西县凤祥幼儿园园长
崔慧英　临汾一中教师
刘建瑞　临汾市妇联副主席
张重辉　临汾市疾病预防控制中心主任、副主任医师
曹月琴　临汾市人民医院高级会计师
王艳玲　临汾市人大常委会民宗侨外工委副主任
王玲珍　隰县城南乡上友村包村干部

**运城市(11名)**

王慧斌　盐湖区政府妇儿办主任
杨　梅　永济市政法委法治办副主任
王国苗　临猗县农业机械服务中心主任
张　茜　万荣县财政局农财股股长
薛红霞　闻喜县特殊教育学校培智部主任
席娟娟　垣曲县娟娟种植专业合作社理事长
孙春艳　芮城县陌南镇党委书记
潘新丽　运城市急救中心主任
王　婷　芮城县委组织部人才办科员
周晓霞　盐湖区晓霞调解工作室主任
赵燕霞　运城市中心医院副主任

**省委组织部(4名)**

赵　宏　省高级人民法院副庭长、大同市浑源县大仁庄乡清水沟村第一书记
牛巧红　省肿瘤医院护理部副主任、忻州市繁峙县金山铺上乡

浪涧村第一书记

王玉霞 山西省蚕业科学研究院家蚕研究所所长、吕梁市临县兔坂镇西洼村第一书记

白玲霞 山西省五鹿山国家级自然保护区管理局林业工程师、吕梁市临县丛罗峪镇郭家塔村第一书记

**省国资委(3名)**

薛红霞 山西交通控股集团有限公司运城北高速公路分公司路产维护部部长

安 方 省化工研究所(有限公司)标准化中心主任

李 欢 太原国际机场有限责任公司班组长

**省军民融合办(2名)**

左雅慧 中国辐射防护研究院研究室副主任研究员

陈桂玲 晋西工业集团技术员

**省非公和社会组织工委(1名)**

张 敏 朔州诚信房地产开发有限公司党总支书记

**省卫健委(4名)**

冯雪亮 省眼科医院主任医师

王昕霞 省卫健委教育培训中心经济师

陈小飞 省心血管病医院主任医师

韩志英 省儿童医院主任医师

**省法院系统(1名)**

王 霞 省高院刑事审判第一庭副庭长

**省检察院系统(1名)**

刘芳芳 省检察院检察官助理

**省公安系统(4名)**

张晋兰 忻州市公安局交通警察支队一大队大队长

曹国萍 临汾市尧都区公安局铁路东派出所教导员

周爱华 运城市公安局盐湖分局副局长

降利华 省公安厅法制总队支队长

**省教育系统(4名)**

石 瑛 太原师范学院科研处处长、教授

葛延峰 忻州师范学院教授

赵变亲 山西师范大学文学院院长、教授

杜瑞平 中北大学软件学院副教授

**省文旅系统(2名)**

王 瑾 太原市导游协会导游

乔燕莉 省文化和旅游厅综合协调处副处长

**体育系统(4名)**

刘 姝 省体育科学研究所研究员

张 莉 省全民健身管理中心科员

马亚男 省游泳运动管理中心皮划艇运动员

董文华 山西体育幼儿园园长

**省税务系统(2名)**

刁云莲 国家税务总局晋城市税务局第二税务分局科员

杨庆萍 国家税务总局山西省税务局机关党委主任科员

**省交通运输系统(1名)**

白彦萍 山西省交通运输厅发展规划研究中心副主任

**省总工会(4名)**

吕永萍 省交通信息通信公司智能事业三部经理、山西兴路监理公司总经理

相 洁 太原理工大学信息与计算机学院基础教学部主任

王小雪 中国石油天然气股份有限公司山西太原销售分公司柳溪街加油站经理

程永丽 省总工会职工帮扶(服务)中心副主任

**团省委(2名)**

庄 迎 太钢技术中心高级工程师

张 丽 运城市地方粮食战略储备库科员

**省军区(1名)**

杨维淳 省军区太原第二离职干部休养所护师

**省直(9名)**

朱红涛 省发改委机关党委专职副书记

张东霞 省植物保护植物检疫总站科长

李 娅 省社保局主任科员

杨玉华 省商务厅人事处处长

申亚莉 省扶贫办干部

和玲霞 省政府发展研究中心(省政府研究室)农村处处长

郭晓晨 省妇联宣传部副部长、五台县高洪口乡大流治村第一书记兼驻村工作队队长

左 彤 省造血干细胞捐献者资料库管理中心主任

杨 静 山西广播电视台高级编辑

(省妇联)

## ·2018年山西省十大人物·

### 十大新闻人物

姜鸿楠 山西医科大学第二医院乳腺外科医师

李 飞 新源县赤石桥乡原党委书记

王建辉 阳泉市第十一中学教师

王永茂 阳泉市第一监狱副监狱长

张少华 运城市公安局副局长

杨兴荣 石楼县龙交乡王家沟村村医

李朋璇 百世快递卓里站点负责人

赵若竹 国家女子气步枪运动员

刘慧泉 太原市公安局交警支队尖草坪二大队民警

张水林 沁县郭村镇丁家山村原第一书记

(《山西日报》)

### “感动山西”十大人物

贾樟柯 上海温哥华电影学院院长

谢 涛(女) 太原市晋剧艺术研究院

毕腊英(女) 高平市寺庄镇伯方村人

刘桂珍(女) 代县峪口乡段家湾村党支部书记、村委会主任
王辉绵 太钢集团高级工程师
孟庆庆(女) 朔州市朔城区怡家苑社区党支部书记、居委会主任
梁 磊 山西省自由式摔跤队教练员
赵银才 大同市城区检察院检察官
翟树斌 秦 龙 屯留县公安局刑警大队大队长、屯留县公安局禁毒大队副队长
张美静(女) 翼城县职业技术学校音乐班学生

(《山西日报》)

## 公安"十佳女警"

薛 钰 太原市公安局小店分局刑侦大队
孙丽君 浑源县公安局
晋 芳 平定县公安局刑警大队
张 民 长治市公安局城区分局
梁美芳 定襄县公安局法制大队
白晓静 晋中市公安局交警支队
张丽青 临汾市公安局法制支队
石文君 平陆县看守所
杨 艳 吕梁市离石区公安局
田 甜 省公安厅办公室政务督查科

(山西省公安厅、山西省妇联)

## 十名"山西最美村干部"

刘桂珍(女) 忻州市代县段家湾村党支书、村委主任
韩小抗 晋城市沁水县侯村党支书、村委主任
程玉珍(女) 长治市壶关县刘寨村党支书、村委主任
刘建平 阳泉市平定县甘泉井联村党委书记
张拉生 吕梁市交口县枣林村党支书
范世锁 运城市万荣县范家村党支书、村委主任
石金平 临汾市蒲县山中村党支书
石狗栓 太原市阳曲县店子底村党支书
宋向林 晋中市左权县里长村党支书、村委主任
刘开强 大同市浑源县东尾毛村党支书

(《山西晚报》)

## 山西乡村爱心大使

赵月芳 壶关县鹅屋乡邮政投递员
段爱平(女) 襄垣县王桥镇返底村党支书村主任
郭小平 临汾红丝带学校校长
李 刚 临汾蓝天救援队队长
贾永平 平顺县龙溪镇龙镇村党支书
许生义 阳高县王官镇村民
宋根栋 阳泉河底镇东南沟村党支书
郭崇喜 运城空港任埝头村村主任
袁建军 怀仁县金沙滩肉业公司董事长
李艳萍(女) 孝义市瑶圃村村民

(山西省农村文化促进会)

## 山西十大"三农"新闻人物

郭若桥 永和县阁底乡奇奇里村第一书记
侯国红 山西鑫拓新能源有限公司董事长
武栓虎 临猗县临晋镇农业技术推广站站长
高培芳 山西农业大学三农服务中心副主任
龚凯庆 稷山县化峪镇南堡村人
高本增 翼城县委组织部组工干部
史录刚 山西省农村科技函授大学校长
武祝琴(女) 榆次区庄子乡牛村清清苹果种植专业合作社理事长
张顺宝 大同市云州区西坪镇唐家堡村支部书记
杨雪岭 太原市鸿新农产品有限公司董事长

(《山西农民报》)

## 2018年度科技创新人物

范仁俊 山西省农业科学院植物保护研究所所长、研究员
孙黛珍 山西农业大学农学院副院长、教授
马占元 同煤集团塔山煤矿党委书记、董事长
付国军 山西科达自控股份有限公司董事长、硕士生导师
赵晋忠 山西农业大学文理学院副院长、教授
韩 温 山西智杰软件工程有限公司董事长
郭福生 山西术素医疗器械有限公司董事长
郝朝辉 山西康斯亚森生物科技有限公司董事长
郭新胜 山西皇城相府酒业有限公司董事长、总经理
荣 强 山西省区块链研究会秘书长

(山西省科协)

## 2018年度山西十大科学传播人物

程景民 山西医科大学管理学院院长、教授
张中东 山西省农业科学院玉米研究所副所长、研究员
董 川 山西大学环境科学研究所所长、教授
王 勇 国家知识产权局专利局太原代办处主任、研究员
葛海霞 山西新闻网记者
张成龙 《农产品加工》杂志社社长兼主编
范秀平 山西省气象信息中心工程师
赵彦君 平定县科协主席
赵彦君 昔阳县全民科协素质工作领导组副组长兼办公室主任
张山虎 山西运城科普惠农服务中心主任

(山西省科协)

## 太原市

【概况】 太原市位于北纬37°27′~38°25′,东经111°30′~113°09′,总面积6988平方千米,下辖6区3县,1个县级市。2018年,常住人口442.15万人,比上年末增加4.18万人。其中,城镇人口375.27万人,增加4.31万人;乡村人口66.88万人,减少0.12万人。城镇化率84.88%。男性人口222.67万人,女性人口219.48万人,性别比为101.45:100。出生人口4.58万人,人口出生率10.41‰;死亡人口1.94万人,死亡率4.40‰;自然增加人口2.64万人,自然增长率6.01‰。

2018年,太原市地区生产总值完成3884.48亿元,增长9.20%。其中,第一产业增加值41.05亿元,增长0.70%;第二产业增加值1439.13亿元,增长10.30%;第三产业增加值2404.30亿元,增长8.80%。第三产业中,交通运输、仓储和邮政业增加值191.57亿元,增长10.00%;批发零售和住宿餐饮业增加值515.68亿元,增长5.4%;金融业增加值522.52亿元,增长1.00%;房地产业增加值210.99亿元,增长4.80%;营利性服务业增加值576.94亿元,增长25.00%;非营利性服务业增加值384.77亿元,增长5.00%。人均地区生产总值88272元,增长8.20%。

**农业** 2018年,太原市农林牧渔业总产值79.59亿元,增长0.80%。粮食总产量29.23万吨,下降8.90%。油料产量0.34万吨,增长2.60%;蔬菜及食用菌产量61.53万吨,增长4.60%;水果产量6.87万吨,下降23.80%。肉、蛋、奶产量分别为4.54万吨、3.40万吨、9.45万吨。农作物种植面积8.253万公顷。粮食种植面积6.596万公顷。其中,夏粮种植面积70公顷,秋粮种植面积6.589万公顷。蔬菜种植面积1.109万公顷。药材种植面积1760公顷。农业机械总动力46.21万千瓦。全年农用化肥施用量(折纯)25527吨。造林面积1.728万公顷。零星植树1259万株。新增育苗面积290公顷。

**工业建筑业** 2018年,太原市规模以上工业增加值增长10.80%。其中,中央企业增加值增长9.90%;省属企业增加值增长8.50%;市属及以下企业增加值增长19.30%。规模以上工业前十大行业增加值均实现增长。国有企业增长19.00%;集体企业增长6.50%;股份制企业增长11.00%;股份合作企业下降27.10%;外商及港澳台商投资企业增长18.90%;其他经济类型企业增长13.40%。分轻重工业看,轻工业增长4.80%;重工业增长13.70%。钢铁行业增长10.00%;通信及计算机设备制造业增长20.80%;黑色金属冶炼和压延加工业增加值74.22亿元,下降5.00%;煤炭开采和洗选业增长4.10%;燃气生产和供应业增长7.40%;炼焦业增长12.70%;电力、热力生产和供应业增长5.60%;交通运输设备制造业增长2.10%;金属制品业增长14.00%;汽车制造业增长155.20%。规模以上工业主营业务收入3075.81亿元,增长9.40%。利税总额238.82亿元,增长8.50%。利润总额94.08亿元,增长12.50%。规模以上工业企业每百元主营业务收入中的成本84.65元,下降0.74元。

2018年,太原市具有建筑业资质等级的总承包和专业承包建筑业企业总产值2750.71亿元,增长12.70%。建筑业企业房屋建筑施工面积11066.65万平方米,竣工面积1923.71万平方米。

**投资贸易** 2018年,太原市固定资产投资增速为26.20%。其中,中央项目投资下降3.70%;省属项目投资增长36.60%;市属及以下项目投资增长27.20%。分产业看,第一产业投资增长8.00%;第二产业投资增长50.9%;第三产业投资增长22.30%。分经济类型看,国有投资增长33.20%;非国有投资增长17.90%。其中,民间投资增长27.10%。在建固定资产投资项目849个。其中,5亿元以上项目167个;10亿元以上项目90个。转型项目投资占全市固定资产投资的比重为63.40%,增长23.70%。其中,新兴产业投资增长22.80%;传统产业升级改造投资增长70.10%。房地产开发投资531.76亿元,增长11.20%。住宅投资399.24亿元,增长19.10%。其中，90平方米以下住房投资77.79亿元。商业营业用房投资38.81亿元。商品房竣工面积383.61万平方米，商品房销售额930.25亿元。

2018年，太原市社会消费品零售总额1811.90亿元，比上年增长8.10%。其中，城镇消费品零售额1737.90亿元，增长8.00%；乡村消费品零售额74.00亿元，增长11.40%。外贸进出口总额1086.29亿元，比上年增长18.70%。其中，出口额663.25亿元，增长15.90%；进口额423.04亿元，增长23.30%。出口商品中，不锈钢材、机电产品分别为121.68亿元、512.61亿元，占出口额的95.60%。煤炭、焦炭、金属镁分别为0.11亿元、1.02亿元、3.61亿元，占出口额的0.70%。新设立外商投资企业13家。实际利用外商直接投资额863.13万美元。有贸易往来的国家和地区161个。年进出口额在千万美元以上的国家和地区50个，比上年增加3个。

**能源** 2018年，太原市一次能源生产折标准煤2389.88万吨，比上年增长17.90%；二次能源生产折标准煤4066.30万吨，增长8.80%。全年全社会用电量291.50亿千瓦时，增长7.80%。其中，农业用电量2.25亿千瓦时，增长8.60%；工业用电量（含电厂自用电）186.07亿千瓦时，增长7.50%，其中占工业用电量71.60%的煤炭、炼焦、化工、建材、冶金、电力等高耗能行业用电量133.16亿千瓦时，增长7.10%；建筑业用电量5.63亿千瓦时，增长31.30%；第三产业用电量52.99亿千瓦时，增长8.40%；城乡居民生活用电量40.31亿千瓦时，增长10.70%。

**交通邮电** 2018年，太原市公路线路里程累计达到7517千米，其中高速公路287千米。公路密度107.60千米/百平方千米。太原地区铁路客运量2966.24万人次，增长7.60%；铁路货运量3596.82万吨，增长5.30%。航空客运量1358.84万人次，增长9.60%；航空货运量5.34万吨，增长10.30%。年末全市民用汽车保有量155.30万辆，比上年末增长8.10%，其中私人汽车138.78万辆，增长7.20%。新注册汽车14.63万辆，下降20.80%。轿车保有量96.48万辆，增长7.20%，其中私人轿车89.72万辆，增长6.50%。新注册轿车7.71万辆，下降23.20%。

2018年，太原市邮政业务总量36.90亿元，增长51.40%；电信业务总量152.46亿元，增长13.20%。市话77.25万户，农话1.85万户。移动电话用户737.32万户，其中4G移动电话用户为594.29万户。计算机互联网宽带用户197.08万户。

**旅游** 2018年，太原市接待海内外游客8126.19万人次，比上年增长19.80%。其中，国内游客8102.32万人次，增长19.90%；海外游客23.88万人次，增长4.10%。海外游客中，外国人16.88万人次，香港同胞3.89万人次，澳门同胞0.49万人次，台湾同胞2.62万人次。旅游总收入995.57亿元，增长21.10%。其中，国内旅游收入985.30亿元，增长20.80%；旅游外汇收入1.07亿美元，增长7.00%。

**财政金融** 2018年，太原市一般公共预算收入373.23亿元，比上年增长19.70%。其中，税收收入296.93亿元，增长19.80%。全年一般公共预算支出542.53亿元，比上年增长13.20%，其中教育、医疗卫生、社会保障和就业、住房保障、交通运输、节能环保、城乡社区事务等民生支出433.64亿元，增长11.2%。金融机构本外币各项存款余额12317.27亿元，比年初增长3.30%；本外币各项贷款余额12684.21亿元，增长10.70%。人民币各项存款余额12019.50亿元，增长3.40%，其中住户存款余额4767.46亿元，增长8.70%。人民币各项贷款余额12491.74亿元，增长10.10%。其中，中长期贷款余额9106.93亿元，增长15.50%；短期贷款余额2673.87亿元，下降6.10%。上市公司19家。其中，主板16家，中小板2家，创业板1家。“新三板”挂牌企业达52家。全年原保险保费收入223.09亿元，下降4.70%。支付原保险赔款与给付63.63亿元，增长11.30%。

**城市建设** 2018年，太原市完工41项道桥工程建设，完工里程达164.7千米。推进小店桥、十号线桥、迎宾桥三桥建设，天龙山旅游通道建成通车，推进西中环南延、新店街五层立交工程，108国道改造、滨河东路南延等道桥项目通车，轨道交通2号线一期工程建设。启动7个城中村改造，拆除旧村211万平方米。新开工棚户区安置房2.05万套，基本建成5.27万套。城镇燃气供应量11.26亿立方米。集中供热面积扩网1089万平方米。城市公交运营车辆2521辆。公交运营线路网长度3376.80千米，年客运量36775.20亿人次。迎泽公园提升改造、金桥公园、东篱公园、太山龙泉寺景区、和谐公园、小东流公园、桃杏园等22项新建、改造公园项目竣工开放；推进太原市植物园、动物园提质扩容、狄仁杰文化公园、牛驼寨景区、督军府景区建设，摄乐公园、太原海洋馆及游乐场、南寨公园、双塔景区4个公园项目开展前期工作。创建省级园林单位3个，省级园林小区4个。全市有综合性公园51个，专类公园11个，带状公园6个，街头游园253个，社区游园53个，街旁绿地194块。建成区绿化覆盖面积达15186.9公顷，园林绿地面积13397.70公顷，公园绿地面积4492.80公顷。建成区绿化覆盖率42.78%，绿地率37.74%，人均公园绿地面积12.48平方米。

**教育科技** 2018年，太原市技术市场登记技术合同1449项，成交金额143.22亿元。拥有国家级技术中心13家，省级技术中心108家。累计建成省级及以上重点实验室76个、省级工程技术研究中心75个、省级及以上科技企业孵化器27个、省级及以上众创空间105家，拥有院士工作站68个。累计认定高新技术企业966家，科技型中小企业1926家。1个技术项目获国家科技进步二等奖。发明专利申请量5087件、授权量1602件，有效发明专利拥有量8318件。转型综改示范区入区企业11450家，营业收入3685亿元。普通高等院校46所（其中高职院校23

所),成人高等学校7所,中等职业教育学校48所,普通高中90所,普通初中137所,小学441所,幼儿园724所。全市学前三年毛入园率95.7%;小学学龄儿童入学率、初中生入学率、巩固率均达到国家标准;高考一本、二本达线率和录取率保持稳定。

**文卫体育** 2018年,太原市有各类专业院团及具备规模的民营艺术表演团体21个。群艺文化馆12个,博物馆14个。公共图书馆12个,馆藏图书732.21万册。国家综合档案馆12个,馆藏档案资料210.51万卷(件、册)。在全国首创马克思书房。举办城市能源低碳与可持续发展论坛、人民网2018大学校长论坛。举办"紫禁风华——2018太原·故宫文物展"。年末列入国家级非物质文化遗产保护项目17项、省级保护项目83项、市级保护项目195项。推进医疗基础设施建设,市中心医院、人民医院、妇幼保健院等新院区建设完工。在全国率先引入"PBM"慢病管理项目并在尖草坪区、万柏林区试点,在中部地区率先将乡村医生纳入社保体系,成立社会心理服务专家团队。县域综合医改"阳曲样板"在全国推广。太原市承办第十五届省运会开闭幕式及11个竞技体育项目、2个群众体育项目的比赛。打造"五张城市特色体育名片",太原国际马拉松赛升级为国际田联银标赛事,获2018山西体坛风云年度十佳品牌赛事和十大体育新闻奖;龙城龙舟赛连续六年举办;申报环太原国际公路自行车赛;打造汾河体育健身长廊,汾河景区西岸中隔堤新建健身步道;作为全国十五个"篮球城市"之一,经营CBA、WCBA联赛主场市场。全年销售中国体育彩票10.33亿元。

**环境建设** 2018年,太原市空气质量二级以上天数170天,$PM_{2.5}$达标264天,空气质量综合指数7.07。$PM_{2.5}$浓度下降10.60%,市区空气质量综合指数下降9.20%。集中式饮用水水源地水质达标率保持100%,地表水国家和省考核断面水质优良比例55.56%。市区区域环境噪声年均值55.70分贝、交通噪声年均值69.70分贝。地下水水位平均上升0.51米。全社会用水量7.82亿立方米。其中,生活用水2.98亿立方米,农业灌溉用水1.70亿立方米,工业生产用水2.73亿立方米,生态用水0.40亿立方米。 (单 伟 刘 敏)

**【太原市小店区】** 太原市小店区位于太原市东南部,总面积295平方千米,下辖1镇2乡,7个街道办事处,123个社区,38个行政村。常住人口83.48万人。

旅游资源有汾河城市生态景观公园、延圣寺、东山城郊森林公园、九龙国际滑雪场等。

**转型发展** 2018年,小店区实施"百项千亿"行动计划,完成投资120亿元。打造85家双创载体,入驻1.30万户小微企业,获评省级双创示范基地。市场主体达12万户。发展苏宁小店157家。"互联网+服务业"发展迅猛,登记注册电子商务公司达到500余家,物流企业突破200家。推进农业供给侧结构性改革,调减籽粒玉米7.8万亩,完成土地流转2.10万亩。土地承包经营权确权5.90万亩。启动97个村(居)清产核资、成员身份确认工作。培育乐村淘、美菜网等农业企业146家。发展"互联网+农业",依托维客家族等农村电商产业园,增设15个社区惠民蔬果直通车。

**城乡建设** 2018年,小店区推进亲贤、龙保等17个城改项目手续办理。完成嘉节、殷家堡等7个城中村扫尾清零69万平方米,清运建筑

**2018年太原市辖县(市、区)经济指标统计表**

| 县 市 | 地区生产总值(万元) | 农林牧渔业总产值(万元) | 固定资产投资增长速度(%) | 社会消费品零售总额(万元) | 一般公共预算收入(万元) | 一般公共预算支出(万元) | 人均可支配收入(元) | |
|---|---|---|---|---|---|---|---|---|
| | | | | | | | 城镇居民 | 农村居民 |
| 小店区 | 9188828 | 143817 | 51.30 | 5240353 | 303548 | 407680 | 34889 | – |
| 迎泽区 | 7750362 | 6158 | 7.20 | 4094915 | 200976 | 255465 | 34633 | – |
| 杏花岭区 | 6728367 | 11003 | 25.70 | 2414673 | 186670 | 261602 | 34583 | – |
| 尖草坪区 | 3275627 | 66947 | 47.70 | 1120684 | 156103 | 222453 | 33746 | – |
| 万柏林区 | 4504581 | 8399 | 18.80 | 2184324 | 241702 | 337940 | 33585 | – |
| 晋源区 | 733574 | 85451 | 63.50 | 499066 | 151495 | 253342 | 34015 | – |
| 清徐县 | 1736571 | 259189 | 48.20 | 678396 | 130044 | 241183 | 32407 | 19143 |
| 阳曲县 | 478909 | 122226 | 31.50 | 169572 | 60019 | 160817 | 24698 | 9509 |
| 娄烦县 | 224124 | 43571 | 23.50 | 52320 | 37885 | 185634 | 21232 | 7541 |
| 古交市 | 366075 | 49047 | −15.30 | 573412 | 93226 | 176208 | 31178 | 15963 |

垃圾208万立方米。开工建设回迁安置房和商品房105万平方米。推进田和食品集团西院平房棚改项目。棚户区新开工改造2123套。服务山西转型综改示范区建设，完成征地拆迁2.80万亩，保障15个入园项目和7条规划道路开工建设。保障"三桥一路"、汾东污水处理厂等重点项目推进，累计拆除85万平方米。开展针织中路、聚华路、亲贤路等6条道路建设。亮化农村公路126.80千米。完成70条背街小巷、214个老旧小区、22个集贸市场、38个农村整治。

**环境建设** 2018年，小店区创新环保管理机制，成立生态环境保护委员会。布设176个大气污染物监控微观站、全项站、小型站，69个建筑工地在线监测实现全覆盖。落实"河长制"，划定4个集中饮用水源地保护区，清理清淤河道51千米。完成25个重点行业土壤信息采集。流涧村污灌区重金属污染农田土壤修复项目顺利通过验收。绿化面积达到3.67万亩，建成区绿化覆盖率、绿地率分别达39.30%、25.80%，人均公园绿地面积提升至9.23平方米。东篱、和谐公园如期开园。新建易城等5个游园和体育北路等5条林荫路。

**民生事业** 2018年，小店区新增就业1.77万人。九一小学中正校区、第四实验小学万科城校区建成投入使用，新增优质学位2400个。育才、李家庄小学扩建完工，新增学位1800个。新认定普惠性幼儿园22所。免费产前筛查1.92万例，免费孕前优生健康检查实现全覆盖。家庭医生签约30万人。推进14个社区卫生服务站建设。城乡居民基本养老、医疗保险参保47万人，城镇失业保险、工伤保险、生育保险参保17.40万人。为3988名退役军人发放各类补助金7914万元，托底安置退役军人140人。新建27个社区养老中心。建成图书馆分馆、文化馆分馆各10个，年服务群众30万人次。完成30千米老旧小区二次管网、2150户供水管网和7.20万户管道燃气设施改造。"双违"管控压倒性态势基本形成，累计拆除20万平方米。露天烧烤基本实现"动态清零"。机扫冲洗扩展到84条道路815万平方米。165条道路1.20万个门店实现垃圾收集全覆盖。完成"第五立面"整治190万平方米。 （侯盼洁）

**【太原市迎泽区】** 太原市迎泽区位于太原市中部，总面积117平方千米，下辖1镇，6个街道办事处，89个社区，22个行政村。总人口52.30万人。

旅游资源有汾河城市生态景观公园、迎泽公园、碑林公园、永祚寺双塔、开化寺等。

**转型升级** 2018年，迎泽区推动签约万科城市之光、万豪广场等17个项目，引进资金238.30亿元。加快特色小镇建设，打造森栖谷休闲农业山庄。转型项目储备80个，累计完成投资67亿元。发展文化旅游事业，全年旅游收入达165.10亿元。培育高新技术企业，投入"双创"资金1302万元，打造省级众创空间8家、科技孵化器1家、工程技术研究中心6个，省级及以上重点实验室16个，新推荐认定国家高新技术企业29家，纳入国家科技型中小企业信息库63家，发明专利申请量435件，高铁非金属声屏障等3项新产品填补国内空白。

**城乡建设** 2018年，迎泽区完成双塔北路、火车站东广场等全市重点工程房屋征收，累计征收5.90万平方米。推进城中村改造，拆迁"清零"25万余平方米，新建安置房26.5万平方米。做好棚户区回迁安置工作，分配安置房5224套。打击违法用地、违法建设，完成"大棚房"清理整治。投入2亿余元，打造文明交通街巷59条，综合整治背街小巷66条、老旧小区231个、集贸市场8个、"五小"门店1170个，新建公厕5座。开展农村环境综合整治，9个村完成绿化升级，15个村建立垃圾收运体系。

**环境建设** 2018年，迎泽区开展蓝天碧水净土保卫战，环境空气质量综合指数下降7.70%。创新"网格化布点+数据分析"监管模式，打造"智慧环保"系统。中央环保督察"回头看"反馈问题全部办结。推进城乡绿化美化，东部地区提档造林2200亩，建成区新建小游园小绿地10个。

**民生事业** 2018年，迎泽区财政83.5%用于改善民生和发展社会事业，新增就业17567人，城镇登记失业率控制在4%以内；推进社会保障全覆盖，各类保险参保人数超额完成年度计划；提升托底保障能力，最低生活保障标准每人每月提高40元，临时救助年封顶线由1万元提高到5万元。坚持教育优先发展，完成36中、37中、39中等学校一期改扩建工程，东岗小学、并州路小学、双东小学、37中东校迁入新址；新建15个智慧教室和10个创客实践基地；完成国家统编义务教育教材使用和幼儿园责任督学挂牌督导工作。推进县乡医疗卫生机构一体化改革，推进家庭医生签约服务，重点人群签约率达60.10%；基本公共卫生服务项目代表全省接受国家考核，获全国第六名。实施文化惠民工程，郝庄镇获评"省级文化艺术之乡"；开展全民健身活动。完成对口精准帮扶任务，娄烦县静游镇8186人脱贫。 （杨水云）

**【太原市杏花岭区】** 太原市杏花岭区位于太原市东北部，总面积170.20平方千米，下辖2乡，10个街道办事处，119个社区居民委员会，29个行政村。

旅游资源有督军府旧址、国民师范旧址、太原解放纪念馆、彭真纪念馆、万寿宫、文庙、皇庙、城隍庙、赵树理故居、太原动物园、东湖醋园、锦林百花园、圆通寺、文殊寺、关帝庙等。

**产业转型** 2018年，杏花岭区谋划各类项目132项，总投资1270亿元。转型项目投资完成67.03亿元，占固定资产投资的89.60%；市重点工程投资完成12.66亿元，完成全年目标任务的128.14%。推进中华老字号酿造特色小镇、春光锻造扩产、望府广场、一号车市、丈子头物流园二期等重点转型项目。发展小窑头非遗文化村、谷旦汽车真空助力刹车片生产线等优质转型项目。推进特色种养农业，扶持推动水沟村葡萄基地、大红果基地、河里头大樱桃基地、洪子峪设施农业基地、榆林坪城郊森林公园海棠湾5个精品农业园建设。

**深化改革** 2018年，杏花岭区完成农村集体产权制度改革试点任务，全区44个村(社区)全部成立股份经济合作社。完成10户国有、集体企业改制。在上海、深圳等地与宜家、红星美凯龙、传化、香港奇盛等40多家知名企业对接招商，13个项目达成合作意向，投资总额达361.08亿元。

**城乡建设** 2018年，杏花岭区加大城中村和棚户区改造力度，南窊、谷旦、柏杨树3个村的“133用地”划定确权。累计完成动迁3411户118.24万平方米。开展文明城市创建活动，完成国师街、半坡街、五龙口、胜利东街四大重点片区整治。启动北沙河、北涧河“两河”沿线景观设计改造。实施102条背街小巷和454个老旧小区整治。开展背街小巷整治“四步工作法”、老旧小区“四方联动”“三级管理”、占道经营网格化管理，国师街片区率先实现摊贩“零占道”。

**环境建设** 2018年，杏花岭区建立大气污染源解析监控和实时监测网络，加密布设133个微观站点，辖区内大气污染源监测实现全覆盖，发现响应环保事件4381次，现场制止污染行为1055次，整改核实3326件。开展散煤、扬尘污染治理攻坚，完成385户“煤改电”、101户“煤改气”扫尾工作。取缔“散乱污”企业18家。推进河长制，区内4条河全部编制“一河一策”方案，所有排污口实现一口一档，封堵取缔入河排污口13处。推进农村污水治理工程，新建窑头村、南坪梁村等6个生活污水处理站。完成东山绿化提档升级3000亩，建设窑头村、杨家峪村两个绿色示范村。

**民生事业** 2018年，杏花岭区累计民生投入22.17亿元。推行“大学区制”教育体制改革，新增优质学位9332个。全区普惠性幼儿园达33所，占幼儿园总数81%。推进医改工作，挂牌成立区医疗集团，组建家庭医生服务团队193个，签约服务惠及居民17.60万人。推进区中心医院综合楼项目建设，71个社区卫生服务中心（站）全部实现与市卫计委专线连接。累计发放各类低保金、救助金等8204.40万元。16个棚户区和9个城中村回迁安置房开工建设，完成安置11430套。保障房新开工3222套，基本建成3384套。实施小返、南坪梁、西岭3个村饮水改造工程。完成娄烦县2个乡32个对口村、3253户、9852人脱贫摘帽任务。新增城镇就业人数17635人，城镇登记失业率控制在3.31%。

**农村集体产权制度改革试点** 2018年，杏花岭窑头村作为山西省唯一代表获得农业农村部首批颁发的农村集体经济组织登记证书。改革经验获全国农村集体产权制度改革部际联席会议、农业农村部政策与改革司肯定，以专题信息刊发全国。

（刘彩秀）

**【太原市尖草坪区】** 太原市尖草坪区位于太原市北部，总面积295.70平方千米。下辖3乡2镇，9个街道办事处，14个乡级政区，58个居委会，85个行政村。总人口34.44万人。

旅游资源有汾河二库、太原湿地公园、崛围山、二龙山、中华傅山园、农业旅游庄园、窦大夫祠等。

**产业转型** 2018年，尖草坪区总投资2872亿元的199项重点工程项目累计完成投资440亿元。推进太钢及不锈钢园区投资11亿元的9个项目。扶持京丰电务、东杰智能装备及工业机器人项目建设。打造“双创”平台7个，全区有效发明专利拥有量达1699件，小微企业拥有授权专利数159件。打造农游结合的田园综合体示范项目太原北部现代农业园，流转土地2800亩，完成起步区种植2000亩并开园。

**城乡建设** 2018年，尖草坪区拆迁改造多福路、太白路、汾西路等市政道路，延伸城市主干路网17.2千米。开展兴华、柴村、迎新、汾东四大片区文明城市创建工程，实施乡村振兴战略，先后完成“四好农村路”26条49千米，在全市率先实现建制村100%通硬化路；全年创建18个达标村、9个提档村、8个亮点村。其中，南翟村被评为“省级美丽乡村示范村”，庄头、欢咀等4个村被评为“市级美丽乡村示范村”。

**文化** 2018年，尖草坪区推出“印象系列”专题片5部。举办庆祝“改革开放40周年暨建区20周年”系列文化活动，开展“百姓大戏台”等各类文化活动2900余场，打造30个村级综合文化服务中心和18个文化馆、图书馆分馆，申报5个市级非遗项目，新建区非遗展厅。

**环境建设** 2018年，尖草坪区开展“崛嵎增红、全域增绿”，完成增红3.8万亩、提档增绿4万亩。中央环保督察“回头看”及黑臭水体专项督查发现的82个问题全部整改到位。推进工业企业挂牌、道路清扫保洁、重污染天气应急响应等工作，扬尘污染治理取得成效。空气质量二级以上优良天数达220天。

**民生事业** 2018年，尖草坪区民生支出占一般公共预算比例达87.75%。推进外国语、区一中、富力实验小学等新学校建设，恒大实验小学投入使用，创建普惠性民办幼儿园5所，通过国家义务教育均衡发展复查验收。推进医药卫生体制改革，柴村等4个基层卫生服务机构建成投用，推进区中心医院、汇丰卫生服务中心建设。区财政全年拨付扶贫资金1300万元，帮扶娄烦县马家庄乡如期脱贫。扩大养老、医疗等5项社会保险覆盖面。实施“农村高龄津贴制度”，低收入和特殊群体救助比例提高。

（朱永刚）

**【太原市晋源区】** 太原市晋源区位于太原市西南部，总面积289平方千米，下辖金胜、晋祠、姚村3镇，义井、罗城、晋源3个街道办事处。

旅游资源有晋阳湖公园、晋祠博物馆、明太原县城、蒙山、太山、天龙山、龙山、店头古村。

**“三农”工作** 2018年，晋源区推进农业供给侧结构性改革，籽粒玉米调减19491亩，水稻、花卉等特色农作物新增12152亩。农村集体产权制度改革试点完成。农村土地承包经营权确权颁证43个村。小型农田水利灌溉工程完成7.8万亩，治理水土流失1.31万亩，北瓦窑西干渠泵站等4处水利工程建成，改善灌溉面积1400余亩。开展“大棚房”问题专项清理整治。

**产业转型** 2018年，晋源区4个核心产业圈实施“三个百亿级”项目群，完成投资56.91亿元。招商项目签约9个。发展阳光城环球金融中心、化建大厦、鸿升时代广场等总部经济，长风国贸六馆提升效益。鑫思创软件等4家企业被认定为国家高新技术企业，耀源节能等13家企业进入国家科技型中小企业信息库，景辉能源科技和企特电气入围省级“专精特新”中小企业项目，全区小微企业新增1000余个，市级双创基地达到10个，技术合同交易额达到6632万元。第三产业占比达57.70%。

**旅游** 2018年，晋源区接待游客1417.90万人次，旅游总收入168.98亿元，分别增长35.27%和19.90%。天龙山建成30千米防火旅游通道。推进太山龙泉寺复建、太原古县城系列景观工程建设。晋农之窗农业文化博览园销售额实现3000万元，增长42%。赤桥村入选第五批中国古村落名录。晋源花卉小镇、赵家山怡荷园、康培现代农业科技园、圣沅佳昕观光园入列全市10家工农业旅游点。举办花海蒙山·魅力晋源、百名导游话蒙山、晋祠大米插秧节、北庄头油菜花赏花月等系列旅游推介活动。

**城乡建设** 2018年，晋源区推进城中村改造，完成北河下、南瓦窑、鹈归店招商引资，罗城、东街、西街等5村完成整村拆除，推进古寨村拆迁工作。省市75项重点工程征拆保障工作完成，累计征拆4111处、189.5万平方米。晋阳湖及新城周边道路共改造18条、64.95千米。推进公路自行车赛道、水上运动中心、奥申足球小镇、青运村等建设。老旧小区提档完成41个，背街小巷改造完成46条，占道经营取缔741处，“五小”门店排查整治879家。数字城管和综治平台并轨运行。垃圾分类试点覆盖76个党政机关和43个试点小区，晋阳湖、姚村两个垃圾中转站建成。新改建公厕12座。

**环境建设** 2018年，晋源区空气质量优良天数达153天。推进燃煤锅炉、“散乱污”企业整治。大气环境监测微观站点建设112个，大气质量网格化监控平台投用。重污染天气“一厂一策”减排清单修订完成，非道路移动机械管控143台。对化工排洪渠、清水河和南部退水渠黑臭水体进行整治，保护晋祠泉域水源。新增改造“煤改电”716户和“煤改气”619户，禁养区内5家养殖企业全部关停取缔。城市造林提档升级0.2万亩，天然林保护工程绿化8.29万亩，未成林地抚育管护1.93万亩。完成洞儿沟等3个村庄绿化工作。（王利明）

**【太原市万柏林区】** 太原市万柏林区位于太原市西部，总面积304.80平方千米，下辖1个乡、14个街道办事处，42个行政村、117个社区。常住人口78.70万人。

旅游资源有神堂沟龙泉寺、西山万亩生态园、狮子崖生态景区等。

**产业转型** 2018年，万柏林区投资2284亿元，推进119个重点项目。推进大众年产50亿粒不锈钢圆珠笔尖、汾机船用直流组网电力推进系统、中车铁路装备制造等重大产业项目，规模以上工业企业增加15%。东社产业转型示范区成立高端装备制造产业园区管委会筹备组，整合西山石膏矿及城边村改造腾退出的土地资源，引入无人机、新能源汽车和5G网络等项目；西铭（化客头、王封）文化旅游特色区与万科集团签约建设“文旅小镇”，成为全市首家签约的城边村改造项目，首期占地400余亩的“田园牧歌”农业综合体项目完工，“春和景明”项目累计投资达10.80亿元。王封一线天旅游景区项目与山西华岳普瑞集团达成合作意向。申报桃花沟、偏桥沟、玉泉山三个AAA级景区；白家庄（杜儿坪）生态修复样板区与中核华兴集团、无锡市政集团签约，启动建设煤炭产业新旧动能转换示范基地；神堂沟温泉休闲度假区与山西光信地产达成战略合作，开展项目前期准备工作。

**城乡建设** 2018年，万柏林区启动虎峪河、九院沙河快速路西延工程，拆除各类建筑6.50万平方米。城中村改造完成大井峪等7个村扫尾清零任务，回迁安置房完工316.85万平方米。采煤沉陷区综合治理完成涉及2万余人的移民搬迁工作。开展农村环境综合治理，完成九院新村和小西铭村整治任务。

**环境建设** 2018年，万柏林区推进文明交通综合治理、小广告治理、垃圾分类等工作。累计拆除违建18.70万平方米，整治广告牌匾3.90万处，立面粉刷241.98万平方米，清运垃圾18.61万吨，彩绘喷绘变电箱520余个，新增亮化景观1216处，清除小广告58万余处，实现中环内废品收购站清零，打造九州、玉河等12个集贸市场整治示范点，完成71条背街小巷、118个老旧小区整治任务。推行城市精细化管理模式，完成清扫保洁社会化改革。排查地质灾害隐患点70余处，完成白家庄支沟、玉门河、虎峪河3个地质灾害治理项目。完成1万亩造林任务，栽植各类苗木51.53万株。推进万柏林生态园聂家山、黄坡垃圾场综合整治，新增两处600多亩大型游园。建成区新建游园7个、街头绿地13块，新增园林绿地75.76万平方米，人均公共绿地达11.80平方米，绿地率、绿化覆盖率分别达37.70%、43.80%，公园游园500米服务半径覆盖率达81%以上。

（武超龙）

**【清徐县】** 清徐县位于太原市西南部，总面积609平方千米，下辖4镇5乡、1个街道办事处。常住人口35.63人。

旅游资源有六味斋云梦坞、紫林醋工业园、清泉山庄、三晋奇石博物馆等。

**农业** 2018年，清徐县创建太原南部城郊农业示范区，采取财政奖补和贴息贷款政策，“减玉米、增葡萄、扩杂粮、强设施”，减少玉米种植10.20万亩，高粱机械化种植增至8万亩。申报“三品一标”认证产品23个，农民专业合作社达到814家，家庭农场达到195家。财政资金补助355万元，实施玉米保险14.65万亩、葡果保险2.16万亩。争取农业部奖补资金1154万元，实施徐沟农业产业示范镇项目。整合2242万元扶持西怀远等10个村发展集体经济。成立县城乡建设投资发展有限公司，帮助38个农业企业融资4000余万元，农产品加工企业发展到87个。培育全域旅游经济，投资5600万元扶持紫林、水塔、六味斋等重点企业研发生产功能产品和开发文旅产业，建成休闲观光旅游农业点47个，申报国家AAA级旅游景区5个，市级工农业旅游点2个。推进醋都小镇、甜蜜小镇建设。接待游客215万人次，旅游综合收入2.26亿元。推动互联网发展规划及电子商务强县三年行动计划，发布“清风徐来 无醋不在”县域公用品牌，先后举办“我爱吃醋”清徐红人节、清德铺红薯插秧节、西怀远油菜花旅游节、清徐首届农产品展销会等节庆活动。电商交易额11.64亿元，同比增长19.50%。

**项目建设** 2018年，清徐县实施113项年度重点工程项目建设，开工68项，竣工投产26项，累计完成投资26.90亿元。美锦70万吨优质棒材、水塔保健醋口服液、三强炭黑等项目建成投产。传统煤矿产业转型升级。维持暖气片行业市场稳定。煜昊源工业固废综合利用、华盛丰贵金属材料等项目投产达效。搭建全省首家县级知识产权科技综合服务平台，16家企业纳入国家科技型中小企业信息库，认定高新技术企业8家。

**园区建设** 2018年，清徐县经济开发区扩展至29.99平方千米。签约项目20个，新增入园企业17家。固定资产投资达19.72亿元。推进清徐精细化工循环产业园开工建设。建设清徐高新技术产业园。

**城乡建设** 2018年，清徐县落实“国际休闲慢城、中华醋都葡乡、三晋文化水镇、太原花园客厅”大县城发展战略。完成棚户区改造项目调查摸底工作。推进美锦大街改造、紫林路改造、西关大街南延、307国道改线、榆古路拓宽改造、建设街、拥军路等配套工程建设。清泉湖菜市场、白石河公园完工。建设花篮主题公园，推进县展览馆和智慧城市指挥中心设计工作。推进“四好农村路”建设，完成3条县级、2条乡级、23条村级公路改造，全县农村公路优良率达到85%。

**环境建设** 2018年，清徐县关停违法和不符合环保规划企业32家。东城雨污水管网完工，北城污水系统及提升泵站建成投用，污水厂外管网建设、城吴柳总退治理等工程完工。落实河长制，开展入河排污口调查摸底、规范整治及清河行动，完成汾河生态修复中游核心区蓄水工程及61个平川村健康水站建设，推进县城污水处理厂二期扩建工程，开展乡镇污水处理项目前期准备工作。强化水土流失治理，推广测土配方施肥40万亩，实施无人机统防统治1.50万亩。生态廊道、西关大街南延绿化完成设计方案，36553亩创森工程完工。

（杨宇霆）

**【阳曲县】** 阳曲县位于太原市北部，总面积2070平方千米，下辖4镇6乡，124个行政村，11个居委会。总人口15.24万人。

旅游资源有青龙镇景区、玉皇庙、大盂慈仁寺、悬泉寺、水泉崖、不二寺等。2018年，分别获全国和全省“农村创业创新典型县”等称号，入列全省首批脱贫摘帽县。

**农业** 2018年，阳曲县农业土地面积310.60万亩。其中，耕地41.60万亩，宜林地105万亩，宜牧地55万亩。调减玉米种植面积7.50万亩，新增优质谷子4万亩、葡果1万亩、中药材0.50万亩、花卉0.50万亩、蔬菜1.50万亩。实施“百千百万”养殖工程，全县家禽和肉牛饲养量同比增长8.20%和11.20%。引进九牛牧业，壮大永丰禽业、桦桂农业、七峰山养殖，宝迪100万头生猪屠宰项目投产。

**工业** 2018年，阳曲县淘汰7家僵尸企业，提标改造焦化、水泥等传统工业企业，14家新能源企业入驻，4家企业进入“新三板”项目库，新增7家规模以上企业，形成以钢科碳纤维、喜跃发彩色沥青等为主的新材料产业，以国新能源天然气、中广核为重点的新能源产业，以鑫拓煤机、昊瑞机械为重点的装备制造业，以博奥检测、华普检测为重点的生产性服务业，以穗华、大福通、万事兴为重点的现代物流业，以和仁堂、振兴制药为重点的现代医药业等主导的新型产业体系。

**产业转型** 2018年，阳曲县引进落地阳曲万科金域蓝湾项目。举办第二届中国小米产业发展大会、第三届农产品展销会。签约重点项目18个，总投资约194.79亿元，完成开工工作8个。新建小微企业园二期、双创基地、双创示范村等科技基地，万事兴创业基地入驻企业27家，阳兴众创空间新入驻企业35家。阳曲小米品牌进军电子商务。培育种养大户、家庭农场、合作社等新型经营主体100多个。打造马驼花海、西沟果岭等48个农旅融合示范点。思西小镇农贸大市场建成，23家乡村旅游公司+500家扶贫客栈的特色民宿产业初具规模。

**旅游** 2018年，阳曲县接待游客200万人次，同比增长17.60%；旅游总收入1.21亿元，同比增长18.60%。青龙古镇开业运营。方特欢乐世界11个场馆及配建区主体工程完工。建成农家庄园60余个，农家客栈600余家。建设县乡公路250千米。

**城乡建设** 2018年，阳曲县投资5500万元完成阳兴公园等县城绿化提档改造工程。推进108国道快速化改造工程(阳曲县段)。大西客运专线阳曲西站投入运营。开展街道立面地面整治修缮工程，改造朝阳北路、文明街等12条县城背街小巷。县城新改建水冲式公厕11座，改造公共停车场4个，施划道路停车位1271个。投资1.70亿元建成44条120千米“四好农村路”。

**环境建设** 2018年，阳曲县取缔“散乱污”企业3家。开展柴油货车和散装物料运输车污染治理联合执法专项行动。青龙污水处理厂一期项目开工建设，大盂工业园区污水管网和园区供水工程完工，杨兴河人工湿地工程试运行，城市集中式饮用水水源地水质达标率保持在100%。完成营造林 9.06 万亩，森林覆盖率上升至 26%。12740 户农民告别"靠煤取暖"。农村人居环境整治行动完成农村"治乱"1063 处，裸地绿化 2.88 万平方米，污水减排 1122 吨。

**脱贫攻坚** 2018 年，阳曲县整合财政资金 1.85 亿元，实施特色产业、基础设施建设、金融扶贫、综合保障等项目 165 个。11 个易地搬迁集中安置点 3062 人全部入住。采取"种养加村企融合""村建户租"等多种利益联结模式，带动 12902 名贫困人口人均增收 3000 元以上。建立 41 个电商扶贫服务站。扶贫攻坚造林 16.59 万亩，吸纳贫困人口 996 人。向 936 户贫困户发放小额信贷资金 4667 万元。所有贫困村经营性收入均达 20 万元。（崔振刚）

【娄烦县】 娄烦县位于太原市西北部，总面积 1289.90 平方千米，下辖 3 镇 5 乡，6 个居委会，142 个行政村。

旅游资源有汾河水库、云顶山、泓佛寺、高君宇故居等。

**产业转型** 2018 年，娄烦县推动有机旱作产业化。实施马铃薯、中药材、有机菜、小杂粮等特色产业，打造"中国好土豆 娄烦山药蛋"地域品牌。建设特色养殖场 31 个，新青林畜牧、宇辰农牧被认定为省级扶贫龙头企业。发展新兴产业，88.48 兆瓦光伏扶贫电站建成，带动村均集体经济收入 10 万元，户均收入 5000 元。马头山、隆顺、沛丰、上旭 4 个风电项目相继获批。推进全域旅游，承办文化和旅游部娄烦旅游扶贫对接活动，宣传推介旅游扶贫项目 47 个，启动 15 个乡村旅游扶贫示范点，开设携程网线上专区，发布 2 条旅游线路。

**城乡建设** 2018 年，娄烦县实施农村基础设施建设 PPP 项目，提升安全饮水 87 处，硬化村公路 155 千米，新（改）建农村卫生室 99 个，开工新建村级文化活动中心 66 个，改造危房和危险土窑洞 986 户，完成农村改厕 1139 座。完成北大街童子崖段、医院后街道路建设工程和姚罗村片区集中供暖改造，实施县城二级汽车站建设，推进采煤沉陷区搬迁治理项目。

**环境建设** 2018 年，娄烦县造林 10.5 万亩，森林覆盖率 32.80%，绿化率 57.20%，带动 5000 余户 1.50 万人增收。开展生态补偿机制，库区群众每人每年补助 800 元，3 万多人享受到生态保护红利。改善生态环境，取缔燃煤锅炉 43 台，清洁能源替代 35 台，实施农村清洁供暖 399 户，修复整治矿山生态 1500 亩。推进工地扬尘、餐饮油烟、秸秆垃圾禁烧等专项治理工作。

**民生事业** 2018 年，娄烦县总投资 1.3 亿元的第三实验学校开工建设，娄家庄、三元村 2 所公办幼儿园投入使用，创建市级特色示范校 7 所，招聘特岗教师 20 名。推进医药卫生体制改革，组建县乡镇医疗集团。县综合医院投入使用。"双签约"服务惠及 1537 户 4114 名贫困人口，覆盖率 100%。贫困人口新农合参合率 100%，农村低保提标幅度 16%，全县 4818 名贫困户享受低保金 1699 万元。开展农村低保专项治理，清退 1484 户 1866 人。

**脱贫攻坚** 2018 年，娄烦县推动产业扶贫，实施项目 177 个，马铃薯、光伏两个产业覆盖所有贫困村、贫困户，7 个特色产业惠及 7500 户 2 万余人，贫困户户均 2 个以上增收项目。25 个村 1706 户 4160 人完成易地扶贫搬迁任务。成立全省首支总规模 10 亿元的产业扶贫基金。累计 117 个贫困村退出，12143 户 37362 人脱贫，14 项县退出指标全部达标。（张宪平）

【古交市】 古交市位于太原市西部，总面积 1551 平方千米，下辖 7 乡 3 镇、4 个街道办事处，53 个社区，116 个行政村。总人口 21.70 万人。

旅游资源有千佛寺、水泉寨公园、红豆山庄、狐偃山、仙人坪等。

**农业** 2018 年，古交市发展沙棘、大果榛子、中药材等特色农业，建成谷子、马铃薯 2 个有机旱作标准化基地，完成农产品种植结构"一减五增"和"三品一标"认证任务。

**转型升级** 2018 年，古交市推进煤焦传统产业提升改造，完成原煤产量 838 万吨；完成原煤洗选 567 万吨、焦炭产量近 100 万吨；加强煤焦产品集中统一管理销售工作，销售煤焦产品 1700 余万吨。推进供给侧结构性改革，淘汰煤炭落后产能 205 万吨，消化商品房库存 12 万余平方米。2018 年，古交市招商引资签约 4 个项目，完成签约资金 41.25 亿元，落地开工率 100%，其中 3 个项目竣工投产。对国新燃气管道建设等 5 个项目实行投资承诺制审批，加快项目建设进度。建成 3400 平方米的科技企业孵化器，成立技术转移服务中心，完成技术合同成交额 1342 万元。

**城乡建设** 2018 年，古交市完成中心区域控制性详细规划编制和城镇开发边界划定等工作，加快新型城镇化建设规划编制。推进旧城改造和新城开发，签订 8 个棚户区改造项目征收补偿协议 1430 户，完成房屋拆除 4.30 万平方米，启动安置点建设及配套工程，完成投资 1390 万元；火山新区回迁安置小区顺利投入使用。开展交通路网建设，编制完成市域公路网规划，配合太原市做好"西二环"高速公路建设前期工作，加快推进 241、339 国道过境公路项目手续办理，完成"四好农村路"建设任务。推进文明城市创建，开展"十乱"整治和农村人居环境综合治理，实施太克线沿线环境综合整治，拆除临建 1.1 万平方米，整理土地面积 3.2 万平方米。

**环境建设** 2018 年，古交市推进"三环生态圈"战略，完成绿化造林 4.46 万亩，实施市民广场、水泉寨公园西园、金牛森林公园等提档升级工程，森林覆盖率和城市建成区绿化覆盖率分别达到 28.15%和 42.82%。推进御道川水库建设和屯兰川上游段中小河流治理工程。实施"蓝天""碧水""净土"三大保卫战，累计投入涉气、涉水等环保治理、企业提标改造各类资金 6.27 亿元。开展黑臭水体治理，工业企业全部实现中水回收、废水闭路循环，改善汾河出口断面水质。完成全市 94 家涉煤涉尘企业 68 万平方米新建物料堆场全封闭，遏制源头污染，空气质量二级以上优良天数达 248 天。（赵志英）

# 大同市

**【概况】** 大同市位于北纬 39°03′~40°44′,东经 112°34′~114°33′,总面积 14056 平方千米,下辖 4 区 6 县、1 个经济技术开发区。2018 年,常住人口 345.60 万人,比上年增加 1.36 万人。

2018 年,大同市地区生产总值 1271.80 亿元,按可比价格计算,比上年增长 6.80%。其中,第一产业增加值 64.50 亿元,增长 3.60%;第二产业增加值 464.50 亿元,增长 5.40%;第三产业增加值 742.80 亿元,增长 8.20%。全市人均地区生产总值 36874 元,比上年增长 6%。一般公共财政预算收入 119.70 亿元,比上年增长 10.50%。税收收入 88.70 亿元,增长 21.70%。其中,国内增值税增长 11.20%;企业所得税增长 57.10%;个人所得税增长 1.50%;资源税增长 17.30%。城镇居民人均可支配收入达 29911 元,增长 6.90%,城镇居民人均消费支出 13936 元,增长 9.10%;农村居民人均可支配收入达 9710 元,增长 9.60%,农村居民人均消费支出 7623 元,增长 11.90%。

**农业** 2018 年,大同市粮食总产量 123.29 万吨,比上年增加 8.67 万吨,增长 7.60%。农作物种植面积 321710 公顷,比上年减少 5090 公顷。其中,粮食种植面积 266530 公顷,减少 4150 公顷。全市肉类总产量 14.60 万吨,比上年下降 1.30%。其中,猪羊肉产量 12.60 万吨,下降 1.60%。牛奶产量 27.80 万吨,增长 3.80%。禽蛋产量 7.30 万吨,增长 7.90%。与北京首农、广东农垦、中国农大、中国农科院、山西农大、京东集团等名企名校开展战略合作。推动小米、杂粮产业发展。

**工业建筑业** 2018 年,大同市规模以上工业企业工业增加值比上年增长 5.70%。规模以上工业企业实现主营业务收入 1860 亿元,比上年增长 10.80%。其中,国有控股工业企业实现利税 127.50 亿元,增长 25.30%。实现利润 69.50 亿元,比上年增长 60%。实现利润 50.30 亿元,增长 69.90%。全市建筑业增加值 93.20 亿元,比上年增长 4.90%。全市具有建筑业资质等级总承包和专业承包建筑业企业建筑业总产值 184.50 亿元,比上年增长 14%。房屋建筑施工面积 778.40 万平方米,增长 0.90%;房屋竣工面积 318.80 万平方米,增长 10.60%。

**文化旅游** 2018 年,大同市旅游总收入 620.90 亿元,同比增长 28.50%。举办云冈文化活动旅游季系列活动,打造古都灯会和成龙国际动作电影周品牌。潘家园古玩市场落成运营,推进"火山天路"、古长城旅游路等项目。3 月 26 日,签约建设中芬(大同)启迪冰雪体育中心项目,落户大同。在第四届中国(吉林)避暑旅游产业峰会暨"全球气候变化与旅游国际论坛"获评 2018 中国"最具潜力避暑旅游城市"称号。在第三届吉林冰雪产业博览会上获评"2018 十佳冰雪旅游城市"称号。

**城乡建设** 2018 年,大同市集中供热面积 6663 万平方米,天然气用户 65 万户。城市供水管网 889 千米,城市日供水能力 62 万立方米。9 月 29 日,大同市横跨御河第七座大桥蝶状立交互通大桥开源桥通车。开源桥 2014 年 5 月开工建设,西起友谊街、东至永和路,全长 2.70 千米,道路规划红线宽度 50 米,双向 8 车道,桥梁总长 535 米,总高度 107.80 米,两侧塔柱在 65.60 米处合龙,扇形空间斜拉索 64 组。山西汽运集团雁北汽车运输有限公司投资 1.50 亿元购置新能源客车,发展城际(旅游)公交。客运线路覆盖京、津、冀等 14 个省市自治区,设计日发班车 840 余次,发送旅客 2.95 万人。

**环境建设** 2018 年,大同市综合施策提升"大同蓝",新增更换新能源或清洁能源公交车比重 75%。空气质量二级以上良好天数 288 天,综合指数 5.18。实施桑干河流域五大污水处理厂提标改造工程,开展河道清淤清障行动。推动黄河生态补水增量,修复御河生态湿地。市本级污水处理厂处理生活污水 8300 万立方米,中水回用 1800 万立方米,市区日处理生活垃圾 1100 吨。建成区增加绿化面积 134.90 万平方米,造林面积 1.56 万公顷,人工造林 1.46 万公顷。

**民生事业** 2018 年,大同市财政民生支出占比 81.50%。县域义务教育均衡发展全部通过国家复评。全面改薄累计投入资金 8.39 亿元。在 9 个农业县(区)建立"孝养基金"试点,列入全国第三批社区和居家养老服务试点城市。全市棚改项目开工 8806 套,建成 22772 套,公租房建成 2810 套,投资 27.29 亿元。3 个贫困县(区)、264 个贫困村、10.40 万贫困群众实现脱贫摘帽。全市企业养老保险参保职工人数 59.90 万人。城乡居民基本养老保险参保人数 110.60 万人,城镇职工基本医疗保险参保人数 82.80 万人,失业保险参保人数 45.60 万人,工伤保险参保人数 43.30 万人,生育保险参保人数 44.30 万人。全市纳入城市最低生活保障居民 7.30 万人,发放城市低保资金 3.60 亿元;纳入农村最低生活保障居民 16.10 万人,发放农村低保资金 4.70 亿元。截至 2018 年底,提供住宿社会服务机构有 68 个,床位 9422 张,收养救助 5135 人。全市建立各种社区服务设施 795 个,综合性社区服务中心 160 个。全年销售社会福利彩票 4.03 亿元,筹集社会福利资金 3396 万元。

**行政区划调整** 2018 年,大同市撤销大同市城区、南郊区、矿区;设立大同市平城区,以原城区的南关街道、北关街道、东街街道、西街街道、南街街道、北街街道、新建南路街道、新建北路街道、大庆路街道、新华街街道、向阳里街道、振华南街街道,原南郊区的水泊寺乡、新旺乡、马军营乡的行政区域为平城区的行政区域。设立大同市云冈区,以原城区的西花园街道、老平旺街道,原南郊区的高山镇、云冈镇、口泉乡、平旺乡、西韩岭乡、鸦儿崖乡,原矿区的行政区域为云冈区的行政区域。将南郊区古店镇划归新荣区管辖。撤销大同县,设立大同市云州区,以原大同县的行政区域为云州区的行政区域。

(冯晋慧)

**【大同市平城区】** 大同市平城区位于大同市中部,总面积 246 平方千米,下辖 3 个乡,12 个街道办事处,139 个社区居委会,60 个行政村。

旅游资源有大同古城、华严寺、善化寺、九龙壁、法华寺、白塔寺、鼓楼、朝阳寺等古建筑群，以及平城文化旅游区、展览馆等。

**工业建筑业** 2018年，平城区规模以上工业增加值26.98亿元，同比增长23.10%。工业企业累计总产值94亿元，同比增长46.90%。规模以上工业企业实现主营业务收入77.33亿元，同比增长49.03%。实现利税74.54亿元，同比增长10.11%。全区具有建筑业资质等级总承包和专业承包建筑业企业完成建筑业总产值81.46亿元，比上年增长9.30%。

**产业建设** 2018年，平城区建成一批以百盛、华林、大西街、玄辰广场等商业地带，形成城南、城西、城北三大商圈。借力“互联网+”，参与建立集中小企业转型升级、创业创新孵化基地、总部经济基地的综合性服务园区。园区总面积6万平方米，入驻2家企业总部和23家企业。平城区有各类双创基地、空间15个，技术中心2个。搭建“平城区创业创新服务网络平台”，与大同大学联合建立“大同市平城区科技专家库”，支持产业创新。

**科教文卫** 2018年，平城区专利申请551件，发明专利申请190件，每一万人发明专利申请数299/93.8794件/万人。全区有33所小学校，6所民办学校、1所特殊教育小学。普通中学在校学生264人，小学在校学生数61662人，普通中学专任教师244人，小学专任老师3505人。有文化馆1个，图书馆1个，少儿业余艺校1所。参加全市春节期间街头文艺活动。组织100场全省万场大戏进社区活动演出，完成110场“百队百场”文化惠民直通车进社区文艺演出，30场群众性体育活动；群众活动队伍310个站队，人数4万余人，建成16个街道、乡文化中心。举办首届“新时代 新平城”改革开放40年记忆摄影展。与大同大学开展地方文化建设战略合作。

**民生事业** 2018年，平城区城镇新增就业人数4776人，创业带动就业人数1805人，城镇失业人员实现再就业2009人，就业困难人员就业409人。全年城镇登记失业率3.60%。国家抚恤、补助各类优抚对象756人。低保对象15416户，发放低保金6600万元。有社区卫生服务中心7所，床位110张，卫生技术人员共26人，医师88人。有直属社区卫生服务站4所，妇幼保健计划生育服务中心59所，疾病预防控制中心1所，卫生监督所1所。（徐雅丽）

【大同市云冈区】 大同市云冈区位于大同市西部，总面积737.81平方千米。下辖2镇4乡，28个街道办事处，120个行政村，127个社区居委会。常住人口74.30万人。

旅游资源有明代古长城军堡群、晋华宫国家矿山公园、云冈石窟建筑群、高山堡、甘河村三圣寺、西严寺、玉龙洞等。

**农业** 2018年，云冈区农业总产值49957.63万元，耕地总面积1.75万公顷。农产品加工企业销售收入17.01亿元，同比增长7.40%。发展设施农业33公顷，改造提升53公顷。

**城乡建设** 2018年，云冈区投入4693.50万元建设乡村道路32.67千米。全区申报“三品一标”无公害认证企业6家，认证产品8个，认证面积1.17万公顷。开展乡村道路环境整治活动，出动清洁人员483人次，出动垃圾清运车辆46车次，清理垃圾1380立方米。建立1处废旧地膜

2018年大同市辖县(区)经济指标统计表

| 县 市 | 地区生产总值（万元） | 农林牧渔业总产值（万元） | 固定资产投资增长速度（%） | 社会消费品零售总额（万元） | 一般公共预算收入（万元） | 一般公共预算支出（万元） | 人均可支配收入（元） | |
|---|---|---|---|---|---|---|---|---|
| | | | | | | | 城镇居民 | 农村居民 |
| 平城区 | 1967423 | – | 31.80 | 2744846 | 49335 | 168423 | 33525 | – |
| 云冈区 | 4212400 | – | – | – | 106225 | 287137 | – | – |
| 云州区 | – | – | – | – | 23289 | 182859 | – | – |
| 新荣区 | 354502 | 88461 | 13.90 | 116511 | 23224 | 127814 | 25104 | 9510 |
| 阳高县 | 375922 | 247613 | 17.70 | 134259 | 13381 | 237818 | 22176 | 7981 |
| 天镇县 | 273769 | 132338 | −27.40 | 111712 | 14251 | 253274 | 22388 | 7691 |
| 广灵县 | 276321 | 128074 | 16.20 | 114520 | 14900 | 207625 | 22377 | 8071 |
| 灵丘县 | 390529 | 91953 | 13.90 | 354486 | 14787 | 223669 | 27275 | 7969 |
| 浑源县 | 412236 | 180094 | 23.50 | 377702 | 24849 | 278006 | 23255 | 8048 |
| 左云县 | 530293 | 52893 | 16.00 | 267088 | 100995 | 196434 | 27542 | 12425 |

回收利用点,1处废弃农药包装物回收点。乡村环境提升工程规划投资65万元,完成13个村"一图一表一说明"实用性村庄规划编制。给大路辛庄等7个村安装路灯616盏。投资60万元,绿化村庄3个,每个村20万元。

**文化旅游** 2018年,云冈区高山镇高山村成功申报"全国第五批传统村落"。5月8日至9日,开展非物质文化遗产巡展活动,宣传推广全区非物质文化遗产区级项目传统雕塑、郊城道情、张建勇剪纸、传统泥塑、张革烙画、顺成锅盔、大同皮雕,市级项目阳和坡耍孩儿,省级项目张留庄地秧歌。

**民生事业** 2018年,云冈区城市低保月人均补助水平由上年489元提高至509元,农村低保由上年3354元提高至3750元。全区农村低保对象8233户11319人,全年累计发放低保金3428.82万元,城市低保对象10820户20881人,全年累计发放低保金11183.19万元。支出医疗救助815.82万元,救助4524人。全区有五保对象213户216人,发放救助金146.65万元;城市"三无"人员20户20人,发放救助金12.31万元。全年发放临时救助金127.20万元,954人受益。全区高龄失能1519人,发放补贴77.68万元。驻云冈区部队未就业随军家属15人获生活补贴9万元。2016年原矿区入伍士兵774人发放义务兵优待金1372.46万元。323名参试人员在中国人寿保险公司购买总金额84.24万元商业医疗保险。全区投入运营养老机构57家。在恒安新区批准筹建医养结合大同云冈恒安养老院,总投资6000万元。为4434人发放困难残疾人生活补贴309.17万元。

(石有团)

**【大同市云州区】** 大同市云州区位于大同市中部,总面积1478.28平方千米。下辖3镇7乡,175个行政村。常住人口39.14万人。

旅游资源有明代古长城军堡群、火山天路国家地质公园、金山、狼窝山、白登山、采凉山滑雪场等。

**农业** 2018年,云州区农作物播种面积41425.60公顷。粮食作物播种面积31801.70公顷。粮食总产量131700.70吨,比上年增长28%。

**产业建设** 2018年,云州区共有规模以上工业企业18家,实现增加值71575万元,比上年增长34.94%。实现利税18493万元,比上年增长42.80%;实现利润12683万元,比上年增长83.89%。规模以上工业企业共实现总产值385486万元,比上年增长21.50%。

**文化旅游** 2018年,云州区接待游客158.47万人次,同比增长18.70%;旅游总收入15.39亿元,同比增长25.84%。完成《云州区全域旅游发展规划》和《云州区乡村旅游发展规划》编制。承办全国第二届青年运动会单板滑雪平行项目。举办首届大同黄花丰收活动月、火山群摩托车巡游、火山音乐节等活动。

**城乡建设** 2018年,云州区投资4亿元,对149个村庄分类实施乡村环境提升工程。全年全区"四好农村路"建设涉及10个乡镇92个行政村(非贫困村30个,贫困村62个),投资2.15亿元完成"四好农村路"250千米,投资3041万元完成农村公路安全生命防护工程417千米。投资3900万元完成区乡公路改造工程4条62千米。投资898万元完成养护提质工程59千米。投资3484万元实施长城一号旅游公路建设,完成危桥改造6座。档案馆投入启用。

**环境建设** 2018年,云州区完成荒山造林2.57万亩,森林覆盖率达35.80%。空气质量二级以上天气291天,获"2018全国百佳深呼吸小城"和"深呼吸小城十佳示范城市"称号。完成《云州区全域旅游规划》《云州区乡村旅游发展规划》。投资800万元建设金山、狼窝山停车场和14千米忘忧大道景观道路。投资3000万元完成桑干河国家湿地公园开发。

**民生事业** 2018年,云州区企业职工参加养老保险人数9702人,征缴养老保险费8917万元,城乡居民参加养老保险人数为83577人,征缴养老保险费1359万元,机关事业单位参加养老保险人数为4232人,征缴养老保险金8303万元,工伤保险参保人数7048人,征缴工伤保险金168.72万元,企业职工参加失业保险人数4094人,征缴失业保险金104.78万元,为98名失业人员发放失业金、取暖费、医疗保险费等110.12万元。参加生育保险人数106801人,生育保险基金征缴53.22万元。城镇职工基本医疗保险参保人数10187人,征缴城镇职工医疗保险保费821.14万元,城乡居民基本医疗保险参保人数142509人,征缴城乡镇居民医疗保险费2375.9万元。投资1674万元为村医配置全科医生助诊包155个。投资276万元更新所有卫生室医疗设备配置。

(吉广仁)

**【大同市新荣区】** 大同市新荣区位于大同市北部,总面积1018平方千米,下辖1镇6乡,140个行政村,173个自然村,5个居委会。

旅游资源有明代古长城军堡群、太玄观、方山遗址、古长城、宁静寺、宣宁县城遗址等历史人文景观和采凉山、四家山、弥驼山、万泉河、饮马河等自然景观。

**产业建设** 2018年,新荣区引进工业项目20个,投资总额66.76亿元。碳素增加值占规上工业比重由30%上升至53%,全区行业产值23亿元。大同市新成新材料股份有限公司汽车锂电池电解液项目、通扬碳素有限公司石墨电极项目开工建设。5个项目总投资7.60亿元。总投资2.40亿元省重点工程——大同宇林德石墨设备股份有限公司年产5万吨超高功率电极项目投产。

**城乡建设** 2018年,新荣区拆除86个村庄废弃院落,拆除废弃院落和残垣断壁1979处25174米,拆除废弃房屋6057间,整治面积1053平方米。全区投资2621万元建成"四好农村路"54千米。西合古长城旅游公路新荣段投资9150万元。道路改造工程投资2447万元,建成长城东街、开元南路、新开南路3条。改造31栋老旧住宅,投资170万元,新建1.2万平方米标准体育健身广场,建成无害化卫生厕所600余座。拆除燃煤小锅炉6台，新增集中供热面积65万平方米，煤改电1000户。

**文化旅游** 2018年2月23日，新荣区举行“逛长城庙会，过得胜大年”主题系列活动。“山西方志·永久藏书”新荣馆落户新荣区图书馆，建筑面积2500平方米，藏书5万余册。

**民生事业** 2018年，新荣区中考考入市优质高中人数104人。医疗集团下派专家1000余人次，诊疗2万余人次，建档立卡5569贫困户11616贫困人员。家庭医生签约服务队130个，参与签约服务医护人员197人。建档立卡贫困人口、计划生育、持家庭签约服务率均100%。城镇职工、城乡居民养老保险参保率76.50%，基本医疗保险参保率96.40%，征缴各项保险费11641.84万元。累计支出养老金2.38亿元，医疗保险金3.38亿元，发放各种保障金5000余万元。投入脱贫资金1亿元，脱贫1585户3173人，11个贫困村摘帽，225户439人易地迁入新居。

（金　明）

**【阳高县】** 阳高县位于大同市东北部，总面积1598.29平方千米，下辖7镇5乡，262个行政村，241个村民委员会、15个社区居委会。总人口27.02万人。

旅游资源有云林寺、许家窑遗址、大泉山森林公园、汉墓群、明代古长城军堡群等。

**农业** 2018年，阳高县粮食播种面积74.50万亩，粮食总产量2.950亿公斤。农产品加工企业销售收入17.16亿元。新增农民专业合作社50家。耕地保护92.67万亩、基本农田保护76.17万亩，实施土地整治项目12个，发展节水喷灌2万亩，机播、机耕作业面积60万亩。

**产业建设** 2018年，阳高县推动龙泉工业园区建设。落地开工重点项目13个，建成投产项目4个。编制成《阳高经济技术开发区总体规划》，铺设华润天然气管道21.30千米。山纳公司脱瓶颈改造和新上防水材料项目完工，年销售收入10亿元。园区落户企业25家，投产11家，新落户7家，年产值上亿元企业4家。

**城乡建设** 2018年，阳高县堡子湾水库建设工程竣工，实施饮水安全工程95处，受益8.23万人。开展暄阳街东延雨水管网工程、阳和大道南延一期工程建设。阳高县筹集1.60亿元实施“全面改薄”工程。

**环境建设** 2018年，阳高县空气质量监测365天，二级以上天数304天，空气质量优良天数比例83.29%。全年营造林1.80万亩，京津风沙源治理1.70万亩，环京津生态屏障区建设4000亩，省级重点区域造林400亩，新发展经济林1946亩，全县森林覆盖率26.20%。筹资5.63亿元提升乡村环境。

**文化旅游** 2018年，阳高县旅游总收入21.69亿元，接待游客285.37万人次。4月10日至16日，在守口堡旅游景区举行阳高杏花节，以“幸福守望 杏韵花开”为主题。二人台现代戏《杏泉沟》申报国家艺术基金项目和省市项目支持，在省市进行巡回演出。放映公益电影3144场，送戏下乡80场。

**民生事业** 2018年，阳高县投资3000万元实施保障房小区九年一贯制学校及幼儿园建设项目，开工建设幼儿园3个。县中医、妇幼医院综合楼建设项目主体工程竣工。全县减贫5313户10686人，剩余贫困人口456户1015人。农村常住居民人均可支配收入7981元，118个贫困村全部退出；农村低保每人每年4134元，城乡居民基本养老保险和基本医疗保险参保率分别为98.50%、98.60%，易地扶贫搬迁涉及7231户15779人，集中安置7158户15655人，分散安置73户124人。阳高一中二本以上达线率49.14%。开展巡诊、义诊148次，服务人群1.83万人次。家庭医生服务累计签约13.90万人。全民技能提升工程培训4888人。（陆　飞）

**【天镇县】** 天镇县位于大同市东北部，总面积1716平方千米，下辖5镇7乡，12个社区居委会，227个行政村。总人口23.10万人。

旅游资源有明代李二口长城景区、黑龙寺等。

**农业** 2018年，天镇县耕地面积80.52万亩，林地面积112万亩。农作物播种面积66.90万亩。其中，粮食作物55.10万亩，经济作物7.80万亩。粮食总产1.76亿公斤。生猪饲养量37.40万头，其中出栏24万头，比上年同期相比分别下降10.70%、5.60%。成立农机专业合作社2个，农机专业合作社总计21个。发展杂粮产业，红芸豆种植面积达5万亩。实施高标准农田建设，建设面积1496.33亩。开展京津风沙源治理水源工程、坡耕地水土流失综合治理、三沙河流域沟坝地治理等系列水土治理工程。实施农牧交错带高效节水、南洋河天镇县核心区生态修复、永定河治理与生态修复项目等工程。

**城乡建设** 2018年，天镇县地下水关井压采工程关闭地热水井20眼，完善天镇县地热水资源管理站配套设施建设，建设集中供水管网1477米。地表水置换地下水源灌溉面积1000亩。完成县城供水改扩建工程总投资1944万元。完成南水源孤峰山水库下游新打机井工程，南水厂入网管线工程以双线入市网。

**环境建设** 2018年，天镇县实施102个村环境提升工程，贫困村56个，总投资10825万元。环境整治村完工68个，投资9033.10万元。大片造林工程项目在县城南部红土梁山区纵贯贾家屯和赵家沟2个乡，总投资2520万元实施集中连片荒山造林3.15万亩。在明长城及旅游公路沿线两侧绿化总面积8.97万亩，投资1.10亿元造林1.82万亩、栽植各类树木141.85万株，碑牌围网工程总投资153万元，修复重建大中小型碑牌700余座（块），围网29.40千米。

**民生事业** 2018年，天镇县实施43个村3.16万人饮水安全工程。安置退役军人公益岗275人。建档立卡贫困户实现就业965人。全民技能提升工程职业技能培训4100人，全民技能提升工程开展88期、培训

4132人。城市低保对象2905户7703人，全年发放城市低保资金1438.50万元。农村低保对象15495户24548人，发放资金5160.2万元。建档立卡贫困人口纳入农村低保范围8972户13488人，通过兜底脱贫4930户7445人。投入15.36万元为全县特困人员购买1.10亿元人身意外伤害保险。孤儿养育标准每人每月630元，全县有210名孤儿。

**脱贫攻坚** 2018年，天镇县有贫困村126个，建档立卡贫困人口2.01万户4.77万人，PPP模式引进社会资本，投资6.16亿元实施乡村提质工程。投入1.51亿元实施112个村乡村环境提质。全年有31个村退出贫困村，1.35万人脱贫。（高志英）

**【广灵县】** 广灵县位于大同市东北部，总面积1283平方千米，下辖2镇7乡，172个行政村，6个社区居委会。

旅游资源有水神堂、壶泉、圣泉寺、圣佛寺、壶流河湿地、白羊峪、甸顶山草原、赵长城、汉墓群、古冰川遗迹、汉白玉石林、广济桥等。

**农业** 2018年，广灵县耕地面积45万亩。认证"三品一标"15个，东方物华、禾卓伟业2家企业获首批"山西小米"品牌授权，"东方亮"小米销售到北美市场，广灵县被省农业厅授予"山西好粮油"基地示范县。"广灵小米"在全国性产销对接活动中签订535万公斤订单。

**产业建设** 2018年，广灵县新增规上工业企业3家，签约项目37个，落地项目20个，实施重点项目39个，卧羊场三期风电、30兆瓦集中式光伏、13.90兆瓦村级光伏项目并网发电，实施上墨家沟风电、亿晨再生铅、钕铁硼永磁等项目。创建省级经济技术开发区，总投资66.78亿元，11个项目落地。

**文化旅游** 2018年，广灵县旅游综合收入9000万元，同比增长31.22%。旅游重点招商项目28个，申报白羊峪、甸顶山旅游基础设施项目，实施涧西古民居、水神堂古建筑、宝峰寺等修缮工程，开通大同至广灵旅游直通车，木厂、上寺、立景苑等农家乐投入运营。挂牌成立广灵县文旅发展公司、中馨文化旅游发展有限公司，举办第二届广灵湿地文化节。

**民生事业** 2018年，广灵县高考二本达线490名。推进就业创业，一人一技"三个一"工程培训贫困群众3200名，公益岗位优先安排贫困群众就业347人，"广灵巧娘"、鸿棉制衣等企业入驻手工业园区并在40余个贫困村设立"扶贫车间"。安装广播电视"户户通"卫星接收设施8501户/套，送戏下乡318场、送电影下乡2160场。96个村级文化室配备音箱、乐器、点歌机等文化器材。城镇新增就业1156人，失业人员再就业1115人，新建2所农村老年人日间照料中心。

**脱贫攻坚** 2018年，广灵县退出28村8722户19592人，贫困发生率降至3.55%。创新"志智双扶"，推进精神扶贫、文化扶贫、法制扶贫，建立爱心超市、孝德超市。发放惠民补贴2412.20万元。实施17个扶贫"引擎"项目；投入各类资金2.44亿元的50个资产收益项目，辐射带动1.57万名贫困群众。实施易地搬迁，6个搬迁工程点全部完工。实施危房"清零"行动，实现脱贫期内住房安全全覆盖。

（姜成晋）

**【灵丘县】** 灵丘县位于大同市东南部，总面积2732平方千米，下辖3镇9乡，255个行政村，13个社区居委会。

旅游资源有平型关景区、桃花溶洞、空中草原等。

**产业建设** 2018年，灵丘县实施转型项目127个，总投资101.30亿元。投资20亿元建投200兆瓦风电项目，四期凤凰山49.50兆瓦风电场项目投资1.24亿元。投资35亿元国家电投东方新能源40万千瓦风电供暖示范项目供热站部分竣工。投资10.38亿元太原新能源小王庄12万千瓦风电项目开工建设。工业总产值完成11.96亿元，同比增长12.96%，实现利税8563万元。

**城乡建设** 2018年，灵丘县5719户危房工程全部完工。开工建设"胡服骑射"雕塑广场。投资5.44亿元新建、改建道路457.50千米。投资1367万元完成全长593.90米沙河南路改造工程。投资3780万元完成全长1790米新华东街改造工程。投资3308万元完成全长1475米育英街东段建设工程。投资4.05亿元完成"四好农村路"新改建农村公路432.20千米。投资3900万元完成"长城板块"漫山—赵北段旅游公路主体工程15千米。投资1568万元完成国防公路柳科—小彦段道路路基拓宽及路面改造工程6.52千米，沥青灌缝封闭59.90千米。投资5.86亿元"三河"综合治理项目开工建设。

**环境建设** 2018年，灵丘县实施居民"煤改电"450户，实施10个易地扶贫搬迁安置点和2个行政村生活污水防治工程。全县营造林任务2.72万亩，完成3.32万亩。村庄绿化2个，增加园林绿化面积3.30万平方米，投资5000万元建设管网55千米，惠及群众4000户。截至2018年底，总投资1.50亿元共建设管网115千米，2万多名群众受益。

**文化旅游** 2018年，灵丘县旅游总收入24.25亿元，接待游客308.43万人。开展文化下乡570场，电影下乡3181场，举办"脱贫攻坚"主题晚会和农民技能大赛，评选"自力更生脱贫标兵"100名。举办第十二届平型关文化旅游节、第七届北泉荷花节、第四届"长青银行杯"全国友好城市毽球邀请赛等活动。编制《灵丘县全域旅游发展规划》。罗罗腔剧目《小二姐做梦》受邀参加2018年全国百戏盛典，红石塄乡被评为"山西省民间文化艺术之乡"。新建御射台有机社区旅游步道15千米，打造车河有机社区"梦幽谷"景区。

**民生事业** 2018年，灵丘县城镇增加就业1406人，农村劳动力转移就业3436人。全民技能提升工程培训4780人。办理就业困难高校毕业生就业见习80人。发放低保、五保金7548.60万元。全县高考二本以上达线867人，较上年增加230人。城乡居民养老保险参保人数12.53万人，完成社会保险基金征缴3.997亿元。灵丘县投入扶贫资金20亿元，124个贫困村15941户41192名贫困人口稳定脱贫。投资6.80亿元建设安置点13个，14471名群众入住新居。投资1.80亿元改造农村住房12841户，建成五保户集中供养中心——存孝公寓，安全住房全覆盖。发放教育资助金876万元，资助贫困学生13761人次。（高晓彬　刘甫花）

【浑源县】 浑源县位于大同市东部，总面积1966平方千米。下辖6镇12乡，315个行政村，11个社区居委会。

旅游资源有恒山、悬空寺、古长城堡寨、汤头温泉等。

**农业**　2018年，浑源县粮食作物播种面积4.54万公顷，粮食产量18.25万吨，同比增长4.90%。黄芪等中药材种植8200公顷，比上年增加6666.70公顷，县财政补贴743.20万元，推广渗水地膜有机旱作谷、黍等杂粮应用面积5666.70公顷，比上年增加666.70公顷。认证“三品一标”产品10个，产地认证面积3万亩。

**产业建设**　2018年，浑源县总投资2亿余元实施乡村提质改造工程，整治178个行政村村容村貌，建成省级美丽宜居示范村2个，市级4个。推进项目111个，总投资291.30亿元，年内投资40.29亿元，重点推进转型项目61个，转型项目投资28.7亿元。投资3700万元完成恒山景区提升工程，投资200余万元实施神溪国家湿地公园建设项目，投资3800万元建设三大板块旅游公路14.84千米，239国道过境恒山景区段改建工程开工。

**城乡建设**　2018年，浑源县投资2.80亿元实施建制村通硬化路工程280.47千米。建成5条城内公交线路，15条县乡公交线路，50条通村支线路，农村客运班车157辆，投资1329万元，解决37个村1.80万人农村饮水问题。投资1.06亿元实施王千庄水库枢纽建设工程。投资1550万元改造王千庄灌区节水工程；投资5080万元实施云阁街、会府街、云园路建设并竣工通车；新建水冲厕所4座。棚户区改造投资1.72亿元。启用5个农村垃圾中转站，实施二岭无害化垃圾场维修加固工程，全年处理生活垃圾3万余吨。投资4226.60万元改造13个乡（镇）89个行政村4616户农村危房。投资3427.20万元改造14个乡（镇）78个行政村2448户土窑洞。

**文化旅游**　2018年，浑源县举办“山西省文物建筑认养北部片区推介会”、恒山国际太极拳论坛、乡村文化旅游月和纪念粟毓美诞辰240周年等系列旅游宣传活动。投资40亿元实施汤头温泉康养小镇建设项目。投资10亿元实施恒山古镇建设项目，推进凌云口、神溪、二岭等旅游乡村建设。全县接待游客940余万人次，旅游综合收入80.44亿元。浑源县驼峰乡高窑村“九曲黄河灯阵”在2018大同古都灯会中展出。7月28日，山西浑源乡村文化旅游月之“走进凌云口·千人霞客行”徒步穿越活动在裴村乡凌云口村霞客谷举行。

**民生事业**　2018年，浑源县举办就业招聘会120余场，转移农村劳动力就业4546人，城镇失业人员再就业培训520人，农村劳动力职业技能提升培训5379人。投入5000万元用于149个贫困村产业发展。建档立卡贫困劳动力就业1328人。培训就业贫困对象2671人。建立从学前教育至就业“一条龙”帮困包扶机制，发放、免除各类资金4191.87万元，13236人次贫困学生从中受益。全县建档立卡贫困户省内外医保报销50931人次。为2820户贫困户发放小额贷款1.40亿元。投资振兴全县教育事业4750万元，完工8个乡村小学建设项目，开展9个中小学校校园建设项目，建设18所示范幼儿园，投资648万元建设公办幼儿园2所。高考达二本B类以上327人，达一本线79人，县政府发放高考表彰奖励金65.90万元。发放救助金6784.50万元，新建4所农村老年人日间照料中心。

（范颖莲）

【左云县】 左云县位于大同市西北部，总面积1314平方千米，下辖3镇6乡，226个行政村，7个社区居委会。

旅游资源有保安堡、睡佛寺、南禅寺、国家级非物质文化遗产楞严寺以及十里河湿地生态园区。

**农业**　2018年，左云县农作物种植面积27973.80公顷，比上年增加1723.20公顷。其中，粮食种植面积21542.10公顷，增加844公顷，全年粮食产量32809.90吨，增长6.50%。

**工业　建筑业**　2018年，左云县规模以上工业企业18家，规模以上工业增加值139662万元，增长20.90%。规模以上煤矿产原煤1044.6万吨，增长28.87%；规模以上企业发电量76260万千瓦时。规模以上工业企业实现主营业务收入414038万元，增长18.76%。其中，煤炭工业实现主营业务收入349361万元，增长27.60%；电力工业实现主营业务收入61806万元，下降11.80%。全年规模以上工业实现利润83651万元，增长82.75%；实现利税83651万元，增长82.8%。建筑业增加值18182万元，增长4.40%。

**科教文卫**　2018年，左云县科技方面组织申报市级项目11项，落实资金235万元，申请专利40项，发明专利申报12件。截至2018年底，全县普通中小学校24所，专任教师1317人，在校学生数10797人。其中，小学生5744人，初中生2477人，普通高中生2576人。幼儿园6所，在园幼儿2786人。有文化馆1个，综合公共体育场1处，公共图书馆1个，分馆23个，藏书13.99万册。有报社1家，出版报纸33万份。全县有卫生机构（含诊所、村卫生室）247个，床位521张。妇幼保健院（所、站）1个。全县卫生机构有卫生技术人员341人。

**民生事业**　2018年，左云县城镇企业职工基本养老保险参保10808人。城乡居民养老保险参保63500人，城镇职工基本医疗保险参保17854人，城乡居民基本医疗保险参保97663人，失业保险参保8695人，工伤保险参保20893人，生育保险参保12008人。全县有城市低保对象462户825人，累计发放低保资金536.90万元，农村低保对象6151户11570人，累计发放低保金1505万元。为680名特困人员发放供养资金347.80万元，护理补贴22万元，为58名孤儿发放供养金54.30万元。创业带动就业380人，就业困难人员就业180人，失业人员再就业1050人，转移农村劳动力2044人。社会保障和就业支出20008万元，医疗卫生与计划生育支出8930万元，教育支出22960万元。

（邵明仁）

## 阳泉市

【概况】 阳泉市位于北纬37°40′~38°31′，东经112°54′~114°04′，总面积4558.93平方千米，下辖3区2县。2018年，常住人口141.44万人，人口密度310人/平方千米，城镇化率68.49%。

2018年，阳泉市地区生产总值完成733.70亿元，按可比价计算，比上年增长6.70%。其中，第一产业完成增加值10.60亿元，增长3%；第二产业完成增加值345.10亿元，增长5.80%；第三产业完成增加值378.00亿元，增长7.70%。三次产业构成由上年1.50∶47.70∶50.80调整为1.50∶47.00∶51.50。城镇常住居民人均可支配收入达31474元，增长6.40%；农村常住居民人均可支配收入14078元，增长8.60%。

**农业农村** 2018年，阳泉市农作物种植面积84万亩，比上年增长1.80%。其中，粮食种植面积81万亩，增长2.50%；油料种植面积1699.5亩，下降28.80%。粮食种植面积中，玉米种植面积69万亩，增长3.30%。粮食总产量27.30万吨，增长4.80%。其中，玉米25.4万吨，增长6.00%。肉类总产量1.90万吨，下降7.50%。造林面积完成4200公顷，增长13.40%。其中，人工造林面积3900公顷，增长19.40%。农业机械总动力34.10万千瓦，增长3.00%。机械耕地面积63万亩，下降0.04%；机械播种面积64.50万亩，下降1.60%；机械收获面积25.50万亩，增长3.30%。7月，阳泉市被农业农村部确定为农村集体产权制度改革试点单位。

**工业建筑业** 2018年，阳泉市规模以上工业企业达144个，实现工业增加值比上年增长5%。规模以上工业企业原煤产量5373.30万吨，增长7.70%；洗煤产量1790.70万吨，下降19.10%；发电量131.50亿千瓦小时，增长2.90%；煤层气产量11.90亿立方米，增长10.50%。规模以上工业企业实现主营业务收入498.60亿元，下降4.60%；实现利税38.60亿元，增长39%。其中，实现利润总额-8.10亿元，同比少亏11.40亿元；实现税金46.7亿元，下降1.20%。亏损企业61家，亏损面为42.40%；亏损额30.30亿元，下降19.20%。

全年建筑业实现增加值57.50亿元，增长10%。资质以上建筑企业实现总产值95.60亿元，增长40.20%；签订合同额174.90亿元，增长34.20%。房屋建筑施工面积256.80万平方米，下降9.40%；竣工面积63万平方米，下降10.10%。

**能源** 2018年，阳泉市一次能源生产折标准煤3973.68万吨，增长7.80%；二次能源生产折标准煤297.82万吨，增长7.20%。规模以上工业综合能源消费量折标准煤588.55万吨，上升3.80%。全市全社会用电总量83.25亿千瓦小时，增长0.40%。其中，第一产业用电0.40亿千瓦小时，增长3.50%；第二产业用电64.89亿千瓦小时，下降3.10%；第三产业用电11.26亿千瓦小时，增长18.00%；城乡居民生活用电6.69亿千瓦时，增长10.4%。一、二、三产及城乡居民生活用电占全社会用电量比重分别为0.50%、78.00%、13.50%、8.00%。

**投资贸易** 2018年，阳泉市全社会固定资产投资完成214.90亿元，同口径比较下降12.50%。其中，第一产业投资4.00亿元，增长31.10%，占比1.90%；第二产业投资83.30亿元，下降31.90%，占比38.70%；第三产业投资127.60亿元，增长6%，占比59.40%。按登记注册类型分，内资企业和个体经营投资211.8亿元，下降13%；外商及港澳台商企业投资3.10亿元，增长38.90%。按投资类别分，转型项目投资118.90亿元，占全部投资的55.30%；重点工程投资108.30亿元，占50.40%。

社会消费品零售总额完成346.72亿元，增长7.20%。其中，城镇消费品零售额310.78亿元，增长6.50%，占全市比重为89.60%；乡村消费品零售额35.94亿元，增长13%，占全市比重为10.40%。海关进出口总额10739万美元，下降12.90%，其中，出口额6294万美元，下降27.10%；进口额4446万美元，增长19.90%。

**交通邮电** 2018年，阳泉市交通运输、仓储和邮政业完成增加值46.7亿元，增长3.70%。公路线路年末里程5705.80千米，比上年末增加45.5千米。铁路货运量4548万吨，增长1.10%；铁路客运量251万人，下降4.90%。民用汽车保有量达23.70万辆(包括三轮汽车和低速货车)，增长9.20%。轿车保有量14.50万辆，增长8.60%。

全年完成邮电业务总量42.40亿元。其中，邮政业务总量2.40亿元，电信业务总量40亿元。移动电话用户达181.80万户，其中4G移动电话用户年末达115.90万户。全市互联网接入用户达48.20万户。

**金融保险** 2018年，阳泉市金融机构本外币各项存款余额1578.52亿元，比年初增长6.30%。各项贷款余额1033.27亿元，比年初增长16.80%。全年保费收入31.88亿元，比上年增长0.70%。其中，寿险业务保费收入19.95亿元，下降1.60%；健康险和意外伤害险业务保费收入3.85亿元，增长4.80%；财产险业务保费收入8.07亿元，与上年持平。支付各类赔款及给付11.49亿元，下降17.10%。其中，寿险业务给付4.07亿元，下降43.10%；健康险和意外伤害险业务赔款及给付1.82亿元，增长36.80%；财产险业务赔款5.60亿元，增长4.30%。

**教育科技** 2018年，阳泉市普通高等教育招生4290人，在校生15488人，毕业生4037人；中等职业教育招生1972人，在校生6313人，毕业生2696人；普通高中招生7317人，在校生23833人，毕业生8732人；初中招生14523人，在校生42546人，毕业生12147人；普通小学招生12960人，在校生79058人，毕业生14592人；特殊教育招生27人，在校生332人，毕业生43人；学前教育招生11790人，在校生29769人，毕业生11916人。组织农民实用技术培训6.60万人次。专利申请量922件，下降16.70%。其中，发明专利申请量395件，下降10%；专利授权量415件，增长15.30%，其中发明专利授权量41件，增长1.30倍。全年共签订各类技术合同262项，技术合同成交总额5.6亿元，增长1.20倍。获得省级科学技术奖2项。国家认定企业技术中心1家，省级企业技术中心11家，市级企业技术中心35家。全市高新技术企业数62家。

**文化旅游** 2018年,阳泉市旅游总收入359.10亿元,增长26.50%。商业住宿设施共接待入境游客6056人次,增长12.60%。星级宾馆10个,旅行社32个。A级及以上景区(点)12个,其中AAAA级4个。承办中国科幻文学40年高峰研讨会并成立刘慈欣创作研究工作室。阳煤集团三矿入选工业和信息化部发布的第二批工业遗产名单。

**民生事业** 2018年,阳泉市有群众艺术馆、文化馆6个、艺术表演团体6个、公共图书馆6个。卫生机构(含诊所、村卫生室)1587个,床位7302张。妇幼保健院(所、站)6个。卫生技术人员10442人。城镇职工基本养老保险参保33.33万人,比上年增加2.24万人;参加城乡居民养老保险44.77万人,增加0.68万人;城镇职工基本医疗保险参保38.6万人,与上年持平;城乡居民基本医疗保险参保82.70万人,增加1.14万人;工伤保险参保26.18万人,增加0.18万人;失业保险参保25.65万人,增加0.53万人;生育保险参保25.11万人,增加0.44万人。全市城市最低生活保障对象3.12万人,减少3173人;农村最低生活保障对象3.71万人,减少3651人;农村"五保"供养0.62万人,全年共发放最低保障资金2.58亿元,增加0.13亿元。全市共有救助站3个,各类提供住宿的社会服务机构26个,养老服务机构床位数1687张,各类福利院床位数350张,收养102人。城镇各种社区服务设施623个,其中综合性社区服务中心94个。全年销售福利彩票1.69亿元,接收社会捐赠款14.70万元。

**环境建设** 2018年,阳泉市市区大气环境质量达标天数203天,达标天数比例57.70%;PM2.5平均浓度59微克/立方米,比上年下降3.30%;PM10平均浓度108微克/立方米,下降6.90%;空气质量综合指数6.58,下降9.60%,在全省11个地市中排名第八。

(郭玉珠 张卫萍 孟学武)

**【阳泉市城区】** 阳泉市城区位于阳泉市区东南部,总面积14.77平方千米,下辖6个街道办事处,1个镇,14个行政村,50个社区居委会。常住人口23.01万人。

旅游资源有狮脑山红色文化旅游区和保晋历史文化园区等。

**农业** 2018年,阳泉市城区发展壮大特色农业,完成农村集体产权制度改革,拨付乡村振兴专项资金536万元。14个村全部挂牌成立集体经济组织。映绿循环农业生态园项目基本完工。

**产业建设** 2018年,阳泉市城区实施建设项目30个,总投资72亿元,开复工率达83.30%。10个转型项目投资达10.10亿元。技术合同交易额达3200万元,万人有效专利拥有量达2件。建成5家众创空间。打造城区信息服务产业园区,葫芦科技有限公司落户城区。"大唐阳泉369云工厂"项目创建省级众创空间。50余家现代服务企业相继入驻城区现代服务产业园区。新增民营企业727户、新登记个体工商户2705户,培育市级"专精特新"企业2户。为民营企业落实税收优惠5235万元、累计提供增信贷款7700万元,民营经济税收增长46.40%,"小升规"企业完成1户。成立国有资产管理中心、阳泉洁诚物业服务中心,接管移交企业固定资产和家属区物业管理工作。

**城乡建设** 2018年,阳泉市城区新建和改造城市道路27.80千米、污水管网7千米,新增园林绿化面积3808平方米。投入1600万元完成绿矾沟小区、乐居小区8.50万平方米老旧小区改造任务。开展"三供一业"(企业的供水、供电、供热和物业管理)分离移交,投入1200万元完成阳铝街道路改造工程,投入100万元完成牛家峪道路隐患整治。

**环境建设** 2018年,阳泉市城区开展"查处违法排污百日行动"和"秋冬季大气污染防治攻坚百日行动"。完善"煤改气"后续工程,开展禁煤、清煤工作。加强重污染天气应对工作。基本完成大阳泉矿龙掌沟矸山和南煤南庄矿核桃岩沟矸山治理工程。投入1100万元完成桃河城区段南岸下游、义井河、瓦窑坡排污明渠等多处黑臭水体治理工程。

**民生事业** 2018年,阳泉市城区财政民生支出占一般公共预算支出86.90%,同比增长32%。城镇登记失业率控制为3.35%。1200平方米的社保服务中心扩建工程完工。开展治欠保支专项行动。提高特困人员补贴和城乡居民最低生活保障标准。发放各类社会救助资金3302万元。为2700余

2018年阳泉市辖县(区)经济指标统计表

| 县市 | 地区生产总值(万元) | 农林牧渔业总产值(万元) | 固定资产投资增长速度(%) | 社会消费品零售总额(万元) | 一般公共预算收入(万元) | 一般公共预算支出(万元) | 人均可支配收入(元) | |
|---|---|---|---|---|---|---|---|---|
| | | | | | | | 城镇居民 | 农村居民 |
| 城区 | 2150019 | – | 1.70 | 1885924 | 27711 | 78627 | 32681 | 27711 |
| 矿区 | 1300115 | – | 2.40 | 284046 | 29323 | 87509 | 32245 | 14864 |
| 郊区 | 1107323 | 30007 | 3.40 | 360350 | 39388 | 153668 | 26785 | 14864 |
| 平定县 | 1052088 | 92161 | −9.70 | 384806 | 50847 | 238032 | 28949 | 13483 |
| 盂县 | 1229350 | 81336 | −39.80 | 552095 | 81162 | 211646 | 31256 | 14050 |

名残疾人发放两项补贴。实配公租房1586套，全年发放住房补贴资金65.80万元。投入4000余万元对校园基础设施进行维修改造。投入140万元进行农村学校改厕。建成全区统一的政务服务网。投入300万元建设城区全民健身活动中心。开展文艺演出活动和送戏下乡活动50余场。推进医疗机构一体化改革。“全国社区治理和服务创新实验区”通过民政部结项验收。推进省级学前教育教研机制试点工作，实现城乡学前教育内涵式均衡发展。推进社会保障制度改革。

（王　珍）

**【阳泉市矿区】** 阳泉市矿区位于阳泉市市区西部，总面积11.83平方千米，下辖6个街道办事处，44个社区，托管18个行政村。常住人口26.89万人。

旅游资源有平潭街马王庙、保晋公司简子沟煤炭生产线、石泼水农业观光园、狮脑山、矿区银圆山庄等。

**农业农村** 2018年，阳泉市矿区推进产业发展、美丽宜居乡村、农民增收致富“三大工程”。举办阳泉市首届“中国农民丰收节”暨第二届休闲农业宣传推介活动。启动南山、神堂沟等田园综合体项目。扩大玫瑰、中药材、玉露香梨等特色种植产业规模。开展农村人居环境整治三年行动，推进垃圾整治、厕所革命、生活污水治理、村容村貌提升等工程，石卜咀村、富山村列入全市乡村振兴示范村和人居环境示范村创建范围。三来食品、利阳公司等规上农业企业销售收入达1.80亿元。18个村全部成立股份经济合作社。

**产业建设** 2018年，阳泉市矿区以“转型项目建设年”为抓手，全年包装储备项目48项，招商签约项目26项，引进煤层气生产金刚石、新农星级便民市场等一批转型项目。煤炭产业占工业增加值比重下降3.3%，制造业工业增加值占工业增加值比重上升16.10%。年产2万吨氧化锌、瑞孚绿色机械制造等项目投产，推进顺缘盟预焙阳极、20兆瓦光伏发电等新兴产业项目建设，实施42个重点项目。优化产业结构，非煤产业占规上工业比重提高3.90个百分点。制造业增加值增长2.60%，其中高端装备制造业、高技术制造业分别增长34.20%、42.90%。第三产业实现增加值35.40亿元，增长6.90%。新旧动能转换升级加速，战略性新兴产业增长9%。民营科技企业达到12家，高新科技企业8家。培育“小升规”企业3家、高新技术企业3家。新增各类市场主体1260户，增长19.20%。携手阳煤集团推进以纳米新材料为重点的“中国纳谷产业园”建设。

**文化旅游** 2018年，阳泉市矿区旅游收入增长16.90%。阳煤三矿入选第二批国家工业遗产名单。举办第三届中国工业版画新秀展暨纪念改革开放40周年阳泉矿区工人版画回顾展，免费送戏下乡33场、电影266场，健身器材配备实现社区全覆盖。

**转型改革** 2018年，阳泉市矿区推进供给侧结构性改革，三矿裕公井关闭任务完成，退出产能70万吨；落实各项税收优惠政策和深化税制改革减税8745万元。推进国有企业分离办社会职能改革，28家国有企业的177个小区、8.70万户居民物业分离移交。

**环境建设** 2018年，阳泉市矿区拆违拆临5.60万平方米，更新绿地10万余平方米，建筑立面整饰18.30万平方米。冬季清洁取暖基础建设工程完工，4个排水支管网改造工程完成，5个生态环境恢复治理试点示范工程主体完工。

**民生事业** 2018年，阳泉市矿区民生投入6.39亿元。4个贫困村脱贫。推进实施十四中等校园建设工程。赛鱼商业步行街改造项目完工，建设新型便民商业市场。城镇新增就业2640人，全民技能提升培训2700人。家庭医生签约人数达12万人。保障性安居住房建成1655套，公租房分配385套。社区办公场所改造提升至500平方米以上。

（郭维民　李荷花）

**【阳泉市郊区】** 阳泉市郊区位于阳泉市东部，总面积627.01平方千米（面积含开发区，不含被托管的义井镇、平坦镇18村）。下辖4乡3镇，1个开发区社会事务服务中心，157个行政村，18个居委会。常住人口29.23万人（人口含被托管的义井镇、平坦镇18村、开发区）。

旅游资源有玉泉山关王庙、翠枫山景区、小河古村评梅景区、刘备山风景区、和谐生态园等。

**农业农村** 2018年，阳泉市郊区新成立农村专业合作社20个，总数达到270个，家庭农场总数达到19个，农产品“三品一标”认证15个。北舁果品市场被评为“省级田间地头市场”。桃林沟、南沟、咀子上、大洼等村被评为全省“休闲农业与乡村旅游示范县”。

**产业建设** 2018年，阳泉市郊区实施转型项目51个，桑掌乏风氧化发电、荣光能源垃圾发电项目进入调试阶段，星火金源活性氧化钙项目一期投产达效，耐耐网云数据集成交易中心上线运营，桃林沟果蔬交易市场开业。推进中航天纳米气凝胶中试生产线建设。阳泉（天津）国际陆港和国新能源公司新能源车物流服务园项目确定入驻荫营工业园。G239改线和水务一体化两个PPP项目进入财政部项目库并入选省级示范项目。组建国有资本运营和投融资平台组“泉民投”公司。推进北辰科技孵化器建设，万新孵化器众创空间被认定为省级众创空间。

**环境建设** 2018年，阳泉市郊区开展拆违治乱和“六小”行业整治活动，拉网式排查清理积存垃圾。部分村试行环卫一体化改革，开展林荫路环境综合整治，32个“三无”小区进行兜底保洁，立案查处违法企业62家。7项矸石山生态恢复治理试点工程中，3项完工，4项完成主体建设，整治面积达2927亩。空气质量二级以上天数达208天，优良率达57%。李家庄乡汉河沟村生态修复近2000亩，荒山绿化1500亩，栽植各类苗木40余种、30余万株，绿化覆盖率达到65%。

**城乡建设** 2018年，阳泉市郊区完成平阳路一期工程、市职业技术学院、市政府政务服务中心建设。G239改线工程开工。荫营工业园区投入资金超过1亿元，形成东西主干道路基1.90千米，打造供企业入驻土地1585亩。新建荫营、杨家庄两个垃圾中转站，在部分村试点建设污水处理系统和集中改厕，改造清洁取暖30村12357户，改建扩建“四好农村路”

39.60千米,建设饮水安全工程11处。

**民生事业** 2018年,阳泉市郊区民生支出达12.17亿元,增长21.10%。新增城镇就业人员3503人,创业带动就业750人,为高校毕业生提供就业见习岗位115个,城镇登记失业率控制在4%以下。义务教育均衡发展,"六率"全部达100%,河底、街上幼儿园维修竣工并投入使用,中小学校实现清洁取暖改造全覆盖;开展"免费送戏下乡"慰问演出106场,为24个贫困村配备文化体育设施。开展免费产前筛查和新生儿疾病筛查,推进家庭医生签约服务。阳泉市郊区最后4个贫困村、735名贫困人口实现全面脱贫,就业全覆盖,贫困村实现产业全覆盖。

(云 霞)

**【平定县】** 平定县位于阳泉东南部,总面积1390.94平方千米,下辖8镇2乡,318个行政村,17个社区居委会。总人口34.50万人。

旅游资源有冠山、东浮山、石楼山、药林寺省级森林公园、娘子关旅游区、固关长城、石评梅故居、红岩岭自然风景区玉皇洞、东回镇乡村旅游文化园、小蘑菇山庄等。

**农业** 2018年,平定县粮食产量突破1亿公斤。完成土地确权登记颁证工作。设立农业发展专项资金,实施项目122个,投资4.59亿元。全县中药材、商品菜、薯类种植面积分别达1.70万亩、1.60万亩和2万亩,蜂群数量达1.35万亩;省级有机旱作农业示范片区达1000亩,规模以上农产品加工企业销售收入达11.33亿元,"三品一标"企业认证34个。"半沟红薯"列入全省首批有机旱作封闭示范片区。

**产业建设** 2018年,平定县实施86个重点项目,其中转型项目56个,完成投资34.80亿元。煤炭先进产能达50%以上,战略性新兴产业增加值同比增长9.40%。冶西独立工矿区创建省级"大众创业万众创新"示范基地。6家民营企业在省股权交易中心集中挂牌。

**文化旅游** 2018年,平定县旅游人数首次突破300万人次。重点景区游客接待和综合收入同比分别增长68%和51%。投资3300余万元发展娘子关旅游业,景区游客人数达100万人,门票收入达2460余万元,山西娘子关旅游发展有限公司投入运营。巨城镇西岭村、张庄镇宁艾村等16个村入选国家级传统古村落。董寨和下董寨村等8个村被命名为"中国历史文化名镇(村)"、娘子关、上南茹、理家庄3个村被评为"中国美丽休闲乡村"。

**城乡建设** 2018年,平定县新建改造城市道路15千米,供气供热和污水处理等各类管网159千米,拆除临建违建9.50万平方米,城市园林绿化新增2.80万平方米。新建路、新北大街、自强路等主干道路竣工通车。"阳泉—天津港—佛山"公铁海联运班列开行。创建省级乡村振兴示范村13个,16个村成为全国传统古村落。创建全国绿色村庄53个,完成城乡交通基础设施建设492.40千米。309个建制村、42个贫困村实现客运通车全覆盖。完成33座危桥改造任务。

**环境建设** 2018年,平定县实施南川河生态环境综合治理,推进娘子关和尚怡水库饮用水源地保护,完成营造林2.80万亩,立案查处违法企业91家,罚款614万元。开展黄土高原综合治理和太行山森林质量精准提升工程,营造林面积达2.80万亩。4个矸石山治理示范工程主体完工。

**民生事业** 2018年,平定县民生支出20.32亿元。推进平定一中、二中等学校改扩建工程,第三实验小学投入使用。县医院医技楼、妇幼院业务大楼竣工并投入使用。实施文化惠民工程,免费送戏下乡239场,放映公益电影444场。42个贫困村整体脱贫,5597户、12073名贫困人口脱贫。城镇登记失业率控制在3.41%。居民消费价格涨幅控制在3%以内。

(梁艳仙 洪晓琴)

**【盂县】** 盂县位于阳泉市北部,总面积2514.38平方千米,下辖8镇6乡,1个城镇办事处,443个行政村,10个居委会。常住人口32.42万人。

旅游资源有藏山、水神山、龙台山、滹沱河、大汖温泉村、梁家寨生态旅游区、雁子崖、尖山等。2018年,盂县获"全国百佳乡村旅游目的地""新农村电气化县"称号。

**农业农村** 2018年,盂县粮食总产量达1.56亿公斤。农产品加工销售收入完成13.10亿元。新增耕地146.67公顷(2200亩),完成高标准基本农田整治393.33公顷(5900亩)。436个村完成土地确权颁证工作。王炭咀村获"中国美丽休闲乡村"称号。

**产业建设** 2018年,盂县推进清洁能源基地建设,力宇煤层气上社瓦斯发电项目并网发电,辰通煤业瓦斯发电项目投入试运行,推进中广核西潘风电一期、二期实施,已建和在建新能源发电装机规模达100万千瓦。路家村煤业、辰通煤业转为生产矿井,新增各类市场主体2900户,新增中小微企业600家,新增"小升规"企业7家。27家企业签订"三供一业"分离移交协议,12家企业的物业移交社会办理。全年申报发明专利31件。外贸进出口达6900万元,全年签约项目19个、签约资金115.30亿元,外来资金42.20亿元,新开工项目14个。县政府与蝙蝠通用航空公司开展航空产业投资战略合作。

**城乡建设** 2018年,盂县水神山南路、天然气公司至藏山游园路建成通车,双阳线与藏山路平交路口改造完成,李宾山路北段路基和西南外环路基建设基本完工。推进香河县城段滨水空间综合治理,实施县城棚户区改造,完成主体北村、秀水、南村、北关安置房。完成"四好"农村路建设311千米,新开通农村客运班线15条,16个贫困村饮水安全提升工程全部完成,推进太行山1号旅游公路建设,贫困村通客车、通宽带光纤实现全覆盖。开展农村生活垃圾治理试点县建设,355个行政村完成"益农信息社"建设。

**环境建设** 2018年,盂县拆除土法烧制矾石、石灰坑点107个。完成对9家企业的挥发性有机物治理,对29家储煤场、89家物料场实行全封闭管理。完成各类造林2000公顷(3万亩)、生态修复治理44.67公顷(670亩)。

**民生事业** 2018年,盂县剩余的392户、837名贫困人口精准脱贫。招聘充实山区教师和"县管校聘"教师268名,实现人员、资金等"六统一"管理。新建中医院竣工落成、启动搬迁。完成保障性住房拆迁安置2000套,改造农村危房150户。张家[illegible]四零惨案纪念馆被授予山西省国防教育基地。

(郝丽花)

# 长治市

**【概况】** 长治市位于北纬35°49′~37°48′，东经111°58′~113°44′，总面积13955平方千米，下辖4区8县，1个国家级开放区。2018年，总人口346.80万人，比上年增加1.30万人。出生人口3.30万人，人口出生率9.46‰；死亡人口1.9万人，死亡率5.63‰；自然增长率3.83‰。性别比(女=100)103.90。

2018年，长治市地区生产总值1645.60亿元，比上年增长7.40%。其中，第一产业增加值63.90亿元，下降1.3%，占生产总值的比重为3.90%；第二产业增加值891.70亿元，增长7.80%，占生产总值的比重为54.20%；第三产业增加值690亿元，增长8%，占生产总值的比重为41.90%。第三产业中，金融保险业增加值104.30亿元，增长7.30%；交通运输、仓储和邮政业增加值90.90亿元，增长5.10%；房地产业增加值101.10亿元，下降0.10%。城镇常住居民人均可支配收入32024元，比上年增长6.50%；农村常住居民人均可支配收入13818元，比上年增长8.80%。城镇居民家庭恩格尔系数(即居民家庭食品消费支出占家庭消费支出的比重)25.36%，农村居民家庭恩格尔系数35.18%。

2018年，长治市公共预算收入150.70亿元，增长13.90%。税收收入115.10亿元，增长12.00%，其中国内增值税、营业税、企业所得税、个人所得税、资源税和城建税共计完成税收98.30亿元，增长11.70%。公共预算支出318.40亿元，增长18.60%。其中农林水事务支出增长25.90%，社会保障和就业支出增长12.20%，医疗卫生支出增长8.50%，文化体育与传媒支出下降8.90%，节能环保支出增长87.60%。

**农业** 2018年，长治市粮食种植面积23.57万公顷，油料种植面积3000公顷，棉花种植面积20公顷。在粮食种植面积中，玉米种植面积19.93万公顷，小麦种植面积4700公顷。粮食产量150.20万吨。其中，夏粮2.40万吨，秋粮147.90万吨。猪牛羊肉总产量9.30万吨。其中，猪肉产量8万吨，牛肉产量0.50万吨，羊肉产量0.80万吨。生猪存栏56.30万头，生猪出栏102.60万头。牛奶产量1.30万吨。禽蛋产量14万吨。农业机械总动力115万千瓦，机械耕地面积24.40万公顷，机械播种面积23.36万公顷，机械收获面积12.46万公顷。

**工业建筑业** 2018年，长治市规模以上工业企业372家。规模以上工业增加值增长8.50%。规模以上工业企业原煤产量11282.60万吨，增长1.10%；发电量321.90亿千瓦时，增长12.00%；焦炭产量1463.60万吨，增长13.70%；钢材产量480.10万吨，增长19.60%。规模以上工业企业实现主营业务收入1848.50亿元，增长14.70%。其中，煤炭、炼焦、钢铁和电力工业分别实现主营业务收入870.40亿元、272.10亿元、242.40亿元和90.40亿元，分别增长9.40%、9.60%、39.30%和17.70%；化学、建材、装备制造和食品工业分别实现主营业务收入143.50亿元、34.90亿元、73.90亿元、46.90亿元，分别增长37.20%、17.40%、0.40%和5.30%。规模以上工业实现利税387.90亿元，增长15.70%；实现利润216.50亿元，增长15.80%。建筑业实现增加值67.30亿元，增长6%。

**投资贸易** 2018年，长治市固定资产投资679.60亿元，增长10.70%。其中，国有及国有控股投资301.90亿元，增长47.30%。分产业看，第一产业投资19.90亿元，下降69.20%；第二产业投资297.90亿元，增长15.30%；第三产业投资361.80元，增长24.20%。在第二产业中，工业投资297.80亿元，增长15.40%。其中，煤炭工业投资59.40亿元，增长4.50%。在建固定资产投资项目1100个。其中，5亿元以上项目71个，计划总投资1497.10亿元，完成投资166.80亿元。全年房地产开发投资103.30亿元，增长42.80%。其中，住宅投资74.10亿元，增长44.40%；办公楼投资3.亿元，增长36.40%；商业营业用房投资15.10亿元，增长43.80%。社会消费品零售总额664.60亿元，增长9.30%。其中，城镇消费品零售额538.9亿元，增长9.30%；乡村消费品零售额125.7亿元，增长9.40%。进出口总额11230万美元，增长46.10%。其中，进口额6710万美元，增长72.60%；出口额4519万美元，增长19%。新批三资企业项目3个，实际利用外资39656.10万美元，增长3%。

**交通邮电** 2018年，长治市公路线路里程11980.20千米，其中高速公路382.1千米。民用汽车保有量52.80万辆（包括三轮汽车和低速货车0.20万辆），增长7.90%，其中私人汽车48.10万辆，增长8.70%。新注册汽车5.60万辆，下降2.30%。轿车保有量32.70万辆，增长8.90%，其中私人轿车31.10万辆，增长9.70%。全年完成邮电业务总量108.20亿元。其中，邮政业务总量6.00亿元，电信业务总量102.10亿元。移动电话用户达341万户。其中，3G移动电话用户达25.70万户，4G移动电话用户达241.40万户。

**旅游** 2018年，长治市商业住宿设施接待入境过夜游客2.70万人次，接待国内旅游者6019万人次，分别增长2.70%和25.20%；旅游外汇收入1670.60万美元，国内旅游收入576.10亿元，旅游总收入577.30亿元，分别增长3.10%、25.20%和25.20%。

**金融** 2018年，长治市金融机构本外币各项存款余额2683亿元，比年初增加293亿元，增长12.20%。各项贷款余额1550亿元，比年初增加193亿元，增长14.20%。保费收入65.40亿元，增长0.70%。其中，寿险业务保费收入39.5亿元，下降5.10%；健康和意外险业务保费收入9.10亿元，增长21.60%；财产险业务保费收入3.40亿元，增长25.20%；车险业务保费收入13.3亿元，增长1.80%。支付各类赔款及给付21.2亿元，增长5.30%。其中，寿险业务保费赔付11亿元，增长1.40%；健康和意外险业务保费赔付3亿元，增长68.70%；财产险业务保费赔付0.90亿元，增长5.70%；车险业务保费赔付6.40亿元，下降5%。

**教育科技** 2018年，长治市有普通高等学校5所，中等职业学校37

所，普通高中52所，初中152所，小学507所。专利申请量与授权量分别为1173件和727件。签订各类技术合同120项，技术合同成交总额4.90亿元。

**文体卫生** 2018年，长治市共有艺术表演团体20个，文化馆14个，公共图书馆14个。广播电台13座，电视台18座，广播、电视综合人口覆盖率均达99.88%，有线电视用户达45.70万户，其中接收数字信号用户33.70万户。共有医疗卫生机构4704个。其中，医院、卫生院269个，妇幼保健机构15个，疾病预防控制中心14个，卫生监督机构14个。病床位18628张，其中医院、卫生院18101张。卫生技术人员21864人。其中，医生8696人，注册护士9283人，药剂人员1031人。乡镇卫生院132个，床位3258张，乡村医生和卫生技术人员7255人。全年全市运动员在各类体育比赛中获世界冠军1个，全国冠军9个，全省冠军66个。

**民生事业** 2018年，长治市基本养老保险参保213.13万人。其中，企业职工47.86万人，城乡居民151.36万人。城镇基本医疗保险参保318.78万人。其中，城镇职工基本医疗保险参保60.74万人，城镇居民基本医疗保险参保258.04万人。失业保险参保42.62万人。工伤保险参保58.50万人，其中农民工25.48万人。生育保险参保44.36万人。纳入城市最低生活保障的居民26万人，发放城市低保资金1.3亿元。纳入农村最低生活保障居民9.90万人，发放农村低保资金3.00亿元。各类福利院床位数5360张，收养2938人。城镇各种社区服务设施377个。

**城市建设** 2018年，长治市城市交通运营车辆1348辆，其中市区公共汽车528辆。出租汽车3087辆，其中市区出租车1840辆。有公园4座，总面积127公顷。市区供水总量9101万吨，人均日生活用水量161.50升。液化气供气总量4085吨，天然气供应量12703万立方米，其中生活用天然气7180万立方米。燃气普及率99.20%。市区集中供热面积4787万平方米，其中住宅供热面积3712万平方米。

**环境建设** 2018年7月1日，《长治市辛安泉饮用水水源地保护条例》正式实施。全年市区污水处理能力27.50万吨/日，污水处理量7587.2万吨。生活垃圾清运量37.10万吨。全市森林面积445.80千公顷，森林覆盖率31.90%。检查验收合格造林面积14000公顷。有自然保护区2个，面积4.69万公顷。全市大中型水库蓄水总量1.88亿立方米。总

**2018年长治市辖县(市、区)经济指标统计表**

| 县市 | 地区生产总值(万元) | 农林牧渔业总产值(万元) | 固定资产投资增长速度(%) | 社会消费品零售总额(万元) | 一般公共预算收入(万元) | 一般公共预算支出(万元) | 人均可支配收入(元) | |
|---|---|---|---|---|---|---|---|---|
| | | | | | | | 城镇居民 | 农村居民 |
| 潞州区 | 1358500 | — | — | — | 109600 | 251600 | 35679 | 18559 |
| 上党区 | 2052000 | — | — | — | 189000 | 319700 | 32241 | 17426 |
| 屯留区 | 1280059 | 127168 | 18.30 | 186852 | 98755 | 172045 | 27524 | 16109 |
| 潞城区 | 1202397 | 75840 | 11.20 | 183056 | 67980 | 143064 | 29521 | 14280 |
| 襄垣县 | 2284977 | 126216 | 10.70 | 313183 | 182506 | 230886 | 36141 | 15852 |
| 平顺县 | 216056 | 58439 | 10.30 | 102721 | 10578 | 168487 | 23296 | 6848 |
| 黎城县 | 298340 | 43457 | 10.70 | 154167 | 17724 | 118438 | 19160 | 8960 |
| 壶关县 | 517493 | 95502 | 19.10 | 218174 | 19302 | 206096 | 23453 | 6535 |
| 长子县 | 1637400 | 227012 | 11.00 | 209970 | 133238 | 271249 | 30042 | 14530 |
| 武乡县 | 573281 | 76433 | 10.40 | 157881 | 44218 | 199286 | 24019 | 7430 |
| 沁县 | 290417 | 97089 | 10.50 | 114902 | 10405 | 158717 | 20097 | 6801 |
| 沁源县 | 1229745 | 51422 | 11.20 | 279051 | 121245 | 179995 | 34718 | 15085 |

用水量5.59亿立方米。其中，生活用水1.18亿立方米。（曾晋芳）

【长治市潞州区】 长治市潞州区位于长治市中部，总面积346.44平方千米，下辖1乡5镇，12个办事处，1个开发区，150个行政村，77个社区。总人口81.18万人。

旅游资源有上党战役北关战斗遗址、长治市博物馆、塔岭山休闲观光度假区、太行湿地公园、潞安府城隍庙观音堂、潞州二贤庄、百草堂、静乐宫、滴谷寺、崇教寺等。

**农业** 2018年，潞州区第一产业投资0.49亿元，增长43.60%。耕地面积1.17万公顷，粮食种植面积8254.10公顷。其中，玉米种植面积8158.80公顷；小麦种植面积8公顷；油料种植面积27公顷；蔬菜种植面积713.30公顷。粮食总产量52906.30吨，比上年减少7.60%。蔬菜总产量47548吨。全年全区猪牛羊肉类总产量5511.06吨，比上年增长1.4%。其中，猪肉产量4482.96吨，牛肉产量112.68吨，羊肉产量148.05吨。年末生猪存栏2.62万头，生猪出栏5.93万头。禽蛋产量9592.79吨；牛奶产量5837.26吨。

**工业** 2018年，潞州区第二产业投资47.61亿元，增长33.20%。规模以上工业企业69家，规模以上工业增加值增长7.10%。规模以上工业企业原煤产量242.86万吨，发电量146.72亿千瓦时，焦炭产量255.23万吨，钢材产量24.09万吨。规模以上工业企业主营业务收入342.10亿元，增长18.30%，实现利税46.76亿元，增长63.20%；实现利润29.17亿元，增长55.90%。

**城乡建设** 2018年，潞州区房地产开发投资52.95亿元。建筑业实现增加值41.91亿元，比上年增长8.10%。出租汽车100辆。污水处理能力30.30万吨每日，污水处理量7665万吨。生活垃圾年清运量40.15万吨。空气质量二级以上天数220天。

**旅游** 2018年，潞州区接待游客1259.12万人次，旅游收入126.16亿元。

**社会事业** 2018年，潞州区有普通中小学108所。其中，小学84所，普通高中2所，普通初中15所。高中招生885人，在校学生2924人。初中招生4279人，在校学生12467人。小学招生8808人，在校学生45801人。专业艺术表演团体9个，文化馆20个（总馆1个，分馆19个），博物馆1个，公共图书馆2个，公共图书馆藏书量12万册，档案馆1个。电视台2座，广播、电视综合人口覆盖率100%。有线电视用户6万户。人均体育场地面积1.80平方米。医疗卫生机构580个，妇幼保健院2个，疾病预防控制中心2个。

**社会保障** 2018年，潞州区纳入城市最低生活保障居民0.89万人，发放城市低保资金4217.81万元；纳入农村最低生活保障居民0.21万人，发放农村低保资金619.84万元。基本养老保险参保14.61万人，新型农村社会养老保险参保14.61万人，城镇职工基本医疗保险参保2.54万人，城乡居民基本医疗保险参保35.11万人，工伤保险参保6.05万人。各种社区服务设施总数123个，接收社会捐赠款22.05万元。（刘瑞林）

【长治市上党区】 长治市上党区位于长治市南部，总面积483平方千米，下辖6镇5乡2区，254个行政村，4个社区居委会。总户数12.1万户，总人口34.83万人。

旅游资源有玉皇观、都城隍庙、老雄山森林公园、黎都公园、法云寺、炎帝庙、东泰山庙等。

**农业** 2018年，上党区耕地面积1.68万公顷，粮食种植面积16847公顷。其中，玉米种植面积15583公顷，小麦种植面积174.90公顷；油料种植面积357.50公顷；中草药种植面积118.5公顷；蔬菜种植面积177.88公顷。粮食总产量110163.20吨。其中，夏粮1141.3吨，减产14.30%；秋粮109021.90吨，减产20%。猪牛羊肉类总产量21058吨，比上年增长−0.76%。

**工业** 2018年，上党区规模以上工业总产值完成207亿元，增长15.70%，规模以上工业增加值增长12.18%。规模以上工业企业主营业务收入209亿元，增长8.00%，实现利税80.2亿元，增长11.40%；实现利润46亿元，增长20.40%。

**项目建设** 2018年，上党区确定转型项目102个，总投资额360.32亿元。开展各类招商引资考察推介活动80余次，签约项目29个。与双星集团产业园、穗华明中明物流港项目开展合作。

**城乡建设** 2018年，上党区建筑业实现增加值1.35亿元，增长48.50%。房地产开发投资完成60705万元，增长49.70%，商品房销售面积57395平方米，下降59.80%。实现增加值56602万元，下降2.40%。集中供热面积460万平方米。空气质量二级以上天数211天。上党区融媒体中心暨山西上党传媒集团挂牌成立。

**旅游** 2018年，上党区有旅游景点30个，接待入境游客568人次，外汇收入32.40万美元；接待国内游客328.7万人次，同比增长27.80%。实现国内旅游收入28.50亿元，同比增长30.70%。荫城古镇旅游开发项目进入国家PPP项目库。

**教育科技** 2018年，上党区学校有171所。其中，中等职业教育学校1所，普通高中4所，初中14所，小学62所，幼儿园88所，特殊教育学校1所，教师进修校1所。专任职教师2880人。长治医学院南部校区建成并投入使用。成立太行乡村振兴人才学院。

**文体卫生** 2018年，上党区有文化馆1个，博物馆1个，公共图书馆1个，档案馆1个。新建体育广场和幸福广场。广播电台1座，电视台1座，县级综合医院1所，中医院1所，妇幼和保健计划生育服务中心1所，疾控中心1所，卫生监督所1所，红十字会1家，计生协会1家，乡镇卫生监督所11所，乡镇卫生院12家，村级卫生所351家，个体诊所39家，医务室3家，煤矿职工医院1家，个体医院7家，卫生服务站2家。新型农村合作医疗覆盖率100%。

**民生事业** 2018年，上党区有城镇登记失业人数472人，城镇登记失业率1.20%。城乡居民基本医疗保险覆盖率99%，城乡居民基本养老保险覆盖率100%。595人享受城市居民最低生活保障，6658人享受农村居民最低生活保障。完成最后3101人脱贫任务。发展特色产业带动贫困人口1896人，农业调产带动贫困人口1659人。“满堂红”扶贫车间扩大生产规模。建成“贴布绣”实训基地。金融扶贫投入县级风险补偿金1040万元。建档立卡贫困户光伏安装185户并网发电。

（付小波　武俊英）

**【长治市屯留区】** 长治市屯留区位于长治市西部，总面积1142平方千米，下辖4乡7镇，3个开发区，294个行政村。总人口27.30万人。

旅游资源有老爷山风景区、盘秀山、三嵕山神庙、金蝉寺及古舍利塔、先师庙等。

**农业**　2018年，屯留区耕地面积34317.80公顷，粮食种植面积32401.10公顷，粮食总产量23.64万吨。种植核桃1万亩，全县优质核桃种植面积达6万亩。农业生产托管服务中心挂牌成立。被确定为国家第三批农村集体产权制度改革试点县区。

**工业建筑业**　2018年，屯留区规模以上工业企业35家，规模以上工业增加值80.10亿元，规模以上工业企业实现销售收入162.71亿元。建筑业实现总产值26.37亿元，具有建筑业资质等级总承包和专业承包建筑业企业实现营业利润4670.20万元。

**城乡建设**　2018年，屯留区总投资898万元，道路全长486米，宽22米北大（长治市北大附属青鸟同文学校）附中新建南路工程通车。推进建设十条街巷改造工程。推进巍山城郊森林公园人行步道（防火通道）工程、东环路道路改造工程建设。开通三路县城公交线路和六条县乡公交线路，县域内公交规划线路开通。完成清洁取暖改造工程11080户。其中，集中供暖6596户，“以气代煤”4484户。

**环境建设**　2018年，屯留区推进“五道五治”工作，累计投资48018.78万元，出动劳力1269357人/次，出动车辆17.80万台次，对114.73千米国省县干道路面、路沟、路标进行清洁和修理；“五道”沿线垃圾全部清理，累计清运垃圾21695堆；拆除违建4955处，合计722627平方米，拉运建筑垃圾70万立方米，腾退土地2669.2亩。175个村实现垃圾不落地，其余118个村垃圾实现集中收集处理。建成16座可腐烂垃圾沼气综合处理站。推进生活垃圾分类处理。

**科教文卫**　2018年，屯留区有各类学校209所。在校学生41640人，教职工3410人。第五届跤坛争霸赛（长治赛区）暨2018“屯留老爷山杯”跤坛争霸赛在老爷山景区举办。文化馆1个。屯留县图书馆开馆试运行，藏书量9.02万册，农村书屋实现293个行政村全覆盖。屯留县岗上村抗大一分校旧址被山西省人民政府确定为山西省爱国教育基地，发展红色文化产业。医疗卫生机构387个，病床位1070张，卫生技术人员1071人。

**民生事业**　2018年，屯留区基本医疗保险参保239694人，城镇基本医疗保险职工人数为17385人，城乡居民基本医疗保险人数为222309人。发放城区低保资金700.80万元；享受农村最低生活保障的居民6753人，发放农村低保资金2186.50万元。各类福利单位4所，床位246张，集中供养99人。投资300万元建成王公庄机械化旱作农业展览馆。建档立卡贫困户1607户3428人脱贫。　（段蓓蓓）

**【长治市潞城区】** 长治市潞城区位于长治市北部，总面积614.94平方千米，下辖3乡4镇，2个街道，191个行政村。总人口22.62万人。

旅游资源有八路军总部北村旧址、高山流水旅游景区、绿野漂流旅游景区、李庄武庙、原起寺、东邑龙王庙、卢医山风景区等。

**农业**　2018年，潞城区粮食总产量1.10亿公斤。创建辛安泉3400亩绿色有机旱作农业封闭示范区，杂粮、蔬菜、中药材、干鲜果等特色种植面积达到7万亩；新建4个、扩建5个规模养殖场；农产品加工企业销售收入11亿元，增长7.30%。

**工业**　2018年，潞城区规模以上工业增加值增长13.30%。“小升规”企业8家。新增高新技术企业5家、科技型中小企业11家、民营科技企业12家，民营科技企业总数位居全市首位。制造业增加值占比上升5.90%、煤炭工业增加值占比下降5.20%。天脊集团累计出口硝酸铵4.18万吨，出口总额9000余万元。工业总产值实现140.30亿元、销售收入153.50亿元、税收5.80亿元，招商22亿元、投资21亿元。

**项目建设**　2018年，潞城区民营经济占到规上企业创造经济总量的79%。实施重点项目125个，潞宝10万吨己内酰胺聚合切片、百万吨甲醇三期等新兴产业项目建成试产，推进伟能不燃型无机纤维材料、潞宝万吨高端特色原料药、10万吨尼龙6新材料等项目建设。保障50多个重点项目用地。担保企业融资5000余万元；财政拨付风险补偿金200万元，推动土地承包经营权抵押贷款超2亿元；通过政银企洽谈对接平台为企业融资5亿多元，引进晋商银行设立支行。

**文化旅游**　2018年，潞城区旅游慢行绿道和石堡线、常辛线两条旅游路部分建成。创建市级美丽宜居示范村3个、美丽乡村精品村11个。创建省级森林村庄2个、市级森林乡镇1个、森林村庄5个。实施文化惠民工程，举办戊戌年“三仁公祭”大典暨第六届微子文化艺术节。开展全民健身运动。

**城乡建设**　2018年，潞城区推进棚改项目回迁安置与文华路征迁工作。新华南路扩建及南城巷、河东巷改造等工程完工；新建改建各类市政管网26.60千米，新增集中供热面积70万平方米。非正规垃圾点整治率达到68.80%；推进店上镇污水处理厂建设，微子镇污水处理厂投入试运营；农村改厕1700座。“四好农村路”、战备路等工程完工；农村饮水安全工程投入使用，低压电网改造33个村，煤改气、煤改电分别新增用户1084户、435户。

**环境建设**　2018年，潞城区落实“河长制”，推进入河排污口、禁养区等专项整治。农业土壤污染详查工作完成,11个规模养殖场畜禽粪污治理与综合利用项目完工,工业固废循环利用率达69%。造林1.1万亩,森林覆盖率达到24.50%。园林绿化新增15.50万平方米,建成区绿化覆盖率达36.50%。

**社会保障** 2018年,潞城区通过国家义务教育均衡化验收。城镇新增就业3682人,转移农村劳动力3105人。养老、医疗、失业、工伤、生育5种社会保险参保人数均超额完成下达任务。低保、五保标准按规定提高。保障性住房在建660套,货币化安置607套。1286名贫困人员如期脱贫,贫困发生率由3.90%降至0.06%。推进县乡医疗卫生机构一体化改革任务。

(常宏武)

**【襄垣县】** 襄垣县位于长治市西北部,总面积1178平方千米,下辖8镇3乡,1个园区,8个居委会,323个行政村。总人口27.95万人。

旅游资源有仙堂山、宝峰湖、凉楼景区、娲皇宫等。

**农业** 2018年,襄垣县耕地面积63.14万亩,粮食种植面积27071.70公顷,粮食总产量170554吨。"晋襄林盛"梨山口美国,实现襄垣县水果出口零突破。召开全市绿色有机旱作农业现场推进会。小垴村入选"中国农民丰收节100个特色村庄"。

**工业** 2018年,襄垣县规模以上工业总产值比上年增长9.60%,规模以上工业增加值比上年增长4.70%。规模以上工业企业主营业务收入349.60亿元,比上年增长11.80%。实现利税80.40亿元,比上年增长9.90%,实现利润39.30亿元,比上年增长13%。

**城乡建设** 2018年,襄垣县具有资质等级总承包和专业承包建筑企业7家,总产值9880.30万元,实现利税42.50万元。建成区绿地面积692.88万平方米,建成区绿化覆盖面积874.87万平方米,建成区绿化覆盖率42.46%。城市供水总量541万立方米,集中供热面积569万平方米,煤气供气总量2600万立方米,处理污水441.48万立方米。生活垃圾年清运量26672吨。空气质量二级以上天数222天。历史文化街区南关老街道路改造工程开工。阿里巴巴农村电商项目入驻。

**教育科技** 2018年,襄垣县有各类学校117所。其中,中等职业学校1所、普通中学12所、小学41所、特殊教育学校1所、幼儿园62所。在校学生35871人,教职工2326人。在园幼儿8102人。山西机电职业技术学院新校区启用。有高新技术企业5个;申报山西省农业技术集团承包项目3项;省级民营科技企业复审通过8个;发明专利申请量24件,有效发明专利拥有量48件。

**文体卫生** 2018年,襄垣县馆藏图书91491册。举办首届万亩花海"七夕"文化节。进行各类竞训活动17项,群体工作31项,体育健身场地总面积58.44万平方米,人均场地面积2.1平方米。举行全国老年人柔力球(套路)交流活动。医疗卫生计生机构462个。床位1481张。卫生计生技术人员1811人,其中医生697人。获"国家级妇幼健康优质服务示范县"称号。

**民生事业** 2018年,襄垣县企业职工养老保险人数参保26777人,机关事业养老保险参保9209人,城乡居民养老保险参保122228人,城镇基本医疗保险参保35326人,城乡居民医疗保险参保187913人,工伤保险参保46641人,失业保险参保17218人,生育保险参保28976人。城镇低保对象492人,发放低保资金270.5万元。农村低保对象4482人,发放低保金1587.70万元。县人民医院成为"山西医科大学实习医院",医疗集团乡镇卫生院授牌。36路免费观光车开通。后湾水库景区获批"国家水利风景区"。 (黄旭琴 李玲)

**【平顺县】** 平顺县位于长治市东部,总面积1550平方千米,下辖7乡5镇,262个行政村。总人口15.25万人。

旅游资源有通天峡风景区、太行水乡风景区、天脊山风景区、神龙湾天瀑峡景区、西沟村红色旅游区等。入选2018年电子商务进农村综合示范县。

**农业** 2018年,平顺县耕地1.32万公顷,粮食种植面积0.96万公顷,粮食产量5.09万吨。农业机械总动力4.75万千瓦特。举办首届农民丰收节暨有机旱作蔬菜种植交流文化节。

**工业** 2018年,平顺县规模以上工业企业14家,规模以上工业总产值18.28亿元,规模以上工业实现工业销售产值17.12亿元。

**旅游** 2018年,平顺县有重点旅游景点4个。接待游客318.90万人次,增长13%;旅游总收入达24.03亿元,增长14%。

**城乡建设** 2018年,平顺县有纯电动公交车90辆。集中供热面积152万平方米,其中住宅供热面积100万平方米。公路里程0.14万千米。

**环境建设** 2018年,平顺县森林面积56488.51公顷,森林覆盖率达37.33%。完成造林面积3953公顷。其中,人工造林3620公顷,林业重点工程完成造林面积2253公顷。空气质量综合指数4.77。环境空气质量二级以上天数276天。

**科教文卫** 2018年,平顺县有中等职业学校2所;普通高中2所;初中5所,小学33所。全县发明专利申请量6件,有效发明专利5件。博物馆1个,公共图书馆1个,公共图书馆藏书量10万册,文化馆1个,档案馆1个。医疗卫生机构292个,卫生技术人员902人,医院卫生机构床位675张,发放医疗保险补偿金额7434.53万元。

**民生事业** 2018年,平顺县基本养老保险参保10.25万人,基本医疗保险参保14.16万人,城乡居民基本医疗保险参保13.21万人,失业保险参保8034人,工伤保险参保1.46万人,生育保险参保9225人。纳入城市最低生活保障居民1440人,发放城市低保资金681.91万元;纳入农村最低生活保障的居民12479人,发放农村低保资金0.39亿元。纳入农村五保供养居民1119人。城镇新增就业1785人,转移农村劳动力3417人。城镇登记失业率1.37%。社会服务机构

及养老机构4个，床位280张，收养救助各类人员1119人。（张国梅）

【黎城县】 黎城县位于长治市北部，总面积1101平方千米，下辖4乡5镇，1个生态功能保护区，1个开发区，242个行政村，12个居委会。总人口16.28万人。

旅游资源有黄崖洞革命纪念地、长宁大庙、西周黎侯墓群、辛村天齐王庙、城隍庙、轿顶山等。

**农业** 2018年，黎城县耕地面积1.86万公顷。粮食种植面积1.50万公顷，其中玉米种植面积9800公顷。粮食总产量68091.70吨，比上年下降5.70%。

**工业** 2018年，黎城县规模以上工业企业11家，规模以上工业增加值增长16.22%。规模以上工业企业主营业务收入45.05亿元，比上年下降13.18%，实现利税3.09亿元，增长2.32%；实现利润1.436亿元，下降28%。

**城乡建设** 2018年，黎城县建筑业总产值1.18亿元，比上年下降11.07%。城市建成区面积5.96万平方千米，建成区绿化覆盖率38.10%。城市交通运营车辆1410辆。其中，载客汽车135辆，载货汽车1275辆。建成首个生活垃圾综合处理中心，生活垃圾年清运量2.60万吨，无害化处理率100%。空气质量二级以上天数225天，比上年增加36天。

**旅游** 2018年，黎城县有旅游景点10个，接待游客480.30万人次，旅游收入47.40亿元。

**教育科技** 2018年，黎城县有普通中小学87所。其中，小学80所，普通高中1所，普通初中6所，职业高中1所。高中招生806人，在校学生2575人。初中招生2125人，在校学生5986人。小学招生1615人，在校学生9872人。幼儿园80所，在园幼儿4721人。发明专利拥有量10件。

**文体卫生** 2018年，黎城县有艺术表演团28个，文化馆1个，博物馆1个，公共图书馆1个，公共图书馆藏书量12.10万册，档案馆1个。举办改革开放40年文化活动启动仪式暨首届黎侯同安“果之韵”乡村旅游文化节。举办“冶金杯”中国攀岩自然岩壁系列赛。人均体育场地面积1.43平方米。医疗卫生机构255个。床位637张，卫生技术人员801人。新型农村合作医疗覆盖率98%。

**民生事业** 2018年，黎城县基本养老保险参保9.99万人，城乡居民养老保险参保8.14万人，城镇职工基本医疗保险参保1.16万人，城乡居民基本医疗保险参保14.12万人，失业保险参保1.33万人，工伤保险参保2.62万人，生育保险参保1.16万人。纳入城市最低生活保障居民0.13万人，发放城市低保资金721.23万元；纳入农村最低生活保障居民0.74万人，发放农村低保资金2441.77万元。各类福利院床位816张，收养465人。各种社区服务设施15个。接收社会捐赠款258.13万元。向长治市争取扶持村集体经济发展资金1000万元。

（王利芳）

【壶关县】 壶关县位于长治市东南部，总面积1007.7平方千米，下辖5镇7乡，1个开发区，387个行政村。总人口30.02万人。

旅游资源有太行山大峡谷、红豆峡、八泉峡、九龙洞风景区等。

**农业** 2018年，壶关县耕地总面积2.73万公顷。粮食种植面积1.55万公顷。

**工业** 2018年，壶关县规模以上工业企业13家，规模以上工业增加值增长15.44%。规模以上工业企业主营业务收入80.41亿元，比上年增长25.50%，实现利税3.96亿元，增长48.31%；实现利润3.03亿元，增长25.21%。

**城乡建设** 2018年，壶关县全社会建筑业增加值7325万元，比上年下降4.20%。城镇棚户区住房改造新开工160套，棚户区住房改造建成330套，城镇保障性安居工程投资8770万元，农村困难家庭危房改造661户，完成8万户安全住房认定工作。供水总量1703万吨，县城供水总量247.60万吨。县城集中供热面积达185万平方米。城建重点项目总投资20亿元。完成新建路拓宽改造工程，团结街拓宽改造及树人街西延项目完工，工农街主路面通车。

**环境建设** 2018年，壶关县完成第二次全国污染源普查工作，获农村环保治理资金510万元，为污水处理厂争取改造资金200万元。推进龙潭河沟治理工程。空气质量二级以上天数达205天。

**旅游** 2018年，壶关县有旅游景点44个。接待国内外游客579.25万人次，旅游收入1.30亿元，旅游社会总收入达55亿元。八泉峡景区获“中国品牌旅游景区”称号。

**文化卫生** 2018年，壶关县建成56个村文化广场、70个村文化活动室，免费送戏下乡468场，农村公益电影放映4680场。壶关鼓书《师徒交锋》获第十届中国曲艺牡丹奖提名奖。医疗卫生机构480个。床位1215张，卫生技术人员1296人。新型农村合作医疗参保登记率达95%以上。

**教育科技** 2018年，壶关县有普通中小学51所。其中，小学24所，普通高中3所，职业高中3所，普通初中21所。普通高中招生1247人，在校学生4306人。职业高中招生501人，在校生984人。初中招生2757人，在校学生7874人。小学招生2839人，在校学生16054人。幼儿园79所，在园幼儿7804人。专利申请与授权量分别为18件和5件。

**民生事业** 2018年，壶关县投入各类扶贫资金29680万元，70个村1.60万贫困人口脱贫。城镇基本养老保险参保17991人，城镇基本医疗保险参保30075人，失业保险参保19381人，农村社会养老保险参保163072人。城镇新增就业人数2754人，城镇登记失业率为2.38%。各类收养性社会福利单位13个，床位807张，收养574人。城镇居民最低生活保障人数1736人，发放城市低保资金873万元；农村居民最低生活保障人数14876人，发放农村低保资金4433.7万元；农村五保供养人数1583人。

（王林茂）

【长子县】 长子县位于长治市西部，总面积1029平方千米，下辖5乡7

镇,2个办事处,399个行政村。总人口36.65万人。

旅游资源有发鸠山自然风景区、法兴寺、崇庆寺、中漳伏羲庙等。

**农业** 2018年,长子县粮食种植面积3.039万公顷,粮食总产量22.14万吨。同省农科院开展"院县共建"农业科技合作交流。推动宋村乡谷村谷子试验示范基地、丹朱镇西寺头村丹西龙鑫蔬菜产业园、石哲镇西汉村绿色循环农业示范园、南陈乡申村林水碧源玉露香梨种植基地建设。

**工业** 2018年,长子县规模以上工业企业32家,规模以上工业增加值106.48亿元,工业总产值159.49亿元,第一批转型项目集中开工。推进远景风电、朗晴风电、朗空光电、煤层气探采及发电、农村沼气、温氏养殖、能交投铁路口岸作业区等项目建设。推进医疗集团信息化、雪亮工程、轩阳科技双创基地等项目建设。

**文化旅游** 2018年,长子县有艺术表演团67个,文化馆1个,博物馆1个,公共图书馆1个(藏书量11.95万册),档案馆1个。农村书屋实现399个行政村全覆盖。接收数字信号用户47635户。名胜风景区和文物保护单位891个,接待国内外游客385.12万人次,旅游收入35.25万元。

**城乡建设** 2018年,长子县城市建成区面积915万平方米,建成区绿化覆盖面积375.56万平方米,建成区绿化覆盖率41%。人均公共绿地面积12.89平方米。公园4座,总面积103.37公顷。供水总量306万吨,人均日生活用水量110升。液化气供气总量2250吨,天然气供应量1991.89万立方米。集中供热面积270万平方米,其中住宅供热面积210万平方米。

**环境建设** 2018年,长子县污水处理能力1.50万吨/日,污水处理量391.82万吨。生活垃圾无害化处理率为100%。空气质量二级以上天数234天。

**社会事业** 2018年,长子县有各级各类学校86所。其中,小学62所,普通高中3所,普通初中6所,职业中学1所,教师进修校1所,九年一贯制学校12所,特殊教育学校1所。医疗卫生机构584个,医院、卫生院21个,妇幼保健院1个,疾病预防控制中心1个,卫生监督机构1个。病床1325张,卫生技术人员860人。

**社会保障** 2018年,长子县城乡居民养老保险参保300075人;城镇基本医疗保险职工参保10823人。城市最低生活保障居民参保1740人,发放城市低保资金839.98万元;纳入农村最低生活保障居民10901人,发放农村低保资金3972.10万元。各类福利院21所,收养651人。(王卫星)

**【武乡县】** 武乡县位于长治市西北部,总面积1610平方千米。下辖9乡5镇,1个办事处,1个开发区,328个行政村。总人口20.98万人。

旅游资源主要有八路军太行纪念馆、太行龙湖、板山风景区、崇城山森林公园等。

**农业** 2018年,武乡县耕地面积4.004万公顷,粮食种植面积3.17万公顷,粮食总产量11万吨,比上年增长0.06%。举办第一届农民丰收节暨武乡小米开镰节。

**工业** 2018年,武乡县规模以上工业企业16家,规模以上工业增加值增长9.07%。规模以上工业企业原煤产量639.73万吨,发电量54.82亿千瓦时。规模以上工业企业主营业务收入53.01亿元,增长17.70%,实现利税6.70亿元,增长61%;实现利润0.50亿元,增长189%。

**城乡建设** 2018年,武乡县建成区面积10万平方米,建成区绿化覆盖率44.84%。城市交通运营车辆68辆,出租汽车80辆。有公园、广场6座,总面积260131平方米。城市供水总量187万吨,液化气供气总量220吨,天然气供应量515.55万立方米。集中供热面积213.60万平方米。污水处理能力8000立方米/日,污水处理量288万立方米。生活垃圾年清运量2.10万吨,无害化处理率100%。空气质量二级以上天数215天。

**旅游** 2018年,武乡县有旅游景点8个,接待游客555.82万人次,同比增长23.14%。旅游收入53.70亿元,同比增长25.15%。

**教育科技** 2018年,武乡县有普通中小学97所。其中,小学79所,普通高中1所,普通初中7所,九年一贯制1所,职中1所,特校1所。专利申请与授权量分别为7件和2件。

**文体卫生** 2018年,武乡县有艺术表演团6个,文化馆1个,博物馆1个,公共图书馆1个,公共图书馆藏书量12万册,档案馆1个。广播电台1座,电视台1座,广播、电视综合人口全覆盖。举办乡村旅游暨首届民俗文化节。举办第八届八路军文化旅游节。举办首届山西武乡红色研学旅行发展研讨会。人均体育场面积1.75平方米。有医疗卫生机构386个。床位348张,卫生技术人员599人。新型农村合作医疗覆盖率100%。

**民生事业** 2018年,武乡县基本养老保险参保136126人,城乡居民养老保险参保111134人,城镇职工基本医疗保险参保20950人,城乡居民基本医疗保险参保170408人,失业保险参保14103人,工伤保险参保28650人,生育保险参保20950人。纳入城市最低生活保障居民1675千人,发放城市低保资金678.19万元;纳入农村最低生活保障居民1.11万人,发放农村低保资金1893.19万元。各类福利性养老机构47个。其中,敬老院4个,光荣院1户,老年人日间照料中心42户。有床位数840张,入住对象248户。各种社区服务设施4个。销售社会福利彩票506万元,接收社会捐赠款900万元。(贾成丽)

**【沁县】** 沁县位于长治市西北部,总面积1320平方千米,下辖7乡6镇,1个现代农业开发区,6个社区居民委员会,306个行政村。总人口17.38万人。

旅游资源有二郎山森林公园、莱茵湖郡、南涅水石刻馆、永庆寺、漳河源头等。

**农业** 2018年,沁县耕地面积3.40万公顷,其中粮食种植面积25040.20公顷,粮食总产量179490吨,比上年减少4.20%。沁州黄小米在第十届中国国际商标品牌节上荣膺金奖；在"2018 中国区域农业品牌发展论坛"中登上"2018 中国区域农业品牌影响力排行榜"，成为全省唯一上榜的区域农业产业品牌。

**工业** 2018 年，沁县规模以上工业企业 5 家，规模以上工业增加值完成 4.49 亿元，增长 17.08%。规模以上工业企业焦炭产量 118.26 万吨。

**城乡建设** 2018 年，沁县全社会建筑业实现增加值 1.25 亿元，比上年增长 25%，城市建成区面积 603 万平方米。城市交通运营车辆 476 辆，出租汽车 113 辆。城市供水总量 172 万吨，人均日生活用水量 80 升。液化气供气总量 240 吨，天然气供应量 106 万立方米。集中供热面积 168 万平方米。

**环境旅游** 2018 年，沁县有公园 6 座，总面积 74.66 万平方米，建成区绿化覆盖率达 48.50%。污水处理能力 0.74 万吨/日，污水处理量 270.10 万吨。生活垃圾年清运量 4.60 万吨，无害化处理率 100%。空气质量二级以上天数 228 天，空气质量优良天数比例达 63.80%。有旅游景点 18 个，接待游客 31.76 万人次，旅游收入0.56 亿元。

**社会事业** 2018 年，沁县有普通中小学 64 所。其中，小学 28 所，小学教学点 22 个，普通高中 6 所，普通初中 8 所。幼儿园 74 所，在园幼儿 4173 人。艺术表演团体 1 个，文化馆 1 个，博物馆 1 个，档案馆 1 个。公共图书馆 1 个，公共图书馆藏书量 9.04 万册。广播电台 1 座，电视台 1 座，广播、电视综合人口覆盖率分别为 95% 和 98%。有线电视用户 3.20 万户，其中数字信号用户 3.20 万户。人均体育场地面积 2.12 平方米。举办"我们的节日·端午"第十届民俗文化节暨"沁园春杯" 山西省第六届龙舟公开赛。沁州三弦书《十七棵松》获第十届中国曲艺牡丹奖。医疗卫生机构 371 个。其中，医院、卫生院 16 个，妇幼保健院 1 个，疾病预防控制中心 1 个。床位 324 张，卫生技术人员 1105 人。新型农村合作医疗覆盖率 99.30%。

**民生事业** 2018 年，沁县城镇职工基本养老保险参保 16421 人，城乡居民养老保险参保 7.32 万人，城镇职工基本医疗保险参保 9482 人，城乡居民基本医疗保险参保 14.17 万人，失业保险参保 6345 人，工伤保险参保 9625 人，生育保险参保 9113 人。纳入城市最低生活保障居民 0.52 万人，发放城市低保资金 2269.99 万元；纳入农村最低生活保障居民 11.87 万人，发放农村低保资金 2605.30 万元。各类福利院床位 70 张，社区服务设施 6 个，接收社会捐赠款 13.49 万元。

（霍静亚）

**【沁源县】** 沁源县位于长治市西北部，总面积 2548.80 平方千米，下辖 9 乡 5 镇 6 个社区，1 个开发区，254 个行政村。总人口 16.45 万人。

旅游资源有圣寿寺、灵空山、青果寒泉寺遗址、太岳军区司令部旧址、太岳山森林公园、阎寨等。

**农业** 2018 年，沁源县耕地面积 2.29 万公顷。农业产业调整，中药材、食用菌、油料、蔬菜、花卉等经济作物增长 10.34%。特色养殖规模提升，农林牧渔增加值完成 3.08 亿元，增长 3.09%。举办首届"中国农民丰收节"。

**工业** 2018 年，沁源县设立沁源经济开发区，规模以上工业增加值完成 82.43 亿元，增长 10.50%。原煤产量完成 1489.65 万吨，增长 26.50%，精煤、焦炭、发电产量等先进产能占比达 57%。煤炭产业占工业增加值比重下降 6.58%，制造业占工业增加值比重提高 5.75%，战略性新兴产业增长 12.62 万吨。工业技改投入资金 19.80 亿元，增长 19.30%。投资结构中，转型项目投资占固定资产投资比重 39.70%。

**产业转型** 2018 年，沁源县退出贫困县，服务业增加值实现 34.47 亿元，增长 8.10%。规模以上企业主营业务收入增长 16.18%，利润总额增长 4.10%，利税增长 7%。开发区投资增长 82.42%，产出增长 0.44%，税收增长 251.47%。

**旅游** 2018 年，沁源县新增农家乐、民宿 100 余家，形成 16 条精品自驾游线路。接待游客 405 万人次，旅游收入 364 亿元，增长 30.40%。被国家林业和草原局授予"全国森林旅游示范县"称号，在"2018 中国品牌旅游发展论坛"上获"人民喜爱的生态旅游目的地"称号。

**城乡建设** 2018 年，沁源县城中村棚户区改造推进，建成公租房 12 栋 1038 套、限价商品房 8 栋 384 套，乡镇周转房入住 4 个，主体完工 6 个。沁源城中村改造划定 A 区红线，共涉及被征迁户 676 户。其中，城中村涉及 4 个村 505 户，棚户区涉及 14 个单位 171 户，建筑面积 12.72 万平方米，占地面积 13.32 万平方米。黄土坡隧道工程开工建设，开工和在建县乡村道路 195 条 200 余千米。

**环境建设** 2018 年，沁源县乡村道路绿带建设 505.85 千米，建成区绿地面积达 220.21 万平方米。启动"1+14" 国家级乡村振兴示范区建设，启动"水漾年华"田园综合体项目，创建绿色有机示范园 7 个，发展有机农业封闭示范区 4232 亩，被授予全国森林康养基地建设试点县称号。

**文体卫生** 2018 年，沁源县开展群众文化展演、文化交流活动 50 余场，成立 240 余支秧歌队伍，建成 192 家乡村文化记忆展览室。举办"沁河源文化非物质文化遗产晋京展"。晋剧、蒲剧、山核桃编织、篆刻艺术等 11 个项目入列县级非遗保护名录。挂牌成立长治职业技术学院沁源分校。举办 "飞越绿色沁源·全国无人机航拍大赛"和"绿色沁源杯"山西省无线电测向定向锦标赛暨 GPS 定向越野赛。二青会 3 人篮球赛项目落地。开展医疗卫生体制改革，与山西医科大学第一医院合作共建太岳医养医院，县中医院通过二级甲等医院评审。

（宋江华）

## 晋城市

**【概况】** 晋城市位于北纬35°11′~36°13′，东经111°56′~113°37′，总面积9424.90平方千米，下辖1区1市4县，48个镇，26个乡，10个街道办事处。2018年，常住总人口234.31万人，比上年增加1.01万人。

2018年，晋城市地区生产总值完成1351.90亿元，比上年增长7.40%。其中，第一产业增加值49.20亿元，增长0.30%；第二产业增加值717.90亿元，增长7.20%；第三产业增加值584.80亿元，增长8.50%。三类产业比重分别为3.60%、53.10%和43.30%。人均地区生产总值57819元。固定资产投资完成473.80亿元，增长10%。社会消费品零售总额452.80亿元，增长9.60%。财政总收入263.80亿元，增长22.10%。一般公共预算收入125.30亿元，增长23.60%。其中，税收收入87.50亿元，增长16.70%。一般公共预算支出228.5亿元，增长28.10%。居民人均可支配收入23855元，增长8.20%。城镇居民人均可支配收入达32162元，增长6.70%；农村居民人均可支配收入达13566元，增长8.40%。

**农业** 2018年，晋城市农作物种植面积16.94万公顷，减少4100公顷。粮食种植面积15.67万公顷，减少5900公顷。其中，玉米种植面积8.59万公顷，增加300公顷；小麦种植面积4.11万公顷，减少1200公顷。油料种植面积2800公顷，增加500公顷；棉花种植面积100公顷，减少10公顷。粮食产量80.80万吨，减少2.80万吨，下降3.40%。其中，夏粮16.40万吨，下降20.60%；秋粮64.40万吨，增长2.30%。完成造林面积1600公顷，增长106.90%。其中，经济林面积20公顷，下降79.20%。木材产量17060立方米，增长45.40%。肉类总产量16.50万吨，增长2%。猪牛羊肉总产量14.10万吨，增长0.70%。其中，猪肉产量13.40万吨，增长1%；牛肉产量0.10万吨，下降0.90%；羊肉产量0.60万吨，下降6.30%。年末生猪存栏98.10万头，增长2.30%；生猪出栏177.50万头，下降0.80%。牛奶产量0.03万吨，下降34.20%；禽蛋产量8.50万吨，增长0.40%；水产品产量0.20万吨，增长1.40%。设施蔬菜产量8.50万吨，下降12.10%；食用菌1.10万吨，增长1.90%；蚕茧0.20万吨，下降14.70%；蜂蜜0.20万吨，增长8.20%；药材1.50万吨，增长83.90%。农业机械总动力59.90万千瓦，增长2.20%；机械耕地面积135.20千公顷，下降4.20%；机械播种面积123.40千公顷，下降0.60%；机械收获面积90.80千公顷，下降2.30%。

**工业建筑业** 2018年，晋城市规模以上工业企业264家。规模以上工业增加值增长7%。原煤产量10370万吨，增长9.60%；规模以上工业发电252亿千瓦时，增长5.50%；水泥228万吨，下降4.50%；农用化肥(折纯)218万吨，下降6.70%；焦炭58万吨，增长15.20%；钢材345万吨，下降1.30%；生铁403万吨，下降4.06%。规模以上工业企业实现主营业务收入1546亿元，增长13.30%。其中，煤炭、冶铸、装备制造、化工、电力和煤层气开采六大行业分别实现主营业务收入848.90亿元、153.50亿元、179.10亿元、111.70亿元、75亿元和101.60亿元，分别增长12.30%、5.90%、12.60%、18.30%、6.40%和31.10%；建材、医药、炼焦和食品制造工业分别实现主营业务收入22.50亿元、11.40亿元、5.30亿元和13.30亿元，分别增长21%、54.10%、35.90%和18.80%。规模以上工业实现利税338.70亿元，增长30.20%；实现利润195.20亿元，增长45.30%。

2018年，晋城市具有资质等级总承包和专业承包建筑业企业120家，增长34.20%；房屋施工面积385.20万平方米，增长9.20%；签订合同额147.50亿元，增长9.80%。

**能源** 2018年，晋城市一次能源生产折标准煤7865.40万吨，增长9.80%；二次能源生产折标准煤3813.80万吨，增长18.80%。向省外运输煤炭6297.50万吨，增长0.04%，外运煤炭占原煤产量60.70%。181.70亿千瓦小时，增长3.40%，外输电量占发电量70.70%。用电总量199.93亿千瓦小时。第一产业用电1.10亿千瓦小时，占用电量0.60%；第二产业用电176.26亿千瓦小时，占用电量88.10%，其中，工业用电175.65亿千瓦小时；第三产业用电13.36亿千瓦小时，占用电量6.70%；城乡居民生活用电9.30亿千瓦小时，占用电量4.60%。

**投资贸易** 2018年，晋城市海关进出口总额46亿元，下降1.90%。其中，进口额33.40亿元，下降2.70%；出口额12.60亿元，增长0.20%。出口煤炭3030万元，增长12.90倍；出口钢材2.60亿元，增长5.50%；出口机电产品10.10亿元，下降3.10%；出口高新技术产品3.30亿元，下降12.60%；出口电器及电子产品5.80亿元，下降9%；出口计算机及通信技术产品1.60亿元，下降35.30%。进口铁矿砂15.30亿元，增长13.40%；进口机电产品15.70亿元，增长0.50%；进口集成电路6.50亿元，增长61%；进口机械设备2.50亿元，下降43.60%；进口电子技术产品7.80亿元，增长55.90%；进口计算机集成制造技术产品9725万元，下降72.20%。实际使用外商直接投资金额28400万美元，增长42%。

**交通邮电** 2018年，晋城市公路线路里程9506千米。其中，高速公路389千米。民用汽车保有量43.50万辆(包括三轮汽车和低速货车0.20万辆)，增长8%。其中，私人汽车40万辆，增长8.90%；新注册汽车3.90万辆，下降11%；轿车保有量29.40万辆，增长8.40%。其中，私人轿车28.20万辆，增长9%。

2018年，晋城市完成邮电业务总量68.80亿元。其中，邮政业务总量1.40亿元；电信业务总量67.40亿元。移动电话用户268万户，宽带接入用户55.20万户。

**旅游** 2018年，晋城市共有A级景区21个。其中，AAAAA级景区1个，AAAA级景区6个，AAA级景区13个，AA级景区1个。共有星级饭店17家。其中，五星级2家，四星级9家，三星级5家，二星级1家。接待海外旅游者16214人次，接待国内旅游者6079.70万人次，分别增长18.30%和25.40%；旅游外汇收入825.51万美元，国内旅游收入556.79

亿元，旅游总收入557.29亿元，分别增长7.40%、25.38%和25.36%。相继开通到皇城相府、蟒河、天官王府、王莽岭、聚寿山等景区旅游公交。

**金融** 2018年，晋城市金融机构本外币各项存款余额2318.9亿元，比年初增加250.80亿元，增长12.10%。各项贷款余额1379.2亿元，比年初增加156.50亿元，增长12.80%。农村金融合作机构人民币贷款余额230.0亿元，比年初增加29.40亿元，增长14.70%；人民币存款余额543.70亿元，比年初增加42.40亿元，增长8.40%。有证券营业部6家，从业人员82人。累计资金开户数166854户，银证转入资金44.80亿元，下降14%。营业收入0.30亿元，下降25.9%；利润总额0.04亿元，下降56.80%。保费收入52.70亿元，增长9.50%。其中，寿险业务保费收入38.20亿元，增长9.20%；财产险业务保费收入14.50亿元，增长10.40%。

**教育科技** 2018年，晋城市有普通高等学校1所，独立设置成人高等学校1所。高中阶段毛入学率96.20%。实施省级科技项目10项。其中，重点研发项目(农业领域)1项，人才专项（优秀人才科技创新)1项，平台基地专项项目2项，农村技术承包项目6项。技术合同交易265项，交易额13.80亿元；有效发明专利拥有量451件。有高新技术企业49家，国家级星创天地3个，国家级众创空间1个，国家级重点实验室1个，省级众创空间10个，省级重点实验室和省级工程技术研究中心4个，省级科技企业孵化器2家，省级民营科技企业47家，省级科普基地11个。

**文体卫生** 2018年，晋城市有艺术表演团体10个，演出场次3302场，演出收入2088万元；艺术表演场馆4个，群众艺术馆1个，文化馆6个，美术馆2个，公共图书馆7个，总藏书136.40万册。推动围棋教育进校园，少儿常年在训人数突破4000人，被中国围棋协会授予“全国围棋之乡”称号。有各级各类体育场馆6217个，中小学体育锻炼标准达标人数达214163人。运动员在省级以上重大比赛中获金、银、铜牌分别为30枚、25枚和47枚。销售中国体育彩票3亿元，增长7.30%。

2018年，晋城市共有各级医疗卫生机构3155个，其中妇幼保健院（所、站)7个，医院和卫生院床位12.10千张，卫生专业技术人员1.39万人，每千人拥有病床5.50张，每千人拥有医生数2.50人。村卫生室覆盖率100%，县乡村三级医疗机构达标率均为100%。各县(市、区)的儿童“五苗”全程接种率以乡镇为单位均达90%以上。碘盐覆盖率达99.28%，合格碘盐食用率达95.22%，地方病得到控制。乡镇卫生监督站覆盖率达100%。

**民生事业** 2018年，晋城市城镇职工基本养老保险参保46.90万人，增加2.10万人；城乡居民基本养老保险参保110.70万人，增加0.20万人；城镇职工基本医疗保险参保43.40万人，增加2万人；城乡居民基本医疗保险参保167.10万人，增加1.10万人；失业保险参保31.60万人，增加1万人；工伤保险参保48.30万人，与上年持平。其中，农民工18.10万人，增加0.10万人；生育保险参保35.10万人，增加2.10万人。城镇低保人数10412人，减少861人；农村低保人数39329人，减少3144人；农村特困人员救助供养6963人；民政部门资助参加基本医疗保险46716人。优抚对象15475人。共发放最低保障资金2.60亿元。提供住宿社会服务机构38个，床位数3087张，收养救助人数1992人。社区养老机构和设施569个。福利彩票发行单位1个。直接接收捐赠款288.70万元，受益3650人次。

**资源环境** 2018年，晋城市有自然保护区5个，自然保护区面积13.80万公顷。环境空气质量二级以上天数161天。其中，一级天数12天。空气综合污染指数为6.88，较上年下降11.60%。城市污水处理率达95%；城市生活垃圾无害化处理率达100%。

（张 燕）

**【晋城市城区】** 晋城市城区位于晋城市中部，总面积133.70平方千米，下辖7个街道办事处，1个镇。

旅游资源有白马寺、司徒小镇、青莲寺、玉皇庙等。

**2018年晋城市辖县(市、区)经济指标统计表**

| 县 市 | 地区生产总值（万元） | 农林牧渔业总产值（万元） | 固定资产投资增长速度（%） | 社会消费品零售总额（万元） | 一般公共预算收入（万元） | 一般公共预算支出（万元） | 人均可支配收入(元) | |
|---|---|---|---|---|---|---|---|---|
| | | | | | | | 城镇居民 | 农村居民 |
| 城 区 | 3254906 | 13200 | 10.30 | 2406229 | 82898 | 211171 | 34350 | — |
| 沁水县 | 2287385 | 144066 | 10.30 | 165077 | 165070 | 241373 | 28590 | 11964 |
| 阳城县 | 2375027 | 156838 | 10.40 | 505018 | 166270 | 296806 | 29629 | 13326 |
| 陵川县 | 415258 | 97936 | 13.10 | 204697 | 16573 | 197143 | 19639 | 9379 |
| 泽州县 | 2795329 | 233603 | 10.60 | 445040 | 192135 | 351605 | 33393 | 15211 |
| 高平市 | 2400480 | 256095 | 10.00 | 702420 | 191858 | 342178 | 32202 | 14177 |

**农业** 2018年，晋城市城区农作物总种植面积26927亩，其中粮食种植面积24433亩，粮食总产量6613吨。

**工业** 2018年，晋城市城区规模以上工业企业22家。规模以上工业完成增加值120066万元，同比增长18.80%；总产值473733万元，同比增长21.80%；销售产值458121万元，同比增长19.30%。规模以上工业实现主营业务收入464130万元，同比增长19.90%；实现利润总额6557万元，同比下降35.70%。

**招商投资** 2018年，晋城市城区实现招商引资到位资金30亿元，引进央企、世界500强、知名企业2个。推动吾悦广场、王府井百货等项目建设。推动凤展、兰花城、圣亚等传统商贸企业，晋盛、晋运、瑞康粮油等物流企业转型升级。电子商务产业园二期招商运营，远中供应链物流项目完成。61项转型项目完成投资74.12亿元，汇邦现代城、星悦城、庞大汽贸、书院集酷小镇等项目投入运营；华谊兄弟星剧场、瑜园老年公寓、康馨苑、康宁医养结合、新华线缆、中盛建材等项目进展顺利；中电智云大数据、禾瑞尚康医养中心签约。

**城市建设** 2018年，晋城市城区启动老城更新与保护工程，3个月完成1575户、30万平方米征补任务，完成率96.40%。“两街”“两路”“两河”“两园”“两会”和南大街沿街立面改造实施，回迁楼开工建设。10个棚户区改造列入全国、全省2019年“棚改”计划。完成新市西街、中原街改造暨综合管廊、畅安北路、国道342改线、晋城东高速收费站迁址等12项市政工程11万平方米征补任务。

**生态建设** 2018年，晋城市城区推进生态工程建设，市区十条黑臭水体治理完成，北石店河河道治理推进，全长23.78千米生态廊道建设启动。“禁煤区”面积增加58.7平方千米，达95平方千米，基本实现“禁煤区”内“双清零”。完成7479户居民冬季清洁取暖改造任务。取缔10家散乱污企业，17家堆场、4家储煤场完成改造，26家工业企业完成改造，179家单位完成挥发性有机物治理与管控。

**旅游** 2018年，晋城市城区推进农林文旅康产业融合发展，民俗南掩、欢乐牛山、景熙绿谷等项目兴起；司徒小镇知名度攀升。接待游客300万人次，实现营业收入8500万元。白马寺省级康养示范园区被列入全省康养服务“1310”工程。

**民生事业** 2018年，晋城市城区财政用于改善民生的支出达88.70%。花园小学、北石店中心幼儿园投入使用；推进东南学校、东王台小学、司徒小学、西城小学等重点项目建设。推进北石店中心卫生院建设。城镇新增就业8029人，城镇登记失业率在0.55%以内。（杨　盼）

**【沁水县】** 沁水县位于晋城市西北部，总面积2676.6平方千米，下辖7镇7乡，242个行政村，9个社区。常住人口21.22万人，人口自然增长率为3.45‰。

沁水县旅游资源有武安村战国古寨、河头村汉墓群、柳氏民居、湘峪古城、窦庄夫人城等。

**农业** 2018年，沁水县农业总产值144065.50万元，农作物播种面积391494亩。其中，粮食作物播种面积354675亩，粮食总产量133760吨。

**工业** 2018年，沁水县有规模以上工业企业44家，完成增加值143亿元，销售产值292.10亿元。民营企业实现增加值71.10亿元，出口产品交货值3133万元，实现营业收入144.70亿元，利润总额34.60亿元，上缴税金15亿元。

**城乡建设** 2018年，沁水县完成县城城隍庙及周边棚户区改造初设、勘察及部分拆迁工作；梅杏剧院、游泳馆建设完成社会招标；南山城市道路(一期)完成10万立方米土石方工程；小岭公租房市政道路配套，完成路面铺油、管网铺设等工作；站前路、南外环道路完成部分工作。完成清洁能源改造2304户，新增燃气用户1800户，新增供热面积35万平方米。

**生态环境** 2018年，沁水县空气质量二级以上天数250天，比上年减少62天，空气综合质量指数4.65。饮用水源地水质达标率达100%；实施清洁生产工程，涉重金属和涉危险废物企业清洁生产审核率达100%。

**文化科技** 2018年，沁水县文化扶贫下乡演出17场，“新时代太行文艺轻骑兵送文化下乡”演出15场，讲习快车文艺演出6场，农村公益电影放映2904场，文化低保戏演出125场，免费送戏下乡30场。下拨市级光伏发电补贴资金297.50万元，补贴项目560项；向省科技厅申报3项三区“人才”科技人员专项计划；开展科普宣传，展示各类宣传版面30块，发放各类科技宣传资料2万余份，科技咨询700余人次，开放科普基地2个。

**民生事业** 2018年，沁水县退出贫困县。有学校79所，在校学生21594人。城乡低保对象2705户3387人，发放资金1440.73万元。下拨救灾资金15万元，救助受灾群众572人。帮扶建档立卡户困境未成年140余人，发放帮扶爱心包140余份。为14名孤儿社会化发放基本生活费1297万元。基本养老保险参保150355人，城乡基本医疗保险参保193006人，失业保险、工伤保险和生育保险分别参保18791人、40002人和26146人。发放基本养老金40386万元，发放医疗保险待遇12972万元。城镇新增就业5217人。转移农村劳动力4301人。城镇登记失业率为1.30%。

（张丽霞）

**【阳城县】** 阳城县位于晋城市东南部，总面积1917.5平方千米，下辖10镇7乡，426个行镇村。常住人口39.45万人，人口自然增长率4.44‰。

旅游资源有皇城相府、天官王府、砥洎城、潘家十三院、商汤析城山、九女仙湖、蟒河生态旅游区、海会寺、杨柏大峡谷、五彩河等。

**农业** 2018年，阳城县耕地保有量57.95万亩。粮食种植面积29299公顷，夏粮播种面积7426公顷，秋粮播种面积21873公顷。全年粮食产量142895吨，夏粮产量31473吨；秋粮产量111422吨。棉花播种面积5.30公顷，总产量5.40吨。油料播种面积1323公顷，总产量2152吨。蔬菜播种面积959公顷，总产量48367吨。水果总产量4058吨。坚果总产量1919吨。造林面积267公顷，四旁(零星)植树110万株，年末封山育林面积4133公顷。牛存栏1421头，猪存栏135611头，羊存栏48723只，鸡存栏261.90万只。

**工业建筑业** 2018年，阳城县工业增加值1388347万元。规模以上工业企业主营业务收入2132121万元，比上年增长21.60%；实现利税532890万元，比上年增长26.10%；实现利润286712万元。

建筑业增加值70326万元。具有资质等级的总承包和专业承包建筑业企业11家，总产值16981万元，房屋建筑施工面积53424平方米。

**教育科技** 2018年，阳城县科技研发项目共30项，研发经费855万元。争取市级科技创新项目4项共113.90万元。新增高新技术企业3家。发明专利申请量57件，有效发明专利拥有量45件。普通中学26所，职业高级中学2所，小学64所，幼儿园106所，成人中等专业学校1所。

**文化旅游** 2018年，阳城县有文化馆1个，公共图书馆1个，青少年活动中心分馆1个，文物博物馆1个，档案馆1个，电视台1座。各类文艺演出400余场。放映农村公益电影5544场，农村寄宿制中小学电影279场。组织优秀传统剧目展演、元宵节街头文艺表演活动。举办阳城国际陶瓷博览交易会开幕式文艺演出和现场文艺演出。皇城相府景区和天官王府景区举办“非遗”、演艺进景区活动共计1317场。举行“全民健身日”启动仪式暨万人长跑活动。组织参加晋城市第六届农民运动会。第三届“北京国际山地徒步大会”和2018阳城绿道山地半程马拉松赛。

**社会保障** 2018年，阳城县城镇新增就业10655人，城镇登记失业率为1.18%。医疗卫生机构624个，卫生技术人员2816人，床位2137张，村级卫生所达标率99%。非私营单位从业人员46576人，企业职工基本养老保险参保45469人；机关事业养老保险参保15466人；城乡居民养老保险参保208758人；城镇职工医疗保险参保48492人；城乡居民基本医疗保险参保307945人；生育保险参保37200人；工伤保险参保70209人；失业保险参保30224人。发放各类社会保险待遇101792万元。

**环境建设** 2018年，阳城县城市绿化覆盖率达45.50%，绿地率达40.50%，人均公园绿地面积12.60平方米。空气质量二级以上天数229天。环境空气综合质量指数5.52。PM2.5年均浓度为49微克/立方米。

**城镇建设** 2018年，阳城县城市供水普及率97%，供气普及率98%，集中供热普及率91%，再生水利用率7%，生活垃圾无害化处理率100%，污水处理率97%。（梁 星）

**【陵川县】** 陵川县位于晋城市东南部，总面积1751平方千米，下辖7镇5乡，321个行政村，7个居民社区。常住人口25.34万人。

旅游资源有抱犊沟、王莽岭景区、凤凰欢乐谷、棋子山省级地质公园、锡崖沟、丈河村等。

**农业** 2018年，陵川县耕地面积47.99万亩，粮食种植面积19696.40公顷，粮食总产量达9.61万吨，油料产量589.10吨，肉类总产量13791.80吨。森林面积139万亩，森林覆盖率达54.35%。

**工业建筑业** 2018年，陵川县规模以上工业15个。规模以上工业增加值下降15%，规模以上工业企业实现主营业务收入122436万元，下降18.20%。规模以上工业企业实现利税34013.40万元，下降10.90%；实现利润19248.70万元，下降7.50%。民营经济增加值完成19.80亿元，下降1.50%；总产值完成61.40亿元，下降1.30%；营业收入达51.90亿元，下降1.10%。

建筑业增加值完成3.90亿元，增长0.10%。具有资质等级总承包和专业承包建筑业企业共2家，完成总产值6854万元，下降22.30%；竣工产值2848万元，下降66.20%。

**环境建设** 2018年，陵川县有自然保护区23565.2公顷。建成区绿化覆盖率达39.97%。空气质量二级以上天数达239天。

**文化旅游** 2018年，陵川县有1个县级文化馆，12个乡镇文化站；1个公共图书馆，总藏书量6.80万册；1个文物馆，藏品件数13084件；2个电影院，17个公益电影放映队，放映收入达1806万元。旅游企业25个，共接待旅游人数481万人次，增长6.90%；旅游总收入达20.74亿元，增长25.90%。

**教育科技** 2018年，陵川县有学校111所，在校学生29588人，教职工2975人。科技三项经费支出300万元，同比下降65.80%。科技项目立项数18项，完成科技项目数71项，获国家有效发明专利19项。

**卫生体育** 2018年，陵川县有医疗卫生机构393个，床位984张，卫生从业人员1316人，执业医师250人。村卫生室375个，覆盖率达99.20%，县、乡、村三级医疗机构达标率94.40%。儿童“七苗”全程接种率以乡镇为单位均达99%。碘盐覆盖率达96%、合格碘盐食用率达92.50%，碘盐合格率达94.20%。拥有室内体育场馆2个，公共体育场1个，各级裁判员46人，各级举办运动会17次。

**民生事业** 2018年，陵川县基本养老保险参保人数156135人，基本医疗保险参保人数237016人，工伤保险参保人数21016人，失业保险参保人数8840人，城镇低保人数879人，减少146人。城镇保障资金发放626.90万元；农村低保人数5293人，减少753人，农村保障资金发放2513.8万元。农村集中供养五保户413人；分散供养五保户1464人。各类社会福利收养单位6个，床位560张，收养各类人员443人。享受伤残抚恤金人数1874人；享受定期补助人数1667人。优待对象户数156户，优待总金额296.30万元。安置1个残疾人就业。（焦国锋）

**【泽州县】** 泽州县位于晋城市东南部，总面积2023平方千米，下辖14镇3乡，590个行政村，9个居委会。常住人口49.60万人。

旅游资源有珏山风景区、青莲寺、李寨栖龙景区、泽州岱庙、老翁山、聚寿山文化景区、陟椒三教堂、李寨风景、大阳古镇、大箕天主教堂等。

**农业** 2018年，泽州县农作物种植面积52971.30公顷，其中粮食种植面积50296.90公顷，粮食总产量18.80万吨。与阿里巴巴集团签订农村电商合作协议。

**产业建设** 2018年,泽州县推进农村"三块地"改革,农地入市累计完成56宗1789.19亩,南村绿色智能铸造创新产业园,大阳古镇项目实现28天进地。41家农业企业实现销售收入13.78亿元。10大农业园区初具规模,蔬菜大棚发展到1800栋。财政支持研发资金2615万元,金秋公司主持制定球墨井盖、箅子国家标准,华明纳米、合聚水泥被认定为国家级高新技术企业。国企改制民企股改推进,组建国投公司、天云公司,22家国企完成改制,11家民企完成规范化改制,20家企业登陆山西股权交易中心。

**工业建筑业** 2018年,泽州县规模以上工业企业52家,规模以上工业增加值完成159.70亿元,同比增长4.50%。规模以上工业实现主营业务收入436.40亿元,同比增长12.40%;工业企业实现利润60.30亿元,同比增长37.20%;实现利税107亿元,同比增长29.10%。

建筑业实现增加值73893万元,同比增长10%。具有资质等级总承包建筑业企业9家,完成总产值938064万元,同比增长42.80%。

**旅游** 2018年,泽州县共有旅游景区(点)6处。其中,AAAA级景区1个,AAA级景区3个。接待游客1294.50万人次,实现旅游总收入119.20亿元。

**环境建设** 2018年,泽州县有省级自然保护区1个,总面积93775.1公顷。绿化覆盖率达50.56%,森林覆盖率达36.85%。空气质量综合指数为6.51,PM2.5浓度为57微克/立方米,空气质量二级以上天数206天。

**文化体育** 2018年,泽州县共有学校171所,在校学生43273人。申请各类专利76件。共有艺术表演团体7个,新创作首演剧目1个,上演剧目45个,演出场次2550场,收入520万元。共有公共文化馆1个,公共图书馆1个,乡镇文化站17个,村级农家书屋590个,共藏书约113万册。广播电台1座,电视台1座。有线电视用户达4万户。举办各级各类体育赛事10余次,参加运动会运动员人数5000余人。

**民生事业** 2018年,泽州县共有卫生机构(含诊所)730个,床位2257张,卫生技术人员1991人。县乡村三级医疗机构达标率100%,新型农村合作医疗参合率达99.86%。城镇职工基本养老保险参保45237人,城乡居民基本养老保险参保303194人,城镇职工基本医疗保险参保37061人,城乡居民基本医疗保险参保412053人,失业保险参保24440人,生育保险参保28900人。城镇基本社会保障覆盖率达99.50%。城镇低保人数904人,保障户数803户;农村低保人数7703人,保障户数5079户。减贫1314户2895人,完成961户2830人易地搬迁。新建20个农村老年人日间照料中心,解决两万人饮水安全,新增集中供气3212户、集中供暖20万平方米。新增就业7355人,失业人员实现再就业人数达816人,就业困难人员实现再就业264人。

(张 静)

**【高平市】** 高平市位于晋城市北部,总面积980.3平方千米,下辖16个乡(镇、街道办事处),463个行政村(居委会)。

旅游资源有羊头山炎帝文化旅游区、古泫文创园、白马寺、丹河景观、元代姬氏民居等。

**产业转型** 2018年,高平市煤炭先进产能占比达70.70%,高于全省平均水平13.70个百分点。在晋城率先获批省级开发区,推进"三化三制"改革。民营经济增加值占生产总值的52%。开展转型项目建设年活动,实施"一纲十目"重点工程186项,非煤项目投资增长54.30%,传统制造业增长11.60%,战略性新兴产业增长40.60%,服务业增长6.80%。

**改革开放** 2018年,高平市实现"一枚印章管审批",召开城镇低效用地再开发、学前教育行动计划、农村道路交通安全管理3个全省现场会,推进医疗卫生、国企国资、供销社等改革,"高平经验"在全省推广。获国家农业可持续发展试验示范区、国家农业绿色发展试点先行区两块"国字号"金字招牌。举办第三届海峡两岸神农炎帝文化旅游招商系列活动。

**乡村振兴** 2018年,高平市粮食总产量达2.40亿公斤,农产品加工企业销售收入30.10亿元。香菇菌棒畅销日韩,吉利尔潞绸远销欧洲,晋宝绿珍粉条出口澳大利亚,生猪、黄梨、富硒红薯等特色农产品走出山西、享誉全国。实施"6+N"农村人居环境整治,解决供水、供气、供暖、污水、垃圾、厕所等问题,投资8.8亿元实施清洁取暖改造,4个月新增供暖能力300万平方米,惠及143个村、30493户、13万人。以野川镇为龙头的"1+2+30"农林文旅康试点建设启动。425个村完成清产核资。

**城乡建设** 2018年,高平市精卫路北段等5条道路竣工通车,锦华街拆迁问题解决;"四好农村路"建成156千米。国家级特色小镇神农镇总规初步完成,河西、原村等5个乡镇被评为省级卫生乡镇,三甲、马村被评为省级园林乡镇;38个村入选中国传统村落,打造沟北、果则沟、东吴庄等一批美丽乡村。

**生态环境** 2018年,高平市实施"五大行动、三年攻坚",实行环保网格化管理,城乡共治,气水共治,工业源、农业源、生活源、移动源共治,立体性解决环保问题。空气质量综合指数排名从1月份全省116名升至12月份67名;二氧化硫指数较上年下降190微克/立方米。建成投运城市第二生活污水处理厂、河西马村永禄3个乡镇污水处理站、南部"两河"湿地和小东仓河截污管网,丹河出境断面水质20年来首次达标,扭转连续受罚5760万元被动局面,连续5月获奖补资金600万元。

**社会事业** 2018年,高平市财政86%以上支出用于保障和改善民生。完成12个贫困村、3195户、8909人脱贫攻坚任务。城镇登记失业率低于控制目标2.8个百分点,医保、低保、社会救助等各类保障实现应保尽保。

(牛 彬)

## 朔州市

【概况】 朔州市位于北纬39°05′~40°17′，东经111°53′~113°34′，总面积1.06万平方千米，下辖2区4县，73个乡镇(含街道办事处)，1684个行政村。

2018年，朔州市地区生产总值完成1065.60亿元，增长2.70%。固定资产投资完成248.10亿元，增长15.80%。一般公共预算收入完成90.40亿元，增长23.50%，社会消费品零售总额完成338.10亿元，增长8.50%。城镇居民人均可支配收入达32849元，增长6%；农村居民人均可支配收入达13423元，增长9.10%。城镇登记失业率2.50%，居民消费价格涨幅1.40%。

**农业** 2018年，朔州市编制完成乡村振兴总体规划和"5+1"专项规划，发展特色现代农业。设立1亿元农牧交错带发展基金，新增苜蓿种植面积5万亩，饲草料种植面积达182万亩。粮食总产量14.15亿公斤。肉羊饲养量610万只，奶牛存栏18.40万头。认定绿色农产品13个，有7个农产品获山西名牌产品，朔州市被命名为"全国杂粮强市"。农业产业化经营组织发展1218个。应县南河种等4个市场列入农业部定点批发市场。古城乳业、龙首山粮油、金沙滩羔羊肉成为国家级龙头企业。全市农产品销售收入完成219.30亿元，增长6.73%。美丽乡村建设投资4.70亿元，对270个村环境集中整治。完成"四好农村路"、古长城旅游公路634千米。朔城区青钟村评为"2018年全国生态文化村"。省级美丽宜居示范村、省级人居环境示范村达42个，全省休闲农业与乡村旅游示范点达12个。落实朔城区南山生态治理工程，神头海玫瑰庄园打造百万玫瑰花海小镇。山阴县被命名为"山西富硒谷子强县"。右玉县玉龙生态观光牧场发展文化旅游产业。

**产业建设** 2018年，朔州市煤炭先进产能矿井达32座，生产原煤1.50亿吨。电力运营装机规模达1073万千瓦，新增装机规模45.86万千瓦；发电378.10亿度，增长15%。开展"转型项目建设年"活动，围绕高端陶瓷和新材料、新能源、现代煤化工、生物医药、文化旅游、草牧业与农产品深加工、商贸物流等七大产业开展项目建设。投资项目承诺制改革、并联审批、市领导包联等措施，开复工项目390个，转型项目222个，完成投资152.60亿元，占固定资产投资61.50%。煤炭工业增加值占比降低6.20个百分点，超省定目标4.80个百分点，非煤产业增加值增长6.30%，超出规模以上工业10.80个百分点；战略性新兴产业增加值增长12%，高技术产业增加值增长21.40%。

**城乡建设** 2018年，准朔铁路建成通车。朔州机场立项报请国务院、中央军委批复，搁置5年朔神高速重新落地，注册资本60亿元苏晋能源公司回落朔州。由平鲁区、中煤集团、河北港务集团、太原铁路局合作建设内陆港项目落地运营。起底排查项目注册地，引回部分风电企业注册朔州，大原高铁项目重新启动。朔州怀仁市招商引资、固定资产投资、企业"小升规"均占全市三分之一，玉龙化工园区以企招商。平鲁区推进内陆港建设，在建电力总装机830万千瓦。发展玉竹活性硅酸钙新材料项目。经纬通无车承运物流平台开启朔州市物流业发展新模式。

**深化改革** 2018年，朔州市推进企业供电服务改革，新增电力直接交易用户7家，获批售电公司7家，完成交易29.84亿度，为用电企业降低成本1亿多元。组织风电企业与6个开发区签订年度长协交易电量5亿度，可惠及82家企业。国资国企改革方面，"三供一业"分离移交完成年度任务。应县完成农村集体产权制度试点改革，市、县、乡三级农村产权交易体系初步形成。组建朔州农商行和怀仁农商行，启动右玉农信社改革。社会融资总额完成178亿元。在固废利用、煤化工领域落实两项省科技重大专项项目。新认定高新技术企业10家，晋坤公司被认定为省级煤系高岭土工程技术研究中心。

**招商引资** 2018年，朔州市债券和转移支付72.60亿元，实施10个PPP项目，市城投公司发行企业债18亿元，保障基本运转、民生支出和基础设施建设。朔州市经济开发区两个园区为入园企业降低土地使用成本。争取省财政支持，大秦公司变更所得税分享机制。征收水资源税和环境保护税5.80亿元。组建市政银文化旅游产业投资公司，累计接待游客2913万人次。旅游综合收入达261.24亿元，增长28.10%。民营经济发展方面，培养"小升规"企业57家，出台支持民营经济发展48条措施。举办塞上长城国际旅游节、陶瓷交易会、羔羊肉交易会、亚洲粉煤灰大会"一节三会"，开展招商引资活动21次，签约项目196个，总投资699亿元。

**城市建设** 2018年，朔州市完成投资32.93亿元，新改建城市道路76千米、各类管网227千米；恢河大桥通车，市区建成振华街桥、田家窑桥和三座人行天桥。改造50个公交候车亭，新增4条公交线路、70台纯电动公交车。棚户区改造开工4376套，基本建成4957套。城市建成区绿地率达38.50%，绿化覆盖率达42.87%。

**民生事业** 2018年，朔州市民生支出136.10亿元，占一般公共预算支出78.70%，省定六件实事全部完成。市一中新校区等10所学校开工建设。朔州大医院开工建设。《右玉和她的县委书记们》在央视一套黄金时段播出。各类群众性文化体育活动90多项，送戏下乡731场，申办第十六届省运会。城镇新增就业2.50万人，农村劳动力转移就业2.10万人，创业带动就业4500人。养老保险参保人数118.67万人，医疗保险参保人数138.94万人，为800名贫困大学生每人发放助学金2000元。脱贫攻坚成效显著，投入资金3.10亿元，右玉县和平鲁区、山阴县脱贫摘帽，实现整体脱贫。启动全域绿化，完成营造林33.48万亩。开展桑干河清河行动，"浚河、控污、固堤"效果初步显现。环境空气质量综合指数5.62，达标天数

237天，未发生重污染天气。

（元雷花）

**【朔州市朔城区】** 朔城区位于朔州市中部，总面积1793平方千米，下辖2镇9乡，4个街道办事处，299个行政村。总人口51万人。

旅游资源有朔州老城、崇福寺、尉迟敬德庙等。

**农业** 2018年，朔城区推进农业供给侧结构性改革。完成粮改饲8万亩、燕麦草2万亩、苜蓿1万亩。农作物播种面积97万亩，总产量达3.30亿公斤。设施蔬菜面积稳定在2.8万亩以上，百亩以上园区达22个。新建标准化人畜分离养殖场10个，总数达137个。总投资4000万元，实施水利节水、膜下滴灌、高标准农田建设等项目，高效灌溉面积达到3.70万亩；推广玉米地膜覆盖53.40万亩，配方肥使用面积达20万亩。

**转型发展** 2018年，朔城区实施稳煤促新战略，深化供给侧结构性改革。全年开复工项目54个，完成投资25.70亿元，开复工率达93%，31个转型项目落地开工。参加、举办各类招商引资活动12次，签约项目32个，总投资152.70亿元，签约项目当年开工率43.80%。煤炭产业企稳回升。担水沟、东坡煤矿复产，下窑煤矿实现联合试运转，西沙河煤矿去产能，恒宝源、峪沟、石碣峪等3座煤矿实现正常生产。新兴产业发展。推进建设总投资21亿元盛业科技铝木复合材料、三通亿达5万台大功率内燃机、大唐利民三期200兆瓦风电等5个项目，新能源电力装机容量达470兆瓦。

**文化旅游** 2018年，朔城区举办朔州老城旅游季、神头镇首届农民丰收节等系列大型活动，累计接待游客868.50万人次，增长33.20%，旅游总收入增长32.50%。

**城乡建设** 2018年，朔城区推进基础设施建设。投资4000多万元，新建、改造育新西街、北关路、紫金东街等5条道路，优化城市路网结构。推进"两馆三站五场"建设，图书馆、档案馆主体封顶，紫金街排水提升泵站、恢河南岸污水泵站、照什八庄垃圾转运站等全部建成，老城、长虹路、马邑路、厚德园、雁门街5个集贸市场投入使用。七里河沿线棚户区改造完成征收1300套，南邢家河、南泉、雒儿庄、张家河、胡家窑和北旺庄6个城中村征拆66.20万平方米，城镇保障性安居工程开工建设800套，房地产去库存20.50万平方米。环城马道竣工，老城二期初具规模。投资3000万元，对95个重点村全面整治，对桑干河上游8个村垃圾污水集中治理。总投资7200万元、总里程52千米朔只线改造、"四好农村路"等项目完工，农村公路通车总里程达1557千米，通畅率达99.70%。

**环境建设** 2018年，朔城区投资5.60亿元5千米长桑干河岸线绿化、2万亩京津风沙源治理二期、1.3万亩经济林建设、40万株义务植树和1万亩经济林提质增效等九项重点工程完成，启动投资7.60亿元10万亩洪涛山生态恢复工程建设。南山综合治理二期工程高标准治理5万亩。推进清河行动。投资9700多万元，治理桑干河55.70千米，修建沿河生态路33.20千米，整治排污口8个。投资3800万元的城南污水收集管网工程和投资500万元的园区工业废水收集处理工程竣工。

**民生事业** 2018年，朔城区推进职中实训楼建设，新改扩建公办幼儿园9所。接收公费师范生28名，公开招聘教师69名，交流调配农村教师174名，教师绩效工资改革被选树为全国典型。组建朔城区医疗集团和朔州中医药集团，公开招聘医学类研究生15名，调整降低830项服务价格，实现医保直报，开展空中医疗救援，提升医疗服务和救护能力。推进社会保障。新建农村老年人日间照料中心25所。安置历年滞留符合安置条件城镇退役士兵503名。投入600万元支持奖励中

**2018年朔州市辖县（区、市）经济指标统计表**

| 县市 | 地区生产总值（万元） | 农林牧渔业总产值（万元） | 固定资产投资增长速度（%） | 社会消费品零售总额（万元） | 一般公共预算收入（万元） | 一般公共预算支出（万元） | 人均可支配收入（元） | |
|---|---|---|---|---|---|---|---|---|
| | | | | | | | 城镇居民 | 农村居民 |
| 朔城区 | 3260685 | 198687 | 29.20 | 985313 | 68185 | 213720 | 34085 | 15102 |
| 平鲁区 | 1920726 | 84243 | 11.20 | 377183 | 114639 | 220823 | 25319 | 10397 |
| 山阴县 | 1796939 | 218566 | 22.10 | 433584 | 154616 | 266777 | 34365 | 16622 |
| 应县 | 751921 | 332673 | 24.80 | 344508 | 16516 | 172100 | 25003 | 10862 |
| 右玉县 | 725803 | 132609 | 30.20 | 183371 | 42576 | 155509 | 24285 | 7870 |
| 怀仁市 | 2323830 | 265959 | 0.90 | 775850 | 120120 | 251869 | 35078 | 16454 |

小微企业发展，新增城镇就业3960人。投入使用2000平方米中心社区4个、500平方米社区7个，解决200平方米以下社区场所问题。（马 军）

【朔州市平鲁区】 平鲁区位于朔州市西部，总面积2314平方千米，下辖2镇11乡，286个行政村。

旅游资源有安太堡煤矿文化园、北固山、乌龙洞、大河堡村等。

**农业** 2018年，平鲁区播种面积56.30万亩，粮食产量达18万吨，增长11%。新增草地8.50万亩，建设棚圈、青贮窖1.50万平方米，新增规模养殖小区7个，养殖总量达213.70万头只。6家入园企业恢复生产；源生泰等一批电商平台落户平鲁。12家农产品加工企业销售收入达12.50亿元。总投资9040.80万元，解决8个乡镇人畜饮水问题部分山区供水工程主体部分建设完成。栽植各类树木8万株。开展570亩耕地安全利用工作。造林8.39万亩，经济林4万亩。水源工程10处，综合治理小流域800公顷，治理坡地366公顷。

**产业建设** 2018年，平鲁区建成标准化矿井23座。其中，6座达一级标准，先进产能占比达81%。生产原煤8531万吨，洗选原煤7703万吨，洗选率达90.30%。中煤平朔2×66万千瓦、中电投2×100万千瓦电厂移出缓建。西易能源10万千瓦风电项目开工建设，茂华东平太、太重掌柜窑、晋能大河堡3个风电项目前期手续办理完毕。0.30万千瓦扶贫光电项目并网发电。全区并网和在建电力总装机达830.08万千瓦。全年发电126.9亿千瓦时。煤电行业合计占地区生产总值49.70%。开展招商引资，完善工作机制和考核体系，全年签约项目30个，总投资134.80亿元，招商引资签约项目当年开工率达73.30%。

**新兴产业** 2018年，平鲁区总投资200亿元内陆港项目挂牌运营，现代物流产业雏形显现。总投资2亿元北新建材纸面石膏板项目签约落地。总投资5亿元鑫瑞机械制造项目基础工作完成。推进总投资113亿元60万吨煤制乙二醇、年产300万吨低阶煤分级分质利用、晋坤10万吨高岭土煅烧、岩棉一体化等重大项目前期工作。非煤工业企业实现增加值19.60亿元。

**企业发展** 2018年，平鲁区设立5000万元发展专项资金，支持民营企业公共服务和融资服务体系建设。培育"小升规"工业企业6家，累计达34家。全区民营市场主体达7363户，增长8.30%，从业人员达2.60万人。民营经济总量占全区42%左右，税收贡献占全区38.60%，就业贡献占全区80%。组建朔州农商行，山西证券平鲁营业部落户。

**环境建设** 2018年，平鲁区投资1191万元，提标改造12台燃煤集中供热锅炉，清洁取暖改造2373户。开展柴油货车和散装物料运输车污染治理，道路扬尘污染问题得到治理；推进桑干河清河行动，疏浚河道6.5千米，清淤清垃圾85万立方米，拆除违建2万平方米、煤场19家。推进12座乡镇垃圾中转站建设，3座投入运营。推进14个示范村污水治理工作，安太堡、大河堡2个村开工建设。

**民生事业** 2018年，平鲁区实现80个贫困村、5326户14792人整体脱贫。推进古城小区棚户区改造、堡子沟城中村改造、井西小区、善学小区建设，累计完成投资18.80亿元。热电联供、两街两路改造、城市垃圾中转站、三水厂建设、安口河排污管网改造、建筑立面整治、小街小巷硬化等重点项目铺开，累计完成投资3.10亿元。完成950户棚户区改造。丁泉线、朔只线全线通车，"四好农村路"建设任务完成。高考一本达线211人，二本B类以上达线703人，突破700人大关，达线率50.90%。公开招聘32名医技专业人才，落实"两取消、两免费"医疗惠民政策，总投资3000万元区乡医疗卫生信息一体化项目一期工程建设完成。城镇新增就业3871人，农村劳动力转移就业3871人。

（马 军）

【山阴县】 山阴县位于朔州市东北部，总面积1651平方千米，下辖4镇9乡，257个行政村。总人口24.10万人。

旅游资源有广武古城长城遗址文化群、杨莫岭森林公园等。

**农业** 2018年，山阴县发展壮大谷子、莜麦、高粱、荞麦等优质杂粮产业，总面积达到25万亩，其中渗水地膜旱地谷子6万亩。打造富硒小米品牌。开展粮改饲试点工作，以全株青贮玉米、苜蓿、燕麦草、甜高粱等为主优质饲草种植面积达到15.50万亩；粮食产量达2.98亿公斤。农业基础完成高标准农田建设1.85万亩，县级补充耕地项目新增耕地381.60亩，省级耕地开发基金项目新增耕地1076.39亩；完成9个乡镇55个村节水灌溉工程，新增节水灌溉面积2.58万亩。

**产业建设** 2018年，山阴县推进玉皇山煤业与南泉湾煤业减量置换和减量重组，全县13座生产煤矿全部达标。煤炭产量2067.70万吨；洗煤产量2141.70万吨；发电量39.50亿度。开展"转型项目建设年"活动，实施重点项目70个，总投资108.57亿元，当年完成投资21.60亿元。引进新兴产业和转型项目，完成招商引资签约项目38个，总投资114亿元，落地项目29个，开工项目12个，到位资金8.60亿元。发展壮大非煤产业，光伏、风电项目完成投资近4亿元。发展新材料产业，超牌一期煅烧高岭土、玉竹绝热保温硅酸钙板项目竣工投产。发展现代服务业，各类专业店、连锁便民店、大中型商业综合体等新的商业组织达到1370家，线上餐饮消费、美容美发、洗浴、家政服务等生活服务网商达到1301家，电子商务、连锁经营、物流配送等新兴业态达到41家；电商行政村服务站8个，网上产品销售额突破2000万元。

**城乡建设** 2018年，山阴县府东街跨线立交桥、世纪大道、王润路等工程开工建设，虎山线铁立交桥通车运行，完成骏马路改造和21条小街小巷硬化，完成自来水输水线后所段复线改造并投入使用，改造更新主要街道路灯1000余盏等。完成永皓电厂设备更新改造和扩容，关闭第二供热站区域供热锅炉并与热电联供主管网对接，新建供热主次管网12条11.70千米，热电联供集中供热扩容101万平方米。完成19个美丽乡村示范村建设，完成10个行政村撤并工作。

**环境建设** 2018年，山阴县推进大气污染防治，取缔散乱污企业75家，改造企业燃煤锅炉；完成集中供热改造户38户、“煤改气”4078户，采煤沉陷区搬迁签订协议2058户，重污染天气降低到12天。强化水污染防治，推进桑干河“清河行动”，实施河道疏浚、清淤、固堤、沿河公路建设、岸线绿化等工程，完成投资1.80亿元；建设污水处理厂至桑干河排水通道1624米，完成污水处理厂改扩建，新增污水处理能力5000吨/日，桑干河出口断面水质稳定达标。推进土壤污染防治，完善煤矿、洗选煤厂、矸石处理场防扬散、防流失、防渗漏等设施建设；造林绿化工作完成整体造林2.50万亩，栽植各类树木250万株；实施西山矿山生态修复工程，完成投资1.70亿元。

**民生事业** 2018年，山阴县退出贫困户154户343人，实现“摘帽”目标；完成“四好农村路”建设，安全饮水工程村12个，农网升级改造村34个，通宽带网络村32个，农村危房改造43户等。推进文化惠民工程，免费送戏下乡104场，农村电影放映3084场，农家书屋补充图书近2万册，建成电视无线数字化接受传输发射基塔。五项社会保险扩面工作完成，建成25所农村老年日间照料中心，县中心敬老院项目开工建设。（侯志林）

**【应县】** 应县位于朔州市东部，总面积1793平方千米，下辖3镇9乡，321个行政村。

旅游资源有金代释迦木塔、永镇寺、净土寺等。

**农业** 2018年，应县粮食产量达3.75亿公斤，蔬菜总产6.65亿公斤；奶牛、肉羊、生猪饲养量分别达6.50万头、120万只、16万头。建设全省现代农业示范基地，调整优化种植结构，发展规模健康养殖。农田灌溉面积达1.80万亩，建设高标准农田4.05万亩。推进农业品牌化、产业化建设，新增“三品一标”认证7个，发展产地认证2.25万亩，农产品加工企业销售收入达64.31亿元。

**转型改革** 2018年，应县省级经济技术开发区获批，采用PPP模式引进公共基础设施建设项目。完成农村土地确权和农村集体产权制度改革试点工作，推进村经济合作社，乡镇成立股份经济联合总社建设。建立银行机构包联帮扶重点项目、重点产业机制，发放中小企业贷款1.26亿元。支持民营经济发展，出台支持措施33条，落实奖扶资金2070万元，培养“小升规”企业4家。推进企业科技创新，省级技改资金2042万元，申报市级以上企业技术中心6家。

**产业建设** 2018年，应县实施重点项目66个，完成投资15.20亿元。在京津冀、山东临沂淄博、福建厦门德化等地区开展主题招商、定点定向招商，签约项目20个，签约金额26.37亿元。举办山西·朔州陶瓷产品进出口交易会。推进总投资11.05亿元26个产业转型项目建设，形成陶瓷、农产品加工、新材料、装备制造等产业为主的工业体系。全县陶瓷企业发展21家32条生产线，雅士利小包装、华伦建陶高档内墙砖等一批项目建成投产。

**文化旅游** 2018年，应县成立木塔文化旅游开发有限公司，承办全市A级旅游景区创建和旅游招商推介等活动，举办系列民俗传统文化节。举办首届农民丰收节。小石口、北楼口村入选第五批中国传统村落名单。接马峪、东辛寨村评为省级美丽宜居示范村。

**城乡建设** 2018年，应县完成“煤改气”4166户。改造危房247户、旱厕430座。推进7个棚改项目和15个商住楼项目，完成保障性住房600套。投资1.25亿元，完成广和街道路改造和建筑垃圾填埋厂工程。完成47千米“四好农村路”、镇子梁水库大桥主体、道路养护提质、安全生命防护4项工程。

**环境建设** 2018年，应县实施垃圾污水治理和村容村貌提升工程，铺设雨污分流管网32.5千米，建设污水处理设施6座。完成营造林工程3.75万亩；县城建成区绿地总面积达427.20万平方米。实施总投资1.80亿元桑干河清河行动。

**民生事业** 2018年，应县民生领域财政支出5.04亿元。投资1.14亿元，县一中教学楼、职中4个专业实训项目24所学校“全面改薄”等建设工程完成，新建广益华府幼儿园，启动十中综合楼建设项目。高考二本及以上达线人数1452人，达线率41.43%。推进医疗健康事业，家庭医生签约服务12.80万人，25.12万名城乡居民建立健康档案，免费产前筛查与诊断服务1878例、城乡妇女“两癌”筛查1.20万人。推进社会保障工作，城镇新增就业3185人，全民技能提升培训4013人。新建25家农村日间照料中心，发放各类民政资金2亿元。上缴医保资金5418万元，县图书馆、文化馆评定为“国家一级馆”，开展免费送戏下乡活动104场。现代耍孩儿剧《扶贫路上》参加全省“两节”文化戏曲会演。（安培兴）

**【右玉县】** 右玉县位于朔州市西北部，总面积1969平方千米，下辖4镇6乡，1个风景名胜区，288个行政村。总人口11.59万人。

旅游资源有杀虎口景区、南山森林公园、苍头河生态走廊等。

**农业** 2018年，右玉县农作物播种总面积68.35万亩，比上年减少3.74万亩。中药材种植1.40万亩，建成1605亩高标准现代农业园区、1.1万亩燕麦优势产业集群、1400亩鲜食马铃薯生产示范基地、3500亩小香葱基地。建设草牧业试点和粮改饲，种植燕麦草1.15万亩，全株青贮玉米0.80万亩，培育新型经营主体180个、农技推广示范基地2个。

**产业建设** 2018年，右玉县教场坪、东洼北、南阳坡煤业达国家一级安全生产标准化矿井，玉岭、玉龙、增子坊煤业达国家二级安全生产标准化矿井。中大科技年产100万套亚麻酸系列化妆品项目开工建设，3家企业完成有机食品认证，2家企业完成无公害食品认证，23家企业62种产品通过质量监测认证，"右玉胡麻油"获国家原生态农产品地理标志。清洁能源产业，上海斯能，威远10万千瓦、玉龙牛心堡三期10万千瓦、雷公山四期5万千瓦3个风电项目并网发电，全县清洁能源装机总容量达130万千瓦。筹办2018山西·右玉西口风情生态文化旅游招商系列活动等节会，全年签约项目9个，合同资金37.59亿元。建成县级电子商务公共服务中心、物流配送中心、电商孵化中心各1个，乡镇级服务站11个，村级服务点133个，开辟3条物流配送线路。电子商务网络交易额达8121万元，网络零售额4319万元。

**文化旅游** 2018年，右玉县接待旅游总人数290万人次，收入26.90亿元，分别增长32.40%、28.20%。举办首届塞上朔州长城国际旅游节、右玉生态国际马拉松。电视连续剧《右玉和她的县委书记们》在央视一套黄金档播出。音乐舞蹈史诗《为有牺牲多壮志——右玉和他的县委书记们》在全省各地巡演。

**城乡建设** 2018年，右玉县第二污水处理厂开工建设，建成垃圾中转站3座，建设菜市场3座，完成街巷硬化2万平方米。完成宝宁街和文源路两个片区800户棚户区改造任务。完成701户平房集中供热工程。玉林街西延道路等市政道路工程开工建设。109国道改线完成总工程量80%。实施高家堡乡和元堡子镇引黄供水工程，完成62个村饮水安全巩固提升工程，实施农村安居工程，完成危房改造4030户。实施10个美丽乡村建设工程。盘活利用农村闲置凋敝宅基地。

**环境建设** 2018年，右玉县完成大片造林10.24万亩，封山育林1.87万亩，通道绿化提升15.80千米，连片改造低产低效沙棘林4万亩，建设高标准沙棘园1.28万亩。推进"清河行动"，开展"大棚房"、河道采砂专项清理整治、柴油货车和散装物料运输车污染治理专项行动，清理河道3450米，取缔砂场10家，封堵处置入河排污口4处，关停违法建设企业3家。空气质量优良天数295天。杀虎口出境断面水体水质保持三类水质标准，获第十届中华环境奖（城镇类）。

**民生事业** 2018年，右玉县退出国定贫困县序列。全县高考二本B类以上达线217人。7所小学校长实行竞聘上岗，16所学校开展"一师一优课、一课一名师"活动。完善医疗卫生服务，建设医疗联合体，与北京医院、中日友好医院等达成长期对口帮扶合作关系。农村低保、五保保障水平分别由每人每年3400元、5400元增加到3840元、6000元。各项社会保险参保人数累计达20.89万人，各项社会保险征缴2.41亿元，基金积累7.20亿元。城镇新增就业2297人，创业带动就业375人。（李　美）

【怀仁市】 怀仁市位于朔州市东北部，总面积为1232平方千米，下辖4镇6乡，162个行政村。

旅游资源有金沙滩旅游区、清凉山、口泉河国家湿地公园等。

**农业** 2018年，怀仁市粮食产量达2.70亿公斤。农作物总播种面积74.50万亩，粮经饲种植结构调整到58:20:22。肉羊饲养量418.80万只。全年累计为养殖农户发放各类惠农资金2009.40万元。农机总动力达22.50万千瓦，完成机械浇灌30万亩，机耕65万亩，机播56.35万亩，农机装备发展水平、农机化作业水平实现双提升。新建农田废旧残膜加工企业金山废旧农膜加工厂。农村土地承包权确权登记颁证工作完成。

**转型改革** 2018年，怀仁市退出煤炭产能21万吨，库存住宅面积从2017年88万平方米下降到42万平方米。为高新技术企业、小微企业减税2217万元，开发区43家企业参与打包直接交易电量，年节省电费3564万元。陶瓷企业用气成本保持合理区间。国企分离办社会职能工作顺利移交。开发区"三制"改革到位，承接15家单位下放337项行政职权事项。外贸进出口总额1.25亿元，同比增长34.20%。

2018年，怀仁市开展"转型项目建设年"活动，开复工转型项目90项，总投资121.74亿元，完成投资45.40亿元。固定资产投资三次产业比重14.3:43.9:41.8，第三产业投资比重上升6.10个百分点。新入库规上工业企业27家。银行金融机构共为150家民营企业贷款25亿元，较上年增加49家、4.60亿元，存贷比从上年24%提高27%。全年新设立登记各类市场经营主体2446户，同比增长10.48%。全市拥有在业各类市场经营主体23741户，同比增长14.1%。金沙滩羔羊肉业有限公司在山西股权交易中心培育板挂牌。受理商标注册申请93件，通过41件，有效注册商标总量达550件。其中，山西省著名商标8件，山西省名牌产品6个。

**文化旅游** 2018年，怀仁市承办朔州市乡村旅游推进会。建成13个村史馆，在云中镇西小寨村建立红色党建广场。举办群众文化系列活动140多场。市图书馆投入使用。送戏下乡162场，农村电影放映1944场。"塑糖人技艺"等10个项目列入第三批市级非物质文化遗产名录。怀仁银街、仁人时代广场等一批商业综合体营业运行。推出怀仁特色魔幻小说《太古》和电影《灰猴》《大破天门阵》《游龙记》等文艺作品。举办第二届"四月八"民俗文化旅游节。承办第二届语文故事儿童电影节、"唱响黄河·歌颂中华"十六省区民歌展演。

**民生事业** 2018年，怀仁市民生领域投入20.10亿元，占一般公共预算支出82%，同比增长34%，增支5亿元。推行市区公交免费和供暖期延长惠民政策。开展"德乡怀仁·共享幸福"公益志愿服务行动。入库254户598人脱贫。家庭医生覆盖率达90%。79个村、3个社区建成日间照料中心。五大社会保险基金累计结余7.48亿元。城镇累计新增就业人数6868人，城镇登记失业率控制在2.38%以内，低于4.20%控制目标。（杨志雁）

## 晋中市

**【概况】** 晋中市位于北纬36°40′~38°06′,东经110°56′~114°05′,总面积1.64万平方千米,下辖1区9县,1个县级市。2018年,全市常住人口3381576人,比上年末增加15979人,其中,城镇常住人口1872495人,户籍人口城镇化率为38.50%,比上年末提高0.91个百分点。出生人口33858人,人口出生率10.04‰;死亡人口17879人,死亡率5.30‰;自然增长率4.74‰。

2018年,晋中市地区生产总值完成1447.60亿元,比上年增长7.10%。其中,第一产业增加值113.80亿元,下降2.30%;第二产业增加值688.10亿元,增长7.60%;第三产业增加值645.70亿元,增长8.50%。人均地区生产总值42910元。一般公共预算收入150.80亿元,比上年增长27.70%。税收收入99.10亿元,增长21.10%。一般公共预算支出322.80亿元,增长15.70%。城镇常住居民人均可支配收入达32947元,增长6.50%;农村常住居民人均可支配收入达13394元,增长8.90%。居民人均消费支出11930元,增长8.50%。按常住地分,城镇居民人均消费支出16121元,增长7.10%;农村居民人均消费支出8893元,增长9.80%。城镇居民家庭恩格尔系数(即居民家庭食品消费支出占家庭消费支出的比重)27.30%,农村居民家庭恩格尔系数28.90%。

**农业农村** 2018年,晋中市农作物种植面积28.32万公顷。其中,粮食种植面积24.92万公顷,减少3000公顷;蔬菜种植面积2.42万公顷,增加1800公顷;油料种植面积1600公顷;棉花种植面积6.80公顷。在粮食种植面积中,玉米种植面积20.82万公顷,减少2900公顷;小麦种植面积6100公顷,与上年持平。果园面积2.41万公顷,增加600公顷。粮食产量179.70万吨,增加3.70万吨,增产2.10%。其中,夏粮2.80万吨,减产0.10%;秋粮177万吨,增产2.10%。完成造林面积2.41万公顷,增长92.80%。肉类总产量23.60万吨,比上年增长4.40%。其中,猪肉产量12.40万吨,增长1.70%;牛肉产量2.30万吨,增长9.50%;羊肉产量2.10万吨,增长10.50%;禽肉产量6.80万吨,增长7.90%。牛奶产量16.40万吨,增长14.70%。禽蛋产量16.90万吨,增长1.20%。水产品产量3829吨,增长5.60%。实施总投资286亿63个重点项目,完成国家现代农业产业科技创新中心等7个国家级试点项目。举办全国农村改革(太谷)论坛。构建"1+10+X"融合发展体系。形成太谷国家级、灵石省级和9个市级产业园格局,特色农业占比达75%。推进榆社十四只绵羊生态养殖基地、太谷番茄小镇等龙头项目建设。农产品加工业销售收入237亿元。

**工业** 2018年,晋中市规模以上工业法人企业570家。规模以上工业增加值达566.30亿元,增长8%。关闭淘汰2座矿井,退出年产能54万吨,煤炭先进产能达39%。

**产业建设** 2018年,晋中市战略性新兴产业增加值达41.20亿元,增长56.40%,占比7.30%。在战略性新兴产业中,新能源产业增长151.80%,新能源汽车增长231.40%,新材料产业增长65.80%,生物产业增长6.70%。安泰集团、吉利汽车产值分别达164和131亿元。启动底特律电动跑车、金科山西智慧科技城、苏宁山西电子商务中心等世界和国内500强企业项目建设。推动晋中开发区10个特色产业园区、5大产业集群发展,推进"1+10"联合体建设,省级及以上开发区达9家。全年固定投资达266.80亿元,比上年增长72%。风电、光伏发电总装机容量分别达172.20万千瓦和81万千瓦,推进寿阳光伏全产业链示范区、灵石煤电铝材一体化循环示范园建设。新增各类市场主体4.10万户,高新技术企业141户,省级以上重点实验室、工程(技术)研究中心、众创空间达45家。规划实施万亩职教城,推动示范区潇河产业园起步建设。

**投资贸易** 2018年,晋中市固定资产投资702.70亿元,增长9.60%。其中,基础设施投资完成134.50亿元,增长3.70%。国有及国有控股投资249.50亿元,增长14.30%。民间投资391.10亿元,下降6.20%。分产业看,第一产业投资36.90亿元,下降39.30%;第二产业投资248.60亿元,增长10%;第三产业投资417.30亿元,增长17.70%。全市工业投资247.70亿元,增长11.10%。其中,煤炭工业投资35.70亿元,下降30.50%,非煤产业投资211.90亿元,增长23.60%;传统产业(煤炭、焦炭、冶金、电力)投资合计115.70亿元,下降4.20%,非传统产业投资合计131.90亿元,增长29.30%。

**城市建设** 2018年,晋中市环城道路、龙城东延、龙湖东延以及安宁街、迎宾街改造等8条干道完工。榆祁高速龙湖收费站建成通车。启动龙城大街区域开发工程,15条小街巷完成改造,外环快速路骨架形成。

**环境建设** 2018年,晋中市森林面积25.36万公顷。5个自然保护区,面积9.78万公顷。环境空气优良天数范围在139-252天之间,其中市城区210天;环境空气综合污染指数范围在5.44-9.13之间,其中市城区为6.52。全市河流监测的11个断面中,达Ⅲ类以上(包括Ⅰ、Ⅱ、Ⅲ类)水质标准断面7个,劣Ⅴ类水质标准断面3个,占监测断面总数27.30%。新增绿地119.80万平方米,基本实现300米见绿、500米见园,建成生态绿廊、顺城公园。完成12段黑臭水体整治,市城区禁燃区扩大二倍,启动垃圾发电项目。

**交通邮电** 2018年,晋中市公路通车里程16037.40千米,比上年增加12.70千米,增长0.08%,其中高速公路625千米。全市民用汽车保有量63万辆(包括三轮汽车和低速货车4641辆),比上年末增长9.10%,其中私人汽车56.70万辆,增长9.10%。本年新注册汽车6.40万辆,下降5.50%。年末轿车保有量38.80万辆,增长9.40%,其中私人轿车37.50万辆,增长9.70%。

全市完成邮电业务总量111.40亿元。其中,邮政业务总量5.60亿元,电信业务总量105.80亿元。邮政业全年完成邮政函件业务73.60万件,包裹业务2.38万件,报纸业务5065.76万份,杂志业务172.10万份。规模以上快递服务企业业务量完成1701.55万件,同比增长28.27%;快递业务收入完成2.78亿元,增长38.20%。

**文化旅游** 2018年,晋中市共有群众艺术馆、文化馆12个,文化系统艺术表演团75个,公共图书馆12个,图书馆总藏量达2206千册。文物保护单位1054个,剧场(影剧院)39个。全市共有电视台11座,广播电台节目11套。有线电视用户62万户。广播节目综合人口覆盖率98.54%,电视节目综合人口覆盖率99.73%。

全市接待入境旅游者26.20万人次,增长7.10%。其中,外国人16.90万人次,增长7.30%,港澳台9.40万人次,增长6.80%;接待国内旅游者9789.40万人次,增长23.50%。旅游外汇收入14184.70万美元,增长8%,国内旅游收入1004.30亿元,增长23.10%,旅游总收入1013.90亿元,增长23.10%。

**民生事业** 2018年,晋中市工人文化宫、晋中大医院、“三馆”等投用。保障性安居工程完成1.50万套。参加城镇职工基本养老保险57.30万人。参加城乡居民社会养老保险154.80万人,增加0.26万人。参加城镇职工医疗保险57.40万人,增加2.70万人。参加城乡居民基本医疗保险253.60万人,增加1.70万人。参加失业保险33万人,增加0.80万人。参加工伤保险40.50万人,增加1.80万人。参加生育保险38.50万人,增加2.50万人。全年全市纳入城市最低生活保障居民10165人;纳入农村最低生活保障居民64659人;纳入农村五保供养17123人。全年共发放城乡最低保障资金20381.80万元。年末全市共有提供住宿各类社会服务机构66个。其中,养老服务业机构53个,提供住宿社会服务机构床位数4893张。全市有福利彩票销售点298个,福利彩票销售收入27760.40万元。

(王　虹)

**【晋中市榆次区】** 榆次区位于晋中市中部,总面积1328平方千米,6镇4乡,9个街道办事处,283个行政村,61个社区。

旅游资源有榆次老城、常家庄园、后沟古村、乌金山森林公园等。

**农业** 2018年,榆次区粮食产量达20万吨。蔬菜总产量达210万吨。新增优质干鲜果种植面积1.20万亩。农业产业化龙头企业实现销售收入59.50亿元。“榆次苹果”获国家地理标志产品认证。庄子乡牛村清清苹果种植专业合作社打造“牛村清清苹果”商标品牌。新增“三品一标”认证面积17.20万亩。新培育8个省级、市级示范合作社和2个示范家庭农场。

**产业建设** 2018年,榆次区项目总投资1354.60亿元,签约总额达403.97亿元。年度计划投资224.80

2018年晋中市辖县(市、区)经济指标统计表

| 县　市 | 地区生产总值(万元) | 农林牧渔业总产值(万元) | 固定资产投资增长速度(%) | 社会消费品零售总额(万元) | 一般公共预算收入(万元) | 一般公共预算支出(万元) | 人均可支配收入(元) | |
|---|---|---|---|---|---|---|---|---|
| | | | | | | | 城镇居民 | 农村居民 |
| 榆次区 | 2997849 | 351439 | 47.60 | 2069134 | 129062 | 336451 | 35313 | 18086 |
| 榆社县 | 343706 | 78292 | 20.50 | 141170 | 30169 | 172223 | 22686 | 5901 |
| 左权县 | 586136 | 76759 | 1.70 | 165707 | 46932 | 192788 | 27145 | 6056 |
| 和顺县 | 588972 | 66262 | 13.40 | 167445 | 56598 | 152631 | 25267 | 7197 |
| 昔阳县 | 846213 | 99006 | 10.10 | 291422 | 63578 | 191299 | 25770 | 9704 |
| 寿阳县 | 1283759 | 227328 | −50.40 | 303631 | 114046 | 199461 | 34582 | 13648 |
| 太谷县 | 963912 | 388257 | 13.70 | 424294 | 58403 | 210666 | 31061 | 19143 |
| 祁　县 | 826900 | 305898 | −20.40 | 475185 | 40233 | 177317 | 32278 | 17118 |
| 平遥县 | 1186933 | 223688 | 10.90 | 680065 | 66536 | 306794 | 30442 | 12472 |
| 灵石县 | 2474250 | 79258 | 5.10 | 816079 | 181572 | 297282 | 37665 | 17400 |
| 介休市 | 2323238 | 110148 | −14.20 | 1028568 | 200019 | 265526 | 34927 | 14249 |

亿元的241项转型项目累计完成投资178.40亿元。技改投资达23.04亿元,新增市级企业技术中心3户,高新技术企业总数达35户。东方时尚、大唐双语等项目开工建设。

**旅游** 2018年,榆次区接待游客1861万人次,旅游总收入突破213亿元。推进小西沟文旅小镇、黄土雕塑、乌金山等项目创建AAAAA景区工作。醋博园、黄土农言挂牌AAA级景区。

**城乡建设** 2018年,榆次区龙城高速龙湖互通工程建成通车。完成龙城大街东延、潇河公园三期、环城路等64项省市重点工程和开发区金科、吉利等29项重点项目征拆任务,完成征地1.56万亩,拆迁128万平方米。推动王湖、源涡、聂村、南沟、小东关城中村改造安置区建设。推进拆违治乱提质,拆违397处15万平方米。完成"厕所革命",改厕5403座,新建6座乡镇垃圾转运站。投资8亿元,47个村4个小区3.36万户、703.98万平方米实现集中供热。投资360万元建设国考断面郝村水质自动化监测站,潇河流域污染整治工程全线铺开。完成15个畜禽养殖场污水处理工作。实施造林绿化2.35万亩,林木绿化率达31.60%。

**民生事业** 2018年,榆次区投入扶贫资金2172万元,协调贷款480万元。实施全民技能提升工程,累计培训8917人。城镇新增就业7754人,转移农村劳动力5015人,城镇登记失业率控制在2.01%。组建基层骨干文化队伍154支,完成送戏下乡406场、送电影下乡3376场,参与群众达20余万人。投资4亿元完成320千米"四好农村路"新改建和养护提质工程。《(民国)榆次县志》点校本出版发行。 (薛丽瑾)

**【榆社县】** 榆社县位于晋中市东南部,总面积1699平方千米,下辖4镇10乡,1个城区管理委员会。

旅游资源有云竹湖、文峰塔、禅山寺、古生物化石博物馆、清凉寺、响堂山石窟等。

**农业** 2018年,榆社县粮食播种面积14362.90公顷,粮食总产量78716吨。累计流转土地10万亩,推进工商资本"上山下乡"。新增农作物种植面积7000亩,玉米调减1.20万亩,经济作物调增1.90万亩,种植业每亩平均收益103元。发展特色产业,推进谷子、中药材两个市级现代农业产业园建设,通过北京十四只绵羊公司现代化养殖及乳品开发项目,推广五福小米、晋胶阿胶糕、田禾火麻油三个省级农产品。

**工业** 2018年,榆社县设立榆社经济技术开发,推进10户招商引资企业项目建设,总投资9.10亿元,总产值突破40亿元。榆社化工公司烧碱产量321006吨,比上年增长112.55%;聚氯乙烯354268吨,比上年增长6.35%;发电量286868.10万千瓦时,比上年增长22.91%。

**城乡建设** 2018年,榆社县完成漳原大道北延、南延和环云竹湖公路工程。投资4.55亿元,建设农村公路178.89千米。完成中央环保监察问题整改工作,二氧化硫年平均浓度低于晋中市水平14%。

**文化旅游** 2018年,榆社县接待游客167万人。赵家村、北山旱村成为山西省旅游扶贫示范村,旅游开发由"一景引领"向"全景榆社"转变。举办国家级赛事2次,省级赛事4次。榆社县体育馆荣获山西"十佳公共体育馆奖"第二名,云竹湖休闲旅游垂钓节获"十佳品牌赛事奖"第五名。完成职级制度改革,60%中小学通过义务教育管理标准化验收。

**民生事业** 2018年,榆社县推进市县乡医疗一体化改革,发展全民健身活动。全县城镇新增加就业2420人,转移农村剩余劳动力2540人,城镇登记失业率22.84%。开展古建技术等特色劳务培训,全年培训2785人。

**脱贫攻坚** 2018年,榆社县推动脱贫攻坚,全年退出52个贫困村,脱贫5903户,15085人。推进易地扶贫搬迁工作,完成9个集中安置点建设,9580人搬迁任务完成,住房建筑面积18.60万平方米,分房率达98%以上。全年投入扶贫资金7亿元,实施扶贫项目754个。 (常彩萍)

**【左权县】** 左权县位于山西省东部边缘,总面积2028.10平方千米。下辖5镇5乡,1个城区管理委员会,203个行政村,8个居民委员会。总人口16.66万人。

旅游资源有麻田八路军总部纪念馆、太行龙泉国家森林公园、莲花岩生态庄园等。

**农业** 2018年,左权县农作物播种面积为13497公顷,其中粮食播种面积为11306.20公顷,粮食总产量60031.30吨。新发展杂粮8000亩、设施蔬菜1000亩、中药材3.50万亩。

**产业建设** 2018年,左权县规模以上工业企业主营业务收入399104万元,完成工业增加值186570万元。推进东方希望左权氧化铝项目建设。转型标杆工程中晋太行年产30万吨还原铁项目主体完成。技改投资达2.30亿元,新产业项目完成投资32.50亿元。培育高新企业1个,引进先进设备13台,投资额794.03万元,技术合同交易总额5000万元。

**文化旅游** 2018年,左权县接待旅客达438.39万人次,旅游综合收入达37.64亿元。文艺表演团体40个。推动太行一号旅游公路建设,麻田自驾游营地营业。"左权剪纸"等4个项目入选市级非遗名录。国画大师陈硕石纪念馆开馆。首办太行(左权)生态文化旅游活动季系列活动。

**城乡建设** 2018年,左权县推进宜居县城、碧桂园等8个高品质住宅小区项目建设。启动5个片区"城中村"改造,新增住房面积40万平方米。9条公路主体完工。实现与邢邯太行旅游圈联通。石佛寺森林公园完工,沙河公园被评为三星级公园。

**环境建设** 2018年,左权县完成造林5.69万亩,投入1.60亿元治理清漳河,完成城南河道治理等3项工程,治理长度36千米。新增水保面积8万亩。清理取缔散乱污企业57个,县城"禁燃区"面积达7.23平方千米。

**民生事业** 2018年,左权县新增城镇就业岗位2265个,转移农村劳动力3510人。新招聘左权籍机关事业单位工作人员62名，左权中学综合教学楼、5所村级幼儿园投用，羊角中学综合楼等主体完工。实施65岁以上人群免费乘坐县城区公交车政策。完成“四好农村路”项目36个。改造农村公交线路4条，所有建制村实现通公交车。新建日间照料中心10所，供养老人1200余名。全县低保、五保数量增长32%。县级医疗卫生机构7个，乡镇卫生院10个，分院5个，农村卫生所达204个。病床位495张，卫生技术人员490人。农村社会养老保险8.6万人。10万人享受家庭医生签约服务。

（宋　丽）

**【和顺县】** 和顺县位于晋中市东部，总面积2194.3平方千米，下辖5镇5乡，294个行镇村。

旅游资源有海眼寺、牛郎织女文化园景区、牛郎峪、懿济圣母庙、太行龙口景区、天河山风景区、云龙山森林公园。

**农业** 2018年，和顺县粮食产量7260万公斤，设施蔬菜、食用菌、中药材种植面积达2.32万亩，同比增长10%。新认证有机、GAP“三品一标”企业15个、产品71个，认证面积11万亩。

**产业建设** 2018年，和顺县生产原煤950万吨。经济技术开发区新入驻企业2个。山西依风20万千瓦风电并网发电，龙源风电一期6万千瓦开工建设，23.54兆瓦光伏扶贫电站并网电。

**城乡建设** 2018年，和顺县实施城建重点项目25个，任元汗城中村改造完成拆迁270户。综合整治县城41条主次街道、河道、集贸市场。县城区环境空气质量二级以上天数228天，同比增加14天，建设生态功能保护区监测站。实施10个村河道水毁治理工程，井子水库开工，新改建农村路451.16千米，实施公路安保工程61.73千米，新建2个乡镇公交客运站，农村公路候车亭、招呼站牌实现全覆盖。造林5.70万亩。农村改厕1500户，打造省级美丽宜居示范村2个、省级特色文化试点村1个、市级美丽宜居示范村16个。

**旅游** 2018年，和顺县接待游客205万人次，旅游综合收入18.23亿元。举办第八届“中国牛郎织女爱情文化节”和第三届“大美太行·生态和顺”太行山登山步道徒步大赛。太行鹊桥、夫子岭休闲度假区等景点景区建设完成投资4910余万元。禅堂寺林场被命名为“第四批全国森林康养基地试点建设单位”。

**民生事业** 2018年，和顺县民生支出11.50亿元。投资2921.60万元，思源实验学校、松烟中学运动场、3所幼儿园主体完工。县医院门诊住院楼主体完工，建标准化卫生院8所。新增就业2288人，创业带动就业625人。城乡居民养老保险、城镇医保、新农合参保率分别达96.80%、100%、99.01%。推进中小学教师“县管校聘”管理改革，中小学教师设置岗位总量1606个，146名教师参与跨校竞聘，城乡交流教师24名。

（张　静　张　燕）

**【昔阳县】** 昔阳县位于晋中市东部，总面积1954平方千米，下辖5镇7乡，17个主城社区，322个行政村。总人口23.80万人。其中农业人口19.80万人。

旅游资源有大寨风景区、虎头山、龙岩大峡谷。

**产业建设** 2018年，昔阳县新造耕地5200亩，新建高标准农田9.80万亩，实施连翘、板栗、沙棘、核桃、食用菌、生态林等六个“万字号”工程，昔阳小米亮相全国农产品地理标志品牌推介会。引进锂离子电池负极材料一体化生产、新型蓄光材料等一批新材料产业项目，推进金寨风电一期、寺家庄瓦斯发电、招能风电、生物质发电等一批新能源产业项目和20万吨特种树脂、氧化锌、氢氧化锂等一批化工产业项目建设，形成“煤电气化新”五大产业“五龙擎天”工业格局。山西碧洲科技有限公司通过国家高新技术企业认定。制定支持民营经济发展条目20条，设立1000万元民营企业发展专项资金，培育“小升规”企业6个，昔阳县规模以上企业达25个。

**城乡建设** 2018年，昔阳县实施路网建设、景观绿化、河道治理、住房安居等工程，改造大寨桥，拓宽胡窝路，延伸沾岭路，形成“一环四横六纵”路网格局；共铺设改造供水、供气、供热、污水管网124千米，污水处理率达96.50%；建成沾岭公园，绿化朝阳街、城壕街、沾岭路，建成七大公园50余个小游园，人均公园绿地面积达14.60平方米，绿地率达41.50%，绿化覆盖率达45.30%；推进清华苑、书香门第等住房安居和棚户区改造；实施上城街立面改造，新建下城和新城20多处水景观，完成2.40万平方米道路硬化。70%行政村实现垃圾市场化清洁覆盖，改造无害化厕所3500户。“县乡村户”四级联创打造美丽宜居示范村15个。

**环境建设** 2018年，昔阳县优良天数达246天，推进安平发电厂超低排放改造、三都露天矿生态恢复治理、白羊岭煤矸石治理等环保项目建设，根治昔阳县涉煤“小散乱污”企业，推进大型化工企业水和固废治理，造林绿化10余万亩，集中连片打造沾岭山森林生态系统工程，森林覆盖率达23%，林木绿化率达43%。

**民生事业** 2018年，昔阳县民生支出16亿元。国家公共文化服务体系示范区通过验收；城乡基本养老保险、基本医疗保险、居民大病保险和城乡基层医疗卫生服务体系实现全覆盖，创建省级慢性病综合防控示范区；铺设县城给水专线关山水库至安坪段直供管道。开展赵壁河19千米河道环境整治工程。承办晋中市农村道路交通安全现场推进会，获评“四好农村路全国示范县”；县城14个公共区域实现无线网络覆盖，五乡镇实现有线电视覆盖；城镇新增就业3024人，农村劳动力转移就业3751人，城镇登记失业率控制在2.10%；城乡2.80万人次享受救助保障4916万元。　（刘利国）

**【寿阳县】** 寿阳县位于晋中市东部，下辖7镇7乡，2个城区管委会，206个行政村。总人口21.46万人。

旅游资源有乌金山国家森林公园、祁寯藻故居、方山国家森林公园、水涛沟瀑布、龙泉寺等。

**农业** 2018年，寿阳县农作物总播种面积为75.99万亩。其中，粮食作物播种面积68.52万亩，蔬菜播种面积6.96万亩。粮食总产量达到33.43万，蔬菜总产量达43.23万吨。新发展果园0.30万亩、中药材0.70万亩。玉露香梨"梨先生"品牌获第十九届中国绿色食品博览会金奖。新建、改扩建标准化养殖场8个，新建家庭牧场9个。"金粮""汉世伟"养殖基地规模不断发展壮大。累计发展农民合作社1147家、家庭农场69家，新型经营主体不断壮大。成立首个股份经济合作社。获"中国十大农特产品生态基地"杂粮基地(晋荞米业)金农奖。

**产业建设** 2018年，寿阳县14座生产矿井，新元、昌泰、麦捷3座达一级安全质量标准，其余均达二级安全质量标准。3座矿井配电室、水泵房、空压机房和降压站实现无人值守。阳煤乙二醇一期产量达20万吨，年转化原煤70万吨，产业链条拉长3倍。蓝凯博年产200万吨醚基燃料。500兆瓦光电并网发电；推进晋能50兆瓦、中船海装98兆瓦和雁门关98兆瓦风电建设；润科达尹灵芝镇40兆瓦、天合光能30兆瓦风电项目取得核准。国新能源园区年输送煤层气5亿立方米、热电联产年发电5亿度，产值达5亿元。汇能生物质6.60兆瓦电厂点火调试、发电。

**城乡建设** 2018年，寿阳县6个传统村落保护发展规划通过评审。新建、改建滨河东路等道路12.30千米，三个铁道平交路口实现通车。汽车客运中心和城市公交站建成。完成石门河污水收集管网10.40千米、县城北部污水收集雨污分流工程4.90千米。农村危房改造160户，评估验收121户。建成区绿地面积达363.40万平方米，绿地率、绿化覆盖率分别达33.80%、35.50%，按照"户分类、村收集、乡转运、县处理"模式推进农村环境卫生整治，8个示范村首批进行垃圾分类试点，7个村开展垃圾不落地收集活动。实施"厕所革命"，改造5374座无害化卫生厕所。

**民生事业** 2018年，寿阳县推动"五个一批"、实施"六大工程"，6个贫困村摘帽，2625户、4540名贫困人口实现脱贫，贫困发生率降至0.40%。寿阳二中2号教学楼主体完成，中小学校操场及体育设施建设全面铺开。投入2000万元加强医疗信息化建设、业务培训，通过"全国基层中医药工作先进单位"复审。完成14个乡镇文化站整合"提档升级"工程，创建国家公共文化服务示范区。完成19个行政村的无线网络覆盖，行政村全部通宽带。全县城镇新增就业3120人，创业带动就业1080人，城镇登记失业率2.10%。城乡居民社会养老保险参保10.30万人，城乡居民基本医疗保险参保16.70万人。尹灵芝烈士纪念馆成为晋中市关心下一代党史国史教育基地。 (李丽萍)

**【太谷县】** 太谷县位于晋中市中部，总面积1050平方千米，下辖3镇6乡，198个行政村。

旅游资源有曹家大院、孔祥熙宅院、明清古城、怡园、梅苑山等。选2018中国幸福百县。

**农业农村** 2018年，太谷县乡村振兴战略总体规划编制完成，启动示范乡、示范村创建工作。推进现代农业产业科技创新中心等7个国家级项目实施。组建功能农业研究院等12个科创平台。成立山西农谷标准化技术委员会。农民培训中心累计培训职业农民8000余人次。"1+10+X"创新融合发展模式服务全省，番茄小镇15万平方米全环境智能日光温室投入生产。获批国家农村产业融合发展示范园、获全国农机平安示范县、全省畜牧业绿色发展示范县称号。土地托管面积达3万亩。

**产业建设** 2018年，太谷县开展转型项目建设年活动，96项重点工程完成投资49.20亿元。经开区入驻企业66家。广誉远获批省级技术中心、中医药文化产业园开园，医药行业实现入库税收1.60亿元，行业总产值突破50亿元。碳素制品出口额1.40亿元，新增发明专利申请量94件，新认定高新技术企业8家。太谷经济技术开发区揭牌运行。设立太谷农业高新技术产业示范区。全年实现旅游综合收入73.60亿元。

**城乡建设** 2018年，太谷县修复破损路面及人行道1.50万平方米，改造户厕4046座，新建、改建公厕210座。5个便民市场投入使用，棚户区改造988套。铺设天然气管网47千米，新增供热面积71.60万平方米，集中供热普及率达96.80%。改造农村危房257户，1.30万农村群众饮水安全条件提升。建成108千米"四好农村路"、80个农村物流节点，183个建制村实现客车村村通。6座农村垃圾分类转运站建成运行。凤凰山森林公园通过省级森林公园评审，完成营造林面积2.23万亩，林木绿化率达32%。3座公园荣获省级城市星级公园称号，建成区绿地覆盖率达到40.40%。

**民生事业** 2018年，太谷县民生支出18.20亿元，9个易地扶贫集中安置点全部搬迁入住，200名五保户实现集中供养，4018人实现脱贫、5个贫困村摘帽。城镇登记失业率2.08%，城乡基本医疗保险覆盖率、基本养老保险覆盖率分别达到99.60%和99.70%，老年日间照料中心覆盖全县75%以上老龄人口。实施中小学校长职级制改革，推进义务教育办学模式改革和县域义务教育优质均衡发展改革，55所学校完成维修改造。新建、改建2所乡镇卫生院、28所村卫生室，重点人群家庭医生签约率100%。获批国家级社会管理和公共服务综合标准化试点项目，农家书屋、文体活动广场实现行政村(社区)全覆盖。 (王少静)

**【祁县】** 祁县位于晋中市中部，总面积854平方千米，下辖6镇2乡，3个城区，1个经济开发区，160个行政村。总人口27万人。

旅游资源有乔家大院、祁县古城、何家大院、九沟风景区等

**农业** 2018年，祁县粮食产量22.34万吨。农作物种植面积40.35万亩，其中粮食作物播种面积35.71万亩。

**产业建设** 2018年，祁县规模以上工业法人企业39家，规模以上工业增加值完成9.49亿元。举办第十三届牛业大会和首届玻博会。推进省部共建祁县“一带一路”中小企业特色产业中外合作区建设。玻璃器皿供应2018博鳌亚洲论坛。酥梨销往荷兰和美国，出口累计达19个国家和地区。自营出口额达3亿元，出口总额超过15亿元。水果种植面积19.70万亩，设施蔬菜种植面积4.10万亩，大田辣椒种植面积超过3万亩；牛饲养量19.30万头。

**城乡建设** 2018年，祁县完成城区14条主次干道修复，补植行道树1600株、绿篱5000平方米。启动108国道城区过境段拓宽改造工程，对县城北部108国道地下雨污管网进行提质改造。完成进士街、丹枫西街两个便民市场建设，新增集中供热面积62万平方米，敷设管网18公里。完成棚户区房屋征收1066户，建筑面积11万平方米。推进“厕所革命”，农村公厕旱厕改造112座，农民户厕旱厕改造3016座。投资3.30亿元实施硬化道路253千米“四好公路”，建成7座乡镇生活垃圾转运站，推进水利基础设施建设，左家滩水库和昌源河灌区水源置换工程开工建设。推进农村集体产权制度改革，4个试点村完成改革任务。启动汾河中游(祁县段)田园综合体游客中心、休闲广场及园内8条道路建设。主要街道机械化清扫率达90%，建成区垃圾容器化覆盖率达90%以上，生活垃圾无害化处理率达100%。

**生态建设** 2018年，祁县清洁供暖面积新增100余万平方米，取缔、改造工业锅炉、经营性锅炉、财政供养锅炉765台。实施荒山增绿行动，完成8000亩退耕还林和5000亩天保工程。昌源河国家湿地公园完成36公里重点地段绿化工作，刘家堡过滤湿地和科普馆过滤花园全部完工，九沟鸟类公园基本建成，昌源河湿地发挥生态效应。城区环境综合指数同比下降12.50%；二氧化硫浓度同比下降57%。

**民生事业** 2018年，祁县民生投入15亿元。3509名贫困人口脱贫。东观财源路提质改造工程竣工通车，雨、污、暖、气、电管道全部入地；三支退水渠城区段雨水方涵工程完工；祁县第六中学、祁县靖烨双语学校开学招生，完成农村9所小规模初中撤并整合工作；开发区污水处理厂建成并投入使用；集中供热新增供热面积62万平方米，清洁能源替代新增用户达9200户；昌源南路拓宽改造工程房屋征收基本完成；文化艺术中心完成地下基础工程和三条配套道路建设；玻璃文化主题公园完成总体规划设计；培育1048名新型职业农民；新增就业4025人，安置下岗失业1320人。

（郭燕萍）

**【平遥县】** 平遥县位于晋中市中南部，总面积1260平方千米，下辖5镇9乡，3个街道办事处，16个居民委员会，273个行政村。总人口52.08万人。

旅游资源有平遥古城、双林寺、日昇昌旧址等。获“2018中国最美县域”称号。

**农业** 2018年，平遥县粮食总产量26万吨，蔬菜总产57万吨。新发展设施蔬菜、杂粮、中药材分别为1000亩、5000亩、1.50万亩。

**产业建设** 2018年，平遥县兴产业增长11.40%。经济技术开发区获批省级开发区，中国钢研人造蓝宝石长晶项目主体完工。晋明通脱硝催化剂生产线、华为大数据中心、又见平遥啤酒等项目正式运营。新丁文江新金属材料院士工作站正式挂牌运行。煤化集团捣固焦项目与河钢集团开展战略合作。亮宇碳素阴极炭块焙烧系统投产。

**文化旅游** 2018年，平遥县接待游客1548.67万人次，旅游总收入180.78亿元。新修订《山西省平遥古城保护条例》实施。国家级公共文化服务体系示范区创建成功。举办平遥中国年、平遥国际摄影大展、平遥国际电影展，完成首届平遥国际雕塑节。平遥国际摄影大展获“改革开放40年中国十佳品牌节庆”。完成旅游厕所和导游管理体制改革。启动景区停车场管理体制改革。故宫文创、印象新街投入运营。

**城乡建设** 2018年，平遥县启动创建国家卫生城镇工作。人民医院新院区完成给水管网、消防系统配套。启动实验中学迁建、平遥殡仪馆和公墓建设。完成旱厕改造2000余座。投资15亿元启动中农批农产品物流园建设和百川聚农贸市场提档改造。汇通路、城南路、柳根河两侧道路改造、兴平路延伸等道路通车。“四好农村路”建设153千米。投资19.80亿元基本完成城南堡片区1100户拆迁任务。启动城东城中村改造。启动城南堡安置小区建设，城市花园和益民街安居小区保障房建设开工1368套、18.50万平方米，建成富瑞二期保障房908套、9.50万平方米。完成“煤改气”5484户，新增供热面积44.96万平方米。瑞思污水处理厂二期项目投入运行。古城内经营性燃煤锅炉全部“清零”开展清洁能源替代。

**环境建设** 2018年，平遥县空气质量优良天数达141天，二氧化硫平均浓度下降53%。新增绿化面积10万平方米，建成区园林绿地面积600万平方米，绿地率达35.50%。推进以桑冀、曹村等为示范农村人居环境整治建设。

**民生事业** 2018年，平遥县落实全民技能提升培训等“十件民生实事”。14个贫困村、6574名贫困人口退出贫困序列，贫困发生率降0.90%。基本完成农村老年人日间照料中心，村卫生室，县乡村物流节点。

（籍晓莉）

**【灵石县】** 灵石县位于晋中市南部，总面积1206平方千米，下辖6镇6乡，3个社区，291个行政村。

旅游资源有王家大院、红崖峡谷、静升古镇、石膏山、夏门古堡等。

**农业** 2018年，灵石县农作物播种面积18.66万亩，包括粮食作物16万亩，粮食总产量6300万公斤。

**产业建设** 2018年，灵石县实施重点项目110项，完成投资67亿元，新引进项目9项，协议引资额225亿元。东方希望铝业三线、扬帆碳素、启光电厂等一批大项目、推进少林资寿文化园建设，长城盛世电子商务产业园、仁康医院等项目主体完工。

**城乡建设** 2018年，灵石县实施城建重点工程26项，静升河城区段综合治理、集中供热供气扩面工程完工。推进省级核桃现代农业产业园建设，新造生态林3.30万亩，“四好农村路”建设完成49.80千米，采煤沉陷土地复垦、矿山地质环境治理项目完工，第二污水处理厂工程完成主体建设，推进农村垃圾治理项目建设。

**环境建设** 2018年，灵石县完成静升河河道综合治理项目、静升河休闲广场项目、政府西侧微循环桥建设项目、污水外管网维护清淤项目、城市集中供热项目、东风路建设等重点项目工程建设。完成小河南北路道路绿化提质工程、城区公共绿地升级改造工程等13项园林建设项目，铺设供热一次管网15千米，新增供热用户7200户、供热面积180万平方米；对1016户居民实施“煤改电”工程；翠峰山13号楼东侧小巷、新联巷等7条小街小巷硬化面积达16659.07平方米。三官庙道路改造工程治理面积排水渠加盖板工程治理面积。高架桥护坡护面工程。治理总面积1.668万平方米。

**交通邮电** 2018年，灵石县公路通车总里程1512.48千米。运营公交汽车139辆，邮政业务总量1825.86万元，下降10.35%。全县设有邮局15处。其中，设在农村局所有14处，邮路总长度(单程)153千米。农村投递路线总长度（单程）1382千米，邮政汽车14辆。

**文化旅游** 2018年，灵石县推进公共文化服务三级网络建设，文化馆、图书馆、博物馆、非遗馆、文体活动中心“五馆”向群众免费开放，图书馆总分馆试点工作铺开，10个分馆全部实现统借统还。乡镇、村级文化服务单位完善升级，12个乡镇公共文化机构硬件设施达国家标准。送戏下乡100场，各景区接待国内外游客1495.42万人次，旅游综合收入达138.30亿元。创建休闲农业与乡村旅游示范点7个，创建静升古镇王家大院AAAAA景区、提升石膏山和红崖峡谷两个AAAA景区，推进金山森林休闲度假区等旅游项目建设。

**民生事业** 2018年，灵石县农村贫困人口脱贫4434人，贫困发生率降至0.77%。176项“微民生”工程全部完工。完成10所中小学、幼儿园校舍维修主体工程，高考质量综合考核全市第一。城镇新增就业3388人，转移农村劳动力4172人。城镇登记失业率2.70%。完成115户公共租赁住房入住工作。新建改建中小学、幼儿园10所。家庭医生签约团队达322个、签约人口12.2万人。城镇新增就业3388人，转移农村劳动力4172人。 （曹　华）

**【介休市】** 介休市位于晋中市南部，总面积744平方千米，下辖7镇3乡，5个街道办事处，231个行政村，35个社区。常住总人口42.30万人。

游资源有绵山风景区、张壁古堡、秦柏岭、后土庙等。

**农业** 2018年，介休市农业总产值达11亿元，同比增长4.60%。新培育省级农业示范社1户、市级2户、县级5户。形成绵山中药材、洪山中药材、连福辣椒、张兰柴胡四个特色农业示范园区，新种植中药材3000亩，蛋禽饲养量达220万只，新增干果经济林1000亩。

**产业建设** 2018年，介休市93户企业完成煤棚技改。南窑头、鸿发煤矿建成投产，倡源煤矿跻身国家一级标准化矿井。73个转型项目完成投资27.80亿元，凯嘉煤层气发电三期、鹏盛精密铸造等一批项目投产，崇光电厂、国能中电炭基催化剂项目基本完工，108现代综合服务区建成投运。碳素产业产量达10万吨。淘汰路鑫50万吨焦化落后产能，昌盛130万吨机焦项目建成投产，“小升规”企业14户。布局“路鑫+马钢+山焦”“安泰+伟天化工”“昌盛+茂胜”3个500万吨焦化项目，开工建设路鑫10万吨超高功率石墨电极等5个项目。

**文化旅游** 2018年，介休市共接待游客1269.10万人次，实现旅游综合收入150亿元。南庄古村成为国家3A级景区。

**城乡建设** 2018年，介休市实施城市“六化”提质工程。新改建8条城市主干路，完成3.80万平方米人行道和25条小街小巷改造。完成10万平方米街道立面改造，开展城区6000余组路灯LED节能改造，建成10个景观厕所和3个移动式垃圾中转站，新增绿化面积26.60万平方米。在100个村实施“四化两改三集中”工程，洪山村、南庄村、大靳村成为中国历史文化名村，新堡村、史村、田村、李候村、旧堡村、洪山村、大靳村7个村上榜第五批中国传统古村落，一批乡村古建筑重现魅力。

**生态建设** 2018年，介休市2户燃煤电厂、4户焦化企业、13户碳素企业完成特别排放限值改造。禁燃区范围扩大到40平方千米，新增集中供热面积72万平方米，坂地村和市民之家等38个单位实施“煤改电”，利用工业余热供热13万平方米。7条黑臭水体全部完成治理，13处农村生活污水治理项目开工。割让泉域重点保护区井田面积16.80平方千米。投资7000万元实施绵山山体修复一期工程。建立煤矸石固废“六统一”规范化治理机制，完成固废整治34处。组建乡镇环保安监站，智慧环保信息化平台实现全市覆盖。

**民生事业** 2018年，介休市民生支出达21.49亿元，完成38所学校墙体和操场改造、30万平方米农村街道硬化及排水改造、100个重点村美丽乡村建设、5条县乡主干道改造和农村“四好公路”建设等民生实事。完成体育场改造，构建三级公共文化服务体系，国家级公共文化服务体系示范区通过验收，图书馆获评“国家三级馆”。 （王亚丽）

## 运城市

【概况】 运城市位于北纬34°35′~35°49′，东经110°15′~112°04′，总面积1.40万平方千米，下辖1区2市10县7个省级开发区，149个乡镇（街道办事处），3173个行政村。2018年，常住人口535.97万人。

2018年，运城市地区生产总值完成1509.60亿元，比上年增长7%。其中，第一产业增加值225.70亿元，增长2.40%；第二产业增加值556亿元，增长7%；第三产业增加值727.90亿元，增长8.50%。第三产业中，交通运输、仓储和邮政业111.10亿元，增长2.50%；批发和零售业109.10亿元，增长4.20%；金融业89.9亿元，增长5.20%；房地产业57.8亿元，增长0.50%。三次产业构成由上年的16：36.40：47.60，调整为15：36.80：48.20。人均地区生产总值28229元，比上年增长6.50%。

**农业** 2018年，运城市农林牧渔业总产值完成457.20亿元，同比增长2.60%。农林牧渔业增加值完成241.30亿元，增长2.40%。其中，农业186.60亿元，下降0.10%；林业2.60亿元，增长7.70%；牧业35.50亿元，增长17%；渔业1.20亿元，下降11.60%；农林牧渔服务业15.40亿元，增长2.40%。农作物种植面积65.43万公顷，比上年下降4.40%。粮食种植面积55.69万公顷，下降7.10%。粮食总产量28.70亿公斤，比上年减少2.30亿公斤，下降7.30%。肉类总产量21.90万吨，增长17.70%。造林面积11887公顷。其中，荒山荒地造林面积4220公顷。拥有森林面积46.80万公顷，森林覆盖率29.40%。农业机械总动力297万千瓦，比上年增长20.50%。机械耕地面积48.10万公顷，机械播种面积53.10万公顷，机械收获面积50.80万公顷。

**工业建筑业** 2018年，运城市全部工业增加值437.70亿元，比上年增长7.10%。规模以上工业增加值比上年增长7%。其中，节能环保产业增加值增长15.50%，新材料产业增长25.50%，新能源产业增长32.80%，生物产业增长0.80%。规模以上工业产品销售率为99.50%。全市规模以上工业中，七大传统行业增加值比上年增长10.10%，26个非传统行业增加值增长1.50%。国有企业增加值比上年增长39%，集体企业增长47.70%，股份制企业增长7.50%，外商及港澳台商投资企业下降20.70%。大型企业工业增加值增长8%，中型企业增长2.40%，小型企业增长9.80%，微型企业增长21.70%。

全市建筑业实现增加值121.30亿元，比上年增长6.30%。资质以上建筑企业总产值146.40亿元，增长5.40%，共签订合同额202.80亿元，增长5.40%。资质以上建筑企业共206家。其中，一级企业14家。

**交通邮电** 2018年，运城市公路通车里程15802千米。其中，国道1248千米，省道695千米，县道2611千米，乡、村道及专用道11248千米；高速公路603千米。全市公路密度111千米/百平方千米。公路客运量2668万人，比上年下降3.40%；公路货运量16076万吨，比上年增长3.30%。公路旅客运输周转量13.80亿人千米，比上年增长0.30%；公路货物运输周转量396亿吨千米，比上年增长4.80%。截至2018年底，运城机场开通运城—北京、上海、广州、深圳、成都等34个国内外城市，共33条航线。全年民航旅客运输量205.30万人，比上年增长42.10%；货运量0.50万吨，同比增长59.40%。全年飞机起降总架次为34630架次，增长7%；有航线架次为18148架次，增长46%。

邮电业务总量139亿元，比上年增长30.30%。其中，邮政业务总量11.50亿元，增长23.30%；电信业务总量127.40亿元，增长30.90%。邮政业全年完成邮政函件业务95.50万件，包裹业务2.80万件，快递业务量3651.10万件。截至2018年底，固定及移动电话用户总数达503.50万户。其中，固定电话28.70万户，移动电话474.8万户。在移动电话用户中，4G用户376.70万户。电话普及率达94.90部/百人。其中，固定电话和移动电话普及率分别为5.40部/百人和89.50部/百人。宽带接入用户达137万户，增长15.70%。

**民生事业** 2018年，运城市参加城镇职工基本养老保险61.10万人，参加城乡居民社会养老保险283.30万人，参加城镇职工基本医疗保险49.40万人，参加城乡居民基本医疗保险421.60万人，参加失业保险34.60万人，参加工伤保险67万人，参加生育保险40.60万人。

全市有各类提供住宿社会服务机构94个，床位7852张。其中，老年人与残疾人服务机构89个，床位7569张。截至2018年底，有社区服务中心120个，社区服务站134个。有2.10万人纳入城市居民最低生活保障，发放城市低保资金1.20亿元；8万人纳入农村居民最低生活保障，发放农村低保资金2.90亿元。0.90万人享受农村特困人员救助供养。全年销售社会福利彩票3.70亿元。

**教育科技** 2018年，运城市普通高等院校招生15863人，在校生53351人，毕业生17327人。各类中等职业学校招生15853人，在校生44059人，毕业生16586人。普通高中招生28732人，在校生96439人，毕业生35931人。初中招生52612人，在校生156053人，毕业生47823人。普通小学招生56367人，在校生296293人，毕业生51400人。特殊教育招生297人，在校生1640人，毕业生159人。在园幼儿数173285人。全市受理专利申请2392件，比上年增长24.20%。其中，受理发明专利申请689件，比上年增长40.90%。全市授予专利权1425件，增长37.40%。其中，授予发明专利权131件。全年有山西绿海农药科技有限公司"高效低毒杀虫剂醚菊脂工艺、新剂型工业化生产项目"、中东永济电机有限公司"'复兴号'中国标准动车组牵引传动系统技术"等15个项目列入国家、省各类科技计划，获项目研究资金1442万元。

**文化旅游** 2018年，运城市旅游总收入705.90亿元，增长26.90%。其中,国内旅游收入705.20亿元,增长26.90%。接待国内游客8355.50万人次,增长24.60%。接待入境游客35494人次,增长5.50%。其中,外国人9978人次,增长7.50%;香港同胞9208人次,增长5.20%;澳门同胞6048人次,增长4.40%;台湾同胞10260人次,增长4.50%。艺术表演团体17个,群众艺术馆1个,文化馆13个。公共图书馆13个,馆藏图书150.50万册。博物馆23个,档案馆14个。市级以上重点文物保护单位272处。其中,国家级90处,省级79处,市级103处。拥有广播电视台13座,有线电视用户43.30万户。广播人口覆盖率98.80%,电视人口覆盖率99.40%。全年送戏下乡演出2700余场,惠及基层群众200万人次,农村公益电影放映38352场,寄宿制学校公益电影放映3879场。全年参加省各类群文活动15项,获奖项15个41人次,如获"三晋之春"比赛金奖、山西省首届中部六省合唱展演一等奖黄河奖。开展"我有拿手戏"群众文艺大展演,全年展演各类节目8000余个,基层演出上万场,受益群众200余万人。

(张　涛)

**【运城市盐湖区】** 盐湖区位于运城市西南部,总面积1237平方千米,下辖7镇6乡,8个街道办事处,33个居委会,314个行政村,112个社区,470个自然村。

旅游资源有太平兴国寺塔、解州关帝庙、魏豹城、池神庙等。

**"三农"工作** 2018年,盐湖区粮食播种面积57万亩,总产1.65亿公斤。完成粮食生产功能区划定43万亩。完成王范片区高标准农田建设8500亩。北赵引黄二期工程末级渠系通水,6.70万亩旱垣变良田。新增9家市级以上农业龙头企业,完成9个农业科技创新示范基地建设。建成金井葡萄、东郭核桃等10个标准示范园。新增"三品一标"认证产品12个,认证面积达20余万亩。实施十大造林绿化工程,绿化面积1.20万亩。分类实施16个乡村振兴试点示范村建设,改善农村人居环境。培育新型职业农民1312人,培训农村电商人才4705人,农民专业合作社发展1300家,家庭农场达103家。

**转型发展** 2018年,盐湖区国强高科、天海泵业等5家企业获批市级"两化"融合贯标试点企业。培育孵化

2018年运城市辖县(市、区)经济指标统计表

| 县　市 | 地区生产总值(万元) | 农林牧渔业总产值(万元) | 固定资产投资增长速度(%) | 社会消费品零售总额(万元) | 一般公共预算收入(万元) | 一般公共预算支出(万元) | 人均可支配收入(元) | |
|---|---|---|---|---|---|---|---|---|
| | | | | | | | 城镇居民 | 农村居民 |
| 盐湖区 | 2768379 | 328734 | 1.00 | 2591926 | 98287 | 283516 | 31375 | 12357 |
| 临猗县 | 1433982 | 900556 | −36.90 | 710160 | 21007 | 235223 | 28780 | 13170 |
| 万荣县 | 730958 | 399544 | −21.80 | 358872 | 16555 | 210725 | 25666 | 9956 |
| 闻喜县 | 1185403 | 269952 | −6.70 | 481498 | 53260 | 217196 | 29586 | 10210 |
| 稷山县 | 929329 | 282381 | −18.30 | 327326 | 24096 | 166666 | 27030 | 11227 |
| 新绛县 | 981234 | 387960 | 2.70 | 483377 | 48404 | 169828 | 28724 | 11952 |
| 绛　县 | 623453 | 201579 | −28.10 | 265629 | 13257 | 153822 | 26116 | 9745 |
| 垣曲县 | 634457 | 133446 | −16.30 | 268189 | 27590 | 202730 | 26738 | 7576 |
| 夏　县 | 561997 | 419741 | −8.20 | 282369 | 12777 | 167349 | 26195 | 8132 |
| 平陆县 | 488031 | 209240 | −8.90 | 314190 | 30907 | 190984 | 24476 | 7776 |
| 芮城县 | 918524 | 485102 | −51.80 | 365538 | 34577 | 210701 | 29246 | 11310 |
| 永济市 | 1437432 | 465065 | 0.40 | 653248 | 45663 | 226999 | 29793 | 13500 |
| 河津市 | 2371171 | 169719 | 3.10 | 820553 | 157018 | 265415 | 29034 | 13857 |

小微企业780家，新增小升规企业7家，中小企业达5573家。鑫中大生物科技、福同惠食品等4家企业评为“专精特新”企业，理想启智孵化基地获批省级“双创”基地。吸引在外人员返乡创办企业103家，带动就业3000余人。

**文化旅游** 2018年，盐湖区接待游客723万人次，增长25%，旅游总收入243.70亿元，增长28.40%。第九届运城舜帝德孝文化节影响扩大，关公故里“孔子学堂”揭牌。举办民俗文化年、“花开盐湖”、五一凤凰音乐节等活动。打造全域旅游亮点，袁家村·运城印象开门迎客，常平家庙祭祀广场、关公大戏台完工。

**社会事业** 2018年，盐湖区医疗卫生机构一体化改革“盐湖模式”，获国务院通报表扬，经验全国推广。推动教育体制改革，实现梦想中心城乡学校全覆盖，18所学校加入新样态联盟，实施学前教育集团化办学，成立12个幼教集团，破解“入园难”。首次面向“双一流”高校招聘高端人才27名。与山东曲阜市、广州花城街道办建立友好合作关系，在文化、旅游、教育等方面开展合作。

**民生事业** 2018年，盐湖区8所公立学校开学招生，全国第40家“钱学森实验班”在运城中学挂牌。完成8268名怀孕妇女免费产前筛查、1981对农村育龄夫妇孕前优生检查、572名建档立卡贫困妇女免费“两癌”检查。送戏230场，送电影3768场。开展文明城市创建，26家单位获市级奖励260万元。192条小街小巷旧貌换新颜，群众出行更舒心。推进城乡环境卫生整治，清运垃圾22万吨，拆除违建1.7万平方米。购置环卫机械车辆7台，完善环卫管理体制，三家环卫企业有效衔接，实现城乡环卫一体化。

（张瑞玲）

【临猗县】 临猗县位于运城市中部，总面积1339.32平方千米，下辖9镇5乡，2个工贸区，375个行政村，550个自然村。总人口58万人。

旅游资源有春秋猗顿古墓、战国东马坑、隋唐双塔、傅作义故居等。

**农业** 2018年，临猗县新增农业产业化龙头企业15个，销售收入43.70亿元，增长11.80%；规范发展标准化农民合作社254个，新认定家庭农场14个，万保果品专业合作社评为“全国十大农民专业合作社”。改良果树品种，发展果树减肥增效示范区1.40万亩，建成2000亩苹果绿色防控技术示范区，辐射带动2万亩；新建冬枣设施大棚1万亩，引进鲜桃和梨等新品种9个，新建新品种示范园100个，建成2.50万亩干果经济林提质增效示范区，“三品一标”认证15个。建设嵋阳高标准农田6500亩。

**转型发展** 2018年，临猗县推动力达纸业、卓里集团等4家企业成为市级“两化融合”试点企业，为华恩机械、绿海农药等4家企业申报省市技改资金1494万元，支持丰喜临猗分公司等6家企业争取国家直供电政策优惠1422万元。豪钢锻造、富森能源认定为省级技术中心。培育规模以上工业企业4家，力促“五小企业”孵化330家，创造就业岗位2980个。在北京、上海等城市建立在外人员服务站15个，在外人员返乡创办企业85个，带动就业510人。

**文化旅游** 2018年，临猗县聘请省农科院专家，编制全县农文旅融合发展规划。依托百万亩林果资源优势，启动首届运城峨嵋果品博物院系列生态旅游文化节，举办杏花节、梨花节、桃花节等特色乡村游活动。以天宇庄园、临晋石榴园、好普生葡萄庄园等农业休闲观光旅游品牌为引领，建设20个高标准水果采摘园。

**城乡建设** 2018年，临猗县启动8个市政基础设施重点工程。其中，双塔南北路、西城路、府东街、郇阳东街4个工程完工通车；县城集中供热二期工程投入运行，提升200万平方米供热能力，新增170万平方米供热面积；争取棚改贷款7200万元，完成100套棚改任务。解决16个村2.27万人饮水安全问题。县城道路绿化3.20千米，建设微地形景观2000平方米，新增单位庭院绿化2万平方米，县城绿地总面积达540万平方米，绿地率达40.30%。智慧城管平台建成。推进第二批28个美丽宜居示范村建设，对牛杜镇景滑村、庙上乡新城堡村2个省级美丽宜居示范村提质改造，耽子镇北张村、北景乡西陈翟村2个省级农村公共浴室试点村项目主体完工，对全县14个乡镇360个村环境整治观摩评比。

**民生事业** 2018年，临猗县推进机关事业单位养老保险制度改革，跨省异地就医直接结算覆盖所有参保人群。提升教育质量，完成5所农村标准化幼儿园改扩建和部分中小学维修改造工程，2018年中考成绩稳居全市第一梯队，高考达线人数、达线率均实现增长，职业教育毕业生就业率达98%。推进医疗卫生，引深县乡医疗一体化改革，医疗集团运行机制初步建立；妇幼院医技楼、新建中医院主体完工，家庭医生签约31万余人。县图书馆通过全国公共图书馆评估定级，举办临猗县首届“运城苹果杯”职工运动会，开展“古中国·大运城·新临猗”民俗文化年系列活动和“纪念改革开放四十周年”摄影作品展等活动，展示文化大县风采，丰富群众精神文化生活。 （程明清）

【万荣县】 万荣县位于运城市西北部，总面积1080.50平方千米，下辖14个乡镇，274个行政村。总人口45.80万人。

旅游资源有后土祠、李家大院、笑话文化园、薛瑄家庙、秋风楼等。

**农业** 2018年，万荣县建成贾村苹果、汉薛桃果、通化小水果3个主题公园和全省第一座苹果博览馆，万荣苹果品牌价值达30.65亿元，获“2018中华品牌商标博览会金奖”。全县香菇规模达800万棒，万荣柿子、油桃、水稻、大葱、香菇等特色农产品5次被央视报道，全县农产品国际商标达8件，出口认证基地达5.70万亩。获“国家现代农业产业园”创建资格，获首批国家农村产业融合发展示范园认定。

**转型发展** 2018年，万荣县高新技术企业达13家，亿元产值企业达

13家,新增小微企业397家,小升规企业4家,华康药业、牧原公司获批省级两化两融合贯标试点企业。争取技改资金970万元,汇源公司新增两条桃汁生产线,天天香公司新增香菇罐头、香菇脆生产线,康特尔中成药生产线投产,华康药业提取车间扩容增效。新增不冻泉建材有限公司、鸿伟益达建材科技有限公司、古山建材有限公司3家新材料企业。

**城乡建设** 2018年,万荣县新修王勃街、南环街、华康南路、解店小路4条街道,改造6条小街小巷,铺设7条人行步道,绿化8条街道,改造18千米地下管网。文化体育公园竣工,县委党校和城东生态公园主体成型,县城环境卫生社会化购买服务运营,新增"四好农村路"29条、36千米,完成通道绿化5条26千米,升级村庄绿化20个、小节点绿化21处,建成特色小镇5个,美丽乡村示范点36个。

**文化旅游** 2018年,万荣县省级以上非遗项目达19个,9个文化创意企业开发文创产品300多种,涌现省市级文明单位及村镇36个。南景桃花、袁家杏花等主题旅游活动火爆,万泉文庙、涧沟烟村等景点开门迎客,李家大院、后土祠"黄河根祖线路"列入全市重点推广六大线路,举办山西省"百花节",运城市演艺及非遗进景区活动。启动运城市AAAAA级核心景区创建工作。

**民生事业** 2018年,万荣县选派67名第一书记驻村抓党建促脱贫攻坚,组织2456名干部结对帮扶。坚持"以水为基、产业升级、精准施策、到村到户"脱贫路径,3280名搬迁群众住上新房,5360户贫困群众拥有致富产业,12094名贫困人口掌握专业技能,23个贫困村8129名贫困人口奔向小康。义务教育均衡发展代表山西省通过国家复验;建成示范小学、六一幼儿园、万荣二中运动场、实验小学教辅用房,改造119所农村学校旱厕、20所学校楼梯,城乡办学条件提升。县医疗集团各医院组建16个医联体、6个专科联盟,城乡医疗一体化、同质化基本实现,基层首诊率保持在69%以上,县城内就诊率稳定在84%以上。技能培训完成5244人,转移就业劳动力6681人,新增城镇就业4897人。 (张东宏)

**【闻喜县】** 闻喜县位于运城市北端,总面积1171.31平方千米,下辖7镇6乡,343个行政村。

旅游资源有中华宰相村、汤王山、闻喜文庙、董泽湖等。

**农业** 2018年,闻喜县推进现代农业发展,拓展"稳粮、强果、优菜、壮畜、发展苗木、提升药材"路径,推进农业产业结构调整。小麦播种面积61.30万亩,总产量1.70亿公斤,平均单产285.20公斤。秋粮播种面积40万亩,总产量1.40亿公斤。水果种植总面积6.21万亩,总产量0.60亿公斤,产值1.80亿元。蔬菜播种面积13.80万亩,总产量5.20亿公斤,亩产量3800公斤,总产值10.49亿元。中药材种植面积10.80万亩,总产量935万公斤,总产值2.98亿元,农民人均药材收入900元。粮食绿色防控示范区发展30万亩,认证"三品一标"产品11个,七里坡山楂评为"山西省功能农产品"。农产品加工企业发展139家,实现销售收入18.65亿元。

**工业** 2018年,闻喜县规模以上工业企业完成产值279亿元,同比增长64.20%;完成工业增加值51.30亿元,同比增长20.20%。29家规模以上企业发展向好,建龙公司完成销售收入225亿元;银光华盛镁厂年销售收入突破10亿元。新增小升规企业3家,孵化创办五小企业539家,中小微企业发展1800家。吸引在外人士返乡创办企业141家(小微企业125家、中大型企业16家),总投资41亿元,带动就业2900余人。

**项目建设** 2018年,闻喜县确定重点项目73个,完工31个,在建18个,开工率65.50%,项目完工率、开工率达要求。实施招商引资项目40余个,签约26个,总投资117.35亿元,到位资金累计28.15亿元。

**文化旅游** 2018年,闻喜县整体规划中华家教园景区,举办家风家教文化节和系列实践活动。以"花海闻喜·美丽桐乡"乡村游、"山楂花节"活动为契机,打造3条游览赏花线路,探索"旅游业+农业"发展模式。新编蒲剧《晋国公裴度》首演成功,非遗传习所、图书馆、戏研所(蒲剧排练所)开工建设,文化惠民活动全年送戏下乡192场、送电影下乡4116场。

**城乡建设** 2018年,闻喜县累计投资7.90亿元,建设完成康宁路、西湖路南延及雨污分流等市政工程,鑫源水厂进入调试阶段,惠众棚户区改造工程竣工。闻喜至东镇段道路照明工程投入使用,县城及东镇区域集中供暖全线贯通。13个乡镇总体发展规划编制完成,东镇乡镇道路改造、卫生综合治理等18个集镇项目启动工程建设。

**社会事业** 2018年,闻喜县有高级中学4所、初级中学20所、职业高中4所、普通小学117所、幼儿园144所,有青少年活动中心1所、特殊教育学校1所、职业中学4所、教师进修学校1所。城西小学投入使用,苗圃幼儿园二部完成主体工程。实验中学、姚村小学等7所学校被推荐为全国青少年校园足球特色学校。城域网改造及数字化教育资源平台建设完成,城区教育网络终端实现互联互通。开展教师招聘、培训、交流、支教活动;资助各级各类学生15000余人次,发放资助金900万余元。医疗卫生机构40个。其中,私立医院14个;公立卫生机构26个,包括公立医院2个,乡(镇)卫生院20个,其他卫生机构4个。全县公共医疗卫生机构床位数为1045个,职工总数为1027人,医疗卫生机构技术人员786人,包括执业医师234人,执业助理医师65人,注册护士308人,药师46人。

(樊香叶 孟令燕)

**【稷山县】** 稷山县位于运城市北部,总面积686平方千米,下辖5镇2乡,200个行政村。

旅游资源有稷王庙、青龙寺、法王庙、玉璧城遗址等。

**农业** 2018年,稷山县粮食种植面积67.86万亩,增长3.90%。其中,秋粮种植面积32.20万亩，增长9.30%；夏粮种植面积35.66万亩，下降0.50%。全年粮食产量25万吨，增长4%。其中，夏粮12.84万吨，下降0.40%；秋粮12.16万吨，增长9%。农业机械总动力19.78万千瓦，机械耕地面积43.83万亩，机械播种面积56.73万亩，机械收获面积54.56万亩。

**工业** 2018年，稷山县22家规模以上工业企业产值完成114.72亿元，增长24.40%；增加值完成22.37亿元，增长10.80%。其中，重工业实现增加值21.20亿元，增长10.10%；轻工业实现增加值1.17亿元，增长25.90%。规模以上工业企业实现利润5.24亿元，增长11.90%；税金总额2.92亿元，增长28.70%。新孵化培育"五小企业"592家，新增"小升规"企业5家，高新技术企业4家。全县登全市"虎榜"企业达4家，分别为东方资源、永东化工、永恒工贸、永祥煤焦。晋龙股份在"新三板"挂牌上市。

**文化旅游** 2018年，稷山县"古中国·大运城"民俗文化旅游年、美丽乡村百花节、大佛登高节和板枣文化节等活动落幕；《高台花鼓》《后稷之魂》《党的女儿》等非遗项目和文艺精品登陆央视，蒲剧电影《枣儿谣》首映成功；舞蹈《远古的回声》获运城市"我有拿手戏"二等奖，《打麦场》获三等奖；马趵泉村登中国历史文化名村，西位村列入中国传统村落名录。旅游总收入18.86亿元，增长25.70%，接待国内旅游者241.47万人次，增长22%。

**环境建设** 2018年，稷山县完成造林面积0.74万亩。其中，人工造林0.44万亩，封山育林0.30万亩。全县森林覆盖率达22.80%。公园绿化总面积达66.68万平方米，新增绿化面积3.44万平方米，人均公园绿地面积达6.29平方米。县城绿地总面积达303.02万平方米，绿地率达33.62%；绿化覆盖总面积达350.65万平方米，绿化覆盖率达38.90%。城市生活污水处理435万吨，城市污水处理率达91%。空气质量二级以上良好天数稳定在197天以上。

**社会事业** 2018年，稷山县中等职业学校在校学生实现免费全覆盖，惠及学生1604人。幼儿园93所，小学97所，普通初中16所，普通高中5所，特殊教育学校1所。普通高中招生2045人，在校生6547人，毕业生2304人。初中招生3576人，在校生1.06万人，毕业生3460人。普通小学招生4177人，在校生2.22万人，毕业生3749人。幼儿园招生3850人，在园幼儿1.27万人，毕业幼儿4602人。学前三年教育毛入园率达97.80%，初中三年保留率达99%，高中阶段毛入学率达95%。高考全县文理两大类二本B类达线918人，达线率37.40%。县医院升级为三级综合医院，列入国家基本达到综合能力推荐标准县级医院(全省4家)，县精神病院、正身医院分别晋升为二甲医院和二级综合医院。参加新型农村合作医疗农民29.20万人，参合率达99.39%。新农合全年受益41.12万人次。累计拨付补偿款1.85亿元。 (赵景龙 段美云)

**【新绛县】** 新绛县位于运城市东北部，总面积593.39平方千米，下辖8镇1乡1区，220个村。

旅游资源有隋代园林绛守居园池、绛州大堂、隆兴寺、绛州古城等。

**农业** 2018年，新绛县粮食播种面积47712.20公顷，同比下降0.90%。蔬菜及食用菌播种面积9538.10公顷，同比增长0.70%。粮食总产量248607吨，比上年减少11936吨，减产4.60%。蔬菜及食用菌产量547347吨，增产3.10%。生猪存栏235361头，同比增长11.90%；全年累计出栏239568头，同比增长39.6%。猪牛羊禽肉产量23311.2吨，同比增长24.90%。森林面积9387.04公顷，森林覆盖率15.73%。造林176.86公顷。其中，荒山荒地造林94公顷；退耕造林43.53公顷。

**工业和建筑业** 2018年，新绛县工业增加值439802万元，比上年增长13.40%。其中，规模以上工业企业31户，完成工业增加值421264万元，比上年增长12%。规模以上工业主营业务收入2053879万元，比上年增长35.10%；实现利税421437万元，比上年增长100%；实现利润341234万元，比上年增长120.60%；亏损额688万元，下降77.10%。

具有资质等级总承包和专业承包建筑企业5个。其中，有工作量5个，实现总产值17578万元，同比增长14.10%。其中，建筑工程产值14725万元，同比增长20.90%；安装工程产值2853万元，同比增长101%。

**社会事业** 2018年，新绛县各类学校在校学生52603人，幼儿在园人数10859人。各类学校专任教师4739人。高考达二本线2776人，达线率63.20%。有艺术表演团体3个，文化馆1个，公共图书馆1个(馆藏图书8万册)，体育场1个，体育馆1个，博物馆1个(馆藏文物1072套)。市级以上重点文物保护单位32处。其中，国家重点文物保护单位15处；省级重点文物保护单位9处；市级重点文物保护单位8处。县级重点文物保护单位669处。开展文化下乡系列活动，纪念"六五"环境日文艺巡演10场，完成送戏下乡111场，公益电影2640场，"幸福新绛欢乐行"8场，农民丰收节，"我有拿手戏"群众文艺大展演等文化惠民活动，丰富城乡居民精神文化生活。拥有广播电视台1座，广播人口覆盖率为100%，电视人口覆盖率为100%。

**民生事业** 2018年，新绛县有各类提供住宿的社会服务机构10个，床位594张；农村社区老年人日间照料中心9个。733人纳入城市居民最低生活保障，发放城市低保资金579.92万元；4421人纳入农村居民最低生活保障，发放农村低保资金1847.21万元；286人纳入特困供养人员；救助困难群众1157人次，发放救助资金219.50万元。城镇职工基本养老保险参保40925人。城乡居民基本养老保险参保179815人。其中，城镇居民9410人；农村居民170405人。城镇职工基本医疗保险参保17631人。城乡居民基本医疗保险参保283963人。其中，城镇居民16476人，

农村居民 267487 人。失业保险参保 20187 人,工伤保险参保 36537 人,生育保险参保 20745 人。（徐文耀）

【绛县】 绛县位于运城市东北部,总面积 993.49 平方千米,下辖 8 镇 2 乡 1 区,189 个村。行政村由 205 个撤并为 189 个。

旅游资源有尧王故里、西周倗国封地、柴家坡古民居群、太阴寺文物群等。

**农业** 2018 年,绛县推进 30 个村乡村振兴规划编制。完成 2017 年度新增粮食产能田间水利工程。岁修中型灌区 3 处，改善灌溉面积 4300 亩。建设有机旱作小麦封闭示范区 1600 亩。粮食产量 1.71 亿公斤。完善建设 10 个高标准现代农业示范园区。新发展各类水果 7700 亩,新增樱桃面积 7000 余亩，示范推广矮化樱桃 2000 余亩。发展中药材 3 万亩。实施大树移栽，开展日光温室栽培,绛县樱桃成熟期提前 20 余天。特色水果形成品牌。绛县山楂代表中国首次出口日本。“绛县大樱桃”“绛县山楂”获农产品地理标志证明商标，地方标准正式立项。“绛县黄芩”“绛县连翘”取农产品地理标志认证。无公害基地认证 3 万亩。无公害农产品认证 10 个。

**产业转型** 2018 年,绛县加强政银企合作,融资贷款 1800 多万元。开展“助保贷”业务,农商行为风轮车辆等企业投放贷款 500 万元。国家级高新技术企业达 8 家。工业技改完成投资 2.36 亿元。星源科技申报市级技术中心,自走式秸秆收获打捆机国家标准颁布实施，获中央农机购置补贴，成为山西首家农业机械高科技企业。陈村双创孵化园区建成总面积 2.50 万平方米的标准化厂房,吸引天禄源工贸有限公司等 6 家企业入驻投产运营。孵化创办“五小企业”881 户,创造就业岗位 9238 个。

**城乡建设** 2018 年,绛县绛山街道路改造完工。和平路、倗国路建设推进。城东和城西农贸市场建成使用。开展棚户区改造、文体中心、城东和城西公园建设、涑水河绛县城区段生态公园项目。新建公厕 2 座,改造升级 9 座。基本建成农村垃圾转运站 10 座。改造县城和陈村镇建成区农户卫生厕所 2200 座。整治残垣断壁。治理占道经营,严禁店外经营。统一门头牌匾,清理各类广告。整顿食品行业。硬化城中村部分街巷。更换老旧路灯。建设振兴街公交候车亭。完成振兴街及文公路以东弱电线路入地。更新电影院广场设施。亮化临街单位、商铺门店。生活垃圾日产日清。南柳村 2017 年度省级美丽宜居示范村、毛家坡 2017 年度市级美丽宜居示范村创建工程完成。完成营造林 117 万亩。绿化县乡道路 94 千米,提档升级园林村 30 个。南城、尧寓、北坂、柴家坡 4 个传统村落通过住建部审核公示。

**文化旅游** 2018 年,绛县接待游客 83.74 万人次，实现旅游总收入 10.63 亿元，同比分别增长 24.20%、25.80%。落实《绛县全域旅游规划》《绛县军工铁路开发旅游概念规划》招商活动。举办“古中国·大运城”民俗文化旅游年绛县灯展、“古中国·大运城”美丽乡村百花节、第二届樱桃文化节。乔寺碑楼、南樊石牌坊、文庙等本体修缮工程完成。紫云寺上寺、佛心印月湖建成对外开放。绛北大峡谷二期工程“潭连潭”水文景观、游客服务中心办公大楼、石姚民俗文化村、景区大门等项目完工，推进山涧别墅、石姚宾馆、绛老文化长廊建设等。编印发放《绛县旅游攻略》宣传册、《绛县旅游》宣传折页,推出绛县“一日游”线路。微信推出“童话世界冰雪游”“踏青赏花游”“三红之乡红叶游”等专题宣传。打造郝家窑地窨院乡村旅游示范点。引进 70 余家旅行社开展团队游业务。

**民生事业** 2018 年,绛县民生领域支出达 13.55 亿元，占一般公共预算支出的 91%。18 个村退出贫困村,2150 户 6867 人脱贫,贫困发生率降至 1.27%。易地搬迁任务完成。其中,建档立卡 2233 人、同步搬迁 1775 人。拨付产业扶贫资金 774 万元,实施扶贫产业项目 35 个，带动贫困户受益 3790 人。实施教育扶贫,帮扶救助 84 万元。发放小额信贷 886 户 3789 万元,贴息 67 万元。县中医院、县妇幼保健院、县疾控中心纳入县医疗集团,县医院内科大楼开工建设。5 所乡镇卫生院综合改造完成。

（刘 超）

【垣曲县】 垣曲县位于运城市东北部,总面积 1620 平方千米,下辖 5 镇 6 乡,188 个行政村。

旅游资源有历山、天盘山、白马山景区、清泉漂流等。

**农业** 2018 年,垣曲县农作物种植面积 397602 亩，比上年减少 28869 亩。新发展核桃经济林 4 万亩,总面积达 30 万亩。粮食产量 90051 吨，比上年减少 9236.40 吨，减产 9.30%。造林面积 3969 公顷,比上年增加 3304 公顷。肉类总产量 10789.50 吨。农用化肥施用量（折纯)5384.22 吨，比上年减少 3.20%；农村用电量 3761 万千瓦时,比上年增长 3.90%。

**工业建筑业** 2018 年,垣曲县规模以上工业企业 13 家，完成工业总产值 890737.90 万元，比上年增长 10.87%；完成工业增加值 244630.40 万元,比上年增长 8.50%;实现销售产值 843752.70 万元，比上年增长 14.64%。工业产品销售率 94.73%。规模以上工业企业主营业务收入 895488.5 万元，比上年增长 18.10%,实现利润 3836.90 万元，比上年增长 115.40%,实现利税 18894.50 万元,比上年下降 23.10%。

全县建筑业实现增加值 25359 万元,同比增长 3.80%。具有建筑业资质等级总承包和专业承包建筑业企业实现产值 40162.70 万元，增长 14.90%;实现利润 3291.30 万元(上年为-4207.70 万元)。

**环境建设** 2018 年,垣曲县开展亳清河县城段生态环境综合治理工程,包括亳清河上游瓦舍水库、垣曲县亳清河县城段生态环境综合治理工程和中下游生态观光农业三部分,建成国家级水利风景区。推进垣曲县舜乡城郊森林公园基础设施建设,建设完成主干道、游步道近 30 公里。推进望仙大峡谷风景区升级改造工程，开展尧舜文化景观带、尧舜文化休闲度假区、望仙峡谷景观游览区、后河水库山水观光区、森林休闲区和田园休闲区建设。

**社会事业** 2018年，垣曲县各级各类学校97所。其中，幼儿园35所，小学49所，初级中学9所，高级中学3所，聋哑人学校1所。各级学校中，在校生21624人，毕业生5284人。在园幼儿数6235人。九年义务教育巩固率为99.10%。医疗卫生机构(含村卫生所和个体诊所)353个。卫生技术人员1378人。其中，执业医师和执业助理医师573人，注册护士555人。医疗卫生机构床位1314张。完成垣曲县中医医院改扩建工程。

(李心海 郭红霞)

**【夏县】** 夏县位于运城市东南部，总面积1252.6平方千米，下辖11个乡镇，257个行政村。

旅游资源有司马温公祠、堆云洞景区、瑶台山景区、泗交风景区等。

**“三农”工作** 2018年，夏县粮食总产量25.58万吨，完成10万亩省部级小麦绿色高质高效创建、90万亩测土配方施肥、粮食生产功能区划定、农技推广补助等项目；打造禹王、尉郭、瑶峰、水头4个乡镇3.2万亩的现代农业综合体，建设高标准农业园区，认证“三品一标”8个、无公害农产品15个、绿色食品2个、农产品地理标志2个，建成县级农产品质量安全指挥调度中心和12个农产品质量安全追溯点。全县家庭农场达351家，农民专业合作社1117个，培育市级以上家庭农场和示范合作社11家。农村劳动力转移就业6528人，在外务工人员达6万人。建成益农信息社206个，培育新型农业经营主体带头人400人、专业技能型和社会服务型农民625人。全县农产品加工企业销售收入达14.37亿元，增长13.69%。牧原生猪养殖体系建设项目5、11、12场建成投产。粮食仓储及物流加工贸易二期建设完工。

**项目建设** 2018年，夏县实施“3213”重大工程项目，总投资99亿元55个重点项目中，产业转型类项目31个，投资82.06亿元，占总投资82.90%，完成投资25.88亿元。天润风电三期投产、四期启动，全县风电总装机容量达34.65万千瓦；新建1万千瓦集中式光伏扶贫电站并网发电运行。天润风电、牧原农牧、安瑞风机3家企业认定为省市“两化”融合贯标试点企业，运力化工成功申报市级企业技术中心。招商引资签约总投资118.14亿元的22个项目，开工14个，到位资金24.30亿元。

**文化旅游** 2018年，夏县旅游接待人数311.49万人次，增长24.62%，实现综合收入25.80亿元，增长25.24%。编制完成《夏县全域旅游发展规划》和《温泉康养小镇发展规划》。投资13.99亿元祁家河景区项目开工建设，投资13亿元的夏郡嫘祖文化产业园项目启动，完成韩家岭红色教育基地综合提升以及城内关帝庙、苏村五虎庙、窑头三圣庙等保护修缮工程，司马温公祠和堆云洞景区评为国家AAA级景区，举办全国葡萄酒果酒行业专家年会暨夏县农旅文化推介会、夏县第二届“忠孝介公、魅力钙果”文化节。

**环境建设** 2018年，夏县开展污染防治行动。完成冬季清洁取暖“煤改气”“煤改电”1518户，治理水土流失4.20万亩。完成投资800余万元涉及庙前、裴介、瑶峰三个乡镇11千米通道绿化提升改造工程，完成600亩精品荒山造林、1.60万亩干果经济林提质增效、14个园林村绿化美化提档升级工程，森林覆盖率提升2个百分点。空气质量二级以上天数255天，优良率69.90%。

**城乡建设** 2018年，夏县投资1.35亿元省道临夏线和县道埝裴线改造项目完成，投资4200万元生活垃圾填埋场项目建设完成；投资990万元县老年大学暨老干部活动中心建设完成。县城新增建成区绿化面积5万平方米，人均公园绿地面积达9.50平方米。实施投资4.73亿元西关、大辛、上留等城中村改造和商业总公司棚户区改造项目，投资3.20亿元的恒盛时代、新兴国际项目完工，推进白沙河生态蓄水项目建设。整治城乡环境卫生，拆除违章建筑9.50万平方米，建设文化墙5.20万余平方米，建成生态园林村187个。

**民生事业** 2018年，夏县民生支出14.13亿元。总投资1.8亿元实验中学迁建、2所农村幼儿园、35所农村中小学校舍维修改造和全县学校网络建设等项目基本完工；推进名师名校名校长创建活动，建立初中和小学教育集团7个；高考二本达线率提高3个百分点。家庭医生签约服务惠及全县25.60万城乡居民。城镇新增就业4265人，城镇失业人员再就业897人，创业就业人数688人，帮助困难群体就业257人，救助困难群众2104人。启动县城中心敬老院建设项目，6个农村社区老年人日间照料中心建成运行。开展优秀传统文化传承活动，确定创建示范点15个，建设文化活动场所61处，免费送戏下乡200余场。

(任巧杰)

**【平陆县】** 平陆县位于运城市东南部，总面积1173.5平方千米，下辖6镇4乡，1个茅津经济开发区，228个行政村，4个居委会。

旅游资源有赵家猬氏族公社、枣园壁画等。

**“三农”工作** 2018年，平陆县落实各项惠农政策，扶持果业、畜牧、烟叶等主导产业发展资金达1962万元。水果总产3.20亿公斤，实现产值10.40亿元，果农人均收入5400元；出口果品5万余吨，创汇5710万美元；第三届山西(运城)国际果品交易博览会“果王、王中王”两大桂冠花落平陆。烟叶总产4718担。蔬菜总产7万吨。肉类总产10864吨。粮食总产1.1亿公斤。发放农机具购置补贴288万元、受益农民390户。实施水库移民后扶项目61处。全县涌现出张店镇风口村、张郭村，部官乡西祁村，杜马乡龙源村，圣人涧镇毛家山村，常乐镇张家沟村等20多个美丽乡村建设示范村。

**招商引资** 2018年，平陆县签约项目31个，总投资70.05亿元，完成市下达70亿元招商引资任务100%。全县招商引资项目30个。其中，续建项目4个，新建项目26个，累计到位资金21.58亿元，完成市下达21亿元任务102.76%。招引平陆籍在外人员回乡投资项目5个，完成市下达本县“凤还巢”开工项目3个、带动就业人口300人的任务目标。签约开工项目19个，开工率61%。

**文化旅游** 2018年，平陆县旅游总收入7.78亿元，同比增长25.89%。老龙潭、大天鹅两大景区开放运营；加快周仓文化园、黄河谣民俗文化园、毛家山知青文化园建设；开展风筝文化节、桃花艺术节、大郎山文化旅游节、后窑“观红叶·摘柿子”文化旅游节、民俗文化旅游导游大赛等一系列文化旅游活动。

**环境建设** 2018年，平陆县煤改气1296户、煤改电637户；污水处理厂一期改造达标，二期投运达标；安装重点企业污染源在线监控设施40余家，环保改造提升10余家；排查“散乱污”企业711家，取缔108家、整改603家；各类环保督查反馈问题整改到位；投入2.20亿元开展矿山植被恢复，建立生态治理长效机制。全年完成造林1万余亩、通道绿化31.5千米，森林覆盖率达46.80%。全县城市空气质量二级以上天数达211天。其中，一级天数23天，综合质量指数5.90。城市污水处理率95%，城市集中供热普及率92.90%。

**城乡建设** 2018年，平陆县太阳路南扩、桥西路两条城市道路建成通车；向阳街西扩完成路基工程；寨头农贸市场主体建成；水库移民后扶沿黄道路茅津段全线开工。铺设乡村公路414.10千米。农村饮用水安全、小型农田水利、常乐电灌站节水改造、水保骨干坝加固等91处水利工程全部建成投用，保障群众饮水安全和灌溉用水；实施电网改造项目85个，解决农电“卡脖子”问题。 （杨卯翠）

**【芮城县】** 芮城县位于运城市西南部，面积1175.55平方千米，下辖7镇3乡，1个城镇社区管理委员会，1个省级经济开发区。

旅游资源有永乐宫、西侯度遗址、大禹渡等。

**“三农”工作** 2018年，芮城县粮食总产量实现3.30亿公斤。完成农村土地确权登记颁证工作；新建和改造“四好农村路”131.8千米；主要农作物耕种管收综合机械化率达98%，高出全国平均水平18个百分点。新发展2.2万亩高标准花椒示范园、3个高标准出口示范区和5家规模功能食品开发企业；全县500万元以上农产品加工企业达25家，完成销售收入12.78亿元，增长17.68%；新认证10个“三品一标”农产品；“芮城香椿”认证为第5个国家地理标志农产品。80%以上村集体收入超万元。其中，收入5万元以上村102个，占全县建制村总数的62.20%。

**工业** 2018年，芮城县主要“龙虎榜”培育企业实现税收3.20亿元，占全县工业全部税收84.18%。亚宝药业、宏光医玻、南通星辰、大禹生物工业总产值分别增长9.02%、5.06%、102%和4.05%。全年新增“小升规”企业5家。新孵化“五小企业”341户，全县总量达1800余户，实现营业收入1.96亿元，增长14%。

**文化旅游** 2018年，芮城县接待游客596.30万人次，增长27%；实现旅游总收入49.10亿元，增长29%。编制完成《芮城县全域旅游总体规划》。完成沿黄旅游公路支线工程14.60千米，开工建设主线工程21.50千米。大禹渡景区晋升为AAAA级景区，印象风陵景区通过AAA级景区验收，全县AAAA级景区3个，AAA级景区1个。西侯度遗址、圣天湖景区分别成为二青会圣火采集地和“铁人三项赛”赛场。

**环境建设** 2018年，芮城县在全省成立首家生态智库专家委员会，开展“大气污染整治”等专项行动，取缔燃煤小锅炉39台，关停11家污染企业；开展农业污染源普查，农业废弃物回收率、无害化处置率分别达70%和100%。落实“河长制”“湖长制”，全县集中水源地水质达标率实现100%。加强造林绿化，完成植树造林9974亩，全县林地保有量、森林覆盖率、森林蓄积量、湿地保有量分别达5.6万公顷、35.39%、21.41万立方米、1.26万公顷；二氧化硫和氮氧化物排放量分别下降51%、46.5%。空气质量二级以上天数291天。

**民生事业** 2018年，芮城县财政用于民生支出15.19亿元。实现10个贫困村摘帽，2163户5933人脱贫。城乡基本养老保险实现全覆盖，社会保险综合参保率达100%。新建12个农村社区日间照料中心投入运行，退伍军人信息采集工作全面完成。开展各类职业技能培训70期3901人，转移农村劳动力6903人；城镇新增就业4709人，城镇登记失业率控制在1.52%以内。送戏、送文艺下乡300余场，放映公益电影2400余部。

（薛 容）

**【永济市】** 永济市位于运城市西南部，总面积1208平方千米，下辖7镇3个街道，265个行政村，22个社区，415个自然村。

旅游资源有鹳雀楼、普救寺、五老峰、唐开元大铁牛等。

**农业** 2018年，永济市农作物种植面积111.6万亩，比上年下降1.4%。粮食种植面积101.9万亩，下降2.4%。粮食总产量4.11亿公斤，比上年减少1100万公斤，下降2.60%。肉类总产量2360万公斤，增长45.70%。造林面积4005亩，森林总面积达52.50万亩，森林覆盖率28.80%。农业机械总动力35.02万千瓦，比上年增长4.9%，机械耕地面积70.40万亩，机械播种面积89.70万亩，机械收获面积83.9万亩。农机化经营总收入1.58亿元，同比增长1.30%。

**工业** 2018年，永济市全部工业增加值52.90亿元，比上年增长8.40%。其中规模以上工业企业48户，完成工业增加值17.50亿元，比上年增长8.60%。规模以上工业产品销售率为98.90%。全市规模以上工业企业中，五大支柱行业增加值14.50亿元，比上年上升12.40%。其中，电气机械和器材制造业及铁路运输设备制造业同比上升36.20%,有色金属冶炼和压延加工业下降2.10%，农副食品加工业下降58.70%,化工专用设备制造业上升14.80%，电力生产业下降12.10%。规模以上工业主营业务收入128.60亿元，比上年下降10.70%；实现利税3.20亿元，比上年增长54.46%;实现利润0.30亿元。

**文化旅游** 2018年,永济市农村新增无线电视用户7000户，广播电视节目综合人口覆盖率达90%。农家书屋全覆盖265个行政村。“三馆一站”免费开放,图书馆藏书12.70万册,电子图书10.90万册,全年举办读者活动43次,“舜都讲坛”11期。发行《永济报》98期,78万份。全市对外营业旅游景点9家，接待国内游客1223万人次，同比增长25.30%；门票收入1.20亿,同比增长23%;旅游总收入104.50亿元,同比增长26.90%。完成伍姓湖湿地修复保护治理工程建设，举办永济市第一届环湖自行车赛与环湖马拉松赛。推进尧王洞天休闲旅游观光项目建设。

**民生事业** 2018年,永济市有卫生机构54个。其中,市直医院3个,乡镇卫生院15个，社区服务机构3个,专科疾病防治院(所、站)12个,疾病预防控制中心(防疫站)1个,卫生监督所1个。卫生专业技术人员1256人,医院和卫生院床位数1992张。参加各类保险469313人，基金征缴69082万元。其中,城镇职工基本养老保险参保47130人,基金征缴43602万元；城乡居民社会养老保险参保238143人,基金征缴3493万元;失业保险参保34120人，基金征缴1115万元;城镇基本医疗保险参保50791人,基金征缴19008万元;工伤保险参保64500人,基金征缴1374万元;生育保险参保34629人，基金征缴490万元。全市确定城市低保7945户18129人，发放城市低保金488.5万元；农村低保12135户29310人,发放农村低保金627.74万元。全市城乡贫困对象大病医疗救助1686人,发放大病医疗救助金290.10万元;全市符合五保条件纳入人员749人,全年发放供养金579.44万元。

（薛越茜 张洋洋）

**【河津市】** 河津市位于运城市西部，总面积593平方千米，下辖2镇5乡,2个街道办事处,148个行政村。

旅游资源有薛仁贵故里、天险龙门、玉泉寺、台头庙等。

**产业转型** 2018年,河津市以总投资150亿元80个重点项目为抓手,实施“三个发展计划”,阳光集团销售收入突破百亿大关;康庄、龙门、永鑫3家企业新跨入“虎榜”;11家企业实现“小升规”,培育孵化小微企业670个,新建“双创”基地2个,吸引“凤还巢”返乡项目11个,总投资7.44亿元。组建铝工业产业技术创新战略联盟和焦炭产业联盟,入库全省科技型中小企业达13家，培育高新技术企业5家。经济技术开发区建设起步，入区企业达40家，投资强度达353.20万元/亩，产出强度达246.80万元/亩。

**城乡建设** 2018年，河津市编制完成《美丽新河津城市发展战略规划》《河津市城乡总体规划》等各类规划40个,集中财力43亿元,展开城市建设改造大决战,塔前路、阳城路等建成通车,推进华兴路改造、紫金街改造等,北城公园提升改造、公共体育场基本建成,全省最大黄河文化主题雕塑《黄河梦》亮相河津,城市集中供热、城市亮化加快实施,蒙华铁路河津段基本完工,沿黄旅游公路开工建设,推进沿黄公路改线、韩城—河津—侯马城际铁路建设,加快智慧城市建设,实施投资1.10亿元城市亮化工程，新增城市绿地面积28.76万平方米。

**环境建设** 2018年,河津市实施蓝天、碧水、净土、青山四大工程,打响矿山生态修复、企业提标改造等十大战役。投资30亿元,完成30家重点企业特别排放限值改造、26家企业煤场料场全密闭、13家企业污水深度处理、12家企业VOC治理，采用PPP模式54个村生活污水综合利用项目开工建设,建成黄村、百底、樊家峪3座农村污水处理站。开展农村环境集中整治,建设“四好农村路”40千米,天然气入户2043户,改厕1400户，高标准打造12个环境整治示范村和16个美丽乡村示范村。坚持植树造林,绿化村庄30个、企业30个,通道绿化升级20千米,全年新造林1万亩,区域生态环境质量改善。

**文化旅游** 2018年，河津市围绕“禹凿龙门、鱼跃龙门、西河设教、古耿名都、史圣故里、薛仁贵故里、董其武故里、相敬如宾、高禖庙、干板腔”十大文化名片,打响“鱼跃龙门华耀河津”文化旅游品牌,举办桃花节、三月三文化交流、“对外文化交流周”“全国油画名家河津行”、元宵社火、全国影响力街舞大赛、首届农民丰收节等节庆活动。戏曲下乡完成268场；农村公益电影放映1776场,寄宿制学校放映162场;为148个行政村配送图书13764册。

**社会事业** 2018年,河津市投资7700万元建设中医院,实施县乡医疗卫生机构一体化改革,市域内就诊率达88.90%,乡镇卫生院中医药服务能力达75%。完成162名医技人员招录、培训、上岗工作。市医疗集团下派专家1245人次,开展新技术、新项目106项。421名乡村干部和321名市乡村医生与“因病致贫、因病返贫”913户2544人全部签订健康扶贫“双签约”协议。 （张丽华 柴 欣）

## 忻州市

**【概况】** 忻州市位于北纬38°09′~39°40′，东经111°09′~113°58′，总面积2.52万平方千米，下辖1区12县，1个县级市，2个省级开发区，1个五台山国家风景名胜区管委会，191个乡镇(办事处)、4157个行政村。2018年，总人口316.70万人。

2018年，忻州市地区生产总值完成989.1亿元，同比增长5%。规模以上工业增加值同比增长1.50%。固定资产投资493.10亿元，同比增长9.60%。社会消费品零售总额390.20亿元，同比增长8.20%。公共财政预算收入81.5亿元，同比增长11.20%。外贸进出口总额172572万元，同比增长24.20%。城镇居民人均可支配收入28341元，同比增长6.80%；农村常住居民人均可支配收入8302元，同比增长9.40%。城镇新增就业4.50万人、登记失业率2.20%。居民消费价格涨幅2.10%。

**转型升级** 2018年，忻州市转型项目投资占固定资产投资60.20%，150项省市重点工程开复工。制造业占规上工业比重提高1.90个百分点。煤炭、电力、焦化、氧化铝等传统产业升级改造。企业技改投资32.5亿元，新增24户电力直接交易企业。忻州经济开发区成为第二批省级“双创”示范基地，新培育认定高新技术企业24户、省级企业技术中心4户、省级科技企业孵化器3家、省级众创空间2家、市级企业技术中心15户，同德化工等12户企业列入省创新转型试点企业，德奥电梯公司成为省级智能制造试点示范企业，恒跃锻造成为国家级两化融合管理体系试点企业，天宝集团和冠力法兰成为省级两化融合管理体系试点企业。全年新登记市场主体增长19%，新增省级“专精特新”中小企业16户，“小升规”企业61户。

**能源基地建设** 2018年，忻州市保德煤层气热电联产、海通煤层气液化等一批项目建成或投运，蒙西至晋中特高压交流忻州工程开工。8个集中式光伏扶贫电站、1350个村级电站建成投运，17个总装机145万千瓦风电项目全部核准，4个生物质能发电项目列入省规划，繁峙奥博、河曲燠晶硅光伏组件一期建成投产，上海电气、新疆晋商、北京首欣风电装备制造项目开工。全市电力装机1134.30万千瓦。其中，新能源发电装机568.30万千瓦，火电发电装机566万千瓦，新能源装机首次超过火电规模。

**产业建设** 2018年，忻州市把城市建设成效转化为产业发展成果。以中科晶电为龙头忻州半导体材料产业园落地忻州经济开发区，6英寸砷化镓项目样品达人脸识别系统标准，成为全球第三家掌握该技术企业；华晶恒基蓝宝石项目完成车间内装；北纬38°公司项目地下工程完工。浪潮忻州云计算数据中心运营，成为浪潮集团第一个集政务云、智慧平台和“双创中心”三位一体新项目；千陌大数据呼叫中心开始运营。国家级法兰锻件产品质量监督检验中心获批建设。中国杂粮产地交易市场开工建设，省级杂粮产品质量检验中心挂牌。

**城乡建设** 2018年，忻州市忻州城区30条道路竣工通车，云中河景区二期开园，创建全国文明城市通过年度测评，推进国家园林城市、智慧城市、环保城市创建，海绵城市建设完成。以繁峙、代县为重点打造面向京津冀东部门户。忻州至雄安高铁开展地勘，繁五高速启动招标，繁峙滹源通用机场具备开工条件，京津冀及雄安新区70多个服装加工、箱包加工企业落户繁峙、代县。以保德、河曲为重点打造面向陕西、内蒙古西部门户。神岢高速、晋蒙黄河大桥完工，长城黄河偏关段一号公路开工，同德氧化铝项目重启。以忻府、定襄、原平为重点打造面向太原中部门户。大西高铁原太段通车，忻州进入高铁时代。五台山机场航空口岸临时开放，忻州海关获批，机场连接线竣工，永旺保税仓库和出口监管仓库投运，忻州进入口岸开放时代。云中河房车营地开业，忻州古城活化一期完工，田森汇商业综合体即将投运，忻定原地区成为康养、文旅、制造业、半导体产业关注凹地。忻州古城、五台台怀、宁武东寨3个旅游集散地功能发挥。引进世界500强企业投资项目2个、中国500强企业投资项目9个、外资企业投资项目3个，30亿元以上项目7个。创建全域旅游示范区，旅游总收入同比增长23.36%。

**重点领域改革** 2018年，忻州市推进供给侧结构性改革。煤炭退出产能520万吨/年；全市商品房待售面积、库存消化周期实现“双下降”；补齐基础设施、科技创新等发展短板。推动定襄金瑞和原平佳诚、润达等项目智能化信息化改造，代县、繁峙一批先进球团项目建成投产，定襄县建成6个国家级、2个省级平台和1个院士工作站，法兰产业逆势上扬，“中国法兰之都”建设取历史性突破。推进开发区(园区)“三化三制”改革，繁峙经济技术园区升级为省级开发区，全市开发区新建转型项目数、经营(销售)收入、投资强度、产出强度、税收强度分别完成省定目标385%、129%、127%、175%、269%。推进商务综合行政执法体制改革试点、农村集体产权制度改革整市试点，商事制度、县乡医疗卫生机构一体化改革等工作。

**生态环保** 2018年，忻州市开展大气、水、土壤污染防治“三大战役”。完成“煤改电”“煤改气”和集中供热等清洁能源替代63691户，全市空气质量优良天数比例达64.40%。关停取缔“散乱污”企业109家，万元地区生产总值能耗下降3.40%。忻州城区高污染燃料禁煤区扩大71.80平方千米。空气质量优良天数比例达64.40%，PM2.50平均浓度较上年下降8.60%。推进重点流域水污染防治，地表水断面水质达标。推进土壤污染防治与修复。云马焦化、原平钢厂两个土壤污染治理与修复技术试点示范项目实施，化肥、农药使用量分别下降0.97%、12.45%。实施河湖长制，贯彻“一河一策”“一湖一策”，推进汾河、桑干河、滹沱河等重点流域生态修复，汾河中上游山水林田湖草生态保护修复工程列入国家试点。加快国土绿化步伐，完成营造林61.20万亩。关停取缔“散乱污”企业109家，万元地区生产总值能耗下降3.40%，大宗工业固废综合利用率达67.73%。

**民生事业** 2018年，忻州市财政民生支出占比80%以上。2万多名失业人员和就业困难人员实现就业，去产能企业职工妥善安置，城镇新增就业4.61万人，农村劳动力转移就业4.60万人。推进教育振兴。改(扩)建幼儿园119所，提升学前教育普惠水平；偏关、静乐通过国家义务教育基本均衡发展认定，完成县域内义务教育基本均衡发展目标；高考总达线率提高3.24个百分点。推进公立医院综合改革，实施"136"兴医工程，市儿童医院投运，郭应禄院士工作站在忻州市人民医院挂牌。城镇退休人员基本养老金人均月增资168元，城乡居民基础养老金最低标准每人每月增加23元，失业保险待遇标准每人每月增加220元，工伤保险待遇人均月增加188元，城乡居民医保财政补助标准提高到每人每年490元。新建50个农村老年人日间照料中心。

**脱贫振兴** 2018年，忻州市累计整村搬迁763个村，销号458个行政村，安置40464人，增减挂指标交易收入近7亿元，行政村撤并优化，城镇化率突破50%。建设产业园区14个、扶贫车间211个，贫困劳动力转移就业26331人，光伏扶贫装机达75.077万千瓦，国家电商示范县覆盖11个贫困县，扶贫小额信贷突破10亿元。157个村完成特色建筑风貌整治，农村危房改造11155户，自然村全部通动力电，1475个行政村通宽带。实施精神脱贫，激发贫困户内生动力。繁峙、神池、五寨、岢岚、河曲、保德6个贫困县摘帽进入程序，贫困发生率下降2.28%。 (赵 芳)

**【忻州市忻府区】** 忻府区位于忻州市中部，总面积1986.53平方千米，下辖11乡6镇，3个街道办事处，394个行政村，33个城市社区居委会。

旅游资源有秀容古城、秀容书院、元好问墓、貂蝉墓、禹王洞等。

**农业** 2018年，忻府区引导农民优化种植结构。辣椒、甜糯玉米、甜瓜、红薯等特色农作物优势发展；推动丹霞苹果、玉露香梨、高油酸花生、油用牡丹、观赏莲藕等作物种植。推

2018年忻州市辖县(市、区)经济指标统计表

| 县 市 | 地区生产总值(万元) | 农林牧渔业总产值(万元) | 固定资产投资增长速度(%) | 社会消费品零售总额(万元) | 一般公共预算收入(万元) | 一般公共预算支出(万元) | 人均可支配收入(元) | |
|---|---|---|---|---|---|---|---|---|
| | | | | | | | 城镇居民 | 农村居民 |
| 忻府区 | 1668726 | 168863 | 10.70 | 1179134 | 48857 | 199148 | 30189 | 10543 |
| 定襄县 | 517402 | 82453 | 9.00 | 249786 | 21065 | 142345 | 30382 | 13090 |
| 五台县 | 552711 | 102284 | 9.30 | 198906 | 58406 | 276482 | 26643 | 6787 |
| 代县 | 755899 | 61579 | 9.90 | 152125 | 31416 | 159706 | 26762 | 6024 |
| 繁峙县 | 696611 | 107977 | 9.00 | 212986 | 26436 | 228139 | 29932 | 8320 |
| 宁武县 | 623609 | 45523 | 9.00 | 132796 | 71438 | 196388 | 24813 | 5940 |
| 静乐县 | 336475 | 70155 | 9.00 | 113481 | 32740 | 191570 | 23633 | 7160 |
| 神池县 | 253687 | 173447 | 9.20 | 106001 | 15155 | 136376 | 23709 | 8195 |
| 五寨县 | 249906 | 86822 | 9.00 | 105894 | 26638 | 140166 | 24209 | 7853 |
| 岢岚县 | 301315 | 81665 | 9.50 | 106391 | 14906 | 150283 | 27358 | 7370 |
| 河曲县 | 1071447 | 67376 | 9.50 | 181037 | 59486 | 161625 | 27765 | 7387 |
| 保德县 | 957962 | 70714 | 9.60 | 204136 | 62811 | 192526 | 29222 | 7700 |
| 偏关县 | 323123 | 70051 | 45.30 | 102081 | 13444 | 154879 | 22540 | 7144 |
| 原平市 | 1581665 | 254455 | 9.00 | 771713 | 96854 | 266362 | 30998 | 11017 |

进有机旱作农业。高城辣椒列入全省30个有机旱作农业封闭示范片之一；西冯城3359亩高标准农田建设项目完成。发展畜牧龙头产业，开展动物疫病防控工作，新建标准化养殖小区20个。其中，贫困户养殖小区12个；开展粮改饲示范县工作，建成病死动物无害化处理场和病死畜禽无害化收集点9个。加强“三品一标”认证。2家企业6个获证无公害农产品。山西省粮食行业协会授予忻府区“山西红薯之乡”称号。

**转型升级** 2018年，忻府区推进58个转型项目建设发展计划，63个省、市建设项目库项目全部开复工。忻州古城保护改造项目总投资31.5亿元，一期工程完工。云中河景区自驾车房车营地露营项目建成运营；鸦儿坑民俗村旅游项目游客服务中心建成。招商引资落地。投资3.50亿元山西天致高技术制药项目开工建设；投资3.59亿元益成宏业腐殖酸科研成果转化项目前期工作完成。开展“煤改气”“煤改电”工程；中水电50兆瓦风力发电项目列入建设计划；500兆瓦光伏领跑基地项目完成方案修改。禹王煤气化公司、金宇10万吨生产线、北亿化工、特瑞环保等技改升级项目完工。

**环境建设** 2018年，忻府区调整扩大禁燃、禁煤区域，面积达145.80平方千米。推动水污染治理减排工作。综合整治土壤，对40多家企业下达生态恢复治理通知书，基本完成高城乡376.60亩农田土壤修复治理工程和山西云马焦化有限公司工业场地污染治理工程。在钢铁、电力、焦化等9大行业达标排放评估完工基础上，推进其他工业污染源达标排放。开展农村污染源头治理工作。

**民生事业** 2018年，忻府区招商引进投资5亿元，建设山西现代双语学校忻州分校项目。开展残疾儿童抢救性康复和农村适龄妇女宫颈癌免费筛查服务项目；完成13所老年人日间照料中心建设改造和完善任务；送戏下乡惠及26个贫困村；农村饮水安全巩固提升完成23处；投资115万元对董村、奇村、顿村3所幼儿园进行升级改造；全区建立村级消费者维权站、12315联络站；在城区和奇村、兰村等地实施电网改造工程；完成5800座农村户厕改造任务。

（张剑云　寇志准）

**【定襄县】** 定襄县位于忻州市东南部，总面积865平方千米，下辖3镇6乡，155个行政村。旅游资源有北社洪福寺、薄一波故居、阎锡山故居、西河头地道战遗址、凤凰山景区等。

**农业** 2018年，定襄县设施农业面积达1万亩，辣椒种植面积达5.5万亩。平东社3000亩水稻项目实现种植加工一体化，吉福寺农场5000亩芦笋、莲藕、中药材项目实现食品功能化，瑞锦隆公司栽植桑树2000亩实现养蚕基地化，全县“三品”认证农产品达45种141个。

**工业** 2018年，定襄县法兰锻造行业总产值87亿元，同比增长16.20%；产量86万吨，同比增长19.40%；上缴税金2.80亿元，同比增长53%；对外贸易出口完成12.80亿元，同比增长20%，占全市出口额的81.40%。启动国家智能制造试点示范工作，恒跃集团、天宝集团、冠力集团分别成为国家级、省级“两化”融合贯标试点企业。推动“小升规”工作，新入规6户、返规3户。天宝集团、管家营集团、恒跃集团3家企业进入全省制造业企业100强。

**文化旅游** 2018年，定襄县“二续”纪念馆对外开放。在西河头地道战纪念馆举办改革开放40周年成就展。依托凤凰山优质温泉资源和AAAA级景区优势，总投资3亿元，新建帝汤温泉度假村项目。康养小镇项目通过专家组考核。以展览古代建筑模型为主题晟龙木雕公司“中华古代建筑模型博物馆”项目主体建设完成。面向社会推出《定襄县大百科全书》《改革开放40周年画册》《定襄名片丛书》《生态定襄·鸟世界》等一系列书籍和专题片。

**深化改革** 2018年，定襄县争取国家级、省级改革试点示范项目14项。整合14项涉企证照事项，调整48项行政职权事项；推进土地确权及农村集体产权制度改革；促进国企国资改革，“三供一业”完成2014户；开展企业投资项目承诺制改革，设立承诺制审批绿色通道，办理项目19个。开展“全领域管理规范年”活动，实施锻造行业、建设领域、农民工工资保障、新媒体自媒体、兰台肉牛交易市场、财税审计等领域规范化管理，开展农资、钢材、文旅、食药、教育、货运、快递、集贸、建材等各类重点市场秩序大整顿。销号13个行政村，行政村撤并优化，推进定襄撤县设区工作。

**第三产业** 2018年，定襄县配合机场航空口岸建设，机场连接线工程竣工，五台山航空口岸临时开放，五台山机场通航城市达28个。永旺物流园区产业集聚区申报成功，保税仓库、出口监管仓库、配送中心建设完成，双创园区入驻200余户企业，物流集散中心入驻太钢集团等216户企业，与阿里巴巴集团开展合作，申请列入山西省自由贸易试验区及国家级重点示范物流园区。

**环境建设** 2018年，定襄县实行网格化管理全覆盖，开展“清河”专项行动，实施南西力村污水处理站建设工程，完成定襄滹沱河南庄断面、定襄桥断面两个水质自动监测站建设。加大对35户环境违法企业查处力度，开展专项整治行动，提升绿色生态功能。

**民生事业** 2018年，定襄县完成集中供热工程；牧马河公园和城郊森林公园、和谐园二期工程完工；“六馆一院”场馆主体地下工程建设基本完成；利民路四期通车；职教中心新建和二中迁建工程主体完工，一波中学扩建、实验二小联盟校投入使用；县乡医疗卫生机构一体化示范县创建工作基本完成；城镇新增就业3589人，转移农村劳动力3415人。

（薄振宇）

**【五台县】** 五台县位于忻州市东部，总面积2865平方千米，下辖6镇24乡，573个行政村。旅游资源有五台山佛寺建筑群、抗战文化遗址南茹村、徐向前元帅故居、驼梁景区、滴水崖景区等。

**农业** 2018年，五台县发展农业龙头企业，建设现代农业产业园区。科丰农牧业公司带动全县发展脱毒马铃薯7万亩。五台山酿酒厂年产原浆酒1200吨，销售收入5000万元。金道物流公司收储农副产品8600吨。推进三叶农业公司万吨农副产品冷链物流中心项目，收储土豆和大葱300吨。推进粮经饲三元结构调整，全县种植玉米23万亩，小杂粮13万亩，薯类7万亩，中药材2万亩，蔬菜1.50万亩。加快农业品牌建设，“三品一标”认证29个。实施粮改饲5860亩。全县猪9.70万头、牛8.70万头、羊51.30万只、鸡57万只。承包地“三权分置”改革，推进农村承包地确权登记颁证工作。建成县农村产权流转交易中心，推进清产核资工作。

**产业建设** 2018年，五台县推进省级开发区报批工作。完成投资45.80万元/亩，销售收入2.31亿元。传统产业优化升级，同丰园建材公司年产6000万块煤矸石烧结砖项目建成投产。云海镁业公司完成镁合金节能环保改造升级项目，山西国投国际经济技术合作股份有限公司环保合成纸项目签约，可利用云海镁业公司产生镁渣造纸。五台英利豆村镇婆婆沟50兆瓦光伏扶贫电站项目并网发电。德奥电梯公司销售收入13071万元，五台山沙棘制品公司销售收入2348万元，城园丰农机制造公司销售收入2383万元。森雅轩古典家具公司试生产。推进五台信和旅游度假村项目，实现旅游综合收入11.88亿元。

**转型创新** 2018年，五台县开展转型项目建设年活动，参加各类招商活动，举办“迎老乡、回故乡、建家乡”暨招商引资招才引智恳谈会。完成签约项目15个，完成率133.66%，当年开工率60%。全县累计储备重大项目82个，总投资123.56亿元。其中，新兴产业类55个，科技创新类9个，传统产业技术改造类3个，其他项目15个。在库项目25个全部开工，总投资41.63亿元，年计划投资14.48亿元，完成投资12.94亿元。省市重点工程项目8项，总投资25.86亿元，年计划投资8.90亿元，完成投资8.72亿元。德奥电梯公司列入省级智能制造试点企业，建成省级工程技术研究中心；五台山沙棘制品公司建成市级重点实验室；云海镁业公司建成市级工程技术研究中心。海创电子商务公司建成市级众创空间。五台山天域农业公司认定为省级科普基地。全县发明专利拥有量32件，发明专利申请10件。

**电子商务** 2018年，五台县建成1600平方米电子商务公共服务中心、1万平方米县级物流仓储配送中心，电商服务覆盖338个村。举办电子商务培训8327人次。对接开通“京东扶贫馆”“淘宝特产馆”，培育企业及创业人员在“淘宝网”等平台开设店铺。完成“五台斋选”公用品牌注册和包装设计。

**环境建设** 2018年，五台县完成散煤治理2622户、煤改电26户、提标改造燃煤锅炉126台；城区环境空气质量优良天数比例82.50%，空气质量综合指数4.11。落实河长制，开展“清三河”行动，地表水达到Ⅱ类水质标准。建成清水河坪上断面水质自动监测站和日处理1300吨扶贫新区污水处理厂。完成企业周边土壤调查。推进生态红线划定工作。落实同华煤业、中电投天和铝土矿矿山生态环境治理及恢复方案。开展环境风险隐患排查整治，打击破坏生态环境违法犯罪活动。（赵世靓）

【代县】 代县位于忻州市东北部，总面积1721.5平方千米，下辖6镇5乡，310个行政村，1个居民办事处，8个社区居委会。总人口22.10万人。

旅游资源有雁门关景区、代州古城建筑群、白仁岩、赵杲观等。

**农业农村** 2018年，代县粮食总产量达8892万公斤。深化农业供给侧结构性改革，推广有机旱作技术，减少籽粒玉米种植2.8万亩，新增小杂粮种植2.9万亩，建设小杂粮示范村22个，发展特色瓜菜种植1万亩，发展地道中药材种植片区3个，中药材种植新增1.2万亩。实施干鲜果提质增效5万亩，建设育苗产业村20个。新发展规模养殖场11个，养殖项目由传统猪、牛、羊、鸡，逐步向鹅、兔、鱼、螃蟹、蝎子等多样化发展。新建农产品加工企业2个，全县农产品加工销售收入达5.90亿元。推进电子商务进农村示范县项目，县级服务中心和150个乡村服务站点建成运行。举办首届农民丰收节暨现代农业成果展览会。

**产业建设** 2018年，代县签约招商引资项目17个，总投资87.50亿元，当年开工率64.70%。转型项目建设中，在库项目64个。其中，转型项目35个，总投资71.90亿元，投资完成额占固定资产投资比重达64.50%。12家企业完成技术升级，久力300万吨烧结球团项目一期建成投产，传统产业提档升级。推进雁门关风力发电，225个村级光伏扶贫电站并网发电，发展新能源新产业。8家民营企业认定为省级民营科技企业，东创林业科技股份有限公司入选全国高新技术企业名单，暖洋洋科技有限公司认定为市级工程技术中心，众创产业服务基地新入驻2家企业。

**文化旅游** 2018年，代县接待游客425.50万人次，旅游总收入40.20亿元，同比增长27%。推动代州文庙国家AAAA级旅游景区创建，实施西门瓮城续建工程、游客服务中心提升工程和玉带湖公园建设工程。拓展“旅游+”模式，举办雁门关国际骑游大会、奥跑中国、全国旅游城市定向越野赛、忻州旅游文化嘉年华汽车越野拉力赛等系列体育赛事。举办首届山西非物质文化遗产博览会长城博览系列活动。发展乡村旅游，打造仁安寺、洪寺等景点，建成休闲观光接待点10个、农家乐20个；举办杨忠武祠祭祖节、神泂杏花节等活动。

**环境建设** 2018年，代县对68家企业进行达标排放验收，取缔“散乱污”企业7家，对18家球团企业不符合产业政策26台竖炉进行关停拆除。实施集中供热管网工程2988户，城区集中供热管网覆盖率达91%。完成15家加油站地下双层罐改造。落实“河长制”，滹沱河国考断面代县桥水质自动监测站建成运行，峨口污水处理厂启用，完成苏村水厂改造工程，县内地表水考核断面、集中式饮用水水源水质优良比例均达100%。

推进滹沱河生态修复治理工程，完成峪河应急除险治理3.20千米。国土绿化行动造林3.70万亩。明利、金泰、兴华等矿区创建绿化矿山。全年立案处罚环境违法行为44起，查封违法企业22家，移送公安4件。

**民生保障** 2018年，代县学前适龄儿童毛入园率达96%，小学、初中巩固率均达100%，"大班额"现象彻底根除。全年新增城镇就业3152人，城镇登记失业率2.90%。新建农村卫生室37所，维修改造43所，为95个村配备医疗设备，基本公共卫生服务项目全部落实。社保水平提升，发放农村低保金3812万元、城市低保金1476万元、特困救助金1015万元，五保供养1766人，累计救助困难群众13434人；新建农村老年日间照料中心2所，对6个乡镇敬老院进行整合。实施公共文化服务惠民项目，为贫困村农家书屋配置图书2.8万册，农村公益电影放映4164场，免费送戏下乡138场。（邢白娥）

**【繁峙县】** 繁峙县位于忻州市东北部，总面积2368平方千米，下辖3镇10乡，1个办事处，394个行政村。

旅游资源有明长城遗存韩庄长城敌台群、滹沱河源景区、平型关长城抗战遗址等。

**农业** 2018年，繁峙县创建省级出口食品农产品质量安全示范区。农业增加值完成5.02亿元，同比增长6.73%；粮食总产量0.96亿千克，同比增长13.40%。农机心动力达13.70万千瓦，农作物机械化综合水平达83.40%。宝山鼎盛"福益德"牌亚麻籽油申报为山西省名牌产品。绿源亨通"三晋滹源"牌胡萝卜和万恒中药材"天润恒宇"牌黄芪申报为国家级生态原产地产品。全县牛、驴、羊、猪、鸡、兔饲养量分别达4.70万头、1.30万头、30.80万只、27.60万头、151万只、7.60万只。畜禽规模化、标准化养殖比重分别达75%、65%。畜牧业总产值达6.20亿元，同比增长10%。

**工业** 2018年，繁峙县工业总产值完成76.49亿元，同比增长6.20%。建设生铁制品与装备制造一体化全产业链。加强传统产业技术改造，全县球团产能达270万吨，在建240万吨，就地转化铁精粉达60%以上。新能源产业投资完成5.10亿元。建成投产风电总规模20万千瓦，在建风电总规模30万千瓦。各类光伏扶贫发电装机容量达63.70兆瓦。推进长田玄武岩棉建材，南苑再生铝合金锭，许氏维雅古建材等新型建材产业项目建设。

**产业转型** 2018年，繁峙县续建新建项目170个，总投资216.83亿元，完成固定资产投资43.90亿元。57个京津冀、雄安新区承接转移手工业扶贫项目签约落地，产品销往30多个国家和地区。中兴美德、汉和中兴配重产品长期出口美国市场。万锦肉牛育肥场活牛供港供澳。绿源亨通公司产品专供香港百佳超市。全县出口贸易额达1063万元人民币。

**文化旅游** 2018年，繁峙县滹沱河源景区成功创建国家AAAA级旅游景区。推进平型关景区、韩庄长城、大智镜园等旅游项目，五台山金石雕刻，晋绣坊、星河银业等企业成为省级"专精特新"企业。免费送戏下乡108场，送戏到基层315场，农村公益数字电影放映4824场。举办中国·繁峙毽球公开赛，寻找美丽中华定向越野等国家级赛事。

**生态环境** 2018年，繁峙县造林3173.30公顷。空气质量二级以上优良天数比例达70.40%。实施滹沱河源头桥儿沟段和砂河段治理修复工程5.86千米。实施赵庄河流域综合开发项目，修复治理7040公顷。与自然保护区，泉域保护区重叠23家矿山企业全部关停。47个矿山企业投入4159.35万元修复采矿区118公顷。

**民生事业** 2018年，繁峙县民生支出19.23亿元，同比增长23.98%。实施25所学校"改薄"基建项目。在104个村实施"一村一园（班）"工程。新招聘研究生学历高中教师41名，特岗教师70名。城镇新增就业3951人。城乡医保参保20.86万人，城乡居民养老保险参保15.41万人。完成全民技能提升工程、农村进城务工人员、城镇失业人员培训9936人。贫困劳动力转移就业15033人。登记养老机构3家，拥有床位数388个。建设农村老年人日间照料中心94所。

（冯占军）

**【宁武县】** 宁武县位于忻州市西部，总面积1936.4平方千米，下辖4镇10乡，464个行政村，8个居委会。总人口16.06万人。旅游资源有宁化古城、明长城遗址、宁武关城楼、万年冰洞、管涔山仙人洞、宁化万佛洞、情人谷景区、汾河源景区、悬空栈道等。

**农业** 2018年，宁武县农作物播种面积30.20万亩，粮食总产量达2824.45万公斤，同比增长6.90%。规模农产品加工企业销售收入达3.08亿元，同比增长9.20%。发展特色有机养殖，肉驴养殖达到3700头，肉牛存栏达到2.30万头，羊饲养量稳定在50万只，肉鸡发展200万只，蛋鸡发展21.70万只。发展绿色农业、现代农业。

**项目建设** 2018年，宁武县推进转型项目建设年活动。招商引资签约项目8个，签约当年开工率达62.50%；全县建设项目库在库项目58个。其中，转型项目达47个，一批骨干项目相继开工或达产。完善"一区四园"布局，入园企业达19家。首欣集团风电总装项目开工，同煤集团北辛窑千万吨级煤矿及洗煤厂项目建成具备生产条件。打造新型能源基地，坚持火、风、光、水四电并举。

**综合改革** 2018年，宁武县争取改革试点示范项目，申报国家电子商务进农村示范县和全省农业生产托管试点县等5项改革试点，推进重点领域和关键环节改革，农村土地确权登记颁证基本完成。

**旅游** 2018年，宁武县景区接待游客78万人次，旅游综合收入5.70亿元，分别同比增长21.90%、21.30%。探索汾河上游整沟治理新模式，推进马仑沟、涔山沟、西马坊沟治理工作。开展21村建筑特色风整治活动。开展汾河上游生态保护修复工程前期工作，规划汾河源头"四个百生态保护修复工程"。推进芦芽山AAAAA级景区创建工作。开展"万年冰洞·世界奇观"系列宣传活动。

**民生事业** 2018年,宁武县推进示范性高中建设,新建职业中学主体完工。推进县医疗集团改革。城乡基本养老保险参保115084人,征缴基本养老保险基金29448.3万元。其中,机关事业养老保险参保人数9960人,征缴基金13235万元;企业养老保险在职参保人数20062人,基金征缴15402万元;城乡居民社会养老保险全年参保人数85062人,征缴基金811.3万元;医疗保险全年参保人数33794人,征缴基金8885万元;失业保险全年参保人数16500人,征缴失业保险金576.86万元。生育保险全年参保人数15000人,征缴基金449万元。工伤保险全年参保人数16672人,征缴基金1157万元。2018年,城镇新增就业人数2277人,转移农村剩余劳动力2483人,城镇登记失业率2.65%。农村低保7163户11185人,发放救助资金2319.57万元;城市低保1726户3268人,发放救助资金1181.89万元;五保1864户1865人,发放救助资金903.66万元。截至2018年底,全县个人医疗救助5856人次,支出救助资金408万元。建成"4+7"脱贫支撑产业体系退出贫困村78个,脱贫3891户10187人。

(王丽萍)

**【静乐县】** 静乐县位于忻州市西北部,总面积2058平方千米,下辖4镇10乡,381个行政村。

旅游资源有佛崖、文峰塔等。

**农业** 2018年,静乐县粮食总产量达0.73亿公斤,种植藜麦3万亩、中药材2.70万亩、蔬菜2.30万亩、菊芋1.50万亩,特色种植面积达20万亩。农产品"三品一标"认证新增5.49万亩,认证产品达19个。发展农产品加工企业37个,销售收入达3.80亿元。发展各类养殖专业合作社236个,建成规模养殖场24个,大畜饲养量达2.20万头,猪达5.50万头。农业机械综合作业水平达60%。"省级农产品质量安全示范县"授牌,"静乐甜苣菜"和"静乐燕麦"获批国家生态原产地保护认证。

**转型改革** 2018年,静乐县推进供给侧结构性改革、国企国资改革,推动县乡医疗一体化价格改革。推进"放管服效"、商事制度、企业投资项目承诺制、农村集体产权制度等重点改革,全年办结项目备案、审批81个,新增市场主体1139户。山西火品生物科技有限公司被认定为国家级星创天地,乐村淘电子商务有限公司认定为省级以上科技企业孵化器,华青藜麦申报国家级高新技术企业。与省农科院合作成立藜麦研发中心。

**城乡建设** 2018年,静乐县推进全国文明县城创建,改造雨污分流、供热管网3.6千米,接入供气管网1.50千米,新增园林绿化面积9.30万平方米。投资3.10亿元,实施174个贫困村整村提升工程,完成农村危房改造2100户,打造特色风貌整治村10个,开展75个村农村人居环境整治,完成农村改厕3022座,实施乡村道路提质工程50千米,新建文体广场79个、综合文化服务中心6个,解决88个贫困村吃水问题。开展国土绿化,完成造林任务14万亩,打造庆鲁沟流域治理、黄金山万亩生态经济林工程典型。落实"河长制"。争取汾河中上游山水林田湖草生态保护修复项目,三年投资26亿元。

**民生事业** 2018年,静乐县义务教育发展通过国家验收,山大附中与静乐一中结对帮扶,太原志达常青藤中学与康家会中学联合办学,创办西崖底扶贫小学和杜家村扶贫中学,贫困户子女实现零费用上学。县医疗集团启动运行,县医院二期工程、新建中医院项目主体完工,搭建"智慧医疗中医药健康服务共享平台",新建、维修村卫生室52个,招录基层医务人员62名。各类社保资金按期足额发放,新增城镇就业2078人,农村劳动力转移2418人。举办静乐首届农民丰收节和首届"奔跑静乐"元旦越野赛。

(李青春)

**【神池县】** 神池县位于忻州市西北部,总面积1470.75平方千米,下辖3镇7乡。总人口10.92万人。旅游资源有坝堰梁北齐长城、黄花岭宋辽国界沟、野猪口、鹞子沟明长城遗址、八角堡、黄华岭堡、西天瑶池西海子等。

**农业** 2018年,神池县粮食作物总产1.76亿公斤。确定为全省首批5个有机旱作农业示范县之一。油料总产量642.36万公斤,比上年增产2.70%。标准化养殖场达65个,猪、牛、羊存栏分别达1.99万头、0.77万头、44.29万只,出栏4.66万头、0.99万头、76.16万只。农业综合机械化率达52.70%以上。曦晟源和谷德福两家企业入选省级扶贫龙头企业名录。合什得胡麻油在第十六届中国国际粮油产品及设备技术展示交易会上获亚麻油金奖,亮相CCTV《原味中国》。举办第二届网上月饼节,销售月饼系列产品8000余万个,实现产值近2亿元,网上淘宝店销售额达204万元,提升神池月饼品牌和县域知名度。

**转型改革** 2018年,神池县储备项目34个,总投资290.30亿元;签约转型项目13个,签约资金完成49.11亿元;建设项目库在库项目37个,总投资31.33亿元,新建项目28个。发展新能源项目,推进70万千瓦风电场、6.50万千瓦光电场,神池渊林能源有限公司2×1.50万千瓦生物质热电联产项目建设。

**环境建设** 2018年,神池县开展大气、水、土壤污染防治三大战役,建设启动第二供热源,淘汰燃煤锅炉83台,改造6台,完成清洁替代3600户。万元生产总值能耗下降3.67%。空气质量二级以上天气312天,优良天数比例为84.60%,空气质量综合指数4.63。推动供水基础设施建设,完成80个村饮水安全工程。启动国土绿化行动,集体公益林地委托黑茶山国有林管理局管理,造林22000亩。完成京津风沙造林项目15000亩,沙棘改造项目18000亩,浅山丘陵区经济林提升8000亩,完成吕梁山生态脆弱区造林0.80万亩,人工造林5.84万亩。

**民生事业** 2018年,神池县教育事业健康发展,普通高考二本B类以上达线52人。医疗集团健康运行,全县120个行政村建立标准化卫生室。建设一批市政基础设施、高速连接线、乡村基础设施和公共服务设施项目。发展文化事业,完成《神池县志》编纂和出版印刷工作。(杨向东)

**【五寨县】** 五寨县位于忻州市西北部，总面积1387.60平方千米，下辖3镇9乡，2个办事处，总人口11.60万人。旅游资源有芦芽山风景区、荷叶坪高山草甸区、五寨沟、南禅寺等。

**农业** 2018年，五寨县落实种植面积73.40万亩，粮食总产量达2.25亿公斤。发展优质特色种植业，开展甜糯玉米、小杂粮、红芸豆、鲜食马铃薯、中药材种植基地建设，推广高粱、糜、黍1000亩，种植露地蔬菜4150亩，完成晋西北沙棘山西特色农产品优势区创建。发展生态养殖项目，建设标准化、规模化养殖场。新大象集团杏岭子村万头育肥猪厂建成投产。建设现代农业产业园区，入园企业达10个，年销售收入达1.36亿元。新认证现代农业"三品一标"20个，全县无公害、绿色、有机产品基地保持在40万亩以上，农机总动力达24.64万千瓦。累计发展农民专业合作社573个。先后培育年销售100万元以上农业加工企业26个，完成销售9.73亿元。绿谷农业产业项目开展农产品开发工作。实施高标准基本农田建设项目，完成33个村、17517人饮水安全工程，实施坡改梯5490亩，除险加固骨干坝2座，完成颐峰水库建设项目前期工作，五寨(三岔)110千伏输变电工程、韩家楼35千伏变电站增容改造工程开工建设。完成农村土地承包经营权确权登记颁证、农村集体产权制度改革工作。开展"村容村貌、户容户貌"整治，打造100个绿色宜居美丽村庄。

**产业转型** 2018年，五寨县保障煤炭运销产业健康发展，发运煤炭5938万吨，创利税5.50亿元。储备转型项目37个，总投资306.80亿元；落实重大转型项目12个，总投资30.49亿元。晋驾旭来、金航运输、亿牧源、大象集团等企业一批产业转型项目建成投运。获批国家级电子商务进农村示范县项目，电商公共服务中心与乡村服务站点投入运营，建成乡级服务站12个，村级服务点108个。开展招商引资，签约项目18个，总投资49.23亿元。民营主体7490户，从业人员达3.46万人，民营经济占生产总值比重达57%。

**环境建设** 2018年，五寨县完成造林3.55万亩。实施城区主街道、公园、广场绿化工程。开展污染防治，取缔关闭"散乱污"企业3家，停产整治扬尘污染企业8家，改造加油站地下油罐17家，关闭非法采砂点19处。全县新增供热面积30万平方米，新接入燃气用户3533户，完成煤改电19户。空气质量优良天数317天，比例达87%。实施城乡建设用地增减挂钩项目，完成土地增减挂钩结余指标交易1508亩，交易收益2.16亿元。

**民生事业** 2018年，五寨县民生财政投入10.68亿元。第六小学、光明中学学生宿舍楼、百梦苑幼儿园、阳光幼儿园建成。中、高考再创佳绩，高考二本以上达线190人；中考600分以上72人。农村建档立卡贫困人口住院总费用实际报销比例达90%以上。推进第一人民医院新建项目，砚城镇卫生院、西城区医院投入运营，12个乡镇卫生院中医馆建成。县医院成立影像中心。引进北京望京医院、山大二院专家坐诊。城市棚户区改造项目开工建设，分配公租房、经适房73套。新建文体广场50个，新建、维修村级文化活动室及农家书屋15个，配备文体活动器材179套。电影惠民工程和文化"三下乡"活动开展，举办首届春节联欢晚会。

(朱和森)

**【岢岚县】** 岢岚县位于忻州市西北部，下辖2镇10乡，202个行政村，1个城区居民委员会。旅游资源有王家岔宋代长城遗址区、黄花坪高山草甸、毛主席路居纪念馆等。

**农业** 2018年，岢岚县粮食总产量0.65亿公斤。立足羊豆资源优势，建设红芸豆示范种植基地，发展9类特色示范园区，认证"三品一标"10个。实施晋岚绒山羊育繁推一体化示范项目，搬迁村新建养殖小区14个1.30万平方米，全县羊饲养量62万只。整理基本农田3.60万亩，民间资本造地1664亩，坡改梯7000亩。新创办种植合作社35个、养殖示范社28个、造林合作社26个、农机合作社1个。推进农村土地改革，完成农村承包地确权登记工作。晋岚科技30万只肉羊精深加工项目、沙棘工业原料基地等项目建成投产。

**产业建设** 2018年，岢岚县扩大招商引资，签约项目20个64.70亿元，当年签约开工率85%，储备项目34个56.80亿元。规划转型项目库项目38个85.68亿元。其中，26个转型项目完成投资16亿元。攻坚重点工程，总投资35.60亿元的12个省市重点工程全部开复工，完成投资9.40亿元。培育"小升规"企业3个、高新技术企业1个。园区建设规划总面积19.70平方千米，申报省级经济技术园区。煤炭物流产业回升，经销量1518万吨，同比增长66%，创税1.30亿元。发展煤化工产业，推动鑫宇煤气化、道生鑫宇LNG项目生产，打造胡家滩产业集聚区"煤—焦—气—站"一体化产业集群。总规模426兆瓦风电项目开工建设、64兆瓦光伏电站并网发电。发展新型建材产业，宏发石材、晋兴奥隆水泥厂投产运营。

**改革创新** 2018年，岢岚县新增入驻省级以上众创空间企业4个，创业团队增长20%。深化经济技术园区"三化三制"改革。推进投融资体制改革，规范实施PPP、政府购买服务、政府投资基金等项目，创新推出"妇创贷""青创贷"等信贷产品。

**城乡建设** 2018年，岢岚县实施棚户区改造工程，开展古城风貌整治工程。投入5.40亿元对153个村进行整村提升，打造美丽乡村。

**环境建设** 2018年，岢岚县完成营造林任务8.06万亩，改造沙棘林5万亩，全县森林覆盖率达18.51%。开展蓝天、碧水、净土行动，空气质量二级以上天数308天，地表水断面水质稳定达标，开展土壤环境风险防治。

**民生事业** 2018年，岢岚县仰峤幼儿园投入使用，吴家庄上海希望学校主体完工，投资149万元实施城乡校舍维修改造；实施学前教育发展规划，全县适龄幼儿入园率93.20%。实施文化惠民工程，完成139个村文体设施配套建设，举办全民健身赛事5项10次。提高城乡低保、五保供养保障标准，高龄失能老人和困难重度残疾人基本生活补贴2094人82.7万元，发放医疗救助、临时救助、优抚补助、救灾资金820万元，新建温泉村、广惠社区2个老年人日间照料中心。

（贾润高）

**【河曲县】** 河曲县位于忻州市西北部、总面积1323平方千米，下辖4镇9乡，340个行政村。旅游资源有长城古堡、黄河景观区、汉代薄太后娘娘滩、西口古渡、龙口峡谷、弥佛栈洞等。

**转型综改** 2018年，河曲县打造1000亩有机旱作封闭示范区，万家福商贸获“山西小米”品牌商标使用授权，小米产区被“人民优选”列为黄小米产业合作示范基地；1月至11月，煤炭产业增加值占比下降4.50%，制造业增加值占比提高4.80%，工业企业实现利税增长速度为112%；推进中电建风电项目、河曲燠晶硅等新能源项目；创建国家电子商务进农村综合示范县。

**重点领域改革** 2018年，河曲县争取全省扶持村集体经济发展试点，314个行政村集体经济全部破零；进“放管服效”改革推，国有企业“三供一业”改革完成目标任务；整沟治理三大流域治理规划编制完成。

**营商环境建设** 2018年，河曲县完善企业投资项目试行承诺制流程，建立并联审批等六大常态化机制和事项容缺处置等4项制度，实施“五统一”事项办理，简化项目报建审批流程。

**生态环境** 2018年，河曲县在忻州市率先完成《河曲县矿山地质环境恢复与综合治理规划》，各项指标均完成任务，空气质量连续3个月全省排名第一。

**基础设施建设** 2018年，河曲县延瑞路、宣化街建成通车；新增园林绿化面积6.70万平方米；获全省文明县城提名，被省交通运输厅命名为“四好农村路”示范县。

**社会事业** 2018年，河曲县省政府六件民生实事全部完成，实验幼儿园投入使用，新建黄河路九年制学校主体基本完工，教育“全面改薄”任务全部完成。新建县医院项目门诊综合楼封顶，中心村卫生室服务网络实现全覆盖。全省公共卫生考核获第四。沙畔村被司法部命名为“全国民主法治示范村”。

（白耀欢）

**【保德县】** 保德县位于忻州市西北部、总面积1323平方千米，下辖4镇9乡，340个行政村。旅游资源有陈奇瑜遗迹文化群、黄河钓鱼台、烈女庙、康熙枣园、飞龙山等。

**产业升级** 2018年，保德县推进产业结构调整。开发区入园企业达8家，园区经营（销售）收入11.69亿元，投资强度达168.44万元/亩。提升煤炭产业，产煤1822.17万吨，产量增长35.20%，产值增加29.97%。2户企业实现“小升规”。发展新能源产业，1个县级集中式电站、144个村级光伏电站、3200户户用光伏电站并网发电，装机容量达76.80兆瓦。申报国家电子商务进农村综合示范县，县级电商公共服务中心投入运营。红源果枣有限公司在山西股权交易中心农业板挂牌，林涛寨食品有限公司在青年创业板挂牌。第三产业增速超第二产业6.80个百分点。

**项目建设** 2018年，保德县开展“转型项目建设年”活动，各项指标均达到或超额完成年度任务，储备项目完成率133.80%，签约项目完成率141.26%，新签约转型项目开工率完成年度任务274.73%，6个省市重点工程完成投资14.63亿元，9个总投资36亿元重大产业项目开工，29个转型项目投资占固定资产投资比重达66.50%。

**环境建设** 2018年，保德县完成清洁取暖改造3062户，淘汰燃煤锅炉41台，新增“煤改气”1212户、燃气集中供热1850户，新建污水管网6.62千米。空气质量二级以上天数达277天，PM2.5平均浓度同比下降2%，二氧化硫平均浓度同比下降9%。开展植树造林活动，造林7.12万亩，扩大森林覆盖率。

**民生事业** 2018年，保德县财政民生事业支出16.06亿元。城镇新增就业2476人，转移农村劳动力2868人，城镇登记失业率3.80%。社会保障安全方面，城镇退休人员基本养老金人均月增资168元，城乡居民基础养老金最低标准每人每月增加23元，失业保险待遇发放标准每人每月增加23元，工伤保险待遇人均月增加188元，城乡居民医保财政补助标准提高到每人每年480元。新建2个社区、7个农村（社区）老年人日间照料中心。建立全覆盖学生资助体系。出台健康扶贫特惠政策，服务4970户，贫困人口住院医疗费用实际报销比例达90%以上，大病、慢性病、长期慢性病门诊医疗费用报销比例达80%以上。社会兜底保障14848人，低保提标每人每年3586元。推进基础设施改善和公共服务提升工程，累计完成县乡村道路提质升级564.5千米、农村饮水安全工程331处、农村达标卫生室239个、文化活动室107个、文体广场132个、农村（社区）日间照料中心24个。

（傅景英　曹巨才）

**【偏关县】** 偏关县位于山西省西北部，下辖4镇6乡、247个行政村、459个自然村，1个城区居民委员会，总人口10.40万人。旅游资源有秦晋大峡谷老牛湾黄河堡寨景区、明长城遗址、万世德文化公园、偏关古城遗址群等。

**农业** 2018年，偏关县调整种养植结构，发展杂粮、干鲜果、设施蔬菜、畜牧业等特色产业，实施杂粮种植23.60万亩，创建杂粮高产优质示范区（村），培育杂粮产销专业合作社3个，新增“三品一标”认证21个。发展中药材和露地特色蔬菜种植，种植面积2357.40亩、787.35亩。化肥、农药用量同比下降5.60%、6.20%。推广以渗水地膜覆盖为主旱作节水技术面积达10.20万亩。发展规模养殖户3800余户。完成人工种草0.84万亩。全县发展264个扶贫农牧专业合作社。检修5个畜牧兽医中心站。

**工业** 2018年，偏关县晋电化工有限公司完成技改，上缴税收1691.70万元，较上年增长92.70%。新签约9个项目全部为清洁能源、农产品加工等“补短板”重大项目。农村光纤宽带新建村110个，升级村11个，总计121个。县级电子商务公共服务

中心建设工程基本完工，完成投资150万元，服务中心功能模块装修改造项目完成施工设计;10个乡(镇)农村电子商务服务站建设、县域电子商务物流配送(仓储分拣)中心建设、冷链体系建设、电商培训等建设项目逐步实施。

**城乡建设** 2018年,偏关县推进城乡居民采暖"煤改电"工作,新增采暖面积5.25万平方米。途经偏关地区准朔铁路货运线路开通运行。

**旅游** 2018年,偏关县完成老牛湾景区升级改造工程,打造老牛湾星空酒店,规划完善景区公共服务设施等。完成4座旅游厕所新建和改建任务。忻州市总投资17.10亿元全长132千米旅游公路偏关县境内第一期工程开工。举办"全国大众速度滑冰马拉松系列赛""长城黄河极致越野徒步赛""看黄河、走长城、穿越太行"偏关段越野拉力赛。

**环境建设** 2018年,偏关县推进造林绿化工程,实施退耕还林、京津风沙源治理、吕梁山生态脆弱区治理等林业重点项目，完成造林6.96万亩。改造沙棘林3万亩,新建沙棘4.10万亩。聘用天保工程国家级公益林管护员261人,生态护林员302户,对全县林地进行动态管理。林地面积103995.80公顷,比上年净增加1501.2公顷。开展大气污染、水污染、土壤污染防治专项行动,落实"河长制"。

**民生事业** 2018年,偏关县将原有79所公办义务教育中小学(包括51个教学点),调整为23所。推进城乡学校基础建设，投资资金9737.50万元。推进实验小学、希望小学改建工程。中国建研院捐赠职业中学建设电子商务实训室25万元，山西电力职技院捐赠厨艺实训室设备1套,国家期货市场监控中心拟为3D旅游实训室捐赠100万元,办学条件全面改善。高考考生690名,二本B类以上达线80人，其中理工文史上线65人,艺体类15人,达重点线17人,达线率11.60%。推进县乡医疗卫生机构一体化改革。 (刘爱青)

**【原平市】** 原平市位于忻州市北中部,总面积2571平方千米,下辖7镇11个乡3个办事处,496个行政村。常住人口50万人。旅游资源有天涯山风景区、崞山、慧远楼烦寺、崞阳古城、西神头扶苏寺、南神头蒙恬庙、滹沱河风景区、大营温泉景区等。

**农业** 2018年,原平市粮食总产量稳定在3.50亿公斤以上,种植结构优化，杂粮种植占总播种面积26%,小麦复播"两茬田"达7000亩。农业规模化、特色化、产业化发展,累计流转土地10万亩，玉露香梨高接换优新增1000余亩,"三品一标"农产品达155个,农产品加工企业销售收入完成14.30亿元。

**转型改革** 2018年,原平市招商引资签约项目13个，总投资159.20亿元。实施转型项目76个，总投资234.80亿元。经济技术开发区入驻企业达72家。国家电投山西铝业产能提高310万吨,铝镁合金项目上报国家发改委;200万吨焦化及煤化工项目、中盈万维精密制造项目预备投产,煤机装备制造领域加快智能化改造,佳诚液压公司在山西股权交易中心挂牌。新培育6家高新技术企业、5户"专精特新"中小企业和6户"小升规"企业。大营地热资源开发利用项目完成地热井预期钻探,推进干热岩井勘探。开展供给侧结构性改革,退出120万吨煤矿产能,化解房地产库存1885套。国家、省级改革试点达23个。经济技术开发区"三制"改革完成。实施同煤轩岗煤电公司供热改造,使企业所在地单位、居民享受清洁采暖。农信社改制挂牌。农村土地经营权确权登记颁证工作完成。

**城乡建设** 2018年,原平市城区东北环城路、文殊东街、永兴北路工程开工建设,城市东北片区框架基本形成;启动3条街巷贯通工程,改造13条小街小巷;"三街"棚户区完成征迁,启动实施城市东拓战略。采煤沉陷区完成10994户搬迁安置。国家卫生城市通过复审,巩固省级园林城市创建成果,开展创建智慧城市工作。

**环境建设** 2018年,原平市开展大气、水、土壤污染防治,新增集中供热36万平方米。完成18个乡镇52家单位"煤改电",完成农村"煤改气"1550户。在北循环路、主干线实施抑尘作业。城区纯电动公交车全覆盖,468辆出租车实现清洁能源动力替代,营运类黄标车全部淘汰;实施滹沱河流域专项整治,关停散乱污企业44家,完成中荷水务污水处理厂出水进入滹沱河段净化工程;开展工业场地环境调查和风险评估，完成化工、钢铁有限公司工业场地调查工作。推进生态修复治理,完成水土流失治理6万亩、营造林1.80万亩,采煤沉陷区刘家梁煤矿完成地质环境治理,5座矿山列入忻州市级绿色矿山试点单位;启动沙河生态修复工程,观上水库—沙河—滹沱河河库连通项目列入国家三年滚动项目库。

**民生事业** 2018年,原平市财政民生支出占比80%以上。落实煤矿去产能人员分流安置工作。引进北方现代双语学校教育资源。推进中医院门诊楼建设，公立医院实现政事分开、管办分离。健康扶贫"双签约"率100%。新建7个农村老年人日间照料中心。城镇退休人员基本养老金人均月增162元,兑现机关事业单位人员基本工资标准和离休人员离休费增资。城乡居民基础养老金最低标准每人每月增加23元，失业保险待遇发放标准每人每月增加220元,工伤保险待遇人均月增188元,城乡居民医保财政补助标准提高每人每年490元,经济困难高龄失能老人、重度残疾人补贴及时发放。 (张文炳)

## 临汾市

【概况】 临汾市位于北纬35°23′~36°57′，东经110°22′~112°34′，总面积2.03万平方千米，下辖1区2市14县，2个省级经济技术开发区，151个乡镇，20个街道办事处，2968个行政村。2018年，常住人口450.03万人。

2018年，临汾市地区生产总值完成1440亿元。其中，第一产业增加值93.80亿元；第二产业增加值660.8亿元，下降2.20%；第三产业增加值685.40亿元，增长8.80%。三次产业比重由上年7.2:46.3:46.5优化为6.5:45.9:47.6。人均地区生产总值32066元。全社会消费品零售总额完成687.10亿元。固定资产投资完成404亿元。一般公共预算收入完成126亿元。海关进出口总额完成19.80亿元。规模以上工业增加值完成483.90亿元，规模以上工业企业利税比上年增长28.10%。城镇常住居民人均可支配收入达30692元，增长6.30%；农村常住居民人均可支配收入达11630元，增长8.30%。全年全市城镇新增就业5.49万人。

**农业** 2018年，临汾市农作物种植面积53.39万公顷，粮食产量256.80万吨，完成造林3.41万公顷，木材产量53006立方米，猪、牛、羊肉总产量12.50万吨，年末生猪存栏87.2万头，生猪出栏131.80万头，禽蛋产量13.10万吨，农业机械总动力208.1万千瓦。编制实施《乡村振兴战略总体规划(2018−2020)》，推进6个县、30个乡镇、100个村试点工作。粮食总产量256.8万吨。新发展(改造)水果5867公顷、中药材5333公顷、设施蔬菜333.33公顷、露地特色蔬菜2800公顷。肉、蛋、奶类产量分别达34万吨、17.70万吨、6万吨。汾西洪昌养殖入选国家级龙头企业。

**工业** 2018年，临汾市规模以上工业企业384家。规模以上工业企业原煤产量6006.10万吨，发电量236.50亿千瓦时，焦炭产量1616.70万吨，钢材产量1118.90万吨。规模以上工业企业实现主营业务收入1618.30亿元。规模以上工业企业实现利润147.60亿元，增长40.90%。编制实施《争当能源革命排头兵实施方案》，出台煤炭、焦化、钢铁等7个行业转型升级三年行动计划，实施煤炭产业升级改造，推进焦化、钢铁产业优化布局、减量置换，铸造和装备制造、新能源、新材料、大数据等新兴产业发展。

**转型综改** 2018年，临汾市推进产业转型升级。煤炭先进产能占比达75%，制造业、战略性新兴产业、高新技术产业占全市工业增加值比重达30%以上。全年实现旅游总收入634.10亿元，比上年增长31%。推进第三产业振兴行动计划，商贸物流、电子商务、文旅产业等现代服务业发展。临汾市被确定为“陆港型国家物流枢纽承载城市”；兴荣物流园区智慧平台加盟全国物流大体系；苏宁易购入驻隰县，成为全省首家苏宁易购扶贫实体店。打造黄河、根祖、太行三大旅游板块，实施“百项文旅活动”和“百项提升工程”，洪洞大槐树寻根祭祖园创建AAAAA级景区，晋国博物馆、吉县人祖山创建AAAA级景区，克难坡等8家景区创建AAA级景区。尧庙·华门文旅融合示范区试点起步，举办早期都邑文明的发现研究与保护传承暨陶寺四十年发掘与研究国际论坛，世界大河文明国际旅游论坛会址与秘书处落户临汾市。

2018年，临汾市推进“三去一降一补”。压减煤炭产能375万吨；工业产成品存货比上年下降5.60%；商品房待售面积消化周期为5到7个月；工业企业资产负债率降低1.60个百分点；工业企业每百元主营业务收入成本降低1.30元；全市减免税27.30亿元，普遍性降费政策措施落实。国企国资、国有林场、集体林权、金融、科技、医药卫生、财税体制等重点领域改革取得新突破，襄汾、安泽经济技术开发区设立获批，沿黄现代农业文化旅游开发区建设在全省率先破题。开展高端产学研合作，与九三学社山西省委签订《“九临合作”战略合作框架协议》，李兆申院士专家工作站落户市人民医院，李德发院士工作站落户蒲县。侯马市、华翔集团获批省级“双创”示范基地，隰县授渔众创空间、侯马经济技术开发区被认定为省级科技企业孵化器，临汾杏林、乡宁颐高万创等5家平台创建省级众创空间。实施“市长创新奖”，15家科技创新优秀企业获奖。构建内陆地区对外开放新高地，签署《关中宣言》，融入关中平原城市群，与斯里兰卡阿努拉德普勒市建立国际友好合作伙伴关系，侯马市与美国核桃市缔结为国际友好城市。创新“五大招商”模式，在北京、广州等地举办招商引资推介会10场，全年签约项目290个，总投资额1591亿元。中欧班列实现常态开行。

**项目建设** 2018年，临汾市推进企业投资项目承诺制改革试点工作，开展项目集中开工月活动，全市铺开重点项目777个，年度完成投资371亿元。推进实施产业转型项目479个。其中，新兴产业项目424个，完成投资215亿元；传统产业改造升级项目54个，完成投资42亿元。推进晋南钢铁集团有限公司2×1860立方产能减量置换、曲沃沃能化工科技有限公司年产30万吨乙二醇联产LNG、山西盾安隰县风电、大宁鸿晋一次性防护手套等转型项目建设。

**城乡建设** 2018年，临汾市布局规划百里汾河、百里黄河、百里太岳“三个百里”规划战略，纳入全省区域协同发展。对市区周边的同世达、欧环等一批焦化企业实施关闭，启动退城入园工作。推进城建、交通、水利等基础设施建设。向阳西路改造提升、锣鼓桥西延等一批城建工程按期竣工；中大街贯通、迎春街南延等部分道路完工通车；华门光影秀、汾河音乐喷泉、滨河东路道路绿化亮化等惠民工程如期完成；霍永高速西段、长临高速建成通车；“四好农村路”完成2287千米，尧都区、隰县被评为“四好农村路”全国示范县；沿黄旅游公路永和乾坤湾试验段完工；引沁入汾浮山供水工程基本完成，推进中部引黄、禹门口东扩涉临骨干工程建设。

**环境建设** 2018年，临汾市出台《党政领导干部生态环境保护责任制实施细则》。市区环境空气质量综合指数7.73，好于二级以上天数137天，大气六项监测指标中四项浓度值同比下降。劣五类水体断面比例37.50%，达到或优于三类水体比例25%。完成6个国控监测点位9大类问题整改，中央环保督察等上级督察反馈及临汾市自查自纠的1561个问题完成整改1518个，整改率97%。实施环境容量管控、大气环境治理等“八大工程”，全市完成工业企业深度治理661家，整治“散乱污”企业2524家。完成“煤改气”“煤改电”、集中供热清洁取暖改造15万户，申报国家清洁取暖试点城市，争取9亿元中央财政资金支持。邀请中国环科院柴发合专家团队、“一市一策”专家团队，对临汾市污染源解析和跟踪服务，制定打赢蓝天保卫战三年行动计划、大气污染防治年度行动计划、秋冬季大气污染防治攻坚行动方案和细颗粒物、二氧化硫等专项治理方案，开展固废大排查、柴油车和散装物料运输车联合执法等10个专项行动。在全省建

2018年临汾市辖县(市、区)经济指标统计表

| 县　市 | 地区生产总值(万元) | 农林牧渔业总产值(万元) | 固定资产投资增长速度(%) | 社会消费品零售总额(万元) | 一般公共预算收入(万元) | 一般公共预算支出(万元) | 人均可支配收入(元) | |
|---|---|---|---|---|---|---|---|---|
| | | | | | | | 城镇居民 | 农村居民 |
| 尧都区 | 3089959 | 147743 | −17.40 | 2635539 | 171287 | 438960 | 34642 | 14875 |
| 曲沃县 | 1016810 | 251977 | −21.00 | 259166 | 39073 | 141487 | 32489 | 15137 |
| 翼城县 | 755173 | 161040 | −42.60 | 467704 | 31143 | 202999 | 30313 | 11707 |
| 襄汾县 | 1322140 | 263502 | −27.30 | 504267 | 67085 | 262507 | 30812 | 13392 |
| 洪洞县 | 1686057 | 183174 | −46.20 | 654178 | 96250 | 341195 | 28379 | 11939 |
| 古　县 | 479621 | 43504 | 44.10 | 114750 | 43205 | 129576 | 31898 | 10651 |
| 安泽县 | 631739 | 78013 | −52.20 | 104302 | 60181 | 119062 | 29252 | 9846 |
| 浮山县 | 461072 | 82529 | −64.40 | 98220 | 8560 | 120766 | 30083 | 9375 |
| 吉　县 | 213671 | 105074 | −40.90 | 85487 | 12563 | 135921 | 21134 | 5602 |
| 乡宁县 | 1334566 | 75874 | −30.40 | 235108 | 172810 | 269319 | 30082 | 10341 |
| 大宁县 | 67308 | 31175 | 26.40 | 36392 | 3772 | 139604 | 19719 | 3782 |
| 隰　县 | 167672 | 84282 | 2.10 | 112102 | 8794 | 162508 | 23666 | 6439 |
| 永和县 | 91150 | 48962 | 31.60 | 52384 | 11399 | 146083 | 22588 | 4098 |
| 蒲　县 | 967786 | 47634 | −9.50 | 90275 | 96863 | 145977 | 27714 | 9222 |
| 汾西县 | 242173 | 65123 | −60.90 | 135281 | 7846 | 141631 | 27125 | 4267 |
| 侯马市 | 1151168 | 64726 | −21.20 | 940040 | 48833 | 175482 | 29014 | 15044 |
| 霍州市 | 832392 | 67247 | −44.10 | 345398 | 59325 | 170192 | 30421 | 13785 |

立“河长+巡河员”河道巡查管理体系，整治入河排污口393处。龙祠水源地一级保护区范围内龙祠、晋掌村环境综合整治基本完成，洪洞汾河国家湿地公园通过验收，实施涝河河生态治理工程。新增水土流失治理面积4.39万公顷，完成营造林3.31万公顷，全市森林覆盖率31.40%，三北防护林体系建设工程被评为全国先进。89家煤矿企业启动矿山生态环境恢复治理工程。

**民生事业** 2018年，临汾市民生支出执行320.7亿元，占一般公共预算支出83.10%。市博物馆建成开馆，推进市图书馆、国学馆、射击飞碟靶场等项目。推进县级“四馆一场一院”建设，古县图书馆获“国家一级图书馆”称号。开展“平阳记忆”“印象临汾”工程。举办“尧王杯”系列赛事，竞技体育在亚运会上实现金牌“零”突破。全市认定普惠性民办幼儿园68所。市区新(改、迁)建8所中小学(幼儿园)进展顺利。尧都区通过国家义务教育均衡验收。完成中小学薄弱校改造156所。推进医疗医药医保联动改革，109个病种实现按病种收（付）费。永和、曲沃、安泽、古县创建县乡医疗卫生机构一体化改革“省级示范县”。医联体建设实现所有县(市、区)全覆盖。市中心医院、市妇幼保健院通过“三甲”复审。建成16家中医馆。3个县、5个乡镇创建国家卫生城镇工作取得进展。全市城镇新增就业和农村劳动力转移就业分别达到54911人和50917人，城镇登记失业率2.87%。34.60万农村人口稳定解决饮水安全问题。建成农村老年人日间照料中心50个。 （李艳洁）

**【临汾市尧都区】** 尧都区位于临汾市中部，总面积1316平方千米，下辖6乡10镇，10个街道办事处，总人口98.88万人。旅游资源有尧庙、尧居、尧帝陵、尧井、击壤台、仙洞沟、龙子祠、华门、大中楼、元代戏台等。

**农业** 2018年，尧都区推进十大特色农业示范区，巩固提升五大产业基地，粮食总产达22.96万吨。防控非洲猪瘟，完善防疫体系。推进美丽乡村建设，44个示范村先行发展。完善农村基础设施，获全国“四好农村路”示范县称号。完成农村土地承包经营权确权登记，农村集体产权制度改革取得突破。

**产业建设** 2018年，尧都区推进现代工业园区基础设施建设。推进亨瑞达制药、北斗导航等转型项目建设。绿色精密铸造园区千亩核心区开局建设。韩国大光精密铸造项目落地，本地16家铸造企业启动入园。临汾染化、环源建材、临汾热电等22个技改项目开始实施。2家建设矿井转入生产，全区煤炭总产达700万吨。推进现代商贸物流体系建设，兵站路城市菜篮子连锁项目投入运营。推进华夏国际商贸城建设，鼎晨现代综合物流园项目开工建设，兴荣物流园区智慧平台加盟全国物流大体系。

**旅游** 2018年，尧都区尧陵旅游公路涝河坝改线工程竣工通车，仙洞沟旅游公路启动建设，尧帝陵、仙洞沟和尧庙华门三大景区质量提升，尧庙华门文旅融合示范区试点启动，推出华门光影秀，举办首届尧都文化旅游节。全区接待游客1527万人次。

**招商引资** 2018年，尧都区举办尧商尧才新春恳谈会和招商引资推介会，签约项目53个，签约资金183.95亿元，落地资金35.20亿元。推进“六最”营商环境建设年活动，开展“1+9”专项行动，推行企业投资项目承诺制试点。设立首个省外尧商尧才联络服务站，引进医疗卫生人才23名，评选认定优秀专家人才27名。

**城乡建设** 2018年，尧都区涝河河生态建设工程累计完成投资42亿元，润州园成园成景，尧乡园起步区尧乡古镇对外开放，栖霞园汾河涝河河贯通工程基本贯通。完善东城“五纵五横”骨干路网，临纺路中段、健康路竣工通车，华州东路基本完工，解放东街拓宽改造开工建设，推进立交桥工程建设。河西规划六路、规划三街北段完成拆迁安置，推进师大整体搬迁项目征地拆迁工作。

**环境建设** 2018年，尧都区推动龙祠水源地环境综合治理、汾河流域排污口治理、重点社区创卫、路域环境整治等重点工作，启动实施汾河吴村生态修复工程。关停焦化企业2家，取缔工业企业燃煤锅炉1076台，整治非法煤炭销售点109家，改造储煤场15家，完成清洁取暖改造1612.70万平方米，整治散乱污企业629家，深度治理涉气工业企业94家。空气质量二级以上天数增加9天。

**民生事业** 2018年，尧都区投资3.8亿元改善办学条件。推进集团化办学，解放路学校、八中、临钢小学三个教育集团惠及中小学生1.20万名。完善教师补充机制，公开招聘教师259名。特殊教育学校新建迁址。全区义务教育基本均衡发展通过国家验收。全年城镇新增就业9333人，创业就业1163人，转移农村劳动力6573人，招录公务员和事业单位人员103人，参保人数达105万人次，39所农村和社区养老机构投入运行。

（杨逍峰）

**【曲沃县】** 曲沃县位于临汾市南部，总面积437.9平方千米，下辖5镇2乡，149个行政村。旅游资源有曲村–天马遗址、东许遗址、曲沃古城遗址、四牌楼、晋国博物馆、南林交龙泉寺、薛家大院等。2018年，曲沃县被联合国地名专家组和国家民政部共同认定为中国地名文化遗产“千年古县”。

**农业** 2018年，曲沃县建成投用晋之源太子滩现代农业园区，绿恒400栋香菇大棚配套设施，北董优质大蒜园区发展富硒大蒜100亩，曲村现代农业园区种植苹果新品种200亩。全县新建省级标准园5个，新增“三品一标”农产品10个，认证面积2万亩；磨盘岭现代农业园区精菜、艾绒深加工，太子滩现代农业园区回春豆业有机黑米粉丝和绿恒香菇深加工等项目投产达效。“一二三产业融合试点”项目完成年度任务，建成涉及4个乡镇260亩的精品设施果蔬采摘园；推进农村产权制度改革、土地承包经营权抵押贷款试点、“国家农民工返乡创业试点”工作，培育新型职业农民564人，认定市级以上家庭农场7个、专业合作社示范社16个，土地经营权抵押贷款额达1.10亿元。

**城乡建设** 2018年，曲沃县翻修改造绛山路、晋都路、贡院街等主干街道和大运路城区段。3个街头小游园、6座星级公共卫生间建成投用，建成绛园、顾园两大主题城市园林，县融媒体中心、三晋都市报融媒体创业（晋南）中心挂牌运营；推进美丽乡村建设，曲村镇获评为“中国历史文化名镇”，安吉、曲村、石滩、南林交4个村入选中国传统村落名录。实施道路、旱厕、农贸市场改造和粪便无害化处理场建设等基础设施提升工程，修补破损路面0.90万余平方米、修复改造人行道4.90万平方米、硬化街巷2万余平方米、改造旱厕2313座，粪便无害化处理场和改造后的兴隆市场投入使用；完善卫生保洁常态化管理，建成区实现垃圾不落地全覆盖，密闭清运率达100%。

**文化旅游** 2018年，曲沃县创建国家全域旅游示范区。16大景区开展基础设施改造工程，推进30个主题展馆和300个特色景点建设。诗经山水旅游区、磨盘岭休闲农业观光区、朝阳沟景区、石桥堡红色文化景区获评国家AAA级景区，荷塘月色景区获评国家AA级景区。举办系列旅游宣传推介活动。举办中央电视台考古纪录片《晋国》开播仪式，录制政论体纪录片《新时代·百县兴》曲沃篇。

**环境建设** 2018年，曲沃县关停取缔“散乱污”企业191家，整改提升46家。22家规模以上工业企业投资10亿元，实施300余项高标准深度治理工程。推动国新能源曲沃分公司与县燃气热能有限公司实现合并经营。完成集中供热、余热供热、“煤改气”和“煤改电”9550户，清洁取暖面积170.6万平方米。完成饮用水水源地规范化建设、10处沿河排污口整治、5个村级污水处理管网铺设、26座加油站油罐防渗改造和钢铁工业园区雨污分流提升改造工程。城市生活污水处理厂提标改造一期工程基本完工，黑河河道生态修复治理工程启动实施，浍河（东韩段）生态治理二期工程竣工投用，河道出境水质达到国家地表水四类排放标准；完成土壤遥感及复查详查、垃圾无害化填埋场垃圾渗滤液治理和68家规模以上养殖企业粪污治理工作。固体废物和矿山生态恢复治理初步清查基本结束。开展闻光焦化土壤污染防治责任试点工作。县城园林绿地面积345万平方米、绿地率34.50%、绿化覆盖率38.70%，省级园林单位13个、园林小区4个，6大类46项指标全部达标。

**民生事业** 2018年，曲沃县推进中小学教学楼、综合楼、功能室21个项目建设，完成15所幼儿园维修改造。组建乐昌中学教育集团和实验小学教育集团。完成医疗集团班子组建、“六统一”管理、医保总额打包付费等任务。县中医院住院楼完成主体工程。全年城镇新增就业4030人，创业带动就业598人。扩大“五大保险”覆盖面，发放社会保险金5.30亿元。提高财政供养人员工资水平，在职人员人均月增资300元；惠沃新区100套经适房、102套廉租房基本完工，推进300套公租房和小区基础配套设施建设。发放产业扶贫补贴资金48.09万元、小额扶贫贷款2150万元、教育补助资金19.10万元，新建、改建、修缮房屋158户，586户1621人实现脱贫，综合贫困发生率下降到0.037%。

（张淑霞）

**【翼城县】** 翼城县位于临汾市东南部，总面积1170平方千米，下辖4乡6镇，212个行政村，总人口32万人。旅游资源有历山舜王坪风景旅游区、翔山、功德山、关帝庙、东岳庙、乔泽庙、四圣宫等。2018年，翼城县被中国气象服务协会授予“翼城历山《历法之源》”称号。翼城花鼓、翼城琴书跻身国家级非物质文化遗产。

**农业** 2018年，翼城县建成小麦绿色高质高效基地4万亩、高标准农田1.80万亩，完成3个现代农业园区基础设施提升工程。新培育“一村一品”专业村25个，发展富硒苹果5000亩、渗水地膜谷子3000亩、连翘3.50万亩，提质增效核桃经济林6000亩，新建规模化养殖场11个。新增农产品产地认证13家，认证面积6.40万亩。翼城县被认定为“全程机械化示范县”，是全国商品粮基地县、山西省果品生产重点县、全省瘦肉型商品猪基地县和奶牛优势产区县。

**文化旅游** 2018年，翼城县完成历山景区蟠桃岭至大河段道路整修，游客接待中心和展厅建成投用。翼城古城、佛爷山创建AAA级景区，推进河上公德山、古绵山景区建设。启动第一批传统古村落保护开发和砂器特色小镇建设，西阎镇入选中国历史文化名镇，13个村新入选国家级传统古村落，举办“翔滦古会”“大美历山·休闲翼城”等系列活动。

**城乡建设** 2018年，翼城县完成绵山东街建设和解放街绿化提质工程，新华路和翔翼街三眼桥段路面拓宽改造主体工程基本完工。县城主要街道28个公交站台建成投用，51辆新能源公交车投入运营。新增集中供热面积110万平方米、“煤改气”2627户。完成2号旅游路路基和桥梁工程，东山旅游路开工建设，南梁革命老区道路建成通车。水源替代工程完成辛庄至冶南段管道铺设，“引沁入翼”工程批复立项。完成公安技术业务用房主体工程建设，交通智能指挥中心建成投用。实施6个城市社区标准化建设，扩大农村社区建设覆盖面。创建1个省级、2个市级、20个县级美丽宜居示范村，隆化、南梁、南唐3个乡镇31个村美丽乡村连片建设项目全部完工。21个试点村完成农村集体产权制度改革试点任务，129个村完成清产核资。18个村壮大集体经济试点项目，全县65%的行政村集体经济收入达5万元以上。完成15个园林村提档升级和160千米通道绿化。开展环境卫生整洁行动、路域环境整治和“大棚房”问题专项清理整治。

**民生事业** 2018年，翼城县民生类支出达17.5亿元。累计投入扶贫项目资金4500余万元，实现1937人脱贫、8个贫困村退出。城镇新增就业和农村劳动力转移就业分别达到3712人和4123人。落实敬老养老工程、困难高龄和失能老人生活补贴发放、重度残疾人护理补贴发放工作。40个村饮水安全提升工程、89座惠民健康水站投入使用。完成城镇棚户区改造、农村危房改造年度任务。完成中医院扩建项目住院楼主体工程、县医院迁建项目地下土建工程建设。综合检验检测中心建成投用，推进就业和社会保障服务中心项目。完成花鼓传承基地主体工程建设，开展文化体育惠民活动。（刘　峰）

**【襄汾县】** 襄汾县位于临汾市南部，总面积1034平方千米，下辖7镇6乡，348个行政村，总人口50.42万人。旅游资源有丁村遗址、陶寺遗址、汾城古建筑群、双龙湖国家湿地公园、龙澍峪、燕村生态园等。

**农业** 2018年，襄汾县水果、蔬菜总产值分别达3.58亿元和12亿元，中药材总面积稳定在10万亩，粮食总产4.98亿公斤。推进国家田综合体、省级休闲农业和乡村旅游示范县建设，全县休闲农业观光人数突破30万人次，总收入达1.20亿元。

**工业** 2018年，襄汾县投产运行新金山特钢公司、星原集团高炉煤气发电项目，实施光大焦化公司工业尾气综合利用、万鑫达焦化公司干熄焦项目。山佳阀门等3家企业通过省级“专精特新”认定评审，巍达混凝土等4家企业完成“小升规”。华基建材与山西大地环境投资公司通过股权合作，实现并购重组，成为全省完成混合所有制改革首家企业。

**文化旅游** 2018年，襄汾县完成陶寺遗址博物馆立项、征地和陈展大钢编制工作，燕村荷花小镇晋南民俗体验基地投入运营，推进龙澍峪AAAA级景区创建工作，建成首批9个研学旅游营地，形成研学旅行体系。

**环境建设** 2018年，襄汾县完成钢铁、焦化行业烟羽脱白治理工程，全县135家工业企业完成深度治理，取缔150家散乱污企业。62个村1.80万户居民完成清洁取暖改造。全年空气质量综合指数同比下降8.90%，汾河襄汾段出境断面较入境断面氨氮下降14.13%，化学需氧量下降12.58%。营造林面积1.40万亩，植树100万株。

**社会事业** 2018年，襄汾县投资1082万元新建3所公立幼儿园；第二小学合并育杰学校，第四小学投入使用，第五小学启动建设。县医院河西新院急诊区投入试运行，门诊楼、医技楼装修工程进入扫尾阶段；中医院门诊住院楼内部装修完成，医技综合楼基本完成。树立襄汾“6+1”就业创业品牌，组织开展第二届“襄汾烧饼”创业创新技能大赛，全年新增城镇就业6385人，转移农村富余劳动力6985人。举办丁村剪纸艺术展、2018布拉格中欧国际艺术双年展、丁村特展等系列节庆活动21项，开展“尧王杯”公路自行车公开赛、马拉松赛等重大赛事。完成农村公益电影放映2897场，送戏下乡154场，丰富群众精神文化生活。推进“八大工程二十项行动”及光伏扶贫、产业扶贫等重点工程，全年脱贫641户1348人，完成整体退出贫困任务。

**水利建设** 2018年6月30日，襄汾县禹门口提水东扩工程赵康段开闸试水。改善全镇灌溉面积6.58万亩，新增灌溉效益1411万元。改善全镇3.60万群众用水浇灌条件，保障粮食安全。10月12日，启动实施水源替代工程，利用禹门口东扩工程引来的黄河水，利用分水口富余水头自流至赵康加压泵站，泵站加压后铺设压力输水干管道途径赵康镇、汾城镇至古城镇北姚调蓄池，铺设供水支管自流向河西工业园区和河东工业园区6个规模化企业供水；加压向1个企业供水。在压力输水管道沿线设置农业灌溉分水口3个，作为沿线3个乡镇14个行政村1.07万亩农田灌溉的应急水源。工业年供水量1500万立方米。工程实施后关闭地下水机井23眼，置换地下水410万立方米，供水保证率95%。（王建刚）

**【洪洞县】** 洪洞县位于临汾市北部，总面积1493.8平方千米，下辖9镇7乡，463个行政村、1个居委会、902个自然村，总人口76.46万人。旅游资源有大槐树、广胜寺、苏三监狱、万圣寺、温家大院、青龙观玄帝宫、兴唐寺风景区等。

**农业** 2018年，洪洞县粮食生产总产量3.85亿公斤，完成全省“粮食功能区划定”试点县任务，划定面积73万亩。发展蔬菜种植10.70万亩，设施蔬菜1.90万余亩，水果7.40万亩，药材5.80万亩。发展特色优势农产品，培育“三品”认证6个，检测认证面积2万余亩，众一麦纤粉获“临汾市功能农产品品牌”。推进农业、旅游融合发展，天泽农业示范园和大槐树秦壁创意农业融合示范园获评为省级休闲农业与乡村旅游示范点。

**工业** 2018年，洪洞县亿隆、洪崖、万安3座煤矿联合试运转，推进晋圣荣康、西山光道2座煤矿基础建设，全年原煤产量达920万吨。推进煤炭产能置换，新增产能55万吨。太化重苯加氢、甘亭工业园孵化基地一期主体完工，华翔智能工厂项目投入运营，全县转型项目投资占固定资产投资比重50.60%，新兴产业投资占转型项目投资比重50.40%，非煤产业对工业增长的贡献率达60.50%，同比上升95.20%。加大对实体经济、民营经济和中小微企业扶持，新增小升规企业3户，扶持创办小微企业1019户。

**文化旅游** 2018年，洪洞县举办各级各类文化活动200余场，免费送戏、送电影6400余场，送图书2万余册。大槐树寻根祭祖园创成国家AAAAA级旅游景区，红军八路军纪念馆创国家AAA级旅游景区，广胜寺飞虹塔获世界最高多彩琉璃塔认证，明代县衙大堂、广胜寺景区大门主体竣工。举办大槐树文化节、造父文化节、三月三、汾河牡丹旅游节等活动。全年接待游客936万人次、门票收入9300万元，同比分别增长13.40%和6.90%，旅游总收入93.70亿元，增长26%。

**城乡建设** 2018年，洪洞县投资3亿元改善城市基础设施建设，河西新区洪达路及东城宾阳东街、文东北路竣工通车。完成洞河生态修复治理

主体工程，城区供水主管网改扩建并网通水。建成区绿地面积达674.40万平方米。建设“四好农村路”88千米，配合完成长临高速洪洞段建设。推进城乡环境卫生整洁、高铁沿线村容村貌集中整治、临汾机场周边建筑立面整治等一系列乡村环境整治任务，清理垃圾0.91万余立方米，美化墙体39.30万平方米，刷白树木73.40万株，完成临汾机场周边建筑立面整治28.10万平方米。

**环境建设** 2018年，洪洞县推进居民清洁取暖改造，完成5个乡镇、65个村、2.20万户煤改气工程，采暖季日均用气量42万立方米。开展工业企业综合治理、散煤整治、扬尘治理等行动。城区环境空气质量二级以上天数达170天。落实“河长制”，选配71名巡河员，对全县15条河流实行日常巡查监管；加强河湖湿地修复与保护，创建国家级汾河湿地公园，对沿汾17个排污口整治，赵城、广胜寺污水处理厂投入使用，完成郭庄泉域范围内3座煤矿矿井水深度处理工程。对全县15家煤矿企业和21家非煤矿山企业技术调查、资料收集和植物样方调查，完成恒泰南庄矿山生态环境恢复治理示范工程；全年造林2.15万亩、植树110万株。

**民生事业** 2018年，洪洞县投资763万元维修改造农村学校校舍57所。资助学生17002人，发放补助金1011万元。取消药品加成，为就医群众让利1800余万元。开展与省、市三级医院的医联体合作。推进公共文化服务体系标准化、均等化建设，实现文化馆、图书馆分馆乡镇全覆盖，县图书馆被评为国家一级公共图书馆。新建2所农村老年人日间照料中心，发放城乡低保、城乡医疗等各类救助金9880万元，全年新增就业5531人，转移农村劳动力6202人。全年投资3000余万元用于脱贫攻坚，退出697户1653人，完成脱贫任务。

（胡俊平）

**【古县】** 古县位于临汾市东北部，总面积12.6平方千米，下辖4镇3乡，111个行政村，总人口9.30万人。旅游资源有岳阳古镇、三和牡丹景亭、热留关帝庙、古阳凌云洞等。

**农业** 2018年，古县完成高标准农田建设1.30万亩，深松整地7万亩。启动粮食生产功能区划定。粮食生产总产量达7273万公斤。种植小杂粮3.60万亩、林下经济作物2万亩，完成核桃综合管护2.50万亩。开展孔家垣软籽石榴、李子坪黑木耳等现代化农业新试点。晋坤农业香菇、隆盈园赤焰椒获无公害食品认证，农产品质量综合检验检测站建成并验收。实施西庄、韩村自主开发造地项目，新增十等水浇地2865亩，实施增减挂钩项目1000亩，为财政增收4亿元。

**工业** 2018年，古县金谷、西山登福康煤业转入生产矿井，老母坡煤业完成5号煤层配采，东端煤业改扩建启动实施，永乐北煤层气勘探项目开工建设，涌现“小升规”企业2户、小微企业99户。新旧动能加快转换，煤炭产业增加值下降13.20%，制造业增加值增长12.40%，工业企业实现利润同比增长42.40%。

**文化旅游** 2018年，古县摄制完成全市首家中央电视台“中国影像方志·古县篇”，举办第十一届牡丹文化旅游节，修复县革命烈士纪念馆，新建张庄烈士公墓，启动北平镇贾寨村太岳区第一军分区旧址维修保护工程。石壁、南垣乡村文化记忆展馆建成开放。开展“乡里乡亲大联欢”36场，送戏下乡99场。开展二十四节气文化旅游系列活动。

**城乡建设** 2018年，古县新增城市绿化面积3万平方米、集中供热面积17.30万平方米。县级综合气象业务平台投入使用。污水处理厂技改扩容工程竣工，日处理能力由0.50万吨提升至1万吨。生活垃圾处理场渗滤液处理设施安装完毕。推进实施长临高速古县连接线工程，第安线和北凌线公路改造续建、第一批四好农村路建设和51个行政村239千米通村公路养护提质工程全部完工，古县至洪洞108国道公路完成工可、环评、水保方案及选址规划。实施省级健康县城、石壁乡健康村镇试点建设工作。

**环境建设** 2018年，古县整治燃煤锅炉29台，取缔“散乱污”企业92家，实施清洁取暖改造2462户，安装油烟净化装置208家。开展散煤专项整治、柴油货车和散装物料运输车污染治理联合执法专项行动。水土流失治理面积4.90万亩。完成天然林保护二期工程中幼林抚育9000亩、新一轮退耕还林1200亩、四旁及义务植树65万株。启动洪安涧河道整治工程，建设护岸1.30千米、堤防5千米。

**民生事业** 2018年，古县升级改造古阳、下冶、石壁、旧县4所幼儿园，永乐幼儿园完成改扩建，城北幼儿园建成并投入使用，郭店小学改造完成。开展“爱心助学”“金秋助学”行动，资助745名困难学生。古县人民医院与省市人民医院、市第四人民医院签订医联体协议，加入省儿童妇幼保健专科联盟。公立医院药品零差率销售实现全覆盖。免费实施0—6岁残疾儿童筛查与诊断及抢救性康复、城乡妇女产前筛查与诊断服务。实施全民职业技能提升工程，城镇新增就业1009人，转移农村劳动力1439人。开通社会保障卡即时制卡业务。可容纳100位老人的县城中心敬老院主体完工。开展特殊群体关爱行动，供养特困对象513人，为1101名残疾人发放护理补贴，3252户城乡居民享受低保政策。完成地质灾害治理搬迁19户、农村危房改造315户、采煤沉陷区治理搬迁807户。农村无害化改厕1870座。全年脱贫2420户、6540人，11个贫困村实现退出，贫困率发生率降至0.51%。

（蔺燕艳）

**【安泽县】** 安泽县位于临汾市东部，总面积1967.3平方千米，下辖4镇3乡，102个行政村，4个社区，513个自然村。旅游资源有荀子文化园、太岳红色革命旧址、安泽森林公园。

**农业** 2018年，安泽县发展以连翘为主的中药材加工和医药物流产业。与井泉药业、大象集团开展合作，新大象集团6000头种猪繁育基地项目建成投产，井泉药业5000亩中药材种植示范基地种植完毕,晋南(安泽)中药材物流基地项目通过评审。举办樱桃产业发展研讨会,与山西省农业科学院签订农业产业战略合作框架协议。

**工业** 2018年,安泽县推进传统煤焦化产业优化升级,加快煤焦企业绿色化、智能化、高端化改造,全县4座煤矿达到国家安全生产标准化二级以上。推进山西永鑫集团蔺鑫有限责任公司170万吨/年焦化20万吨/年乙二醇、永鑫铁路专用线等项目建设。构建新型清洁能源体系,中石油马壁东区块4亿立方米/年煤层气项目完成投资5.50亿元,投产部分日产气量4.50万立方米;完成永乐区块、永乐北区块、安泽南区块煤层气勘探项目方案编制和首井开钻。

**文化旅游** 2018年,安泽县改造文体广场、奥体中心等场所,镇村(社区)活动场所实现全覆盖。开展消夏月等文化活动。开展文艺创作,先后出版《太行山最早的春天》等脱贫攻坚优秀作品。推进"黄花、荀子、红叶"品牌建设,打造"太行山最早的春天"等旅游品牌。挖掘荀子文化内涵,创意开发"荀亲"系列文创产品。立足太岳红色资源,开辟爱国教育、党性教育、拓展训练基地。完成"小飞·田园综合体"、沁河百里绿道等重点旅游项目。

**城乡建设** 2018年,安泽县完成文体广场等5座广场新建改造任务,完成20条街巷改造,硬化路面3万余平方米;绿化1.50万余平方米;修建大型停车场5个,新增无害化卫生公厕15座,完成建成区居民户旱厕改造2382座,城南、城北两个农贸市场投入使用。原林业局、原种子公司、原面粉厂等空地公园广场、停车场改造工程投入使用。推进长临高速连接线、沁河大桥等市政重点工程建设。

**环境建设** 2018年,安泽县推进道路绿化、防护绿地、公共绿地、单位附属绿地、生产绿地等建设项目,补栽树苗花卉23万余株。推进源头治水,实施沁河修复、沁河县城段污水管网改造、义唐河县城段治污、污水处理厂扩容提标等工程。推动山西省环境科学研究院"环保管家"服务落户。实施太行山绿化、退耕还林、村庄绿化等工程,加大经济类、景观类树种栽植比例,年均造林绿化面积在万亩以上。推进煤改气、煤改电,完成清洁取暖改造2019户,淘汰燃煤锅炉142台。实施农业面源污染防治,推进土壤污染管控和修复,创新开展农药瓶等农业废弃物回收工作。

**社会事业** 2018年,安泽县续建、新建3所乡镇中心幼儿园。与北京阜外心血管病医院、山西省心血管病医院等知名医院合作,开展全脑血管造影术等介入手术265台。开展贫困户"先诊疗后付费"和"一站式"服务,实施"四免一降"惠民措施。完成农村饮水安全巩固提升工程24处。全县建制村通水泥(油)路硬化率达100%,客运班车通车率达100%。推进十二年教育全免费、数字电视全免费等惠民措施。截至2018年底,全县贫困人口减少至25户64人,安泽县退出贫困县。 (尚晓玲)

**【浮山县】** 浮山县位于临汾市东南部,总面积940.6平方千米,下辖2镇7乡,185个行政村,2个居委会,总人口13.14万人。旅游资源有天圣宫古遗址、清微观、龙角山、老君洞等。

**农业** 2018年,浮山县新发展露地蔬菜0.20万亩,蔬菜播种面积达6.6万亩,其中设施蔬菜2.70万亩。出台《浮山县培育壮大"桃王九九"产业的实施意见》,发展水果种植9000余亩。支持培育农业龙头企业,尧田农业杂粮醋生态示范基地项目、汉中洋年产1万吨"吾嘿"饮料项目投产达效。拓宽农民增收渠道,开展农村劳动力外出就业指导和培训,举办厨艺大赛,多渠道增加农民工资性收入。

**项目建设** 2018年,浮山县发展壮大清洁能源、新型防火建材等产业,建立北王新材料产业园区,威盛达通新型防火建材及仓储物流项目投产,华润风电二期项目完成前期工作,推进天亿泽年处理200万吨废弃矿渣生产水洗砂项目配套设施建设。

**文化旅游** 2018年,浮山县举办印象田园乡村文化及东陈古村落文化系列主题活动。落实《浮山县人居环境改善三年行动方案》,重点打造徐村、尧头两个省级、市级美丽乡村示范村。

**城乡建设** 2018年,浮山县投入12.40亿元的长临高速公路浮山县城连接线完成前期手续,投入2.7亿元的"四好公路"、三条旅游公路和六张沟至寨圪塔路面改造完工交付使用,形成"一纵一横十字交叉、两个大循环、四个小循环、米字型结构"的公路网格。完成丞相河大桥补助资金批复和报备工作,推进引沁入汾浮山供水工程和臣南河水库建设工程。

**环境建设** 2018年,浮山县推进环保"八大治污"工程,先后对29家选矿、铁矿企业治理,对鸿丰达铸业深度治理,排查整改57家散乱污企业。推进清洁取暖和散煤管控,城区新增供热面积20.10万平方米,对乡镇20个行政事业单位"煤改电"改造,关停拆除20蒸吨以下燃煤锅炉125台,清缴存量劣质散煤2300余吨。落实河长制,定期开展巡查,处理破坏河道生态环境行为。

(郭书军 陈聪聪)

**【吉县】** 吉县位于临汾市西部,总面积1778平方千米,下辖5镇5乡,77个行政村,总人口11万人。旅游资源有壶口瀑布、人祖山、柿子滩、锦屏山、坤柔圣母庙等。

**农业** 2018年,吉县整合涉农项目资金1亿元,完善苹果园区基础设施,改善果业生产条件。发挥县乡村三级技术服务体系和苹果产业协会作用,组织开展果树技术培训100余场,培训果农1万余人次,推广应用先进实用技术,实施减密间伐5600亩,提高全县苹果生产管理水平。组织1个专家组、8个技术组、80个指导队,结对指导帮扶贫困果农开展果园生产管理,覆盖果园3万亩,促进贫困果农增收6000余万元。编制全县农业面源污染防治规划,采取"公司+农户"方式和以奖代补办法,回收利用农业生产废弃物,解决果园白色污染问题。

**产业建设** 2018年，吉县支持中石油、中石化开发利用煤层气，煤层气开采量突破3亿立方米。投资30亿元的上海远景风力发电项目开工建设。推进国家重点水利工程黄河古贤水利枢纽项目。

**城乡建设** 2018年，吉县新城区重点完善基础设施，完成新城路网二期、府前广场、供水管网、集中供热、污水处理站等工程。老城区重点实施棚户区改造，投资4.50亿元推进中心广场片区改造项目建设，新华东街和小府村两个片区改造项目前期手续办理完成，推进征地拆迁工作。挂甲山公园扩容提质工程完工，推进农贸市场建设，城区公厕全部改造。

**环境建设** 2018年，吉县推广清洁取暖，新增集中供热面积2.50万平方米；新增"煤改气"167户；取缔、置换劣质煤，治理冬季燃煤污染，改善城区空气质量。实施城区污水管网建设、污水处理厂提标改造、新城污水处理站建设、州川河人工湿地建设等工程，解决建成区生产生活污水直排问题。落实河长制，加强日常巡查和执法检查，确保断面水质达标和饮用水安全。实施人工造林、封山育林、退耕还林等造林绿化工程，完成新一轮退耕还林2000亩，完成三北防护林人工造林10000亩，全县林木覆盖率由"十二五"末的47.20%提高到52.90%。

**社会事业** 2018年，吉县完善学校基础设施和教学装备，实行城乡教师交流制度，推进新课程改革，扩大幼儿教育覆盖面，提高高中高职教育质量。推进医药卫生体制、县乡医疗卫生机构一体化、医保支付方式等改革，完善现代医院管理制度，完善医联体、双向转诊等工作，落实健康扶贫"136"政策，提高城乡医保、基本公共卫生服务财政补助标准，提高城乡群众就医条件和健康水平。开展职业技能培训，拓宽就业创业渠道，推进农村转移劳动力、城镇失业人员、退役军人、残疾人、零就业家庭等群体的就业工作，城镇新增就业岗位1012人。全县发放农村低保金1444.80万元、城市低保金831.70万元、医疗救助资金663.50万元、残疾人救助资金77.70万元、困难大学生助学资金131万元、临时救助资金202.90万元。

（白新萍）

**【乡宁县】** 乡宁县位于临汾市西南部，总面积2029平方千米，下辖10个乡镇，182个行政村，1113个自然村。旅游资源有云丘山、华灵庙抗日纪念馆、戎子酒庄、峰岭景区等。

**农业** 2018年，乡宁县粮食产量8.64万吨。完成28个示范村投资1.14亿元，实施重点工程106项。建设高标准农田2000余亩，治理水土流失4.59万亩。建立经济林示范园233个，总面积2.60万亩。千亩以上"一村一品"专业村60个。规模养殖户达到132户。红凹4000亩有机旱作农业封闭示范片项目基本建成，下善600万公斤粮食储备库主体完工。琪尔康翅果、戎子酒庄酿酒葡萄、凤凰山庄玫瑰、欣隆万头肉牛养殖等企业发挥龙头带动作用，加快戎子酒庄、大河村、康家坪村3个休闲农业与乡村旅游示范点建设，16个省市县三级美丽宜居示范村提档升级。

**工业** 2018年，乡宁县推进煤炭供给侧改革，去产能105万吨；谭坪"煤电材一体化"项目启动，元甲煤矿开工建设，通合煤业进入联合试运转，13座矿井建成投产，全年原煤产量1321万吨。

**新兴产业** 2018年，乡宁县推进云丘山、戎子酒庄、峰岭景区的A级景区创建工作，云丘山景区接待游客超过90万人次。胡村至云丘山旅游公路等重点旅游建设项目完成投资3.80亿元。新型产业方面，通洋紫陶完成提标改造，中融国际、金砂紫陶加快产品研发。中电投风力发电项目开工建设。科技型民营企业达6家，建立产学研合作项目5个，建成国家级"星创天地"1个、省级众创空间1个，双创基地入驻企业58家。46项重点工程完成投资18.34亿元。

**城乡建设** 2018年，乡宁县推进城中村拆迁改造项目，拆迁883户、25.29万平方米，补偿9.36亿元。鄂河人工湿地、民俗广场、热源厂全封闭储煤场完工投用，推进政务服务中心、鄂河（樊家坪至明珠桥段）河道治理、杨笃（励志）广场、污水处理厂提标改造等工程，11个房地产开发项目逐步实施。

**环境建设** 2018年，乡宁县投资5900多万元，推进国家卫生城镇创建工作，完成64项创卫重点工程；推进城乡环境卫生整洁行动，开展交通秩序、市容市貌等10项整治活动，建立12项长效保洁机制。完成工业企业深度治理59家，整治取缔"散乱污"企业134家，治理餐饮油烟单位455家。造林绿化4.72万亩。空气质量二级以上天数289天。

**社会事业** 2018年，乡宁县招考事业人员278人，城镇新增就业1806人，创业带动就业400余人，城镇失业再就业200余人。实验小学建设完工，126所学校开通内网，高考二本B类达线767人，职业对口考试本科达线169人。推进县乡医疗卫生一体化改革，落实2类46项基本公共卫生服务。完成10个村（社区）基层综合性文化服务中心建设，为62个行政村配备健身路径和体育器材，免费送戏下乡42场，举办各类文化体育赛事252场。光华敬老院、金桥沟殡仪馆基本建成。发放各类救助救济资金1.87亿元。樊家坪公租房1号楼完工，危旧房改造304户，棚户区住房改造货币化安置2810套。新增集中供热面积6.20万平方米，清洁取暖改造8971户、113万平方米。

（郭 峰）

**【大宁县】** 大宁县位于临汾市西部，总面积967平方千米，下辖2镇4乡，1个城区街道办，84个行政村，3个社区，297个村民小组，309个自然村，常住人口6.72万人。旅游资源有黄河仙子祠、周朝小神龙庙、明朝十八罗汉洞等。

**产业建设** 2018年，大宁县规模以上工业增加值呈百位数增长，增速全市第一；鸿晋公司年产值达1亿元，出口创汇1700万美元；加工制造业、新能源开发利用等重点行业带动经济发展的动力增强。三次产业比重由上年的30.7:11.9:57.4优化为28.4:14.3:57.3，第二产业占生产总值比重较上年提高2.40%。

**转型改革** 2018年，大宁县推进“放管服效”、财税体制、教育体制、县乡医疗一体化、商事制度、企业投资项目承诺制等改革；推进农村集体产权制度、提高农民组织化程度等改革；开展“深化农村改革、振兴乡村经济”工作，把购买式造林经验推广到农村简易道路、小型水利工程、贫困村提升等领域，7个试点村投资2423.60万元，群众获得劳务收入368.20万元，参与工程建设344户910人，人均增收4046元，带动村集体增收182.60万元，村均26万元。

**环境建设** 2018年，大宁县推进“蓝天、碧水、净土”三大保卫战，森林覆盖率达36.30%，空气质量优良天数比例超过80%。昕水河出境断面水质稳定在四类水质标准，城镇集中式饮用水源地水质达标率达100%。推进解决“白色污染”，改善土壤质量。

**民生事业** 2018年，大宁县启动幸福小学建设项目，在全市率先实行教师“县管校聘”改革，完成初中教育资源整合。实施总投资1.33亿元的新医院建设项目，新建县医院血液透析室和国家级远程会诊中心。完成公租房三期工程，新增集中供热面积10万平方米，全县供暖面积达75万平方米。建成“四好农村路”251千米、农村饮水安全巩固提升工程152处、标准化村级卫生室33个、文体活动广场60个。启动“三馆”建设项目，举办国际越野跑挑战赛、消夏月、桃花节等大型文体活动20余场，送电影、送戏下乡等文化惠民活动1000余场。

（李宏伟）

【隰县】 隰县位于临汾市西北部，总面积1415.3平方千米，下辖3镇5乡，97个行政村，409个村民小组，364个自然。旅游资源有玉泉寺、小西天、千佛庵、明代大鼓楼、紫荆山风景区等。

**产业建设** 2018年，隰县推进玉露香梨标准化、品牌化建设，先后与河北农大、山西农大合作，联合省农科院建立隰县玉露香梨试验站，为玉露香梨产业健康发展提供技术支持。建起50个高标准示范园，获批全省首批玉露香梨生态原产地产品保护示范区。举办第八届“玉露香梨花节”，央视以《隰县：黄土高原上的“种梨宝典”》为题做深度报道，提升品牌价值和市场影响。发展玉米、大棚蔬菜、食用菌、中药材、马铃薯、畜禽养殖等种养业。推进好乐佳冻干食品、国新润泽数字化果业基地、金土地粮油等一批“农”字号企业发展；盾安98兆瓦风电一期项目并网发电，扩大地热供暖覆盖面。围绕国家全域旅游示范县建设，挖掘中国金梨之乡文化内涵，举办小西天春节文化庙会、善行者走进隰县公益徒步等活动，发展商贸、物流、家政、养老等生产生活性服务业。

**城乡建设** 2018年，隰县完成太和路二期、城川河污水管网改造，启动南大街南延、苇子坪东棚户区改造、县城供水改扩建提升、智慧城市建设等项目，实施硬化、净化、美化、亮化工程，改造供水、供气、供热、污水管网。完成一批建制村水泥油路、饮水安全、村庄美化、造林绿化、农田整治等工程。加快国家卫生城镇创建，开展城乡环境卫生整治，推进管线入地、门头改造、交通标识牌和候车亭建设，解决乱搭乱建、乱停乱放、占道经营等问题。

**环境建设** 2018年，隰县开展散乱污、燃煤锅炉、餐饮油烟、柴油货车、道路扬尘等专项整治行动，推进清洁取暖工程，空气质量优良天数达311天。完善河长制体系，开展紫川河、东川河、古城河清河行动，新建午城污水处理厂，完成县城污水处理厂二期、湿地生态修复二期项目。严格管控生态、耕地红线，推进“大棚房”治理，实施农业面源污染防治，改良土壤环境。

**民生事业** 2018年，隰县民生支出13亿元，占公共财政支出80%以上。推进城乡教育均衡发展，通过全国义务教育均衡县复审；推进“三优”工程，提升教育教学质量，提高优质生源稳定率和高考二本以上达线率。推进医药卫生体制改革；完成“两癌”检查、产前筛查与诊断任务；全县97个行政村标准化卫生室实现全覆盖。五项保险参保总人数达18.21万人次，征缴支付总额达4.18亿元；组织开展城镇失业再就业培训733人次，转移农村劳动力5200余人，城镇登记失业率控制在4.20%以内。（赵兵兵）

【永和县】 永和县位于临汾市西北部，总面积1214.38平方千米，下辖5乡2镇，79个行政村，306个自然村，总人口6.62万人。旅游资源有永和关、红军东征永和纪念馆、上退干村毛泽东旧居、永和蛇曲国家地质公园等。

**产业建设** 2018年，永和县推进“院县合作”，建设高标准苹果基地6800亩，实施干果经济林提质增效2.80万亩。发展肉驴、肉牛、鸡、鹅等规模养殖，探索发展中药材、食用菌、赤焰椒、高粱、灵芝等特色种植业，实现农业种植、养殖多元化。完善芝河源头、桑壁河流域、阁西塬“三大”精品农业园区基础设施，完成坡耕地改造4200亩、封禁治理5.20万亩、除险加固淤地坝10座。创建省级出口食品农产品质量安全示范区，苹果出口泰国、孟加拉国等国家，实现农产品出口“零”突破。推进勘探开发，投资4.90亿元完成钻井31口、压裂井27口，产能达10亿立方米，贡献税收2.01亿元。推动转化利用项目落地，实施石油压裂支撑剂、LNG液化调峰站等转化利用项目。开展“幸福永和消夏月”、文化下乡等系列活动。创建AAAA景区，推进农家乐、美丽乡村建设。阁底乡东征村获“2018年中国美丽休闲乡村”称号，阁底乡奇奇里村获“新时代中国最美乡村”称号。全年全县游客人数达19.60万人次，同比增长28.10%。

**城乡建设** 2018年，永和县投资1.70亿元完成城西路改造、正大路拓宽改造(续建)、滨河路雨污分流管网改造(续建)、城东路排水管网改造、城市公厕改造及城区两个片区外立面改造。完成44个行政村道路硬化工程,解决214个自然村42307人饮水安全问题,网络宽带覆盖67个行政村,完成4个乡镇6个村美丽乡村建设。沿黄旅游公路永和乾坤湾试验段完工,乾坤湾互通道路主体完成,霍永高速与陕西延延高速实现贯通。

**环境建设** 2018年,永和县实施三北防护林、吕梁山生态脆弱区荒山造林、省级通道及旅游路两侧荒山绿化工程,完成造林13.49万亩,森林覆盖率达28.03%。取缔全县机关单位、营业场所燃煤锅炉,餐饮企业安装油烟净化装置;完成"煤改电"101户、"煤改气"111户,集中供热面积达69.8万平方米,置换优质煤2059吨,县城建成区清洁取暖率达76%。开展散乱污企业、柴油货车、秸秆禁烧等专项整治。空气质量二级以上(含二级)天数为278天。实施污水处理厂尾水深度治理二期、污水处理厂扩容、垃圾处理场渗滤液处理工程,取缔沿河排污口15个,完成4个养殖场粪污处理改造,城市污水管网覆盖率达81%,污水处理率提高6.30%,改善芝河水质,全年出口断面5类以上水质达11个月。

**社会事业** 2018年,永和县民生总支出达11.34亿元。实施"国培计划""省培计划""青蓝工程""三优"评选活动,评选市级优秀学科教研团队1个、优质课教师1名、优秀教师10名。推进"健康永和"建设,投资1.79亿元建成永和县新医院;发展"5+N"健康扶贫模式,实施"健康暖心"工程,完善医疗救助体系;开展健康促进行动,增强群众健康意识;实施"移动智能+健康扶贫"项目,基本实现医疗资源上下贯通、信息互通共享、业务高效协同。创建县乡医疗卫生机构一体化改革"省级示范县"。落实低保标准与扶贫标准"两线合一"制度,健全完善社会保障体系,提高社会保障救助标准,全年发放各类救助资金2935万元,新型农村合作医疗保险参合率100%。完成25个村、1776户4945人脱贫摘帽,贫困发生率下降至9.84%。 (李保成)

**【蒲县】** 蒲县位于临汾市西部,总面积1510.6平方千米,下辖4镇5乡,93个行政村,526个自然村,总人口11.19万人。旅游资源有东岳庙、翠屏山、段云书屋、五鹿山自然保护区、梅洞山景区、峡村峡谷风景区等。

**农业** 2018年,蒲县粮食播种面积16349.87公顷,粮食总产量8.89万吨。建设国家级农业可持续发展试验示范区,高接换优核桃1266.67公顷,生产马铃薯脱毒苗50万株,宝迪西坪垣能繁母猪基地,茂洲牛业东辛庄、连捷山、中垛牧场投产达效,年收储2933.33公顷秸秆牧草站、晋南牛育种基地一期主体建成,带动新增标准化养猪、养牛场47个,构树饲料厂、茶厂建成投用。推广秸秆还田3333.33公顷,认证香菇、黄瓜、番茄、核桃、糯玉米、玉米6个无公害农产品,小米、苹果、马铃薯3个绿色食品。发展苹果、食用菌、小杂粮、中药材等特色产业,食用菌大棚达444个。完成造林面积2340公顷,植树341万株,森林覆盖率达40.18%。西坪垣万头能繁母猪基地一期和茂州公司东辛庄生态牧场建成投产,新增生猪育肥基地22个、肉牛养殖场25个。举办"蒲伊杯"杞柳编织创业创新职业技能大赛。

**产业转型** 2018年,蒲县实施重点项目84个,总投资57.50亿元,完成投资29.60亿元。其中转型项目31个,完成投资10.60亿元。全县煤炭生产矿井17座,6座矿井达国家安全生产一级标准,煤炭先进产能达62.39%。奥鑫博年产2万吨体育器材项目开工建设,推进垚鑫生物质发电转型项目。全县服务业增加值142739万元,增长8.90%,其中重点服务业企业主营业务收入达8006万元。接待国内外游客233.50万余人次,实现旅游收入24000余万元。

**城乡建设** 2018年,蒲县推进昌平东街棚户区、岩背后、民政路东、政务大厅东、家属沟、交警队东等片区拆迁改造安置工程。昕水湾棚户区改造二期竣工3栋240套,回迁159户;东关农贸市场、蒲伊南街贯通、五十孔窑道路拓宽改造项目竣工。城区路灯完成改造运营。建成19条100余千米"四好农村路";新增城乡公交客车12辆,实现村村通油路、通客运班车、通物流网点。推进农村环境治理"五化"工程、"道德银行"建设。

**环境建设** 2018年,蒲县实施生态环境治理"八大工程"。全县33家重点工业企业完成深度治理,关闭取缔"小散乱污"企业30家。城区新增集中供热面积7万平方米,集中供热率达92%,完成120家机关和企事业单位、951户居民"煤改电",投入200余万元置换清洁煤2000吨,全县空气质量二级以上天数298天。10家煤矿企业完成矿井水深度治理,昕水河人工湿地、县城垃圾填埋场渗滤液处理系统竣工投用,污水处理厂尾水提标工程完成90%,饮用水源地、地表水水质达标率100%。

**社会保障** 2018年,蒲县各项社会保险基金累计结余突破5亿元。各项社会保险基金征缴30100万元,发放养老、医疗、失业、工伤保险等待遇22150万元。全县城市最低生活保障的居民1518户3479人,累计发放城市低保资金1723万元;农村居民获政府最低生活保障的居民1723户3093人,累计发放农村低保资金705万元;城乡医疗救助1927人,发放资金473万元。全年退出7个贫困村、脱贫3178人,贫困发生率降至0.53%,完成贫困县"摘帽"评估工作。

(曹立华)

**【汾西县】** 汾西县位于临汾市北部,总面积880平方千米,下辖5镇3乡,1个社区管理委员会,120个行政村,6个居民委员会,484个自然村,总人口15.04万人。旅游资源有姑射山风景区、师家大院、师家沟民居、师家沟古建筑群、汾西凤凰生态公园等。

**农业** 2018年,汾西县推进以赵村垣为中心的标准化农产品示范基地建设,发展肉鸡养殖、溢泉山玉露香梨、康瑞莱黄粉虫等优势农业品牌。实施赵村垣田园综合体示范园建设项目,完成勍香镇罗殿、它支土地开发项目和佃坪乡山云村高标准基本农田建设项目,完成北掌水库大坝主体土方回填及导流泄洪洞贯通。新建3万只肉鸡养殖大棚37个,新增肉鸡饲养量666万只,启动实施3000万只屠宰加工生产线和2万吨规模熟食加工生产线。新建玉露香梨基地7000亩、核桃经济林7000亩,管护2.30万亩,提质增效2.50万亩,新增扁核桃经济林2000余亩。新建标准化示范养殖场1个、家庭牧场1个、果畜循环示范场1个,新认证"无公害产品"2个,新增地理标志产品1个。

**城乡建设** 2018年,汾西县完成西大街改造、垃圾中转站、马沟河流域治理一、二期工程;启动实施汾西中学和汾西大医院PPP建设项目;实施县域规划区6610户集中供热和煤改电项目;启动永安小区公租房二期、马沟村城中村改造、西大街商住楼、幸福养老大楼等项目;实施桃临线木瓜沟至府底段改造项目路基工程。推进"三垣一城"基础设施建设,完成西大街改造、垃圾中转站、马沟河流域治理一二期工程;启动汾西中学和汾西大医院PPP建设项目;实施县城规划区6610户集中供热和煤改项目;启动永安小区公租房二期、马沟村城中村改造、西大街商住楼、幸福养老大楼项目;完成桃临线木瓜沟至府底段改造项目路基工程。完成农村危房改造340户;实施5个乡镇5个村立即中转站建设项目;实施59个行政村农村饮水安全工程;实施"四好农村路"项目79个;实施行政村到自然村道路硬化145千米;实施10千伏扶贫线、10千伏宋家庄新村线路、光伏扶贫配套接入工程;实施5个行政村通互联工程,申报43个行政村4G信号电信普遍服务。

**环境建设** 2018年,汾西县实施垃圾处理、污水处理、河道治理、生态绿化等环保项目15项;深度治理工业企业18家,取缔"散乱污"企业109家;新增城市集中供热面积30万平方米,实施"煤改电"314户,太阳能取暖改造60户;淘汰10蒸吨以下燃煤锅炉141台,清激劣质煤8500吨;清理陈年生活垃圾11万平方米;整改各类环境问题865个。空气质量二级以上天数241天。完成重要河段清河4万余立方米,清除垃圾1万余立方米;新增天然林保护封山育林0.70万亩、人工造林1.40万亩;完成全县矿山生态环境调查工作;全年水土流失治理面积0.80万亩。

**社会事业** 2018年,汾西县为3354名贫困大学生发放助学贷款2119万元;为48所农村学校、6908名学生免费提供营养餐;完成汾西中学建设项目主体工程;完成汾西三中操场改扩建项目;完成汾西一中多功能大厅建设项目。成立8个集团管理中心和4个业务中心,实行医药两票制、医保总额打包付费,制定分级治疗指南,开通县乡村三级双向转诊微信绿色通道;完善健康扶贫"双签约"服务,成立医疗团队126个,开展健康扶贫政策宣传和义诊活动50余次,建立居民健康档案11.30万份。实现城乡居民基本养老保险参保6.60万人,城乡居民基本医疗保险参保12.7万人;城镇新增就业1288人,城镇登记失业率控制在4.20%以内;发放城市低保833万元,涉及1662户2140人,发放农村低保1800万元,涉及5171户5475人;发放各类优抚安置、救灾救济、农村五保及孤儿救助、高龄补贴、公交补贴等资金共计1201.88万元;发放残疾人康复救助、重度残疾人护理补贴、残疾人家庭无障碍改造资金155.4万元。全年脱贫3015户8913人,整村退出27个,贫困发生率下降到7.40%以下。

(赵鸿虎)

**【侯马市】** 侯马市位于临汾市南部,总面积220.1平方千米,下辖3乡,5个街道办事处,76个行政村,28个社区,总人口24.96万人。旅游资源有彭真故居、台骀庙、晋国故都博物馆、晋国古城等。2018年,侯马市获评"全国投资潜力百强县""新型城镇化质量百强和全国电商示范百佳县市""国家卫生城市"称号。

**农业农村** 2018年,侯马市推进"三园一场"建设,新发展特色蔬菜、水果、中药材等7540亩,农产品龙头加工企业实现销售收入5.46亿元,同比增长7.10%;认证无公害、绿色农产品产地面积7650亩、产品6个;粮食总产量8.8万吨;完成非洲猪瘟等重大动物疫病防控工作。完成农村土地承包经营权确权登记颁证工作。农民增收渠道拓宽,转移劳动力3450人;发放农机购置补贴196万元。推进农村集体产权制度改革,72个村和2个农村社区完成清产核资工作,75个村和1个农村社区完成成员身份确认。

**项目建设** 2018年,侯马市总投资240亿元实施57个重点项目。汤荣原材料清洁化、益通LNG扩建(一期)、北方创信、威创钢材回收再利用等20个项目投产;推进正大制管、紫金山风电、平阳系列装备等21个重点项目建设;远大装配式建筑、建邦高纯铁铁型材、创领石膏板等16个项目办理前期手续。出台招商引资优惠政策,举办临汾(侯马)招商引资推介会,签约项目16个,签约总额132亿元。推进以汤荣集团为引领的汽车装备制造业集群化发展,建成一批以中晋、旺龙等为代表的新型工业技改项目;益通LNG、鑫风康等4家企业实现"小升规";双慧玻璃等5家企业在山西股权交易中心展示板挂牌;实施"品牌战略",东鑫铸造、当家面粉获山西省著名商标,全市著名商标达9家。通用航空机场项目列入山西省通用机场建设规划;基本完成上海百联华翔时尚中心项目征地拆迁工作;公路枢纽货运中心、振通电商产业园建成运营;"居然之家"家居品牌项目开业运营。

**文化旅游** 2018年,侯马市举办"两节"、消夏晚会等系列文化活动,免费送戏、送电影下乡950场。举办"侯马盟书"学术研讨会等活动;推动手艺小镇建设,开展"手艺技能和跨境电商培训""手艺灯展嘉年华"等系列活动;首次承办"中国飞镖公开赛暨夺镖中国·软式飞镖职业联赛—侯马站”赛事。旅游总收入47.70亿元。

**城乡建设** 2018年，侯马市海军街北延、程王路东延、纺织巷东延等新建道路竣工通车；紫金山北街、市府路、浍滨街道路改造工程竣工；高铁广场收费设施完成迁移，解决车辆拥堵等问题。城市自来水通到73个村（社区），基本实现全覆盖；24个村享受到城市大暖，城乡集中供热覆盖率达58%；天然气全覆盖新增2个村，达30个；生活污水综合利用全覆盖工程，沿浍河16个村和1个社区污水处理站开工建设。

**环境建设** 2018年，侯马市完成46家涉气治理企业、137家“散乱污”企业、40家建筑施工工地、111家餐饮场所的改造提升治理。总投资13.96亿元的浍河生态修复综合治理项目开工建设，推进浍河二库除险加固工程、污水处理厂提标改造、浍河水质改善治理（下游段）工程建设，完成浍河沿河排污口治理和南岸6千米污水管网、4座提水泵站建设。开展城乡环境卫生整洁、城市大清洗、高铁沿线整治等专项行动。新增城市绿化面积20万平方米。

**民生事业** 2018年，侯马市组织416名骨干教师赴南通大学培训，高考二本以上达线824人，达线率50.20%。启动全国慢性病示范区创建工作，投入药品零差价补贴500万元，市人民医院易地建设项目内部装修、设备安装进入冲刺阶段。新开工建设保障性住房200套。新增城镇就业7054人、返乡创业人员332人，带动就业2100余人，城镇登记失业率降低至2.10%。落实各项社会保障政策，城乡低保、困难补助、社会救助等各项补贴资金全部发放到位。 （耿文静）

**【霍州市】** 霍州市位于临汾市北部，总面积765平方千米，下辖3乡4镇，5个街道，18个社区，189个行政村，总人口30.89万人。旅游资源有霍州古城、霍山、陶唐峪、七里峪等。2018年，霍州市被评为“中国产业互联网农业品牌示范县”。

**农业** 2018年，霍州市农作物种植面积20282公顷。其中，粮食、油料、棉花、玉米、小麦的种植面积分别为19649公顷、70.50公顷、26公顷、7006公顷、11008公顷。推进“一园五基地”建设，全市干鲜果种植面积7万亩，蔬菜种植面积3.6万亩，文冠果栽植面积5700亩，小杂粮种植面积5000亩，中药材种植面积3000亩，规模养殖企业52家。成立康和利电子商务公司，整合霍州知名农副产品，与海航集团合作，提升特色品牌知名度，鸣梦老粗布被评为中国特色旅游商品大赛金奖，“霍州核桃”申报国家地理标志产品，文冠果科技有限公司在“新四板”挂牌。

**工业** 2018年，霍州市推进山西建筑产业现代化绿色建材园区建设，霍煤机电制造6个公司投产，隆旺佳农副产品深加工企业投入生产，鑫矩出行共享汽车扩大规模，激光熔覆项目签订协议，中汽商用环保汽车生产线投入使用，初步形成产业集群效益。

**城乡建设** 2018年，霍州市完成朝阳污水处理厂二期扩建、辛置南矿区污水处理厂和汾河霍州段生活污水处理、“9+1”等工程。制定《霍州市农村人居环境整治三年行动计划》，实施农村环境连片整治示范项目。实施汾河、南涧河生态治理工程。完成国电、兆光电厂6台发电机组超低排放改造任务和煤场封闭工程。

**文化旅游** 2018年，霍州市举办“中镇霍山·华夏州署”第十届文化旅游月、首届中国（霍州）教育产业博览会、“梁衡杯”全国中小学生作文大赛等活动。完成陶唐峪景区开发一期工程招投标，推进霍州署国家AAAA级景区创建，修复许村朱家大院完成主院、南辅院、祠堂等场所，初步形成传统民居旅游景点。三教乡库拨村、大张镇贾村、退沙街道退沙村入选第五批中国传统村落名录，退沙街道许村入选中国历史文化名村。落实热电联产集中供热新增面积60万平方米，天然气扩户3000余户，实现城区全覆盖。

**环境建设** 2018年，霍州市新建城区新增绿化面积15.78万平方米。森林面积37.85万亩，建成自然保护区1个，自然保护区面积11.83万亩吗，新增植树造林面积5000亩。空气质量二级以上天数170天。

**民生事业** 2018年，霍州市推进现代学校管理改革省级试点工作。开展爱心助学活动，累计筹资2000余万元，资助困难学生2万余人次。投入教育发展资金29862万元，同比增长1.40%。落实全民技能提升工程，培训5038人，举办春季、秋季人才招聘会，扶持困难人员再就业388人。新建老年人日间照料中心5所。医疗集团挂牌运营，完成家庭医生签约工作，覆盖率100%。全年全市新增就业4608人，转移农村劳动力3277人，城镇登记失业率4.20%。参加基本养老保险101798人，参加基本医疗保险286540人，参加失业保险13173人，全市纳入城市最低生活保障699人，纳入最低生活保障986人。（郭秀东）

# 吕梁市

【概况】 吕梁市位于北纬36°43′—38°43′，东经110°22′—112°19′，总面积21140平方千米，下辖1个市辖区，10个县，2个县级市。

2018年，吕梁市地区生产总值完成1420.30亿元，增长5.20%。一般公共预算收入完成174.80亿元，增长25.96%。进出口总额完成43.70亿元，增长155.20%。固定资产投资增长10.30%。社会消费品零售总额增长8%。城乡居民人均可支配收入分别增长6.30%、9.70%。

**特色农业** 2018年，吕梁市粮食总产量12.27亿公斤。发展特色农业产业，打造孝义、方山、岚县、文水等标准化生产示范县，全市特色产业标准化面积覆盖率达60%以上。实施有机旱作农业“六大工程”，全国首届有机旱作农业科技交流大会在岚县召开。建成兴县2万亩有机谷子、临县5000亩肾型大豆、孝义1500亩绿色有机杂粮等一批示范基地。举办两届名特优功能食品展销会，提升吕梁特色农产品品牌效应。

**产业建设** 2018年，吕梁市推进九大产业集群化发展，非煤产业占工业经济比重达到52.40%，工业结构反转。加快孝义金岩250万吨大型焦化等21个焦转化示范项目建设。以合金铝生产线中润一期43万吨项目通电投产为标志，电解铝生产实现零突破，铝工业占工业经济比重达10%。白酒产量在上年增长40%基础上，实现近20%增长，白酒占工业经济比重达8.60%。加快“数谷吕梁”建设，建成“一区三园”产业发展体系、“一委三院”人才支撑体系。全社会工业用电量181亿千瓦时，增长21.20%。规模以上工业企业利润增长32.30%。

**城乡建设** 2018年，吕梁市推进市区“双十”重点工程，吕梁政务服务中心、第二污水处理厂一期工程等建成投用，“两带三湖”、图书馆主体基本完工，如意湖公园、城南传统工业主题公园向市民开放，推进吕梁医疗卫生园区、吕梁一中、社会福利院、体育中心、群艺馆等建设。华为大数据中心建成投运，碧桂园落户新区，红星美凯龙建设爱琴海城市综合体等项目达成投资意向。推进静兴、祁离2条高速公路吕梁段建设，实施国道307汾阳段、柳林段等4条国省道改线工程及“黄河一号”旅游公路等项目。建成“四好农村路”2993千米。实施805处农村饮水安全巩固提升工程。开通太原到兴县“蔡家崖”号列车。吕梁火车站发送旅客167.80万人次。吕梁机场吞吐量突破36.50万人次，通航城市达14个。汾阳、岚县、交口国家级园林城市（县城）创建进入省级初验程序。铺开农村人居环境三年行动计划，打造汾阳杏花、离石信义、临县碛口等50个美丽乡村示范点。吕梁市区集中供热基本实现全覆盖，新增供热面积495万平方米，12个县（市）城区覆盖率达90%以上。

**环境建设** 2018年，吕梁市开展大气、水、土壤污染防治三大战役，投资近百亿元实施140个生态环保项目。空气质量优良天数达250天。开展秋冬季大气污染综合治理攻坚行动。实施汾河流域生态环境综合治理工程，开展农村面源污染、黑臭水体和清河专项整治行动，全市主要河流水质优良水体、劣五类水体达标。开展净土专项整治行动，开展环保问题整改“五个回头看”。

**社会事业** 2018年，吕梁市民生支出达到339.40亿元，占财政总支出83.10%，增长30.50%。实施上安小学、盛地幼儿园等一批市区中小学、幼儿园新建改扩建项目。“教育优质均衡发展的吕梁样本”在《中国教育报》头版刊发。13个县（市、区）定点医疗机构实现先诊疗后付费和“一站式”结算。岚县、临县建成全国健康扶贫示范县；交城、孝义公立医院综合改革经验分别被中央改革办、国家卫健委推广。建成养老、医疗保险制度体系。

**深化改革** 2018年，吕梁市实施电力体制综合试点改革，吕梁增量配电网初步建成投运。以吕梁增量配电网为依托，推进煤电铝（镁）材一体化发展和改革。推进煤炭供给侧结构性改革，退出煤炭产能60万吨，置换煤炭产能518.80万吨，先进产能占比达到70%。吕梁、岚县、交口3个开发区获批。国有企业“三供一业”分离移交基本完成。扩大PPP公路建设项目融资规模及入库数。推进企业投资项目承诺制改革。拓展世界酒文化博览会和大数据等六大招商平台，举办环渤海、长三角、珠三角招商引资暨人才技术合作恳谈会，与中科协等11个中直单位和知名高校签订战略合作协议，聘请72名院士和专家为吕梁转型发展顾问。全年签约项目285个，总投资743.50亿元。柳林、岚县、方山3个县外贸“破零”。

**脱贫攻坚** 2018年，吕梁市实施“3545”年度行动计划，岚县、方山、交口、离石、交城5个县（区）、12.7万贫困人口脱贫。健康扶贫、教育扶贫获国务院领导肯定。生态扶贫获全国脱贫攻坚组织创新奖，合作化造林模式被国家发改委等3部门在全国推广。“吕梁山护工”品牌入选全国人社领域精准扶贫20个典型案例。开展金融扶贫“吕梁模式”，发放精准扶贫贷款197.10亿元。708座村级电站和集中式电站并网发电，2.5万户贫困户受益。易地扶贫搬迁87个安置点开工，竣工77个，入住7.26万人。开展县际结对帮扶，351户企业结对帮扶540个贫困村，实施281个扶贫项目。（刘翠翠）

【吕梁市离石区】 离石区位于吕梁市中部，总面积1324平方千米，下辖2镇3乡，7个街道办，194个行政村，43个居委会，总人口32.50万人。旅游资源有凤山、汉化石像博物馆、安国寺、白马仙洞、天贞观、马茂庄汉墓群等。

**产业建设** 2018年，离石区创建安全生产标准化矿井8座，贾家沟煤业、金晖荣泰煤业、东江煤业、永宁煤业等4座煤矿达国家一级安全生产标准化矿井，先进产能占比达33%。完成襄矿环能国鼎煤业关闭任务，淘汰落后产能60万吨。推进锦瑞煤业年产120万吨资源整合、东方百合中央厨房、北海山农产品加工等项目建设。宏泰广场、嘉润广场、泰和广场、永宁国际综合运营良好，永宁东路、马茂庄、龙凤北大街、文丰路等餐饮业集聚区初具规模。千年景区投资8000余万元，完成AAAA级景区创建一期项目，加快白马仙洞、安国寺景区开发，归化、任家沟、王营庄等15个美丽乡村离石游初展风采。实施工程项目60个，完成投资20.5亿元。坪头互通路基主体工程基本完工，滴瓦线、西茂线、任永线、小吴线等区乡公路开工建设，完成总里程508.7千米的73条农村公路建设任务；投资370万元综合治理两个小流域；投资630万元除险加固骨干坝7座；总投资6900万元的10.60兆瓦光伏扶贫电站并网发电；总投资3.11亿元的木问村、梁家焉等9个易地扶贫搬迁项目完成。组织参加招商活动23次，签约项目15个，协议总投资25.38亿元；举办吕梁佳信德战略性新兴产业基金招商引资暨产业转移承接项目考察洽谈活动；在北京3D增材打印材料、北京韦尔科技软件开发等项目上达成合作意向。华为山西(吕梁)大数据中心挂牌，展示中心同步运行。

**城乡建设** 2018年，离石区推进城区道路、供水排污、绿化美化等基础设施和公共服务项目建设。吕梁新区完成安置房分配交付，回迁入住510余户，新区中小学、幼儿园等校舍基础工程完成；加快老城棚户区(城中村)改造、东城建设。307线城区段(段家坪至交口)改造完成。投资1.36亿元、受益120个村，完成农村人居环境整治工程。

**环境建设** 2018年，离石区完成工业企业污染防治设施提标改造任务；新增集中供热面积303万平方米，主城区供热基本实现全覆盖；政府补贴1000余万元，实施农村清洁煤替代取暖，推进煤改电、煤改气工作；开展柴油货车和散装物料运输车辆污染专项治理；完成黑臭水体整治项目；推进雨污分流工程、农业面源污染防治、三川河生态修复综合整治、通道绿化、三北防护林工程，完成营造林面积3.82万亩，完成森林公园景观提升工程。市区二级以上优良天数达到250天。

**民生事业** 2018年，离石区民生支出14.97亿元，同比增长3.32%。投

**2018年吕梁市辖县(市、区)经济指标统计表**

| 县　市 | 地区生产总值(万元) | 农林牧渔业总产值(万元) | 固定资产投资增长速度(%) | 社会消费品零售总额(万元) | 一般公共预算收入(万元) | 一般公共预算支出(万元) | 人均可支配收入(元) | |
|---|---|---|---|---|---|---|---|---|
| | | | | | | | 城镇居民 | 农村居民 |
| 离石区 | 1004485 | 34312 | 7.70 | 768024 | 124802 | 217909 | 29633 | 6480 |
| 文水县 | 697278 | 236554 | 9.40 | 234761 | 31182 | 197468 | 22233 | 10361 |
| 交城县 | 906357 | 64358 | −4.50 | 206733 | 75417 | 195985 | 22507 | 10371 |
| 兴　县 | 980478 | 89609 | 5.70 | 171749 | 151389 | 430361 | 21558 | 5039 |
| 临　县 | 692866 | 155378 | 18.90 | 485790 | 68917 | 505998 | 18443 | 5602 |
| 柳林县 | 2065080 | 47499 | −11.40 | 436313 | 304957 | 428772 | 31777 | 12172 |
| 石楼县 | 106999 | 51693 | 30.10 | 35118 | 5044 | 181179 | 14623 | 3768 |
| 岚　县 | 423766 | 53774 | 5.90 | 124376 | 53648 | 177138 | 20501 | 5581 |
| 方山县 | 393161 | 43991 | 20.90 | 104865 | 49175 | 171489 | 21426 | 4903 |
| 中阳县 | 842509 | 28148 | −4.40 | 150780 | 104479 | 176591 | 22961 | 7308 |
| 交口县 | 663376 | 44812 | 10.20 | 88435 | 83860 | 146768 | 20825 | 8180 |
| 孝义市 | 3769021 | 150940 | −8.60 | 1479820 | 282882 | 385798 | 34400 | 17084 |
| 汾阳市 | 1597801 | 122074 | 93.90 | 699049 | 133080 | 242190 | 24259 | 14193 |

资6000余万元，新建、改扩建高家沟幼儿园、任家沟幼儿园、呈祥路小学、西崖底小学，完成江阴初级中学搬迁改造提升工程。投资2000余万元添置教学设施设备。注资、募捐600万元，设立离石区教育发展基金。以校园招聘为主，新增教师129名；搭建中小学招生信息服务平台。推进区乡医疗机构一体化改革，实行“先诊疗后付费”“一站式结算”。城乡居民基础养老金扩面提标，区级补助增长到20元。实施物质和非物质文化遗产保护，推进农村基层文化阵地建设，行政村实现通客车全覆盖。（任 凯）

**【文水县】** 文水县位于吕梁市东部，总面积1068.57平方千米，下辖7镇5乡，199个行政村，常住人口43.95余万人。旅游资源有文峪河水库、狄青庙、上贤梵安寺塔等。

**农业** 2018年，文水县调减玉米种植面积3万亩，发展特色种植5万亩，粮食总产量25.80万吨。牧标牛业、野山坡沙棘晋升为国家级农业产业化龙头企业，市级以上龙头企业41户。流转土地12万亩，建成出口蔬菜质量安全示范区2万亩，汇丰源万头肉牛育肥、和冠亨20万吨精饲料等项目投产。承接第八届国际沙棘协会大会实地观摩活动。实施高标准基本农田建设2万亩，完成南安、南庄2个乡镇蓄洪排涝工程和农村饮水安全巩固提升工程13处，惠及64个村12万人。农村集体产权制度改革启动，120个村完成清产核资及成员身份界定，112个村集体经济收入5余万元。

**项目建设** 2018年，文水县开展“转型项目建设年”活动，实施41个转型项目。赤峪煤矿联合试运转，国金固废综合利用项目建成。争取上级资金3000万元，实施技改项目11个，技改投资3亿元。省级企业6户、规上企业11户。牧标牛业在“新三板”挂牌，晋能科技跻身“全球新能源企业500强”。引进汇丰集团战略投资苍儿会景区，发展市级休闲农业和乡村旅游示范点4个，旅游总收入32.90亿元、增长30%。

**环境建设** 2018年，文水县对214户工业企业制定“一厂一策”分类整治，淘汰取缔散乱污企业390户。加强散煤管控，划定禁煤区、限煤区，补贴供应清洁煤2万吨，实施集中供热扩面工程，新增供热面积80余万平方米，完成煤改电342户，新建煤气管道50千米。落实河长制，开展清河行动，新铺设乐村、冀周村等村污水收集管网9.7千米，县城污水收集覆盖率达到90%以上。刘胡兰、开栅、北峪口等村污水收集处理工程建成投运。开展造林绿化3年行动，启动开栅镇沙坑治理，完成汾河堤外湿地建设10处、形成水域面积1300亩。

**民生事业** 2018年，文水县民生支出占财政支出的83%。扩大就业岗位，开发一批高校毕业生见习岗位，公开招聘事业单位工作人员，新增城镇就业2400余人。实施55所农村学校“全面改薄”工程，完成24所幼儿园改扩建，文东新区第一小学建成投入使用，第二实验小学主体封顶，文水二中宿舍餐厅投入使用，县职教中心一期主体完工，联合北师大培训校长教师1300余人。推进县乡医疗一体化改革，组建县医疗集团，实行门诊住院医保整体打包付费、家庭医生“双签约”等。城乡居民养老金最低标准每月提高至108元。（彭秀芬）

**【交城县】** 交城县位于吕梁市东北部，总面积1822.11平方千米，下辖6镇4乡，148个行政村。旅游资源有卦山、天宁寺、玄中寺、华国锋陵园、庞泉沟等。

**产业建设** 2018年，交城县发展战略性新兴产业，加快转型项目建设。推动传统农业向城郊农业转型，打造省城优质农产品供应基地。推动传统工业向“一大三新”转型，建设国家级循环经济园区。推动传统旅游向全域旅游转型，打造国家全域旅游示范县。推进61个、总投资102亿元的转型项目建设，完成固定资产投资35.74亿元。举办“一大三新”、全域旅游、交商交才回归创业等专题招商会，签约项目15个，签约金额78.81亿元。加强开放平台建设，与中国网库集团合作建设中国铸造（交城）区域中心公共服务平台；与山西跨境电子商务协会联合建立跨境电商产业园；推进国际物流港建设。

**环境建设** 2018年，交城县聘请省铸造协会、省化工协会、省建材工业协会、南京普信环保公司等专业技术团队担任“环保管家”，分类制定铸造、机加工、化工、建材产业提标改造方案，整改企业876户，淘汰取缔158户，易地搬迁74户。实施大气、水、土壤污染防治行动，启动汾河支流磁窑河水质改善治理工程，完成县城、开发区、西营3个污水处理厂建设；完成城区“煤改气”集中供热工程，新增供暖面积28万平方米。发展环保产业，实施中晶绿色材料循环经济产业园、焦化废液脱硫脱氰深加工等节能环保项目14个，推动资源能源循环利用。开展造林绿化，完成退耕还林工程0.50万亩，荒山造林6.10万亩、封山育林0.70万亩。

**民生事业** 2018年，交城县二中改扩建项目、职中技能培训楼主体完工，推进城西小学建设。104名学生被985、211高校录取，其中清华、北大各录取1人。与北师大联合开展校长、教师队伍培训，师资队伍建设加强。推进“先诊疗后付费一站式”改革，提供免费体检服务1.2万人次。山大一院交城分院主体工程完工；天宁镇卫生院改扩建主体工程封顶，妇幼保健计划生育服务中心和县中医院合并新建项目主体工程完成。培训农村贫困劳动力3765人，完成“吕梁山”护理护工培训802人，就业率达65%。

（李大斌 燕保平 苏婷婷）

**【兴县】** 兴县位于吕梁市西北部，总面积3168平方千米，下辖7镇10乡，376个行政村。旅游资源有晋绥革命纪念馆、石楼山、石猴山等。

**项目建设** 2018年，兴县中铝华润一期50万吨电解铝项目投产，进厂道路完成；配套建设的50万吨合金化项目可研获中国铝业股份有限公司批复；铸泰铝业20万吨铝材加工项目选址确定；石楼山一期50兆瓦风电项目开工建设；华盛燃气瓦塘煤层气液化调峰及管线项目建成，全县煤层气日产达到64万立方米。蔡家崖AAAA级景区总规和详规编制完成，红色一条街投入运营，赵家川口休闲农业及乡村旅游项目建成投运，举办“乘蔡家崖号列车·赏吕梁山风光”暨第二届“红色兴县”旅游季活动。豫能兴鹤煤炭集运站开通运营。“一煤独大”的产业格局改变。

**城乡建设** 2018年，兴县工业大道全线贯通，北山公路征地基本完成，沿黄旅游公路全面开工，侯山线、河肖线公路改造工程完成；新增城市公交客运线路1条，建设公交候车厅59个；建成蔡家崖站专用公路和站前广场，开通兴县至太原的火车客运。棚改一期工程临近收尾，二期工程取得进展；蔚汾公园基本建成，南山生态公园一期绿化工程完工，二期园林景观工程开工建设；蔚汾河清淤蓄水东延扩建工程基本建成，西延工程开工建设；完成“煤改气”5946户，新增集中供热83万平方米；农村生活垃圾治理项目开工，县城污水处理厂提标及扩容工程基本完成。

**民生事业** 2018年，兴县友兰中学教学楼、图书艺术楼主体封顶，公共实训基地、老年大学、阳光上城小学进入装修阶段，120师学校续建工程投入使用。新区医院开始装修，推进县乡医疗卫生机构一体化改革，完成235个村级卫生室建设。新建改扩建村文化室310个、文化广场260个，新建13所农村老年人日间照料中心。城乡低保标准分别提高到每人每年5040元和3588元。（刘支军）

**【临县】** 临县位于吕梁市西北部，总面积2979平方千米，下辖13镇10乡，631个行政村，11个街道委员会，总人口65.95万人。旅游资源有碛口风景名胜区、晋陕黄河大峡谷、黑龙庙、西湾民居、义居寺、善庆寺等。

**项目建设** 2018年，临县实施重点项目111个，总投资707亿元，完成年度投资51亿元。其中转型项目32个，完成投资17.46亿元。京能吕临2×35万千瓦低热值煤发电项目具备投产条件，美锦锦源煤矿开工建设，三交北、临兴区块等煤层气形成3.50亿立方产能，华烨煤矸石制砖项目建设投产，欧莱特农业产业综合园区开工建设。出台招商引资“十条优化政策”，签约项目10个，引资25.22亿元。建成3个电商园区，317个村级站点，整合20余家物流快递企业，培育40余家电商企业，注册10家跨境电商，年交易额突破2.50亿元。

**城乡建设** 2018年，临县完善《临县县城总体规划》，推进城北东关、城南安业棚户区改造，推进城区湫水河综合治理工程二期、三期，二期工程完成排污箱涵、河道清淤、防渗等工程，三期工程完成河道疏浚、排污箱涵建设。铺开16个美丽乡村建设，实施乡村清洁工程。太兴铁路白文东站通车运营，完成“四好农村路”271千米，“黄河一号”旅游公路碛口试验段14千米建成通车。推进污染防控，城区集中供热、煤改气新增42万平方米，一批乡镇、机关污水处理厂建成投运，湫水河水质改善。

**文化旅游** 2018年，临县举办第二届全民运动会、第三届中国碛口“枣儿红了”红枣旅游文化节、第四届“青塘粽叶香”民俗文化节。硬化46个脱贫村广场，修建34个戏台，编制《临县旅游总体规划》，中央后委驻临县历史陈列室、双塔村毛泽东路居布展并对外开放，启动以碛口景区为核心的旅游产业开发。全年接待海外游客732人次，接待国内游客442.25万人次，分别增长4.70%和25.90%；旅游外汇收入120.90万亿元，国内旅游收入33.12亿元，旅游总收入33.13亿元，分别增长5.40%、26.40%和26.40%。

**社会事业** 2018年，临县投入2900万元惠及贫困家庭学生6.80万人次。高考二本B类以上达线人数1120人。全县医疗机构“一站式”结算系统开通运营，落实“先诊疗、后付费”和“136”健康扶贫政策，医疗事业取得进步。推动农村低保提标扩面，新增低保对象8510人，特困对象336人，维修改造23所老年人日间照料中心和38所老年人活动中心。（张海红）

**【柳林县】** 柳林县位于吕梁市西南部，总面积1287.29平方千米，下辖8镇7乡，5个街道办事处，257个行政村。旅游资源有香严寺、孟门南山寺、联盛农业园、南山公园、玉虚宫、黄河三峡等。

**转型综改** 2018年，柳林县签约11个招商项目，涉及外资企业1个，中国500强企业3个，签约项目开工率达45%。柳林能源与环境院士工作站投运，实行“110工法”，应用推广滑坡地质灾害监测。“中国网库”碗团产业单品物联网基地基本建成。推进广东康达新能源股份公司煤层气（瓦斯）综合治理项目，杭州颐高集团互联网双创基地项目达成合作协议，山西生物质新材料产业研究院秸秆生物炼制项目完成选址。铝循环工业园开工，推进与阳煤集团就30.90万吨电解铝产能转移合作。改变“一煤独大”产业结构。

**城乡建设** 2018年，柳林县完成明清街保护改造规划设计，完成一期范围居民征收腾退近80%，机关单位搬迁19家，新背道路和石家沟北路路网进场开工。完成半拉子工程旧煤炭局片区改造临贺昌街地段拆迁，启动居民回迁楼建设。307国道城区段改线优化设计获批，采空区治理和张家湾隧道等控制性工程复工。沿黄旅游公路可研通过评审，“四好农村路”建设开工。打造15个环境整治样板村，拆违治乱并举。取缔53户散乱污企业，对83台工业燃煤锅炉实施煤改电或煤改气，整治城区露天烧烤和营业性燃煤炉灶126处，城区清洁供暖新增覆盖72.5万平方米。查处各类环境违法案件54起。

**民生事业** 2018年，柳林县与上海方略致远集团合作，启动基础教育质量提升三年行动计划，上海专家11批次54人次到柳林县进行讲学和初态评估，33所学校与上海实现结对发展。出台《关于加强中小学校长队伍建设的若干意见》，推行校长去行政化改革，提高班主任地位待遇。庙湾小学投入使用，城东小学主体竣工。推动县乡医疗一体化改革，建成城乡居民"一站式"结算系统，实行医保总额打包付费制度，新医院住院楼、门诊楼主体竣工。市民服务中心投用。建立数字图书大数据平台；开展"免费送戏下乡"演出122场；17件文艺作品获市级以上奖励。城镇新增就业人数4223人，农村劳动力转移就业3179人。城市低保和农村低保救助标准每人平均提高360元和240元。发放大病医疗救助金1460万元，救助住院患者4721人次。 （张景尧）

【石楼县】 石楼县位于吕梁市西部，总面积1808平方千米，下辖4镇5乡，134个行政村。旅游资源有红军东征纪念馆、黄河湾、郝家大院等。

**项目建设** 2018年，石楼县开展"转型项目建设年"活动，34个重点项目开工23个，四项手续办结率平均达到75%以上，完成投资14.50亿元，其中转型项目完成投资占固投比重达到86.70%。"一气双电"项目取得进展。投资3.80亿元的风力发电项目和投资2.40亿元的光伏发电项目投用；天然气开发项目完成投资2亿元，建成4口水平生产井，构建清洁能源开发新格局。开展招商引资，签约项目14个74亿元。举办第二届"迎客商、兴石楼"招商引资引智推介会，签约项目11个106亿元。

**城乡建设** 2018年，石楼县巩固省级卫生县城创建成果，完成职工俱乐部、全民健身活动中心、十字街棚户区改造、垃圾处理厂、东征街延伸、火车站广场大桥、县城道路修复等一批市政工程，实施消防大楼，西岭山地质灾害治理，文化馆、美术馆和档案馆"三馆合一"等项目，开展城区交通和市场秩序整治，累计查处车辆乱停乱放、无牌无证等各类违法行为2.38万起。开展农村人居环境整治，完成104个自然村饮水安全工程，"四好农村公路"PPP项目融资5.60亿元，建设通村硬化路71条412千米。新建一批农村垃圾收集点、完成农村改厕1200余座，部分农村实施亮化工程，建设美丽乡村。

**环境建设** 2018年，石楼县实施蓝天碧水保卫战。新增城区集中供暖面积70万平方米、"煤改电"完成500户，清洁能源供暖面积达到140多万平方米，供暖率达到90%，清除燃煤锅炉256台，销售优质煤炭1万多吨，减轻冬季雾霾污染。完成污水处理厂"穿靴戴帽"保温工程和人工湿地工程，建设畜禽养殖粪便集中处理站，落实"河长制"，开展"清河行动"，屈产河水质稳定达到四级标准。

**社会事业** 2018年，石楼县推进南城初中迁建工程，西河湾幼儿园招生。石楼中学高考二本以上人数达到460人。职教中心与天坤国际教育集团开展合作办学。录用特岗教师50多人，公开招聘和录用临聘幼儿教师75人，启动中小学教师培训工作，整顿校外培训机构。推进医疗集团体制改革，县医疗集团住院大楼投用，招聘45名基层医务人员，完善健康扶贫"双签约"服务，建档立卡贫困人口住院自付比例控制在10%以内。完善社会保障，农村低保线提高到3588元，与贫困线实现"两线合一"，光荣院改建工程竣工，农村危房改造1500户，廉租房分配到户336套。提升公共服务，全民健身活动中心建成使用，文化馆、美术馆、档案馆开工建设，县融媒体中心挂牌成立，开展庆祝改革开放40周年系列文化活动。 （郑凤斌）

【岚县】 岚县位于吕梁市西北部，总面积1508.90平方千米，下辖4镇7乡，1个城区管委会，167个行政村，336个自然村。旅游资源有白龙山、隋城遗址、北魏秀容古城、饮马池高山草甸风景区、中国土豆花风景区等。

**产业建设** 2018年，岚县推进41个省市县重点项目建设，完成建设投资17.50亿元。年产1800万平方米矿棉吸音板技术改造项目开工。开工建设龙源、虎悦通、河口二期风电，发展农村电子商务，建成投用农村电商网点116个，交易额达1280万元。发展家政保洁、物业服务、服装加工、物流运输等服务产业，新增第三产业市场主体184户，同比增长29.80%。打造"中国·岚县土豆花风景名胜区"，建设岚县土豆宴全国推广总部，推介108道土豆宴，通过岚城供会、白龙山旅游文化月、第四届"土豆花开了"旅游文化月等活动，拉动经济增长近2.50亿元。

**城乡建设** 2018年，岚县开展城乡建设。太兴铁路岚县火车站客运业务开通。开通城乡电动公交线路13条，投入运营车辆达到41辆。静兴高速、太佳高速东连接线动工。天然气管网覆盖城区，延伸供热管网5千米，新建换热站4座，新增集中供热规户4068户，新增集中供热面积40余万平方米。推进公园、游园、城区五路五街等绿化带提档提质，岚河南路道路绿化工程竣工，新增绿化面积达8万平方米，建成区绿化覆盖率达44.20%，绿地率达38.10%，人均公园绿地面积达11.70平方米。配售经适房309套、公租房770套，完成农危房改造3031户。

**环境建设** 2018年，岚县完成18户加油站95个罐体地下油罐改造任务，淘汰工业燃煤锅炉12台，特别排放限值改造10台，钢铁、水泥等8户特别排放限值企业整治任务。投资1500余万元新建污水收集管网4062米。落实"长河制"，污水处理厂二期运行，岚河出境水质退出劣五类。投入5000余万元实施"十村示范、百村整治"工程，实现城乡环卫一体化管理。完成造林10.475万亩。空气质量二级以上优良天数达207天。

**社会事业** 2018年，岚县民生领域支出14.15亿元，占财政总支出

85.20%。职教中心三期工程、实训基地建设项目完工。适龄儿童入园率达95.50%。对全县符合条件的7906户13762名低保、五保、残疾人等补差救助。全县建立健康档案人口达到17.20万人，推进"双签约""双随机"工作。开展各类广场演出、展出展览、文艺表演等大中型活动90余场，农村公益电影放映229场。做好退役军人服务管理工作，对2600余名退役军人走访慰问。（杨莹）

**【方山县】** 方山县位于吕梁市西北部，总面积1434.10平方千米，下辖5镇2乡，169个行政村。总人口14.87万人。

旅游资源有北武当山、南村古城遗址、张家塔村堡遗址、大武木楼、太和宫等。

**产业升级** 2018年，方山县粮食总产量达到5.21万吨，中药材种植、肉牛存栏分别达到5.08万亩、2.46万头；完成无公害产品认证10个、绿色产品认证4个、有机产品认证7个；农民专业合作社达到826个，家庭农场达到56个。金晖瑞隆、金晖凯川、汇丰新星三座煤矿均被评为特级安全高效矿井；全年生产原煤719.91万吨、精煤331.81万吨、焦炭33.36万吨；14户规模以上工业企业实现销售收入52.17亿元，同比增长8.21%；上缴税金13.17亿元，同比增长15.90%。建成电商服务站点126个，孵化电商企业11户，发展电商、微商从业人员520人，电商网络交易额达到5326万元。老传统醋业、吕梁山矿产品公司两户企业实现"出口破零"，完成出口95.41万元。

**项目建设** 2018年，方山县14个转型项目开工建设，完工7个，累计完成投资7.92亿元，占年度计划投资额度65.40%，其中年产20万吨电熔改性料生产线项目完成总工程量90%；县城生活垃圾处理厂建成投运；方正花园一期项目主体封顶。开展招商引资，引进中药材种植、固体废弃物回收利用等项目，签约资金7.31亿元，到位资金2亿元，项目落地开工2个，开工率66.70%。

**城乡建设** 2018年，方山县县城棚户区改造东一区、东二区项目分别完成总工程量60%、36%，东三区项目申请国债资金，投资7580万元的影剧院项目开工建设。大武安置区建成25栋（共3985套）安置楼，分房2835套。新建换热站6个，新增供热用户4200余户、供热面积59.34万平方米，县城集中供热基本实现全覆盖。

**环境建设** 2018年，方山县完成生态造林绿化和经济林提质增效工程6.50万亩。取缔关停"散乱污"企业26户；完成污水处理厂提标改造、县城雨污分流及道路改造一期工程，"煤改气"入户通气1688户，"煤改电"完成6.20万平方米，空气质量稳定，达到国家二级标准，饮用水水源水质达标率、危险废物安全处置率均达100%。

**社会事业** 2018年，方山县新建、改造农村老年人日间照料中心5所，社会福利院养护楼项目主体封顶。高中新校区一期项目完工，推进高中新校区二期、职教中心项目建设。深化县乡医疗机构"一体化"改革，组建挂牌方山县医疗集团，贫困人口住院实行先诊疗后付费"一站式"结算，贫困患者实际报销比例超过90%。县财政为六大系统所属23户企业、56名到龄退休职工交纳养老金及滞纳金443万余元。羊毛衫厂、服务公司等9户企业通过引进社会资本、盘活存量资产启动改革。农村低保标准提高到3744元。

（刘林林）

**【中阳县】** 中阳县位于吕梁市西南部，总面积1438.61平方千米，下辖5镇2乡，100个行政村(居)委会，总人口15.60万人。旅游资源有柏洼山、石堡寨、仙明洞、龙泉湖、车鸣峪、黄土源等。

**项目建设** 2018年，中阳县培育新能源产业，中钢80兆瓦剩余煤气发电项目投产运行，年可发电8.86亿度，新增供热面积100万平方米；90万吨焦化干熄焦项目10月底建成投运，年可利用余热发电1.33亿度；2万吨无机涂料项目总投资20000万元，进行中试车间试验；与太钢、北航等企业、科研院校对接合作，开发不锈钢螺纹、符合耐磨钢管等特种钢，1月至10月钢材产量258万吨，特种钢占比15%。规划建设光伏、风电、瓦斯、余热发电项目共15个，总装机容量672.30兆瓦。

**交通电力** 2018年，中阳县公路总里程933.828千米。其中，国道55.537千米、省道4.413千米、县公路7条193.10千米、乡公路24条233.18千米、村通公路157条445.921千米，公路密度65千米/100平方千米。全县拥有公交车33辆，出租车159辆，客车25辆，有硬化路的行政村通客运班车。变电站9座。其中，110千伏5座，3万5千伏4座，220千伏1座(金罗站)，500千伏变电站1座（吕梁500千伏变电站）。全年完成供电量8.19亿千瓦时，售电量7.78亿千瓦时，综合线损5.12%。

**科教文卫** 2018年，中阳县有中小学、幼儿园57所。其中，普通高中1所(全省示范高中)，职业高中1所，单办初中5所，单办小学29所，九年一贯制学校4所，单办幼儿园17所；在校生25618人。大型广场2个，乡镇文化站7个，农家书屋87个，社区文化中心8个，新建图书流通点1个。机关、厂矿、企业、社区、农村、学校等文化活动室110个，群众文化组织10个，民间艺术6余种，文化产业涉及演出、娱乐、电影、音像、书刊等10个行业。文化艺术人才800余人，文化专职人员48人。87个行政村综合文化服务中心实现场地、设施、人员、活动全覆盖，无线数字覆盖补点工程竣工，完成2000套地面直播卫星"户户通"工程的信息录入工作和入户安装监督工作。医疗卫生机构163个，从业人员高级职称91人，中级职称157人，初级职称185人，护理人员92名，乡镇卫生人员201人，村级卫生人员146人。床位数446张。其中，县医院拥有177张，乡镇医院拥有129

张。每千人拥有床位3张,每千人拥有卫生技术人员3.34人。

**民生事业** 2018年,中阳县城镇新增就业2320人,创业带动就业321人,城镇失业人员再就业512人,城镇登记失业率在4.20%以内;就业困难人员就业131人,全县转移农村劳动力2410人。新农合参合率达到98.16%。扩大社会保障,养老、医疗、失业、工伤、生育等保险产保面,发放各类补贴救济金4000余万元,保障困难群众生产生活。全县37个贫困村退出,贫困人口减少到69户、162人,贫困发生率降为0.16%。

(李晓中)

**【交口县】** 交口县位于吕梁市西南部,总面积1259.92平方千米,下辖4镇3乡,95个行政村,381个自然村,总人口12.45万人。旅游资源有云梦山、元代千佛寺、西庄历史文化名村、红军东征总指挥部旧址、毛主席路居地等。

**产业建设** 2018年,交口县推动实施22个工程项目,完成固定资产投资17亿元,增长10.20%,其中转型项目投资占比达77%。布局A3级通用机场,纳入全省规划。道尔铝业完成高新技术企业认定,尾矿利用超导除铁设备安装试运行;兴华科技建立博士后科技工作站,新增5种铝系产品;工业技改投资完成1.50亿元,增长26%,煤炭、氧化铝、生铁、焦炭等主要产品产量分别实现14%、8%、37%、26%的增长,规模以上企业主营业务收入涨幅达19%。旺庄4万吨生铁铸件项目建成投运,发展冶铸一体化;棋盘山100兆瓦风电项目、康城10兆瓦集中式光伏电站并网发电,新能源产业实现零突破。

**城乡建设** 2018年,交口县推进总投资59.60亿元的53个市政项目,吕梁学院交口分院开学入驻,3批次实习实训1500名本科学生,承办全省武术套路锦标赛。中心商贸区综合商贸楼开放运营,东征文化广场交付投运。完成市政拆迁28万平方米,南山河两岸环境综合治理、棚户区改造、绿地游园、污水治理、供热覆盖等项目开工建设。启动乡镇集中供热工程,双池新增集中供热面积4万平方米,康城新增1.7万平方米。开展农村基础设施建设和公共服务配套会战,完成农村安全饮水28处;开工26条131千米“四好农村公路”。

**环境建设** 2018年,交口县开展矿山生态、工业污染、燃煤污染、扬尘污染、重点河流、“小散乱污”等专项整治。推进中央环保督察“回头看”和生态环境部15轮汾渭平原大气污染防治重点区域强化督察,所涉42个问题整改销号。完成露采区域土地复垦和生态综合治理1万亩,累计4.70万亩,占规划治理面积70%。3户企业超低排放达标改造任务完工;4244户城乡居民实现清洁供热;32户企业建成全封闭库,113户硬化出厂平交道口,34户建成净胎设施。关停取缔不达标洗选企业57户,整改提升60户。实行县乡村三级河长制,第一污水处理厂提标改造项目开工建设。开展农村环境整治,清理垃圾1.80万吨,完成33个贫困村村庄绿化,55千米县乡通道绿化。开展造林绿化,完成三北工程、吕梁山生态脆弱区治理、新一轮退耕还林2.80万亩,全年二级以上优良天数272天,环境综合质量指数5.05。

**民生事业** 2018年,交口县完成民生支出12.30亿元,增长33.80%,占到总支出的84%。义务教育通过国家复查验收,25名高考学子进入985、211重点院校。深化县乡医疗卫生一体化改革,推进10项改革任务,完成“六统一”管理、薪酬制度、服务比价等改革。落实医疗、养老、社会救助等政策,城乡居民养老保险发放1.30万人1830万元;城乡居民医保报销6512人次2484万元,医疗救助2131人303万元,家庭医生签约服务3.70万人,发放城乡低保1269户2438人729万元。完成村卫生室40个、文化活动场所77处。申报4个非物质文化遗产,完成公益电影放映1300余场,送戏下乡70余场,推进文化创建活动。

(武允明)

**【孝义市】** 孝义市位于吕梁市东部,总面积945.80平方千米,下辖7镇5乡,5个街道办事处,379个行政村,50个社区,总人口49.16万人。旅游资源有临黄塔、琉璃塔、慈胜寺、永福寺、三皇庙、中阳楼、关帝庙等。

**经济开发区改革** 2018年,孝义市推进“三化三制”改革,编制完成“五规合一”规划,构建“一区、五园、十六组团”产业格局。建立健全“2+4+1”制度体系。组建开发区建设投资有限公司,完善基础设施,提升园区承载力。全年签约概算投资150.60亿元的转型项目9个,开工3个,信发、华庆等氧化铝技改项目建成投产,孝能移动能源首条生产线试生产,推进国控远尔州低阶煤分质综合利用、金岩乙二醇联产LNG、晋茂环己酮、鹏飞合成氨等煤化工项目建设。规模以上工业总产值占全市68.50%,税收占全市37.40%。

**城乡建设** 2018年,孝义市推进三贤路片区二期、地百坊片区、居义村和贾家庄片区改造。府前街、中六路等5条4.65千米道路新改建工程建成通车,完成府前街东延1.20千米雨污分流工程。推进人民医院新建、湖滨路小学、综合福利中心等重点工程建设。启动公园建设,打造街角游园13处,新增城市绿化面积11.60万平方米。城东热源厂二期投入运营,新增集中供热面积258万平方米,新增集中供气14986户。

**环境建设** 2018年,孝义市推进污染防治攻坚战“三大战役”,实施选储煤、焦化、耐材等专项整治,关停取缔企业150余户。开展重点工业固废污染专项整治,固废利用率达68.87%。落实建成区禁煤、禁止燃放烟花爆竹措施,完成1.80万户清洁取暖改造。推进“六河一湖一渠”治理。开展生态修复治理,完成荒山造林1.79万亩,退耕还林1万亩,森林覆盖率达33.10%。

**民生事业** 2018年,孝义市财

政民生支出占比83.20%。城镇新增就业5184人，城镇失业人员再就业1143人，农村劳动力转移就业3635人，城镇登记失业率控制在2.60%以内。新增3所公立幼儿园，入选“山西省学前教育教学改革试点县市”，孝义中学挂牌“北航优质生源基地”。开展市乡医疗卫生一体化改革试点，市域内就诊率达90.20%，市人民医院核定为“三级综合医院”，挂牌北京天坛、上海长征医院“博士工作室”，人民医院新建工程开工建设。实施公共文化服务效能提升年活动，推进“三馆总分馆”试点，建成50个农村（社区）综合文化服务中心示范点，非遗综合传习中心、皮影木偶剧团入选山西首批对外文化交流基地。改善住房、养老条件，完成第八批1325套公租房分配，新改建农村老年人日间照料中心5所，综合福利中心养护院、儿童福利院开工建设。

**深化改革** 2018年，孝义市推进七大类64项改革，22项完成。以“放管服效”改革牵引打造“六最”营商环境，企业投资项目承诺制改革落地，完成基层政务试点建设。217项审批服务事项实现“最多跑一次”，精简前置审批证明材料154项，企业注册登记时间压缩为3个工作日，一网通办率达到87%，行政审批效率提速55%。中小企业、铝工业、旅游业服务平台开通运行，新创办小微企业806户，新增市场主体5035户。完成17户省属国有企业“三供一业”资产和管理职能分离移交，推进国企国资改革。（张彩琴）

**【汾阳市】** 汾阳市地处吕梁市东部，总面积1178.91平方千米，下辖9镇2乡5个街道，262个行政村，37个社区，常住人口43.61万人。旅游资源有文峰塔、汾酒工业园林、贾家庄生态园、太符观等。

**项目建设** 2018年，汾阳市加快项目建设。香港华润集团51.60亿元注资汾酒集团，铺开包装彩印、酿酒车间技改等项目4个。开工年产1万吨芦清王系列保健酒项目。加快国家级白酒检测检验中心、交易会展中心及杏花村特色小镇等基础设施和相关产业发展。筹备龙峰、龙山、正升3个煤矿复工复建。强锦铝业100万吨氧化铝、金塔山136万吨焦化及配套LNG等项目完成前期手续。对再生橡胶企业实施环保技改，引进21万吨废旧轮胎高值化利用项目。发展商贸物流、电子商务、文化旅游等新兴产业，启动拉货王电商平台、山西煤焦物流网等项目。推进汾酒老作坊、古杏花村、山西省酿酒博物馆等工程。

**城乡建设** 2018年，汾阳市实施文峰街西段、红旗街—幸福街片区、东正街等棚户区改造。解决冠宇地产、王府花园、东方国际城等项目遗留问题。铺开汽车站新建项目，地基工程建设完工。“四好农村路”完工48.60千米，完成国道307、汾屯线改线主体工程。上马杏花村污水处理厂二期扩容扩建、一期改造和城区污水处理厂二期工程。实施城乡环卫一体化工程和智慧城管项目投入运营。

**环境建设** 2018年，汾阳市建成区17.60平方千米，绿化覆盖面积652.51万平方米，绿化覆盖率达37.10%；绿地面积568.12万平方米，绿地率达32.30%；建成区公园绿地面积120.49万平方米，建成区人均绿地面积为10.42平方米。整治“三黑一土”、煤焦化工、再生橡胶和汽车拆解等产业，取缔改造“散乱污”企业509户，上马金塔山年产136万吨焦转化等项目。开展秋冬季大气污染综合治理行动，市区“禁煤区”面积扩大到34.40平方千米。新增集中供热面积137.45万平方米，完成煤改气1295户、煤改电410户，发放洁净煤2.60万吨，取缔改造营业性燃煤锅炉113台。全市二级天数达到152天。开展运输车辆沿路抛洒、超限超载和尾气超标等专项整治。铺开汾河流域生态修复与保护31个项目，实现“河长制”全覆盖。投资1550余万元对城区黑臭水体治理，建设文峪河、磁窑河自动监测水站，实施一般公共固废物处置及生态修复工程。以石盘山为重点，栽植各类苗木69万余株，通道绿化率95%，森林覆盖率提高到34.60%。实施禹门河景观绿化等工程，改造新增城市绿化面积12万平方米。

**民生事业** 2018年，汾阳市城镇职工基本养老保险参保5.69万人，城乡居民基本养老保险参保20.34万人。参加基本医疗保险37.77万人。其中，城镇职工基本医疗保险参保4.19万人；城乡居民基本医疗保险参保33.58万人。失业保险参保3.22万人，工伤保险参保3.50万人，生育保险参保4.07万人。全市3133人享受城市居民最低生活保障，发放1367.40万元；7110人享受农村居民最低生活保障，发放90.92万元；1603人纳入农村五保供养。运行中的福利院1个、社区服务设施38个。城镇新增就业5376人，农村劳动力转移就业新增4169人。城镇登记失业率控制在2.90%。（郭宇霞）

# 文 献

## 国家发改委关于支持山西省与京津冀地区加强协作实现联动发展的意见

推动京津冀协同发展是党中央、国务院在新的历史条件下作出的重大决策部署，是一个重大国家战略。加快周边地区与京津冀融合发展，是京津冀协同发展的客观要求。山西省与京津冀毗邻，加强山西省与京津冀地区协作联动，有利于增强京津冀对中西部地区的辐射带动作用，是新时代优化区域布局、推进区域协调发展的重要举措。为贯彻落实《京津冀协同发展规划纲要》（中发〔2015〕16 号）和《国务院关于支持山西省进一步深化改革促进资源型经济转型发展的意见》（国发〔2017)42 号)，支持山西省与京津冀地区加强协作实现联动发展，提出以下意见。

### 一、总体要求

（一）指导思想

以习近平新时代中国特色社会主义思想为指导，全面贯彻党的十九大和十九届二中、三中全会精神，坚持和加强党的全面领导，坚持稳中求进工作总基调，坚持新发展理念，统筹推进“五位一体”总体布局和协调推进“四个全面”战略布局，以供给侧结构性改革为主线，紧紧围绕推动山西省与京津冀地区深度融合，充分发挥山西省资源优势、地缘优势、生态优势、历史文化优势，着力推动生态 环境联防联治、清洁能源保障供应、科技创新通力合作、产业发展分工协作、基础设施互联互通、医疗教育资源共享，形成山西省与京津冀协同联动发展、互惠互利共赢新格局，把山西省建设成为京津冀向中西部地区辐射的战略支撑带。

（二）基本原则

坚持服务大局、协同联动。按照京津寞协同发展战略要求，服从服务于京津冀协同发展大局，加强京津冀地区与山西省协同联动，支持京津冀相关优质资源和产业向山西辐射扩散，带动山西经济社会发展。坚持统筹协调、分类对接。加强宏观指导和政策支持，强化山西省主体责任，推动山西省与京津冀地区有组织地开展各层次、各领域分级分类对接，实现资源共享、信息共享，开创区域联动发展新局面。

坚持改革引领、创新驱动。以改革为动力，破除束缚区域合作发展的体制机制障碍，构建山西省与京津冀联动发展新机制。把联动发展的基点放在创新驱动上，筑牢创新理念、营造创新环境、搭建创新平台，形成区域创新发展良好氛围。坚持政府推动、市场主导。坚持使市场在资源配置中起决定性作用和更好发挥政府作用，强化顶层设计、组织领导和协调服务，消除行政壁垒和市场障碍，充分激发市场活力，促进要素资源合理流动，实现区域资源优化整合。

（三）主要目标

到2022年，山西省与京津冀地区联动发展取得阶段性成果，生态环境、清洁能源、科技创新、产业发展、基础设施、医疗教育等重点领域合作取得实质性突破，合作机制基本形成，协作水平进一步提升。

到2035年，山西省与京津冀地区联动发展、互利共赢的新局面全面形成，山西省整体发展水平、综合竞争力和可持续发展能力同步提升，区域发展不充分、不平衡的问题得到有效改善。

## 二、推进生态环境联防联治，共筑区域绿色屏障

（四）完善大气污染联防联控机制。支持山西省全面开展大气 污染防治，进一步提升区域精准治霾能力和水平。加大“煤改气”“煤改电”“超低排放热电厂集中供暖”等冬季清洁取暖工程、农村电网升级改造的资金补贴力度。积极支持阳泉、长治、晋城三市申请纳入北方地区冬季清洁取暖试点城市范围。依法依规淘汰钢铁、焦化、水泥、电解铝等高耗能、高排放行业落后产能。

（五）构筑京津冀绿色生态屏障。大力推进“两山七河”生态治理，实施山水林田湖草一体化生态保护修复。加大太行山、吕梁山自然生态保护和恢复力度，支持山西省实施太行山绿化、三北防护林、京津风沙源治理工程。加强国家水土保持重点工程建设、淤地坝除险加固、黄土高原源面保护、坡耕地水土流失综合治理等。加快汾河、桑干河、滹沱河、漳河、沁河、涞水河、大清河的综合治理，重点支持永定河上游综合治理与生态修复。落实京津冀三省市永定河生态用水保障措施，协同共建永定河绿色生态河流廊道。推进地下水超采综合治理工作。建立山西省与京津冀生态环境协同治理长效机制，进一步加大白洋淀上游生态环境保护力度，支持山西省积极申请国家山水林田湖草生态保护修复工程试点。

（六）建立区域生态环境补偿机制。加强山西省与京津冀地区生态补偿合作，完善生态保护市场机制。加大对晋西北生态公益林保护力度，将符合条件的林地纳入国家级公益林范围，享受森林生态效益补偿政策。推动山西省加快构建生态治理多元化投入制度，建立健全环境治理财政投入长效机制，鼓励更多社会资本进入生态环保领域。

## 三、提升清洁能源保障能力，增进区域能源合作

（七）建设清洁能源基地。加大煤层气资源开发利用力度，加快完善输气管网等基础设施建设，增加对雄安新区及京津冀地区煤层气供应。支持山西省融入京津冀能源协同发展行动，因地制宜发展光伏、风电、地热能、太阳能、生物质能等可再生能源，稳步推进山西大型光伏基地、风电基地和其他分散式清洁能源供应基地建设，增加京津地区对山西省清洁能源的消纳。鼓励山西省探索建立能源清洁高效利用综合补偿机制，支持山西省与京津冀建立能源结构调整基金，重点支持清洁能源开发利用、煤炭清洁高效利用等。

（八）扩大晋电外输规模。支持山西省煤电产业有序发展，在落实受端市场的基础上，结合国家煤电化解过剩产能的情况，协调跨省输电通道及配套电源点建设，优化电力通道布局。通过资本注入、股权置换、兼并重组、股权划转等方式，支持京津冀企业与山 西省电力企业开展合作。支持山西省扩大跨省电力市场交易规模，加快在电力现货市场、发用电计划、配售电侧等重点领域和关键环节的改革，扩大对京津冀地区送电规模。

## 四、加强科技创新合作,提高区域创新能力

(九)增强协同创新能力。支持山西省与京津冀地区开展技术 创新合作,支持山西省建设国家可持续发展议程创新示范区。推动山西省科技成果转化和知识产权交易服务平台与京津冀的技术交易市场对接,促进信息共享,在依法依规的前提下扩大交易范围。支持设立能源科技成果转化基金,有序引导京津科技资源向山西集聚,实现能源清洁高效转化利用。加强山西省与京津冀科技人才制度衔接,探索建立跨地区、跨行业、跨体制人才培养和人才流动机制。支持山西省建设国家高新技术产业化基地。

(十)共建创新合作平台。支持建立产业技术创新联盟,以山 西省企业为主体,联合京津冀金融机构、高等院校、科研院所和产业上下游企业共建产业协同创新共同体,在新兴产业和关键领域开展联合攻关,深度推进产学研用合作。鼓励山西省与京津冀地区采用异地共建、托管、飞地等方式共建各类园区,支持共同出资与社会资本合作成立产业投资基金,加强园区基础设施和合作平台建设。强化山西省与京津冀国家级科研机构和创新平台的对接,鼓励国家科技重大专项成果在山西省转移转化。研究建立产业转移项目投资共担和收益共享机制。

## 五、强化资源优势互补,促进产业协调发展

(十一)加强产业分工协作。发挥比较优势,实现资源互补、互利共赢。鼓励京津冀地区优势资源向山西省辐射和扩散,促进山西省新兴产业发展壮大、传统产业转型升级。重点支持山西省发展新一代信息技术、智能制造、增材制造、轨道交通、新能源汽车、新材料、航空航天、生物医药、节能环保等新兴产业。支持山西省发展有机旱作和功能农业,着力推进面向京津冀市场的特色优质农产品供应基地和“中央大厨房”建设。加快山西(阳泉)国际陆港物流园建设,积极融入“一带一路”建设和河北省全国现代商贸物流基地建设,合作共建环渤海区域商贸物流大体系。

(十二)深度推进文化旅游养老合作。进一步完善山西省与京津冀地区旅游合作机制,整合区域旅游资源,共同开发跨省域旅游精品线路,多方位联合推广、合作开发市场,实现旅游产业、旅游市场、旅游信息和旅游管理一体化。发挥山西红色革命传统优势,挖掘红色文化精神内涵,打造革命文化保护传承弘扬区,培育一批有影响力的红色旅游经典景区。支持山西省建立健全有效吸引京津冀大型旅游企业参与黄河、长城、太行三大旅游板块开发的政策机制。鼓励山西省开拓京津冀康养产业市场,支持设立养老服务业发展投资基金,推动大同、忻州等地打造综合康养产业区,支持和指导大同市按程序申报全国居家和社区养老服务改革试点地区。

## 六、加快基础设施建设,推进区域互联互通

(十三)加快通道规划建设。加快完善覆盖山西省、连接京津冀的交通网络。推进高速公路建设,同步建设山西省榆次—昔阳与河北省赞皇—昔阳高速公路,加快山西省与河北省平远堡、加斗、下洗等出口的省际衔接,推进省际通道互联互通。支持山西省连接京津冀的铁路建设,加快忻州一雄安铁路客运专线前期工作,推进长治经邯郸至聊城高铁规划研究。支持山西省参股京津冀城际铁路发展基金,有效推动连接山西省与京津冀的轨道交通设施建设。支持山西省与京津冀地区开展民航合作,提升太原区域枢纽机场功能,推进省内支线机场改扩建工程,构建航空快速运输通道。支持山西省探索开展低空空域改革试点,促进通用航空产业发展。

(十四)推进信息网络一体化。以宽带普及提速和网络融合为重点,统筹规划建设山西省与京津冀地区数字化、智能化、一体化信息基础设施。支持国家级、行业级数据库落户山西,加强山西省基础宽带网络建设,加快互联网骨干节点升

级。推动山西(阳泉)智能物联网应用基地试点建设。加快山西省与京津冀数据开放共享，提高区域信息资源的利用效率，建立信息一体化发展的长效协同机制。支持山西省融入京津冀信用合作机制，开展跨区域、跨领域联合奖惩，强化信用应用。

## 七、促进教育医疗联合共建，实现公共服务共享

(十五)加强与京津冀地区教育合作。推进京津两地高等院校与山西省高校合作，引导和推动高等学校优质教学科研资源共享，支持联合办学、合作招生。支持山西大学、太原理工大学等省属院校加入京津冀高等学校联盟，以师资队伍培训交流、优质课程资源共享、实验实训基地共建等方式开展“点对点”合作，提升高等教育 服务水平。加强中小学校际间交流合作，提升基础教育质量。创新职业教育模式，建立面向京津市场需求的职业教育服务机制，做好人力资源保障。

(十六)加强与京津冀医疗资源共享。推动在京优质医疗卫生资源通过对口支援、共建共管、办分院等方式向山西发展，组建医疗联合体或医院集团，支持京津重点医院的专业特色科室入驻山西。 加强与京津冀地区医疗资源交流互动，推动实施区域内就医一卡通，完善门诊通用病例、双向转诊等合作机制。积极与京津冀地区建立高效远程医学咨询网络服务中心及远程医疗系统。加快推动山西与京津冀地区建立完善地方病、重点传染病与突发公共卫生亭件联防联控和信息共享机制。发挥优势，共建具有康养一体化功能的医疗机构和综合服务中心。

## 八、完善工作保障措施，推进区域联动发展

(十七)建立合作机制。强化区域协作，建立省际联席会议、负责同志定期会晤制度等工作协调机制。支持山西省与京津冀地区加强绿色金融合作，服务生态环境联防联治和区域能源合作。推动

行业商会(协会)建立跨区域联盟，发挥行业协会、商会等在推进区域合作中的桥梁纽带作用，形成全社会参与、共同促进区域合作的良好局面。

(十八)加强协同联动。 山西省加强组织领导，增强自觉性和主动性，统筹推进与京津冀三省市协作联动各项工作。京津冀三省市与山西省共同研究制定行动计划，做好协同配合工作。国务院有 关部门按照职能分工，强化指导和支持。

(十九)营造合作共赢环境。加强舆论引导，做好政策解读和宣传，及时公布重大事项进展情况，引导各类市场主体积极参与，形成全社会关心、支持和主动参与山西省与京津冀地区协同联动发展的良好氛围。

# 政府工作报告（节选）

## ——在山西省第十三届人民代表大会第二次会议上

山西省省长　楼阳生

（2019年1月26日）

### 一、2018年工作回顾

2018年是全面贯彻党的十九大精神的开局之年。面对错综复杂的国际环境和艰巨繁重的改革发展稳定任务，在省委坚强领导下，全省上下坚持以习近平新时代中国特色社会主义思想为指导，全面贯彻党的十九大和十九届二中、三中全会精神，深入贯彻习近平总书记视察山西重要讲话精神，坚持"一个指引、两手硬"工作思路和要求，认真落实省委十一届六次、七次全会决策部署，以"示范区""排头兵""新高地"三大目标为牵引，扎实推进三大攻坚战，统筹做好稳增长、促改革、调结构、惠民生、防风险各项工作，保持了经济持续健康发展和社会大局稳定。

2018年全省地区生产总值达到1.68万亿，增长6.7%。一般公共预算收入增长22.8%，全省固定资产投资增长5.7%，社会消费品零售总额增长8.2%，城乡居民人均可支配收入分别增长6.5%和8.9%，全省城镇新增就业和农村劳动力转移就业分别达到55.7万人和40.9万人，城镇登记失业率3.3%，居民消费价格涨幅1.8%。空气质量优良天数比例、国考劣V类水体断面虽未完成年度目标任务，但已取得明显改善，其他约束性指标都较好地完成了年度目标。

一年来，我们主要做了以下工作：

有效推动经济平稳增长。认真落实中央宏观调控政策，以转型项目促进有效投资，深入开展转型项目建设年活动，一批具有战略性的重大项目相继落地开工，全省固定资产投资完成6050亿元。投资结构发生重大变化，转型项目投资占比达到62.1%。持续扩大消费需求，出台消费升级行动计划，推进商贸服务提质扩容，加快城乡便民消费服务中心建设，推动商业模式创新，新零售企业快速发展，太原成为全国现代供应链体系建设试点城市，全省限额以上网络零售额增长27.6%。大力发展外向型经济，扎实推进对外经贸合作，加大外贸主体培育力度，推动外贸新业态发展，积极应对中美经贸摩擦影响，全省进出口总额增长17.8%。加强经济形势预判研判和监测调度，及时解决经济运行中的苗头性、倾向性问题。加大服务企业工作力度，有效解决企业实际困难。

持续深化供给侧结构性改革。有效提升供给质量，退出煤炭过剩产能3090万吨，三年累计退出8841万吨；退出焦化过剩产能691万吨，化解钢铁过剩产能225万吨，关停煤电机组203.3万千瓦。加大房地产去库存力度，全省商品房待售面积、库存消化周期实现"双下降"。多措并举降低国有企业负债率，全年下降3.16个百分点。加大减税降费力度，全年落实各项税收优惠政策和深化税制改革减税573亿元。脱贫攻坚、基础设施、科技创新、社会民生、生态环保等薄弱环节补短板力度不断加强。

倾力推进转型发展。坚持把转型发展基点放在创新上，一手抓新兴产业培育壮大，一手抓传统产业改造升级。贯彻国发42号文件取得重大进展。太原国家可持续发展议程创新示范区启动建设，与中国工程院等合作建立的先进研发机构相继落地，军民融合科技成果转化和知识产权交易平台正式上线，省级众创空间增长25.5%，重载水泥混凝土铺面关键技术与工程应用等3项科研成果获国家科学技术奖。大力培育新兴产业，新一代信息技术、高端装备制造、新能源汽车等战略性新兴产业保持两位数以上快速增长，传统产业高端化绿色化智能化改造提速，工业结构调整取得积极进展。现代服务业加快发展，黄河、长城、太行三大旅游板块建设取得良好开局，全省旅游总收入达6729亿元，增长25.5%，服务业占地区生产总值比重达到53.4%，连续四年保持在50%以上，成为经济平稳增长的压舱石。全年新登记市场主体增长12.1%，日均新设1600余户；高新技术企业总数超过1500家，提前两年完成五年倍增计划；认定"专精特新"中小企业216户，规上工业企业新增329户，限额以上商贸流通企业新增937家,集聚起转型发展的磅礴力量!

着力提高能源供给体系质量。推动煤炭产业走“减、优、绿”的路子,全省煤炭先进产能占比达到57%,提高15个百分点。建成“两交一直”特高压输电通道,外送能力达到3830万千瓦,国家电网运营区内第一家股份制电力交易中心正式运营。加快发展煤层气、光伏、风电、氢能等清洁能源和新能源，全省煤层气地面抽采量占到全国90%以上,新能源发电装机占全省电力装机比重突破30%,光伏领跑者发电规模位居全国第一，氢能产业加快布局,能源革命排头兵建设迈出坚实步伐。

大力拓展对外开放空间。主动融入国家开放大战略,积极与“一带一路”沿线国家(地区)开展经贸合作。新增国际友好城市(省、州)6对。太原铁路口岸国际货物作业区获批,大同进口肉类指定查验场正式运营。国际互联网数据专用通道在转型综改示范区落地。开行中欧(中亚)班列50列。武宿机场新开通3条洲际航线,年旅客吞吐量超过1300万人次，进一步巩固了全国大型繁忙机场地位。太原国际邮件互换局(交换站)正式运营,邮件最高日处理量由3000件提升至1.6万件。具备条件的69项国家自贸试验区改革试点经验在我省推广落地,国际贸易“单一窗口”货物申报覆盖率达到80%以上,外资企业商务备案与工商登记实现“一口办理”,投资贸易便利化水平进一步提升。

扎实推进重点领域改革。坚持“改革决不能落后”的决心和“三个三”工作方法,狠抓基础性、牵引性重大改革，率先开展企业投资项目承诺制、县乡医疗卫生机构一体化等改革。国资国企改革步伐加快,有序推进混合所有制改革,实施“腾笼换鸟”股权转让,省属二级企业混改比例达到70.9%。推进专业化重组,山西路桥成功登陆A股。稳妥处置“僵尸企业”,全面完成“三供一业”剥离移交,大力清收企业应收账款,省属国企主要运营指标创2012年以来最好水平。开发区改革创新发展成效明显,“三化三制”改革深入推进,转型综改示范区加速成长，示范引领作用更加凸显。全年新设24个省级开发区,总数达到64个,工业类开发区规划面积是2016年底的11.3倍,全省开发区发展势头强劲,正在成为转型发展主引擎。支持民营经济发展全面加力,制定支持民营经济发展30条，建立省市县三级领导干部联系民营企业制度,优选108个混改项目向民营企业和社会资本开放,民营经济发展活力进一步增强。行政区划调整取得突破,大同、长治完成行政区划调整,怀仁撤县设市,实现了我省县级以上行政区划调整的历史性重大突破!

稳步实施乡村振兴战略。编制完成全省乡村振兴战略总体规划和“5+1”专项规划。农业供给侧结构性改革深入推进,山西农谷、雁门关农牧交错带示范区、运城农产品出口平台三大省级战略初见成效,杂粮、有机旱作、城郊农业、功能食品等特色产业加快发展,粮食生产再获丰收,是历史上第二高产年。深入开展农村人居环境整治,“五大专项行动”全面启动,示范县(村)建设有序推开,农村公路新改建2万公里。农村改革稳步推进,成功举办全国农村改革(太谷)论坛。

扎实推进三大攻坚战。全力防范化解重大风险,严厉打击非法集资,稳妥推进互联网金融风险专项整治,成功化解公路、铁路等政府性债务,各类风险隐患总体可控。全力攻坚深度贫困,生态扶贫、光伏扶贫、易地扶贫搬迁、特色产业扶贫和健康扶贫扎实开展。26个县进入脱贫摘帽程序,2255个贫困村退出,64.9万人口脱贫,贫困发生率下降到1.1%,脱贫攻坚实现连战连胜！全力打好污染防治攻坚战,制定完善相关法规政策及量化问责办法,狠抓中央环保督察整改,扎实推进蓝天保卫战、黑臭水体歼灭战、柴油货车污染治理攻坚战等标志性战役,着力解决人民群众反映强烈的突出环境问题。推进“两山七河”生态修复治理,全面实施河湖长制,汾河流域生态修复取得阶段性成果,晋祠难老泉地下水位累计回升26.15米。全省环境空气质量综合指数同比下降10.8%,细颗粒物($PM_{2.5}$)和优良水质断面指标超额完成国家考核目标,初步实现了经济运行和生态环保同向好转。

切实增进民生福祉。坚持在发展中保障和改善民生,全省财政民生支出占比达到80%。突出抓好重点群体就业，大学应届毕业生就业率达到93.7%,零就业家庭基本实现动态销零。强力推进义务教育均衡发展,全域通过了国家义务教育发展基本均衡县督导检查。“1331”工程加快推进,与

C9高校合作不断深入，全省高校撤停低质过剩错位本科专业182个，新增新兴急需专业66个。实施“136”兴医工程，启动12个领军临床专科建设，家庭医生签约服务惠及全省2110万城乡居民。全民参保计划持续推进，社会保险综合参保率达到95%，城镇退休人员基本养老金每人每月增加170元，企业退休人员基本养老金实现“十四连涨”，城乡居民基础养老金最低标准由每人每月80元提高到103元，农村建档立卡贫困人口住院医疗费用综合报销比例平均达90%，省市县定点医疗机构基本实现住院费用“一站式”即时结算。公共图书馆、文化馆、美术馆全部实现免费开放。上党梆子《太行娘亲》入选国家舞台艺术精品工程重点扶持剧目，电视剧《右玉和她的县委书记们》受到好评。媒体融合发展深入推进。第十五届省运会成功举办，第二届全国青年运动会筹备有序推进。安全生产形势持续好转，全省安全生产事故起数和死亡人数分别下降12.7%、12.4%。扫黑除恶专项斗争深入推进，社会保持和谐稳定。六件民生实事全部落实，全民技能提升工程培训人员达到109万人，全年免费送戏下乡1.6万余场，新建农村老年人日间照料中心600个，超额完成年度目标任务。农村妇女免费“两癌”检查服务、怀孕妇女免费产前检查和诊断服务、残疾预防重点干预和残疾儿童抢救性康复项目完成年度目标任务。

全面加强政府自身建设。严格落实政府系统全面从严治党主体责任，坚持不懈推进党风廉政建设和反腐败斗争。完成省级政府机构改革。向省人大常委会提请审议地方性法规（草案）9件，出台省政府规章5件，办理人大代表建议916件、政协提案826件。大力开展“六最”营商环境建设年活动，持续深化“放管服效”改革，公布省市县三级政府部门行政职权事项标准清单，省级行政审批事项审批时间大幅压缩，项目落地周期平均缩短三分之一。推动一体化在线政务服务平台实现省市县乡四级全覆盖，山西公安“一网通一次办”平台用户突破1000万。“13710”督办制度深化拓展，政府效能不断提升。开展“3545”专项改革，多项营商环境指标在全国位次大幅前移。

过去一年的成绩来之不易。这是以习近平同志为核心的党中央坚强领导的结果，是习近平新时代中国特色社会主义思想科学指引的结果，是全省上下在省委坚强领导下，坚持转型发展“三条基本经验”，团结一心、努力奋斗的结果。在此，我代表省人民政府，向全省人民，向各民主党派、工商联和无党派人士，向各位人大代表、政协委员，向驻晋部队、公安民警和中央驻晋单位，向所有关心支持山西改革发展的各界朋友，表示崇高的敬意和衷心的感谢！

在肯定成绩的同时，我们清醒地看到，我省长期积累的结构性、体制性、素质性矛盾远未从根本上解决，发展质量和效益还不高，新兴产业支撑能力不足，创新能力还需大幅提升；民营经济发展不快，实体经济发展活力有待增强；脱贫攻坚任务艰巨，城乡居民收入与全国尚有不小差距，民生领域还有不少短板；污染防治压力较大，生态环境保护任重道远；政府职能转变还不到位，营商环境尚需进一步优化；一些干部适应新时代发展要求的能力不足，有些改革举措落实不到位，少数干部懒政怠政，一些领域不正之风和腐败问题不容忽视。对此，我们要增强忧患意识，把困难估计得更充分一些，把举措谋划得更周密一些，以更大的决心和有效举措切实加以解决。

当今世界面临百年未有之大变局，我国发展仍处于并将长期处于重要战略机遇期。我省正处于经济转型的重要窗口期、攻坚期，我们要深刻领会、准确把握中央经济工作会议提出的“五个必须”规律性认识，紧扣重要战略机遇期新内涵，坚定战略自信，保持战略定力，坚定不移沿着转型综改、创新驱动的路子走下去，向着全面建成小康社会、实现振兴崛起的宏伟目标阔步前进！

## 二、2019年工作安排

2019年是中华人民共和国成立70周年，是全面建成小康社会关键之年，是我省在“两转”基础上拓展新局面的攻坚之年。今年政府工作的总体要求是：以习近平新时代中国特色社会主义思想为指导，全面贯彻党的十九大和十九届二中、三中全会精神，统筹推进“五位一体”总体布局，协调推进“四个全面”战略布局，深入贯彻习近平总书记视察山西重要讲话精神，按照中央经济工作会议部署，在省委坚强领导下，坚持稳中求进工作总基调，坚持新发展理念，坚持推动高质量发展，坚持把供给侧结构性改革与转型综改试验区建设相结合作为经济工作主线，坚持深化市场化改革，扩大高水平开放；以“三大目标”为牵引，坚持和发展“三条基本经验”，着力激发微观主体活力，释放市场需求潜力，推动能源革命综合改革，加快构建现代产业体系，继续打好三大攻坚战，统筹推进稳增长、促改革、调结构、惠民生、防风险工作；进一步稳就业、稳金融、稳外贸、稳外资、稳投资、稳预期，提振市场信心，保持经济运行在合理区间，增强人民群众获得感、幸福感、安全感，保持经济持续健康发展和社会大局稳定，推动全省经济在由“疲”转“兴”基础上拓展转型发展新局面，为全面建成小康社会收官打下决定性基础，以优异成绩迎接中华人民共和国成立70周年。

主要预期指标是：全省地区生产总值增长6.3%左右，全社会固定资产投资增长6.5%，社会消费品零售总额增长7.5%，一般公共预算收入增长6.3%以上，城乡居民人均可支配收入分别增长6.5%和6.5%以上，居民消费价格涨幅控制在3%左右，城镇新增就业46万人，城镇调查失业率、城镇登记失业率分别控制在6.5%、4.2%以内。

约束性指标是：万元地区生产总值能耗下降3.2%，万元地区生产总值二氧化碳排放量下降3.9%，万元地区生产总值用水量下降3%。环境质量改善指标和主要污染物总量减排指标，完成国家下达年度目标任务。农村贫困人口脱贫22万人，城镇棚户区住房改造3.5万套。

2019年指标的设定，是立足决胜全面建成小康社会、把握我省转型发展阶段性特征和经济运行趋势而确定的，突出了高质量发展要求，体现了稳中求进总基调，考虑了稳就业稳预期需求，为转型发展留出了空间。

实现上述目标，任务繁重艰巨，必须准确把握国家宏观政策、结构性政策、社会政策等重大政策取向，聚焦主要矛盾，按照“巩固、增强、提升、畅通”八字方针，深化供给侧结构性改革，推动经济高质量发展。今年，要重点抓好以下工作：

（一）聚焦转型项目建设，保持经济运行在合理区间。紧紧扭住转型项目这个“牛鼻子”，扩大有效投资，满足消费需求，为经济平稳健康发展提供更强支撑。

全力推进转型项目建设。深化转型项目建设年活动，围绕我省转型发展目标，在产业转型、基础设施、科技创新、生态环保、民生改善等领域，谋划实施一批打基础、利长远、补短板、增动能的新项目、大项目、好项目，力争完成固定资产投资6441亿元，夯实转型基础，增强发展后劲。实施百项工业转型升级项目，总投资2110亿元，其中新兴产业项目82个，投资1706亿元；传统产业项目20个，投资404亿元，以项目建设推动工业转型升级和技术改造，加快新旧动能转换，形成新的经济增长点。加快构建立体联网、内外联通、多式联运的现代综合交通运输体系，深入研究制定布局合理、有机接驳的综合交通枢纽建设方案，全面提升太原国家级枢纽城市地位。铁路方面，确保大张高铁、太焦高铁按期建成运营；加快推进雄安至忻州高铁项目前期工作，力争年内开工建设；做好集宁至大同至原平高铁前期工作，利用韩原线“五一”前开通太原南至怀仁东动车组，力争年底开通至大同南，努力实现大同至西安动车全线贯通！推进瓦日、蒙华铁路集运系统建设以及“公转铁”货物运输专用线建设，加快阳大铁路建设，开展太原至绥德、长治至邯郸至聊城、运城至三门峡铁路项目前期研究。公路方面，加快完善高速路网结构，建成右玉至平鲁、阳城至蟒河高速公路，打通蟒河出省口。新开工太原西北环、朔州至神池、离石至隰县、黎城至古县等高速公路断头路项目，新开工临猗黄河大桥及引线工程、运三高速三门峡公铁黄河大桥连接线等出省口项目，力争新开工汾阳至石楼、昔阳至榆次等连接线项目，推进普通国省干线公路升级改造和“四好农村路”、旅游公路建设。机场方面，推进太原、运城、大同、长治、临汾机场改扩建，推动朔州机场开工建设，启动晋城机场前期工作。开工建设芮城、阳城通用机场。轨道交通方面，加快太原地铁2号线建设，确保2020年开通运营。稳步推进地铁1号线、3号线前期工作，做好太原都市区轨道交通线网优化。加快构建安全、高速、泛在、智能的信息网络，制定实施通信基础设施建设三年行动计划，研究制定城市改造中的通信基础设施建设支持政策，将通信基础设施纳入市政规划体系，推动通信塔与社会塔双向开放共享。开通运营转型综改示范区国际互联网数据专用通道。优化城乡4G网络覆盖。抢占5G发展先机，加快商用进程，推动5G站址规划和基站建设，助力数字经济发展。加快水利、电力项目建设，推进古贤水利枢纽工程前期工作，做好小浪底引黄、中部引黄、东山供水等大水网骨干工程扫尾，加快县域小水网建设。力争蒙西—晋中特高压交流工程建成运营，确保晋北“一交一直”特高压配套工程投运，开工建设晋东南特高压长治站配套电源工程和太原北、大同新荣等500千伏输变电工程。推进浑源、垣曲抽水蓄能电站项目前期工作。

稳步扩大消费需求。全面提升产品和服务质量，深入实施消费品工业“三品”行动，推进文化旅游体育、健康养老家政、教育培训托幼等服务消费提质扩容，大力培育电子商务、共享经济、信息消费等新业态、新热点。有效增强消费能力，落实好个人收入所得税专项附加扣除等政策，实施国有企业工资决定机制改革，加大支农惠农力度，激发消费潜力。全力优化消费环境，打造高品质步行街，改建提升城乡便民消费服务中心，健全农村流通网络体系和售后服务体系。大力倡导绿色消费，加强消费领域信用建设，整顿市场秩序，健全维权机制，让消费者吃得放心，穿得称心，用得舒心！

（二）聚焦实施创新驱动，推动制造业高质量发展。坚持把创新摆在核心位置，大力培育优势产业集群，加快构建现代产业体系，建设全国重要的现代制造业基地。

提升科技创新能力。围绕转型发展需求，大力实施“卡脖子”关键核心技术“攻尖”行动和重大技术“迭代创新”，在能源颠覆性技术和新兴产业前沿技术领域，组织实施“不对称创新”超前布局，谋划布局一批重点科技攻关项目，力争在碳纤维储氢气瓶、氢燃料电池、自主安全计算机、杂交小麦等关键技术领域取得突破，增强产业核心竞争力。鼓励引导企业增加研发投入、开展研发活动、组建研发机构，启动新一轮高新技术企业五年倍增计划。加强与大院大所、强院强所合作，加快建设省部级以上重点实验室，构建特色重点产业学科专业联盟，高质量推动量子光学与光量子器件、煤科学与技术、不锈钢等重点实验室和工程技术研究中心建设。推进产学研深度结合，支持科研院所和高校建立技术转移中心，加强知识产权保护和运用，促进科技成果转化。推进军民融合协同创新，实施“民参军”规模倍增计划，积极创建国家军民融合创新示范区。全面推动国家和我省科技创新、人才激励政策落地落实，实施“三晋英才”支持计划，大力引进培育高水平科技人才和创业团队，留住用好本土人才，建立全省人才津贴制度，赋予科研机构和人员更大自主权，优化科研项目评审、科技人才评价、科研机构评估，让更多创新活动获得支持结出硕果，让更多科技成果资本化产业化，让科技人才更加受尊重得实惠！

打造新兴产业集群。按照龙头带动、链式布局、研发支撑、园区承载思路，推动产业规模化、集群化发展。加快提升研发能力，延伸产业链条，积极培育智能制造试点示范，推进华翔智能化工厂、锦波医药人源Ⅲ型胶原蛋白、潞安180技改扩产、太钢高端碳纤维千吨级基地三期、中电科三代半导体等项目建设，打造高端装备、轨道交通、新能源汽车、生物医药、现代煤化工、新材料等支柱性产业集群。积极引进培育优势企业和研究机构，发展人工智能、信息安全、传感器等数字产业，推动工业互联网平台在重点行业和区域落地，大力实施“企业上云”，加快太原安全可靠示范基地、阳泉智能物联网应用基地等项目建设，推进通航产业发展示范省建设，打造新一代信息技术、大数据、物联网、人工智能、增材制造、通用航空、节能环保等高成长性产业集群。

改造提升传统产业。实施新一轮企业技术改造，设立市县技改引导资金，省级资金增加到25亿元。深入推进煤–电–铝（镁）–材一体化改革试点，提升铝镁材精深加工水平。以煤–焦–化（钢）一体化发展为方向，推动焦化、钢铁行业优化产业布局，实施减量置换，提升装备水平，延伸产业链条。大力推广应用绿色技术，加快高污染产业技术改造，提升清洁发展水平。积极推动白酒、老陈醋、陶瓷、玻璃器皿、轻纺日用品等特色轻工产业向集群化方向发展。

推进先进制造业与现代服务业深度融合。加快省级服务业集聚区建设，遴选认定培育一批省级示范园区。积极开展服务型制造示范，促进生产型制造向服务型制造转变。大力发展研发设计、中介咨询、电子商务、现代会展等生产性服务业。引进国内外著名咨询机构，支持咨询服务在开发区集聚发展。推进物流园区建设，发展大型综合性仓储物流，完善物流网络，打造一批制造业与物流业联动融合发展示范企业。推进国家标准化工作综合改革试点，制定一批产品、服务和技术标准，以先进标准助力产品质量提升、产业转型升级。

（三）聚焦关键领域改革，激发转型发展活力。准确把握市场化改革要求，推动四梁八柱性质的改革走深走实，以改革“一子落”带动转型“满盘活”。

扎实推进能源革命综合试点。坚定走“减、优、绿”之路，继续运用市场化法治化手段退出煤炭过剩产能，稳妥处置已关闭退出煤矿的资产债务问题，不断提高先进产能占比，有序释放在建煤矿产能，提升煤炭产业综合竞争力。深化煤层气体制改革，全面建立煤层气矿业权退出机制，加快煤层气勘查区块出让和“三气”综合开发，提高抽采能力，推进输气管网设施互联互通和储气设施建设，加快煤层气产业发展。深化电力体制改革，健全电力中长期交易机制，加快输配电价改革，完善现货市场交易试点，加快国家级增量配电网试点建设，拓展城乡居民用电市场，大力开拓外送电市场，建设清洁电力外送基地。大力推进风能、太阳能、生物质能、地热能等新能源开发，加大氢能开发和利用力度，加快千万千瓦级光伏风电基地建设，提升新能源可持续发展能力。实施能源消费总量和强度“双控”工程，推进绿色交通绿色建筑计划，加快22个城市绿色建筑集中示范区建设。积极参与国际能源合作，开展能源先进技术集中攻关，打造能源交易交流合作平台，增强山西能源的话语权和竞争力。

深化财税金融体制改革。认真贯彻中央部署的财税体制改革重大任务，深入推进省以下财政事权与支出责任划分改革，推进预算绩效管理体系建设，按照不低于5%的比例压减全省一般性支出，盘活财政存量资金，继续推进6个省直管县财政管理体制改革试点。认真落实国家税改政策。调整优化我省金融体系结构，积极引进战略投资者参与地方金融机构改革，加快农信社改制化险，引导城商行、农商行、农信社业务回归本源，推进设立民营银行，发展社区银行。大力发展直接融资，支持企业债券融资，推动企业上市挂牌培育，加快发展基金业，提升政府投资基金运营水平。推动政府性融资担保机构增资展业，深化农村“两权”抵押贷款试点工作，提升金融服务民营企业、“三农”、小微企业水平。

深化国资国企改革。优化调整国有资本布局，继续推动专业化重组，引导国有资本向主业集中、向基础行业和关键领域集中、向攸关全省转型发展的产业集中。全面开展混合所有制改革，推动已公布的股权转让项目加快成交。继续筛选出一批更具吸引力的优质资产和项目，向社会资本开放股权。稳步推进员工持股试点。全力做好处僵治困工作，推动市场化出清。巩固企业办社会分离移交成果，积极推动企业市政社区管理职能移交和厂办大集体改革，继续化解国企历史包袱。全面提升国企创新能力，鼓励企业加大研发投入，构建创新生态体系。全面深化一企一策契约化管理考核，试点职业经理人制度。继续完善国有资产监督管理体制机制。加快推进市县国企改革。

大力支持民营企业发展。坚持“两个毫不动摇”，认真落实全省支持民营企业发展大会精神，着力破解民营经济发展中的问题。保障民营企业合法权益，实施市场准入负面清单制度，实现“非禁即入”，鼓励民间资本参与政府和社会资本合作项目。完善产权保护措施，依法保护企业家财产和人身安全，抓好清理政府部门和大型国有企业拖欠民营企业账款工作。强化民营企业融资服务，继续在融资授信、信贷投放等方面给予优先支持，鼓励金融机构加大信贷支持力度，实施好民营企业债券融资支持工具，提高政府性融资担保水平。构建“亲”“清”新型政商关系，完善领导干部联系民营企业制度，健全企业家参与涉企政策制定机制，营造支持民营企业家干事创业的良好氛围。着力打造“双创”升级版，完善“双创”和“小升规”支持政策，持续加大双创示范基地建设力度，推进小微企业双创基地梯次培育计划，推行“基地+活动+资本”模式，积极争取投贷联动试点，支持创投健康发展，推动中小企业“专精特新”发展，再培育600户“小升规”企业。

推进开发区改革创新发展。进一步完善开发区空间布局，完善开发区基础设施，提升产业承载能力，支持条件成熟的地区新设开发区，推动临汾、运城开发区升级为国家级开发区。深化“三化三制”改革，全面落实领导班子任期制、全员岗位聘任制和绩效工资制。积极支持管运分离改革,鼓励开发区与发达地区或优势企业合作共建产业园区,鼓励具备条件的开发区建设国际产业合作园区。复制推广转型综改示范区改革创新经验,依法依规做好向开发区授权工作,落实属地政府配套服务责任。加强投资强度、产出强度、税收强度考核,开展开发区土地利用节约集约评价,推动开发区提质升级。支持转型综改示范区在建设高效政务服务体系、促进新兴产业集群发展、推动科技协同创新、加快绿色发展等方面进一步改革创新,再形成一批可复制可推广的制度成果,当好全省开发区改革创新发展的排头兵、领头雁。

我省开发区改革创新发展已进入以产业集聚为核心任务的新阶段,要将工作重心转移到招商引资上来,围绕产业招商图谱,推行产业链招商、"产业基金+项目"招商、股权招商,引进建设一批重大转型项目,形成主导产业集群,真正把开发区打造成全省转型发展的主战场、创新驱动的主引擎!

(四)聚焦融入国家战略,不断提高对外开放水平。以培育外贸主体、完善提升开放平台为抓手,大力发展开放型经济,加快构建对外开放新高地。

深度对接国家战略。加快融入"一带一路"建设,提升"山西品牌丝路行"功能,推进综合物流枢纽建设,力争中欧(中亚)班列常态化运行。加强与京津冀地区协作联动发展,强化生态、能源、科技、产业、基础设施、医疗教育等领域的共享合作。对接长三角一体化和粤港澳大湾区建设,加强新兴产业、文化旅游等方面的合作。用好区域合作推进平台,促进区域合作向更高水平、更高质量迈进。

充分发挥开放平台功能。提升太原航空口岸开放水平,推进大同和运城航空口岸正式开放、五台山航空口岸和太原铁路口岸临时开放。支持航产集团一体化管理省内机场,积极开辟国际航线,增加国际航班,大力发展临空经济。完善太原武宿综保区功能,申建进境水果、冰鲜产品指定口岸查验场,拓展保税加工、保税物流、检测维修、国际结算等新业务。推进大同保税物流中心(B型)申报。支持全省11个隶属海关机构发挥好职能作用。推动晋非合作区打造特色海外园区。

大力发展开放型经济。实施对外贸易主体培育三年行动计划,建立省市两级外贸企业孵化中心,推动龙头外贸企业国际化发展。支持太原市争取国家跨境电子商务综合试验区,加快省级跨境电商示范园区建设,充分发挥太原国际邮件互换局(交换站)功能,引进第三方跨境电商平台和知名进口龙头企业,大力推动跨境电商发展。深入实施国际市场开拓"千企百展"行动计划,支持我省特色产品开拓国际市场。精准帮扶企业应对中美经贸摩擦影响。扩大传统服务出口,发展新型服务出口。组织参加好第二届进口博览会。全面实施准入前国民待遇和负面清单管理制度,扩大利用外资规模,推动更多外商投资项目落地。有效引导对外投资。全面复制推广自贸试验区改革试点经验,提高投资贸易便利化水平,加快赶上新一轮高水平开放步伐。

(五)聚焦提升城市品质,促进区域协调发展。全面增强中心城市辐射带动作用,发挥各地比较优势,形成中心带动、内外联动的区域协调发展新格局。

全面提升中心城市品质。坚持以质取胜,同步推进行政区划调整和区域中心城市建设,以先进理念加强城市设计,做好城市规划,统筹推进基础设施建设、生产力布局和公共服务提升,扎实开展城市修补和生态修复,建设功能完善、绿色智慧、管理科学、宜居宜业的高品质城市,做大区域中心城市。高起点谋划太原的建设和发展,提升城市品质和开放能级,建设富有特色的国家区域中心城市。加快晋中与太原一体化发展进程。支持大同、长治优化空间布局,提高产业和人口集聚水平,增强城市综合竞争力,打造各具特色的区域中心城市。推动其他设区市加快解决"一市一区""城郊矿"等突出问题,拓展城镇空间,提升城市内涵,带动城乡区域一体化发展。

构建区域协调发展新格局。按照"一核一圈三群"总体布局,合理规划城镇群生产、生活、生态空间,打造特色鲜明、竞相发展的区域板块。强力推进中部盆地城镇群一体化发展战略,突出太原都市区龙头作用,打造具有全国影响力的城镇群。做强晋北城镇群,壮大晋南城镇群,优化晋东南城镇群,促进"两山"与平川地区协调发展。支持晋陕豫黄河金三角、晋冀蒙长城金三角地区协作发展。

切实提高城镇化质量。积极推进农业转移人

口市民化，全面放宽重点群体落户限制，实施城镇建设用地增加规模与吸纳农业转移人口落户挂钩机制，提高户籍人口城镇化率。统筹推进地上地下市政基础设施建设，完善便民服务设施，推动综合交通、信息、能源等基础设施向农村延伸。强化跨区域基本公共服务统筹合作，促进基本公共服务均等化，推动特色小镇有序发展。

（六）聚焦全面小康目标，深入实施乡村振兴战略。坚持农业农村优先发展，统筹抓好“五个振兴”，为全面建成小康社会打下坚实基础。

加快特色现代农业发展。大力发展有机旱作农业，提升农业科技创新和机械化水平，扩大有机旱作示范创建范围。做好杂粮全产业链开发，推进忻州、大同吕梁等国家优质杂粮产地交易市场建设，做大做强“山西小米”“山西高粱”“山西马铃薯”“山西荞麦”等区域公共品牌。加强功能食品研发，开展中药材、食用菌、果品等深加工及资源综合利用技术研究。抓好高标准农田建设，做好粮食生产功能区划定工作，实施好优质粮食工程。扎实推进国家级特优区和产业园建设。大力发展循环农业、城郊农业、休闲农业、创意农业等新业态，加快推进“互联网+现代农业”发展，开展农林文旅康产业融合试点，促进农牧渔循环、产加销一体、农文旅有机融合。加快培育农产品加工企业和农业高新技术企业，支持家庭农场、农民合作社、龙头企业、农业社会化服务组织做大做强，发展多种形式适度规模经营，促进小农户和现代农业发展有机衔接。

高标准推进山西农谷等省级战略。加快山西农谷建设，升级建设国家农业高新技术产业示范区，抓好太谷国家现代农业产业科技创新中心和国家现代农业产业园建设，加快建设国家功能杂粮技术创新中心，力争在农业科技创新、成果转化等方面取得突破性进展。加快推进雁门关农牧交错带示范区建设，实施粮改饲项目和国家苜蓿行动计划，推进奶业大省建设。加快运城农产品出口平台建设，推进出口水果及特色农产品质量安全示范区、水果标准园、水果出口检验检疫服务平台建设，培育壮大农产品出口企业。

持续改善农村人居环境。推广浙江“千村示范、万村整治”经验，扎实推进省级示范县、示范村建设，开展风貌整治示范。继续扎实开展“五大专项行动”。新改建农村公路2万公里，再改善300万农村群众的饮水安全条件。毫不松懈抓好非洲猪瘟防控工作。继续清理整治“大棚房”，坚决遏制“农地非农化”。健全农村人居环境改善长效机制，压实县级主体责任，发动农民积极参与，加快建设各具特色的美丽宜居村庄。

加快推进农村改革。完善农村承包地“三权分置”制度。稳慎推动农村宅基地制度改革，开展农村宅基地使用权确权颁证工作。扎实推进农村集体产权制度改革，完成清产核资和集体经济组织成员身份确认，有序开展经营性资产股份合作制改革。有效推动生产要素“上山下乡”，鼓励人才、政策、资金等要素向乡村流动，促进更多工商资本、社会资本投资农业农村。继续深化林权、水权制度等改革。

（七）聚焦文旅融合发展，建设富有特色和魅力的文化旅游强省。统筹文化事业和文化旅游产业发展，完善“331”旅游布局，加快把文化旅游产业培育成战略性支柱产业，全面提升文化软实力。

全力推进黄河长城太行三大旅游板块建设。加快推进3个一号公路及“城景通、景景通”建设，开工建设2000公里旅游公路，推进黄河风景道、太行山步道建设，合理布局集散中心、旅游厕所、汽车营地、标牌标识等配套设施。大力引进战略投资者，加快五台山、雁门关、王莽岭、祁县古城等重点签约项目落地实施，推进已开工项目和100个旅游扶贫示范村建设。完善康养产业布局规划，培育一批康养小镇、康养社区、康养度假村，打响康养山西、夏养山西品牌。科学开发高端文旅资源，严格论证评审，高水平打造龙头景区，做优做强现有5A级景区，再建设一批高等级景区。持续开展旅游从业人员素质提升工程，强化文旅市场综合监管，加快智慧旅游建设，全面提升旅游服务质量。

全力推动文旅深度融合。统筹推进文化和旅游在发展理念、公共服务、行政审批、市场监管、行政执法、宣传营销等领域全方位对接。深化景区体制机制改革，推动涉旅文物保护单位“两权分离”。深入挖掘自然人文景观独特文化内涵，推动文物活化利用，加强文创产品开发，加快推进非遗和演艺进景区，打造高品质文旅“产品包”“景点群”和“线路套餐”。抓好晋中、忻州等全域旅游示范区创建,开展好右玉、左权、太原西山省级生态文化旅游开发区试点工作,积极创建全省域国家全域旅游示范区。推动文化保税区、文化产业园区建设,壮大文化企业实力,加快发展文化产业。推进“文化+”“旅游+”,用创意激活资源,培育发展研学游、文化体验游、自驾房车游等新业态,推动文旅产品融合、业态融合和产业重构,实现文化和旅游神与形的有机统一、水乳交融!

提升公共文化服务水平。培育和践行社会主义核心价值观,深入实施公民道德建设工程。加快构建现代公共文化服务体系,促进基本公共文化服务标准化均等化,推进基层综合性文化服务中心建设,加强公共数字文化服务,推动县级文化馆、图书馆总分馆制建设,提升新闻出版、广播电视、电影公共服务能力。深入推进文明守望工程、革命文物保护利用工程、乡村文化记忆工程和文化惠民工程。弘扬优秀传统文化,做好非遗保护传承工作。积极申报第八批国保单位,创新文物保护利用机制。继续开展好文化科技卫生“三下乡”。推动哲学社会科学繁荣发展,大力支持文艺精品创作,为人民群众提供更多更好的精神食粮。

大力开展文化交流。加强国际友好省州合作交流,扩大朋友圈,提升人文交流的规模层次。丰富平遥国际摄影展电影展等展会和文化活动内涵,办好山西省第二届艺术节,积极申办“中华根祖文化旅游节”,锻造国家级、国际化文化活动品牌。做好外事、侨务、港澳、对台工作。大力开展针对性宣传,强化新媒体推介,讲好山西故事。

(八)聚焦解决突出问题,坚决打好三大攻坚战。按照中央部署,巩固成果,针对突出问题,打好重点战役,全力攻坚,务求实效。

坚决防范化解重大风险。强化地方政府金融监管和服务能力,加强金融风险源头管控,健全风险监测预警处置长效机制。坚决打击各类非法金融机构和非法金融活动,有效防范、打击和处置非法集资,有序推进互联网金融风险专项整治。用好财政资金杠杆,引导金融机构扩大资金投放,推动已签约债转股资金落地,继续压降不良贷款,努力化解企业流动性风险和信用风险。压实市县政府主体责任,规范地方政府举债融资机制,争取更多国家债券支持,坚决遏制隐性债务增量,稳妥处置债务存量。

决战决胜脱贫攻坚。进一步聚焦深度贫困县、特殊贫困群体和影响“两不愁三保障”的突出问题,逐县研判、逐项对标、逐个突破,确保最后17个贫困县全部摘帽、800个左右贫困村退出、22万左右贫困人口脱贫,易地扶贫搬迁全面完成,实现脱贫攻坚决战决胜!坚持摘帽不摘责任、不摘政策、不摘帮扶、不摘监管,落实好已摘帽贫困县、已退出贫困村和脱贫人口的后续扶持政策,建立返贫预警机制,减少和防止脱贫人口返贫,巩固脱贫成果,提升发展能力,让贫困群众乘着乡村振兴的快车,奔向全面小康的幸福生活!

打好污染防治攻坚战。坚持转型、治企、减煤、控车、降尘“五管齐下”,持续开展“散乱污”企业整治,完成焦化行业特别排放限值改造,推动清洁取暖和散煤替代由城市建成区向农村扩展,持续开展柴油货车和散装物料运输车污染治理联合执法,开展建筑工地绿色施工,打赢蓝天保卫战。统筹推进“五水同治”,加快汾河、桑干河流域69座城镇生活污水处理厂提效改造,推进城镇污水管网和污水处理厂建设,打赢黑臭水体歼灭战,努力实现汾河国考断面全面达标,打好碧水保卫战。完成农用地土壤污染状况详查,加强农业面源污染防控,推进露天矿山综合整治,加强采煤沉陷区、矸石山治理,加快垃圾焚烧发电项目建设,推进净土保卫战。持续推进“两山七河”生态保护与修复,完成营造林400万亩,实施汾河百公里中游示范区项目,一河一策推进其他重点河流生态保护与修复。推进自然资源统一确权登记,开展自然资源资产负债表编制工作。强化国土空间规划和“三线一单”管控。深化生态环境损害赔偿制度改革,稳步实施排污许可证制度,健全生态环境督察工作机制。坚持环保倒逼转型不动摇,强化服务,精准施策,实现经济发展与环境保护协同共赢,让绿色发展成为山西的鲜明特质!

(九)聚焦人民群众普遍关心的切身利益问题,加强保障和改善民生。坚持以人民为中心的发展思想,继续把新增财力优先用于保障和改善民生,全力办好群众得实惠的好事、实事。

千方百计扩大就业。切实把稳就业摆在突出位置,加大创业就业支持力度,扎实做好高校毕业生、去产能安置职工、农村劳动力、就业困难人员、退役军人等重点群体就业工作。支持困难企业开展职工在岗培训，鼓励企业不裁员或少裁员，稳定劳动关系。加强全方位公共就业服务，加快人力资源市场建设，推进就业实名制管理服务，建立精准就业帮扶机制。创新“互联网+职业培训”模式，提高劳动者就业能力。

优先发展教育事业。建成400所普惠性幼儿园，建设500所乡镇寄宿制学校，办好乡村小规模学校。提高义务教育城乡一体化发展水平，推动县域义务教育向优质均衡迈进。不断改善高中学校办学条件，优化高中阶段教育结构，提升高中阶段教育水平。加快实施“消除大班额”计划，持续规范治理校外培训，切实减轻中小学生过重课外负担，让中小学生快乐学习、健康成长。加快“双一流”建设，推进山西大学、太原理工大学率先发展，深化与C9等高水平大学合作交流，推动“1331”工程提质增效，加快山西大学、山西财经大学东山校区建设，深入推进学科专业优化调整，实施一流专业建设计划，建设高水平本科教育。推动应用型高校建设。积极推动独立学院转设。整合职业院校资源，推广现代学徒制，促进产教融合。支持和规范民办教育。强化教师队伍建设。加强校园安全风险防控和中小学生欺凌综合治理。

提升全民健康水平。继续实施“136”兴医工程。加快医保支付方式、公立医院医药价格和药械采购三项改革，促进“三医联动”。深化县域综合医改、城市医联体建设和公立医院改革，保持医改在全国的领先地位。全面提升“互联网+医疗健康”服务水平。推进健康扶贫和重点地方病防治攻坚。建设中医药强省。建立医疗、预防、养老整合型健康服务体系，推动以治病为中心向以健康为中心转变。

健全住房保障体系。坚持“房住不炒”基本定位，大力发展住房租赁市场，加大租赁住房建设力度，支持机构化、专业化住房租赁企业发展。继续抓好棚户区住房改造，加快推进农村危房改造。大力发展装配式建筑，提高全装修住宅覆盖率。建立健全房地产市场调控长效机制，夯实城市政府主体责任，保持房地产市场稳定，让住房保障政策惠及更多城镇中等及以下收入住房困难家庭，让广大人民群众“住有所居”。

完善社会保障制度。继续实施全民参保计划，稳步提高各项社会保险待遇水平。落实企业职工基本养老保险基金中央调剂制度，有序推进省级统筹工作。落实城乡居民基本养老保险待遇确定和基础养老金正常调整机制。继续提高城乡最低生活保障标准，每人每月再提高30元。提高城乡社区养老服务水平。深入开展农村特殊群体关爱、孤残儿童生活保障工作，加强和改进流浪乞讨人员救助管理，大力发展妇女、儿童、老龄、慈善、残疾人和红十字等事业。

今年我省将举办第二届全国青年运动会，这是我省的一件大事盛事，要举全省之力，高质量完成场馆设施建设，精心组织开闭幕式、赛事活动、安全保卫、后勤保障等各项工作，做到既简约节约又出彩出色，办成一届精彩、惠民、难忘的体育盛会，充分展示城市综合实力和我省美好形象！

今年省政府将在去年基础上，全力办好八件民生实事。继续实施全民技能提升工程，再培训100万人；将残疾预防重点干预和残疾儿童抢救性康复项目帮助对象由4万名增加到5万名；将国定贫困县农村妇女免费“两癌”检查服务扩大到全部贫困县；继续为怀孕妇女提供免费产前筛查与诊断服务；新建农村老年人日间照料中心500个；继续免费送戏下乡1万场；实施经济困难的高龄和失能老年人关爱行动工程；实施免费法律咨询便民工程。我们就是要把改善民生、惠及百姓的实事一件接着一件办，一年接着一年干，干一件成一件，让广大人民群众有实实在在的获得感、幸福感！

（十）聚焦平安山西建设，提升社会安全稳定水平。今年大事多、要事多、喜事多，防风险、保平安的任务更加艰巨，必须牢牢守住社会安全稳定这一底线。

全面贯彻总体国家安全观，提高风险预知预警预判能力，紧盯重大敏感节点，做到“零懈怠”“零疏漏”“零失误”。完善社会矛盾纠纷多元化解机制，做实做细各类利益诉求群体的信访维稳工作。严防群体性事件、突发环境事件、重大食品药品安全事故、重大交通事故等公共安全事件。持续推进扫黑除恶专项斗争。做好民族宗教工作和援疆工作。支持国防建设，加强国防动员、双拥和退役军人服务管理工作。更好发挥工会、共青团、妇联等群团组织作用，完善基层群众自治制度，加强社区治理，发挥社会组织作用，推动社会治理重心向基层下移。加强气象、地震、人防等工作，做好重大自然灾害的防灾减灾和救灾工作。

安全生产是我们必须牢牢树立的红线、紧紧守住的底线。要压实安全生产责任，深化重点行业领域专项整治，夯实基层基础，坚决杜绝重特大事故。构建应急管理体制机制，加强应急救援队伍建设，强化应急物资配备，不断增强应急保障和处置能力，使社会安定和谐，让百姓安居乐业！

**三、切实转变政府职能，打造“六最”营商环境**

坚持以政治建设为统领，增强“四个意识”，坚定“四个自信”，做到“两个维护”，全面加强政府自身建设。对表中央要求、对标发达地区先进做法、对接国际投资贸易通行规则，提高政府治理能力现代化水平，推动我省营商环境进入全国第一方阵。

深化“放管服效”改革。引深审批制度改革，推行“承诺制+并联审批”模式，推进“承诺制+标准地”改革，实施“区域评估”，试行告知承诺制和“容缺受理”制度，大幅压缩核准类项目审批评估时限。巩固深化“3545”专项改革，大幅压缩企业开办、水电气报装、获得信贷、不动产登记办理时间。深化商事制度改革，全面推开“证照分离”“多证合一”改革，切实推进“照后减证”，大幅降低准营门槛。推广相对集中统一行政许可权改革经验，开展晋城市县两级改革试点，在省级推行“一枚印章管审批”改革。创新监管方式，推进“双随机、一公开”监管统一化、常态化。更大力度推动跨部门联合检查，实现“进一次门、查多项事”。加快推进全省涉企信息归集共享，完善守信联合激励和失信联合惩戒措施。规范涉审中介组织行为，建立“网上中介超市”，大力整治“红顶中介”。优化政务服务，全面深化“一门一网一次”改革，在省市县三级政务服务大厅全面推行“一窗受理、集成服务”模式，建设覆盖全省、联通国家的一体化政务服务平台，同步实现“互联网+监管”功能，提升移动政务服务“三晋通”覆盖度和体验度，让更多事项“一网通办”，必须到现场办的力争做到“只进一扇门”“最多跑一次”！

降低企业生产经营成本。积极落实国家和省各项惠企减税降费政策，坚决治理乱收费、乱罚款。扩大电力市场直接交易规模，完善工业用地弹性出让制度，降低各类要素成本。加快“公转铁”运输结构调整，推进高速公路差异化收费，降低企业物流成本。

营造良好发展环境。严格落实公平竞争审查制度，有序清理妨碍统一市场和公平竞争的各类显性和隐性障碍，加大反垄断和反不正当竞争执法力度，坚决打破“卷帘门”“玻璃门”“旋转门”。开展全省域营商环境第三方评估，组织居民和企业对本地营商环境进行评价，建立全省营商环境投诉举报跟踪督办机制。大力弘扬晋商精神，激发和保护企业家精神，支持企业家发展，营造公平公正的法治环境、规范守信的市场环境、重商亲商的社会环境。

营商环境是政府治理效果的直接体现。各级政府要加快转变政府职能，改进工作方法，全面提高行政效能。要认真开展“不忘初心、牢记使命”主题教育，扎实开展“改革创新、奋发有为”大讨论，进一步解放思想，创造性贯彻落实党中央、国务院大政方针和省委决策部署。要自觉运用法治思维和法治方式推进工作，严格执行人大及其常委会的决议决定，认真办理人大代表建议、政协提案，自觉接受人大、政协监督以及社会、舆论监督，强化审计监督。加强政府立法，建立健全行政规范性文件管理制度和合法性审核机制，依法办理行政复议和行政应诉案件。推进省市县综合行政执法体制改革，严格规范公正文明执法。全面推进政务公开和政府信息公开。要加强政策研究和经济运行监测，开展好第四次经济普查，推进智库建设、参事、咨政等工作，强化政策储备。要以优良政风和过硬作风提升服务效能，深入推进政府系统党风廉政建设和反腐败斗争，严格落实中央八项规定精神和我省实施办法，坚决反对形式主义、官僚主义，坚决整治不敬畏、不在乎、喊口号、装样子的问题，用好“13710”政务督查督办手段，确保政策落地、政令畅通。健全容错纠错机制，激发和保护各级政府和广大干部改革创新、干事创业的激情与活力。全体公务人员要牢固树立“人人代表政府形象”“事事体现营商环境”理念，最大限度提升企业和群众办事便利度、满意率！

砥砺奋进新时代，改革开放再出发。让我们更加紧密地团结在以习近平同志为核心的党中央周围，高举习近平新时代中国特色社会主义思想伟大旗帜，在省委坚强领导下，紧紧依靠全省人民，改革创新、锐意进取，不断拓展转型发展新局面，以优异成绩迎接中华人民共和国成立70周年！

（摘自山西省人民政府办公厅网站）

# 文件选摘

## 中共山西省委
## 山西省人民政府
## 关于推进乡村振兴战略的实施意见

（2018 年 3 月 23 日）

为深入贯彻落实《中共中央、国务院关于实施乡村振兴战略的意见》（中发〔2018〕1 号），进一步明确任务，强化措施，落实责任，根据我省实际，提出如下实施意见。

党的十八大以来，省委、省政府高度重视“三农”工作，认真贯彻落实党中央“三农”工作部署特别是习近平总书记视察山西重要讲话精神，紧紧扭住发展现代农业、增加农民收入、建设社会主义新农村三大任务，扎实推进农业供给侧结构性改革，农业农村发展取得了重大成就。5 年来，现代特色农业加快发展，农村改革不断深化，粮食综合生产能力稳定在 130 亿公斤左右；农民收入持续增长，农民人均可支配收入达到 10788 元；脱贫攻坚取得决定性进展，农村民生得到显著改善；农村人居环境整治成效突出，乡村治理和乡风文明建设扎实推进，农村社会和谐稳定。

放眼未来，我省要与全国同步全面建成小康社会、实现社会主义现代化，短板在“三农”。当前，城乡发展不平衡、农村发展不充分已经成为我省经济社会的突出矛盾。主要表现在：农业产业结构层次偏低，农业质量和效益亟待提高；农村基础设施和环境治理欠账较多，乡村生态环境亟待修复；文明村镇建设相对滞后，乡风文明亟待提振；农村“三基”建设薄弱，乡村治理体系和治理能力亟待强化；农民增收渠道不宽，农村资源资产亟待盘活；脱贫攻坚任务十分艰巨，脱贫质量和成色亟待提升；农村自我发展能力弱，城乡要素合理流动机制亟待健全。实施乡村振兴战略顺应了时代要求和人民期盼，是我省转型发展的应有之义，是我省现代化进程的必然选择。

实施乡村振兴战略的总体要求是：以习近平新时代中国特色社会主义思想为指导，全面贯彻落实党的十九大精神和习近平总书记视察山西重要讲话精神，加强党对“三农”工作的领导，坚持稳中求进工作总基调，牢固树立新发展理念，落实高质量发展要求，坚持“三农”重中之重地位，坚持农业农村优先发展，按照产业兴旺、生态宜居、乡风文明、治理有效、生活富裕的总要求，建立健全城乡融合发展体制机制和政策体系，统筹推进农村经济建设、政治建设、文化建设、社会建设、生态文明建设和党的建设，加快推进乡村治理体系和治理能力现代化，加快推进农业农村现代化，走出中国特色社会主义乡村振兴道路山西路径，实现农业全面转型升级、农村全面繁荣进步、农民全面富裕发展。到 2020 年，乡村振兴取得重要进展，制度框架和政策体系基本形成，与全国同步建成小康社会。到 2022 年，乡村振兴取得阶段性进展，制度框架和政策体系基本成熟。到 2035 年，乡村振兴取得决定性进展，与全国同步基本实现农业农村现代化。到 2050 年，乡村全面振兴，农业强、农村美、农民富全面实现。

### 一、打好特色优势牌，提升农业发展质量

乡村振兴，产业兴旺是重点。要坚持质量兴农、绿色兴农，以农业供给侧结构性改革和农业转型综改为主线，加快构建我省现代农业产业体系、生产体系、经营体系，推动特色农业大省向特色农业强省转变。

（一）加快构建现代特色产业体系。统筹推进汾河谷地、上党盆地、雁门关、太行山、吕梁山和城郊农业六大区域发展，全面推动杂粮、畜牧、果业、蔬菜、中药材、酿造业、农产品加工业、休闲观光农

业等产业高质量发展。认真落实粮食安全生产省长负责制，发展粮食产业经济，保障粮食安全。扎实推进高标准农田建设，建立粮食生产功能区，2018年全面开展粮食生产功能区划定工作，2019年基本完成划定任务。坚持市场导向、质量导向、效益导向，以特色农产品优势区和现代农业产业园为抓手，重点实施杂粮、畜牧、蔬菜、水果、干果、中药材、酿造等特色产业提质增效工程，实施全产业链开发，打造优势产业集群。大力扶持创建一批特色农产品优势区和“生产+加工+科技+营销”的现代农业产业园，聚焦产业、企业、企业家，引导项目入区入园。继续推进雁门关农牧交错带示范区建设，打造全国北方农牧交错带样板区。加大运城农产品出口平台建设力度，推动优质水果出口，打造“中国果都”。支持忻州建设优质杂粮示范区和国家级杂粮产地交易市场，打造“中国杂粮之都”。推动长治上党中药材中国特色农产品优势区建设，打造中药材现代化产业基地。

（二）大力发展有机旱作农业。推动落实我省《关于加快有机旱作农业发展的实施意见》，实施耕地质量提升、农水集约增效、旱作良种攻关、农技集成创新、农机配套融合和绿色循环发展六大工程，建立完善具有山西特色的有机旱作技术体系，逐步把有机旱作农业打造成全国现代农业的重要品牌。着重培育一批有机旱作农业示范典型。建设山西优质小米绿色有机基地，推进长治市创建全国绿色有机旱作农业示范市。

（三）全产业链推进功能农业（食品）。立足我省特色资源优势，大力发展功能农业（食品）。推动落实《山西省功能食品产业发展规划（2018—2020年）》，创建功能农业标准化体系。积极推进新食品原料申报工作。大力开发功能性食品和药食同源产品。推动建设功能农业研究院、功能食品研究院、功能农产品质量检验监测中心和农业设施装备研究中心。深化与国内外知名大学、行业领军企业战略合作，培育功能食品龙头企业和终端营销企业，打造功能食品知名品牌。

（四）积极发展城郊农业。加大城郊区域结构调整力度，调减城郊粮食作物特别是籽粒玉米种植面积，着力发展高端高效农业、休闲观光农业、鲜活农产品物流业、现代农业服务业、城郊绿色生态农业，不断提升城郊农业综合效益和竞争力。加快培育新产业新业态，重点布局“一圈四片”，打造太原—晋中省域中心城市现代都市农业圈和晋北、晋东、晋东南、晋南城郊农业片区。扶持建设一批特色村镇、田园综合体、高端休闲观光采摘园、农业旅游重点景区、高端民宿聚集区。

（五）以一二三产业融合推动县域经济发展。坚持“县域突破”，推进差异化、特色化、集群化特色县域经济发展，培育壮大一批经济实力强、发展质量高的县。充分发挥区域经济转型升级考核评价的指挥棒和风向标作用，实施农村一二三产融合发展整县推进示范工程，延伸产业链、打造供应链、提高附加值，拓宽农民增收空间，推进县域经济转型升级。实施农产品加工业提升行动，大力发展特色农产品产地初加工、精深加工、主食加工和加工废弃物综合利用，打造一批产加销一体的全产业链企业集群。发展壮大“山西小米”产业联盟企业。创新流通方式和流通业态，完善农产品流通骨干网络，加快构建冷链物流体系，提高冷链物流标准化、信息化水平。积极发展连锁经营、电子商务等新型流通业态，深入开展农商互联，打造农产品销售公共服务平台。大力开发农业多种功能，推进农业与旅游、教育、文化、健康养生、传统手工业等产业深度融合，积极培育特色消费、现代供应链、共享经济、体验服务等新增长点。

（六）大力发展新型经营主体。实施新型农业经营主体培育工程，培育发展家庭农场、合作社、龙头企业、社会化服务组织和农业产业化联合体。积极构建完善科技、金融、流通、人才、政策五位一体的社会化服务体制机制，培育多种形式的农业经营性服务组织。加快我省农业生产性服务业发展，把农业生产托管作为主推服务方式。充分发挥新型经营主体的带动作用，发展多样化的联合和合作，完善订单带动、利润返还、股份合作等利益联结机制，开展农超对接、农社对接，帮助小农户对接市场，促进小农户和现代农业发展有机衔接，提升小农户组织化程度和抗风险能力。

（七）实施质量兴农战略。加快实施农业标准化和品牌建设工程，完善特色农产品质量和食品安全标准体系。抓好农业标准化生产，推进“三品一标”认证,建立省级标准化示范基地。实施食品安全战略,建立健全监管体制机制,加强农业投入品和农产品质量安全追溯体系建设,建设一批农产品质量安全县、绿色食品示范县和有机农产品示范区。加强品牌建设,建立品牌创建激励保护机制,注重对老字号和地理标志开发、保护和利用,整合品牌资源,提升山西小米、山西陈醋、运城苹果等区域公用品牌知名度和市场占有率,打造一批全国知名的企业品牌和产品品牌。实施“优质粮食工程”,打造“山西好粮油”。继续办好农博会和北京展销周,在全国重点区域开展品牌展销活动,加大农业品牌展示展销和宣传推介力度。

(八)加快推进农业机械化。推进农机装备产业转型升级,加强农机农艺融合、农机化技术集成及前沿技术研究,研发推广标准化、智能化、信息化和集成化农机产品,推动农机服务全过程拓展。充分发挥农机购置补贴政策的导向作用,推进粮经饲作物全面全程机械化,重点抓好林果业、蔬菜、畜牧业、设施农业及农产品产后处理和初加工机械化。示范推广轻便耐用、经济实惠、环保低耗等先进适用农业机械,提升丘陵山区农业机械化发展水平。加强农机具场库棚、机耕道等基础设施建设。

(九)加快推进“互联网+现代农业”。大力发展数字农业,实施智慧农业工程,推动各类信息技术在农业农村应用,逐步消除城乡“数字鸿沟”。加快建设山西农业基础性数据库,扩大农业物联网区域试验示范项目范围,开展农业农村大数据建设试点,在现代农业示范区、产业园、科技园率先取得突破。充分利用山西农业云计算平台,建设优势特色农产品终端营销平台。提高农村电子商务发展水平,深入开展电商进农村综合示范,加快县乡村三级物流服务网络和节点建设,促进城乡商品双向流通。建立健全农业农村信息化网络体系,实施信息进村入户工程,加快建设“益农信息社”,到2020年实现行政村基本覆盖。支持“互联网+农业社会化服务”平台建设,鼓励支持各类市场主体,发展分享农业、众筹农业等新型产业模式。加快山西中药材电子交易中心及国家级杂粮电子交易中心建设。

(十)高标准建设山西农谷。围绕农谷功能定位和主导产业,实施一批科技创新项目,打造一批科技创新平台,建立一批示范基地,推进一批农业产业化项目。加快推进农谷科创城、国家现代农业科技创新中心和国家现代农业产业园建设。实施山西农谷园艺产业发展规划。支持农谷与国内外一流科研机构和企业加强合作,加快推进中国食品发酵工业研究院科技平台、台湾产业园等项目落地。支持农谷与山西农大、省农科院深度融合。支持农谷创建国家级农业高新技术产业示范区。申办全国(山西农谷)农村改革论坛。

## 二、推进乡村绿色发展,打造山清水秀生态宜居的乡村环境

乡村振兴,生态宜居是关键。良好的生态环境是农村最大优势和宝贵财富。要守住生态保护红线,推动生态治理修复,让良好生态成为美丽乡村的底色。

(一)大力实施太行山吕梁山生态修复工程。编制《太行山吕梁山重大生态修复工程总体方案》。全面提升吕梁山水土保持功能、太行山中部水源涵养功能和燕山——长城沿线防风固沙功能,建设生态安全屏障。实施六大林业工程,制定林业工程三年滚动计划。加快推进国土绿化进程,加强对未成林造林地管护。到2020年,全省森林覆盖率达到23.5%;到2025年,全省现有宜林荒山绿化率达到95%以上,森林覆盖率达到26%以上。推进天然林资源保护,争取将符合国家级公益林区位要求的退耕还生态林纳入国家级公益林范围,享受森林生态效益补偿政策。启动省级公益林生态效益补偿。加快编制《永久性生态公益林保护实施方案》,加大对永久性生态公益林保护力度。

(二)扎实推进“七河”生态修复与保护。坚持“控污、增湿、清淤、绿岸、调水”五策并举,全面实施以汾河流域为重点的七河生态修复治理,创新七河生态修复治理市场化运作机制,在汾河中游核心区先行先试,加强干流两岸交通设施建设,打造沿汾生态走廊。全面落实河长制、湖长制,创新河湖管护体制机制,“一河一湖一策”推进全流域生态修复与保护。着力推进与大水网配套的县域小水网工程建设,优化水资源的全域化配置,

发挥大小水网的协同效应。2020年建成县域小水网的"水盆子"项目,2022年县域小水网规划项目基本建成,县域供水体系基本健全,供水供给侧改革取得阶段性成果。加快编制《山西省黄土高原地区沟壑区固沟保塬综合治理方案》,全面推进吕梁山、太行山等水土流失综合治理,推动重要水源地生态清洁小流域建设。落实最严格水资源管理制度,严格水资源开发利用控制、用水效率控制、水功能区限制纳污"三条红线"管理。加快水权交易市场建设,探索建立滹沱河、桑干河等跨省流域横向生态保护补偿机制。

(三)加强农村突出环境问题综合治理。加强农业面源污染防治,开展农业绿色发展行动,实现投入品减量化、生产清洁化、废弃物资源化、产业模式生态化,推动全省特色农业绿色发展。推进有机肥替代化肥、畜禽粪污处理、农作物秸秆综合利用、废弃农膜回收、病虫害绿色防控。2020年实现化肥农药使用零增长,基本解决大规模畜禽养殖场粪污处理和资源化利用问题。继续加大采煤沉陷区综合治理力度。深入开展净土行动,推进重金属污染耕地防控和修复,打赢土壤污染防治持久战。加强农村环境监管能力建设,落实县乡两级农村环境保护主体责任。

(四)持续改善农村人居环境。以农村垃圾、污水治理和村容村貌提升为重点,实施农村人居环境集中整治三年行动计划。全面推进农村生活垃圾治理,梯次推进农村污水治理。坚持不懈推进农村"厕所革命",立足不同地域生活方式和习惯,合理选择改厕模式,因地制宜制定农村改厕实施方案,加大政策和资金保障,确保2020年实现农村无害化卫生厕所普及率达到85%。大力开展村容村貌整治,扎实推进人员队伍、清扫保洁、垃圾收集处理、村容整饰、长效管理机制"五个全覆盖"。编制《山西省美丽宜居乡村建设规划》,采取以奖促治方式,点面结合打造一批美丽宜居乡村。继续实施农村公共浴室试点示范工程,解决农民洗澡难题。大力实施乡村绿化美化工程,积极创建森林城市、森林小镇和生态文化村。

(五)增加农业生态产品和服务供给。依托黄河、长城、太行三大旅游板块,开展农林文旅康产业融合发展试点。建设一批具有历史、地域特点的特色生态旅游村镇和乡村旅游示范村。发展一批中医保健、功能食品、康复疗养、避暑养生、森林康养等休闲旅游、康体健身产业示范基地。创建一批特色生态旅游精品线路和生态旅游产业链。以养心、养生、养老为发展方向,开发康养产品,打造康养山西、夏养山西品牌。

## 三、繁荣兴盛农村文化,焕发乡风文明新气象

乡村振兴,乡风文明是保障。要坚持物质文明和精神文明一起抓,提振农民精神风貌,培育文明乡风、良好家风、淳朴民风,不断提高乡村社会文明程度。

(一)加强农村精神文明建设。以社会主义核心价值观为引领,坚持教育引导、实践养成、制度保障三管齐下,深入开展中国特色社会主义和中国梦宣传教育,大力弘扬太行精神、吕梁精神、右玉精神。广泛开展文明村镇、星级文明户、文明家庭等群众性精神文明创建活动,2020年全省60%以上的乡镇和50%以上的行政村均达到县级以上文明村镇标准。加强农村基层公共文化体育设施建设,健全完善广播电视村村通、乡镇综合文化站、农村电影放映、农家书屋、文化活动室、室外活动场所等重点乡村文化体育设施。采取政府购买服务、项目补贴、定向资助等方式,支持社会各类文化组织和机构参与农村公共文化服务。将农村精神文明建设工作纳入年度目标责任考核,加大督查力度,确保工作落实。

(二)传承弘扬优秀乡土文化。实施乡村文化记忆工程,挖掘抢救优秀乡土文化资源,力争到2022年,在传统村落、历史文化名镇名村、非遗项目乡村站点普遍建立文化档案和数据库。制定出台《山西省传统村落保护发展管理办法》,实施传统村落保护工程,加大对古镇、古村落、古建筑、农业遗迹等物质文化遗产的保护力度。探索传统村落遗产保护与文化传承新业态、新模式、新路径,建立传统村落保护利用示范区。推进文旅村镇发展,深入挖掘山西农耕文化,培育一批特色文化旅游村落。抓好农村业余文化骨干队伍建设,传承发展民间音乐、地方戏曲、民间舞蹈、地方曲艺。大力发展具有浓郁山西乡土特色的民间艺术和传统手工技艺,形成具有一定影响力的地方品

牌，提升传统乡村文化附加值。实施振兴传统手工业行动计划。

（三）开展移风易俗行动。推动各地农村修订完善村规民约，引导和组织农民成立红白理事会、村民议事会、道德评议会、禁毒禁赌会，遏制大操大办、厚葬薄养、人情攀比、封建迷信等陈规陋习。2018年全省50%的行政村建立“一约四会”，2020年全省80%的行政村建立“一约四会”。继续开展文化科技卫生“三下乡”，深入推进“戏曲进乡村”工程，2018年免费送戏下乡一万场。

**四、加强农村“三基”建设，构建乡村治理新体系**

乡村振兴，治理有效是基础。坚持把夯实农村“三基”作为固本之策，建立健全党委领导、政府负责、社会协同、公众参与、法治保障的现代乡村社会治理体制，坚持自治、法治、德治相结合，确保乡村社会充满活力、和谐有序。

（一）加强农村基层党组织建设。强化农村基层党组织领导核心地位，创新组织设置和活动方式，扩大组织覆盖和工作覆盖。严格落实农村基层党建责任制。全面建立向贫困村、软弱涣散村和集体经济薄弱村党组织选派第一书记工作长效机制，持续整顿软弱涣散村党组织，稳妥有序开展不合格党员处置工作。推进“并村简干提薪招才建制”，引导高校毕业生、农民工、机关企事业单位优秀党员干部到村任职。注重从农村致富带头人、农民专业合作组织负责人、复员退伍军人、大学生村官、外出务工返乡创业人员中培养选拔村干部，选优配强村党组织书记。加强农村后备干部队伍建设。加大从优秀村党组织书记中考试录用乡镇公务员和招聘乡镇事业编制人员力度，择优选拔进入乡镇领导班子。加大在优秀青年农民中发展党员力度。坚持把乡镇和村级组织运作经费列入财政预算，确保县域内村级组织运作经费平均不低于9万元，按不低于上年度当地农民人均可支配收入两倍标准兑现村“两委”主干基本报酬。加强村级组织活动场所建设，发展壮大村级集体经济。加强对农村基层干部队伍的监督管理，推行村级小微权力清单制度，严厉整治惠农项目资金、集体资产管理、土地征收等领域侵害农民利益的不正之风和腐败问题。

（二）深化村民自治实践。推动村党组织书记通过选举担任村委会主任。不断深化和拓展“四议两公开”制度，积极推进村务监督委员会建设。依托村民会议、村民代表会议、村民议事会、村民理事会、村民监事会等，形成民事民议、民事民办、民事民管的多层次基层协商格局。积极发挥新乡贤作用。加强农村社区治理创新。创新基层管理体制机制，整合优化公共服务和行政审批职责，打造“一门式办理”“一站式服务”的综合服务平台。在村庄普遍建立网上服务站点，逐步形成完善的乡村便民服务体系。大力培育服务型、公益性、互助性农村社会组织，积极发展农村社会工作和志愿服务。

（三）建设法治乡村。健全维护农民权益、规范市场运行、“三农”支持保护、化解农村社会矛盾等方面的地方法规，完善村级事务决策、公开、监督等方面的制度机制，将政府涉农各项工作纳入法治化轨道。以“法律进乡村”为载体，深入开展面向农民群众的法治宣传教育，广泛开展法治乡村创建活动。深入推进涉农综合执法改革，加强涉农部门执法规范化建设，推进涉农执法力量下沉。健全乡村公共法律服务体系，扩大基层法律工作者队伍，落实“一村（社区）一法律顾问”制度，以村（社区）法律顾问微信群建设为重点，实现“一村（社区）一法律顾问”的有效覆盖。鼓励有条件的地方在村（居）委会或当地社区服务中心建立公共法律服务工作室。建立健全乡村调解、县市仲裁、司法保障的多元矛盾纠纷调处机制，推进法律援助工作联系点向农村辐射。逐步优化乡镇机构设置，理顺乡镇管理体制，坚持乡村共建、以乡带村，推动乡村法治建设平衡发展、协调推进。

（四）提升乡村德治水平。充分发挥德治礼序、乡规民约在农村治理中的作用，坚持崇德重礼和遵纪守法相结合，引导农民爱党爱国、向上向善、孝老爱亲、重义守信、勤俭持家。建立道德激励约束机制，广泛开展好媳妇、好儿女、好公婆等评选表彰活动，开展寻找最美乡村教师、医生、村官、家庭等活动。深入宣传道德模范、身边好人的典型事迹，发挥道德评议和社会舆论的力量，弘扬真善美，传播正能量。

(五)建设平安乡村。加快完善农村治安防控体系，健全落实社会治安综合治理领导责任制，严格落实“属地管理”“谁主管谁负责”，不断提升基层党政领导的责任意识。深入开展扫黑除恶专项行动，严厉打击农村黑恶势力、宗族恶势力，严厉打击黄赌毒盗拐骗等违法犯罪活动。依法加大对农村非法宗教活动和境外渗透活动打击力度，依法制止利用宗教干预农村公共事务，继续整治农村乱建庙宇、滥塑宗教造像，切实做好农村宗教工作；完善县乡村三级综治中心功能和运行机制；加强农村警务、消防、安全生产工作，坚决遏制重特大安全事故。探索以网格化管理为抓手、以现代信息技术为支撑，实现基层服务和管理精细化精准化。

**五、全面深化农村改革，促进农民持续增收**

乡村振兴，生活富裕是根本。要以完善产权制度和要素市场化配置为重点，加快深化农村改革，盘活农村资源资产，激发农村发展活力，拓宽农民增收渠道，让广大农民尽快富裕起来。

(一)巩固和完善农村基本经营制度。落实农村土地承包关系稳定并长久不变政策，衔接落实好第二轮土地承包到期后再延长30年的政策，让农民吃上长效“定心丸”。2018年全面完成土地承包经营权确权登记颁证工作，实现承包土地信息联通共享。完善农村承包地“三权分置”制度，在依法保护集体土地所有权和农户承包权前提下，平等保护土地经营权。健全完善县乡农村产权流转交易市场体系，引导土地经营权有序流转，发展多种形式的适度规模经营。农村承包土地经营权可以依法向金融机构融资担保、入股从事农业产业化经营。

(二)深化农村土地制度改革。系统总结泽州集体经营性建设用地入市等试点经验，完善农村土地利用管理政策体系。扎实推进房地一体的农村集体建设用地和宅基地使用确权登记颁证。完善农民闲置宅基地和闲置农房政策，探索宅基地集体所有权、农户资格权、宅基地及农房使用权“三权分置”具体实现形式。适度放活宅基地和农民房屋使用权，不得违规违法买卖宅基地，严格实行土地用途管制，严格禁止下乡利用农村宅基地建设别墅大院和私人会馆。在全省开展闲置宅基地整治盘活利用工作，启动凋敝村宅基地整治利用，推进空心村、无人村复垦整治。在符合土地利用总体规划前提下，允许县级政府通过村土地利用规划，调整优化村庄用地布局，有效利用农村零星分散的存量建设用地；预留部分规划建设用地指标用于单独选址的农业设施和休闲旅游设施等建设。对利用收储农村闲置建设用地发展农村新产业新业态的，给予新增建设用地指标奖励。

(三)深入推进农村集体产权制度改革。全面开展农村集体资产清产核资、集体成员身份确认以及集体资产监管平台建设。将集体资产按照资源性、经营性、非经营性分类清查登记，实行台账管理，切实摸清集体家底，保护用好资源性资产，盘活用好经营性资产，管护用好非经营性资产。县级要明确集体经济组织成员政策界线，在群众民主协商基础上制定确认集体经济组织成员的具体程序、标准和管理办法。按照科学确定量化资产、合理计量资产价值、明细资产折股方式、确定成员分类享有份额、资产折股量化到人、股份确权到户等程序，加快推进农村集体经营性资产股份合作制改革。2018年基本完成3个国家级和11个省级试点县农村集体产权制度改革任务。力争在2019年底前全省全面完成农村集体资产清产核资，2021年全省基本完成农村集体产权制度改革任务。维护进城落户农民土地承包权、宅基地使用权、集体收益分配权，引导进城落户农民依法自愿有偿转让上述权益。全面深化供销社综合改革，深入推进集体林权、水利设施产权、农业水价等领域改革。

(四)扎实推进农村“三变”改革。以发展农民股份合作制经济为导向，推动资源变资产、资金变股金、农民变股东，探索建立符合市场经济要求的集体经济运行新的实现形式和运行机制，通过增量带存量、存量促增量，推动农村“三变”改革，让农村闲置的资源活起来，分散的资金聚起来，城乡的要素动起来。重点是将村集体预期可带来收益的资源性资产充分利用转变为经营资产，折股量化到本集体组织成员入股经营主体；将财政投入到农业农村的生产发展类扶持资金形成的资产，具备条件的，折股量化为村集体或农民持有的股金入股经营主体。通过制度创设，打造“股份农民”，在“耕者有其田”的基础上，实现“耕者有其股”。

（五）以农村“双创”推动农民转移就业。建立覆盖城乡的公共就业创业服务体系，健全公共就业创业服务提供机制和农村人口就业援助机制，推广“互联网+公共就业创业服务”。加快建设人人持证的技能社会，提升农村劳动者素质和就业能力。实施农民工职业技能提升行动，大规模开展职业技能培训和职业能力评价，力争持证就业率达60%以上。实施乡村就业创业创新促进行动。培育壮大环境友好型产业集群和龙头企业，提供更多就业岗位。加大对发展潜力大、吸纳农业转移人口多的县城和重点镇用地计划指标倾斜力度，为农村劳动者就地就近转移就业创造空间。深化户籍制度改革，促进有条件、有意愿、有稳定就业和住所的农业转移人口在城镇有序落户。

（六）完善农业支持保护制度。优化农业供给政策，完善以绿色生态为导向的农业补贴制度。落实和完善对农民直接补贴制度，提高补贴效能。继续制定完善省级强农惠农富农政策，提高政策的导向性、精准性、实效性。加快农险产品升级改造，进一步扩大农作物保险覆盖面，逐步将杂粮、鲜干果、蔬菜、草食畜、中药材以及大中型农业机械等纳入省级政策性保险范围，加大保险保费补贴力度。落实国家农业再保险体系和大灾风险分散机制。积极开展天气指数保险、农产品价格和收入保险、“保险+期货”、农田水利设施保险、贷款保证保险等试点。

**六、打好精准脱贫攻坚战，增强贫困群众获得感**

乡村振兴，摆脱贫困是前提。要坚持精准扶贫精准脱贫基本方略，把提高脱贫质量放在首位，建立贫困地区和脱贫人口稳定脱贫持续发展长效机制，坚决打好精准脱贫攻坚战。

（一）集中力量攻坚深度贫困。深入落实省委、省政府攻坚深度贫困各项政策举措，支持10个深度贫困县深化改革先行先试，分县打包，一县一单制定优惠政策，集中力量解决制约发展的突出问题。“六环联动”有序推进深度贫困村整体搬迁，确保搬得出、稳得住、逐步能致富。对有劳动能力的贫困人口，强化产业就业扶持，实施贫困村产业扶贫提升工程，突出抓好规划引领、组织带动、科技服务和利益联结，提高特色农业、光伏、电商和乡村旅游等产业带贫增收能力；加强技能培训，抓好劳务对接，打造劳务品牌，提高劳务输出的组织化程度；积极承接符合当地实际的劳动密集型产业，促进就近就地就业增收。对无劳动能力的贫困人口，跟进完善“三保险三救助”、教育扶贫、农村低保、农村养老等保障性扶贫举措。动态调整农村低保标准，稳定实现农村低保和国家扶贫标准有效衔接。做好农村最低生活保障工作精细管理，符合条件的建档立卡贫困老年人、贫困残疾人和重病患者全部纳入农村低保范围。

（二）加强分类指导精准施策。落实中央打好精准脱贫攻坚战三年行动指导意见，制定出台我省行动方案。加强分类指导，精准施策，提高脱贫攻坚的针对性和实效性。集中攻坚深度贫困县，以重大扶贫工程和到村到户帮扶为抓手，发挥政策叠加效应，促进贫困地区加快发展增强后劲，支持贫困人口提高能力增收脱贫。打造脱贫特色县，对标脱贫退出标准，补短板强弱项创特色，在培育带贫产业、壮大村集体经济、改善基础设施公共服务等方面筑牢硬支撑。巩固提升“摘帽”县，按照摘帽不摘责任、不摘政策、不摘帮扶、不摘监管的原则，明确具体支持政策，巩固脱贫成果、提升发展能力，稳定脱贫持续发展奔小康。统筹用好各类帮扶资金和帮扶政策，重视非贫困县、非贫困村脱贫攻坚，确保脱贫不留死角、不留盲区。

（三）着力补齐基础设施公共服务短板。抓好增强贫困地区长远发展后劲的基础设施和公共服务重大项目，重点加强农村公路、安全饮水、电网、物流、互联网等设施建设，改善义务教育基本办学条件，加强妇幼、老年人、残疾人等重点人群健康服务，确保贫困地区基本公共服务主要领域指标接近全国平均水平。以户为基、以村为体、以县作战，加大投入和政策支持力度，对整村搬迁以外的贫困村，集中实施贫困村提升工程，改善生产生活条件，改进乡村治理，改善村容村貌、户容户貌，提升精神面貌，夯实稳定脱贫基础支撑，既让贫困户受益，也让非贫困户分享区域发展成果。

(四)激发贫困人口内生动力。扶贫与扶智扶志扶德相结合。以“三基建设”为抓手,采取案例教学、现场学习、外出培训等方式,加大培训力度,提高基层干部攻坚能力,关心关爱一线干部,激励带领群众脱贫攻坚的积极性创造性。坚持正向激励,改进帮扶方式,帮扶措施与脱贫主体参与相挂钩,救急纾困和内生脱贫相结合,采用生产奖补、劳务补助、以工代赈等办法,教育引导贫困群众自强自立,争先脱贫。

(五)强化脱贫攻坚责任和监督。坚持省负总责、市县抓落实、乡村具体实施的工作机制,强化党政一把手负总责的责任制。“双签”脱贫攻坚责任书,用好一线工作法,深入基层调研发现问题,协调推动解决问题。强化县级党委作为全县脱贫攻坚总指挥部的关键作用,脱贫攻坚期内县级党政正职保持稳定。发挥省委督导组作用,较真碰硬倒逼责任落实、政策落实和工作落实。深入开展扶贫领域腐败和作风问题专项治理,解决责任不落实、作风不扎实、工作不到位等问题,切实克服形式主义、官僚主义等“四风”问题,坚决防止数字脱贫、虚假脱贫;加强扶贫资金管理,对挪用和贪污扶贫款项等腐败现象严惩不贷。完善脱贫攻坚督查巡查、考核评估办法,除党中央、国务院统一部署的考核评估和我省年度脱贫成效考核评估、满意度交叉检查外,各部门一律不再组织其他形式的考核评估,切实减轻基层负担。

**七、推动城乡融合,构建城乡要素合理流动新机制**

乡村振兴,城乡融合发展是必由之路。要按照抓重点、补短板、强弱项的要求,推动资源要素向农村流动,加快形成工农互促、城乡互补、全面融合、共同繁荣的新型工农城乡关系。

(一)优先发展农村教育事业。统筹推进县域内城乡义务教育一体化改革,2018年所有县(市、区)通过义务教育基本均衡国家评估认定,2020年城乡基本公共教育服务均等化目标基本实现。统一城乡义务教育经费保障机制,提高寄宿制学校和小规模学校保障水平。全面改善薄弱学校办学条件。实施农村义务教育营养改善计划试点。建立完善义务教育控辍保学制度,确保乡村学生不因上学不便而辍学。保障特殊群体接受义务教育。大力发展农村学前教育。实施高中阶段教育普及攻坚计划,努力推进所有高中阶段学校办学条件达到国家及省定标准。分类推进中等职业教育免除学杂费,实施职业教育实训基地建设工程,到2020年省级以上骨干专业实训基地覆盖率达到80%。实施乡村教师发展计划,推行乡村教师“县管校聘”。加强乡村学校信息化基础设施建设,高质量完成“三通”工程,构建教学资源共建共享平台,为乡村学校提供优质课程资源和微课资源。

(二)推动农村基础设施提档升级。加快推进公路、供水、供气、环保、电网、物流、信息、广播电视等基础设施建设向农村延伸,推进城乡基础设施共建共享、互联互通。实施农村公路“畅返不畅”路段提质改造和“窄路基路面”拓宽改造。加快建设黄河、长城、太行三大旅游板块干线及主要景点支线旅游公路。加大成品油消费税转移支付资金用于农村公路养护力度。2020年底前全面实现“四好农村路”建设目标。推进农村饮水安全巩固提升工程。实施高效节水灌溉和重大农业节水工程,加快大型灌区现代化升级改造和中型灌区节水改造,不断提高灌溉水利用率。加快新一轮农村电网改造升级。提升气象为农服务能力,建立农村气象灾害监测预警与联动响应机制,推进互联网、大数据等技术在气象为农服务中的应用。

(三)建立健全农村社会保障体系。完善统一的城乡基本医疗保险制度和大病保险制度,逐步提高城乡居民医保财政补助标准,全面使用全省统一的城乡居民医保信息系统,开展委托商业保险经办城乡居民医保业务试点工作,做好农民重特大疾病救助工作。完善城乡居民基本养老保险制度,建立城乡居民基础养老金正常调整机制和刚性约束机制。构建多层次农村养老保障体系,创新农村老年人日间照料中心多元化照料服务模式。统筹城乡社会救助体系,完善最低生活保障制度。将进城落户农业转移人口全部纳入城镇住房保障体系。健全农村留守儿童和妇女、老年人以及困境儿童关爱服务体系。加强和改善农村残疾人服务。

(四)推进健康乡村建设。推进县乡医疗卫生机构一体化改革,巩固完善乡村医疗卫生机构运行机制。提高农村人均基本公共卫生服务经费,推进基本公共卫生服务精细化管理。加强基层医疗卫生服务体系建设,支持乡镇卫生院和村卫生室改善条件,确保基本医疗卫生服务覆盖全体农村居民。加强乡村中医药服务,大力推进基层医疗卫生机构中医综合服务区(中医馆)建设。做好家庭医生签约服务,逐步提高农村居民健康生活水平。加强慢性病综合防控,大力推进农村地区精神卫生、职业病和重大传染病防治。加强妇幼、老人、残疾人等重点人群健康服务。深化出生缺陷综合防治工作,提高人口素质。加快全省农村生活饮用水、农村环境卫生监测体系和监测点建设,加强农村病媒监测和病媒生物防制,建立完善健康村指标评价体系,推进省级健康村试点建设。

(五)强化乡村振兴人才支撑。实施新型职业农民培育工程,加强职业农民教育培训体系、师资体系、教材体系建设,实施现代青年农场主、新型经营主体带头人、职业经理人和农业生产技能提升四个培育计划,加快推进认定管理,完善扶持政策。开展职业农民职称评定试点。加强农村专业人才队伍建设,建立县域专业人才统筹使用制度,提高农村专业人才服务保障能力。继续实施"三支一扶"、特岗教师计划,组织实施高校毕业生基层成长计划。扶持培养一批农业职业经理人、经纪人、乡村工匠、文化能人、手工艺人、非遗传承人等。发挥科技人才支撑作用,全面建立高校、科研院所等事业单位专业技术人员到乡村和企业挂职、兼职和离岗创新创业制度,健全农业领域科研人员研究成果分配政策,全面实施农技推广服务特聘计划,允许农技人员通过提供增值服务合理取酬。建立社会各界投身乡村建设激励机制,研究制定公职人员回乡任职管理办法。建立乡村人才自主培养与人才引进相结合,学历教育、技能培训、实践锻炼等多种方式并举的乡村人力资源开发机制,建立城乡、区域、校地之间人才培养合作与交流机制。全面建立城市医生教师、科技文化人员等定期服务乡村机制,研究制定鼓励城市专业人才参与乡村振兴的政策。

(六)强化乡村振兴投入保障。建立健全实施乡村振兴战略财政投入保障制度,公共财政更大力度向"三农"倾斜,加快建立涉农资金统筹整合长效机制,推进行业内、行业间涉农资金统筹整合,确保财政投入力度不断增强,总量持续增加。2018年新增15亿元支持乡村振兴战略实施。通过政府和社会资本合作、政府购买服务、贷款贴息、财政奖补、设立产业发展基金等有效方式,充分发挥财政资金的引导作用,撬动更多金融和社会资本投向乡村振兴。全面推进省市县三级农业信贷担保体系建设,发挥省农业信贷担保公司信用平台作用,推动"新农贷"试点工作,打造"政银担"三方联动担保机制。扎实推进农村承包土地的经营权和农民住房财产权抵押贷款试点工作。积极推动各类涉农产业基金以及政府专项债券等加大对新型农业经营主体、乡村振兴公益性项目的支持力度。在土地出让收入、耕地占补平衡所得收益等使用上,加大对乡村振兴倾斜与支持,将新增耕地指标和城乡建设用地增减挂钩节余指标跨区域调剂形成的收益,全部用于巩固脱贫攻坚成果和支持实施乡村振兴战略。研究制定金融服务乡村振兴的实施意见。着力引导农村金融机构回归本源。加大涉农贷款投放规模,重点对农村基础设施建设、农业龙头企业中长期项目等重大工程和项目予以支持。积极稳妥推进农信社改革,发挥农信社(农商行)"三农"金融服务主力军作用。适度降低村镇银行准入门槛,大力发展村镇银行等小微涉农金融机构,做实"三农"金融基层网点。加快信贷产品创新和优化升级,搭建政、证、银、企对接平台,促进涉农项目融资对接。加强优质农业龙头企业上市挂牌培育工作,推动涉农企业进入多层次资本市场。制定金融机构服务乡村振兴考核评估和奖励办法。

(七)引导工商资本和社会各界参与乡村建设。研究探索鼓励引导工商资本参与乡村振兴战略政策措施,落实完善融资贷款、配套设施建设补助、税费减免、用地等扶持政策。明确资本下乡投向,建立项目库,通过政府提供周转金、财政贴息、奖补等措施,为工商资本下乡创造有利条件。发挥工会、共青团、妇联、科协、残联等群团组织的优势和力量,发挥各民主党派、工商联、无党派人士等的积极作用,鼓励社会各界投身乡村建设。实施"乡村青年双争双兴工程"和"乡村振兴巾帼行动”。

## 八、坚持和完善党对“三农”工作的领导

办好农村的事，关键在党。各级党委和政府要提高对实施乡村振兴战略重大意义的认识，真正把实施乡村振兴战略摆在优先位置，把党管农村工作的要求落到实处。

（一）完善党的农村工作领导体制机制。坚持党委统一领导、政府负责、党委农村工作综合部门统筹协调的领导体制。充实完善省委农村工作领导小组及其办公室。切实加强各级党委农村工作部门建设，做好党的农村工作机构设置和人员配置工作。建立落实乡村振兴战略责任制，坚决贯彻省负总责、市县抓落实、乡村具体实施的工作机制，党政一把手是第一责任人，五级书记抓乡村振兴。县委书记要下大力气抓好“三农”工作，当好乡村振兴“一线总指挥”。各部门要按照职责，加强工作指导，强化资源要素支持和制度供给，做好协同配合，形成乡村振兴工作合力。各市党委和政府每年要向省委、省政府报告推进实施乡村振兴战略进展情况。建立市、县党政领导班子和领导干部推进乡村振兴战略考核制度，将考核结果作为衡量干部实绩的重要依据。

（二）加强“三农”工作队伍建设。加强“三农”工作干部队伍的培养、配备、管理、使用，把到农村一线锻炼作为培养干部的重要途径，形成人才向农村基层一线流动的用人导向，培养造就一支懂农业、爱农村、爱农民的“三农”工作队伍。各级党委和政府主要领导干部要懂“三农”工作、会抓“三农”工作，分管领导要真正成为“三农”工作行家里手。拓宽县级“三农”工作部门和乡镇干部来源渠道，优先选派熟悉“三农”的干部进入各级党委和政府领导班子。制定并实施乡村振兴“三农”干部全覆盖培训计划，整合培训资源、创新培训方式、明确培训经费，按照省、市抓好乡村基层干部培训教育示范培训、县级抓好乡村基层干部和涉农干部轮训、乡镇抓好全员培训的要求，突出实地培训、现场培训、示范培训，全面提升“三农”干部队伍能力和水平。

（三）强化乡村振兴规划引领。以“20字方针”为引领，着力构建乡村振兴战略规划体系。制定全省乡村振兴战略规划（2018—2022年），编制产业兴旺、生态宜居、乡风文明、治理有效、生活富裕和体制机制创新“5+1”六个专项规划。要与国民经济和社会发展规划、土地利用规划、城乡建设规划、生态保护规划等相衔接。要尊重农村发展规律和村庄变迁的趋势，注重当前和长远相结合。明确时间节点和任务要求，细化实化工作重点和政策措施，部署若干重大工程、重大计划、重大行动。要建立健全城乡融合发展的体制机制和政策体系，支持阳泉市建设城乡融合发展示范市。各级各部门要编制乡村振兴地方规划和专项规划或方案。加强各类规划的统筹管理和系统衔接，形成城乡融合、区域一体、多规合一的规划体系，一张蓝图抓到底。

（四）营造乡村振兴良好氛围。创新宣传形式，广泛宣传乡村振兴相关政策和生动实践，营造乡村振兴良好氛围。建立乡村振兴专家决策咨询委员会，健全运行保障机制，加强理论研究和制度创设。积极发挥示范引领和典型带动作用，总结各地丰富实践，选树一批好的典型。充分尊重农民群众意愿，切实发挥农民在乡村振兴中的主体作用，激发乡村振兴内生动力，通过汇聚广大农民群众的力量和智慧，形成全省人民群策群力、共建共享的乡村振兴局面。

让我们更加紧密地团结在以习近平同志为核心的党中央周围，以习近平新时代中国特色社会主义思想为指导，在省委、省政府的坚强领导下，攻坚克难，埋头苦干，开拓进取，扎实推进乡村振兴战略，为决胜全面建成小康社会、谱写新时代中国特色社会主义山西篇章而努力奋斗！

# 中共山西省委
# 山西省人民政府
# 关于全面加强生态环境保护
# 坚决打好污染防治攻坚战的实施意见

（晋发〔2018〕23号 2018年7月30日）

为深入学习贯彻习近平总书记关于生态文明建设的重要思想和党的十九大精神，贯彻落实《中共中央、国务院关于全面加强生态环境保护坚决打好污染防治攻坚战的意见》（中发〔2018〕17号），决胜全面建成小康社会，全面推动绿色发展，不断提升生态文明，加快建设美丽山西，现提出如下实施意见。

## 一、深刻认识我省生态环境保护面临的形势

近年来，省委、省政府坚持以习近平新时代中国特色社会主义思想为指引，坚决贯彻习近平总书记视察山西重要讲话精神和党中央、国务院决策部署，以生态文明理念统领经济社会发展全局全域，鲜明提出宁可牺牲点GDP，也要把环保指标提上去，以环保倒逼经济转型，全面实施大气、水、土壤污染防治行动计划，不断完善生态文明建设和生态环境保护制度体系，全省生态环境质量明显改善，人民群众的生态获得感明显增强。

同时要清醒看到，我省生态文明建设和生态环境保护面临的形势十分严峻。一些地方和部门对生态环境保护认识不到位、责任落实不到位，产业结构偏重、能源结构偏煤、运输结构和用地结构不合理等粗放发展问题依然突出，重污染天气、黑臭水体、垃圾围城、生态破坏等环境问题依然突出。这些问题，成为民生之患、民心之痛，成为经济社会可持续发展的瓶颈制约，成为全面建成小康社会的明显短板。

当前，生态文明建设、生态环境保护正处于压力叠加、负重前行的关键期，已进入提供更多优质生态产品以满足人民日益增长的优美生态环境需要的攻坚期，也到了有条件有能力解决突出生态环境问题的窗口期。必须应势而谋、因势而动、顺势而为，刻不容缓地加大力度、加快治理、加紧攻坚，打好标志性的重大战役，为三晋人民创造良好的生产生活环境。

## 二、深入学习贯彻习近平总书记关于生态文明建设的重要思想

习近平总书记关于生态文明建设的重要思想，深刻回答了为什么建设生态文明、建设什么样的生态文明、怎样建设生态文明等重大理论和实践问题，有力指导生态文明建设和生态环境保护取得历史性成就、发生历史性变革。这一重要思想集中体现为"八个坚持"，具体是：坚持生态兴则文明兴，坚持人与自然和谐共生，坚持绿水青山就是金山银山，坚持良好生态环境是最普惠的民生福祉，坚持山水林田湖草是生命共同体，坚持用最严格制度最严密法治保护生态环境，坚持建设美丽中国全民行动，坚持共谋全球生态文明建设。

习近平总书记视察山西重要讲话明确要求我省扎实推进生态文明建设，针对生态环境的薄弱环节，从转变经济发展方式、环境污染综合治理、自然生态保护修复、资源节约集约利用、完善生态文明制度体系等方面，采取超常举措，全方位、全地域、全过程开展生态环境保护。

全省上下要把学习贯彻习近平总书记关于生态文明建设的重要思想与学习贯彻党的十九大精神、习近平总书记视察山西重要讲话精神紧密结合起来，切实增强政治意识、大局意识、核心意识、看齐意识，树立正确政绩观，把党中央、国务院生态文明建设的重大部署和重要任务落到实处，让良好生态环境成为三晋人民幸福生活的增长点，成为经济社会持续健康发展的支撑点，成为展现表里山河、美丽山西的发力点。

## 三、全面加强党对生态环境保护的领导

加强生态环境保护，打好污染防治攻坚战是党和国家的重大决策部署。各级党委和政府要坚决扛起生态文明建设和生态环境保护的政治责

任,坚决落实党中央、国务院重大政策措施。

(一)落实党政主体责任

落实领导干部生态文明建设责任制,严格实行党政同责、一岗双责。按照管发展、管生产、管行业必须管环保的原则,修订完善《山西省环境保护工作职责规定》,明确各级党委、政府及其有关部门的生态环境保护职责。各级党委和政府对本行政区域的生态环境保护工作及生态环境质量负总责。各级党委和政府主要领导是本行政区域生态环境保护第一责任人,要加强组织领导、调查研究、决策部署,至少每季度研究一次生态环境保护工作。其他有关领导成员在职责范围内承担相应责任。各级各有关部门要切实履行好生态环境保护职责,制定本级本领域生态环境保护年度工作计划、措施和责任清单,细化分解任务,并抓好落实。职能部门主要负责人要及时研究部署、协调督办。各级党委、政府落实生态环境保护工作情况每年向上级党委、政府报告,各有关部门落实生态环境保护工作情况每年向同级党委、政府报告。

(二)强化环保督察

严格环保督察,压紧压实主体责任,健全中央环保督察、生态环境部等有关部门督查反馈问题的整改机制,完善省级环境保护督察体系和环境保护督察工作规程,完善督查、交办、巡查、约谈、专项督察机制,以解决突出生态环境问题、改善生态环境质量、推动高质量发展为重点,推动环境保护督察向纵深发展。开展省级环境保护督察"回头看",开展重点区域、重点领域、重点行业专项督察,对重点难点问题开展"机动式""点穴式"督察。逐步推行市级环境保护督察。

(三)严格考核评价

加大绿色考核指标权重,完善生态文明建设考核评价体系。制定对各市党委、人大、政府和省直有关部门污染防治攻坚战成效考核实施细则,对生态环境保护立法执法情况、年度工作目标任务完成情况、生态环境质量状况、资金投入使用情况、公众满意程度等相关方面开展考核。开展领导干部自然资源资产离任审计。考核结果作为领导班子和领导干部综合考核评价、奖惩任免的重要依据,并强化运用。

(四)严格责任追究

严格执行《山西省党政领导干部生态环境损害责任追究实施细则(试行)》《山西省环境空气质量改善量化问责办法(试行)》和《山西省水污染防治量化问责办法(试行)》。对市级党委和政府以及负有生态环境保护责任的省直有关部门贯彻落实党中央、国务院和省委、省政府决策部署不坚决、生态文明建设和生态环境保护责任制执行不到位、污染防治攻坚任务完成严重滞后、区域生态环境问题突出、环保督察反馈问题整改不力的,约谈主要负责人,同时责成其向省委、省政府作出深刻检查。对年度目标任务未完成、考核不合格的市、县,党政主要负责人和相关领导班子成员不得评优评先。对在生态环境方面造成严重破坏负有责任的干部,不得提拔使用或者转任重要职务。对不顾生态环境盲目决策、违法违规审批开发利用规划和建设项目的,对造成生态环境质量恶化、生态严重破坏的,对生态环境事件多发高发、应对不力、群众反映强烈的,对生态环境保护责任没有落实、推诿扯皮、没有完成工作任务的,依纪依法严格问责、终身追责。

(五)加强组织领导

省委、省政府成立山西省污染防治攻坚战领导小组,领导小组办公室设在省环保厅。省直有关部门要根据本实施意见要求,进一步细化工作内容、目标及任务分工等,制定配套政策措施,强化对市、县对口部门的业务指导与监督考核。各市要切实加强组织领导,制定污染防治攻坚战具体实施方案,细化分解目标任务,科学安排指标进度,压实责任,确保各项工作有力有序完成。省污染防治攻坚战领导小组办公室要加强统筹协调,做好调度、通报、督办、考核等工作,定期向省委、省政府报告。

## 四、总体目标和基本原则

(一)总体目标

到2020年,生态环境质量总体改善,主要污染物排放总量大幅减少,环境风险得到有效管控,生态环境保护水平同全面建成小康社会目标相适应。

具体指标:11个设区市细颗粒物(PM2.5)平均浓度、优良天数比例达到国家要求;国考断面水质优良(达到或优于Ⅲ类)比例达到55.2%以上,劣Ⅴ类比例控制在13.8%以内;二氧化硫、氮氧化物排放量比2015年减少20%以上,化学需氧量、氨氮排放量比2015年减少17.6%、18%以上;受污染耕地安全利用率达到97%左右,再开发利用的污染地块安全利用率达到90%以上；生态保护红线面积占比达到国家审核要求，森林覆盖率达到23.5%以上。

到2035年，节约资源和保护生态环境的空间格局、产业结构、生产方式、生活方式总体形成。生态环境质量根本好转。到本世纪中叶，生态环境治理体系和治理能力现代化全面实现，人与自然和谐共生的美丽山西全面建成。

二)基本原则

坚持保护优先。严守生态保护红线、环境质量底线、资源利用上线硬约束，坚决以生态环境保护倒逼转型发展，深化供给侧结构性改革，推动形成绿色发展方式和生活方式，坚定不移走生产发展、生活富裕、生态良好的文明发展道路。

强化问题导向。以改善生态环境质量为核心，针对流域、区域、行业特点，聚焦问题、分类施策、精准发力，加快补齐生态环境短板，不断提升人民群众获得感、幸福感、安全感。

突出改革创新。深化生态环境保护体制机制改革，统筹兼顾、系统谋划，强化协调、整合力量，区域协作、条块结合，严格环境标准，完善经济政策，增强科技支撑，强化能力保障，提升生态环境治理的系统性、整体性、协同性。

注重依法监管。完善生态环境保护政策法规体系，健全生态环境保护行政执法和刑事司法衔接机制，依法严惩重罚生态环境违法犯罪行为。推进全民共治。政府、企业、公众各尽其责、共同发力，政府积极发挥主导作用，企业主动承担环境治理主体责任，公众自觉践行绿色生活。

**五、大力推进经济社会绿色发展**

坚持节约优先，加强源头管控，转变发展方式，培育壮大新兴产业，推动传统产业智能化、清洁化改造，加快发展节能环保产业，全面节约能源资源，倡导绿色生活方式，协同推动经济高质量发展和生态环境高水平保护。

(一)优化产业空间布局

加快确定生态保护红线、环境质量底线、资源利用上线，制定生态环境准入清单。"三线一单"作为发展与环境综合决策的前提条件，在地方立法、政策制定、规划编制、执法监管中不得变通突破、降低标准，不符合不衔接不适应的于2020年底前完成调整。突出国土空间规划的刚性管控作用，推进多规合一。对重点区域、重点流域、重点行业和产业布局开展规划环评。严格控制重点流域、重点区域环境风险项目。优化河流干流及主要支流沿河两岸产业布局和规模，严禁污染型产业、企业向上游地区转移。调整优化不符合生态环境功能定位的产业布局、规模和结构。

各市根据改善环境质量的刚性要求，优化建成区及周边产业布局，加快城市建成区、重点流域危险化学品企业和重污染企业搬迁改造或关闭退出，2018年底前制定专项计划并向社会公开。推动实施一批水泥、平板玻璃、焦化、低端化工等重污染企业搬迁工程。重点区域城市钢铁企业要切实采取彻底关停、转型发展、就地改造、域外搬迁等方式，推动转型升级。不符合安全和卫生距离的危险化学品生产企业搬迁或改造任务到2020年基本完成。从2019年1月1日起，位于设区的市建成区范围内的钢铁、水泥、平板玻璃、焦化、化工等重污染企业大气污染物许可排放总量在上年基础上定向逐年递减。

(二)加快调整产业结构

促进传统产业优化升级，构建绿色产业链体系。推进工业园区、经济开发区、高新区循环化改造、规范发展和提质增效。加大钢铁、焦化等重点行业落后产能淘汰力度，制定并实施范围更广、标准更严的落后产能淘汰政策，完成国家下达的落后产能淘汰和过剩产能压减任务。继续化解过剩产能，重点区域严禁新增钢铁、焦化、铸造、水泥、平板玻璃等产能，对确有必要新建的必须实施等量或减量置换。

(三)全面节约能源资源

强化能源和水资源消耗、建设用地等总量和强度双控行动，实行最严格的耕地保护、节约用地和水资源管理制度。建设节水型城市，实行用水超计划累进加价制度，鼓励建筑施工、园林绿化、道路冲洗优先使用再生水，到2020年，全省用水总量控制在93亿立方米以内。健全节能、节水、节地、节材、节矿标准体系，大幅降低重点行业和企业能耗、物耗，研究探索生产者责任延伸制度，实现生产系统和生活系统循环链接。深入推进实施打造全国能源革命排头兵行动，加快能源供给转型，构建现代能源体系，到2020年，能源消费总量控制在2.24亿吨标准煤以内。鼓励新建建筑采用绿色建材，大力发展装配式建筑，提高新建绿色建筑比例，全面推进既有居住建筑节能改造。积极应对气候变化，按照国家部署开展重点排放单位碳排放核查、碳交易配额管理分配等相关工作，完成2020年控制温室气体排放行动目标。

（四）发展节能环保产业

构建市场导向，强化产品全生命周期绿色管理。大力发展节能环保产业、清洁生产产业、清洁能源产业，着力引导绿色消费，大力提高节能、环保、资源循环利用等绿色产业技术装备水平，在煤炭、电力、冶金、建材、焦化等行业，全面推进清洁生产改造或清洁化改造。培育发展一批骨干环保企业。大力发展节能和环境服务业，推行合同能源管理、合同节水管理，积极探索区域环境托管服务等新模式。鼓励新业态发展和模式创新。

（五）引导公众绿色生活

全面落实《公民生态环境行为规范（试行）》。加强生态文明宣传教育，倡导简约适度、绿色低碳的生活方式，反对奢侈浪费和不合理消费。倡导使用节能环保家居等产品，分类投放垃圾，减少使用一次性塑料制品，引导绿色餐饮和“光盘”行动，拒绝露天烧烤，不燃放烟花爆竹。开展创建绿色家庭、绿色学校、绿色社区、绿色商场、绿色餐馆等行动。推行绿色消费，积极落实快递业、共享经济等新业态的规范标准，推广环境标志产品、有机产品等绿色产品。提倡绿色居住，节约用水用电，合理控制夏季空调和冬季取暖室内温度。大力发展公共交通，鼓励自行车、步行等绿色出行。

## 六、坚决打赢蓝天保卫战

全面实施《山西省打赢蓝天保卫战三年行动计划》，以京津冀及周边地区4市（太原、阳泉、长治、晋城）和汾渭平原4市（晋中、临汾、运城、吕梁）等重点区域为主战场，调整优化产业结构、能源结构、运输结构、用地结构，强化区域联防联控和重污染天气应对，进一步明显降低PM2.5浓度，明显减少重污染天数，明显改善大气环境质量，明显增强人民的蓝天幸福感。

（一）加强工业企业大气污染综合治理

全面整治“散乱污”企业及集群，分类实施关停取缔、整合搬迁、整改提升等措施，2018年底前全面完成。坚决关停用地、工商手续不全并难以通过改造达标的企业，限期治理可以达标改造的企业，逾期依法一律关停。强化工业企业无组织排放管理，推进挥发性有机物排放综合整治，开展大气氨排放控制试点。到2020年，挥发性有机物排放总量持续削减。全面实施大气污染物特别排放限值，强化环境总量与排放标准双控。全面完成煤电（含低热值煤）机组超低排放改造，2018年达不到超低排放的燃煤机组停止运行。钢铁企业2020年底前基本完成超低排放改造，其他行业积极开展大气污染物超低排放改造。

（二）大力推进散煤治理和煤炭消费减量替代

加快发展新能源，到2020年，全省新能源电力装机容量占全省电力总装机容量的比例达到30%以上。有效推进清洁取暖，坚持宜电则电、宜气则气、宜煤则煤（超低排放）、宜热则热多能源供暖，确保群众安全取暖过冬。2018年10月底前，11个设区的市城市建成区清洁取暖覆盖率达到100%；2020年10月底前县（市）建成区清洁取暖覆盖率达到100%，农村地区清洁取暖覆盖率力争达到60%以上。到2020年，重点区域平原地区基本完成生活和冬季取暖散煤替代。重点区域实施煤炭消费总量控制，到2020年，全省煤炭在一次能源消费比重下降到80%，京津冀及周边地区4市和汾渭平原4市煤炭消费总量实现负增长，其他城市合理控制煤炭消费总量。开展燃煤锅炉综合整治，2020年10月1日前，京津冀及周边地区4市、汾渭平原4市基本淘汰每小时35蒸吨以下燃煤锅炉。2019年10月1日前，全省每小时65蒸吨及以上燃煤锅炉，以及位于城市（含县城）建成区的燃煤供暖锅炉、生物质锅炉完成节能和超低排放改造。

（三）打好柴油货车污染治理攻坚战

以开展柴油货车超标排放专项整治为抓手，实施清洁柴油车（机）、清洁运输和清洁油品行动，统筹开展车、路、油治理。加快机动车结构升级，2019年7月1日起，重点区域提前实施机动车国六排放标准。严格实施非道路移动机械大气排放标准。严格实施道路运输车辆燃料消耗量限值准入制度，加快国三及以下营运柴油货车及老旧燃气车辆、工程机械和农业机械淘汰。推广使用新能源汽车，加快推进城市建成区新增和更新的公交、环卫、邮政、出租、通勤、轻型物流配送车辆使用新能源或清洁能源汽车，使用比例达80%以上；机场、铁路货场等新增或更换作业车辆主要使用新能源或清洁能源汽车。2020年底前，11个设区的市的城市建成区公交车、出租车、环卫车全部更换为新能源汽车。大幅提升铁路货运比例，推进钢铁、电力、电解铝、焦化等重点工业企业和工业园区货物由公路运输转向铁路运输,到2020年全省铁路货运量比2017年增加30%,其中,京津冀及周边地区大气污染传输通道4市增加40%,汾渭平原4市增加25%。严格监督管理移动源污染,建设“天地车人”一体化的机动车排放监控系统,完善机动车遥感监测网络。组织开展多部门联动的综合执法,严格重型柴油货车和散装物料车辆禁限行管控措施,严格控制城市过境运输车辆输入性污染。严厉打击生产销售不达标车辆、排放检验机构检测弄虚作假等违法行为。严厉打击生产、销售、使用不达标的车用汽柴油行为。坚决取缔黑加油站点。

(四)加强扬尘综合治理

强化城市道路和城市范围内施工工地等扬尘管控,大力推进道路清扫保洁机械化作业,进一步提高道路机械化清扫率。加强道路运输扬尘管控,鼓励引导企业加快发展封闭箱式货车、集装箱运输车,2020年,全省公路散货集装箱运输比例在2017年基础上大幅提高。严格散装物料运输源头装载监督管理。

(五)有效应对重污染天气

强化重点区域联防联控。完善应急预案,明确政府、部门及企业的应急责任,科学确定重污染期间管控措施和污染源减排清单。推进预测预报预警体系建设,2018年底前,省级预报中心具备7天空气质量预报能力并精确到所辖各城市。按照差别化原则,实施秋冬季重点行业错峰生产,重污染期间,对钢铁、焦化、有色、电力、化工等涉及大宗原材料及产品运输的重点企业实施错峰运输。依法严禁秸秆露天焚烧,全面推进综合利用,力争到2020年秸秆综合利用率达到85%以上。强化烟花爆竹禁燃禁放措施。从2018年起,城市建成区和县城全面禁止燃放烟花爆竹,严禁燃煤旺火。

## 七、着力打好碧水保卫战

以消除城市黑臭水体、地表水国考劣V类断面为刚性约束,深入实施水污染防治行动计划,扎实推进河长制湖长制,坚持污染减排和生态扩容两手发力,饮用水源、黑臭水体、工业废水、城镇污水、农村排水“五水同治”推进水污染治理,控污、增湿、清淤、绿岸、调水“五策并举”推进水生态修复,全流域统筹治理污染严重水体和不达标水体。

(一)打好饮用水源地整治攻坚战

加强饮用水源环境保护规范化建设,划定集中式饮用水水源保护区,设立保护区边界标志。全面排查和整治县级及以上城市水源保护区内违法违规问题,于2019年底前完成。一级保护区内关闭或拆除与供水和保护水源无关的设施;二级保护区内全面拆除现有排污口,拆除或关闭工业企业,严格管控其他人为污染水源行为。采取围网或绿化隔离等措施,建设水源地安全防护工程。单一水源供水的地级及以上城市,完成应急水源或备用水源建设。深化地下水污染防治。加强水源水、出厂水、管网水、末梢水的全过程管理。定期监(检)测、评估集中式饮用水水源、供水单位供水和用户水龙头水质状况,县级及以上城市按季度向社会公开。

(二)打好黑臭水体治理攻坚战

全面治理城市黑臭水体,加快推进城市建成区雨污分流、老旧管网改造,采取控源截污纳管、河渠清淤清垃圾、城市初期雨水收蓄等措施消除城市黑臭水体。建设“海绵城市”,采用渗、滞、蓄、净、用、排相结合的方式,并减少垃圾、渣土清扫进雨水口等行为,有效减少城市面源污染。加强已经完成整治的黑臭水体日常监管巡查,实现长治久清。到2020年,新增污水收集管网2000公里,11个设区的市建成区基本实现生活污水全收集,城乡结合部实现污水管网全覆盖。县城污水收集率达到90%以上,重点镇基本具备污水收集处理能力。汾河流域各城市全面消除黑臭水体,其余设区城市建成区黑臭水体消除比例达到95%,县级市建成区黑臭水体消除比例达到90%。

(三)深度治理工业废水

深入实施焦化、化工、制药、造纸等重点行业清洁化改造和专项治理。到2018年底前,省级及以上工业集聚区、地表水国考劣V类断面控制单元范围内工业企业实施深度治理,外排废水化学需氧量、氨氮、总磷三项主要污染物指标达到地表水V类标准,其他区域流域工业企业外排废水达到行业特别排放限值。

(四)提效治理城镇污水

实施城镇污水处理“提质增效”三年行动。汾河、桑干河等重点流域城镇污水处理厂完成保温增效和扩容提质改造,确保化学需氧量、氨氮、总磷三项主要污染物指标全年稳定达到地表水V类标准。到2020年,11个设区的市建成区基本实现污水全处理。

(五)加快治理农村排水

优先选择城郊村、重点镇镇区村、乡(镇)政府所在地村、河流流经村、水源保护地周边村庄,因地制宜通过城带村、镇带村、联村等集中治理与分散治理相结合方式,加快沿河村庄直排水治理。农村生活污水、畜禽养殖废水、农副食品加工废水等经处理后,应优先回用于林地、绿地,排入河道的实现达标排放。到2020年,农村生活污水乱排乱放得到有效管控。

(六)全面修复河湖水生态

以河长制湖长制为抓手,实施汾河、桑干河、滹沱河、漳河、沁(丹)河、涑水河、大清河等“七河”水生态修复,开展上下游、左右岸、干支流和岸上岸下系统治理,促进河湖休养生息。加强水功能区监督管理,从严控制地表水体纳污,排查并规范入河排污口,坚决封堵违法入河排污口;全面修复河湖湿地等水生态系统,在主要入河排水口下游、支流入干流处等地,因地制宜建设堤外人工湿地水质净化工程;开展“清河行动”,对河道进行清淤、清垃圾;开展河流源头及上游水源涵养林和沿河两岸缓冲隔离生态林带建设;制定和完善全省重点河流湖库水量调度方案,保障河道干流、主要支流和湖泊基本生态用水,重点保障枯水期生态基流。

(七)严格防控水环境风险

加强饮用水源地保护区、重点流域的水生态环境风险隐患排查整治,建立排查整治动态档案。开展太原市汾河水库、临汾市龙祠水源地、大同市墙框堡水库、晋中松塔水库、运城白沙河水库等五个地表水型饮用水源地和汾河、桑干河、滹沱河、漳河、沁(丹)河、涑水河、大清河等“七河”水生态环境风险评估,“七河”干流及主要支流沿岸严禁建设炼焦、化工、农药、有色冶炼等高风险项目和危险化学品仓储设施。推进穿越饮用水源保护区与重点河流的交通道路改线改道或建设防撞护栏、事故导流槽和应急池。禁止危险化学品运输车辆通行,确保水环境安全。

**八、扎实推进净土保卫战**

全面实施土壤污染防治行动计划,突出重点区域、行业和污染物,有效管控农用地和城市建设用地土壤环境风险。

(一)强化土壤污染管控和修复

加强耕地土壤环境分类管理,以农用地、重点行业企业用地为重点,开展土壤污染状况详查。加强土壤污染源监管,开展重点地区涉重金属与持久性有机物行业排查和整治。完善废旧地膜和包装废弃物等回收处理制度。减少化肥农药使用量,制修订并严格执行化肥农药等农业投入品质量标准,严格控制高毒高风险农药使用,推进有机肥替代化肥、病虫害绿色防控替代化学防治,实现化肥农药使用量负增长。

2018年底前完成全省农用地土壤污染状况详查,2020年底前完成全省耕地土壤环境质量类别划定工作,建立分类清单。对未受污染、轻微污染耕地,划定为优先保护耕地,实行严格保护,确保土壤环境质量不下降。对轻度、中度污染耕地,采取农艺调控、替代种植、轮作、间作等安全利用措施,降低农产品超标风险。组织开展以城市周边污水灌溉耕地为重点的受污染耕地土壤治理与修复,到2020年,全省受污染耕地治理与修复面积达到1万亩;严格管控重度污染耕地,严禁在重度污染耕地种植食用农产品,加强受污染耕地安全利用,到2020年,全省受污染耕地安全利用面积达到4万亩。

2020年底前完成全省重点行业企业用地土壤污染状况调查。严格控制建设用地准入,各市、县建立建设用地土壤污染风险管控和修复名录,列入名录且未完成治理修复的地块不得作为住宅、公共管理与公共服务用地。各市、县要建立污染地块联动监管机制,将建设用地土壤环境管理要求纳入用地规划和供地管理,严格土壤污染重点行业企业搬迁改造过程中拆除活动的环境监管,强化暂不开发污染地块的风险管控。

(二)加快推进垃圾分类处理

加快推进城市(县城)生活垃圾无害化处理设施建设,大力发展城市生活垃圾焚烧发电,实现设区的市城市垃圾焚烧发电设施全覆盖,有条件的市县要跨区域共建共享生活垃圾焚烧处理设施,推进生活垃圾减量化、资源化和无害化处理。到2020年底,实现所有城市和县城生活垃圾处理能力全覆盖,设市城市生活垃圾焚烧处理能力占总处理能力的50%以上。推进非正规垃圾堆放点整治,2020年完成整治。积极推进太原市生活垃圾分类示范工作,构建政府、公共机构、社区、企业和居民协调机制,到2020年,太原市基本建成生活垃圾分类处理系统,基本形成相应的法律法规和标准体系。

（三）强化固体废物污染防治

全面禁止洋垃圾入境，严厉打击走私，大幅减少固体废物进口种类和数量，力争2020年底前基本实现固体废物零进口。制定工业固废处置规范，把处置工业固废能力作为企业生产的前置条件。深入开展“清废”行动，开展重点工业行业危险废物和一般工业固体废物产生、贮存、利用、处置情况调查和评估，建立固体废物产生清单和整治清单。完善和运行山西省固体废物管理信息平台。完善危险废物经营许可、转移等管理制度。开展对全省重点行业危险废物产生、经营单位，重点行业一般工业固废产生单位实施现场检查，严厉打击危险废物非法跨界转移、倾倒等违法犯罪活动。建立区域联防联控，推进有毒有害化学品风险评估和风险管控，严格限制高风险化学品生产、使用、进出口，并逐步淘汰、替代。

## 九、加快生态保护与修复

坚持自然恢复为主，统筹山水林田湖草建设，塑造绿色生态空间，全面划定并严守生态保护红线，提升生态系统质量和稳定性，全方位全地域系统修复生态环境。

（一）划定并严守生态保护红线

按照应保尽保、应划尽划的原则将生态功能重要区域和生态环境敏感脆弱区域纳入生态保护红线，2018年底前完成生态保护红线的划定工作，2020年完成生态红线勘界定标，形成生态保护红线全省“一张图”，实现一条红线管控重要生态空间。以县级行政区为基本单元建立生态保护红线台账系统，逐步编制生态保护红线保护修复方案。根据生态环境部生态保护红线管理办法，制定实施我省的生态保护红线管理相关规定。依托国家生态红线监管平台，实现互联互通、信息共享，开展生态保护红线监测预警与评估考核。

（二）建立健全自然保护地体系

到2020年，全部完成全省自然保护区范围界限核准和勘界立标。探索建立以国家公园为主体的自然保护地管理机制。整合各类自然保护地统一规范管理。依法依规解决自然保护地和泉域重点保护区内的矿业权合理退出问题。

对生态严重退化地区实行封禁管理，分区分类开展受损生态系统修复，稳步实施退耕还林还草和退牧还草，扩大轮作休耕试点。到2020年，全省禁牧、轮牧、休牧总面积1746万亩，人工种草面积500万亩。加强重点治理区的水土流失治理，到2020年新增水土流失综合治理面积1.75万平方公里。

开展大规模国土绿化行动，重点加强“三北”防护林体系建设、京津风沙源治理、草原保护，增加林草覆盖率，构建生物多样性乔灌草立体绿地体系。实施太行山、吕梁山生态系统保护和修复重大工程。到2020年，吕梁山生态脆弱区、京津冀生态屏障区和太行山水源涵养区完成人工造林1100万亩，全省5600万亩永久性生态公益林依法得到保护。到2020年，实现天然林保护山西全覆盖。开展植被恢复建设，严禁开展破坏沙区植被的营利性活动，推进防沙治沙。在城市功能疏解、更新和调整中，将腾退空间优先用于留白增绿。2020年全省力争城市建成区绿化覆盖率达到41.50%。

强化湿地保护和恢复。到2020年，国家湿地公园达到22处，省级湿地公园达到45处，全省湿地保护率提高到50%以上，初步建立起湿地保护管理体系。恢复湿地2000公顷，初步扭转自然湿地面积萎缩和重要湿地区生态功能退化的趋势。

（三）改善农村生态环境

编制实施生态宜居专项规划。以建设美丽宜居村庄为导向，持续开展农村人居环境整治行动，实现行政村环境整治全覆盖。开展农村饮用水源地水质监测。开展“厕所革命”。推进农村垃圾就地分类、资源化利用和处理，建立农村有机废弃物收集、转化、利用网络体系。加强国家级农村垃圾分类示范县和省级试点县的农村生活垃圾分类试点建设。到2020年，农村人居环境明显改善，村庄环境基本实现干净整洁有序，90%的村庄生活垃圾得到治理，卫生厕所普及率达到85%。坚持种植和养殖相结合，集中就地就近消纳利用畜禽养殖废弃物。全省畜禽粪污综合利用率达到75%以上，规模养殖场粪污处理设施装备配套率达到95%以上。

（四）坚决查处生态破坏行为

2018年底前，县级及以上政府全面排查违法违规挤占生态空间、破坏自然遗迹等行为，制定治理和修复计划并向社会公开。开展危、险、病尾矿库和“头顶库”专项整治。2018年底前，“头顶库”全部完成综合治理工作，达到正常库标准。积极推进露天矿山综合整治，重点区域原则上禁止新建露天矿山建设项目。加强矸石山治理，2019

年底前全省矸石山全面达到治理标准。持续开展自然保护区“绿盾”监督检查专项行动，严肃查处各类违法违规行为，建立违法违规问题台账，制定和实施整改方案，限期进行整治修复。

## 十、强化生态环境治理保障

坚持问题导向，深化生态环境保护管理体制改革，完善生态环境管理制度，加快构建生态环境治理体系，健全保障举措，增强系统性和完整性，大幅提升生态环境治理能力。

（一）完善统一监管体系，全面提升管控水平

强化生态保护修复和污染防治统一监管。整合分散的生态环境保护职责，建立健全生态环境保护领导和管理体制、激励约束并举的制度体系、政府企业公众共治体系。全面完成省以下生态环境机构监测监察执法垂直管理制度改革。完善农村环境治理体制。

严格生态环境质量管理。编制生态环境保护规划，开展全省生态环境状况评估，建立生态环境保护综合监控平台。生态环境质量只能更好，不能变坏。生态环境质量达标地区要保持稳定并持续改善；生态环境质量不达标地区的市、县级政府，要于2018年底前制定实施限期达标规划，向上级政府备案并向社会公开。

加快建立生态环境监测网络。实施生态环境监测网络建设方案，建立独立权威高效的生态环境监测体系，构建天地一体化的生态环境监测网络，实现区域生态环境质量预报预警和质控，按照适度上收生态环境质量监测事权的要求加快推进有关工作。2018年底前，重点排污单位全部安装自动在线监控设备并同生态环境主管部门联网。到2020年，实现汾河等“七河”干流及主要支流入河排污口监测全覆盖。

加快推行排污许可制度。对固定污染源实施全过程管理和多污染物协同控制，按行业、地区、时限核发排污许可证，全面落实企业治污主体责任，强化证后监管和处罚。在汾河和桑干河流域率先实施入河污染源排放、排污口排放和水体水质联动管理。2020年，将排污许可证制度建设成为固定源环境管理核心制度，实现“一证式”管理。健全环保信用评价、信息强制性披露、严惩重罚等制度。将企业环境信用信息纳入全国信用信息共享平台和国家企业信用信息公示系统，依法通过“信用山西”网站和国家企业信用信息公示系统向社会公示。监督上市公司、发债企业等市场主体全面、及时、准确地披露环境信息。建立跨部门联合奖惩机制。

（二）健全经济政策体系，全面助力绿色发展

构建环境治理多元投入机制。资金投入向污染防治攻坚战倾斜，坚持投入同攻坚任务相匹配，加大财政投入力度。逐步建立常态化、稳定的财政资金投入机制。积极争取将京津冀及周边地区4市、汾渭平原4市全部纳入中央财政支持北方地区冬季清洁取暖的试点城市范围。国有资本要加大对污染防治的投入。完善清洁取暖价格政策和补贴政策。完善污水处理收费政策和污水处理与财政补贴挂钩的激励政策，要按规定将污水处理收费标准尽快调整到位，原则上应补偿到污水处理和污泥处置设施正常运营并合理盈利，省级财政给予适当支持。落实可再生能源发电全额保障性收购政策。推动清洁低碳能源优先上网。加大生态补偿转移支付力度，合理确定补偿标准。增加省级财政对生态保护红线区域等生态功能重要地区的转移支付，继续安排省级基本建设资金对重点生态功能区给予支持。完善森林生态效益补偿基金制度，完善空气环境质量和水环境质量改善生态补偿制度。探索地表水型饮用水源地所在区域补偿政策。

完善绿色产业发展的价格、财税、投资等政策。大力发展绿色信贷、绿色债券等金融产品。研究设立省级绿色发展基金。落实有利于资源节约和生态环境保护的价格政策，落实相关税收优惠政策。推动环境污染责任保险发展，在环境高风险领域建立环境污染强制责任保险制度。推行生态环境损害赔偿制度。积极推进排污权交易。

推进社会化生态环境治理和保护。采用直接投资、投资补助、运营补贴等方式，规范支持政府和社会资本合作项目；对政府实施的环境绩效合同服务项目，公共财政支付水平同治理绩效挂钩。鼓励通过政府购买服务方式实施生态环境治理和保护。

（三）健全环境法治体系，依法加强生态保护

依靠法治保护生态环境，增强全社会生态环境保护法治意识。加快建立绿色生产消费的相关法规政策。加快《山西省大气污染防治条例》修订工作，加快制定和修改水污染防治、土壤污染防治、固体废物污染防治、流域、泉域、饮用水源、湿地、生态环境监测、排污许可、资源综合利用、空间

规划、碳排放权交易管理等方面的法律法规。鼓励各市在生态环境保护领域先行立法。

建立生态环境保护综合执法机关、公安机关、检察机关、审判机关信息共享、案情通报、案件线索移送制度，完善生态环境保护领域民事、行政公益诉讼工作机制，加大生态环境违法犯罪行为的制裁和惩处力度，形成严厉打击环境违法犯罪行为的合力。

加强涉生态环境保护的司法力量建设。整合组建生态环境保护综合执法队伍，统一实行生态环境保护执法，将生态环境保护综合执法机构列入政府行政执法机构序列，推进执法规范化建设，统一着装、统一标识、统一证件、统一保障执法用车和装备。加强基层执法队伍的能力建设。

（四）强化能力保障体系，不断完善技术支撑

增强科技支撑。开展大气污染成因与治理、水体污染控制与治理、土壤污染防治等重点领域科技攻关，实施重点区域、重点流域环境综合治理重大项目，推进区域性、流域性生态环境问题研究。完成第二次全国污染源普查。开展大数据应用和环境承载力监测预警。开展重点区域、流域、行业环境与健康调查，建立风险监测网络及风险评估体系。

完善生态环境标准。充分发挥生态环境标准的引领、规范、倒逼作用，推进《山西省工业企业挥发性有机物排放标准》《山西省污水综合排放标准》和《山西省煤矸石堆场生态治理技术标准》等标准的制定，建立健全我省地方环保标准体系。

强化环境风险防控与应急。加强对重点区域、重点流域和重点领域的生态环境风险隐患排查，及时排查危险化学品、危险废物、涉氨、放射源、尾矿库等领域的环境风险，把生态环境风险纳入常态化管理。健全跨部门、跨区域环境应急协调联动机制，应用全国统一的环境应急预案电子备案系统。省、市级政府建设环境应急物资储备库，企业环境应急装备和储备物资应纳入储备体系。

强化人才队伍建设。建立生态环境保护人才引进、培训、培养、使用长效机制，建设规范化、标准化、专业化的生态环境保护人才队伍，打造一支政治强、本领高、作风硬、敢担当，特别能吃苦、特别能战斗、特别能奉献的生态环境保护铁军。按省、市、县、乡不同层级工作职责配备相应工作力量，保障履职需要，确保同生态环境保护任务相匹配。按照国家有关规定表彰对保护和改善生态环境有显著成绩的单位和个人。

强化国际交流合作。自觉融入美丽中国建设大局，积极融入绿色“一带一路”建设，推进生态环境保护国际技术交流和务实合作。太原市积极建设国家可持续发展议程创新示范区。

（五）构建社会行动体系，形成齐抓共管格局

强化生态环境保护教育实践。把生态环境保护纳入国民教育体系和党政领导干部培训体系，推进生态环境教育设施和场所建设，培育普及生态文化。公共机构尤其是党政机关带头使用节能环保产品，推行绿色办公，创建节约型机关。积极开展生态文明示范创建、绿水青山就是金山银山实践创新基地建设活动。

强化信息公开。健全生态环境新闻发布机制，充分发挥各类媒体作用。要依托一报（党报）、一台（电视台）、一网（政府网站），曝光突出环境问题和环境违法行为，报道整改进展和查处情况。完善信息公开制度，加强重特大突发环境事件信息公开，对涉及群众切身利益的重大项目及时主动公开。建立政府、企业环境社会风险预防与化解机制。2020年底前，设区的市符合条件的环保设施和城市污水垃圾处理设施向社会开放，接受公众参观。

强化排污者主体责任。企业应严格守法，规范自身环境行为，落实资金投入、物资保障、生态环境保护措施和应急处置主体责任。实施工业污染源全面达标排放计划。依法公开排污信息。

推动社会公众共建共治。推进环保社会组织和志愿者队伍规范健康发展，引导环保社会组织依法开展生态环境保护公益诉讼等活动。探索建立环保监督员队伍，完善“12369”投诉举报热线等渠道，及时发现和报告违法排污行为等问题。完善公众监督、举报反馈机制，保护举报人的合法权益，鼓励设立举报奖励基金。

新思想引领新时代，新使命开启新征程。我们要更加紧密地团结在以习近平同志为核心的党中央周围，以习近平新时代中国特色社会主义思想为指导，不忘初心、牢记使命，锐意进取、勇于担当，全面加强生态环境保护，坚决在山西战场上打好打赢污染防治攻坚战，为全面建成小康社会、奋力谱写中华民族伟大复兴中国梦的山西篇章不懈奋斗。

# 中共山西省委
# 山西省人民政府
# 关于支持民营经济发展的若干意见

(2018年11月24日)

为深入学习贯彻习近平新时代中国特色社会主义思想和党的十九大精神,全面落实习近平总书记在民营企业座谈会上的重要讲话精神,着力破解民营经济发展中的问题,促进我省民营经济健康发展,提出如下意见。

## 一、总体要求

以习近平总书记关于大力支持民营企业发展的重要论述为指导,深刻认识民营经济是我国经济制度的内在要素,民营企业和民营企业家是我们自己人,深刻认识民营经济在我省经济社会发展中的重要地位和作用,深刻认识促进民营经济发展对我省转型发展的重大战略意义,全面落实党中央、国务院各项决策部署,坚持"两个毫不动摇""三个没有变",促进"两个健康",解放思想、直面问题、精准施策,加强领导,推动民营经济在我省"两转"基础上全面拓展新局面进程中实现大发展、作出新贡献。

新时代促进我省民营经济发展,要坚持以下原则:坚持大力营造公平竞争环境,打破"卷帘门""玻璃门""旋转门"。坚持持续优化生产要素配置,让民营企业减压降负轻装上阵。坚持全面深化体制机制改革,激发民营企业发展活力。坚持不断提高民营企业创新能力,加快由资源依赖向创新驱动转型。坚持依法保护民营企业合法权益,让民营企业家吃下定心丸。坚持着力构建亲清新型政商关系,全心全意服务民营企业发展。

## 二、营造公平竞争环境

1.保障民营企业平等地位。开展隐性障碍清理专项行动,除法律规定和国家决定保留的审批事项外,严禁以任何形式对民营企业设置门槛,做到对民营企业和国有企业一视同仁,对大中小企业平等对待。严格落实公平竞争审查制度,清理废除妨碍统一市场和公平竞争的政策文件,并向社会公布。强化反垄断执法,纠正滥用行政权力排除和限制公平竞争的行为。

2.进一步开放民间投资领域。除法律法规明确禁止的行业和领域外,一律向民间资本开放。修订《山西省鼓励投资政策》,鼓励民间资本投入基础设施、生态环保、脱贫攻坚、文化旅游、民生康养等领域。引导民间资本参与PPP项目,提高民间资本比重。择优选择一批市场前景好的项目开展社会资本投资示范,吸引民间资本参与。

3.促进国有企业与民营企业合作发展。鼓励民间资本参与国有企业混合所有制改革,竞争性领域的国有优质企业、优质资产、优质资源,对民间资本不设准入门槛、不限持股比例、不限合作领域。提高民间资本在混合所有制企业中的比重。建立混合所有制项目发布机制,定期公开发布合作项目。支持民营企业参与军民融合发展,通过我省军民融合科技成果交易平台、军民融合产融对接平台参与军民融合项目,通过山西省股权交易中心"军民融合板"扩大直接融资。对获得国家部委、军委相关部门军民融合项目资金的,按金额的5%给予配套。对年度内新增武器装备科研生产合同或与军工企业配套合同金额1000万元以上的,按新增合同额的5%给予奖励,最高不超过200万元。

4.发挥政府采购支持作用。各级各部门在满足自身运转和提供公共服务基本需求的前提下,应预留年度政府采购项目预算总额的30%以上,专门面向中小微企业采购,其中预留给小微企业的比例不低于60%。实施政府采购融资制度,鼓励中小微企业凭借政府采购合同向合作金融机构申请融资。

## 三、优化资源要素配置

5.依法兑现政府承诺。各级政府要坚持"新官理旧账",对过去合法合规的承诺,要认真履约。定期梳理新近在招商引资、拆迁补偿、政府工程款项结算、PPP项目等方面的承诺事项,依法依规及时兑现。

6.减轻税费负担。全面落实国家税费优惠政策，推进增值税等实质性减税，对小微企业、科技型初创企业实施普惠性税收免除，确保国家出台的各项减税降费政策落地。适时降低城镇土地使用税适用税额。对确有特殊困难而不能按期缴纳税款的民营企业，通过依法办理税款延期缴纳等方式，帮助企业缓解资金压力。严格防范逃避税行为，规范税收征管和检查，避免因不当征税导致正常运行的企业停摆。对符合条件且努力稳定就业的参保企业，可通过减费方式返还企业及其职工缴纳的50%失业保险费。对用人单位和职工失业保险缴费比例总和从3%阶段性降至1%的现行政策，2019年4月底到期后可继续延续实施一年。落实国家降低社保费率的政策，稳定缴费方式，确保总体上不增加企业负担，确保企业社保缴费实际负担有实质性下降。合理编制社保费收入预算，严格按预算进行征收。妥善解决在民营企业就业的国有企业下岗人员社保费接续问题。在机构改革中确保社保费现有征收政策稳定，严禁自行对企业历史欠费进行集中清缴。加快推进省定涉企行政事业性收费零收费。规范中介服务，严禁变相提高收费标准。各地要解放思想、挖掘潜力，在2019年全年为民营企业减免税费275亿元以上，提高民营企业的政策获得感。

7.加强土地供给。推进"标准地"出让改革。对符合条件的省重点项目，土地计划指标优先予以保障。对各市确定的优先发展产业且用地集约的工业项目，土地出让底价可按不低于所在地土地等别相对应《全国工业用地出让最低价标准》的70%执行。工业用地可采取长期租赁、先租后让、租让结合、弹性出让等方式供应，采取长期租赁方式供地的，可以调整为出让供地；采取弹性年期出让的，届满符合产业导向的项目，可依法续期；以长期租赁、先租后让、弹性年期出让等方式取得土地使用权的，在使用年期内可依法转租、转让或抵押。支持和鼓励各地建设高标准厂房，可按幢、层等权属界线封闭且具有独立使用价值的空间为不动产登记单元进行登记。涉及不动产转让的，经批准后办理不动产转移登记。在符合规划、不改变用途的前提下，现有工业用地提高土地利用效率和增加容积率的，不再征收土地价款差额。

8.优化环评服务。对未列入国家《建设项目环境影响评价分类管理名录》的建设项目，除未来可能出现的环境影响或环境风险较大的项目，以及涉及自然保护区、风景名胜区、饮用水水源保护区、泉域重点保护区等环境敏感区的项目外，无需履行环评手续。把区域环评纳入政府服务事项，简化区域内项目的评价内容、前置条件、总量管理等。根据园区规划环评的审查意见和结论等要求，项目环评与规划环评可共享环境现状、污染源调查等资料，简化入园项目相应评价内容。研究制定推进环境污染强制责任保险试点工作指导意见，在风险大、污染严重的区域或行业实施强制环境污染责任保险，积极化解民营企业环保责任风险。

9.降低运行成本。平稳调整最低工资标准。规范工程建设领域保证金管理。研究降低水电气暖等价格，确保稳定供应。深化电力体制改革，开展支持民营企业"获得电力"专项行动，积极支持民营企业参与市场化交易，扩大市场交易电量规模，降低获得电力成本。支持符合条件的民营企业天然气用户改"转供"为"直供"。加快"公转铁"运输结构调整，推进高速公路差异化收费，降低企业物流成本。

10.优化营商环境。深化"放管服效"改革，积极推进"六最"营商环境建设。统筹推进企业投资项目承诺制改革试点和工程建设项目审批制度改革，加快推进"3545"专项改革，2018年底前，申请新开办民营企业实现省级3个工作日内完成营业执照办理、涉税办理、公章刻制等事项；查封、抵押、注销登记等不动产登记压缩至5个工作日内完成；一般性工业项目从备案到竣工验收的审批时限压缩至45个工作日内，其他工程建设项目审批时限压减至100个工作日以内。同时，加快"3545"专项改革在市县政务大厅落地。严格落实"大厅之外无审批"和"两集中、两到位"要求，全面推行"一窗通办"模式。加快推开省级"一枚电子印章管审批"，深化市县相对集中行政许可权改革。加快建设全省一体化政务服务平台，推动省市县乡四级全覆盖，实现各级政务服务事项网上办理，推进"最多跑一次"和"一次不用跑"改革落地见效。委托第三方机构开展民营企业发展环境评估，加强评估结果运用。

**四、破解融资难融资贵问题**

11.防范化解流动性风险。筹资50亿元组建山西省民营企业政策性纾困救助基金，市场化推动解决上市民营企业和重点民营企业的流动性问题，化解上市公司股权质押平仓风险，避免发生企业所有权恶性转移。成立企业债务清理工作小组，开展企业债务清理专项行动，优先清理政府性工程对民营企业的欠款。鼓励银行通过提前续贷审批，提高企业转贷效率。各市县要自筹资金，为本区域内骨干民营企业提供低成本“接续还贷”服务，各市新增应急还贷资金原则上不少于2亿元，各县（市、区）建立应急还贷资金不少于2000万元，省市县共形成50亿元接续还贷周转资金。加强企业还贷应急资金的使用和管理，在防范风险的同时减免还贷应急资金使用成本。

12.加大信贷支持力度。金融机构要坚决贯彻落实国家和我省关于金融服务实体经济的部署要求，对符合条件但暂时遇到经营困难的企业，要继续予以资金支持，不盲目抽贷、断贷。各银行机构要按照中国银保监会关于民营企业贷款“125”方向性指标要求，在不放松信贷标准的基础上，进一步加大对民营企业的授信支持，力争2019年新增授信800亿元、2020年新增授信900亿元以上。地方法人银行机构要积极开展小微企业金融服务工作，实现单户授信额度1000万元以下（含）小微企业贷款同比增速不低于各类贷款同比增速，有贷款余额的户数不低于上年同期水平，合理控制小微企业贷款资产质量水平和贷款综合成本水平。建立以财政出资为主的小微企业贷款风险补偿机制。开展小微企业融资环境评价，鼓励发展小微企业投融资公共服务平台。推进小微企业应收账款融资，推动政府采购单位和产业链核心大企业确认账款，提高企业应收账款质押融资效率。进一步开展“银税互动”，推动“银政企保”合作。建立健全对民营企业授信业务的尽职免责和容错纠错机制，把银行业绩考核同支持民营经济发展挂钩，激励银行加大对民营企业的信贷支持力度。

13.支持企业直接融资。鼓励民营企业引进各类战略投资者，大力推动企业股份制改造。设立省上市（挂牌）民营企业资源库，组建专家服务队，做好上市（挂牌）民营企业培育工作。力争每年100户中小微民营企业完成股份制改造，100户中小微民营企业在山西股权交易中心“晋兴板”挂牌。2020年省上市（挂牌）民营企业资源库入库企业达到300家，全国股转系统（新三板）挂牌民营企业达到100家，沪深交易所主板（中小板）、创业板和科创板上市民营企业达到20家。对在沪深两地主板、中小企业板、创业板、科创板上市的企业，由省级财政给予200万元的奖励。对在全国股转系统挂牌的企业，由省级财政奖励100万元。对在山西股权交易中心挂牌、进行股份制改造并融资成功的企业，由省级财政奖励20万元。对当年入库中小企业完成股份制改造的，由省级财政奖励50万元。鼓励产业发展基金、风险投资基金、创业投资引导基金、天使投资引导基金加大对种子期、初创期企业投资项目的金融支持力度。推动民营企业债券融资支持工具在我省试点，重点支持符合条件的优质民营企业发行债券。支持民营企业以市场化、法治化方式开展债转股，鼓励国有产业基金、投资基金等投资参股民营企业。

14.提高融资担保水平。充分发挥山西融资再担保集团的功能，2019年底前资本金增至25亿元，以后5年内每年财政安排3亿元作为资本金，为民营企业、小微企业和“三农”融资担保金额占比达到80%以上。加快全省融资担保体系建设，降低注册资本金要求，推动市县融资担保机构建设。省级财政部门按照不超过上年度小微企业和“三农”业务在保余额的1‰的资金，对满足条件的机构予以风险补偿。各级财政部门要制定对行政区域内融资担保机构保费补贴政策，对融资担保费率低于3%的差额部分给予补贴。完善政府性融资担保机构考评办法，放宽盈利性考核指标。

15.建立“红黑名单”制度。完善守信激励和失信惩戒机制，对进入红名单的民营企业，进一步加大融资支持力度，对贷款利率实行优惠，并为其提供多样化、针对性的金融产品和服务。对严重失信、长期违约、恶意拖欠的企业，要公开曝光，取消已有的荣誉和补贴。

## 五、推动民营企业转型升级

16.支持民营企业转型创新。鼓励民营企业紧扣“示范区”“排头兵”“新高地”三大目标，加快传统产业改造升级，投资文化旅游、装备制造、新能源汽车、新能源、新材料、现代服务业等战略性新兴产业。支持民营企业牵头或参与国家和省科技重大专项、重点研发计划及各类省级科技（专项基金）计划，建立高水平研发机构，建设研发平台和技术研发中心，发展产业技术创新战略联盟。科技型中小企业实际发生的研发费用，计入当期损益未按75%税前加计扣除，形成无形资产未按175%在税前摊销，在2019年12月31日前允许更正年度纳税申报追溯享受企业所得税前加计扣除。根据省有关规定，对首购首用首台套重大技术装备或重大创新产品的，省财政可按购买价格30%给予补贴、最高不超过100万元。对符合政府采购目录的我省首台套重大技术装备、首版次软件产品、首批次原材料等产品，自2019年1月1日起探索实行政府采购首购首用制度。支持民营企业打造一批有竞争力的质量品牌和技术服务标准，提高山西制造、山西建造、山西服务的竞争力。对获得中国质量奖的企业奖励500万元，获得提名奖的企业奖励200万元；获得山西省质量奖的企业奖励100万元，获得提名奖的企业奖励50万元。加快制定我省首批次创新产品认定标准，对主导制定新标准以及承担省级以上标准化试点示范项目的民营企业，给予经费补助。综合利用差别化用地、用能、价格、信贷、环境权益等措施，倒逼落后和过剩产能退出，促进民营企业转型升级。鼓励民营企业拓展国内外市场，加强"一带一路"产能合作，深化京津冀协作。保持出口信用保险政策的连续性和稳定性，进一步提高出口信用保险的覆盖面。落实企业境外所得税综合抵免政策。

17.支持民营企业引进人才。鼓励民营企业引进"两院"院士等杰出人才、重点技术领域和行业高层次领军人才、青年拔尖人才，民营企业引进的各层次人才享受与国有企业和事业单位引进人才同等政策待遇和津贴。建立人才双向流动机制，允许科技创新人才在高校、科研院所和民营企业间双向兼职。支持符合国家有关规定的退休党政干部、企事业领导干部到民营企业进行帮扶。民营企业开展职工技能培训，可申请政府有关资金支持。对人才培养较好的企业予以适当奖励。研究制定民营企业职称问题相关政策，畅通民营企业职称申报渠道。

18.加快市场主体培育。按照宜大则大、宜精则精的原则，构建"个转企、小升规、规改股、股上市"的梯次培育机制。从2018年起，省级财政对首次上规入统的小微工业企业，上规入统后连续2年未退出规模以上工业企业库的，给予5万元的奖励；连续3年的，再给予10万元的奖励。从2018年起给予"小升规"企业3年的适应调整期，3年内保持税收负担总体不增，可继续享受相关税收优惠政策。支持"晋民投"等民营企业参与国有企业混合所有制改革和开发区建设，参与整合省内金融资源，组建民营银行。推动中小企业"专精特新"发展，培育"小巨人"企业、"单项冠军"企业和"独角兽"企业。

19.促进民营企业家队伍健康成长。将培养民营企业家队伍与贯彻落实国家重大战略以及我省经济社会建设同步谋划、同步推进。强化对民营企业家政治引领，加强对民营企业家特别是年轻一代民营企业家的理想信念教育，引导民营企业家拥护党的领导，加强和改进非公企业党建工作。加强培养培训，引导企业家积极履行社会责任，诚实守信、守法经营、依法纳税。着力加强对新生代、"创二代"企业家的培育，实现薪火相传。

## 六、构建亲清新型政商关系

20.树立鲜明导向。大力倡导领导干部担当作为、靠前服务，真心实意帮助民营企业经营者解决实际困难；大力倡导领导干部理直气壮、光明磊落，多与民营企业经营者坦荡真诚接触交流；大力倡导领导干部公私分明、心无杂念，与民营企业经营者清白纯洁交往；大力倡导民营企业经营者讲正气、走正道，聚精会神办企业，遵纪守法搞经营；大力倡导民营企业经营者敢讲真话、勇于监督，依规依纪依法维护自身合法权益。

21.加强沟通协调。建立领导干部与民营企业联系制度、政企沟通协调会制度和民营企业直通车制度，定期通报情况、听取意见，及时解决企业反映的问题。健全企业家参与涉企政策制定机制。鼓励各级开发区设立工商联(总商会)组织。探索党政机关干部在民营企业挂职锻炼。

22.弘扬企业家精神。大力弘扬晋商精神，加强对优秀企业家先进事迹和突出贡献的宣传报道，营造崇尚企业家精神、支持企业家发展的社会氛围。制定获得全国、省级以上荣誉称号或百强民营企业的奖励办法，对进入全国民营企业500强的，财政给予100万元奖励；进入山西民营企业100强的，在政治安排和各类评选表彰中优先考虑。

## 七、依法保护民营企业合法权益

23.保护企业家财产和人身安全。依法保护民营企业物权、债权、股权、知识产权等财产权，依法保护民营企业家的生命健康、名誉等人身权，妥善处理历史形成的产权案件，保障民营企业和企业家合法财产不受侵犯、合法经营不受干扰。严厉打击针对民营企业的不正当竞争行为，对侵犯民营企业商标、专利、商业秘密等知识产权以及损害民营企业商业信誉、商品声誉的违法行为，及时予以纠正，构成犯罪的依法追究刑事责任。严格区分经济纠纷与经济犯罪的界限，坚决防止利用刑事手段干预经济纠纷，保护民营企业的合法权益。严厉打击危害企业家人身安全的违法犯罪行为，坚决防止和纠正刑讯逼供、滥用强制措施等侵害企业家人身权利的违法行为，对构成犯罪的依法追究刑事责任。对民营企业及其经营者的一般违法行为，依法必须采取查封、扣押、冻结措施处置涉案财物的，必须严格区分个人财产和企业法人财产，区分违法所得和合法财产，区分涉案人员个人财产和家庭成员财产，结案后及时解封、解冻非涉案财物。

24.妥善处理民营企业涉纪涉法案件。对积极配合协助案件调查的民营企业经营者，保障其正常生产经营和合法权益。对涉案民营企业经营者，纪委监委、法院、检察院、公安等要完善协作配合工作机制，统一执法尺度，既查清问题，也保障其合法的财产和人身权益。涉及民营企业行贿人、民营企业家的要依法审慎采取强制措施，充分考虑企业发展需要，对符合改变羁押强制措施的及时改变，对符合从宽处理的案件依法从宽处置。严格规范审查调查行为，依法审慎对相关民营企业采取调查措施，确需采取查封、扣押、冻结等措施的，要严格按照法定程序进行，除依法需责令关闭企业情形外，在条件允许情形下，可以为企业预留必要的流动资金和往来账户，最大程度降低对企业正常生产经营活动的不利影响。对一些民营企业历史上曾经有过的一些不规范行为，要以发展的眼光看问题，按照罪刑法定、疑罪从无的原则处理，让企业家卸下思想包袱，轻装前进。

25.完善民营企业涉法维权机制。建立健全企业涉法维权问题协调工作机制，畅通企业涉法维权问题受理渠道。积极构建多元化矛盾纠纷解决机制，为民营企业提供更多纠纷解决途径和维权选择。对民营企业家提出申诉要求的案件，要及时、优先办理，严格依照法律法规和政策规定提出审查处理意见，确有错误的，坚决依法启动纠错程序，及时依法纠正。

26.坚持公平公正文明执法。全面推行行政裁量权基准制度，细化、量化行政处罚标准。坚持“法定职责必须为、法无授权不可为”，全面公开行政执法部门权责清单。按照国家宏观调控方向，在安监、环保等领域微观执法过程中避免简单化，坚持实事求是，执行政策不搞“一刀切”，避免“一律关停”“先停再说”等简单粗暴做法。对民营企业经营中的一般违法行为，要妥善处理，坚决避免对市场活动的过度干预。加强行政执法监督，坚决制止和纠正各级执法机关和执法人员侵犯民营企业利益的行为。

27.创造良好社会环境。加强民营企业周边治安环境整治，依法严厉打击影响民营企业正常经营的黑恶势力，为民营企业发展创造良好治安环境。加大涉及民营企业生效判决的执行力度，严惩拒执违法犯罪，充分发挥执行联动、公布失信被执行人名单等制度的作用，确保民营企业胜诉权益及时落实兑现。

**八、推动政策落地落实**

28.加强组织领导。成立山西省促进民营经济发展工作领导小组，定期召开会议，组织协调解决民营企业发展面临的困难和问题。各市县也要成立相应机构，主要领导要亲力亲为、靠前指挥，相关部门要密切配合，形成促进民营企业发展的合力。

29. 完善法规制度。加快推动相关地方性法规、政府规章的立改废释，研究出台山西省促进民营经济发展的地方性法规或政府规章，全面清理不利于民营企业发展的地方性法规、规章和规范性文件。

30.狠抓政策落实。各级各部门要切实负起责任，研究出台配套措施和实施细则，加大宣传解读力度，加强政策落实情况的督导考核，适时开展政策执行效果第三方评估。全面落实省委《关于进一步激励广大干部新时代新担当新作为努力建设高素质专业化干部队伍的实施意见》和《山西省支持干部改革创新合理容错办法（试行）》，进一步激励广大干部勇于担当、大胆作为，促进全省民营经济健康发展。

# 中共山西省委办公厅<br>山西省人民政府办公厅<br>关于印发《山西省开发区发展水平考核办法（试行）》的通知

（晋办发〔2018〕53号）

各市、县委，各市、县人民政府，省委各部委，省直各委、办、厅、局，各人民团体：

《山西省开发区发展水平考核办法（试行）》已经省委、省政府同意，现印发给你们，请认真遵照执行。

中共山西省委办公厅

山西省人民政府办公厅

2018年8月24日

## 山西省开发区发展水平考核办法（试行）

### 第一章　总则

**第一条**　为科学考核全省开发区改革创新和经济发展状况，加快推进转型综改战略的实施，推动开发区实现高质量发展，制定本办法。

**第二条**　省开发区建设工作领导小组办公室负责牵头组织省直有关部门和各市政府，开展全省开发区发展水平考核工作。

**第三条**　开发区发展水平考核对象为山西省境内经国务院或省政府批准设立的国家级和省级经济技术开发区、高新技术产业开发区、生态文化旅游示范区、现代农业产业示范区（以下统称开发区）。

**第四条**　实行分类、分级、百分制考核。针对不同类型的开发区，分类、分级设置不同的考核内容、指标体系、年度考核目标值，并按照百分制分配和设定指标体系中各项考核指标的权重。

**第五条**　对全省开发区分为三大类，设置不同的考核指标体系进行考核：工业类或以工业为主导的综合类开发区、现代农业产业示范区（含农业高新技术产业示范区）、生态文化旅游示范区。

对工业类或以工业为主导的综合类开发区分为三级设置不同的年度考核目标值进行考核：第一级为山西转型综改示范区；第二级为设区市所在地的各市重点建设发展的市管开发区；第三级为设在县（市、区）的县（市、区）管开发区。根据实际情况，可以将有关开发区提升或降低一级进行考核。

**第六条**　省开发区建设工作领导小组办公室每年第一季度对全省各开发区上一年度发展水平组织考核。

**第七条**　考核结果纳入对各市目标责任考核体系，作为省委、省政府对开发区实施动态管理、奖惩的重要依据，作为省、市、县（市、区）政府每年审核批准派出的开发区管委会执行绩效工资核定系数的主要依据。考核结果上报省委、省政府，并通报各市委、市政府，作为决策参考。

### 第二章　考核内容和指标体系

**第八条**　工业类开发区考核指标体系，包括工业投资增长速度、工业增加值增长速度、非煤产业产值增长速度、（有实质性生产经营活动）入区企业数增长率、高新技术企业增长速度、实际利用外资增长速度等6项指标。

**第九条**　现代农业产业示范区考核指标体系，包括固定资产投资增长速度、农林牧渔业总产值增长速度、规模化标准化的设施农业种植覆盖率、“三品一标”农产品覆盖率、农作物耕种收综合机械化率、农民合作社示范社数量等6项指标。

**第十条**　生态文化旅游示范区考核指标体系，包括固定资产投资增长速度、旅游总收入增长速度、年游客接待人次增长速度、当地农民旅游收入增长速度和森林、植被覆盖率等5项指标。

**第十一条** 省开发区建设工作领导小组办公室于每年底根据国家和省里有关发展目标的强制性规定或同类开发区相同考核指标的平均水平，商省直有关部门和各市政府研究提出考核指标体系中各项考核指标的年度考核目标值，并按照百分制来分配、设定和调整各项考核指标的权重。

## 第三章 考核指标得分和成绩计算

**第十二条** 根据各类开发区考核指标体系年度考核目标值和百分制权重，计算各开发区实际完成得分。完成考核指标目标值的得满分，完成60%(含本数)以上的按“实际比例×权重”计算得分，不够60%(不含本数)的不得分。

**第十三条** 结合实际情况，由省开发区建设工作领导小组办公室商省直有关部门后提出加减分事项及幅度。

对单项考核指标超额完成任务增长幅度较大的，或在体制机制改革中有重大创新突破形成可在全省复制推广的经验，或在某个领域获得国家或省、部级以上嘉奖的，给予加分奖励。总加分不超过10分。

对因行政效能、投资环境产生投诉造成不良影响，或发生安全生产事故、环境污染等突发事件，或违反财政税收及有关规划、债务风险失控，或发生开发区领导班子成员违纪违法受到查处的，视情况在考核中给予不同程度的减分。总减分不超过10分。对发生严重安全生产事故、环境污染等突发事件，造成重大损失和恶劣影响的，实行一票否决制，直接定为考核不合格。

**第十四条** 考核结果总分值90分以上的为优秀，总分值60分以上的为合格，总分值60分以下的为不合格。

**第十五条** 各市、县政府综合考虑开发区经济发展状况，根据考核结果核定开发区管委会绩效工资总量。对考核结果为优秀的，在同级政府无收入全额拨款事业单位绩效工资总量的5倍内核定开发区管委会绩效工资总量；对考核结果为合格的，在同级政府无收入全额拨款事业单位绩效工资总量的3倍内核定开发区管委会绩效工资总量；对考核结果为不合格的，在同级政府无收入全额拨款事业单位绩效工资总量的1倍内核定开发区管委会绩效工资总量。

## 第四章 考核程序

**第十六条** 考核工作包括四个环节：数据收集、数据核实、量化考核、结果发布。

**第十七条** 为了保证考核工作的公平公正，每年由省开发区建设工作领导小组办公室及时将考核指标体系、年度考核目标值、加减分事项及幅度通知各市、县和开发区。

全部考核依据的基础统计数据从“山西省开发区建设统计信息系统”平台上提取。逐步完善开发区统计考核一体化平台建设，实现自动提取数据、自动计算、汇总考核分值、自动报出考核结果并对参加考核的开发区进行排队。

**第十八条** 各开发区要按照《山西省开发区统计报表制度》，通过“山西省开发区建设统计信息系统”认真填报统计数据。对填报的统计数据在考核前要按照数据属性进行分类，协调所在市、县相关部门审核把关后，将上一年统计年报表、统计月报表汇总表经市、县政府盖章后，提交省开发区建设工作领导小组办公室，作为考核采纳统计上报数据的主要依据。

**第十九条** 省开发区建设工作领导小组办公室组织省直有关部门、各市政府有关人员组成考核组或委托第三方评估机构对各开发区上报数据和发展水平进行审核和量化评估。委托第三方机构进行考核的，省开发区建设工作领导小组办公室应对第三方机构提出的考核结果组织审核把关。

审核的主要内容包括：

(一)上报时效性审核。各开发区应按照规定时间填报考核数据和审核材料。

(二)数据准确性审核。对各开发区通过系统上报的统计数据和证明材料提供的数据进行对比审核，两者应当一致。已对外公布的数据，上报数据应与对外公布的数据一致。

(三)数据逻辑性审核。对开发区上报的考核数据进行数据比对和增速、比例、比率之间的逻辑关系审核。逻辑关系审核超出规定比例的，须提供“异常变化指标说明”，列明造成异常的主要企业、项目等具体因素，变动数额、幅度等能有效解释变动情况的数据。若不能提供相应说明，则该项指标得分按0分处理。

(四)方法合理性审核。对考核指标体系年度

目标值及权重、赋分方法、加减分、考核结果等进行复核，防止重复计算、错计和漏计等。

**第二十条** 考核工作结束后，省开发区建设工作领导小组办公室要及时撰写考核分析报告，将考核结果上报省开发区建设工作领导小组，经同意后将考核结果及时通报各市、县和开发区，抄送省考核办和有关部门，并报送省委、省政府。

**第二十一条** 参与考核工作的所有相关工作人员均需履行保密责任和义务。在报请省开发区建设工作领导小组同意向社会公开考核结果之前，一律不得对外泄露相关信息，不得引用相关考核数据。

## 第五章 动态管理机制

**第二十二条** 进一步强化约束和倒逼机制，对开发区实行有进有出、有升有降的动态管理。从2018年度开发区发展水平考核起，省级开发区连续两年考核优秀且基本达到国家级开发区标准的，推荐升格为国家级开发区。对考核不合格的省级开发区，由省开发区建设工作领导小组办公室进行通报和督促整改；对连续两年考核不合格的省级开发区，予以黄牌警告，特别是对长期圈占土地、开发程度低的开发区，在黄牌警告的同时，提请省政府核减该开发区面积、限制新增土地指标；对连续三年考核不合格的省级开发区，实行退出和淘汰机制，由省政府取消其省级开发区资格，并对其机构建制、行政级别作相应调整。

**第二十三条** 根据开发区考核结果，对考核合格但排名下降5位以上的，由省开发区建设工作领导小组办公室对开发区管委会主要负责人进行约谈；对考核不合格的开发区，对开发区管委会主要负责人通报批评。对连续两年考核不合格的，按照干部管理权限和规定程序调整领导班子。

鼓励争先创优，对考核合格且排名每前移5位以上的，从省级财政支持开发区建设发展专项资金中奖励300万元；对连续两年考核合格且排名前5位的开发区，从省级财政支持开发区建设发展专项资金中奖励500万元，并在分配年度计划用地指标时，优先予以保障。对于连续三年考核合格且排名前3位的开发区，对管委会主要负责人在组织提拔使用干部时优先推荐。

## 第六章 附则

**第二十四条** 为了减轻各开发区负担，使开发区集中精力搞好建设和发展，原则上省开发区建设工作领导小组办公室牵头组织省直有关部门和各市政府，依据本考核办法对全省开发区组织考核的结果，作为各市、县政府、各级有关部门对各自管辖范围内开发区建设和发展水平进行考核的主要依据。各市、县政府，各级有关部门不再另行单独组织对开发区进行其他考核、评比、排队活动。

**第二十五条** 本办法由中共山西省委解释，具体解释工作由省开发区建设工作领导小组办公室承担。

**第二十六条** 本办法自印发之日起施行。

# 中共山西省委办公厅 山西省人民政府办公厅 关于印发《以汾河为重点的“七河”流域生态保护与修复总体方案》的通知

（厅字〔2018〕54号）

各市、县委，各市、县人民政府，省委各部委，省直各委、办、厅、局，各人民团体：

《以汾河为重点的“七河”流域生态保护与修复总体方案》已经省委、省政府同意，现印发给你们，请结合实际认真贯彻落实。

中共山西省委办公厅

山西省人民政府办公厅

2018年9月25日

## 以汾河为重点的“七河”流域生态保护与修复总体方案

为深入贯彻党的十九大关于加快生态文明建设的重大部署，进一步落实好习近平总书记视察山西重要讲话精神和全国生态环境保护大会精神，践行“绿水青山就是金山银山”的理念，加快推进以汾河为重点的“七河”流域生态保护与修复，按照水利部和省政府批复的汾河、桑干河、大清河、滹沱河、漳河、沁河、涑水河流域生态保护与修复规划，制定本方案。

### 一、重要意义

“七河”流域总面积11.2万平方公里、占全省的72%，其中汾河、沁河、涑水河属黄河流域，桑干河、滹沱河、漳河、大清河（位于雄安新区上游）属海河流域。“七河”流域生态环境既关系山西经济社会发展全局和人民福祉，又关系华北特别是京津冀地区生态环境的改善。20世纪80年代以来，“七河”流域生态环境遭到严重破坏，河流水质污染、地表水量减少、地下水位下降、岩溶大泉水量衰减、森林覆盖率低，已经成为制约我省可持续发展的短板。实施以汾河为重点的“七河”流域生态保护与修复，是省委、省政府贯彻新发展理念、推进生态文明建设的重大决策，是从根本上改变三晋大地山川面貌，提供更多优质生态产品、满足人民日益增长的优美生态环境需要的重大举措，是支撑全省经济转型发展和高质量发展的重大实践，对于推动绿色发展、建设美丽山西具有基础性、战略性、标志性意义。

### 二、总体要求

（一）指导思想

以习近平新时代中国特色社会主义思想为指导，深入贯彻落实党的十九大精神和习近平总书记视察山西重要讲话精神，坚持节约优先、保护优先、自然恢复为主的方针，紧紧围绕全省经济转型综改和乡村振兴战略，统筹山水林田湖草系统治理，以河长制为抓手，以流域为单元，将“七河”流域生态保护修复与城乡建设、产业发展、生态文化、旅游开发、脱贫攻坚、防洪减灾相结合，政府主导、市场主体、政策扶持、社会参与，控污、增湿、清淤、绿岸、调水“五策并举”，水资源、水生态、水环境、水灾害“四水同治”，逐步实现“水量丰起来、水质好起来、风光美起来”的目标，为建设“示范区”、打造“排头兵”、构建“新高地”创造良好生态环境。

（二）基本原则

省级规划，市县主体。省级负责编制“七河”流域生态保护与修复综合规划，明确分市县、分行业任务书，制定时间表和路线图。市、县政府是“七河”流域生态保护与修复的责任主体，按照规划负责落实辖区内流域生态修复治理任务，各市、县长是第一责任人。

政府主导，市场运作。各级政府要健全规划实施的监管和考核制度，对规划项目实施后的生态指标、水质指标等进行监督和绩效考核。组建流域投资公司，构建开放性的投融资、建设和运营一体化市场主体。市、县政府按照区域发展实际，与流域投资公司建立多种形式的协作关系，统筹推进“七河”流域生态修复与资源开发。

遵循规律，顺应自然。坚持人与自然和谐共生，尊重自然，保护自然，坚持自然恢复为主，工程措施为辅，水岸同治，统筹上下游、左右岸、干支流、堤内外系统治理，遵循和顺应自然规律。

因河制宜，一河一策。根据河流自然特征、水资源条件、治理现状和经济社会发展水平，逐河逐段科学制定治理目标和任务，以汾河流域为重点，合理安排治理任务和建设时序，整体推进，重点突破，全流域系统治理。

改革创新，两手发力。创新建管和投融资机制，创优营商环境，通过政府和市场两手发力，构建上下联动、政府协调、市场运作的长效机制。

(三)主要目标

分为两个阶段。第一阶段 2018 年到 2020 年，第二阶段 2021 年到 2030 年(具体目标任务详见附件 1、2)。

第一阶段主要目标是，到 2020 年全面实施“七河”干流源头及主要支流源头保护，全面完成河流划界确权，地表水水质优良(达到或优于Ⅲ类)比例达到 60%以上，干流和主要支流不断流，地下水采补基本平衡，水资源全域化配置格局基本形成，汾河“水量丰起来、水质好起来、风光美起来”目标初步实现，为全面建成小康社会提供有力支撑和保障。

第二阶段主要目标是，到 2030 年全面实施流域面积大于 100 平方公里的河流源头生态保护，地表水水质优良比例达到 75%，干流和主要支流生态水量不小于多年平均水量的 10%，地下水得到有效涵养，水生态环境质量明显改善，水安全保障能力显著提升，“七河”基本实现“水量丰起来、水质好起来、风光美起来”，为全省经济转型发展提供有力支撑和保障。

通过实施以汾河为重点的“七河”流域生态保护与修复，到 2035 年，河流源头生态保护全面实施，水生态环境状况全面改善，水资源实现高效配置，节水型社会全面建成，提供更多的优质生态产品以满足人民日益增长的优美生态环境需要。

**三、创新六大机制**

(一)创新规划机制

以水利部和省政府批复的“七河”规划为基础，按照“多规合一、一河一策”原则，省级统一编制详细规划，突出用足用好黄河水，实现污水资源化，恢复河流自然形态。明确流域内各市县政府、分行业的具体目标任务和项目清单，提出三年滚动计划，编制近期重点项目设计方案。市、县政府根据建设目标要求，制定具体实施方案和年度计划，按法定程序和要求组织项目实施。各级政府要健全规划实施的监管和考核制度，强化对规划实施的监督，确保规划按时有序有效落地。

(二)创新建管机制

“七河”生态保护与修复投资大，单靠财政投入难以满足工程建设需求。为切实解决好“钱从哪里来”的问题，要坚持政府与市场两手发力，不搞政府统贷统还，创新市场化运作机制。发挥省属水务企业重要支撑平台作用，以企引企，引进实力雄厚的战略投资方，流域内各市参股，首先组建汾河流域投资公司，作为流域生态保护与修复的投融资、建设、运营主体。在汾河先行试点的基础上，进一步总结经验，逐步组建其他流域投资公司。流域投资公司以项目为载体，与地方政府合作组建区域公司，开展项目建设及运营管理和产业开发等工作，形成“1+7+N”(“1”指省属水务企业，“7”指 7 个流域投资公司，“N”指区域公司)的我省生态环境治理的市场化运作体系。流域投资公司以资本为纽带，以股权合作为手段，吸引金融资本和社会资本，推进河流系统治理，通过土地开发、产业发展、资产经营等多种形式实现良性运营。

(三)创新政策机制

发挥财政资金"四两拨千斤"的作用，设立流域生态保护与修复专项资金。省级根据河流生态修复工作实际需求，设立流域生态保护与修复专项资金，支持开展河流生态治理工作；各市、县根据实际任务及自身财力，对河流生态治理工作予以支持。

用活土地资源收益。创新土地供应政策，建立健全多元化土地利用和土地供应模式。在"七河"干流河道水岸线以外原则上不小于100米、支流原则上不小于50米，各县根据实际需求逐步划定生态功能保障线；综合地形地貌特点、保护修复任务、产业开发需要等方面，原则上在生态功能保障线两侧1公里外，合理划定生态限制开发线，严格产业准入管制。各级政府支持流域投资公司开展土地整治，按比例分享土地指标交易收益。流域投资公司参与区域内土地一级开发，获得一定比例的收益。市、县政府提前收储流域生态限制开发线内及毗邻区域可开发地块，流域投资公司可分享土地出让收益和开发运营收益。

盘活经营性资产。鼓励流域投资公司按照我省市政公用事业特许经营管理条例规定，积极参与流域内水库、供水、污水处理、垃圾处理等项目的投资建设、经营管理。

推行政府购买生态服务。鼓励各级政府按照国家和我省的政府购买服务有关政策，结合当地经济和社会发展实际需求，将流域生态修复治理提供的生态产品和服务列入政府购买服务指导性目录。

导入多元产业增强收益。结合我省转型综改、脱贫攻坚、乡村振兴战略实际，流域投资公司优先发展三产融合产业。同时沿线地方政府授予流域投资公司产业招商职能，协同政府以企引企、以商招商等方式，做大做强区域产业增量。

（四）创新奖补机制

以市（县）级行政区为单元，建立区域生态环境综合性指标体系，以前三年平均数据为基数，与当年实际数据比较进行考核，实行奖优罚劣。通过以奖代补、贷款贴息等扶持方式，对生态保护与修复效果好的地区予以资金支持，进一步调动地方积极性，有力推进以汾河为重点的"七河"生态保护与修复工程。

（五）创新补偿机制

各级政府要切实贯彻《关于健全生态保护补偿机制的实施意见》（晋政办发〔2016〕172号），按照"谁受益、谁付费，谁破坏、谁付费"的原则，完善生态资源开发利用机制，拓宽生态补偿市场化、社会化运作渠道，落实相关措施。在河流源头区、岩溶泉域保护范围、集中式饮用水水源地等重点区域，全面开展生态保护补偿，适当提高补偿标准。补偿资金专项用于当地经济结构调整、生态保护与修复项目建设和社会事业发展，激励当地政府加强生态环境保护。建立河流水量水质断面交接机制。设置各市县行政区交界生态考核断面，统一制定各断面水质水量标准。严格执行边界水质水量标准，省级考核市级断面，市级考核县级断面，建立流域上下游地区有效协商平台和横向生态保护补偿机制。

（六）创新责任机制

市、县政府是"七河"流域生态保护与修复的责任主体，各市、县长是第一责任人，全面负责辖区内流域生态修复治理工作。建立以工作规则、绩效考核、责任追究为主体的工作制度，逐级分解任务，层层压实责任，构建横向到边、纵向到底的省、市、县、乡、村五级责任体系。政府有关部门制定相应制度、标准和奖惩机制，对流域投资公司承担的工作任务进行督促检查、考核奖惩和责任追究。

以河湖长制为抓手，建立"省级抓总、市县抓落实"的河长责任机制。省级河长负责统筹指导，确定目标任务，加强督办考核；市、县级河长负责组织领导相应河湖的生态保护和修复工作，协调解决方案落实中的重大问题，做好部门间协调联动、项目落地实施、资金资源整合等工作，对实施效果负责；乡级河长要做好协调配合工作。推行与"河湖长制"相匹配的"河湖警长制"，建立涉河违法犯罪行为移送公安执法机制和省市县乡四级公安联动机制，依法查处涉河湖违法犯罪行为，营造流域生态保护与修复良好环境。

强化部门行业管理职责。水利部门负责水资源配置、河流水系整治、岩溶大泉修复保护、水土保持及清洁小流域治理；发改部门负责工程项目审批立项和争取国家发展改革委资金支持等工作;公安部门负责落实河湖警长制的相关机制等工作;财政部门负责筹措资金,出台相应管理办法等工作;环保部门负责污染防治和生态保护监督管理等工作;经信部门负责企业搬迁、关停并转等工作;住建部门负责城市、农村生活污水治理及流域内城镇、农村生活垃圾处理、城市建成区黑臭水体治理等工作; 国土部门负责土地调整、确权等工作;林业部门负责植树造林、退耕还林、封禁保护等工作;农业部门负责农业面源污染防治、农林牧渔产业结构调整等工作;煤炭部门负责煤矿放顶及配合煤矿关停与采空区治理等工作;扶贫开发部门负责易地扶贫搬迁等工作。

## 四、实施六大工程

(一)实施水污染防治工程

重点开展工业污染防治、城镇生活污染治理、农业农村污染防治等工作,实现污水资源化。加大城镇污水收集和处理力度,加快治污设施提标改造,重点实施汾河太原城区、晋中城区、太榆退水渠,桑干河支流御河大同城区,涑水河闻喜和临猗城区、姚暹渠盐湖城区水污染治理;强化企业责任,加快技术改造,提高污水处理标准,加大再生水回用,取缔“七河”干流沿岸的污染企业和污染项目,做到人清、设备清、垃圾清、土地清,彻底根除“七河”干流污染隐患;在农村段推进农村生活垃圾治理、厕所粪污治理和农村生活污水治理,严格控制农药使用,推广低毒、低残留农药;在山丘区大力实施清洁小流域建设,促进生态系统良性循环。

(二)实施河流生态补水工程

建立流域内水资源统一调度机制, 充分利用引黄水,优化流域内水资源配置方案,保障河流生态水量。重点推进大水网和小水网工程建设,将引黄水和跨流域调水主要作为工业用水,退还流域内被挤占的生态水量,逐步增加河道生态水量。参照《山西省大中型泵站农业灌溉电价水价补贴管理办法》, 出台鼓励使用引黄水用于河流生态补水的电价水价优惠政策。在汾河流域,继续实施万家寨引黄南干向汾河生态补水,引沁入汾、禹门口东扩和北赵引黄连接段工程向汾河下游生态补水,中部引黄工程通水后可进一步加大生态补水量。在其他流域,加大万家寨引黄北干向桑干河流域生态补水力度;实施尊村引黄工程和小浪底引黄工程向涑水河生态补水;建设万家寨引黄南干滹沱河连通工程,从南干线输水至滹沱河支流阳武河,向滹沱河流域生态补水。

(三)实施河流源头保护工程

依法划定河流源头保护区, 开展国土绿化行动。完成“七河”河流源头保护区划定工作,在汾河流域,重点是干流源头和潇河、文峪河、昌源河等9条主要支流适宜建立保护区的区域; 重点抓好河流源头水源涵养林建设、干流两侧的护岸林带建设,提升涵养水源的能力;积极争取大清河(唐河、沙河)纳入雄安新区总体规划统筹实施;继续做好退耕还林、还草、还湿、还滩工作;继续实施水保生态建设,将生态建设与精准脱贫相结合,在“一个战场”打赢生态治理和脱贫攻坚“两大战役”。

(四)实施河湖水系综合整治工程

重点开展河湖管理范围和保护范围划界确权、河道整治、干流两侧蓄水湿地建设。按照第三次全国土地调查工作安排,完成“七河”河湖管理范围和保护范围划界确权。对“七河”干流河段进行综合整治,重点是穿城过乡过村段,其中汾河流域重点建设100公里中游示范区工程,将汾河中游打造成“七河”生态修复示范区;桑干河按照国家批复的永定河治理总体方案,重点建设干流蓄水湿地工程;滹沱河重点建设上游繁峙、代县段生态修复工程。加大堤防两侧和干支流两岸草灌乔相结合的植被建设。

(五)实施地下水超采治理和岩溶大泉保护工程

推进地下水取用总量和水位双控体系建设,通过合理确定地下水与地表水价格比价关系,促进用水结构调整。重点开展地下水超采区水源置换、关井压采及岩溶泉域保护工作。抓住国家将山西纳入全国地下水超采治理范围的机遇,重点实施汾河流域地下水超采区治理,并逐步扩大到桑干河、涑水河等流域。继续实施晋祠泉复流工程,启动兰村、古堆泉复流工程。加强龙子祠泉水源地和洪山泉保护,启动阳泉市娘子关岩溶大泉“老窑水”治理。继续对泉域重点保护区内的煤矿采取禁采措施。

（六）实施节约用水工程

重点开展高效节水灌溉、工业和城镇节水、海绵城市建设、雨水资源利用，实施国家节水行动。推广渠道防渗、管道输水、喷灌、微灌等高效节水灌溉技术，完善灌溉用水计量设施；积极推进海绵城市建设，促进雨水收集、处理和资源化利用，加快节水型城市建设；积极推进合同节水管理，在公共机构、高耗水工业和服务业等领域，建成一批试点工程。

## 五、保障措施

（一）政策保障措施

以政策释放资源价值。流域投资公司充分挖掘可利用资源，取得资源开发运营收益；通过生态修复提升沿线资源价值，分享增值收益；优先参与生态修复过程中新增经营性项目；积极参与承接政府购买服务，明确政府支出责任，不形成政府债务。用好用足中央和我省有关生态保护修复政策。

（二）管理保障措施

以体制释放机制的灵活性。创新建立“以投资主体一体化带动流域治理一体化”运作机制，流域投资公司统筹干、支流生态修复项目实施；依托河长制组织体系，建立流域生态保护与修复工作省市联席会议制度，由省河长办负责指导、协调、考核各市县流域生态修复工作及流域投资公司等相关事项；建立问责追究机制，理出责任清单，明确部门行业管理职责，强化责任落实；加强立法、执法工作，推进依法治河，用法治力量保证水清流畅，以生态文明倒逼经济转型，落实《山西省汾河流域生态修复与保护条例》，推进其他河流的立法工作。

（三）实施保障措施

按照详细规划，综合考虑干、支流的管理权限和项目经营属性，建立公司与省、市、县政府间的协商机制，采取统规统建、统规共建和统规自建三种方式推进。根据项目经营性、准经营性和公益性的属性，经营性项目由公司实现资金自平衡；准经营性和公益性项目，鼓励各级政府通过奖励、补偿等方式给予补助。

以汾河为重点的“七河”流域生态保护与修复是一项跨区域、跨行业综合治理工程，功在当代，利在千秋。各级党委、政府和有关部门要提高认识，强化组织领导，万众一心，合力攻坚，久久为功，一张蓝图干到底，把“七河”打造成生态长廊、宜居长廊、交通长廊、富民长廊和休闲长廊。

法规选登

# 山西省家庭教育促进条例

（2018年5月31日山西省第十三届人民代表大会常务委员会第三次会议通过）

## 第一章 总 则

**第一条** 为了促进家庭教育发展，保障未成年人健康成长，提高家庭成员素养，维护家庭和睦、社会稳定，根据有关法律、行政法规的规定，结合本省实际，制定本条例。

**第二条** 本省行政区域内家庭教育活动适用本条例。

本条例所称家庭教育，是指父母或者其他监护人对未成年人的教育和影响。

**第三条** 家庭教育应当践行社会主义核心价值观，坚持家庭实施、政府推进、学校指导、社会参与的原则。

倡导全社会注重家庭、注重家教、注重家风。

**第四条** 父母或者其他监护人是家庭教育的直接责任主体，依法履行家庭教育义务。

**第五条** 县级以上人民政府应当将家庭教育发展规划纳入本级国民经济和社会发展规划，建立城乡家庭教育指导服务体系，并将家庭教育事业发展经费纳入本级财政预算。

**第六条** 县级以上人民政府负责妇女儿童工作的机构，负责组织、协调、指导、督促有关部门做好家庭教育工作。

县级以上妇女联合会（以下简称妇联）负责指导推进本行政区域内的家庭教育工作，宣传家庭教育知识，开展家庭教育培训工作。

**第七条** 县级以上人民政府教育行政部门负责本行政区域内幼儿园、中小学、中等职业学校的家庭教育指导管理工作。

县级以上人民政府公安、民政、司法行政、文化、广播电视等部门以及工会、共产主义青年团、关心下一代工作委员会等组织应当按照各自职责，做好家庭教育的相关工作。

## 第二章 家庭实施

**第八条** 家庭成员应当相互尊重、相互学习、相互关爱，传承良好家风，共同培养健康的家庭文化，维护平等、和睦、文明的家庭关系。

**第九条** 父母或者其他监护人应当树立正确的家庭教育观念，学习家庭教育知识，参加家庭教育社会实践活动，提高家庭教育能力，营造和谐的家庭环境，以身作则，教育、引导未成年人养成优良的品德、健康的人格和良好的行为习惯。

父母或者其他监护人应当对未成年人进行理想信念、爱国主义、遵纪守法、社会公德、家庭美德、创新精神、生活技能、热爱劳动、安全知识、身心健康教育以及法律、法规规定的其他教育，促进未成年人全面发展。

**第十条** 父母或者其他监护人应当向幼儿园、学校了解未成年人的学习、生活情况，配合幼儿园、学校做好未成年人的教育工作。

**第十一条** 父母因外出务工或者其他原因不能与未成年子女共同生活的，还应当履行下列义务：

（一）委托有能力的其他成年人教育未成年子女，并与被委托人保持联系，了解未成年子女的学习、生活情况；

（二）通过电话、网络、书信等方式经常与未成年子女交流、沟通；

（三）定期与未成年子女团聚；

（四）法律、法规规定的教育未成年子女的其他义务。

**第十二条** 未成年人父母离异的，双方应当相互配合，继续履行对子女的家庭教育义务。

养父母应当履行对未成年养子女的家庭教育义务。

继父母应当履行对与其形成抚养教育关系的未成年继子女的家庭教育义务。

**第十三条** 有下列情形之一的，未成年人可以向学校、村(居)民委员会、未成年人保护委员会、民政部门、妇联等单位或者组织求助，接到求助的单位或者组织应当按照职责及时给予帮助：

（一）父母或者其他监护人不履行家庭教育义务的；

（二）父母或者其他监护人因实施家庭暴力等不当家庭教育方式，危害未成年人身心健康的；

（三）父母或者其他监护人死亡、失踪、重病、重度残疾，或者因父母双方或者其他监护人服刑、被采取强制性教育措施等原因不能履行家庭教育义务的。

任何单位、组织或者个人发现以上情形的，可以向有关单位或者组织反映。接到反映的单位或者组织应当及时给予帮助。

## 第三章 政府推进

**第十四条** 县级以上人民政府应当建立政府领导、部门联动、社会广泛参与的家庭教育工作机制。

各级人民政府应当督促有关单位或者组织落实家庭教育发展规划，发展家庭教育公共服务，推进家庭教育工作。

**第十五条** 各级人民政府应当制定农村留守儿童关爱保护措施，组织开展针对农村留守儿童的关爱教育、心理辅导等活动。

**第十六条** 留守、流动、贫困、重病、重度残疾等特殊困境儿童的父母或者其他监护人履行家庭教育义务确有困难的,县级以上人民政府教育行政、民政等部门以及妇联应当提供家庭教育指导服务。

**第十七条** 县级以上人民政府教育行政部门应当将家庭教育工作纳入综合督导评估体系。

**第十八条** 县级以上人民政府民政部门应当做好城乡社区家庭教育指导服务工作，加强对家庭教育服务类社会组织的规范管理,监督寄养、助养家庭履行家庭教育义务。

**第十九条** 县级以上人民政府公安、司法行政等部门应当按照各自职责,加强保护未成年人合法权益、预防和制止家庭暴力、预防未成年人犯罪等方面的工作。

**第二十条** 县级以上人民政府卫生健康行政部门应当推进0–3岁儿童早期家庭教育指导服务。

**第二十一条** 县级以上人民政府文化、广播电视部门应当推动公共文化机构开展家庭教育服务宣传，开发相关公共文化服务产品。

**第二十二条** 县级以上人民政府及其有关部门可以向符合条件的企业事业单位、社会组织购买家庭教育公共服务。

**第二十三条** 县级以上人民政府有关部门应当将从事家庭教育社会服务的心理咨询、教育咨询、文化咨询等机构的注册信息和行政处罚信息向社会公示。属于营利性质的机构,应当在国家企业信用信息公示系统(山西)进行公示;属于非营利性质的机构,应当在教育行政等部门相关公示系统进行公示。

县级以上人民政府有关部门应当依法查处家庭教育服务欺诈行为和虚假广告。

## 第四章 学校指导

**第二十四条** 幼儿园、中小学、中等职业学校应当建立健全家庭教育工作制度，将家庭教育指导服务纳入工作计划,成立家长委员会和家长学校,每年至少开展两次家庭教育实践活动。

**第二十五条** 未成年人在幼儿园、中小学、中等职业学校有不良行为的，学校应当及时制止并告知其父母或者其他监护人,并提供家庭教育指导。

**第二十六条** 政府举办的幼儿园、中小学、中等职业学校不得以营利为目的组织开展家庭教育活动。

鼓励其他性质的幼儿园、中小学、中等职业学校开展公益性家庭教育活动。

**第二十七条** 鼓励师范类院校和其他有条件的高等学校开设家庭教育课程。

鼓励相关研究机构和高等学校开展家庭教育理论研究,编写家庭教育读本。

## 第五章 社会参与

**第二十八条** 国家机关、企业事业单位、社会团体、村(居)民委员会应当引导职工、村(居)民重视对子女的家庭教育,为职工、村(居)民实施家庭教育创造条件。

**第二十九条** 国家机关、企业事业单位、社会团体、村（居）民委员会应当将家庭教育纳入精神文明创建活动,将家庭教育情况作为创建文明家庭的重要内容。

**第三十条** 鼓励心理咨询、婚姻家庭咨询、社会工作等专业人员参与家庭教育指导服务工作。

鼓励有条件的村(居)民委员会引入前款规定的专业人员,提供家庭教育指导服务。

**第三十一条** 妇幼保健机构应当开展儿童早期家庭教育知识宣传普及。

鼓励婚姻登记机构提供家庭教育辅导。

**第三十二条** 广播、电视、报刊等媒体应当设立家庭教育专栏、专题,开展公益宣传。

鼓励图书馆、博物馆、文化馆、纪念馆、科技馆、美术馆以及儿童文化团体等公共文化服务机构开展公益性家庭教育活动。

鼓励利用微博、微信和手机客户端等开展家庭教育知识普及和信息交流。探索建立远程家庭教育服务网络。

**第三十三条** 从事家庭教育服务的机构应当加强行业自律,接受有关部门的监督管理,不得宣传封建迷信、邪教、暴力、色情等非法内容,不得泄露未成年人及其家庭成员隐私。

## 第六章 法律责任

**第三十四条** 违反本条例规定,父母或者其他监护人不履行家庭教育义务,或者因实施家庭暴力等不当家庭教育方式,危害未成年人身心健康的,由相关单位或者组织予以批评教育或者向公安机关报案;公安机关接到报案后应当依法及时处理;构成犯罪的,依法追究刑事责任。

**第三十五条** 违反本条例规定,政府举办的幼儿园、中小学、中等职业学校以营利为目的开展家庭教育活动的,由县级以上人民政府教育行政部门责令改正,没收违法所得，对直接负责的主管人员和其他直接责任人员依法给予处分。

**第三十六条** 违反本条例规定，从事家庭教育服务的机构宣传封建迷信、邪教、暴力、色情等非法内容或者泄露未成年人及其家庭成员隐私的，由相关部门依法处理;构成犯罪的,依法追究刑事责任。

## 第七章 附则

**第三十七条** 本条例自2018年9月1日起施行。

# 山西省平遥古城保护条例

（1998年11月30日山西省第九届人民代表大会常务委员会第六次会议通过

2018年9月30日山西省第十三届人民代表大会常务委员会第五次会议修订）

## 第一章 总则

**第一条** 为了加强世界文化遗产平遥古城的保护，继承和弘扬优秀历史文化，根据有关法律、行政法规，结合本省实际，制定本条例。

**第二条** 在平遥古城保护范围内居住、游览、生产经营和从事保护、建设等活动，适用本条例。

**第三条** 平遥古城保护应当遵循科学规划、整体保护、合理利用、统一管理的原则，保持历史真实性、风貌完整性、文化延续性。

**第四条** 省人民政府、晋中市人民政府、平遥县人民政府（以下简称省、市、县人民政府）应当将平遥古城保护工作纳入国民经济和社会发展规划，将平遥古城保护和管理经费列入财政预算。

**第五条** 省、市人民政府应当加强对平遥古城保护工作的组织领导；县人民政府负责平遥古城保护工作；省、市、县人民政府有关部门按照各自职责做好平遥古城保护的相关工作。

平遥古城保护管理机构依法履行相关保护职责。

平遥县古陶镇人民政府、古城街道办事处做好相关保护工作。

**第六条** 鼓励公民、法人和其他组织通过捐赠、投资、设立公益性基金等方式提供资金支持，通过提供技术、宣传咨询等活动开展志愿服务，参与平遥古城保护工作。

**第七条** 每年六月第二周为平遥古城保护宣传周。省、市、县人民政府对在平遥古城保护工作中做出突出贡献的组织和个人给予表彰和奖励。

## 第二章 规划与保护

**第八条** 县人民政府负责组织编制平遥古城保护规划，报省人民政府批准后实施，并组织编制控制性详细规划、制定保护规划年度实施计划。

省、市、县人民政府编制或者修改其他各类规划，对涉及平遥古城保护范围的内容，应当与平遥古城保护规划相一致。

**第九条** 平遥古城保护范围划分为：核心保护区、建设控制区、环境协调区和镇国寺、双林寺。

核心保护区（以下统称为古城区）是指由罗哲文路、阮仪三街、郑孝燮路、王景慧街围合的区域。

建设控制区是指由惠济河、柳根街、顺城路、中都街围合的区域。

环境协调区是指由祁临高速路、和汾高速路、108国道围合的区域。

**第十条** 平遥古城保护的重点内容包括：

（一）整体历史风貌、传统格局和空间尺度；

（二）传统街巷、传统院落、传统民居、传统作坊、传统店铺的建筑高度、立面形式、院落布局、空间结构、建筑造型、老墙风貌；

（三）城墙、镇国寺、双林寺等文物保护单位；

（四）历史建筑、未定级的不可移动文物；

（五）寺观庙宇、祠堂楼阁、牌坊影壁、古井桥梁、古树名木；

（六）历史地名、历史建筑物名称、商业老字号；

（七）重大历史事件、重要历史人物、近现代重要工业等有关的代表性建筑、遗址、遗迹；

（八）传统文艺、传统手工艺、传统产业、传统民俗等非物质文化遗产；

（九）古城区内居民生活、社区基本服务的配套设施。

**第十一条** 省、市、县人民政府应当按照保护规划采取下列措施，完善基础设施，建设宜居、宜业、生态古城：

（一）健全古城地下管网，建设通信、供水、供电、供气、供热和污水处理等设施；

（二）配套完善教育、医疗、养老、社区服务等公共服务设施；

（三）配套建设公共绿地、庭院绿化，改善居住环境，恢复古城水系湿地。

**第十二条** 古城区内历史建筑的修缮应当遵守不改变原状的原则，保持原有的高度、体量、外观及色彩，采用传统流程、传统工艺、传统做法和传统材料；违法、超限的建（构）筑物应当整治或者拆除。

古城区内修缮历史建筑的，县人民政府应当给予资金补助和技术支持。

**第十三条** 古城区内除下列情形外，不得新增加建筑物，不得改建、扩建二层以上建筑物，不得建设地下空间：

（一）古城保护规划确定为改造片区；

（二）基础设施和公共服务设施建设需要；

（三）原址曾有传统建筑，经论证可以复原，且不影响相邻关系。

**第十四条** 古城区内禁止下列行为：

（一）拆除、损毁历史建筑；

（二）改变传统院落、传统民居结构；

（三）拓宽、截弯、取直街巷、道路；

（四）在沿街墙体上开门、开窗；

（五）在建筑屋顶上堆放物品、使用反光材料。

**第十五条** 古城区内不得擅自进行下列活动：

（一）复建、改建、修缮建(构)筑物；

（二）拆除历史建筑以外的建(构)筑物；

（三）拆除历史建筑中砖雕、石雕、木雕等建筑构件；

（四）装修、装饰沿街建筑外立面，占用街巷道路空间、沿街建筑外墙空间和庭院公共空间；

（五）悬挂、安装、设置各类广告、招牌、设施设备；

（六）接入市政基础设施和公共服务设施；

（七）设立景区、景点；

（八）开展各类生产经营。

**第十六条** 县人民政府消防主管部门应当会同城乡规划、城乡建设主管部门和古城保护管理机构制定古城区的防火安全保障方案，落实工作责任制。

防火安全保障方案的主要内容包括：

（一）各有关部门、古陶镇人民政府、古城街道办事处和单位、个人防火安全责任；

（二）古城防火安全技术防范措施；

（三）防火设施、器材配置；

（四）防火巡查检查、大型活动管理等安全管理措施；

（五）防火专业队伍建设、培训、管理；

（六）防火应急疏散预案制定及演练等。

**第十七条** 古城区内禁止下列具有消防安全隐患的行为：

（一）升放孔明灯、燃放烟花爆竹；

（二）生产、经营、运输、储存非生活所需的易燃易爆物品；

（三）未按照技术标准和规定敷设电气线路，使用超过电路设计负荷、存在消防安全隐患的电器设备；

（四）其他影响消防安全的行为。

**第十八条** 古城区内实施交通限制管理。

县人民政府公安机关交通管理部门和交通运输主管部门制定古城区内交通管理方案，完善公共交通服务设施，为居民、游客、经营户、驻地单位等提供交通便民服务。

**第十九条** 古城区内禁止开采地下水，现有自备井应当限期封闭。

**第二十条** 古城区内推广使用清洁能源。

古城区内推广普及居民家庭使用高效净化家用吸油烟机。

古城区内宾馆、饭店、餐厅、食堂等应当安装符合排放标准的油烟净化设施。

**第二十一条** 古城区内生产经营活动不得使用高噪音设施设备，导游服务不得使用开放式讲解设备。

**第二十二条** 建设控制区内县人民政府及其有关部门应当采取措施，加强对古城周边历史人文环境、田园风貌、生态环境和视线通廊等的保护；改造、拆除与古城风貌不协调的建(构)筑物，增加绿地植被，恢复田园景观、河流水系。

建设控制区内不得增加建设用地容积率，不得破坏文物古迹、历史建筑、公共空间、河流水系、园林绿地；新建、改建、扩建的建(构)筑物的高度、体量、外观、色彩等应当与古城风貌相协调。

**第二十三条** 环境协调区内县人民政府及其有关部门应当保护文物古迹、历史建筑、传统村落、河流水系、田园风貌、生态环境和视线通廊，控制建筑高度，体现当地建筑特色。

**第二十四条** 县人民政府应当建立古城保护专家委员会制度、传统建筑工匠备案管理制度和修缮历史建筑技术主持制度，建立历史建筑、老墙保护维修档案和古城保护名录。古城保护名录应当向社会公布。

**第二十五条** 县人民政府文物主管部门应当会同相关部门根据文物保护方面的法律、法规，制定镇国寺、双林寺的具体保护方案。

## 第三章 传承与利用

**第二十六条** 省、市、县人民政府应当定期研究、解决古城传承利用方面的重大问题，建立历史文化保护发展项目库，统筹开发古城历史文化资源。

**第二十七条** 省、市、县人民政府应当组织开展古城历史文化发掘研究、文化交流、技术创新和专业人才培养等工作，传承晋商文化，弘扬晋商精神。

**第二十八条** 县人民政府应当制定文物、历史建筑、传统村落以及非物质文化遗产等的传承利用办法，支持鼓励活化利用，弘扬古城历史文化。

**第二十九条** 县人民政府应当定期发布古城区内鼓励类、限制类、禁止类的经营项目目录，引导古城商业等业态合理布局；给予鼓励类项目相应的政策扶持和资金支持。

**第三十条** 古城区内的经营活动应当符合古城区商业布局、项目控制和相关要求，店铺招牌、门面装修、灯具款式和照明光色等应当与古城街巷风貌、环境氛围相协调。

**第三十一条** 公民、法人和其他组织自愿投资保护和修缮市、县级文物保护单位、未定级的不可移动文物、历史建筑的，在不改变所有权的前提下，可以依法享有一定期限的使用权。

**第三十二条** 鼓励当地居民在古城内居住，参与古城保护利用，展示当地传统生产生活方式，开展民俗文化活动。

**第三十三条** 鼓励公民、法人和其他组织依法利用传统村落、传统民居，传承历史文化，发展特色旅游。

**第三十四条** 鼓励开展研究和传承下列非物质文化遗产活动：

（一）设立主题博物馆、展示馆、传习中心和文化研究培训教育基地；

（二）组织传统文化、艺术、武术、民俗表演，举办文化节庆活动；

（三）其他有利于保护、传承非物质文化遗产的活动。

**第三十五条** 鼓励公民、法人和其他组织发展有利于古城保护和利用的文化创意产业，开发具有古城特色的艺术品、纪念品和其他产品，举办文化艺术活动等。

## 第四章 监督与管理

**第三十六条** 县人民政府应当每年向县人民代表大会常务委员会专项报告本条例执行情况，依法接受监督。

**第三十七条** 县人民政府应当建立古城保护联席会议制度，定期研究古城保护工作；完善古城保护执法体制，落实古城保护责任制度；建立古城保护日常巡查机制，依法加强古城保护监督检查。

**第三十八条** 县人民政府应当组织相关部门加强古城区建筑立面、外墙、屋顶、庭院等公共空间的风貌管理。

县人民政府相关部门应当要求所有权人或者使用权人及时消除建(构)筑物的安全隐患，限期整改影响古城风貌的建(构)筑物。

**第三十九条** 县人民政府土地主管部门和城乡建设主管部门应当制定古城区内历史建筑、传统民居等建筑物的转让、租赁管理办法，对修缮和使用建筑物实施引导、控制和监督。

**第四十条** 县人民政府市容环境卫生主管部门应当会同相关部门制定古城区市容环境卫生管理办法，规范垃圾处理、杂物堆放、污水排放、宠物饲养、店外经营等行为。

**第四十一条** 县人民政府相关部门制定古城区保护制度、办法，应当征求古城保护管理机构的意见；古城区内的许可、审批事项，应当征求古城保护管理机构的意见。

古城区内设立景区、景点的，应当征得古城保护管理机构的同意。

**第四十二条** 古城保护管理机构应当会同相关部门制定古城区民宿客栈、民俗客栈、饭店餐厅、店铺摊点的管理办法，建立评价机制，规范经营行为。

**第四十三条** 古城保护管理机构应当会同相关部门制定古城景区旅游安全应急预案、景区景点管理方案、大型活动管理办法，倡导文明旅游，规范经营行为，开展惠民活动，提升服务质量。

## 第五章 法律责任

**第四十四条** 违反本条例规定，法律、行政法规已有法律责任规定的，从其规定。

**第四十五条** 违反本条例第十三条、第十五条第一项规定的，由县人民政府城乡规划主管部门责令停止建设；尚可采取改正措施消除对古城风貌影响的，限期改正、恢复原状，处建设工程造价百分之五以上百分之十以下的罚款；无法采取改正措施消除影响的，限期拆除，不能拆除的，没收实物或者违法收入，可以并处工程造价百分之十以下的罚款。

**第四十六条** 违反本条例第十四条第一项至第四项、第十五条第二项至第四项规定的，由县人民政府城乡规划主管部门责令停止违法行为、限期恢复原状或者采取其他补救措施；有违法所得的，没收违法所得；逾期不恢复原状或者不采取其他补救措施的，城乡规划主管部门可以指定有能力的单位代为恢复原状或者采取其他补救措施，所需费用由当事人承担；造成损失的，依法承担赔偿责任。

违反本条例第十四条第一项规定，造成严重后果的，对单位并处三十万元以上五十万元以下的罚款，对个人并处十万元以上二十万元以下的罚款。

违反本条例第十四条第二项规定，造成严重后果的，对单位并处二十万元以上三十万元以下的罚款，对个人并处十万元罚款。

违反本条例第十四条第三项、第四项和第十五条第二项至第四项规定，造成严重后果的，对单位并处五万元以上十万元以下的罚款，对个人并处二万元以上五万元以下的罚款。

**第四十七条** 违反本条例第十四条第五项、第十五条第五项规定的，由县人民政府市容环境卫生主管部门予以警告，责令限期改正；逾期不改正的，对单位处以一千元以上五千元以下的罚款，对个人处以二百元的罚款，可以代为清理，清理费用由当事人承担。

**第四十八条** 违反本条例第二十一条规定的，由县人民政府生态环境主管部门予以警告，责令改正；拒不改正的，对生产经营者处以一千元以上五千元以下的罚款，对导游服务人员处以五十元以上二百元以下的罚款。

**第四十九条** 省、市、县人民政府及其有关部门的工作人员在古城保护工作中玩忽职守、滥用职权、徇私舞弊的，依法给予处分；构成犯罪的，依法追究刑事责任。

## 第六章 附则

**第五十条** 本条例自2018年12月3日起施行。

# 山西省节约能源条例

（2000年5月28日山西省第九届人民代表大会常务委员会第十六次会议通过

2011年9月23日山西省第十二届人民代表大会常

务委员会第二十五次会议修订

根据2018年9月30日山西省第十三届人民代表大会常务委员会第五次会议《关于修改〈山西省节约能源条例〉等九部地方性法规的决定》修正）

## 第一章 总则

**第一条** 根据《中华人民共和国节约能源法》和有关法律、行政法规，结合本省实际，制定本条例。

**第二条** 在本省行政区域内从事能源开发、加工、转换、利用、管理等活动，适用本条例。

**第三条** 本条例所称能源，是指煤炭、石油、天然气、煤层气、生物质能和焦炭、电力、热力以及其他直接或者通过加工、转换而取得有用能的各种资源。

本条例所称节约能源（以下简称节能），是指加强用能管理，采取技术上可行、经济上合理以及环境和社会可以承受的措施，从能源生产到消费的各个环节，降低消耗、减少损失和污染物排放、制止浪费，有效、合理地利用能源。

本条例所称重点用能单位，是指年综合能源消费总量五千吨标准煤以上的用能单位。

**第四条** 县级以上人民政府应当加强对节能工作的领导，将节能工作纳入国民经济和社会发展规划、年度计划；引导发展低能耗、低排放、高附加值和节能环保型产业；支持开发和利用新能源、可再生能源；发展循环经济、推行清洁生产，淘汰落后生产能力，提高能源利用效率。

**第五条** 县级以上人民政府经济和信息化行政管理部门是节能主管部门，负责本行政区域内的节能监督管理工作。

县级以上人民政府发展和改革、住房和城乡建设、交通运输等行政管理部门以及管理机关事务工作的机构应当在各自的职责范围内，负责相关领域节能监督管理工作，并接受同级节能主管部门的指导。

县级以上人民政府科技、财政、统计、质监等行政管理部门应当在各自的职责范围内做好相关节能管理工作。

**第六条** 本省建立统一的节能统计、监测和考核体系，实行节能目标责任制和节能考核评价制度，将节能目标完成情况纳入各地经济社会发展综合评价体系，并将其作为对县级以上人民政府及其负责人考核评价的内容。

**第七条** 县级以上人民政府及其相关部门以及学校、社区应当加强节能宣传教育，普及节能科学知识，倡导节能环保的消费模式和生活方式。

新闻媒体应当宣传节能法律、法规和政策，刊播节能公益广告，宣传节能先进经验和重要举措。

## 第二章 节能管理

**第八条** 县级以上人民政府应当组织编制和实施节能中长期专项规划和年度节能计划，并报上一级人民政府节能主管部门备案。

县级以上人民政府有关部门应当按照各自的职责分工，根据本行政区域节能中长期专项规划和年度节能计划，会同同级节能主管部门编制本领域的节能规划和年度节能计划。

**第九条** 省人民政府应当根据省节能中长期专项规划，确定全省年度节能目标，并向设区的市人民政府和重点用能单位下达年度节能目标。设区的市人民政府应当根据省人民政府下达的年度节能目标，向县级人民政府下达年度节能目标。

重点用能单位的名单由省人民政府节能主管部门定期公布。

**第十条** 省、设区的市人民政府应当对其下达的节能目标完成情况进行考核评价，县级以上人民政府应当每年向上一级人民政府报告节能目标责任的履行情况。

县级以上人民政府、重点用能单位未完成节能目标的，省、设区的市人民政府投资主管部门应当按照项目管理权限对其新建高耗能行业项目实行限批。

**第十一条** 固定资产投资项目实行节能评估和审查制度。

县级以上人民政府发展和改革行政管理部门审批、核准、备案或者核报本级人民政府审批、核准的项目，其节能审查由具有管理权限的发展和改革行政管理部门负责。其中，属于工业和信息化领域的项目，应当征求具有管理权限的经济和信息化行政管理部门的意见；属于建筑领域的项目，应当征求具有管理权限的住房和城乡建设行政管理部门的意见。

县级以上人民政府经济和信息化行政管理部门审批、核准、备案或者核报本级人民政府审批、核准的工业和信息化企业技术改造类项目，其节能审查由具有管理权限的经济和信息化行政管理部门负责。

不符合强制性节能标准的项目，建设单位不得开工建设；已经建成的，不得投入生产、使用。政府投资项目不符合强制性节能标准的，依法负责项目审批的机关不得批准建设。

**第十二条** 省节能主管部门应当会同有关部门根据国家明令淘汰的用能产品、设备、生产工艺的目录和本省经济发展水平，制定本省明令淘汰的用能产品、设备、生产工艺的目录，并向社会公布。

禁止生产、进口、销售国家和本省明令淘汰或者不符合强制性能源效率标准的用能产品、设备。禁止使用国家和本省明令淘汰的用能设备、生产工艺。

第十三条省节能主管部门应当会同有关部门推行合同能源管理，规范节能服务行业的发展，落实资金支持、税收优惠、金融服务和会计管理等政策。

**第十四条** 省节能主管部门应当会同有关部门建

立节能信息服务平台，完善能源利用状况、节能政策、节能标准等专业基础数据库，定期发布节能新技术、新产品信息。

**第十五条**　县级以上人民政府发展和改革行政管理部门负责第一产业、第三产业（不含房地产业）的节能监督管理工作。

**第十六条**　县级以上人民政府住房和城乡建设行政管理部门负责建筑节能的监督管理工作，推进新建民用建筑节能、既有民用建筑节能改造、民用建筑用能系统运行节能、可再生能源民用建筑应用管理等工作。

**第十七条**　县级以上人民政府交通运输行政管理部门负责公路、水路交通运输的节能监督管理工作，引导运输企业加强车船用油定额管理、提高运输组织化程度和集约化水平，组织开展重点运输企业油耗统计、监测和考核工作。

**第十八条**　县级以上人民政府管理机关事务工作的机构负责公共机构节能监督管理工作，会同有关部门制定本级公共机构能源消耗定额和公共机构既有建筑节能改造计划，并组织实施。

**第十九条**　县级以上人民政府质量技术监督行政管理部门应当加强对用能单位的能源计量器具和能源消费计量的检测与监督管理，建立健全能源计量数据的监督核查制度。

省人民政府质量技术监督行政管理部门可以根据本省实际，会同省节能主管部门和其他有关部门建立节能标准体系，制定严于强制性国家标准、行业标准的地方节能标准，并按规定程序报经国务院批准后执行；法律另有规定的除外。

**第二十条**　县级以上人民政府统计行政管理部门应当按照有关规定，开展相关能耗调查与统计工作，定期向同级人民政府报告统计情况，并对用能单位能源统计人员开展业务培训。

省人民政府统计行政管理部门应当会同省节能主管部门定期向社会公布设区的市以及主要耗能行业的能源消费和节能情况等信息。

**第二十一条**　县级以上人民政府节能主管部门负责本行政区域的节能监察工作，可以依法委托节能监察机构开展下列工作：

（一）监察能源生产、经营、使用单位和节能服务机构执行节能法律、法规、规章情况；

（二）监察重点用能单位的能源利用状况；

（三）受理节能违法行为的举报和投诉，查处违法用能案件；

（四）开展节能宣传、教育和培训，推广先进节能技术，指导用能单位合理使用能源；

（五）法律、法规规定的其他节能监察职责。

用能单位和其他组织应当配合节能监察机构依法开展节能监察工作，不得阻碍节能监察。

## 第三章　合理使用和节约能源

**第二十二条**　用能单位应当完善节能管理和考核奖惩制度，建立能源管理体系，执行节能标准，控制新增能耗，加强能源消耗定额管理，分解落实节能目标和责任。用能单位应当开展能效水平对标活动，通过管理和技术措施，提高能效水平。

**第二十三条**　用能单位应当建立健全能源计量、检测管理制度，配备和使用经依法检定合格的能源计量器具。

用能单位应当加强能源统计工作，建立健全原始记录和统计台账，并对统计数据的真实性负责。

**第二十四条**　重点用能单位应当每年安排资金用于节能技术改造和节能新技术、新工艺、新设备的研究开发及推广应用，淘汰高耗能落后工艺、技术和设备，调整企业产品结构和能源消费结构。

**第二十五条**　重点用能单位应当每五年开展一次能源审计并编制节能规划，制订年度节能计划，完成节能目标。

**第二十六条**　重点用能单位应当每年向相应的节能主管部门和节能监察机构报送上一年度的能源利用状况报告。

县级以上人民政府节能主管部门应当对重点用能单位报送的能源利用状况报告进行审查。

**第二十七条**　重点用能单位应当设立能源管理岗位，聘请具有节能专业知识、实际经验以及中级以上技术职称的人员担任能源管理负责人，并报县级以上人民政府节能主管部门和有关部门备案。

**第二十八条**　工业企业应当执行单位产品能耗限额标准，对产品生产过程中的能源消耗实行限额管理。

**第二十九条**　电网企业应当加强电网建设和改造，优化资源配置，降低网损，提高输供电效率。

电网企业应当按照节能发电调度管理的有关规定，优先安排清洁、高效和符合规定的热电联产、利用余热余压发电的机组以及煤矸石、低热值燃料等符合资源综合利用规定的发电机组与电网并网发电运行。

**第三十条**　服务行业应当在保证服务功能的前提下，选用能源利用效率高、能耗低的产品或者服务方式、服务项目，并加强对耗能设备使用和维修的管理。

**第三十一条**　建筑工程的建设、设计、施工、监理和施工图审查等单位应当执行国家和省有关建筑节能标准。

禁止在建筑活动中使用列入国家和省禁止使用目录的技术、工艺、材料和设备。

**第三十二条**　营运机动车辆、船舶的能耗应当符合国家规定的能耗标准，超出标准的不得用于营运。

**第三十三条**　鼓励用能单位采用合同能源管理方式，

委托节能服务机构为本单位的节能改造提供用能状况诊断，以及节能项目设计、融资、改造和运行管理等服务。

**第三十四条** 鼓励企业开展节能产品认证。政府采购监督管理部门应当优先将取得节能产品认证证书的产品、设备列入政府采购名录。

公共机构应当优先采购列入政府采购名录中的节能产品、设备，加强用能系统和设备的运行管理，提高运行效率。

**第三十五条** 加强农业和农村节能工作，发展新型高效的沼气池、农作物秸秆气化等集中供气系统，推广省柴节煤炉灶炕，开发利用生物质能和风能、太阳能等可再生能源。

鼓励农村建筑采用节能设计，使用节能材料，采取节能措施。

**第三十六条** 能源生产经营单位不得向本单位职工无偿或者低于市场价格提供能源。

**第三十七条** 本省行政区域内禁止新建和扩建实心粘土砖生产企业和生产线。城市建筑工程禁止使用实心粘土砖。

## 第四章 节能技术进步和激励措施

**第三十八条** 县级以上人民政府应当将节能技术创新与成果转化作为扶持的重点领域，鼓励、支持科研机构、高等院校、企业和个人研究开发节能新技术、新能源和可再生能源。

提倡多渠道开展国际、国内节能信息、技术交流与合作。

**第三十九条** 省节能主管部门应当会同有关部门，定期公布本省推荐使用的节能产品和技术目录，组织实施重大节能科研项目、节能示范项目和重点节能工程。

**第四十条** 省、设区的市人民政府应当设立节能专项资金，县级人民政府可以根据财力状况设立节能专项资金，用于节能改造工程项目、节能技术和产品的示范与推广、节能宣传培训和信息服务等。

节能专项资金的使用和管理办法由省人民政府制定。

**第四十一条** 县级以上人民政府应当按照有关规定，通过财政补贴、价格调控、落实税收优惠政策等方式，鼓励和支持下列节能活动：

（一）生产、使用高效节能的电动机、锅炉、窑炉、风机、泵类等用能设备和生产工艺；

（二）采用煤矸石发电等综合利用技术；

（三）采用余热余压、地热、煤泥、洗中煤、矿井瓦斯等发电或供热，以及热电联产、洁净煤技术等综合利用技术；

（四）开发利用生物质能、风能、太阳能、水能、地热能等可再生能源；

（五）在新建、改建、扩建建筑工程和既有建筑节能改造中，使用新型墙体材料等节能建筑材料、节能设备、节能技术和产品；

（六）综合利用生产、生活中产生的废弃物；

（七）采用先进的能源管理、监测和控制等技术；

（八）推广、使用节能照明器具等节能产品；

（九）开发生产使用低能耗、低污染的节能环保车和清洁能源车；

（十）国家和省确定的其他节能活动。

**第四十二条** 引导金融机构为符合条件的节能技术研究开发、节能产品生产以及节能技术改造等项目优先给予信贷支持。

鼓励民间资金对节能行业的投入。

**第四十三条** 本省实行峰谷分时电价、季节性电价、可中断负荷电价制度，鼓励电力用户合理调整用电负荷；对钢铁、有色金属、建材、化工和其他主要耗能行业的企业，分类实施差别电价政策。

**第四十四条** 县级以上人民政府每年应当对节能工作成绩显著的单位和个人给予表彰、奖励。

## 第五章 法律责任

**第四十五条** 国家工作人员在节能监督管理工作中有下列行为之一的，依法给予处分；构成犯罪的，依法追究刑事责任：

（一）对不符合强制性节能标准的政府投资项目予以批准建设的；

（二）拒不受理举报、投诉或者受理后不查处的；

（三）违法收取相关费用或者罚款的；

（四）其他滥用职权、玩忽职守、徇私舞弊的。

**第四十六条** 违反本条例规定，固定资产投资项目建设单位开工建设不符合强制性节能标准的项目或者将该项目投入生产、使用的，由负责节能审查的县级以上人民政府有关部门责令停止建设或者停止生产、使用，限期改造；不能改造或者逾期不改造的生产性项目，由负责节能审查的县级以上人民政府有关部门报请本级人民政府按照规定的权限责令关闭。

**第四十七条** 违反本条例规定，使用国家和本省明令淘汰的用能设备或者生产工艺的，由节能主管部门责令停止使用，没收明令淘汰的用能设备；情节严重的，由节能主管部门提出意见，报请本级人民政府按照规定的权限责令停业整顿或者关闭。

**第四十八条** 违反本条例规定，阻碍节能监察，违反治安管理处罚法的，依法给予治安管理处罚；构成犯罪的，依法追究刑事责任。

**第四十九条** 违反本条例规定，重点用能单位未开展节能审计或者不按规定编制节能规划、节能计划的，由节能主管部门予以警告，并责令限期整改；逾期未改正的，予以通报，并对未开展能源审计的实施强制能源审计。

**第五十条** 违反本条例规定，工业企业超过单位产品能耗限额标准用能的，由节能主管部门按照规定的权限责令限期治理；情节严重，逾期不治理或者未达到治理要求的，由节能主管部门提出意见，报请本级人民政府按照规定的权限责令停业整顿或者关闭。

### 第六章 附则

**第五十一条** 本条例自2011年12月1日起施行。

## 山西省汾河流域水污染防治条例

（1989年7月19日山西省第七届人民代表大会常务委员会第十次会议通过

根据1997年7月30日山西省第八届人民代表大会常务委员会第二十九次会议《关于修改〈山西省汾河流域水污染防治条例〉的决定》修正

2004年11月27日山西省第十届人民代表大会常务委员会第十四次会议修订

根据2018年9月30日山西省第十三届人民代表大会常务委员会第五次会议《关于修改〈山西省节约能源条例〉等九部地方性法规的决定》修正）

**第一条** 为了防治汾河流域水污染，改善水质，保护环境，保障人体健康和人民生活、生产用水，促进经济和环境的协调发展，根据《中华人民共和国水污染防治法》和其他有关法律、法规，结合本省实际，制定本条例。

**第二条** 本条例适用于汾河流域的干流、支流、泉源、湖泊、水库、渠道等地表水体以及地下水体的污染防治。

**第三条** 省人民政府环境保护行政主管部门负责汾河流域水污染防治工作的统一监督管理。

汾河流域市、县（市、区）人民政府环境保护行政主管部门负责本行政区域内汾河流域水污染防治工作的统一监督管理。

省人民政府有关部门和汾河流域市、县（市、区）人民政府有关部门，按照各自的职责，负责汾河流域水污染防治的有关工作。

**第四条** 任何单位和个人都有责任保护汾河流域的水环境，并有权对污染汾河流域水环境的行为进行监督、检举和控告。

**第五条** 省人民政府和汾河流域市、县(市、区)人民政府，应当对保护汾河流域水环境做出突出贡献的单位和个人，给予表彰、奖励。

**第六条** 在汾河流域内，应当严格控制采矿，加强生态环境建设，植树造林，保护植被，防止水土流失，维持汾河干流和支流的水量，维护生态环境用水，增强水环境自净能力。

**第七条** 汾河流域水污染防治规划，由省人民政府环境保护行政主管部门会同省人民政府发展和改革部门、水行政主管部门和有关市人民政府编制，报省人民政府批准，并报国务院备案。

汾河流域市、县（市、区）人民政府根据省人民政府批准的汾河流域水污染防治规划，组织制定本行政区域内汾河流域水污染防治的具体规划。

省人民政府和汾河流域市、县（市、区）人民政府，应当把汾河流域水污染防治规划纳入本行政区域的国民经济和社会发展中长期规划，并将规划中确定的项目在年度计划中予以安排。

**第八条** 省人民政府应当按照汾河流域不同水域、河段的水环境质量要求和保护目标，制定汾河流域水功能区划和水环境管理区划。汾河流域市、县（市、区）人民政府应当采取措施，保证本行政区域内汾河流域水环境质量符合水功能区划和水环境管理区划的要求。

**第九条** 省人民政府和汾河流域市、县（市、区）人民政府，应当对本行政区域内汾河流域的水环境质量负责。

汾河流域水污染防治工作应当纳入省人民政府和汾河流域市、县（市、区）人民政府环境保护目标责任制。汾河流域水环境质量改善指标的完成情况和跨行政区域交界处河流断面水质状况，应当定期考核并向社会公布考核结果。该考核结果应当作为考核任免政府主要负责人的重要内容。

汾河流域市、县（市、区）人民政府每年向本级人民代表大会或者其常务委员会报告环境状况和环境保护目标完成情况时，应当报告本行政区域内汾河流域水环境质量限期达标规划执行情况，并向社会公开。

**第十条** 省人民政府应当制定汾河流域污染物排放标准和重点污染物排放总量控制计划及相应的实施方案。

汾河流域市、县（市、区）人民政府应当根据省人民政府制定的污染物排放标准和重点污染物排放总量控制计划分配的排放总量控制指标，组织制定本行政区域内重点污染物排放总量控制实施方案。

省人民政府环境保护行政主管部门和汾河流域市、县（市、区）人民政府环境保护行政主管部门，根据同级人民政府重点污染物排放总量控制实施方案，每年向排污单位下达重点污染物排放总量控制指标、需要削减的排污量及削减时限。排污单位必须按期达到排污总量削减的要求。

**第十一条** 直接或者间接向汾河流域排放水污染物的排污单位，应当取得排污许可证。排污许可证应当明确排放水污染物的种类、浓度、总量和排放去向等要求。

禁止排污单位无排污许可证或者违反排污许可证的规定向汾河流域排放水污染物。

**第十二条** 省人民政府环境保护行政主管部门应当在汾河干流的市级行政区域交界处，设置水污染物排放监控断面，安装自动在线监测装置，监督水污染物排放情况，并定期公布水环境质量状况。

汾河流域市人民政府环境保护行政主管部门应当在本行政区域内一级支流的入河口，设置水污染物排放监控断面，安装自动在线监测装置，监督水污染物排放情况，并定期公布水环境质量状况。

**第十三条** 新建、改建、扩建直接或者间接向汾河流域排放水污染物的建设项目和其他水上设施，应当依法进行环境影响评价。

建设项目的水污染防治设施，应当与主体工程同时设计、同时施工、同时投入使用。水污染防治设施应当符合经批准或者备案的环境影响评价文件的要求。

**第十四条** 省人民政府应当在资金、项目和技术等方面，对宁武雷鸣寺至娄烦汾河水库的汾河流域上游水污染防治工作实行优惠、扶持政策，保证引黄水质安全。

**第十五条** 省人民政府应当在汾河源头划定保护区范围，有计划地进行移民搬迁，封山育林育草，保护植被，涵养水源。

禁止在汾河源头保护区范围内采伐林木、采矿、挖砂、采石。

**第十六条** 按照权责统一、合理补偿和谁受益谁补偿的原则，建立森林、草地、湿地、荒漠、水流、耕地等区域的生态保护补偿机制。

建立汾河源头、主要支流源头、岩溶泉域重点保护区、集中式饮用水源地生态补偿机制，补偿资金专项用于当地经济结构调整和社会事业发展。具体办法由省人民政府制定。

**第十七条** 汾河源头至太原市尖草坪区三给村干流河岸两侧各3公里范围、三给村以下干流河岸两侧各2公里范围为重点排污控制区。

在太原市城市规划区范围内和汾河流域其他行政区域的重点排污控制区范围内，禁止新建炼焦、冶炼、洗煤、选矿、造纸、化工、电镀等严重污染水环境的企业；已建成的严重污染水环境的企业，应当限期改造或者搬迁。具体办法由省人民政府制定。

禁止在太原市尖草坪区三给村以上汾河干流和水体开发污染水环境的旅游项目。

**第十八条** 汾河源头至太原市尖草坪区三给村流域，不得新增排污口或者扩大排污量；三给村以下干流、支流、湖泊和泉域重点保护区内新增排污口的，应当经有管辖权的水行政主管部门或者泉域管理机构同意，由有管辖权的环境保护行政主管部门批准，排污单位应当按照环境保护行政主管部门的要求规范设置。

设置排污口的排污单位，应当按照规定在排污口安装自动在线监测装置。排污单位不得擅自拆除、改造或者停止运行自动在线监测装置。

在汾河流域饮用水水源保护区内，禁止设置排污口。

**第十九条** 汾河流域内市、县(市、区)人民政府应当按照汾河流域水污染防治规划的要求，在省人民政府规定的时限内，建成城市污水集中处理设施和垃圾处理厂，并保证正常运行。在建设城市污水集中处理设施和垃圾处理厂时，应当配套建设市政污水排放管网和垃圾收集设施。

鼓励使用再生水，提高污水再生利用率；鼓励垃圾分类处理，提高垃圾综合利用率。具体办法由省人民政府制定。

**第二十条** 在汾河流域内排放工业废水，应当执行国家或者地方规定的排放标准。

禁止向汾河干流和一级支流排放医药、生物制品、化学试剂、农药、石油炼制、焦化和其他有毒有害的工业废水。

**第二十一条** 禁止向汾河流域干流、支流及河滩、岸坡、坑塘、溶洞倾倒垃圾、废渣等固体废物或者堆放其他污染物。

禁止将含有汞、镉、砷、铬、铅、氰化物、黄磷等的可溶性剧毒废渣向水体排放、倾倒或者直接埋入地下。

在前款规定的范围外倾倒垃圾、废渣等固体废物或者堆放其他污染物，应当有专门的场所和防渗漏、防流失、防扩散、防产生有害化学反应的措施。

**第二十二条** 在汾河流域内从事农副产品加工、规模化畜禽养殖等生产活动的，应当采取有效措施，防止水污染。

**第二十三条** 在汾河流域农田灌溉水体中，禁止倾倒垃圾、废渣等固体废物；禁止浸泡、清洗、丢弃装贮过油类、有毒污染物的车辆与器具；禁止排放油类；禁止排放焦油渣、剧毒废液。

**第二十四条** 省人民政府农业行政主管部门和汾河流域市、县(市、区)人民政府农业行政主管部门，应当对农田灌溉水质定期组织监测，并公布水质状况。

**第二十五条** 在汾河流域内输送、存贮废水和污水的管道、沟渠、坑塘等，应当采取防渗漏措施。

禁止在汾河流域内利用渗井、渗坑、裂隙、溶洞，私设暗管，篡改、伪造监测数据，或者不正常运行水污染防治设施等逃避监管的方式排放水污染物。

**第二十六条** 在汾河流域内建设地下工程设施或者进行地下勘探、采矿等活动，应当采取防护措施，防止地下水污染。

报废矿井、钻井或者取水井等，应当实施封井或者回填。

**第二十七条** 省人民政府环境保护行政主管部门和汾河流域市、县(市、区)人民政府环境保护行政主管部门，应当在当地主要媒体上，定期公布排放污染物超过国家或者地方规定的排放标准，或者污染物排放总量超过规定限额的单位的名单。

**第二十八条** 汾河流域内可能发生水污染事故的排污单位，应当制定有关水污染事故的应急方案，做好应急准备，并定期进行演练。

排污单位发生事故或者其他突发性事件，造成或者可能造成水污染事故的，应当立即启动本单位的应急方案，采取隔离等应急措施，防止水污染物进入水体。向可能受到水污染危害或者损害的单位和居民通报，并向事故发生地的县级以上人民政府或者环境保护主管部门报告。

环境保护行政主管部门在接到水污染事故报告后，应当立即向本级人民政府和上一级环境保护行政主管部门报告，并向相邻上游和下游的环境保护行政主管部门和水行政主管部门通报。

水污染事故发生地的市、县(市、区)人民政府，应当及时组织有关部门对事故发生的原因进行调查，并采取有效措施消除或者减轻水污染事故造成的危害或者损害。

**第二十九条** 违反本条例有关规定，《中华人民共和国水污染防治法》等有关法律、行政法规有处罚规定的，从其规定。

**第三十条** 违反本条例规定，未依法取得排污许可证排放水污染物的，由县级以上人民政府环境保护主管部门责令改正或者责令限制生产、停产整治，并处十万元以上一百万元以下的罚款；情节严重的，报经有批准权的人民政府批准，责令停业、关闭。

**第三十一条** 违反本条例规定，设置排污口的排污单位，未按照规定安装自动在线监测装置，或者擅自拆除、改造、停止运行自动在线监测装置的，由县级以上人民政府环境保护主管部门责令限期改正，处二万元以上二十万元以下的罚款；逾期不改正的，责令停产整治。

**第三十二条** 违反本条例规定，向汾河干流和一级支流排放医药、生物制品、化学试剂、农药、石油炼制、焦化和其他有毒有害的工业废水的，由县级以上人民政府按照规定的权限责令停业或者关闭；对负有直接责任的主管人员和其他直接责任人员依法追究责任。

**第三十三条** 违反本条例规定，有下列行为之一的，由县级以上人民政府环境保护主管部门责令停止违法行为，限期采取治理措施，消除污染，处以罚款；逾期不采取治理措施的，环境保护主管部门可以指定有治理能力的单位代为治理，所需费用由违法者承担：

(一)倾倒垃圾、废渣等固体废物的；

(二)浸泡、清洗、丢弃装贮过油类、有毒污染物的车辆与器具的；

(三)排放油类的；

(四)排放焦油渣、剧毒废液的。

有前款第一项、第二项行为之一的，处二万元以上二十万元以下的罚款；有前款第三项、第四项行为之一的，处十万元以上一百万元以下的罚款；情节严重的，报经有批准权的人民政府批准，责令停业、关闭。

**第三十四条** 违反本条例规定，排污单位未按照规定制定水污染事故防范和应急方案的，由县级以上人民政府环境保护主管部门责令改正；情节严重的，处二万元以上十万元以下的罚款。

**第三十五条** 省人民政府和汾河流域市、县(市、区)人民政府及其有关部门的负责人，违反本条例规定，有下列行为之一的，依法给予行政处分；构成犯罪的，依法追究刑事责任：

(一)未按照规定编制或者组织实施汾河流域水污染防治规划的；

(二)擅自批准或者授意、放任在太原市城市规划区范围内和汾河流域其他行政区域的重点排污控制区范围内，新建严重污染水环境的企业的；

(三)在省人民政府规定的时限内，未建成城市污水集中处理设施和垃圾处理厂或者建成后未正常运行的；

(四)对严重污染水环境的排污单位，未按照规定责令停业、关闭的；

(五)对本行政区域严重污染水环境的违法行为失察的；

(六)违反本条例规定的其他行为。

**第三十六条** 省人民政府环境保护行政主管部门和汾河流域市、县(市、区)人民政府环境保护行政主管部门及其工作人员，违反本条例规定，有下列行为之一的，对负有直接责任的主管人员和其他直接责任人员依法给予行政处分；构成犯罪的，依法追究刑事责任：

(一)未按照规定核发排污许可证的；

(二)未及时报告、通报水污染事故的；

(三)违反本条例规定的其他行为。

**第三十七条** 本条例自 2005 年 5 月 1 日起施行。

## 山西省农业环境保护条例

(1991 年 11 月 19 日山西省第七届人民代表大会常务委员会第二十五次会议通过

根据 2010 年 11 月 26 日山西省第十一届人民代表大会常务委员会第二十次会议《关于修改部分地方性法规的决定》修正

根据 2018 年 9 月 30 日山西省第十三届人民代表大会常务委员会第五次会议《关于修改〈山西省节约能源条例〉等九部地方性法规的决定》修正)

### 第一章 总则

**第一条** 为保护和改善农业环境，防止危害农作物生产和农产品污染，保障农产品质量安全，根据《中华人民共和国农业法》《中华人民共和国环境保护法》和《中华人民共和国农产品质量安全法》等有关法律规定，结合本省实际情况，制定本条例。

**第二条** 本条例所称农业环境，是指影响农业生物生存和发展的各种天然的和经过人工改造的自然因素总体，包括农业用地、农业用水、大气、生物和农业野生植物资源等。

**第三条** 各级人民政府应当对本辖区的农业环境质量负责，将农业环境保护纳入国民经济和社会发展计划，列入环境保护目标责任制，并组织实施。

**第四条** 任何单位和个人都有保护农业环境的义务，并有权对污染和破坏农业环境的行为进行监督、检举和控告。

**第五条** 对保护和改善农业环境做出显著成绩的单位和个人，由人民政府给予表彰和奖励。

**第六条** 在本省境内一切从事与农业环境有关的活动的单位和个人，都必须遵守本条例。

## 第二章 监督管理

**第七条** 县级以上人民政府环境保护行政主管部门，对本辖区的环境保护工作实施统一监督管理。

县级以上人民政府农业行政主管部门，对本辖区的农业环境保护实施监督管理。其所属的农业环境保护机构受其委托负责农业环境保护监督管理的具体工作。

县级以上人民政府的国土资源、水利、林业、煤炭等有关行政主管部门，依照有关法律、法规的规定，根据各自的职责，协同农业行政主管部门对管辖范围内的农业环境保护工作实施监督管理。

**第八条** 县级以上人民政府农业行政主管部门，在农业环境保护方面的主要职责是：

（一）贯彻执行国家有关法律、法规和方针、政策；

（二）拟定农业环境保护的长远规划和年度计划；

（三）组织农业环境质量调查和监测，并向上级农业行政主管部门和同级环境保护行政主管部门提供农业环境质量、农产品质量现状及发展趋势情况的报告；

（四）对直接影响农业环境的建设项目和单位进行监督检查，参与农业环境污染事故和污染纠纷的调查处理；

（五）宣传普及农业环境保护知识，组织农业环境保护科学研究，推广农业环境保护的先进经验和技术；

（六）发展生态农业，合理开发利用农业资源，促进农业环境质量的良性循环。

地方农业环境保护标准由省农业行政主管部门会同省环境保护行政主管部门拟定，报省人民政府批准。

**第九条** 县级以上人民政府农业行政主管部门所设的农业环境监测机构，按有关规定参加环境监测网络，负责本辖区的农业环境监测，业务上受上级农业环境监测机构和同级环境保护行政主管部门监测机构的指导。

**第十条** 凡对农业环境有直接影响的建设项目，建设单位提交的环境影响报告书中，必须有农业环境影响评价的内容。环境保护行政主管部门在审批环境影响报告书前，应当征求同级农业行政主管部门的意见。该项目在竣工验收时，应当有同级农业行政主管部门参加。

**第十一条** 县级以上人民政府环境保护行政主管部门、农业行政主管部门或者其他依照本条例第七条规定行使环境监督管理权的部门，都有权对管辖范围内的排污单位进行现场检查。被检查单位必须如实反映情况，提供必要的资料。

**第十二条** 因发生突然性事件，造成或者可能造成农业环境污染事故的，必须立即采取应急措施，避免造成严重损失，并及时通报可能受到污染危害的单位和个人，在四十八小时内向当地环境保护行政主管部门和农业行政主管部门报告，接受调查处理。

## 第三章 保护措施

**第十三条** 县级以上人民政府，应当有计划地在本辖区的商品粮基地、城市副食品基地、出口农产品基地和名、特、优、稀、新农产品集中地区，建立保护区。

**第十四条** 县级以上人民政府，应当对遭受严重污染、影响农作物正常生长或者所生产的农产品危害人体健康的农业区域，划定农业环境综合整治区。

**第十五条** 在农田附近堆放煤矸石、废渣等污染物，必须采取防自燃、防渗漏、防流失、防扬散等措施。

**第十六条** 采矿、取土、挖沙、筑路、办企业和修水利等活动，应当采取有效措施，减少破坏地貌和植被。

**第十七条** 农田灌溉用水应当符合相应的水质标准，防止污染土壤、地下水和农产品。

禁止向农田灌溉渠道排放工业废水或者医疗污水。

向农田灌溉渠道排放城镇污水以及未综合利用的畜禽养殖废水、农产品加工废水的，应当保证其下游最近的灌溉取水点的水质符合农田灌溉水质标准。

禁止在农田水体中倾倒工业废渣、城镇垃圾及其他废弃物，排放油类、酸液、碱液、剧毒废液、含病原体废水，浸泡、清洗、丢弃装贮过油类、有毒污染物的车辆与器具以及国家明令禁止的其他行为。

**第十八条** 鼓励综合利用农业废弃物与农副产品的再生能源，综合防治农业面源污染。

县级以上人民政府农业行政主管部门应当加强农业与农村环境保护技术、农村可再生能源技术、农业清洁生产技术的研发、引进及推广。

**第十九条** 排放含有毒有害物质的废气、烟尘和粉尘污染农业环境的，必须采取治理措施，达到规定的排放标准。

**第二十条** 禁止新建不符合国家产业政策、污染严重的各类生产项目。对已经建成的,由所在地的市、县人民政府责令关闭。

**第二十一条** 积极发展高效、低毒、低残留农药,推广综合防治病虫害技术,优先应用生物、物理、农业等防治办法。

使用农药,应当符合国家有关农药安全使用的规定和标准。

禁止猎捕、收购、贩运、销售农作物害虫和害鼠的天敌,并保护其栖息、繁殖场所。

由人工繁殖、饲养的,不受前款规定的限制。

**第二十二条** 使用难分解的农膜应当在农作物收获后回收。

## 第四章 法律责任

**第二十三条** 违反本条例规定,造成土地、森林、大气、水等资源的破坏的,依照有关法律的规定承担法律责任。

**第二十四条** 对违反本条例规定应当给予行政处罚的其他行为,由环境保护行政主管部门、农业行政主管部门或者其他依照本条例第七条规定行使环境监督管理权的部门,根据有关法律和法规的规定给予行政处罚。

**第二十五条** 造成农业环境污染危害的,有责任排除危害,并对受到损失的单位或者个人赔偿损失。

赔偿责任和赔偿金额的纠纷,可以根据当事人的请求,由环境保护行政主管部门、农业行政主管部门或者其他依照本条例第七条规定行使环境监督管理权的部门处理,当事人对处理决定不服的,可以向人民法院起诉。当事人也可以直接向人民法院起诉。

**第二十六条** 违反本条例规定,造成重大农业环境污染事故,导致公私财产重大损失或者人身伤亡等严重后果,触犯刑律的,对有关责任人员由司法机关依法追究刑事责任。

## 第五章 附则

**第二十七条** 本条例自公布之日起施行。

# 山西省大气污染防治条例

(1996年12月3日山西省第八届人民代表大会常务委员会第二十五次会议通过

根据2007年3月30日山西省第十届人民代表大会常务委员会第二十九次会议关于修改《山西省大气污染防治条例》的决定修正

2018年11月30日山西省第十三届人民代表大会常务委员会第七次会议修订)

## 第一章 总 则

**第一条** 为了保护和改善环境,防治大气污染,保障公众健康,推进生态文明建设,促进经济社会可持续发展,根据《中华人民共和国环境保护法》《中华人民共和国大气污染防治法》等有关法律、行政法规,结合本省实际,制定本条例。

**第二条** 本省行政区域内大气污染防治及其监督管理活动,适用本条例。

**第三条** 各级人民政府应当对本行政区域的大气环境质量负责。

县级以上人民政府应当将大气污染防治工作纳入国民经济和社会发展规划,加大对大气污染防治的财政投入,加强大气污染防治资金的监督管理,转变经济发展方式,优化产业结构和布局,合理规划城市布局,推广利用清洁能源,促进清洁生产,使大气环境质量达到规定标准并逐步改善。

乡(镇)人民政府、街道办事处应当根据县级以上人民政府和有关部门的工作安排做好本辖区的大气污染防治工作。基层群众性自治组织应当协助做好大气污染防治工作。

**第四条** 县级以上人民政府生态环境主管部门对大气污染防治实施统一监督管理,其他有关部门在各自职责范围内对大气污染防治实施监督管理。

**第五条** 企业事业单位和其他生产经营者应当采取有效措施,防止和减少大气污染,并对造成的损害依法承担责任。

公民应当增强大气环境保护意识,采取低碳、节俭的生活和消费方式,自觉履行大气环境保护义务。

**第六条** 大气污染防治实行目标责任制和考核评价制度,由省人民政府制定考核办法。上级人民政府对下级人民政府的大气环境质量改善目标、大气污染防治重点任务完成情况实施考核。考核结果应当向社会公开。

**第七条** 鼓励开展大气污染防治新技术、新工艺、新设备的研究和推广,支持培养和引进大气污染防治专业人才。

鼓励社会资本参与大气污染防治。

**第八条** 机关、社会团体、学校、新闻媒体、基层群众性自治组织等,应当加强大气环境保护宣传和教育,普及大气污染防治法律法规和科学知识,增强公众的大气环境保护意识,推动公众参与大气环境保护。

## 第二章 监督管理

**第九条** 县级以上人民政府应当根据本行政区域大

气环境质量状况、大气环境承载力和重点大气污染物排放总量控制指标的要求，编制本行政区域大气污染防治规划并组织实施。

**第十条** 省人民政府可以制定严于国家标准的地方大气环境质量标准和大气污染物排放标准；对大气环境问题突出的地区或者区域内的重污染行业，可以决定执行大气污染物特别排放限值。

**第十一条** 省人民政府根据主体功能区划、区域大气环境质量状况和大气污染传输扩散规律，划定大气污染防治重点区域，统筹协调区域内的大气污染防治工作。

省人民政府生态环境主管部门会同设区的市人民政府，制定重点区域大气污染防治规划，建立重点区域大气污染联防联控机制，提出重点防治任务和措施，促进区域大气环境质量改善。

**第十二条** 本省实行重点大气污染物排放总量控制制度。

省人民政府应当将国务院下达的重点大气污染物排放总量控制指标分解到设区的市人民政府。设区的市人民政府根据本区域大气环境质量改善需求分解到县(市、区)人民政府。

除国家确定削减和控制排放总量的重点大气污染物外，省人民政府可以根据本省大气环境质量状况和大气污染防治工作的需要，确定本省实行总量削减和控制的其他重点大气污染物。

**第十三条** 本省实行大气污染物排污许可管理制度。

排放工业废气或者国家有毒有害大气污染物名录中大气污染物的企业事业单位、集中供热设施的燃煤热源生产运营单位，以及其他依法实行排污许可管理的排污单位，应当按照国家有关规定取得排污许可证，并按照排污许可证的规定排放大气污染物。未取得排污许可证的，不得排放大气污染物。

**第十四条** 县级以上人民政府在控制重点大气污染物排放总量的前提下，按照有利于总量减少的原则，对重点大气污染物排放总量控制指标实行排污权交易。

**第十五条** 省人民政府生态环境主管部门应当建立大气环境监测制度，完善大气环境质量和大气污染源监测体系。

县级以上人民政府生态环境主管部门负责组织建设与管理本行政区域大气环境质量和大气污染源监测网，按照国家有关监测和评价规范，开展大气环境质量和大气污染源监测，统一发布本行政区域大气环境质量状况信息。

**第十六条** 实行大气污染物排污许可管理的排污单位应当按照国家有关规定和监测规范自行或者委托有资质的监测机构开展大气污染物排放监测，记录、保存原始监测数据，确保监测数据真实可靠，不得隐瞒、伪造、篡改监测数据。

重点排污单位应当按照国家有关规定和监测规范安装、使用大气污染物自动监控设备，与生态环境主管部门联网，保证自动监控设备正常运行，并依法公开排放信息。

省、设区的市人民政府生态环境主管部门负责组织对重点排污单位开展监督性监测。

重点排污单位名录由省、设区的市人民政府生态环境主管部门商有关部门依法确定，并向社会公布。

**第十七条** 省、设区的市人民政府应当对下一级人民政府及其有关部门开展大气污染防治情况进行专项督察。

省人民政府生态环境主管部门对重点区域、重点行业和排污单位存在突出大气污染问题或者发生重大大气环境违法案件应当按照有关规定进行重点督查，并向社会公开督查结果。

**第十八条** 有下列情形之一的，省人民政府生态环境主管部门应当会同有关部门约谈所在地设区的市人民政府或者县(市、区)人民政府主要负责人，约谈情况应当向社会公开。

(一)未完成国家和省确定的大气环境质量目标的；

(二)大气污染物排放量超过总量控制指标的；

(三)发生重大大气环境污染事故的；

(四)执行国家和省环境保护政策和工作部署不力，致使本地区大气环境问题突出的；

(五)未完成环境保护督查整改任务的。

有前款(一)(二)项情形之一的，还应当暂停审批该地区新增重点大气污染物排放总量的建设项目环境影响评价文件。

**第十九条** 县级以上人民政府生态环境主管部门和其他负有大气环境保护监督管理职责的部门，应当依法公开大气环境质量、环境监测、突发环境事件以及环境行政许可、行政处罚等信息。

排污单位应当向社会公开单位基本信息、主要大气污染物排放情况、大气污染防治设施的建设和运行、突发大气环境事件应急预案和环境行政许可等信息，并对公开信息的真实性、准确性和完整性负责。

**第二十条** 排污单位应当建立大气环境保护责任制度，明确单位负责人和相关人员的责任，制定大气污染防治设施操作规程，建立环境保护管理台账。

**第二十一条** 排污单位可以委托具有相应能力的第三方治理机构代其运营大气污染防治设施或者实施大气污染治理，并对治理结果承担法律责任。

## 第三章 防治措施

### 第一节 燃煤污染防治

**第二十二条** 本省实行煤炭消费总量控制制度，逐步调整能源结构，降低煤炭在一次能源消费中的比重。

省人民政府能源主管部门会同有关部门，根据经济社会发展需求以及环境资源承载能力，制定区域煤炭消费总量控制目标。

设区的市、县(市、区)人民政府根据区域煤炭消费总量控制目标，制定本地区煤炭消费总量控制计划并组织实施。

**第二十三条** 各级人民政府应当限制高硫分、高灰分煤炭开采。新建煤矿应当同步配套建设煤炭洗选设施，使煤炭的硫分、灰分含量达到规定标准。已建成的煤矿除所采煤炭属于低硫分、低灰分或者根据已达标排放的燃煤电厂要求不需要洗选的以外，应当限期建成配套的煤炭洗选设施。

存放煤炭、煤矸石、煤渣、煤灰等物料，应当采取防燃、防尘措施，防止大气污染。

**第二十四条** 燃煤电力企业、焦化企业、钢铁企业以及其他燃煤单位应当采用清洁生产工艺，配套建设除尘、脱硫、脱硝等装置，减少大气污染物的产生和排放。

**第二十五条** 城市人民政府应当在燃煤供热地区推进热电联产和集中供热。在集中供热管网覆盖区域内，禁止新建、改建、扩建分散燃煤供热锅炉，集中供热管网覆盖前已建成使用的分散燃煤供热锅炉和已建成的不能达标排放的燃煤供热锅炉，应当在城市人民政府规定的期限内拆除。

**第二十六条** 设区的市人民政府应当根据大气环境质量改善要求，将城市建成区划定为禁煤区，并逐渐扩展。县(市、区)人民政府可以根据实际情况划定禁煤区范围。禁煤区的划定应当考虑当地居民的生活需要。

禁煤区内除煤电、集中供热和原料用煤企业外，禁止储存、销售和燃用煤炭及其制品。

**第二十七条** 各级人民政府应当加强民用散煤管理。禁止销售、使用不符合民用散煤质量标准的煤炭，禁止褐煤、洗中煤、煤泥等低质劣质煤作为民用煤使用。

## 第二节 工业污染防治

**第二十八条** 严格控制新建、扩建钢铁、焦化、建材、化工、有色金属等高排放、高污染项目。

城市建成区内的钢铁、焦化、建材、化工、有色金属等高排放、高污染项目，应当限期完成改造、转型、搬迁或者退出。

**第二十九条** 排污单位和其他生产经营者在生产经营活动中产生恶臭气体的，应当按照规定设置合理的防护距离，安装净化装置或者采取其他措施，防止恶臭气体排放。

在居民住宅区等人口密集区域和医院、学校、幼儿园、养老院等其他需要特殊保护的区域及其周边，不得新建、改建和扩建制药、油漆、塑料、橡胶、造纸、饲料等易产生恶臭气体的生产项目或者从事其他产生恶臭气体的生产经营活动。已建成的，应当限期搬迁。

**第三十条** 鼓励生产、进口、销售和使用无挥发性有机物或者低毒、低挥发性有机物的原材料和产品。

下列产生含挥发性有机物废气的活动，应当使用低挥发性有机物含量的原材料和工艺，按照规定在密闭空间或者设备中进行并安装、使用污染防治设施；无法密闭的，应当采取措施减少废气排放：

(一)煤炭加工与转化；

(二)燃油、溶剂的储存、运输和销售；

(三)涂料、油墨、胶粘剂、农药等以挥发性有机物为原材料的生产；

(四)涂装、印刷、粘合和工业清洗等含挥发性有机物的产品使用；

(五)生物发酵等其他产生含挥发性有机物废气的生产和服务活动。

**第三十一条** 排污单位应当严格控制生产过程中产生的粉尘和气态污染物的排放。无组织排放源应当采取封闭、集中收集和处理措施。

## 第三节 机动车和非道路移动机械污染防治

**第三十二条** 县级以上人民政府应当根据本地实际，改善道路交通状况，优化交通运输结构，减少交通运输产生的大气污染物。

城市人民政府应当优化城市功能和路网布局，优先发展公共交通事业，倡导低碳、环保出行。

**第三十三条** 县级以上人民政府应当推广符合国家标准的节能环保型和新能源汽车，规划建设相应的充电站(桩)、加气站等基础设施，鼓励和支持公交、出租、市容环境卫生、邮政、物流配送、机场铁路通勤等用车和公务用车使用节能环保型和新能源汽车。

**第三十四条** 在用机动车应当按照国家或者地方的有关规定，由机动车排放检验机构定期对其进行排放检验。经检验合格的，方可上道路行驶。

机动车排放检验机构及其负责人对检验数据的真实性和准确性负责，不得伪造排放检验结果或者出具虚假的排放检验报告。

**第三十五条** 未达到本地执行的机动车污染物排放标准的机动车，公安机关交通管理部门不予办理机动车注册登记。

正常状态下排放黑烟等明显可视大气污染物的机动车，不得上道路行驶。

**第三十六条** 机动车维修单位应当按照防治大气污染的要求和国家有关技术规范对在用机动车进行维修，

使其达到规定的排放标准。交通运输、生态环境主管部门应当依法加强监督管理。

设区的市人民政府交通运输主管部门应当向社会公布本市机动车维修单位名录，便于机动车所有人或者使用人进行选择。

**第三十七条** 抽检、路检或者定期检验不合格的机动车应当进行强制维修，取得由机动车维修单位出具的维修合格凭证，并进行复检。抽检、路检不得收取费用。

**第三十八条** 公安机关交通管理部门应当依法对维修或者改造后大气污染物排放仍不符合规定标准的机动车予以强制报废。

**第三十九条** 在用重型柴油车、非道路移动机械未安装污染控制装置或者污染控制装置不符合要求，不能达到国家和本省规定的排放标准的，应当加装或者更换符合要求的污染控制装置。

**第四十条** 县级以上人民政府应当支持和推广使用严于国家标准的车用燃油和清洁车用能源。销售车用燃油的单位和个人，应当明示油品质量标准；禁止生产、进口、销售不符合标准的燃油和添加剂。

县级以上人民政府市场监督管理部门应当加强生产、流通领域燃油质量的监督管理。

**第四十一条** 县级以上人民政府应当建立机动车排放污染防治联动执法机制。

生态环境主管部门、公安机关和交通运输主管部门应当实现信息和数据共享。

### 第四节 扬尘和其他污染防治

**第四十二条** 住房城乡建设、市容环境卫生、交通运输、自然资源等有关部门，应当根据本级人民政府确定的职责，做好扬尘污染防治工作。

从事房屋建筑和市政基础设施建设、建(构)筑物拆除等施工单位，应当向住房城乡建设主管部门备案。从事水利、交通、矿山、电力等工程建设、建(构)筑物拆除等施工单位，应当向相关主管部门备案。

**第四十三条** 建设单位应当将防治扬尘污染的费用列入工程造价，并在工程承包合同中明确扬尘污染防治责任。

施工单位应当制定施工扬尘污染防治实施方案，并遵守下列规定：

(一)在施工工地设置硬质围挡，并采取覆盖、分段作业、择时施工、洒水抑尘、冲洗地面和车辆等有效防尘降尘措施；

(二)采取密闭措施及时清运建筑土方、工程渣土、建筑垃圾，在施工工地内堆存的，应当采用密闭式防尘网遮盖，工程渣土、建筑垃圾应当进行资源化处理；

(三)施工工地出入口、主要通道、加工区等采取地面硬化处理措施，在施工工地建筑结构脚手架外侧设置有效抑尘的密闭式防尘网；

(四)在施工工地公示扬尘污染防治措施、负责人、扬尘监督管理主管部门等信息。

建设单位应当对暂时不能开工的建设用地裸露地面进行覆盖；超过三个月的，应当进行绿化、铺装或者遮盖。

**第四十四条** 矿山企业应当按照设计和开发利用方案作业，设置废石、废渣、泥土等专门存放地，并采取围挡、硬化施工道路、洒水降尘、设置防风抑尘网等防尘、降尘措施，并及时进行生态修复，防治扬尘污染。

**第四十五条** 运输渣土、土方、砂石、垃圾、灰浆、煤炭等散装、流体物料的车辆，应当采取密闭措施，并按照规定的路线、时间行驶。运输车辆冲洗干净后，方可驶出作业场所。在运输过程中不得遗撒、泄漏物料。

设区的市、县(市、区)人民政府城市市容环境卫生主管部门应当推行道路机械化清扫等低尘作业方式；采用人工清扫的，应当符合作业规范，减少扬尘。

**第四十六条** 企业物料堆放场应当按照有关规定进行密闭；不能密闭的，应当安装防尘设施或者采取其他抑尘措施。装卸易产生扬尘的物料，应当采取密闭或者喷淋等抑尘措施。

生活垃圾填埋场、建筑垃圾消纳场应当按照相关标准和要求采取抑尘、防臭措施。

**第四十七条** 农业农村、林业等主管部门应当制定农药、化肥减量计划和措施，指导农林业生产经营者科学合理施用农药、化肥等农业投入品，减少氨、挥发性有机物等大气污染物的排放。

**第四十八条** 畜禽养殖场、养殖小区应当按照规定对污水、畜禽粪便和尸体等进行收集、贮存、清运和无害化处理；未达到规模养殖的畜禽养殖单位和个人应当采取与其养殖规模相适应的大气污染防治措施，防止排放恶臭气体。

**第四十九条** 禁止露天焚烧沥青、油毡、橡胶、塑料、皮革、垃圾以及其他产生有毒有害烟尘和恶臭气体的物质；禁止露天焚烧秸秆、落叶等产生烟尘污染的物质。

**第五十条** 县级以上人民政府应当划定禁止燃放烟花爆竹的时段和区域，减少烟花爆竹燃放产生的大气污染物。

**第五十一条** 县级以上人民政府民政部门应当加强对殡葬服务机构祭祀活动的监督管理，引导公民文明、绿色祭祀，防止产生大气污染。

## 第四章 重污染天气应对

**第五十二条** 省、设区的市人民政府生态环境主管部门应当会同同级气象主管机构等有关部门建立重污染天气监测预警、会商、信息通报和数据共享等机制，完善重污染天气预测预报体系。

**第五十三条**　县级以上人民政府应当制定重污染天气应急预案，报上一级人民政府生态环境主管部门备案，并向社会公布。

排污单位应当按照省、设区的市人民政府发布的重污染天气预警要求，采取重污染天气应急减排措施。

纳入重污染天气应急减排清单的工业企业应当编制应急响应操作方案。

**第五十四条**　省、设区的市人民政府负责重污染天气预警的发布、调整和解除，其他任何单位和个人不得擅自向社会发布。

预警信息发布后，县级以上人民政府及其有关部门应当通过电视、广播、网络、短信等途径告知公众采取健康防护措施，指导公众出行和调整其他相关社会活动。

**第五十五条**　县级以上人民政府应当依据重污染天气的预警等级，采取大气污染防治法规定的应急措施。在重污染天气集中出现的季节，可以组织实施错峰生产、施工和运输。

在错峰生产、施工和运输期间，重点排污单位和施工单位应当按照县级以上人民政府的安排，对生产经营活动和土方施工、运输进行调整，减少或者暂停排放大气污染物的生产、作业。

## 第五章　法律责任

**第五十六条**　违反本条例规定，法律、行政法规对法律责任已有规定的，从其规定。

**第五十七条**　违反本条例规定，销售不符合民用散煤质量标准的煤炭，或者在禁煤区内销售煤炭及其制品的，由县级以上人民政府市场监督管理部门责令改正，没收原材料、产品和违法所得，并处货值金额一倍以上三倍以下的罚款。

**第五十八条**　违反本条例规定，机动车向大气排放污染物超过规定的排放标准，或者正常状态下排放黑烟等明显可视大气污染物的机动车上道路行驶的，由县级以上人民政府公安机关交通管理部门依法予以处罚。

**第五十九条**　违反本条例规定，施工单位未采取措施防治扬尘污染的，由县级以上人民政府住房城乡建设主管部门责令改正，处一万元以上十万元以下的罚款；拒不改正的，责令停工整治。

**第六十条**　违反本条例规定，运输渣土、土方、砂石、垃圾、灰浆、煤炭等散装、流体物料的车辆，未采取密闭措施防止物料遗撒、泄漏的，由县级以上人民政府确定的监督管理部门责令改正，处二千元以上二万元以下的罚款；拒不改正的，车辆不得上道路行驶。

**第六十一条**　各级人民政府、县级以上人民政府生态环境主管部门和其他负有大气环境保护监督管理职责部门的工作人员在大气污染防治监督管理活动中滥用职权、玩忽职守、徇私舞弊、弄虚作假的，依法给予处分；构成犯罪的，依法追究刑事责任。

## 第六章　附则

**第六十二条**　本条例自 2019 年 1 月 1 日起施行。

# 机构设置和负责人名录*

## 中国共产党山西省第十一届委员会

书　记　骆惠宁
副书记　楼阳生　黄晓薇（女）*　林　武
常　委　高建民*　任建华　罗清宇　徐广国
　　　　吴汉圣*　张吉福　廉毅敏　商黎光
　　　　王　赋*　胡玉亭　韩　强
委　员（按姓氏笔画为序）
　　　　马彦平*　王　亚　王　成　王　宏　王　纯
　　　　王　震　王　赋*　王一新　王立业　王立伟
　　　　王安庞　王利波　王秀文　王建明　王联辉
　　　　卢建明　白秀平　师　帅　朱先奇　任建中
　　　　任建华　向二牛　刘　杰　刘予强　刘志宏
　　　　刘志杰　刘润民　闫喜春　关建勋　孙大军
　　　　孙海潮　李凤岐　李正印　李建刚　李俊明
　　　　李晓波　李福明　杨　司　吴汉圣　吴俊清
　　　　汪　凡　张　葆（女）　张九萍（女）　张文栋
　　　　张吉福　张安顺　张志川　张金旺
　　　　张建欣（女）　张瑞鹏　陈永奇*　陈学东
　　　　陈振亮　武　涛　武宏文　林　武　罗清宇
　　　　岳普煜　郑连生　赵建平　赵雁峰　胡玉亭
　　　　胡苏平（女）　贺天才　骆惠宁　耿彦波
　　　　高建民*　徐广国　郭长青　郭迎光
　　　　郭保民　郭海刚　席小军　黄晓薇（女）*
　　　　盛佃清　符惠民　商黎光　董一兵　韩　强
　　　　楼阳生　廉毅敏　翟振新　薛延忠
　　　　薛维栋　霍红义
候补委员
（按得票多少为序，得票相等的按姓氏笔画为序）
　　　　符惠明*　汪　凡*　张安顺*　翟振新
　　　　霍红义*　王　震*　姜四清　阎俊生
　　　　翟　红　刘宏新　李中元　李晋平　王创民
　　　　郭　健　薛永辉
秘书长　王　赋
常务副秘书长　张瑞鹏
副秘书长　李体柱*　冯　征*　储祥好　王利波
　　　　　宋　伟　毛益民*　王成禹　宋惠民
　　　　　宋红波

## 山西省第十二届人大常委会

主　任　骆惠宁
副主任　郭迎光　卫小春　胡苏平（女）*
　　　　张建欣（女）*　周　然*
　　　　田喜荣*　刘　杰*　高卫东*　李悦娥
　　　　岳普煜　李俊明
秘书长　李仁和　弓　跃*　王立业*　王守义*
　　　　王　宏*
委　员（按姓名笔画排列）
　　　　于亚军（女）　王尚义*　王卫星　王安庞
　　　　王利波　王　宏　王启瑞*　王娟玲（女）*
　　　　王继伟　王联辉　王斌全　卢晓中　卢　捷
　　　　白秀平　白德恭　牛三平*　牛社威*
　　　　亢官文*　石金鸣*　邢德川*　成锡峰
　　　　乔光明　刘本旺　刘　美　闫喜春　汤俊权
　　　　孙大军*　远勤山　杜永成*　李平社　李东福*
　　　　李永林*　李亚明　李泰山*　李思进*
　　　　李　洪*　李栋梁　李俊林　李高山　李效玲
　　　　李福明　杨俊和*　杨志刚　杨增武
　　　　何　涛*　张建国*　吴玉程　张华龙
　　　　张李锁　张高宏　张　葆（女）　张　锦
　　　　陈继光　陈跃刚　赵向东　张瑞鹏*　赵建平
　　　　赵雁峰*　侯晋川*　秦作栋　袁　进　贾向东
　　　　高新文　郭　明*　郭勇义*　郭玉福　郭新民*
　　　　曹建军*　郭金刚　郭新民　黄卫东　梁若皓
　　　　梁俊明　董　岩　韩怡卓　蔡汾湘　熊继军
　　　　薛维梁*
副秘书长　秦作栋　汤俊权*　张世文　周世经

## 山西省人民政府

省　长　楼阳生
常务副省长　高建民*
副省长　郭迎光*　王一新　张复明　贺天才
　　　　刘新云　曲孝丽
秘书长　王　纯
副秘书长　张文栋　孙海潮　翟振新　张金旺
　　　　　闫晨曦*　梁敬华　刘　星*　高建军
　　　　　王延峰　丁纪岗

## 政协第十一届山西省委员会

主　席　薛延忠*　黄晓薇（女）
副主席　王建明*　朱先奇*　卫小春*　刘滇生*
　　　　王　宁*　李悦娥（女）*　张友君*　张　璞*
　　　　姜新文*　李正印　李晓波　张瑞鹏　席小军
　　　　李武章　李青山　谢　红　李思进
秘书长　阎根生*　赵光国
常务委员（按姓氏笔画排序）
　　　　丁文禄　于若洁*　卫忠平　马　伟　马一清
　　　　马天荣　马晥东*　王　杨　王　静（女）
　　　　王　蕾（女）　王月娥（女）　王书红　王志连
　　　　王怀荣　王国华　王建强　王兴旺*
　　　　王丽峰（女）*　王建武*　王建国*　王贵平*
　　　　王艳梅（女）*　王晓立　王爱萍（女）*

王爱琴(女) 王维平 王维卿(女)
王瑞霞(女) 文武斌(满族) 邓蜀平
田玉成 代全民* 冯亚琴(女,蒙古族)*
冯建新* 宁立新 边晋南* 邢国明*
成锡锋* 师 帅* 朱晓明 任晓娜(女)
庄金洲* 刘 正* 刘文秀 刘本旺*
刘占中* 刘国庆 刘佰平* 刘继隆 刘蓉华
闫卫平 闫润德 孙 群 孙祥林 孙跃进
远勤山 苏亚君 杜宏瑞 李 理*
李 菲(女) 李 猛 李太阳 李中元
李书吉* 李安平 李志强* 李建民*
李劲民 李忠人 李建明 李庭凯
李桂平(女) 李海瑕(女)* 李骏虎 李德志*
杨社堂 杨忠华 杨临生 杨建新 吴晓年
宋兴航 宋保民 宋新梅(女) 张 政*
张 锦(女)* 张子玉 张亚平* 张克强*
张李锁* 张建豪* 张俊生* 张根虎*
张红健(女) 张培富 张湘君(女)* 张富刚*
陆惠德 陈安平 陈国伟 武 强 武金贵*
武爱国* 周明定* 武绍忠 苗 伟
法 海 赵 明* 赵恒寿* 郝 旭*
郝建华(女)* 孟 萧 赵 彬 赵士权
赵建华 贾桂梓 侯秀娟(女)* 姜利辉*
姚宪华* 姚锦城* 倪生唐* 高 凡(女)
高 键* 高文变(女)* 高英武* 郭海刚
郭 颖(女) 郭长青 海 信(满族)
黄志强 菅二拴* 梅志强* 曹改莲(女)*
曹惠斌* 曹 阳 曹建军 崔联会 闫润德*
渠性轩* 章祥摩兰(蒙古族) 梁文海
梁俊明* 梁丽萍(女) 韩少辉 韩长安
韩文让 韩丽珍(女) 韩裕峰* 程银锁*
程田青(回族) 谢新宁* 释一度 谢 刚
简 易 解 军 蔡志忠 薛维梁
魏元平 薛国利* 薛靛民* 霍转业*

副秘书长 赵志国 马 伟 蒋福新 冉莉萍(女)
赵胜利 郭玉玺

## 中国共产党山西省第十一届纪律检查委员会

书 记 任建华
副书记 陈学东 郝 权 孟 萧 曾庆勇
常 委 李吉山* 何 青 高金喜 王帅红
王成禹* 孙京民 刘东光 王晓鹏
委 员(按姓氏笔画为序)
马 彪 王 珍 王帅红 王成禹* 王建成
王晓鹏 王增信 牛榆生 朱晓东 刘东光
任建华 刘英魁 刘冀民* 那志茂 孙京民
李 政 李吉山 李江龙 李曾贵 杨 宏
吴纪平 吴跃平 何 青 宋文斌 张晓永
张晓玲(女) 张稳科 陈学东 范晋昌
周计伟 周培斌 孟 萧 赵建平 赵建华
郝 权 荣 彰 荣奋刚 相里岩 姚安政
党志峰 高向新 高金喜 郭英杰 康吉仁
董赤凡 曾庆勇

## 山西省监察委员会

主 任 任建华
副主任 陈学东 郝 权 孟 萧 曾庆勇
委 员 何 青 王帅红 王成禹* 孙京民 王海林
荣奋刚 王晓鹏

## 民主党派 工商联

### 中国国民党革命委员会山西省委员会

主 委 张复明
副主委 刘 美 辛 琰(女) 王 静(女)
杨林花(女) 刘继隆 谢 刚 陈继光
郝建华

### 中国民主同盟山西省委员会

主 委 王维平
副主委 梁丽萍 刘本旺 闫美珍 王书红 闫卫平
韩清华 阎美蓉 卫忠平

### 中国民主建国会山西省委员会

主 委 薛维梁
副主委 刘蓉华(女) 王庆荣 李俊林 李志强
白德荣 马一清 杨建新

### 中国民主促进会山西省委员会

主 委 卫小春
副主委 成锡锋 高新文 陈维毅 任建国
熊继军 焦斌龙

### 中国农工民主党山西省委员会

主 委 李思进
副主委 张李锁 牛三平 武金贵 解 军
张 锦 杜宏瑞

### 九三学社山西省委员会

主 委 李青山
副主委 杨社堂 张培富 张红健 李效玲 韩文让
王爱琴 双少敏

### 山西省工商业联合会(山西省总商会)

主 席 李武章
党组书记、常务副主席 刘海芸 杨临生*
副主席 刑利民 梁 荣 隋淑静(女) 李剑英(女)

## 群众团体

### 省总工会

主 席 田喜荣* 高卫东

副主席　王立业(常务)*　王　蕾(女,常务)
辛旭光　韩丽珍(女)　宋海兵*
张亚琳　刘海芸(女,兼职)
张李锁(兼职)　贾向东(兼职)

共青团山西省委员会

书　记　黄　巍
副书记　苏　涛　赵　静(女)　周　鹏　吴　兴(挂职)
段宏飞(兼职)　田　玲(女,兼职)
秦　亮(兼职)

省妇女联合会

主　席　张　葆(女)
副主席　李　菲(女)　刘一平(女)　吴　波(女)
王玉花(女)　张永莉(女,挂职)
韩　红(女,兼职)　张　瑞(女,兼职)
茹栋梅(女,兼职)　韩丽珍(女,兼职)
阎少泉(女,兼职)

中国作家协会山西省分会

主　席　杜学文
副主席　张锐锋
兼职副主席　哲　夫　吕　新　赵　瑜　蒋　韵
葛水平　王祥夫　潞　潞　李　杜
秦　溱　晋原平　李骏虎　刘慈欣

省科学技术协会

党组书记　许富昌
主　席　周　然
副主席　许富昌　温万一　郝建新　张秀亲(女)

省文学艺术界联合会

党组书记　李太阳*　郭　健
主　席　张根虎
副主席　李太阳(常务)*　郭　健(常务)　和　悦

中国国际贸易促进会山西省分会
(中国国际商会山西商会)

会　长　陈河才
副会长　焦惠生*　李秀生　焦育峰　陈晓红

省残疾人联合会

党组书记、理事长　李亚明*　卫　国
副理事长　温万一*　赵淑芊*　刘　晔　吴　波(女)
李俊温

省社会科学界联合会

党组书记、常务副主席　王　蕾(女)*　张云泽
主　席　李高山
党组副书记　王纪山
党组成员、副主席　王志超
兼职副主席　李中元　李劲民　高建生　张卓玉
王李金　吴俊清　郭泽光　王尚义

省归国华侨联合会

党组书记、主席　王维卿(女)
副主席　范安龙　李德增(挂职)
兼职副主席　方敬爱(女)　马金标　宋迎东
常新乐　谭　慷　王迪录　武　强

省台湾同胞联谊会

党组书记　李朝亮
会　长　曾跃飞
副会长　王　杨　张林红(女)　张　巍　章　玫(女)

省红十字会

党组书记、常务副会长　郑　红(女)
会　长　张建欣
专职副会长　白　冰(女)

省法学会

会长　左世忠
党组书记、常务副会长　闫喜春
专职副会长　马　俊

## 山西省高级人民法院

院　长　邱水平*
党组书记、代院长　孙洪山
副院长　朱　明　刘冀民*　王书红　方剑峰　翟瑞卿

## 山西省人民检察院

检察长　杨　司*　杨景海
副检察长　崔国红　荣　彰*　王国宏*　秦文峰*
王文娅(女)　苑　涛

## 省委工作部门和派出机构

省委组织部

部　长　吴汉圣
副部长　陈跃钢　卢建明　张晓峰　赵建华　张晓永
齐海斌　辛艾艾(女)

省委宣传部

部　长　廉毅敏
常务副部长　李福明*
副部长　郭　健*　杨茂林*　董晓林*　张　峻
张　羽　夏　祯　骞　进

省委统战部

部　长　廉毅敏*　徐广国
常务副部长　郭海刚*
主持日常工作的副部长　师　帅
副部长　杨临生*　赵雁峰　刘国庆　张晓光
刘海芸(女)　滕德刚　白　源(女)

省委政法委员会

书　记　商黎光
副书记　刘新云
常务副书记　闫喜春
副书记　苗　伟　刘永生　邓彩彪　王富强(挂职)

省委政策研究室
主 任 王利波* 宋 伟
副主任 加年丰 刘东光* 张荣章 任 凯
省委网络安全和信息化委员会办公室
（省互联网信息办）
主 任 朱新才* 董晓林
副主任 米 杰
省委机构编制委员会办公室
主 任 李建刚
副主任 郭晋明* 韩 红(女*) 张立煌 张吉祥
省委军民融合发展委员会办公室(省国防科技工业局)
主 任 冯志君
副主任 安 华 史国兵* 齐建伟 吴泽兵 张慧雄
省委台湾工作办公室
（省政府台湾事务办公室、省政府港澳事务办公室）
主 任 曹荣湘
副主任 郝文杰(女) 吴 伟
省直机关工委
书 记 王 赋* 胡玉亭
常务副书记 王 宏
副书记 王建成 魏爱军 余国琦
省直纪工委书记* 郭宏魁*
省直纪检监察工委书记 闫建科
省委巡视组
正厅长级巡视委员 罗 民 任在刚 孙兴武 郭英杰 李曾贵 董赤凡 贾文儒
副厅长级巡视委员 宋文斌 刘精瑛 杨立全 路 露
省委巡视办
主 任 赵建平* 何 青
副主任 闫志强 郝点亮
省直属机关事务管理局
局 长 毛益民
副局长 高晋红 王 敏
省委老干部局
局 长 赵建华
副局长 张晓光* 岳卫东 钟占荣 王小丽(女)

## 省委部委管理机构

省委机要局(省国家密码管理局)
局 长 景广学
副局长 李东强 赵 威
省委保密委员会办公室(省国家保密局)
主 任(局 长) 张 华* 郝永明
副主任(副局长) 刘炜东 康焕玉
省精神文明建设指导委员会办公室
主 任 张 峻
副主任 周 峰

## 省人大及其常委会工作机构

省人大法制委员会
主任委员 赵建平
副主任委员 蔡汾湘 成 斌
省人大内务司法委员会
主任委员 李永林* 白秀平
副主任委员 杨增武 邬敬文* 赵贵义
省人大财政经济委员会
主任委员 赵建平* 张华龙
副主任委员 吴临芳(女)* 李永平 李 渊
省人大常委会教育科学文化卫生工作委员会
主 任 李 洪* 李福明
副主任 武海顺* 刘有智 王进喜 尹天五 冯 睿 王岳红(女) 谭继海
省人大常委会农村工作委员会
主 任 冯改朵(女)
副主任 王杰敏* 祁玉林* 李 洪(女) 刘 钢 郭艳成
省人大常委会城乡建设环境保护工作委员会
主 任 李平社* 李栋梁
副主任 郭勇义* 郭新民 乔锦瑞 王志刚 高建平
省人大常委会人事代表工作委员会
主 任 张高宏
副主任 李高山 陈跃钢 牛社威 张国富
省人大常委会民族宗教侨务外事工作委员会
主 任 李东福* 王安庞
副主任 王尚义* 何 涛* 贾雪峰 吕 明 秦 钟 李 洪(女)*
省人大常委会法制工作委员会
主 任 蔡汾湘
副主任 贾毓杰* 王守义* 阎默彧 成 斌* 赵贵义*
省人大常委会预算工作委员会
主 任 卢晓中
副主任 杨怀恩* 杨随亭* 董 岩 刘晓东
省人大常委会研究室
主 任 梁若皓
副主任 张拯瑜 秦 钟* 张晋仁
省人大常委会信访局
局 长 叶增强
副局长 吴明禄

## 省政府组成部门

省发展和改革委员会
主 任 姜四清
副主任 李永平* 赵友亭 姚少峰 李海生

魏茹生　李肇伟

省工业和信息化厅

厅　长　张华龙*　李晓波

副厅长　马运侠　卢秋生*　张占祥　阳　军

省教育厅(省委教育工委)

厅　长(书记)　吴俊清

主持日常工作的副部长　张敬平(女)

副书记　何林有

副厅长　孙世新　任月忠　马　骏

省科学技术厅

党组书记　张新伟

厅　长　谢　红(女)

副厅长　李　敏　牛青山　张克军

省公安厅

厅　长　杨景海*　刘新云

副厅长　汪　凡(常务)　李喜春　张立刚　戎劲光*　杨通顺

省民政厅

厅　长　薛维栋

副厅长　王卫东(女)*　张　瑞(女)　尹也刚　吴建强*　宋海兵

省司法厅

厅　长　薛永辉

副厅长　李云涛　句轶旺*　翟新山　周　涛　曾　涛

省财政厅

厅　长　武　涛

副厅长　黄　庙　常国华　武志远　陈向阳　安晓飞

省人力资源和社会保障厅

厅　长　白秀平*　卢建明

副厅长　王建文*　贺德孝　张　峻*　吴海亮

省自然资源厅

厅　长　周建春

副厅长　周际鹏*　任建中　武耀文　袁同锁

省生态环境厅

厅　长　郭长青*　董一兵

副厅长　刘　军　王学东(女)　刘大山　张继平

省住房和城乡建设厅

厅　长　李栋梁*　王立业

副厅长　郭燕平　李锦生*　张学锋　翟顺河

省交通运输厅

厅　长　张志川*　阎晨曦

副厅长　唐　晋*　雷天才　秦红保　李贵顺　王　晋　段新源

省水利厅

厅　长　潘军峰*　常书铭

副厅长　王贵平*　李　力*　白小丹　张建中　王　兵(女)

省农业农村厅(省委农村工作领导小组办公室)

厅　长(主任)　关建勋*　乔建军

副厅长(副主任)　茹栋梅(女)*　吴志宏*　张和平　穆晓彤　郭建文*

省商务厅

厅　长　孙跃进*　韩春霞

副厅长　张　文*　李志胜*　王宏晋　赵贵全　王　岫(女)　张效生

省文化和旅游厅

党组书记　刘润民

厅　长　盛佃清

副厅长　张　健　郑中夏　李　贵　王　琳　戎劲光

省卫生健康委员会

主　任　卫小春*　李凤岐

副主任　刘中雨*　武　晋　冯立忠

省退役军人事务厅

厅　长　冯　征

副厅长　薛建军　吴建强　范波涛

省应急管理厅

厅　长　薛军正

副厅长　武福玉　彭建宏　王天庆　杨振中　邓维元

省审计厅

厅　长　王　亚

副厅长　姚安政　南春林　张红谱(女)　李建国

省政府外事办公室

主　任　武绍忠

副主任　梁淑娟(女)　郝文杰(女)*　张　源　秦　杰

## 省政府直属特设机构

省政府国有资产监督管理委员会(国资委党委)

党委书记　王一新*　郭保民

副书记　郭保民*　曹慧昌(常务)*　马　进(常务)　王志清

主　任　郭保民

副主任　马　进*　宋世华　张宏永　韩珍堂　贠　钊

## 省政府直属机构

省市场监督管理局

局　长　张九萍

副局长　王国强　王亦兵　李志强　刘建国　王德立　武小勤

省广播电视局

局　长　李海渊

副局长　李和林　安　洋　吕芮宏

省体育局

局　长　苏亚君*　赵晓春

副局长　赵晓春*　杜　荣(女)　王　福　李俊文　袁乃平

省统计局

局 长 翟振新* 张晓东

副局长 卢永良 张晓东* 王德才 曹力民

省政府研究室

主 任 薛 荣

副主任 焦斌龙 王炤坤

省行政审批服务管理局

局 长 李秋柱

副局长 马爱锋 连建林

省信访局

局 长 梁克昌

副局长 薛建军* 郝钦新 郭泽兵 姚云钢

省文物局

局 长 雷建国

副局长 宁立新 程书林 赵曙光

省粮食局

局 长 丁文禄* 王云龙

副局长 马 珩 宋林根 韩华雄

省人民防空办公室

主 任 孙 群 霍红义

副主任 刘 涛* 张 铭* 李 波 薄文杰

省医疗保障局

局 长 刘中雨

省地方金融监督管理局(省政府金融工作办公室)

主 任 竟 晖

副主任 张永胜 潘跃飞 王晓千 沈 力

省能源局

局 长 王启瑞

副局长 苗还利

省扶贫办

主 任 刘志杰

副主任 张玉宏 张建成 龚孟建

山西转型综改示范区

主 任 张金旺

副主任 尤天权 胡志峰 赵瑞雪 董 良 仝清雷 薛江炤 刘 勇

## 省政府部门管理机构

省小企业发展促进局

局 长 李东洪

副局长 王怀荣* 武晨阳(女)* 史国兵 冯志山

省林业和草原局

局 长 张云龙

副局长 尹福建 黄守孝

省药品监督管理局

局 长 贠亚明

副局长 张少杰

省监狱管理局

局 长 王 伟* 王锁成

政 委 李效民

副局长 崔恩平 石玉泉 范志民*

省公安厅交管局(省交警总队)

局 长(总队长) 郭丙福

副局长(副总队长) 武小彪 李怀玉

省粮食和物资储备局

局 长 王云龙

副局长 宋林根 韩华雄

## 省政协工作机构

省政协提案委员会

主 任 张克强* 孙 群

副主任 石扬令* 王宇鸿* 阎贵林 李卫东

省政协经济委员会

主 任 朱晓明* 孙跃进

副主任 曹慧昌 刘德政 潘 云 李 岩 刘新平

省政协人口资源环境委员会

主 任 訾二拴* 郭长青

副主任 杨 波 杨海贵* 郭泽光 杨春明

省政协农业和农村委员会

主 任 周明定* 丁文禄

副主任 杜顺义* 张建全 赵志理

省政协教科卫体委员会

主 任 刘文秀* 苏亚君

副主任 倪生唐* 张富明* 张明旺* 张建全* 李维靖

省政协社会法制委员会

主 任 边晋南* 李劲民

副主任 张晓宪* 杨有才* 李忠康* 成振林* 荣 彰 丁伟跃 韩培方

省政协民族和宗教委员会

主 任 王建武*

副主任 陈晓东 李太阳 张建忠

省政协文化文史和学习委员会

主 任 闫润德

副主任 陶功定* 候秀娟(女)* 兰炎平* 翁金明 梁宝印 王丽梅(女)

省政协港澳台侨和外事委员会

主 任 马天荣

副主任 任月勤* 郭 立 高绍柱

省政协调研室

主 任 马 伟

副主任 郑丽君(女) 牛 牧 卢 成

## 省直属事业单位

省委党校(山西行政学院)
校长(院长) 吴汉圣
院 长 高建明*
常务副校长(副院长) 王联辉
副校长(副院长) 刘明星* 田忠宝 王浩学 薛勇民 王建军
山西广播电视台
台长、总编 刘英魁
副台长 王树勋 张晋斌
副总编 张敬民 邢书良 李占鳌
山西日报报业集团
社 长 郭玉福
总编辑 丁伟跃* 焦玉强
副社长 冯爱民 席永明
副总编 焦玉强* 任灵杰 张巨霖 张占鹰 孟庆耀
省委党史研究院(省地方志研究院)
院 长 张志仁
副院长 刘益龄 钟启元(女) 巨文辉
省政府发展研究中心*
主 任 李劲民* 梁敬华
副主任 王凤鸿 焦斌龙 王炤坤 马爱锋
省供销合作社联合社
理事会主任 狄重阳
理事会副主任 王彤宇 李俊德* 高建忠
监事会主任 刘建光
监事会副主任 李 海
省煤炭地质局
党委书记 卫洪平
局 长 王学军
副局长 张晓峰 张学彦 张胤彬
副书记 王宏伟 李兴武
省地质勘查局
局 长 彭东晓
副书记 李俊敏
副局长 韩晋生 潘海燕(女)* 马斅民 江 荣
省农业科学院
党委书记 李 斌
院 长 乔雄梧* 赵春明
副院长 聂安全* 王娟玲(女) 张 强 李晋陵
省社会科学院(省政府发展研究中心)
院 长 李中元* 杨茂林
副院长 潘 云* 宋建平 侯广章 王凤鸿
中国(太原)煤炭交易中心
主 任 曲剑午* 王宇魁
副主任 高 伐 阎世春 申彦杰 王 渊
省档案馆
馆 长 阎默彧* 韩 红(女)
副馆长 申彦杰* 王 渊* 孔凡春 白晓军 樊秀清
山西社会主义学院
院 长(兼) 刘滇生*
常务副院长 张晓光
副院长 成锡锋* 胡晨光
煤炭工业太原设计研究院
院 长 徐忠和
副院长 耿建平 刘晓勇 赵 民
省城镇集体工业联合社
主 任 李荣钢
副主任 杨晋才 杨润梅(女)
省招生考试管理中心
主 任 赵丽华
副主任 任应红* 王双虎 杨建民 韩中文(女)
省公路局
党委书记 雷天才* 尹新平
党委副书记 赵玉生
局 长 惠高峰
副局长 赵玉生 许秀銮 杨转科 郭晓军
省农业机械发展中心
主 任 王进仁
副主任 侯振全 王五明 张建中 张本源
省煤炭基本建设局
局 长 王振海
副局长 温运峰
省测绘地理信息院
院 长 李德胜
副院长 孔令礼* 王秀珍 裴彦明 李晓红
省公共资源交易中心(省省级政府采购中心)
主 任 卫继周
副主任 申志纯 李雪燕
省政务服务中心
主 任 王拥军
副主任 韩秀云
中国煤炭博物馆
馆 长 张继宏
副馆长 胡高伟 马召源
省民航机场集团公司(管理局)*
总经理(局长) 郝孝义
副总经理(副局长) 赵庆斌 梁洪逵 张希亮
省投资咨询和发展规划院
院 长 赵新利
副院长 张立昇 杨 勇 王 晋
山西博物院
院 长 张元成

省投资促进局
局 长 焦育峰* 艾凌宇
副局长 张保民 武 亮 胡明轩*
禹门口水利工程管理局
局 长 常建忠
党委副书记 张 宁
省交通运输执法局
局 长 曹居月
省高速公路管理局
党委书记 胡钢成
局 长 尹新平*
省道路运输管理局
局 长 杨吉平
省国有企业监事会*
主 席 王克建 陆 东 弋小燕(女)* 杨雨公 胡创业 温 波
省煤炭基金稽查总队(省财政厅煤炭基金稽查局)
总队长(局长) 裴克存* 韩海峰(女)
省委前进期刊总社
社 长 边新文
省属地方金融类企业监事会
主 席 张永胜*
山西省人民医院
书 记 张晓清
院 长 李荣山
山西医科大学第一医院
书 记 陈利平
院 长 王斌全
山西医科大学第二医院
书 记 徐 钧*
院 长 李 保
山西大医院
书 记 苑 静
院 长 刘 强* 徐 钧
省就业服务局
局 长 师跃进
副局长 杨 军 郝东平 郭 敏(女)
省社会保险局
局 长 孔宪江
副局长 靳海云 刘云胜 鹿妙红(女)
省交通运输厅重点公路工程建设办公室
专职副主任 (缺)

## 中央部属单位

财政部驻山西财政监督专员办事处
监察专员 张庆增
审计署驻太原特派员办事处
特派员 庄 军
中国人民银行太原中心支行
行 长 李文森
中国银行保险监督管理委员会山西监管局
局 长 朱金渭
中国证券监督管理委员会山西监管局
局 长 孙才仁
中国工商银行股份有限公司山西分行
行 长 陆 钦
中国农业银行山西省分行
行 长 禹修德
中国银行山西分行
行 长 刘旭伟
中国建设银行股份有限公司山西省分行
行 长 尚朝辉* 江文波
中国邮政储蓄集团公司山西省分公司
行 长 孙江涛
山西省通信管理局
局 长 武 晋
山西省邮政局
总经理 张宗梁
省气象局
局 长 柯怡明*
省地震局
局 长 郭星全
国家税务总局山西省税务局
局 长 潘贤掌
山西省烟草专卖局(公司)
局 长(总经理) 宋政峰* 王文忠
中国铁路太原局集团有限公司
局 长 赵春雷* 陈玉柱
太原海关
关 长 高继科
国家能源局山西监管办
专 员 薛 浒
中国石化销售有限公司山西石油分公司
总经理 董光明

## 驻外办事处

省政府驻北京办事处
主 任 陈晓东
副主任 张建平* 王 荣(女) 董 飚 张 明
省政府驻上海办事处
主 任 韩 侠
副主任 李亚军
省政府驻天津办事处
主 任 魏成生
副主任 曲志鹏

省政府驻广州办事处
主　任　刘亚林
副主任　杨晓珍(女)　王红健

## 本科院校与高职高专院校

山西大学
党委书记　师　帅*　符惠民
党委副书记　贾锁堂*　黄桂田　李思殿　丁耀武*
　　李富明
校　长　贾锁堂*　黄桂田
副校长　杨　军*　高　策*　梁吉业　殷　杰
　　韩勇鸿　程芳琴(女)　张天才　周小计(挂职)
　　杭　侃(挂职)
太原理工大学
党委书记　吴玉程
党委副书记　黄庆学　沈兴全*　李晋平　刘润祥
校　长　黄庆学
副校长　李晋平*　吕永康　吴斗庆　树学峰　梁卫国
　　李　明　张建胜(挂职)
山西财经大学
党委书记　尹天五*　常乃军
党委副书记　刘维奇　顾昭明*　张兔元
校　长　刘维奇
副校长　卢庆山　马培生　杨有振*　杨俊青
　　钟若愚(挂职)
山西医科大学
党委书记　张俊龙
党委副书记　段志光*　王　军*　贺培凤
校　长　李思进
副校长　王宏伟　李思进*　解　军　张　辉(女)
　　张　宏(挂职)
山西农业大学
党委书记　陈利根*　廖允成
党委副书记　赵春明　齐利平　马建平
校　长　赵春明
副校长　李宏全　邢国明　杨武德　赵水民
　　孟秀祥(挂职)
山西师范大学
党委书记　符惠明*　卫建国
党委副书记　卫建国*　杨　军　郝勇东　高　峰
校　长　卫建国*
副校长　王　云　许小红(女)　车文明　张献明
　　王建华(挂职)
太原科技大学
党委书记　王志连
党委副书记　左　良*　卫英慧　王宝儒　师东海
校　长　左　良*　卫英慧
副校长　柴跃生　王枝茂　邓学成　刘翠荣(女)
　　谢　刚　靳秀荣(女)　姜　勇(挂职)
中北大学
党委书记　李忠人
党委副书记　沈兴全　安建平*　薛　智
校　长　刘有智*　沈兴全
副校长　曾建潮　白培康*　雷锋斌　赵贵哲
　　潘晋孝　李东光(挂职)
山西中医药大学
党委书记　段志光
党委副书记　冯　海　高建军　刘　星
院　长　李青山*　刘　星
副院长　王新塘　冀来喜　闫敬来　郝慧琴(女)
长治医学院
党委书记　李荣华
党委副书记　郑建中　李玉冰*　张芳萍
院　长　郑建中
副院长　宋晓亮　胡春香(女)　王金胜　郑金平
太原师范学院
党委书记　张惠元
党委副书记　梁吉业*　霍世平　王川龙　程太生
院　长　梁吉业*　霍世平
副院长　郭丕斌　王卫平(女)　赵　怡(女)
忻州师范学院
党委书记　王亦农*　王　军
党委副书记　张虎芳(女)　白宝林　乔永生
院　长　张虎芳(女)
副院长　罗小兰(女)　李　丹(女)　张文玉　张爱龙
山西大同大学
党委书记　马存根
党委副书记　冯　锋　郭　永*　孙　彦　刘　洪
校　长　冯　锋
副校长　张　策　寇福明　姚丽英(女)　翟大彤
运城学院
党委书记　姚纪欢
党委副书记　薛耀文　张凤琴　冯瑞明
院　长　薛耀文
副院长　李慎明　岳　澎(女)　贺正云　黄解宇
长治学院
党委书记　韩泽春
党委副书记　茹文明　赵水琛　马健宏
院　长　茹文明
副院长　李长江　赵巨涛　史晓东　李　强
晋中学院
党委书记　刘玉平
党委副书记　孙西欢　南志珍　刘光辉
院　长　孙西欢
副院长　柴　达*　李长萍(女)　李山岗　张存伟
太原工业学院
党委书记　吴　刚

党委副书记 霍世平* 杨述平 朱 光* 李国臣
院 长 霍世平* 杨述平
副院长 靳金贵 刘志明 吴跃焕(女) 梁玉蓉(女)

吕梁学院
党委书记 周富国
党委副书记 刘自强 马向东
院 长 熊继军
副院长 马向东* 闫 明 冀建峰

山西传媒学院
党委书记 张汉静* 王亦农
党委副书记 王建国 王俊刚 刘 锐
院 长 王建国* 李 伟
副院长 张永德 武升平 郭卫东 王红叶(女)

太原学院
党委书记 李大公
党委副书记 张瑞君 马皖东 康晓红
院 长 张瑞君
副院长 徐秋琴(女) 荆在京 郑其芳 孙华东

山西工程技术学院
党委书记 韩保清
党委副书记 卫英慧* 白培康 郑德明* 韩永清
院 长 卫英慧*
副院长 白培康 王玉清 姜俊兵 王振林 郑捧柱

山西能源学院
党委书记 董 峰
党委副书记 常建忠 张春有 马光生
院 长 常建忠
副院长 李宏达 李桂平(女) 孙光辉 孟文俊

山西警察学院
党委书记 李喜春
党委副书记 张惠选 李亚尼 孟庆祥
院 长 张惠选
副院长 苏天照 闫龙江 任向东 尉安俊

山西广播电视大学
党委书记 张耀斌
党委副书记 李 忱 姜 海
校 长 李 忱
副校长 姜 海 牛白琳 吴 斌

山西经济管理干部学院
党委书记 丁怀民
党委副书记 武东升 秦长江
院 长 武东升
副院长 李晋平 马 骥 景滨杰(女)

山西省财政税务专科学校
党委书记 贾明建* 王新淮
党委副书记 赵丽生 周巧红
校 长 赵丽生

山西卫生健康职业学校
党委书记 王卫东
党委副书记 张 波 龚晋文* 暴英杰
院 长 张 波

山西青年职业学院
党委书记 李 伟
党委副书记 李志权 李兵义
院 长 李志权

山西省政法管理干部学院
党委书记 秦绍璇
党委副书记 王海英
院 长 (缺)

山西建筑职业技术学院
党委书记 符里刚* 贺 鑫
党委副书记 成 宏 黄跃春
院 长 成 宏

山西药科职业学院
党委书记 张瑞芳
党委副书记 张震云 邹本贵
院 长 张震云

山西交通职业技术学院
党委书记 李英杰
党委副书记 张文才 毕晋峰
院 长 张文才

山西艺术职业学院
党委书记 王艳芳
党委副书记 单红龙 岳建民* 燕 楠
院 长 单红龙

山西林业职业技术学院
党委书记 宋河山* 罗云龙
党委副书记 卢桂宾 杜庆先
院 长 卢桂宾

山西水利职业技术学院
党委书记 李振兴
党委副书记 闫顺茂 白继中
院 长 闫顺茂

山西旅游职业学院
党委书记 郑子全* 吴俊生
党委副书记 何乔锁 赵贤松
院 长 何乔锁

山西管理职业学院
党委书记 贾二元
党委副书记 岳 澎* 马联合
院 长 岳 澎*

山西体育职业学院
党委书记 陈 洁
党委副书记 曹景川 曹跃民* 岳建明
院 长 (缺)

山西警官职业学院
党委书记 谭恩惠

党委副书记　张永前
院　长　（缺）
山西国际商务职业学院
党委书记　王　毅
党委副书记　付　剑　王爱民
院　长　付　剑
山西戏剧职业学院
党委书记　杨小平
党委副书记　谢玉辉
院　长　谢玉辉
山西煤炭职业技术学院
党委书记　张主社
党委副书记　宋　军　李茂林
院　长　宋　军
山西医科大学汾阳学院
党委书记　薛东平
院　长　孟小平
山西工程职业技术学院
党委书记　张长青
院　长　秦华伟
山西职业技术学院
党委书记　弓永华
院　长　雷承锋
山西金融职业学院
党委书记　王小云
院　长　崔满红*　田祥宇
山西财贸职业技术学院
党委书记　柴　达*　冯瑞明
院　长　段文美(女)
山西机电职业技术学院
党委书记　张主社*　邱　峰
院　长　李向东
山西轻工职业技术学院
党委书记　岳高社
院　长　任利成
吕梁教育学院
党委书记　张耀峰
院　长　赵清明
长治市教育学院
党委书记　王淑彦
院　长　焦建中
长治职业技术学院
党委书记　闫路平
院　长　卫崇文
晋城职业技术学院
党委书记　朱　莉
院　长　邱建国
临汾职业技术学院
党委书记　傅遵师
院　长　王　超*　段江燕
忻州职业技术学院
党委书记　晋原平
院　长　梁志文
晋中职业技术学院
党委书记　郝先伟
院　长　刘月红(女)
晋中师范高等专科学校
党委书记　苏耀中*　柴　达
院　长　张润喜
山西师范大学临汾学院
党委书记　张支平*　毛跟云
院　长　秦国杰
山西运城农业职业技术学院
党委书记　张作伟
院　长　张苏勤
运城幼儿师范高等专科学校
党委书记　彭　刚
校　长　张汉语
运城师范高等专科学校
党委书记　李晋杰*
校　长　王卫国　路胜利
运城护理职业学院
党委书记　王国兴*　李百选
校　长　张红洲
太原旅游职业学院
党委书记　白玉明
院　长　马兆兴
太原城市职业技术学院
党委书记　张　勇
院　长　杨志家
朔州职业技术学院
党委书记　赵志坚
院　长　王茂兴
阳泉师范高等专科学校
党委书记　（缺）
校　长　陈永昶
吕梁职业技术学院
党委书记　李殿育
校　长　刘俊珍
朔州师范高等专科学校
党委书记　张毓德
校　长　邵　福
阳泉职业技术学院
党委书记　荆存柱
院　长　曹学仁

## 市、县(市、区)

### 太原市

市委书记 罗清宇
副书记 耿彦波 任在刚* 李新春
市委常委 罗清宇 耿彦波 李新春 任在刚*
李吉山 魏 民 张文广 薛东晓
王立刚 赵忠保 李 浓(女)*
刘 鹓 张 璐
市人大常委会主任 弓 跃
副主任 刘 斌 王爱萍 郭建发 郭治明
李增锁
市长 耿彦波
副市长 王立刚 王爱琴(女) 张齐山
马润生 刘 鹓* 卢秋生 车建平
市政协主席 张明星
副主席 冯 霞(女) 陈远新 李俊林
张建刚 陈继光 郝宝清 王建堂

·小店区·
区委书记 刘振华
区人大常委会主任 陈其武
区长 李卫平
区政协主席 李恩星

·迎泽区·
区委书记 冯原平
区人大常委会主任 侯富田
区长 李 慧
区政协主席 张志勤

·杏花岭区·
区委书记 张 磊* 李文权
区人大常委会主任 程有录
区长 李文权
区政协主席 施国立

·尖草坪区·
区委书记 李贵增* 卢俊峰
区人大常委会主任 王国卿
区长 卢俊峰
区政协主席 王春龙

·万柏林区·
区委书记 杨俊民
区人大常委会主任 侯 安
区长 袁尔铭(代)
区政协主席 马金安

·晋源区·
区委书记 杨继承
区人大常委会主任 张奇峰
区长 李永强
区政协主席 董云飞

·清徐县·
县委书记 王琳玉
县人大常委会主任 张晋涛
县长 王剑峰(代)
县政协主席 杨保恒

·阳曲县·
县委书记 刘晋萍(女)* 裴耀军
县人大常委会主任 韩 勇
县长 裴耀军
县政协主席 高保民

·娄烦县·
县委书记 薛东晓
县人大常委会主任 冯永魁
县长 李树忠
县政协主席 武润生

·古交市·
市委书记 贾慕权* 翟永清
市人大常委会主任 闫亮娥(女)
市长 翟永清
市政协主席 程顺旺

### 大同市

市委书记 张吉福
副书记 武宏文
市委常委 张吉福 武宏文 刘振国 黄岑丽(女)
张 韬 宋 涛 姚鸿波 薛明耀
尉连生 梁晓旭 穆国新 冯苏京
市人大常委会主任 赵向东
副主任 雷雪峰 刘 美 张翠萍(女) 冯境城
张忠义 王淑琴(女) 张 强
市长 武宏文
副市长 刘振国* 薛明耀 尚建军 尉连生*
郭 蕾(女) 马安全 荆 虎 冯苏京
市政协主席 郜向华
副主席 武保洲 许进娥(女) 郭俊岗
杨硕平 王剑辉 王德成 李春平

·平城区·
区委书记 张 韬
区人大常委会主任 田培山* 王丽萍(女)
区长 李继忠
区政协主席 赵世彪

·云冈区·
区委书记 任希杰
区人大常委会主任 李 杰
区长 李东升
区政协主席 睢占文

·云州区·
区委书记 王凤瑞
区人大常委会主任 杨近源

区长　周聚德
区政协主席　闫　军

·新荣区·

区委书记　邓志蓉(女)
区人大常委会主任　乔　成
区长　李　纬
区政协主席　胡永祥

·阳高县·

县委书记　冯晓雷
县人大常委会主任　李晓红
县长　丁国华
县政协主席　项征武

·天镇县·

县委书记　王建江
县人大常委会主任　刘世清
县长　刘川楠
县政协主席　吕广权

·广灵县·

县委书记　李润军
县人大常委会主任　苑在雨
县长　王丽萍(女)
县政协主席　刘宝贵

·灵丘县·

县委书记　张　强
县人大常委会主任　索根生
县长　罗永山
县政协主席　王瑞春

·浑源县·

县委书记　张清河*　赵　宇
县人大常委会主任　王维平
县长　王继武
县政协主席　张振虎

·左云县·

县委书记　苏　智*　尹海斌
县人大常委会主任　刘志强
县长　尹海斌
县政协主席　张立波

## 阳泉市

市委书记　陈永奇*　关建勋
副书记　雷健坤(女)　巩　成
市委常委　陈永奇　关建勋　雷健坤(女)　巩　成
　　马爱峰*　吴纪平　任建华　田桂明*
　　王铁梅(女)　杨自明　黄海涛　张其光
　　郭卫东　孙季鸿
市人大常委会主任　王旭明
副主任　孙金明　吕昌政　刘志强　张永忠　张宝明
市长　董一兵
副市长　马爱峰*　黄海涛　潘海燕*　郭少敏
　　靳润喜　呼亚民　李　君
市政协主席　杨永生
副主席　杨　勇　徐本宁　王良义　张立君
　　杨全生　史友松

·城　区·

区委书记　张　晋*　韩加政
区人大常委会主任　李保存
区长　王晓丽(女)
区政协主席　杨献斌

·矿　区·

区委书记　张志光
区人大常委会主任　侯彦军
区长　刘乙佑
区政协主席　王贵平

·郊　区·

区委书记　王明厚
区人大常委会主任　王如生
区长　武建功
区政协主席　王振杰

·平定县·

县委书记　申　济
县人大常委会主任　郝建国
县长　韩加政
县政协主席　高锦孝

·盂　县·

县委书记　张其光
县人大常委会主任　武润珍
县长　孔禄泉
县政协主席　闫庶民

## 长治市

市委书记　席小军*　孙大军
副书记　卢建明*　杨勤荣　唐立浩
市委常委　席小军*　卢建明*　唐立浩　杨勤荣
　　姚　逊　刘卓良　谷　明　孙刘琳
　　吴小华　马　彪*　密国林*　刘卓良*
　　王　震　胡　勇　艾志军
市人大常委会主任　郭康锋
副主任　李进军　马四清*　崔建泰　郭海英
　　王　耀　李全心
市长　卢建明
副市长　王　震　尚日红　景普秋　郜双庆
　　石建旺　张和平　成文碧
市政协主席　许　霞
副主席　刘鹏飞　杨江波　姚中华
　　桂元平　焦吉林　王卫军

·潞州区·

区委书记　胡　勇
区人大常委会主任　张耀华

区长 张晋伟
区政协主席 崔子庆
·上党区·
区委书记 王现敏
区人大常委会主任 张向东
区长 杨 隽
区政协主席 魏俊英
·屯留区·
区委书记 马先明
区人大常委会主任 冯贵兴
区长 崔卫华
区政协主席 （缺）
·潞城区·
区委书记 李文兵* 秦苏良
区人大常委会主任 孙彩虹
区长 秦苏良
区政协主席 琚海鹏
·襄垣县·
县委书记 胡三虎
县人大常委会主任 崔玉彪
县长 胡三虎
县政协主席 侯慧萍(女)
·平顺县·
县委书记 吴小华
县人大常委会主任 宋忠义
县长 秦 军
县政协主席 王建中
·黎城县·
县委书记 杨红旗
县人大常委会主任 高玉飞
县长 牛晨霞
县政协主席 刘永清
·壶关县·
县委书记 李全心
县人大常委会主任 卫 明
县长 崔江华
县政协主席 王明德
·长子县·
县委书记 李国强
县人大常委会主任 王成枝
县长 赵永进
县政协主席 郭志新
·武乡县·
县委书记 胡 坚
县人大常委会主任 （缺）
县长 阎新平
县政协主席 魏书文
·沁 县·
县委书记 卢展明
县人大常委会主任 刘光清
县长 张宏伟
县政协主席 郭建宇
·沁源县·
县委书记 金所军
县人大常委会主任 王宏斌
县长 连树斌
县政协主席 马建峰

## 晋城市

市委书记 张志川
副书记 刘 锋 曾庆勇* 李根田
市委常委 张志川 刘 锋 曾庆勇* 李根田
赵沂旸 焦光善* 那志茂 卫明喜
王晋峰 石云峰 张利锋 荆俊明 范兆森
市人大常委会主任 范丽霞(女)
副主任 孔庆鹏 廖 军 张斌胜 郭治琛
冯裕民 李翠叶(女)
市长 刘 锋
副市长 杨勤荣* 张利锋 王斌权 梁丽萍(女)
武健鹏 冯志亮 王宏微
市政协主席 常国荣
副主席 陈建国 郭一峰 崔守安 武四海(女)
阴建正 郭向阳
·城 区·
区委书记 王学忠* 王文全
区人大常委会主任 宋春生
区长 王文全
区政协主席 晋 昕(女)
·沁水县·
县委书记 原光辉
县人大常委会主任 郭沁林
县长 侯贵宝
县政协主席 张桂春
·阳城县·
县委书记 窦三马
县人大常委会主任 张保国
县长 史小林
县政协主席 田龙社
·陵川县·
县委书记 胡晓刚* 侯宝贵
县人大常委会主任 张江龙
县长 任彩虹
县政协主席 郎在陵
·泽州县·
县委书记 高喜全
县人大常委会主任 靳水生
县长 高喜全
县政协主席 李正根

·高平市·

市委书记 范兆森* 胡晓刚

市人大常委会主任 张志刚

市长 邹树琦

市政协主席 李培安

## 朔州市

市委书记 王安庞* 陈振亮

副书记 陈振亮* 郑 红(女)* 高 键 操学诚

市委常委 王安庞* 陈振亮 高 键 操学诚
张立新 郑 红(女)* 康吉仁 王加关
陈耳东 李 锦* 刘义清 王黎明
崔 魏 吴秀玲 任 宪*

市人大常委会主任 冯云龙

副主任 温日平* 李玉兰(女) 白 明
侯 元 王 帆(女) 郭海鸿

市长 陈振亮* 高 键

副市长 陈耳东 韩文让 王志刚*
张天茂 田 东

市政协主席 贾桂梓(女)

副主席 闫美珍 谭建国 赵景春 解志强
任平龙* 刘守斌

·朔城区·

区委书记 张立新* 吴晓斌

区人大常委会主任 李 杰

区长 庞明明

区政协主席 史宝元

·平鲁区·

区委书记 吴晓斌* 刘 旋

区人大常委会主任 焦 文

区长 马占文

区政协主席 贾志武

·山阴县·

县委书记 李旭清

县人大常委会主任 相 成

县长 南志中

县政协主席 段国强

·应 县·

县委书记 兰成国*

县人大常委会主任 张玉儒

县长 边润文

县政协主席 李有平

·右玉县·

县委书记 吴秀玲(女)

县人大常委会主任 曹占贵

县长 王志坚

县政协主席 谭德宝

·怀仁市·

市委书记 刘 亮

市人大常委会主任 司永恒

市长 苏斌如

市政协主席 朱玉罡

## 晋中市

市委书记 胡玉婷* 王 成

副书记 王 成* 赵建平 尹乃明

市委常委 胡玉婷* 王 成 赵建平 尹乃明
王建林* 王建忠 唐立浩* 张志刚
丁利军 任秀红(女) 王 兵 贡 琦
许杰真* 鹿建平 文竑煊

市人大常委会主任 冯建平

副主任 陈定堂 王纪萍(女)* 赵春雷
张耀明 陈水泉

市长 王 成* 赵建平

副市长 王建忠 任 忠 辛 琰(女) 郭建文
黄海涛* 郝向明 周 建

市政协主席 赵庆华

副主席 邓 明 杨定旺 王继堂 王书红*
张鲜苹(女) 鹿建平

·榆次区·

区委书记 张祖祁

区人大常委会主任 李鹏飞

区长 张 鹏

区政协主席 王琳玉(女)

·榆社县·

县委书记 张英杰

县人大常委会主任 刘艳萍

县长 韩 军

县政协主席 王建华

·左权县·

县委书记 王 兵

县人大常委会主任 郑春华

县长 赵宏钟

县政协主席 高儒林

·和顺县·

县委书记 孙永胜

县人大常委会主任 韩祥书

县长 马海军

县政协主席 刘素英(女)

·昔阳县·

县委书记 王根元* 许利伟

县人大常委会主任 李显鸣

县长 许利伟

县政协主席 石立军

·寿阳县·

县委书记 郝鹏鸿* 杨 隽

县人大常委会主任 侯成元

县长 史 洁(女)

县政协主席 傅贵亨

·太谷县·

县委书记 王怀民* 刘 伟

县人大常委会主任 游大庆

县长 刘 伟

县政协主席 弓俊林

·祁 县·

县委书记 吴文胜

县人大常委会主任 卢建华

县长 冯耀黎

县政协主席 李郁明

·平遥县·

县委书记 武晓花(女)

县人大常委会主任 雷新平

县长 石 勇

县政协主席 王金宝

·灵石县·

县委书记 段燕翔

县人大常委会主任 王世强

县长 刘 旋

县政协主席 卫虎周

·介休市·

市委书记 丁雪钦

市人大常委会主任 赵 宇

市长 张 驰

市政协主席 郭维新

## 运城市

市委书记 刘志宏

副书记 朱 鹏 王瑞宝*

市委常委 刘志宏 朱 鹏 王瑞宝* 荆青莲*
李曾贵* 鞠 振 齐海斌* 常社教
周跃武 邓雁平 陈 杰 王志峰
李 浓(女) 乔登州

市人大常委会主任 安雅文

副主任 杜自立 侯伟建 郭 宏 张守相
贾爱珍(女) 张汪尤

市长 朱 鹏

副市长 陈 杰 陈竹琴 郭尚礼 卫再学 崔元斌

市政协主席 张润喜

副主席 赵玉明 王七庚 张学会 刘国义
翟冬鸿 张东婷(女) 胡 宝*

·盐湖区·

区委书记 王吉敏* 李 哲

区人大常委会主任 郭一民

区长 李 哲

区政协主席 常 正

·临猗县·

县委书记 于鹏飞

县人大常委会主任 张建莉

县长 李 明

县政协主席 张 猛

·万荣县·

县委书记 杜中伟

县人大常委会主任 刘政光

县长 李永辉

县政协主席 孙典孝

·闻喜县·

县委书记 张汪尤* 段慧刚

县人大常委会主任 逯光耀

县长 黄亚平

县政协主席 张武学

·稷山县·

县委书记 廉广锋

县人大常委会主任 王 钊

县长 吴 宣

县政协主席 赵高云

·新绛县·

县委书记 李玉林

县人大常委会主任 李铁路

县长 解 芳(女)

县政协主席 卫保平

·绛 县·

县委书记 王宏伟

县人大常委会主任 苏士杰

县长 薛玉马

县政协主席 李服役

·垣曲县·

县委书记 杨彦康

县人大常委会主任 刘社院

县长 麻军泽

县政协主席 王小虎

·夏 县·

县委书记 张宏志

县人大常委会主任 李永林

县长 樊双全

县政协主席 王继瑞

·平陆县·

县委书记 郭 宏

县人大常委会主任 张孝木

县长 李 旸

县政协主席 郭淑文

·芮城县·

县委书记 董旭光* 张建军

县人大常委会主任 姚广升

县长 张建军

县政协主席 杨 琳

·永济市·
市委书记　徐志英
市人大常委会主任　刘　明
市长　孙中全
市政协主席　张廷耀
·河津市·
市委书记　鞠　振
市人大常委会主任　胡凯旋
市长　赵建喜
市政协主席　李　琦

## 忻州市

市委书记　李俊明
副书记　郑连生　朱晓东
市委常委　李俊明　郑连生　朱晓东　陈义青（女）
　　　　　王建廷　范晋昌　赵志坚*　崔建新
　　　　　王志东　赵新年　刘婷芳　刘瑞生
市人大常委会主任　王　珍
副主任　李树东　魏广才　王继明　程兴利
　　　　贾玲香（女）　李德新
市长　郑连生
副市长　赵志坚　王月娥（女）　武宪堂　裴　峰
　　　　安书田　范建民
市政协主席　刘钢柱
副主席　边升阳　王庆荣　高志伟　李效玲（女）*
　　　　曹爱民
·忻府区·
区委书记　张钰祥*　崔向松
区人大常委会主任　宁康平
区长　崔向松
区政协主席　杨笙敏
·定襄县·
县委书记　张文斌
县人大常委会主任　曲建成
县长　张生明
县政协主席　郭丽云
·五台县·
县委书记　王继明
县人大常委会主任　刘建坤
县长　武新亮
县政协主席　吕更美
·代　县·
县委书记　田永清
县人大常委会主任　贾明亮
县长　郝江陵
县政协主席　陈月峰
·繁峙县·
县委书记　孔保宝
县人大常委会主任　赵　琦
县长　崔峥岭
县政协主席　钟文秀
·宁武县·
县委书记　任宁虎
县人大常委会主任　马在岐
县长　王　卓
县政协主席　薛军良
·静乐县·
县委书记　李德新
县人大常委会主任　秦文明
县长　王　昕
县政协主席　李永成
·神池县·
县委书记　曹爱民
县人大常委会主任　刘国强
县长　孟宏斌
县政协主席　李生旺
·五寨县·
县委书记　张　春
县人大常委会主任　靳海珍
县长　张宇光
县政协主席　白效文
·岢岚县·
县委书记　王志东
县人大常委会主任　贾玉春
县长　侯俊生
县政协主席　岳永福
·河曲县·
县委书记　边东圣
县人大常委会主任　田尚麒
县长　任鸿宾
县政协主席　丁二明
·保德县·
县委书记　温建军
县人大常委会主任　李迎熙
县长　韩　斌
县政协主席　马玉泉
·偏关县·
县委书记　王　源
县人大常委会主任　李枝贵
县长　曲俊安
县政协主席　乔建华
·原平市·
市委书记　杨述平*　李贵增
市人大常委会主任　尚茂生
县长　马志强
市政协主席　高秀亭

## 临汾市

市委书记 岳普煜
副书记 刘予强 李云峰
市委常委 岳普煜 刘予强 李云峰 张建平*
周计伟 王振富 李朝旗 陈 纲
郭行杰 刘文华 常 青 郝忠祥
市人大常委会主任 乔建军* 陈小洪
副主任 杨治平 王金珍(女) 张庚博
任天顺 王国平 冯建宁 张学伟
市长 刘予强
副市长 王振宇* 常 青 陈忠辉 潘海燕(女)
马德荣 王 兵(女)* 闫建国
王延峰* 张 翔 胡小濛
市政协主席 陈小洪
副主席 杨安虎 杨益民 杨忠华
刘小才 程明温 梁清燕(女)

·尧都区·
区委书记 陈 纲
区人大常委会主任 杨午生
区长 杨保春
区政协主席 鲁立波

·曲沃县·
县委书记 郭惠勇* 杨保春
县人大常委会主任 刘 伟
县长 吴 滨
县政协主席 费向前

·翼城县·
县委书记 杨春权
县人大常委会主任 李殿梁
县长 高永贤
县政协主席 李 伦

·襄汾县·
县委书记 刘 浩
县人大常委会主任 贾安民
县长 乔飞鸿
县政协主席 张全管

·洪洞县·
县委书记 郑步电
县人大常委会主任 张玉龙
县长 解高民
县政协主席 程延平

·古 县·
县委书记 郝献民* 庞明明
县人大常委会主任 张金虎
县长 刘舒华(女)
县政协主席 阴和平

·安泽县·
县委书记 李 强
县人大常委会主任 韩建辉
县长 牛庆国
县政协主席 高成锁

·浮山县·
县委书记 史全喜* 乔飞鸿
县人大常委会主任 李 凡
县长 廉海平
县政协主席 段玉明

·吉 县·
县委书记 郝忠祥
县人大常委会主任 李晓民
县长 崔绍民
县政协主席 李永芳

·乡宁县·
县委书记 樊洪平
县人大常委会主任 张春龙
县长 杨建军
县政协主席 张欢虎

·大宁县·
县委书记 王金龙
县人大常委会主任 张新平
县长 樊 宇
县政协主席 杨对明

·隰 县·
县委书记 李亚丽(女)
县人大常委会主任 任 静(女)
县长 王晓斌
县政协主席 薛小平

·永和县·
县委书记 加天山
县人大常委会主任 马连青
县长 范洋平
县政协主席 宋新亮

·蒲 县·
县委书记 薛凤奎
县人大常委会主任 陈金庄
县长 赵志慧
县政协主席 席建国

·汾西县·
县委书记 任天顺
县人大常委会主任 贾文魁
县长 张安文
县政协主席 乔建平

·侯马市·
市委书记 王煦杰
市人大常委会主任 马兴民
市长 段慧刚
市政协主席 田怀宇

·霍州市·
市委书记 崔山原

市人大常委会主任　陈占平
市长　黄晓君(女)
市政协主席　薛泽会

## 吕梁市

中共市委书记　李正印
副书记　王立伟　张广勇
常委　李正印　王立伟　张广勇　马文革*
　　张敬平(女)*　张稳科　张　选　秦书义
　　李建国　任　忠　李小明　梁志勇
　　乔晓峰　郭震威
市人大常委会主任　郝月生
副主任　孙晋军　梁来茂　卫成印
　　郭卫民　刘　凯　张建国
市长　王立伟
副市长　张敬平(女)*　李建国　李俊平　杨巨才
　　李安林　尉文龙　郭震威
市政协主席　刘云晨
副主席　李　真　刘继隆　白荣欣
　　闫广聪　薛爱平　高永安　刘本旺*

·离石区·

区委书记　常书铭*　梁志勇
区人大常委会主任　刘俊禄
区长　吕文平
区政协主席　刘晓勤

·文水县·

县委书记　梁宝明
县人大常委会主任　张九聪
县长　许晋文
县政协主席　闫启明

·交城县·

县委书记　刘应刚*　李建国*　张振明
县人大常委会主任　刘文海
县长　张潞萍
县政协主席　桑小平

·兴　县·

县委书记　梁志锋
县人大常委会主任　白鹏昊
县长　刘世庆
县政协主席　史小军

·临　县·

县委书记　张建国
县人大常委会主任　张建国
县长　李双会
县政协主席　薛全清

·柳林县·

县委书记　郝继平*　赵建喜
县人大常委会主任　陈繁昌
县长　刘惠民
县政协主席　王义平

·石楼县·

县委书记　油晓峰
县人大常委会主任　孙卫东
县长　陈　浩
县政协主席　郑连弟

·岚　县·

县委书记　高奇英(女)
县人大常委会主任　尹永平
县长　乔　云
县政协主席　刘瑞峰

·方山县·

县委书记　王锦锋
县人大常委会主任　贺新众
县长　李溢涛
县政协主席　刘月顺

·中阳县·

县委书记　乔晓峰
县人大常委会主任　张喜旺
县长　田安平
县政协主席　赵有军

·交口县·

县委书记　霍慧文
县人大常委会主任　王隰平
县长　乔劲松
县政协主席　朱和平

·孝义市·

市委书记　马文革*　李　真
市人大常委会主任　李殿生
市长　王廷洪
市政协主席　王士礼

·汾阳市·

市委书记　武跃飞*　郭红波
市人大常委会主任　白小勤
市长　吴晓东
市政协主席　姚翠萍

★“机构设置和负责人名录”主要收录2018年12月31日的机构设置和负责人名录。2018年10月20日,《山西省机构改革实施方案》正式颁发,凡部门撤并、调离岗位人员在单位名称、人员姓名右上角标注*。

(省委组织部、各市区县提供)

## 统计资料

### ·水文水资料统计情况·

2018年，山西省年均降水量为438.1毫米，比多年平均473.5毫米少35.4毫米，属正常年份，比上年509.5毫米少71.4毫米。各县(市、区)年均降水量介于256.10毫米（侯马市)~612.3毫米(晋源区)之间。全省各月降水量与多年平均比较，4、7月显著偏多，1、5、6、8、11月正常，3、9月偏少，12月显著偏少，2、10月异常偏少。2018年，全省汛前、汛期和汛后降水量分别占年降水总量的21.8%、74.9%和3.30%。汛前平均降水量95.4毫米，属正常年份；汛期平均降水量328.3毫米，属正常年份；汛后平均降水量14.4毫米，属显著偏少年份。

2018年各市年平均降水量

(一)汛前降水

汛前(1~5月)，全省平均降水量95.40毫米，占年降水量的21.80%，比多年平均多11.3毫米，属正常年份，比上年同期多21.30毫米。各县(市、区)降水量介于2.50毫米(大同市矿区)~167.5毫米(壶关县)之间。朔州市降水偏多，其余各市降水属正常。

1月，全省平均降水量5.2毫米，与历年同期持平，比上年同期多2.9毫米。其中，朔州市降水显著偏多，临汾市和运城市降水偏多，晋中市降水正常，阳泉市降水异常偏少，太原市和吕梁市降水显著偏少，其余各市降水均属偏少。

2月，全省平均降水量1.3毫米，与历年同期相比少6.3毫米，比上年同期少5.1毫米。其中，长治市、晋城市和运城市降水显著偏少，其余各市降水均异常偏少。

3月，全省平均降水量6.9毫米，与历年同期相比少3.5毫米，比上年同期多0.4毫米。其中，朔州市、晋中市和临汾市降水正常，吕梁市和运城市降水异常偏少，其余各市降水显著偏少。

4月，全省降水显著偏多，各县(市、区)降水量介于0毫米(大同市矿区)~92.9毫米(壶关县)之间，全省平均降水量34.6毫米，与历年同期相比多12.6毫米，比上年同期多8.6毫米。其中，长治市、晋城市和运城市降水异常偏多，大同市、阳泉市、晋中市和吕梁市降水，其余各市降水正常。

5月，全省降水正常，各县(市、区)降水量介于0毫米(大同市矿区)~86.2毫米(晋源区)之间，全省平均降水量47.4毫米，与历年同期相比多8.5毫米，比上年同期多14.5毫米。其中，长治市和晋城市降水正常，临汾市和运城市降水偏少，阳泉市和忻州市降水偏多，其余各市降水均属显著偏多。

(二)汛期降水

汛期(6~9月)，全省平均降水量328.3毫米，占年降水量的74.9%，比多年平均少18.6毫米，属正常年份，比上年同期少10.6毫米。整体呈现北多南少的趋势，中南部地区多处出现降水量低值区(小于200毫米)，分散于吕梁市东部、长治-晋城西部、运城市西南部等地；高值区(大于600毫米)位于忻州市西南部(岢岚县)。各县(市、区)降水量介于187.6毫米(芮城县)~473.4毫米(晋源区)之间。朔州市降水偏多，长治市、晋城市、临汾市和运城市降水偏少，其余各市降水均属正常。

6月，全省降水正常，各县(市、区)降水量介于13.1毫米(河曲县)~92.70毫米(垣曲县)之间，全省平均降水量49.30毫米，与历年同期相比少13.80毫米，比上年同期少10.20毫米。其中，忻州市降水显著偏少，太原市、大同市、阳泉市、朔州市和吕梁市降水偏少，其余各市降水正常。

7月，全省降水偏多，各县(市、区)降水量介于71.80毫米(芮城县)~236.10毫米(万柏林区)之间，全省平均降水量144.80毫米，与历年同期相比多50.20毫米，比上年同期少2.2毫米。其中，太原市、大同市和朔州市降水异常偏多，忻州市和吕梁市降水显著偏多，晋中市和临汾市降水偏多，其余各市降水正常。

8月，全省降水正常，各县(市、区)降水量介于10.60毫米(芮城县)~215.40毫米(宁武县)之间，全省平均降水量84.30毫米，与历年同期相比少22.50毫米，比上年同期少30.40毫米。其中，朔州市降水显著偏多，忻州市降水偏多，晋中市降水偏少，长治市、晋城市、临汾市和运城市显著偏少，其余各市降水正常。

9月，全省降水偏少，各县(市、区)降水量介于23.9毫米(新荣区)~80.9毫米(垣曲县)之间，全省平均降水量49.9毫米，与历年同期相比少32.5毫米，比上年同期多27.8毫米。其中，忻州市和朔州市降水显著偏少，其余各市降水均偏少。

(三)汛后降水

汛后(10~12月)，全省平均降水量14.4毫米，占年降水量的3.3%，比多年平均少28.1毫米，属显著偏少年份，比上年同期少82.1毫米。各县(市、区)平均降水量介于0.5毫米(定襄县)~41.3毫米(曲沃县)之间。据汛后各市平均降水量距平百分率(见图2-5)评价为：晋城市降水偏少，忻州

2018年各市年平均降水量

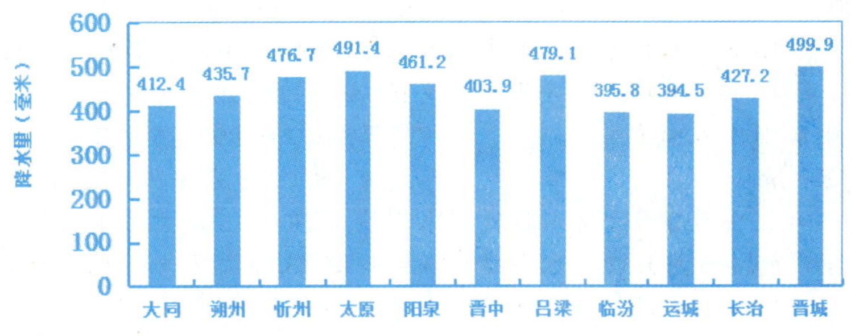

市、阳泉市、晋中市和吕梁市降水异常偏少,其余各市降水均属显著偏少。

10月,全省降水异常偏少,各县(市、区)降水量介于0毫米~25.30毫米(万柏林区)之间,全省平均降水量4.8毫米,与历年同期相比少24.10毫米,比上年同期少89.50毫米。其中,太原市和朔州市降水偏少,大同市、阳泉市和忻州市降水显著偏少,其余各市降水异常偏少。

11月,全省降水正常,各县(市、区)降水量介于0毫米~37.40毫米(曲沃县)之间,全省平均降水量8.30毫米,与历年同期相比少1.30毫米,比上年同期多7.20毫米。其中,长治市和临汾市降水正常,晋城市和运城市降水显著偏多,晋中市和吕梁市降水显著偏少,其余各市降水异常偏少。

12月,全省降水显著偏少,各县(市、区)降水量介于0毫米~7.9毫米(安泽县)之间,全省平均降水量1.3毫米,与历年同期相比少2.7毫米,比上年同期多0.20毫米。其中,晋城市降水偏少,晋中市、临汾市和运城市降水显著偏少,其余各市降水异常偏少。

(四)暴雨

2018年,全省日降水量大于50毫米(暴雨)的有866站次,大于100毫米(大暴雨)的有15站次。日降水量达到暴雨级别的发生在汛期的共有860站次(占总站次的99.3%),主要集中在四次强降水过程中,分别是7月7日至13日180站次,7月15日至17日295站次,8月6日至9日96站次,8月10日至13日118站次,共计689站次,占总站次的79.60%。日降水量排在前五位的为:高平市丹水7月13日146.80毫米,沁水县胡底6月8日121.80毫米,陵川县申庄7月13日119.80毫米,静乐县娑婆7月16日116.4毫米,兴县宋家山8月10日116.20毫米。

**河道水情**

2018年,山西省各河流水势较为平稳。汛前(1~5月),57处水文站中,永定河水系桑干河固定桥、十里河观音堂、御河孤山、壶流河广灵,大清河水系唐河灵丘,子牙河水系滹沱河界河铺、南庄、峪口河王家会、阳武河芦庄、云中河寺坪、龙华河下社、桃河旧街,南运河水系榆社河榆社,沿黄支流偏关河偏关、三川河后大成、鄂河乡宁、洮水河冷口、白沙河大庙、涑水河张留庄,汾河水系汾河河津、冶峪沟董茹、潇河芦家庄、松塔河松塔、中西河双家寨、洪安涧河东庄、续鲁峪大交(续)、北石河岔上,沁河王家河泗交偏少,其余站点均偏多。汛期(6~9月),受降雨过程及局部暴雨影响,山西省汾河水系、沁丹河水系、沿黄支流、南运河水系、永定河水系和大清河水系均发生不同程度的洪水。汛后(10~12月),永定河水系御河孤山、子牙河水系桃河旧街、阳泉,沿黄支流偏关河偏关、洮水河冷口,汾河支流冶峪沟董茹、洪安涧河东庄、续鲁峪大交(续),共8站出现河道断流现象。

(一)全年河道水情

2018年山西省各水文站年均流量与多年均值相比,除永定河水系桑干河东榆林、新桥、固定桥、南洋河天镇、御河孤山,子牙河水系滹沱河界河铺、济胜桥、南庄、峪口河王家会、云中河寺坪、清水河五台山、松溪河泉口,南运河水系浊漳河石梁,沿黄支流东川河岢岚、北川河圪洞、南川河万年饱,汾河干流宁化堡、静乐、河岔、寨上、汾河二坝(二)、义棠、赵城、柴庄,汾河支流岚河上静游、涧河娄烦、静升河灵石27个站偏多外,其余站点均偏少。汾河支流冶峪沟董茹和续鲁峪大交(续)河道出现全年断流情况。

各主要河道水文站年平均流量与多年均值比较:桑干河固定桥站5.12立方米每秒,比多年均值4.59立方米每秒多0.530立方米每秒;唐河灵丘(高庄)站0.274立方米每秒;滹沱河界河铺站6.89立方米每秒,比多年均值4.85立方米每秒多2.04立方米每秒;南庄站15.90立方米每秒,比多年均值15.10立方米每秒多0.800立方米每秒;松溪河泉口站1.94立方米每秒,比多年均值1.56立方米每秒多0.380立方米每秒;桃河阳泉站0.433立方米每秒,比多年均值1.20立方米每秒少0.767立方米每秒;浊漳河石梁站15.40立方米每秒,比多年均值13.60立方米每秒多1.80立方米每秒;偏关河偏关站0.087立方米每秒,比多年均值0.987立方米每秒少0.900立方米每秒;鄂河乡宁站0.060立方米每秒,比多年均值0.161立方米每秒少0.101立方米每秒;汾河静乐站16.30立方米每秒,比多年均值7.07立方米每秒多9.23立方米每秒;兰村站12.3立方米每秒,比多年均值12.7立方米每秒少0.400立方米每秒;义棠站30.8立方米每秒,比多年均值14.50立方米每秒多16.30立方米每秒;柴庄站29.4立方米每秒,比多年均值28.1立方米每秒多1.30立方米每秒;潇河芦家庄站1.59立方米每秒,比多年均值3.44立方米每秒少1.85立方米每秒;沁河飞岭站2.45立方米每秒,比多年均值6.24立方米每秒少3.79立方米每秒。

(二)汛前河道水情

2018年各站汛前平均流量与多年同期平均相比,永定河水系桑干河固定桥、十里河观音堂、御河孤山、壶流河广灵,大清河水系唐河灵丘,子牙河水系滹沱河界河铺、南庄、峪口河王家会、阳武河芦庄、云中河寺坪、龙华河下社、桃河旧街,南运河水系榆社河榆社,沿黄支流偏关河偏关、三川河后大成、鄂河乡宁、洮水河冷口、白沙河大庙、涑水河张留庄,汾河水系汾河河津、冶峪沟董茹、潇河芦家庄、松塔河松塔、中西河双家寨、洪安涧河东庄、续鲁峪大交(续)、北石河岔上,沁河王家河泗交偏少,其余站点均偏多。部分站点出现河道断流的现象:永定河水系壶流河广灵,子牙河水系桃河旧街,沿黄支流偏关河偏关,汾河支流冶峪沟董茹、续鲁峪大交(续),共5站。

2018年汛前各主要河道水文站平均流量与多年同期平均比较:桑干河固定桥站2.76立方米每秒,比多年同期平均3.09立方米每秒少0.330立方米每秒;唐河灵丘(高庄)站0.017

立方米每秒；滹沱河界河铺站 1.29 立方米每秒，比多年同期平均 2.34 立方米每秒少 1.05 立方米每秒；南庄站 7.89 立方米每秒，比多年同期平均 8.93 立方米每秒少 1.04 立方米每秒；松溪河泉口站 1.69 立方米每秒，比多年同期平均 0.673 立方米每秒多 1.02 立方米每秒；桃河阳泉站 0.370 立方米每秒，比多年同期平均 0.236 立方米每秒多 0.134 立方米每秒；浊漳河石梁站 13.9 立方米每秒，比多年同期平均 5.62 立方米每秒多 8.28 立方米每秒；偏关河偏关站 0 立方米每秒，比多年同期平均 0.386 立方米每秒少 0.386 立方米每秒；鄂河乡宁站 0.003 立方米每秒，比多年同期平均 0.036 立方米每秒少 0.033 立方米每秒；汾河静乐站 17.3 立方米每秒，比多年同期平均 3.59 立方米每秒多 13.7 立方米每秒；兰村站 17.0 立方米每秒，比多年同期平均 11.4 立方米每秒多 5.60 立方米每秒；义棠站 28.0 立方米每秒，比多年同期平均 5.46 立方米每秒多 22.5 立方米每秒；柴庄站 24.7 立方米每秒，比多年同期平均 14.9 立方米每秒多 9.80 立方米每秒；潇河芦家庄站 0.949 立方米每秒，比多年同期平均 1.30 立方米每秒少 0.351 立方米每秒；沁河飞岭站 4.19 立方米每秒，比多年同期平均 2.42 立方米每秒多 1.77 立方米每秒。

（三）汛期河道水情

1.汛期各主要河流控制站来水量

山西省各主要河流控制站流域总面积为 93768 平方千米。其中，海河流域面积 40443 平方千米，占总控制面积的 43.1%，黄河流域面积 53325 平方千米，占总控制面积的 56.9%。2018 年汛期，全省各控制站径流总量 107741 万立方米；海河流域各控制站汛期径流量 54503 万立方米，占汛期径流总量的 50.6%；黄河流域各控制站汛期径流量 53238 万立方米，占汛期径流总量的 49.4%。

2. 汛期各主要河道水文站平均流量

2018 年各站汛期平均流量与多年同期平均相比，除永定河水系桑干河东榆林、新桥、固定桥、南洋河天镇、御河孤山，子牙河水系滹沱河界河铺、济胜桥、南庄、峪口河王家会、云中河寺坪、清水河五台山，沿黄支流东川河岢岚、南川河万年饱，汾河干流宁化堡、静乐、河岔、汾河二坝（二）、义棠、赵城，汾河支流岚河上静游、涧河娄烦、静升河灵石 22 个站偏多以外，其余站点均偏少。部分站点出现河道断流的现象：汾河支流冶峪沟董茹、续鲁峪大交（续），共 2 站。

汛期各主要河道水文站平均流量与多年同期平均比较：桑干河固定桥站 9.42 立方米每秒，比多年同期平均 8.13 立方米每秒多 1.29 立方米每秒；唐河灵丘（高庄）站 0.560 立方米每秒；滹沱河界河铺站 17.1 立方米每秒，比多年同期平均 9.00 立方米每秒多 8.10 立方米每秒；南庄站 27.0 立方米每秒，比多年同期平均 25.1 立方米每秒多 1.90 立方米每秒；松溪河泉口站 2.71 立方米每秒，比多年同期平均 3.18 立方米每秒少 0.470 立方米每秒；桃河阳泉站 0.449 立方米每秒，比多年同期平均 2.96 立方米每秒少 2.51 立方米每秒；浊漳河石梁站 11.4 立方米每秒，比多年同期平均 25.7 立方米每秒少 14.3 立方米每秒；偏关河偏关站 0.262 立方米每秒，比多年同期平均 2.17 立方米每秒少 1.91 立方米每秒；鄂河乡宁站 0.174 立方米每秒，比多年同期平均 0.398 立方米每秒少 0.224 立方米每秒；汾河静乐站 18.1 立方米每秒，比多年同期平均 12.6 立方米每秒多 5.50 立方米每秒；兰村站 11.9 立方米每秒，比多年同期平均 19.2 立方米每秒少 7.30 立方米每秒；义棠站 42.1 立方米每秒，比多年同期平均 29.1 立方米每秒多 13.0 立方米每秒；柴庄站 41.8 立方米每秒，比多年同期平均 46.4 立方米每秒少 4.60 立方米每秒；潇河芦家庄站 2.44 立方米每秒，比多年同期平均 7.19 立方米每秒少 4.75 立方米每秒；沁河飞岭站 1.90 立方米每秒，比多年同期平均 11.4 立方米每秒少 9.50 立方米每秒。

3.洪水

受强降雨过程及局部暴雨的影响，我省汾河水系、沁丹河水系、沿黄支流、南运河水系、永定河水系和子牙河水系均发生不同程度的洪水。

（1）6 月份部分河道洪峰流量。

由于水库放水，介休市汾河义棠站 5 日 21 时流量 83.2 立方米每秒；洪洞县汾河赵城站 6 日 9 时流量 68.1 立方米每秒；襄汾县汾河柴庄站 7 日 1 时流量 65.8 立方米每秒；新绛县汾河新绛站 7 日 9 时流量 52.8 立方米每秒；河津市汾河河津站 8 日 8 时流量 56.5 立方米每秒；洪洞县汾河赵城站 17 日 11 时流量 50.5 立方米每秒。

（2）7 月份部分河道洪峰流量。

受 7 月 7 日至 13 日降雨影响，沿黄支流、汾河水系、沁河水系、大清河水系及子牙河水系均有不同程度洪水发生。河道洪水洪峰流量大于 50 立方米每秒的河道水情如下：

大清河水系：灵丘县唐河城头会站 7 日 21 时 36 分流量 75.1 立方米每秒。

子牙河水系：定襄县滹沱河南庄站 13 日 10 时流量 50.3 立方米每秒。

汾河水系：汾河干流，清徐县汾河汾河二坝（二）站 13 日 18 时流量 113 立方米每秒；介休市汾河义棠站 15 日 2 时流量 174 立方米每秒；洪洞县汾河赵城站 15 日 12 时流量 144 立方米每秒；襄汾县汾河柴庄站 15 日 16 时流量 137 立方米每秒；新绛县汾河新绛站 15 日 16 时流量 114 立方米每秒；河津市汾河河津站 15 日 4 时 18 分流量 90.4 立方米每秒。汾河支流，太谷县乌马河官寨站 12 日 23 时 18 分流量 220 立方米每秒；交城县磁窑河岭底站 13 日 4 时 54 分流量 124 立方米每秒。

沿黄支流：临县湫水河林家坪站 11 日 17 时 45 分流量 86.8 立方米每秒；柳林县三川河李家湾站 11 日 13 时 6 分流量 79.9 立方米每秒；柳林县三川河后大成站 11 日 16 时 54 分流量 75.0 立方米每秒。

沁河水系：高平市丹河牛村站 14 日 6 时 25 分流量 98.2 立方米每秒。

受7月15日至17日降雨影响，沿黄支流、汾河水系、永定河水系、子牙河水系及南运河水系均有不同程度洪水发生。河道洪水洪峰流量大于50立方米每秒的河道水情如下：

永定河水系：大同县桑干河固定桥站18日5时流量178立方米每秒；新荣区御河得胜堡站16日6时54分流量240立方米每秒；新荣区御河孤山河道站16日5时48分流量356立方米每秒；大同市城区十里河观音堂站16日14时36分流量53.0立方米每秒。

子牙河水系：定襄县滹沱河南庄站18日8时流量52.5立方米每秒。

汾河水系：汾河干流，静乐县汾河静乐站17日18时40分流量73.5立方米每秒；娄烦县汾河河岔站17日22时流量67.8立方米每秒；清徐县汾河汾河二坝(二)站17日8时流量73.7立方米每秒；介休市汾河义棠站18日16时流量212立方米每秒；洪洞县汾河赵城站18日21时12分流量188立方米每秒；襄汾县汾河柴庄站19日4时流量195立方米每秒；新绛县汾河新绛站20日7时流量195立方米每秒；河津市汾河河津站21日7时21分流量166立方米每秒。

沿黄支流：临县湫水河阳宇会站16日0时36分流量230立方米每秒；临县湫水河林家坪站19日23时12分流量170立方米每秒；柳林县三川河李家湾站16日20时12分流量91.6立方米每秒；柳林县三川河后大成站16日7时18分流量98.5立方米每秒。

南运河水系：左权县清漳西源长城站17日0时24分流量112立方米每秒。

(3)8月份部分河道洪峰流量。

受8月6日至9日降雨影响，沿黄支流、汾河水系、永定河水系及子牙河水系均有不同程度洪水发生。河道洪水洪峰流量大于50立方米每秒的河道水情如下：

永定河水系：怀仁县大峪河大峪口站7日18时2分流量163立方米每秒。

子牙河水系：五台县清水河五台山站6日23时20分流量120立方米每秒。

汾河干流，静乐县静乐站7日5时36分流量56.5立方米每秒，娄烦县河岔站9日5时30分流量50.7立方米每秒。

沿黄支流：河曲县县川河旧县站9日18时18分流量52.6立方米每秒；保德县朱家川桥头站9日8时54分流量76.2立方米每秒；临县清凉寺沟杨家坡站7日3时42分流量131立方米每秒；临县湫水河阳宇会站7日1时24分流量313立方米每秒；临县湫水河林家坪站7日5时21分流量629立方米每秒；柳林县三川河李家湾站7日9时36分流量55.1立方米每秒，后大成站7日5时36分流量53.9立方米每秒。

受8月10日至13日降雨影响，沿黄支流、汾河水系、永定河水系及子牙河水系均有不同程度洪水发生。河道洪水洪峰流量大于50立方米每秒的河道水情如下：

永定河水系：宁武县恢河阳方口站12日20时6分流量169立方米每秒。

子牙河水系：定襄县滹沱河南庄站14日8时流量76.5立方米每秒。

汾河干流，静乐县静乐站14日0时流量60.9立方米每秒，娄烦县河岔站14日0时流量62.6立方米每秒，介休市义棠站13日0时流量68.3立方米每秒，洪洞县赵城站13日15时30分流量66.5立方米每秒，襄汾县柴庄站14日0时流量63.9立方米每秒。

沿黄支流：保德县朱家川桥头站11日8时流量92.0立方米每秒；兴县蔚汾河二十里铺站11日7时30分流量54.2立方米每秒，兴县蔚汾河兴县站11日8时流量60.9立方米每秒；临县清凉寺沟杨家坡站11日1时12分流量232立方米每秒，临县湫水河阳宇会站11日8时24分流量295立方米每秒，临县湫水河林家坪站11日13时流量265立方米每秒；柳林县三川河李家湾站14日20时42分流量87.2立方米每秒，柳林县三川河后大成站10日17时36分流量74.0立方米每秒；石楼县屈产河裴沟站13日11时30分流量98.7立方米每秒。

受8月29日至31日降雨影响，汾河水系及子牙河水系均有不同程度洪水发生。截至9月1日8时，河道洪水洪峰流量大于50立方米每秒的河道水情如下：

子牙河水系：原平市滹沱河界河铺站31日12时30分流量150立方米每秒；定襄县滹沱河南庄站1日8时流量60.2立方米每秒。

汾河干流，宁武县宁化堡站30日10时流量55.1立方米每秒，静乐县静乐站30日17时流量190立方米每秒，娄烦县河岔站30日22时流量182立方米每秒。

(4)9月份部分河道洪峰流量。

受1日降雨影响，静乐县汾河静乐站2日8时流量115立方米每秒；娄烦县汾河河岔站3日8时流量91.0立方米每秒；介休市汾河义棠站1日18时12分流量74.7立方米每秒；洪洞县汾河赵城站2日4时流量61.5立方米每秒；襄汾县汾河柴庄站2日20时流量70.7立方米每秒；原平市滹沱河界河铺站2日8时流量61.2立方米每秒；五台县滹沱河济胜桥站4日8时流量55.5立方米每秒；定襄县滹沱河南庄站3日16时36分流量92.5立方米每秒。

受16日至19日降雨影响，介休市汾河义棠站19日19时流量71.7立方米每秒；洪洞县汾河赵城站20日5时流量59.9立方米每秒；襄汾县汾河柴庄站21日2时流量57.3立方米每秒；新绛县汾河新绛站21日13时流量50.5立方米每秒；尖草坪区杨兴河阳曲站21日23时48分流量51.8立方米每秒。

受24日至25日降雨影响，介休市汾河义棠站26日17时流量74.7立方米每秒；洪洞县汾河赵城站27日10时流量65.0立方米每秒；襄汾县汾河柴庄站28日3时流量69.0立方米每秒；新绛县汾河新绛站28日13时流量65.0立方米每秒；河津市汾河河津站29日8时流量63.6立方米每秒；尖草坪区杨兴河阳曲站25日6时36分流量56.6立方米每秒。

(四)汛后河道水情

2018年各站汛后平均流量与多年同期平均相比,共有22个站偏多,其余站点均偏少。部分站点出现河道断流的现象：永定河水系御河孤山、子牙河水系桃河旧街、阳泉,沿黄支流偏关河偏关、洮水河冷口,汾河支流冶峪沟董茹、洪安涧河东庄、续鲁峪大交(续),共8站。

汛后各主要河道水文站平均流量与多年同期平均比较:桑干河固定桥站3.29立方米每秒,比多年同期平均2.34立方米每秒多0.950立方米每秒;唐河灵丘(高庄)站0.315立方米每秒;滹沱河界河铺站2.51立方米每秒,比多年同期平均3.47立方米每秒少0.960立方米每秒；南庄站14.1立方米每秒,比多年同期平均11.8立方米每秒多2.30立方米每秒;松溪河泉口站1.32立方米每秒,比多年同期平均0.886立方米每秒多0.434立方米每秒;浊漳河石梁站23.3立方米每秒,比多年同期平均10.6立方米每秒多12.7立方米每秒;偏关河偏关站0立方米每秒，比多年同期平均0.399立方米每秒少0.399立方米每秒;鄂河乡宁站0.004立方米每秒，比多年同期平均0.052立方米每秒少0.048立方米每秒;汾河静乐站12.4立方米每秒,比多年同期平均5.42立方米每秒多6.98立方米每秒;兰村站5.06立方米每秒,比多年同期平均6.49立方米每秒少1.43立方米每秒；义棠站20.3立方米每秒，比多年同期平均10.1立方米每秒多10.2立方米每秒;柴庄站20.9立方米每秒,比多年同期平均25.4立方米每秒少4.50立方米每秒；潇河芦家庄站1.49立方米每秒,比多年同期平均1.96立方米每秒少0.470立方米每秒；沁河飞岭站0.305立方米每秒，比多年同期平均5.71立方米每秒少5.41立方米每秒。

大中型水库蓄水情况

全省大中型水库蓄水情况分汛初(2018年6月1日)、汛末(2018年10月1日）和年末（2019年1月1日)3个节点进行统计分析。

(一)汛初大中型水库蓄水情况

1.大中型水库蓄水情况。

据全省共64座大中型报汛水库统计，汛初蓄水总量为12.30亿立方米，比年初（2018年1月1日)少1.85亿立方米，比上年同期多2.46亿立方米。

2.大型水库蓄水情况。

据全省9座大型水库汛初蓄水量统计,汛初蓄水总量为8.63亿立方米，占所有大中型水库蓄水总量的70.2%;比年初少1.27亿立方米,比上年同期多蓄1.65亿立方米。

(二)汛末大中型水库蓄水情况

1.大中型水库蓄水情况。

据全省共64座大中型报汛水库统计，汛末蓄水总量为13.54亿立方米,比汛初多1.24亿立方米,比上年同期多0.16亿立方米。

2.大型水库蓄水情况。

据全省9座大型水库汛末蓄水量统计,汛末蓄水总量为9.69亿立方米，占所有大中型水库蓄水总量的71.6%;比汛初多1.06亿立方米,比上年同期少0.72亿立方米。

(三)年末大中型水库蓄水情况

1.大中型水库蓄水情况。

据全省共有60座大中型报汛水库统计，年末蓄水总量为12.82亿立方米,比汛末少0.72亿立方米,比上年同期少1.33亿立方米。

2.大型水库蓄水情况。

据全省9座大型水库年末蓄水量统计,年末蓄水总量为8.94亿立方米，占所有大中型水库蓄水总量的69.7%;比汛末少0.75亿立方米,比上年同期少0.96亿立方米。

土壤墒情与灾情

山西省共有人工墒情监测站68处,站点稀少,代表性不是很好,所以选用各县降水量距平指标分季节逐月进行旱情分析。

(一)春季干旱分析

春季旱情呈先重后轻态势。3月由于降水偏少，全省大部出现轻度、中度旱情;4月、5月，由于降水较为充沛,旱情有所缓解。

3月,全省大部出现轻度、中度旱情,忻州、阳泉、临汾、长治局部出现严重旱情。

4月,除大同、临汾局部旱情发展为特大旱情以及忻州、临汾局部仍有轻度旱情现象外,其余各地区均属正常。

5月,全省旱情较上月未发生较大变化,大同、临汾局部持续特大旱情,晋中、运城、长治、晋城局部出现轻度旱情,其余各地区均属正常。

(二)夏季干旱分析

春季旱情呈先轻后重态势。6月份，旱情范围较5月份略有扩大,主要发生在北中部地区;7月份,由于强降雨的原因,旱情得到极大缓解;8月份,由于降水量较少,中南部地区出现不同程度旱情。

6月,北中部地区有轻度、中度旱情,南部地区属正常。

7月，全省仅运城市出现轻度旱情。

8月,中南部大部分地区有轻度、中度旱情,临汾、运城、长治、晋城局部有严重旱情,北部地区属正常。

(三)秋季干旱分析

秋季由于降水量偏少,全省各地旱情均较为严重。9月,全省大部分地区有轻度、中度旱情;10月,全省各地均有较为严重的旱情;11月，北中部旱情持续,南部旱情得到缓解。

9月,全省大部分地区有轻度、中度旱情。

10月,旱情基本覆盖全省,除大同、朔州、太原旱情较轻外,其余各地均有严重~特大旱情出现。

11月,北中部地区旱情持续,且较上月更为严重,南部地区旱情得到较大程度的缓解。

(四)灾情

据2018年1月1日至2018年12月31日统计,山西省共有11个地级市(全部地市)、43个县(市、区)受灾。受灾人口13.72万人，紧急转移1.12万人;倒塌房屋0.06万间;农作物受灾面积 1.79 万公顷，成灾面积 9730 公顷，绝收面积 3120 公顷，减产粮食 3.26 万吨，经济作物损失 1504.67 万元，死亡大牲畜 0.025 万头，公路中断 81 条次，供电中断 8 条次，通讯中断 9 条次；损坏堤防 134 处、21.32 千米，损坏护岸 73 处，损坏水闸 6 座，损坏机电井 36 眼，损坏机电泵站 4 座，损坏水文设施 3 个。

因洪涝灾害造成的直接经济损失 3.6068 亿元。其中，农业直接经济损失 1.0667 亿元，工业交通业直接经济损失 1.1844 亿元、水利工程水毁直接经济损失 1.165 亿元。

在抗御灾害中，共投入抢险人数 0.63 万人次；投入动力 372 台班；投入编织袋 8.37 万条，沙石料 1.09 万立方米，钢材 5.80 吨，抗灾用油 7.80 吨，用电 1 万度，总物资消耗折算资金 68.02 万元。

防洪减灾效益：减淹面积 1400 公顷，避免粮食减收 1.06 万吨，减少受灾人口 1.93 万人，减灾经济效益 0.26 亿元。（刘耀峰）

## ·地震监测情况·

2018 年，山西省共发生 MS≥1.0 级地震 136 次，其中 MS1.0~1.9 级地震 117 次，MS2.0~2.9 级地震 16 次，MS3.0~3.9 级地震 3 次，最大地震是 3 月 18 日临汾市霍州市 MS3.6 级地震。

**山西地震信息监测台运行情况。** 2018 年，山西数字测震台网运行台站 57 个（不含流动、邻省），全年总体运行率 99.04%，向中国地震台网中心速报地震 10 次。山西地球物理台网运行台站 39 个，全年平均运行率 99.74%，数据连续率 99.47%，完整率 98.02%，预处理完成率 100%。山西地震信息台网运行节点 21 个，全年网络综合运行率 99.87%。山西陆态 GNSS 观测网络直属和托管基准站 5 个，全年平均通信连通率 99.63%、数据连续率 100%、有效率 96.75%。山西强震动台网运行台站 57 个，全年总体运行率 100%，向中国地震局强震动台网中心速报地震 3 次。

**震情跟踪。** 2018 年，山西省地震局共召开各类会商会 70 次，其中年度地震趋势会商会 1 次，年中会商会 1 次，周、月会商会 52 次，紧急、加密会商会 13 次，应急会商会 3 次。联合地震台站对榆社红崖头、昔阳台水平摆、镇川井水位、东郭井水位和静乐井水位等开展 7 次微观异常核实，编写异常核实报告及补充报告 9 份。继续推进会商制度改革，积极开展跨部门、跨区域地震异常研判和震情联合会商，共邀请省国土资源厅、省测绘地理信息局、省气象局和地质环境监测中心等单位的 9 名专家参与年中、年度地震趋势会商会。（和 炜）

**2018 年山西省汛期各主要河流控制站逐月实测来水量情况统计表**

| 序号 | 流域 | 河名 | 站名 | 流域面积（平方千米） | 月平均流量（立方米每秒） | | | | 汛期累计水量（万立方米） |
|---|---|---|---|---|---|---|---|---|---|
| | | | | | 6 月 | 7 月 | 8 月 | 9 月 | |
| 1 | 海河 | 桑干河 | 固定桥 | 15803 | 5.70 | 16.1 | 6.46 | 9.28 | 9925 |
| 2 | | 滹沱河 | 南庄 | 11936 | 6.22 | 19.0 | 36.1 | 46.8 | 28501 |
| 3 | | 龙 华 | 下社 | 475 | — | — | 0.144 | 0.207 | 92.2 |
| 4 | | 松溪河 | 泉口 | 1627 | 0.638 | 3.20 | 4.73 | 2.20 | 2860 |
| 5 | | 桃 河 | 阳泉 | 490 | 0.370 | 0.680 | 0.370 | 0.370 | 473 |
| 6 | | 浊漳河 | 石梁 | 9652 | 11.4 | 21.2 | 7.54 | 5.34 | 12037 |
| 7 | | 清漳东支 | 蔡家庄 | 460 | 0.295 | 0.447 | 0.945 | 0.641 | 615 |
| | 海河流域累计水量（万立方米） | | | | 6382 | 16238 | 15076 | 16806 | 54503 |
| 1 | 黄河 | 偏关河 | 偏关 | 1896 | 0 | 0.736 | 0.292 | 0.002 | 276 |
| 2 | | 东川河 | 岢岚 | 476 | 0.360 | 0.957 | 1.55 | 1.55 | 1167 |
| 3 | | 三川河 | 后大成 | 4075 | 6.14 | 13.7 | 15.1 | 9.06 | 11654 |
| 4 | | 涑水河 | 张留庄 | 5545 | 1.04 | 1.10 | 0.929 | 1.04 | 1083 |
| 5 | | 汾 河 | 河津 | 38650 | 28.6 | 60.8 | 19.7 | 31.2 | 37061 |
| 6 | | 沁 河 | 飞岭 | 2683 | 1.48 | 2.97 | 2.58 | 0.495 | 1998 |
| | 黄河流域累计水量（万立方米） | | | | 9751 | 21498 | 10754 | 11236 | 53238 |
| | 全省合计（万立方米） | | | | 16133 | 37736 | 25830 | 28042 | 107741 |

## 2018年山西省部分河流洪峰流量统计表

| 站名 | 县 | 河名 | 时间 | 流量(立方米每秒) |
|---|---|---|---|---|
| 一、汾河水系 | | | | |
| 静乐 | 静乐县 | 汾河 | 2018-08-30 17:00 | 190 |
| 河岔 | 娄烦县 | 汾河 | 2018-08-30 22:00 | 182 |
| 汾河二坝(二) | 清徐县 | 汾河 | 2018-07-13 18:00 | 113 |
| 官寨 | 太谷县 | 乌马河 | 2018-07-12 23:18 | 220 |
| 义棠 | 介休市 | 汾河 | 2018-07-18 18:00 | 212 |
| 赵城 | 洪洞县 | 汾河 | 2018-07-18 21:12 | 188 |
| 柴庄 | 襄汾县 | 汾河 | 2018-07-19 05:00 | 195 |
| 新绛 | 新绛县 | 汾河 | 2018-07-20 07:00 | 195 |
| 娄烦 | 娄烦县 | 涧河 | 2018-06-08 15:54 | 91.1 |
| 岭底 | 交城县 | 磁窑河 | 2018-07-13 04:54 | 124 |
| 南樊 | 绛县 | 黑河 | 2018-06-04 04:18 | 64.2 |
| 二、沁丹河水系 | | | | |
| 坪头 | 阳城县 | 获泽河 | 2018-07-02 18:54 | 241 |
| 刘东 | 阳城县 | 芦苇河 | 2018-06-29 07:00 | 297 |
| 牛村 | 高平市 | 丹河 | 2018-07-14 07:00 | 107 |
| 河西 | 泽州县 | 白洋泉河 | 2018-06-05 18:48 | 231 |
| 三、沿黄支流 | | | | |
| 贵石沟 | 平定县 | 南川河 | 2018-07-22 16:01 | 81.1 |
| 杨家坡 | 临县 | 清凉寺沟 | 2018-08-11 01:12 | 232 |
| 阳宇会 | 临县 | 湫水河 | 2018-08-07 01:24 | 313 |
| 林家坪 | 临县 | 湫水河 | 2018-08-07 05:21 | 629 |
| 李家湾 | 柳林县 | 三川河 | 2018-07-16 20:12 | 91.6 |
| 后大成 | 柳林县 | 三川河 | 2018-07-16 07:18 | 98.5 |
| 四、子牙河水系 | | | | |
| 界河铺 | 原平市 | 滹沱河 | 2018-08-31 12:30 | 150 |
| 济胜桥 | 五台县 | 滹沱河 | 2018-09-04 08:00 | 55.5 |
| 南庄 | 定襄县 | 滹沱河 | 2018-09-03 16:36 | 92.5 |
| 王家会 | 代县 | 峪口河 | 2018-06-02 08:00 | 51.3 |
| 五台山 | 五台县 | 清水河 | 2018-08-06 23:20 | 120 |

续表

| 站名 | 县 | 河名 | 时间 | 流量(立方米每秒) |
| --- | --- | --- | --- | --- |
| 五、永定河水系 | | | | |
| 阳方口 | 宁武县 | 恢河 | 2018–08–12 20:06 | 169 |
| 固定桥 | 大同县 | 桑干河 | 2018–07–18 08:00 | 101 |
| 大峪口 | 怀仁县 | 大峪河 | 2018–08–07 18:02 | 163 |
| 得胜堡 | 新荣区 | 御河 | 2018–07–16 05:24 | 150 |
| 孤山 | 新荣区 | 御河 | 2018–07–16 05:29 | 356 |
| 观音堂 | 矿区 | 十里河 | 2018–07–16 14:36 | 53 |
| 天镇 | 天镇县 | 南洋河 | 2018–07–22 11:34 | 69.4 |
| 城头会 | 灵丘县 | 唐河 | 2018–07–07 21:36 | 75.1 |
| 六、南运河水系 | | | | |
| 二贤庄 | 郊区 | 石子河 | 2018–07–08 04:30 | 77 |
| 长城 | 左权县 | 清漳西源 | 2018–07–17 00:24 | 112 |

# 经济和社会发展统计资料

## 2010—2018 年山西省社会经济主要指标人均水平统计表

| 指　　标 | 2010 | 2015 | 2018 |
| --- | --- | --- | --- |
| **地区生产总值(元)** | 26397 | 34993 | 45328 |
| **主要农产品产量(公斤)** | | | |
| 粮　食 | 316 | 359 | 372 |
| 油　料 | 4.70 | 3.30 | 4.20 |
| 甜　菜 | 7.20 | 1.50 | 0.03 |
| 蔬　菜 | 198.30 | 229.10 | 221.50 |
| 猪牛羊肉 | 19.30 | 22.90 | 20.80 |
| **主要工业产品产量(全社会)** | | | |
| 原　煤(吨) | 21.17 | 26.44 | 24.97 |
| 发电量(千瓦小时) | 6143.20 | 6721.60 | 8321.70 |
| 粗　钢(公斤) | 870.90 | 1052.20 | 1451.70 |
| 钢　材(公斤) | 818.80 | 1167.20 | 1321.50 |
| 焦　炭(吨) | 2.43 | 2.20 | 2.49 |
| 水　泥(公斤) | 1048.40 | 1035.60 | 1179.60 |
| 布(米) | 2.10 | 2.10 | 0.60 |
| **社会消费品零售额(元)** | 9478 | 16503 | 19779 |
| **人民生活(元)** | | | |
| 在岗职工平均工资 | 33544 | 52960 | 67669 |
| 国　有 | 33119 | 54953 | 68127 |
| 集　体 | 21993 | 44114 | 53787 |
| 城镇居民可支配收入 | 15648 | 25828 | 31035 |
| 城镇居民消费支出 | 9793 | 15819 | 19790 |
| 农村居民可支配收入 | 4736 | 9454 | 11750 |
| 农村居民消费支出 | 3664 | 7421 | 9172 |
| 住户存款 | 26346 | 42877 | 54834 |

## 2010-2018 年山西省国民经济与社会发展结构指标统计表

单位:%

| 指　　标 | 2010 | 2015 | 2018 |
|---|---|---|---|
| **男女人口比例** | | | |
| 男　性 | 51.40 | 51.30 | 51.00 |
| 女　性 | 48.60 | 48.70 | 49.00 |
| **人口抚养比** | | | |
| 总抚养比 | 32.80 | 32.60 | 35.50 |
| 少儿抚养比 | 22.70 | 20.60 | 21.40 |
| 老年抚养比 | 10.10 | 12.10 | 14.10 |
| **地区生产总值构成(生产法)** | | | |
| 第一产业 | 5.80 | 5.70 | 4.40 |
| 第二产业 | 57.20 | 41.10 | 42.20 |
| 第三产业 | 37.00 | 53.20 | 53.40 |
| **地区生产总值构成(支出法)** | | | |
| 最终消费 | 44.70 | 55.70 | |
| 资本形成总额 | 68.20 | 73.20 | |
| 货物和服务净出口 | -12.90 | -28.90 | |
| **一般公共预算支出构成** | | | |
| #教　育 | 17.00 | 17.60 | 15.60 |
| 社会保障和就业 | 14.20 | 15.60 | 15.70 |
| 医疗卫生与计划生育 | 5.90 | 8.50 | 8.40 |
| **能源使用比例** | | | |
| 第一产业 | 2.40 | 2.00 | 1.60 |
| 第二产业 | 75.90 | 76.10 | 76.80 |
| 第三产业 | 12.00 | 12.20 | 12.50 |
| 人民生活 | 9.60 | 9.70 | 9.10 |
| **全社会固定资产投资构成** | | | |
| 第一产业 | 4.40 | 11.10 | 4.70 |
| 第二产业 | 41.40 | 36.80 | 35.10 |
| 第三产业 | 54.20 | 52.10 | 60.20 |
| **城乡居民人均收入比(农民=1)** | 3.30 | 2.73 | 2.64 |

## 2018年全社会固定资产投资主要指标增长速度

单位：%

| 指　　标 | 2018 |
|---|---|
| **投资总额** | 5.10 |
| #房地产开发投资 | 18.00 |
| #农户投资 | −19.10 |
| #住宅 | |
| 按登记注册类型分 | |
| 内　资 | 5.20 |
| 港、澳、台商投资 | −8.90 |
| 外商投资 | 22.70 |
| 按构成分 | |
| 建筑安装工程 | 1.60 |
| 设备工器具购置 | 11.50 |
| 其他费用 | 18.20 |
| 按第三产业分 | |
| 第一产业 | −47.90 |
| 第二产业 | 8.20 |
| 第三产业 | 12.20 |
| **新增固定资产** | |
| **房屋建筑面积（万平方米）** | |
| 本年房屋施工面积 | 21807 |
| #住宅 | 15100 |
| 本年房屋竣工面积 | 3891 |
| #住宅 | 3040 |
| **本年资本来源小计** | 11.40 |
| 国家预算内资金 | 13.20 |
| 国内贷款 | 23.20 |
| 利用外资 | −77.20 |
| 自筹资金 | 7.60 |
| 其他 | 14.90 |

2010—2018年山西省人民物质文化生活情况统计表

| 指　　标 | 2010 | 2015 | 2018 |
|---|---|---|---|
| **城乡居民收入 (元)** | | | |
| 城镇居民人均可支配收入 | 15648 | 25828 | 31035 |
| 农村居民人均可支配收入 | 4736 | 9454 | 11750 |
| 在岗职工平均工资 | 33544 | 52960 | 67669 |
| **平均每人住房面积(平方米)** | | | |
| 城镇居民住房面积 | 28.00 | 32.00 | 34.00 |
| 农村居民住房面积 | 28.70 | 33.50 | 38.10 |
| **生活、文化、教育、卫生** | | | |
| 每百户拥有(抽样) | | | |
| 彩色电视机(台) | | | |
| 城镇居民 | 111.80 | 107.20 | 101.80 |
| 农村居民 | 109.00 | 104.60 | 103.20 |
| 洗衣机(台) | | | |
| 城镇居民 | 100.70 | 98.90 | 99.00 |
| 农村居民 | 81.00 | 83.20 | 86.50 |
| 移动电话(部) | | | |
| 城镇居民 | 146.60 | 220.60 | 239.90 |
| 农村居民 | 107.70 | 201.20 | 219.50 |
| 每人每年拥有期刊(份) | 1.10 | 0.70 | 0.60 |
| 每百人每天拥有报纸(份) | 16.20 | 15.30 | 14.60 |
| 每万人拥有在校大学生(人) | 160.80 | 202.50 | 206.30 |
| 每千人拥有医院床位数(张) | 3.10 | 3.80 | 4.40 |
| 每千人拥有卫生技术人员数(人) | 5.50 | 5.80 | 6.50 |

2018年山西省科学研究机构及人员统计表

| 项　目 | 机构（个） | 职工人数（人） | 从事科技活动人员（人） | 大学本科及以上学历 |
|---|---|---|---|---|
| 总　计 | 154 | 9936 | 8382 | 6941 |
| **自然科学** | 121 | 8673 | 7205 | 5949 |
| **按隶属关系分** | | | | |
| 中　央 | 1 | 545 | 509 | 427 |
| 地　方 | 120 | 8128 | 6696 | 5522 |
| **按国民经济行业分** | | | | |
| 农、林、牧、渔业 | 50 | 3028 | 2641 | 2225 |
| 采矿业 | 2 | 120 | 50 | 48 |
| 制造业 | 14 | 741 | 544 | 414 |
| 建筑业 | 1 | 863 | 780 | 748 |
| 信息传输、软件和信息技术服务业 | 1 | 127 | 117 | 116 |
| 科学研究和技术服务业 | 21 | 1721 | 1491 | 1128 |
| 水利、环境和公共设施管理业 | 14 | 779 | 755 | 586 |
| 教　育 | | | | |
| 卫生和社会工作 | 14 | 1176 | 747 | 625 |
| 文化、体育和娱乐业 | 2 | 84 | 46 | 33 |
| 公共管理、社会保障和社会组织 | 2 | 34 | 34 | 26 |
| **社会科学** | 21 | 943 | 866 | 741 |
| 艺术学 | 5 | 126 | 112 | 89 |
| 考古学 | 2 | 177 | 177 | 119 |
| 经济学 | 8 | 395 | 344 | 323 |
| 社会学 | 1 | 23 | 23 | 23 |
| 教育学 | 2 | 167 | 165 | 148 |
| 体育科学 | 2 | 46 | 36 | 32 |
| 统计学 | 1 | 9 | 9 | 7 |
| **情报科学** | 12 | 320 | 311 | 251 |

## 2018 年全社会就业基本情况

单位：万人

| 项　　目 | 2016 | 2017 | 2018 |
|---|---|---|---|
| **16 岁及以上人口** | 3072 | 3088 | 3097 |
| **就业人员合计** | 1908.20 | 1914.10 | 1910.90 |
| 第一产业 | 670.50 | 670.70 | 643.80 |
| 第二产业 | 481.10 | 483.80 | 442.40 |
| 第三产业 | 756.60 | 759.60 | 824.70 |
| **按城乡分就业人员** | | | |
| 城镇 | 1007.40 | 1008.10 | 1017.80 |
| 乡村 | 900.80 | 906 | 893 |
| **按登记注册类型分城镇非私营单位就业人员** | | | |
| 国有单位 | 199.90 | 196.30 | 176.60 |
| 城镇集体单位 | 16.80 | 15.30 | 13.20 |
| 股份合作单位 | 0.70 | 0.60 | 0.30 |
| 联营单位 | 0.40 | 0.20 | 0.10 |
| 有限责任公司 | 164.60 | 168.80 | 185.40 |
| 股份有限公司 | 25.50 | 26 | 31.20 |
| 港澳台商投资单位 | 12.30 | 11.80 | 9.10 |
| 外商投资单位 | 7.70 | 7.40 | 7.40 |
| **工商登记注册的私营个体就业人员** | | | |
| 城镇私营企业 | 136.40 | 134.50 | 132.40 |
| 城镇个体 | 186.70 | 222.20 | 261.20 |
| 乡村私营企业 | 111 | 128.30 | 142.50 |
| 乡村个体 | 119.30 | 107 | 106.80 |
| **城镇登记失业人数** | 26.10 | 26.50 | 24.60 |
| **城镇登记失业率(%)** | 3.50 | 3.40 | 3.30 |

2018年山西省规模以上主要工业产品产量

| 指　标 | 2017 | 2018 |
|---|---|---|
| 原煤(万吨) | 85581 | 89340 |
| 发电量(亿千瓦小时) | 2763 | 3042 |
| 生铁(万吨) | 3951.90 | 4761.30 |
| 粗钢(万吨) | 4429.70 | 5386.20 |
| 钢材(万吨) | 4335.40 | 4903.30 |
| 氧化铝(万吨) | 1928.30 | 2024.50 |
| 原铝(万吨) | 98.50 | 93.30 |
| 焦炭(万吨) | 8383.10 | 9256.20 |
| 铜(万吨) | 19.20 | 18 |
| 水泥(万吨) | 3506 | 4127.30 |
| 平板玻璃(万重量箱) | 1702.60 | 2121.70 |
| 硫酸(折吨,万吨) | 51.20 | 49.90 |
| 化学肥料(折吨,万吨) | 373.10 | 360.40 |
| 化学农药(吨) | 649 | 1444 |
| 初级形态的塑料(万吨) | 79.50 | 89.10 |
| 轮胎外胎(万条) | 72 | 78.50 |
| 矿山设备(吨) | 260521 | 324226 |
| 金属切削机床(台) | 12 | 12 |
| 工业锅炉(蒸发量吨) | 14776 | 4064 |
| 变压器(万千伏安) | 771 | 1506.70 |
| 泵(台) | 87410 | 159170 |
| 纱(吨) | 32243 | 21591 |
| 布(万米) | 3640 | 2398 |
| 白酒(千升) | 139907 | 167227 |
| 啤酒(千升) | 336719 | 175158 |
| 卷烟(千箱) | 30 | 29.80 |
| 机制纸及纸板(万吨) | 45.50 | 46.10 |
| 合成洗涤剂(吨) | 72305 | 65806 |
| 煤层气(亿立方米) | 46.80 | 51.20 |
| 手机(万台) | 2047.70 | 1979.40 |
| 化学药品原药(吨) | 27144 | 27830 |
| 食醋(吨) | 567275 | 518232 |
| 太阳能电池(千瓦) | 1977637 | 3493379 |
| 新能源汽车(辆) | 24781 | 43778 |

## 2018年山西省城镇居民家庭人均总收入

单位:元

| 指　　标 | 2017 | 2018 |
| --- | --- | --- |
| **总收入** | 32813.15 | 34054.41 |
| 一、工资性收入 | 17831.01 | 18572.44 |
| 二、经营性收入 | 4339.37 | 3645.16 |
| (一)第一产业 | 388.56 | 263.30 |
| 农业 | 175.33 | 132.44 |
| 林业 | 9.32 | 11.67 |
| 牧业 | 199.75 | 119.19 |
| 渔业 | 4.17 | |
| (二)第二产业 | 559.61 | 457.74 |
| 采矿业 | | |
| 制造业 | 398.68 | 24.33 |
| 电力、热力、燃力及水生产和供应业 | | 0.03 |
| 建筑业 | 160.93 | 433.38 |
| (三)第三产业 | 3391.19 | 2924.13 |
| 批发和零售业 | 1969 | 1478.39 |
| 交通运输与、仓储和邮政业 | 614.07 | 598.09 |
| 住宿和餐饮业 | 156.57 | 220.75 |
| 房地产业 | 0.11 | 0.01 |
| 租赁和商务服务业 | 44.93 | 89.69 |
| 居民服务、修理和其他服务业 | 301.32 | 403.29 |
| 农林牧渔服务业 | 4.90 | 12.37 |
| 其他 | 300.29 | 121.54 |
| 三、财产性收入 | 2225.28 | 2379.71 |
| #利息收入 | 170.67 | 208.92 |
| 红利收入 | 216.06 | 300.76 |
| 储蓄型保险净收入 | 4.84 | 22.48 |
| 出租房屋财产性净收入 | 481.50 | 493.55 |
| 四、转移性收入 | 8417.49 | 9457.10 |
| #养老金或离退休金 | 7486.21 | 8043.71 |
| 社会救济和补助 | 69.49 | 115.47 |
| 政策性生活补贴 | 27.33 | 45.50 |
| 赡养收入 | 98.15 | 277.79 |
| 报销医疗费 | 406.49 | 403.18 |
| 从政府和组织得到的实物产品和服务折价 | 24.18 | 22.93 |
| 现金政策性惠农补贴 | 9.09 | 4.85 |

## 2018 年山西省城镇居民家庭人均总支出

单位：元

| 指　标 | 2017 | 2018 |
|---|---|---|
| **总支出** | 27431.77 | 27816.12 |
| 一、消费支出 | 18403.98 | 19789.84 |
| 二、生产经营费用支出 | 1767.65 | 921.11 |
| (一)第一产业 | 173.52 | 114.32 |
| 农业 | 40.67 | 42.52 |
| 林业 | 0.35 | 2.60 |
| 牧业 | 132.50 | 68.87 |
| 渔业 |  | 0.33 |
| (二)第二产业 | 25.87 | 78.17 |
| 采矿业 | 0.53 | 2.16 |
| 制造业 | 7.89 | 9.48 |
| 电力、热力、燃力及水生产和供应业 |  |  |
| 建筑业 | 17.44 | 66.54 |
| (三)第三产业 | 1568.25 | 728.62 |
| 批发和零售业 | 1113.69 | 444.51 |
| 交通运输与、仓储和邮政业 | 221.88 | 111.18 |
| 住宿和餐饮业 | 55.12 | 79.40 |
| 房地产业 |  | 1.01 |
| 租赁和商务服务业 | 6.70 | 6.04 |
| 居民服务、修理和其他服务业 | 105.09 | 73.07 |
| 农林牧渔服务业 | 0.78 | 3.74 |
| 其他 | 64.99 | 9.66 |
| 三、财产性支出 | 35.17 | 93.58 |
| 生活贷款利息支出 | 29.20 | 91.88 |
| 其他财产性支出 | 5.97 | 1.71 |
| 四、转移性支出 | 1750.36 | 1855.11 |
| 个人所得税 | 76.43 | 168.74 |
| 社会保障支出 | 1488.02 | 1456.83 |
| 外来从业人员寄给家人的支出 | 0.17 | 2.02 |
| 赡养支出 | 78.41 | 129.60 |
| 其他转移性支出 | 107.34 | 97.92 |
| 五、部分商业保险支出 | 141.02 | 327.65 |
| 六、购置资产及非经常性转移支出 | 4194.34 | 3847.62 |
| 七、借贷性支出 | 1139.24 | 981.21 |

## 2018年山西省农村居民家庭人均总收入

单位：元

| 指　　标 | 2017 | 2018 |
| --- | --- | --- |
| **总收入** | 12819.40 | 14641.55 |
| 一、工资性收入 | 5462.38 | 5735.75 |
| 二、经营性收入 | 4492.73 | 5546.41 |
| （一）第一产业 | 3533.56 | 4390.14 |
| 农业 | 3046.48 | 3277.23 |
| 林业 | 60.38 | 37.22 |
| 牧业 | 426.69 | 1074.42 |
| 渔业 | 0.01 | 1.27 |
| （二）第二产业 | 83.03 | 89.46 |
| 采矿业 | | 4.97 |
| 制造业 | 55.03 | 30.44 |
| 电力、热力、燃力及水生产和供应业 | | 0.60 |
| 建筑业 | 27.99 | 53.46 |
| （三）第三产业 | 876.14 | 1066.80 |
| 批发和零售业 | 306.73 | 399.69 |
| 交通运输与、仓储和邮政业 | 253.43 | 334.98 |
| 住宿和餐饮业 | 76.74 | 94.50 |
| 房地产业 | 0.08 | |
| 租赁和商务服务业 | 16.45 | 8.57 |
| 居民服务、修理和其他服务业 | 105.63 | 143.08 |
| 农林牧渔服务业 | 79.93 | 50.97 |
| 其他 | 37.15 | 35.01 |
| 三、财产性收入 | 181.78 | 216.26 |
| #利息收入 | 11.41 | 26.97 |
| 红利收入 | 103.17 | 83.90 |
| 储蓄型保险净收入 | 0.55 | 0.38 |
| 出租房屋财产性净收入 | 24.21 | 37.37 |
| 四、转移性收入 | 2682.52 | 3143.14 |
| #养老金或离退休金 | 898.88 | 949.20 |
| 社会救济和补助 | 158 | 247.70 |
| 政策性生活补贴 | 125.28 | 159.69 |
| 赡养收入 | 214.42 | 482.21 |
| 报销医疗费 | 194.66 | 189.85 |
| 从政府和组织得到的实物产品和服务折价 | 58.40 | 47.38 |
| 现金政策性惠农补贴 | 229.57 | 190.83 |

## 2018年山西省农村居民家庭人均总支出

单位：元

| 指　标 | 2017 | 2018 |
| --- | --- | --- |
| **总支出** | 12808.51 | 14890.03 |
| 一、消费支出 | 8424.01 | 9172.22 |
| 二、生产经营费用支出 | 1522.51 | 2297.47 |
| (一)第一产业 | 1259.99 | 1934.54 |
| 农业 | 1012.62 | 1151.46 |
| 林业 | 6.65 | 14.34 |
| 牧业 | 240.70 | 762.96 |
| 渔业 | 0.01 | 5.78 |
| (二)第二产业 | 25.53 | 18.24 |
| 采矿业 | | 1.49 |
| 制造业 | 23.37 | 12.79 |
| 电力、热力、燃力及水生产和供应业 | | |
| 建筑业 | 2.16 | 3.96 |
| (三)第三产业 | 236.99 | 344.69 |
| 批发和零售业 | 55.01 | 153.96 |
| 交通运输与、仓储和邮政业 | 112.99 | 95.67 |
| 住宿和餐饮业 | 22.44 | 42.41 |
| 房地产业 | | 0.17 |
| 租赁和商务服务业 | 1.85 | 3.11 |
| 居民服务、修理和其他服务业 | 12.12 | 20.37 |
| 农林牧渔服务业 | 26.55 | 10.62 |
| 其他 | 6.03 | 18.38 |
| 三、财产性支出 | 17.85 | 23.32 |
| 生活贷款利息支出 | 17.64 | 20.35 |
| 其他财产性支出 | 0.21 | 2.98 |
| 四、转移性支出 | 345.27 | 397.05 |
| 个人所得税 | 1.54 | 3.16 |
| 社会保障支出 | 291.81 | 350.65 |
| 外来从业人员寄给家人的支出 | 15.87 | 0.72 |
| 赡养支出 | 15.09 | 30.31 |
| 其他转移性支出 | 20.96 | 12.21 |
| 五、部分商业保险支出 | 37.79 | 67.52 |
| 六、购置资产及非经常性转移支出 | 2166.23 | 2347.03 |
| 七、借贷性支出 | 294.84 | 585.42 |

2018年山西省一般公共预算收入

单位:万元

| 项目 | 金额 |
|---|---|
| **收入总计** | 22926982 |
| **一、税收收入** | 16456730 |
| 增值税 | 6956004 |
| 企业所得税 | 2269080 |
| 个人所得税 | 558199 |
| 资源税 | 3251656 |
| 城市维护建设税 | 799938 |
| 房产税 | 411064 |
| 印花税 | 302549 |
| 城镇土地使用税 | 394896 |
| 土地增值税 | 575204 |
| 车船税 | 227489 |
| 耕地占用税 | 116187 |
| 契税 | 479051 |
| 烟叶税 | 2463 |
| 环境保护税 | 112950 |
| 其他税收收入 | |
| **二、非税收入** | 6470252 |
| 专项收入 | 1341112 |
| 行政事业性收费收入 | 773542 |
| 罚款收入 | 590170 |
| 国有资本经营预算收入 | 7036 |
| 国有资源(资产)有偿使用收入 | 3334713 |
| 捐赠收入 | |
| 政府住房基金收入 | |
| 其他收入 | 423679 |

# 山西省第三次全国农业普查主要数据公报

山西省第三次全国农业普查领导小组办公室
山西省统计局
（2018 年 3 月）

## 第一号

为摸清“三农”基本国情，查清“三农”新发展新变化，在国务院农普办的统一领导下，我省组织开展了第三次全国农业普查。这次普查的标准时点为 2016 年 12 月 31 日，时期资料为 2016 年度。普查对象包括农业经营户，居住在农村有确权（承包）土地或拥有农业生产资料的户，农业经营单位，村民委员会，乡镇人民政府。普查主要内容是农业生产能力及其产出、农村基础设施及其基本社会服务和农民生活条件等。农业普查采用全面调查的方法，由普查员对所有普查对象进行逐个查点和填报。全省共组织动员了普查员、普查指导员和各级普查机构的工作人员 12.60 万人，登记了 622.60 万农户、28213 个村级单位、1362 个乡级单位、4.20 万个农业经营单位。首次利用国产自主卫星及无人机技术对主要农作物播种面积进行遥感测量，采用手持智能数据采集终端入户登记，大大提高了普查数据质量。

按照国际通行做法，山西省农普办组织了数据质量抽查，评估了普查数据质量。综合抽查结果显示，全省农业普查登记户的漏报率，普查指标数据差异率符合要求，数据质量达到设计标准。

根据《全国农业普查条例》的有关规定，山西省农普办和山西省统计局将分期发布普查公报，向社会公布普查的主要结果。

### 农业农村农民基本情况

山西省第三次全国农业普查共调查了 1196 个乡镇，其中乡 632 个，镇 564 个；28197 个村，其中 27898 个村委会，299 个涉农居委会；4.90 万个自然村；1702 个 2006 年以后新建的农村居民定居点。

一、农业经营主体

2016 年，全省共有 4.20 万个农业经营单位。585.10 万农业经营户，其中，6.10 万规模农业经营户。801.20 万农业生产经营人员。

二、农业机械

2016 年末，全省共有拖拉机 42.60 万台，耕整机 4.70 万台，旋耕机 12.70 万台，播种机 9.80 万台，联合收获机 1.60 万台，机动脱粒机 5.30 万台。

三、土地利用

2016 年末，耕地面积 4056.80 千公顷（国土资源部门数据），实际经营的林地面积 2474.30 千公顷（不含未纳入生态公益林补偿面积的生态林防护林）。

四、农村基础设施

2016 年末，在全省乡镇地域范围内，有火车站的乡镇占 14.10%，有高速公路出入口的占 23.90%。全省 99.20%的村通公路。

2016 年末，全省 99.70%的村通电，8.40%的村通天然气。12.70%的村有电子商务配送站点。

2016 年末，全省 84.50%的乡镇集中或部分集中供水，79.40%的乡镇生活垃圾集中处理或部分集中处理。63.90%的村生活垃圾集中处理或部分集中处理，8.50%的村生活污水集中处理或部分集中处理，27%的村完成或部分完成改厕。

五、农村基本公共服务

2016 年末，全省 94.90%的乡镇有图书馆、文化站，13.40%的乡镇有剧场、影剧院，17.10%的乡镇有体育场馆，70.60%的乡镇有公园及休闲健身广场。68.90%的村有体育健身场所。

2016 年末，全省 92%的乡镇有幼儿园、托儿所，97.90%的乡镇有小学。25.10%的村有幼儿园、托儿所。

2016 年末，全省所有乡镇都有医疗卫生机构，99.70%的乡镇有执业（助理）医师，48.20%的乡镇有社会福利收养性单位。83.60%的村有卫生室。

六、农民生活条件

2016 年末，全省 99.20%的户拥有自己的住房，23.90%的户使用经过净化处理的自来水，4.70%的户使用水冲式卫生厕所。

注：

1. 乡镇：指行政建制是乡、镇，包括重点镇、非重点镇和乡。不包括街道办事处和具有乡镇政府职能的农林牧渔场等管理机构。

2. 村：指村民委员会和涉农居民委员会所辖地域。

3. 自然村：指在农村地域内由居民自然聚居而

形成的村落，自然村一般都应该有自己的名称。

4.农业经营单位：指省内以从事农业生产经营活动为主的法人单位和未注册单位，以及不以农业生产经营活动为主的法人单位或未注册单位中的农业产业活动单位。既包括主营农业的农场、林场、养殖场、农林牧渔场、农林牧渔服务业单位、具有实际农业经营活动的农民合作社；也包括国家机关、社会团体、学校、科研单位、工矿企业、村民委员会、居民委员会、基金会等单位附属的农业产业活动单位。

5.农业经营户：指居住在省内，从事农、林、牧、渔业及农林牧渔服务业的农业经营户。

6.规模农业经营户：指具有较大农业经营规模，以商品化经营为主的农业经营户。规模化标准为：

种植业：一年一熟地区露地种植农作物的土地达到100亩及以上、一年二熟及以上地区露地种植农作物的土地达到50亩及以上、设施农业的设施占地面积25亩及以上。

畜牧业：生猪年出栏200头及以上，肉牛年出栏20头及以上，奶牛存栏20头及以上，羊年出栏100只及以上，肉鸡、肉鸭年出栏10000只及以上，蛋鸡、蛋鸭存栏2000只及以上，鹅年出栏1000只及以上。

林业：经营林地面积达到500亩及以上。

渔业：淡水或海水养殖面积达到50亩及以上，长度24米的捕捞机动船1艘及以上，长度12米的捕捞机动船2艘及以上，其他方式的渔业经营收入30万元及以上。

农林牧渔服务业：对本户以外提供农林牧渔服务的经营性收入达到10万元及以上。

其他：上述任一条件达不到，但全年农林牧渔业各类农产品销售总额达到10万元及以上的农业经营户，如各类特色种植业、养殖大户等。

7.农业生产经营人员：指在农业经营户或农业经营单位中从事农业生产经营活动累计30天以上的人员数(包括兼业人员)。

8.拖拉机：指发动机额定功率在2.2千瓦(含2.2千瓦)以上的拖拉机，包括小四轮与手扶式。

9.耕整机：指自带发动机驱动，主要从事水田、旱田耕整作业的机械，包括微耕机、田园管理机等。

10.旋耕机：指与拖拉机配套完成耕、耙作业的耕耘机械。

11.播种机：包括条播机、穴播机、异型种子播种机、小粒种子播种机、根茎类种子播种机、撒播机、免耕播种机等。

12.联合收获机：指能一次完成作物收获的切割(摘穗)、脱粒、分离、清选等其中多项工序的机械。包括稻麦联合收割机、玉米联合收获机。

13.机动脱粒机：指由动力机械驱动专门进行农作物脱粒的作业机械。

14.实际经营的林地面积：指普查年度内，农业经营户和农业经营单位实际用于经营的林地面积。林地指生长乔木、竹类、灌木的土地，及沿海生长红树林的土地。包括迹地，不包括居民点内部的绿化林木用地，铁路、公路征地范围内的林木，以及河流、沟渠的护堤林。不包括未纳入生态公益林补偿面积的生态林防护林。

15.有火车站的乡镇：指在乡镇辖区内有国家铁道部门设立的能够正常进行货物或旅客运输的站点。

16.有高速公路出入口的乡镇：指在乡镇辖区内有符合中国交通部《公路工程技术标准》规定的高速公路出入口。

17.有电子商务配送站点的村：指本村地域内有为网上购物等新型商品交易模式服务的配送站点。

18.集中或部分集中供水的乡镇：指全部或部分住户通过城乡自来水管道网饮用自来水的乡镇。

19. 生活垃圾集中处理或部分集中处理的乡镇(村)：指本乡镇(村)辖区内有垃圾处理设施进行垃圾集中处理，或者虽然没有垃圾处理设施，但是对垃圾实行统一集中清运处理。

20.生活污水集中处理或部分集中处理的村：指本村地域内有污水处理设施进行污水集中处理，或者虽然没有污水处理设施，但是对污水实行统一集中收集由其他单位处理。

21.完成或部分完成改厕的村：指本村地域内完成或部分完成了露天粪缸、粪坑、旱厕、简易厕所的改造，大多数或全部居民使用带有化粪池、沼气池或三隔池厕所，部分居民使用公共厕所或其他村里指定的定点场所作为倾倒粪便的场所。

22.有图书馆、文化站的乡镇：指在乡镇辖区内有经过文化管理部门批准，并对公众开放的图书馆和文化站，不包括单位内部的图书室。

23.有剧场、影剧院的乡镇：指乡镇辖区内有独立核算的专用剧场和属文化部门主管的能演出戏剧的影剧院、兼映电影的剧场，以及附属在剧院、团公开营业的非独立核算的剧场、排演场。

24.有体育场馆的乡镇：指在乡镇辖区内有体

育场和体育馆。体育场指有400米跑道(中心含足球场),有固定道牙,跑道6条以上并有固定看台的室外田径场地。体育馆指有固定看台,可供篮球、排球、羽毛球、乒乓球、体操等项目训练比赛活动用的室内运动场地。包括学校或企事业单位的对外开放的各类体育场馆,但不包括体育健身广场。

25.有公园及休闲健身广场的乡镇:指在乡镇辖区内有经过有关管理部门批准,供居民休闲游玩的地方。

26.有体育健身场所的村:指本村地域内有由村集体、个人或其他机构举办的主要以服务公众为目的的、有固定场所和必要设施的体育活动站、馆、场所等。

27.有幼儿园、托儿所的乡镇(村):指乡镇(村)辖区内有幼儿园、托儿所,包括学前班,以及虽未经有关部门批准,但却有一定规模(儿童数超过10人)的个人办幼儿园、托儿所。

28.有小学的乡镇:指乡镇辖区内有经过县及县以上教育部门批准,以招收适龄儿童为主实施小学教学计划的学校。

29.有医疗卫生机构的乡镇:指在乡镇辖区内有从卫生行政部门取得《医疗机构执业许可证》、《计划生育技术服务许可证》,或从民政、工商行政、机构编制管理部门取得法人单位登记证书,为社会提供医疗保健、疾病控制、卫生监督服务或从事医学科研和医学在职培训等工作的单位。医疗卫生机构包括医院、基层医疗卫生机构、专业公共卫生机构、其他医疗卫生机构。

30.有执业(助理)医师的乡镇:指在乡镇辖区内有1名或1名以上具有《医师执业证》及其"级别"为"执业医师"、"执业助理医师"且实际从事医疗、预防保健工作的人员,不包括有执业证但实际从事管理工作的医师。

31.有社会福利收养性单位的乡镇:指在乡镇辖区内提供食宿、不以盈利为目的的伤残革命军人休养院、复退军人慢性病疗养院、复退军人精神病院、光荣院、社会福利院、儿童福利院、精神病福利院、老年收养性机构(敬老院、养老院、老年公寓)等收养性的社会福利事业单位的乡镇。

32.有卫生室的村:指本村地域内,有经县及以上医疗主管部门许可,由各种经济组织和个人创办的卫生室(所、站)。卫生室(所、站)需要拥有固定经营场所,主要从事医疗卫生活动。不包括专业的牙医室,以及主要从事药品销售活动的单位。

33.住房:一般指有墙、顶、门、窗等结构,周围有墙,能防风避雨,供人居住的房屋。按照各地生活习惯,可供居住的窑洞、竹楼、蒙古包、帐篷、毡房、船屋等也包括在内。

34.经过净化处理的自来水:指通过自来水厂或集中净化设施进行净化和消毒、并符合国家饮用水标准的供人们生活的水。

35.水冲式卫生厕所(冲入下水道、化粪池和厕坑):指有上下水系统,或厕间有备水桶(瓢冲),坐便或蹲便器有水封或无水封的厕所,且粪便及污水冲入到下水道、化粪池和厕坑,无蝇,不会造成环境污染。

## 第二号

### 农业经营主体、农业机械和设施

第三次全国农业普查对全省农业经营主体、农业机械和设施进行了调查。现将主要结果公布如下:

一、农业经营主体

2016年,全省农业经营户585.10万户,其中规模农业经营户6.10万户。农业经营单位4.20万个。2016年末,在工商部门注册的农民合作社总数9.30万个,其中,农业普查登记的以农业生产经营或服务为主的农民合作社2.80万个。

**表1 农业经营主体数量**

单位:万户、万个

| | 数 量 |
|---|---|
| 农业经营户 | 585.10 |
| #规模农业经营户 | 6.10 |
| 农业经营单位 | 4.20 |
| #农民合作社 | 2.80 |

注:农民合作社指以农业生产经营或服务为主的农民合作社。

二、农业机械

2016年末,全省拖拉机42.60万台,耕整机4.70万台,旋耕机12.70万台,播种机9.80万台,联合收获机1.60万台。

**表2 主要农业机械数量**

单位:万台

| | 合计 | 普通农业经营户 | 规模农业经营户 | 农业经营单位 |
|---|---|---|---|---|
| 拖拉机 | 42.60 | 38.60 | 1.80 | 2.20 |
| 耕整机 | 4.70 | 3.90 | 0.20 | 0.50 |
| 旋耕机 | 12.70 | 10.90 | 0.70 | 1.20 |
| 播种机 | 9.80 | 8.30 | 0.60 | 0.90 |

| | 合计 | 普通农业经营户 | 规模农业经营户 | 农业经营单位 |
|---|---|---|---|---|
| 联合收获机 | 1.60 | 1 | 0.20 | 0.40 |
| 机动脱粒机 | 5.30 | 4.80 | 0.20 | 0.30 |
| 饲草料加工机械 | 4 | 2.60 | 0.60 | 0.80 |
| 挤奶机 | 0.40 | 0.20 | 0.10 | 0.20 |
| 果树修剪机 | 0.30 | 0.10 | 0.04 | 0.10 |

三、农田水利设施

2016年末,全省调查村中能够正常使用的机电井数量8.20万眼,排灌站数量1.60万个,能够使用的灌溉用水塘和水库数量0.40万个。

**表3 农田水利设施**

单位:万眼、万个

| | 数 量 |
|---|---|
| 能正常使用的机电井数量 | 8.20 |
| 排灌站数量 | 1.60 |
| 能灌溉的水塘和水库 | 0.40 |

2016年末,全省灌溉耕地面积1090.50千公顷,其中有喷灌、滴灌、渗灌设施的耕地面积82千公顷;灌溉用水主要水源中,使用地下水的户和农业生产单位占66.80%,使用地表水的户和农业生产单位占33.20%。

**表4 农田灌溉**

单位:千公顷、%

| | 合计 | 普通农业经营户 | 规模农业经营户 | 农业经营单位 |
|---|---|---|---|---|
| 灌溉耕地面积 | 1090.50 | 948.40 | 52.80 | 89.40 |
| #有喷灌、滴灌、渗灌设施的耕地面积 | 82 | 56.80 | 5.40 | 19.70 |
| 按灌凝用水来源分 | | | | |
| 地下水比重 | 66.80 | 66.80 | 64.30 | 70.20 |
| 地表水比重 | 33.20 | 33.20 | 35.70 | 29.80 |

四、设施农业

2016年末,全省温室占地面积10.70千公顷,大棚占地面积16.80千公顷。

**表5 设施农业**

单位:千公顷

| | 全省 | 普通农业经营户 | 规模农业经营户 | 农业经营单位 |
|---|---|---|---|---|
| 温室面积 | 10.70 | 4.80 | 0.90 | 5 |
| 大棚面积 | 16.80 | 7.70 | 2.40 | 6.70 |

注:

1.农业经营户:指居住在省内,从事农、林、牧、渔业及农林牧渔服务业的农业经营户。

2.规模农业经营户:指具有较大农业经营规模,以商品化经营为主的农业经营户。规模化标准为:

种植业:一年一熟地区露地种植农作物的土地达到100亩及以上、一年二熟及以上地区露地种植农作物的土地达到50亩及以上、设施农业的设施占地面积25亩及以上。

畜牧业:生猪年出栏200头及以上,肉牛年出栏20头及以上,奶牛存栏20头及以上,羊年出栏100只及以上,肉鸡、肉鸭年出栏10000只及以上,蛋鸡、蛋鸭存栏2000只及以上;鹅年出栏1000只及以上。

林业:经营林地面积达到500亩及以上。

渔业:淡水或海水养殖面积达到50亩及以上,长度24米的捕捞机动船1艘及以上,长度12米的捕捞机动船2艘及以上,其他方式的渔业经营收入30万元及以上。

农林牧渔服务业:对本户以外提供农林牧渔服务的经营性收入达到10万元及以上。

其他:上述任一条件达不到,但全年农林牧渔业各类农产品销售总额达到10万元及以上的农业经营户,如各类特色种植业、养殖业大户等。

3.农业经营单位:指省内以从事农业生产经营活动为主的法人单位和未注册单位,以及不以农业生产经营活动为主的法人单位或未注册单位中的农业产业活动单位。既包括主营农业的农场、林场、养殖场、农林牧渔场、农林牧渔服务业单位、具有实际农业经营活动的农民合作社;也包括国家机关、社会团体、学校、科研单位、工矿企业、村民委员会、居民委员会、基金会等单位附属的农业产业活动单位。

4.农民合作社:指有合作社的名称,符合《农民专业合作社法》中关于合作社性质、设立条件和程序、成员权利和义务、组织机构、财务管理等要求,有农业生产经营或农林牧渔服务,名称为农民合作社的农民互助性经济组织。包括已在工商部门登记,以及虽未登记但符合上述要求的农民合作社,不包括以公司名称登记注册的股份合作制企业、社区经济合作社、供销合作社、农村信用社等。也不包括从事农业生产资料购买、农产品加工、贮藏、运输、销售等非农行业的农民合作社。

5.拖拉机:指发动机额定功率在2.20千瓦(含

2.20 千瓦)以上的拖拉机,包括小四轮与手扶式。

6.耕整机:指自带发动机驱动,主要从事水田、旱田耕整作业的机械,包括微耕机、田园管理机等。

7.旋耕机:指与拖拉机配套完成耕、耙作业的耕耘机械。

8.播种机:包括条播机、穴播机、异型种子播种机、小粒种子播种机、根茎类种子播种机、撒播机、免耕播种机等。

9.联合收获机:指能一次完成作物收获的切割(摘穗)、脱粒、分离、清选等其中多项工序的机械。包括稻麦联合收割机、玉米联合收获机。

10.机动脱粒机:指由动力机械驱动专门进行农作物脱粒的作业机械。

11.灌溉耕地面积:指实际耕种的耕地中,有灌溉设施、有水源,正常气候下能灌溉的耕地面积。

12.温室、大棚占地面积:由三部分组成,一是实际使用面积,指沿墙内侧的围绕面积;二是墙体面积,指设施的墙体等其他支撑体自身的占地面积;三是采光占用面积,指设施距遮光物体(其他设施、房屋等)的必要距离所占的面积。

13.部分数据因四舍五入的原因,存在着与分项合计不等的情况。

## 第三号

### 农村基础设施建设和基本社会服务

第三次全国农业普查对全省 1196 个乡镇和 28197 个村的基础设施建设和基本社会服务进行了调查,现将主要结果公布如下:

一、交通

2016 年末,在全省乡镇地域范围内有火车站的乡镇占全部乡镇的 14.10%,有高速公路出入口的占 23.90%。

全省 99.20%的村通公路,92.80%的村内主要道路有路灯。村委会到最远自然村、居民定居点距离以 5 公里以内为主。

**表 1　乡镇、村交通设施**

| | 数量(个) | 比重(%) |
|---|---|---|
| 有火车站的乡镇 | 169 | 14.10 |
| 有高速公路出入口的乡镇 | 286 | 23.90 |
| 通公路的村 | 27983 | 99.20 |
| 按通村主要道路路面类型分的村 | | |
| # 水泥路面 | 21235 | 75.30 |
| 柏油路面 | 6226 | 22.10 |
| 沙石路面 | 460 | 1.60 |
| 按村内主要道路路面类型分的村 | | |
| # 水泥路面 | 25111 | 89.10 |
| 柏油路面 | 1207 | 4.30 |
| 沙石路面 | 711 | 2.50 |
| 村内主要道路有路灯的村 | 26154 | 92.80 |
| 村委会到最远自然村或居民定居点距离 | | |
| 5 公里以内 | 27516 | 97.60 |
| 5 公里以内 | 495 | 1.80 |
| 11–20 公里 | 149 | 0.50 |
| 20 公里以上 | 37 | 0.10 |

二、能源、通讯

2016 年末,全省 99.70%的村通电,8.40%的村通天然气,98.70%的村通电话,61.80%的村安装了有线电视,77.60%的村通宽带互联网,12.70%的村有电子商务配送站点。

**表 2　村能源、通讯设施**

| | 数量(个) | 比重(%) |
|---|---|---|
| 通电的村 | 28112 | 99.70 |
| 通天然气的村 | 2378 | 8.40 |
| 通电话的村 | 27844 | 98.70 |
| 安装了有线电视的村 | 17425 | 61.80 |
| 通宽带互联网的村 | 21874 | 77.60 |
| 有电子商务配送站点的村 | 3575 | 12.70 |

三、环境卫生

2016 年末, 全省 84.50%的乡镇集中或部分集中供水,79.40%乡镇生活垃圾集中处理或部分集中处理。63.90%的村生活垃圾集中处理或部分集中处理,8.50%的村生活污水集中处理或部分集中处理,27%的村完成或部分完成改厕。

**表 3　乡镇、村卫生处理设施**

| | 数量(个) | 比重(%) |
|---|---|---|
| 集中或部分集中供水的乡镇 | 1011 | 84.50 |
| 生活垃圾集中处理或部分集中处理的乡镇 | 950 | 79.40 |
| 生活垃圾集中处理或部分集中处理的村 | 18007 | 63.90 |
| 生活污水集中处理或部分集中处理的村 | 2407 | 8.50 |
| 完成或部分完成改厕的村 | 7601 | 27 |

2016年末，全省92%的乡镇有幼儿园、托儿所，97.90%的乡镇有小学，94.90%的乡镇有图书馆、文化站，13.40%的乡镇有剧场、影剧院，17.10%的乡镇有体育场馆，70.60%的乡镇有公园及休闲健身广场。全省25.10%的村有幼儿园、托儿所，68.90%的村有体育健身场所，35.10%的村有农民业余文化组织。

**表4 乡镇、村文化教育设施**

| | 数量(个) | 比重(%) |
|---|---|---|
| 有幼儿园、托儿所的乡镇 | 1100 | 92 |
| 有小学的乡镇 | 1171 | 97.90 |
| 有图书馆、文化站的乡镇 | 1135 | 94.90 |
| 有剧场、影剧院的乡镇 | 160 | 13.40 |
| 有体育场馆的乡镇 | 204 | 17.10 |
| 有公园及休闲健身广场的乡镇 | 844 | 70.60 |
| 有幼儿园、托儿所的村 | 7086 | 25.10 |
| 有体育健身场所的村 | 19417 | 68.90 |
| 有农民业余文化组织的村 | 9894 | 35.10 |

五、医疗和社会福利机构

2016年末，全省100%的乡镇有医疗卫生机构，99.70%的乡镇有执业（助理）医师，48.20%的乡镇有社会福利收养性单位，33.40%的乡镇有本级政府创办的敬老院。

全省83.60%的村有卫生室，47.10%的村有执业（助理）医师。

**表5 乡镇、村医疗和社会福利机构**

| | 数量(个) | 比重(%) |
|---|---|---|
| 有医疗卫生机构的乡镇 | 1196 | 100 |
| 有执业（助理）医师的乡镇 | 1192 | 99.70 |
| 有社会福利收养性单位的乡镇 | 577 | 48.20 |
| 有本级政府创办的敬老院的乡镇 | 399 | 33.40 |
| 有卫生室的村 | 23577 | 83.60 |
| 有执业（助理）医师的村 | 13289 | 47.10 |

六、市场建设

2016年末，全省37.10%的乡镇有商品交易市场，23.30%的乡镇有以粮油、蔬菜、水果为主的专业市场，3%乡镇有以畜禽为主的专业市场，1.30%的乡镇有以水产为主的专业市场。

全省33.30%的村有50平方米以上的综合商店或超市，18.30%的村有营业执照的餐馆。

**表6 乡镇、村市场**

| | 数量(个) | 比重(%) |
|---|---|---|
| 有商品交易市场的乡镇 | 444 | 37.10 |
| 有以粮油、蔬菜、水果为主的专业市场的乡镇 | 279 | 23.30 |
| 有以畜禽为主的专业市场的乡镇 | 36 | 3 |
| 有以水产为主的专业市场的乡镇 | 15 | 1.30 |
| 有50平方米以上的综合商店或超市的村 | 9386 | 33.30 |
| 有营业执照的餐馆的村 | 5174 | 18.30 |

注：

1.乡镇：指行政建制是乡、镇，包括重点镇、非重点镇和乡。不包括街道办事处和具有乡镇政府职能的农林牧渔场等管理机构。

2.村：指村民委员会和居民委员会所辖地域。

3.村内主要道路有路灯的村：指本村地域内的主要道路由村集体或其他单位统一组织安装了路灯。道路两旁由住户零星安装在门前的灯不包括在内。

4.有电子商务配送站点的村：指本村地域内有为网上购物等新型商品交易模式服务的配送站点。

5.集中或部分集中供水的乡镇：指全部或部分住户通过城乡自来水管道网饮用自来水的乡镇。

6.生活垃圾集中处理或部分集中处理的乡镇（村）：指本乡镇（村）辖区内有垃圾处理设施进行垃圾集中处理，或者虽然没有垃圾处理设施，但是对垃圾实行统一集中清运处理。

7.完成或部分完成改厕的村：指本村地域内完成或部分完成了露天粪缸、粪坑、旱厕、简易厕所的改造，大多数或全部居民使用带有化粪池、沼气池或三隔池厕所，部分居民使用公共厕所或其他村里指定的定点场所作为倾倒粪便的场所。

8.有社会福利收养性单位的乡镇：指在乡镇辖区内提供食宿、不以盈利为目的的伤残革命军人休养院、复退军人慢性病疗养院、复退军人精神病院、光荣院、社会福利院、儿童福利院、精神病福利院、老年收养性机构（敬老院、养老院、老年公寓）等收养性的社会福利事业单位的乡镇。

9.有卫生室的村：指在本村地域内，经县及以上医疗主管部门许可，由各种经济组织和个人创办的卫生室（所、站）。卫生室（所、站）需要拥有固定经营场所，主要从事医疗卫生活动。不包括专业的牙医室，以及主要从事药品销售活动的单位。

10.有商品交易市场的乡镇：指在乡镇辖区内经有关部门和组织批准设立，有固定场所、设施，有经营管理部门和监管人员，若干市场经营者入内，常年或实际开业三个月以上，集中、公开、独立地进行生活消费品、生产资料等现货商品交易以及提供相关服务的交易场所，包括各类消费品市场、生产资料市场等的乡镇。

11.部分数据因四舍五入的原因，存在着与分项合计不等的情况。

## 第四号

### 农民生活条件

第三次全国农业普查对全省622.60万农户的生活条件进行了调查。现将主要结果公布如下：

一、住房

2016年末，全省99.20%的农户拥有自己的住房。其中，拥有1处住房的576.70万户，占92.60%；拥有2处住房的38.60万户，占6.20%；拥有3处及以上住房的2.30万户，占0.40%；拥有商品房的33万户，占5.30%。

农户住房主要为砖混和砖(石)木结构。住房为砖混结构的305.80万户，占49.10%；砖(石)木结构的243.70万户，占39.10%；钢筋混凝土结构的36.50万户，占5.90%；竹草土坯结构的22.90万户，占3.70%；其他结构的13.70万户，占2.20%。

**表1 住房数量与结构**

| | 数量(万户) | 比重(%) |
|---|---|---|
| 按拥有住房数量分 | | |
| 拥有1处住房 | 576.70 | 92.60 |
| 拥有2处住房 | 38.60 | 6.20 |
| 拥有3处及以上住房 | 2.30 | 0.40 |
| 没有住房 | 5 | 0.80 |
| 按住房结构分 | | |
| 钢筋混凝土 | 36.50 | 5.90 |
| 砖混 | 305.80 | 49.10 |
| 砖(石)木 | 243.70 | 39.10 |
| 竹草土坯 | 22.90 | 3.70 |
| 其他 | 13.70 | 2.20 |
| 拥有商品房户数 | 33 | 5.30 |

二、饮用水

全省405.60万户的饮用水为受保护的井水和泉水，占65.10%；148.70万户的饮用水为经过净化处理的自来水，占23.90%；50.10万户的饮用水为不受保护的井水和泉水，占8%；13万户的饮用水为收集雨水，占2.10%；2万户的饮用水为江河湖泊水，占0.30%；0.60万户的饮用水为桶装水，占0.10%；2.60万户饮用其他水源，占0.40%。

**表2 饮用水来源**

| | 数量(万户) | 比重(%) |
|---|---|---|
| 经过净化处理的自来水 | 148.70 | 23.90 |
| 受保护的井水和泉水 | 405.60 | 65.10 |
| 不受保护的井水和泉水 | 50.10 | 8 |
| 江河湖泊水 | 2 | 0.30 |
| 收集雨水 | 13 | 2.10 |
| 桶装水 | 0.60 | 0.10 |
| 其他水源 | 2.60 | 0.40 |

三、卫生设施

全省使用普通旱厕的504.80万户，占81.10%；使用卫生旱厕的81.60万户，占13.10%；使用水冲式卫生厕所的29.20万户，占4.70%；使用水冲式非卫生厕所的2.90万户，占0.50%；无厕所的4万户，占0.60%。

**表3 家庭卫生设施**

| | 数量(万户) | 比重(%) |
|---|---|---|
| 水冲式卫生厕所 | 29.20 | 4.70 |
| 水冲式非卫生厕所 | 2.90 | 0.50 |
| 卫生旱厕 | 81.60 | 13.10 |
| 普通旱厕 | 504.80 | 81.10 |
| 无厕所 | 4 | 0.60 |

四、拥有耐用消费品

全省平均每百户拥有小汽车23.40台，摩托车、电瓶车86.40部，淋浴热水器25.50台，空调20台，电冰箱66.80台，彩色电视机108.80台，电脑41.80台，手机212.30部。

**表4 主要耐用消费品拥有量**

| | 单位 | 数量 |
|---|---|---|
| 小汽军 | 辆/百户 | 23.40 |
| 摩托车、电瓶车 | 辆/百户 | 86.40 |
| 淋浴热水器 | 台/百户 | 25.50 |
| 空调 | 台/百户 | 20 |
| 电冰箱 | 台/百户 | 66.80 |
| 彩色电视机 | 台/百户 | 108.80 |
| 按电视节目接收方式分的户比重 | | |
| 有线电视接收 | % | 45.80 |
| 卫星接收 | % | 52.30 |
| 电脑 | 台/百户 | 41.80 |
| 手机 | 台/百户 | 212.30 |
| 上网手机比重 | % | 51.80 |

注:按电视节目接收方式分的户比重是指使用不同电视节目接收方式的户占拥有彩色电视机户数的比重。上过互联网手机比重是指上过互联网手机数量占登记户拥有手机总数的比重。

五、主要生活能源

农民做饭取暖使用的能源中,主要使用煤的505.50万户,占81.20%;主要使用电的337.30万户,占54.20%;主要使用柴草的146.20万户,占23.50%;主要使用煤气、天然气、液化石油气的82.20万户,占13.20%;主要使用沼气的1.50万户,占0.20%;主要使用太阳能的1.30万户,占0.20%;使用其他能源的4.20万户,占0.70%。

**表5 主要生活能源**

| | 数量(万户) | 比重(%) |
|---|---|---|
| 柴草 | 146.20 | 23.50 |
| 煤 | 505.50 | 81.20 |
| 煤气、天然气、液化石油气 | 82.20 | 13.20 |
| 沼气 | 1.50 | 0.20 |
| 电 | 337.30 | 54.20 |
| 太阳能 | 1.30 | 0.20 |
| 其他 | 4.20 | 0.70 |

注:此指标每户可选两项,分项之和>100%。

注:

1.住房:一般指有墙、顶、门、窗等结构,周围有墙,能防风避雨,供人居住的房屋。按照各地生活习惯,可供居住的窑洞、竹楼、蒙古包、帐篷、毡房、船屋等也包括在内。

2.做饭、取暖用能源:指住户在家庭炊事和取暖中使用的主要能源,包括柴草、煤、煤气、天然气、液化石油气、沼气、电、太阳能,以及其他能源如牛粪等。

3.部分数据因四舍五入的原因,存在着与分项合计不等的情况。

## 第五号

### 农业生产经营人员情况

第三次全国农业普查对全省农业生产经营人员情况进行了调查。现将主要结果公布如下:

一、农业生产经营人员数量和结构

2016年,全省农业生产经营人员801.20万人。按性别分,男性437.30万人,占54.60%;女性363.90万人,占45.40%。按年龄分,35岁及以下145.40万人,占18.20%;36至54岁365.10万人,占45.60%;55岁及以上290.70万人,占36.30%。按受教育程度分,未上过学22.70万人,占2.80%;小学223.20万人,占27.90%;初中469.90万人,占58.60%;高中或中专75.90万人,占9.50%;大专及以上9.50万人,占1.20%。按主要从事农业行业分,种植业763.20万人,占95.30%;林业13.40万人,占1.70%;畜牧业17.20万人,占2.1%;渔业0.20万人,占0.03%;农林牧渔服务业7.20万人,占0.90%。

**表1 农业生产经营人员数量和结构**

| | 数量(万人) | 比重(%) |
|---|---|---|
| 农业生产经营人员总数 | 801.20 | 100 |
| 农业生产经营人员按性别分 | | |
| 男性 | 437.30 | 54.60 |
| 女性 | 363.90 | 45.40 |
| 农业生产经营人员按年龄分 | | |
| 35岁及以下 | 145.40 | 18.20 |
| 36-54岁 | 365.10 | 45.60 |
| 55岁及以上 | 290.70 | 36.30 |
| 农业生产经营人员按受教育程度分 | | |
| 未上过学 | 22.70 | 2.80 |
| 小学 | 223.20 | 27.90 |
| 初中 | 469.90 | 58.60 |
| 高中或中专 | 75.90 | 9.50 |
| 大专及以上 | 9.50 | 1.20 |
| 农业生产经营 员按主要从事农业行业分 | | |
| 种植业 | 763.20 | 95.30 |
| 林业 | 13.40 | 1.70 |
| 畜牧业 | 17.20 | 2.10 |
| 渔业 | 0.20 | 0.03 |
| 农林牧渔服务业 | 7.20 | 0.90 |

二、规模农业经营户农业生产经营人员数量和结构

2016年,全省规模农业经营户农业生产经营人员(包括本户生产经营人员及雇佣人员)18.10万人。按性别分,男性占53.50%,女性占46.50%。按年龄分,35岁及以下占18.70%,36至54岁占56.10%,55岁及以上占25.20%。按受教育程度分,未上过学占1.40%,小学占19.30%,初中占65%,高中或中专占13%,大专及以上占1.30%。按主要从事农业行业分,种植业占71.90%,林业占2.10%,畜牧业占23.60%,渔业占0.10%,农林牧渔服务业占2.30%。

**表 2 规模农业经营户农业生产经营人员数量和结构**

| | 数量（万人） | 比重（%） |
|---|---|---|
| 农业生产经营人员总数 | 18.10 | 100 |
| 农业生产经营人员按性别分 | | |
| 男性 | 9.70 | 53.50 |
| 女性 | 8.40 | 46.50 |
| 农业生产经营人员按年龄分 | | |
| 35 岁及以下 | 3.40 | 18.70 |
| 36–54 岁 | 10.20 | 56.10 |
| 55 岁及以上 | 4.60 | 25.20 |
| 农业生产经营人员按受教育程度分 | | |
| 未上过学 | 0.30 | 1.40 |
| 小学 | 3.50 | 19.30 |
| 初中 | 11.80 | 65 |
| 高中或中专 | 2.40 | 13 |
| 大专及以上 | 0.20 | 1.30 |
| 农业生产经营人员按主要从事农业行业分 | | |
| 种植业 | 13 | 71.90 |
| 林业 | 0.40 | 2.10 |
| 畜牧业 | 4.30 | 23.60 |
| 渔业 | 0.01 | 0.10 |
| 农林牧渔服务业 | 0.40 | 2.30 |

三、农业经营单位农业生产经营人员数量和结构

2016 年，全省农业经营单位农业生产经营人员 28.90 万人。按性别分，男性占 62.30%，女性占 37.70%。按年龄分，35 岁及以下占 16.90%，36 至 54 岁占 63.10%，55 岁及以上占 19.90%。按受教育程度分，未上过学占 1.70%，小学占 16.50%，初中占 58.60%，高中或中专占 17.90%，大专及以上占 5.30%。按主要从事农业行业分，种植业占 52%，林业占 12.90%，畜牧业占 23.90%，渔业占 0.70%，农林牧渔服务业占 10.40%。

**表 3 农业经营单位农业生产经营人员数量和结构**

| | 数量（万人） | 比重（%） |
|---|---|---|
| 农业生产经营人员总数 | 28.90 | 100 |
| 农业生产经营人员按性别分 | | |
| 男性 | 18 | 62.30 |
| 女性 | 10.90 | 37.70 |
| 农业生产经营人员按年龄分 | | |
| 35 岁及以下 | 4.90 | 16.90 |
| 36–54 岁 | 18.20 | 63.10 |
| 55 岁及以上 | 5.70 | 19.90 |
| 农业生产经营人员按受教育程度分 | | |
| 未上过学 | 0.50 | 1.70 |
| 小学 | 4.80 | 16.50 |
| 初中 | 16.90 | 58.60 |
| 高中或中专 | 5.20 | 17.90 |
| 大专及以上 | 1.50 | 5.30 |
| 农业生产经营人员按主要从事农业行业分 | | |
| 种植业 | 15 | 52 |
| 林业 | 3.70 | 12.90 |
| 畜牧业 | 6.90 | 23.90 |
| 渔业 | 0.20 | 0.70 |
| 农林牧渔服务业 | 3 | 10.40 |

注：

1.农业生产经营人员：指在农业经营户或农业经营单位中从事农业生产经营活动累计 30 天以上的人员数(包括兼业人员)。

2.部分数据因四舍五入的原因，存在着与分项合计不等的情况。

说　明　(1)本索引以人名、地名、机构名称、活动名称、事件(事物)名称为主题词。(2)本索引按主题词汉语拼音字母顺序排列,主题词后面的数字和字母分别表示所在页码和分栏位置(abc 表示本页码左中右三栏)。(3)本索引主题词主要选自本年鉴正文部分,特载、大事记、附录以及图表、照片不在索引范围内。

A



B



C

D

H

J

K

L

R



S

T



W

X

Y

（编辑部）

# 省直单位撰稿人名单

|  |  |
| --- | --- |
| 任兆宇　严志刚 | 省委办公厅 |
| 程永杰 | 省委组织部 |
| 乔佳伟 | 省委宣传部 |
| 侯国柱 | 省委统战部 |
| 段剑锋 | 省委政法委 |
| 侯春奇 | 省委巡视办 |
| 许鹏丽 | 省委政研室 |
| 张　军 | 省台湾事务办 |
| 王小琴 | 省委机构编制办 |
| 赵　悦 | 省直属机关工委 |
| 贾　懿 | 省直属机关事务管理局 |
| 柳　枫 | 省行政审批服务管理局 |
| 尹　君　王　婷 | 省委党史院（省地方志研究院） |
| 孟国丽 | 省委党校 |
| 杨卫兵 | 省委信访局 |
| 郭李芳 | 省委老干部局 |
| 郭　强 | 省人大常委会 |
| 杜天生 | 省政府办公厅 |
| 王合龙 | 省政府参事室(文史馆) |
| 李卫兵　孔　宁 | 省外事侨务办 |
| 张海光 | 省扶贫开发办 |
| 周志清 | 省政协 |
| 闫晓雅 | 省纪委监察厅 |
| 王瑞成 | 省公安厅 |
| 杜　虹 | 省公安厅交管局 |
| 黄泉龙　王　娇 | 省司法厅 |
| 霍　东 | 省检察院 |
| 白　捷 | 省高级法院 |
| 田　庆 | 省监狱管理局 |
| 梁智腾　卫忠梅 | 省财政厅 |
| 徐　靖 | 省国税局 |
| 秦　旭 | 省审计厅 |
| 董晨阳 | 省工信厅 |
| 徐宏新 | 省政府发展研究中心 |
| 王文飞 | 省退役军人事务厅 |
| 柳　杨　段丽婧 | 省档案局 |
| 李　军　范志成 | 省军区 |
| 李升科　许　炜 | 省武警总队 |
| 拜江宏 | 省人民防空办 |
| 赵雅琤 | 民革山西省委 |
| 梁俊娜　严　珺 | 民盟山西省委 |
| 赵柱家 | 民进山西省委 |
| 张云鹏 | 民建山西省委 |
| 杨　露 | 农工民主党山西省委 |
| 张全双 | 九三学社山西省委 |
| 冯学亮 | 省工商联 |
| 尚　翰　文慧霞 | 省总工会 |
| 赵舒悦 | 共青团山西省委 |
| 侯少华 | 省妇女联合会 |
| 吕　伟 | 省科学技术协会 |
| 樊丽红 | 省文学艺术界联合会 |
| 许小登 | 省作家协会 |
| 杜伟琴 | 省社会科学界联合会 |
| 庞　乐 | 省归国华侨联合会 |
| 唐　浩 | 省台湾同胞联谊会 |
| 侯晓俊 | 省红十字会 |
| 郭卓宇 | 省发展和改革委员会 |
| 杨　亮 | 省国有资产监督管理委员会 |
| 王正宇 | 省自然资源厅 |
| 王晓江 | 省市场监督管理局 |
| 潘　洁 | 省能源监管办 |
| 周英巧 | 省投资促进局 |
| 赵仲兵 | 省应急管理厅 |
| 杨晓锋 | 省药品监督管理局 |
| 李　妍 | 审计署驻太原特派办 |
| 郭　帅 | 财政部驻山西监察专员办 |
| 乔森山 | 国家统计局山西调查总队 |
| 宋晓薇 | 省口岸办 |
| 宋　阳 | 太原海关 |
| 张奇科 | 省统计局 |
| 贾文浩 | 省能源局 |
| 李海涛 | 太原煤炭交易中心 |
| 龙　云 | 国网省电力公司 |
| 赵登斌 | 省国防科技工业 |
| 王　斌　郑　彬　许　罡 | 省小企业发展促进局 |
| 冯晓东 | 省城镇工业联社 |
| 孙青洪 | 省农业农村厅 |
| 李国华 | 省农垦局 |

| | |
|---|---|
| 郑晓静 | 省畜牧兽医局 |
| 秦永红 | 省农业机械管理局 |
| 朱俊菲 | 省农科院 |
| 贾向前 | 省林业和草原局 |
| 王秀芳　贾　懿 | 省水利厅 |
| 米玉婷　李国红 | 省住房和城乡建设厅 |
| 闫淑铮 | 山西省黄河万家寨水务集团有限公司 |
| 王　颖　王　毅　夏国辉 | 省生态环境厅 |
| 师国梁　陈瑞丽 | 省交通运输厅 |
| 孙淑环 | 太原铁路局 |
| 郭　静 | 山西航空产业集团公司 |
| 刘博军 | 省邮政管理局 |
| 李　江 | 省邮政公司 |
| 李金凤 | 省无线电管理局 |
| 魏程明 | 省通信管理局 |
| 于俊玲 | 中国电信山西分公司 |
| 黄云霞 | 中国联通山西分公司 |
| 张维汀 | 中国移动山西分公司 |
| 黄健文 | 省商务厅 |
| 辛剑波 | 省粮食和物资储备局 |
| 狄重阳　尤伟斌 | 省供销社 |
| 朱永胜 | 省烟草专卖局 |
| 王喜梅 | 中国石化山西石油分公司 |
| 扈照轼 | 中国人民银行太原中心支行 |
| 李　鹏 | 省银保监局 |
| 张　军 | 省证监局 |
| 席晓军 | 中国农业发展银行山西省分行 |
| 赵晓红 | 中国工商银行山西省分行 |
| 田喜成 | 中国农业银行山西省分行 |
| 高　歌 | 中国银行山西省分行 |
| 麻林楠 | 中国建设银行山西省分行 |
| 韩　雪 | 华夏银行山西省分行 |
| 夏广朝 | 省农村信用社联合社 |
| 杨宏东 | 邮政储蓄银行山西省分行 |
| 梁　曦 | 中国人民财产保险股份有限公司山西分公司 |
| 周苗为 | 太平洋财产保险股份有限公司山西分公司 |
| 王平均 | 中国人寿保险股份有限公司山西分公司 |
| 刘志平 | 太平洋人寿保险股份有限公司山西分公司 |
| 王　琛 | 中国平安人寿保险股份有限公司山西分公司 |
| 赵婷婷 | 省教育厅 |
| 杨先锋 | 省科技厅 |
| 王文斌 | 省测绘地理信息院 |
| 徐宏新 | 省社会科学院 |
| 王晓龙 | 省文化和旅游厅 |
| 王　岳 | 三晋文化研究会 |
| 李望博 | 省图书馆 |
| 孙婉姝 | 省文物局 |
| 丁耿彪 | 省广播电视局 |
| 郭成强 | 山西日报报业集团 |
| 张　茂 | 省出版传媒集团 |
| 韩一平 | 省展览馆 |
| 张程飞 | 中国煤炭博物馆 |
| 刘鳞龙 | 山西博物院 |
| 李　巍 | 省卫生健康委员会 |
| 王宏德 | 省体育局 |
| 王俊杰 | 省人力资源和社会保障厅 |
| 王卫东 | 省民政厅 |
| 陈贺峰 | 省残疾人联合会 |
| 武学亮 | 省慈善总会 |
| 郭　微 | 太原不锈钢产业园区 |
| 林广源 | 侯马经济开发区 |
| 梁　青 | 临汾经济开发区 |
| 许引弟 | 绛县经济开发区 |
| 刘　毅 | 风陵渡开发区 |
| 刘　鹰 | 转型综改示范区 |
| 张维新 | 大同经济开发区 |
| 张　茸 | 晋中开发区 |
| 安晋陶 | 阳泉经济技术开发区<br>运城经济开发区<br>山西省话剧院 |
| 李慧芳 | 晋能集团 |
| 刘耀峰 | 省水文水资源勘测局 |
| 杨　柳 | 省气象局 |
| 和　炜 | 省地震局 |

# 市县(区)单位撰稿人名单

刘　敏　单　伟　中共太原市委党史研究室(太原市地方志研究室)

侯盼洁　中共小店区委党史研究室(小店区地方志研究室)

杨水云　中共迎泽区委党史研究室(迎泽区地方志研究室)

刘彩秀　中共杏花岭区委党史研究室(杏花岭区地方志研究室)

朱永钢　中共尖草坪区委党史研究室(尖草坪区地方志研究室)

武超龙　中共万柏林区委党史研究室(万柏林区地方志研究室)

王利明　中共晋源区委党史研究室(晋源区地方志研究室)

杨晓霆　中共清徐县委党史研究室(清徐县地方志研究室)

崔振刚　中共阳曲县委党史研究室(阳曲县地方志研究室)

张宪平　中共娄烦县委党史研究室(娄烦县地方志研究室)

赵志英　中共古交市委党史研究室(古交市地方志研究室)

冯晋慧　中共大同市委党史研究室(大同市地方志研究室)

徐雅丽　中共平城区委党史研究室(平城区地方志研究室)

石有团　中共云冈区委党史研究室(云冈区地方志研究室)

吉广仁　中共云州区委党史研究室(云州区地方志研究室)

金　明　中共新荣区委党史研究室(新荣区地方志研究室)

陆　飞　中共阳高县委党史研究室(阳高县地方志研究室)

高志英　中共天镇县委党史研究室(天镇县地方志研究室)

姜成晋　中共广灵县委党史研究室(广灵县地方志研究室)

高晓彬　刘甫花　中共灵丘县委党史研究室(灵丘县地方志研究室)

范颖莲　中共浑源县委党史研究室(浑源县地方志研究室)

邵明仁　中共左云县委党史研究室(左云县地方志研究室)

郭玉珠　张卫萍　孟学武　中共阳泉市委党史研究室(阳泉市地方志研究室)

王　珍　中共城区委党史研究室(城区地方志研究室)

王宏英　李荷花　孙燕平　中共矿区委党史研究室(矿区地方志研究室)

云　霞　中共郊区委党史研究室(郊区地方志研究室)

梁艳仙　洪晓琴　中共平定县委党史研究室(平定县地方志研究室)

郝丽花　中共盂县县委党史研究室(盂县地方志研究室)

曾晋芳　中共长治市委党史研究室(长治市地方志研究室)

刘瑞林　中共潞州区委党史研究室(潞州区地方志研究室)

武俊英　中共上党区委党史研究室(上党区地方志研究室)

段蓓蓓　中共屯留区委党史研究室(屯留区地方志研究室)

常宏武　中共潞城区委党史研究室(潞城区地方志研究室)

黄旭琴　李　玲　中共襄垣县委党史研究室(襄垣县地方志研究室)

张国梅　中共平顺县委党史研究室(平顺县地方志研究室)

王利芳　中共黎城县委党史研究室(黎城县地方志研究室)

王林茂　中共壶关县委党史研究室(壶关县地方志研究室)

王卫星　中共长子县委党史研究室(长子县地方志研究室)

贾成丽　中共武乡县委党史研究室(武乡县地方志研究室)

霍静亚　中共沁县县委党史研究室(沁县地方志研究室)

宋江华　中共沁源县委党史研究室(沁源县地方志研究室)

张　燕　中共晋城市委党史研究室(晋城市地方志研究室)

杨　盼　中共城区区委党史研究室（城区地方志研究室）
张丽霞　中共沁水县委党史研究室（沁水县地方志研究室）
梁　星　中共阳城县委党史研究室（阳城县地方志研究室）
焦国锋　中共陵川县委党史研究室（陵川县地方志研究室）
张　静　中共泽州县委党史研究室（泽州县地方志研究室）
牛　彬　中共高平市委党史研究室（高平市地方志研究室）
元雷花　中共朔州市委党史研究室（朔州市地方志研究室）
常凤霞　王雄一　弓　慧　中共朔城区委党史研究室（朔城区地方志研究室）
马　军　中共平鲁区委党史研究室（平鲁区地方志研究室）
侯志林　中共山阴县委党史研究室（山阴县地方志研究室）
安培兴　中共应县县委党史研究室（应县地方志研究室）
李　美　中共右玉县委党史研究室（右玉县地方志研究室）
杨志雁　中共怀仁市委党史研究室（怀仁市地方志研究室）
王　虹　晋中市史志研究室
薛丽瑾　榆次区史志研究室
常彩萍　榆社县史志研究室
宋　丽　左权县史志研究室
张　静　张　燕　和顺县史志研究室
刘利国　昔阳县史志研究室
李丽萍　寿阳县史志研究室
杨　扬　王少静　太谷县史志研究室
郭燕萍　祁县史志研究室
籍晓莉　平遥县史志研究室
曹　华　灵石县史志研究室
王亚丽　介休市史志研究室
张　涛　中共运城市委党史研究室（运城市地方志研究室）
张瑞玲　中共盐湖区委党史研究室（盐湖区地方志研究室）
程明清　中共临猗县委党史研究室（临猗县地方志研究室）
张东宏　中共万荣县委党史研究室（万荣县地方志研究室）
樊香叶　中共闻喜县委党史研究室（闻喜县地方志研究室）
段美云　中共稷山县委党史研究室（稷山县地方志研究室）
徐文耀　中共新绛县委党史研究室（新绛县地方志研究室）
刘　超　中共绛县县委党史研究室（绛县地方志研究室）
李心海　郭红霞　中共垣曲县委党史研究室（垣曲县地方志研究室）
任巧杰　中共夏县县委党史研究室（夏县地方志研究室）
杨卯翠　中共平陆县委党史研究室（平陆县地方志研究室）
薛　容　中共芮城县委党史研究室（芮城县地方志研究室）
薛越茜　张洋洋　中共永济市委党史研究室（永济市地方志研究室）
张丽华　柴　欣　中共河津市委党史研究室（河津市地方志研究室）
赵　芳　中共忻州市委党史研究室（忻州市地方志研究室）
张剑云　寇志准　中共忻府区委党史研究（忻府区地方志研究室）
薄振宇　中共定襄县委党史研究室（定襄县地方志研究室）
赵世靓　中共五台县委党史研究室（五台县地方志研究室）
邢白娥　中共代县县委党史研究室（代县地方志研究室）
冯占军　中共繁峙县委党史研究室（繁峙县地方志研究室）
王丽萍　中共宁武县委党史研究室（宁武县地方志研究室）
李青春　中共静乐县委党史研究室（静乐县地方志研究室）
杨向东　中共神池县委党史研究室（神池县地方志研究室）
朱和森　中共五寨县委党史研究室（五寨县县地方志研究室）
贾润高　中共岢岚县委党史研究室（岢岚县地方志研究室）
白耀欢　中共河曲县委党史研究室（河曲县地方志研究室）
傅景英　曹巨才　中共保德县委党史研究室（保德县地方志研究室）

（河曲县地方志研究室）

付景英　曹巨才　中共保德县委党史研究室（保德县地方志研究室）

刘爱青　中共偏关县委党史研究室（偏关县地方志研究室）

张文斌　中共原平市委党史研究室（原平市地方志研究室）

李艳洁　中共临汾市委党史研究室（临汾市地方志研究室）

杨递峰　中共尧都区委党史研究中心（尧都区地方志研究中心）

张淑霞　中共曲沃县委党史研究中心（曲沃县地方志研究中心）

刘　峰　中共翼城县委党史研究中心（翼城县地方志研究中心）

王建刚　中共襄汾县委党史研究中心（襄汾县地方志研究中心）

胡俊平　中共洪洞县委党史研究中心（洪洞县地方志研究中心）

蔺燕艳　中共古县县委党史研究中心（古县地方志研究中心）

尚晓玲　中共安泽县委党史研究中心（安泽县地方志研究中心）

郭书军　陈聪聪　中共浮山县委党史研究中心（浮山县地方志研究中心）

白新萍　中共吉县县委党史研究中心（吉县地方志研究中心）

郭　峰　中共乡宁县委党史研究中心（乡宁县地方志研究中心）

李宏伟　中共大宁县委党史研究中心（大宁县地方志研究中心）

赵兵兵　中共隰县县委党史研究中心（隰县地方志研究中心）

李保成　中共永和县委党史研究中心（永和县地方志研究中心）

曹立华　中共蒲县县委党史研究中心（蒲县地方志研究中心）

赵鸿虎　中共汾西县委党史研究中心（汾西县地方志研究中心）

耿文静　中共侯马市委党史研究中心（侯马市地方志研究中心）

郭秀东　中共霍州市委党史研究中心（霍州市地方志研究中心）

刘翠翠　中共吕梁市委党史研究室（吕梁市地方志研究室）

任　凯　中共离石区委党史研究室（离石区地方志研究室）

彭秀芬　中共文水县委党史研究室（文水县地方志研究室）

李大斌　燕保平　苏婷婷　中共交城县委党史研究室（交城县地方志研究室）

刘支军　兴县档案史志馆

张海红　中共临县县委党史研究室（临县地方志研究室）

张景尧　中共柳林县委党史研究室（柳林县地方志研究室）

郑凤斌　中共石楼县委党史研究室（石楼县地方志研究室）

杨　莹　中共岚县县委党史研究室（岚县地方志研究室）

刘林林　中共方山县委党史研究室（方山县地方志研究室）

李晓中　中共中阳县委党史研究室（中阳县地方志研究室）

武允明　中共交口县委党史研究室（交口县地方志研究室）

张彩琴　中共孝义市委党史研究室（孝义市地方志研究室）

郭宇霞　中共汾阳市委党史研究室（汾阳市地方志研究室）